Willem 2010

AKADÉMIAI

**MAGAY TAMÁS
KISS LÁSZLÓ**

magyar angol *szótár*

hungarian english *dictionary*

AKADÉMIAI KIADÓ

AKADÉMIAI

MAGAY TAMÁS
KISS LÁSZLÓ

magyar angol *szótár*
hungarian english *dictionary*

AKADÉMIAI KIADÓ

Készült az Akadémiai Kiadó Szótárműhelyében
Published by the Dictionary Workshop of Akadémiai Kiadó

Szerkesztette • Edited by
MAGAY TAMÁS, KISS LÁSZLÓ

Projektvezető szerkesztő • Managing Editor
BERKÁNÉ DANESCH MARIANNE

Számítógépes feldolgozás • Computer Staff
Programozó • Programmer: GÁL ZOLTÁN
Tördelő • Lay-out: DETRICH MIKLÓS

Borítóterv • Design
GERHES GÁBOR/ART-AND GRAFIKAI STÚDIÓ

Termékmenedzser • Technical Editor
KISS ZSUZSA

Nyomdai előállítás • Print
Akadémiai Nyomda Kft., Martonvásár
Felelős vezető • Managing Director: UJVÁROSI LAJOS

ISBN 978 963 05 8611 5

Kiadja az Akadémiai Kiadó,
az 1795-ben alapított Magyar Könyvkiadók és Könyvterjesztők Egyesülésének tagja.
1117 Budapest, Prielle Kornélia u. 19.
www.akademiaikiado.hu

Első kiadás: 1991
Második kiadás: 2002
Harmadik kiadás: 2009

A kiadásért felelős az Akadémiai Kiadó igazgatója
A szerkesztésért felelős: POMÁZI GYÖNGYI
A kiadványért felelős: CSÁBI SZILVIA

© MAGAY TAMÁS, KISS LÁSZLÓ, AKADÉMIAI KIADÓ 1991, 2002, 2008

Minden jog fenntartva, beleértve a sokszorosítás, a mű bővített, illetve rövidített változata kiadásának jogát is. A kiadó írásbeli hozzájárulása nélkül sem a teljes mű, sem annak része semmiféle formában (fotokópia, mikrofilm vagy más hordozó) nem sokszorosítható.

A műben megjelenő áruk, árunevek mellett szokás szerint nem tüntetjük fel az azokhoz esetleg kapcsolódó iparjogvédelmi oltalom *(szabadalom, használati minta, ipari minta, védjegy, származási jelzés, eredetmegjelölés)* tényét. Az ilyennemű utalás hiánya semmiképp nem értelmezhető oly módon, hogy az adott áru vagy név ne állana iparjogvédelmi oltalom alatt.

Printed in Hungary

ELŐSZÓ

Ez a szótár korszerű és élő nyelvi anyagával bárkinek hasznára lehet, de mi különösen a nyelvtanuló diákság igényeit tartottuk szem előtt.

A szótárba felvett mintegy 30 000 címszó és 20 000 szókapcsolat (idióma és példamondat) segítséget jelenthet használóinak köznyelvi szövegek angolra fordításában, de mindenekelőtt abban, hogy angol nyelvi ismereteit a *gyakorlatban,* a *használatban* tudja gyümölcsöztetni.

Az egyes *szócikkek szerkezete* igen egyszerű. A címszó után a szófaji rövidítés áll (*fn, mn* stb.). Ha több szófajban használatos a címszó, a ▼ jel hívja föl erre a figyelmet.

Az eddigiektől eltérő elve a szótárnak, hogy a szavak különböző *jelentéseit gyakorisági sorrendben* és kellően differenciálva (például *dőlt betűs magyarázatokkal*) közvetlenül a címszó után sorolja föl. Ezzel azt kívánjuk érzékeltetni, hogy egy-egy szónak több jelentése is lehet, s ezeket egy feltűnő jel ‖ különíti el egymástól.

A jelentések után egyetlen „bokorban" következnek a különféle „kifejezések", vagyis többszavas állandósult *szókapcsolatok* (idiómák), valamint a szavak használatát és különböző jelentéseit bemutató *példák,* nyelvi illusztrációk.

A hagyománynak megfelelően az angol *rendhagyó igéket* csillaggal (pl. **get***), a *rendhagyó főneveket* kis karikával (pl. **child°**) jelöljük. Alkalmazkodva a hagyományokhoz, felső indexszámot alkalmazunk a *homonimák* (alakegyezéses szavak) esetében, pl. **áll¹, áll², ég¹, ég².**

Kiejtést nem ad a szótár, de az angol szavak *hangsúlyát* a hangsúlyos szótag magánhangzójának dőlt szedésével tünteti fel (pl. liable, ex*a*mple stb.). A szóvégi mássalhangzó kettőzését (igék esetében) a vastag betű jelzi (dro**p**, dro**pp**ed).

Hasznos mondattani információ annak jelzése, hogy a *főnév* egyes (*esz*) vagy többes számú (*tsz*) szerkezettel áll-e, valamint az is, hogy a *jelző* a jelzett szó után áll-e, azaz utótételben (*ut*).

Új vonása a szótárnak, hogy a szóhasználatot és szójelentéseket differenciáló *rövidítéseket* külön *jelekkel* is megerősíti. Így például a ⊕ jel a nyelvterületre (*GB, US*), a ❖ jel a stiláris különbségekre (*biz, elít* stb.), a ❑ jel pedig a szaknyelvi jelentésekre (*fiz, orv* stb.) hívja föl a figyelmet.

Célunk mindvégig az volt, hogy a keresett szavak és szókapcsolatok, kifejezések stb. minél könnyebben és gyorsabban megtalálhatók legyenek. Külön öröm, hogy a szótárt forgatva, lapozgatva, a szócikkekben keresgélve, böngészve sok olyan új és érdekes szóval, fordulattal, illetőleg azok angol megfelelőivel találkozhat a használó, amelyek akaratlanul is bővítik szókincsét, és egy kis nyelvi leleménnyel idegen nyelvbeli kifejezőkészségét is.

2002 augusztusában

A szerkesztők

PREFACE

The present dictionary, half-way between the "Pocket" and "Concise", contains about 30,000 headwords and some 20,000 examples of usage and set phrases.

In selecting the vocabulary we have concentrated on the contemporary language as spoken and written by the man in the street. Essentially practical and modern in content, the dictionary gives a remarkably wide coverage of commercial and technical vocabulary to especially meet the interest of young people. Out of the idiomatic expressions and set phrases we have hopefully chosen those that are part of everyday language. It is hoped that for its size you will find in this dictionary all that you need to make you able to express yourself in English.

When using the dictionary you have to bear in mind the following. Firstly, headwords spelt in the same way but radically different in meaning (called "homographs" in linguistics) appear as separate headwords with superior numbers, e.g. **ég^1** ... **ég^2**. Secondly, a number of Hungarian words figure in two or more "word classes" or "parts of speech" (e.g. *nouns* or *verbs*, or *adjectives,* or *adverbs* etc.). The various word classes are differentiated and marked by means of the symbol ▼. Thirdly, the overwhelming majority of Hungarian words have more than one meaning. For this reason, the various meanings (or senses) of the headword, and their translations are separated by a double vertical stroke (‖). The order of senses is that of frequency. Wherever it was felt necessary, *information on usage* has been given either in the form of italicised guidewords or labels preceding or following the translations (i.e. the equivalents or their synonyms). *Syntactical information* is given in various forms such as prepositional usage following the translation, the asterisk (*) marking irregular verbs in English, superior circle (°) indicating irregular plural forms of nouns, the abbreviation *ut.* referring to the postpositional use of adjectival phrases.

A new feature in this dictionary is the application of various symbols such as ⊕ for regional (e.g. *GB, US*), ❖ for stylistic (e.g. *biz, elít*), and ❑ for subject labels (e.g. *fiz, orv* etc.).

As you will probably find, this is an easy-access dictionary in that it lists all headwords in a strictly alphabetical order. Similarly, the layout of each dictionary entry is simple and transparent. However in some cases where, owing to the large number of examples and/or idiomatic expressions, no alphabetic arrangement was feasible, some logic of the language has been preferred. In any case, you had better plod through the entire entry to make sure you find what you are looking for.

August 2002

The editors

KIEJTÉS

PRONUNCIATION

Phonetic Chart of Hungarian Speech Sounds

In the left column the letters of the Hungarian alphabet are given followed by the phonetic symbols representing the Hungarian vowels and consonants. This is followed by examples, first English or foreign words with approximate sound correspondences, and finally Hungarian examples in which the respective sounds occur. Note that the stress of Hungarian words falls always on the first syllable.

Vowels[1]

a	[ɑ]	as in *card*, but darker and shorter	**kar** **ablak**	arm, window
á	[ɑ:]	as in *baa*, but more open; German *Haar*	**tál** **hálás**	dish, thankful
e	[e]	as in *get*, *pen*	**ember**	man
é	[e:]	as in *cake*; French *thé*, German *See*	**kép**	picture
i	[i]	as in *lip*, only somewhat tenser	**kit**	whom
í	[i:]	as in *tea*	**híd**	bridge
o	[ɔ]	as in *not*, in Scottish pronunciation; French *pomme*	**toll**	pen
ó	[ɔ:]	as in *all*, *short*; French *beau*, German *Boot*	**tó**	lake
ö	[ø]	as in French *le*, German *Löffel*	**öröm**	joy

[1] There are no diphtongs in Hungarian, except *au* [aʊ] in some words of foreign origin, as in **autó, augusztus** etc.

ő	[ø]	as in French *deux*, German *schön, Öl*	**nő**	woman
u	[u]	as in *put*, but more rounded	**ugrik**	jump
ú	[u:]	as in *too, boot*	**húz**	pull
ü	[y]	as in French *tu*, German *dünn*	**ül**	sit
ű	[y:]	as in French *sûr, rue*, German *früh*	**tű**	needle

Consonants

a) *Represented by single letters of the Hungarian alphabet*
Consonants for which the phonetic symbol is the same as the letter itself, and which therefore cause no pronunciation difficulties, are as follows:

b, d, f, k, l, m, n, p, t, v and **z**.

As for the rest:

c	[ts]	as in *tsetse, hats*	**ceruza**	pencil
g	[g]	as in *get, give*	**gazdag**	rich
h	[h]	as in *hip, he*	**ház**	house
		Finally, however, and within a word preceding a consonant, it is mute	**méh** [me:]	bee
j	[j]	as in *yet, you*	**jó**	good
r	[r]	alwalys rolled as in Scottish *rule, Burns*	**óra**	watch, class
s	[ʃ]	as in *ship, shoe*	**só**	salt
			és	and

b) *Double letters*, such as **bb, cc, dd** etc. represent consonants which are always pronounced *long*, as in *unnatural*.

c) *Digraphs*
i.e. the combination of two – or in one case three – letters which represent a single speech sound, as *gh* in English *tough*.

cs	[tʃ]	as in *church*	**csúcs**		summit
dz	[dz]	short, as in *roads*, *bids*	**fogódznak**		they cling on
		long, between two vowels	**edző**	[ˈeddzøː]	coach
dzs	[dʒ]	short as in *page*	**lándzsa**	[ˈlɑːndʒa]	lance
		long, in a few foreign words	**bridzs**	[briddʒ]	bridge
gy	[dj]	as in *due*, *during*; French *adieu*	**magyar**		Hungarian
ly	[j]	as in *yet*, *you*	**gólya**		stork
ny	[nj, ɲ]	as in *new*; French *cognac*, *vigne*	**nyak**		neck
sz	[s]	as in *see*, *slow*	**szép**		nice
ty	[tj]	as in *student*; French *Étienne*	**tyúk**		hen
zs	[ʒ]	as in *measure*, *usual*; French *jour*	**zseb**		pocket

RÖVIDÍTÉSEK ÉS JELEK

ABBREVIATIONS AND SIGNS

Rövidítés	Magyarázat	Angol magyarázat
áll	állattan	zoology
ált	általában	generally
átv	átvitt értelemben	figuratively
(átv is)	átvitt értelemben is használatos	figuratively also
bány	bányászat	mining
biol	biológia	biology
biz	bizalmas, kötetlen szóhasználat	colloquial/informal usage
csill	csillagászat	astronomy
el	elektronika, távközlés, villamosság	electronics, communications, electricity
elít	elítélő/rosszalló értelemben	pejoratively, derogatory expression
épít	építészet	architecture
esz	egyes szám(ú ige áll utána)	singular
etc.	s a többi, stb.	and so on
fényk	fényképészet	photography
fil	filozófia	philosophy
film	filmművészet	cinematic art, motion pictures

XIII Rövidítések és jelek

Rövidítés	Magyarázat	Angol magyarázat
fiz	fizika, atomfizika	physics, nuclear physics
fn	főnév	noun
földr	földrajzi név v. megjelölés	place name, geographical term
GB	brit szóhasználat	British usage
geol	geológia	geology
hajó	hajózás	nautical term
hiv	hivatalos nyelven	in official usage, formal
hsz	határozószó	adverb
ir	irodalmi, választékos	literary, refined
iron	ironikus, gúnyos	ironical
isk	iskolai élet nyelvében	schools, school slang
(jelzőként)	jelzőként használt főnév	attributively, as a modifier
isz	indulatszó	interjection
jog	jogtudomány	law, legal term
kat	katonai (szó)	military (term)
kb.	körülbelül	approximately
ker	kereskedelem	commerce, commercial term
kif	az angolban ilyen kifejezéssel v. szerkezettel	in English expressed with the phrase ..., construed as ...
konkr	konkrétan	literally
közg	közgazdaságtudomány	economics
közl	közlekedés	traffic

Rövidítés	Magyarázat	Angol magyarázat
ksz	kötőszó	conjunction
mat	matematika és geometria	mathematics and geometry
mezőg	mezőgazdaság(tan)	agriculture
mn	melléknév	adjective
műsz	műszaki (szakszó)	technology
műv	művészet	art
nép	népnyelvben	in folk-speech
nm	névmás	pronoun
növ	növénytan	botany
nu	névutó	postposition
nyelvt	nyelvtudomány	linguistics, philology
nyomd	nyomdászat	printing
orv	orvostudomány	medicine, medical term
összet	összetételben	in compounds
pénz	pénzügy, bankszakma	banking, finance
pl.	például	for example, e.g.
pol	politika	politics
pp	múlt idejű melléknévi igenév	past participle
pszich	pszichológia	psychology
pt	(egyszerű) múlt idő	(simple) past tense
rendsz	rendszerint	usually, chiefly

Rövidítés	Magyarázat	Angol magyarázat
rep	repülés	aviation, flying
röv	rövidítés	abbreviation
sg	valami, vm	something
sk	skót	Scottish
sp	sport	sports
stb.	s a többi	and so on, etc.
swhere	valahol, vhol; valahova, vhova	somewhere
sy	valaki, vk	somebody
szính	színház	theatre, drama
szn	számnév	numeral
szt	számítástechnika	computers
tex	textil	textile
tört	történelem	history, historical
tréf	tréfásan	humorously, jocularly
tsz	többes szám(ú ige áll utána)	plural
tud	tudományos (neve, nyelvben)	science, scientific term
tv	televízió	television
ua.	ugyanaz (mint)	the same (as)
US	amerikai szóhasználat	American usage
ut.	csak utótételben használatos	appositively, in apposition only

Rövidítés	Magyarázat	Angol magyarázat
v.	vagy	or
vall	vallás; egyház	religion; church
vegy	vegyészet	chemistry
vhol	valahol	somewhere, swhere
vhova	valahova	somewhere, swhere
vk	valaki	somebody, sy
vm	valami	something, sg
vulg	durva, közönséges, vulgáris	vulgar (usage)
zene	zene(tudomány)	music(ology)

Jel	Magyarázat	Angol magyarázat
→	lásd még	see also, see under
=	ugyanaz, mint	same as
*	rendhagyó ige, lásd a függelékben	irregular verb, see Appendix
°	rendhagyó főnév, lásd a függelékben	irregular noun, see Appendix
||	a jelentéseket választja el	separates senses
▼	szófajjelzés	word class
⊕	földrajzi variáns	regional variant
❑	szakterület	subject
❖	stiláris minősítés	stylistic variant

a¹ *(határozott névelő)* the
a² *fn* ❑ *zene* A, a ‖ **A-dúr** A major; **a-moll** A minor
Á, á¹ *fn* (the letter) Á/á ‖ **Ától zéig/cettig** from a to z, from beginning to end
á² *isz* oh, ah
à *(darabonként)* at ‖ **4 db szék à 10 000 Ft** four chairs at 10000 forints each
abba *nm* into that, there ‖ **abba nem megyek bele** I won't consent to that; count me out
abbahagy *ige* stop (doing sg), cease ‖ *(végleg)* give* up
abbamarad *ige* cease, be* broken off
abban *nm* in that ‖ **abban maradtunk, hogy** we agreed to; **abban az esetben, ha eljönne** should he come
abból *nm* from/of that, out of that ‖ **abból semmi sem lesz** nothing will come of that
ábécé *fn* alphabet, ABC
ablak *fn* window; *(toló)* sash-window; *(szárnyas)* casement-window; *(földig érő)* French window ‖ *(jegypénztáré)* (ticket) counter ‖ **ablakot betör/kitör** smash/break* the window; **az ablak az utcára nyílik** the window looks/opens onto the street
ablakpárkány *fn* window-sill/ledge
ablakrács *fn* window grille
ablakredőny *fn* rolling shutter
ablaktörlő *fn* *(járművön)* windscreen-wiper
ablaküveg *fn* window-glass, sheet-glass
abortusz *fn* abortion, miscarriage
ábra *fn* illustration, picture; *(szövegközi)* figure; *(mértani)* figure

abrak *fn* fodder, forage
ábránd *fn* fancy, daydream; *(üres)* illusion ‖ **ábrándokat kerget** chase after rainbows
ábrándozik *ige* be* daydreaming
ábrázat *fn* visage, countenance, face
ábrázol *ige* *(rajzol)* represent, delineate; *(személyt)* portray ‖ *(leír)* describe; *(kép vkt/vmt)* depict
ábrázolás *fn* *(rajzban)* delineation, portrayal, representation ‖ *(írásban)* description
abroncs *fn* *(keréken)* tyre, ⊕ *US* tire
abrosz *fn* table-cloth
abszolút *mn* absolute ‖ **abszolút érték** absolute value; **abszolút hallás** absolute pitch
abszolúte *hsz* absolutely, entirely
absztrakt ▼ *mn* abstract ▼ *fn (rezümé)* abstract
abszurd *mn* absurd, preposterous
abszurdum *fn* absurdity ‖ **abszurdum!** nonsense!
acél *fn* steel
acélkék *mn* steel blue
acélos *mn* steely, hard as steel *ut.*; ❖ *csak átv* firm
acélszürke *mn* steel-grey
ács *fn* carpenter
ácskapocs *fn* cramp (iron), clamp
ácsmunka *fn* carpentry
ácsol *ige* *(állványt)* scaffold
ácsorog *ige* stand* about; *(tétlenül)* lounge, loaf
ad *ige* ❖ *ált* give*, present; *(adományoz)* grant, donate ‖ *(rádió, tévé)* broadcast*, transmit ‖ *(színházban*

A *stb.* játsszák) be* on ‖ *(árut)* give*, sell* *(vmennyiért* for) ‖ **adom X urat** *(telefonon)* I'll put you through to Mr. X; **angolórákat ad** give* English lessons; **a Lear királyt adják** King Lear is on (at the theatre); **ezt mennyiért adja?** what is the price of this?, how much is this?; **majd adok én neked!** I'll give you what for!; **sokat ad vmre** lay* great stress on sg
adag *fn (orvosság)* dose; *(élelmiszer)* ration, portion; *(étkezésnél)* helping ‖
❖ *biz* **jó adag munka** a good piece of work
adagol *ige* ❖ *ált* portion/measure out; *(gyógyszert)* dose; *(gépbe)* feed* [machine]
adalék *fn (cikk)* contribution (to sg)
adalékanyag *fn* additive, admixture
ádámcsutka *fn* Adam's apple
adandó alkalommal *hsz* when opportunity offers/arises
adás *fn* ❖ *ált* giving (to) ‖ *(rádió, tévé)* broadcast(ing), transmission
adásszünet *fn (rádióban, tévében tervszerű)* intermission ‖ *(üzemzavar)* break (in transmission)
adat *fn* **adat(ok)** data *(többnyire esz)*; *(tények)* fact(s) ‖ *(feljegyzés)* entry; *(tétel)* item ‖ **részletes adatok** details; **személyi adatok** sy's particulars
adatbank *fn* data bank
adatbázis *fn* data base
adatfeldolgozás *fn (gépi)* data processing
adathordozó *fn* data carrier
adatlap *fn* data sheet
adatrögzítés *fn* data recording
adatvédelem *fn* data protection
ádáz *mn* ferocious, fierce
addig *hsz (hely)* as far as that ‖ *(idő)* till, until, up to that time ‖ **addig is** meanwhile, in the meantime
addigra *hsz* by that time
adjunktus *fn kb.* ⊕ *GB* senior lecturer, ⊕ *US* assistant/associate professor, lecturer

adminisztráció *fn* administration, management
adminisztratív *mn* administrative, executive ‖ **adminisztratív dolgozók** clerical/office workers
admirális *fn* admiral
adó¹ *fn (állami)* tax; *(községi)* rate(s) ‖ **adó alá esik** be* taxable, be liable/subject to tax; **egyenes adó** direct tax; **kivetett adó** indirect/assessed tax; **adót csökkentő kedvezmények** allowances from taxable income; **adót fizet** pay* tax *(vm után* on sg); **adót kivet vkre/vmre** tax sy/sg, levy a tax on sy/sg
adó² *fn* = **adóállomás**
adóalap *fn* taxable income
adóállomás *fn* radio station
adóbevallás *fn* tax return
adóbevétel *fn* revenue
adócsalás *fn* tax fraud/evasion
adódik *ige (vm)* happen, present itself, offer, come* about ‖ *(vmből)* issue (from), derive (from) ‖ **ha alkalom adódik** if an opportunity presents itself
adófizetés *fn* payment of taxes/rates
adófizető *fn* taxpayer; *(községi)* ratepayer
adogat *ige (teniszben)* serve
adóhátralék *fn* back taxes *tsz*, tax arrears *tsz*
adóhivatal *fn* tax/revenue office ‖ **adóhivatali tisztviselő** revenue officer
adókedvezmény *fn* tax allowance
adóköteles *mn* taxable, liable to tax *ut.*
adókulcs *fn* rate of tax
adomány *fn* gift, donation
adományoz *ige* donate ‖ *(kitüntetést)* award
adományozó *fn* giver, donor
adómentes *mn* tax-free, exempt from tax *ut.*
adómentesség *fn* tax exemption
adoptál *ige* adopt
adós ▼ *mn* in debt *ut.*, owing *ut.* ‖ **adós vknek vmvel** owe sy sg; **adós marad**

a válasszal make* no reply ▼ *fn* debtor || adósa marad vknek remain sy's debtor (*v.* in sy's debt) adósság *fn* debt || adósságba veri magát run*/get* into debt; adósságot csinál contract a debt
adótartozás *fn* unpaid tax(es)
adóteher *fn (nagyobb adók)* burden of tax(ation)
adottság *fn (körülmények)* circumstances, conditions || *(vké)* makings of sy *tsz; (tehetség)* natural endowments of sy *tsz; (hajlam)* bent; *(képesség)* capacity, ability, aptitude
adózás *fn* taxation
adózik *ige (adót fizet)* pay* tax(es)/rates *(vm után* on) || elismeréssel adózik vknek pay (a) tribute to sy
Adriai-tenger *fn* the Adriatic Sea, the Adriatic
adu *fn* trump || ❖ *átv* trump card
advent *fn* Advent
aerobic *fn* aerobics *esz*
aeroszolos doboz *fn* aerosol (spray)
ÁFA *fn* VAT
afelé *hsz* in the direction of → felé
afelett *hsz* concerning → felett
afelől *hsz (amiatt)* afelől biztos lehetsz you may be sure of that || *(vm felől)* afelől érdeklődött, hogy he inquired about/whether ...
afféle *nm* of that sort *ut.*, a sort of
afgán *mn/fn* Afghan
Afganisztán *fn* Afghanistan
áfonya *fn* cranberry || fekete áfonya whortleberry, bilberry; ⊕ *US* huckleberry, blueberry
Afrika *fn* Africa
afrikai *mn/fn* African
ág *fn (fáé)* branch; *(nagyobb)* bough; *(gally)* twig || *(folyóé)* branch, arm || *(családé)* line (of descent), branch || *(tudományé, szakmáé)* branch
agancs *fn* antlers *tsz*
agár *fn* greyhound
ágas-bogas *mn (tárgy)* branchy, ramose

ágaskodik *ige (ló)* rear, prance || *(ember)* stand* on tip-toe
ágazat *fn (fáé)* branches *tsz* || *(egyéb)* section, sector
agg *mn* very old, aged; ❖ *elít* senile
aggály *fn (kétely)* misgiving; *(lelkiismereti)* scruple || *(aggodalom)* anxiety, worry
aggályoskodik *ige* be* anxious/worried (about doing sg), worry (about)
aggastyán *fn* very old man°
aggaszt *ige* worry || aggasztja vm be* worried about sg
aggasztó *mn* alarming, disquieting || állapota aggasztó his condition is giving cause for alarm
aggkor *fn* (extreme) old age
aggkori gyengeség *fn* senile debility
agglegény *fn* (elderly) bachelor
agglomeráció *fn* conurbation
aggodalmas *mn* anxious, worried, uneasy
aggodalom *fn* anxiety, worry || aggodalomra van ok there is room for uneasiness (at)
aggódás *fn* anxiety, apprehension, worry
aggódik *ige (vmért, vkért, vm/vk miatt)* be* anxious (for/about sg/sy), worry (about sg/sy) || ne aggódj! don't worry!
agrármérnök *fn* agricultural engineer
agrártudomány *fn* agricultural science
agresszió *fn* (act of) aggression, attack
agresszív *mn* aggressive, provocative
ágrólszakadt *mn* down-and-out
agy *fn (koponyában)* brain; ❏ *tud* cerebrum *(tsz -s v.* cerebra) || ❖ *átv* brains *tsz* || *(puskáé)* butt(-end), stock; *(keréké)* hub || az agyára megy vm it is driving him mad
ágy *fn (fekhely)* bed || *(folyóé, gépé)* bed || ágyban fekszik lie*/be* in bed; *(betegen)* keep*/take* to one's bed; felkel az ágyból get* up, get* out of bed; lefekszik az ágyba go* to bed;

ma ágyban maradok I('ll) have a lie-in today
agyafúrt *mn* crafty, cunning, shrewd, artful
agyag *fn* clay, potter's earth, loam || **égetett agyag** baked clay, terracotta
agyagedény *fn* earthen pot/vessel, earthenware
agyar *fn* tusk || *(erős szemfog)* fang
ágyás *fn (kertben)* (flower)bed
ágyaz *ige (fekhelyet)* make* the bed(s)
agyba-főbe ver *ige* thrash sy within an inch of his life
ágybetét *fn* (spring) mattress
agydaganat *fn* brain-tumour (✪ *US* -or)
ágyék *fn* loins *tsz*
agyhártyagyulladás *fn* meningitis
agyi *mn* cerebral
agyideg *fn* cerebral nerve
agykéreg *fn* cortex
agymosás *fn* brainwashing
agymunka *fn* brain-work
agyműködés *fn* cerebral activity/function
ágynemű *fn* bed-clothes *tsz*, bed linen
agyondicsér *ige* praise sy to the skies
agyondolgozza magát *ige* overwork, work oneself to death
agyonhajszol *ige (munkával)* work sy to death, over-fatigue || **agyonhajszolt** tired/fagged out *ut.*
agyonhallgat *ige* hush up sg
agyonlő *ige* shoot* sy dead || **agyonlövi magát** shoot* oneself
agyonnyom *ige* crush/squash sg/sy to death
agyonüt *ige* strike* sy dead || **agyonüti az időt** kill time; **ha agyonütnek, se tudom** I don't know it for the life of me
agyonver *ige* beat* sy to death
agyrázkódás *fn* concussion (of the brain)
agyrém *fn* phantasm, nightmare
agysebészet *fn* brain surgery
agysérülés *fn* cerebral lesion

ágytál *fn* bedpan
ágyterítő *fn* bedspread
ágyú *fn* cannon, (large) gun || **ágyút elsüt** fire a cannon/gun
ágyúgolyó *fn* cannon-shot/ball, shell
ágyúlövés *fn* cannon-shot, gunshot
ágyútűz *fn* gunfire, shell-fire, cannonade
agyvelő *fn* brain, cerebrum
agyvérzés *fn* cerebral h(a)emorrhage, apoplexy, stroke || **agyvérzést kap** have* a stroke
ahá! *isz* I see!
ahány *nm* as many
ahányféle *nm* all the kinds/sorts/brands
ahányszor *hsz* as often as, as many times as, whenever
ahelyett *hsz* instead of [doing sg]
áhítat *fn (összejövetel)* devotions *tsz* || *(ima)* prayers *tsz*
ahogy *hsz (mód)* as || *(amint)* as soon as || **ahogy akarod** as you like/wish; **ahogy tudom** as far as I know
ahol *hsz* where || **a város, ahol élünk** the town where we live; **ahol csak** wherever
ahonnan *hsz* from where, whence, wherefrom || **a ház, ahonnan kilépett** the house he came out of; **ahonnan csak** from wherever
ahova *hsz* where, ❖ *ir* whither || **ahova megyek** the place I am going to; (that's) where I'm going; **ahova csak** wherever
AIDS *fn* AIDS
aj! *isz* oh!
ajaj! *isz* ❖ *biz (sopánkodva)* oh dear!; ✪ *US* (that's) too bad!
ajak *fn* lip
ajakrúzs *fn* lipstick
ajándék *fn* gift, present || **ajándékba kap** receive as a present; **ajándékot ad vknek** give* sy a present, present a gift to sy; **ajándék lónak ne nézd a fogát** don't look a gift-horse in the mouth
ajándékbolt *fn* gift/souvenir shop

ajándékoz *ige* present (sy with sg)
ajándékozás *fn* presentation
ajánl *ige (javasol)* suggest (that), advise (sy that ... *v.* sy to ...); *(vmt vknek)* recommend (sg to sy *v.* sy sg); *(árut)* offer [sg for sale] || *(könyvet vknek)* dedicate [a book] to sy || **ajánlva ad fel levelet** register a letter, have* a letter registered
ajánlás *fn* ❖ *ált* recommendation; *(jelölté)* nomination || *(könyvé)* dedication
ajánlat *fn* ❖ *ált* offer; *(indítvány)* move, proposition || *(árverésen)* bid(ding); *(árlejtésen)* tender || **ajánlatot tesz** make* an offer for sg; *(vállalkozó)* tender for [a piece of work], make* a tender for sg
ajánlatos *mn (célszerű)* advisable, expedient || **nem ajánlatos** unadvisable, not to be recommended
ajánlkozik *ige (vmre)* offer to do sg
ajánló ▼ *mn* **ajánló sorok** (letter of) recommendation ▼ *fn (állásba stb.)* reference
ajánlólevél *fn* (letter of) recommendation; references *tsz*
ajánlott *mn* recommended || **ajánlott irodalom** further reading; **ajánlott levél** registered letter; **ajánlott útvonal** recommended route
ajkú *mn/fn* **magyar ajkú** Hungarian-speaking; **magyar ajkúak** native speakers of Hungarian, Hungarian-speakers; **idegen ajkúak** non-Hungarian-speakers
ájtatos *mn* devout, pious
ajtó *fn* door || **ajtón belép** enter by/through the door; **ajtót becsuk** close/shut* the door; **ajtót bezár** lock the door
ajtócsengő *fn* doorbell
ajtófélfa *fn* door-post/jamb
ajtónyílás *fn (falban)* doorway
ajtószám *fn* door-number
ajtótok *fn* door-case/frame
ajtózár *fn* door-lock

ájulás *fn* swoon, faint(ing fit), collapse || **ájulás környékezi be*** on the point of fainting, feel* faint
ájult *mn* in a faint *ut.*, unconscious
akácfa *fn (fája)* locust (wood)
akácméz *fn* acacia-honey
akad *ige (vmben, vmn)* get* stuck/caught (in/on) || *(előadódik)* occur, is to be found, turn up || **akad még pár forintom** I happen to have a few forints
akadály *fn (tárgy)* obstacle; *(úton)* obstruction || *(gátló körülmény)* obstacle, difficulty || ❑ *sp (futóé)* obstacle *tsz*; *(lóversenyen)* jump; *(sövény)* fence || **akadályba ütközik** meet* with difficulties; **forgalmi akadály** traffic jam; **nincs akadálya annak, hogy elmenj** there is nothing to stop you (*v.* prevent you from) going
akadályfutás *fn* steeplechase
akadályoz *ige* hinder *(vmt* sg, *vkt vmben* sy in sg) || **akadályoz vkt vmben** prevent sy (from) doing sg; **akadályozza a forgalmat** is obstructing the traffic
akadálytalan *mn* unhindered, unimpeded
akadályverseny *fn* obstacle-race; *(lovas)* steeplechase
akadémia *fn (tudományos)* academy || *(főiskola)* college || **Magyar Tudományos Akadémia** the Hungarian Academy of Sciences
akadémiai *mn* of the Academy *ut.*
akadémikus ▼ *mn* academic ▼ *fn* academician, member of the Academy
akadozik *ige (gép)* work irregularly, keep* stalling
akar *ige (kíván)* want (sg *v.* to do sg), wish (sg to happen *v.* for sg) || *(vmt birtokolni)* want (to have) sg || *(szándékozik)* intend to, be* about to, be* going to || **akartam írni, de elfelejtettem** I meant to write but forgot (to); **ahogy akarod** as you like; **akár akar(ja), akár nem** whether he wants

to or not; **el akar menni** he wants to leave; **ha akarja** if you like; **mit akarsz?** what do you want?; **mit akarsz ezzel mondani?** what do you mean (by that)?; **tégy, ahogy akarsz** do as you wish/please
akár ▼ *hsz (megengedés)* **akár el se gyere** you might as well stay away; **miattam akár el is mehet** he can go for all I care ▼ *ksz (hasonlítás)* just/ quite like || **olyan, akár az anyja** he is just like his mother || **akár hiszi, akár nem** believe it or not; **akár tetszik, akár nem** whether you like it or not
akarat *fn* will, wish || **szabad akarat** free will; **akaratom ellenére** against my wishes; **akarattal** on purpose, intentionally
akaraterő *fn* will-power, strength of will
akaratlan *mn* unintentional, involuntary; *(véletlen)* accidental; *(önkéntelen)* spontaneous
akaratos *mn* self-willed, obstinate
akárcsak *ksz* just like, (the) same as ... || **akárcsak az apja** he takes* after his father
akárhogy(an) *hsz* however, whatever/ whichever way || **akárhogy is** no matter how; **akárhogy van is** in any case
akárhol *hsz (ahol éppen)* wherever || *(bárhol)* anywhere, no matter where
akárhonnan *hsz (mindegy honnan)* from wherever || *(bárhonnan)* from anywhere
akárhova *hsz (ahova csak)* no matter where, wherever || *(bárhova)* anywhere
akárki *nm (aki csak)* whoever || *(bárki)* no matter who, anyone
akármeddig *hsz (hely)* however far || *(idő)* any length of time, indefinitely
akármekkora *nm* no matter how large
akármelyik *nm* any, no matter which; *(csak ha két dologról van szó)* either || **akármelyik napon** any day

akármennyi *nm* however much/many, no matter how much/many
akármennyire *hsz* however much, no matter how || **akármennyire szeretem is** much as I love him *(v.* like it)
akármennyiszer *nm* however often
akármerre *hsz* wherever, no matter where
akármerről *hsz* from whatever/whichever direction, from wherever/anywhere
akármi *nm (mellékmondat elején)* whatever, whatsoever || *(főmondatban és mellékmondat elején)* anything || **akármi más** anything else; **akármi megfelel** anything will do
akármikor *hsz (bármely időben)* (at) any time, no matter when, whenever you wish/like || *(valahányszor)* whenever, every time || **akármikor nem állíthatsz be oda!** you can't just turn up there (at) any odd time
akármilyen *nm* **nem akármilyen ember az!** he's not just anybody
akaródzik *ige* **nem akaródzik dolgozni** I don't feel like working
akaszt *ige (embert)* hang *(múlt ideje:* hanged) || *(tárgyat vmre)* hang* (up) *(múlt ideje:* hung) (sg on sg), suspend (sg from swhere)
akasztó *fn (vállfa)* hanger || *(kabátra varrott)* loop
akasztófa *fn* gallows *esz v. tsz,* gallows tree
akasztós szekrény *fn* wardrobe
akcentus *fn* accent || **idegen(es) akcentussal beszél** speak* with *(v.* have*) a foreign accent
akció *fn (cselekmény)* action, activity; *(vállalkozás, sajtó)* campaign; *(üzletben)* sale || **akcióba lép** go* into action, take* action/steps
akciófilm *fn* action film
aki *nm* who || **aki csak** whoever; **akik** who; **azok, akik** (the) people who, who; **az, aki** the person/one who ...;

akié whose; **akiért** for whom; **akihez** to whom; **akinek** to whom; **akinél** *(hely)* with whom, at whose place; *(hasonlítás)* than who; **ő az,** **akire gondolok** he is the person/one I'm thinking of; **akiről** about/of whom; **akit, akiket** whom; **ő az, akit láttam** he is the man (whom) I saw; **akitől** from/of whom; **akivel** with whom
akkor *hsz* then, at the/that time ‖ **akkor jött, amikor elmentem** he came when I left
akkora *nm* such a ... ‖ **akkora, mint az apja** be* as tall as his father
akkord *fn (zenei)* chord
akkoriban *hsz* in those days, at that time
akkorra *hsz* by then, by that time
akkumulátor *fn* battery ‖ **kimerült az akkumulátor** the battery is flat/dead
akkutöltő *fn* battery charger
akna *fn* ❏ *bány* (mine) shaft; *(szellőző)* airshaft; *(autójavításhoz)* pit ‖ *(robbanó)* mine ‖ **aknára fut** strike* a mine
aknavető *fn (löveg)* mortar
akol *fn* sheep-fold, pen
ákombákom *fn* scrawl, scribble
aközben *hsz* meanwhile, (in the) meantime
akrobata *fn* acrobat
akrobatamutatvány *fn* acrobatic feat/stunt/trick
akrobatika *fn* acrobatics *esz*
akt *fn* nude
akta *fn* document, paper, file
aktatáska *fn* briefcase
aktív *mn* active ‖ ❏ *kat* = **tényleges**
aktivitás *fn* activity
aktivizál *ige* activate
aktkép *fn* nude
aktuális *mn* timely, topical, current ‖ **már nem aktuális** be* out of date
aktualitás *fn* topicality, timeliness, up-to-dateness
aktus *fn* act; *(ünnepi)* ceremony ‖ **nemi aktus** sexual act

akusztika *fn* ❏ *tud* acoustics *esz*; *(teremé)* acoustics *tsz*
akvarell *fn (festés, kép)* watercolour (⊕ *US* -or)
akvárium *fn* aquarium (*tsz* -s *v.* -ria)
alá *nu* under, underneath, below, beneath ‖ **vk befolyása alá kerül** fall* under sy's influence
alááás *ige* ❖ *átv* undermine, subvert; *(egészséget)* ruin
alabárdos *fn* halberdier
alább *hsz (hol)* lower down, below ‖ *(hová)* lower/farther down, down under ‖ **alább adja** ❖ *átv* come* down a peg (or two), climb down; **az alább említett** the undermentioned; **lásd alább** see below
alábbhagy *ige* diminish, lessen; *(fájdalom, hideg)* abate
alábbi *mn* undermentioned, following ‖ **az alábbiakban** in what follows; **az alábbi fejezet** the passage (quoted) below
alábecsül *ige* underrate, undervalue
alacsony *mn* ❖ *ált* low; *(ember)* short, small ‖ *(érték, mérték)* low ‖ **alacsony ár** low price
alacsonyan *hsz* low ‖ **alacsonyan fekvő** low-lying; **alacsonyan repül** fly* low
aládúcol *ige* underpin, shore up, buttress
alagcső *fn* drain(-pipe)
alagsor *fn* basement
alagút *fn* tunnel
aláhúz *ige (írást)* underline, underscore ‖ ❖ *átv* stress, emphasize, underline
aláhúzás *fn* underlining, scoring
aláír *ige* sign ‖ **aláírom** ❖ *átv* I agree with it
aláírás *fn (cselekvés)* signing (one's name) ‖ *(aláírt név)* signature
aláíró *fn/mn* signer; *(okmányé)* signatory (*vmé* to)
alak *fn* ❖ *ált* form, shape; *(emberé)* figure, stature, build ‖ ❖ *biz (sze-*

alaki   8   **alapos**

mélyről) fellow, chap, character || *(ir. műben)* character; *(képen)* figure || ❏ *nyelvt* form || **furcsa egy alak** a strange chap/figure; **jó alakja van** she has a good/fine figure **alaki** *mn* formal || **alaki hiba** formal defect
alakít *ige* ❖ *ált* form, shape; *(ruhát)* alter || *(jellemet stb.)* shape, mould (⊕ *US* mold) || *(szerepet)* act, play || *(kormányt)* form; *(bizottságot)* set* up
alakítás *fn* ❖ *ált* formation, forming, shaping; *(ruháé)* altering || *(színészi)* interpretation
alakítható *mn (tárgy, főleg fém)* ductile, malleable || *(jellem)* pliable
alakú *utótag* -shaped, -formed, -like
alakul *ige (alakot ölt)* take* shape, assume a form, be* formed || *(vmvé)* become*, turn *i*nto sg, form *i*nto sg || *(létrejön)* come* *i*nto be*i*ng, be* formed || **úgy alakult, hogy** it so happened that
alakulat *fn* ❖ *ált* configuration || ❏ *geol* formation || ❏ *kat* formation; corps *(tsz* ua.), *u*nit
alakváltozat *fn* variant
alakzat *fn* form(ation), figure, configuration
alámerül *ige* submerge, dive; *(hajó)* sink*
alamizsna *fn* alms *tsz*
alamuszi *mn (sunyi)* shifty, sly
alantas *mn (alárendelt)* subordinate, inferior || *(aljas)* base, vulgar
alany *fn* ❏ *nyelvt* subject || ❏ *mezőg* stock
alap *fn* ❖ *konkr* base; *(házé)* foundation || *(nem anyagi)* basis *(tsz* bases) || *(pénz)* funds *tsz* || *(pl. képzőművészeti)* foundation || *(háttér)* background || **alapjában véve** basically, essentially; **alapul szolgál** serve as a basis; **alapul vesz vmt** take* sg as a/one's basis; **az iratok alapján** on the evidence of the documents; **milyen alapon (gyanúsítod)?** on what grounds (do you suspect him)?; **nincs semmi alapja** have* nothing to support it, have* no found*a*tion; **vmnek alapján** on the b*a*sis/strength of sg, on (the) grounds of, by re*a*son of sg
alapanyag *fn* basic (raw) material, base
alapbér *fn (munkásé)* basic wage
alapdíj *fn* minimum charge
alapelem *fn (vmnek része)* essential element/component
alapelv *fn* (fundamental/basic) principle
alapértelmezés *fn* ❏ *szt* default
alapeszme *fn* governing/basic idea
alapfeltétel *fn* primary cond*i*tion
alapfizetés *fn* basic wage/salary
alapfokú *mn* lower/first grade || **alapfokú nyelvtanfolyam** a course for beg*i*nners
alaphang *fn* keynote, p*i*tch-note
alapismeretek *fn* fundam*e*ntals, rudiments (of sg), elements
alapít *ige (intézményt stb.)* found, establish || ❖ *átv (vmre)* base [one's opinion etc.] on sg
alapítás *fn* foundation, est*a*blishment
alapító *mn/fn* founder || **alapító okirat** deed of foundation; **alapító tag** founder member
alapítvány *fn* foundation, endowment, fund || **alapítványt tesz** *(vmely célra)* endow (sg), found (sg)
alapkérdés *fn* fundamental question
alapkőletétel *fn* laying of the foundation-stone
alapkutatás *fn* basic research
alaplap *fn* ❏ *szt* motherboard
alapmű *fn* standard work
alapművelet *fn* **a négy alapművelet** the (first) four rules of arithmetic
alapokmány *fn* charter
alapos *mn (ember)* thorough(-going); *(ok)* sound; *(tudás)* thorough, profound, deep

alaposan *hsz* thoroughly, exhaustively, soundly || **alaposan rászolgált** he richly deserved it
alapoz *ige (házat)* lay* the foundations (of) || *(festő)* prime, ground
alapozás *fn (házé)* (laying the) foundations *tsz*, groundwork || *(festésnél)* priming
alapötlet *fn* theme
alaprajz *fn* ground-plan, sketch
alapszabály *fn* ❖ *ált* fundamental rule || **alapszabályok** constitution
alapszám *fn* radix *(tsz* radices), base
alapszókincs *fn* basic vocabulary
alaptalan *mn (vád)* unfounded; *(gyanú)* groundless || **alaptalan hírek** false rumours (⊕ *US* -ors)
alapterület *fn* (basic) area
alapul *ige* be* founded/based (up)on sg
alapvető *mn* fundamental, essential, basic || **alapvető fontosságú** of primary importance *ut*.
alapvonal *fn (mért)* base; ❑ *műsz* baseline; *(futball)* goal(-)line; *(tenisz)* baseline
alapzat *fn (házé)* foundation, groundwork
álarc *fn* mask; ❖ *átv* disguise || **álarcot ölt** mask oneself
álarcos *mn* masked
álarcosbál *fn* masked ball, fancy-dress ball
alárendel *ige (vknek, vmnek)* subordinate (to), place under (sy)
alárendelt *mn/fn (vknek, vmnek)* subordinate, inferior (to) || **alárendeltje vknek** inferior to sy
alátámaszt *ige (átv is)* prop/shore up; support; *(csak átv)* back up
alátét *fn* pad, support, underlay; *(csavarhoz)* washer || **(asztali) alátét** (table-)mat; *(pohár alá)* coaster
alatt *nu (hely)* under, below, underneath, beneath || *(idő)* in, during; in the course of || **a 20. szám alatt** under/at number 20; **ez alatt az idő alatt** during this time; **fagypont alatt**

below zero; **öt nap alatt** (with)in five days; **percek alatt** in a matter of minutes
alatta *hsz* **alatta áll** stand* underneath; **alatta fekvő** subjacent; **alatta marad** ❖ *átv* fall* short of sg; **alattunk laknak** they live* on the floor below us
alattomban *hsz* by stealth, on the sly
alattomos *mn* sneaking, sly, treacherous
alattvaló *fn* subject
álávet *ige* (*vkt vmnek*) submit/subject sy to sg; (*vmt vmnek*) subject sg to sg
alázat *fn* humility, humbleness || **alázattal** humbly
alázatos *mn* humble, submissive
alázatoskodik *ige* cringe, humble oneself
albán *mn/fn* Albanian
Albánia *fn* Albania
albániai *mn* Albanian, of Albania *ut*.
albérlet *fn* **albérletbe megy** rent a room/flat, ❖ *biz* move into digs; **albérletben lakik** live in lodgings (*v*. ⊕ *GB* digs)
albérleti szoba *fn* (furnished) room, lodgings *tsz*, ⊕ *GB* ❖ *biz* digs *tsz*
albérlő *fn* lodger; ⊕ *US* roomer
album *fn* album
álcáz *ige* mask, disguise; *(kat is)* camouflage
alcím *fn (a mű címét kiegészítő)* subtitle; *(cikk egy-egy szakaszáé)* subheading
alcsalád *fn* ❑ *áll* subfamily
áld *ige* bless || **Isten áldjon!** goodbye!, farewell!
áldás *fn (papi)* blessing, benediction; *(asztali)* grace ❖ *átv* || *(haszon)* boon, blessing || **áldását adja vmre** give* one's blessing to sg
áldatlan *mn* unfortunate, unblessed || **áldatlan állapotok** evil conditions
áldomás *fn* drink, toast (to sy) || **áldomást iszik vmre** drink* to (the success of) sg
áldott *mn* ❖ *ált* blessed || **áldott állapotban van** be* pregnant

áldoz *ige* ❖ *átv* devote [time etc.] to, sacrifice sg to sg || **áldoz vmre** *(= költ)* make* a sacrifice for sg, spend* [a lot of money] on sg
áldozás *fn* ❑ *vall* Holy Communion
áldozat *fn (lemondással járó)* sacrifice || *(vm rosszé)* victim (of) || **áldozatot hoz vkért/vmért** make sacrifices for sy/sg; **áldozatul esik** fall* victim/prey (to); **a halálos áldozatok száma** death toll; **baleset áldozata lett** be* killed in an accident
áldozatkész *mn* willing to make sacrifices *ut.*
áldozik *ige* ❑ *vall* receive the sacrament, receive (Holy) Communion, communicate
áldozócsütörtök *fn* Ascension Day
alelnök *fn* vice-president
alezredes *fn* lieutenant-colonel *(röv* Lt-Col.)
alfa *fn* alpha
alfaj *fn* ❑ *áll* ❑ *növ* subspecies *(tsz* ua.)
alföld *fn* lowland, (the) lowlands *tsz,* plain || **az Alföld** the Great Hungarian Plain
alga *fn* alga *(tsz* algae)
algebra *fn* algebra
algebrai *mn* algebraic(al)
algoritmus *fn* algorithm
alhadnagy *fn (GB és US hadseregben)* 2nd lieutenant; *(tengerészetben)* sublieutenant, ⊕ US master-sergeant
alibi *fn* alibi
alig *hsz (éppen hogy)* hardly, scarcely, barely || **alig hallom** I can only just hear it; **alig ismerem** I hardly know him; **alig valami** barely/scarcely any; **már alig várom** be* looking forward to ...ing sg
aligátor *fn* alligator
aligha *hsz* scarcely, hardly || **ő már aligha jön meg** he is not likely to arrive
alighanem *hsz* (most) probably, in all probability, very likely

alighogy *hsz (mihelyt)* hardly, scarcely, no sooner (than)
alj *fn (szoknya)* skirt
alja *fn (alsó rész)* bottom, lower part, foot; *(hegyé)* foot (of the hill) || *(üledék)* dregs *tsz,* sediment || **a kávé alja** coffee grounds *tsz*; **a lap alján** at the foot of the page
aljas *mn* base, mean, vile || **aljas gazember** dirty rascal/dog
aljasság *fn* baseness, meanness, vileness
aljnövényzet *fn* undergrowth
aljzat *fn* ❑ *el* (wall) socket, (power) point
alkalmas *mn (vmre)* (be*) suitable, fit, right *(mind:* for sg), be* suited to (sg) || *(illő)* appropriate (for) || **alkalmas időben** at a convenient time; **katonai szolgálatra alkalmas** (be*) fit for *(military)* service; **nem alkalmas vmre vk** be* not cut out for sg
alkalmasság *fn (megfelelés)* fitness, suitability, aptitude, aptness
alkalmassági vizsgálat *fn* aptitude test
alkalmatlan *mn (vmre személy)* unfit(ted)/unsuitable for *ut.*, unsuited to *ut.*; *(állásra)* unqualified for *ut.*; *(tárgy vmre)* unfit/unsuitable for *ut.* || *(kellemetlen)* inconvenient; *(rosszkor történő)* inopportune
alkalmatlankodik *ige (vknek)* bother sy, be* a trouble to sy || **nem akarok alkalmatlankodni** I don't want to intrude (on you)
alkalmatlanság *fn (személyé)* unfitness (for), inaptitude (to, for); *(dologé)* unsuitability (for); *(időbeli)* inopportunity || *(kellemetlenség)* inconvenience, bother, nuisance
alkalmaz *ige (vmt vmre)* apply (to), employ (for, to), use (for); *(eljárást, módszert)* adopt || *(vkt)* employ, engage || **a törvényt alkalmazza** enforce the law

alkalmazás *fn* (*vmé*) application, employing, employment, use; *(eljárásé)* adoption || *(színre)* adaptation || *(vké)* employment || **alkalmazásban van have*** a job, be* employed
alkalmazkodás *fn* (*vkhez*) fitting in with sy || (*vmhez*) adjustment to sg
alkalmazkodik *ige* (*vkhez*) fit in with sy || (*vmhez*) adjust (oneself) to sg, adapt (oneself) to sg || **jól/könnyen tudott alkalmazkodni** (s)he adapted (very) well
alkalmazkodó *mn* adaptable, flexible
alkalmazott ▼ *mn* applied || **alkalmazott matematika** applied mathematics ▼ *fn* employee || **az alkalmazottak** staff, personnel
alkalmi *mn* ❖ *ált* occasional, incidental; *(véletlen)* casual; chance; *(zsűri stb.)* ad hoc || **alkalmi ár** special/bargain price; **alkalmi munkát vállal** (under)take* odd jobs; **alkalmi vétel** (special) bargain
alkalom *fn* occasion; *(lehetőség)* opportunity, chance || **vmnek alkalmából** on the occasion of; **az alkalomhoz illően öltözött** (be*) properly dressed; **alkalmat ad** give* an opportunity to, give* sy a chance; **ez alkalommal** this time
alkar *fn* forearm
alkat *fn* ❖ *ált* structure, build, construction; *(emberé)* constitution, build; *(testi)* physique
alkatrész *fn* *(gépé stb.)* part || *(pótalkatrész)* spare part(s), spares *tsz*
alkohol *fn* ❏ *vegy* alcohol, spirit || *(szeszes ital)* alcoholic drinks *tsz*, alcohol; *(röviditalok)* spirits *tsz* || **tiszta alkohol** pure alcohol
alkoholellenes *mn* anti-alcoholist
alkoholista *mn/fn* alcoholic, habitual/hard drinker
alkoholizmus *fn* alcoholism
alkoholmentes ital *fn* nonalcoholic/soft drink

alkoholos *mn* alcoholic || **alkoholos befolyásoltság állapotában** in an intoxicated state
alkoholszonda *fn* breathalyser, ⊕ *US* drunkometer
alkony *fn* twilight, nightfall, dusk
alkonyodik *ige* night is* falling
alkot *ige (teremt)* create; *(képez)* form, make* up || *(szellemi művet)* compose, write*, produce
alkotás *fn (folyamat)* creation || *(mű)* work, product
alkotmány *fn (országé)* constitution
alkotmánybíróság constitutional court
alkotmányjog *fn* constitutional law
alkotmányos *mn* constitutional || **alkotmányos úton** by constitutional means
alkotó ▼ *mn* creative, constructive ▼ *fn (műalkotásé)* creator, maker; *(zenei)* composer; *(irodalmi)* writer || **a film alkotói** the Credits, credit list
alkotóelem *fn* = **alkotórészek**
alkotórészek *fn tsz* constituent/component parts, components
alku *fn* bargain, deal || **alkut köt** drive*/conclude a bargain; **áll az alku!** it's a bargain!
alkudozás *fn* bargaining; ❏ *pol* negotiation
alkudozik *ige* (*vkvel vmről/vmn*) haggle (with sy over sg)
álkulcs *fn* skeleton/master key
alkuszik *ige* bargain (*vkvel vmre* with sy for sg)
áll[1] *ige* (*vhol*) stand*, be* on one's feet || *(gép, munka)* be* at a standstill; *(vonat)* stop || *(vhová)* place oneself swhere, go* swhere || *(ruha stb.)* become*/fit/suit sy || *(igaz)* be* true (of sy); hold* (good) || *(olvasható)* read* || *(vmből)* consist of sg, be* composed of sg, be* made up of sg || *(vmben)* consist in sg || ❖ *átv* (*vkn, vmn*) depend on (sy, sg); it rests with (sy, sg) || **állj! ki vagy?** halt! who goes there?;

az áll rajta, hogy it says/reads ...; **csak rajtam áll** it is up to no-one but me, it depends on me alone; **esőre áll az idő** it looks like rain; **ha így áll a dolog** if that's how things stand/are; **hogy álltok?** *(játékban)* what is the score?; **munkába áll** begin* work, take* a job; **5:1-re állnak** the score stands at 5–1; **állja a hideget** he can take the cold; **állja az ígéretét** keep* one's promise; **amit mondtam, (azt) állom** I stand by what I said, I keep my word; **nem állhatom** I can't endure/stand him/her

áll² *fn* chin

állag *fn (anyag)* substance || *(állapot)* condition

állam *fn* state

államalapítás *fn* foundation of a/the state

állambiztonsági *mn* state security

államcsíny *fn* coup (d'état) *(tsz* coups d'état)

államelnök *fn* president (of the state)

államférfi(ú) *fn* statesman°

államforma *fn* form of state

államfő *fn* head of state; *(király)* sovereign, monarch

állami *mn* state, public; ⊕ *US* governmental || **állami bevétel** public revenue; **állami gazdaság** state farm; **állami gondozott** child° in care; **állami iskola** state school; ⊕ *US* public school; **állami tulajdonban levő** state-owned; **állami vállalat** state enterprise, state-owned firm/company

államigazgatás *fn* public administration

államkincstár *fn* the (state) Treasury; *(GB néha)* the Exchequer

államosít *ige* nationalize, take* sg into public ownership

állampolgár *fn* subject, ⊕ *US* citizen || **angol állampolgár** British subject; **idegen állampolgár** alien; **magyar állampolgár** Hungarian subject

állampolgári *mn* civic || **állampolgári hűség** allegiance

állampolgárság *fn* nationality, ⊕ *US* citizenship || **állampolgárság megszerzése** naturalization

államrend *fn (szervezet)* political/social system

államtitkár *fn* undersecretary

államtitok *fn* state secret

államügyész *fn* public prosecutor; ⊕ *US* district attorney; **legfőbb államügyész** ⊕ *GB* Attorney General

államvagyon *fn* public/state property

államvizsga *fn* state examination

államvizsgázik *ige* sit*/take* the state examination

állandó ▼ *mn (tartós)* permanent, lasting, constant, stable, steady; *(rendszeres)* regular; *(szakadatlan)* continuous, perpetual; *(változatlan)* unchanging; *(rögzített)* fixed, stationary; *(örökös, elit)* continual, perpetual || **állandó alkalmazás** permanent/steady employment/job; **állandó hadsereg** standing/regular army; **állandó lak(ó)hely** permanent address/residence; **állandó lakos** resident; **állandó vevő** regular customer ▼ *fn* ❏ *mat* constant

állandóan *hsz* constantly, permanently, steadily, continually || **állandóan elkésik** be* habitually late

állapot *fn* state (of affairs), condition, status || **állapota javul** is (getting) better, his health is improving; **jó állapotban van** be* in good condition/repair; *(épület)* be* in a good state of preservation; **rossz állapotban van** *(tárgy)* be* in bad condition/repair; *(ember)* be* in bad shape

állapotos asszony *fn* expectant mother

állás *fn (nem ülés)* stand(ing), upright position || *(nem működés)* standstill || *(helyzet)* state, position || *(alkalmazás)* job, employment; *(hivatal)* position; *(társadalmi)* rank, status || *(csillago-*

ké) constellation || *(megerősített fedezék)* dugout, trench, entrenchment || *(istállóban)* stall || *(buszoké)* bay || **állást foglal vm ügyben** take* a stand on sg; **állást keres** look for a job; *(hirdetésben)* "Situations Wanted"; **állást kínál** *(hirdetésben)* "Situations Vacant"; **a játék állása** the score (of the game); **a dolgok állása** the state of things, the circumstances *tsz*; **magas állásban** in a high position; **nincs állása** have* no job, be* unemployed; **tanári állás** employment as a teacher, teaching

állásfoglalás *fn* attitude, stand(point), position taken up [in a case]

álláspont *fn* point of view, viewpoint, stand(point) || **mi az álláspontod ebben a kérdésben?** what's your position on this issue?

állástalan *mn/fn* jobless, having no job *ut.*, unemployed || **az állástalanok** the unemployed

állat *fn* ❖ *ált* animal; ❖ *ir (főleg emlős)* beast; *(házi)* domestic/farm animal

állatfaj *fn* animal species *(tsz* species)

állati *mn (állatvilághoz tartozó)* animal || ❖ *biz* **állati jó** smashing, really great

állatkereskedés *fn* pet-shop

állatkert *fn* zoological gardens *tsz*, zoo

állatkínzás *fn* cruelty to animals

állatmese *fn* animal fable/story

állatorvos *fn* veterinary surgeon; ❖ *biz* vet; ⊕ *US* veterinarian

állatorvostan *fn* veterinary science/surgery

állatorvos-tudományi egyetem *fn* veterinary college/school

állattan *fn* zoology

állattani *mn* zoological

állattenyésztés *fn* animal husbandry, livestock-farming/breeding/raising

állattenyésztő *fn* stock-breeder

állatvilág *fn* animal kingdom, fauna

állcsont *fn* jaw-bone, mandible

álldogál *ige* stand* about, loiter, loaf around

allergia *fn* allergy

allergiás *mn* allergic *(vmre* to)

állít *ige (vmt vhová)* place, put*, stand* (sg swhere) || *(mondva)* assert, state, maintain, claim || **azt állítja, hogy** he claims/argues that ...

állítás *fn (vhová)* placing, putting, setting || *(kijelentés)* assertion, statement || **saját állítása szerint** by his own account

állítható *mn (szabályozható)* adjustable

állítmány *fn* predicate

állító *mn (igenlő)* affirmative, assertive, positive

állítólag *hsz* supposedly, allegedly || **állítólag jön** he is said to be coming

állkapocs *fn* jaw

álló *mn (vhol)* standing || *(nem mozgó)* stationary, fixed || *(függőleges)* vertical, upright || *(vmből)* consisting/composed of sg *ut.* || **álló helyzetben van** stand*; **a vezetése alatt álló sereg** the army under his command

állócsillag *fn* fixed star

állóhely *fn* standing room

állólámpa *fn* standard (*v.* ⊕ *US* floor) lamp

állomány *fn (személyi)* staff || ❑ *kat* effective force || *(készlet)* stock || **állományba (föl)vesz** engage, employ

állomás *fn* station || **az állomáson** at the station

állomásfőnök *fn* stationmaster

állomáshely *fn* ❑ *kat* garrison, station; *(diplomáciai)* post

állóóra *fn (nagy)* grandfather-clock; *(kisebb)* clock

állott *mn (ital, étel)* stale; *(üzletben)* shopworn

állóvíz *fn* standing/stagnant water

állva *hsz* on foot || **állva marad** remain standing, stand* still

állvány *fn* ❖ *ált* stand; *(fából)* wooden frame; *(épülethez)* scaffolding; *(fes-*

állványoz 14 **általában**

*tőé) ea*sel; *(könyvnek, iratnak)* shelf°; *(műszeré)* tripod
állványoz *ige* put* up (*v.* erect) scaffolding
alma *fn* apple || **az alma nem esik messze a fájától** like father like son
almabor *fn* cider
almacsutka *fn* apple-core
almafa *fn* apple-tree
almakompót *fn* stewed apple
almalé *fn* apple-juice
almanach *fn* almanac, year-book
almás *mn* **almás pite** apple-cake/tart/pie; **almás rétes** apple-turnover
álmatlan *mn* sleepless, wakeful
álmatlanság *fn* sleeplessness, insomnia
álmélkodik *ige (vmn)* wonder (at sg), be* amazed (to see sg)
álmodik *ige* dream* (*vkről, vmről* of/about), have* a dream || **arról ne is álmodj!** it's out of the question!
álmodozás *fn* reverie, daydream(ing)
álmodozik *ige* daydream*
álmos *mn* sleepy, drowsy
álnév *fn* pseudonym; *(írói)* pen-name
álnok *mn* perfidious, treacherous
alól *nu* from beneath/under/below || **az asztal alól** from under the table; **ez alól a fa alól** from under this tree
álom *fn (amit álmodunk)* dream || *(alvás)* sleep, slumber || **álmában beszél** talk in one's sleep; **álmai teljesültek** his/her dreams came true; **álomba merül** fall* asleep; **álomba ringat** rock/lull/send* to sleep; **elnyomta az álom** sleep overcame him; **rossz álom** nightmare; **szép álmokat!** sweet dreams!
alorvos *fn* junior doctor; ⊕ *GB* houseman°; ⊕ *US* intern
alosztály *fn* subdivision; ❑ *áll* subclass
alperes *fn* defendant; *(válóperben)* respondent
alpesi *mn* alpine || **alpesi számok** ❑ *sp* Alpine events
alpinista *fn* mountaineer

alpinizmus *fn* mountaineering
Alpok *fn tsz* **az Alpok** the Alps
alpolgármester *fn* deputy mayor
alrend *fn* ❑ *áll* suborder
álruha *fn* disguise || **álruhát ölt** disguise oneself, put* on a disguise
alsó ▼ *mn* lower, under, bottom || **alsó ajak** lower lip; **alsó fokú** lower-grade; **alsó fokú oktatás** primary education; **alsó tagozat** ❑ *isk kb.* primary (⊕ *US* elementary) school; junior school; *(nem hiv)* the lower school; **vmnek az alsó része** the lower part of sg, the bottom of sg ▼ *fn (ruha)* underclothes *tsz*, underclothing, underwear || *(kártya)* knave, jack
alsóbbrendű *mn (vmnél)* inferior (to sg), subordinate (to sg) || **alsóbbrendű út** minor road
alsóéves *fn* first/second-year student
alsóház *fn (parlamenti)* Lower House; ⊕ *GB* House of Commons; ⊕ *US* House of Representatives
alsóing *fn* ⊕ *GB* vest; ⊕ *US* undershirt
alsókar *fn* forearm, lower arm
alsónadrág *fn (férfi)* (under)pants, briefs, ⊕ *US* shorts *(mind: tsz)*
alsónemű *fn* underwear, underclothes *tsz*; *(női)* ❖ *biz* undies *tsz*
alsószoknya *fn* (waist) slip, petticoat
álszent ▼ *mn* hypocritical, pharisaic(al) ▼ *fn* hypocrite, pharisee
alszik *ige* sleep*, be* asleep || **mélyen alszik** be* fast/sound asleep; **alszik, mint a bunda** sleep* like a top/log; **aludni megy** go* to bed
alt *mn/fn* contralto; alto = férfialt v. kontratenor || **alt (szólam)** contralto part
altábornagy *fn* lieutenant-general
által ▼ *nu* by, by means of, by way of, by the aid of, through, per || **ez által a hiba által** because of this error/mistake ▼ *hsz* **általa** by/through him/her
általában *hsz* in general, generally (speaking), usually, commonly, as a rule

általános *mn* general; *(mindenkire/mindenre kiterjedő)* universal, common, overall; *(közkeletű)* everyday; *(igével)* be* current ‖ **általános iskola** *kb.* primary school, *(US így is)* grade school; **általános mérnök** civil engineer; **általános műveltség** general education, ⊕ *US* liberal education; **általános véleményaz, hogy ...** it is generally held that ..., the consensus is that
általánosan *hsz* generally, universally ‖ **általánosan elterjedt** *(szokás)* widespread; *(szó)* widely used
általánosítás *fn* generalization
általánosság *fn* generality, universality ‖ **általánosságban** in general, generally
altat *ige (gyereket)* lull (sy) to sleep ‖ ❏ *orv* anaesthetize (⊕ *US* anes-)
áltat *ige* delude, mislead*, deceive ‖ **áltatja magát** delude/kid oneself
altatás *fn* ❏ *orv* (general) anaesthesia (⊕ *US* anes-)
altató ▼ *mn (hatású)* sleep-inducing, soporific ▼ *fn (szer)* sleeping draught/pill; *(erősebb)* opiate, narcotic
altatódal *fn* lullaby, cradle-song
altatóorvos *fn* anaesthetist; ⊕ *US* anesthesiologist
altemplom *fn* crypt
alternatív *mn* alternative
alternatíva *fn* alternative, choice, option
altest *fn* lower trunk, lower parts *tsz*
aludttej *fn* curdled/sour milk, ⊕ *US* clabber
alufólia *fn* (tin)foil, aluminium (⊕ *US* aluminum) foil
alul *hsz (hol)* (down) below, underneath, at the bottom; *(házban)* downstairs
aluli *mn* **kritikán aluli** beneath all criticism *ut.*; **18 éven aluli** under (the age of) 18 *ut.*
alulírott *mn/fn* undersigned ‖ **alulírott Kiss Pál ...** The undersigned, P.K. ...; **mi, alulírottak** we, the undersigned

aluljáró *fn (autóknak)* underpass; *(gyalogosoknak)* subway
alulról *hsz* from below/beneath
alumínium *fn* aluminium; ⊕ *US* aluminum
alvad *ige* congeal; *(vér)* clot; *(tej)* curdle
alvállalkozó *fn* subcontractor
alvás *fn* sleep; ❖ *ir* slumber
alváz *fn* frame; *(autóé)* chassis; *(vagoné)* underframe; *(forgóalváz)* bogie
alvilág *fn (ókori)* the nether world ‖ *(bűnözőké)* underworld, ⊕ *US* gangland
alvilági *mn (ókori)* infernal ‖ **alvilági élet** life of the underworld, low life
a. m. = *annyi mint* that is (to say), i.e.
ám ▼ *hsz/isz (nyomatékként)* well, then, really ‖ **igen ám, de** that's all very well but; **ám legyen!** so be it!, all right!, my blessings; **de nem ám!** oh no, by no means ▼ *ksz (azonban)* yet, though; again
amatőr *mn/fn* amateur
ámbár *ksz* (al)though, albeit
ambíció *fn* ambition, spirit, energy, urge
ambiciózus *mn* ambitious
ambulancia *fn (hely)* outpatient department, outpatients *tsz* ‖ *(járóbetegrendelés)* outpatient/ambulant treatment
ameddig *hsz (hely)* as far as, to ‖ *(idő)* as/so long as, till
amekkora *nm* as large/great as
amellett *hsz (azonkívül)* yet, besides, in addition ‖ **amellett, hogy** apart from the fact that; **amellett vagyok, hogy menjünk** I am in favour (⊕ *US* -or) of going
amely *nm* which, that ‖ **amelyek közül** from among which; **amely(ek)ből** from/of which; **az autó, amellyel jöttem** the car I came in
amelyik *nm* which, that ‖ **a könyv, amelyikben megtalálod** the book you'll find it in; **amelyikünk előbb ér oda, az ...** whoever gets there first

ámen *fn/isz* amen
amennyi *nm* as much as || **amennyi tetszik** as much as you want/like
amennyiben *ksz (amely mértékben)* in so far as, inasmuch as || *(ha)* if || **amennyiben eljön** if he comes, should he come
amennyire *hsz* as/so far as || **amennyire én tudom** as far as I know; **annyira ..., amennyire ...** as/so ... as
amennyiszer *hsz* as often as, as many times as
Amerika *fn* America
amerikai *mn/fn* American; **Amerikai Egyesült Államok** United States of America *(röv* U.S.A. *v.* USA), ❖ *biz* the States; **amerikai angol (nyelv)** American English; **amerikai mogyoró** peanut, groundnut; **amerikai nagybácsi** rich uncle; **az amerikaiak** the Americans
amerikanisztika *fn* American studies *tsz*
amerre *hsz* where || **amerre csak** wherever; **megy, amerre lát** go* whither/where he can
amerről *hsz* from where || **amerről csak** from whatever direction
amfiteátrum *fn* amphitheatre
ami *nm* that, which || **az(t), ami(t)** what; **ami engem illet** as for myself, as far as I am concerned; **ami azt illeti** as a matter of fact
amiatt *hsz (vm miatt)* on account of, because (of), owing to
amiért *hsz* on account of, because (of)
amíg *hsz (vmely idő alatt)* as long as, while || *(időpontig)* till, until || **addig várj, amíg vissza nem jövök** wait until I return; **amíg csak él** while (s)he lives
amikor *hsz* when || **amikor csak** whenever; every time; **már amikor!** it depends; **amikorra** by the time
amilyen *nm* such as; as || **amilyen korán csak lehet** as early as possible
amint ▼ *ksz (mihelyt)* as soon as, no sooner than; *(amíg)* while, when ||
amint lehet as soon as possible ▼ *hsz* as || **amint a 4. sz. ábrán látható** as can be seen (*v.* as shown) in Fig. 4
aminthogy *ksz* as || **aminthogy igaz is** true as it is
amióta *hsz (ever)* since
amire *hsz (hely)* on which || **ez az, amire gondolok** that's what I am thinking of, that's what I mean
amnesztia *fn* amnesty, general pardon
amolyan *nm* **ez amolyan kabátféle** it's a sort of coat
amortizáció *fn* amortization
amortizálódik *ige* be* amortized
amott(an) *hsz* (over) there, yonder
amper *fn* ampere *(röv* amp) || **öt amper erősségű** five-amp
ampulla *fn* ampoule, ⊕ *US* ampule
amputál *ige* amputate, cut* off [a limb]
amputálás *fn* amputation, cutting off (of limb)
amúgy *hsz (egyébként)* otherwise || **amúgy is ...** anyway, in any case; **amúgy sem tudnék eljönni** I couldn't come anyway
ámul *ige* marvel (⊕ *US* -l), wonder, be* amazed
amulett *fn* amulet, charm, mascot
anakronizmus *fn* anachronism
analfabéta *mn/fn* illiterate
analitika *fn* analytics *esz*
analitikus ▼ *mn* analytic(al) ▼ *fn* analyst
analizál *ige* analyse (⊕ *US* -yze)
analízis *fn* analysis *(tsz* -ses)
analóg *mn (vmvel)* analogous (to/with) || **analóg számítógép** analogue (⊕ *US* analog) computer
analógia *fn* analogy || **analógia alapján** by analogy, analogically
ananász *fn* pineapple
anarchia *fn* anarchy
anatómia *fn* anatomy
Andok *fn tsz* the Andes
anekdota *fn* anecdote
anekdotázik *ige* tell*/relate anecdotes

anélkül *hsz* **anélkül, hogy** without so much as ..., without ...ing
aneszteziológus *fn* anaesthetist (⊕ *US* anes-) ⊕ *US* anesthesiologist
Anglia *fn* England; *(tágabb ért.)* Great Britain, the United Kingdom
angliai *mn* English, of England *ut.*; *(tágabb ért.)* British, of Great Britain *ut.*
anglicizmus *fn (idegen nyelvben)* anglicism || *(angolban)* English idiom
anglikán *mn* Anglican || **az anglikán egyház** the Church of England
anglisztika *fn* English studies *tsz*
angol ▼ *mn* English; *(tágabb értelemben)* British || **angol anyanyelvű** English-speaking; **angol anyanyelvűek** native speakers of English; **angol nyelvű** English, (written) in English *ut.*; **angol nyelvtudás** (one's) English; **angol szakos tanár** = **angoltanár**; **angol származású** of English birth/descent *ut.*, English-born; **angol tanszék** Department of English, English Department; **az angol nyelv** the English language, English ▼ *fn (férfi)* Englishman°; *(nő)* Englishwoman°; *(tágabb értelemben)* British subject || *(nyelv)* the English language, English || **az angolok** the English, *(tágabb ért.)* the British
angolbarát *mn/fn* Anglophile, pro-English/British
angolkór *fn* rickets *esz v. tsz*, rachitis
angol–magyar *mn (kapcsolatok stb.)* Anglo-Hungarian [relations]; *(szótár)* English-Hungarian [dictionary]
angolna *fn* eel
angolóra *fn* English lesson/class || **az angolórán** in during the English class
angolos *mn* English, English-like || **angolosan távozik** take* French leave; **angolosan kérem** *(húst)* I want it rare/underdone
angolpark *fn* amusement park, funfair
angolság *fn* helyes **angolság** good English, the King's/Queen's English, standard English; **jó angolsággal beszél** speak* good/idiomatic English
angolszalonna *fn* bacon; *(szeletelt)* sliced bacon
angolszász *mn* Anglo-Saxon || **az angolszász világ** the English-speaking world
angoltanár *fn* teacher of English, English teacher/master
angoltudás *fn* (one's) English
angolul *hsz* (in) English || **hogy van angolul?** what is the English for ...?, how do you say it/that in English?; **angolul beszél** speak* English; **angolul beszélő** English-speaking; **angolul beszélők** (native) speakers of English; **angolul tanul** learn* English; **tud(sz) angolul?** can you speak* English?; **angolul van írva** is written in English
angyal *fn* angel
animációs film *fn* (animated) cartoon
ánizs *fn* anise; *(ízesítő)* aniseed
annak *nm (birtokos)* of that; *(részeshatározó)* to/for that || **annak adom, aki** I give it to the person/one who; **annak az embernek a háza** the house of that man°, that man's house
annál *hsz (hely)* at/with that || *(középfok mellett)* all the, so much the || **annál a háznál** at that house; **annál is inkább, mert** (all) the more so since; **annál kevésbé** all the less, let alone; **annál rosszabb** so much the worse, worse than that
anorák *fn* anorak, shower coat
Antarktisz *fn* the Antarctic
antarktiszi *mn* Antarctic
antenna *fn* aerial, antenna || **televíziós antenna** TV antenna/aerial
antibiotikum *fn* antibiotic
antidemokratikus *mn* undemocratic, antidemocratic
antik *mn (ókori)* antique, ancient || *(bútor stb.)* period, antique || **antik tárgy** antique
antikvárium *fn* second-hand bookshop

antikvitás *fn (kor)* antiquity || *(műtárgyak)* antiquities *tsz*
antilop *fn* antelope
antipátia *fn* antipathy (to/towards/against), aversion (to)
antiszemita ▼ *mn* anti-Semitic ▼ *fn* anti-Semite
antiszemitizmus *fn* anti-Semitism
antológia *fn* anthology
antropológia *fn* anthropology
anya *fn* mother || **anyám! Mother!**; **anyja lánya** she is like her mother; **anyja neve** *(űrlapon)* mother's maiden name; **Anyák napja** Mothering Sunday, ⊕ *US* Mother's Day; **az anyád! damn you!**
anyacsavar *fn* nut
anyag *fn* ❏ *fil* matter || *(különféle)* material, substance; ❏ *tex* material, cloth, fabric; ❖ *biz* stuff; *(készítményé)* ingredient(s) || *(gyűjtemény)* material || *(írásműé)* subject-matter, material, theme; *(vitáé)* topic || **a múzeum anyaga** the museum's collection (of ...)
anyagcsere *fn* metabolism
anyagi ▼ *mn (anyaggal kapcsolatos)* material || *(pénzügyi)* financial || **anyagi eszközök** financial means; **anyagi javak** material goods/assets; **jó anyagi körülmények között él** be* comfortably off; **meghaladja anyagi erőmet** (sg) is beyond my means/purse; **rosszak az anyagi körülményei** be* badly off/situated, ❖ *biz* be* hard up ▼ *fn* **anyagiak** material resources, pecuniary means; **előteremti a szükséges anyagiakat** raise the necessary funds
anyagias *mn* (grossly) materialistic
anyagilag *hsz* materially, financially
anyai *mn* maternal; *(érzelmi)* motherly || **anyai ágon** on my/your/his/her mother's side; **anyai örömöknek néz elébe** be* expecting a baby
anyajegy *fn* birthmark
anyakirályné *fn* queen mother

anyakönyv *fn* register of births, marriages and deaths; *(iskolai)* roll/register of students
anyakönyvi *mn* **anyakönyvi hivatal** register/registry office; **anyakönyvi kivonat** birth/marriage/death certificate
anyakönyvvezető *fn* registrar
anyanyelv *fn* mother tongue, native language, vernacular
anyanyelvi *mn* in one's/the mother tongue *ut.*, native; **anyanyelvi szinten beszél egy nyelvet** (s)he has a native-like command of [a foreign language]; **anyanyelvi oktató** native teacher
anyanyelvű *mn* = ajkú
anyaország *fn* mother-country, native country, homeland, motherland
anyás *mn* attached to (*v.* dependent on) the mother *ut.* || **anyás csavar** (nut and) bolt
anyaság *fn* motherhood, maternity
anyasági segély *fn* ⊕ *GB* maternity grant
anyaszült meztelen *mn* stark naked
anyatej *fn* mother's milk || **az anyatejjel szívta magába** has imbibed it from infancy
annyi *nm* so much/many, as much/many || **annyi bizonyos, hogy ... this much (*v.* one thing) is certain that; **annyi könyvem van, mint neki** I've got as many books as he (has); **annyi mint** *(röv a. m.)* that is (to say), i.e.; **2 meg 4 az annyi, mint 6** 2 and 4 make 6
annyian *hsz* so many, in such great number || **annyian vannak, hogy be sem lehet férni** it's so crowded that you can't get in
annyiban *hsz* so much, so far as || **annyiban hagy** leave* at that, let* alone
annyifelé *hsz* in so many directions
annyira *hsz (távolság)* as far as || *(fok)* so, so much (that), to such a degree (*v.* an extent), that much || **annyira el-**

foglalt, hogy ... he is so busy that; **azért nincs annyira hideg** it isn't all that cold; **már nem fáj annyira** it doesn't hurt so much now
annyiszor *hsz* so many times, so often
annyit *nm* so much/many; **csak annyit mondott ...** all he said was ...; **ez annyit jelent, hogy ...** what this/it amounts to is that ...
anyós *fn* mother-in-law (*tsz* mothers-in-law)
anyu(ka) *fn* ⊕ *GB* Mum(my), Ma, ⊕ *US* Mom(my)
apa *fn* father || **apám!** Father!, ❖ *biz* Dad!; **apjára ütött** he takes* after his father; **apáról fiúra** from father to son; **apja fia** (he is) a chip of(f) the old block
apáca *fn* nun
apácazárda *fn* convent, nunnery
apad *ige (tenger)* ebb, be* on the ebb; *(folyó)* fall*; *(ár)* subside || **a Duna apad** the Danube is falling; **apadnak a készletek** supplies are dwindling (*v.* running low)
apai *mn* paternal; *(érzelmi)* fatherly || **apai ágon** on my/your/his/her father's side; **apai örökség** patrimony, paternal inheritance; **apait-anyait belead vmbe** (go* at it) hammer and tongs, (go* at it) full blast
apály *fn* ebb(-tide) || **apály és dagály** ebb and flow; **apály van** the tide is on the ebb
apaság *fn* paternity, fatherhood
apát *fn* abbot
apátság *fn (hivatal)* abbacy || *(épület)* abbey
APEH *(Adó- és Pénzügyi Ellenőrzési Hivatal)* the Hungarian tax authority
aperitif *fn* aperitif
apó *fn* old man°, granddad
ápol *ige (beteget)* nurse, tend, attend on || *(barátságot)* cultivate; *(érzést)* entertain, cherish; *(kultúrát)* foster, promote || *(gondoz)* take* care of,

look after, attend to; *(kertet)* cultivate || *(lovat)* groom, curry
ápolás *fn (gondozás)* care (of), nursing (of) || **ápolást igényel** (*vk*) need/require nursing
ápolatlan *mn (külső)* unkempt, neglected
ápoló *fn (férfi)* (male) nurse; *(állatkerti)* keeper
ápolónő *fn* (hospital) nurse
ápolószemélyzet *fn* nursing staff, hospital nurses *tsz*
ápolt ▼ *mn (külső)* well-groomed, spruce, trim, neat; *(kéz)* manicured ▼ *fn (beteg)* (in-)patient; *(elmegyógyintézeti)* mental patient
áporodott *mn (étel, ital)* stale, off; *(levegő)* stuffy
após *fn* father-in-law (*tsz* fathers-in-law)
apostol *fn* ❑ *vall* apostle
apparátus *fn (gépi)* apparatus, outfit
Appenninek *fn tsz* the Apennines
ápr. = *április* April, Apr.
apraja-nagyja *fn* **a falu apraja-nagyja** the whole village, young and old (alike)
apránként *hsz* little by little, gradually, bit by bit
április *fn* April || **áprilisban, április folyamán** in (the course/month of) April; **április bolondja** April fool; **április elseje** All/April Fool's Day
áprilisi *mn* April, of/in April *ut.* || **áprilisi eső** April shower; **egy áprilisi napon** on a day in April; **áprilisi tréfa** All Fool's Day hoax/joke
aprít *ige* chop (up), cut* (up) into small pieces || **van mit a tejbe aprítania** he is well off
apró ▼ *mn* small, little, tiny, puny, minute || **apró kiadások** petties *tsz*; **apró munkák** odd jobs ▼ *fn* = **aprópénz; az aprót tartsa meg** keep the change
apró-cseprő *mn* trivial, trifling, insignificant

aprófa *fn* firewood, kindling, matchwood

apróhirdetés *fn* classified ad(vertisement), small ad; *(álláskeresőé)* want ad || **apróhirdetést tesz közzé** insert an advertisement

aprólék *fn (szárnyasé)* giblets *tsz*

aprólékos *mn (részlet)* minute [particular] || *(ember)* meticulous; ❖ **elít** fussy

aprómunka *fn (háztartási)* chores *tsz*

aprópénz *fn* (small) change || **mennyi aprópénze(d) van?** how much have you got in change? → **apró** *fn*

apropó *isz* by the way/bye!, that reminds me!

apróság *fn (dolog)* trifle, bagatelle || *(gyerek)* tiny tot || **apróságok** *(gyerekek)* the little ones; *(dolgok)* oddments, odds and ends

aprósütemény *fn* = **teasütemény**

apu *fn* ❖ *biz* Dad(dy), Papa, Pop

ár¹ *fn (árué)* price, cost || **mi az ára?** what is the price (of it)?; **1000 forint az ára** it costs 1000 forints; **milyen áron?** at what price?, for how much?; **bármely áron** at any cost, at all costs, whatever the cost may be; **áron alul ad el** sell* at a sacrifice, sell* below cost (price); **nagy ára van** it commands a high price; **árat leszállít** reduce/cut* the price

ár² *fn (áradás)* inundation, flood; *(folyón)* current; *(tengeré)* tide || **ár és apály** ebb and flow; **úszik az árral** go*/swim* with the tide, go* with the stream; **ár ellen úszik** go* against the stream

ár³ *fn (cipészé)* awl; *(fűző)* bodkin

arab ▼ *mn* Arabian, Arab(ic) || **az arab államok** the Arab states; **arab ló** Arab (horse); **arab számok** Arabic numerals ▼ *fn (ember)* Arab; *(nyelv)* Arabic

árad *ige (folyó)* rise*, swell*, flood || *(vmből ömlik)* flow, stream || **kellemes illat árad belőle** it gives* off a pleasant scent

áradás *fn* ❖ *ált* rise, swelling, growth || *(árvízé)* flood || **tavaszi áradások** spring floods

áradat *fn* deluge, tide, torrent

árajánlat *fn* quotation || **árajánlatot kér** invite tenders (for), call for bids (for); **árajánlatot tesz** *(versenytárgyaláson)* make* a tender (for), tender (for)

áram *fn* ❑ *el* (electric) current, power || **áram alatti** live; **nincs áram** the current/power/electricity is off

áramellátás *fn* power/current supply

áramerősség *fn* current strength

áramfogyasztás *fn* current consumption

áramforrás *fn* source of current

áramkör *fn* (electric) circuit

áramlás *fn* stream, flow; ❖ *átv* flood

áramlat *fn (vízé)* current || ❖ *átv* trend, tendency

áramlik *ige* stream, flow

áramszolgáltatás *fn* current/power supply

áramszünet *fn* power cut

áramtalanít *ige* cut* off the current

áramütés *fn* electric shock; *(halálos)* electrocution || **halálos áramütés érte** (s)he was electrocuted

áramvonalas *mn* streamlined

arany ▼ *mn (aranyból való)* gold || **arany ékszer** gold jewel(lery) (⊕ *US* jewelry) ▼ *fn* gold; *(pénzdarab)* gold coin/piece || **nem mind arany, ami fénylik** all that glitters is not gold

arány *fn* proportion, ratio; *(méret)* dimension || **arányban áll vmvel** be* in proportion to sg, be* proportional/proportionate to sg; **2:1 arányban győztek** they won 2-1 (two-one)

aranyér *fn* ❑ *orv* piles *tsz*, haemorrhoids (⊕ *US* hem-) *tsz*

aranyérem *fn* gold medal

aranyfedezet *fn* gold reserve/cover

aranygyűrű *fn* gold ring

aranyhal *fn* goldfish *(tsz* goldfish)

aranyköpés *fn* wisecrack, witticism

aránylag *hsz* relatively, comparatively ‖ **aránylag jól** fairly well
aranylakodalom *fn* golden wedding
aranylánc *fn* gold chain
aranylemez *fn* (hanglemez) golden disc
aránylik *ige* be* in proportion to; **2 úgy aránylik a 4-hez, mint 6 a 12-höz** 2 is to 4 as 6 is to 12
aranyműves *fn* goldsmith
aranyóra *fn* gold watch
aranyos *mn* golden ‖ ❖ *átv* charming, dear, sweet, lovely
arányos *mn* proportional, proportionate ‖ **egyenesen/fordítottan arányos vmvel** (be*) in direct/inverse proportion to sg
arányosan *hsz* proportionally
aranyoz *ige* gild*
aranyozás *ige* (művelet) gilding, gold-plating ‖ (bevonat) gilding, gilt
aranyozott *mn* gold-plated, gilded
aranypénz *fn* gold piece/coin
aranysárga *mn* golden yellow
arányszám *fn* proportion(al number); (statisztikai) rate ‖ **a születések arányszáma** birth-rate
aranyszívű *mn* with/having a heart of gold *ut.*
aranyszőke *mn* gold-blond(e)
aránytalan *mn* disproportionate, not proportionate (with) *ut.*, ill-proportioned ‖ **aránytalanul** (méretben) out of all proportion; **aránytalanul nagy** disproportionately large/big
aránytalanság *fn* disproportion(ateness)
aranytárgy *fn* gold article
aranytartalék *fn* gold reserve
aranyvasárnap *fn* the Sunday before Christmas
aranyvessző *fn növ* goldenrod
árapály *fn* ebb and flow, flux and reflux
arasz(nyi) *mn* the length of a span *ut.*, a span long/wide ‖ ❖ *átv* very short, brief
áraszt *ige* (fényt) shed*, send* forth; (hőt) give* off/out, radiate; (folyadékot) flood; (illatot) exude, breathe

arat *ige* (termést) reap, harvest; (betakarít) gather in [the crops]
aratás *fn* harvest(ing), reaping
áraz *ige* price [an article]
árboc *fn* mast
árbockötélzet *fn* rigging
árbocvitorla *fn* mainsail
arborétum *fn* arboretum (*tsz* -ta *is*)
arc *fn* face; (orca) cheek ‖ (arculat) image ‖ **vknek vmt az arcába vág** cast* sg in sy's teeth; **arcába szökött a vér** the blood rushed to his face; **megmutatja igazi arcát** show* one's (true) colours (⊕ *US* -ors); **arcul üt** slap sy in the face (v. on the cheek); **arccal vm felé** facing sg
arcápolás *fn* beauty treatment, facial
arcátlan *mn* insolent, impudent, impertinent; ❖ *biz* cheeky
arcátlanság *fn* impudence, ❖ *biz* cheek
arccsont *fn* cheek-bone
árcédula *fn* price-tag
arcfestés *fn* making-up, make-up
archaikus *mn* archaic
archeológia *fn* archaeology (⊕ *US* archeol-)
archeológus *fn* archaeologist (⊕ *US* archeol-)
archivál *ige* archive
archívum *fn* archives *tsz*
arcidegzsába *fn* (facial) neuralgia, faceache
arcizom *fn* facial muscle ‖ **arcizma se(m) rezdült** ❖ *biz* (s)he didn't bat an eye(lid)
arckép *fn* portrait, likeness (of sy)
arcképcsarnok *fn* portrait gallery
arcképes igazolvány *fn* identity/registration card
arckifejezés *fn* (facial) expression, look
arckrém *fn* face-cream, cold cream
arcszín *fn* complexion, colour(ing) (⊕ *US* -or-)
arcú *utótag* -faced, -featured ‖ **szép arcú** (nő) pretty; (férfi) handsome
arculat *fn* (arc) face ‖ ❖ *átv* aspect, image

arculcsapás *fn (pofon)* slap in the face ‖ ❖ *átv* humiliation, snub
arcvíz *fn* lotion
arcvonal *fn* front (line), battle-front
arcvonások *fn tsz* features
árcsökkenés *fn* a fall/drop in prices
árcsökkentés *fn* cut in prices, price cut/reduction
árdrágítás *fn* profiteering, evasion of price control(s), ❖ *biz* rip-off
áremelés *fn* raising/rise of prices
áremelkedés *fn* rise in prices, price rise/increase
aréna *fn* arena; *(bikaviadalé)* bullring
árengedmény *fn* discount, rebate, (price) reduction
árengedményes vásár *fn* sale
árfolyam *fn (tőzsdei)* (current) price(s), quotation(s) ‖ *(devizáé)* rate of exchange, (exchange) rate ‖ **hivatalos árfolyam** official rate; **napi árfolyam** current rate
árfolyamcsökkenés *fn* falling/bear market
árfolyam-emelkedés *fn* rising/bull market
árfolyamjegyzék *fn (tőzsdei)* Stock Exchange list of quotations
Argentína *fn* Argentina, the Argentine
argó *fn (tolvajnyelv)* argot ‖ *(főleg ifjúsági)* slang
ária *fn* aria
arisztokrácia *fn* aristocracy; ⊕ *GB* peerage
arisztokrata *fn* aristocrat
arisztokratikus *mn* aristocratic, courtly
aritmetika *fn* arithmetic
árjegyzék *fn* price-list, catalogue ‖ **árjegyzéki ár** list/catalogue price
árjelzés *fn* price mark ‖ **árjelzéssel ellát** mark
árkád(sor) *fn* arcade
árkedvezmény *fn* (price) redutcion
árkülönbözet *fn* difference in price(s)
árlap *fn* price-list
árlejtés *fn* (public) tender

árleszállítás *fn* price reduction/cut; *(kiárusítás)* sale
árny *fn (árnyék)* shade ‖ *(kísértet)* ghost, shadow, shade
árnyal *ige* shade, tint; *(átv is)* tinge
árnyalat *fn* shade of colour (⊕ *US* -or), nuance ‖ **egy árnyalattal jobb** a shade better; **árnyalatnyi különbség** a slight difference
árnyalt *mn* nuanced, subtle
árnyas *mn* shady, shaded
árnyék *fn (ahová a nap nem süt)* shade; *(amit vm/vk vet)* shadow ‖ **árnyékba borít** throw* a shadow on/over (sg); **árnyékot vet** cast* a/one's/it's shadow (on/over sy/sg); ❖ *átv (vkre)* put* sy in the shade, eclipse sy
árnyékkormány *fn* shadow cabinet
árnyékol *ige (árnyékot vet)* shade, overshadow ‖ *(rajzot)* shade; *(vonalkáz)* hatch, hachure, line ‖ ❏ *el* screen, shield
árnyékolás *fn (rajzban)* shading, shadowing; *(térképen)* hachures *tsz*, hatching ‖ ❏ *el* shield(ing), screen(ing)
árnyékos *mn* shaded, shady
árnyékszék *fn* privy, latrine
árnyoldal *fn* the dark/shady side of sg, drawback
árok *fn* ditch; *(ásott)* trench; *(vízelvezető)* drainage ditch
árokpart *fn* bank/side of ditch, dyke
aroma *fn* aroma, flavour (⊕ *US* -or)
árpa *fn* ❏ *növ* barley ‖ *(szemen)* sty(e)
arra *hsz (abban az irányban)* in that direction, that way ‖ **arra a fára** on(to) that tree
arrább *hsz* further/farther on
arrafelé *hsz (irány)* in that direction, that way ‖ *(hely)* thereabouts ‖ **milyen az élet arrafelé?** what is life like in those parts?
arrogáns *mn* arrogant, overbearing
arról ▼ *hsz (abból az irányból)* from that direction, from there ‖ *(vmről le)*

from/off that || **arról a fáról esett le** it fell from that tree ▼ *nm* of/about/ from that, thereof || **arról van szó, hogy** the question/point is that, the matter at issue is that
árszabályozás *fn* price regulation/control
árszint *fn* price level
árt *ige (vknek/vmnek)* harm (sy), hurt* (sy), do* (sy) harm; ❖ *átv* be* harmful/injurious (to sy/sg) || *(vknek étel, klíma stb.)* disagree with (sy), [food] doesn't agree with (sy) || **a légynek sem árt** he wouldn't hurt a fly; **nem fog ártani** it won't hurt (you to …), it will do you good; *vmbe* **ártja magát** interfere/meddle in sg
ártalmas *mn* injurious, harmful, bad for *ut.* || **egészségre ártalmas** unhealthy
ártalmatlan *mn (méreg)* innocuous || *(ember/tréfa)* harmless, inoffensive || **ártalmatlanná tesz** render harmless
ártalom *fn* harm, hurt, injury, damage
ártatlan *mn (erkölcsileg)* innocent; *(tréfa stb.)* harmless || *(szűz)* pure, intact || ❑ *jog* innocent, not guilty || **adja az ártatlant** play the innocent, look as if butter wouldn't melt in his mouth; **ártatlan hazugság** white lie; **ártatlan vmben** (be*) innocent of sg; **ártatlannak mondja magát** plead not guilty
ártatlanság *fn* innocence, guiltlessness
ártér *fn* flood/inundation/catchment area
artéria *fn* artery
artériás *mn* arterial
árterület *fn* = **ártér**
artézi kút *fn* artesian well
artikuláció *fn* articulation, utterance
artista *fn* artiste, acrobat
artistamutatvány(ok) *fn tsz* acrobatics *tsz*
ártó *mn* harmful, mischievous
áru *fn* goods *tsz*, merchandise *(tsz ua.)*; commodity, wares *tsz*, article || **áruba bocsát** offer *(v.* put* up) for sale, put* on the market

árubehozatal *fn* imports *tsz*
árucikk *fn* article, commodity, goods *tsz*
árucsere *fn* barter, exchange of goods
árufajta *fn* kind/sort/type of goods, brand (of goods), line (in goods)
áruforgalom *fn* ❑ *ker* trade; *(vasúti)* goods traffic || *(egy üzleté)* turnover
áruház *fn* (department) store
áruházlánc *fn* chain store
áruhiány *fn* shortage/lack of goods/ commodities
áruhitel *fn* commercial/commodity credit, trade loan
árujegyzék *fn* list of goods
árukapcsolás *fn* tie-in/up (sale)
árukészlet *fn* stock (in/on hand), goods in/on stock *tsz*
árukiadás *fn* dispatch, goods delivery (office); *(mint felirat így is)* goods here
árukivitel *fn* exports *tsz*
árul *ige* sell*
árulás *fn (elárulás)* betrayal; ❑ *pol* ❑ *kat* treachery, treason
árulkodik *ige (vkre)* inform on/against sy; ❑ *isk* peach/tell* on sy || *(vmről)* reveal sg
áruló ▼ *mn* ❑ *pol* traitorous, treacherous, treasonable || *(nyom stb.)* telltale, telling ▼ *fn* traitor || **árulóvá válik** turn traitor
áruminta *fn* sample(s)
áruraktár *fn* warehouse, store(house)
árurendelés *fn* order || **postai árurendelés** mail order
árus *fn* seller, retailer; *(piaci)* stallholder; *(utcai)* vendor, huckster
árusít *ige* sell*, market; *(utcán)* vend, hawk || **kicsiben árusít** sell* by retail
árusítás *fn* selling, sale
árusítóhely *fn* stand, stall, pitch
áruszállítás *fn* transport (of goods)
árutőzsde *fn* merchandise exhange
árva ▼ *mn* **árva gyermek** orphan; **egy árva lélek sem** not a (blessed) soul ▼ *fn* orphan

árvácska *fn* ❑ *növ* pansy
árvaház *fn* orphanage, home for orphans
árverés *fn* *(nyilvános)* (sale by) auction, ⊕ *US* sale (at auction)
árvíz *fn* (high) flood, floods *tsz*, inundation
árvízkár *fn* flood damage
árvízkárosult *fn* flood victim
árvízvédelem *fn* flood prevention control
árvízveszély *fn* flood danger/warning/alert
arzén *fn* arsenic
ás *ige* dig* (out/up)
ásatás *fn* excavation || **ásatásokat végez** make* excavations, excavate (for sg)
ásít *ige (ember, állat)* yawn
ásítás *fn* yawn
áskálódik *ige* intrigue, plot, scheme *(vk ellen* against sy)
ásó *fn* spade
ásvány *fn* mineral
ásványi *mn* mineral || **ásványi kincsek** mineral resources
ásványolaj *fn* mineral oil
ásványtan *fn* mineralogy
ásványvíz *fn* mineral water
asz *fn* ❑ *zene* A flat || **Asz-dúr** A flat major; **asz-moll** A flat minor
ász *fn* ace (in cards) || ❖ ace || **pikk ász** the ace of spades; **ászt hív** lead*/play an ace
aszalt *mn* dried, desiccated
aszály *fn* drought; ⊕ *US* drouth
aszályos *mn* droughty, drought-stricken || **aszályos év** year of drought
aszerint *hsz* **aszerint, hogy** accordingly, according as, according to
aszfalt *fn* asphalt || ❖ *átv* city streets *tsz*
aszfaltburkolat *fn* asphalt road surface
aszfaltoz *ige* cover with asphalt, asphalt
aszimmetrikus *mn* asymmetrical

aszociális *mn* unsocial, unsociable
aszott *mn (föld)* arid, parched || *(növény)* withered || *(arc)* wasted
aszpik *fn* aspic(-jelly)
aszpirin *fn* aspirin
asszimiláció *fn* assimilation (to)
asszimilálódik *ige (táplálék)* assimilate, be assimilated || *(vk)* assimilate; *(vmhez)* adapt (oneself) to sg
asszisztál *ige (vknek vmhez)* help/assist sy in sg
asszisztens *fn* ❖ *ált* assistant; *(filmgyári)* assistant; *(csak nő)* continuity girl; *(műtőben)* instrument/surgical nurse; *(orvosi rendelőben)* (doctor's) assistant; *(magánorvosi rendelőben)* receptionist
asszó *fn* (fencing-)bout
asszony *fn* (married) woman° || **asszonyom** Madam
asztal *fn* table || **asztalhoz ül** sit* down to table; *(étkezni)* sit* down to dinner; **asztalnál ül** sit*/be* at the table; *(étkezéskor)* sit* at dinner/lunch
asztali *mn* of the table *ut.*; összet table- || **asztali lámpa** reading lamp
asztalitenisz *fn* table-tennis
asztalka *fn* small/occasional table
asztalláb *fn* table-leg
asztalos *fn* joiner; *(műbútorasztalos)* cabinetmaker
asztalosmunka *fn* joiner's work, joinery; *(finomabb)* cabinet-work
asztma *fn* asthma
asztmás *mn* asthmatic, suffering from asthma *ut.*
asztrológia *fn* astrology
asztronómia *fn* astronomy
aszú *fn* **tokaji aszú** (old) Tokay
át ▼ *előtag (vmnek felszínén)* across; *(vm felett)* over; *(keresztül)* through, across, along; *(útiránynál)* via, by way of || *(időben)* throughout, during || **napokon át** for days (on end) ▼ *hsz* **át meg át** thoroughly, throughout
átad *ige (vmt vknek)* hand sg over to sy, hand give* sg to sy; *(közelből, to-*

vábbadásra) pass sg to sy || *(hőt stb.)* transm*i*t || **átadja magát vmnek** abandon oneself to sg, give* oneself up to sg; **átadja ülőhelyét vknek** give* up one's/the seat to sy; **átad vkt a hatóságnak** hand sy over to the authorities

átadás *fn (vmé vknek)* handing over; *(közelből továbbadásra)* passing || ❏ *sp* pass || *(pl. új útszakaszé)* opening; *(új épületé)* handing over || *(kényszerből)* surrender(ing)

átalakít *ige (épületet)* rebuild*, reconstruct; convert (into); *(helyiséget vm célra)* fit up/out for sg; *(ruhát)* alter; *(kormányt)* reshuffle; *(törtet)* convert || *(vmvé)* transform sg into sg, convert sg to/into sg; *(korszerűvé vmt)* refashion sg, reshape sg

átalakítás *fn* ❖ *ált* transformation, conversion, change, changing; *(korszerűvé)* refashioning, reshaping; *(ruháé)* alteration

átalakul *ige* be* transformed/changed (into), turn into (sg) || ❏ *fiz* **átalakul gőzzé** be* converted (in)to vapour (⊕ *US* -or), vaporize

átalakulás *fn* transformation, change || **átalakuláson megy át** undergo* a change/transformation, be* changed/transformed (into)

átalány *fn* lump/global sum

átalánydíjszabás *fn* flat-rate tariff

átall *ige* be* loath to do sg || **nem átallja ...ni** have* the face/cheek to; *(vm alantast)* stoop to sg

átáll *ige (más módszerre)* switch over (from sg) to sg

átállás *fn (vknek az oldalára)* changing sides || *(vmre)* switch(ing)/changing over to sg, changeover, switchover

átállít *ige (kapcsolót)* switch over (to) || *(vmt más funkcióra)* convert (to) || *(intézményt)* reorganize || **váltót átállít** ⊕ *GB* switch the points

átállítás *fn (intézményé)* reorganization

átázik *ige (ember)* be*/get* drenched (to the skin) || **teljesen átázik** become*/get* soaking wet

átbocsát *ige (anyagot)* let* through; *(fényt)* transm*i*t

átbújik *ige (nehezen)* creep*/wriggle through sg; *(könnyen)* slip through sg

átcsábít *ige* ❖ *átv* lure over, win* over (with promises)

átcsap *ige (vmbe)* go*/change over into || **az ellenkezőjébe csap át** change/turn (*v.* pass over) into its opposite

átcsempész *ige* smuggle through/over/across

átcsoportosít *ige* regroup, rearrange

átcsúszik *ige* ❖ *ált* slip/slide* through || *(vizsgán)* scrape/get* through (an examination) || **a kocsi átcsúszott az úttest másik oldalára** the car/van slid across the carriageway

átdob *ige (vhová)* throw*/hurl across to; *(vm fölött)* throw*/hurl over sg

átdolgoz *ige (ir v. zeneművet)* rewrite*, revise; *(ir művet)* adapt [a novel/play etc.]; *(tervet)* redraft, rework

átdolgozás *fn* revision, rewriting; *(ir műé)* adaptation

átdöf *ige* pierce (through with sg), stab; *(szarvval)* gore; *(karddal)* run* sy through with a/one's sword

ateista ▼ *mn* atheist, atheistic ▼ *fn* atheist

ateizmus *fn* atheism

átejt *ige* ❖ *biz* do* sy, lead* sy up the garden path; ⊕ *US* pull a fast one || **átejtettek** you've been done!

átél *ige (időben)* live/go*/pass through || ❖ *átv* experience, see*, undergo* || *(újra)* relive, live over again || *(színész szerepét)* live (one's/the part) || **nehéz időket éltünk át** we have lived through (some) hard times

átélés *fn (eseményé)* experience || *(művészi)* feeling (for)

átellenes *mn* opposite, facing sg *ut.*

átemel *ige* lift over/across

átenged *ige (vknek vmt)* give* up, yield, make* over *(mind:* to) || *(vhol)* let* sy (pass) through to; *(vizsgán)* let* sy through, pass sy (in an examination)

átépít *ige* rebuild*, reconstruct

átér *ige (vmeddig)* reach across, span [distance] sg || *(átjut)* get* to, reach || *(átfog)* span; *(körülér)* go* round sg, encircle

áteresztő *mn* permeable; **át nem eresztő** impermeable

átérez *ige (vmt) (tudatában)* be* conscious/aware of sg, feel* the significance of sg || *(érzelmileg)* feel* for (sy), feel (great) empathy with (sy) || **átérezte felelősségét** he felt the full weight of his responsibility

átérzés *fn* feeling, empathy

átesik *ige (tárgy fölött)* fall* over; *(tárgyon át)* fall* through || *(túljut vmn)* get* over sg || **alapos kivizsgáláson esett át** (s)he underwent a thorough examination; **átesik a ló másik oldalára** swing* to the other extreme; **betegségen átesik** get* over an illness; **ezen át kell esni** this is inevitable/unavoidable

átevez *ige (vmn)* row over/across

átfagy *ige* freeze* through || = **átfázik**

átfárad *ige* **legyen szíves átfáradni ide** would you kindly come over here

átfázik *ige* freeze* (v. be* chilled) to the bone/marrow, get* chilled through; *(meghűl)* catch* a (severe) cold || **nagyon átfáztunk** we felt frozen to the marrow

átfedés *fn* (over)lap, overlapping

átfér *ige* will go through

átfest *ige* paint over, repaint

átfésül *ige (hajat)* comb (out) (one's hair) || *(írást)* touch up, put* the finishing touches to || *(rendőrség területet)* rake [a district for sg], comb

átfog *ige (kezével)* grasp, seize, grip || ❖ *átv* span, comprehend || **átfog egy oktávot** he can span an octave

átfogó ▼ *mn* overall, comprehensive, al-embracing; *(elme)* keen, sharp [mind] || **az egész nemzetet átfogó** nationwide ▼ *fn (háromszögé)* hypotenuse

átfolyik *ige* flow/run* through/across

átfordít *ige* turn over

átfordul *ige* turn over, turn on to the other side

átforrósodik *ige* become* (gradually) very hot; *(motor)* run* hot; *(csapágy)* heat up || ❖ *átv* become* heated/enthusiastic

átfúr *ige* bore through, pierce, perforate

átfurakodik *ige (tömegen)* make* one's way through, squeeze through [a crowd]

átfúródás *fn* ❑ *orv* perforation

átfúródik *ige* be* perforated

átfut *ige (vhová)* run* over/across to; *(vmn)* run*/hurry through sg || *(átolvas)* take* a quick look at sg, skim through [a book]

átgázol *ige (folyón)* wade through/across || *(vkn)* ride* roughshod over, trample on/over

átgondol *ige* give* sg (one's) careful consideration, consider; *(tervet)* think* over; *(újra)* rethink* || **jól átgondolva a dolgot** on mature consideration

átgondolt *mn* **jól átgondolt terv** a well thought-out plan

áthág *ige (törvényt stb.)* break*, transgress

áthajol *ige (vmn)* lean* over

áthajózik *ige* sail across/through || **áthajózik Angliába** cross (the Channel) to England

áthalad *ige (vonat állomáson, út vhol)* pass through; *(vk úttesten)* cross [the road]

áthaladás *fn (állomáson)* passing through; *(úttesten)* crossing

áthaladási elsőbbség *fn* right of way, priority

átharap *ige* bite* through

áthárít *ige* **áthárítja a felelősséget vkre** shift the responsibility on to sy
átható *mn* ❖ *ált* penetrating, pervasive ‖ *(hang)* piercing; *(pillantás)* searching; *(szag)* pervasive, penetrating
áthatol *ige (vmn)* make* one's way through sg ‖ *(erővel)* break* (⊕ *US* plow) through sg
áthelyez *ige (vhová)* move sg/sy swhere, remove sg ‖ *(vkt más állásba)* move, transfer, post sy to (swhere) ‖ *(időpontot)* put* off (till *v.* until), postpone (till *v.* until)
áthelyezés *fn (vké/vmé)* transfer ‖ **áthelyezését kérte** he applied for a transfer
Athén *fn* Athens
athéni *mn* Athenian
áthevül *ige (vm)* get* very warm/hot, heat; *(motor)* run* hot ‖ ❖ *átv* become* heated up
áthidal *ige (híddal)* bridge (over); ❏ épít span ‖ *(nehézséget)* surmount, iron out
áthidalás *fn (művelet)* bridging ‖ ❖ *átv* surmounting [of difficulties]
áthidalhatatlan *mn* ❖ *átv* insuperable, irreconcilable
áthidaló megoldás *fn* compromise
áthív *ige (vkt)* ask sy (to come) over
áthívat *ige* send* for sy
áthoz *ige (tárgyat)* bring* over; *(magával)* bring* along, fetch ‖ *(könyvelésben)* bring*/carry forward
áthozat *fn* [amount/sum] brought forward, carry-forward *(röv B/F, b/f)*
áthúz *ige (vhová)* pull through (to) ‖ *(ágyat)* change the bedclothes ‖ *(szöveget)* delete, cross/strike* out ‖ **áthúzta terveimet** he frustrated my designs
átigazol *ige (játékost)* transfer
átír *ige (hibás szöveget)* rewrite* ‖ *(fonetikusan)* transcribe ‖ *(zeneművet)* arrange for (piano etc.) ‖ *(ingatlant)* make* over [property] to sy

átirányít *ige (vhová)* direct (to), redirect (to); *(közlekedésben)* re-route
átírás *fn (szövegé)* copy, rewriting ‖ *(fonetikus)* (phonetic) transcription ‖ *(átruházás)* transfer
átirat *fn (zenei)* transcription, arrangement
átismétel *ige* go* over [a lesson] again
átitat *ige (vmt vmvel)* soak, saturate, impregnate *(mind:* sg with sg) ‖ ❖ *átv* imbue with
átível *ige* span
átizzad *ige (ember)* drip with sweat ‖ *(ruhát)* sweat* through [one's clothes]
átjár *ige (vhová)* go* frequently over to
átjárás *fn* passage ‖ *(út)* way through ‖ **az átjárás tilos!** no thoroughfare
átjáró *fn (út)* passage(-way) ‖ *(színházban, sorok között)* gangway; ⊕ *főleg US* aisle
átjön *ige* come* over; *(látogatóba)* come*/call (a)round (to see sy)
átjut *ige (túljut)* (manage to) get* across; *(nehézségen)* get* over
átkapcsol *ige (áramot)* switch over *(vmre* to) ‖ *(telefonon)* connect sy (with another line) ‖ **átkapcsolom Smith úrhoz** I'm putting you through to Mr. Smith
átkarol *ige (vkt)* embrace
átkel *ige (vmn)* cross sg
átkelés *fn* crossing; *(óceánon)* passage
átkelőhely *fn (gyalogosoké)* (pedestrian) crossing; ⊕ *US* crosswalk ‖ *(folyón)* crossing(-place/point)
átképez *ige* retrain
átképzés *fn* retraining
átkerül *ige* be* transferred to
átkiabál *ige* shout across/over
átkísér *ige* escort/see* (sy) across
átkoz *ige* curse
átkozódás *fn (cselekedet)* cursing ‖ *(kifejezés)* curse, swearword(s)
átkozódik *ige* curse, swear*
átkozott *mn* damned ‖ **átkozott(ul) hideg volt** it was awfully/damned cold

átköltözés *fn (költözködés)* moving
átköltöz(köd)ik *ige* move house; (re)move *(vhonnan* from, *vhová* to)
átköt *ige (csomagot)* tie up (with a string)
átkötöz *ige* tie/bind* up
átkutat *ige* search through, examine thoroughly; ⊕ *kat (terepet)* reconnoitre (⊕ *US* -ter); *(zsebeket)* go* through [one's pockets]
átküld *ige (vkt vmért)* send* sy (over) for sg (*v.* to fetch sg); *(vkért)* send* for sy
átlag ▼ *fn* average; *(számításban)* mean ‖ **átlagon felül(i)/alul(i)** above/below (the) average *ut.;* **átlagát kiszámítja vmnek** average sg ▼ *hsz* on average
átlagár *fn* average price
átlagbér *fn* average wage
átlagember *fn* man° in the street
átlagjövedelem *fn* average income
átlagkereset *fn* havi átlagkereset average monthly earnings *tsz (v.* wage)
átlagos *mn* average, mean; ordinary, common ‖ **átlagos képességű** of middling ability *ut.*
átlagosan *hsz* on average ‖ **átlagosan kitesz** average out (at sg), average [so much]
átlagsebesség *fn* average speed
átlagteljesítmény *fn* average output
atlanti *mn* Atlantic
Atlanti-óceán *fn* **az Atlanti-óceán** the Atlantic (Ocean)
atlanti-óceáni *mn* Atlantic
átlapoz *ige (könyvet)* leaf through [a book] ‖ *(másik oldalra)* turn the page
atlasz *fn (térképes)* atlas
átlát *ige* ❖ *átv (vmn)* see* through sg; *(vkn)* see* through sy ‖ *(vmt)* comprehend, realize
átlátszik *ige* show* through
átlátszó *mn* transparent ‖ **átlátszó kifogás** hollow pretext; **átlátszó hazugság** transparent lie
átlép *ige (vmn)* step over/across, cross ‖ *(vmt)* cross ‖ *(mértéket)* exceed ‖ **átlépi a határt** ❖ *átv* go* too far

atléta *fn* athlete, sportsman°
atlétatermetű *mn* athletic
atlétatrikó *fn* vest, singlet; ⊕ *US* undershirt
atlétika *fn* athletics *esz*
atlétikai *mn* athletic, athletics
atletizál *ige* practise (*v.* go* in for) athletics
átló *fn* diagonal (line)
átlós *mn* diagonal, transverse, transversal ‖ **átlósan** diagonally
átlő *ige (vmt)* shoot* through ‖ *(vhová)* shoot*/fire over/across ‖ *(labdát)* shoot*/kick (the ball) over (to)
átlyukaszt *ige* make* a hole in sg, perforate; *(jegyet)* punch
átmásol *ige (rajzot)* trace; *(szöveget, szalagot stb.)* copy
átmászik *ige* climb over
átmegy *ige (vhol)* pass (through), walk through/across; *(kocsival)* drive* across ‖ *(vhová)* go* over/across to; *(úttesten)* cross ‖ *(bajokon, megpróbáltatáson stb.)* undergo* (sg) ‖ **átmegy a hídon** cross the bridge; **átmegy a szomszédba** go* next door; **átmegy egy másik iskolába** change schools, transfer to another school; **átment (a vizsgán)** (s)he passed (the examination), (s)he got through the exam; **betegségen megy át** go* through a disease (*v.* an illness)
átmelegedik *ige* warm up; *(csapágy)* heat (up)
átmelegít *ige* make* (sg) thoroughly warm; *(vkt)* warm sy up
átmelegszik *ige* = **átmelegedik**
átmenet *fn* transition (from … to) ‖ **átmenet nélkül** suddenly, abruptly
átmeneti *mn (ideiglenes)* temporary, provisional, makeshift ‖ **átmeneti időre** ad interim, pro tem.; **átmeneti idő(szak)** transition (period); **átmeneti intézkedés** interim/temporary measure
átmenetileg *hsz* temporarily, for the time being, provisionally

átmenő *mn* **átmenő forgalom** *(közlekedésben)* through traffic; *(kiegészítő tábla szövege)* except for access

átmérő *fn* diameter; *(csőé)* bore, diameter || **átmérője 30 cm** is one foot in diameter

atmoszféra *fn* atmosphere || ❖ *átv* atmosphere, climate

átnedvesedik *ige* become* damp, get* wet

átnéz *ige (nyíláson)* peep through; *(vm fölött)* look over/across || *(szomszédba)* ❖ *biz* drop in (on sy), look in (on sy) || *(írást)* look/go* through/over; *(futólag)* glance/run*/skim through; *(átjavítva)* revise || **a következő folyóiratokat néztem át** I've checked (*v.* I've been through) the following periodicals

átnyergel *ige* ❖ *átv* change one's opinions/profession/party

átnyom *ige* press/put* through; *(szitán)* rub through [a sieve]

átnyújt *ige (vknek vmt)* hand (over) sg to sy, hand sy sg; *(ünnepélyesen)* present sg to sy (*v.* sy with sg)

átnyúlik *ige (térben)* extend stretch/over, *(időben)* extend into [October etc.]

átok *fn* curse || **átkokat szór rá** call down curses upon sy

átolvas *ige (szöveget)* read* through; *(futólag)* look over, skim* through || *(pénzt)* count over

atom *fn* atom; *összet.* atomic, nuclear

atombomba *fn* atomic/atom bomb, A-bomb

atomcsapadék *fn* fallout

atomenergia *fn* atomic/nuclear energy/power

atomerőmű *fn* nuclear/atomic power station

atomfegyver *fn* atomic/nuclear weapon

atomfegyver-kísérlet *fn* nuclear/atomic weapon test

atomfizika *fn* nuclear/atomic physics *esz*

atomfizikus *fn* nuclear/atomic physicist

atomháború *fn* nuclear/atomic war(fare)

atomhajtású *mn* nuclear-powered

atomhulladék *fn* atomic/nuclear waste

atomkísérlet *fn* atomic/nuclear test, A-test

atomkorszak *fn* nuclear/atomic age

atomkutatás *fn* nuclear research

atommag *fn* nucleus

atommagkutatás *fn* nuclear research

atomrakéta *fn* nuclear missile

atomreaktor *fn* (nuclear) reactor

atomrobbantás *fn* atomic blast, nuclear explosion

atom-tengeralattjáró *fn* A-submarine; nuclear-powered submarine

atomtöltet *fn* nuclear warhead

átölel *ige* embrace, clasp in one's arms

átöltöz(köd)ik *ige* get* changed, change (one's clothes)

átönt *ige* pour over (into)

átpártol *ige* change sides

átprogramoz *ige* ❑ *szt* reprogram

átrágja magát *ige (könyvön)* plough/wade through

átrajzol *ige (másol)* trace || *(újra)* redraw*

átrak *ige (árut)* transfer, transship

átrendez *ige* rearrange, regroup

átrepül *ige (vm fölött)* fly* over/across || *(vhová)* fly* to || **átrepüli az óceánt** fly* across/over the sea

átrobog *ige* rattle/rush through

átrohan *ige (vhova)* run*/rush over to

átruház *ige (vkre értéket)* transfer, ⊕ *US* deed (sg to sy); *(jogot)* grant (to)

átruházás *fn (értéké)* transfer(ence); *(jogé)* grant

átruházható *mn* transferable

átsegít *ige (átkelőhelyen)* help sy cross the road (*v.* cross over); *(bajon)* help (sy) through (sg), tide (sy) over (sg)

átsétál *ige* walk/stroll (over/across) *(vhova* to)

átsiet *ige* hurry over/across (to)

átsiklik *ige (hibán)* pass/skate over sg, overlook (sg) || *(tényeken)* disregard
átsül *ige (hús)* be* done (to a turn) || **jól átsült** be* well-done
átsüt *ige* **jól át van sütve** be* well-done; **nincs jól átsütve** be* underdone, be* (done) rare
átszalad *ige (vhova)* dash/run*/pop over to
átszáll *ige (vmn át)* fly* across/through || *(járművön)* change || **átszáll a 7-es buszra** change to the number seven bus; **át kell szállni vonatról buszra** have* to change/transfer from the train to a bus; **hol kell átszállni ... felé?** *(villamoson, buszon)* where do I change for ...?
átszállás *fn (közlekedési)* change
átszállít *ige (vhova)* transport to
átszámít *ige* convert (into)
átszámítás *fn* conversion (into)
átszámítási *mn* **átszámítási árfolyam** rate of exchange
átszámol *ige (újra)* count over, recount; *(ellenőriz)* verify
átszel *ige (vág)* cut* through/across, intersect
átszervez *ige (intézményt)* reorganize
átszervezés *fn* reorganization
átszól *ige* call over to sy
átsző *ige (vmvel)* interweave* sg with sg; *(átv is)* lace sg with sg
átszökik *ige (vhová)* flee* to; *(ellenséghez)* go*/run* over to
átszúr *ige* pierce, stab
átszűr *ige* strain, filter
átszűrődik *ige (hang)* filter/come* through; *(fény)* glimmer/filter through
áttanulmányoz *ige* examine, study
attasé *fn* attaché
áttekercsel *ige* rewind*
áttekint *ige (vmt)* survey, look over || **áttekintették a helyzetet** they surveyed/discussed the situation
áttekintés *fn (szemle)* survey, view || **(rövid) áttekintést ad vmről** offer a (brief) survey of sg

áttekinthetetlen *mn (túl nagy)* vast, immense || *(zavaros)* confused, puzzling
áttelel *ige* spend* the winter, live through the winter; *(alvó állat)* hibernate
áttér *ige (másik oldalra)* cross (over) (to) || *(más témára)* pass over/on to; *(más módszerre)* switch over to, turn to || *(más hitre)* be* converted (v. ⊕ *US* convert) to || **más témára tér át** change the subject
átterel *ige* **áttereli a forgalmat** divert the traffic
áttérés *fn (más módszerre)* changeover, switch-over
átterjed *ige* spread* (over) *(vhová* to)
áttesz *ige (vmt máshová)* put*/shift over to, transfer to || *(székhelyét)* transfer [one's seat] to another place || *(vkt áthelyez)* move, transfer to || *(vmt más/későbbi időpontra)* rearrange, put* back (until v. till v. to) || *(más nyelvre)* translate (into) || **tedd át múlt időbe** put it into the past tense
áttétel *fn (áthelyezés)* transfer, removal || ❏ *műsz (gear)* transmission || ❏ *orv* metastasis *(tsz -ses)*
áttetsző *mn* semi-transparent, translucent
attól ▼ *nm* from that || **attól az embertől** from that man°; **attól félek, hogy** I am afraid that; **ez attól van, hogy** this is due to ▼ *hsz* **attól fogva** from that time, since then, ever since; **esik az eső, de attól még jöhetsz** it's raining but that's no reason for you not to come
áttol *ige (vhová)* push over/across; *(vmn keresztül)* push through
áttölt *ige (folyadékot)* pour (sg) into another [container]; *(lefejt)* decant
áttör *ige (vmt)* break* through || *(vmn)* break* through || *(ételt szitán)* rub through [a sieve], mash || **áttöri a védőgátat** burst* the dyke (v. ⊕ *US* dike); **áttör a kordonon** *(tömeg)* surge over (v. overflow) the barriers

áttörés *fn (átv is)* breakthrough
attrakció *fn* attraction, feat
átugrik *ige (vmn)* jump/clear sg || *(kihagy)* skip, leave* out, bypass
átúszik *ige (folyót)* swim* [a river]
átutal *ige (pénzt)* remit, transfer || **szíveskedjék csekken átutalni** kindly remit by cheque
átutalás *fn (pénzé)* remittance
átutazás *fn* transit
átutazik *ige (vmn)* travel (⊕ US -l) (in transit) through/across
átutazó ▼ *mn* **átutazó vendég** temporary guest ▼ *fn* transit passenger || **átutazóban van vhol** be* passing through (swhere)
átutazóvízum *fn* transit visa
átültet *ige* ❑ *növ* transplant, replant; *(más cserépbe)* repot || ❑ *orv (bőrt)* graft; *(szervet)* transplant || *(szöveget)* translate (from ... into), render (into)
átültetés *fn* ❑ *növ* transplantation || ❑ *orv (szervé)* transplant
átütemezés *fn* reschedule
átvág *ige (mezőkön)* take* a short cut
átvált *ige (pénzt)* exchange (*vmre* for), convert into || ❑ *el (másik csatornára, tévét)* switch over; *(vasúti váltót)* throw* over (the points)
átváltozik *ige* = **átalakul**
átver *ige* ❖ *biz (becsap)* do* sy, have* sy on || **átverték** he was ripped off (by a cab driver)
átvergődik *ige (vmn)* struggle/plough (⊕ US plow) through, fight* one's way through; *(tömegen)* squeeze through [a crowd]; *(nehézségeken)* muddle through
átvérzik *ige (seb)* bleed* through
átvesz *ige (vktől vmt)* take* over sg from sy, receive; *(hivatalát)* take* over [one's duties]; *(üzenetet)* take [a message] || *(korábbi hibákat)* inherit; *(rossz szokást)* adopt || *(szót más nyelvből)* borrow, adopt || **átveszi a kitüntetést** receive the decoration/award

átvészel *ige (megpróbáltatást)* go*/ live through, (manage to) survive; *(betegséget)* pull through [a crisis], get* over [an illness]
átvétel *fn* ❖ *ált* taking over; *(árué, pénzé)* receipt (of) || **a hatalom átvétele** takeover (of power), coming (in)to power; **átvételkor fizetve** cash on delivery; **átvételt elismer** acknowledge receipt [of a letter]
átvételi elismervény *fn* (acknowledgement of) receipt
átvevő *fn* receiver, recipient; *(küldeményé)* addressee
átvezet *ige (út vmn)* lead*/pass through || *(vkt úttesten)* help sy cross the road
átvilágít *ige (röntgennel)* x-ray || ❖ *átv (személyt)* screen, check up on (sy), vet
átvilágítás *fn (röntgen)* x-ray(ing) || ❖ *átv* screening, vetting
átvillan *ige* **átvillant az agyamon** it flashed across/through my mind
átvirraszt *ige* **átvirrasztja az éjszakát** sit*/be* up all (through the) night
átvisz *ige (vmt₁vhol)* take*/carry (sg) over (sg); *(vkt vhol)* help sy cross over || ❑ *sp* ❖ *biz (lécet)* clear [the bar]
átvitel *fn (erőé)* transmission || *(könyvelésben)* carried/brought forward *(röv* B/F, b/f)
átvitt értelemben *hsz* figuratively, in a figurative sense
átvizsgál *ige* ❖ *ált* examine, check; *(szöveget)* revise, go* through (sg); *(gépet)* service; *(terepet)* comb, search
átvizsgálás *fn* examination, checking; scrutiny; *(szövegé)* revision; *(autóé)* service
átvonul *ige (vmn, vhol)* pass through
atya *fn* father
atyafi *fn (rokon)* relation, relative, kinsman°
au *isz* **au, de megütöttem a lábam!** ouch! I've hurt my foot!
audiovizuális *mn* audiovisual, AV

auditórium *fn* auditorium, lecture room/ theatre

aug. = *augusztus* August, Aug.

augusztus *fn* August ‖ **augusztusban, augusztus folyamán** in (the course/ month of) August; **augusztus 5-én** on 5(th) August, on August 5th (*kimondva:* on the fifth of August, on August the fifth)

augusztusi *mn* August, in/of August *ut.* ‖ **augusztusi napok** August days; **egy augusztusi napon** on a day in August, on a certain August day

aukció *fn* auction, sale (by auction)

aula *fn* assembly/great hall

ausztrál *mn/fn* Australian

Ausztrália *fn* Australia

ausztráliai *mn/fn* Australian

Ausztria *fn* Austria

ausztriai *mn/fn* Austrian

autentikus *mn* authentic, genuine

autó *fn* (motor)car; ⊕ *US* automobile, ❖ *biz* auto ‖ **autón/autóval megy** go*/travel (⊕ *US* -l) by car; *(de: egy bizonyos autóval)* in [my/Peter's *v.* the big yellow etc.] car; **vkt autón visz** drive* sy, take* sy in one's car

autóalkatrészek *fn tsz* spare parts; ⊕ *GB* (car-)spares

autóatlasz *fn* road-atlas

autóbaleset *fn* car accident; *(halálos)* fatal accident

autóbusz *fn* bus; *(emeletes)* doubledecker; *(távolsági)* coach ‖ **a 12-es autóbusz** the/a number twelve bus, bus number twelve; **autóbusszal** by bus; *(távolságival)* by coach

autóbuszjárat *fn* bus line/service

autóbuszjegy *fn* bus ticket

autóbusz-közlekedés *fn* bus service; *(távolsági)* coach service

autóbuszmegálló *fn* bus-stop; *(távolsági)* coach-stop

autóbusz-pályaudvar *fn* coach station

autóbuszvezető *fn* bus-driver; ⊕ *GB* busman°

autodidakta ▼ *mn* self-taught/educated ▼ *fn* autodidact, a self-taught person

autóemelő *fn* jack

autóforgalom *fn* motor traffic

autogejzír *fn* gas water-heater; ⊕ *GB* geyser

autogram *fn* autograph, signature

autógumi *fn* tyre, ⊕ *US* tire

autógyár *fn* motor works *esz*, car factory

autóipar *fn* motor/car industry

autójavító (műhely) *fn* (car) repair shop

autóklub *fn* automobile/motoring club; ⊕ *GB* Automobile Association, Royal Automobile Club

automata ▼ *mn* **automata büfé** ⊕ *GB* food and drink dispensers *tsz*; ⊕ *US* automat; **automata sebváltó** automatic transmission ▼ *fn (pénzbedobós)* automat, slot machine, coin-operated machine; ⊕ *US (cigaretta-, büféáru- stb.)* vending machine

automatika *fn* automation

automatikus *mn* automatic ‖ **automatikusan** automatically

automatizálás *fn* automation

autómentő *mn/fn* **autómentő (kocsi)** breakdown van; ⊕ *US* tow truck, wrecker; **autómentő szolgálat** recovery/breakdown service

autómosó *fn (hely)* carwash

autonóm *mn* autonomous, self-governing

autonómia *fn* autonomy, self-government

autópálya *fn* motorway; ⊕ *US* expressway, freeway; **fizető autópálya** toll road, ⊕ *US* turnpike; **az M7-es autópálya** the M7 motorway

autópályadíj *fn* toll

autópálya-matrica *fn* motorway sticker, tax disc

autóparkoló *fn* car park; ⊕ *US* parking lot

autórádió *fn* car radio

autós *fn* motorist
autósiskola *fn* driving school
autóspihenő *fn* lay-by, ⊕ *US* pull-off
autósport *fn* motoring
autóstop *fn* **autóstoppal utazik** hitchhike, thumb a lift; **autóstopot kér** hitch a ride, thumb a lift/ride
autóstoppos *fn* hitchhiker, thumber || **autóstoppost felvesz** give* sy a lift
autószerelő *fn* car/motor mechanic
autószerencsétlenség *fn* car accident/crash; *(tömeges)* pile-up
autószerviz *fn* service station
autoszifon *fn* (soda) siphon
autótérkép *fn* road map
autóút *fn (úttest)* motor road || *(megtett út)* motor tour, drive || **ötórás autóút** it's a five-hour drive, it's five hour's drive
autóverseny *fn* motor/car race, car rally
autóversenypálya *fn* motor racing track, motoring (race) course
autóversenyző *fn* car racer
autózás *fn* motoring; *(rövid)* drive, ride
autózik *ige* go* for a drive/ride; ❖ *biz* go* for a spin
avagy *ksz* or (else)
avantgárd *mn/fn* avant-garde
avar *fn* fallen leaves *tsz*
avas *mn* rancid, rank
avat *ige (emlékművet)* dedicate; *(épületet)* inaugurate, open || **doktorrá avat vkt** confer the degree of doctor on sy
avatatlan *mn (titokba)* uninitiated || *(illetéktelen) (főnévvel)* outsider
avatott *mn (szakértő)* expert || **avatott ismerője vmnek** (great) authority on sg
avégett *hsz* **avégett, hogy** for the purpose of ...ing, in order to ..., with a view to ...; **avégett jött, hogy** he came (in order) to
az¹ *(határozott névelő)* the
az² *nm* that *(tsz* those) || **az a fiú** that boy (over there); **az, aki** (he) who;

az, ami what, that which; **ez az** that's it, here it is; **ez nem az** that's not the one (I meant), that's the wrong one; **ki az?** who is that/it?; **én vagyok az** it's me; **mi az?** what's that?, what's the matter?; **azok az emberek, akik** (those) people who
azalatt *hsz* meanwhile, in the meantime || **míg te olvasol, azalatt én írok** I'll do some writing while you read *(v.* are reading)
azáltal *hsz* thereby, by that means || **azáltal, amit mondott** by what he said; **azáltal, hogy nem adta vissza** by not returning it
azaz *ksz* that is (to say), namely *(röv* i.e.) || **50, azaz ötven forint** 50 say fifty forints
azbesztlap *fn* asbestos sheet
azelőtt *hsz (vm előtt)* before, earlier || *(régebben)* previously, formerly, in former times || **azelőtt én is szerettem** I, too, used to like it; **azelőtt, hogy** ... before ...; **egy hónappal azelőtt** a month earlier; **mint azelőtt** as in the past; **úgy, mint azelőtt** just as before
azelőtti *mn* former, old, previous, original
azért *hsz/nm (azon okból)* therefore, for that reason, on account of that, that is why *v.* that's why || *(amiatt, cél)* for || **azért a könyvért jöttem** I have come for that book; **azért is!** for all that!, still ...; **de azért csak menjünk** we should go all the same; **ez azért van, mert** the reason for this is that; **azért, hogy** *(azzal a céllal)* in order that/to; **azért se(m) megyek el!** I won't go, so there; I just won't go
ázik *ige (lében)* soak, steep || *(esőben)* get* wet
aziránt *hsz* **aziránt érdeklődöm, hogy** I'm inquiring about
aznap *hsz* that day; *(ugyanazon a napon)* the same day || **aznap reggel** that morning

azon¹ *hsz/nm (vmn)* on that || **azon az áron** at that price; **azon belül** (well) within it/sg; **azon leszek, hogy** I'm anxious to see that [everything is in order etc.]; I shall do my best to ...

azon² ▼ *nm (az a ...)* that *(tsz* those) ▼ *hsz* **azon nyomban** there and then, on the spot

azonban *ksz* but, however || **ő azonban tévedett** he, however, was wrong

azonkívül *hsz* besides, as well, moreover

azonnal *hsz* immediately, instantly, at once, straight/right away, forthwith || **azonnal jövök!** just a minute!, shall be back in a minute

azonos *mn (vmvel/vkvel)* identical with sg/sy, the same as sg/sy *ut.* || **azonos értékű** equivalent, of the same value *ut.*; **azonos mértékben** to the same extent, in equal measure

azonosít *ige* identify (with)

azonosítás *fn* identification, identifying

azonosság *fn* identity, sameness

azontúl *hsz (idő)* after that, thereafter, from that time on

azóta *hsz* since then, since that time, ever since || **azóta, hogy** since; **két év telt el azóta** two years have passed since; **azóta vár rá** she has been waiting for him ever since

ázott *mn* soaked, drenched

azt *nm (tárgy)* that; *(vkt)* him, her || **azt, aki** him who; **azt mondják, hogy** it is said that, they say (that); **azt már nem!** that won't do!

aztán *hsz (azután)* then, afterwards, after that || **de aztán ott légy!** don't (you) forget to (*v.* you'd better) be there!; **hát aztán?, na és aztán?** so what

áztat *ige* soak, wet; *(vegyszerben)* steep

azúrkék *mn* azure (blue)

azután *hsz/ksz* afterwards, after that, then, next || **évekkel azután** years after

azzal *nm/hsz (vmvel)* with that || **azzal a feltétellel, hogy** on condition that; **azzal a kéréssel fordult hozzám** he requested me to ..., he asked if I would...; **azzal csak azt éri el** all he will get (done) this way is; **azzal már el is szaladt** having said this he ran away; **azzal már meg is csinálta** ❏ *kif* no sooner said than done

Ázsia *fn* Asia

ázsiai *mn/fn* Asian, Asiatic

B

bab *fn* ❑ *növ* bean; *(gyűjtőnévként)* beans *tsz* ‖ **nem babra megy a játék** there is* a great deal at stake

báb *fn (játékbaba)* doll ‖ *(bábjátékhoz, kézre húzható)* (glove) puppet; *(zsinóros)* marionette ‖ ❖ *átv* (mere) puppet, plaything ‖ *(teke)* (nine)pin ‖ *(rovaré)* pupa *(tsz* -as *v.* -ae); *(lepkéé)* chrysalis

baba *fn (játék)* doll ‖ *(csecsemő)* baby

bába *fn* midwife°

babakelengye *fn* layette

babakocsi *fn (játékbabáé)* doll's pram ‖ = **gyermekkocsi**

babapiskóta *fn* sponge fingers *tsz*

babaruha *fn (csecsemőé)* baby's clothes *tsz* ‖ *(játékbabáé)* doll's clothes *tsz*

bábáskodik *ige* ❖ *átv* be* in at the birth of sg

babér *fn (növény)* laurel, bay ‖ ❖ *átv* laurels *tsz*, glory

babérkoszorú *fn* laurel wreath

bábfilm *fn* puppet film

babfőzelék *fn* dish of (boiled) beans

babgulyás *fn* Hungarian bean goulash

babona *fn* superstition

babonás *mn* superstitious

babrál *ige (zavarában)* fiddle with, finger

bábszínház *fn* puppet theatre; *(bábjáték)* puppet-show

bábu *fn* → **báb**

babusgat *ige* fondle, dandle, caress

bacilus *fn* germ, bacillus *(tsz* -cilli)

bácsi *fn* uncle ‖ **János bácsi** Uncle John

bádog *fn* sheet metal, tin (plate)

bádogos *fn* tinsmith, tinman°

bagatellizál *ige* play down (sg), make* light of; ❖ *elít* trivialize

bagoly *fn* owl ‖ **bagoly mondja verébnek, nagyfejű** it's (a case of) the pot calling the kettle black

bágyadt *mn* weak, weary, languid

bágyadtság *fn* weariness, lassitude, languor ‖ **bágyadtságot érez** ❖ *biz* feel* like a wet rag

baj *fn* ❖ *ált* trouble; *(súlyos)* misery, grief, misfortune; *(enyhébb)* bother; *(betegség)* trouble, complaint ‖ **annyi baj legyen!** never mind!; **az a baj, hogy** the trouble is that; **bajban van** have* trouble, be* in trouble; **bajt okoz** cause harm/trouble; **ez/az (már) baj** that's too bad; **ez az ő baja** that's his problem; ❖ *biz* that's his funeral; **mi (a) baj?** what's the matter?, what is it?, what's wrong?; ❖ *biz* what's up?; **mi a baja?** *(vknek)* what's the matter with him/her?; *(vmnek)* what's the matter *(v.* what's wrong) with it?; **nem baj!** it does not matter!

báj *fn* charm, grace(fulness)

bajkeverő *fn* trouble/mischief-maker

bajlódik *ige (vmvel)* take* trouble/pains with/over sg, bother about/with sg

bajnok *fn* ❑ *sp* champion ‖ *(hős)* hero

bajnokcsapat *fn* champion team

bajnoki *mn* **bajnoki cím** title, championship; **bajnoki mérkőzés** league match, tie

bajnoknő *fn* (lady/woman°) champion

bajnokság *fn* championship

bajonett *fn* bayonet
bajor *mn/fn* Bavarian
Bajorország *fn* Bavaria
bajos *mn (nehéz)* difficult, troublesome || *(kényes)* delicate, awkward
bájos *mn* charming, delightful, lovely
bajtárs *fn* ❑ *kat* comrade, mate
bajusz *fn* moustache (⊕ *US* mus-); *(macskáé)* whiskers *tsz*
bajuszos *mn* moustachioed, with a moustache *ut.* (⊕ *US* mus-)
bak *fn (őz, nyúl, antilop stb.)* buck; *(hím állat)* male || *(állvány)* trestle; *(favágóé)* sawhorse, ⊕ *US* buck || *(kocsin)* (coach-) box, driver's seat
baka *fn* ❖ *biz* foot-soldier, infantryman°
bakancs *fn* (hobnail/heavy) boots *tsz*, brogue
bakfis *fn* teenage girl, ⊕ *US* bobbysoxer
baki *fn* ❖ *biz* slip (of the tongue), slip-up
bakizik *ige* ❖ *biz* make* a slip/mistake, slip up
bakkecske *fn* he/billy-goat
baklövés *fn* blunder; *(vizsgán)* howler
baktat *ige* trudge; *(ló)* amble
bakteriológus *fn* bacteriologist
Baktérítő *fn* Tropic of Capricorn
baktérium *fn* bacterium *(tsz* -ria) || **baktérium okozta** bacterial
bakugrás *fn* leapfrog
bal *mn/fn* left || **bal lábbal kel fel** get* out of the bed on the wrong side; **bal oldal** the left, the left-hand side; left side → **baloldal**; **az út bal oldalán** on the lefthand side of the road; **bal parti** of the left bank *ut.*, left-bank; **balra** (to the) left; **balra át!** left turn!; **balra kanyarodik** turn left; **balra kanyarodni tilos!** no left turn; **balra nézz!** eye's left!; **balról** from the left; **balról jobbra** *(képen)* from left to right; **balul üt ki** turn out badly
bál *fn* ball, dance

bála *fn* bale
Balaton *fn* Lake Balaton || **a Balatonnál** by/at Lake Balaton
balatoni *mn* of Lake Balaton *ut.* || **balatoni nyaraló** a summer house by Lake Balaton
balek *fn* ❖ *biz* dupe; mug
balerina *fn* ballerina, ballet-dancer
baleset *fn* accident || **halálos baleset** a fatal accident; **baleset érte** (s)he had an accident; **baleset következtében meghalt** (s)he was killed in an accident
baleset-biztosítás *fn* accident insurance
baleseti sebészet *fn* accident surgery, traumatology
balett *fn* ballet
balettkar *fn* corps de ballet, the ballet
balett-táncos *fn* ballet-dancer
balett-táncosnő *fn* ballet-dancer, ballerina; *(karban)* chorus-girl
balfácán *fn* ❖ *biz* ⊕ *GB* silly bugger
balhátvéd *fn* ❑ *sp* left back
balhé *fn* ❖ *biz* row, shindy, fuss || **elviszi a balhét vmért** carry the can
balhézik *ige* ❖ *biz* kick up a fuss/shindy/row
báli ruha *fn* dress clothes *tsz*, ballgown
baljós *mn* ominous, sinister, baleful || **baljós jel** ill omen
Balkán *fn* the Balkans *tsz*, the Balkan States *tsz*
balkáni *mn* Balkan
balkezes *mn (személy, tárgy)* left-handed || *(ügyetlen)* (s)he is all thumbs || **balkezes ember** left-hander; **balkezes ütés** left-hand stroke, left-hander
balkon *fn* balcony, ⊕ *US* gallery
ballada *fn* ballad, lay
ballag *ige* walk slowly, jog along, trudge
ballagás *fn* ❑ *isk* <graduating students' ceremonial farewell to their alma mater>
ballépés *fn* ❖ *átv* blunder

ballisztikus rakéta *fn* ballistic missile
ballon *fn* balloon
ballonkabát *fn* raincoat, mackintosh
bálna *fn* whale
baloldal *fn* ❑ *pol* the Left, left wing
baloldali *mn* ❑ *pol* left(-wing), leftist
bálozik *ige* attend/frequent balls
balösszekötő *fn* ❑ *sp* inside left
balsejtelem *fn* misgiving, foreboding
balsors *fn* bad/ill/hard luck, misfortune
balszélső *fn* ❑ *sp* outside left, leftwinger
balszerencse *fn* bad/hard luck, misfortune
balszerencsés *mn* (*vk*) ill-starred/fated
balta *fn* hatchet, ax(e)
balti *mn* Baltic ‖ **a balti államok** the Baltic States
Balti-tenger *fn* the Baltic (Sea)
bálvány *fn (átv is)* idol
balzsam *fn (olaj)* balsam, balm ‖ ❖ *átv* balm
bamba *mn* foolish, simple, stupid
bámészkodás *fn* gaping, staring
bámészkodik *ige* gawk/gape/stare at sg ‖ **az ott bámészkodók** the bystanders
bámul *ige (elképedve vmn)* wonder at, be* astounded at; (*vkre, vmt*) gaze at, stare at ‖ *(csodál)* admire (sy, sg) ‖ **bámulom a türelmét** I admire (v. marvel at) his patience
bámulatos *mn* surprising, amazing, wonderful ‖ **bámulatosan szép** stunning(ly beautiful)
bán *ige* regret, be* sorry for ‖ **bánja, hogy (vmt tett)** regret doing sg; **nem bánom** I don't care/mind
banán *fn* banana ‖ ❖ *biz* **unja a banánt** be* fed up
bánásmód *fn* treatment ‖ **jó bánásmódban van része** be* well treated, receive good treatment
bánat *fn (szomorúság)* sorrow; grief, distress ‖ **bánatot okoz vknek** grieve sy, distress sy, cause distress to sy; **nagy bánat** a deep sorrow
bánatos *mn* sorrowful, sad
banda *fn* ❖ *ált* band; *(bűnöző)* gang
bandita *fn* bandit, brigand, gangster
bánik *ige (vkvel)* treat/handle sy, deal* with sy ‖ *(vmvel)* handle/manage sg ‖ **durván bánik vkvel** handle sy roughly; **jól bánik vkvel** treat sy well
bank *fn* bank ‖ **bankba teszi a pénzét** deposit one's money in a bank; **bankban dolgozik** work in the bank; ❖ *biz* **adja a bankot** put* on airs, boast
bankár *fn* banker
bankátutalás *fn* bank transfer
bankbetét *fn* bank deposit
bankett *fn* banquet, (public) dinner ‖ **bankettet ad** *(vk tiszteletére)* give* a dinner (for sy)
bankfiók *fn* branch (of a bank)
bankhitel *fn* bank credit
bankigazgató *fn* bank manager
bankjegy *fn* banknote, note, ⊕ *US* (bank-)bill
bankjegykiadó automata *fn* cash dispenser, cash point, ⊕ *US* ATM
bankkamatláb *fn* bank rate
bankkártya *fn* credit card, plastic
bankkártya-letiltás *fn* cancelling (⊕ *US* -l-)
bankkölcsön *fn* (bank) loan
bánkódik *ige (vm miatt, vk után)* sorrow (about/over sg *v.* for sg), grieve (for sy/sg)
bankrabló *fn* bank robber
bankszakma *fn* banking
bankszámla *fn* bank(ing) account ‖ **bankszámlát nyittat egy banknál** open an account with a bank
banktisztviselő *fn* bank-clerk
bánt *ige (testileg)* hurt*, harm, trouble ‖ *(bosszant)* annoy, vex; *(mást lelkileg)* hurt* sy's feelings ‖ *(hozzányúl)* touch ‖ **ne bántsd!** leave it alone!, hands off!
bántalmaz *ige* hurt*, assault

bántalmazás *fn* mistreatment (of sy)
bántatlanul *hsz* unharmed, unhurt
bántó *mn (sértő)* offensive, insulting ǁ *(bosszantó)* annoying
bántódás *fn* insult ǁ **nem lesz bántódása** he will not be harmed, he will come to no harm
banya *fn* hag, harridan, witch
bánya *fn* mine
bányamérnök *fn* mining engineer
bányaomlás *fn* falling in of a mine
bányász *fn* miner, mineworker; *(szénbányász)* collier, pitman°
bányászat *fn* mining
bányászik *ige* mine
baptista *mn/fn* Baptist
bár¹ ▼ *ksz (habár)* (al)though ǁ **bár nemegyszer megmondtam** although I have told you several times ▼ *hsz (óhajban)* if only ǁ **bár igaz volna!** if only it were true; **bár gyakrabban jönne!** I wish he would come more often, if he would only come more often; **bár sohase láttam volna!** I wish I had never seen him/it
bár² *fn* nightclub; *(szállodáé)* (hotel) bar
barack *fn (sárga)* apricot; *(őszi)* peach
barackfa *fn (sárga)* apricot-tree; *(őszi)* peach-tree
baracklekvár *fn* apricot jam
barackpálinka *fn* apricot brandy
barakk *fn* ❖ ált hut, barracks *esz v. tsz*
barangol *ige* ramble, roam, wander, rove *(mind: about)*
barangolás *fn* ramble, roaming (about)
bárány *fn (hús is)* lamb
bárányfelhő *fn* fleecy/cirrus cloud
bárányhimlő *fn* chicken-pox
barát *fn (jó barát)* friend; *(nőé)* (boy)friend; ⊕ US ❖ *biz* buddy ǁ *(szerzetes)* monk, friar ǁ **a barátom** a friend of mine; *(nőé)* my boyfriend; **barátokat szerez** make* friends; **gyermekkori barát** childhood friend; **igen jó barátok** they are* great friends

baráti *mn* friendly, amicable; *(segítően)* brotherly ǁ **baráti kör** friends *tsz*; **baráti összejövetel** get-together
barátkozik *ige* make* friends *(vkvel* with), mix *(vkvel* with)
barátnő *fn* girlfriend
barátság *fn* friendship, friendly relations *tsz* ǁ **jó barátságban van vkvel** be* on friendly terms with sy; **barátságot köt vkvel** make* friends with sy
barátságos *mn (szívélyes)* friendly, amicable, sociable ǁ **barátságos szoba** cosy (⊕ US cozy) room; **barátságosan** in a friendly manner
barátságtalan *mn (modor)* unfriendly; *(időjárás)* dull ǁ **barátságtalanul** in an unfriendly manner
barázda *fn (földben)* furrow ǁ *(arcon)* wrinkle
barbár *mn (műveletlen, vad)* barbarous, barbaric
barbárság *fn* barbarism, vandalism
bárcsak *hsz* if only ǁ **bárcsak minél előbb jönne** I wish he would come as soon as possible; **bárcsak velünk jöhetnél** I wish you could come with us, if only you could come with us
bárd¹ *fn* hatchet; *(húsvágó)* (butcher's) cleaver
bárd² *fn (dalnok)* bard
bárgyú *mn* idiotic, imbecile, stupid
bárgyúság *fn* idiocy, imbecility, stupidity
bárhogy(an) *hsz* = **akárhogy**
bárhol *hsz* = **akárhol**
bárhonnan *hsz* from anywhere
bárhova *hsz* = **akárhova**
barikád *fn* barricade
bariton *fn* baritone (voice)
barka *fn* catkin; *(fűzfáé)* pussy willow
bárka *fn* boat ǁ **Noé bárkája** Noah's Ark
barkácsbolt do-it-yourself shop
barkácsol *ige* do* woodwork; ❖ *biz* knock together

barkácsolás *fn* do-it-yourself, DIY
bárki *nm* = **akárki**
barlang *fn* cave, cavern; *(állaté)* den, lair
barlangkutató *fn* ⊕ *GB* potholer, ❑ *tud* spel(a)eologist
bármeddig *hsz (helyben)* however far ‖ *(időben)* however long
bármekkora *nm* whatever size/dimension, however large ‖ **bármekkora jó lesz** any size will do
bármely *nm* any ‖ **bármely időben** (at) any time, no matter when, whenever you wish/like
bármelyik *nm* = **akármelyik** ‖ **bármelyik** *(a kettő közül)* either ‖ **bármelyik napon** any day
bármennyi *nm* = **akármennyi** ‖ **bármennyien** however many (people)
bármi *nm* = **akármi**
bármilyen ▼ *nm* whatever, any (kind of) ‖ **bármilyen áron** at all costs, at whatever price ▼ *hsz (bármennyire)* however ‖ **bármilyen jó legyen is** be it ever so good; **bármilyen különösnek tűnik is** strange though it may appear
barna ▼ *mn* brown ‖ **barna bőrű** *(született)* dark(-coloured); *(lesült)* (sun)tanned; **barna kenyér** wholemeal (⊕ *US* whole-wheat) bread; **barna nő** brunette; **barna sör** porter; **barna szemű** brown-eyed ▼ *fn* brown (colour) ‖ **barnára fest** paint sg brown; **barnára sül** get* (sun)tanned/bronzed
barnamedve *fn* brown bear
barnás *mn* brownish; *(arcszín)* swarthy
barnul *ige* brown, turn/become*/get* brown; *(naptól)* get* (sun)tanned/bronzed
báró *fn* baron
barokk *mn/fn* Baroque ‖ **barokk stílus** Baroque (style), the Baroque; **barokk zene** Baroque music
barom *fn (állat)* cattle *tsz*, livestock *tsz* ‖ *(szidás)* brute, ass, idiot
barométer *fn* barometer

baromfi *fn* poultry *tsz (mint hús:esz)*; *(főleg csirke)* chicken(s), fowl(s)
baromfitenyésztés *fn* poultry-farming
baromi *mn* ❖ *átv* beastly, bestial, brutish ‖ **baromi ereje van** he is* strong as a horse; **baromi jó volt** it was jet good
baromság *fn (kijelentés)* (utter) nonsense, rubbish
bárpult *fn* bar counter
bársony *fn* velvet
bársonyos *mn* velvety, velvet-like, (as) soft as velvet *ut.*
bárszekrény *fn* cocktail cabinet
basa *fn* pasha
bástya *fn (váré)* bastion, battlements *tsz* ‖ *(sakk)* rook, castle
baszk *mn/fn* Basque ‖ **baszk sapka** beret
basszista *fn* bass (singer)
basszus *fn* bass (voice)
basszuskulcs *fn* bass clef, F-clef
bátor *mn* courageous, fearless, brave ‖
bátorít *ige* encourage, embolden, hearten
bátorítás *fn* encouragement
bátorkodik *ige* take* the liberty (of …ing)
bátorság *fn* courage, bravery
bátortalan *mn* timid, fainthalf-hearted, lacking in courage *ut.* ‖ **bátortalanul** timidly, half-heartedly
bátran *hsz* courageously, boldly, bravely ‖ *(nyugodtan)* safely, without fear ‖ **bátran nekivág** start boldly on sg; **csak bátran!** go ahead!
bátya *fn (idősebb fivér)* elder brother ‖ *(megszólítás)* uncle;' **Laci bátyám** Uncle Laci
batyu *fn* bundle, pack
bauxit *fn* bauxite
bazalt *fn* basalt
bazár *fn (európai üzlet)* (cheap) fancy goods shop, bazaar; *(keleti)* bazaar
bazáráru *fn* fancy-goods *tsz*
Bázel *fn* Basel
bazilika *fn* basilica
bázis *fn* base, basis *(tsz* bases)
B-dúr *fn* B-flat major

be *hsz* into, in ‖ *(műszeren)* on ‖ **most azután se be, se ki** now we have come to a deadlock
bé *fn* [the note] B-flat ‖ *(zenei módosító jel)* flat
bead *ige* ❖ **ált** *(vmt)* give*/hand in ‖ *(ruhatárba)* check; leave* [one's coat etc. in the cloakroom] ‖ *(orvosságot vknek)* administer [medicine to sy]; *(injekciót)* give* [sy an injection] ‖ → **benyújt** ‖ **beadja a fiút intézetbe** put*/send* the boy to a boarding-school; **bead vknek vmt** ❖ *átv* (try to) make* sy swallow sg (whole)
beadás *fn* giving/handing in; *(orvosságé)* administration (of) ‖ ❏ *sp* centring (the ball)
beadási *mn* **beadási határidő** deadline; **beadási határidő: június 1.** to be handed in (v. delivered) by June 1
beadvány *fn* *(hatósághoz, kérelem)* application, petition, request; *(javaslat)* submission, proposal, suggestion
beágyaz *ige* *(vmt vmbe)* (em)bed (sg in sg), encase (in) ‖ *(ágyat bevet)* make* one's/the bed
beajánl *ige* *(vkt)* recommend sy (warmly) (to sy)
beakad *ige* *(vmbe)* get* caught in sg
beáll *ige* *(vhová)* enter swhere, come*/stand* in ‖ *(beköszönt)* set* in ‖ *(folyó befagy)* freeze* over ‖ **beáll a sorba** join the queue; **beáll kocsijával (parkolóhelyre)** get*/manoeuvre (⊕ *US* maneuver) the/one's car into [a parking space]; **beállt a tél** winter has set in; **fordulat állt be** the tide has turned; **nem áll be a szája** ❖ *biz* his tongue is always wagging/going
beállít *ige* *(vmt vmbe/vhova)* put* sg in(to); *(vkt vhova)* place/send* sy in(to) ‖ *(beigazít)* set*, adjust; *(előre)* preset* ‖ ❏ *sp (csúcsot)* equal [the record] ‖ *(bejön)* turn up, drop in ‖ **beállítja a rádiót** tune in the radio (to a station); **nincs jól beállítva** *(szerkezet; gép)* it's not set right *(v. adjusted*

properly); **úgy állítja be a dolgot, hogy** present an affair in such a way as, give* the matter an appearance as if
beállítás *fn (beigazítás)* adjustment, setting; *(rádióé)* tuning in ‖ ❖ *átv (feltüntetés)* presentation, approach ‖ **hamis beállítás** misrepresentation, false interpretation
beállítottság *fn* frame/cast of mind, (mental) attitude (to sg) ‖ **hasonló beállítottságúak** ❖ *biz* the likes of us/them
beáramlik *ige* flow/rush/pour in(to)
beárul *ige (vkt)* denounce sy, inform on/against sy, accuse sy
beatzene *fn* beat (music)
beavat *ige (vkt vmbe)* initiate/let* sy into sg ‖ ❏ *tex* preshrink* ‖ **nincs beavatva** *(ügybe)* s(he) is an outsider
beavatkozás *fn* intervention, interference; *(jogot csorbító)* encroachment (on)
beavatkozik *ige (vmbe)* intervene in (sg); *(kéretlenül)* meddle/interfere in sg ‖ **beavatkozik vk hatáskörébe** encroach on sy's authority
beavatott *mn* ❏ *tex* preshrunk ‖ **beavatott körök** well-informed circles
beázás *fn (tetőn)* leak
beázik *ige* leak
beáztat *ige* steep, soak
bebalzsamoz *ige* embalm, mummify
bebarangol *ige (vidéket)* roam (over), ramble/wander over [the countryside]
bebeszél *ige (vknek vmt)* talk sy into (believing) ‖ **bebeszél vmt magának** take*/get* into one's head, persuade himself (that)
bébi *fn* baby
bébiétel *fn (konzerv)* (tinned) baby food
bebizonyít *ige* prove, demonstrate
bebizonyosodik *ige* prove true, be* proved; ❏ *jog* be* proven, sg proves to be the case; *(hír)* be* confirmed
bebiztosít *ige* insure ‖ **bebiztosítja magát** take* out life insurance

bebocsát *ige* let* in, admit
bebocsátás *fn* admission, admittance ‖ **bebocsátást kér** request (v. ask for) admittance
beborul *ige (ég)* cloud over, become* overcast, get* cloudy, lour (⊕ *US* lower)
bebörtönöz *ige* imprison, put* in prison
bebugyolál *ige (tárgyat)* wrap* up in ‖ **bebugyolálja a gyereket** tuck the child in/up
bebújik *ige (vhova könnyen)* slip in; *(ruhába)* slip into/on ‖ ❖ **tréf bújj be!** come on in!
bebújós *mn (blúz, ruha stb.)* slip-on, slipover
beburkol *ige* wrap*, cover, envelop
bebútoroz *ige* furnish
becenév *fn* pet name; *(tréfás)* nickname
becéz *ige (névvel)* call by a pet name ‖ *(simogatva)* (molly)coddle
Bécs *fn* Vienna
becsap *ige (vmt vhová)* throw* in, toss in; *(zálogba)* put* sg in hock ‖ *(rászed)* swindle, cheat, dupe, take* in ‖ *(villám)* strike* ‖ **becsapja az ajtót** slam the door; **becsapott a villám a házba** the house was struck by lightning; **becsapták** he's been done/had
becsapás *fn (ajtóé)* slam(ming), bang(ing) ‖ *(vké)* swindle, take-in, hoax ‖ *(villámé)* strike
becsapódik *ige (bomba)* hit* ‖ **becsapódott az ajtó** the door slammed (to)
becsatol *ige (iratot)* enclose with, append ‖ *(csatot)* clasp, buckle (up); *(biztonsági övet)* fasten
becsavar *ige (csavart)* screw in ‖ *(begöngyöl vmbe)* roll up (in sg)
becsavarodik *ige* ❖ *biz* go* off one's nut/rocker
becsempész *ige* smuggle in
becsenget *ige (vhova)* ring* (for admission) ‖ ❏ *isk* **becsengettek** the bell has gone
becsengetés *fn* ❏ *isk* class-bell

becses *mn (értékes)* precious, valuable
bécsi *mn/fn* Viennese, (of) Vienna ‖ **bécsi szelet** (Vienna) schnitzel
becsinál *ige (nadrágba)* make* a mess in one's trousers (⊕ *US* pants)
becsinált *mn/fn* fricassee ‖ **becsinált csirke** *kb.* chicken fricassee
becsíp *ige* pinch/catch* in ‖ *(berúg)* get* a bit squiffy/tight ‖ **becsípte az ujját az ajtóba** he caught his finger in the door
becsípett *mn* a bit squiffy/tight *ut.*; *(erősen)* tipsy
becslés *fn* estimate; *(értékelés)* estimation ‖ **becslésem szerint** by my reckoning, in my estimation
becsmérel *ige* disparage; *(nyilvánosan)* decry
becsmérlő *mn* disparaging, abusive ‖ **becsmérlő szavakkal illet vkt** abuse sy
becsomagol *ige (árut)* pack, wrap* (up); *(ládába)* case, crate ‖ *(úti holmit)* pack (one's bags)
becstelen *mn* dishonest, infamous
becstelenség *fn* infamy, dishonesty
becsuk *ige (ajtót, könyvet)* shut*, close; *(ernyőt)* put* down; *(fedelet)* shut* down, close; *(vmbe)* close/shut* up (in) ‖
becsukódik *ige* close, shut* (of itself)
becsúszik *ige (tárgy)* slip in ‖ *(élőlény)* sneak/creep* in ‖ **hiba csúszott be a számításába** ❖ *átv* an error has crept into the figures (v. one's calculations)
becsül *ige (mennyiséget)* estimate; *(értéket)* value ‖ *(vkt)* esteem, value; *(nagyra)* think* well/highly of sy ‖ *(vmt értékel)* appreciate, value (sg); think* highly of (sg) ‖ **ezt igen becsülöm benne** I respect him (very highly) for that
becsület *fn (tisztesség)* honour (⊕ *US* -or); *(becsületesség)* honesty; *(hírnév)* reputation ‖ **becsület(é)be vág**

sg reflects (up)on his/her honour; **becsületbe vágó** affecting one's honour ut.
becsületbeli *mn* becsületbeli adósság debt of honour (⊕ *US* -or); **becsületbeli kérdés** point of honour
becsületes *mn (ember)* honest, honourable (⊕ *US* -or-), upright, decent; *(játékban/üzletileg)* fair ‖ **becsületes ember** an honest man, man of integrity; **nem becsületes** dishonest, not fair; *(játék)* foul [play]; **becsületesen viselkedik** behave decently/properly (towards sy), play fair
becsületesség *fn* honesty
becsületsértés *fn* slander
becsületszó *fn* word of honour (⊕ *US* -or) ‖ **becsületszavamra** on my word (of honour), honestly!; ❖ *biz* honest!; **becsületszavát adja** give*/pledge one's word
becsüs *fn (árverési)* valuer ‖ *(biztosítási)* insurance assessor, (loss) adjuster
becsvágy *fn* ambition
becsvágyó *mn* ambitious
bedagad *ige* swell* (up) ‖ **bedagadt a torka** his throat swelled up
bediktál *ige* **bediktálja a nevét** give* one's name
bedilizik *ige* ❖ *biz* go* crazy, go* off one's head/rocker, go* round the bend
bedob *ige* ❖ ált throw*/cast* in/into; *(postaládába)* drop [a letter in the letter-box]
bedobál *ige* throw* in, keep throwing (in)
bedobás *fn* ❏ *sp* throw-in
bedöglik *ige* fail, miscarry; *(motor)* stall; ❖ *biz* conk out
bedől *ige* *(fal)* fall* in, collapse ‖ ❖ *biz* *(vknek)* be* taken in (by), be* fooled (by), fall* for
bedörzsöl *ige* rub in
bedug *ige* *(vmt vmbe)* put*/thrust*/push/shove in
bedugul *ige* get* stopped/choked up

beékelődik *ige (tárgy)* get* wedged in
beemel *ige* lift/hoist in/into
beenged *ige* let* in, admit ‖ **nem engedik be** be* refused admittance/admission
beépít *ige (területet)* build* up ‖ *(bútort)* build* in; *(beszerel)* mount (in) ‖ **beépíti a telkét** build* on one's land/plot
beépítetlen *mn* unbuilt
beépített *mn (terület)* built-up [area] ‖ **beépített bútor** built-in (v. fitted) furniture, fitment ‖ **beépített ember** ❖ *biz* mole
beépül *ige (terület)* be* built up/over ‖ *(szervezetbe)* infiltrate, work one's way in(to)
beér *ige (vhova)* arrive (at/in), reach sg ‖ *(vkt)* → **utolér** ‖ **beéri vmvel** be*/rest content/satisfied with sg, make* do with; **kevéssel beéri** it takes little to satisfy him; **nyolcra beérünk** we shall be in by eight
beérik *ige* ripen, become* ripe
beérkezés *fn* arrival; ❏ *ker* receipt
beérkezik *ige* arrive; *(hajó)* put* in; *(vonat)* arrive ‖ *(vk)* ❖ *átv* make* one's name
beesik *ige* fall* in; *(eső)* rain in ‖ **beesik az eső a szobába** it is raining in(to the room)
beesteledik *ige* it is growing dark, night is* falling
befagy *ige (folyó)* freeze* in/over ‖ **befagyott az ablak** the windows are frosted/iced over; **a vízvezeték befagyott** the waterpipes have frozen up/solid
befalaz *ige* wall up
befárad *ige* **tessék befáradni** please come/step/walk in
befásliz *ige* bandage, strap up, bind* (up)
befecskendez *ige (belsejébe)* squirt (sg) into (sg); *(orv bőr alá)* inject into
befed *ige* cover (over); *(tetővel)* roof over/in

befejez *ige (feladatot)* accomplish, finish; *(gyűlést)* bring* to an end, close; *(beszédet)* conclude, wind* up || **az ügy be van fejezve** the matter is settled

befejezés *fn* finish(ing), conclusion, end(ing); *(munkáé)* completion || **befejezésül** finally, in conclusion

befejezetlen *mn* unfinished, incomplete

befejezett *mn* finished, complete || **ez befejezett dolog** that's settled; **befejezett tény** an accomplished fact

befejeződik *ige* end, come* to an end, be* completed/finished

befekszik *ige (ágyba)* go*/take* to bed || **befekszik a kórházba** go* into hospital

befektet *ige (pénzt vmbe)* invest [money in sg] || **befektetett tőke** invested capital

befektetés *fn* investment

befelé *hsz* inward(s)

befelhősödik *ige* cloud over

befellegzik *ige* ❖ *biz* **ennek ugyan befellegzett** it's all up with it, the game is up

befér *ige (vm)* will/can go in, *(vk)* can get in

befest *ige* paint; *(hajat, szövetet)* dye || **befest barnára** paint sg brown

befizet *ige (bankba stb.)* pay* in [a sum], pay* [a sum] into one's (bank) account || **a ...t kérjük X-nek befizetni** payment [of subscriptions etc.] should be made to X; **szíveskedjék az összeget csekken befizetni** kindly remit/pay by cheque; **befizet egy társasutazásra** book a tour

befog *ige (szemet/fület/szájat)* stop, cover, hold* || *(lovat)* harness || *(vkt munkára)* make* sy work; *(vmt használatba)* put* in use || **befogja a fülét** ❖ *átv* refuse to hear (sg); **befogja a száját** *(sajátját)* hold* one's tongue; **erősen be van fogva** have* one's nose to the grindstone, be* very busy; **fogd be a szád!** shut up!

befogad *ige (vkt vhova)* receive into || *(tömeget terem)* hold*, accommodate, admit

befogó *fn (háromszögé)* side [of a rightangled triangle]

befolyás *fn (hatás)* influence (on) || **vk befolyása alá kerül** come*/fall* under sy's influence; **befolyást gyakorol vmre/vkre** influence sg/sy, exert/exercise influence on/over sg/sy

befolyásol *ige (vkt, vmt)* influence sy/sg

befolyásolható *mn* susceptible to influence *ut.* || **könnyen befolyásolható** easily influenced

befolyásos *mn* influential

befolyik *ige (folyó)* flow *(amibe:* into) || *(pénz)* come* in

befon *ige (vmt)* entwine; *(hajat)* plait, braid || ❖ *biz (vkt)* ensnare/enmesh sy

befordul *ige (ágyban fal felé)* turn in; *(utcába)* turn into [a street] || *(árokba)* fall* into || **befordul a sarkon** turn the corner

beforr *ige (csont, seb)* = **összeforr**

befőtt *fn (üvegben)* bottled fruit

befőz *ige (eltesz)* bottle, preserve; *(lekvárnak)* make* jam of

befröcsköl *ige (belocsol)* sprinkle || **sárral befröcsköl** bespatter

befúj *ige (szél vhová)* blow* in/into || *(szél vmt vhová)* blow* in || *(vmt vmvel)* spray || **befújta az utat a hó** the road is covered/blocked with snow(drifts)

befúr *ige (vmbe)* bore into, pierce sg

befurakodik *ige (vk vhova)* force/make* one's way in || ❖ *elít (beépül)* infiltrate into, worm one's way into

befúródik *ige* penetrate (sg); *(golyó)* embed (itself) in (sg)

befut *ige (vonat)* enter (the station), arrive (at); *(hajó)* put*/sail into [port] || *(futó)* run*/come* in || *(pályát)* run* [a course] || *(növény)* overgrow* || *(vk)* ❖ *átv* ❖ *biz* be* a success || **befut a célba** run* home; **befutott ember** he has arrived (*v.* made it)

befűt *ige* **befűt a kályhába** make* a fire in the stove; **befűt vknek** ❖ *biz* give* sy hell

befüvesít *ige* grass over

befűz *ige (tűt)* thread; *(cipőt)* lace (up); *(filmet gépbe)* thread

begerjed *ige* ❏ *el* build* up ‖ ❖ *biz (vk) (indulatba jön)* get* hot under the collar

béget *ige* bleat, baa

begipszel *ige* = **gipszbe tesz**

begombol *ige* button (up), do* up

begombolkozik *ige* button (up) one's coat ‖ ❖ *átv* be* buttoned up

begónia *fn* ❏ *növ* begonia

begöngyöl *ige* roll up; *(becsomagol)* wrap*/pack up

begubó(d)zik *ige (lárva)* pupate ‖ ❖ *átv* retire into one's shell

begurul *ige* roll in ‖ ❖ *átv* ❖ *biz* lose* one's cool

begy *fn (madáré)* crop, craw ‖ ❖ *átv* a **begyében van** *(neheztel vmért)* resent sg, sulk *(v.* be* sulky) about sg; *(neheztel vkre)* bear* sy a grudge

begyes *mn (telt keblű)* full-bosomed ‖ ❖ *átv* prim, haughty

begyógyul *ige* heal (up)

begyömöszöl *ige* stuff, cram, jam, squeeze, pile *(amibe mind:* in/into)

begyújt *ige (kályhába)* light*/make* a fire ‖ *(motort)* start

begyullad *ige (motor)* start ‖ ❖ *biz (ember)* get* scared ‖ **be van gyulladva** get*/have* cold feet, be* in a funk

begyűjt *ige* gather (in)

begyűrűzik *ige* spread* [over an area], affect [more and more an area]

behabar *ige* thicken (with flour and cream)

behajigál *ige* = **bedobál**

behajlás *fn* curving/bending inwards; *(súly alatt)* sag(ging)

behajlít *ige* bend* in

behajol *ige* bend*/lean* in

behajóz *ige (hajóra száll)* embark *(vhol at)*

behajózás *fn* embarkation

behajt¹ *ige (ajtót)* half-close [door] ‖ *(könyvet)* close, shut*

behajt² *ige (állatot, kocsit)* drive* in ‖ *(követelést)* collect [money, a debt], recover [a debt, damages etc.] ‖ *(kocsival)* drive* in ‖ **behajtani tilos!** no entry

behallatszik *ige* can be heard inside, be* audible within/inside

beharangoz *ige* ring* in ‖ ❖ *átv (vmit)* announce sg in advance

behasít *ige (hosszában)* cleave*; *(textilt)* tear*, split*

behatárol *ige* define, delimit

beható *mn* intensive, profound, exhaustive ‖ **beható vizsgálat alá vesz** investigate sg thoroughly

behatóan *hsz* thoroughly

behatol *ige (erőszakkal)* penetrate (into); *(betörő)* break* into [a building], burgle; *(bejut)* make* one's way into sg ‖ *(víz)* enter; ❏ *kat* invade

beheged *ige* heal up, skin over

behelyettesít *ige* substitute (sg for sg), replace (sg by sg)

behelyez *ige (vmt)* put*/place/insert in

behint *ige (porfélével)* dust/powder with ‖ *(sóval, vízzel)* sprinkle [salt, water] on sg

behív *ige (szobába)* call in, invite/ask (sy) in ‖ ❏ *kat* call up, ⊕ *US* draft

behívás *fn (vhova)* invitation to enter ‖ ❏ *kat (folyamata)* calling up; *(ténye)* call-up

behívat *ige* ask/order/call sy in

behívó *fn* ❏ *kat* call-up papers *tsz*, ⊕ *US* call-up, draft

behízelgő *mn (modor)* winning, engaging

behorpad *ige (tárgy)* be*/get* dented

behoz *ige (vmt)* bring*/carry in ‖ *(árut külföldről)* import ‖ *(divatot)* introduce; *(betegséget, járványt)* bring* in

|| *(elmaradást, késést)* make* up for, catch* up with || ❑ *fények (vmt)* zoom in on sg || **behozza a késést** make* up for lost time
behozatal *fn* importation, import
behozatali *mn* **behozatali cikkek** imports *tsz*; **behozatali vám** customs/import duty
behunyja a szemét ❑ *kif* close/shut* one's eyes
behurcolkodik *ige (házba)* move into
behúz *ige* pull/draw* in || *(bútort)* upholster || ❖ *biz (vkt vmbe)* inveigle sy into doing sg || **behúz vknek (egyet)** give* sy a clip (on the ear), get* a blow in, ⊕ *GB* clock sy one; **behúzza a függönyt** draw* the curtain; **behúzza a kéziféket** put* the handbrake on
behűt *ige (ételt)* refrigerate; *(italt)* chill
beidegződés *fn* automatic response, habit
beidegződik *ige* become* a habit
beidéz *ige* summon (sy) to appear || **beidézik tanúnak** be* summoned, be* subpoenaed
beigazolódik *ige* prove true, be* proved
beígér *ige* promise (for certain) || *(árat)* offer
beiktat *ige (vkt állásba)* install [sy in an office *v.* as sg]; *(elnököt stb. ceremóniával)* inaugurate [sy into office]
beiktatás *fn (állásba)* installation; *(ceremóniával)* inauguration
beilleszkedés *fn* finding one's feet, adapting oneself (to)
beilleszkedik *ige (vm)* fit in || *(új környezetbe)* adapt (oneself) to
beilleszt *ige (tárgyat)* fit/set* in || ❖ *átv* insert in
beindít *ige (motort)* start (up) || *(tevékenységet stb.)* launch, get* sg afloat *(v.* under way)
beindul *ige (motor)* start || ❖ *átv (vm)* be* launched, get* under way
beír *ige (vmt vmbe)* write* sg in/down; *(nevet, tételt stb. vmbe)* enter/record sg; *(számítógépbe)* key in || **beír egy szót a szövegbe** insert a word into the text
beírás *fn* writing in, entering || *(beírt szöveg)* inscription
beírat *ige (vmt)* have* sg entered/noted/listed || *(vkt iskolába stb.)* have* sy enrolled/registered; enrol (⊕ *US* enroll)
beíratás *fn* registration
beiratkozás *fn* registration || **beiratkozási díj** registration fee
beiratkozik *ige (iskolába)* register (at), enrol (⊕ *US* enroll); *(tanfolyamra, könyvtárba)* enrol (⊕ *US* enroll) [for/on a course]; join [a course/library], register with
beiskoláz *ige* organize the schooling (of)
beiskolázás *fn* schooling
beismer *ige* admit; *(bevall)* confess || **mindent beismer** make* a full confession
beismerés *fn* confession, admission
beismerő *mn* **beismerő vallomást tesz** confess one's crime, make* a full confession
beivódik *ige (folyadék)* be* absorbed/imbibed || *(tulajdonság)* be(come)* ingrained (in)
bejár *ige (területet gyalog)* walk/wander all over; *(országot)* tour || **vonattal jár be naponta** he commutes [from ... to ...] every day
bejárat¹ *ige (gépkocsit)* run* [one's new car] in *v.* run* in [one's new car]
bejárat² *fn* entrance, entry, way in; *(kapu)* gate, door(way)
bejáratos *mn (vknél)* be* a frequent visitor at sy's (house)
bejáró *mn/fn* **bejáró beteg** outpatient; **bejáró tanuló** day-pupil
bejárónő *fn* charwoman°, cleaning woman°, daily (help); ❖ *biz* char
bejátszás *fn* ❑ *film* insert
bejegyez *ige* ❖ *ált* make* a note (of), set*/put* down; *(hivatalosan)* register, record; *(névsorba)* enter [sg in a book *v.* sy's name on a list]

bejegyzett *mn* registered; incorporated || **bejegyzett cég** registered company/firm; **bejegyzett név** *(árué)* proprietary name

bejelent *ige* ❖ **ált** announce || **bejelenti a rossz hírt** break* the bad news (to sy); **bejelenti tiltakozását** lodge a protest (with); **du. 2-re vagyok bejelentve X-nél** I have an appointment with X at 2 p.m.; **előzetesen bejelenti magát vknél** make* an appointment with sy; **kit jelenthetek be?** who shall I say?

bejelentés *fn* announcement, notice || *(rendőrségen)* registration

bejelentkezik *ige (rendőrségen)* register with; *(szállodában, reptéren)* check in [at the airport]; register *v.* check in [at a/the hotel]

bejelentőlap *fn* registration form

bejön *ige* come* in, enter [the/a room etc.]; *(a városba)* come* up/to (town) || *(választáson)* be* elected/returned

bejut *ige (vhová)* get* in (to), manage to get in

bejuttat *ige (testbe vmt)* introduce || *(vkt állásba)* place sy in a job

béka *fn* frog

bekalkulál *ige* allow for (sg), take* (sg) into account

bekanyarodik *ige (utcába)* turn into [a street] || **bekanyarodik a sarkon** turn/round the corner

bekap *ige (ételt)* bolt, gulp down || **bekap vmt** have* a snack

bekapcsol *ige (ruhát)* fasten, clasp || *(készüléket)* switch/turn on || **be van kapcsolva** ... is on, it's on, it's plugged in

bekapcsolódik *ige* **bekapcsolódik a beszélgetésbe** join in the conversation

bekarikáz *ige (számot)* (mark with a) circle

bekattan *ige (kapocs)* snap/click shut

béke *fn* ❑ *pol* peace || *(nyugalom)* peace, calmness, quiet(ude), tranquillity || **békét köt** make*/conclude/sign a peace; **hagyj békén!** leave me alone!; **nyugodjék békében** may (s)he rest in peace

bekebelez *ige (tartományt)* annex [a territory] || *(jogot)* register

békebeli *mn* peacetime, pre-war

békegalamb *fn* dove of peace

békekötés *fn* conclusion of peace

békéltet *ige* conciliate (between the parties)

békéltető ▼ *mn* conciliatory || **békéltető tárgyalás** *(válóperben)* conciliatory meeting ▼ *fn* mediator

beken *ige* ❖ **ált** spread* sg over sg, smear with || *(mocsokkal, sárral)* (be)daub, smudge; *(ruhát piszokkal)* soil, dirty || **bekeni az arcát krémmel** put* cream on one's face

békepipa *fn* peace pipe, pipe of peace

beképzelt *mn* conceited, self-important

beképzeltség *fn* conceit

bekéredzkedik *ige* ask to be allowed/let in

bekeretez *ige* frame

bekerít *ige (kerítéssel)* fence in, enclose || ❑ *kat* surround, encircle

bekerül *ige* get* in/into

békés *mn* peaceful || **békés rendezés** *(vitás kérdéseké)* peaceful/amicable settlement (of disputes)

békesség *fn* peace(fulness); *(nyugalom)* tranquillity, quiet || **békességben él** live in peace/harmony

békeszerződés *fn* peace-treaty

béketűrés *fn* forbearance, endurance, patience || **kijön a béketűrésből** lose* one's temper

béketűrő *mn* forbearing, tolerant, patient

bekever *ige (konyhában)* stir in

bekezdés *fn (írásban)* paragraph || **új bekezdés** new paragraph; **bekezdéssel ír/szed** indent [a line]

bekiált *ige* cry in, shout in

bekísér *ige* ❖ *ált (vkt vhova)* see* sy in, go* in with sy || *(vkt rendőr)* take* sy into custody
béklyó *fn (lónak)* hobble; *(embernek)* shackle
bekonferál *ige* announce, introduce, ⊕ *GB* compere, ⊕ *US* emcee
bekopogtat *ige* knock (on the door/window)
bekoszol *ige* = **bepiszkít**
beköltözés *fn (lakásba)* moving in(to a house/flat)
beköltözhető *mn* azonnal **beköltözhető lakás** (flat with) vacant/immediate possession
beköltözik *ige* move in; *(házba, lakásba)* move into [a house/flat]
beköp *ige* ❖ *biz (besúg)* grass/squeal on (sy) || **beköpte a légy** it is flyblown
beköpés *fn (légy által)* flyblow || ❖ *biz (besúgás)* grassing || *(szellemeskedő)* witticism, quip, wisecrack
beköszönt *ige (idő)* set* in
beköt *ige* ❖ *ált* bind*/tie*/do* up || *(sebet)* dress [a wound] || *(könyvet)* bind* [a book] || *(vezetéket)* connect up (sg to) || **beköti magát** fasten one's seat belt
bekötőút *fn* approach/access road, ⊕ *GB* slip-road
bekötöz *ige (összekötöz)* tie* up/in, bind* up || *(sebet)* dress *v.* bandage up [a wound]
beköttet *ige (könyvet)* have* [a book] bound
bekövetkezik *ige* ensue, result, follow || **feltétlenül be fog következni** it is bound to happen
bekukkant *ige (vmbe)* peep in(to) || *(vkhez)* pop in (to see sy), drop in (on sy)
bekukucskál *ige (vmbe)* peep/peer in
beküld *ige (pályázatot stb.)* send* in; *(egyéb fontos iratot)* dispatch; *(pénzt)* remit

beküldés *fn* sending in, dispatch || **beküldési határidő** (the) closing date
békülékeny *mn* conciliatory, appeasable
bél *fn (emberé)* intestines *tsz*, bowels *tsz* || *(lámpáé, gyertyáé)* wick || *(dióé)* kernel [of nut] || *(ceruzába)* lead; *(golyóstollba)* refill
belakatol *ige* padlock, lock (up)
belakkoz *ige* lacquer; *(képet, bútort, körmöt)* varnish
belát *ige (megért)* see*, realize; *(elismer)* admit, acknowledge || **belát az ablakon** see* in through the window; **hibát belát** admit a fault; **lásd be** you must realize; **nem látom be, miért** I can't see why, I see no reason why [+ conditional]
belátás *fn (mások iránti)* consideration, understanding || **cselekedj legjobb belátásod szerint** I leave it to your discretion
beláthatatlan *mn* boundless, vast || ❖ *átv* incalculable
belátható *mn (megérthető)* conceivable || **könnyen belátható, hogy** it is easy to see that; **belátható időn belül** in the foreseeable future, within a reasonable time; **be nem látható útkanyarulat** blind turning
belátó *mn (elnéző)* considerate
belázasodik *ige* run* a temperature
bele *hsz* into, inwards || **pont bele** right/smack into the middle (of it)
belead *ige* **beleadja minden erejét** put* all one's strength into it
beleakad *ige (vmbe)* catch* (*v.* get* caught) on
belebeszél *ige (közbeszól)* interrupt, break* into [a conversation] || **belebeszél más dolgába** poke one's nose into other people's affairs
belebetegszik *ige* become* ill from sg
belebolondul *ige (vmbe)* sg is driving sy mad/crazy || *(beleszeret vkbe)* fall* head over heels in love with sy

belebonyolódik *ige (vmbe)* get* entangled (v. tangled up v. involved v. embroiled) in (sg)
belebotlik *ige (vmbe)* stumble upon || *(vkbe)* bump into
belebújik *ige (lyukba)* creep*/steal*/ slink* into || *(ruhába)* get*/slip into one's clothes
belebukik *ige* ❖ *átv* fall*, go* bankrupt
belecsap *ige* **belecsapott a villám a fába** (the) lightning struck the tree
belecseppen *ige (vm)* drop in || *(vk véletlenül vhová)* happen to find oneself swhere
beledob *ige* throw* in(to)
beleegyezés *fn* consent, approval; *(engedély)* permission || **szülői beleegyezés** parental consent; **tudta és beleegyezése nélkül** without his knowledge and/or approval
beleegyezik *ige (vmbe)* consent/agree/ assent to, give* one's consent to sg || **beleegyezem abba, hogy** I agree that; **szülei nem egyeztek bele** his parents refused their consent
beleejt *ige* let* (sg) fall into (sg)
beleél *ige* **beleéli magát vk helyzetébe** try to realize sy's position/situation; **beleéli magát vmbe** enter into the spirit of sg
beleért *ige (gondolatot)* imply || *(összeget)* comprise, include || **beleértve** including ...; inclusive of ...
beleérzés *fn* empathy
beleesik *ige (vmbe)* fall*/tumble into || ❖ *biz (vkbe)* fall* for sy, have* a crush on sy || **bele van esve vkbe** have* a crush on sy, be* gone on sy, be* crazy/mad about sy; **beleesik abba a hibába (hogy)** commit the error of (...ing)
belefárad *ige* get* tired of (sg), tire of (sg)
belefekszik *ige* **belefekszik a munkába** put* one's heart and soul into one's work

belefelejtkezik *ige (könyvbe, vk szemeibe)* be* lost in sg
belefér *ige* = **befér**
belefog *ige (vmbe)* start/begin* sg, set*/go* about sg; **belefog a munkába** get*/buckle down to work, start working
belefojt *ige (vkt vízbe)* drown || ❖ *átv* **belefojtja a szót vkbe** silence sy, make* sy bite his lip
belefolyik *ige* flow/pour into || *(vk vmbe)* have* a say in sg
belefullad *ige (vízbe)* be*/get* drowned in, drown in
belefúr *ige (vmbe)* drill/bore into sg
belegázol *ige* **belegázol a vízbe** wade into the water || **belegázol vk becsületébe** slander sy
belegondol *ige* **ha jól belegondolunk a dologba, be kell látnunk, hogy...** on reflection, we have to admit that...
belégzés *fn* breathing in, inhalation
belehajszol *ige (vkt vmbe)* force/hound sy into sg *(v.* doing sg)
belehajt *ige (kocsival)* run*/crash into
belehal *ige (betegségbe)* die of || **belehalt sérüléseibe** he died from his wounds
beleharap *ige* bite* into, put* one's teeth into
belehel *ige* inhale, breathe in
beleillik *ige (vmbe)* fit || *(vk)* be* suitable for, be* suited to/for || **a kulcs beleillik a zárba** the key fits the lock
beleír *ige* = **beír**
beleivódik *ige (vmbe)* permeate sg, pervade sg
beleizzad *ige (ruhába)* sweat through [one's clothes] || **beleizzad a munkába** sweat over a job
belejön *ige (vmbe beletanul)* get* the hang of, get* into, get* one's hand in
belekap *ige (kutya vk lábába)* snap at [sy's heels] || ❖ *átv (vmbe)* try one's hand at sg, dabble in sg || **mindenbe**

belekap put* one's hand to everything

belekapaszkodik *ige (vmbe)* cling* (on) to sg, clutch sg; *(vkbe/vmbe)* hang*/fasten on to sy/sg ‖ ❖ *átv (vmbe)* find* fault with sg

belekarol *ige (vkbe)* take* sy's arm

belekényszerít *ige (vkt vmbe, vm megtevésébe)* browbeat* sy into sg *(v. doing sg)*

beleképzel *ige* **beleképzeli magát vk helyzetébe** imagine oneself in sy else's place

belekerül *ige (pénzbe)* cost*, come* to ‖ *(időbe)* = **beletelik**

belekever *ige (anyagot)* mix with, add to ‖ *(vkt vmbe)* involve sy in sg

belekeveredik *ige (vk vmbe)* get*/be* mixed up in sg, get* entangled/involved in sg

belekezd *ige (vmbe)* start (...ing); *(nagyobb dologba)* embark (up)on (sg), undertake* (sg)

belekiabál *ige (vk beszédébe)* heckle (sy), interrupt (sy with shouts)

belekóstol *ige (vmbe)* taste sg

beleköt *ige (vkbe)* pick a quarrel with sy, pick on sy

bélel *ige (ruhát)* line ‖ ❏ műsz case

belelát *ige (vmbe)* see* into/through sg ‖ ❖ *átv* get* an insight into ‖ **belelát vk terveibe** penetrate sy's plans

belélegez *ige* breathe in, inhale

belélegzés *fn* inhalation, breathing in

belelép *ige (vmbe)* step into sg

beleloval *ige (vkt vmbe)* fire sy with enthusiasm to do sg ‖ **belelovalja magát vmbe** work oneself up into a frenzy about sg

belemar *ige* bite* into, take* a bite at

belemárt *ige (vmbe)* dip/plunge in, immerse (in)

belemegy *ige (vk/vm vmbe)* go*/get* into ‖ ❖ *átv (vk vmbe)* consent to, fall* in with; *(kockázatos dologba)* go* into sg with one's eyes open ‖ **belemegy a játékba** enter into the game, enter into the spirit of sg

belemelegszik *ige* ❖ *átv* warm to sg

belemerül *ige (elmerül)* sink* into ‖ ❖ *átv* **belemerül a munkába** be* wrapped up in one's work

belenéz *ige* (have* a) look into

belenyilallik *ige (fájdalom)* shoot* into; get* a twinge of [pain etc.]

belenyom *ige (vmt vmbe)* force/squeeze/cram sg into sg

belenyugszik *ige (vmbe)* acquiesce in, resign/reconcile oneself to sg

belenyugvás *fn* acquiescence (in), resignation, submission (to)

belenyúl *ige (kézzel)* reach into, dip the hand into ‖ ❖ *átv* **belenyúl a zsebébe** dip into one's pocket/purse

beleolvad *ige (vmbe)* fade/melt into sg ‖ *(szín más színbe)* shade into

beleöl *ige (vízbe)* drown in ‖ *(pénzt)* sink* [money] in, pour [money] into

beleömlik *ige* flow/pour into, join, meet*, feed* [another river]

beleőrül *ige* sg is driving sy mad

belep *ige* **belepi a por** it is covered with/in dusk

belép *ige (helyiségbe)* go*/come* in, enter [a room] ‖ **amikor belépett** on entering; ❖ *átv* **belép egy pártba** join a party; **belépni tilos!** no admittance/entrance/entry, "private"; **tessék belépni!** please walk/step in!

belépés *fn* entry, entrance ‖ **belépés csak hivatalos ügyben** no unauthorized person may enter this area; **a belépés díjtalan** admission free

belépődíj *fn* entrance/entry fee, (price of) admission

belépőjegy *fn* (admission) ticket; admission card

beleragad *ige* get* stuck in, stick* in/to

belerak *ige* = **berak**

belerohan *ige* rush/run*/dash into; *(autóval)* run*/crash/bump into; ram [a car]

belerúg *ige* kick sg/sy, give* sg/sy a kick
bélés *fn (ruháé)* lining
belesápad *ige* grow*/turn pale from/with
belesodródik *ige (vmbe)* get* mixed up in, become* entangled/implicated in
belesül *ige (beszédbe stb.)* ❖ *biz* dry up
beleszagol *ige (vk vmbe)* sniff/smell* sg || ❖ *átv* ❖ *biz* dabble in (sg)
beleszámít *ige* reckon in, include || **a lakbérbe a fűtés is beleszámít** the rent is inclusive of heating; **beleszámítva** including ..., ... included, inclusive of ...
beleszeret *ige (vkbe)* fall* in love with sy
beleszokik *ige (vmbe)* get* accustomed/used (to sg), accustom/adapt oneself to
beleszól *ige (beszélgetésbe)* interrupt (the conversation), break* in [on the conversation]; *(vitába)* take* part in [the discussion] || *(ügybe)* intervene (in)
beleszólás *fn* ❖ *átv* say; *(beavatkozás)* intervention, interference || **ebbe nincs beleszólásod** you have* no say in this (matter)
beleszorul *ige (vmbe)* get* caught/stuck in sg
beleszúr *ige (tűt)* stick*/run* into
beletalál *ige (célba)* hit* [the mark]
beletanul *ige (vmbe)* master/learn* sg
beletapos *ige* **beletapos a gázba** step on it
beletartozik *ige* belong (in)to, fit into; *(hatáskörébe)* come* within [one's competence]
beletekint *ige (vmbe)* look into, have* a look at
beletelik *ige* **két hét is beletelik abba, amíg** it will be/take a good 2 weeks before
beletesz *ige* put* sg in/into sg; *(újságba)* insert [sg in the paper]

beletorkollik *ige (folyó)* flow/fall*/discharge into; *(utca)* lead* (in)to, converge on
beletörődés *fn* = **belenyugvás**
beletöröl *ige (vmt vmbe)* wipe sg on sg
beleun *ige (vmbe)* tire/weary of sg (*v.* of ...ing), get* fed up with sg
beleüt *ige* **beleüti vmbe az orrát** poke one's nose into sg; **mi ütött beléje?** what's wrong with him?, what's got into him?
belevág *ige (vmbe késsel)* cut* into || *(villám)* = **belecsap** || *(vk szavába)* interrupt sy, cut* sy short || *(vállalkozásba)* take* on, undertake* (sg) || **belevágtam az ujjamba** I cut* my finger; **vágj bele!** go ahead!
belevakul *ige (vmbe)* go*/become* blind (from/with sg)
belevaló fickó! ❖ *biz* that's my boy!
belever *ige (vmt vmbe)* knock/hammer into || **vmt vk fejébe belever** hammer/drum sg into sy (*v.* sy's head)
belevet *ige* = **bedob** || **beleveti magát vmbe** throw* oneself into sg
belevisz *ige (vkt vmbe)* draw*/drag sy into sg
belezavarodik *ige* get* muddled/confused || **belezavarodtam** I got* all mixed up
belezökken *ige* **belezökken a rendes kerékvágásba** shake*/settle down to a routine (again)
belföld *fn* inland || **belföldön** at home
belföldi ▼ *mn* native, home, domestic, inland || **belföldi forgalom** inland traffic; **belföldi termék** home product ▼ *fn* native
belga *mn/fn* Belgian
Belgium *fn* Belgium
belgiumi *mn/fn* Belgian
bélgörcs *fn* colic, the gripes *tsz*
Belgrád *fn* Belgrade, Beograd
belgyógyász *fn* physician; ⊕ *GB* internist
belgyógyászat *fn (ág)* internal medicine || *(kórházi osztály)* medical ward

bélhurut *fn* enteritis
beljebb *hsz* further in || **kerüljön beljebb** (please) walk in, ⊕ *US* come right in
belkereskedelem *fn* internal/home trade, ⊕ *US* domestic trade
belóg *ige (tárgy vmbe)* hang* down into (sg) || *(huzal)* hang* loose || ❖ *biz (jegy nélkül vhova)* get*/sneak in (without a ticket); gatecrash
belopódzik *ige* steal*/slink* in
belosztály *fn* medical ward
belök *ige (ajtót)* push/thrust* open || *(vkt vhova)* throw*/shove in
belőle *hsz* out of it, from it/him || **nem kérek belőle** *(ételből)* I don't want any(, thank you); **semmi sem lesz belőle** *(dologból)* it will come to nothing; *(emberből)* he will never amount to anything; **belőlem** from me, out of me
belpolitika *fn* internal politics/affairs *tsz*
belső ▼ *mn (belül levő)* inside, internal, inner || *(bizalmas)* intimate, confidential || **belső biztonság** internal security; **belső égésű motor** internal-combustion engine; **belső munkatárs** member of the permanent staff; **belső részek** *(emberé)* viscera, bowels; **belső sérülés** internal injury/lesion; **belső tag** *(aránypárban)* mean (proportional) ▼ *fn (futballé)* bladder; *(kerékgumié)* inner tube || **vmnek a belseje** the interior/inside/core/heart of sg; **vmnek a belsejében** inside sg
belsőépítész *fn* interior decorator/designer
belsőépítészet *fn* interior decoration/design
belsőség *fn (baromfié)* giblets *tsz*; *(egyéb)* offal, pluck
bélszín *fn* sirloin || **angolos bélszín** sirloin of beef
beltag *fn (cégben)* full partner
belterület *fn (városé)* ⊕ *GB* inner city; the centre of the city; ⊕ *US* downtown

belügy *fn (országé)* home affairs *tsz*
belügyminiszter *fn* (the) Minister of the Interior; ⊕ *GB* Home Secretary; ⊕ *US* Secretary of Interior
belügyminisztérium *fn* Ministry of the Interior; ⊕ *GB* Home Office; ⊕ *US* Department of the Interior
belül *hsz (terület)* within, inside || *(idő)* within, in || **a korláton belül** inside the railings; **egy órán belül** within (*v.* ⊕ *US* inside *v.* inside of) an hour
belülről *hsz* from within, from inside
belváros *fn* city centre; *(Londonban)* the City; ⊕ *US* downtown || **a belvárosban** in town; ⊕ *GB* in the City; ⊕ *főleg US* downtown; **Glasgow belvárosában** in the centre of Glasgow, in downtown Glasgow; **bemegy a belvárosba** go* downtown
belvárosi *mn* central, in/from the (inner) city *ut.*; ⊕ *US* downtown
belvíz *fn* inland waters *tsz*
bélyeg *fn (levélen)* (postage) stamp || *(jel)* mark; *(beégetett)* brand || **bélyeget ragaszt vmre** put* a stamp on
bélyegalbum *fn* stamp-album
bélyegautomata *fn* stamp-machine
bélyegez *ige (munkahelyen érkezéskor)* clock in; *(távozáskor)* clock out
bélyeggyűjtő *fn* stamp-collector, philatelist
bélyegző *fn (gumi)* (rubber-)stamp; *(postai)* postmark
bemagol *ige* learn* sg by heart/rote, ❖ *biz* mug up
bemárt *ige (folyadékba)* = **belemárt** || ❖ *biz (vkt vknél)* blacken sy's character/name
bemászik *ige* climb in/into || **bemászik az ágy alá** creep* under the bed
bemegy *ige (vk)* go* in, enter (sg) || *(víz)* penetrate || **bemegy a házba** go* indoors/inside || **bemegy a kórházba** go* into hospital; **bemegy a városba** go* (up) to (*v.* into) town; **a víz bemegy a cipőmbe** water is* getting into my shoes

bemelegít *ige (helyiséget)* warm/heat up ‖ *(motort)* warm up ‖ *(sportoló)* warm/limber up
bemelegítés *fn* ❑ *sp* warming up, warming-up exercises *tsz*, warm-up
bemelegszik *ige* warm up, grow*/get* warm; *(motor)* heat up
bemélyedés *fn (üreg)* hollow, dip, dent ‖ *(falban)* niche, recess
bemenet ▼ *fn* entrance, entry ‖ ❑ *el* input ‖ **tilos a bemenet** no admittance ▼ *hsz* on entering
bemér *ige (távolságot)* find* the range of; *(mérőműszerrel)* locate
bemerészkedik *ige* venture in
bemerít *ige* immerse (in), dip in
bemerül *ige* sink* into, become* immersed
bemesél *ige* **ne akard nekem ezt bemesélni!** tell it/that to the marines!
bemetsz *ige* notch, incise, indent
bemond *ige (rádióban)* announce ‖ *(kártyában)* bid*, call
bemondás *fn (bejelentés)* announcement ‖ *(kártyában)* bid, call; *(bridzsben)* declaration, contract ‖ ❖ *biz (szellemeskedő)* quip, (wise)crack; *(színpadon)* gag
bemondó *fn* announcer
bemutat *ige (vkt)* present/introduce sy (to sy) ‖ *(okmányt)* produce, present ‖ *(színművet)* produce; *(filmet)* present, show*; *(kísérletet)* demonstrate; *(kiállításon)* exhibit, show*, display ‖ *(áldozatot)* offer (up) ‖ **bemutatom X urat** this is Mr X, ⊕ *US* meet Mr X
bemutatás *fn (személyé)* introduction ‖ *(okmányé, színműé)* production, showing; *(árué)* display, exhibit; *(kísérleté)* demonstration ‖ *(áldozaté)* offering
bemutatkozás *fn (vké)* introduction, introducing (oneself)
bemutatkozik *ige (vknek)* introduce oneself to sy
bemutató *fn* ❑ *szính* first night, première, opening night; *(filmé)* first run ‖ *(csekké)* bearer ‖ **bemutatóra szóló csekk** a cheque payable to bearer (on demand)
béna *mn (végtag)* paralysed, crippled; *(csak láb)* lame ‖ ❖ *átv* ❖ *biz* silly ‖ **béna ember** paralytic, cripple
bencés *mn/fn* Benedictine
benedvesít *ige* wet, moisten
benépesít *ige (emberekkel)* fill with people, people; *(állatokkal)* stock, plant
benevez *ige (versenyre)* enter for
benevezés *fn* entry
benéz *ige* look into ‖ ❖ *biz (látogat)* look in (on sy); ❖ *biz* drop in (on sy)
benn *hsz* inside, within ‖ **benn lakik** live in; **benn van** *(= nincs házon kívül)* (s)he is in
benne *hsz* in it, inside (it), within (it) ‖ **benne van a fiókban** it's in the drawer; **nem vagyok benne** I am out of it; **benne vagyok!** agreed; I am all for it; count me in; **van benne vm** *(igaz lehet)* there is sg in it; **bennem** in me; **bennük** in them; **benneteket** you; **bennünket** us
bennfentes *mn* well-informed
bennlakásos *mn* **bennlakásos (közép)iskola** boarding school; *(GB előkelő, zártkörű, magán)* public school
bennlakó *mn/fn* resident; ❑ *isk* boarder
bennszülött ▼ *mn* native, aboriginal ▼ *fn* native, aborigine
bensőséges *mn* intimate, close
bent *hsz* = **benn** ‖ **bentről** from within
benti *mn* inside
bénulás *fn* paralysis
bénult *mn* paralytic, lame
benzin *fn* petrol, ⊕ *US* gas(oline) ‖ **kár a benzinért** it is not worth the trouble/candle
benzinkút *fn* filling/petrol station, ⊕ *US* gas station; *(szervizzel)* service station; *(önkiszolgáló)* self-service station
benzinkutas *fn* petrol (*v.* ⊕ *US* gas) station attendant
benzinmotor *fn* petrol engine

benzinszag *fn* smell of petrol (⊕ *US* gas)
benzintartály *fn* petrol tank, ⊕ *US* gas tank
benyálaz *ige* beslaver
benyit *ige* enter, go*/come*/step in
benyom *ige* (*vmt*) press/squeeze in; *(ajtót)* force/push/break* in ‖ *(jelzést vmbe)* impress on, stamp sg
benyomás *fn* ❖ *átv* impression ‖ **az volt a benyomásom, hogy** it's my impression that, I got the impression that; **rossz benyomást tesz** give*/create a bad impression
benyújt *ige* hand/send* in, present, file; *(kérelmet)* put* in, ⊕ *US* file ‖ **hova kell benyújtani a kérelmet?** where do I apply?; **benyújtja lemondását** tender/offer one's resignation
beolajoz *ige* oil, lubricate
beolt *ige* (*vkt*) inoculate; *(himlő ellen)* vaccinate ‖ ❏ *mezőg (fát)* make* a graft onto [a tree], (en)graft [a bud/scion] onto sg
beolvad *ige (tárgy)* melt into, dissolve in/into; *(körvonal)* fade into; *(szín)* merge into ‖ *(nép)* be* assimilated into ‖ *(intézmény)* merge with
beolvas *ige (rádióba)* read*, announce ‖ **jól beolvas vknek** ❖ *biz* tell* sy a few home truths, tell* sy off
beomlás *fn* falling/caving in, giving way
beomlik *ige* fall*/cave in, give* way
beoson *ige* steal*/slink*/slip in
beoszt *ige (fokokra)* graduate, calibrate ‖ *(fizetést)* spread* out; *(takarékosan)* economize ‖ *(vkt hivatalhoz)* assign to ‖ **az idejét jól osztja be** dispose of one's time well; **jól beosztja a fizetését** he is good at managing on his salary
beosztás *fn (hivatali)* assignment, duty ‖ **jó a lakás beosztása** it is a well-arranged flat; **új beosztást kapott** he was assigned to a new post
beosztott *fn* **a beosztottjai szeretik** he is liked by his staff

beömlik *ige* pour/rush/stream in
beöntés *fn* ❏ *orv* rectal injection, enema ‖ *(folyadéké)* pouring in/out
beözönlik *ige (embertömeg)* crowd in(to a place), come* streaming in(to a place)
bepanaszol *ige (vkt)* complain about; *(írásban)* lodge a complaint against (sy)
bepárásodik *ige (üveg)* mist up/over, fog (up), get* fogged (up)
beperel *ige* sue sy/sg, take* sy/sg to court, take* legal action against sy
bepillant *ige (benéz)* (cast* a) glance into ‖ ❖ *átv* obtain an insight (into)
bepillantás *fn (benézés)* glimpse (of), glance (into) ‖ ❖ *átv* insight (into)
bepisil *ige* ❖ *biz* wet one's pants (*v.* the bed)
bepiszkít *ige (bemocskol)* make* (sg) dirty, dirty, make* (sg) filthy, stain ‖ *(erkölcsileg)* taint, sully, defile
bepiszkolódik *ige* get*/become* soiled/dirty
bepólyáz *ige (csecsemőt)* swaddle; *(végtagot)* swathe, bandage, bind* up
beprogramoz *ige* ❏ *szt* program
bepúderez *ige* powder
bér *fn (munkásé)* wage(s), pay ‖ *(bérleté)* rent ‖ **bérbe ad** *(házat, földet)* let*, ⊕ *US* rent; *(rövidebb időre)* hire (sg) out, ⊕ *US* rent (sg) out; **mennyi bért fizet érte?** what is* it rented at?, what is* the rent?; **bérbe adta a házat havi 100 000 Ft-ért** he let the house at (a rent of) 100000 fts; **bérbe vesz** rent; *(házat)* rent, lease; *(földet)* lease, take* [a/the land] on lease; **bérből és fizetésből élők** wage- and salary-earners; **mi a heti bére?** what is your weekly wage?
beragad *ige* stick* in/fast, be*/get* stuck
beragaszt *ige (vmbe)* paste/stick* in ‖ *(lyukat)* paste over (*v.* fill up) [a hole]
berak *ige (behelyez)* put*/place in into ‖ *(árut kocsiba)* load [goods] (in, on

to) || *(szoknyát)* pleat || **berakja a haját** set* one's hair
berakás *fn (behelyezés)* putting/placing in || *(árué kocsiba)* loading; *(hajóba)* shipping || *(szoknyáé)* pleating || *(hajé)* set || **mosás és berakás** shampoo and set
berakodik *ige* load (up)
beránt¹ *ige (vmt)* jerk in, drag into || *(vkt vmbe)* involve sy in sg, draw* sy into sg
beránt² *ige (levest stb.)* thicken (with fried flour)
bérautó *fn* hire car || **bérautó vezető nélkül** self-drive car
bérbeadás *fn (házé)* letting; *(földé)* leasing, lease; *(rövidebb időre)* renting, hiring
bérc *fn* crag, peak
berek *fn (vízjárta rét)* marshy pasture || **irodalmi berkekben** in the world of letters; **tudományos berkekben** in the groves of Academe
bereked *ige (ember)* get*/become* hoarse; *(kiabálástól)* shout oneself hoarse
berekeszt *ige (ülést)* close, wind* up
bérel *ige (rövidebb időre)* hire, ⊕ *US* rent; *(hosszabb időre)* rent; *(autót)* hire, ⊕ *US* rent [a car]; *(hajót, repülőt)* charter; *(páholyt)* subscribe for [a box in theatre]; *(földet)* lease, take* [a/the land/farm etc.] on lease
bérelszámoló *fn* wages clerk, ⊕ *US* pay-roll clerk
bérelt *mn* **bérelt gépkocsi** car rental/hire; **bérelt repülőgép** *(kedvezményes árú)* chartered plane/aircraft
béremelés *fn* rise/increase in wages, wage-increase
berendez *ige (szobát)* furnish; *(üzemet)* fit out/up, equip
berendezés *fn (folyamat)* furnishing, fitting out || *(tárgyak)* furniture; *(üzemben)* equipment, fittings *tsz* || ❑ *műsz (készülék stb.)* apparatus, set

berendezkedés *fn (lakásban)* furnishing, fitting out || *(előkészület)* arrangements *tsz*, preparations *tsz* || ❑ *pol* system
berendezkedik *ige* furnish one's house; ❖ *átv* settle down || *(elhelyezkedik)* take* up one's quarters/abode
bereped *ige* crack, split*; *(szövet)* rend*, tear* || **berepedt az ajka** his lips were chapped
berepülőpilóta *fn* test-pilot
bereteszel *ige* bolt, secure [the door]
berezel *ige* ❖ *biz* get* cold feet
bérezés *fn (bérezési rendszer)* wage-system
bérfeszültség *fn* wage differential/spread
bérgyilkos *fn* hired assassin, ⊕ *US* killer
bérház *fn (nagyobb)* block of flats, ⊕ *US* apartment house/block/building
bérkifizetés *fn* paying of wages
bérlakás *fn* flat
bérlemény *fn* rented/leased property
bérlet *fn (birtok)* lease || *(lakásé)* rent *(színház, hangverseny)* subscription; *(a jegy)* subscription/season ticket; *(vasúti, busz stb.)* season(-ticket), pass; *(heti, havi, Londonban buszra, metróra)* travelcard; *(US vasúti)* commutation ticket
bérleti *mn* **bérleti díj** *(földé, házé stb.)* rent; *(autóé, televízióé stb.)* rental; ❑ *szính* subscription; *(vasút, busz)* cost/price of a season-ticket (v. pass) || **a havi bérleti díj 50 000 Ft** the monthly rental is 50000 fts; **bérleti előadás** subscription performance; **bérleti szerződés** lease agreement/contract
bérletjegy *fn (idényre)* season(-ticket); *(havi)* monthly ticket/pass
bérlő *fn (földé)* lessee, tenant; *(lakásé)* renter, tenant || ❑ *szính* subscriber
bérmálás *fn* confirmation

bérmaszülők *fn* sponsors/godparents of confirmee
bérmentes *mn* post-free/paid, carriage-free/paid
bérmentesít *ige* pay* the postage of || **készpénzzel bérmentesítve** postage paid
bérminimum *fn* minimum/living wage
bérmunka *fn* paid work
beront *ige (szobába)* rush/dash/burst* in/into
berreg *ige (hangosan)* buzz; *(motor)* throb, purr, hum, whirr; *(repülő)* hum, buzz
berregés *fn* buzz, hum, purr, whirr
berregő ▼ *mn* buzzing ▼ *fn (ajtón)* buzzer
bérrendezés *fn* revision of wages
berúg *ige (ajtót)* kick in || ❖ *biz (italtól)* get* drunk/tipsy/tight || **berúgja a gólt** score (a goal); **berúgja a motort** kick-start
beruház *ige* invest
beruházás *fn* ❖ *ált* investment; *(nagyméretű)* project
besároz *ige* (make*) muddy
besegít *ige (vkt kocsiba)* help sy in(to) || ❖ *biz (vmbe)* help sy out (with sg)
besétál *ige* **tessék besétálni!** please walk in, ⊕ *US* come* right in
besiet *ige* hurry/hasten in/into
beskatulyáz *ige* ❖ *átv* label (⊕ *US* -l) sy/sg (as) sg, pigeonhole sy
besorol *ige (vkt vhova)* include, put* (sy) on a list, list, class, classify || *(kocsival sávba)* get* into [lane], filter (to the) left/right
besorolás *fn* listing, classing || *(kocsival)* getting into lane
besoroz *ige* ❑ *kat* enlist (sy)
besötétedik *ige* grow* dark
besugároz *ige* ❑ *orv* irradiate
besugárzás *fn* ❑ *orv* irradiation
besúgó *fn (rendőrségi)* spy, informer; *(beépített ember)* mole
besulykol *ige (tudnivalót)* ram in/into, hammer in; *(felfogást stb.)* indoctrinate

besurranó tolvaj *fn* sneak-thief°
besűrít *ige* thicken, condense, boil down
besűrűsödik *ige* become* thick, thicken
besüt *ige (nap vhová)* shine* into
beszabályoz *ige* ❑ *műsz* adjust, regulate, set*
beszakad *ige* break* in; *(jég)* give* way *(under* sy) || *(köröm)* break*, split*
beszakít *ige* break* (in/down/through)
beszalad *ige* run* in/into
beszáll *ige (ált)* get* on(to)/in(to) sg; *(repülőbe, vonatba)* board sg; *(hajóba)* embark || *(ügybe)* be* in (on sg), join in (sg)
beszállás *fn* getting in, taking one's seat [in train]; *(csak hajóba)* embarkation; *(repülőbe)* boarding || **beszállás!** take your seats!, *(csak hajóba)* all aboard!
beszállókártya *fn* boarding pass/card
beszámít *ige (költségeket)* include || *(szolgálati időt)* take* into account; *(körülményt)* make* allowance (for) || **vmbe beszámít** be* included in sg
beszámítás *fn (költségeké)* inclusion || *(időé)* taking into account
beszámíthatatlan *mn* **beszámíthatatlan állapotban** non compos mentis, not responsible for (one's actions)
beszámítható *mn (költség)* that may be included *ut.*
beszámol *ige (vmről)* give* an account of sg, relate sg; *(hírlap)* cover
beszámoló *fn* (a detailed) account, report || **beszámolót tart** give* an account (of)
beszarik *ige* ❖ *vulg (becsinál)* make* a mess in one's trousers/pants || *(fél)* be* in a blue funk
beszed *ige (összeszed)* collect; *(pénzt)* collect, take* in || *(orvosságot)* take* || ❑ *isk* ❖ *biz (egyest kap)* get* a bad mark
beszéd *fn (képesség)* speech || *(módja)* speaking; *(beszélés)* talk(ing); *(be-*

szélgetés) conversation, talk ‖ *(szónoklat)* speech, address ‖ **beszédbe elegyedik vkvel** get* talking to/with sy; **beszédet mond** make*/deliver a speech, give* an address; **se szó, se beszéd** without much/further ado
beszedés *fn (pénzé)* collection
beszédes *mn* talkative, voluble; ❖ *biz* chatty
beszédhiba *fn* speech defect/impediment
beszédhibás *fn* speech defective
beszédkészség *fn* fluency (in speech)
beszédmegértés *fn (idegen nyelven)* comprehension
beszédtéma *fn* topic, subject topic of conversation
beszeg *ige* edge, border, fringe, hem, seam
beszél *ige* speak*; *(vkvel/vkhez)* speak*/talk to sy ‖ **arról nem is beszélve, hogy** to say nothing of; **beszél ön angolul?** do you speak English?; **beszéljünk másról** let's drop/change the subject; **beszélnek róla** *(szó van róla)* it is in the wind/air; **beszélnem kell vele** I must have a word with him; **itt John Bull beszél** this is (Mr.) John Bull speaking; *(telefonban)* **ki beszél?** who is speaking?; **az beszél** speaking!; **azt beszélik, hogy** it is said that; **maga könnyen beszél** it is easy (v. all very well) for you to talk; **magában beszél** talk to oneself; **magyarul beszél** speak* Hungarian; *(csodálkozva)* **ne beszélj(en)!** you don't say!; **róla beszél az egész iskola** he is the talk of the school
beszélget *ige* talk, converse; *(vkvel)* talk to sy, have* a talk/chat (with sy); *(jelentkezővel)* have* an interview with sy
beszélgetés *fn* ❖ *ált* conversation, chat, talk; *(interjú)* interview ‖ *(telefonbeszélgetés)* call ‖ **helyi beszélgetés** local call; **nemzetközi beszélgetés** international call

beszélő ▼ *mn* talking, speaking ‖ **nem vagyunk beszélő viszonyban** we are not on speaking terms ▼ *fn* talker, speaker; *(narrátor)* narrator ‖ *(börtönben)* visiting hours *tsz*
beszélt *mn* spoken ‖ **a beszélt nyelv** the spoken language
beszennyez *ige* soil, dirty
beszennyeződik *ige* become*/get* dirty/filthy
beszerez *ige* get*, obtain
beszervez *ige (vmbe)* recruit sy (into sg)
beszerzés *fn (árucikkeké)* purchase ‖ *(szerzemény)* acquisition ‖ **adatok beszerzése** collection of data; **új beszerzések** *(könyvtári)* new accessions
beszív *ige (légneműt)* inhale, draw* in ‖ *(folyadékot)* suck in, absorb; *(talaj az esőt)* drink* in, imbibe ‖ ❖ *biz* **jól beszívott** get* pickled/soaked
beszkennel *ige* ❑ *szt* scan [into a computer]
beszól *ige (bekiabál)* call from outside; *(telefonon)* phone in
beszólít *ige* call sy in, summon (sy to swhere)
beszór *ige* = **behint**
beszorul *ige (vm)* get* stuck/jammed (in sg), be* sandwiched (between) ‖ **beszorult a keze az ajtóba** his hand was caught in the door
beszögez *ige* nail in
beszúr *ige (vmbe vmt)* stick* sg into sg ‖ *(szövegbe)* insert, interpolate
beszúrás *fn (szövegbe)* insertion
beszüntet *ige* stop, cease, put* a stop to ‖ **munkát beszüntet** stop work, walk out
beszűrődik *ige (fény)* filter in
betájol *ige* orient(ate)
betakar *ige* cover up/over, wrap up; *(ágyban)* tuck in; *(vmt védve)* shield
betakarít *ige (termést)* harvest, gather (in)
betakarítás *fn* gathering (in), harvest(ing)

betakaródzik *ige* cover/wrap/muffle oneself up; *(ágyban)* tuck oneself in
betanít *ige* (*vkt vmre*) teach* sy sg v. sg to sy
betanul *ige* learn* (sg by heart), memorize; *(szerepet)* get* up, study [a part]
betáplál *ige* *(számítógépbe)* feed* [data/information] into [the/a computer]
betársul *ige* join [in partnership]
betart *ige* *(szabályt)* keep*, observe, comply with || ❑ *sp* ❖ *biz* **betart vknek** trip sy up
beteg ▼ *mn* (*vk*) ill, (⊕ *főleg US*) sick; *(testrész)* diseased; *(igével)* be* ill (⊕ *csak US* sick), be* in ill- v. bad health || **beteg gyerek** a sick child°; **beteg lesz** fall* ill; **betegnek érzi magát** feel* sick/ill/unwell; **beteggé tesz** make* sy ill ▼ *fn (páciens)* patient; **ágyban fekvő beteg** (person) laid up in bed; **beteget jelent** report (that one is) sick
betegágy *fn* vknek a betegágyánál at sy's bedside
betegállomány *fn* sick-list || **betegállományba vesz** place/put* on the sick-list; **betegállományban van** be* on the sick-list
betegápolás *fn* (sick-)nursing
betegbiztosítás *fn* health insurance
betegellátás *fn* medical attendance
beteges *mn (ember)* sickly, in poor health *ut.* || *(jelenség)* unhealthy
betegeskedés *fn* ill-health
betegeskedik *ige* be* in poor health
betegfelvétel *fn (kórházban)* reception [of patients]; *(feliratként)* admissions
beteglap *fn* case sheet/card
beteglátogatás *fn* visiting (of a patient); *(otthon)* home visit
beteglátogató *fn* visitor; *(hivatalos)* health visitor
betegség *fn (állapot)* illness, sickness; *(kór)* disease || **betegségben szenved** suffer from a disease; **betegségéből felgyógyul** recover from his/her illness

betegszállító ▼ *mn* **betegszállító kocsi** ambulance ▼ *fn* (hospital) orderly/porter
betegszoba *fn* sick-room; ⊕ *GB (kollégiumban)* sanatorium
betekint *ige (iratokba stb.)* gain access to
betekintés *fn (iratokba)* examination || **betekintést enged vmbe** allow sy to inspect [a document]
betelik *ige* (*vmvel*) have* enough of sg; *(étellel)* eat* one's fill || **betelt a létszám** we are full up
beteljesedés *fn* fulfilment
beteljesedik *ige* be* fulfilled, come* true || **kívánsága beteljesedett** his wish has* been fulfilled
betemet *ige* bury; *(árkot)* fill up/in
betér *ige (vkhez)* drop in (on sy)
beterjeszt *ige (törvényjavaslatot)* introduce; *(költségvetést)* present
beterjesztés *fn (törvényjavaslaté)* introduction; *(költségvetésé)* presentation
betesz *ige (fiókba)* put* in || *(bankba)* deposit || *(ajtót, ablakot)* close, shut* || **beteszi a lábát vhová** set* foot in
betét *fn (bankban)* deposit [in bank] || *(üvegért)* deposit || *(golyóstollban)* refill || **egészségügyi/intim betét** sanitary pad, hygienic pad(s)
betétkönyv *fn* bank-book, passbook
betétlap *fn (cserélhető)* loose leaf°, insert || **elvették a betétlapját** *kb.* have* one's licence endorsed
betétszámla *fn* deposit account
betéve *hsz (ajtó)* closed, shut || *(könyv nélkül)* by heart || **betéve tudja a szerepét** be* word-perfect, ⊕ *US* be* letter-perfect
betevő *mn* **nincs betevő falatja** have* nothing to eat
betilt *ige* ban, suppress, prohibit
betiltás *fn* ban(ning), suppression, prohibition
betódul *ige* = **beözönlik**
betol *ige* push/shove in

betolakodik *ige* barge in, intrude || *(hívatlanul)* gatecrash
betolat *ige (vonat)* shunt, pull up to
betold *ige* insert (sg *into* sg)
beton *fn* concrete
betonkeverő *fn* concrete/cement mixer
betonoz *ige* concrete
betoppan *ige* drop/pop in unexpectedly
betorkolló út *fn* feeder road
betölt *ige (folyadékot)* pour *i*nto || *(hiányt)* fill (in) [a gap]; *(hivatását)* perform, fulfil (⊕ *US* fulfill) [a duty] || **állást betölt** be* in office, occupy a post/job; **betöltötte 20. életévét** he has turned 20; **filmet betölt fényképezőgépbe** load a camera
betöltetlen *mn (állás)* vacant, unfilled
betöm *ige (lyukat)* stop (up); *(fogat)* fill
betör *ige (ablakot)* break* in, smash; *(ajtót)* break* down, burst* open || *(ellenség)* invade, overrun* [a country] || *(lovat)* break* in || *(betörő)* break* in(to a house); *(éjjel)* burgle; *(US így is)* burglarize || **betörte a fejét** he smashed his head; **hideg légtömegek törtek be az országba** a cold front has entered the country
betörés *fn (ablaké)* breaking in/open, smashing || *(házba, főleg nappal)* break-in; *(éjjeli)* burglary
betörésjelző *fn* burglar-alarm
betörik *ige* break* || **betörött az ablak** the window is broken
betörő *fn* burglar, housebreaker
betud *ige (összeget vmbe)* charge to, include || *(vknek vmt tulajdonít)* attribute/ascribe to || **annak tudom be, hogy** I put it down to the fact that; **betudható vmnek** can* be attributed/ascribed to sg
betű *fn* letter [of the alphabet]; *(írott)* script; *(nyomtatott)* character, type || **dőlt betű** italics *tsz*; **betű szerinti** literal, verbal; **betűről betűre** letter by letter, point by point; **betűvel kiír egy számot** write* [a number/figure] out in full
betűkészlet *fn szt* font
betűr *ige* tuck in
betűrejtvény *fn* word puzzle
betűrend *fn* alphabet, alphabetical order || **betűrendben** in alphabetical order
betűrendes mutató *fn* (alphabetical) index *(tsz* indexes)
betűtípus *fn* type, typeface, *szt* font
betűz¹ *ige (betűket)* spell*
betűz² *ige (tűvel)* pin in/up || *(nap vhová)* shine* in
betyár *fn (egykori)* highwayman°, outlaw || ❖ **elít** rogue || ❖ *tréf* **te kis betyár** you little rascal
beugrás *fn (vízbe)* jumping/diving in || *(szerepbe)* replacing sy *(v.* stepping in) at a moment's notice
beugrat *ige* ❖ *átv* take* sy in, deceive (sy); *(vkt vmbe)* trick sy into sg
beugratás *fn* ❖ *átv* take-in, hoax
beugrik *ige (vk vhová)* jump/spring* in; *(vízbe fejest)* dive into || *(szerepbe)* step in, take* over a part at a moment's notice || *(vkhez)* look/drop in (on sy) || ❖ *biz (tréfának)* be* taken in, be* had
beugró *fn (fali)* niche, recess || ❖ *biz (belépődíj)* entrance fee, admission
beutal *ige (kórházba)* refer, send* [sy to hospital]
beutaló *fn (kórházi)* referral; *(üdülői) kb.* holiday voucher
beutazás *fn (országjárás)* tour (of) || *(vhová)* entry (into)
beutazik *ige (országot)* tour [a country], travel (all over) [the country, Europe etc.] || *(országba)* enter [a country]; *(városba)* go* up to [town]
beutazóvízum *fn* entry visa
beül *ige (karosszékbe)* sit* down in, take* one's/a seat in || **beül egy taxiba** take* a taxi
beültet *ige (vmvel)* plant with; *(földbe)* plant/set* in; *(cserépbe)* pot || ❏ *orv* implant

beüt *ige (szeget stb.)* drive*/knock/hit* sg in/into || **beüti a fejét vmbe** knock/bang/bump one's head against sg; ❖ *biz* **jól beütött neki** he made a killing

beüvegez *ige* glaze (in), glass in

bevág *ige (vágást csinál)* cut* || ❖ *biz (leckét)* learn* (sg) by heart/rote || **bevágja az ajtót** slam/bang the door

bevágódik *ige (ajtó)* slam, bang || ❖ *biz (vk vknél)* worm oneself (v. one's way) into sy's confidence || **bevágódott az ajtó/ablak** the door/window slammed (to/shut)

bevakol *ige* plaster (over), face

beválik *ige (vm)* prove (to be) good, work (well) || *(remény, jóslat)* come* true, be* fulfilled || **nem vált be** it did* not work

bevall *ige (bűnt)* confess, admit; *(őszintén megmond)* confess, must admit || ❖ *hiv (adatokat stb.)* declare; *(jövedelmet)* return [one's income] || **bevallom, ezt elfelejtettem** I must admit I forgot it

bevallás *fn* **saját bevallása szerint** by his own account/admission

bevált *ige (pénzt)* (ex)change *(vmre* for); *(csekket)* cash [a cheque]; *(utalványt)* exchange [a voucher for sg] || *(ígéretét)* keep* [one's promise] || *(reményeket)* fulfil (v. ⊕ *US* fulfill) [hopes]

beváltási árfolyam *fn* rate of exchange

bevándorlás *fn* immigration

bevándorló *fn* immigrant

bevándorol *ige* immigrate (into)

bevarr *ige* ❖ *ált* sew*/stitch up; *(vmbe)* sew* in || *(sebet)* sew* up [a wound]

bevasal *ige (fehérneműt)* iron all the laundry || ❖ *biz* **pénzt bevasal vkn** make* sy cough up what he owes

bevásárlás *fn* shopping

bevásárlókocsi *fn (áruházi)* (shopping) trolley

bevásárlókosár *fn* shopping basket

bevásárlóközpont *fn* shopping centre, (shopping) mall

bevásárlótáska *fn* shopping bag

bevásárlóturizmus *fn* shopping tourism

bevásárol *ige* do* one's/the shopping || **bevásárolni megy** go* shopping; ❖ *átv* ❖ *biz* **jól bevásárolt vmvel** (s)he made a bad bargain with sg

bever *ige (szeget)* drive*/hammer in, hammer (sg) into (sg); *(karót stb.)* drive* in || *(ablakot)* smash, break* in || **beverték a fejét** he had his head beaten in || **bever az eső (az ablakon)** the rain keeps driving in (at the window)

bevérzés *fn* (internal) haemorrhage (⊕ *US* hem-)

bevés *ige (fémbe)* engrave in/on || **bevés vmt az emlékezetébe** commit sg to (one's) memory

bevesz *ige (kívülről)* take* in (from outside) || *(egyesületbe vkt)* admit sy [as member] || *(vmt szerződésbe)* insert; *(szövegbe)* include || *(várost, erődítményt)* take*, capture || *(ruhából)* take* in || *(orvosságot)* take* [medicine] || ❖ *biz* **mindent bevesz** he swallows everything you tell* him (whole)

bevet *ige (földet vmvel)* crop/sow* [a field] with || ❏ *kat* put* into action || **beveti az ágyat** = **beágyaz**

bevétel *fn (jövedelem)* income; *(üzleti)* returns *tsz*; *(előadásé)* receipts *tsz*

bevetés *fn (maggal)* sowing (with seed) || ❏ *kat* action; ❏ *rep* sortie

bevett *mn* accepted, received || **bevett szokás** generally established/accepted custom

bevezet *ige (helyiségbe)* lead*/show* in/into; *(társaságba is)* introduce into || *(ismeretekbe)* initiate (into) || *(villanyt)* install [electricity] || *(könyvbe tételt)* enter || *(módszert)* introduce, initiate

bevezetés *fn (könyvben)* introduction || *(villanyé)* installation

bevezető ▼ *mn* introductory; *(szavak)* prefatory, opening ‖ **bevezető fénysor** *(reptéren)* landing lights *tsz*; **bevezető rész** introduction, introductory part; **bevezető út** approach (road), access road ▼ *fn* introduction ‖ **bevezetőben** by way of introduction

bevisz *ige (vkt/vmt vhová)* take* in; *(csomagot)* carry in ‖ *(vkt rendőr)* run* in, take* into custody ‖ *(út vhová)* lead* to ‖ *(számítógépbe)* feed* [data] into [a/the computer]; *(beír)* key in [the new data] ‖ **bevisz vkt a városba (kocsival)** drive* sy up to town; **bevitték a rendőrségre** he was taken (down) to the police station

bevizel *ige (ágyba)* wet the bed; *(nadrágba)* wet one's trousers *(v.* ⊕ *US* pants)

bevizez *ige (akaratlanul)* make* sg wet; *(szándékosan)* wet, moisten, dampen

bevon *ige (forgalomból)* withdraw* ‖ *(vitorlát)* reef (in), furl; *(zászlót)* haul down ‖ *(vmvel)* ❖ **ált** cover (with); *(fémmel)* plate (with) ‖ **bevonták a jogosítványát** his driving licence was withdrawn

bevonat *fn* coat(ing), plating, cover

bevontat *ige (gépjárművet)* tow to; *(csak hajót)* tug/tow in

bevonul *ige (pompával)* enter, march in ‖ *(katonai szolgálatra)* join up

bevonulás *fn (pompával)* entry ‖ ❑ *kat* joining up

bezár *ige (ajtót stb.)* close, shut*; *(kulccsal)* lock (up) ‖ *(helyiségbe)* confine, lock in ‖ *(intézmény stb.)* close; *(végleg)* close down; *(üzlet, üzletet nap végén)* close, shut* up [the shop] ‖ **bezárja a kapuit** *(iskola)* break* up

bezárás *fn* closing, shutting, locking

bezárkózik *ige* lock/shut* oneself in/up/away

bezárólag *hsz* szept. 1-ig bezárólag up to and including September 1st

bezúz *ige (könyveket)* pulp

bezzeg *hsz* truly, to be sure
bezsebel *ige* pocket, bag, net
bezsíroz *ige (géprészt)* lubricate; *(serpenyőt)* grease, lard ‖ *(ruhát)* greasestain
bezsúfol *ige* cram/crush/squeeze into, pen (up)
biankó csekk *fn* blank cheque (⊕ *US* check)
bíbelődik *ige* take* great pains over sg
bíbic *fn* lapwing, pe(e)wit
bibis *mn* ❖ *biz* hurt, sore
biblia *fn* Bible, the Scriptures *tsz*
bibliai *mn* biblical, scriptural, Bible-
bibliográfia *fn* bibliography; *(cikk végén általában)* references *tsz*
bíbor *fn* purple, scarlet
bíboros *fn* cardinal
bíborpiros *mn* purple, scarlet, crimson
biccent *ige* nod
biceg *ige* limp, hobble
bicikli *fn* bicycle, bike, cycle
biciklipumpa *fn* bicycle pump
biciklista *fn* cyclist, cycler
biciklizik *ige* ride* a bicycle, cycle, pedal (⊕ *US* -l-); ⊕ *US* wheel
bicska *fn* pocket/jack/clasp-knife° ‖ **beletörik a bicskája vmbe** fail, come* a cropper
bifokális *mn* bifocal
bifsztek *fn* beefsteak
bigott *mn* bigoted
bika *fn* bull
bikaviadal *fn* bullfight
bikini *fn* bikini
bili *fn* ❖ *biz* pot(ty)
biliárd *fn* billiards *tsz*
biliárdgolyó *fn* billiard-ball
biliárdozik *ige* play billiards
bilincs *fn* shackles *tsz*, irons *tsz*; *(kézre)* handcuffs *tsz* ‖ *(kerékre)* clamp
biliztet *ige* **bilizteti a gyereket** pot the baby
billeg *ige* seesaw, be* loose, rock
billen *ige* tilt, tip over, topple
billentyű *fn (hangszeren)* key ‖ ❑ *műsz* (flap/clack/stop-)valve ‖ *(szívé)* valve

billentyűzet *fn (zongora, írógép, számítógép)* keyboard
billió *szn* ⊕ *GB* billion; ⊕ *US* trillion
bimbó *fn (virágé)* bud ‖ *(mell)* nipple, teat
bimbózik *ige* bud, burgeon
bináris *mn* binary
biobolt *fn* organic/health food store
bioélelmiszer *fn* organic/health food
biogenetika *fn* biogenetics *esz*
biokémia *fn* biochemistry
biokémikus *fn* biochemist
biokertészet *fn* organic farming/gardening
biológia *fn* biology
biológiai *mn* biological ‖ **biológiai hadviselés** biological/germ warfare
biológus *fn* biologist
bioszféra *fn* biosphere
biotechnika *fn* bioengineering
biotechnológia *fn* biotechnology
bioterrorizmus *fn* bioterrorism
bír *ige (fizikailag)* (be* able to *v.* can*) carry ‖ *(elvisel)* (be* able to) bear* ‖ *(képes)* can*, be* able to ‖ ❖ *biz (szeret, kedvel)* take* a shine to (sy) ‖ *(vkvel)* equal (⊕ *US* -l) sy, be* a match for sy ‖ **aki bírja, marja** everybody for himself and the devil take the hindmost; **bírja a hideget** he can take the cold; **nem bír magával (jókedvében)** be* beside himself (with joy); **nem bírja az italt** he cannot take alcohol; **nem bírok vele** he is too much (of a handful) for me; **nem bírom** I can't carry it, it's too heavy for me; **nem bírom megcsinálni** I am unable to do it
bírál *ige* judge; *(könyvet)* review; *(elítélően)* criticize
bírálat *fn* ❖ *ált* judgement, sentence; *(könyvről)* review; *(hosszabb)* critique; *(szóban)* criticism
bíráló ▼ *mn* critical ▼ *fn* critic, reviewer
bírálóbizottság *fn* jury
birka *fn (állat)* sheep° ‖ *(hús)* lamb

birkacomb *fn* leg of lamb/mutton
birkagulyás *fn* lamb/mutton goulash
birkanyáj *fn* a flock of sheep
birkózás *fn* wrestling ‖ **szabadfogású birkózás** freestyle (*v.* all-in) wrestling; **kötöttfogású birkózás** Graeco-Roman wrestling
birkózik *ige* wrestle; ❖ *átv* struggle/grapple with
birkózó *fn* wrestler
bíró *fn (bíróságon)* judge, justice; *(alsó fokú)* magistrate ‖ ❏ *sp (krikett, röplabda, asztalitenisz, tenisz, tollaslabda)* umpire; *(birkózás, hoki, kosárlabda, labdarúgás, ökölvívás, rögbi)* referee; ❖ *biz* ref
birodalom *fn* empire ‖ **a brit birodalom** the British Empire
bírói *mn* judicial, judiciary, juridical ‖ **bírói ítélet** judg(e)ment; *(döntés)* decision
bíróság *fn (hatóság)* court (of law) ‖ *(épület)* law-courts *tsz*, court ‖ **a bíróságon** in court; **bíróság elé állít** bring* to trial/justice; **elsőfokú bíróság** court of the first instance
bírósági *mn* judicial, judiciary ‖ **bírósági tárgyalás** hearing, trial, proceedings *tsz*; **bírósági úton** legally, by law
birs *fn* quince
bírság *fn* fine, penalty
bírságol *ige* fine, impose a fine/penalty on
birtok *fn (tulajdon)* possession, holding ‖ *(földbirtok)* estate, landed property, land ‖ **birtokában van vmnek** be* in possession of sg, possess/hold* sg; **birtokba vesz vmt** take*/get* possession of sg
birtoklás *fn* possession
birtokol *ige* have*, possess, hold* possession of, occupy, hold*
birtokos ▼ *mn* propertied; ❏ *nyelvt* possessive ‖ **birtokos eset** genitive (case) ▼ *fn (vagyoné)* owner, possessor

birtokviszony *fn* ❏ *nyelvt* genitive relation
bisztró *fn* snack bar, bistro
bit *fn* ❏ *szt* bit
bitófa *fn* gallows *esz v. tsz*, gallows tree
bitorol *ige* usurp
bitumen *fn* bitumen, asphalt
bivaly *fn* buffalo
bíz *ige* (*vkre vmt*) trust sy with sg, entrust sg to sy
bizakodás *fn* confidence
bizakodik *ige* (*vkben/vmben*) trust in sy/sg
bizakodó *mn* hopeful, trustful, optimistic
bizalmas ▼ *mn (közlés)* confidential || *(hangulatú)* informal, colloquial || **bizalmas beszélgetés** heart-to-heart talk; **bizalmas értesülés** inside information; **bizalmas (természetű) levél** personal letter; **bizalmas viszonyban van vkvel** be* on familiar/intimate terms with sy, be* familiar with sy ▼ *fn* **vknek a bizalmasa** sy's intimate, sy's confidant (*nő:* confidante)
bizalmatlan *mn* distrustful, mistrustful (*vk iránt* of sy)
bizalmatlanság *fn* distrust, mistrust
bizalmi *mn* confidential || **felveti a bizalmi kérdést** ask for a vote of confidence
bizalom *fn* confidence, trust (*mind:* in) || **bizalmába férkőzik vknek** worm oneself into sy's confidence; **bizalmat szavaz vknek** give* sy a vote of confidence
bizalomkeltő *mn* inspiring confidence/ trust *ut.*, reassuring
bizarr *mn* bizarre, whimsical, odd
bízik *ige* (*vkben/vmben*) trust sy/sg, trust in sy/sg, have* confidence in || **nem bízik vkben** distrust sy, mistrust sy; **bízhatsz benne** (you may) depend (up)on it
bizomány *fn* commission; *(eladásra)* consignment
bizományi áruház *fn* commission shop

bizony *hsz* certainly, really, to be sure, surely || **Isten bizony!** so help me (God)!; **nem bizony!** certainly not
bizonyára *hsz* no doubt, without (a) doubt, in all probability, surely || **bizonyára lekésett a vonatról** he must have missed the train
bizonygat *ige* prove repeatedly || **azt bizonygatja, hogy** he argues that
bizonyít *ige* ❖ *ált* prove || *(okmánnyal)* certify; *(adattal)* document, verify || **ami azt bizonyítja, hogy** which all goes* to show that
bizonyítás *fn* proof; *(okmánnyal)* certifying; *(adattal)* verification || **aligha szorul bizonyításra** it hardly needs proof, that is self-evident
bizonyíték *fn* proof; *(főleg jog)* evidence || **nincs rá semmi bizonyíték** there is not a shred of evidence; **tárgyi bizonyíték** material proof; **bizonyíték hiányában** in the absence of evidence
bizonyítvány *fn* *(hivatali)* certificate, testimonial; ❏ *isk* school report || **bizonyítványt kiállít** grant a certificate; **megmagyarázza a bizonyítványát** explain away one's report/mistakes
bizonyos *mn* *(biztos)* certain, sure; *(kétségtelen)* undeniable, undoubted || **annyi bizonyos, hogy** one thing is certain (namely), this much is certain: that; **egy bizonyos** a certain, some; **egy bizonyos fokig** to some extent
bizonyosan *hsz* no doubt, without (a) doubt, in all certainty/probability
bizonyosság *fn* certainty, certitude
bizonytalan *mn (dolog)* uncertain, dubious; *(kimenetelű)* doubtful; *(alapokon álló)* unstable, shaky || *(ember)* irresolute, indecisive, wavering || **bizonytalan a megélhetése** make* a precarious living; **bizonytalan időjárás** unsettled/changeable weather; **bizonytalan időre elhalaszt** postpone indefinitely

bizonytalankodik *ige* hesitate, dilly-dally

bizonytalanság *fn* uncertainty, doubt(fulness); *(tárgyé)* shakiness, unsteadiness; *(határozatlanság)* hesitation || **bizonytalanságban hagy vkt** hold* sy in a state of uncertainty

bizonyul *ige (vmnek/vmlyennek)* prove (to be ...), turn out sg (*v.* to be ...)

bizottság *fn* ❖ ált committee; *(magasabb szintű testület)* board; *(kiküldött)* commission, delegation

bizottsági ülés *fn* committee/board meeting

biztat *ige (vmre)* encourage, stimulate || *(vigasztalva)* reassure, comfort || *(vmvel)* allure, entice (with)

biztatás *fn (vmre)* encouragement, stimulation || *(vigasztalva)* reassurance, comfort(ing)

biztató *mn* encouraging, promising; *(igével)* promise well; *(jövőre nézve vm)* bid* fair (for the future); augur well || **biztató (elő)jel** hopeful sign

biztonság *fn* safety, security || **a biztonság kedvéért** to be* on the safe side; **biztonságban érzi magát** feel* secure

biztonsági *mn* safety || **biztonsági okokból** for security reasons; **biztonsági öv** seat/safety belt; **kapcsold be a biztonsági övet** fasten your seat belt; **Biztonsági Tanács** Security Council

biztonságos *mn* safe, secure

biztos *mn (kétségtelen)* sure; certain || **biztos állás/megélhetés** secure job; **biztos dolog** certainty, sure thing; **biztos vagyok benne, hogy** *(meggyőződésem)* I'm sure he ...; *(tény)* I'm certain he ...; **ez biztos** that is so, (that's a) sure thing (*v.* ❖ *biz* a cert)

biztosan *hsz* surely, certainly; *(kétségtelenül)* no doubt, undoubtedly || **biztosan eljön** he is sure/certain to come; **holnap biztosan esni fog** it is bound to rain tomorrow

biztosít *ige (biztonságossá tesz)* make* certain/sure; *(erősít)* make* safe, secure (from, against); ❏ *kat* cover; *(fegyvert)* uncock || *(vmt vknek nyújt)* provide sg for sy || *(biztosítást köt)* insure (sg against sg) || **biztosítja magát** (*v.* **az életét**) insure oneself (*v.* one's life), take* out life insurance; **vkt vmről biztosít** assure sy of sg

biztosítás *fn* ❏ *ker* insurance || **biztosítást köt** take* out insurance

biztosítási *mn* insurance || **biztosítási díj** insurance (premium)

biztosíték *fn (pénz)* security, deposit; *(erkölcsi)* guarantee || ❏ *el* fuse || **biztosítékul** by way of security; **kiégett a biztosíték** the fuse went

biztosító *fn (társaság)* insurance company

biztosított *mn/fn* ❏ *ker* insured || **a biztosított (személy)** the insured, policy-holder

biztosítótű *fn* safety-pin

bizsereg *ige* itch, prickle, tingle

bizsergés *fn* pins and needles *tsz*

bizsu *fn* fashion/costume-jewellery

blabla *fn* ❖ *biz* blather

blamál *ige (vkt)* compromise sy || **blamálja magát** make* a fool of oneself

blamázs *fn* shame, ignominy

blattol *ige* sight-read*

bliccel *ige* ❖ *biz (járművön)* dodge paying the fare || *(iskolában)* cut* a class

bliccelő *fn* ❖ *biz (járművön)* faredodger

blokád *fn* blockade

blokk *fn (jegyzettömb)* (writing) pad || *(üzletben)* bill || *(háztömb)* block (of houses) || *(bélyeg)* block

blokkolásgátló *fn* anti-lock braking system, ABS brake

blöff *fn* bluff, humbug, boast

blöfföl *ige* bluff, humbug, boast

blúz *fn* blouse; ❏ *kat* tunic, shirt

b-moll *fn* B-flat minor

bob *fn* bobsleigh; ⊕ *főleg US* bobsled

bóbiskol *ige* nod, doze, take* a nap
bóbita *fn (madáré)* tuft, crest
boci *fn* little calf°; ❖ *biz* moo-cow
bocs¹ *fn* bear-cub
bocs² ❖ *biz* = **bocsánat!**
bocsánat *fn* pardon, forgiveness ‖ **bocsánatot kér** beg sy's pardon, apologize *(vmért* for); **bocsánatot kérek!**, **bocsánat!** pardon/excuse me!, I beg your pardon!, (I'm) sorry!
bocsánatkérés *fn* apology
bocsát *ige (enged)* let* go, admit to
bódé *fn (piaci, vásári)* stall, booth, stand; *(újságos)* newsstand; ⊕ *GB* kiosk; *(kat őrszemé)* sentry-box; *(más őré)* cabin, shelter
bódító *mn (illat)* overpowering
bodros *mn (haj)* curly, frizzy
bódult *mn* dazed, overpowered
bodza *fn* elder
bogáncs *fn* thistle
bogár *fn (rovar)* insect, beetle; ⊕ *US* bug ‖ ❖ *biz (szeszély)* whim, fad ‖ **vmlyen bogara van** have* a bee in one's bonnet
bogaras *mn* crotchety, cranky
bogarászik *ige (rovarokra)* collect insects ‖ ❖ *átv* ❖ *biz* hunt after [curios, data]
bogrács *fn* stew-pot, kettle
bográcsgulyás *fn kb.* Hungarian kettle goulash
bogyó *fn* berry
bohém *mn/fn* bohemian
bohóc *fn* clown; ❖ *átv* buffoon, fool ‖ ❖ *biz* **bohócot csinál magából** play the fool
bohózat *fn* farce, burlesque
bója *fn* buoy ‖ **bójákkal kijelöl** buoy (out)
bojkott *fn* boycott
bojkottál *ige* boycott
bojler *fn (gáz)* (gas) heater; *(villany)* immersion heater
bojt *fn* tassel; *(gömbölyű)* pompon, bobble

bók *fn (szóbeli)* compliment ‖ **bókot mond vknek** compliment sy
boka *fn* ankle ‖ **összeüti a bokáját** click one's heels; **(még) megüti a bokáját** *kb.* (may) have*/get* one's fingers burnt
bokaficam *fn* sprained/twisted ankle
bokafix *fn* ankle socks; ⊕ *US* bobby socks *tsz*
bokasüllyedés *fn* **bokasüllyedése van** have* flat feet *(v.* fallen arches)
bókol *ige (szóval vknek)* pay* sy a compliment, compliment sy
bokor *fn* bush, shrub
bokréta *fn* bunch of flowers, bouquet
bokros *mn (bozótos)* bushy, shrubby ‖ **bokros teendők** a lot of things to do
boksz¹ *fn (cipőkenőcs)* shoe-polish ‖ *(bőr)* box-calf°
boksz² *fn (ökölvívás)* boxing
boksz³ *fn (rekesz)* box
bokszmérkőzés *fn* boxing-match/contest
bokszol *ige* box, fight*
bokszolás *fn* boxing
bokszoló *fn* boxer; *(profi)* prizefighter
boldog *mn* happy; *(igével)* feel*/be* glad; *(vmvel)* be* delighted with; **Boldog új évet (kívánok)** (I wish you a) Happy New Year!; **boldog ünnepeket kívánok** the season's greetings
boldogít *ige* make* (sy) happy ‖ **a pénz nem boldogít** money cannot buy happiness
boldogság *fn* happiness, joy, gladness, bliss ‖ **úszik a boldogságban** be* blissfully happy
boldogtalan *mn* unhappy, miserable
boldogul *ige (életben)* get* on, prosper, succeed ‖ *(vmvel)* get* on with sg, manage sg
boldogult *mn* the late ‖ **boldogult édesanyád** your late (lamented) mother
bólé *fn kb.* (fruit) punch
bolgár *mn/fn* Bulgarian

bolgárul *hsz* (in) Bulgarian → **angolul**
bolha *fn* flea || **bolhát tesz vk fülébe** put* thoughts in sy's head, awaken sy's suspicions
bólint *ige* nod || **igenlően bólint** nod one's assent
bólintás *fn* nod, nodding
bólogat *ige* nod repeatedly
bolond ▼ *mn (őrült)* mad, insane, crazy || *(beszéd, viselkedés)* foolish, silly, stupid || **majd bolond leszek!** I am* not such a fool (as to), not me! ▼ *fn (elmebajos)* madman°, lunatic || *(bolondokat csináló)* fool, idiot, simpleton || **bolondja vmnek** be* crazy about sg; **bolondnak nézel?** do you take me for a fool?
bolondgomba *fn* toadstool
bolondít *ige* make* a fool of, fool, take* sy in
bolondokháza *fn* ❖ *biz* lunatic asylum; ❖ *átv* bedlam || **kész bolondokháza** it's a regular bedlam
bolondos *mn (hibbant)* mad, crazy, foolish || *(vidám)* ludicrous, silly, droll, clownish
bolondozik *ige* play the fool, clown; *(vkvel)* make* fun with || **ne bolondozzon!** enough of jokes
bolondság *fn (beszéd, tett)* nonsense || *(hóbort)* (piece of) folly, silliness
bolondul *ige (vkért/vmért)* be* crazy about sy/sg
bolt *fn (üzlet)* shop; ⊕ *US* store || ❖ *biz (üzletkötés)* deal, bargain
bolti *mn* **bolti ár** selling/retail price
boltív *fn* arch(way), vault(ing)
boltíves *mn* vaulted, arched
boltos *fn* shopkeeper; ⊕ *US* storekeeper
boltozatos *mn* vaulted, arched
boltvezető *fn* (shop) manager, shopkeeper; ⊕ *US* store manager
bolygó ▼ *mn* wandering, roving, roaming ▼ *fn* planet || **mesterséges bolygó** (artificial) satellite

bolyhos *mn (szövet)* napped, woolly, fuzzy
bolyong *ige* roam, rove, wander (about)
bolyongás *fn* wandering(s), ramble(s)
bomba ▼ *fn* bomb || **bombát (le)dob** drop a bomb; ❖ *biz* **bombaként hatott** it came as (*v.* was) a bombshell ▼ *mn* ❖ *biz* **bomba jó** smashing, super, crazy, bang-up; **bomba nő** a real stunner
bombabiztos *mn* bomb/shell-proof
bombamerénylet *fn* bomb attack
bombariadó *fn* bomb scare/alert/warning
bombasérült *mn (vm)* bomb-damaged
bombasiker *fn* ❖ *biz* overwhelming success, winner, smash(-hit), blockbuster
bombatalálat *fn* bomb hit
bombatámadás *fn* bomb attack/raid
bombatölcsér *fn* bomb-crater
bombáz *ige (repülő)* bomb, drop bombs on
bombázás *fn (repülőről)* bombing
bombázó(gép) *fn* bomber
bomlás *fn* decay, disintegration; ❏ *vegy* decay, decomposition || *(fegyelemé)* relaxation; *(erkölcsé)* depravation
bomlaszt *ige* ❖ ált dissolve, disintegrate, disrupt; ❏ *vegy* decompose || ❖ *átv* subvert
bomlasztó *mn* **bomlasztó tevékenység** subversive activity
bomlik *ige (alkotórészeire)* disintegrate, fall* apart, go* to pieces, decay; ❏ *vegy* dissolve, decay || *(közösség)* break* up || ❖ *biz (vkért)* be* madly in love with sy
bon *fn (áruról)* voucher; *(pénzről)* IOU
bonbon *fn* bonbon, sweet; ⊕ *US* candy
boncnok *fn* anatomist, dissector
boncol *ige* ❏ *orv* dissect; *(halálok megállapítására)* carry out a postmortem (examination) (*v.* an autopsy) || *(kérdést)* analyse (⊕ *US* -lyze)
boncolás *fn* dissection; *(halálok megállapítására)* postmortem (examina-

tion), *autopsy* || **boncolási jegyzőkönyv** report on a postmortem examination
bonctan *fn* anatomy
bont *ige* ❖ *ált* take*/pull to pieces, take* apart; *(alkotóelemeire)* dismantle, take* apart; ❏ *vegy* decompose || *(épületet)* pull down || *(telefonbeszélgetést)* disconnect || **részekre bont** break* sg down into its component parts
bontás *fn* taking to pieces; *(épületé)* demolition; ❏ *vegy* decomposition || **évi bontásban** broken down into yearly figures
bonyodalom *fn* complication; *(drámában)* knot, intrigue
bonyolít *ige* complicate [matters] || ❏ *ker (ügyletet)* handle, manage, transact, effect
bonyolító *fn* assistant executive
bonyolódik *ige (ügy)* become* complicated || *(vmbe)* get* entangled/involved in
bonyolult *mn* complicated, intricate; *(gép, szerkezet, technológia stb.)* sophisticated || **bonyolult feladat** complicated task; **bonyolult szerkezet** complex mechanism; **bonyolult ügy** a complicated business/matter
bor *fn* wine || **asztali bor** table wine; **egy pohár bor** a glass of wine
borász *fn* wine-grower
borászat *fn* wine-growing
borbély *fn* barber, hairdresser
borda *fn (emberi)* rib || *(borjú, ürü)* cutlet; *(sertés)* pork chop
bordásfal *fn* wall-bars *tsz*
bordaszelet *fn* cutlet; *(sertés)* chop
bordatörés *fn* fracture of a rib, broken rib
bordázat *fn* ribbing; *(hajóé)* framework
bordélyház *fn* brothel
bordó *mn* claret(-coloured), wine-red
borít *ige (vmvel fed)* cover (with), overlay*, cast*/spread* over || *(feldönt)* overturn, dump

boríték *fn (levélé)* envelope; *(a bérrel)* pay/wage packet
borítékol *ige* put* in an envelope
borító *fn (könyvé)* (dust) jacket, dust cover
borjú *fn* calf°
borjúbőr *fn (kikészített)* calfskin; *(boksz)* box-calf°; *(pergamen)* vellum
borjúhús *fn* veal
borjúpaprikás *fn* **borjúpaprikás (galuskával)** *kb.* Hungarian paprika veal (with gnocchi)
borjúsült *fn* roast veal
borjúszelet *fn* veal cutlet/fillet
borogat *ige (hideggel)* put* on a (cold) compress; *(meleggel)* put* on a poultice
borogatás *fn (hideg)* (cold) compress; *(meleg)* poultice
boróka *fn* juniper
borongós *mn (idő)* cloudy, dull
borospince *fn* wine-vault/cellar
borospohár *fn* wine-glass
borostás *mn (áll)* bristly, stubbly, unshaven
borostyán *fn* ivy
borostyánkő *fn* amber
borosüveg *fn* wine-bottle
borotva *fn (önborotva)* safety razor; *(villanyborotva)* (electric) shaver, electric razor || **úgy vág az esze, mint a borotva** he is sharp/witted, he has a keen/sharp mind
borotvaecset *fn* shaving brush
borotvaéles *mn (kés, ész)* sharp as a razor *ut.*, razor-sharp
borotvakrém *fn* shaving cream
borotvál *ige* shave || **simára borotvál** shave close
borotválás *fn* shave, shaving
borotválatlan *mn* unshaven
borotválkozik *ige* shave, have* a shave
borotvapenge *fn* razor blade
borotvaszappan *fn* shaving stick/soap
borozgat *ige (vkvel)* crack a bottle with sy
borozó *fn* wine bar, tavern

borravaló *fn* tip; gratuity || **borravalót ad vknek** tip sy, give* sy a tip
bors *fn* pepper || **borsot tör vk orra alá** play a trick (*v.* tricks) on sy
borsó *fn* pea; *(tömegben)* peas *tsz*; *(sárgaborsó)* split/dry peas *tsz*; *(zöldborsó)* green/sugar peas *tsz* || **borsót fejt** shell peas; **falra hányt borsó** it's like talking to a brick wall
borsódzik *fn* **borsódzik a háta vmtől** it makes one's flesh creep
borsófőzelék *fn* a dish of peas
borsos *mn* peppered, peppery || ❖ *biz* **borsos ár** stiff/steep price
bortermelő *fn* wine-grower
bortermés *fn* vintage
bortermő *mn (ország)* wine-growing; *(talaj)* wine-producing
borul *ige (ég)* cloud over, become* overcast || *(beleborul vmbe)* overturn (into sg), fall* || *(ráborul)* fall* on
borúlátás *fn* pessimism
borúlátó ▼ *mn* pessimistic ▼ *fn* pessimist
borús *mn (idő)* dull, gloomy [weather] || *(tekintet)* gloomy, dismal [face, looks]; *(hangulat)* gloomy, low [spirits]
borvidék *fn* wine-growing area/region
borz *fn* badger
borzad *ige* shudder (with horror) *(vmtől* at), be* horrified/shocked *(vmtől* at) || **még a gondolatától is borzad** shudder at the very thought of it
borzalmas *mn* horrible, terrible, awful, dreadful
borzalom *fn* horror, dread, terror
borzas *mn* tousled, dishevelled, unkempt
borzasztó ▼ *mn* = **borzalmas** ▼ *hsz (borzasztóan)* awfully, horribly || **borzasztó sok** an awful lot
borzol *ige (hajat, szőrt, tollat szél)* ruffle, tousle || **vm borzolja az idegeit** sg grates/jars on sy's nerves
borzong *ige* shiver [with cold/fear]
borzongás *fn* shiver, tremble

boszorkány *fn* witch, sorceress
bosszankodás *fn* annoyance, vexation
bosszankodik *ige* be* annoyed/angry; *(vm miatt* at sg, *vk miatt* with sy) || **ne bosszankodj!** ❖ *biz* keep your shirt on!
bosszant *ige (vk vkt)* annoy, vex || *(vm vkt)* annoy, irritate || **ne bosszants!** don't provoke/rile me!
bosszantás *fn* irritation, annoyance
bosszantó *mn* annoying, vexing, irritating
bosszú *fn* revenge; *(megtorlás)* vengeance || **bosszúból** in revenge; **bosszút forral** harbour (⊕ *US* -or) revenge
bosszúálló ▼ *mn* avenging, revenging ▼ *fn* revenger, avenger
bosszús *mn* annoyed, vexed, angry, irritated
bosszúság *fn* annoyance, vexation, anger || **bosszúság ér vkt** be* disappointed
bot *fn* stick, staff; *(sétabot)* (walking-)stick, cane; *(horgászbot)* (fishing-)rod || **a füle botját sem mozgatja** will not take the slightest notice of sg; **bottal ütheti a nyomát** *(vmét)* he can whistle for it, *(vkét)* the bird has flown
botanika *fn* botany
botanikai *mn* botanical
botanikus ▼ *mn* **botanikus kert** botanical garden ▼ *fn* botanist
botfülű *mn* unmusical, tone-deaf
botkormány *fn* control stick/column; ❖ *biz* joystick
botlás *fn* stumbling, stumble || ❖ *átv* blunder, slip(-up); *(erkölcsi)* slip(-up)
botlik *ige (vmbe)* stumble (on), slip || ❖ *átv* stumble, blunder
botorkál *ige (sötétben)* grope/feel* one's way
botrány *fn* scandal || **botrányba keveredik** get*/become* involved in a scandal; **botrányt csap** make* a scene
botrányos *mn* scandalous, disgraceful, shocking

bóvli ▼ *fn* low/inferior quality goods *tsz*, junk, trash ▼ *mn* catchpenny
boy *fn (szállodai)* page (boy), ❖ *biz* buttons *tsz*; bellboy, ⊕ *US* bellhop
bozontos *mn* hairy, bushy, brushy; *(állat, szakáll)* shaggy, bushy
bozót *fn* thicket, brushwood, scrub
bő *mn (tág)* roomy, loose; *(ruha)* (too) wide, full, loose(-fitting) || *(bőséges)* full, rich, plentiful, ample
bőbeszédű *mn* talkative, loquacious
bődületes *mn (szamárság)* colossal [stupidity]; *(tévedés)* egregious [blunder]; *(hazugság)* thumping big [lie]
böfög *ige* belch, ❖ *biz* burp
bőg *ige (sír)* cry; *(csecsemő)* whimper || *(ordít)* bawl, bellow, roar, howl || *(tehén)* low, moo; *(szarvas)* troat
bőgés *fn (sírás)* crying, howling; *(csecsemőé)* whimpering || *(ordítás)* bellow(ing), cry(ing), howl(ing), roar(ing) || *(tehéné)* low(ing), moo(ing) || **helyes a bőgés (oroszlán)** well roared lion
bőgő ▼ *mn (síró)* howling; *(ordító)* bellowing, roaring ▼ *fn (nagybőgő)* double-bass
bögöly *fn* horse-fly, gadfly
bőgős *fn* bass-player, bassist
bőgőzik *ige* play the (double-)bass
bögre *fn* mug, jug
böjt *fn* fast(ing); *(nagyböjt)* Lent
böjtöl *ige* fast, keep* fast
bök *ige (szarvval)* butt; *(ujjal)* poke; *(vk felé)* stab at sy
bökdös *ige* butt/poke again and again
bőkezű *mn* generous, liberal || **bőkezűen ad** give* generously
bőkezűség *fn* generosity
bökkenő *fn* hitch, difficulty || **ez itt a bökkenő!** there's the rub
bölcs ▼ *mn* wise || **bölcs mondás** wise saying ▼ *fn* wise man°
bölcsen *hsz* wisely || **bölcsen hallgat** keep* his own counsel
bölcsesség *fn* wisdom
bölcsességfog *fn* wisdom-tooth°

bölcsészet(tudomány) *fn* (the) arts *tsz*, ⊕ *US* (the) humanities
bölcsész(hallgató) *fn* arts student
bölcsészkar *fn* faculty of arts, ⊕ *US* faculty of humanities
bölcső *fn (átv is)* cradle
bölcsődal *fn* lullaby
bölcsőde *fn* ⊕ *GB* crèche; ⊕ *US* day nursery
bölény *fn* bison; ⊕ *US így is* buffalo
bömböl *ige (állat, vihar)* bellow, roar, howl, thunder || *(csecsemő)* howl, squall
böngészés *fn (könyvben, könyvtárban)* browsing, browse
böngész(ik) *ige (könyvben)* search, browse
böngésző *fn szt* browser
bőr *fn (élő, ált)* skin; *(csak állaté)* hide, coat || *(kikészített)* leather || *(tejen)* skin, film; *(gyümölcsé)* peel, skin; *(szalonnán, sajton)* rind || **bőr alatti** subcutaneous; **bőrbe köt** bind* in leather; **bőrig ázott** drenched/soaked to the skin *ut.*, wet through *ut.*; ❖ *biz* **jó bőr** *(nőről)* a piece of crumpet; **majd kiugrik a bőréből** be* beside himself [with joy/grief/anger stb.]; **rossz bőrben van** be* in bad shape, be* in a bad way
bőrápolás *fn* skin care/treatment
bőrápoló krém *fn* beauty cream, skinfood
bőráru *fn* leather goods/products *tsz*
bőrbaj *fn* skin-disease
bőrdíszműáru *fn* (fancy-)leather goods *tsz*
bőrdíszműves *fn* fancy-leather goods maker
bőrgyógyász *fn* dermatologist
bőrgyógyászat *fn* dermatology
bőrgyulladás *fn* dermatitis
bőrkabát *fn (zakó)* leather jacket; *(felöltő)* leather coat
bőrkiütés *fn* (cutaneous) eruption
bőrönd *fn (kézi)* suitcase, bag; *(nagy)* trunk

bőrrák fn skin cancer
börtön fn (hely) prison || **börtönbe zár** imprison
börtönbüntetés fn imprisonment || **börtönbüntetését (ki)tölti** serve/complete one's term
börtönőr fn gaoler, jailer
bőség fn ❖ ált abundance, plenty; (vagyoni) wealth, affluence || (ruhának stb. bő volta) wideness, fullness, looseness
bőséges mn abundant, plentiful, ample, copious
bőszít ige make* furious, enrage
bővebben hsz more (fully), in more/greater detail
bővebb felvilágosítás fn further (v. more detailed) information
bőven hsz plentifully, abundantly, amply || **bőven elég** plenty, more than enough
bővít ige enlarge, amplify, widen; (ruhát) make* larger; (kiegészít) complete, supplement || **bővített kiadás** enlarged edition
bővítés fn enlarging, enlargement; amplification || (ruháé) making larger
bővítmény fn ❑ nyelvt complement
bővül ige (szélességben) widen; (mennyiségben) increase, grow*
brácsa fn viola
brácsás fn viola player
brácsázik ige play the viola
bravó isz bravo!, good!, well done!; ❖ biz ⊕ US attaboy
bravúr fn (merész) feat of daring; (ügyes) feat of virtuosity
bravúros mn (merész) daring; (teljesítmény) brilliantly executed
Brazília fn Brazil
brazíliai mn/fn Brazilian
brekeg ige croak
brekegés fn croak(ing)
bridzs fn bridge
bridzsezik ige play bridge
bridzsparti fn (játszma) a game of bridge; (összejövetel) bridge party

brigád fn brigade, team
briliáns mn/fn brilliant
briós fn brioche
brit ▼ mn British || **Brit Nemzetközösség** the Commonwealth (of Nations); **brit angol** British English; **brit szigetek** the British Isles ▼ fn ⊕ US Britisher || **a britek** the British
Britannia fn Britain
bronz fn bronze
bronzérem fn bronze medal
bross fn brooch
brummog ige growl, hum
brutális mn brutal, brutish, savage
brutalitás fn brutality, savagery
bruttó mn gross || **bruttó 100 kg** it weighs 100 kilograms (in the) gross; **bruttó ár** gross price; **bruttó jövedelem** gross/total income; **bruttó nemzeti termék** gross national product (GNP)
bú fn sorrow, grief, distress
búb fn (madár fején) crest, tuft || **feje búbjáig** up to his ears
búbánatos mn sad, sorrowful, mournful
buborék fn bubble
bucka fn sandhill, dune
búcsú fn (távozáskor) (saying) goodbye || (templomi) patronal/dedication festival; (mulatság) ⊕ GB church-ale, ⊕ US kermis || (bűnbocsánat) indulgence || **búcsút int** wave sy goodbye; **búcsút mond vknek** say* goodbye to sy
búcsúest fn farewell/goodbye party
búcsújáróhely fn place of pilgrimage; (kegyhely) shrine
búcsúlevél fn farewell letter; (öngyilkosé) suicide note
búcsúvacsora fn farewell party
búcsúzkodik ige (vktől) take* leave (of sy), say* goodbye (to sy)
búcsúztat ige bid* farewell to
búcsúztatás fn (állomáson) seeing sy off; (estély/bankett) farewell party/

dinner || *(beszéd)* farewell speech/address

búcsúztató *fn* farewell speech, valedictory (address)

búg *ige (motor)* hum, purr; *(repülőgép)* drone; *(sziréna)* wail; *(galamb)* coo

búgás *fn (motoré)* hum(ming), purr(ing); *(repülőgépé)* drone; *(szirénáé)* wail(ing); *(galambé)* coo(ing); *(rádióban)* buzzing, hum

búgócsiga *fn* (humming) top

búgó hang *fn (telefonban)* dialling (v. ⊕ *US* dial) tone

bugyborékol *ige* bubble

bugyi *fn* ❖ *biz* briefs, panties, knickers *(mind: tsz)*; *(kis méretű)* minikini || **meleg bugyi** thermal brief(s)

bugyog *ige* bubble (out), come* welling up/out

buja *mn (ember)* sensual, lecherous, voluptuous || *(növényzet)* lush, luxuriant

bujdosás *fn (rejtőzve)* hiding

bujdosik *ige* go* into hiding, hide*

bújik *ige (vm elől)* hide* (from), conceal oneself (from); *(vmbe)* slip into

bujkál *ige* hide*, lie* in hiding, lurk, be*/lie* low; *(vk elől)* shun/avoid sy

bújócska *fn* hide-and-seek

bújócskázik *ige* play (at) hide-and-seek

bújtat *ige (rejt)* hide*, conceal || *(vmt vmbe)* put*/slip sg into sg

bujtogat *ige (vkt vmre)* incite/instigate/stir sy to (do) sg

bujtogatás *fn* incitement, stirring up

bukás *fn (esés)* fall, tumble || *(kormányé)* fall, downfall, defeat; *(üzleti)* collapse, failure, bankruptcy || *(vizsgán)* failure || ❑ *szính* complete failure; ❖ *biz* flop || *(erkölcsi)* ruin || **bukásra áll** be* heading for failure

bukdácsol *ige (vk járva)* stumble, trip || *(hajó)* pitch and toss || *(vizsgákon)* keep* failing [at examinations]

bukfenc *fn* somersault, tumble; *(műrepülésben hátra)* looping the loop

bukfencezik *ige* turn a somersault, somersault || *(autó)* roll over

bukik *ige (esik)* fall*, tumble; *(lóról)* be* thrown/unseated; *(víz alá)* dive, plunge || ❑ *isk* = **megbukik** || ❖ *biz (csecsemő)* bring* up [food] || ❖ *biz* **bukik vkre/vmre** fall* for sy/sg

bukkan *ige (vmre)* strike* upon, come* across sg

bukméker *fn* bookmaker, bookie

bukósisak *fn* crash-helmet, safety helmet

bukott *mn* fallen, defeated

bukszus *fn* box(wood)

buktat *ige (vizsgán)* fail, reject; ❖ *biz* plough || *(víz alá)* duck, give* a ducking to

buktató *fn* ❖ *átv* pitfall

buldog *fn* bull-dog

buldózer *fn* bulldozer

Bulgária *fn* Bulgaria

bulgáriai *mn/fn* Bulgarian, of Bulgaria ut.

buli *fn* ❖ *biz (házibuli)* party; ❖ *biz* bash, thrash || **benne van a buliban** be* in on it; ❖ *biz* **jó buli** *(kedvező vállalkozás)* a nice little racket; **kiszáll a buliból** quit* it

bulvárlap *fn* tabloid; ❖ *biz* rag

bumeráng *fn* boomerang

bumfordi *mn* clod-hopping, oafish

bumm *isz* bang!, boom!

bunda *fn (kabát)* fur-coat || *(állaté)* fur, coat, hair || ❑ *sp* ❖ *biz* fix, set-up; rig || **alszik, mint a bunda** sleep* like a top/log

bundás *mn (ember)* fur-coated || *(állat)* long-haired; *(kutya)* shaggy || **bundás kenyér** gypsy toast

bungaló *fn* bungalow, chalet

bunker *fn* ❑ *kat* bunker

bunkó *fn* knob, butt || ❖ *elít (vk)* boor

bunkósbot *fn* cudgel

bunyó *fn* ❖ *biz* scrap

bunyózik *ige* ❖ *biz* get* *i*nto a scrap, scrap
búr *mn/fn* Boer || **a búr háború** the Boer War
bura *fn (üveg)* bell-jar/glass || *(lámpáé)* lampshade || *(hajszárító)* hair-dryer
burgonya *fn* potato (*tsz* -oes) || **főtt burgonya** boiled potatoes *tsz*; **sült burgonya** fried potatoes, French fries, chips (*mind: tsz*)
burgonyafőzelék *fn kb.* potatoes in white sauce *tsz*
burgonyaleves *fn* potato-soup
burgonyapüré *fn* mashed potatoes *tsz*, potato purée
burgonyasaláta *fn* potato salad
burgonyaszirom *fn* (potato) crisps *tsz*; ⊕ *US* (potato) chips *tsz*
burjánzik *ige* grow* apace/wild, run* wild
burkol *ige* (*vmbe*) cover with, wrap* (up) (in) || *(utat)* pave, surface; *(falat csempével stb.)* tile || ❖ *biz (eszik)* nosh, tuck in
burkolat *fn* ❖ *ált* cover, wrapper, envelope || *(úté)* road surface, pavement
burkoló ▼ *mn* covering, wrapping, packing ▼ *fn (útburkoló)* paver, paviour (⊕ *US* -or); *(csempével)* tiler
burkoló(d)zik *ige* wrap*/bundle oneself up in
burkolókő *fn* facing-stone, cladding
burkolt *mn (borított)* covered || ❖ *átv* hidden, disguised || **burkolt célzás** hint allusion
burok *fn (dióé)* shell || *(magzaté)* caul || **burokban született** ❖ *átv* born with a silver spoon in one's mouth
bús *mn* sad, sorrowful, woeful, gloomy
busás *mn* abundant, plentiful || **busás haszon** handsome profit
búskomor *mn* melancholic, melancholy, depressed
búskomorság *fn* melancholy
búslakodik *ige* be* sorrowful || **búslakodik vm miatt** be* grieved at/about sg

búsul *ige* **ne búsulj!** cheer/chin up!, don't worry!, never mind!
busz *fn (helyi)* bus; *(távolsági)* coach || **beszáll a buszba** get* on (to) the bus; **felszáll a 2-es buszra** take* a No. 2 (*kimondva:* number two) bus; **leszáll a buszról** get* off the bus; **busszal megy** go* by bus
buszjegy *fn* bus ticket/fare
buszmegálló *fn* bus-stop; *(fedett)* bus shelter; *(távolsági)* coach-stop
buta *mn* stupid, dull, foolish || **buta beszéd** nonsense!, rubbish!
bután(gáz) *fn* butane
butaság *fn* stupidity, folly || *(beszéd)* rubbish, nonsense || **butaságokat mond** say* silly things, talk through one's hat
butik *fn* boutique
bútor *fn (egy darab)* a piece of furniture; *(bútorok együttese)* furniture (*tsz* ua.) || **szép bútoraik vannak** they have some fine furniture
bútorasztalos *fn* cabinet-maker
bútorhuzat *fn (kárpitozás)* upholstery
bútoroz *ige* furnish
bútorozatlan *mn* unfurnished
bútorozott *mn* furnished || **bútorozott szoba** lodgings *tsz*; ⊕ *GB* rooms *tsz*
bútorraktár *fn* furniture warehouse
bútorszállító *mn/fn (vállalat)* (furniture-)remover; ⊕ *US* mover; ⊕ *US* moving van || **bútorszállító kocsi** removal van
bútorzat *fn* furniture; *(beépített)* built-in furniture
butul *ige* grow*/become* stupid/dull
búvár *fn* diver
búvárharang *fn* diving bell
búvárkodik *ige (vmben)* research on/into sg, do* (some) research on sg
búvárruha *fn* diving suit
búvársisak *fn* diver's helmet
búvóhely *fn* hiding-place, *(vadé)* lair
BUX-index *fn* Budapest Stock Exchange index
búza *fn* wheat

búzacsíra *fn* wheat germ
búzadara *fn* semolina, wheat-meal, grits *tsz*
búzaliszt *fn* wheat(en) flour
búzatermés *fn* wheat-crop
búzavirág *fn* cornflower
buzdít *ige* encourage, animate, stimulate, urge *(amire mind:* to do sg)
buzdítás *fn* encouragement, stimulation
buzgalom *fn* zeal, fervour (⊕ *US* -or)
buzgó *mn* zealous, ardent, keen, enthusiastic; *(vallásilag)* devout
buzgólkodik *ige* be* zealous/ardent/fervent
buzi *mn/fn* ❖ *biz* gay, queer; ⊕ *US* fag || ❖ *átv* ❖ *biz* **TV-buzi** a TV buff
bűbájos *mn* ❖ *átv* ravishing, enchanting, charming
büdös *mn* stinking, smelly, foul-smelling; *(igével)* smell* (bad/foul), stink* || ❖ *biz* **büdös neki a munka** be* work-shy; **egy büdös szót sem tudtam** I couldn't say a bloody word; **itt büdös van** it stinks* in here
büdösít *ige* make* a smell, smell*
büdösödik *ige* begin* to stink/smell, go* off, get* putrid || **fejétől büdösödik a hal** corruption begins* at the top
büdzsé *fn* budget
büfé *fn* *(önálló)* snack-bar; *(színházban, pályaudvaron stb.)* buffet; *(felirat)* "refreshments" *tsz*; *(üzemben)* canteen; *(múzeumban stb.)* coffee shop
büfékocsi *fn* buffet/refreshment car
büfiztet *ige (csecsemőt)* burp [the baby]
bükk(fa) *fn (élő)* beech (tree) || *(feldolgozott)* beech wood
bűn *fn (jogilag)* crime, offence || ❑ *vall* sin || **bűnbe esik** fall* into sin; **bűnt követ el** commit (a) sin, sin *(vk ellen* against); ❑ *jog* commit a crime
bűnbak *fn* scapegoat || **őt tették meg bűnbaknak** he was made the scapegoat (for sg)
bűnbánat *fn* repentance, penitence

bűnbeesés *fn (bibliai)* the Fall
bűncselekmény *fn* crime || **bűncselekményt követ el** commit a crime
bűnhődés *fn* punishment, expiation
bűnhődik *ige (vmért)* suffer for [one's sins], expiate sg
bűnjel *fn* corpus delicti; *(tárgyaláson)* exhibit, evidence
bűnös ▼ *mn* ❑ *jog* guilty; *(hibás)* be* responsible for sg, it is his fault that ... || ❖ *átv* evil, wicked, vicious; ❑ *vall* sinful || **bűnös ember** ❑ *vall* sinner; **bűnösnek talál vkt** find* sy guilty; **bűnösnek találják vmben** be* found guilty of sg, be* convicted of sg; **bűnösnek vallja magát** plead guilty; **nem érzi magát bűnösnek** plead not guilty ▼ *fn* ❑ *jog* criminal; *(enyhébb)* offender; *(súlyos)* felon || ❑ *vall* sinner
bűnösség *fn* ❑ *jog* guilt, guiltiness || ❑ *vall* sinfulness || **bűnösségét beismeri** plead guilty; **tagadja bűnösségét** plead not guilty; **megállapítja vknek a bűnösségét** establish sy's guilt
bűnözés *fn* crime || **fiatalkorú bűnözés** juvenile delinquency
bűnöző *fn* criminal; *(enyhébb)* delinquent, offender
bűnper *fn* criminal case, (criminal) trial
bűnszövetkezet *fn* gang (of criminals)
bűntárs *fn* accessory, accomplice || **bűntársak** partners in crime
bűntény *fn* crime, *(súlyos)* felony
büntet *ige* punish; *(pénzzel)* fine (sy) || **ötévi börtönnel büntették** he was given sentenced to five years' imprisonment
büntetendő *mn (kihágás)* punishable [offence]; *(bűntény)* criminal [act] || **büntetendő cselekmény** indictable/penal offence
büntetés *fn* punishment; ❑ *jog* penalty; *(pénz)* fine || **büntetés kiszabása** sentencing (sy), passing sentence (on

sy); **büntetés terhe mellett** under/on pain of punishment; **büntetést elengedi** remit a punishment/sentence/penalty; **büntetését (ki)tölti** serve one's term/sentence
büntetett előéletű mn previously convicted ut., with/having a (criminal) record ut.
büntetlen mn unpunished || **büntetlen előéletű** with/having a clean record
büntetlenül hsz with impunity || **ezt nem lehet büntetlenül hagyni** this cannot go unpunished
büntető mn (büntetőügyekkel kapcsolatos) criminal || (megtorló) punitive || **büntető intézkedés** punitive sanction; **büntető törvénykönyv** penal code
büntetőbíróság fn criminal court
büntetődobás fn (kosárlabda) free throw; (vízilabda) penalty throw
büntetőeljárás fn criminal procedure
büntetőjog fn criminal law
büntetőjogi mn criminal, penal || **büntetőjogi felelősségem tudatában kijelentem, hogy** I declare the above to be a full and true statement, and understand that false statements can result in prosecution
büntetőper fn = **bűnper**
büntetőpont fn ❏ sp penalty point
büntetőrúgás fn (futball) penalty kick
bűntudat fn guilty conscience, feeling of guilt
bűnügy fn crime, criminal case
bűnügyi mn criminal || **bűnügyi film** crime/detective film, (crime) thriller; (sorozat) crime series; **bűnügyi regény** crime fiction, detective novel/story; ❖ biz whodunit
bűnvádi mn criminal || **bűnvádi eljárás** criminal procedure/action, criminal proceedings tsz
bürokrácia fn bureaucracy; ❖ biz red tape
bürokratikus mn bureaucratic
büszke mn (vk) proud (vmre) of)
büszkélkedik ige (vmvel) take* pride in sg, be* proud of sg
büszkeség fn pride, self-respect/esteem; ❖ elít haughtiness || **jogos büszkeség** proper pride
bűvész fn (mutatványos) conjurer v. conjuror, magician || (varázsló) magician, sorcerer
bűvészet fn (mesterség) conjuring || (mutatvány) conjuring tricks tsz
bűvészmutatvány fn conjuring trick; ❖ átv tour de force
bűvöl ige bewitch
bűvölet fn charm, spell || **vmnek a bűvöletében** under the spell of sg
bűvös mn magic(al) || **bűvös kocka** Rubik's Cube, magic cube
bűz fn stink, stench, foul smell
bűzlik ige stink*, smell* (bad) || ❖ átv ❖ biz **ez kissé bűzlik** there's sg fishy about it
bűzös mn stinking, putrid, smelly, fetid
B-vitamin fn vitamin B

C

°C → **Celsius-fok**
cafat *fn (rongy)* rag, tatter, shred || ❖ *elít (nő)* slut, sla*tt*ern || **cafatokra tép** tear* (*in*)to shreds, tear* to pi*e*ces
cáfol *mn* refu*t*e, disprove; *(tagad)* deny || **cáfolja a hírt** deny the report/allegation
cáfolat *fn* denial (of sg), refutation
cáfolhatatlan *mn* irrefu*t*able
cammog *ige* trudge along, plod (along)
cápa *fn* shark
cár *fn* tsar, czar
casco biztosítás *fn* (fully) comprehensive insurance, comprehensive policy
CD-lemez *fn* compact disc, CD
CD-lemezjátszó *fn* CD player
CD-meghajtó *fn* ❏ *szt* CD-ROM drive
cech *fn* ❖ *biz* bill, ⊕ *US* check || **én fizetem a cechet** it's on me
cécó *fn (hűhó)* fuss, ado
cédrus(fa) *fn* ❏ *növ* cedar
cédula *fn* ❖ *ált* slip; *(katalógusé is)* (index-)card
cédulakatalógus *fn* card-index
céduláz *ige* make* excerpts, card
cég *fn* firm, company, (commercial) house, business (house)
cégautó *fn* company car
cégér *fn* signboard, (painted) sign || **jó bornak nem kell cégér** good wine needs no bush
cégjelzés *fn (levélpapíron)* letterhead || **cégjelzéses levélpapír** headed notepaper
cégszerű aláírás *fn* authorized signature

cégtábla *fn* name-board, sign(board)
cégvezető *fn* manager
céh *fn* g(u)ild
cékla *fn (gyökér)* beetroot, ⊕ *US* (red) beet
cél *fn (szándék)* aim, object, end, purpose; *(végcél)* goal || *(végpont)* end, destination || *(célpont)* mark, target || **a cél érdekében** for the sake of the cause; **a célból, hogy** in order to/that, with a view to, so as to; **e célból** for that/this purpose, with this end in view, to this end; **azzal a céllal, hogy** with the aim of [doing sg], with the set purpose; **bizonyos célra** for a special purpose; **cél nélküli** aimless, purposeless; **célba lő** shoot* at a target; **célba vesz** aim at; **célt ér** achieve one's purpose; **célul tűz ki** aim at, set* (sg) as an aim, strive* after; **vmnek a céljából** with a view to sg, in order to
célállomás *fn* destination
célbíró *fn* ❏ *sp* judge (at the finish)
célcsoport *fn* target group
célegyenes *fn* home straight/stretch
célfotó *fn* photo-finish
célfuvar *fn (KRESZ)* except for access
célgömb *fn* (fore)sight (of rifle), bead
célkitűzés *fn* object, aim, programme
cella *fn (zárda, börtön)* cell; *(őrülteké)* padded cell || ❏ *el* cell
céllövészet *fn* target/rifle practice; *(sportág)* shooting
céllövő *fn* marksman°, sharpshooter
céllövölde *fn (vásáron stb.)* shooting gallery

cellulóz *fn* cellulose, wood pulp
cellux *fn* Sellotape, ⊕ *US* Scotch tape
celofán *fn* cellophane
céloz *(fegyverrel)* (take*) aim at || *(beszédben)* hint at, allude at || **mire céloz (ezzel)?** what do you mean by that?; **vkre céloz** refer/allude to sy
célpont *fn* target, mark || ❖ *átv* aim, goal
célratörő *mn* determined, resolute
célravezető *mn* expedient, useful, suitable
Celsius-fok, °C *fn* **38 °C** 38 °C [*kimondva:* 38 degrees centigrade]
célszalag *fn* tape
célszerű *mn* expedient, serviceable, suitable, practical
célszerűtlen *mn* inexpedient, impractical
céltábla *fn* target
céltalan *mn (tett)* aimless, purposeless
céltudatos *mn* purposive, purposeful, resolute
célzás *fn (fegyverrel)* aiming, taking aim || ❖ *átv* hint, allusion; *(sértő)* innuendo, insinuation || **célzást tesz vmre** hint at sg
célzatos *mn* tendentious, intentional
cement *fn* cement
cent *fn* cent
centenárium *fn* centenary
centenáriumi *mn* centenary, centennial
centi(méter) *fn* centimetre (⊕ *US* -meter) || *(mérőszalag)* tape measure
centralizál *ige* centralize
centrifuga *fn (háztartási)* spin-dryer
centrifugáz *ige (mosott ruhát)* spin-dry
centrum *fn (középpont)* centre (⊕ *US* -ter); *(városközpont)* city centre || **Budapest centrumában** in the centre of Budapest
cenzúra *fn* censorship
cenzúráz *ige* censor, blue-pencil
ceremónia *fn* ceremony, formality
cérna *fn* thread, (cotton) yarn

cérnametélt *fn* vermicelli
cérnaszál *fn* thread
ceruza *fn* pencil || **ceruzával ír** write* in pencil
ceruzaelem *fn* penlight battery
ceruzahegy *fn* point of a pencil; *(csavaros ceruzába)* refill
ceruzahegyező *fn* pencil sharpener
ceruzarajz *fn* pencil drawing
cet(hal) *fn* whale
cetli *fn* ❖ *biz* slip (of paper), chit
cézár *fn* Caesar, emperor
charta *fn* charter
chicagói *mn* Chicago, of Chicago *ut.*
Chile *fn* Chile
chilei *mn/fn* Chilean
chip *fn* ❏ *el* chip
cián *fn* cyanide
cibál *ige* tug at, lug; pull (at)
cica *fn* puss(y)
cici *fn* ❖ *tréf* boobs *tsz*
cicoma *fn* (superfluous) adornment, (useless) finery, frippery
cicomáz *ige* (over-)adorn, dress up || **cicomázza magát** prink (oneself), trick oneself out
cidri *fn* ❖ *biz (fázás)* shivers *tsz* || *(félelem)* jitters *tsz*, creeps *tsz*
cidrizik *v.* ❖ *biz (fázik)* shiver with cold || *(fél)* have* the jitters (about)
cifra *mn* fancy, ornamented, adorned; ❖ *elít* flashy, showy, gaudy
cifraság *fn* ornament, adornment
cifráz *ige* trim, adorn, ornament
cigány *mn/fn (ember, nép)* gipsy, ⊕ *US rendsz.* gypsy || ❖ *elít* gipsy-like, roguish || **a cigányok, a cigány nép** the Gipsies, the Gipsy people; **cigány nyelv** Romany, the language of the Gipsies; **magyar cigány** Tzigane, Hungarian gipsy
cigányasszony *fn* gipsy woman°
cigánygyerek *fn* gipsy child°/boy
cigánykereket hány ❏ *kif* turn cartwheels
cigányl(e)ány *fn* gipsy girl
cigányos *mn* gipsy-like

cigányprímás *fn* leader (of a gipsy-band)
cigányság *fn* ❖ *ált* the Gipsies *tsz*
cigányútra ment/tévedt ❏ *kif (a falat)* [a crumb] went down the wrong way
cigányvajda *fn* gipsy-chief, king of the gipsies
cigányzene *fn* gipsy/tzigane music
cigányzenekar *fn* gipsy-band/orchestra
cigaretta *fn* cigarette || **cigarettára gyújt** light* a cigarette
cigarettacsikk *fn* stub, butt; fag end
cigarettázik *ige* smoke a cigarette, smoke (cigarettes)
cigi *fn* ❖ *biz* cig(gy), smoke, ⊕ *GB* ❖ *biz* fag
cikázik *ige (villám)* flash, zigzag
cikcakkos *mn* zigzag(ging), zigzagged
ciki *mn/fn* ❖ *biz* dicey/ticklish situation, a (real) fix
cikk *fn (újságban)* article, contribution || *(áru)* article, goods *tsz*, wares *tsz*
cikkely *fn* paragraph, clause (of a law)
cikkíró *fn* author; *(rendszeres)* contributor
cikksorozat *fn* series *(tsz* ua.) of articles
ciklámen *fn* cyclamen
ciklon *fn* cyclone
ciklus *fn* ❖ *ált* cycle || *(előadás)* series; *(vers)* cycle || ❏ *pol* term
cikornyás *mn* bombastic, full of flourishes *ut.*
cilinder *fn (kalap)* top/silk hat
cím *fn (lakásé)* address || *(állásé)* title; *(rang)* rank; title || *(könyvé stb.)* title; *(újságcikké)* headline, heading || *(jogcím)* title || **megváltozott a címe** he has changed his address; **milyen címen?** by what right?; **Tóth úr címén** c/o Mr. T. *(kimondva:* care of ...)
cimbalmos *fn* cimbalom player
cimbalmoz *ige* play (on) the cimbalom
cimbalom *fn* cimbalom
cimbora *fn* fellow, companion

címer *fn (nemesi)* coat of arms, shield || **családi címer** family crest *(v.* coat-of-arms); **nemzeti címer** the arms of [a nation] *tsz*
címez *ige (vmt vknek)* address/direct [a letter etc.] to sy
címjegyzék *fn* directory; mailing list
címke *fn* label, tag, sticker; *(poggyászon)* luggage label; *(árun)* tag, docket
címkép *fn* cover picture/photograph
címkéz *ige* label (⊕ *US* -l) (sg), attach a label to sg, put*/tie a label *(v.* labels) on sg
címlap *fn (könyvé)* title page; *(újságé, folyóiraté)* front-page
címlapsztori *fn* cover story
címlet *fn* denomination || **milyen címletekben kéri?** how would you like the money?, what notes would you like?
címszerep(lő) *fn* title role
címszó *fn (szótári)* headword
című *mn* ... **című könyv** *(röv c.)* a book entitled ...
címzés *(levélen)* address
címzett *fn (levélé)* addressee
cin *fn* tin
cincog *ige* squeak; *(hegedűn)* scrape [his violin] || **(ha) nincs otthon a macska, cincognak az egerek** when the cat's away the mice will play
cincogás *fn (egéré)* squeak(ing) || *(hegedűn)* scraping, rasping
cinege *fn* titmouse°, tit, ⊕ *GB* tomtit
cingár *mn* slight, lean, thin
cinikus *mn* cynical
cinizmus *fn* cynicism
cink *fn* zinc
cinke *fn* = **cinege**
cinkos ▼ *fn* accomplice, accessory ▼ *mn* conspiratorial [smile etc.]
cinóber(piros) *fn/mn* vermilion
cintányér *fn* ❏ *zene* cymbal(s)
cionista *mn/fn* Zionist
cionizmus *fn* Zionism
cipel *ige* carry; *(nehezet)* drag, lug
cipész *fn* shoemaker, bootmaker, cobbler

cipó *fn* loaf°
cipő *fn (fél)* shoes; *(magas)* boots *(mind: tsz)* ‖ **cipőt húz** put* on (one's) shoes/boots; **vettem egy cipőt** I've bought a pair of shoes (*v. a shoe*)
cipőbolt *fn* shoe/boot shop (⊕ *US* store); *(kiírás)* shoes
cipőfűző *fn* shoelace, bootlace, ⊕ *US* shoestring
cipőjavítás *fn* shoe repair(s)
cipőkanál *fn* shoe-horn
cipőkefe *fn* shoe/boot brush
cipőkrém *fn* shoe/boot cream/polish
cipőosztály *fn (kiírás)* shoes; footwear
cipősarok *fn* shoe/boot heel
cipőtalp *fn* sole
cipőtisztító *fn* shoeblack, bootblack
ciprus *fn* cypress
cipzár *fn* zip (fastener), ⊕ *US* zipper
cirill *mn* Cyrillic ‖ **cirill (betűs) írás, cirill ábécé** Cyrillic alphabet/script
ciripel *ige (tücsök)* chirr, chirp
cirka *hsz* ❖ *biz* about, approximately, roughly
cirkál *ige (hajó)* cruise
cirkáló ▼ *mn* cruising ‖ **cirkáló rakéta** cruise missile ▼ *fn (hajó)* cruiser
cirkogejzír *fn* central heating (system) [for a single flat]
cirkuláció *fn* circulation, circuit
cirkulál *ige* circulate
cirkusz *fn* circus ‖ ❖ *átv* ❖ *biz* a fuss/scene
cirkuszi *mn* of circus *ut.*, circus ‖ **cirkuszi mutatvány(ok)** stunts *tsz*, acrobatics *tsz*
cirkuszozik *ige* ❖ *biz* make* a fuss, be* making scenes
cirmos cica *fn* tabby-cat
cirógat *ige (vkt)* fondle, pet, caress; *(állatot)* stroke, fondle
cisz *fn* ❏ *zene* C sharp
ciszta *fn* ❏ *orv* cyst
ciszterna *fn* cistern
citadella *fn* citadel, fort(ress)
citera *fn* zither

citerázik *ige (hangszeren)* play (on) the zither ‖ ❖ *biz (remeg)* quake, tremble [with fear]
citrom *fn* lemon
citromhéj *fn* lemon peel
citromlé *fn* lemon juice
citromnyomó *fn* lemon squeezer
citromos tea *fn* lemon tea
citromsárga *mn* lemon (yellow)
civakodás *fn* wrangling, bickering, quarrel
civakodik *ige* wrangle, bicker, quarrel (⊕ *US* -l)
civil ▼ *mn* civilian ▼ *fn (személy)* civilian ‖ **civilben** *(civil ruhában)* in civilian clothes; ❖ *átv (magánéletben)* in civilian life
civilizáció *fn* civilization
civilizált *mn* civilized, refined
cm = *centiméter* centimetre (⊕ *US* -ter), cm
cm² = *négyzetcentiméter* square centimetre (⊕ *US* -ter), sq cm
cm³ = *köbcentiméter* cubic centimetre (⊕ *US* -ter), c. cm
c-moll *fn* C-minor
coca *fn* ❖ *biz* grunter, piggy(-wiggy)
cókmók *fn* (one's) stuff, (one's) things *tsz* ‖ **cókmókjával együtt** bag and baggage
col *fn* inch
colos *mn* tall
colstok *fn* folding/zigzag rule
comb *fn* thigh ‖ *(étel) (sertés)* ham; *(borjú, szárnyas, birka)* leg
combcsont *fn* thighbone
combizom *fn* femoral muscle
combnyaktörés *fn* fracture of the femoral neck
copf *fn* plait, pigtail, ⊕ *US* braid
copfos *mn* pigtailed, having a plait/braid *ut.*
cölöp *fn* stake, pile, post, pale, pole ‖ **cölöpöt ver** drive* (in) piles
cövek *fn* peg, spike, pin, plug
cucc *fn* ❖ *biz* (one's) stuff, (one's) things *tsz*

cucli *fn* dummy, ⊕ *US* pacifier; *(üvegen)* teat; ⊕ *US főleg* nipple
cuclisüveg *fn* feeding bottle
cuclizik *ige (cuclit)* suck (on) a dummy; *(cuclisüveget)* suck (on) a feeding bottle
cudar *mn (vk)* rascally, wicked, beastly
cuki *mn* ❖ *biz (nő)* cute
cukkol *ige* ❖ *biz* banter; rub sy up the wrong way
cukor *fn* sugar, *(kockacukor)* lump (of sugar) ‖ **hány cukorral iszod a kávét?** how many lumps do you take in your coffee?
cukorbaj *fn* diabetes
cukorbeteg *mn/fn* diabetic
cukorborsó *fn* sugar-pea
cukorgyár *fn* sugar works *esz v. tsz*
cukorka *fn* sweet, sweets *tsz*, ⊕ *US* candy
cukorrépa *fn* sugar-beet
cukorszóró *fn* sugar-dredger/castor
cukortartó *fn* sugar-basin, sugar-bowl
cukrász *fn* confectioner
cukrászda *fn* confectioner's (shop), ⊕ *US* candy store/shop
cukrászsütemény(ek) *fn* pastry, pastries *tsz*, (fancy) cakes *tsz*, confectionery
cukros ▼ *mn (cukrozott)* sweetened, sugared, sweet ▼ *fn* ❖ *biz* = **cukorbeteg**
cukroz *ige* sugar, sweeten
cukrozott *mn* sugared, sweetened ‖ **cukrozott gyümölcs** candied/glacé fruit
cumi *fn* = **cucli**
cuppan *ige (csók)* smack
cuppogós *mn (sár)* squelchy, squelching
C-vitamin *fn* vitamin C, ascorbic acid

CS

csábít *ige* lure, entice ‖ **bűnre csábít** tempt to evil/sin
csábítás *fn* allurement, temptation; seduction
csábító ▼ *mn* alluring, tempting ‖ **csábító ajánlat** tempting offer ▼ *fn (férfi)* seducer; *(nő)* temptress, vamp
csacsi ▼ *mn* silly, foolish ▼ *fn (szamár)* donkey, young ass ‖ ❖ *átv* little ass/fool ‖ **ne légy csacsi** don't be silly
csacsiság *fn* foolishness
csacskaság *fn* **csacskaságokat mond** talk nonsense
csacsog *ige* prate, prattle, chatter
csahol *ige* bark, bay, yelp
csaj *fn* ❖ *biz* woman°, girl, lass, ❖ *elít* chick, doll
csajka *fn* ❑ *kat* mess-tin, canteen
csak *hsz (csupán)* only, merely; alone ‖ *(nyomósítás)* just, only ‖ *(óhajtás)* if only ‖ *(„miért"-re adott válasz)* **csak!** (just) because!. ‖ **csak azért is!** for all that, notwithstanding; **csak egy hétre jön** he's only coming for *(v.* staying*)* a week; **csak egyedül jött?** did he come alone?; **csak előre!** forward!, go/carry on!; **csak én vagyok itthon** I am the only one at home *(v.* in*)*; **csak hárman vagyunk** there are only (the) three of us; **csak jönne már!** if he would only come!; **csak nem?** *(= csakugyan?)* really?; **csak nem akarsz elmenni?** you are not going yet, are you?; **csak semmi izgalom!** take it easy!; **csak úgy özönlött a nép ...** the people just came streaming in; **éppen csak** *(= alig)* hardly; **éppen csak hogy elég** only just enough; **ezt csak tudod?** surely you know that?; **már csak azért is/sem** for the very reason, if only because; **menjen csak!** you just go (away); **olvasd csak el!** (you) just read it
csákány *fn* pickaxe, ⊕ *US* pickax
csakhamar *hsz* soon, before long
csakhogy ▼ *ksz (ellenkezés)* however, but (then) ‖ **ez igaz, csakhogy nem fogják elhinni** this is true but they (just) won't believe it ▼ *hsz (végre)* at last!, thank Heaven!
csakis *hsz (csupán)* only, alone, merely, none but ‖ **csakis abban az esetben** only if
csáklya *fn (hajósé)* boat-hook, bargepole
csaknem *hsz* almost, nearly
csakúgy *hsz (ugyanúgy)* in the same way ‖ **csakúgy mint** just as (much as)
csakugyan *hsz (erősítés)* really, indeed ‖ *(kételkedő kérdés)* is that so?, really? ‖ **csakugyan eljössz?** will you really come?
csal *ige* cheat, swindle ‖ **csalja a feleségét** is unfaithful to his wife, is cheating on his wife; **ha az emlékezetem nem csal** unless I am (very much) mistaken
család *fn* ❖ *ált* family; *(uralkodói)* dynasty ‖ ❑ *növ* ❑ *áll* family ‖ **(a) családom** my family; **a férjem/feleségem családja** ❖ *biz* my inlaws; **családot alapít** start/establish a family; **van családod?** have you any family/children?

családalapítás *fn* starting a family
családanya *fn* mother of a/the family
családapa *fn* father of a/the family
családfa *fn* family tree
családfenntartó *fn* breadwinner
családfő *fn* head of a/the family
családi *mn* family || **családi állapot(a)** marital status; **családi gazdaság** family farm; **családi ház** house, home; *(nagyobb)* (family) residence; **családi kör** family/domestic circle; **családi név** surname, family name; **családi pótlék** family allowance, child benefit
családias *mn* familiar, homely || **családias légkör** atmosphere of intimacy, family atmosphere
családos *mn* having/with a family *ut.* || **családos ember** family man°
családregény *fn* saga
családtag *fn* **családtagnak számít** (s)he is one of the family
családtámogatás *fn* family support/entitlement
családtervezés *fn* family planning
családvédelem *fn* protection of families
csalafinta *mn* crafty, sly, cunning, artful
csalafintaság *fn* craftiness, wile, cunning
csalamádé *fn* *(savanyúság)* mixed pickles *tsz*
csalán *fn* (stinging-)nettle
csaláncsípés *fn* nettle sting
csalánkiütés *fn* nettle-rash
csalárd *mn* fraudulent || **csalárd módon** fraudulently
csalárdság *fn* fraudulence, deceit
csalás *fn* *(cselekvés)* cheating; *(játékban)* swindle || ❑ *jog* fraud, swindle
csalétek *fn* lure; *(halnak)* bait; ❖ *átv* decoy
csalfa *mn* false, deceitful, perfidious
csalhatatlan *mn* infallible
csalhatatlanság *fn* infallibility
csalihal *fn* live-bait

csaló ▼ *mn* *(erkölcsileg)* deceitful, fraudulent ▼ *fn* cheat, swindler; *(játékban)* trickster, sharper
csalódás *fn* *(érzelmi)* disappointment (with) || *(érzéki)* delusion, illusion
csalódik *ige* be* disappointed *(vkben* in/with sy, *vmben* at/in sg) || *(téved vmben)* be* mistaken in sg || **ha nem csalódom** unless I am (very much) mistaken; **kellemesen csalódik** be* pleasantly surprised
csalódott *mn* disappointed *(vm miatt* about sg, *vmben* in/at sg, *vkben* with sy)
csalogány *fn* nightingale
csalogat *ige* *(vmvel)* entice, (al)lure, tempt
csalóka *mn* deceptive, illusory
csámcsog *ige* champ, munch (away at sg), eat* noisily || **vmn csámcsog** ❖ *átv* revel in
csámpás *mn* knock-kneed, club-footed
csap¹ *ige (üt)* strike*, hit*, slap, swipe || *(dob)* throw*, fling*, hurl, cast* || **a homlokára csapott** he struck his forehead; **az asztalra csap** bang/hit* the table
csap² *fn (folyadéknak)* tap, ⊕ *US* faucet; *(hordóé)* spigot || *(fakötés)* peg, pin, tenon, spigot || **csapra üt/ver** *(hordót)* broach, tap
csáp *fn (rovaré)* feeler
csapadék *fn (eső)* rainfall
csapadékos *mn* wet, rainy
csapadékszegény *mn* rainless
csapágy *fn* bearing
csapás¹ *fn (ütés)* stroke, blow, hit, slap || ❑ *kat* strike || *(természeti)* calamity, misfortune; *(embert érő)* blow || **egy csapásra** at a/one stroke, at one blow; **nagy csapás volt számára** it was a great blow to him/her
csapás² *fn (ösvény)* path, track, trail
csapat *fn* ❖ *ált* troop, band; ❑ *kat* troop || ❑ *sp* team; *(futball így is)* eleven || *(kutatóké stb.)* team

csapatbajnokság *fn* team championship(s)
csapatjáték *fn* team game
csapatkapitány *fn* captain (of the team), skipper
csapatmunka *fn* teamwork
csapatosan *hsz (emberek)* in gangs; *(állatok)* in flocks/herds || **csapatosan járnak** go* around in gangs
csapat-összeállítás *fn (futball)* lineup
csapatparancsnok *fn* troop commander
csapatszállítás *fn* transport (of troops)
csapatszellem *fn* team spirit
csapatverseny *fn* team competition
csapatzászló *fn* company/team flag
csapda *fn* trap, snare; *(csak átv)* pitfall || **csapdát állít** lay*/set* a trap/snare; **beleesik a csapdába** fall* into a trap
csapkod *ige* beat*, lash, flap; *(ajtót)* slam, bang; *(szárnyával)* flutter
csapnivaló *mn* execrable, atrocious || **csapnivalóan rossz** appallingly bad
csapóajtó *fn (pince fölött)* trap-door || *(lengő)* swing door
csapódik *ige (ajtó)* slam, shut* with a bang; *(tárgy vmnek)* bang into/on/against sg
csapolt sör *fn* draught beer, beer on draught
csapong *ige (beszédben)* ramble, wander
csapos *fn* bartender, barman
csapott *mn* **egy csapott kanállal** a level spoonful; **csapott váll** sloping shoulders *tsz*
csapszeg *fn* bolt, pin
csaptelep *fn* tap, bibcock
csapzott *mn (haj)* matted
csárda *fn* (wayside/village) inn, (country) tavern
csárdás *fn (tánc)* csardas, czardas
csarnok *fn* hall; *(vásárcsarnok)* market-hall || **csarnok ötödik vágány** platform 5
császár *fn* emperor
császárhús *fn* lean bacon

császármetszés *fn* C(a)esarean section
császármorzsa *fn* Kaiserschmarren
császárné, császárnő *fn* empress
császárság *fn (ország)* empire || *(uralom)* imperial rule/power
császkál *ige (vhol)* saunter, rove, loaf
csat *fn (öv, cipő stb.)* clasp, buckle
csata *fn* ❑ *kat* battle || ❖ *átv* fight(ing), struggle || **csatát veszít** lose* a battle; **csatát vív** fight* a battle
csatabárd *fn* battle/pole-axe || **elássa a csatabárdot** bury the hatchet
csatahajó *fn* battleship
csatajelenet *fn* battle-scene
csatamező *fn* battlefield
csatangol *ige (vhol)* hang*/loaf about/around
csatár *fn (futball)* forward
csatározás *fn* skirmish(ing)
csatasor *fn* ❑ *kat* battle line || ❖ *átv* **csatasorba áll** take* up the cudgels for sy
csatatér *fn (átv is)* battlefield
csatázik *ige (vkvel)* fight*/battle (against/with sy)
csatlakozás *fn (vké vkhez)* joining (sy) || *(vasúti)* connection || ❑ *el* terminal, connection || **csatlakozás az EU-hoz** accession to the EU; **dugós csatlakozás** plug connection; **lekési a csatlakozást** miss the/one's connection/train
csatlakozik *ige (vkhez, vmhez)* join sy/sg || ❑ *közl* connect (with) || ❑ *műsz* be* connected (to, with); ❑ *el (hálózathoz)* join [the mains]
csatlakozó ▼ *mn* connecting, joining || **csatlakozó járat** connecting service (❑ *rep* flight); **csatlakozó vonat** connecting train ▼ *fn* ❑ *el* plug
csatlakozóaljzat *fn* socket
csatlós *fn* ❖ *átv* satellite
csatol *ige (csattal)* buckle (up) sg, clasp sg; *(vmhez hozzáerősít)* fasten/bind* to || *(iratot)* enclose, attach
csatolt *mn* enclosed, attached

csatorna *fn (természetes)* channel; *(mesterséges)* canal; *(szennyvízlevezető)* drain, sewer; *(eresz) (eaves)* gutter; *(utcai)* gutter || ❏ *tv* channel
csatornanyílás *fn (utcai)* manhole
csatornaváltó *fn* channel selector
csatornázás *fn (szennyvíznek)* sewerage installation
csattan *ige* clap; *(ostor)* crack
csattanás *fn* clap; *(ostoré)* crack
csattanó ▼ *mn* crackling, clapping ▼ *fn* point, punch line
csattant *ige* click; *(ostorral)* crack [a whip]; *(ujjaival)* snap [one's fingers]
csattog *ige* ❖ *ált* crack, clack, clap, clatter; *(szárny)* flap || *(fülemüle)* warble
csáva *fn* tan pickle || **benne van a csávában** be* in a fix/pickle
csavar ▼ *ige (elfordít)* twist, turn; *(vm köré)* wind* around || *(csavart)* screw (sg) in, drive* [a screw] into sg || **az ujja köré csavarhatja** you can twist him round your little finger ▼ *fn (facsavar)* screw; *(vascsavar)* bolt; *(anyával)* (nut and) bolt || **meghúzza a csavart** tighten a screw
csavaralátét *fn* washer
csavaranya *fn* nut
csavarás *fn* turn, twist, screwing, turning
csavargás *fn* tramping, vagrancy; ❖ *biz* bumming around
csavargó *fn* loafer, tramp, vagabond, bum
csavarhúzó *fn* screwdriver
csavarkulcs *fn* spanner, ⊕ *US* wrench
csavarmenet *fn* (screw-)thread
csavarodik *ige (vmre)* wind* itself, twist (itself) *(mind:* onto/round)
csavarog *ige (vhol)* loaf, wander, tramp *(mind:* around)
csavaros *mn (csavarral ellátott)* screwed; *(üveg)* screw-topped || *(csavarmenetes)* threaded, screwed || ❖ *biz* **csavaros eszű** wily, cunning, devious

csavaroz *ige* screw on, bolt on *(v.* sg to) sg
csavart *mn* twisted, screwed || **csavart labda** twister, spinning ball, spinner
csavarvonal *fn* spiral
cseberből vederbe ❏ *kif* out of the frying-pan into the fire
csecs *fn* breast; ❖ *vulg* tit
csecsbimbó *fn* nipple, pap
csecsebecse *fn* knick-knack, trinket
csecsemő *fn* infant, baby
csecsemőgondozás *fn (intézményes)* infant care/welfare
csecsemőgondozó *fn* child health clinic
csecsemőhalandóság *fn* infant mortality
csecsemőmérleg *fn* baby-scales *tsz*
csecsemőotthon *fn* children's home
cseh *mn/fn (ember, nyelv)* Czech || **a Cseh Köztársaság** the Czech Republic; **cseh nyelven** = **csehül**
csehó *fn* ❖ *biz* dive, joint
Csehország *fn* the Czech Republic, ❏ *tört* Bohemia
csehül *hsz (nyelv)* (in) Czech || ❖ *biz* **csehül állunk** we are in a mess *(v.* in a bad way) || → **angolul**
csekély *mn* trifling, small, petty || **csekély 200 000 forintomba került** it cost me a mere 200000 forints
csekélység *fn (vmnek csekély volta)* smallness || *(apróság)* bagatelle, trifle; *(szerény ajándék)* a little something
csekk *fn* cheque, ⊕ *US* check || **csekken küldi a pénzt** send* a cheque/check for [the amount]; **csekket kiállít** write* out a cheque; **csekket bevált** cash a cheque/check; **csekkel fizet** pay* by cheque/check
csekkbefizetés *fn* ⊕ *GB* payment by cheque/check; *(kiírás postán)* postal and money orders
csekkfüzet, csekk-könyv *fn* chequebook, ⊕ *US* checkbook
csekkszámla *fn* bank/current account

csel *fn* ruse, trick; *(futballban)* dribble; *(boksz)* feint || **cselhez folyamodik** have* recourse to a stratagem
cseléd *fn (női)* (maid)servant, maid, domestic (servant) || *(uradalmi)* agricultural labourer (⊕ *US* -or-)
cselekedet *fn* action, act || **jó cselekedet** good deed; **rossz cselekedet** bad action, misdeed
cselekmény *fn (regényé, darabé stb.)* plot
cselekszik *ige (vhogyan)* act; *(vmt)* do* || **jót cselekszik** do* good *(vkvel* unto sy)
cselekvés *fn* act, action
cseles *mn* ❖ *biz* wily, tricky, crafty
cselez *ige (futball)* dribble; *(boksz)* feint
cselfogás *fn* trick, ruse, dodge
cselgáncs *fn* judo
cselgáncsozik *ige* practise judo
cselgáncsozó *fn* judoist
csellista *fn* cello player, cellist
cselló *fn* cello
cselszövés *fn* plot(ting), scheme, intrigue
cselszövő *fn* schemer, intriguer, plotter
csembaló *fn* harpsichord
csemege *fn (ínyencfalat)* delicacy, dainty, titbit || *(esemény)* treat; *(botrány)* juicy bit
csemegeáru *fn* delicatessen *tsz*, delicacies *tsz*
csemegebolt *fn* delicatessen (shop)
csemegekukorica *fn* sweet corn
csemete *fn (fa)* sapling, seedling || *(gyermek)* child°; ❖ *iron* scion, offspring
csempe *fn* tile
csempeburkolat *fn* tiles *tsz*, tiling
csempész ▼ *ige* smuggle ▼ *fn* smuggler
csempészáru *fn* smuggled goods *tsz*
csempéz *ige* tile, cover (sg) with tiles
csend *fn* silence || **csend legyen!** be/keep quiet!; *(durván)* shut up!; **néma csend** dead silence; **csendben** in silence; **csendben marad** keep* quiet/still

csendélet *fn* still life *(tsz* lifes)
csendes *mn* still, quiet, peaceful; *(élet)* tranquil; *(ember)* quiet, silent; *(idő)* calm; *(zavartalan)* undisturbed || **csendes eső** soft rain
csendesedik *ige* become* calm, calm down; *(szél)* drop; *(vihar)* abate
csendesít *ige* calm, still, silence
Csendes-óceán *fn* Pacific Ocean, the Pacific
csendes-óceáni *mn* Pacific
csendül *ige* (re)sound, ring* (out), tinkle
csenevész *mn (ember)* puny, sickly; *(bokor)* stunted
cseng *ige (hang)* ring* (out), tinkle; *(üveg, fém)* clink || *(telefon)* ring* || **cseng a fülem** my ears are buzzing/ringing
csengés *fn (hangé)* ring(ing), tinkle, tinkling; *(üvegé, fémé)* clink, chink || *(telefoné)* ringing
csenget *ige* ring*; *(csengővel)* ring* the bell || **csengettek** there's a ring at the door, there's the bell, the bell rang
csengetés *fn* ring (at the door) || **csengetésre ajtót nyit** answer the doorbell
csengő ▼ *mn* ringing, tinkling ▼ *fn* bell || *(kézi)* hand-bell || **a csengő szól** the bell rings; **megnyomja a csengőt** ring*/press/push the bell
csengőzsinór *fn* bell-wire/cord/pull
csepeg *ige* drip, dribble || **csepeg az orra** his nose is running
csepegtet *ige* drip, pour (sg) in drops
csépel *ige (gabonát)* thresh || *(vkt)* thrash, beat*, drub || **unalomig csépel egy témát** ride* an idea to death
cséplés *fn* threshing
cséplőgép *fn* threshing-machine, thresher
csepp *fn* drop || *(nagyon kevés)* tiny, a dash of sg, a (little) bit of sg || **(egy) cseppet sem** not a bit, not in the least
cseppen *ige* drop, drip

cseppent *ige* drop, drip
cseppentő *fn* dropper
cseppentős *mn* cseppentős orvosság drops *tsz*; cseppentős üveg dropper bottle
cseppfertőzés *fn* infection spread by coughs and sneezes
cseppfolyós *mn* fluid, liquid ‖ **cseppfolyós állapot** liquid state
cseppkő *fn (csüngő)* stalactite; *(álló)* stalagmite
cseppkőbarlang *fn* stalactite/stalagmite cave
cseppnyi *mn/fn* a drop of ‖ *(nagyon kevés)* a dash of, a little bit of, tiny
cser *fn* ❏ *növ* Turkey oak ‖ *(kérge)* tan (bark)
cserbenhagy *ige* leave* sy in the lurch ‖ **emlékezete cserbenhagyta** his memory failed him
cserbenhagyásos gázolás *fn* a hit-and-run (accident)
csere *fn* change; *(áru)* exchange, barter, trading, trade ‖ ❏ *sp* substitution ‖ **cserébe ad vmt vmért** give* sg in return/exchange for sg; ❖ *biz* swap sg for sg
cserebere *fn* ❖ *biz* swapping
csereberél *ige* ❖ *biz* swap
cserebogár *fn* cockchafer, may-bug/beetle
cserekereskedelem *fn* barter(ing)
cserél *ige* change; *(árut)* (ex)change, barter; ❖ *biz* swap *(vmt vmért/vmre mind:* sg for sg else) ‖ **lakást cserél** change flats; **kereket cserél** change tyres (⊕ *US* tires)
cserelátogatás *fn* ❏ *isk* exchange visit; ❖ *biz* swap-visit
cserélhető *mn (alkatrész)* interchangeable
cserenyaralás *fn* exchange holiday (scheme)
csereösztöndíj *fn* exchange scholarship
cserép *fn (tetőn)* tile ‖ *(virág)* (flower) pot ‖ *(törmelék)* crock, shard, potsherd ‖ **egy cserép ciklámen** a potted cyclamen
cserepes ▼ *mn (tető)* tiled ‖ *(bőr)* chapped ‖ **cserepes növény** pot plant ▼ *fn* tiler
cserépkályha *fn* (glazed) tile stove
cseréptető *fn* tiled roof
cseresznye *fn* cherry
cseresznyefa *fn* ❏ *növ* cherry(-tree) ‖ *(anyaga)* cherry(-wood)
cseresznyepálinka *fn* Hungarian kirsch
cseresznyepaprika *fn* chilli, ⊕ *főleg US* chili
cseretanár *fn* exchange teacher; *(professzor)* exchange professor
csereügylet *fn* barter
cserez *ige* tan [leather]
cserfes *mn* chattery; *(nyelves)* gossipy
cserje *fn* shrub
cserkész *fn (fiú)* Scout *v.* scout; *(leány)* ⊕ *GB* Guide *v.* guide, ⊕ *US* girl scout
cserkészcsapat *fn* Scout troop
cserkészet *fn (szervezet)* the Scouts *tsz*; ❖ **ált** scouting
cserkészparancsnok *fn* scoutmaster
cserkészszövetség *fn* the Scout Association
cserkésztábor *fn* scout camp
cserkész-világtalálkozó *fn* jamboree
cserzés *fn* tanning
cserzett *mn* tanned ‖ *(bőrű)* weatherbeaten
csésze *fn (ivó)* cup ‖ **egy csésze tea** a cup of tea
csészealj *fn* saucer
csetepaté *fn* ❖ *biz* ❏ *kat* skirmish
csetlik-botlik *ige* stumble about, totter
csettint *ige (nyelvével)* click (one's tongue)
csettintés *fn* click
cséve *fn* ❏ *tex* bobbin, spool
cseveg *ige* chat, talk away, converse
csevegés *fn* chat, (small) talk
csibe *fn* chick(en)
csibész *fn* urchin ‖ **te kis csibész !** you little rascal

csicsás *mn* showy, gaudy
csicsereg *ige* twitter, chirp, chirrup
csicsergés *fn* twitter, chirp, chirrup
csiga *fn* snail || *(gép)* pulley; *(álló)* hoist || *(játék)* top || **csiga alakú** spiral, helical
csigalassúsággal *hsz* at a snail's pace
csigalépcső *fn* spiral staircase, spiral stairs *tsz*
csigasor *fn* pulley, block and tackle
csigatészta *fn* shell(-shaped) pasta
csigavonal *fn* spiral (line)
csigolya *fn* vertebra *(tsz* vertebrae)
csík *fn (sáv, anyag)* stripe, band; *(szín)* streak || ❖ *biz* **(el)húzza a csíkot** cut* and run*, scarper
csikk *fn* (cigarette-)stub, butt, fag-end
csiklandós *mn (személy)* ticklish || ❖ *átv* delicate || **csiklandós történet** dirty/spicy story
csiklandoz *ige* tickle
csikló *fn* clitoris
csikó *fn* foal
csikordul *ige* creak, grate, grind*
csikorgat *ige* **fogát csikorgatja** gnash/grind* one's teeth
csikorgó *mn* **csikorgó hang** grating/grinding sound; **csikorgó hideg van** it is biting/bitterly cold
csikorog *ige* grate, grit, creak, scroop; *(fog)* gnash || **csikorogva megáll** grind* to a halt
csikós *fn* horseherd, ⊕ *US* cowboy
csíkos *mn* striped, streaked
csíkoz *ige* streak, stripe
csíkozás *fn* streaks *tsz*; pattern of streaks
csilingel *ige* ring*, tinkle, jingle
csilingelés *fn* tinkle, jingle
csillag *fn* star || *(tiszti)* star, pip || ❑ *nyomd* asterisk || **csillagokat lát** *(a fájdalomtól)* see* stars
csillagász *fn* astronomer
csillagászat *fn* astronomy
csillagászati *mn* astronomical, sidereal, astral || ❖ *biz* **csillagászati ár** sky-high price; **csillagászati év** sidereal year; ❖ *biz* **csillagászati számok** astronomical figures/sums
csillagkép *fn* constellation
csillagkulcs *fn* ring spanner, ⊕ *US* long-box wrench
csillagos *mn (ég)* starry, starlit
csillagszóró *fn (karácsonyfán)* sparkler
csillagtúra *fn* rally
csillagvizsgáló *fn (intézet)* observatory
csillagzat *fn* constellation || **rossz csillagzat alatt született be*** born under an unlucky star
csillan *ige* flash, gleam; *(drágakő)* sparkle
csillapít *ige (éhséget)* appease; *(szomjúságot)* quench; *(fájdalmat)* relieve, alleviate, ease; *(vérzést)* arrest || *(indulatot)* allay, calm
csillapítás *fn (éhségé)* appeasing; *(szomjúságé)* quenching; *(fájdalomé)* alleviation, relief || *(indulaté)* suppression
csillapíthatatlan *mn (éhség)* unappeasable; *(szomjúság)* unquenchable
csillapító *fn (szer)* sedative, tranquillizer; *(erősebb)* barbiturate
csillapodik *ige* become* quiet/calm, calm down; *(fájdalom)* abate, diminish; *(düh)* calm down; *(szél)* drop, die down
csillár *fn* chandelier
csille *fn (bányában)* mine car, miner's truck; *(kötélpályán)* car, cabin
csillog *ige* shine*, glitter, sparkle
csillogás *fn* glitter, shine, sparkle
csimpánz *fn* chimpanzee
csimpaszkodik *ige* cling* to sg sy
csinál *ige (készít)* make* || *(tesz)* do* || „**csináld magad**" do(-)it(-)yourself; **mit csinálsz?** *(most)* what are you doing? *(mi a foglalkozásod?)* what do you do (for a living)?; **úgy csinál, mintha** feign that ..., pretend to/that ...; **utat csinál magának** work/carve/make* one's way; **vmt vmből csinál** make*/form sg out of sg

csináltat *ige* have* sg made || **csináltat egy öltönyt** *o*rder a suit, have* a (new) suit made

csínja-bínja *fn* ismeri minden csínját-bínját know* the ins and outs of it/sg

csinos *mn (nő)* pretty, good-looking; *(férfi)* handsome, good-looking || **csinos kis összeg** a t*i*dy sum/penny

csintalan *mn* naughty, mischievous

csíny *fn* trick, prank || **csínyt követ el** play a trick (on sy), play pranks (on sy)

csip *fn* ❏ *szt* chip

csíp *ige (ujjal, fogóval)* pinch, nip || *(csalán, méh, füst a szemet)* sting*; *(szúnyog, bolha, poloska)* bite*; *(fagy)* nip || *(vmből)* break* off a bit of sg || **csíp ez a paprika** this paprika is rather hot; ❖ *biz* **csíp vmt** be* (very) keen on sg

csipás *mn* rheumy, gummy || **csipás a szemed** you have gum in your eyes

csipeget *ige (madár magot)* pick/scratch about (for food) || **csipeget az ételből** pick at one's food

csiperkegomba *fn* mushroom, champignon

csípés *fn (ujjal, fogóval)* pinch(ing), nip(ping) || *(élősdié)* bite || **tele van csípésekkel** be* covered with/in insect bites

csipesz *fn* ❖ *ált* tweezers *tsz*; *(ruhaszárító)* clothes peg

csipke *fn* lace

csipkebogyó *fn* (rose)hip

csipked *ige (ujjal, csőrrel)* pick, pinch, nip

csipkelődés *fn (jóindulatú)* banter, teasing

csipkelődik *ige (jóindulatúan)* banter with sy, tease sy

csipog *ige* cheep, chirp, chirrup

csípő *fn* hip || **csípőből tüzel** fire from the hip; **csípőre tett kézzel** with arms akimbo

csípőficam *fn* dislocation of the hip

csípőfogó *fn* pliers *tsz*

csípőízület *fn* hip-joint

csípős *mn (fűszer)* hot || *(hideg)* biting, severe; *(nyelv)* snappish || **csípős megjegyzés** cutting/biting remark; **csípős paprika** hot pepper; **csípős szél fúj** there's a biting wind

csíra *fn* ❖ *ált* germ, seed-bud; ❏ *biol* ovum *(tsz* ova), ovule; *(betegségé)* seeds *tsz* || **csírájában elfojt vmt** nip sg in the bud

csíramentes *mn* sterile

csiripel *ige* chirp, twitter || **ezt már a verebek is csiripelik** it is an open secret

csiriz *fn* flour-paste, size

csirke *fn* chicken || **rántani való csirke** broiler, spring chicken

csirkecomb *fn* chicken leg

csirkefogó *fn* ❖ *biz* rascal; ❖ *elít* layabout

csirkehús *fn* chicken

csirkepaprikás *fn* paprika chicken

csiszol *ige (tárgyat)* polish, burnish, rub; *(köszörül)* grind*; *(üveget)* grind* || *(stílust)* chisel, polish || **gyémántot csiszol** cut* a diamond

csiszolás *fn (tárgyé, stílusé)* polishing; *(gyémánté)* cutting; *(üvegé)* grinding

csiszolatlan *mn (tárgy)* unpolished; *(drágakő)* uncut || ❖ *átv* crude, rude, rough; *(személy)* unrefined, boorish; *(modor)* boorish, oafish; *(stílus)* unpolished

csiszolópapír *fn* emery-paper

csiszolóvászon *fn* emery cloth

csiszolt *mn (tárgy)* polished; *(gyémánt)* cut; *(üveg)* ground || ❖ *átv* refined, polished, cultivated

csitít *ige* silence, hush, still

csitri *fn* slip of a girl

csitt! *isz* hush!, shush!, (s)sh!

csivitel *ige* twitter, chirp

csizma *fn* (top-)boots *tsz*, riding-boots *tsz*

csizmanadrág *fn* (riding) breeches *tsz*

csizmaszár *fn* boot-uppers *tsz*

csobban *ige* (s)plash, plop

csobog *ige* plash, splash, gurgle

csobogás *fn* plash(ing), splashing, gurgling
csoda *fn* ❑ *vall* miracle ‖ *(rendkívüli dolog)* marvel, wonder ‖ **a természet csodái** the marvels/wonders of nature; **csoda, hogy** it is a wonder …; **nem csoda, hogy/ha** no/little wonder (that/if); **csodák csodája** for/what a wonder!; **csodát tesz** work a miracle; **csodával határos módon** miraculously; ❖ *biz* **hol a csodában lehet?** where on earth can it/he be?
csodabogár *fn (ember)* queer fish, crank
csodagyer(m)ek *fn* child°/infant prodigy
csodál *ige (vk vmt)* admire (sg); *(vkt)* admire (sy), look up to (sy) ‖ *(meglepődik vmn)* wonder at ‖ **csodálom!** I am surprised
csodálat *fn (vm/vk iránt)* admiration (for sg/sy) ‖ *(csodálkozás)* wonder, amazement ‖ **csodálatba ejt** astonish, amaze
csodálatos *mn (remek)* wonderful, marvellous (⊕ *US* -l-) ‖ *(különös)* strange, surprising ‖ **csodálatos dolog** a marvellous/fantastic (v. ⊕ *US* -l-) thing; **csodálatos ember** he is a most extraordinary man; **csodálatos módon** surprisingly (enough), strangely enough
csodálatosan *hsz* wonderfully, marvellously (⊕ *US* -l-), admirably
csodálkozás *fn* astonishment, amazement, wonder ‖ **legnagyobb csodálkozásomra** to my utter amazement
csodálkozik *ige (vmn)* wonder at, marvel at (sg) ‖ *(meglepődik)* be* surprised/astonished at ‖ **csodálkozom, hogy** I find it strange that, I am very surprised that; **ezek után nem lehet csodálkozni azon, hogy** after this you won't be surprised if (v. to learn that)
csodáló *fn* admirer
csodás *mn* marvellous (⊕ *US* -l-), magic

csodaszép *mn* exquisite, very beautiful
csodatevő *mn* wonder-working, miraculous
csók *fn* ❖ **ált** kiss ‖ *(sütemény)* macaroon
csóka *fn* (jack)daw
csoki *fn* ❖ *biz* chocolate, ⊕ *GB* chocs *tsz*
csókol *ige* kiss, give* sy a kiss ‖ ❖ *biz* **csókolom!** *kb.* hello; **sokszor csókol** *(levél végén)* Love (from)
csokoládé *fn* chocolate
csokoládés *mn* with chocolate *ut.*
csokoládétorta *fn* chocolate cake
csókolgat *ige* shower with kisses
csókolódzik *ige* ❖ *biz* be* kissing cooing
csókoltat *ige* send* one's love to sy
csokor *fn (virág)* bunch, bouquet
csokornyakkendő *fn* bow-tie
csomag *fn* ❖ **ált** package; *(postai)* parcel; *(kicsi)* packet; *(ajándékcsomag)* gift-parcel; *(poggyász)* luggage *(tsz* ua.); ⊕ *US főleg* baggage *(tsz* ua.) ‖ *(politikai, oktatási stb.)* package ‖ **csomagot felad** *(postán)* post a parcel, send* a parcel by post; *(vonaton)* register one's luggage, ⊕ *US* check one's baggage; **egy csomag cigaretta** a packet (⊕ *US* pack) of cigarettes; **egy csomag kártya** a pack of cards; **kevés csomaggal utazik** travel (⊕ *US* -l-) light
csomagfeladás *fn* posting of parcels; *(helye, postán)* parcels counter; *(vasúti)* luggage (⊕ *US* baggage) office
csomagkiadás *fn (postán)* parcels office
csomagküldő áruház *fn* mail-order firm/house
csomagmegőrző *fn* = **poggyászmegőrző**
csomagol *ige (árut)* pack (up); *(papírba stb.)* wrap (up) ‖ ❖ *átv (vhogyan)* present
csomagolás *fn (áruról)* pack(ag)ing; *(papírba stb.)* wrapping, packaging ‖

(utazásra) packing (up) || *(burkolat)* cover, wrapper || ❖ *átv* presentation || **tízdekás csomagolásban** in 1/4 lb packs/packets
csomagolópapír *fn* brown/wrapping paper
csomagolt *mn* pack(ag)ed; *(előre)* prepack(ag)ed
csomagszállítás *fn* parcel delivery
csomagtartó *fn (vasúti fülkében)* luggage rack || *(autóban)* boot; ⊕ *US* trunk; *(tetőn)* roof rack
csomagterv *fn* package deal
csomó *fn (bog)* knot || *(fában)* knot; gnarl; *(testrészen)* lump, node || ❑ *hajó (1853 m/óra)* knot || **csomóra köt vmt** knot sg; **csomót köt** tie/make* a knot (in sg); **egy csomó ... *(sok)*** a lot of ...; **egy csomó ember** a number/lot of people
csomópont *fn (közlekedési)* junction; *(különszintű)* interchange || ❑ *mat* ❑ *fiz* node, intersection
csomóz *ige* knot (sg), tie/make* a knot in sg
csónak *fn* boat; *(evezős)* rowing boat; ⊕ *főleg US* rowboat
csónakázás *fn* boating
csónakázik *ige* boat || **csónakázni megy** go* boating
csónakház *fn* boathouse
csónakmotor *fn (külső)* outboard motor
csonk *fn* stump
csonka *mn (törött, csonkított)* mangled, broken; *(kéz, láb)* maimed || *(mű)* incomplete || **csonka család** single-parent family; **csonka gúla** frustum *(tsz* -s *v.* frusta) of pyramid; **csonka példány** defective copy
csonkít *ige (átv is)* mutilate, truncate
csonkítás *fn (átv is)* mutilation
csonkol *ige* ❑ *orv* amputate
csonkolás *fn* ❑ *orv* amputation
csont *fn* bone || **(csupa) csont és bőr** nothing but skin and bone; **csont nélküli** boneless; **a csontjaimban érzem** I feel it in my bones

csontátültetés *fn* bone grafting
csonthártyagyulladás *fn* periostitis
csontképződés *fn* bone formation
csontleves *fn* bone soup, stock broth
csontos *mn* bony, osseous
csontrák *fn* bone cancer
csontrepedés *fn* splitting of the bone
csontritkulás *fn* osteoporosis
csontszínű *mn* ivory
csonttörés *fn* fracture (of bone)
csontváz *fn* skeleton
csontvelő-átültetés *fn* bone-marrow transplant
csoport *fn* group
csoportkép *fn* group photograph
csoportmunka *fn* teamwork
csoportos *mn* collective, in groups *ut.*; group || **csoportos látogatás/kirándulás idegenvezetővel** guided/conducted tour (to); **csoportos tanulás** team studying; **csoportos utazás** group/party travel
csoportosít *ige* group; *(adatokat)* classify, arrange
csoportosul *ige* form a group, gather
csoportosulás *fn* grouping, gathering || **a csoportosulás tilos** public assembly is forbidden
csoportterápia *fn* group therapy
csoportvezető *fn* group leader/chief; *(munkásoknál)* gang boss; *(vállalati)* head of section; *(társasutazásé)* tour leader/manager
csorba ▼ *mn (eszköz)* nicked; *(porcelán)* chipped ▼ *fn (szerszámon)* notch, nick; *(poháron)* chip, crack || ❖ *átv* **csorbát ejt becsületén** cast* a slur on sy's reputation
csorbít *ige (kést)* nick || ❖ *átv* impair
csorbítatlan *mn (hírnév)* unimpaired
csorbul *ige (szerszám)* get* nicked
csorda *fn* herd
csordás *fn* herdsman°; ⊕ *US* cowboy
csorog *ige* run*, flow || **csorog a nyála** he dribbles; ❖ *átv (vm után)* sg makes his mouth water
csoszog *ige* shuffle (along), sloutch

csótány *fn* cockroach, black-beetle
csóva *fn (tűz)* (fire-)brand || *(üstökösé)* tail [of comet]
csóvál *fn* farkát csóválja wag its tail, wigwag; **fejét csóválja** shake* one's head
cső *fn* ❖ ált tube, pipe; *(vízvezetéké)* conduit; *(gumicső)* rubber tube, hose-(pipe) || *(lőfegyveré)* barrel [of gun] || *(rádiócső)* valve; ⊕ *főleg US* tube || *(kukoricacső)* (corn)cob || ❖ *biz* **behúz vkt a csőbe** sell* sy down the river, pull a fast one on sy
csöbör *fn* = **cseber**
csőd *fn (átv is)* bankruptcy, (complete/utter) failure || **csődbe jut** become* bankrupt, fail; **csődöt mond** fail, prove a fiasco
csődeljárás *fn* bankruptcy proceedings *tsz*
csődör *fn* stallion
csődtömeg *fn* bankrupt's assets *tsz*
csődül *ige (vhova)* throng/flock to
csődület *fn* throng, crowd, tumult
csőhálózat *fn* piping, pipe-network
csökken *ige* ❖ ált decrease, diminish, lessen; *(láz)* fall*; *(sebesség)* slow down
csökkenés *fn* decrease; *(súly, érték)* loss
csökkenő *mn* decreasing || **nem csökkenő** unabating; **csökkenő tendencia** downward tendency/trend
csökkent[1] *ige* reduce, diminish, lessen; *(árakat, béreket)* reduce, cut*; *(kiadást)* curtail, cut* (down); *(létszámot)* reduce
csökkent[2] *mn* **csökkent munkaképességű** *(személy)* partially disabled/incapacitated (person)
csökkentés *fn* reduction, decrease; *(kiadásoké)* cutting
csökkentett *mn* reduced
csökönyös *mn* obstinate, stubborn
csömör *fn (hányinger)* nausea; *(étel iránt)* a surfeit of || ❖ *átv* disgust
csöpög *ige* = **csepeg**

csöpp *fn* = **csepp**
csöppség *fn* little child°, tiny tot
csőr *fn (madáré)* bill; *(nagyobb)* beak || *(kannáé)* spout
csőrepedés *fn* burst pipe, pipe burst
csörgedezik *ige* gurgle; *(patak)* babble, purl
csörgés *fn* rattle, clatter
csörget *ige* clatter, clang; *(pénzt)* jingle, chink; *(láncot)* rattle
csörgő *fn (játék)* rattle
csörgőkígyó *fn* rattlesnake
csörlő *fn* winch; *(hajón)* capstan
csörög *ige* jangle, clang, clatter, clink
csöröge(fánk) *fn kb.* fritter
csörömpöl *ige* rattle, clatter
csörömpölés *fn* rattle, clatter
csörte *fn (vívásban)* bout
csőstül *hsz* thick and fast || **csőstül jön az áldás** *(v. a baj)* misfortunes never come* single, it never rains but it pours
csősz *fn (közkertben)* park-keeper; *(mezőn)* field-guard
csőtészta *fn* macaroni
csővég *fn* mouthpiece, nozzle
csöves ▼ *mn (cső alakú)* tubular || *(csővel ellátott)* piped || **csöves kukorica** corn on the cob ▼ *fn* ❖ *biz (csőlakó)* ⊕ *GB* dosser; ⊕ *US* bum
csővezeték *fn (gáz, víz)* pipe; *(rendszer)* piping; *(nagy távolságra)* pipeline
csúcs *fn (hegyes vég)* point, tip; *(hegyé)* peak, top; *(legmagasabb)* summit; *(fáé)* top; *(toronyé)* spire || *(háromszögé)* vertex; *(kúpé)* apex || *(tetőpont)* height, peak, summit, top || ❖ *biz (teljesítmény)* an all-time high || ❑ *pol* summit (meeting) || ❑ *sp* record || **olimpiai csúcs** Olympic record; **pályája csúcsán** at the peak of his career; *biz* **ez csúcs!** it's great!
csúcsfogyasztás *fn* peak consumption
csúcsforgalom *fn* peak period, the rush hour(s), rushhour traffic

csúcsforma *fn* ❏ *sp* record-breaking form
csúcsidő *fn (csúcsforgalomé)* the rush hour || *(csúcsterhelésé)* peak period
csúcsív *fn* pointed/broken arch, ogive
csúcsíves *mn* pointed, ogival || **csúcsíves stílus** Gothic (style)
csúcsos *mn* pointed, peaked || **csúcsos zárójel** angle/pointed brackets *tsz*
csúcspont *fn* ❖ *ált* peak; *(életpályáé)* zenith, peak
csúcstalálkozó *fn* summit meeting/conference, summit talks *tsz*
csúcstechnológia *fn* high technology, high tech
csúf *mn* ❖ *ált* ugly, hideous, unsightly; *(idő)* foul, rotten
csúfnév *fn* nickname
csúfol *ige* mock, ridicule, make* fun of sy/sg
csúfolódás *fn* mocking, jeering
csúfolódik *ige* mock, make* fun of (sy)
csúfság *fn (csúnyaság)* ugliness, hideousness || *(csúf személy)* ugly person
csuha *fn* monk's habit/cowl
csuk *ige (ablakot, ajtót)* close, shut* || ❖ *biz (üzlet)* close
csuka *fn* ❏ *áll* pike || ❖ *biz (cipő)* creepers *tsz*
csukamájolaj *fn* cod-liver oil
csuklás *fn* hiccup, hiccough
csuklik *ige* hiccup, hiccough
csukló *fn (kézé)* wrist || ❏ *műsz* joint, link
csuklós *mn* ❏ *műsz* hinged || **csuklós autóbusz** articulated bus
csuklya *fn* hood; *(szerzetesé)* cowl
csukódik *ige* close, shut*
csukott *mn* closed, shut || **csukott szemmel** with one's eyes shut/closed
csukva *hsz* closed, shut
csúnya *mn (külsőleg)* ugly, hideous, unsightly; *(idő)* foul, rotten
csúnyán *hsz* ❖ *biz (nagyon)* badly
csúnyul *ige* grow* ugly, lose* one's good looks

csupa *hsz* all, mere, pure, bare || **csupa fül vagyok** I am all ears
csupán *hsz* merely, only, purely || **csupán azt mondtam** I said simply and solely (that)
csupasz *mn (ember)* naked, nude; *(szőrtelen)* hairless, beardless
csuromvizes *mn (ember)* wet through *ut.*, soaking wet; *(ruha stb.)* wringing wet
csúszás *fn* slip(ping), slide, sliding
csúszda *fn* ❏ *műsz stb.* slipway, slide, chute || *(gyermekeknek)* slide
csúszik *ige* slide*, glide; *(siklik)* slip, slide* || *(csúszós)* be* slippery || **csúszik az úttest** the road(-surface) is (wet and) slippery
csúszik-mászik *ige* creep*, crawl
csúszópénz *fn* sweetener, bribe; ⊕ *US* soap || **csúszópénzt ad vknek** grease/oil sy's palm
csúszós *mn* slippery
csúsztat *ige (vmt)* slip *(vmbe* into), push along/down, slide* along || *(üzemben)* put* in extra time at work || *(hazudik)* distort the facts
csúsztatás *fn* distortion (of facts)
csutka *fn (almáé)* apple core; *(kukoricáé)* (corn-)cob
csúzli *fn* (toy) catapult; ⊕ *US* slingshot
csücsök *fn (kendőé)* point; *(sarok)* corner; *(szájé, szemé)* corner
csüd *fn (lóé)* pastern; *(madáré)* foot°
csügged *ige* despair, lose* heart || **ne csüggedj!** cheer up!
csüggedés *fn* dejection, despair, dismay
csüggedt *mn* discouraged, downhearted
csülök *fn* hoof *(tsz* hooves) || *(étel)* knuckle of ham, hand of pork
csüng *ige (vmn)* hang* || ❖ *átv (vkn, vmn)* cling* to, be* attached to
csűr *fn* barn
csűr-csavar *ige* beat* about (⊕ *US* around) the bush || **csűri-csavarja a szót** quibble, equivocate, twist sy's words

csürhe *fn* ❖ *átv* rabble || **micsoda csürhe!** what a dirty lot (you are)!
csütörtök *fn* Thursday || **csütörtök este** Thursday evening/night; **csütörtök reggel** Thursday morning; **csütörtökön** on Thursday; **csütörtököt mond** *(terv)* fail, miscarry; **csütörtökre** by Thursday; **jövő csütörtökön** next Thursday; **minden csütörtökön** on Thursdays, every Thursday; **múlt csütörtökön** last Thursday
csütörtöki *mn* Thursday, of Thursday ut., Thursday's || **egy csütörtöki napon** on a Thursday
csütörtökönként *hsz* every Thursday, on Thursdays

D

D = *dél* south, S
dac *fn* spite; *(makacsság)* obstinacy || **dacból** out of (sheer) spite
dacára *hsz* = **ellenére**
dacol *ige (vkvel, vmvel)* defy sy/sg; shrug off sg
dacos *mn (makacs)* defiant, obstinate; *(akaratos)* wilful, headstrong
dada *fn* nurse, nanny
dadog *ige* stammer, stutter, falter
dadogás *fn* stutter(ing), stammer(ing)
dagad *ige (testrész)* swell* (up) || *(folyó, ár)* swell*, rise*, surge || *(vitorla)* fill/belly (out)
dagadt *mn* ❑ *orv* swollen *(vmtől* with); *(puffadt)* bloated, puffy || *(kövér)* fat
dagály *fn (tengeri)* flood/incoming tide; *(csúcspontja)* high tide || **jön a dagály** the tide is coming in
dagályos *mn (stílus)* high-flown, bombastic
daganat *fn (külső)* swelling; *(fejen ütéstől)* bump, lump; *(belső)* tumour (⊕ *US* -or)
daganatos megbetegedések *fn tsz* malignant tumours (⊕ *US* -ors)
dagasztás *fn (kenyéré)* kneading
dajka *fn* nurse
dajkál *ige (átv is)* nurse
dákó *fn* [billiard] cue
dakszli *fn* dachshund; ❖ *biz* sausage dog
dal *fn* song
dalénekes *fn* singer
dalest *fn* (song) recital
dália *fn* dahlia
daliás *mn* strapping, well-built

dallam *fn* melody, tune
dallamos *mn* melodious, tuneful, sweet
dalol *ige* sing*; *(madár)* warble, sing*
dalszerző *fn* song-writer, lyricist
dalszöveg *fn* lyrics, words
dáma *fn (hölgy)* lady || *(kártya)* queen
damil *fn* <nylon fishing line>
dámvad *fn* fallow-deer *(tsz* ua.)
dán ▼ *mn* Danish || **dán dog** Great Dane; **dán nyelv** Danish (language) ▼ *fn (ember)* Dane
dandár *fn* ❑ *kat* brigade || **a munka dandárja** the bulk of the work
dandártábornok *fn* brigadier general
Dánia *fn* Denmark
dánul *hsz* (in) Danish || **tud dánul** speak* Danish; **dánul van (írva)** is (written) in Danish
dara *fn (búza)* semolina || *(csapadék)* sleet || **dara esik** it is sleeting
darab ▼ *fn* piece; *(kis)* bit; *(alaktalan)* lump; *(rész)* part; *(töredék)* fragment; *(étel)* bite || *(idő, terület)* piece, stretch || *(színdarab)* play, piece, drama || **a gyűjtemény legszebb darabja** the gem of the collection; **darabja 100 forint** 100 forints each (v. a/per piece); **darabokban** in pieces; **egy darabig** *(időben)* for a (little) while; **egy darabig elkísérlek** I shall go with you a little way; **ritka darab** rarity ▼ *mn* **egy darab szappan** a bar/piece of soap; **húsz darab marha** twenty head of cattle
darabáru *fn* piece goods *tsz*
darabka *fn* little piece, bit, morsel
darabol *ige* cut* up; *(sültet)* carve

darabonként *hsz* piecemeal, piece by piece
darál *ige (őröl)* grind*; *(finomra)* mill; *(kávét)* grind*; *(húst)* mince
daráló *fn* grinder
darált *mn* **darált hús** minced meat/beef
darázs *fn* wasp
darázscsípés *fn* wasp's sting
darázsfészek *fn* wasps' nest
dárda *fn* spear, lance, pike
dáridó *fn* carousal, junketings *tsz*
daru *fn (gép is)* crane
darukezelő, darus *fn* crane operator
datálódik *ige* (*vmtől*) date from, date back to
datolya *fn* date
dátum *fn* date ‖ **dátummal ellát** date (sg), write* the date (on sg); **február 8-i dátummal** dated (the) 8th of February *(írva:* 8 February *v.* ⊕ *US* February 8th)
dauer *fn* perm(anent wave)
dauerol *ige* ❖ *biz* perm ‖ **daueroltat** have* a perm
db = *darab* piece, pc
de ▼ *ksz* but; still; however ‖ **nem olcsó, de nagyon jó** it's not cheap, but it's very good ▼ *isz (nyomósítás)* **de bizony!, de igen!** yes indeed!, why, certainly!, to be sure, of course; **de hát nem sikerült** but it just didn't work out; **nem látod? de!** can't you see it/him/her? (Oh) yes, I can; **de még mennyire!** and how!, I should say so!
de. → **délelőtt**; **de. 10-kor** at 10 a.m.
debreceni ▼ *mn* Debrecen, of Debrecen *ut.* ▼ *fn (kolbász) kb.* (spicy Hungarian) frankfurter
dec. = *december* December, Dec.
december *fn* December ‖ **decemberben, december folyamán** in/during December; **december hóban/havában** in the month of December; **december 5-én** on 5(th) December *(mondva:* on the fifth of D.), ⊕ *US* on December 5th, *(levélben dátum)* 5 December *(v.* ⊕ *US* December 5th) 1990
decemberi *mn* December, in/of December *ut.* ‖ **egy decemberi napon** one day in December, on a (certain) December day
decentralizáció *fn* decentralization
deci *fn* decilitre (⊕ *US* -liter)
decibel *fn* decibel
decigramm *fn* decigram(me)
deciliter *fn* decilitre (⊕ *US* -liter)
decimális *mn* decimal ‖ **decimális rendszer** decimal system
deciméter *fn* decimetre (⊕ *US* -meter)
decis *mn* **két és fél decis üveg** *kb.* a halfpint bottle; **kétdecis** two decilitre (⊕ *US* -liter)
deck *fn (lemezjátszó)* (record-player) deck; *(magnó)* (tape-recorder) deck
dédanya *fn* great-grandmother
dédapa *fn* great-grandfather
dédelget *ige (cirógat)* fondle, caress, pet ‖ *(kényeztet)* pamper ‖ *(tervet)* cherish
dedikál *ige* dedicate
dédszülő *fn* great-grandparent
dédunoka *fn* great-grandchild°; *(fiú)* great-grandson; *(leány)* great-granddaughter
defekt *fn (gumié)* puncture, flat tyre (⊕ *US* tire), ⊕ *US így is* flat ‖ **defektet kap** *(gumi)* have* a puncture *v.* a flat (tyre)
deficit *fn* deficit, loss
dehogy *isz* oh no!, by no means, not at all
dehogyis *isz* certainly not, by no means
dehogy(is)nem *isz* why not?, of course I am *(v.* you are etc.)
deka *fn* decagram(me) ‖ **10 deka** a/one hundred gram(me)s, ⊕ *GB kb.* a quarter (pound)
dekadens *mn* decadent, declining, decaying
dekagramm *fn* = **deka**

dékán *fn* dean
dékáni hivatal *fn* dean's office
dekkol *ige* ❖ *biz* lie* doggo/low, keep* one's head down
deklaráció *fn* declaration, proclamation
dekódol *ige* decode
dekoráció *fn* (*díszítés*) decoration
dekorál *ige* (*díszít*) decorate, ornament
dél *fn* (*napszak*) noon, midday || (*égtáj*) south, (the) South || **a ház délre néz** the house faces south; **délben** at noon/midday; **délen** in the south; **délen fekvő** southerly, (lying) in the south *ut.*; **délre** southward(s), to (the) south; **élete delén** in the prime of life; **vmtől délre (fekszik)** (lie*) south of sg
Dél-Afrika *fn* South Africa
dél-afrikai *mn/fn* South African
Dél-Amerika *fn* South America
dél-amerikai *mn/fn* South American
delegáció *fn* delegation, body of delegates
délelőtt ▼ *hsz* (*röv* de.) in the morning || **délelőtt tízkor** at ten (o'clock) in the morning, at 10 a.m.; **ma délelőtt** this morning; **egész délelőtt** all morning, the whole morning ▼ *fn* morning; **szabad délelőtt** morning off
délelőtti *mn* morning, in/of the morning *ut.* || **a délelőtti órákban** in the late morning (hours), before noon
délelőttös *fn* (sy) on/doing a/the morning shift *ut.*, morning-shift worker
Dél-Európa *fn* Southern Europe
dél-európai *mn/fn* South(ern) European
delfin *fn* dolphin
déli ▼ *mn* (*napszak*) noon, midday || (*égtáj*) south(ern), southerly || **a déli órákban** around/about noon; **déli fekvésű ház** house facing south; **déli irányban** southward(s), towards the south; **déli népek** (*földközi-tengeri*) the Mediterranean peoples; **déli vonat** midday train ▼ *fn* (*ember*) southerner || **a Déli** (*pályaudvar*) the Déli Station [in Budapest], Budapest South
délibáb *fn* mirage, Fata Morgana || **délibábot kerget** chase rainbows
délidő *fn* midday, noonday, noontime
déligyümölcs *fn* southern/tropical fruits *tsz*
Déli-Jeges-tenger *fn* Antarctic Ocean
Déli-sark *fn* the South Pole, the Antarctic
déli-sarki *mn* Antarctic
Déli-sarkvidék *fn* the Antarctic
délkelet *fn* south-east
délkeleti *mn* south-east(erly), south-eastern || **délkeleti fekvésű** south-easterly; **délkeleti szél** south-east wind, south-easter
délkör *fn* meridian
délnyugat *fn* south-west
délnyugati *mn* south-western, south-west(erly) || **délnyugati szél** south-wester(ly wind), sou'wester
délsarki *mn* antarctic
délszaki *mn* southern, tropical || **délszaki növény** tropical plant
delta *fn* (*folyóé*) delta
délután ▼ *hsz* (*röv* du.) in the afternoon || **ma délután** this afternoon; **délután 3-kor** at three (o'clock) in the afternoon, at three p.m.; **ma délután 6-kor** at 6 this evening; **kedden délután** (on) Tuesday afternoon; **minden délután** every afternoon; **késő délután** late in the afternoon ▼ *fn* afternoon
délutáni *mn* afternoon || **délutáni előadás** matinée
délutános *fn* afternoon-shift worker || **jövő héten délutános vagyok** next week I am on/doing the/an afternoonshift
demográfiai *mn* demográfiai hullám population bulge; **demográfiai robbanás** population explosion
demokrácia *fn* democracy
demokráciaellenes *mn* anti-democratic

demokrata ▼ *mn* democratic || **demokrata párt** democratic party ▼ *fn* democrat; *(a párt tagja)* Democrat
demokratikus *mn* democratic
démon *fn* demon || *(nő)* vamp
demonstráció *fn (tüntetés)* demonstration || *(bizonyítás)* proof; *(szemléltetés)* display, demonstration
denevér *fn* bat
deportál *ige* ❏ *pol* deport
depresszió *fn (légköri)* depression
deprimál *ige* depress (sy)
dér *fn* hoarfrost, frost, rime || **jön még kutyára dér!** (be sure) your sin will find you out!
derbi *fn* ⊕ *GB* Derby
derék¹ *mn (jellem)* honest, straight, brave || *(termet)* well-built || **derék dolog!** well done!; **derék fickó** he is a fine fellow
derék² *fn (emberé)* waist, back || *(ruháé)* waist || *(fáé)* trunk, bole || **a nyár derekán** in the middle of summer; **derékba törik** break*/split* in two; **derékig érő** to the waist *ut.*, waist-deep; **fáj a derekam** my back aches; **karcsú a dereka** have* a slim waist
derékbőség *fn* waistline, waist-measurement || **derékbősége 70 cm** waist: 70 cm; she measures 70 cm round the waist
derékfájás *fn* backache
derékszíj *fn* (leather) belt, waist-belt
derékszög *fn* right angle || **derékszögben vmvel** at right angles to, at a right angle to
derékszögű *mn* rectangular, right-angled, square || **derékszögű háromszög** right-angled triangle; ⊕ *US* right triangle
deréktáji *mn* lumbar
dereng *ige (hajnalban)* dawn, day breaks* || **kezd már derengeni előttem** it's beginning to dawn on me
deres *mn (színű)* grey || *(dértől)* frosty || **deres haj** hoary hair

derít *ige (fényt vmre, átv is)* throw*/shed* light on sg || *(jókedvre vkt)* cheer sy up || ❏ *vegy* clarify
dermedt *mn* numb, benumbed with cold *ut.*, stiff
dermesztő *mn* **dermesztő hideg van** it is piercingly/bitterly cold
derű *fn* derűt áraszt maga körül radiate optimism, radiate good spirits
derül *ige (idő, ég)* clear up || **derültek rajta** they were amused at/by it; **fény derül az ügyre** light is thrown on the matter; **jókedvre derül** cheer up
derűlátás *fn* optimism
derült *mn (ég)* clear, cloudless, bright || *(kedély)* cheerful || **derült idő** clear/fine weather
derültség *fn* hilarity || **általános derültség** general laughter
derűs *mn (vk hangulata)* cheerful; *(arc)* smiling, happy
destruktív *mn* corrupting, depraving
deszka *fn* board, plank
desszert *fn* dessert
desztillál *ige* distil (⊕ *US* distill) || **desztillált víz** distilled water
detektív *fn* detective
detektívfelügyelő *fn* (detective-)inspector
detektívregény *fn* detective novel/story, crime fiction/story
detonáció *fn* detonation
deviza *fn* foreign exchange
devizaárfolyam *fn* exchange rate, rate of exchange
dezertál *ige* desert
dezodor *fn* deodorant
dézsa *fn* tub, butt || **úgy esik, mintha dézsából öntenék** it's raining cats and dogs
dia *fn* slide, transparency
diadal *fn* triumph, victory || **diadalt arat** *(vkn/vmn)* gain a victory (over)
diadém *fn* diadem, coronet
diafilm *fn* film strip, slidefilm
diagnózis *fn* diagnosis *(tsz* diagnoses) || **diagnózist megállapít** diagnose sg

diagram *fn* diagram; chart, graph
diák *fn (általános iskolás)* child° at the primary school; *(középiskolás)* grammar/secondary school boy/girl; ⊕ *US* high school boy/girl; *(főiskolás)* student
diákcsere *fn* student exchange
diákcsíny *fn* student prank
diákélet *fn* student/college life
diákévek *fn tsz* schooldays
diákhitel *fn* student loan
diákigazolvány *fn* student card
diáklány *fn* schoolgirl
diáknyelv *fn* school slang
diakonissza *fn* deaconess
diákotthon *fn* (students') hostel, (students') hall (of residence); ⊕ *US* dormitory
diákság *fn* students *tsz*, undergraduates *tsz*
diákszálló *fn* = **diákotthon**
diákszerelem *fn* puppy/calf love
diákszövetség *fn* student(s') union
dialektus *fn* dialect ‖ **dialektusban beszél** speak* a/in dialect
dialógus *fn* dialogue
diapozitív *fn* slide, transparency
diavetítő *fn* slide projector
dicsekedik, dicsekszik *ige (vmvel)* boast (of/about sg)
dicsekvés *fn* boasting
dicsér *ige (vkt/vmt vmért)* praise sy/sg for sg, speak* highly of sy/sg
dicsérő *mn* commendatory ‖ **dicsérő szavak** words of praise *tsz*
dicsőít *ige* glorify, praise
dicsőítés *fn* glorification, praise
dicsőség *fn* glory, honour (⊕ *US* -or) ‖ **nagy dicsőségére válik** do* sy honour, do* sy great credit
dicsőséges *mn* glorious ‖ **dicsőségesen** triumphantly, with flying colours (⊕ *US* -ors)
didereg *ige* shiver (with cold)
didergés *fn* shiver(ing)
diéta *fn (étkezésben)* diet ‖ **diétát rendel vknek** put* sy on diet; **(szigorú)**
diétát tart be* on (*v.* observe) a strict diet
diétás *mn* dietary, dietetic ‖ **diétás beteg** dieter; **diétás koszt** special diet, dietary regimen; **diétás konyha** dietetic kitchen; **diétás nővér** dietician
diétázik *ige* be* on a diet, follow a dietary regimen
differencia *fn* difference
differenciál *fn (gép)* differential (gear) ‖ ❑ *mat* differential (calculus)
differenciálódik *ige* become* differentiated (from)
diftéria *fn* diphtheria
digitális *mn* digital ‖ **digitális felvétel** digital recording; **digitális óra** digital clock/watch
díj *fn (kitűzött)* prize ‖ *(honorárium)* fee; *(kitüntetés)* award; *(munkáé)* pay, wages *tsz* ‖ *(szolgáltatásért)* fee, charge; *(illeték)* tax, dues *tsz* ‖ **Bolyai-díj** Bolyai Award; **díjat (el)nyer** win* a/the prize; **díjat kitűz** offer a prize
díjaz *ige (jutalmaz)* award a prize (to) ‖ ❖ *biz (méltányol)* appreciate
díjkedvezmény *fn* reduced rates *tsz*; *(utazási)* fare reduction
díjkiosztás *fn* prize-giving
díjköteles *mn* subject to dues/fees *ut.* ‖ **díjköteles autópálya** toll road; ⊕ *US* turnpike
díjlovaglás *fn sp* dressage test
díjmentes(en) *mn/hsz* free (of charge) *ut.*, gratis
díjnyertes ▼ *mn* prize-winning ▼ *fn* prize-winner
díjszabás *fn* tariff, scale of charges
díjtáblázat *fn* scale of charges, schedule of fees
díjtalan *mn (ingyenes)* free of charge *ut.* ‖ **a ruhatár díjtalan** cloakroom free
díjugratás *fn* show-jumping
diktál *ige (szöveget, feltételt)* dictate (sg) (to sy)
diktálás *fn* dictation

diktátor *fn* dictator
diktatúra *fn* dictatorship
dilemma *fn* dilemma, quandary || **dilemmában van** be* in a dilemma/quandary
diler *fn* dealer
dilettáns ▼ *mn* dilettante ▼ *fn* dilettante *(tsz* dilettanti)
diliház *fn* ❖ *biz* loony bin; ❖ *átv* bedlam
dilis *mn* ❖ *biz* crazy, cracked
dimenzió *fn* dimension
dinamika *fn* ❏ *zene* ❏ *nyelvt* dynamics *tsz*
dinamikus *mn (átv is)* dynamic
dinamit *fn* dynamite
dinamó *fn* dynamo
dinnye *fn* melon; *(görög)* water-melon; *(sárga)* honeydew melon, musk-melon
dió *fn* nut, walnut || **kemény dió** ❖ *átv* hard/tough nut to crack
dióbarna *mn* nutbrown; *(haj)* auburn
dióbél *fn* shelled walnuts *tsz*, walnut
diófa *fn (élő)* walnut (tree) || *(anyag)* walnut (wood)
dióhéj *fn* nutshell || **dióhéjban** ❖ *átv* in a nutshell
dioptria *fn* dioptre (⊕ *US* -er)
dioptriás *mn* **kétdioptriás szemüveg** glasses with two dioptre (⊕ *US* -er) lens
diós metélt *fn* vermicelli dusted with ground walnuts and sugar
diótörő *fn* nutcracker
diploma *fn* ❏ *isk* ❖ ált diploma (in sg); *(főleg egyetemi v. főiskolai)* degree (in sg); *(egyéb)* certificate || **tanítói/tanári diplomája van** have* a diploma in education; **diplomát szerez** take* a/one's diploma (in sg)
diplomácia *fn* diplomacy
diplomáciai *mn* diplomatic || **diplomáciai jegyzék** (diplomatic) note; **diplomáciai kar/testület** diplomatic corps; **diplomáciai (ki)küldetésben** on a diplomatic mission; **diplomáciai pálya** diplomatic career

diplomadolgozat *fn* degree dissertation (on)
diplomamunka *fn* diploma/degree work/piece
diplomás *mn/fn (egyetemi/főiskolai diplomát szerzett személy)* professional; graduate || **a diplomások** the professionals
diplomata *fn* diplomat
diplomatikus *mn* diplomatic
diplomázik *ige* take* a degree in ...
direkt ▼ *mn* direct, straight ▼ *hsz* directly, straight, on purpose || **ezt direkt csinálta** he did it on purpose
dirigál *ige (irányít)* direct; *(parancsolgatva)* boss [people] about || ❏ *zene* conduct
disz *fn* D-sharp
dísz *fn (díszítés)* decoration, ornament || *(pompa)* pomp, parade
díszebéd *fn* banquet
díszegyenruha *fn* (full) dress uniform
díszeleg *ige (vk)* parade, make* a fine show || ❖ elít show* off; ❖ *biz* swank *(about)*
díszelőadás *fn* gala performance/night
díszes *mn* ornamental, decorative; *(pompás)* splendid
diszharmónia *fn (hangoké)* dissonance || *(egyéb)* disharmony
díszhely *fn* place of honour (⊕ *US* -or)
díszít *ige* decorate, adorn, ornament
díszítés *fn* decoration, ornament(s)
diszkó *fn* disco
diszkontáruház *fn* discount shop/store
diszkosz *fn* discus
diszkoszvetés *fn* throwing the discus
diszkoszvető *fn* discus thrower
diszkréció *fn* discretion; *(titoktartás)* secrecy
diszkrét *mn* discreet; *(tapintatos)* tactful
diszkrimináció *fn* discrimination || **pozitív diszkrimináció** positive discrimination
diszkvalifikál *ige* disqualify || **diszkvalifikálják** be* disqualified

díszlépés *fn* ❏ *kat* march/parade step
díszlet *fn* scenery, set
díszlettervező *fn* stage-designer
díszlik *ige* flourish; *(virág)* bloom
díszmenet *fn* ❏ *kat* slow parade march
díszműáru *fn* fancy-goods/articles *tsz*
disznó *fn* pig || *(emberről)* swine, dirty pig || **disznó vicc** dirty story
disznóhús *fn* pork
disznóól *fn* pigsty; ⊕ *US* pigpen
disznóölés *fn* pig-killing, pigsticking
disznóság *fn* ❖ *ált* scandal, a shame || *(beszéd)* dirty/filthy talk; *(tett)* dirty/lousy trick || **disznóság!** (what a) shame!
disznósajt *fn* brawn, pork/pig cheese
disznótoros *fn* *kb.* pork sausages and chitterlings *tsz*
disznózsír *fn* lard
dísznövény *fn* ornamental plant
díszőrség *fn* guard of honour (⊕ *US* -or)
díszpolgár *fn* freeman° (of)
díszruha *fn* ceremonial/full/gala dress
díszszemle *fn* (dress) parade, march past
disszertáció *fn* thesis *(tsz* theses) || **doktori disszertáció** PhD thesis; **megvédi a disszertációját** defend one's thesis
disszidál *ige (külföldre)* defect
disszidens *fn (külföldre távozó)* defector
disszonancia *fn* dissonance
disszonáns *mn* dissonant, discordant || **disszonánsan hangzik** it jars, it sounds discordant
dísztárgy *fn (árucikk)* fancy goods *tsz*
dísztávirat *fn* congratulatory telegram
díszterem *fn* ceremonial/banqueting hall; *(iskolában)* hall
disztingvál *ige* distinguish (between)
dívány *fn* divan
díványpárna *fn* cushion, bolster
divat *fn* fashion, mode, style || *(szokás)* vogue, custom || **az utolsó divat** the latest fashion, the last word (in); **divatba jön** come* into fashion; **kimegy a divatból** go* out of fashion, become* unfashionable
divatáru *fn (férfi)* men's wear; *(női)* ladies' wear
divatbemutató *fn* fashion-show
divatcikk *fn* article of fashion
divatékszer *fn* dress jewellery
divatjamúlt *mn* old-fashioned, dated
divatlap *fn* fashion journal/magazine
divatos *mn* fashionable, stylish; *(felkapott)* in vogue *ut.* || **nem divatos** be* out of fashion; **divatos író** popular author, author of the day
divatosan *hsz* fashionably || **divatosan öltözködik** dress fashionably
divatszalon *fn* dressmaker's showroom
divattervező *fn* (fashion/dress) designer
diverzáns *mn/fn* subversive
dízelmotor *fn* diesel engine
dízelolaj *fn* diesel oil/fuel
DK = *délkelet* south-east, SE
dkg = *dekagramm* → **deka**
DNy = *délnyugat* south-west, SW
dob¹ *ige* throw*; *(nagy erővel)* hurl || ❖ *biz (vkn túlad)* throw* sy over/overboard, dump sy
dob² *fn* drum || ❏ *műsz* drum, cylinder, barrel || **dobra kerül** come* under the hammer
dobál *ige (vmt vhova)* keep* sg throwing; *(vkt vmvel)* pelt sy with sg || *(hajigál)* scatter
dobálódzik *ige* be*/keep* throwing about || **nagy szavakkal dobálódzik** talk big
dobás *fn* throw
dobban *ige (szív)* throb, beat* || **nagyot dobbant a szívem** my heart gave a leap
dobbanás *fn* throb, beat(ing)
dobbant *ige (lábbal)* stamp (one's foot/feet) || *(ugró)* take*/jump off || ❖ *biz (disszidál)* defect, split*
dobhártya *fn* eardrum || **megreped a dobhártyája** he burst his eardrums
dobó *fn* thrower

dobog *ige (szív)* throb, palpitate, beat* || *(lábbal)* stamp (one's foot/feet)
dobogó *fn (előadóé)* platform; ❏ *isk kb.* teacher's desk; ❏ *szính* stage, podium; *(szónoki, karmesteri)* rostrum
dobókocka *fn* dice *(tsz* ua.)
dobol *ige* drum, beat*/play a/the drum
dobos *fn* drummer
doboz *fn* box; *(karton)* cardboard box; *(tej stb.)* carton (of milk/etc); *(bádog)* tin, ⊕ *US* can; *(nagyobb, rendsz. fa)* case || *(rádió, tv stb.)* cabinet || **egy doboz cigaretta** a packet (⊕ *US* pack) of cigarettes; **egy doboz tej** a carton of milk
dobozos *mn* boxed, canned || **dobozos narancslé** a carton of orange juice; **dobozos sajt** cheese in cartons; **dobozos sör** canned beer
dobpergés *fn* roll of drums, drumbeat
dobverő *fn* drumstick
docens *fn kb.* ⊕ *GB* reader; ⊕ *US* associate professor
dog *fn* mastiff
dogma *fn* dogma
dogmatikus *mn* dogmatic
doh *fn* mustiness, musty/mouldy (⊕ *US* moldy) smell
dohány *fn* ❏ *növ* tobacco || ❖ *biz (pénz)* dough
dohánybolt *fn* tobacconist's (shop)
dohánygyár *fn* tobacco factory
dohányos *fn* smoker || **erős/nagy dohányos** heavy smoker
dohányzás *fn* smoking || **tilos a dohányzás!** no smoking, smoking (is) prohibited
dohányzik *ige* smoke || **megengedi, hogy dohányozzam?** do you mind if I smoke?
dohányzó ▼ *mn* smoking || **dohányzó szakasz** smoking compartment, smoker ▼ *fn (személy)* smoker || *(helyiség)* lounge; *(vasúti kocsi)* smoker
dohos *mn* musty, fusty; *(levegő)* stale, stuffy
dokk *fn* dock(yard)

dokkmunkás *fn* docker, dock worker
doktor *fn (egyetemi)* doctor (*röv* Dr) || *(orvos)* physician, doctor || **a tudomány doktora** Doctor of Science, DSc; **doktorrá avat** confer a doctorate (up)on sy; **jogi doktor** *kb.* Doctor of Laws (*röv* ⊕ *GB* LLD); **doktor úr, kérem ...** Doctor, ...; *(ha sebész v. fogorvos)* Mr/Ms *(és a családnév)*
doktorál *ige* take* one's doctorate (*v.* ⊕ *GB* Master's degree) (*vmből* in/on sg)
doktorandusz *fn* PhD student
doktorátus *fn* doctorate
doktornő *fn* woman-doctor; lady-doctor || **doktornő, kérem ...** Doctor, ...
doktrína *fn* doctrine, tenet
dokumentáció *fn* documentation
dokumentációs *mn* documentary
dokumentál *ige* prove, certify, document
dokumentum *fn* document
dokumentumfilm *fn* documentary (film)
dolgos *mn* industrious, hard-working
dolgozat *fn* paper, essay; *(vizsgadolgozat)* examination paper || **dolgozatot ír vmből** write* an essay on sg; **dolgozatot javít** mark (exam) papers
dolgozatfüzet *fn* exercise-book
dolgozatírás *fn* written test
dolgozatjavítás *fn* marking of (exam) papers
dolgozik *ige* ❖ *ált* work, be* employed (at) || *(gép)* run*, work, function || **az idő nekünk dolgozik** time is on our side; **együtt dolgozik vkvel** collaborate with sy; **hol dolgozik/dolgozol?** where do you work?; **keményen dolgozik** work hard; **mit dolgozik?** what do you do (for a living)?; **vknek dolgozik** work for sy; **vmn dolgozik** work on sg
dolgozó ▼ *mn* working, labouring (⊕ *US* -or-) ▼ *fn* ❖ *ált* employee, worker, working man°/woman°; *(fizikai)* manual worker; *(szakmában)*

workman°; *(gyári stb.)* blue-collar worker ‖ *(méh)* worker (bee) ‖ **értelmiségi/szellemi dolgozó** white-collar worker; **irodai dolgozó** office worker; **dolgozók iskolája** night school
dolgozószoba *fn* study; ❖ *biz* den
dollár *fn* dollar
dolog *fn (munka)* work, job, task ‖ *(ügy)* matter, business, affair ‖ *(tárgy)* thing, matter, stuff, object ‖ **az ő dolga, hogy** it's up to him to, he is supposed to; **biztos a dolgában be*** sure of himself/herself; **dolgát végzi** *(illemhelyen)* relieve oneself; *(kutya)* do* its/her/his job; **dologhoz lát** set* to work; **ez az én dolgom** that's my business; **ez ízlés dolga** it's a matter/question of taste; **jó dolga van** have* a good time of it; *(anyagilag)* be* doing well, be* well off; **micsoda dolog ez?** what are you up to?, what does this mean?; **nem az én dolgom** it's none of my business; **rendben tartja a dolgait** he keeps his things/affairs in order; **sok a dolgom** I have a lot to do, I am very busy
dolomit *fn* dolomite
dóm *fn* cathedral
domb *fn* hill; *(kisebb)* hillock, hummock
domboldal *fn* hillside; *(skót)* brae
dombormű *fn* relief; *(magas)* high relief; *(fél)* bas-relief
domborodik *ige* swell* out, bulge, rise*
domború *mn* convex, bulging, curved, round ‖ **domború lencse** convex lens
domborulat *fn (domborúság)* convexity, bulge ‖ *(kis domb)* hillock, knoll
domborzat *fn (X ország)* **domborzata és vizei** geographical features (of)
domborzati térkép *fn* physical/relief map
dombos *mn* hilly, humpy
dombtető *fn* crest/ridge of a hill
dombvidék *fn* hilly/rolling country

dominál *ige* prevail (over sg), dominate (sg)
dominikánus *mn/fn* ❏ *vall* Dominican, Black Friar
dominó *fn* domino *(tsz* dominoes)
dominózik *ige* play dominoes
donga *fn* stave
dongó *fn* bumble-bee
donor *fn* donor
doppingol *ige (lovat, versenyzőt)* dope; *(csak vkt)* give* sy a stimulant
doppingszer *fn* dope, stimulant
doppingvizsgálat *fn* ❏ *sp* dope test
dór *mn (oszlop)* Doric [column] ‖ ❏ *zene* **dór hangnem** Dorian mode
dorbézol *ige* carouse
dorgál *ige* chide*/reprove (for)
dorgálás *fn* reprimand, rebuke, admonition ‖ **dorgálásban részesít** reprimand, rebuke
dorombol *ige* purr
dorong *fn* log, thick stick
dosszié *fn* file, dossier
dotáció *fn (intézményé)* funds *tsz*, subsidy
dotál *ige (intézményt)* subsidize ‖ *(alkalmazottat)* pay*, remunerate
dózis *fn* dose
döcög *ige (kocsi)* jolt, jog (along); *(vonat)* trundle along
döf *ige (kést)* run* a knife° into sy/sg; *(oldalba, könyökkel)* poke, push ‖ *(szarvval)* butt
dög *fn* carrion, carcass, carcase ‖ ❖ *vulg* **lusta dög** lazy bugger/sod
döglégy *fn* green botfly, greenbottle
döglik *ige* **egész nap az ágyon döglik be*** lazing on the bed all day long
döglődik *ige* die a slow death
döglött *mn* dead [animal]
dögönyöz *ige (ver)* punch, pound
dől *ige (hajlik)* lean* (to one side); *(vmnek)* lean* against; *(oldalt)* tilt ‖ *(esik, bukik)* fall*, tumble down ‖ *(eső)* pour; *(folyadék, vér)* gush (out/forth from) ‖ **ágynak dől** take* to one's bed; **dől a fa!** timber!

dőlt *mn* **dőlt betű** italics *tsz*
dölyfös *mn* arrogant, haughty
dömper *fn* dumper (truck)
dönget *ige* bang || **nyitott kapukat dönget** try to force an open door
döngicsél *ige* buzz/hum around
döngöl *ige* ram, pound, beat*
dönt *ige* *(felfordít)* upset*, overturn, turn over; *(fát)* fell; *(féloldalra)* tilt || *(rekordot)* break*/beat* || *(elhatároz)* decide, make*/take* a decision; *(bíróság)* rule, decree
döntés *fn (elhatározás, mint cselekvés)* decision making; *(annak eredménye)* resolution, decision; *(esküdtszéké)* verdict || **bírósági döntés** court ruling, judg(e)ment of the court
döntetlen *mn/fn* **döntetlen (mérkőzés)** a drawn game, a draw/tie; **Anglia 1:1-es döntetlent játszott Svédországgal** England have drawn 1–1 with Sweden
döntő ▼ *mn* decisive, deciding || **döntő bizonyíték** conclusive proof; **döntő mozzanat** crucial point; **döntő pillanat** critical/crucial moment ▼ *fn* ❏ *sp* final(s) || **világbajnoki döntő** *(labdarúgás)* World Cup Final; **bejut a döntőbe** qualify for the finals
döntőbíró *fn* arbitrator, arbiter
dörej *fn* detonation; *(puskáé)* report
dörgés *fn (égé)* thunder || **ismeri a dörgést** ❖ *biz* know* the ropes
dörmög *ige (medve)* growl, grunt || *(ember)* mutter, mumble; *(morog)* grumble
dörmögés *fn (medvéé)* growl(ing), grunt(ing) || *(bosszús emberé)* grumbling
dörög *ige (ágyú)* boom, thunder, roar || **dörög (az ég)** it is thundering
dörömböl *ige* **dörömböl az ajtón** hammer/bang at/on the door
dörzsöl *ige* rub; *(masszírozva)* rub down
dőzsöl *ige* carouse, go* on a spree
drága *mn (költséges)* expensive, dear, costly || *(értékes)* precious, valuable || ❖ *átv* dear || **drágám** my dear, dearest, darling
drágakő *fn* precious stone, jewel
drágán *hsz* expensively, dear(ly) || **drágán vesz** buy* at a high price
drágaság *fn* nagy a **drágaság** prices are high
drágít *ige* put* up the price of (sg), raise prices
drágul *ige* grow* dearer, get*/become* more expensive
drágulás *fn* rise in prices, increase
dráma *fn (színmű)* drama || **családi dráma** family drama/tragedy
drámai *mn (átv is)* dramatic || **drámai hős** hero
drámaírás *fn* play-writing
drámaíró *fn* dramatist, playwright
drámairodalom *fn* the drama || **a magyar drámairodalom** (the) Hungarian drama
dramatizál *ige (átv is)* dramatize
dramaturg *fn* ❏ *szính* literary/dramatic advisor; ❏ *film* script consultant, scenario editor
drapéria *fn* drapery, hangings *tsz*
drapp *mn* beige
drasztikus *mn* **drasztikus eszköz** drastic means *esz*; **drasztikus kifejezés** coarse expression
drazsé *fn* chocolate drop, dragée
dressz *fn* = **mez**
dresszíroz *ige* train
drog *fn* drug
drogambulancia *fn* drug clinic
drogfogyasztó *fn* drug-abuser, drug-addict
drogos *fn* = **drogfogyasztó**
drót *fn (huzal)* wire || ❖ *biz* **leadja a drótot** pass the dope
drótkötélpálya *fn (bányában, gyárban)* ropeway; *(hegyoldalon)* cable car
drukkol *ige (fél)* be* in a (blue) funk || *(vknek)* keep* one's fingers crossed (for sy) || *(csapatnak)* → **szurkol**
drusza *fn* namesake
du. → **délután; du. 3-kor** at 3 p.m.

duda *fn (hangszer)* bagpipes *tsz* || *(autón)* horn
dudál *ige (hangszeren)* play the bagpipe(s) || *(autós)* sound one's horn
dudás *fn* piper
dudaszó *fn* bagpipe music
dúdol *ige* hum [a tune]; *(halkan)* croon
dúdolgat *ige* keep* humming (a tune)
dudor *fn (testen)* swelling, protuberance, bump; *(ütéstől)* lump || *(tárgyon)* boss, knob, protuberance; *(fán)* gnarl, knot
dudva *fn* weed
duett *fn* duet
dug *ige (vmt vmbe)* stick*, put*, insert *(mind:* sg into sg) || *(rejt)* hide*, conceal; *(fiókba stb.)* put*/stow sg away in sg || **zsebre dugta a pénzt** he pocketed the money
dugaszoló *fn* ❑ *el* plug || **dugaszolóaljzat** socket, ⊕ *US* outlet
dugattyú *fn* piston
dugdos *ige (vhová)* stick*/put* sg into sg || *(vk elől)* try to hide/conceal sg/sy from sy
dugig *hsz* full up; ❖ *biz* chock-full
dugó *fn (parafa, műanyag)* cork; *(üveg)* stopper; *(gumi, fa, nagyobb)* bung || ❑ *el* plug || *(forgalmi)* (traffic) jam || **dugót kihúz** uncork [a bottle], unstop (sg)
dugóhúzó *fn (eszköz)* corkscrew || ❑ *rep* spin
dugós csatlakozó *fn* plug and socket (⊕ *US* outlet)
dugvány *fn* cutting, slip, scion
duhajkodik *ige* revel (⊕ *US* -l), have* a high old time, go* on a spree
dúl *ige (pusztít)* ravage, lay* waste || *(vihar, háború)* rage
dulakodás *fn* scrimmage, scuffle, brawl
dulakodik *ige (vkvel)* grapple/wrestle (with sy)
dúl-fúl *ige* fume with rage
duma *fn* ❖ *biz* chatter, gossip, hot air, gas, spiel || **elég a dumából** cut the cackle

dumál *ige* ❖ *biz* chatter, natter (away/on)
Duna *fn* Danube
dunai *mn* Danubian
Dunakanyar *fn* the Danube bend
Dunántúl *fn* Transdanubia
dunántúli *mn/fn* Transdanubian
Duna-part *fn (kiépített)* Danube embankment; *(kiépítetlen)* bank(s) of the Danube
Duna-parti *mn* on the bank(s) of the Danube ut.
dundi *mn* chubby, plump
dunyha *fn* eiderdown, duvet, continental quilt
dunyhahuzat *fn* eiderdown cover
dupla *mn* double, twofold || **duplán** doubly; **dupla vagy semmi** double or quits
dúr *mn/fn* major || **dúr hangnem** major key; **dúr skála** major scale; **C-dúr** C-major
durcás *mn* sulky, peevish, petulant
durr! *isz* bang!
durran *ige (robbanószer)* explode, detonate; *(pezsgősüveg)* go* bang
durranás *fn* explosion, detonation
durrdefekt *fn* burst tyre (⊕ *US* tire), blowout
duruzsol *ige (ember)* murmur, mutter || *(főzet)* simmer
durva *mn (ember, modor, viselkedés)* rough, coarse, boorish || *(anyag)* coarse, rough; *(elnagyolt)* clumsy, coarse || **durva beszéd** coarse words *tsz*, rough/bad language; **durva hiba** gross error
durván *hsz (modorban)* roughly, rudely || **durván bánik vkvel** handle/treat sy roughly, ill-treat sy; **durván megsért vkt** offend sy greatly, outrage sy; **durván (számítva)** roughly
durvaság *fn (lelki)* roughness, rudeness || *(anyagi)* coarseness || ❑ *sp* rough play
dús *mn (bőséges)* rich (in sg); plentiful || **dús haj** thick hair; **dús növényzet** rich vegetation

dúsgazdag *mn* ❖ *biz* rolling in money
ut.
dúskál *ige* (*vmben*) have* sg in abundance ‖ **dúskál a pénzben** be* rolling in money
dutyi *fn* ❖ *tréf* lockup
duzzad *ige* swell*; *(izom)* bulge (out); *(daganat)* swell* (up)
duzzadás *fn* swelling; ❏ *orv* tumescence
duzzadt *mn* swollen (*vmtől* with); *(szem)* puffy
duzzasztómű *fn* barrage
duzzog *ige* sulk, be* in a huff
dübörgés *fn* rumbling noise, rattle, clatter
dübörög *ige* rumble, rattle, clatter
düh *fn* fury, rage ‖ **dühbe gurul** lose* one's temper, become* enraged
dühít *ige* (*vkt*) enrage, infuriate (sy), make* (sy) mad ‖ **dühít, hogy elfelejtettem** I am annoyed that I've forgotten (it)
dühítő *mn* maddening
dühödt *mn* furious, enraged
dühöng *ige* rage, fume (*vm/vk miatt* at/against sg/sy) ‖ **szélvihar dühöng** the storm is raging
dühöngés *fn* frenzy, (towering) rage, fury
dühöngő *mn* raging, raving
dühös *mn* furious, (very) angry, livid (*vkre* at/with sy, *vm miatt* about sg)
dühroham *fn* burst/access/fit of anger/rage
düledt *mn* **düledt szem** protruding/bulging eyes *tsz*; **düledt szemű** goggle-eyed
dülöng(él) *ige* reel, stagger, totter
dűlőre jut vkvel ❏ *kif* come* to an understanding with sy
dűlőút *fn* path across the fields, track
düne *fn* (sand) dune
dünnyög *ige* mumble
D-vitamin *fn* vitamin D

DZS

dzseki *fn* jacket
dzsem *fn* jam; *(narancs)* marmalade
dzsembori *fn* jamboree
dzsentri *fn* (Hungarian) gentry
dzsessz *fn* jazz
dzsesszdobos *fn* jazz-band drummer
dzsesszzenekar *fn* jazzband
dzsip *fn* jeep
dzsóker *fn* the Jolly Joker, joker
dzsörzé *fn* jersey
dzsúdó *fn* = **cselgáncs**
dzsungel *fn* jungle
dzsúsz *fn* juice

E

e *nm (ez)* this || **e célból** for that purpose, to that end; **e héten** this week
-e *hsz (vajon)* whether || **szereted-e?** do* you like it?, do you like ...?
É = *észak* north, N
eb *fn* dog || **egyik kutya, másik eb** six of one and half dozen of the other
ebadó *fn* dog-tax; *(a díj)* dog fee
ebbe *nm* in/into this || **ebbe nem megyek bele** I won't agree to this, count me out
ebben *nm* in this, here(in) || **ebben maradunk!** it's settled!
ebből *nm* from/of this, out of this || **ebből következik, hogy** it follows (from this) (that)
ebéd *fn* lunch, midday meal; *(este)* dinner || **ebéd után** after lunch; **ebéd előtt** before lunch; **ebédet főz** cook lunch/dinner
ebédel *ige* lunch, take*/have* lunch; *(este)* dine, have*/eat* dinner
ebédidő *fn* lunch-time
ebédjegy *fn* luncheon voucher
ebédlő *fn* dining-room; ❏ *isk* dining hall; *(kollégiumi)* refectory
ebédszünet *fn* lunch-break
éber *mn* ❖ *átv* watchful, vigilant
ébred *ige* wake* (up), awake*
ébredés *fn* awak(en)ing, waking (up)
ébredezik *ige* begin* to awake, be* stirring
ébren van *ige* be* awake/up
ébreszt *ige* wake* (up) || *(érzést)* (a)rouse, awaken, stir (up) || **reményt ébreszt** raise hope; **vágyat ébreszt** create/inflame desire

ébresztés *fn (telefonszolgálat)* (early)-morning call (service)
ébresztőóra *fn* alarm-clock
ecet *fn* vinegar
ecetes *mn* **ecetes uborka** pickled cucumber/gherkin
ecset *fn* brush
ecsetel *ige (leír)* describe || ❏ *orv* paint (with)
ecsetelés *fn* ❏ *orv* painting (with)
eddig *hsz (hely)* up to this point, as far as here || *(idő)* till now, up to the present, so far, hitherto || **eddig még** as yet; **eddig még nem** not (as) yet; **eddig vagyok vele!** ❖ *biz* I'm fed up with it/her/him
eddigi ▼ *mn* (up) till now *ut.* || **az eddigi legnagyobb** the greatest ... yet ▼ *fn* **az eddigiek** the foregoing
edény *fn* pan, pot, bowl || **edények** (kitchen) utensils || ❏ *biol* ❏ *növ* vessel
edényszárító *fn (rács)* dish-rack
édes ▼ *mn (íz)* sweet || ❖ *átv (dologról)* delightful, delicious || *(személyről)* dear ▼ *fn* **édesem!** (my) dear(est), darling, my sweet, ❖ *biz* honey
édesanya *fn* mother || **édesanyám** Mother, Mum(my); ⊕ *US* Mom, Ma; *(megszólításként)* Mother dear
édesapa *fn* father || **édesapám** Father; ❖ *biz* Dad(dy); *(megszólításként)* Father dear
édesít *ige (átv is)* sweeten, sugar
édesítőszer *fn* sweetener
édeskés *mn (íz)* sugary, sweetish || *átv* syrupy

édesség *fn (ennivaló)* sweet(s); *(cukrászati)* confectionery; ⊕ *US* candy; *(mint fogás)* sweet, dessert
édességbolt *fn* sweet-shop; ⊕ *US* candy store
édestestvér *fn* full brother/sister
edz *ige (acélt)* temper, harden; *(vasat)* steel || ❖ *átv* harden, steel || ❑ *sp (versenyre)* train, be* in training, *(erőnlét céljából)* have* a workout
edzés *fn (acélé)* hardening || ❖ *átv* hardening, strengthening, steeling || ❑ *sp* training, *(erőnléti)* workout ||
edzésre jár be* (in) training (for sg)
edzett *mn (test, ember)* fit, tough, hardy
edző *fn* ❑ *sp* trainer, coach
edzőcipő *fn* trainer(s), training shoe(s), ⊕ *US* sneaker
edzőmérkőzés *fn* practice match
edzőtábor *fn* fitness/training camp
efelől *hsz* on this/that account, about that || **efelől nyugodt lehetsz** you need have* no worries on that score
effajta *mn* = **efféle**
effektív *mn* real, actual, effective
efféle *mn* such, suchlike, of this kind *ut.*
ég¹ *ige (tűz)* burn*, be* on fire, be* burning; *(lánggal)* flame, be* in flames || *(gáz, villany)* be* on || ❖ *biz (kudarcot vall)* come* a cropper, do* badly, fail || **ég a gyomra** have* heartburn; **ég a lámpa** the light is on; **ég a szemem** my eyes are stinging/smarting
ég² *fn (égbolt)* sky, heavens *tsz* || *(menny)* Heaven || **a szabad ég alatt** in the open air, out of doors; **az ég alja** skyline, horizon; **az ég szerelmére!** for Heaven's/goodness' sake!; **égig érő, égbe nyúló** sky-high; **egekig magasztal** praise to the skies
égbekiáltó *mn* ❖ *ált* flagrant, atrocious, blatant
égbolt *fn* sky, firmament
Égei-tenger *fn* the Aegean (Sea)

egér *fn* mouse° || **itatja az egereket** turn on the waterworks || ❑ *szt* mouse *(tsz* mouses)
egéralátét *fn* mouse pad
egérfogó *fn* mousetrap
egérlyuk *fn* mouse-hole
egérutat nyer *ige* ❖ *biz* manage to escape, slip away
égés *fn (folyamat)* burning
egész ▼ *mn* whole, entire, unbroken, complete, all || **az egész házban** throughout the house; **az egész világ** the whole world, all the world; **egész éjjel** the whole night, throughout the night; **egész életében** all his life; **egész éven át** all (the) year round, throughout the year; **egész hangjegy** semibreve; ⊕ *US* whole note; **egész idő alatt** all the time/while; **egész nap** all day (long); **egész napos** all-day; *(állás)* fulltime; **egész szám** whole number, integer ▼ *hsz* = **egészen** ▼ *fn (az egész)* the whole, totality || **egész(é)ben véve** on the whole, all in all; **ez/ennyi az egész** that's all; **teljes egészében** in its entirety, in full, completely
egészen *hsz* entirely, wholly, quite, completely, altogether || **egészen Debrecenig** as far as D.; **egészen olyan, mint** just like; **nem egészen** not quite
egészség *fn* (good) health || **egészségére!** *(iváskor)* your (good) health!, here's to you!, cheers!; ❖ *biz* bottoms up!; ⊕ *US* here's mud in your eye!; *(tüsszentéskor)* (God) bless you!; **egészségre ártalmas** unhealthy, injurious/harmful to health *ut.*; **hogy szolgál az egészsége?** how are you (keeping)?
egészséges *mn (ember)* healthy; *(igével)* enjoy good health, be* in good health || *(étel)* wholesome, healthy || *(gondolat)* sound || **egészségesen** healthily, in good health; **nem egészséges** be* not in good health, be* un-

well; *(étel, küllem)* unhealthy, unwholesome
egészségi *mn* sanitary, relating to health *ut.* || **egészségi állapot** state of health
egészségtelen *mn* unhealthy, unwholesome, injurious to health *ut.*
egészségügy *fn* public health, hygiene
egészségügyi *mn* hygienic, sanitary; health || **egészségügyi főiskola** (training) college for health workers officers; **egészségügyi intézkedések** sanitary measures/regulations; **egészségügyi miniszter** health minister; **egészségügyi papír** toilet paper/roll
egészségvédelem *fn* sanitary regulations *tsz*; public health
éget *ige* ❖ *ált* burn*; *(nap)* scorch || *(fűszer)* bite*, have* a sharp taste || **égeti a nyelvét** *(forró dolog)* burn* one's tongue
égető *mn* burning || **égető kérdés** burning question, vital topic; **égető szükség** urgent necessity need; **égetően fontos** of utmost importance *ut.*
égett *mn* burnt || **égett íz** burnt taste
éghajlat *fn* climate || **nem bírom az éghajlatot** the climate disagrees with me
éghajlati *mn* climatic
éghetetlen *mn* incombustible, non-flammable
éghető *mn* inflammable; ⊕ *US* flammable
égi *mn* heavenly, celestial
egoizmus *fn* ego(t)ism, selfishness
égő ▼ *mn* burning, flaming; ❖ *átv* ❖ *biz* barassing || **égő arccal** with a glowing face ▼ *fn (villany)* (light) bulb; *(gáztűzhelyen)* (gas) burner
égöv *fn* zone || **forró égöv** torrid zone, the tropics *tsz*; **hideg égöv** frigid zone(s); **mérsékelt égöv** temperate zone(s)
egres *fn* gooseberry
égszínkék *mn/fn* sky-blue, azure

égtáj *fn* point of the compass || **a négy égtáj** the four cardinal points
egzisztencia *fn (megélhétés)* living, livelihood
egzotikus *mn* exotic
egy[1] *szn* one || **egy alkalommal** on one occasion, once, in one case; **egy és ugyanaz** one and the same; **egy házban lakunk** we live in the same house; **egy kettő!** one-two!; **egy null(a)** one-nil *(írva:* 1-0); **egykor** at one o'clock; **egytől egyig** to a man, all *(utána: tsz)*; every (single) one of them; **földszint egy** (flat, room) No. 1 *(szóban:* number one) on the ground floor; **igyunk egyet** let's have a drink; **még egyet** one more, another; **nem egy** *(= több)* numerous, a number of [cases etc.]
egy[2] *(határozatlan névelő)* a; *(magánhangzó előtt)* an || **egy bizonyos Jones úr** a certain Mr. Jones; **egy ismerősöm** an acquaintance, someone I know
egyágyas szoba *fn* single (bed)room
egyáltalán *hsz* at all || **egyáltalán nem** not at all, not in the least, not a bit
egyaránt *hsz* alike, equally, both || **apa és fiú egyaránt** both father and son, father and son alike
egyárbocos *mn* single-masted
egybeesés *fn* coincidence
egybeesik *ige (vmvel)* coincide (with sg)
egybegyűjt *ige* collect, gather together, assemble
egybegyűlik *ige (emberek)* assemble, gather (together)
egybehangzó *mn* concordant, consonant, harmonious || **egybehangzó vélemény** unanimous opinion; **egybehangzóan** unanimously
egybeír *ige* write* as one word
egyben *hsz (egyúttal)* at the same time, simultaneously || *(egy darabban)* in one piece/block; ❑ *ker* as a whole

egybeolvad *ige* ❖ *ált* unite; *(intézmények)* amalgamate, merge; *(színek)* blend

egybevág *ige (vmvel)* coincide, agree, tally *(vmvel mind:* with)

egybevágó *mn* concordant, agreeing; ❏ *mat* congruent || **nem egybevágó** incongruous, disagreeing

egyből *hsz (azonnal)* forthwith, on the spot, straightaway, at once || **egyből sikerült** it worked first time

egyéb *nm* other, else || **nincs egyéb dolga (mint)** he has nothing (else/better) to do* (but/than); **egyebek között** among others, among other things; **nem egyéb, mint** nothing less than, nothing else but; **nem tehettem egyebet** ... I could not do* other than ...

egyébként *hsz (különben)* otherwise || *(máskor, általában)* ordinarily, on other occasions, normally

egyed *fn* individual, entity

egyedárus *fn* sole agent

egyedi *mn (személyre)* individual *(gyártás)* non-series, one-off || **egyedi kivitelezésű** custom-designed/built

egyedül *hsz (magában)* alone, by oneself; *(segítség nélkül)* single-handed || *(csak)* solely, only || **egyedül álló** *(fa, épület stb.)* lone, solitary, isolated; **egyedül él** (s)he lives (all) by herself/himself, (s)he lives (all) alone; **gyermekét egyedül nevelő anya** lone mother with a young child

egyedülálló *mn (személy)* unmarried, single || *(példátlan)* unique, unparalleled, singular

egyedüli *mn* sole, only, single

egyedüllét *fn* solitude, loneliness

egy-egy *szn* **adott nekik egy-egy forintot** gave them a forint each, gave one forint to each (of them); **néha jön egy-egy látogató** a visitor drops in now and then

egyelőre *hsz* for the time being, temporarily; *(ezidáig)* so far

egyemeletes *mn* two-storey(ed), ⊕ *US* two-story/storied

egyén *fn* individual, person

egyenáram *fn* direct current *(röv* D.C.)

egyenérték *fn* equivalent; ❏ *ker* exchange value, par (value)

egyenes ▼ *mn (vonal, út)* straight, direct; *(tartás)* erect, upright || *(közvetlen)* direct || *(becsületes)* straightforward, downright, honest, open || *(határozott)* express || **egyenes adás** live broadcast; **egyenes beszéd** ❖ *átv* plain talk; **egyenes tartású** upright; **egyenes válasz** straight answer; **egyenes vonalban** in a straight line ▼ *fn* ❏ *mat (vonal)* straight (line); ❏ *sp* straight || **egyenesbe kerül** *(pénzügyileg)* get* out of the red

egyenesen *hsz (egyenes vonalban)* straight, in a straight line || *(közvetlenül)* straight, directly || ❖ *átv* honestly || **egyenesen a tárgyra tért** he came straight to the point; **ez egyenesen nevetséges** that's perfectly/absolutely ridiculous

egyenetlen *mn (felület)* uneven, rough || ❖ *átv* uneven

egyenetlenség *fn (felülete)* unevenness, roughness || ❖ *átv* dissension

egyenget *ige* level, make* even || **vknek/vmnek az útját egyengeti** make* things smooth for sy/sg, pave the way for sy/sg

egyéni *mn* individual, personal, particular, private || **egyéni felelősség** individual responsibility; **egyéni kezdeményezés(ére)** (on) one's own initiative

egyénileg *hsz* individually, personally

egyéniség *fn* individuality, personality

egyenjogú *mn* having/enjoying equal rights *ut.*; *(kivívott)* emancipated

egyenjogúság *fn* equality of rights, emancipation || **női egyenjogúság** equal rights for women

egyenként *hsz* one by one, one after the other || **a jegyek ára egyenként 3 font** the tickets are £3 each
egyenleg *fn* balance
egyenlet *fn* equation || **kétismeretlenes egyenlet** equation with two unknown quantities (v. unknowns); **elsőfokú egyenlet** simple/linear equation, firstdegree equation; **harmadfokú egyenlet** cubic equation; **egyenletet felállít** set* up an equation; **egyenletet rendez** reduce an equation
egyenletes *mn (felületű)* even, smooth || *(arányú)* equal, uniform
egyenletesen *hsz* uniformly, evenly; smoothly
egyenlít *ige* ❏ *sp* equalize
egyenlítő *fn* **az Egyenlítő** the equator
egyenlítői *mn* equatorial
egyenlő *mn (vmvel)* equal (to), same (as) || **a egyenlő b-vel** a equals (v. is equal to) b; **nem egyenlő** unequal; **egyenlő nagyságú** of the same size *ut.*; **egyenlő szögű** equiangular
egyenlően *hsz* equally, alike
egyenlőség *fn* equality
egyenlőségjel *fn* equals/equality sign
egyenlőtlen *mn* unequal; ❖ *átv* uneven, irregular
egyenlőtlenség *fn* inequality, disparity; disproportion (between)
egyenrangú *mn* of equal rank *ut.*, equal || **a vele egyenrangúak** his equals/peers
egyenruha *fn* uniform
egyensapka *fn* uniform cap
egyensúly *fn* balance, equilibrium || **egyensúlyban van** be* balanced, be* in (a state of) equilibrium
egyensúlyoz *ige* balance
egyértelmű *mn (félreérthetetlen)* unambiguous || **egyértelmű válasz** an unequivocal answer; **ez egyértelmű azzal(, hogy)** that amounts to saying (that)
egyes ▼ *mn (külön)* single, individual || *(bizonyos)* certain, some || **az egyes szám** number one; **egyes autóbusz** a No.1 (bus) *(kiolvasva:* number one); **egyes kötetek** single/odd volumes; **egyes szám ára** price per copy; **egyes szám első személy** first person singular ▼ *fn (szám)* (number) one || *(osztályzat)* very poor (marks *tsz)*, a fail || ❏ *sp (csónak)* scull || *(verseny)* singles *tsz* || **az egyesek** *(tízes rendszerben)* the units; **egyesek** *(ti. emberek)* certain people, some (people); **egyesre felelt** *(vizsgán)* his results were unsatisfactory
egyesével *hsz* one by one; *(sorban)* in single file; *(egyszerre csak egyet)* one at a time
egyesít *ige* unite, join, combine; *(vállalatokat)* amalgamate, affiliate, merge || **egyesítik erőiket** make a united effort, join forces (with sy)
egyesül *ige* ❖ *ált* unite, join; *(intézmények)* merge, amalgamate
egyesülés *fn (folyamat)* joining, union || *(vállalat)* syndicate
egyesület *fn* society, association; ❏ *sp* club || **egyesületben sportol** be* a member of a club
egyesült *mn* united; *(vállalat, társaság)* amalgamated || **egyesült erővel** with united strength/forces; **Egyesült Államok** the United States (of America) *(röv* US *v.* USA); **Egyesült Királyság** the United Kingdom *(röv* UK); **Egyesült Nemzetek (Szervezete)** United Nations (Organization) *(röv* UNO *v.* UN)
egyetem *fn* university || **az egyetem területe** (the university) campus; **egyetemre beiratkozik** matriculate (at a university); **egyetemre felvesz** admit to the university; **egyetemre megy** he is going (up) to university; **egyetemre jár** attend (courses/lectures at) a/ the university, study at a/the university
egyetemes *mn* universal, general || ❏ *műsz* universal, all-purpose || **egye-**

temes történelem universal/world history

egyetemi *mn* university; academic || egyetemi előadás(ok) university lecture(s); class(es); egyetemi előadó (university) lecturer; egyetemi hallgató university student, undergraduate; ⊕ *US* college boy/girl; egyetemi oktató academic, staff member, *(igével)* be* on the teaching staff; egyetemi tanár (university) professor; ⊕ *US* full professor; egyetemi tanév academic year; egyetemi tanulmányok university studies; egyetemi végzettség university degree; egyetemi végzettségű graduate (of a university)

egyetemista *fn* = egyetemi hallgató

egyetért *ige (vkvel vmben)* agree (with sy about/on sg) || ebben egyetértek veled I agree with you there, I go along with that

egyetértés *fn* agreement, concord

egyetlen *mn* only, sole, single || egyetlen gyermek an only child

egyéves *mn (kor)* one-year-old, *(igével)* be* one year old; *(időtartam)* of one year *ut.*, one year's

egyévi *mn* for one year *ut.*, *(fizetés)* annual

egyezik *ige (vmvel)* agree/correspond with, be* in agreement (with)

egyezmény *fn* agreement, pact || egyezményt köt sign an agreement (with)

egyező *mn (azonos vmvel)* identical (with), same (as)

egyezség *fn (megegyezés)* agreement, unity || egyezséget köt vkvel come* to an arrangement with sy

egyeztet *ige (szövegezést)* harmonize || *(ellenőrizve)* check [text] against (another), *(megbeszél)* discuss

egyeztetés *fn (szövegezésé)* harmonizing || *(ellenőrizve)* checking, *(megbeszélés)* discussion, talks *tsz*

egyfelé *hsz* in the same direction

egyféleképpen *hsz* in one way only

egyfelől *hsz (azonos irányból)* from the same direction || egyfelől ... másfelől on the one hand ... on the other (hand)

egyfelvonásos *fn* one-act play

egyfolytában *hsz* uninterruptedly, continuously, without a break || két hétig egyfolytában (for) fourteen days running; tíz órát aludt egyfolytában he slept for ten solid hours

egyforintos *fn* one-forint piece/coin

egyforma *mn* of the same form/shape/size *ut.*, alike *ut.*, uniform, the same || teljesen egyformák they are alike

egyformán *hsz* alike, equally, in the same way/manner

egyhamar *hsz* nem egyhamar not before long

egyhangú *mn (unalmas)* monotonous, dull, tedious || *(szavazat)* unanimous

egyhangúlag *hsz* unanimously

egyhangúság *fn (unalmas)* monotony, dullness || *(szavazati)* unanimity

egyharmad *szn* a/one third

egyhavi *mn* one month's || egyhavi fizetés a month's pay/salary

egyház *fn (intézmény)* the Church; *(egyházközség)* (local) church, parish church

egyházellenes *mn* anticlerical; antichurch

egyházi *mn* church || egyházi adó church-rate; egyházi zene sacred/church music

egyházközség *fn* (local) church; parish church; *(gyülekezet)* congregation

egyhetes *mn (időtartam)* one week's, of one week *ut.*; *(kor)* a/one week old *ut.*; *(jelzőként)* a week-old

egyheti *mn* one week's

egyhónapi *mn* one month's

egyhónapos *mn (időtartam)* one month's, one-month, of one month *ut.*; *(kor)* a/one month old

egyidejű *mn* simultaneous *(vmvel)* with)

egyidejűleg *hsz* simultaneously

egyidős *mn* (of) the same age *ut.* ‖ **egyidős velem** he is my age, he is the same age as me

egyik *nm* one (of) ‖ **egyik a kettő közül** one or other of the two, either; **egyik a másik után** one after the other, in turn; **egyik barátom** a friend of mine, one of my friends; **egyik éjszaka** one night; **egyik sem** neither; **egyike a legjobbaknak** one of the best; **egyikünk** one of us

Egyiptom *fn* Egypt

egyiptomi *mn* Egyptian

egyirányú *mn* one-way ‖ **egyirányú közlekedés** one-way traffic; **egyirányú utca** one-way street

egyjegyű szám *fn* one-figure number, a single digit

egy-két *szn* one or two, a few ‖ **egy-két napon belül** in a day or two

egyketted *szn* one half

egykor *hsz (régen)* at one time, formerly, once (upon a time) ‖ *(órakor)* at one (o'clock) ‖ **egykor (majd)** some time in the future

egykori *mn* former, one-time, sometime

egykorú *mn (egy időben élt)* contemporary

egymaga *nm* alone, in itself; *(ember)* (all) by himself/herself

egymás *nm* each one another, other ‖ **egymás közt** between/among ourselves/yourselves/themselves; **jól ismerjük egymás gondolatait** we know each other's minds very well; **egymás mellé/mellett** side by side, next/ close to each other; **egymás után** after the other, one after another, successively; **három nap egymás után** three days running, three days in succession ‖ *(raggal)* **egymásért** for one another, for each other; **illenek egymáshoz** they are/make a good match, go* well together; **csak egymásnak élnek** live for each other; **egymásra következő** consecutive, successive; **egymásra rak** put* one on top of the other; **egymásról** about each other; **egymással szemben** facing one another, opposite each other; **egymást** each other, one another; **egymást éri** touch each other; **egymástól** from one another; **segítenek egymáson** help each other, help one another; **szeretik egymást** *(szerelemmel)* they are in love

egymásután *fn* succession ‖ **gyors egymásutánban** in quick/rapid succession

egymillió *szn* a/one million

egynapi *mn (egy napig tartó)* one/a day's, one-day ‖ **egynapi élelem** one day's food

egynapos *mn* one-day-old ‖ **egynapos kirándulás** a day trip

egynegyed *szn* a quarter (of)

egynéhány *nm* some, a few, several, one or two ‖ **jó egynéhány** quite a few

egynemű *mn (vmvel)* homogeneous, of the same sort/kind (as) *ut.* ‖ ❏ *biol* ❏ *növ* uni-sexual

egyoldalú *mn (ember, felfogás)* one-sided, bias(s)ed ‖ **egyoldalú szerelem** unrequited love

egyórai *mn* **az egyórai vonat** the one-o'clock train

egyórás *mn* of an hour *ut.*, an hour's, lasting one hour *ut.*

egypár *szn* one or two, a couple (of), a few, some ‖ **voltunk egypáran** there were two or three (*v.* a few) of us there

egypárevezős *mn (hajó)* scull

egypárszor *hsz* several (*v.* a few) times

egypártrendszer *fn* one-party system

egypetéjű ikrek *fn tsz* identical twins

egypúpú teve *fn* dromedary, Arabian camel

egyre *hsz (mindig)* continually, uninterruptedly, on and on ‖ *(egy órára)* by one (o'clock) ‖ **egyre csak azt**

hajtogatja he keeps repeating; **egyre inkább** more and more, increasingly; **egyre jobban** better and better; **egyre megy** it is all the same; **egyre itthon leszek** I shall be back/home by one (o'clock)
egyrészt *hsz (bizonyos tekintetben)* in one respect || **egyrészt ..., másrészt** partly ... partly, both ... and, on the one hand ... on the other (hand); **egyrészt fiatal, másrészt csinos** she is both young and pretty
egység *fn (mat, kat stb.) u*nit || *(szövetség) u*nion
egységár *fn* flat/uniform price/cost/rate
egységes *mn u*niform; *u*nified; *(pl. szerkesztés)* consistent || **egységes állásfoglalás** united stand
egységesen *hsz u*niformly, on the basis of the same principle
egységesít *ige* ❖ *ált u*nify || *(minőségileg)* standardize
egységnyi *mn u*nit
egysejtű *mn* one/single-celled, unicellular
egyszemélyes *mn* one-man
egyszer *hsz (egy alkalommal)* once || *(múltban)* once, one day, at one time; *(jövőben)* some day || **egyszer csak** suddenly, all of a sudden, all at once; **egyszer négy az négy** once four is four; **egyszer s mindenkorra** once and for all, for good; **egyszer sem** not once; **egyszer volt** once upon a time; **ez egyszer** this/for once; **még egyszer** once more/again, over again; **most az egyszer** for the nonce, just this once
egyszeregy *fn (táblázat)* multiplication table
egyszeri *mn (egyszer történő)* happening once *ut.*, single || **egyszeri utazásra szóló jegy** single (ticket); ⊕ *US* one-way ticket
egyszerre *hsz (hirtelen)* all at once, suddenly, all of a sudden || *(egy alkalomra)* for one occasion; *(egy kortyra)* at one gulp || = **egyidejűleg** || **egyszerre csak egyet** one at a time; **egyszerre lép** walk in step
egyszersmind *hsz* at the same time
egyszerű *mn* simple, plain; *(viselkedés)* modest, unaffected || **egyszerű dolog (ez)** it is a simple matter
egyszerűen *hsz* simply || **egész egyszerűen** quite simply; **egyszerűen azért(, hogy)** for the simple reason (that); **egyszerűen öltözködik** go* plainly dressed; **ez egyszerűen nevetséges** it's simply ridiculous
egyszerűség *fn* simplicity, plainness
egyszerűsít *ige* ❖ *ált* simplify || ❏ *mat* reduce [a fraction]
egyszerűsítés *fn* ❖ *ált* simplification || ❏ *mat* reduction
egyszerűsödik *ige* become* simple(r)
egyszikű ❏ *növ* ▼ *mn* monocotyledonous ▼ *fn* egyszikűek monocotyledons
egyszínű *mn (egyetlen színű)* single-coloured (⊕ *US* -colored), self-coloured
egyszobás lakás *fn* one/single-room flat/apartment; ⊕ *GB* bed-sitter, bedsit; ⊕ *US* studio apartment
egyszólamú *mn* **egyszólamú ének** plainsong
egyszótagú *mn* monosyllabic
egyszóval *hsz* in short/brief, in a word
egytálétel *fn* one-course meal/dish
egyujjas kesztyű *fn* mitten(s)
egyúttal *hsz* at the same time
együgyű *mn* simple(-minded), naive; ❖ *elít* foolish, silly
együgyűség *fn* simplicity; ❖ *elít* foolishness, silliness
együtt ▼ *hsz* together; *(vkvel)* with, in the company of || **együtt él** *(vkvel és átv vmvel)* live with; **együtt érez vkvel** sympathize with sy, feel* (compassion/sympathy) for sy; ❖ *biz* **együtt jár vkvel** be* going out with sy; **együtt jár (vm) vmvel** [they] go* together; go* with sg; accompany sg;

entail sg ▼ *nu* (together) with, including, inclusive of; **borravalóval együtt** tip included
együttélés *fn* ❖ *ált* living together; ❖ *átv* co-existence ‖ *(élettársi)* cohabitation
együttérzés *fn* sympathy, compassion
együttérző *mn* sympathizing, sympathetic
együttes ▼ *mn* joint, common, collective ‖ **együttes felelősség** joint responsibility ▼ *fn* ❑ *zene (főleg kamara)* ensemble; *(zenekar)* orchestra; *(rock stb.)* group
együttható *fn* co-efficient, factor
együttlét *fn* being together ‖ **kellemes volt az együttlét** we had a good time together
együttműködés *fn* cooperation
együttműködik *ige* cooperate *(vkvel* with)
együttvéve *hsz* (taken) all together, all in all
egyveleg *fn* mixture, miscellany; *(zenei)* potpourri, medley
ehelyett *hsz* instead ‖ **ehelyett inkább tanulna** (s)he ought to study instead
éhen hal *ige* die of hunger, starve to death
éhes *mn* hungry ‖ **éhes marad** go* hungry; **éhes, mint a farkas** be* ravenous(ly hungry)
ehetetlen *mn (pl. mérges)* inedible; *(étel)* uneatable
ehető *mn (étel)* eatable, fit to eat *ut.*; *(vadon termő növény)* edible
éhezés *fn* starvation, hunger, famine
éhezik *ige* hunger, starve, famish
éhező ▼ *mn* hungry, starving ▼ *fn* **az éhezők** the hungry
éhgyomorra *hsz* on an empty stomach ‖ **éhgyomorra veendő be** to be taken before meals
ehhez *nm* to this ‖ **mit szólsz ehhez?** what do you think of this?, what do you say to this?; **ehhez képest** compared with/to this; **ehhez idő kell** this will take time
éhínség *fn* famine, starvation
éhség *fn* hunger
éhségsztrájk *fn* hunger-strike
eisz *fn* E sharp
éj *fn* night ‖ **jó éjt!** good night!; **éjt nappá téve dolgozik** work day and night
éjfél *fn* midnight ‖ **éjfélkor** at midnight
éjféli *mn* midnight
éjféltájban *hsz* about midnight
ejha! *isz* bless me!, well, well!
éjjel ▼ *fn* night ▼ *hsz* at night, during the night; by night ‖ **múlt/tegnap éjjel** last night; **egész éjjel** all night (long), the whole night; **az előtte való éjjel** the night before; **késő éjjel** late at night; **ma éjjel** tonight
éjjelenként *hsz* nightly, night after night, every night, at night
éjjeli *mn* night, nightly, nocturnal ‖ **éjjeli díjszabás** night rate(s); **éjjeli lámpa** bedside lamp; **éjjeli műszak** nightshift; **éjjeli ügyelet** night duty; **éjjeli vonat** night train, night rider
éjjeliedény *fn* chamber-pot
éjjeliőr *fn* night-watchman°
éjjeliszekrény *fn* bedside/night table
éjjel-nappal *hsz* day and night, night and day, round the clock
ejnye! *isz* now then; *(haragosan)* gosh!, hey! ‖ *(korholva)* **ejnye!, ejnye!** now, now
éjszaka ▼ *fn* night ‖ **éjszakára ott marad** stay for the night, stay overnight; **jó éjszakát!** good night! ▼ *hsz* = **éjjel** *hsz*
éjszakai *mn (éjszaka történő)* overnight ‖ **éjszakai élet** night life; **éjszakai portás** nightporter
éjszakánként *hsz* = **éjjelenként**
éjszakás *mn (éjszakai műszakban dolgozó)* night(-shift) worker; *(igével)* be* on the nightshift, work (on) the nightshift ‖ *(ügyeletes)* (sy) on night duty *ut.*; *(igével)* be* on night duty

éjszakázik *ige (fenn marad)* stay up (the whole night), keep* late hours, be* up all night || *(mulat)* make* a night of it, see* the night through
ejt *ige* ❖ *ált* drop, let* (sg) fall || *(hangot, szót)* pronounce || **foglyul ejt** take* prisoner, capture
ejtőernyő *fn* parachute
ejtőernyős ▼ *mn* ejtőernyős alakulat paratroops, airborne troops ▼ *fn* ❏ *kat* paratrooper, parachutist
ék[1] *fn* wedge
ék[2] *fn* = **ékesség**
ÉK = *északkelet* north-east, NE
ekcéma *fn* eczema
eke *fn* plough, ⊕ *US* plow
ékel *ige* wedge (in)
ékesség *fn* ornament, adornment, decoration
ékezet *fn* accent (mark)
EKG *fn* ECG *v.* E.C.G. *(készülék:* electrocardiograph; *lelet:* electrocardiogram)
ekkor *hsz* then, at this time/moment
ekkora *nm* as large as this/that *ut.*, this size/big *ut.*
ekkoriban *hsz* at about that/this time
ekkorra *hsz* by this/that time
ékkő *fn* precious stone, gem
eklektikus *mn* eclectic
ekörül *hsz (idő)* about this/that time
eközben *hsz* meanwhile, (in the) meantime
ékszer *fn* jewel, piece of jewellery (⊕ *US* jewelry)
ékszerbolt *fn* jeweller's (*v.* ⊕ *US* -l-) (shop)
ékszerész *fn* jeweller (⊕ *US* -l-)
ékszíj *fn* V-belt, fan-belt
eksztázis *fn* ecstasy
éktelen *mn (lárma)* infernal || **éktelen csúnya** ugly, misshapen, ungainly; **éktelen haragra gerjed** fly into a violent rage
ekvivalens *mn/fn* equivalent
el *hsz* away, off || **el innen!** be off!, get out/away!

él[1] *ige* live, be* alive, exist || *(vhol)* live, dwell*, reside || **él az alkalommal** make* the best of an opportunity; **él vmből** live on/off (sg), support oneself by, earn/make* one's living by; **éljen!** long live …! hurray for …!; **élt 50 évet** lived 50 years; *(sírkőn)* aged fifty; **hivatásának él** devote oneself to one's profession/calling
él[2] *fn (késé)* edge; *(nadrágé)* crease || **élére állít vmt** push/carry things to extremes; **vmnek az élén áll** head sg, be* at the head of sg
elad *ige* sell* || **kicsinyben elad** sell* retail; **nagyban elad** sell* wholesale
eladási *mn* selling || **eladási ár** selling price
eladhatatlan *mn* unsal(e)able, unmarketable
eladó ▼ *mn (magánszemély részéről)* for sale; *(üzletben stb.)* on sale *(mind: ut.)* || **eladó lány** marriageable girl/ daughter; **ez a ház eladó** this house is (up) for sale ▼ *fn* seller || *(üzleti)* shop assistant, salesman° (⊕ *US* így is salesclerk); *(nő)* salesgirl, saleswoman°
eladósodik *ige* get*/run* into debt
elágazás *fn* ❖ *ált* ramification || *(az ág)* arm, branch || *(közúti)* fork turn-off; *(nagyobb)* junction || **az elágazásnál forduljon jobbra** fork right [for Oxford etc.]
elágazik *ige (fa stb.)* ramify, branch out || *(út)* branch (off) [to the left/right etc.], fork
elajándékoz *ige* give* away (sg to sy)
elájul *ige* faint
elakad *ige (beszédben)* come* to a sudden stop, falter; *(motorhiba stb. miatt)* break* down; *(munka)* stop
elakadásjelző (háromszög) *fn* warning triangle
eláll *ige (tárgy)* stand*/stick* out || *(étel)* keep* || ❖ *átv (vmtől)* give* up, desist (from) || *(vmit)* block, stop || **az eső elállt** it (has) stopped raining; **el-**

áll a füle his ears stick* out; **elállja az utat** block the way, obstruct the road; **elállt a lélegzete** *(vmtől)* sg took his/her breath away, (s)he caught his/her breath; **elállt a szava a meglepetéstől** he was struck dumb; **elállt a szél** the wind has dropped/abated; **elállt követelésétől** has waived one's claims

elállít *ige (vmt félre)* put* away/aside ‖ *(vérzést)* stop

elálmosodik *ige* become*/get* sleepy

elalszik *ige* go* to sleep, fall* asleep

elaltat *ige (vkt)* put*/send* to sleep ‖ ❑ *orv* anaesthetize (⊕ *US* anes-) ‖ **elaltatja vk éberségét** lull sy's vigilance

elalvás *fn (vké)* falling asleep, going to sleep

elámul *ige* gape in astonishment, be* amazed

elapad *ige* become*/go* dry, dry up

elapróz *ige (időt, tehetséget)* fritter away

elaprózódik *ige (tárgy)* be* broken up into little bits ‖ *(idő, energia)* be* frittered away

eláraszt *ige (vízzel)* inundate, flood, overflow ‖ ❖ *átv* shower sg upon sy ‖ **elárasztják kérésekkel** be* inundated with requests

elárul *ige (vmt ált, ügyet, hazáját stb.)* betray; *(titkot)* reveal, disclose, divulge ‖ *(vkt)* betray, denounce, give* (sy) away

elárulás *fn (titoké)* disclosure ‖ *(vké)* betrayal

elárusít *ige* sell*

elárverez *ige* sell* (sg) by (⊕ *US* at) auction, auction off

elárverezés *fn* selling by (⊕ *US* at) auction

elás *ige* bury

elátkoz *ige* curse, damn

elavul *ige* become* obsolete/antiquated ‖ **elavulóban van** be* obsolescent

elavulás *fn* obsolescence

elavult *mn* out of date, obsolete, old-fashioned, archaic

elázik *ige (esőben)* get* drenched, get* sopping wet, get* soaked

eláztat *ige (eső)* soak through, drench ‖ *(vkt bemárt)* backbite* (sy); ❖ *biz* peach on (sy)

elbánás *fn* treatment ‖ **egyenlő elbánásban részesül** receive the same treatment (as sy), be* treated in the same way (as sy)

elbánik *ige (vkvel)* treat sy (scurvily), deal* roughly with sy ‖ **majd én elbánok vele** I'll teach him (to behave)

elbátortalanodik *ige* lose* courage/heart

elbeszélés *fn (novella)* (short) story

elbeszélget *ige (vkvel)* have* a long (and friendly) conversation with sy ‖ *(jelentkezővel)* have* an interview with sy

elbeszélő ▼ *mn* epic ‖ **elbeszélő költemény** epic (poem) ▼ *fn* narrator

elbír *ige (súlyt)* be* able to carry/support ‖ ❖ *átv* bear*, stand*, endure, take* ‖ **sokat elbír** he can take*/stand* a lot

elbírál *ige* judge, pass judg(e)ment (on sg/sy)

elbírálás *fn* judg(e)ment ‖ **egyenlő elbírálás alá esik** be* judged by the same criteria

elbizakodik *ige* = **elbízza magát**

elbizakodott *mn* (self-)conceited

elbízza magát *ige* think* too much of oneself, be* conceited

elbliccel *ige* ❖ *biz* give* (sg) a miss ‖ **elbliccel egy órát** cut*/skip a class

elbóbiskol *ige* doze nod off, take* a nap

elbocsát *ige (alkalmazottat)* dismiss (from), discharge (from), ❖ *biz* give* sy the sack, sack (sy), fire; *(kórházból beteget)* discharge ‖

elbocsátás *fn (alkalmazotté)* dismissal, discharge

elboldogul *ige* (be* able to) manage (somehow)
elborít *ige* cover, envelop, overrun*; *(víz)* inundate, flood, swamp
elborzad *ige* be* horrified, shudder (at sg)
elborzaszt *ige* horrify
elbotlik *ige* *(vmben)* slip (up) (on sg), trip over (sg), stumble (on sg)
elbúcsúzik *ige* *(vktől)* take* leave (of), say* goodbye (to)
elbúcsúztat *ige* *(eltávozót)* bid*/say* farewell (to) || *(halottat)* deliver a speech at the funeral (of sy)
elbújik *ige* hide* (away), conceal oneself; *(vk elől)* hide* (from sy)
elbújtat *ige* hide* away, conceal
elbukik *ige* ❖ *átv* fail
elbuktat *ige* *(vizsgán)* fail sy, ❖ *biz* flunk
elbutít *ige* make* stupid/silly, stupefy
elbutul *ige* grow* stupid/dull/silly
elbutulás *fn* mental dullness
elbűvöl *ige* charm, enchant || **el van bűvölve (vktől/vmtől)** he is fascinated/charmed/enchanted (by sy/sg)
elbűvölő *mn* charming, enchanting, fascinating || **elbűvölő teremtés** she's an enchanting creature
élcelődik *ige* joke, tease (sy) || *(vkvel)* joke with sy, banter sy, chaff sy
elcipel *ige* carry off, drag away || ❖ *biz* *(vkt vhova)* drag sy along
elcsábít *ige* *(nőt)* seduce || ❖ *biz* *(vkt vhova)* entice away (to)
elcsal *ige* *(vkt vhonnan)* (al)lure, entice away
elcsap *ige* ❖ *biz* *(vkt)* discharge, dismiss || **vm elcsapta a hasát** sg has given him the runs
elcsatol *ige* *(területet)* disannex, detach
elcsattan *ige* go* off, crack || **elcsattant egy pofon** sy got a resounding slap (on/across) the face
elcsavar *ige* ❖ *ált* twist; *(fedelet)* twist off [lid, cap] || *(vízcsapot, gázt)* turn off || **elcsavarja vk fejét** turn sy's head
elcsavarodik *ige* turn round, twist
elcsavarog *ige* loiter about, loaf (about) || **elcsavarog az iskolából** play truant, ⊕ *US* play hook(e)y
elcsen *ige* ❖ *biz* filch, pilfer, walk off with (sg)
elcsendesedik *ige* ❖ *ált* ⊕ *GB* quieten, ⊕ *US* quiet, calm down || *(vihar)* abate; *(szél)* calm down, die away/down
elcsendesít *ige* still, quiet(en) down
elcsépelt *mn* ❖ *átv* trite, hackneyed
elcserél *ige* *(vmt vmért)* exchange (sg for sg); ❖ *biz* swap, swop || *(tévedésből vmt)* mistake* sg for sg, muddle up
elcsigáz *ige* tire/wear* out, overwork
elcsigázott *mn* tired out, weary, exhausted
elcsíp *ige* ❖ *biz* *(vkt)* collar, catch*; *(vmt)* get* hold of, catch* || **elcsípi a buszt** catch* the bus
elcsodálkozik *ige* *(vmn)* be* astonished/amazed at sg
elcsúfít *ige* disfigure, deform, spoil*
elcsuklik *ige* **elcsuklik a hangja** his voice falters
elcsúszás *fn* slip, slipping
elcsúszik *ige* *(vk)* slip (up) (on sg)
elcsügged *ige* lose* heart/courage, despair
elcsüggeszt *ige* dishearten, discourage
éldegél *ige* *(csendesen)* lead* a quiet life
eldicsekszik *ige* *(vmvel)* boast of/about (sg)
eldob *ige* throw* away/off, cast* away
eldobható *mn* *(egyszer használatos)* disposable
eldől *ige* *(tárgy)* fall* down, tumble over || *(ügy)* be* decided, be* brought to an issue || **még nem dőlt el** it remains to be seen

eldönt *ige* ❖ *átv* decide, settle, bring* to an issue || **eldöntöttük, hogy ...** we've decided that ...; **ez eldönti a kérdést** that settles it
eldöntetlen *mn* **eldöntetlen kérdés** open question; **eldöntetlen marad** remain undecided/unsettled
eldördül *ige* go* off (with a bang)
eldug *ige* hide*, conceal
eldugaszol *ige* stop up, choke (up); *(üveget)* cork
eldugott *mn* hidden, concealed [spot] || **eldugott helyen** in the back of beyond
eldugul *ige (cső stb.)* get* stopped/clogged up, be*/get* blocked
eldurran *ige* go* off, explode, detonate
eldurvul *ige* grow* coarse, coarsen, roughen
elé *nu* **vk elé áll** *(sorban)* (go* and) stand* in front of sy; **szeme elé kerül** come* in sight of, catch* sight of; **vm elé néz** have* sg to look forward to; *(jónak)* be* looking forward to sg (*v.* to doing sg)
elébe *hsz* before, in front of || **elébe ad** *(ételt)* serve, dish up; ❖ *átv* submit to; **elébe áll** *(sorrendben)* stand* in front of sy; *(feltartóztatva)* stand*/get* in sy's way; **állok elébe** (well,) I can take it!, here I am; **elébe megy** *(vk vknek)* go* to meet sy; **szép jövőnek néz elébe** show* great promise, have* a fine future ahead of one; **elébe vág** *(vknek)* overtake* (and cut* in on) sy; *(vmnek)* forestall, anticipate
eledel *fn* food, provisions *tsz; (állaté)* fodder
elefánt *fn (állat)* elephant || ❖ *átv* ⊕ *GB* ❖ *biz* gooseberry
elefántcsont *fn* ivory
elég¹ *ige* burn* (away/up); ❏ *vegy* oxidize
elég² ▼ *mn* enough, sufficient || **nincs elég vmből** be* short of sg; **mára elég lesz!** that will do for today!; *(munka)* let's call it a day; **nekem ebből elég volt** I've had enough of this; **elég volt!** enough!, stop it!; **parancsol még (levest)? köszönöm, elég!** (some) more (soup)? no more(,) thank you; **1000 forint elég lesz** 1000 forints will be sufficient (*v.* will do); **elég baj!** what a pity!, that's too bad! ▼ *fn* **elege van vmből** ❖ *biz* be* fed up with sg, have* one's fill of sg/sy; **eleget tesz fizetési kötelezettségeinek** meet* one's debt obligations ▼ *hsz* fairly, rather, quite || **elég gyakran** quite often; **elég jól** fairly well, well enough
elegancia *fn* elegance
elegáns *mn (vk)* elegant, fashionable; *(ruha)* stylish, smart; *(hely)* fashionable, smart
elégedetlen ▼ *mn* discontented (with sg), dissatisfied (with sg), displeased (at sg, with sy) ▼ *fn* **az elégedetlenek** the malcontents
elégedetlenség *fn* discontent; *(vmvel)* dissatisfaction
elégedett *mn* content(ed); *(vmvel)* satisfied/content with sg || **elégedetten** content(edly), with satisfaction
elégedettség *fn* contentment, satisfaction
elegen *hsz* enough (people), in sufficient numbers
elegendő *mn* sufficient, enough
eléget *ige* burn* (up), *(hulladékot)* incinerate; *(tetemet)* cremate
eléggé *hsz* sufficiently, fairly, pretty || **nem eléggé** insufficiently
elégséges ▼ *mn* sufficient, enough, satisfactory ▼ *fn (osztályzat)* satisfactory (mark), a pass
elégtelen ▼ *mn* insufficient, inadequate, not enough; *(minőségileg)* unsatisfactory || **elégtelennek bizonyul** prove insufficient, fall* short ▼ *fn (osztályzat)* unsatisfactory (mark), a fail
elégtétel *fn* satisfaction, amends *tsz*
elegyedik *ige* mix, mingle, blend *(mind:* with) || **szóba elegyedik vkvel** engage

sy in conversation; ❖ *biz (ismerkedés céljából férfi nővel)* chat sy up
eleinte *hsz* at first, in the beginning, to begin* with, initially
eleje *fn (vmnek)* ❖ *ált* fore-part; *(állatnak)* forequarters; *(könyvnek)* first chapters *tsz*, early parts *tsz; (időnek)* beginning ‖ **a nyár elején** in early summer; **elejét veszi** *(bajnak)* prevent, guard against, forestall (sg); **elejétől végig** *(időben)* from beginning to end, from first to last; *(elolvas stb.)* from cover to cover
eléje *hsz* = **elébe**
elejt *ige (esni hagy)* drop, let* drop/fall ‖ *(vadat)* kill, bring* down ‖ *(indítványt)* abandon; *(tervet)* give* up; *(vádat)* withdraw*; *(célzást)* drop [a hint]
elektród *fn* electrode
elektromos *mn* electric(al) ‖ **elektromos áram** electric current
elektromosság *fn* electricity
elektron *fn* electron
elektronika *fn* electronics *esz*
elektronikus *mn* electronic ‖ **elektronikus aláírás** electronic signature
elektronmikroszkóp *fn* electron microscope
elektrotechnika *fn* electrical engineering
elél *ige (egy ideig)* live for a time
élelem *fn* food, foodstuff(s), provisions *tsz*
élelmes *mn* practical, resourceful
élelmez *ige* cater for
élelmezés *fn* catering
élelmiszer *fn* **élelmiszer(ek)** foodstuffs, foodproducts, foods, *(szupermarketben)* groceries; *(útra)* provisions *(mind: tsz)*
élelmiszeradag *fn* (food) ration
élelmiszer-áruház *fn* food-store, supermarket
élelmiszerbolt *fn* grocer's, grocery, ⊕ *US* grocery store

élelmiszerosztály *fn (áruházban)* food department
élelmiszerüzlet *fn* = **élelmiszerbolt**
elem *fn* ❖ *ált és átv* element ‖ ❑ *vegy* element ‖ ❑ *el* battery ‖ ❑ *épít* unit, piece, (prefabricated) part ‖ **az elemek** *(vihar stb.)* the elements; **elemében van** be* in one's element; **elemeire bont vmt** analyse; **vmnek az elemei** *(alapismeretek)* the elements/rudiments/ABC of sg
elémegy *ige* = **elébe megy**
elemel *ige* ❖ *biz* = **elcsen**
elemes *mn* ❑ *el (elemmel működő)* battery(-operated) ‖ **elemes bútor** unit furniture; *(konyha)* kitchen unit
elemez *ige* ❖ *ált* analyse ‖ ❑ *nyelvt* parse
elemi *mn* ❖ *ált* elementary; ❑ *jog* basic, fundamental ‖ **elemi csapás** act of God; **elemi erővel** with an overwhelming force; **elemi iskola** primary school; ⊕ *US* grade school; **elemi kár** heavy loss, heavy damages *tsz*; ❑ *fiz* **elemi részecske** elementary particle
elemlámpa *fn* = **zseblámpa**
elemzés *fn (műsz v. ált)* analysis ‖ ❑ *nyelvt* parsing
elénekel *ige* sing*
elenged *ige (kezéből)* let* go/drop; *(akaratlanul)* lose* one's hold (of sg) ‖ *(szabadon enged)* let* go, set* free; *(állatot)* let* loose ‖ *(vkt vhova menni)* let* sy go to ‖ *(tartozást)* remit, cancel (⊕ *US* -l); *(büntetést)* let* off, remit ‖ ❑ *el* release ‖ **elenged maga mellett** let* by
elengedés *fn (szabadon)* letting go, release, liberation ‖ *(büntetésé)* remission, remitting ‖ *(tartozásé)* cancelling (⊕ *US* -l-), remitting
elengedhetetlen *mn* indispensable, essential
élenjáró *mn* leading, in the van of progress *ut.*, (the most) advanced

élénk *mn* lively; *(fürge)* agile, brisk; *(fantázia, stílus)* vivid; *(szem)* bright || **élénk érdeklődés** keen/active interest in sg; **élénk forgalom** lively/bustling traffic; **élénk színű** bright(ly-coloured); **élénken tiltakozik** protest vehemently

élénkít *ige* animate, quicken, brighten, stimulate

élénkség *fn* liveliness, vivacity

élénkül *ige* become* lively, brighten up; *(szél)* freshen

elenyésző *mn (csekély)* insignificant, tiny, slight

elér *ige (kézzel)* reach, be* able to reach || *(vkt üldözve)* catch* up (with sy), overtake* || *(vkt)* ❖ *átv* reach, get* in touch with (sy), contact (sy) || *(buszt stb.)* (manage to) catch* || *(vmt)* ❖ *átv* reach, attain, achieve || *(vhova)* reach, make*, arrive (at) || **eléri a célt** achieve one's aim/purpose/object; **eléri a vonatot** make* the train; **ezzel nem érsz el semmit** this won't get you anywhere; **magas kort ér el** live to a great (*v.* ripe old) age; **vmt el akar érni** ❖ *átv* be* after sg, strive* for/after

elered *ige* begin* to flow/run || **eleredt az eső** it began to rain; **eleredt az orra vére** his nose began to bleed

elérés *fn (kézzel vhova)* reaching || *(célé)* obtaining, attainment, achievement; *szt* access

elereszt *ige* → **elenged**

elérhetetlen *mn (fizikailag)* out of reach *ut.*; *(ember)* inaccessible; *(igével)* be* impossible to get hold of (him) || ❖ *átv* unattainable, inaccessible

elérhető *mn (kézzel)* within reach *ut.*, accessible || ❖ *átv* attainable, available

elernyed *ige* relax

elérzékenyül *ige* be* (deeply) touched (by)

éles *mn (kés)* sharp; *(arcvonások)* marked, clear-cut; *(ész)* sharp, keen, quick; *(fájdalom)* sharp, shooting; *(fény)* strong, keen, piercing; *(fül, hallás)* sharp, keen, good; *(hang)* shrill, harsh; *(kanyar)* sharp; *(kép)* sharp in focus *ut.*; *(megjegyzés)* cutting, biting; *(szem) keen; (töltés)* live || **éles hangon** shrilly; *(metszően)* sharply; **éles eszű** keen/sharp/quick-witted; **éles szemű** *(átv is)* sharp-eyed, keen/sharp/clear-sighted

élesedik *ige* ❖ **ált** sharpen || *(helyzet)* worsen, grow* worse

eleség *fn (állaté)* provender, fodder; *(baromfinak)* (hen) feed

elesett ▼ *mn (egészségileg)* be* in poor health || **elesett ember** ❖ *átv* a wreck, a down-and-out ▼ *fn (háborúban)* **az elesettek** those killed in action (*v.* in the war)

elesettség *fn (egészségileg)* poor health || *(nyomor)* affliction, distress

elesik *ige (menés közben)* have* a fall, fall* (down) || *(háborúban)* be* killed (in the war) || *(vár, város)* fall* || *(nem kap meg vmt)* lose* (sg), be* deprived of (sg)

élesít *ige (tárgyat)* sharpen, make* sharp, grind*, whet, *(kövön)* hone

éléskamra *fn* larder, pantry

éleslátás *fn* ❖ *átv* perspicacity, discernment, insight, clear vision

élesség *fn (késé)* sharpness, keenness || *(fényképé)* clearness

éleszt *ige (embert)* revive, bring* to life || *(tüzet)* stir, poke [fire]

élesztő *fn* yeast

élet *fn* life° || *(megélhetés)* living, existence || *(lendület)* life, vigour (🌐 *US* -or), go || **az életben maradtak** the survivors; **életbe lép** come* into force; 🌐 *US* become* effective/operative; **életben marad** survive; **életben van** be* alive/living, be* above ground; **életét veszti** *(balesetben)* be* killed; **életre kel** come* to life (again); **egy életen át tartó** lifelong; **egyszer az életben** once in a lifetime

életbevágó *mn* vital || **életbevágó dolog** a matter of life and death; **életbevágóan fontos** of vital importance *ut.*
életbiztosítás *fn* life assurance/insurance || **életbiztosítást köt** take* out life insurance (*v.* a life insurance policy)
életerő *fn* vital force, vitality
életerős *mn* full of vitality *ut.*
életfogytig *hsz* for life || **életfogytiglani szabadságvesztés** life imprisonment
életforma *fn* way of life
élethalálharc *fn* life-and-death struggle
élethű *mn* lifelike, true to life *ut.* || **élethűen ábrázolva** drawn to the life
életjáradék *fn* life-annuity
életjel *fn* sign of life || **életjelt ad magáról** let* (sy) know that one is alive (and well)
életképes *mn* capable of living *ut.*, fit for life *ut.*; *(csecsemő és átv)* viable
életképtelen *mn* incapable of living, not viable *ut.*
életkor *fn* age, time of life
életkörülmények *fn tsz* circumstances of life
életlen *mn* blunt; ❑ *fényk* fuzzy, out of focus *ut.*
életmentő ▼ *mn* life-saving ▼ *fn (személy)* life-saver
életmód *fn* way of life, life style
életmű *fn* life-work, life's work, oeuvre || **életműdíj** award for lifetime achievement
életnagyságú *mn* life-size(d), full length
életösztön *fn* instinct for life
életpálya *fn* career, profession
életrajz *fn* biography
életrajzíró *fn* biographer
életrevaló *mn (ember)* resourceful, capable of getting on *ut.* || *(ötlet)* clever, bright
életstílus *fn* lifestyle
életszemlélet *fn* view of life, outlook on life
életszínvonal *fn* standard of living, living standard(s) || **csökken az életszínvonal** there is a fall in (real) living standards
életszükséglet *fn* necessities of life *tsz*
élettan *fn* physiology
élettani *mn* physiological
élettapasztalat *fn* practical experience; an experience of life
élettárs *fn (házastárs)* partner in life matrimony || ❑ *jog* common-law wife/husband
élettartam *fn* lifetime, life span
élettelen *mn (holt)* lifeless, dead || ❖ *átv* inanimate, inert; *(tekintet)* glassy
életteli *mn* full of life/go/vitality *ut.*
életunt *mn* tired/weary of life *ut.*
életút *fn* path/course of life, career
életveszély *fn* mortal danger, great peril || **életveszélyben forog** be* in danger of one's life; **túl van az életveszélyen** he is out of danger; he is off the danger list
életveszélyes *mn* perilous; *(állapot, balesetnél)* critical || **a vezeték érintése életveszélyes** danger! high voltage!; **életveszélyesen megsebesült** seriously/desperately wounded
életviszonyok *fn tsz* living conditions
életvitel *fn* life style
elevátor *fn* elevator
eleve *hsz* from the first, in advance
eleven ▼ *mn (élő)* live, living, alive *ut.* || *(élénk)* lively, vivid, brisk ▼ *fn* **az elevenébe vág vknek** cut*/touch sy to the quick
elevenség *fn* liveliness, vivacity
elévül *ige* be(come)* out of date, be(come)* (out)dated/obsolete, date; ❑ *jog* lapse
elévülés *fn* becoming obsolete/outdated; ❑ *jog* lapse
elévülhetetlen *mn* undying, imperishable

elévült *mn* (out)dated, obsolete
elfagy *ige (testrész)* be* frostbitten; *(termés)* be* destroyed/killed/blighted by frost
elfagyott *mn* frozen; *(testrész)* frostbitten; *(termés)* destroyed by frost *ut.*, frost-damaged
elfajul *ige* degenerate, deteriorate
elfárad *ige* (*vmtől, vmben*) get* tired (of) || **elfáradtam** I am tired/exhausted
elfásult *mn* indifferent, insensible (*vm iránt* to)
elfecsérel *ige (idejét)* waste [one's time]; *(pénzt)* fritter away [one's money]
elfehéredik *ige* turn/go* white/pale, whiten
elfeketedik *ige* turn/go* black, blacken
elfekvő *mn* **elfekvő (áru)készlet** dead stock; **elfekvő (kórház)** hospital/ward for incurables
elfelejt *ige* forget* || **el ne felejtsd!** don't forget!, mind you [do* sg]; **ne felejts(en) el írni!** be sure to write!
elfelejtkezik *ige* (*vmről*) forget* sg || **ne felejtkezz el rólam** remember me
elfenekel *ige (gyereket)* spank
elfér *ige* find*/have* room, (can) hold* || **még kettő is elfér** there is room for two more
elferdít *ige (hajlít)* bend*, twist sg out of shape || ❖ *átv* distort || **elferdíti vk szavait** twist sy's words
elfog *ige* (*vkt/vmt*) catch*, capture; *(rendőrség)* catch*; *(letartóztat)* arrest, detain || *(érzés)* overcome*, be* seized (with) || **elfogja a kilátást** block/obstruct the/sy's view
elfogad *ige (pénzt, ajándékot)* accept, take* || *(ajánlatot)* accept; *(feltételeket)* acquiesce in; *(javaslatot)* carry, adopt, consent to, agree to, approve; *(törvényt, költségvetést)* pass [bill, budget] || **a javaslatot egyhangúlag elfogadták** the motion is/was carried

nem. con.; **nem fogadja el** refuse, decline, reject
elfogadás *fn* ❖ *ált* acceptance || *(törvényé)* passing || **el nem fogadás** non-acceptance, refusal, rejection
elfogadhatatlan *mn* unacceptable, not acceptable *ut.*
elfogadható *mn* acceptable; *(kifogás, kérés)* admissible; *(ár)* reasonable
elfogadtat *ige* have* sg accepted || **törvényjavaslatot elfogadtat** get* a bill (v. new law) through (Parliament)
elfogatóparancs *fn* warrant for (sy's) arrest
elfoglal *ige* ❑ *kat* take*, occupy || *(helyet vk)* take*/occupy a seat || *(helyet/teret vm)* take* up, occupy || *(állást)* take* up || *(vkt munka)* (sg) keeps sy busy || *(álláspontot)* take* up || **elfoglalta a helyét** he took his seat; **el van foglalva** be* busy/engaged; (*vmvel*) be* busy doing sg, be* busy with (sg), be* occupied in doing sg
elfoglalt *mn (tartomány)* occupied || *(hely)* engaged, taken *ut.* || *(ember)* busy || **ma igen elfoglalt vagyok** I am very busy today
elfoglaltság *fn* occupation, activity
elfogódott *mn* deeply moved *ut.*
elfogulatlan *mn* unbias(s)ed, impartial, objective || **elfogulatlanul** impartially, without bias
elfogulatlanság *fn* impartiality
elfogult *mn* prejudiced, bias(s)ed, partial || **elfogult vkvel szemben** bias(s)ed against sy *ut.*
elfogultság *fn* partiality, bias
elfogy *ige* ❖ *ált* give* out, be* used up, come* to an end; *(vknek vmje)* run*/be* out of sg, run*/be* short of sg; *(készlet)* become* exhausted; *(áru)* be* sold out; *(pénz)* be* spent, run* out; *(könyv)* be*/go* out of print; *(étel)* be* off || **elfogy a türelme** lose* one's patience; **elfogyott** *(áru)* (be*) out of stock; *(könyv)* out of print

elfogyaszt *ige* ❖ *ált* use up, get* through sg || *(ételt)* eat*, consume; *(italt)* drink*, consume

elfojt *ige (tüzet)* extinguish, put* out || *(érzelmet, indulatot)* stifle, suppress || *(haragot)* subdue; *(könnyeket)* choke/ gulp back; *(ásítást)* stifle; *(nevetést, tüsszentést)* suppress || *(lázadást)* suppress, put* down

elfolyik *ige (vm mellett)* flow/run* past || ❖ *átv (pénz)* drain away; *(idő)* pass || **elfolyik a keze között a pénz** money (just) slips through his fingers, money burns a hole in his pocket

elfordít *ige* turn away || *(figyelmet)* divert || **elfordítja a fejét** look the other way

elfordul *ige* ❖ *ált* turn away/aside; *(hajó)* sheer away/off || *(érzelmileg vktől)* become* alienated/estranged (from)

elforgácsol *ige (erőt)* fritter away; *(időt)* trifle away; *(tehetséget)* waste

elforr, elfő *ige* boil away

elfúj *ige (szél)* blow*/carry away || *(gyertyát)* blow* out || *(leckét)* rattle off; *(nótát)* sing* || **elfújta a szél** (it is) gone with the wind

elfuserál *ige* ❖ *biz* make* a mess/ botch of, mess/botch up

elfut *ige* run* away/off; *(menekülve)* escape from, make* off || **elfutja a méreg** fly* into a rage, lose* one's temper

elfűrészel *ige (fát)* saw* in two, saw* up || ❖ *biz (vkt)* put* a spoke in sy's wheel

elgáncsol *ige (futball)* trip sy (up), bring* down || ❖ *átv* cross/thwart sy's plans

elgázol *ige (jármű)* run* down/over || **elgázolta egy autó** he was run down/ over by a car

elgémberedik *ige* grow* numb/stiff

elgennyed *ige* get* full of pus, go*/ turn/become* septic, suppurate

elgondol *ige (elképzel)* imagine, fancy, picture to oneself

elgondolás *fn (eszme)* idea, conception || *(terv)* plan

elgondolkodik *ige* reflect (on), meditate (on), ponder (on, over)

elgörbül *ige* bend*, become*/get* crooked

elgurul *ige* roll away/off

elhadar *ige* rattle/reel off

elhagy *ige (vk vkt)* leave*, abandon, forsake* || *(vonat állomást)* leave* || *(abbahagy, felad)* leave* off, give* up || *(elveszít)* lose* (sg) || **elhagyja a szobát** *(szállodában)* leave* the room; **elhagyja magát** *(elcsügged)* lose* heart, give* up; *(elhanyagolja magát)* be* neglectful of one's appearance

elhagyatott *mn (vk)* deserted, abandoned; *(magányos)* lonely, solitary || *(hely, vidék)* desolate, uninhabited

elhagyatottság *fn* loneliness

elhagyott *mn* uncared-for || **elhagyott javak** abandoned property *esz*

elhájasodik *ige* grow* too fat, become* obese

elhajít *ige (gerelyt stb.)* throw*, hurl

elhajlás *fn (vonalé)* bend, curve

elhajlik *ige* ❖ *ált* deviate, diverge, be* deflected; *(iránytű)* dip

elhajózik *ige (vhonnan)* put* off/out, sail away || *(vhová)* sail to, set* sail for || *(vm mellett)* sail past

elhajt *ige (elterel)* drive* away/off; *(más marháját)* steal* || *(kocsiban)* drive* off/away; *(vm mellett)* drive* past

elhal *ige (vk)* die, decease || *(testrész)* die away, necrose; *(növény)* wither, decay || *(zaj)* die down/away, subside

él-hal *ige* **él-hal vmért** be* very keen on sg; be* extremely fond of sg || **él-hal vkért** be* infatuated with sy

elhalad *ige (vm/vk mellett)* pass (by), go* past

elhalálozás *fn* death, decease

elhalálozik *ige* die, dece*ase*
elhalás *fn (emberé)* death, dece*ase* ||
(testrészé) necrosis
elhalaszt *ige* put* off, postpone, delay; *(tárgyalást, ülést)* adjourn
elhalasztás *fn* putting off, postponement, delay; *(ülésé)* adjournment
elhalkul *ige* grow* faint(er), die away/down, fade
elhallatszik *ige (vk hangja)* carry (as far as ...), reach to; *(zaj)* (can*) be* heard as far as ...
elhallgat *ige* stop speaking/talking; *(hirtelen)* break* off; *(zaj)* stop || *(vmt vk elől)* keep* back, withhold* (sg from sy)* || **elhallgatnám órák hosszat** I could listen to him/it for hours
elhallgattat *ige* silence; *(letorkol)* shut* sy up
elhalmoz *ige (vkt vmvel)* shower sy with sg; *(dicséretekkel)* heap [praises on/upon sy]; *(kedveskedéssel)* heap [kindness on sy]; *(munkával)* overburden (sy with work), overwork (sy) || **el van halmozva munkával** be* up to the ears in work, be* snowed under with work
elhalványodik *ige (fény, emlék stb.)* grow* dim, dim, fade || *(hírnév stb.)* become* eclipsed
elhamarkodott *mn (döntés)* rash, hasty; *(cselekedet)* hurried, thoughtless || **elhamarkodott következtetéseket von le** rush to conclusions
elhamvad *ige* burn* to ashes
elhamvaszt *ige* burn*/reduce to ashes, incinerate || *(halottat)* cremate
elhangolt *mn (hangszer)* out of tune
elhangzik *ige (előadás)* be* delivered || **elhangzott** ... *(rádióban)* you have been listening to ...
elhány *ige (eldobál)* throw* away; *(havat, földet)* shovel (⊕ *US* -l) away
elhanyagol *ige* neglect, be* neglectful of || *(nem vesz figyelembe)* disregard, ignore || **elhanyagolja magát** be* neglectful of one's appearance

elhanyagolható *mn* negligible
elhanyagolt *mn* neglected, uncared-for
elharapó(d)zik *ige* spread*, gain ground
elhárít *ige (akadályt)* clear away, remove; *(balesetet)* avert, prevent; *(betegséget)* prevent; *(felelősséget)* decline, refuse to accept; *(ütést)* parry; *(veszélyt)* avert
elhárítás *fn (akadályé)* averting, removal; *(betegségé, baleseté)* prevention; *(ütésé)* parry(ing)
elhárul *ige* be* averted || **gyanú elhárul vkről** be* cleared of suspicion
elhasznál *ige* use up
elhasználódik *ige* be* used up; *(elkopik)* wear* out
elhasznált *mn* used up || **elhasznált levegő** stale air
elhatárol *ige* **elhatárolja magát vktől/vmtől** distance oneself from sy/sg
elhatároz *ige (vmt)* decide (to *v.* that), resolve (to *v.* on ...ing)
elhatározás *fn* decision, resolution, determination || **megváltoztatta elhatározását** he changed his mind
elhelyez *ige (vmt vhol/vhova)* place, put*, plant sg swhere; *(vmt vknél)* leave* sg with sy; *(iratokat)* file (away); *(gépkocsit)* park; *(garázsban)* put* into a/the garage, garage || *(elszállásol)* accommodate (sy swhere), have* sy put up swhere || *(állásba)* find* a job (*v.* employment) for sy, find* sy a job (*v.* employment) || *(áthelyez vkt)* move from ... to, transfer from ... to || *(árut)* place, sell* || *(pénzt bankban, értékmegőrzőben)* deposit; *(befektet)* invest || **kórházban elhelyez** hospitalize, put* into hospital
elhelyezés *fn (folyamat)* placing || *(elszállásolás)* accommodation || *(állásba)* finding employment (*v.* a job/situation/position) for sy
elhelyezkedés *fn (állásban)* finding a job, finding employment || **jó elhelyezkedés** a good job

elhelyezkedési *mn* elhelyezkedési lehetőség opening, vacancy; **elhelyezkedési problémák** employment problems

elhelyezkedik *ige (állásban)* find* employment, find* a job || *(leül)* take* a seat, seat oneself || **kényelmesen elhelyezkedik** make* oneself comfortable

elherdál *ige* squander, dissipate, waste

elhervad *ige* fade (away), wither

élhetetlen *mn* unpractical, shiftless, helpless

elhibáz *ige* ❖ *ált* make* a mistake in (sg) || *(lövést)* miss || **elhibázta a számítást** (s)he (has) got the sum wrong

elhibázott *mn* unsuccessful || **elhibázott dolog** abortive attempt; **elhibázott lépés** blunder, false step

elhidegül *ige (vktől)* become* estranged/alienated from sy

elhidegülés *fn* estrangement, alienation

elhíresztel *ige* bruit abroad/about

elhisz *ige* believe [sg to be true], give* credence (to sg), credit (sg); *(alap nélkül)* take* sg for granted || **elhisz vknek vmt** believe sy; **hidd el, jobb így** believe me, it's better this way

elhitet *ige (vkvel vmt)* make* sy believe sg

elhív *ige (vkt vhova)* call sy swhere, ask sy to come/go swhere

elhivatottság *fn* calling; vocation

elhízás *fn* obesity, corpulence, fatness

elhízik *ige* grow* fat/corpulent/stout

elhódít *ige* win* over; *(nőt vktől)* steal* sy's girl(friend)

elhomályosít *ige (homályossá tesz)* dim, obscure; *(köd, pára)* mist (up/over); *(dicsőséget, hírnevet)* outshine*

elhomályosodik *ige* = **elhomályosul**

elhomályosul *ige (dolog)* ❖ *ált* become* dim/obscure; *(látás)* grow* dim || *(elme)* cloud over

elhord *ige (elvisz)* carry away/off || *(ruhát)* wear* out [clothes] || **hordd el magad!** get out/lost!

elhoz *ige (magával)* bring*/carry along (with one); *(vhonnan)* fetch from swhere; *(csomagot)* collect

elhozat *ige* send* for (sg)

elhuny *ige* die

elhunyt ▼ *mn* dead, deceased ▼ *fn* vknek az elhunyta sy's death; **az elhunyt** the deceased

elhurcol *ige (tárgyat)* drag away/off || *(vkt börtönbe)* carry off

elhúz *ige (vmt vhonnan)* draw*/drag away/off || *(nótát hegedűn)* fiddle, play || *(időt, tárgyalást)* drag/spin* out, prolong || ❖ *biz (vizsgán)* fail (sy), ⊕ *US* ❖ *biz* flunk (sy) || *(vk mellett)* (overtake* and) pass sy || **elhúzták (a vizsgán)** (s)he was ploughed (v. ⊕ *US* flunked)

elhúzódik *ige (tárgyalás, ügy)* drag on || *(vktől)* draw* away from sy || **a vihar elhúzódott** the storm passed; **késő éjjeli órákig elhúzódott** it lasted well into the night

elhűl *ige (étel)* cool || ❖ *átv* be* amazed/dumbfounded || **egészen elhűltem** I was struck dumb (with surprise/horror)

elhülyül *ige* grow* stupid/dull

elidegenedik *ige (vktől)* become* estranged/alienated from sy

elidegenít *ige (tárgyat)* alienate [property] || *(érzelmileg)* estrange, alienate (from)

elidőzik *ige (vmnél)* linger over sg; *(vhol)* tarry swhere; *(tárgynál)* dwell* on

eligazít *ige (vkt)* direct; ❑ *főleg kat* brief

eligazítás *fn (vké)* orientation, directing; ❑ *főleg kat* briefing || **eligazítást ad** brief

eligazodik *ige* find* one's way, know* one's way around || **jól eligazodik rajta** he's familiar with it, he knows its ins and outs; **nem lehet rajta eligazodni** *(vkn)* you cannot make out what he is up to; *(vmn)* one cannot

elígér *ige* = **odaígér**
elígérkezik *ige* promise to go (swhere) ‖ **már el vagyok ígérkezve** I am already engaged (to go swhere); **mivel korábban már elígérkezett** owing to a prior engagement
elillan *ige (folyadék)* evaporate, vaporize; *(gáz)* escape ‖ ❖ *biz (vk)* slip/steal* away
elindít *ige* ❖ *ált* start, set* (sg) off; *(gépet)* get* going, set* in motion; *(üzleti vállalkozást)* get* (sg) afloat ‖
elindul *ige (vk)* start, depart, set* off/out; *(vk vhová)* start/set* out for; *(kocsival)* drive* off, pull away
elintéz *ige (ügyet)* settle, arrange, see* to (sg); fix sg up; *(bonyolult ügyet)* put* [things] straight; straighten out; *(adósságot)* square [one's accounts], settle up ‖ **majd én elintézem!** I'll see to it; **van egy kis elintéznivalója vkvel** have* an account to settle with sy
elintézés *fn* arrangement, settling
elintézetlen *mn* not yet settled *ut.*
elintézett *mn* settled ‖ **ez egy elintézett ügy** it's a settled affair/matter
elismer *ige (elfogad, beismer)* admit, acknowledge ‖ *(igazol)* recognize; *(diplomát)* recognize, accredit; *(követelést)* admit ‖ *(értékel)* acknowledge, recognize; appreciate ‖ **ezt elismerem** I admit/accept that
elismerés *fn* acknowledgement; *(érdemeké)* appreciation, recognition; *(hibáé)* admission
elismert *mn* recognized, acknowledged, well-known ‖ **általánosan elismert tény, hogy ...** it is generally admitted that ...
elismervény *fn* receipt; *(adósságról)* IOU; *(átvételi)* acknowledgement (of receipt)
elissza *ige* **elissza az eszét** drink* oneself stupid; **elissza a pénzét** squander one's money on drink

elit *mn/fn* élite (*v.* elite)
elítél *ige* ❖ *ált* condemn; *(vmre)* sentence to; *(bíróság vkt vm miatt)* convict (sy of sg) ‖ *(erkölcsileg, vkt/vmt)* condemn (sy/sg), denounce (sg/sy); *(vkt)* disapprove of (sy/sg)
elítélendő *mn* condemnable
elítélés *fn (bírói)* conviction, sentence ‖ *(erkölcsi)* condemnation, disapproval
elítélő *mn* condemnatory, pejorative ‖ **elítélően nyilatkozik** speak* unfavourably/disapprovingly (of)
elítélt ▼ *mn* condemned ▼ *fn* convict, the condemned
eljár *ige (vhova)* go* regularly to, frequent [a place] ‖ *(idő)* pass ‖ **becsületesen járt el** he played fair, he dealt fair and square with sy; **eljár a szája** be* indiscreet; ❖ *biz* shoot* one's mouth off; **hogy eljár az idő!** how time flies!
eljárás *fn (hivatalos, ált)* (course of) action, procedure; *(bírósági)* proceedings *tsz* ‖ ❑ *műsz* process, treatment, procedure, method ‖ **eljárás folyik vk ellen** he is being tried for sg, be prosecuted for sg; **eljárást indít vk ellen** bring* an action, start/take* (legal) proceedings *(mind:* against sy); **eljárást megszüntet** stay proceedings; **ez nem eljárás!** that won't do!, it's not fair!; **tisztességes eljárás** square deal, fair play
eljárási költség *fn* costs *tsz*
eljárásmód *fn* method, procedure; *(elvi)* policy
eljátszik *ige (darabot, zeneművet)* play, perform
eljegyezték egymást ❑ *kif* they are/were engaged
eljegyzés *fn* engagement
éljen! *isz* (hip, hip,) hurray/hurrah!, three cheers for X!
éljenez *ige (vkt)* cheer (sy), applaud
éljenzés *fn* cheers *tsz*, ovation
eljön *ige (vhonnan)* come*, come*/get* away from ‖ *(vkért/vmért)* come*

for, fetch/collect (*v.* pick up) sy/sg ‖ **eljössz holnap?** are you coming tomorrow?

eljövetel *fn* coming, arrival; *(várt dologé)* advent

eljut *ige (vhová)* get* to, come* to, reach (sg *v.* a place)

eljuttat *ige (vmt vkhez)* forward sg to sy

elkábít *ige (ütés)* stun, daze ‖ ❏ *orv* narcotize ‖ ❖ *átv* stupefy

elkalandozás *fn (tárgytól)* digression

elkalandozik *ige* wander, stray (from) ‖ *(tárgytól)* digress (from)

elkallódik *ige* get* lost; *(tehetség)* run* to waste

elkanyarodik *ige* turn/veer (to the right/left), turn off; *(út)* bend*, veer ‖ ❖ *átv (tárgytól)* digress, go* off the point

elkap *ige (vmt)* ❖ *ált* catch* ‖ *(vkt)* ❖ *biz* collar, nab ‖ ❖ *biz (buszt stb.)* catch* ‖ **elkapja vk tekintetét** catch* sy's eyes

elkapkod *ige (eleséget)* snap up ‖ *(árut)* snap/buy* up

elkápráztat *ige* dazzle

elkárhozik *ige* ❏ *vall* be* damned, suffer eternal damnation

elkártyáz *ige (pénzt)* gamble away, lose* [one's money] at cards

elkedvetlenedik *ige* lose* heart

elkel *ige (áru)* find* a (ready) sale/market, sell*, be* sold ‖ *(szükséges)* be* necessary, be* needed ‖ **elkelne már egy jó eső** we could do with some rain; **minden jegy elkelt** all seats are sold/booked; *(kiírás)* "sold out", "House Full"

elkenődik *ige* ❖ *biz* **el van kenődve** feel* blue/low, be* out of sorts

elkényelmesedik *ige* grow* lazy

elkényeztet *ige* spoil*

elképed *ige* be* stupefied, be* taken aback ‖ **elképedve hallottam** I was flabbergasted to hear

elképesztő *mn* stunning, amazing, fantastic

elképzel *ige* imagine, fancy ‖ **el tudom képzelni** I can imagine

elképzelés *fn* idea, notion, conception

elképzelhetetlen *mn* unimaginable, inconceivable, unthinkable

elképzelhető *mn* imaginable, conceivable

elkér *ige (vktől vmt)* ask sy for sg; *(kölcsön)* borrow sg from sy

elkéredzkedik *ige* ask to be* excused

elkerget *ige* chase/drive* away, expel

elkerül *ige (forgalmas helyet)* bypass ‖ *(vkt) (szándékosan)* avoid, steer/keep* clear (of) ‖ *(büntetést, bajt)* evade, escape ‖ *(problémát)* bypass ‖ *(vhova)* (happen to) get* swhere, come* to ‖ **elkerülték egymást** they missed each other; **vkt messziről** *(v.* **nagy ívben) elkerül** ❖ *biz* give* sy a wide berth

elkerülhetetlen *mn* inevitable; *(igével)* it is bound to happen

elkerülhető *mn* avoidable

elkeseredés *fn* despair ‖ **elkeseredésében** in his despair

elkeseredett *mn* bitter, embittered, desperate

elkeseredik *ige* despair, become* embittered/exasperated *(vm miatt* about/over) ‖ **ne keseredj el!** don't despair!, don't lose hope!

elkeserít *ige* embitter, exasperate

elkeserítő *mn* exasperating

elkésik *ige* be* late (for sg), come* too late ‖ **10 perccel elkésett** he was ten minutes late

elkészít *ige* ❖ *ált (munkát)* do*, achieve, finish (off); *(készre csinál)* finish, complete, make*/get* ready; *(ételt)* prepare, cook, make*; *(gyógyszert)* make* up, dispense; *(leckét)* prepare, do*; *(számlát)* make* out; *(tervezetet)* draw* up, draft ‖ **elkészíti a reggelit** get* the breakfast ready; **a hús kitűnően volt elkészítve** ❖ *biz* the meat was done to a turn

elkészítés *fn* ❖ *ált (munkáé)* finishing; *(ételé)* preparation, cooking; *(gyógysze-*

ré) making up, dispensing; *(leckéé)* preparation

elkészül *ige (munka teljesen)* be* complete(d) ‖ *(vk vmvel)* be* ready with sg, finish sg, get* sg done ‖ *(vmre)* get* ready (for sg), make* preparations (for sg), prepare (oneself for sg) ‖ **elkészült** *(vm)* be* finished, be* ready, be* done; **el van készülve a legrosszabbra** be* prepared for the worst; **elkészülni, vigyázz, rajt!** on your mark, get set, go!

elkever *ige* mix, mingle, blend

elkeveredik *ige (vmbe, vmvel)* mix, get* mixed up (with/in) ‖ *(tömegben)* mingle with, get* lost in

elkezd *ige* begin*, start ‖ **elkezd esni** it is beginning to rain, it starts raining; **elkezdett sírni** she burst out crying

elkezdődik *ige* begin*, start, commence

elkiáltja magát *ige* cry out, shout

elkísér *ige* **elkísér vkt hazáig** see* sy home

elkóborol *ige* roam/wander/rove about

elkoboz *ige* confiscate, seize

elkomorodik *ige* become* gloomy/grave

elkopik *ige* ❖ *ált* wear* out/away; *(cipő)* wear* out; *(ruha)* become* threadbare

elkopott *mn* worn(-out), threadbare

elkoptat *ige* ❖ *ált (tárgyat)* wear* out/away; *(cipőt)* wear* down/out ‖ ❖ *átv* hackney

elkorhadt *mn* rotten, rotted

elkótyavetyél *ige (értéken alul elad)* sell* at any price, sell* at a loss

elkölt *ige (pénzt)* spend* *(vmre* on); *(könnyelműen)* waste, squander *(vmre* on) ‖ *(ételt)* consume, take*

elköltözik *ige (lakásból)* move (house), move away; *(országból)* emigrate ‖ **elköltözik az élők sorából** depart this life; **elköltözött** *(postai küleményre írva)* gone away

elkönyvel *ige* ❏ *ker* put* [amount] down to, enter [in one's books] ‖ ❖ *átv (vkt vmnek)* put* (sy) down as for (sg) ‖ **elkönyvel vk számlájára** pass/enter to sy's account

elköp *ige* ❖ *biz (kifecseg)* spill the beans, blab

elköszön *ige (vktől)* take* leave (of), say* goodbye (to), say* farewell (to)

elkötelezett *mn* committed ‖ **el nem kötelezett országok** non-aligned countries

elkötelezettség *fn* commitment

elkötelezi magát *ige (vmre)* pledge oneself to (do) sg, commit oneself to (doing) sg

elkövet *ige (rosszat)* commit, perpetrate ‖ *(megtesz)* do* ‖ **hibát követ el** make* a mistake; **mindent elkövet** leave* no stone unturned, do* one's best/utmost

elkövetés *fn (bűné)* perpetration

elkövető *fn* ❏ *jog* perpetrator

elkunyerál *ige (vmt vktől)* wheedle/get* sg out of sy

elküld *ige (vmt)* send* (off), dispatch; *(árut)* forward, consign; *(házhoz)* deliver; *(levelet)* post; *(pénzt)* remit ‖ *(vkt vhonnan)* send* away; *(alkalmazottat elbocsát)* discharge, dismiss ‖ *(vkt vhová)* send* sy to

elkülönít *ige (elszigetel)* separate, isolate

elkülönül *ige* separate, be* isolated, detach oneself *(vmtől mind:* from)

elkülönülés *fn* separation, detachment

ellankad *ige* languish, grow* languid, droop

ellanyhul *ige (erőfeszítés)* abate, slacken; *(erő)* flag, weaken

ellaposodik *ige* flatten out ‖ ❖ *átv* go* stale/flat, become* uninteresting

ellát[1] *ige (anyaggal, áruval)* supply/provide/furnish with; *(felszereléssel)* equip with, fit out with; *(készlettel)* stock with; *(pénzzel)* provide (with) ‖

(vkt, beteget) look after (sy); *(munkát stb.)* carry out *(v.* perform *v.* fulfil) one's [job, duties]; *(sebet)* dress [a wound] || **jó tanácsokkal ellát** give* sy (some) sound/good advice; **6 gyermeket és feleségét kell ellátnia** he has a wife and 6 children to provide for
ellát² *ige (vmeddig lát)* see* (as far as) || **ameddig a szem ellát** as far as the eye can reach/see
ellátás *fn (vmvel)* supply, provision, furnishing || **teljes ellátás** full board
ellátatlan *mn* unprovided for *ut.* || **ellátatlan családtag** dependant
ellátogat *ige (vkhez)* call on (sy), pay* a visit (to sy) || **látogasson el Magyarországra!** come to Hungary!
ellátszik *ige* messzire ellátszik can* be seen from (a)far
ellen *nu* against || **egymás ellen** against each other; **holnap Anglia Franciaország ellen játszik** England are playing France (at football) tomorrow; **Glasgow 2:0 arányban győzött Leeds ellen** G. beat L. 2–0 (two nil); **mit szedsz fejfájás ellen?** what do you take for a headache?
ellenáll *ige (vmnek)* resist (sg), offer resistance (to sg), put* up resistance (to sg), withstand* (sg)
ellenállás *fn (fiz, el is)* resistance; ❑ *pol* opposition || **a legkisebb ellenállás irányában halad** follow/take* the line of least resistance; **(erős) ellenállásba ütközik** meet* with (strong) opposition; **ellenállás nélkül** without the least resistance
ellenállhatatlan *mn* irresistible
ellenálló *mn összet* -resisting, -resistant, -proof || *(hatóságnak)* insubordinate, rebellious
ellenanyag *fn* ❑ *biol* antibody
ellenben *ksz* on the other hand, but
ellene *hsz* against, in opposition to || **ellene van vmnek** be* against sg, be* opposed/averse to sg, object to sg || **nem vagyok ellene egy pohár bornak** I wouldn't mind (*v.* wouldn't say no to) a glass of wine; **ellenem** against me
ellenében *hsz (fejében)* against, in return/exchange for || **nyugta ellenében** against a receipt; **2000 forint lefizetése ellenében** on payment of 2000 fts
ellenére *hsz* in spite of, despite || **annak ellenére(, hogy)** in spite of the fact (that), all the same; **akaratom ellenére** against my will
ellenérték *fn* equivalent, value, worth
ellenérv *fn* counter-argument
ellenérzés *fn* antipathy (to, against), aversion (to)
ellenez *ige* be* against sg, be* opposed (to sg), oppose (sg), object to (sg); *(nem egyezik bele)* disapprove of (sg) || **határozottan ellenez vmt** be* dead against sg; **nem ellenzem** I don't mind
ellenfél *fn* opponent, adversary, rival; ❑ *sp* opponent; *(csapat)* opposition; *(futballban így is)* the other side
ellenforradalom *fn* counter-revolution
ellenhatás *fn* reaction
elleni *mn* anti- || **fogfájás elleni szer** antiodontalgic, analgesic; **az olaszok elleni mérkőzés** the game/match with the Italian team
ellenintézkedés *fn* countermeasure(s), preventive measure(s) || **ellenintézkedéseket tesz** take* steps to prevent sg, guard against sg
ellenjavallat *fn* ❑ *orv* contraindication
ellenjavaslat *fn* counter-proposal
ellenkezés *fn (ellenállás)* opposition, resistance || *(eltérés)* disagreement
ellenkezik *ige (szembeszáll)* resist, offer (*v.* put* up) resistance to || *(vmvel)* conflict with, be* inconsistent with || **ellenkezik a tényekkel** disagree with the facts; **ne ellenkezz(él) vele!** don't contradict him, let him have his way
ellenkező ▼ *mn (ellentétes)* contrary, opposing, opposite || *(ellenálló)* resist-

ing || **ellenkező esetben** (or) else, otherwise; **ellenkező irányban** in the opposite direction; **ellenkező véleményen van** think* just the opposite ▼ *fn* the opposite/reverse/contrary (of sg) || **az ellenkezője** just the (very) opposite

ellenkezőleg *hsz* on the contrary
ellenlábas *fn* opposite, adversary
ellenlépés *fn (sakk)* counter move
ellenméreg *fn (szervezetben termelt)* antitoxin || *(gyógyszer)* antidote
ellenőr *fn* controller, supervisor, inspector; *(vasúti)* ticket inspector
ellenőriz *ige* ❖ *ált* check, verify, keep* a check on sg; *(munkát)* supervise, oversee*; *(kísérletet, minőséget)* control; *(útlevelet)* examine
ellenőrizhetetlen *mn* difficult/impossible to verify/supervise *ut.*; *(kormányozhatatlan)* uncontrollable || **ellenőrizhetetlenné válik** *(elszabadul)* go*/get* out of control
ellenőrzés *fn* ❖ *ált* check(ing); *(kísérlet folyamán)* control; *(munkáé)* supervision || **az iratok ellenőrzése** identity check; **szigorú ellenőrzés** tight control; **ellenőrzés(e) alatt tart** supervise, keep* a check on (sg), ❑ *pol* be* in control of sg
ellenőrző *mn* **ellenőrző bizottság** board of inquiry, control commission; **ellenőrző könyv** ❑ *isk kb.* (student's) file/record; **ellenőrző szelvény** counterfoil, stub
ellenpólus *fn* ❑ *földr* ❖ *átv* counterpole
ellenpont *fn* ❑ *zene* counterpoint
ellenreformáció *fn* Counter-Reformation
ellenség *fn* enemy || **halálos ellenségem** my mortal enemy
ellenséges *mn* hostile || **ellenséges érzület** animosity; **ellenséges magatartást tanúsít vkvel szemben** be* hostile towards sy

ellenségeskedés *fn (személyi, családi)* hostility, enmity, quarrel, feud || *(nemzeteké)* hostilities *tsz*
ellensúly *fn* counterweight, counterbalance
ellensúlyoz *ige (vmt vmvel)* offset* sg, compensate sg for sg
ellenszavazat *fn* (a vote of) no, a vote against (the motion)
ellenszegül *ige (vknek, vmnek)* resist sy/sg, refuse to obey
ellenszegülés *fn* resistance, refusal (to obey)
ellenszél *fn* headwind
ellenszenv *fn (vk ellen/iránt)* antipathy (to, towards, against); *(vm iránt)* repugnance (to), aversion (to), dislike (of) || **ellenszenvet érez vk iránt** feel* antipathy towards sy, dislike sy, take* a dislike to sy
ellenszenves *mn (ember)* antipathetic, repulsive(-looking) || *(vm)* repugnant, offensive; *(viselkedés)* unpleasant, obnoxious
ellenszer *fn (méreg ellen)* antidote || ❖ *átv* remedy (for)
ellenszolgáltatás *fn (anyagi)* **ellenszolgáltatás fejében** in recompense for; **ellenszolgáltatás nélkül** without compensation
ellentábor *fn* ❖ *ált* the opposing party/camp
ellentámadás *fn* ❑ *kat és* ❖ *ált* counterattack
ellentét *fn (vm ellenkezője)* opposite, contrast, contrary || *(nézeteltérés)* conflict, difference, divergence; *(súlyos)* hostility || **ellentétbe kerül vmvel/vkvel** come* up against sg/sy, come* into conflict with sy; **ellentétben van vmvel** contrast with sg, be*/run* counter to sg; be* inconsistent with sg, conflict with sg; **ellentétben vkvel** (as) contrasted with sy, in contrast to sy; **ellentétben vmvel** in contrast with/to sg, as opposed to sg

ellentétes *mn (ellenkező)* opposite, contrary || *(ellenséges)* antagonistic, conflicting

ellentmond *ige (vknek)* contradict (sy), oppose (sy) || *(vmnek)* be* inconsistent with (sg), contradict (sg), clash with (sg)

ellentmondás *fn* contradiction, opposition; conflict || **ellentmondásban van vmvel** be* inconsistent with sg; conflict with sg; **ellentmondást nem tűrően** in a(n) authoritative/peremptory manner

ellentmondásos *mn* contradictory, full of contradictions *ut.*; *(vitás)* controversial

ellentmondó *mn* contradictory || **egymásnak ellentmondó** conflicting

ellenvélemény *fn* contrary opinion || **ellenvéleményt jelent be** voice one's objection (to sg)

ellenvetés *fn* objection (to), protest (against) || **ellenvetés nélkül** without protest, unopposed

ellenzék *fn* opposition || **az ellenzék** the Opposition; **ellenzékbe megy** go* into opposition

ellenzéki *mn* of the opposition *ut.*, opposition || **ellenzéki pártok** the opposition parties

ellenző ▼ *mn* opposing ▼ *fn (aki ellenez)* opposer, opponent || *(szemen)* eyeshade; *(ló szemén)* blinkers *tsz*; *(sapkán)* peak, visor

ellep *ige* cover; *(víz)* flood; *(növényzet)* overgrow*

elleplez *ige* cover up, conceal; *(elhallgat)* hush up

elles *ige (vktől vmt)* learn* by close observation, get*/learn* by watching

ellik *ige* ❖ *ált* bring* forth, throw* [young]; *(juh)* yean; *(kutya)* have* puppies; *(ló)* foal; *(macska)* have* kittens; *(őrtvad)* fawn; *(tehén)* calve

ellipszis *fn* ellipse

ellóg *ige* ❖ *biz* **ellóg az óráról** cut* a class, play truant

ellop *ige* steal* (from)

ellök *ige* thrust* away/off; *(vkt)* shove away

ellustul *ige* grow*/become* lazy

elmagyaráz *ige* explain (at length), give* a detailed explanation (of sg)

elmarad *ige (nem történik meg)* not happen/occur, fail to come about, not take* place || *(előadás)* be* cancelled (❖ *US* -l-) || *(hátramarad)* lag/fall*/be* behind *(vmvel* with sg) || *(növésben)* be* undergrown*, be* stunted (in growth); *(fejlődésben)* be* backward || **el van maradva** *(fizetéssel)* be in arrears with, be* behind in/with

elmaradás *fn (előadásé)* postponement, cancellation || *(vké vhonnan)* absence, non-arrival; *(tárgyalásról)* default || *(hátramaradás)* lag; *(fejlődésben)* backwardness

elmaradott *mn (szellemileg, gazdaságilag)* backward, underdeveloped

elmarasztal *ige* ❑ *jog* find* guilty || *(erkölcsileg)* condemn

elmaszatol *ige* smudge, smear

elme *fn* mind, intellect; *(néha)* brain || **nagy elme** great brain

elmeállapot *fn* mental state, state of mind

elmebaj *fn* mental disorder/illness, psychosis, insanity

elmebajos ▼ *mn* insane, psychotic, (mentally) deranged *ut.* ▼ *fn* lunatic, insane person; *(kórházban)* mental patient/case

elmebeli *mn* mental || **elmebeli állapot** mental state; **elmebeli fogyatékosság** mental deficiency/handicap

elmebeteg *mn/fn* = **elmebajos**

elmebetegség *fn* = **elmebaj**

elmegy *ige (vhonnan)* go* away/off, leave*, depart, get* off; *(gyalog)* walk away; *(autón)* drive* off/away || *(vhova)* go* to, leave* for; *(gyalog)* walk to; *(autón)* drive* to; *(kerékpáron, villamoson, lóháton)* ride* to || ❖ *biz (elfogadható vmnek)* pass as/

for ‖ **elmegy hazulról** leave* home; **elmegy katonának** enlist, join up, join the army; **elmegy vmeddig** *(átv is)* go* as far as; **elmegy vkért/ vmért** go* for sy/sg, (go and) fetch sy/sg; **elment** he is gone, he has left; *(nincs itthon)* he is out; **ez még valahogy elmegy** it will pass somehow, it will just about do

elmegyógyintézet *fn* mental hospital/ home, lunatic asylum

elmélet *fn* theory ‖ **elméletben** in theory, theoretically; *(papíron)* on paper; **elméletet felállít** put* forward a theory

elméleti *mn* theoretical, speculative, hypothetical ‖ **tisztára elméleti kérdés** a purely academic/hypothetical question

elméletileg *hsz* in theory, theoretically

elmélkedés *fn* meditation, reflection

elmélkedik *ige (vmn)* meditate (on), reflect (on), ponder (sg *v.* on/over sg)

elmélyed *ige (vmbe)* become* absorbed/immersed/engrossed in (sg) ‖ **elmélyed gondolataiba** be* lost/rapt in thought

elmélyít *ige (dolgot, átv is)* deepen ‖ *(csak átv)* intensify; *(kapcsolatokat)* strengthen ‖ **elmélyíti tudását** extend one's knowledge (of sg)

elmélyül *ige (mély lesz)* deepen ‖ *(vk vmbe)* become* absorbed/immersed in (sg), be* taken up with (sg) ‖ *(válság)* become* more serious, deepen, take* a turn for the worse

elmenekül *ige* get*/break* away, make* one's escape, escape; *(vk elől)* fly*/flee* from sy; *(országból)* flee* the country

elment *ige* ❏ *szt* save

élmény *fn* experience

élménybeszámoló *fn* account of one's experiences

elmeorvos *fn* psychiatrist, mental specialist

elmeosztály *fn* mental/psychopathic ward

elmérgesedik *ige (seb)* go*/turn/become* septic, suppurate ‖ *(helyzet)* worsen, get* worse, become* aggravated ‖ **elmérgesedett seb** suppurated/poisoned wound

elmerül *ige* ❖ **ált** sink*, be* submerged; *(hajó)* go* under/down; *(fuldokló)* drown ‖ ❖ **átv** *(vmben)* be* immersed/absorbed/lost in sg

elmés *mn* witty, smart, ingenious ‖ **elmés mondás** witticism

elmesél *ige* tell* [a story], narrate, relate

elmeszakértő *fn* törvényszéki elmeszakértő court/police psychiatrist; ⊕ *US* alienist

elmeszesedés *fn* ❏ *orv* calcification

elmezavar *fn* insanity, mental disturbance/disorder ‖ **pillanatnyi elmezavar** momentary mental aberration

élmezőny *fn* leading group/bunch, leaders *tsz*

elmond *ige (elbeszél)* tell*, narrate, relate; *(véleményt)* give* ‖ *(beszédet)* deliver, make*, give*; *(verset)* recite ‖ **el ne mondd senkinek** you must not tell anybody, keep* it to yourself

elmondhatatlan *mn* unspeakable

elmos *ige (edényt)* wash up ‖ *(partot)* wash away; *(árvíz)* sweep*/carry away; *(írást, emléket)* efface, dim, blur ‖ **a kerti ünnepélyt elmosta az eső** the garden-party was rained off (⊕ *US* out)

elmosódott *mn (vonal)* indistinct, blurred, dim ‖ *(emlék)* obscure, faded

elmosogat *ige* wash up, wash the dishes ‖ **(már) elmosogatott** she has done the washing-up

elmosolyodik *ige* break* into a smile

elmozdít *ige (vmt helyéről)* remove ‖ *(vkt állásából)* remove, discharge, relieve sy (of)

elmozdítás *fn (vmé, vké)* removal

elmozdul *ige* move; *(csak ember)* stir, budge ‖ **nem mozdul el** stand* fast
elmúlás *fn (időé)* passing ‖ *(halál)* death, mortality
elmulaszt *ige (vmt megtenni)* fail, omit (to do sg); *(alkalmat)* miss, let* slip; *(kötelességet)* neglect; leave* sg undone ‖ *(betegséget orvosság)* cure; *(fájdalmat)* stop, check
elmulasztás *fn (kötelességé)* omission, neglect (of)
elmúlik *ige (idő)* pass, elapse; *(év)* go* by, come* to an end ‖ *(eső, betegség)* be* (all) over; *(fájdalom)* stop, cease ‖ **a veszély elmúlt** the danger is over/past; **ami elmúlt, elmúlt** *kb.* let bygones be bygones; **elmúlt 50 éves** he is over fifty, he has turned fifty; **5 óra elmúlt** it is past five (o'clock), ⊕ *US* gone 5
elmúlt *mn* past, bygone, gone; **az elmúlt években** in the years past
elnagyol *ige (munkát)* do* sg superficially (*v.* do* sg in a rough-and-ready way)
elnapol *ige* adjourn, put* off, postpone
elnapolás *fn* adjournment
elnémít *ige (elhallgattat)* silence, reduce to silence
elnémul *ige (vk meglepetéstől)* be* dumbfounded ‖ *(vm)* become* silent/quiet
elneveti magát *ige* burst* out laughing
elnevez *ige* call (sy *v.* sg), name (sy *v.* sg), give* a name to sg
elnevezés *fn (folyamat)* naming ‖ *(név)* name
elnéz *ige (vkt/vmt hosszan)* look at, watch, contemplate ‖ *(vknek hibát)* overlook (sg), shut*/close one's eyes to (sg) ‖ *(vmt tévedésből)* overlook, miss
elnézés *fn (türelem)* lenience, leniency, forbearance ‖ *(tévedés)* mistake, error ‖ **elnézést kér** *(vktől vmért)* apologize (to sy for sg); **elnézést (kérek)!** *(kérdezni akarok valamit)* excuse me …; *(bocsánatkérően)* sorry!, I beg your pardon!, pardon me!, ⊕ *US* excuse me!; **elnézést kérek a zavarásért** (I'm) sorry to trouble you
elnéző *mn* indulgent, lenient, forbearing; *(igével)* shut* one's eyes to sy's faults
elnézően *hsz* indulgently, leniently
elnök *fn (államé stb.)* president; *(gyűlésen, bizottsági)* chairman°; *(nő)* chairwoman°
elnökhelyettes *fn* deputy/acting president; *(gyűlésen stb.)* deputy-chairman
elnöki *mn* presidential
elnöklés *fn* presidency; *(gyűlésen)* chairmanship ‖ **átveszi az elnöklést** take* the chair
elnöknő *fn* lady president, *(gyűlésen stb.)* chairwoman°, chairperson; *(megszólítva)* Madam Chairman
elnököl *ige* preside at/over sg; *(ülésen)* chair [a meeting], be* in the chair; *(bizottságban)* head the committee
elnökség *fn (tisztség)* presidency; *(gyűlésen, bizottságban stb.)* chairmanship ‖ *(helyiség)* office of president/chairman° ‖ *(testület)* presidency, presidium; *(vállalaté)* board of directors, the management ‖ **X elnöksége alatt** during/under X's presidency/chairmanship
elnökválasztás *fn* presidential election
elnyel *ige* swallow (up); *(ételt)* devour ‖ ❑ *tud* absorb ‖ **úgy eltűnt, mintha a föld nyelte volna el** he disappeared as though/if the earth had swallowed him up
elnyer *ige (vktől vmt)* win* (sg from sy) ‖ ❖ *átv (elér, megszerez)* win*, gain, obtain
elnyom *ige (népet)* oppress, crush, tyrannize; *(forradalmat)* put* down, suppress ‖ *(érzelmet)* repress, stifle ‖ *(cigarettát)* put*/stub out ‖ **elnyomta az**

álom he was overcome with sleep, he dozed off
elnyomás *fn (népé)* oppression; *(forradalomé)* suppression || *(érzelemé)* repression, suppression
elnyomó ▼ *mn* oppressive, tyrannical ▼ *fn (népet)* oppressor, tyrant
elnyomorít *ige* cripple
elnyomorodik *ige* become* crippled/disabled/lame || ❖ *átv* become* a pauper
elnyomott *mn* oppressed, downtrodden
elnyújt *ige* stretch/draw*/pull out || ❖ *átv* drag/spin* out; extend
elnyúlik *ige (fekve)* stretch oneself out
elnyűhetetlen *mn* hard-wearing
elnyűtt *mn* worn-out, threadbare
elolt *ige (cigarettát)* put*/stub out; *(gázt)* turn off; *(gyertyát)* blow* out; *(lámpát, villanyt)* turn out, switch off; *(tüzet)* extinguish, put* out
elolvad *ige* melt, liquefy; *(csak hó)* thaw
elolvas *ige* read* (through/over)
elolvaszt *ige* melt, liquefy, thaw out
eloszlik *ige (kétség)* be* resolved/dispelled/removed || *(tömeg)* disperse, break* up, scatter || *(vm szétoszlik)* be* distributed/divided || **a köd eloszlik** the fog is lifting; **egyenletesen eloszlik** be* spread evenly
eloszt *ige (egészet részekre)* divide (into); *(munkát, földet)* parcel (⊕ *US* -l) out || *(több dolgot vkk között)* distribute (among) || ❏ *mat* divide *(vmennyivel)* by)
elosztás *fn (egészet részekre)* division, parcelling (⊕ *US* -l-) out || *(több dolgot)* distribution
elosztó *fn (gépkocsiban)* distributor; *(konnektorhoz)* adapter
élő ▼ *mn* living, live, alive || **élő adás** *(rádió, tévé)* live broadcast; **élő állat** livestock; **élő nyelvek** modern languages ▼ *fn* living person || **az élők**

the living; **élőben közvetítik** is being broadcast/televised live (from)
előad *ige (elővesz, felmutat)* produce, show*, exhibit || *(kifejt)* expound, set* forth; *(bizonyítékokat)* present, produce, adduce; *(kérést)* come* forward with submit || *(eseményeket)* narrate, relate, describe; *(színdarabot)* perform, act, produce; *(történetet)* tell*; *(verset)* recite; *(zeneművet)* play || **előadja panaszát** complain to sy about/of sy/sg; **történelmet ad elő** be* a lecturer in history
előadás *fn (színházi)* performance; *(a könnyebb műfajban így is)* show; *(zeneműé)* performance || *(egyetemen stb.)* lecture; *(konferencián stb.)* paper; presentation; *(rádióban)* talk || **délutáni előadás** matinée, afternoon performance; **előadásokra jár** attend a course (of lectures) on sg, attend lectures (on sg)
előadó ▼ *mn* performing || **előadó körút** *(tudományos)* lecture tour ▼ *fn (egyetemen)* lecturer; *(konferencián)* speaker; *(hangversenyen)* performer || *(referens)* executive (officer), official in charge of (sg) || **lakásügyi előadó** housing officer
előadóest *fn (verseké)* poetry evening
előadóművész *fn* artist, performer
előadóterem *fn* lecture room/hall, auditorium *(tsz -ums v. -ria)*; *(emelkedő padsorú)* lecture theatre, ⊕ *US* theater
előáll *ige (előlép)* step forward, stand* forth, appear || **újabb követelésekkel áll elő** come* forward with further demands
előállít *ige (készít)* produce, make*, turn out || *(rendőrségen)* arrest
előállítás *fn (készítés)* making, production, manufacture || *(rendőri)* arrest
előállítási ár *fn* cost price, prime cost
előbb *hsz (korábban)* sooner, before, previously, earlier || *(mielőtt vmt tesz)*

first || **az előbb** (= *imént*) just now, a short while ago; **egy nappal előbb** (on) the day before, (on) the previous day; **előbb említett** above/afore-mentioned; **előbb eszem vmt** I shall have something (v. a bite) to eat first; **mennél előbb, annál jobb** the sooner the better; **minél előbb** as soon as possible, at the earliest opportunity

előbbi ▼ *mn* preceding, earlier, former, previous ▼ *fn* **az előbbiek** the former; **az előbbiekben** in the foregoing

előbbre *hsz* nearer, more foreward || **előbbre hoz** *(időpontot)* bring* forward; **így nem jutunk előbbre** we won't get anywhere this way; **előbbre való** more important; *(igével)* come* before sg

előbb-utóbb *hsz* sooner or later

előbújik *ige* creep* out, come* forward

előbukkan *ige* emerge, crop up

előcsarnok *fn* (entrance) hall; *(szállodáé)* (hotel) lobby, foyer; *(színházé)* foyer

előd *fn (hivatali)* predecessor || *(ős)* ancestor, forefather

elődöntő *fn* semifinals *tsz* || **elődöntőbe jut** qualify for the semifinals

előélet *fn* antecedents *tsz*, past || **büntetlen előélet** a clean record

előérzet *fn* presentiment, feeling, ⊕ *US* hunch || **rossz előérzete van** have* misgivings

előeste *fn* eve || **vmnek az előestéjén** on the eve of

előétel *fn* hors-d'oeuvre, ❖ *biz* starter

előfeltétel *fn* prerequisite, precondition

előfizet *ige (vmre)* subscribe to

előfizetés *fn* subscription

előfizetési díj *fn (újságra stb.)* subscription; *(tévére)* TV licence fee, television rental

előfizető *fn (lapra, telefonra)* subscriber; *(tévére)* licence holder

előfordul *ige (történik)* happen, occur, take* place || *(állat, növény)* be* found || **az ilyesmi előfordul** it is just one of those things, that can quite easily happen

előfordulás *fn* occurrence; *(növényé)* presence; *(betegségé)* incidence

előfutár *fn* forerunner, precursor

előhang *fn* prologue (⊕ *US* prolog)

előhoz *ige (tárgyat)* bring* up/out, fetch || *(szóban)* bring* up, mention

előhúz *ige* draw* forth; *(zsebéből)* produce

előidéz *ige* cause, bring* about/on/forth, give* rise to sg, make*, create; *(állapotot)* induce

előír *ige* ❖ *ált* prescribe; *(hatóság)* order; ❏ *ker* specify || **gyógymódot ír elő** prescribe a cure/treatment

előirányoz *ige (összeget)* set* aside, earmark (*vmre* for); *(költségvetésben)* allocate, appropriate (for)

előirányzat *fn (összeg)* provision || *(költségtervezet)* statement of costs, budget

előírás *fn* ❖ *ált* prescription; ❏ *ker* specification; ❏ *orv* prescription || *(használathoz)* instructions *tsz*, directions *tsz* || *(szabály)* regulation, rule

előírásos *mn* ❖ *ált* prescribed, stipulated; ❏ *ker* specified || *(szabályos)* regular, formal || **előírásosan** formally; **nem előírásos** informal

előírt *mn* prescribed, stipulated; ❏ *ker* specified || **törvény által előírt** as prescribed by law *ut*.

előítélet *fn* prejudice, bias, preconception

előjáték *fn* prelude; *(zeneműhöz)* overture

előjegyez *ige (vmt vm célra)* earmark (for), mark/put* down (for) || *(jegyet, szállodai szobát)* book (in advance), reserve

előjegyzés *fn (feljegyzés)* note || *(vm célra)* earmark || *(színházjegyé, szo-*

báé) (advance) booking || ❏ *zene* key signature || **előjegyzés nélküli** *(hang)* natural; **előjegyzésbe vesz vkt** put* sy down for (sg)

előjegyzési naptár *fn* appointments/ engagement diary

előjel *fn (jövőre nézve)* sign, omen || ❏ *mat* sign || **jó előjel** good omen; **rossz előjel** bad/ill omen

előjön *ige (vhonnan)* come* out (from), emerge (from) || *(szóba kerül)* crop up || *(előhozakodik vmvel)* come* forward (with)

előkelő *mn* distinguished, illustrious, aristocratic || **előkelő étterem** expensive/smart restaurant; **előkelő körökben** in high places; **előkelő származású** high-born; **előkelő társaság** fashionable society/world

előkelőség *fn (személy)* notability || **előkelőségek** (local) notables, dignitaries

előkerít *ige (vhonnan)* bring* forth, produce (from swhere); *(elveszett dolgot)* hunt up; *(vkt)* get* hold of (sy), find* (sy) || *(pénzt)* raise [money/funds]

előkerül *ige* turn up, come* to light, be* found

előkészít *ige* ❖ **ált** *(vmt vmre)* prepare (sg for sg), get*/make* ready (for), ⊕ *US* ready (for) || *(ügyet)* take* the preliminary steps (in sg) || ❖ **ált** *(vkt vmre)* prepare (sy for sg)

előkészítés *fn* ❖ **ált** preparation, making/getting ready, arrangement

előkészítő *mn/fn* preparatory || **előkészítő (tanfolyam)** preparatory course

előkészül *ige (vmre)* get* ready (for sg), prepare for (sg), make* preparations/arrangements (for sg)

előkészület *fn* preparations *tsz*, arrangements *tsz* || **megteszi az előkészületeket** make* arrangements/preparations for sg

elöl *hsz (vhol)* ahead, in front || **elöl megy** lead* the way || **jó példával jár elöl** set* a good example

elől *nu (vhonnan)* from before, away from || **előlem** from before me; **takarodj a szemem elől!** (get) out of my sight!

előleg *fn (banktól)* advance (payment), payment in advance (*vmre* on); *(vásárláskor)* deposit, down payment || **előleget vesz föl** receive/accept an advance

előlegez *ige* make* an advance *(amennyit* of), pay* in advance || **előlegezett bizalom** confidence placed in sy

előlegképpen *hsz* as an advance (on sg), in advance

élőlény *fn* living being, creature

előlép *ige (előáll)* step/come* forward; *(tömegből, ismeretlenségből)* emerge (from) || *(rangban)* rise*, be* promoted, advance

előléptet *ige (rangban)* promote (sy to sg), advance (sy to sg) || **előléptetik** be* promoted; ❖ *biz* get one's step

előléptetés *fn* promotion, advancement

elöljáró *fn (hivatali)* superior, principal, chief; ❖ *biz* boss || ❏ *nyelvt* preposition || **elöljáróban** by way of introduction

elöljáróság *fn (testület)* borough council

elölnézet *fn* front-view/elevation

elölről *hsz (nézve)* from the front || *(kezdve)* from the beginning; *(újra)* afresh, anew, once more || **elölről kezdi** begin*/start again

előmenetel *fn* progress, advance; **jó előmenetelű diák** child° making normal/good progress

előmozdít *ige* further, promote, advance

előny *fn* advantage, benefit; *(haszon)* profit || ❏ *sp* advantage, ❏ *közl* lead || **behozza vk előnyét** overtake* sy, catch* up (with) sy, catch* sy up; **előnyben részesít vkt vkvel szemben** give* preference to sy (v. over others), prefer sy (to/over sy else), favour (⊕ *US* -or) sy

előnyös *mn* advantageous; *(feltétel)* favourable (⊕ *US* -or-); *(anyagilag)* profitable || *(ruha)* dressy, elegant || **előnyös vétel** a bargain
előnytelen *mn (hátrányos)* disadvantageous || *(nem csinos)* unbecoming
előőrs *fn* advance guard/party, outpost
előráncigál *ige* drag out
előránt *ige* pull/take* out suddenly; *(kardot, pisztolyt)* whip out, draw*
előre ▼ *hsz (térben)* forward(s), onward(s), ahead || *(időben)* in advance, beforehand, in anticipation, first || **előre beállít** preset*; **előre csomagolt** prepacked; **előre fizet** pay* in advance; **előre gyártott** prefabricated; **előre hoz** *(határidőt)* advance, bring* forward; **előre is hálásan köszönöm** thank you in advance/anticipation; **előre lát** foresee*, forecast*, anticipate; **előre látott** foreseen, anticipated, expected; **előre megbeszél vmt** prearrange sg; **előre megfontolt** premeditated, deliberate; **előre megmondtam** I told you so; **előre megvált jegyet** book a seat (in advance); **előre nem látható** unforeseeable; **előre nem látott** unforeseen; **előre váltott jegy** pre-booked ticket; **ezt előre lehetett látni** it could be foreseen/expected; **jó előre** well in advance ▼ *isz* **előre!** forward!, (go) on!
előrebocsát *ige (beszédben)* mention sg at the outset || **előrebocsátom azt, hogy** I would like to start by saying that
előreenged *ige* allow sy to go forward
előregedett *mn* aged, decrepit
előregedik *ige* grow* old
előrehaladott *mn* advanced || **előrehaladott korban van** be* well on in years, be* advanced in years
előre-hátra *hsz* backwards and forwards, back and forth
előreigazít *ige (órát)* put* forward/on || **egy órával előreigazítja az órákat** put* the clocks forward/on one hour

előrejelzés *fn* forecast; *(időjárási)* weather forecast
előrelátás *fn* foresight; *(óvatos)* caution, prudence, circumspection || **előrelátás hiánya** want/lack of foresight
előreláthatatlan *mn* unforeseen, unforeseeable
előrelátható *mn* predictable, foreseeable || **ez előrelátható volt** this was to be expected
előreláthatólag *hsz* in all probability/likelihood
előrelátó *mn* farsighted, farseeing, provident; *(óvatos)* prudent, circumspect
előrelép *ige* step/come* forward, advance
előrelépés *fn* **(nagy) előrelépés** a (great) leap forward
előremegy *ige* go* ahead/forward
előrenéz *ige* look ahead
előresiet *ige* hurry forward/along
előrész *fn* front (part), forepart
előreszalad *ige* run* forward/ahead || *(elhamarkodva)* be* precipitate
előretol *ige* push/move forward
előretolakodik *ige* press forward, push oneself forward
előreugró *mn* protruding, jutting out *ut.*
előrukkol egy kéréssel ❏ *kif* ❖ *biz* come* out with a request
élősdi ▼ *mn* parasitic(al) ▼ *fn (áll, növ és ember)* parasite; *(csak ember)* hanger-on *(tsz* hangers-on), sponger
elősegít *ige* help (on), further, promote, advance
élősködik *ige* ❖ *biz (vkn)* sponge on sy, be* a sponger on sy
élő sövény *fn (főleg út mentén)* hedgerow; *(ház körül stb.)* hedge
előszele *fn (vmnek)* a straw in the wind, premonitory signs *tsz*
előszeretet *fn* preference (for) || **előszeretettel van vm iránt** show a preference for, be* especially fond of
előszezon *fn kb.* early season, preseason

előszó *fn* foreword, *(szerzői)* preface
előszoba *fn* vestibule; *(angol házban)* hall; *(hivatalé)* anteroom
élőszóban *hsz* by word of mouth, orally
először *hsz (első ízben)* (for) the first time, first || *(sorrendben)* at first, first(ly), in the first place; *(felsorolásban)* for one thing || *(eleinte)* (at) first, at the outset || **először is** *(mindenekelőtt)* first of all, to begin with; **ő volt itt először** he was here first
előtér *fn (terület)* foreground || *(lakásban)* entrance-hall, passage || **előtérbe kerül** come* to the front, come* into the limelight
előteremt *ige (vmt)* procure, produce || *(vkt)* hunt out/up, find* || **pénzt előteremt** raise money/funds (for), find* the money
előterjeszt *ige* submit (sg to sy), lay* before (sy); *(ügyet)* report, state; *(vkt kitüntetésre)* recommend (sy for sg) || **javaslatot előterjeszt** table/move a motion
előterjesztés *fn (javaslat)* proposal, proposition, suggestion, scheme || *(jelentés)* report
előtt *nu (időben)* before; *(megelőzően)* prior to || *(térben)* in front of || *(vk jelenlétében)* in the presence of || **a bíróság előtt** in court, before a/the court; **befejezés előtt áll** be* nearing completion; **ez előtt a kép előtt** in front of this picture; **hétfő előtt (nem)** (not) before Monday; **jóval ... előtt** long before ...; **szemünk előtt** before our very eyes; **vizsgák előtt áll** be* about to take his examinations/exams
előtte *hsz* in front of (*v.* before) him/her/it || **az előtte való napon** the day before; **előtted** before you, in front of you; **előttem** before me, in front of me; *(jelenlétemben)* in my presence; **még előtte áll vmnek** have* it still before one

előtti *mn (időben)* ante, pre-; before *ut.*; *(térben)* in front of *ut.* || **a ház előtti kert** the garden at the front (of the house), the front garden; **a háború előtti évek** the pre-war years
előugrik *ige (vhonnan)* spring* forward/forth
előváros *fn* suburb
elővárosi *mn* suburban
elővesz *ige (vhonnan, zsebből)* take*/bring* out (of), produce || *(betegség)* exhaust, take* it out of one || *(pirongat)* take* to task, upbraid
elővétel *fn (jegyé)* advance booking || **a jegyek elővételben elkeltek** the performance is sold out
elővételi *mn* elővételi jog (right of) pre-emption, pre-emptive right, first refusal
elővezet *ige* lead* forward, bring* forth; *(foglyot)* bring* in; *(lovat)* trot/lead* out
elővigyázatlan *mn* rash, careless; ❏ *kif* be* off one's guard
elővigyázatos *mn* cautious, careful
elővigyázatosság *fn* precaution, care || **kellő elővigyázatossággal** with due/every precaution
élővilág *fn* living world, animal and vegetable kingdom
előz *ige* overtake*, ⊕ *US* pass || **balról előz** overtake* on the left; **előzni tilos!** no overtaking!, ⊕ *US* no passing!
előzékeny *mn (vk iránt)* obliging, attentive, courteous, civil *(mind:* to); *(udvarias)* polite
előzékenység *fn* consideration, courtesy, civility || **előzékenységből** out of courtesy
előzés *fn* overtaking, ⊕ *US* passing
előzetes ▼ *mn* previous, preliminary || **előzetes bejelentés nélkül** without (prior) notice; **előzetesen** in advance, beforehand; *(korábban)* previously; **előzetesen megbeszél vmt** prearrange

előzmény / **elrobog**

sg ▼ *fn (film)* trailer; *(letartóztatás)* custody

előzmény *fn* antecedents *tsz*, precedents *tsz*, preliminaries *tsz*

előző ▼ *mn* previous, preceding, former || **az előző hét** the previous week, the week before ▼ *fn* **az előzőkben** in the foregoing

előzőleg *hsz* previously, before(hand), first || **előzőleg értesít vkt** inform sy (beforehand), let* sy know (beforehand)

elpanaszol *ige* tell* one's troubles

elpárolgás *fn* evaporation, vaporization

elpárolog *ige (gőz)* evaporate, vaporize || ❖ *átv (vk)* vanish into thin air, make* oneself scarce

elpártol *ige (vktől)* turn away (from), desert (sy)

elpatkol *ige* ❖ *biz* kick the bucket

elpattan *ige (húr)* snap, break*; *(üveg)* crack

elpazarol *ige* waste, squander, dissipate

elpirul *ige* blush

elpocsékol *ige* waste, squander, dissipate

elpuhul *ige* become* effeminate/soft

elpuhult *mn* soft, enervate, effeminate

elpusztít *ige (tárgyat, várost)* destroy, demolish, ruin; *(megsemmisít)* annihilate; *(országot, területet)* lay* waste, devastate

elpusztul *ige (ált, tárgy)* be* destroyed; *(ország)* be* laid waste || *(élőlény)* perish (vm miatt for/through), die, be* killed

elrablás *fn* carrying off, robbing; *(emberé)* kidnapping; *(nőé)* abduction

elrabol *ige* rob *(vktől vmt* sy of sg); *(embert)* kidnap, *(nőt és gyereket így is)* abduct; *(repülőt, járművet)* hijack || **elrabolja vk idejét** trespass on sy's time

elrág *ige* chew (up)

elragad *ige (vktől vmt)* snatch, take* away (from); *(erőszakkal)* tear* away || *(vkt indulat)* overcome*

elragadó *mn* delightful, charming, bewitching, enchanting, captivating

elragadtat *ige* **el van ragadtatva** be* in *(v.* go* into) raptures (at, over), be* delighted (by, with); **elragadtatja magát** *(dühében)* lose* one's temper, fly*/get* into a rage

elragadtatás *fn* rapture, ecstasy

elrak *ige (vmt)* put* away; *(útból félre)* clear away, put* out of the way

elrákosodik *ige* become* cancerous

elraktároz *ige* store

elránt *ige* tear*/snatch/pull away

elrejt *ige (szem elől)* conceal, hide* || *(érzelmet)* conceal [one's feelings]

elrejtőzik *ige* hide* away || **elrejtőzik vk elől** hide* from sy

elrémít *ige* terrify, scare, horrify

elrémül *ige (vmtől)* be* scared (of), be* frightened/horrified (at/by)

elrendel *ige* order; *(rendelettel)* decree; *(bíróság)* rule

elrendez *ige (rendbe tesz)* arrange, put* in order; *(szobát)* tidy (up) || *(csoportosít)* arrange || *(vitás ügyet)* settle, straighten out; *(problémát)* sort out || **majd elrendezem valahogy** I'll see to it, I'll sort it/things out

elrendezés *fn (folyamat)* arranging, *(eredmény)* arrangement || *(ügyé)* settlement, settling

elrendeződik *ige (dolog)* straighten out, be*/get* settled/sorted out

elreped *ige* crack; *(ruha)* tear*, rend*

elrepül *ige (vk vm)* fly* away/off; *(repülőgép)* take* off; *(vhova)* fly* to || *(idő)* fly* || **elrepült az idő** the time just flew by

elreteszel *ige (tolózárral)* bolt

elrettent *ige* deter (sy from doing sg)

elrettentő *mn* deterrent || **elrettentő példa** warning (example), deterrent

elriaszt *ige* scare/frighten away/off; ❖ *átv* discourage, deter

elringat *ige* lull/rock to sleep

elrobog *ige (járművön)* speed* away; *(vm mellett)* dash/rattle/drive*/roar past

elrohan *ige* rush away/off, dash off; *(vhova)* hurry (away) to

elromlik *ige* ❖ *ált* go* bad/wrong, deteriorate; *(étel)* spoil*, go* bad/off ‖ *(gép, készülék)* break* down, be* out of order, fail; ❖ *biz* conk out ‖ **elromlott az idő(járás)** the weather has broken

elront *ige (szerkezetet)* put* out of order; *(kárt téve)* damage ‖ *(szemet)* ruin ‖ *(gyereket)* spoil* ‖ *(munkát)* bungle; ❖ *biz* make* a botch of (sg) ‖ **elrontja a gyomrát** have* an upset stomach, have* a stomach upset; *(vmtől)* sg upset sy's stomach; **elrontja vk örömét** spoil*/mar sy's pleasure/happiness, be* a killjoy

elrothad *ige* rot, decompose, putrefy

elrúg *ige (labdát)* kick away

elsajátít *ige (tudást)* acquire, attain; *(nyelvet)* master

elsajátítás *fn (tudásé)* acquisition, attaining, attainment; *(nyelvé)* mastery, (language) acquisition

elsápad *ige* pale, turn/grow* pale

elsárgul *ige* turn/become* yellow

elseje *fn* the first (day of the month) ‖ **elsején fizetnek** I am/get paid on the first of the month

elsiet *ige* hurry off/away (from); *(vk mellett)* rush past ‖ **ne siesd el a dolgot** take* your time

elsietett *mn* = **elhamarkodott**

elsikkad *ige* get* lost

elsikkaszt *ige* embezzle, misappropriate; *(közpénzt)* peculate

elsiklik *ige* **elsiklik vm felett** ❖ *átv (felületességből)* skate over sg; *(szándékosan nem vesz észre)* turn a blind eye to sg, gloss over sg

elsimít *ige* smooth away/out, make* even/level, flatten ‖ ❖ *átv* smooth over; *(nézeteltérést)* settle, arrange

elsimul *ige* become* get* smooth/even/level ‖ *(nehézség)* disappear, vanish; *(ügy)* be* smoothed over, blow* over

elsír *ige* **elsírja magát** burst* into tears, begin* to cry

elsirat *ige* mourn (for) sy

elsodor *ige* sweep* away

elsorol *ige* enumerate, recount

elsorvad *ige* waste/pine away; *(szerv)* atrophy

elsóz *ige* put* too much salt (in sg) ‖ ❖ *átv* fob/foist/palm off *(vmt vknek* sg on sy)

első ▼ *szn/mn (sorrendben)* first *(számmal:* 1st); *(időben)* earliest, primary ‖ *(rangsorban)* first, foremost, principal, supreme, leading ‖ **első díj** first prize; **első dolga volt (hogy)** ... the first thing he did was to ...; **első emelet** first floor, ⊕ *US* second floor; **első fejezet** chapter one; **első fokú égési sérülés** first-degree burn; **első (fokú) unokatestvér** first cousin; **első kézből** at first hand, firsthand; ❏ *kif* straight from the horse's mouth; **első látásra** at first sight, on sight; **első osztály** first class; **első osztályos** pupil in the first form, first-form pupil/boy/girl; **első osztályú** first-class/rate; **első sor** *(ülések/székek sorában)* front row; **első számú** No. 1 *(szóban: number one)*; **első ülés** front seat; **I. Henrik** Henry I *(szóban:* the first) ▼ *fn* **elsőbe jár** be* in the first form; **elsőnek érkezett** he arrived first, he was (the) first to arrive; **elsőre letette a vizsgát** he passed the test first go

elsőbbség *fn* priority, precedence; ❏ *jog* prior right/claim ‖ **(áthaladási) elsőbbség** ❏ *közl* right of way, priority; **elsőbbséget ad** *(vknek)* give* way (to), ⊕ *US* yield (to)

elsőbbségadás kötelező! ❏ *kif* give way, ⊕ *US* yield

elsődleges *mn* primary

elsőéves *mn/fn* first-year ‖ **elsőéves (egyetemi/főiskolai hallgató)** first-year student, freshman°, fresher

elsőfokú bíróság *fn* court of first instance

elsöpör *ige* sweep* away; ❖ *átv* overthrow*, do* away with

elsöprő *mn* **elsöprő győzelem** a clean sweep; **elsöprő sikere van** carry all before one; ❖ *biz* be* devastating; **elsöprő többség** overwhelming majority

elsőrangú *mn* first-rate/class, of the first rank *ut.*; ❖ *biz* A1 *v.* A-1; **elsőrangú minőség** highest quality

elsőrendű *mn* = **elsőrangú** ‖ **elsőrendű fontosságú** of vital/especial importance *ut.*; **elsőrendű út** trunk-road, main road

elsős *mn/fn* **első (tanuló)** first-form pupil/boy/girl

elsősegély *fn* first aid ‖ **vkt elsősegélyben részesít** give* sy first aid

elsősorban *hsz* in the first place, first (of all), above all

elsőszülött *mn/fn* firstborn

elsötétedik *ige (ég)* become/get*/grow* dark, darken; *(terem)* become* dark

elsuhan *ige (vm mellett)* fly*/glide/flit past (sg)

elsül *ige (puska)* go* off, fire ‖ ❖ *biz (sikerül)* come* off, succeed ‖ **rosszul sült el a dolog** the plan failed, it fell through

elsüllyed *ige (elmerül)* sink*, go* down/under, submerge, founder

elsüllyeszt *ige* ❖ *ált* sink*

elsüt *ige (puskát)* fire (off), discharge ‖ ❖ *biz (elsóz)* palm off, get* rid of ‖ ❖ *biz* **elsüt egy viccet** make*/crack a joke

elszab *ige (rosszul szab)* cut* badly

elszabadul *ige (ember, rab)* get*/break* away/out ‖ *(állat)* break* loose, run* away ‖ **elszabadult a pokol** hell broke loose

elszakad *ige (kötél)* break*; *(ruha)* tear*, be*/get* torn ‖ *(vktől)* detach oneself (from), seperate (from); *(családtól)* break* away (from)

elszakadás *fn (kötélé)* breaking; *(ruháé)* tearing ‖ *(vktől)* separation

elszakít *ige (kötelet)* break*, snap; *(ruhát)* tear*, rip, rend* ‖ *(vkt vktől)* separate, alienate, estrange (from)

elszakíthatatlan *mn (ruha)* everlasting ‖ *(kapcsolat)* strong, unbreakable

elszalad *ige* run* away/off, make* off

elszalaszt *ige (vkt vmért, vkért)* send* sy (out) for (*v.* to fetch) sg/sy ‖ *(alkalmat)* miss, let* slip, ⊕ *US* pass up ‖ **elszalasztja az alkalmat** let* the opportunity slip; ❖ *biz* miss the bus/boat

elszáll *ige (madár, gép)* fly* away/off; *(füst)* rise*; *(gáz)* escape

elszállásol *ige* put* (sy) up, lodge, accommodate; ❏ *kat* billet/quarter (*vhol* swhere *v.* on sy)

elszállít *ige (vhová)* convey, transport, carry; *(árut hajón)* ship (*mind:* to)

elszámol *ige (vmről, vmvel)* account for, render/give* an account of ‖ *(vkvel)* settle up with (sy)

elszámolás *fn (eljárás)* settling/settlement of accounts ‖ *(írásos)* accounts *tsz*

elszánja magát *ige (vmre)* make* up one's mind (to do sg), resolve on sg (*v.* doing sg *v.* to do sg)

elszánt *mn* determined, resolute, desperate, decided

elszántság *fn* resolution, determination

elszaporodik *ige* multiply, increase (in number)

elszárad *ige* wither, dry, shrivel (⊕ *US* -l) (up)

elszaval *ige* recite

elszédít *ige* ❖ *konkr* make* (sy) giddy/dizzy ‖ ❖ *átv* turn sy's head, dazzle (sy)

elszédül *ige* become* (suddenly) dizzy ‖ **elszédültem tőle** it made my head spin

elszégyelli magát *ige* feel* ashamed

elszemtelenedik *ige* become* insolent/impertinent/impudent

elszenved *ige* endure, suffer, bear*

elszigetel *ige i*solate (from), cut* off (from)
elszigetelődik *ige* become* isolated
elszigetelt *mn i*solated || **elszigetelt jelenség** *i*solated phenomenon *(tsz -mena)*
elszigeteltség *fn* isolation, loneliness
elszíneződik *ige* discolo(u)r, fade
elszíntelenedik *ige* lose* (its) colo(u)r
elszív *ige* **elszív egy cigarettát** smoke a cigarette, have* a smoke
elszívó(készülék) *fn (bűzt, párát)* extractor (fan)
elszomorodik *ige* grow*/become* sad, sadden
elszór *ige* scatter (about), strew*, spread*
elszórakozik *ige (vmvel)* amuse oneself with; *(vhol jól)* have* a good time
elszórakoztat *ige* entertain, amuse, divert
elszórtan *hsz* sporadically, here and there, scattered
elszorul *ige* **elszorult a szíve** his heart sank
elszökik *ige* run* away, escape (from); *(bűnöző, állat stb.)* get*/break* away; *(vk országból)* flee*/fly*
elszörnyed *ige* be* horrified/shocked *(vmn* at/by)
elszundít *ige* doze off, have* a doze
elszúr *ige* ❖ *vulg (vmt)* bungle (sg), botch up (sg), make* a mess of (sg)
eltájol *ige* ❖ *biz* **el van tájolva** be* off the beam
eltakar *ige* cover (up); *(elrejt)* hide*, conceal
eltakarít *ige* clear away, remove
eltakarodik *ige (útból)* get* out of the way
eltalál *ige (fegyverrel)* hit* (the target/mark) || **eltaláltad!** you got it right!, you have hit/got it!; **nem találta el** he guessed wrong
eltanácsol *ige (iskolából)* expel; *(egyetemről)* send* down

eltapos *ige* trample down on, crush
eltart *ige (vkt)* keep*, support, maintain, provide for || *(vmennyi ideig)* last, go* on, continue || **nem tudja magát eltartani** he does not earn enough to live on
eltartás *fn* support; ❏ *jog* maintenance
eltartó *fn* breadwinner
eltartott *fn* dependant
eltaszít *ige (tárgyat)* push off || *(magától)* cast* off/aside, turn away
eltávolít *ige (vkt)* remove, send* off away || *(vmt)* remove, clear away; *(foltot)* remove; *(vmt késsel)* cut* out; *(műtéttel)* remove
eltávolítás *fn* removal
eltávolodás *fn* ❖ *átv* estrangement, withdrawal, retirement
eltávolodik *ige* move/go* away/off; *(hajó)* stand* away, clear off
eltekint *ige (vmtől)* disregard (sg), take* no notice (of); *(nem követel meg)* dispense (with), forbear* (from doing sg) || **ettől eltekintve** apart from this
eltékozol *ige* = **elpazarol**
eltelik *ige (vmvel)* fill up (with), get* full (of); *(érzéssel)* fill (with), be* filled with || *(idő)* pass || **évek fognak addig eltelni** it will take years
eltelte *fn (időé)* passing; *(határidőé)* expiration || **két év elteltével** when two years have/had passed
eltemet *ige* bury; ❖ *átv* hide*
eltép *ige* tear* (to pieces), tear* up
eltér *ige (iránytól)* deviate from, turn aside/away from || *(vélemény)* differ, diverge, vary || **ebben eltér a véleményem** I disagree with you there; **eltér a tárgytól** digress from the subject, go* off at a tangent
elterel *ige (állatot)* drive* off/away || *(forgalmat)* divert || *(figyelmet)* divert, distract || **eltereli a beszélgetést** change/turn the conversation, change the subject

elterelés *fn (figyelemé)* distraction ||
(forgalomé) diversion, diverted traffic; ⊕ *US* detour

eltérés *fn (iránytól)* deviation; *(tárgytól)* digression; *(irányvonaltól, céltól)* departure || *(különbség)* difference, divergence

eltérít *ige (irányától)* divert; *(repülőt)* hijack || *(figyelmet, vkt vmtől)* divert, distract || **eltéríti szándékától** dissuade/divert from his intention

eltérítés *fn (repülőé)* hijack(ing)

elterjed *ige* spread*; *(hír)* spread*, get* about/(a)round, gain currency; *(szokás)* become* general; *(vélemény)* be* gaining ground || **igen el van terjedve** be* current, be* in current use, be* widely used

elterjedt *mn (szokás stb.)* wide-spread, general, universal

elterjeszt *ige (hírt)* spread* (abroad), propagate; *(betegséget)* spread*, pass on

eltérő *mn* different (from), unlike *ut.*, divergent (from) || **eltérő vélemény** difference of opinion

elterül *ige (terület)* lie*, be* situated || *(vk a földön)* fall* flat on the floor

eltervez *ige* plan, be* planning

eltesz *ige (helyére)* put* sg in its place; *(máshová)* lay* aside; *(félre)* put* away, set* aside || *(élelmiszert)* preserve, conserve; *(savanyúságot)* pickle || ❖ *biz* **eltesz láb alól** do* away with, kill

éltet *ige (életben tart)* keep* sy alive || *(éljenez)* cheer || **Isten éltesse(n)!** *(születésnapon)* many happy returns!

eltéved *ige* lose* one's way, get* lost

eltéveszt *ige (célt)* miss; *(két dolgot)* confuse, muddle up || **számolást eltéveszt** lose* count

eltévesztés *fn (célé, úté)* missing (sg)

eltilt *ige (vkt vmtől)* forbid* (sy to do sg)

eltipor *ige (lábbal)* trample down/on, crush

eltitkol *ige* keep* (sg) secret, keep* sg from sy; *(érzést)* hide*, conceal

eltol *ige (térben)* shift || *(időben)* shift; put* off, postpone || ❖ *biz (elhibáz)* bungle, make* a botch of (sg), botch/mess up (sg)

eltolódik *ige (térben)* be* moved away, be* shifted || *(időben)* be* postponed, be* put off

eltorlaszol *ige* block (up/off); *(barikáddal)* barricade

eltorzít *ige* deform, disfigure; *(arcvonásokat)* contort, distort; *(vmt)* ❖ *átv* misrepresent; *(értelmet)* distort, twist [sy's words] (around)

eltorzul *ige* become* deformed/disfigured; *(arc)* be* contorted/distorted

eltökél *ige* decide (upon), resolve (on …ing *v.* to …), determine

eltökélt *mn (ember)* resolved, resolute, determined || **eltökélt szándékom** I am firmly resolved (to), it is my firm intention (to do sg)

eltökéltség *fn* determination, resolution

eltölt *ige (vmvel)* ❖ *átv* fill; *(bátorsággal)* inspire; *(szánalommal)* touch; *(gyűlölettel)* imbue || *(étel)* fill up || *(időt)* pass; while away; spend* || **szívemet szomorúság tölti el** my heart is full of sadness

eltöpreng *ige (vmn)* brood on/over (sg)

eltör *ige* break*, shatter, smash || **eltörte a lábát** he broke/fractured his leg

eltörik *ige* break* (into pieces), be* broken || **eltört a karja** (s)he broke his/her arm

eltöröl *ige (vm nyomait)* efface || *(edényt)* dry || *(törvényt)* repeal, abrogate || **eltöröl a föld színéről** wipe out

eltörpül *ige (vm mellett)* look small beside sg, be* dwarfed by sg, be* put/cast in(to) the shade

eltulajdonít *ige* (mis)appropriate

eltulajdonítás *fn* (mis)appropriation

eltúloz *ige* exaggerate; *(nyilatkozatban)* overstate

eltűnés *fn* disappearance

eltűnik *ige* disappear, vanish; *(távolban)* fade away || **eltűnt a szemem elől** I lost sight of him/her/it; **eltűnt hazulról** (s)he is missing (from home); **eltűnt az órám** ❖ *biz* my watch is gone

eltűnődik *ige* (*vmn*) meditate (up)on (sg), brood over/on (sg), reflect on (sg)

eltűnt *mn (kat is)* missing

eltüntet *ige (elrejt)* hide*, conceal; *(foltot)* remove || **a nyomokat eltünteti** cover up one's tracks

eltűr *ige* endure, tolerate, suffer, bear* || **ezt nem vagyok hajlandó eltűrni** I won't put up with that, I won't swallow that

eltüzel *ige* burn* (up), put* on the fire

elújságol *ige* tell*

elun *ige* (*vmt*) get*/be*/become* bored with doing sg, be* bored by sg || **elunta a várakozást** he got tired of waiting

elutasít *ige* (*vmt*) refuse, reject, decline; *(ajánlatot)* reject, turn down; *(fellebbezést)* dismiss; *(kérést)* refuse; *(vádat)* deny, repudiate || (*vkt*) turn down || **javaslatot elutasít** *(gyűlés)* throw* out a motion

elutasítás *fn* (*vmé*) refusal, rejection; *(ajánlaté, vké)* rejection, turning down; *(fellebbezésé)* dismissal; *(vádé)* repudiation

elutazás *fn* departure, leaving

elutazik *ige* leave* (*ahonnan* swhere, *ahová* for); || **elutazott Sopronba** he has left for Sopron; **egy hétre elutazott** he has gone (*v.* went) for a week, he will be away for a week

elül *ige (zaj)* die down, grow* quiet || *(baromfi)* go* to roost, perch || **elült a szél** the wind has dropped; **elült a vihar** the storm is spent, the storm had blown itself out

elüldöz *ige* drive* away, expel

elülső *mn* front(-), fore- || **elülső rész** front part

elültet *ige (növényt)* plant, bed

elüt *ige (labdát)* hit*, strike* off || *(autó vkt)* hit*, knock/run* down, run* over || (*vkt vmtől*) snatch away (from/before sy) || (*vm vmtől*) differ (from), clash (with) || **elüti az időt** while away the time, kill time; **tréfával üti el a dolgot** pass sg off with a joke

elv *fn* principle || **elvben** in principle; **elvből nem megyek oda** I refuse to go there, on principle

elvadul *ige* become* wild/savage; *(emberektől)* be* alienated (from) || *(növény)* grow*/run* wild || **elvadult a játék** the game turned into a free-for-all

elvág *ige* cut*, cut* in two; *(darabokra)* cut* up || *(összeköttetést)* break* off || ❖ *biz* **elvágták matekból** he was ploughed (*v.* ⊕ *US* flunked) in maths (*v.* ⊕ *US* math)

elvágódik *ige (földön)* fall* flat (on the ground/floor), fall* headlong

elvakít *ige (fény)* blind, dazzle || ❖ *átv* delude, dupe, turn sy's head

elvakult *mn* blinded (by sg) *ut.*, dazzled (by) *ut.* || **elvakult vk hibáival szemben** be* blind to his/her faults/imperfections

elválás *fn (búcsú)* parting || *(házassági, bíróilag)* divorce; *(különélés)* separation

elválaszt *ige* ❖ *ált* part, separate, set* apart; *(erőszakkal)* force/tear* asunder; *(szót)* divide; *(hajat, verekedőket)* part || *(házasfeleket)* separate; *(bíróilag)* divorce || *(csecsemőt)* wean

elválasztás *fn* ❖ *ált* parting, separation; *(erőszakkal)* tearing asunder; *(sor végi)* end-of-line division || *(házasfeleké)* divorce || *(csecsemőé)* weaning || ❏ *biol* secretion

elválasztójel *fn* hyphen

elválik *ige (ketté, külön)* part, separate, divide; *(részek)* come* apart || *(vktől egy időre)* take* leave of (sy), part from (sy); *(végleg)* part company (with sy) || *(házastárstól)* divorce (sy), get*/obtain a divorce (from sy); be* divorced (from sy) || **útjaink elválnak** here we must part

elvállal *ige* undertake*, take* (on); *(megbízást)* accept

elvált *mn* divorced, divorcee

elvámol *ige* levy duty on (sg); *(árut)* clear [goods] (through the customs)

elvámolnivaló *fn* van elvámolnivalójuk? have you anything to declare?

elvan *ige* **elvan vm nélkül** do* without sg, manage without sg; **elvan egyedül is** he/she doesn't mind being on his/her own; **jól elvannak egymással** they get* on well

elvár *ige (vktől vmt)* expect (sy to do sg) || **elvárják tőle(, hogy)** he is expected/supposed (to); **elvárom, hogy pontos légy** I expect you to be on time

elvárások *fn tsz* expectations

élve *hsz* alive, living || **élve vagy halva** dead or alive

elvégez *ige (befejez)* finish, bring* to an end, complete, accomplish, achieve || *(megtesz)* do*, perform || **elvégezte az egyetemet** (s)he has a (university) degree, (s)he is a graduate [of a university]; **elvégzi a dolgát** *(illemhelyen)* relieve nature/oneself; **elvégzi kötelességét** do*/fulfil (⊕ *US* -fill) one's duty

elvégre *hsz (hiszen)* after all

elvegyül *ige* **elvegyül a tömegben** mingle with the crowd(s)

elver *ige (vkt)* thrash, beat* soundly || *(vagyont)* squander, fritter away || **a jég elverte a vetést** the hail has destroyed the corn/crops; **jól elver vkt** give* sy a good thrashing

elvérzik *ige* ▫ *orv* bleed* to death || ❖ *átv* ❖ *biz* fail

elvesz¹ *ige* ❖ ált take* sg away/off from sy; *(erőszakkal)* seize, lay* hold of || *(feleségül)* marry || **elveszi a kilátást** obstruct the view; **sok időt elvesz** takes up a lot of time

elvesz², **elvész** *ige (tárgy)* be*/get* lost || *(kárba vész)* be* wasted || *(levél)* be* lost in the post || *(elpusztul)* perish || **elveszett az órám** I have lost my watch

elveszt *ige* lose* || **elveszti a fejét** lose* one's head, get* flurried; **elveszt vkt a szeme elől** lose* sight of sy; **elveszti az eszméletét** lose* consciousness, faint

elvet *ige (magot)* sow || *(elutasít)* reject, refuse || **elveti a gondját vmnek** get* sg off one's mind

elvetél *ige* miscarry, abort; *(állat)* abort

elvetődik *ige (vhova)* happen to get* swhere, find* oneself swhere

elvétve *hsz* occasionally, now and then

élvez *ige (vmt)* enjoy, find*/take* pleasure (in) || *(jogot)* enjoy; *(előnyöket)* benefit from; *(jövedelmet)* be* in possession of, have*

élvezés *fn* enjoyment

elvezet *ige (vhonnan)* lead*/walk away/off; *(vhová)* lead* to; *(rabot)* march off || *(járművet)* drive*; *(hajót)* navigate

élvezet *fn* pleasure, enjoyment, delight, joy

élvezetes *mn* enjoyable, delightful

elvi *mn* of principle *ut.* || **elvi alapon** on principle; on a matter of principle, as a matter of policy; **elvi jelentőségű** of fundamental importance *ut.*; **elvi kérdés** a matter of principle

elvileg *hsz* in principle, theoretically

elvirágzik *ige (virág)* cease flowering; *(fa)* shed* its blossoms || ❖ *átv* fade

elvisel *ige (eltűr)* endure, tolerate, suffer, bear*

elviselhetetlen *mn* unbearable || **elviselhetetlen látvány számomra** I cannot bear to see it

elviselhető *mn* tolerable, endurable, bearable

elvisz *ige (tárgyat)* carry away/off, take* away; *(elszállít)* transport; *(magával vmt)* take* (sg) with one, take* along; *(víz vmt)* wash/sweep* away || *(vkt magával)* take* along; *(járművel)* drive* sy to [a place], give* sy a lift || *(út vm mellett)* pass by/near || **a rendőrség elvitte** he was taken into custody, he was arrested; **ezt nem viszed el szárazon** ❖ *biz* you won't get away with it this time; **mikor viszik el a leveleket?** when is the next collection?

elvitathatatlan *mn* indisputable, undeniable

elvitel *fn* carrying away || **ebéd/vacsora elvitelre** *(kiírás)* takeaway meals/lunch

elvon *ige (vktől vmt)* deprive sy of sg || **elvonja a figyelmet** distract/divert attention (from)

élvonal *fn* forefront; ❖ *átv* vanguard

elvonókúra *fn (alkoholtól)* detoxication cure

elvonszol *ige* drag away

elvont *mn* abstract || **elvont fogalom** abstraction; **elvontan** in the abstract

elvontat *ige* tow/haul away

elvonul *ige (vihar)* pass, pass/blow* over || *(sokaság vhonnan)* withdraw* || *(szobájába)* withdraw*, retire

elvonulás *fn* **szabad elvonulást enged** grant free (and honourable) withdrawal

elvörösödik *ige* blush, flush

elvtelen *mn* without principles *ut.*, unprincipled

elzálogosít *ige* put* in pawn, pawn

elzár *ige* (*vmt vhová*) lock/shut* up/in || *(utat)* close, block || *(nyílást)* stop (up), close; *(csapot)* turn [the tap] off; *(gázt)* turn off; *(készüléket)* switch off; *(villanyt)* turn/switch off [the lights] || *(vkt hatóság)* lock up, confine || **zárd el!** *(gázt)* turn it off!; **az út elzárva** road closed; **gyermekek elől elzárva tartandó** keep out of the reach of children

elzárás *ige (vhová)* locking (up), shutting (up) || ❏ *jog* custody

elzárkózás *fn* ❖ *átv* reserve, isolation || *(vm elől)* refusal (to consider sg)

elzárkózik *ige* ❖ *átv* be* reserved, hold*/keep* aloof from || *(kérés elől)* turn a deaf ear to || **nem zárkózik el vm elől** be* not averse to (doing sg)

elzárócsap *fn* stopcock

elzavar *ige* = **elkerget**

elzüllik *ige* sink*/fall* into depravity

elzsibbad *ige* go* numb; *(végtag)* go* to sleep || **elzsibbadtam** I've got pins and needles

e-mail *fn* e-mail || **e-mailt küld** send* an e-mail

e-mail cím *fn* e-mail address

emancipáció *fn* emancipation

embargó *fn* embargo, ban (on)

ember *fn* man°; *(szemben az állattal)* human (being); *(néha)* person, ❖ *biz* fellow || **az ember** *(mint általános alany)* one, people *tsz*, we, you; **az ember sohasem tudja** one never knows, you never know, you never can tell; **az emberek többsége** most people; **ember legyen a talpán, aki ezt megteszi** it takes a man to do that; **emberek** people, ⊕ *US* folks; **emberére akadt** he met his match; ❏ *kif* [it was] diamond cut diamond; **magyar ember** a Hungarian; **mit szólnak majd az emberek?** what will people say?; **nehéz ember** tough customer

emberáldozat *fn* **nagy emberáldozatot követelt** it cost many lives, the number of casualties was very great

emberbarát *fn* humanitarian

emberbaráti *mn* humanitarian

embercsempészés *fn* smuggling people (out/in)

emberélet *fn* ❖ *ált* human life || **emberéletben nem esett kár** there are/were no casualties

emberfaj *fn* human race, man(kind)
emberfajta *fn* ❑ *tud* race
emberi *mn* human; *(emberies)* humane || **tévedni emberi dolog** to err is human; **emberi erővel** by main force, with human effort
emberies *mn* humane, benevolent
emberiesség *fn* humanity, benevolence
emberileg *hsz* humanly; from a human viewpoint || **amennyire emberileg lehetséges** as far as possible, as is humanly possible
emberiség *fn* humanity, (hu)mankind
emberismeret *fn* knowledge of mankind, insight into (sy's) character
emberölés *fn* murder, homicide || **szándékos emberölés** manslaughter
emberöltő *fn* generation
emberrablás *fn* kidnapping || **emberrablást követ el** kidnap
emberrabló *fn* kidnapper
emberség *fn* = **emberiesség** *(tisztesség)* honesty, integrity, decency
emberséges *mn (humánus)* humane || *(tisztességes)* honest, decent, fair
emberségesen *hsz* humanely
embertan *fn* anthropology
embertani *mn* anthropological
embertelen *mn* inhuman, barbarous, monstrous, cruel, brutal
embertelenség *fn* inhumanity, cruelty
embertömeg *fn* multitude/mass of people, a huge crowd
embléma *fn* emblem, symbol; *(kiadói)* imprint; *(egyéb, rövid szöveg)* logo
embólia *fn* embolism
embrió *fn* embryo
embrionális *mn* embryonic || **embrionális állapotban** *(tervek)* ❖ *átv* in embryo
emel *ige* ❖ *ált* lift, hoist || *(épületet)* build*, put* up, erect, set* up; *(szobrot)* erect, raise, set* up || *(árat, színvonalat)* raise, ⊕ *US* boost
emelés *fn* ❖ *ált* lifting (up), hoisting || *(növelés, pl. béré)* rise* (⊕ *US* raise), increase [in wages]

emelet *fn* storey (⊕ *US* story), floor || **az első emeleten** on the first floor, ⊕ *US* on the second floor; **felmegy az emeletre** go* upstairs (to)
emeletes *mn* (-)storeyed, -storey, ⊕ *US* (-)storied || **egyemeletes ház** two-storey(ed) (*v.* ⊕ *US* two-story/storied) house; **emeletes autóbusz** double-decker
emeleti *mn* **első emeleti páholy** first tier box; **emeleti lakás** (the) upstairs flat
emeletráépítés *fn* adding a storey (to a house)
emelkedés *fn* ❖ *ált* rise; *(értéké)* increase [of value]; *(áraké)* rise [in prices] || *(lejtőé)* ascent
emelkedett *mn (gondolat)* lofty, sublime; *(stílus)* grand, high-flown
emelkedik *ige* ❖ *ált* rise*; *(repülőgép)* climb || *(út)* climb, ascend; *(vm fölé)* tower over (sg) || ❖ *átv* rise*, increase, go* up *(vmre, mind:* to) || **a Duna emelkedik** the Danube is rising; **a levegőbe emelkedik** *(repülőgép)* take* off; **az árak emelkedtek** prices have risen, prices have gone up; **az út végig emelkedik** the road is uphill all the way
emelkedő ▼ *mn* rising, ascending || **emelkedő irányzat** upward tendency, uptrend ▼ *fn (úté)* rise, incline, (upward) slope, hill || **emelkedőben van** be* on the rise, be* in the ascendant
emellett *hsz (ezenkívül)* besides, in addition, moreover
emelő *fn* ❑ *műsz* lever; *(kocsin)* jack
emelvény *fn* platform, stand; *(szónoki)* rostrum, (speaker's) platform
émelyeg *ige* be* seized with nausea, feel* sick
émelygés *fn* nausea, sickness
émelyít *ige* sicken, nauseate
émelyítő *mn* nauseous, nauseating, sickening || ❖ *átv* mawkish, disgusting
emészt *ige (ételt)* digest || **vkt vm emészt sg** is preying on sy's mind; **emészti magát** worry (about)

emésztés *fn* digestion || **jó az emésztése** has a good digestion
emésztési *mn* digestive, peptic || **emésztési zavar** indigestion, dyspepsia
emészthető *mn* könnyen emészthető easy to digest *ut.*
emésztőrendszer *fn* digestive tract
emiatt *hsz (ok)* this is why, for this reason, because of this || *(efelől)* on this/that account, about that || **emiatt ne aggódj** don't (you) worry about that (*v.* on that account)
emigráció *fn (kivándorlás)* emigration
emigrál *ige (kivándorol)* emigrate
emigráns *fn (nem politikai)* emigrant || *(politikai)* (political) exile, emigré
emleget *ige* mention repeatedly
emlék *fn (tárgy)* souvenir (US *sou-*); *(régi becses)* relic || *(emlékezet)* memory, rememberance || **vk emléke** sy's memory; **vk emlékei** sy's reminiscences/recollections; **vk/vm emlékére** in memory of, to the memory of; *(sírkövön)* in memoriam X.Y.
emlékezet *fn (képesség)* memory || **legjobb emlékezetem szerint** to the best of my memory, as far as I can recall/remember; **emlékezetébe vés** commit (sg) to one's memory; **emlékezet(é)ben tart** remember (sy/sg), keep*/bear* (sg/sy) in mind; **emlékezetből** by heart
emlékezetes *mn* memorable, remarkable
emlékezetkiesés *fn* amnesia; *(pillanatnyi)* black-out
emlékezik *ige (vmre)* remember, recollect, recall *(mind:* sg) || **ha jól emlékezem** as far as I can remember; **nem emlékezem** I can't/don't remember, I forget
emlékezőtehetség *fn* (power of) memory || **kitűnő emlékezőtehetsége van** (s)he has got a good memory; **gyenge emlékezőtehetség** poor memory
emlékeztet *ige (vkt figyelmeztet vmre)* remind (sy that ... *v.* sy to do sg *v.* sy of sg) || *(vkben felidéz vmt/vkt)* remind sy of sg/sy
emlékeztető *fn* reminder, memento
emlékhely *fn* (national) memorial
emlékirat *fn (hivatalos)* memorandum (*tsz* memoranda) || *(magán)* memoirs *tsz*
emlékkép *fn (lélektani)* trace, engram
emlékmű *fn* monument, memorial || **hősi emlékmű** war memorial
emlékszik *ige* = emlékezik
emléktábla *fn* memorial plaque/tablet
emléktárgy *fn* souvenir, memento
emlékül *hsz* as a souvenir
említ *ige* mention, make* mention of; *(futólag)* touch upon || **mint már említettük** as mentioned above/earlier; **nem említ** pass over, leave* unmentioned; **nem is említve** to say nothing of
említés *fn* mention(ing), reference (to) || **említést tesz vmről** mention sg
említett *mn* mentioned || **az előbb említett** just mentioned *ut.*, above-mentioned, referred to above *ut.*
emlő *fn (nőé)* breast; *(állaté)* udder
emlős(állat) *fn* mammal || **emlősök** mammals, ❏ *tud* Mammalia
e-moll *fn* E minor
emulzió *fn* emulsion
én ▼ *nm (személyes névmás)* I, ❖ *biz* me || *(birt. jelzőként)* my || **az én anyám** my mother; **én magam** I (...) myself; **én vagyok** it is I, ❖ *biz* it's me ▼ *fn (vk énje)* self°
enciklopédia *fn* encyclop(a)edia
enciklopédikus *mn* encyclop(a)edic
ének *fn (dal)* song; *(egyházi)* hymn || *(éneklés)* singing; *(madáré)* (bird) song, warble, warbling
énekel *ige* sing*; *(madár)* warble ||
énekelni kezd begin* to sing
énekes ▼ *mn* singing ▼ *fn* singer; *(könnyűzenei)* vocalist
énekesmadár *fn* songbird
énekesnő *fn* (female) singer
énekhang *fn* singing voice

énekkar *fn* chorus, choir
énekkari *mn* choral
énekóra *fn* singing lesson
énekszó *fn* singing
énektanár *fn* singing-master/teacher
énektanárnő *fn* singing-mistress
énektanítás *fn* instruction in singing
energia *fn* ❏ *fiz* ❏ *műsz* energy, power ‖ *(emberi)* vigour (⊕ *US* -or), drive, stamina ‖ **az energia felhasználása** utilization of energy; **sok energiát fordít vmre** devote (all) one's energies to sg
energiaellátás *fn* power-supply
energiafogyasztás *fn* power consumption
energiaforrás *fn* source of energy/power, energy source
energiatakarékos(sági) *mn* energy-saving
energikus *mn* energetic, forceful, vigorous ‖ **energikus ember** a man° full of energy
enged *ige (vmt)* allow/permit (sy to do sg), let* (sy do sg) ‖ *(nem áll ellen)* yield, give* way (to), submit to, give* in ‖ *(feszültség)* yield, give* way *(under pressure)* ‖ **a fagy enged** the frost is breaking; **enged az árából** reduce the price (of); **nem enged** hold*/keep* one's ground; **nem enged vmt vknek** refuse to allow sy (to do) sg, refuse sy sg; **vizet enged a kádba** run* a bath (for sy); **vk kérésének enged** comply with sy's request
engedékeny *mn* yielding, (com)pliant, indulgent, permissive
engedékenység *fn* compliance, indulgence
engedelmes *mn* obedient
engedelmeskedik *ige (vknek)* obey (sy), be* obedient (to sy) ‖ **nem engedelmeskedik** disobey (sy)
engedelmesség *fn* obedience (to)
engedély *fn* ❖ *ált* permission; *(írott)* permit; *(hivatalos)* authorization ‖ *(ipari)* licence ‖ **engedélyt kap vmre** be* licensed for sg (*v.* to sell sg); **engedélyt kér vmre** ask for permission to do sg
engedélyez *ige* ❖ *ált* allow, permit; *(vknek vmt)* give*/grant (sy) permission (to do sg) ‖ *(hatóság)* authorize; *(ipart)* grant a licence (for), license sg ‖ **engedélyezték a tüntetést** permission to hold the demonstration was granted/given
engedélyezés *fn (folyamat)* grant(ing), authorization ‖ *(irat)* permission, permit, *(iparé)* licence
engedetlen *mn* disobedient, unruly
engedetlenség *fn* disobedience
engedmény *fn (vitában)* concession ‖ ❏ *ker* discount, reduction (in price) ‖ **fizetési engedménnyel** on easy terms; **X %-os engedményt ad vknek vmre** let* sy have sg at a discount of X per cent
engedményes vásár *fn* sale
engem *nm* me ‖ **ami engem illet** as for myself
engesztel *ige* appease, conciliate
engesztelhetetlen *mn* implacable, unforgiving, relentless
énmiattam *hsz* because of me; *(értem)* for my sake
ennek *nm (birtokos)* of this ‖ *(részeshatározó)* to/for this ‖ **ennek a fiúnak add oda** give it to this boy; **ennek az embernek a háza** the house of this man, this man's house; **ennek ki az oka?** who is responsible for it/this?
ennél *nm (hely)* at this/that ‖ *(középfok mellett)* than this/that ‖ **nincs ennél jobb** there is none/nothing better; ❖ *biz* nothing can beat it
ennélfogva *hsz* consequently, hence, for this reason, thus
enni *ige* → **eszik**
ennivaló ▼ *fn* food ‖ **egy kis ennivaló** something to eat; snack **▼** *mn* ❖ *biz (aranyos)* lovely, delicious, sweet

ENSZ = *Egyesült Nemzetek Szervezete* The United Nations (Organization), UNO, UN

enzim *fn* enzyme

ÉNy = *északnyugat* north-west, NW

enyém *nm* mine || **ez a könyv az enyém** this book is mine, this book belongs to me; **ezek az enyéim** these are mine, these belong to me; **az enyéim** *(= családom)* my family/children/folks

enyhe *mn (idő, tél)* mild; *(éghajlat)* genial, mild; *(szél)* light; *(fájdalom)* slight; *(büntetés)* light, mild, lenient || **enyhe túlzás** ❖ *biz* slight exaggeration; **enyhén szólva** to put it mildly, not to put too fine a point on it

enyheség *fn (időé)* mildness; *(ítéleté)* lightness, lenience

enyhít *ige (bánatot, fájdalmat)* ease, mitigate, alleviate, soothe, lessen; *(éhséget)* appease; *(feszültséget)* ease; *(gondot)* lighten; *(ítéletet)* reduce; *(szomjúságot)* quench

enyhítő *mn* mitigating, alleviating || **enyhítő körülmény** mitigating circumstances *tsz*

enyhül *ige (fájdalom)* subside, abate, lessen; *(feszültség)* ease, slacken, ⊕ *US* let* up; *(idő)* turn/grow* milder

enyhülés *fn (fájdalomé)* abatement, subsidence, mitigation, softening || *(fagy után)* thaw || ❏ *pol* détente

ennyi *nm (súly, terjedelem)* so much; *(számban)* so many || **ennyi az egész** that's all (there is to it); **hol voltál ennyi ideig?** where have you been all this time?; **ennyibe kerül** that/this is how much it costs; **ennyiben marad(t)unk** that is settled (then); **ennyien** so many (of us/them)

enyv *fn* glue

enyveskezű *mn* light-fingered

ép *mn (egész)* whole, intact; *(sértetlen)* unhurt, unharmed || *(egészséges)* healthy, sound || **ép bőrrel megúszta** (s)he escaped unscathed/unharmed;

ép ésszel senki ... no one in his right senses would ...; **ép testben ép lélek** a sound mind in a sound body

epe *fn* bile || **elönti az epe** lose* one's temper, (it) makes sy's blood boil

epebaj *fn* bilious complaint

epegörcs *fn* bilious attack, biliary colic

epehólyag *fn* gall-bladder

epekő *fn* gallstone || **epeköve van** he has (got) gallstones; **epekővel operálták** was operated on for gallstones

épelméjű *mn* of sound mind *ut.*, sane

épen *hsz (tárgy)* in perfect condition, unbroken, (completely) undamaged, safe (and sound) || *(személy)* safe and sound, unhurt

eper *fn (földi)* strawberry; *(fa)* mulberry

eperfa *fn* mulberry tree

épeszű *mn* of sound mind *ut.*, normal, sane

epikus *mn* epic || **epikus költő** epic poet

epilepszia *fn* epilepsy

epilepsziás ▼ *mn* epileptic || **epilepsziás roham** fit of epilepsy, epileptic fit ▼ *fn* epileptic

epilógus *fn* epilogue (⊕ *US* epilog)

épít *ige* ❖ *ált* build*, construct || ❖ *átv (vmre)* build* (up)on, rely/depend on (sg) || **nem lehet a szavára építeni** there is no relying on him; **utat épít** make* a road

építés *fn* ❖ *ált* building; *(gépé)* construction || **építés alatt** under construction

építési *mn* building, construction || **építési terület** building site; **építési vállalkozó** building contractor, builder

építész *fn* = **építészmérnök** || = **építési vállalkozó**

építészet *fn* architecture

építészmérnök *fn* (qualified) architect

építkezés *fn* building; *(nagyobb)* construction

építkezik *ige* build*, have* a house built

építmény *fn* building, structure
építő ▼ *mn* ❖ *átv* **építő (szándékú)** constructive, positive ▼ *fn* builder
építőanyag *fn* building material
építőipar *fn* the building industry/trade
építőmérnök *fn* civil engineer
építőmester *fn* (master) builder
építőmunkás *fn* construction/building worker, builder
epizód *fn* episode, incident
épkézláb *mn (ember)* sound, healthy; *(gondolat)* sound
eposz *fn* epic (poem)
éppen *hsz* just, exactly, precisely || **éppen akkor** just then; **éppen akkor, amikor** just when; **akkor éppen távol voltam** I happened to be away at the time; **éppen egy kiló** just/exactly one kilogram; **éppen ezért** for that very reason, that's why; **éppen csak hogy nem késtem le a vonatot** I was just in time for the train, I only just caught the train; **éppen csak hogy elindultunk, Péter elesett** we had hardly started (v. hardly had we started) when Peter fell; **éppen jókor** just in time, in the nick of time; **éppen most** just (now), ⊕ *US* right now; **éppen nem** by no means, not by any means, not at all, not a bit; **éppen olyan** (exactly) the same; *(mint)* the same (as)
épphogy *hsz* → **éppen**
épség *fn* wholeness; ❖ *átv* safety || **épségben** *(megmarad vm)* intact; *(megérkezik ember)* safe (and sound); safely
épül *ige (vm)* be* built/erected/constructed; *(most)* be* being built; be* under construction
épület *fn* building || **épületet emel** put* up a building, erect a building
épülettömb *fn* block (of houses)
épülőfélben van *ige* be* under construction, be* being built
ér¹ *ige (vhova)* get* to, arrive at, reach [a place], come* to || *(vmeddig)* reach to, extend/stretch as far as || *(vmhez)* touch sg || *(értéket)* be* worth (sg) || **baleset érte** he had an accident, he met with an accident; **hazugságon ér** catch* sy telling a lie; **mennyit ér?** what is it worth?, how much is it worth?, what is the value of it?; **nem ér!** *(játékban)* it doesn't count!; **nem ér a nevem!** ⊕ *GB* fains I!; **nem sokat érsz vele** it is not (v. will not be) (of) much use to you; **tetten ér** catch* sy in the (very) act of [doing sg]; **térdig ér a víz** the water is knee-deep

ér² *fn (testben)* blood-vessel; *(gyűjtőér)* vein; *(verőér)* artery || ❏ *bány* vein, lode || *(falevélen)* rib, vein || *(vízi)* brook(let), rill || *(kábelé)* heart, core wire
éra *fn* era, age, epoch, period
érc *fn (nyers)* ore; *(fém)* metal
ércbánya *fn* ore mine
érces *mn* ❏ *bány* metallic, ore || *(hang)* sonorous, brazen
érctartalmú *mn* metal/ore-bearing
ércsomó *fn* ❏ *orv* varix *(tsz* varices)
erdei *mn* wood-, forest- || **erdei út** forest-path
érdek *fn* interest || **vknek az érdekében** on sy's behalf, in the interests of sy; **érdekében áll vm** be* in sy's interest, have* an interest in sg; **az ügy érdekében** for the sake of the cause
érdekel *ige (vkt vm)* sg interest sy, sy is interested in sg || **érdekli a zene** be* interested in music; **nagyon érdekli vm** take* great interest in sg, be* greatly/very interested; **érdekel, hogy mi történt** I wonder what happened; **ez a lány érdekli** he is interested in this girl; **(ez) nem érdekel** I don't care for it; it/that doesn't appeal to me
érdekelt ▼ *mn* interested, concerned || **az érdekelt felek** the interested parties, the persons/parties concerned; **érdekelt vmben** have* a(n) share/stake/interest in sg; **érdekeltté tesz**

vkt interest sy (in sg) ▼ *fn* **az érdekeltek** those concerned/involved/affected

érdekeltség *fn (állapot)* interest, concern, involvement; *(pénzügyi)* interest, stake, share || *(cég)* concern

érdekes *mn* interesting || **nem érdekes** *(nem számít)* it's of no importance, it doesn't matter, uninteresting

érdekesség *fn* interest; *(érdekes mozzanat)* point of interest, piquancy || *(tárgy)* thing of interest, curiosity

érdekfeszítő *mn* exciting, deeply interesting, thrilling

érdeklődés *fn (figyelem)* interest (shown) || *(tudakozódás)* inquiry || **érdeklődést tanúsít vm iránt** show* (an) interest in sg, take* an interest in sg; **nagy érdeklődéssel hallgat vkt** hang* upon sy's lips/words

érdeklődési kör *fn* sphere/range of interests

érdeklődik *ige (vm iránt)* show*/take* interest (in sg), be* interested (in sg) || *(tudakozódik)* inquire *v.* enquire, ask for information, make* inquiries *(vm felől mind:* about) || **érdeklődik a nyelvek iránt** be* keen on languages; **érdeklődni szeretnék** I should like to inquire about ...

érdektelen *mn (nem érdekes)* uninteresting || *(nem érdekelt)* disinterested, unconcerned

érdekvédelem *fn* protection/safeguarding of interests

Erdély *fn* Transylvania

erdélyi ▼ *mn* Transylvanian || **erdélyi fejedelem** Prince of Transylvania; **az erdélyi magyar kisebbség** the Hungarian minority in Transylvania ▼ *fn* Transylvanian

érdem *fn (vké)* merit || *(ügyé)* the essentials/merits (of a case) *tsz*, main point/issue || **érdemben** on its merits, in all detail, in effect/reality, fully; **érdeme szerint** according to his deserts, duly, as he deserves; **ez az ő érdeme** this is due to him, it is his work/achievement

érdemel *ige* deserve, merit, be* worthy of || **jutalmat érdemel** he deserves a reward; **szót sem érdemel** it's not worth mentioning; *(köszönést elhárítva)* don't mention it!, not at all!

érdemes *mn (ember)* worthy, excellent || *(vmre)* worthy of ... *ut.*; *(igével)* deserve (sg) || **érdemes?** is it worth while?, is it worth it?; **érdemes elolvasni** it's worth reading; **nem érdemes** (it is) not worth (one's) while

érdemleges *mn (döntés)* definitive, final || **nem adott érdemleges választ** he evaded the main issue in his reply

érdemrend *fn* decoration, order

érdemtelen *mn* undeserved, unmerited

érdes *mn* rough, rugged; *(felület)* uneven; *(hang)* rasping, harsh

érdesség *fn* roughness, ruggedness

erdész *fn* forester

erdészet *fn* forestry

erdészház *fn* forester's lodge

erdő *fn (nagy)* forest; *(kisebb)* wood(s)

erdőgazdaság *fn* forestry, management of a (public) forest

erdőmérnök *fn* forestry engineer

erdős *mn* wooded, woody, forested || **erdős vidék** wooded country, woodland

erdősít *ige* afforest, plant with trees

erdőszél *fn* skirts of the forest *tsz*, fringe of the forest

erdőtűz *fn* forest-fire

ered *ige (folyó vhol)* have* its source (in), rise* (in), spring* (from) || ❖ *átv* issue, derive, be* derived, originate, arise* *(vmből mind:* from) || *(időből)* date from, date back to || **a baj onnan ered, hogy ...** the cause of all the trouble is ...; **eredj innen!** (be) off with you!, get/go away!

eredet *fn* ❖ *átv* origin, genesis; *(szóé)* derivation, origin || *(folyóé)* source

eredeti ▼ *mn (első)* original; *(igazi)* genuine || *(különös)* original, odd, pe-

culiar ▼ *fn (példány, mű)* (the) original
eredetileg *hsz* originally
eredetiség *fn* originality; *(igazi volta vmnek)* genuineness
eredetű *mn* of [a certain] origin *ut.* || **latin eredetű szó** word of Latin origin
eredmény *fn* result, issue; *(cselekedeté)* outcome, consequence; *(számtani)* result, answer || **jó eredmény** success, happy issue, favourable result; **eredmények** *(pl. gazdasági életben)* achievements; **mi az eredmény?** ❏ *sp* what's the score?; *(meccs után)* what was the final score?; **vmlyen eredményre vezet** result in sg, come* to sg; **a tárgyalások nem vezettek eredményre** the negotiations were unsuccessful
eredményes *mn* successful, fruitful, effective || **eredményesen** with good results, successfully
eredményez *ige* result in
eredményhirdetés *fn* announcement of the results
eredményjelző tábla *fn* scoreboard
eredménytelen *mn* unsuccessful, vain, fruitless || **eredménytelenül** unsuccessfully, to no avail
eredő ▼ *mn (vmből)* resulting, arising *(mind:* from *és ut.)* || **gondatlanságból eredő kár** damage arising out of negligence ▼ *fn (erő)* resultant (force)
ereklye *fn* relic
érelmeszesedés *fn* arteriosclerosis
erély *fn* energy, force, firmness
erélyes *mn* energetic(al), forceful, firm
erélyesen *hsz* energetically || **erélyesen lép fel** take* firm measures
érem *fn* medal; *(nagyobb)* medallion || **az érem másik oldala** the other side of the coin
erény *fn* virtue
erényes *mn* virtuous
eres *mn* veined, veiny, venous
érés *fn* ripening; maturing
eresz *fn* eaves *tsz*

ereszcsatorna *fn (eaves)* gutter
ereszkedik *ige (alá)* descend; *(lejtő)* slope, slant; *(repülőgép)* lose* height
ereszt *ige (vhová, vhonnan)* let* go/pass || *(lazul)* slacken, become* loose, give* || *(hordó stb.)* run* || *(textilfesték)* run*
éretlen *mn (gyümölcs)* unripe, green || ❖ *átv* immature, raw; *(ifjú)* callow
eretnek ▼ *mn* heretical ▼ *fn* heretic
eretnekség *fn* heresy
érett *mn (gyümölcs)* ripe; *(bor, sajt)* mellow || ❖ *átv* mature
érettségi ▼ *mn* érettségi bankett *kb.* school-leavers' party, ⊕ *US* graduation ball; **érettségi bizonyítvány** certificate of final examination [in a Hungarian secondary school]; **érettségi találkozó** class reunion, ⊕ *US kb.* class day; **érettségi tételek** school-leaving examination topics ▼ *fn* school-leaving (*v.* final) examination/exam **emelt szintű érettségi** *kb.* A level (examination)
érettségizett *fn* ⊕ *GB kb.* boy/girl with a GCSE; ⊕ *US kb.* a high school graduate
érettségiző *mn/fn* school-leaver, ⊕ *GB* sixth-former || **érettségiző osztály** final-year class, school-leavers *tsz*
érez *ige (érzékel)* feel*, be* sensible/conscious of (sg); *(szagot)* smell* || *(átv és érzelmileg)* feel* || **együtt érez vkvel** sympathize with sy, feel* for sy; **hogy érzi magát?** how are you (getting on)?; *(betegtől)* how are you feeling?; **jobban érzi magát** *(beteg)* feel* better, feel*/be* comfortable; **jól érzem magam** I feel quite well, I am all right; **kitűnően éreztük magunkat** we had a (very) good time, ⊕ *US* we had a big time; **érezd jól magad!** have a good time!; **minden tagomat érzem** I am aching/stiff all over; **nem érez szagot** he can smell nothing; **nem érzi jól magát** feel*/be* unwell, be* under the weather;

rosszul éreztem magam *(vhol)* I had a bad time, I felt uncomfortable
erezet *fn (levélen)* veins *tsz*, venation; *(fáé)* graining; *(márványban)* veining
érezhető *mn (felfogható)* palpable, perceptible, sensible, felt
éreztet *ige (vkvel vmt)* make* sy feel sg, make* sy conscious of sg
érik *ige* ripen, become*/grow* ripe; *(bor, sajt)* mature, mellow
érint *ige* ❖ *konkr* touch; *(könnyedén)* touch lightly || *(témát)* touch, touch (up)on || *(érzelmileg)* concern, affect, touch || **ez engem közelről érint** it concerns/affects me closely
érintetlen *mn (nem érintett)* untouched || *(egész)* whole, intact, uninjured || *(leány)* virgin || **vmt érintetlenül hagy** leave* sg untouched
érintett *mn (kérdés)* concerned *ut.*, referred to *ut.*; *(szerv)* affected
érintkezés *fn (emberi)* contact, relations *tsz*, connection, communication || *(tárgyaké és el)* contact || **érintkezésbe lép vkvel** get* in touch with sy, contact sy; **nemi érintkezés** sexual intercourse
érintkezik *ige (ember vkvel)* communicate, be* in contact *(vkvel* with) || *(tárgyak)* touch; *(vezetékek)* be* in contact
érintő ▼ *mn* ❖ *átv* touching, concerning, affecting, involving *(mind: ut.)* || **sokunkat érintő kérdés** a matter that affects many of us ▼ *fn* ❑ *mat* tangent
erjed *ige* ferment, work
erjedés *fn* fermentation, *(átv is)* ferment
erkély *fn (házé)* balcony || ❑ *szính* circle, balcony || **első emeleti erkély** dress circle, ⊕ *US* balcony; **harmadik emeleti erkély** gallery; **második emeleti erkély** balcony, upper circle
érkezés *fn (vhová)* arrival, coming || *(kiírás repülőtéren)* arrivals || **érkezés(e)kor** on (sy's) arrival

érkezési *mn* **érkezési oldal** arrival platform/side; **érkezési sorrendben** *(ha jó helyről van szó)* on a first come, first served basis
érkezik *ige (vhova)* arrive *(kisebb helyre:* at, *nagyobbra:* in), come* (to), get* to, reach (sg); *(vonat állomásra, ahonnan továbbmegy)* call at || **mikor érkezik a gép Londonba?** what time does the plane arrive in London?
érkező ▼ *mn* arriving || **érkező vonatok** *(felirat)* arrivals ▼ *fn* arrival, person arriving
erkölcs *fn* morals *tsz*, morality, ethic
erkölcsi *mn* moral, ethical || **erkölcsi bizonyítvány** character reference; **szigorú erkölcsi felfogás** strict morals *tsz*
erkölcsileg *hsz* morally
erkölcsös *mn* moral, virtuous, ethical
erkölcstan *fn* ethics *esz*, moral philosophy
erkölcstelen *mn* immoral; *(feslett)* lewd, loose || **erkölcstelen életet él** lead* an immoral life
erkölcstelenség *fn* immorality
erkölcsű *mn* **jó erkölcsű** moral, of good morals *ut.*; **rossz erkölcsű** immoral, morally bad *ut.*
érlel *ige* ripen, make* ripe; *(bort)* mellow
érme *fn* coin; *(tantusz)* counter, token
ernyő *fn (eső)* umbrella; *(lámpa)* shade; *(nap)* parasol, sunshade || ❑ *műsz* screen || *(virágzat)* umbel
erotika *fn* eroticism
erotikus *mn* erotic
erózió *fn* erosion
erő *fn* power, strength; *(hangé)* intensity; *(fiz, jog, kat)* force || **jó erőben van** be* in good condition; **teljes erőből** with all one's might; **a maga erejéből** unaided, through/by one's own efforts; **erejéhez képest** to the best of one's power/ability; **erőnek erejével** forcibly, at all costs; **erejének teljében** in the prime of life, in

his prime; **erőre kap** regain/gather strength; **erőt ad neki** strengthen, fortify; **erőt vesz magán** restrain oneself; **erőt vett rajtam** *(félelem)* I was seized with [fear]; *(fáradtság)* I was overcome by/with [fatigue]
erőd *fn* fortress; ❖ *átv* stronghold
erőfeszítés *fn* effort, exertion, endeavour (⊕ *US* -or) || **(nagy) erőfeszítés(eke)t tesz** use every effort (to)
erőforrás *fn* source of energy
erőleves *fn* clear soup, consommé
erőlködés *fn* strain, effort, exertion
erőlködik *ige* exert oneself (to), make* every effort (to do sg); *(vmvel)* struggle (to do sg)
erőltet *ige (vmnek elvégzését)* insist on (sg), urge (sg) || *(vmely szervét)* strain || **nem lehet a dolgot erőltetni** there's no forcing the matter *(v. it)*
erőltetett *mn (kényszerített)* forced || *(mesterkélt)* forced, unnatural || **erőltetett menet** forced march; **erőltetett mosoly** forced/pained smile
erőmű *fn* power station/plant
erőnlét *fn* (physical) condition, form
erőpróba *fn* trial/test of strength, showdown
erős *mn* ❖ *ált* strong, powerful, vigorous; *(izmos)* muscular, brawny, robust || *(akarat)* strong; *(jellem)* firm, resolute; *(meggyőződés)* firm || *(szavak)* strong, coarse || *(bor)* strong, heady; *(fény)* strong, intense; *(fűszer)* hot; *(nátha)* heavy, bad; *(szag)* penetrating, strong; *(szél)* high || **erős dohányos** heavy smoker; **erős és egészséges** hale and hearty; **erős szemüveg** powerful spectacles *tsz*; **ez az ő erős oldala** that is his strong point *(v.* his forte)
erősáramú *mn* heavy-current, power (current)
erősen *hsz* ❖ *ált* strongly; *(dolgozik)* hard; *(ellenáll)* sturdily || *(nagyon)* very (much), considerably || **erősen fűszerezett** highly seasoned, very spicy

erősít *ige* ❖ *ált* strengthen, make* stronger, reinforce, fortify || *(beteget)* tone up, brace; *(lelkileg)* fortify, give* sy strength || *(vmt vhová)* fix (to), fasten (to), affix (to); ❑ *el* amplify
erősítés *fn* ❖ *ált* strengthening || ❑ *kat* fortification, reinforcement
erősítő ▼ *mn* ❖ *ált* strengthening, fortifying || *(beteget)* bracing, invigorating ▼ *fn (szer)* tonic, (cor)roborant || ❑ *el* amplifier
erősödik *ige* ❖ *ált* get*/become* stronger, be* gaining strength; *(beteg)* improve in health, pick up; *(gyerek)* grow*; *(szél)* rise*, freshen || *(mozgalom)* spread* || **egyre erősödik** be* getting stronger
erősség *fn (erő)* strength, power, force || **9-es erősségű szél** gale force 9
erőszak *fn* force, violence, brute force; *(nemi)* rape; *(hatósági közeg elleni)* assault || **erőszakhoz folyamodik** resort to force/violence; **erőszakkal** by (main) force, with violence
erőszakos *mn* violent, forcible, aggressive || **erőszakos fráter** pushy/aggressive person, bully; **erőszakos nemi közösülés** rape
erőszakoskodás *fn* (act of) violence, bullying, brutality
erőszakoskodik *ige* use violence; *(vkvel)* treat (sy) in a brutal manner, maltreat (sy); *(nővel)* rape (sy)
erőteljes *mn* powerful, strong, energetic
erőtér *fn* ❑ *el* ❑ *fiz* field
erőtlen *mn* weak, feeble; *(halvány)* faint
erőtlenség *fn* weakness, feebleness
erőviszonyok *fn tsz* power relations, balance of forces/power *esz*
erővonal *fn* line of force
erre *hsz (vmre rá)* on this, onto this || *(irány)* this way, in this direction || **erre fogta magát és elment** thereupon he went away; **erre nézve** with re-

ga*r*d to this, on this point; **erre tessék!** (come) this way please!
errébb *hsz* n*e*arer, f*u*rther *o*ver this way
errefelé *hsz (irány)* in this direction, this way || *(hely)* hereabouts, in these parts
érrendszer *fn* v*a*scular system
érrendszeri *mn* vascular || **érrendszeri betegségek** circulatory dise*a*ses
erről *hsz (vmről le)* from/off this || *(ebből az irányból)* from this direction, from here || ❖ *átv* about this || **erről van szó!** that's the point, that is ex*a*ctly what I mean
érsebészet *fn* v*a*scular s*u*rgery
érsek *fn* archb*i*shop
erszény *fn* purse
érszűkület *fn* constriction/n*a*rrowing of the *a*rteries, (aortic) sten*o*sis
ért *ige (megért)* understand*, follow; grasp, comprehend || *(vkre, vmre)* al*l*ude to, refer to || *(vmhez)* be* skilled/expert in sg; know* all ab*ou*t sg, be* prof*i*cient/competent in sg, be* well up in sg; be* a dab hand at sg || **ebből egy szót sem értek** ❖ *biz* it is all Greek to me, I don't understand a word of it; **ehhez nem értek** I don't know the first thing about it; **ért a számtanhoz** be* good at maths (⊕ *US* math); **értem!** yes, I understand!, all right!, I see!; **értesz?** do you understand what I am s*a*ying?, do you follow me?; **érti a tréfát** get* the joke; **ezt nem rád értettem** I did not mean you; **mit értesz ezen?** what do you mean by this/that?; **nem érted?** don't you see?; **nem értem!** *(rosszul hallom)* I didn't catch what you said!, I beg your pardon!; *(felfoghatatlan)* I can't understand it!, it's (quite) beyond me; ❖ *biz* you've got me wrong; **rosszul értetted** *(amit mondtam)* you have misunderst*o*od me, you've got me wrong

érte *hsz (vmért, vkért)* for it/him/her || *(érdekében)* for its/his/her sake || **érte jön** *(vmért)* come* to fetch sg, collect sg; **érte küld** send* for sy/sg; **érte megy** *(vmért)* go* and get* it, go* for it, (go* and) fetch sg; *(vkért)* pick sy up (at); **érted** for you; **értetek** for you; **értem** for me; **értük** for them; **értünk** for us; **mit kér érte?** what do you charge/ask/want for it?
érték *fn* ❖ *ált* value, worth; *(pénzbeli)* value || *(erkölcsi)* worth; *(becses tulajdonság)* *a*sset || ❏ *mat* ❏ *tud* value || **minta érték nélkül** sample (of no commercial value); **névleges érték** face value; **vknek az értékei** sy's valuables
értékálló *mn* of stable value *ut.*; *(értékpapírok)* gilt-edged
értékel *ige (megbecsül, méltányol)* appreciate, esteem, value || *(felbecsül)* value, appr*a*ise, estimate || **nagyra értékel** value/rate sg h*i*ghly, set* a high value on sg
értékelés *fn (megbecsülés)* appreciation || *(felbecsülés)* appraisal, valu*a*tion
értékes *mn* valuable, precious, of (great/ high) value *ut.* || **értékes ember** a very worthy c*i*tizen (*v.* member of the comm*u*nity)
értékesít *ige (elad)* sell*, realize, convert *i*nto money
értékesítés *fn (eladás)* sale, realiz*a*tion
értekezés *fn* dissertation, study, tre*a*tise; *(doktori)* thesis *(tsz* theses)
értekezik *ige (vkvel)* consult, confer, talk matters over *(mind:* with sy)
értekezlet *fn* meeting; ⊕ *főleg US* conference || **értekezleten van** be* in/at a meeting, attend a/the meeting, ⊕ *US* be* in conference
értékítélet *fn* value j*u*dgement
értékmegőrző *fn* safe dep*o*sit || **értékmegőrzőben elhelyez vmt** dep*o*sit sg
értékpapír *fn* securities *tsz*, bonds *tsz*

értéktárgy *fn* valuables *tsz*
értéktelen *mn* worthless, valueless, of no value *ut.*
értéktőzsde *fn* the Stock Exchange
értékű *mn* worth sg *ut.*, of [great/little etc.] value *ut.*
értelem *fn (ész)* intelligence, intellect, mind, understanding, reason || *(jelentés)* sense, meaning || **átvitt értelem** figurative sense; **a rendelet értelmében** in accordance with the decree; **a szó szoros értelmében** literally, in the proper sense of the word; **mi értelme van (annak)?** what's the good of it?, what's the point/use of ...?; **nincs értelme** *(cselekedetnek)* there's no sense in (...ing), there's no (earthly) reason for (doing sg); *(szónak)* it does not make sense
értelemszerűen *hsz (űrlap kitöltésénél)* where/as appropriate
értelmes *mn (ember)* intelligent; *(gyerek így is)* clever || *(érthető)* intelligible, clear || **értelmes ember** intelligent man°
értelmetlen *mn (beszéd)* unintelligible, meaningless; *(cselekedet)* senseless
értelmetlenség *fn (beszédé)* unintelligibility, meaninglessness; *(cselekedeté)* senselessness || **értelmetlenségeket beszél** drivel, talk nonsense
értelmez *ige (felfog)* interpret, explain, construe || *(szótáríró)* define || **megjegyzéseimet rosszul értelmezték** my remarks have been wrongly construed
értelmezés *fn (felfogás)* interpretation, explanation; *(vmlyen értelemben)* acceptation || **értelmezése szerint** as understood by X
értelmező szótár *fn* (explanatory) dictionary
értelmi *mn* intellectual, mental || **értelmi fogyatékos** mental defective, mentally retarded; **értelmi fogyatékosság** mental deficiency
értelmiség *fn* the intelligentsia, the intellectuals *tsz*

értelmiségi ▼ *mn* intellectual || **értelmiségi dolgozó** intellectual worker ▼ *fn* intellectual || **értelmiségiek** the intellectuals, the (members of the) intelligentsia
értés *fn* understanding (of), comprehension (of) || **értésemre adták** I was given to understand; **értésére ad vknek vmt** give* sy to understand, let* sy know (about) sg
értesít *ige (vkt vmről)* inform sy about sg, let* sy know [when/what ... etc.], tell* sy of/about sg, notify sy of sg || ❑ *ker* advise || **tisztelettel értesítjük** we beg to inform you; **értesíti a rendőrséget a balesetről** report the accident to the police
értesítés *fn* information, notification, communication; *(üzenet)* message; *(hivatalos)* notice, announcement; ❑ *ker* advice
értesül *ige (vmről)* hear* of sg, learn* of sg, get* to know sg, be* informed of sg || **örömmel értesültem, hogy** I was pleased to learn that
értesülés *fn* information *(tsz ua.)*, news *(tsz ua.)* || **értesülése(i)m szerint** from what I hear *(v.* have heard)
értetlenül *hsz* **értetlenül áll vmvel szemben** be* at a loss [to know why ...]
értetődik *ige* **magától értetődik** it stands to reason, it goes without saying, of course, naturally enough
értetődő *mn* **magától értetődő** obvious, self-evident, natural
érthetetlen *mn (értelmetlen)* unintelligible, meaningless
érthető *mn* intelligible, clear, perspicuous; *(belátható)* understandable, comprehensible || **könnyen érthető** easy to understand *ut.*; **nehezen érthető** difficult/hard to understand *ut.*
érv *fn* argument || **a mellette és ellene szóló érvek** the arguments for and against sg, the pros and cons of sg
érvel *ige* argue, reason

érvelés *fn* argumentation, reasoning
érvény *fn* validity, force || **érvénybe lép** come* into operation/force, become* effective, take* effect; **érvényben levő** valid, in force *ut.*
érvényes *mn* valid, effective; *(igével)* hold* good; *(jegy)* be* valid/good; *(jogszabály)* be* in force; be* operative; *(pénz)* current, good || **egyszeri utazásra érvényes** good for a single journey; **2 hónapig érvényes** (be*) valid for 2 months
érvényesít *ige (igényt, jogot)* enforce, assert; *(követelést)* put* forward || *(okiratot)* validate; *(csekket, számlát)* endorse || **érvényesíti akaratát** get*/have* one's (own) way
érvényesítés *fn (igényé)* enforcement, assertion; *(csekké)* endorsement; *(okiraté)* validation
érvényesíttet *ige (repülőjegyet)* have (sg) confirmed, confirm
érvényesség *fn* validity, force || **érvényessége lejárt** it is no longer valid/good, its validity has expired
érvényesül *ige (ember)* get* on, succeed, make* one's way
érvényesülés *fn* success
érvénytelen *mn* invalid, void; *(szabály)* inoperative; *(jegy)* not good/valid *ut.*, cancelled (⊕ *US* -l-) || **érvénytelen szavazat** spoiled ballot
érvénytelenít *ige* invalidate, annul; *(töröl)* cancel (⊕ *US* -l)
érvénytelenség *fn* invalidity
érverés *fn* pulse, pulsation || **gyors érverés** frequent/quick/rapid pulse
érzék *fn (szerv)* sense || *(tehetség)* sense of/for (sg), bent/feeling for (sg) || **érzéke van a zenéhez** be* musical
érzékcsalódás *fn* delusion
érzékel *ige* perceive, discern, feel*
érzékelés *fn* perception, sensation
érzékeny *mn* ❖ *ált* sensitive (*vmre* to); *(betegségre)* susceptible (to), allergic (to) || *(sértődős)* sensitive (about sg), touchy || **érzékeny pontja vknek** one's sore spot/point
érzékenység *fn* ❖ *ált* sensitiveness, sensitivity; *(fogékonyság)* responsiveness; *(betegségre)* susceptibility (to) || *(csak lelki)* sensibility || *(sértődékenység)* touchiness, hypersensitivity || ❏ *műsz* sensitivity
érzéketlen *mn (testileg)* insensible (to) || *(lelkileg)* insensitive (to), apathetic *(vk iránt)* unfeeling (towards sy), indifferent (to sy); *(vm iránt)* inured to (sg)
érzéki *mn (érzékekkel kapcsolatos)* sensuous, sensory || *(buja)* sensual
érzékiség *fn (bujaság)* sensuality
érzékszerv *fn* (organ of) sense, sense organ || **az öt érzékszerv** the five senses *tsz*
érzelem *fn* sentiment, feeling, emotion || **érzelmet kelt** evoke a feeling
érzelgős *mn* mawkishly/s(l)oppily sentimental; ❖ *biz* mushy
érzelgősség *fn* sentimentalism, (mawkish/soppy) sentimentality
érzelmes *mn* sentimental, emotional
érzelmesség *fn* sentimentalism, sentimentality, emotionalism
érzelmi *mn* emotional, sentimental; *(lélektanilag)* emotive
érzés *fn (lelki)* feeling, sentiment || *(testi)* sensation, feeling || *(benyomás)* impression, notion, feeling
érzéstelenít *ige* ❏ *orv* anaesthetize (⊕ *US* anes-)
érzéstelenítés *fn* ❏ *orv (folyamat)* anaesthetization (⊕ *US* anes-); *(állapot)* anaesthesia
érzéstelenítő *fn (szer)* anaesthetic (⊕ *US* anes-) || *(orvos)* anaesthetist (⊕ *US* anes-) || **érzéstelenítő hatása alatt** under the anaesthetic
érzet *fn (testi)* sensation, feeling, sense (of sg) || **azt az érzetet kelti bennem** it gives me the impression, it suggests to me

érzik *ige* (may) be* felt/perceptible ‖ **érzik a hideg** one feels the cold; **érzik rajta, hogy idegen** you/one can tell it is foreign (*v.* he is a foreigner)
érző *mn* sensitive, feeling
érződik *ige* = **érzik**
és *ksz* and ‖ **és a többi** and so on/forth, etc. (*kimondva:* etcetera); **és aztán?** and then?, so what?
esedékes *mn* due; *(tartozás)* payable, due ‖ **esedékessé válik** become*/fall* due
esedékesség *fn* due-date; *(lejárat)* expiration ‖ **esedékességkor** when due
esély *fn* chance; *(kilátás)* prospect ‖ **semmi esélye nincs** has no chance whatever; ❖ *biz* hasn't the ghost of a chance
esélyegyenlőség *fn* equality of opportunity
esélyes *mn* having/possessing a (good) chance *ut.*
esemény *fn* event, occurrence
eseménytelen *mn* uneventful
esernyő *fn* umbrella
esés *fn* *(zuhanás)* fall(ing) ‖ *(áré)* drop, fall, decline [in prices]
eset *fn* ❖ *ált* case, instance; *(esemény)* event, occurrence ‖ *(ügy)* affair, business, matter ‖ *(történet)* story, tale ‖ ❏ *nyelvt* case ‖ **a szóban forgó eset** the case in point; **abban az esetben, ha** if; ⊕ *US* in case; **ebben az esetben** if so, in this case; **ellenkező esetben** otherwise; **esetén** in case of, in the event of; **legjobb esetben** at best; **nem az én esetem** *(dologról)* ❖ *biz* it is not my cup of tea; *(személyről)* he/she is not the sort of person I care much for; *(nemi szempontból)* is not my type, does not appeal to me; **semmi esetre (sem)** certainly not!, on no account, by no means, in no way (whatever), no way!; **tűz esetén** in case of fire

esetleg *hsz* by chance, by accident, maybe, possibly ‖ **ha esetleg ...** if, by any chance, ...; **ha esetleg találkozol vele** if you happen to meet him
esetleges *mn* possible, contingent, accidental, occasional
esetlegesség *fn* possibility, chance, contingency
esetlen *mn* awkward, clumsy, gangling, ungainly
eshetőség *fn* possibility, eventuality; *(lehetőség)* contingency ‖ **minden eshetőségre számítva** prepared for all emergencies
esik *ige* *(pottyan, zuhan)* fall*, drop ‖ *(vk vmbe kerül)* get* into, fall* into ‖ *(eső)* it rains; *(most)* it is raining ‖ *(ár)* fall*, go*/come* down ‖ *(időpont, hangsúly vmre)* fall* on ‖ *(vkre vm)* ❖ *átv* fall* to sy; *(paragrafus alá)* be* within section ..., fall* under ‖ **adó alá esik** be* liable to taxation; **akár esik, akár fúj** rain or shine; **áldozatul esik vmnek** fall* a prey/victim to sg; **baja esik** *(vknek)* have* trouble; *(szerencsétlenség)* meet* with an accident; **esik a hó** it snows; *(most)* it is snowing; **esni kezdett** it started raining; **hogyan esnék neked az(, ha)** and how would you like it (if); **keddre esett** it fell on Tuesday; **rosszul esik vm vknek** hurt* sy's feelings, be* a disappointment to sy, feel* sore about sg; **szó esik vkről/vmről** mention is made of sy/sg, the question of sy/sg cropped up; **távol esik** be* far off, be* a long way (away), be* distant
esket *ige* *(házasulókat)* marry
eskü *fn* oath ‖ **eskü alatt tett nyilatkozat** declaration under oath; *(írásban)* affidavit, sworn statement; **eskü alatt vall** testify (*v.* give* evidence) on/under oath, attest sg under oath; **hamis eskü** false oath, perjury; **esküt tesz** take*/swear* an oath (*vmre* on); *(es-*

küdt) be* sworn in; **esküt megszeg** break* an oath

esküdt ▼ *mn* sworn || **esküdt ellenség** sworn/mortal enemy ▼ *fn (bírósági)* juryman°, juror

esküdtszék *fn* (common) jury

esküszik *ige* swear* (*vmre* on, *vkre* by); take an oath || **esküszöm ...** ❖ *biz* so help me; **esküszöm, hogy igaz** I swear it's true; **hamisan esküszik** swear* falsely, forswear*/perjure oneself; **nem esküszöm rá** I wouldn't swear* to it; **örök hűséget esküszik vknek** plight one's troth to sy

eskütétel *fn* taking of the oath

esküvő *fn* wedding; *(házasságkötés)* marriage (ceremony) || **egyházi esküvő** church wedding; ; **polgári esküvő** civil marriage; **esküvőt tart** get* married; **mikor lesz az esküvő(tök)?** when are you getting married?

esküvői *mn* wedding || **esküvői ruha** wedding/bridal dress

eső ▼ *mn (zuhanó)* falling, dropping || **adó alá eső** liable to taxation *ut.*, taxable; **vm alá eső** falling under *ut.*, subject to *ut.* ▼ *fn* rain; *(szitáló)* drizzle || **eláll az eső** it has stopped raining; **esik az eső** it rains; *(most)* it is raining; **esőre áll, lóg az eső lába** it looks like rain; **szakad az eső** it is raining hard, it is pouring (with rain); ❖ *biz* it is raining cats and dogs; **szakadó esőben** in (the) pouring rain

esőcsepp *fn* raindrop

esőfelhő *fn* rain-cloud

esőköpeny *fn* raincoat, mackintosh; ❖ *biz* mac

esős *mn* rainy || **esős idő** rainy/wet weather

esővíz *fn* rainwater, storm-water

esőzés *fn* rainfall, rainy weather || **nagy esőzések voltak** there were heavy rains

esperes *fn* dean

est *fn (napszak)* evening || *(művészeti)* evening || **(ma) estig** by tonight, by (this) evening

este ▼ *fn* evening || **jó estét!** good evening! ▼ *hsz* in the evening || **ma este** this evening, tonight; **tegnap este** yesterday evening, last night; **holnap este** tomorrow evening/night; **kedd(en) este** Tuesday evening; **kedd este érkezett** he arrived on Tuesday evening; **késő este** late at night

estefelé *hsz* towards evening

esteledik *ige* it is getting dark || **korán esteledik** the days are drawing in

estély *fn* (evening) party, (social) evening, soirée || **estélyt ad** give* a party; ⊕ *US* ❖ *biz* throw* a party

estélyi ruha *fn* evening dress

esténként *hsz* in the evenings; *(minden este)* every evening

estére *hsz* by evening/night

esti *mn* evening || **esti mese** bedtime story; **esti tanfolyam** evening classes *tsz*

ész *fn* reason, intellectual faculty, mind, brain || **nem nagy ész** (he is) no genius; **ész nélkül** without thinking, without stopping to think; **eszem ágában sincs** I have not the slightest intention of (doing sg), I should not dream of (doing sg); **elment az eszed?** are you mad?, are you out of your mind/wits?; **vmn jár az esze** be* (constantly/always) thinking of sg, one's mind is constantly running on sg; **hol jár az eszed?** what are you thinking about?, ❖ *biz* a penny for your thoughts!; **máshol jár az esze** his thoughts are elsewhere; **vág az esze** has an acute (*v.* a quick) mind, he is quick in the uptake; **az eszed tokját!** ❖ *biz* nonsense!; **eszembe jut** it occurs to me; *(egy név/adat)* I remember; **nem jut eszembe** I (just) can't think of it; it escapes me; **az jutott eszembe, hogy** it struck me that; **mi**

jut eszedbe! the idea!; **erről jut eszembe** that reminds me, by the way; **eszébe juttat vknek vmt** remind sy of sg; **észbe kap** suddenly realize sg; **észnél légy!** be* careful!; **megáll az ember esze!** it is incredible/astounding (v. ❖ biz mind-boggling) to (see) …, well I never!; **majd megjön az esze** he will think better of it, he will come to his senses; **mióta az eszemet tudom** ever since I can remember; **észre tér** come* to one's senses, think* better (of)

észak fn (the) North, north ‖ **északon** in the north; **északra** northward, (towards the) north, northerly; **észak felé haladó** northbound; **vmtől északra fekszik** lie* north of sg; **észak felől, északról** from the north

Észak-Amerika fn North America

észak-amerikai mn/fn North American

észak-atlanti mn észak-atlanti tömb North Atlantic bloc; **Észak-atlanti Szerződés Szervezete** North Atlantic Treaty Organization (röv NATO)

északi mn northern, north, of the north ut.; (szél) northerly ‖ **északi fekvésű ház** house facing north; **északi félgömb** the northern hemisphere; **északi irányban** northward(s), towards the north; **északi népek** the Nordic peoples; **északi szél fúj** there is a northerly wind

Északi-Jeges-tenger fn the Arctic Ocean

Észak-Írország fn Northern Ireland

Északi-sark fn the North pole, the Arctic

északi-sarki mn Arctic

Északi-sarkvidék fn the Arctic

északkelet fn north-east, (the) North-East

északkeleti mn north-east(ern) ‖ **északkeleti szél** north-easter(ly wind)

északnyugat fn north-west, (the) North-West

északnyugati mn north-west(ern) ‖ **északnyugati szél** north-wester(ly wind)

észbeli mn intellectual, mental

észbontó mn ravishing, fascinating; ❖ biz mind-boggling

eszerint hsz (ilyen módszerrel) (in) this way ‖ (tehát) if that is the case, accordingly, consequently

eszes mn intelligent, clever, smart, bright ‖ **eszes ember** man° of brains

eszeveszett mn frantic, mad

eszik ige eat* ‖ → **étkezik** ‖ **abból ugyan nem eszel!** not if I can help it!; **egyék még!** help yourself!, have some more!; **nem ennél vmt?** would you like (to have) sg to eat?; **ön mit eszik?** (étteremben) what will you have?

észjárás fn way of thinking, habit ‖ **gyors észjárású** ready/quick-witted

eszkimó mn/fn Eskimo

eszköz fn ❖ ált (vm célra) instrument, device; (szerszám) tool, appliance; (háztartási) utensil; (gazdasági) implement; ❖ átv means esz v. tsz ‖ **anyagi eszközök** resources, means, funds (mind: tsz)

észlel ige observe, notice, perceive, detect

észlelés fn observation, cognition

eszme fn idea, thought

eszmecsere fn exchange of views, conversation, talk ‖ **X eszmecserét folytat Y-nal** an exchange of views takes place between X and Y

eszmél ige (ájulásból) come* to

eszmélés fn (ájulásból) recovery of consciousness ‖ (gyermeké) the awakening of (self-)consciousness

eszmélet fn consciousness ‖ **eszméletén kívül van** be* unconscious; **eszméleténél van** be* conscious; **visszanyeri eszméletét** recover/regain consciousness, come* to/round; **elveszti eszméletét** lose* consciousness, faint

eszméletlen *mn* unconscious || **eszméletlen állapotban van be*** (lying) unconscious
eszméletlenség *fn* unconsciousness
eszményi *mn* ideal
eszperantó *fn* Esperanto
eszpresszó *fn* coffee-bar
eszpresszókávé *fn* espresso
észrevehetetlen *mn* imperceptible, unperceivable
észrevehető *mn* perceptible, noticeable, appreciable || **észrevehető javulás** marked improvement; **észrevehetően** perceptibly, noticeably, appreciably
észrevesz *ige* observe, notice, perceive, become* aware of; *(megpillant)* catch* sight of, see* || **nem vesz észre** fail to notice/see, miss, skip over, overlook
észrevétel *fn* observation, noticing, perception || *(megjegyzés)* remark, comment, reflection || **észrevételt tesz vmre** make*/pass a remark on sg, remark on sg; **nincs semmi észrevétele** have* no comment (to make)
észrevétlen(ül) *hsz* unobserved, unnoticed; *(lopva)* by stealth
esszé *fn* essay
ésszerű *mn* rational, reasonable, sensible || **ésszerűen** sensibly, in a reasonable/rational manner
ésszerűség *fn* rationality, reasonableness || **az ésszerűség határain belül** within the bounds of reason
ésszerűtlen *mn* unreasonable, illogical
észt *mn/fn (ember, nyelv)* Estonian
esztelen *mn* unreasonable, foolish, mad, crazy, nonsensical || **esztelen pazarlás** mindless waste
esztelenség *fn* folly
esztendő *fn* year || **ma egy esztendeje** this day last year, a year ago today; **egy álló esztendeig** a whole year
esztendős *mn* of ... years *ut.*, ... years old *ut.*

esztergál *ige* turn
esztergályos *fn* turner, lathe operator
esztergapad *fn* lathe, turner's lathe
esztéta *fn* aesthete (⊕ *US* es-)
esztétika *fn* aesthetics (⊕ *US* es-) *esz*
esztétikus *mn* aesthetic (⊕ *US* es-)
Észtország *fn* Estonia
eszű *utótag* -witted || **eleven eszű** quick-witted; **tompa eszű** dull
étcsokoládé *fn* bitter/cooking chocolate
étel *fn* ❖ *ált* food; *(tálalva)* dish, meal
ételbár *fn* snack bar
ételhordó *fn (edény)* food-container/carrier
ételízesítő *fn* stock (cube)
ételmaradék *fn* scraps/remains of food *tsz*
ételmérgezés *fn* food poisoning
ételszag *fn* smell of food
éter *fn* ether
etet *ige* give* sy sg (to eat), feed*; *(állatot)* feed*, give food (to)
etetés *fn* feeding
etető *fn* feeder; *(vadé)* feeding place
etetőszék *fn* high chair
etika *fn* ethic; *(szabályok)* ethics *tsz*
etikai *mn* ethical || **etikai bizottság** ethical committee; **etikai szempontból** ethically
etikett *fn* etiquette, proprieties *tsz*
etikus *mn* ethical || **etikus magatartás** moral behaviour
etil-alkohol *fn* ethyl alcohol
etimológia *fn* etymology
étkészlet *fn* tableware, dinner service/set; *(teázáshoz)* tea service
étkezde *fn* eating-house, eating place; ❑ *kat* mess(-room); *(üzemi)* canteen; *(hajón)* dining saloon; ❑ *isk* refectory, dining hall
étkezés *fn (egyszeri)* meal; *(rendszeres)* meals *tsz*; *(ellátás)* board || **étkezés előtt/után** before/after meal(s); **étkezéssel** with full board; **szállás étkezéssel** board and lodging, bed and board

étkezik *ige* ❖ *ált* eat*, have*/take* one's meals; *(este)* have* dinner, dine; *(délben)* have* lunch, lunch; *(vhol rendszeresen)* take* one's meals, board, eat* ‖ **nem otthon étkezik** board/eat* out, *(este)* dine out; *(egy alkalommal)* dine/eat* out, have* a meal out; **háromszor étkezik naponta** (s)he has three meals a day

étkező *fn (helyiség)* = **étkezde**

étkezőfülke *fn* dining recess, dinette

étkezőkocsi *fn* dining car, ⊕ *US* diner

étkeztetés *fn* feeding, boarding ‖ **üzemi étkeztetés** subsidized meals *tsz*

étlap *fn* menu, bill of fare ‖ **étlap szerint** à la carte

étlen-szomjan *hsz* hungry and thirsty, without food or drink

etnikum *fn* ethnic group

étolaj *fn* cooking-oil, edible oil

étrend *fn* menu; *(betegé)* diet

étterem *fn* restaurant; *(kisebb szállodáé)* dining-room

ettől *hsz (vmtől, vktől)* from this ‖ **ettől az embertől** from this man; **ettől kezdve** from this/that time onward, from now onward; **ettől minden kitelik** he is capable of anything

étvágy *fn* appetite ‖ **evés közben jön meg az étvágy** appetite comes with eating; **jó étvágya van** eat* well, have* an appetite

étvágygerjesztő ▼ *mn* appetizing; *(igével)* whet sy's appetite ▼ *fn* appetizer; ❏ *orv* stomachic

étvágytalan *mn* without an(y) appetite *ut.*

étvágytalanság *fn* lack/loss of appetite

EU = **Európai** *Unió*

EU-csatlakozás *fn* EU-accession

EU-konform *mn* EU-compatible

Európa *fn* Europe; *(Nagy-Britannia nélkül)* the Continent

európai *mn* European; *(Nagy-Britannia nélkül)* continental ‖ **Európai Unió (EU)** European Union (EU)

Európa-szerte *hsz* all over (*v.* throughout) Europe

Eurovízió *fn* Eurovision

EU-tagság *fn* EU-membership

eutanázia *fn* euthanasia, mercy killing

ev. = **evangélikus**

év *fn* year ‖ **jövő év** next year; **múlt év** last year; **(az) év vége** the close/end of the year; **év végi** final, end-of-the-year, coming at the end of the year *ut.*; **évek hosszú során át** for many years; **évek múltán** years after; **évek múlva** several years later; **évek óta** for many years; **ma egy éve** a year ago to-day, this day last year; **három éve, három évvel ezelőtt** three years ago; (⊕ *US* back); **ez évben** this year; **élete tizenhetedik évében** in the seventeenth year of his life; **évente** every year, yearly, annually, per annum; **évenként kétszer** twice a year; **évenként fizet** make* an annual payment; **egy álló évig** for a whole year; **5 évig tartó** lasting 5 years, 5 years' ...; **mához egy évre** this day next year, a year from today; **évekre visszamenőleg** for years back; **évről évre** year by year, year in year out

évad *fn* season

evangélikus *mn* Lutheran

evangélista *fn (bibliai)* Evangelist ‖ *(evangelizátor)* evangelist

evangélium *fn* ❏ *vall* Gospel ‖ **Máté evangéliuma** the Gospel according to St. Matthew

évelő *mn* perennial (plant)

evés *fn* eating

éves *mn* ... years old *ut.*, ... -year-old ‖ *(x évre szóló)* for ... years *ut.*; *(x évig tartó)* lasting ... years *ut.* ‖ **éves törlesztő részlet** annuity; **hány éves?** *(vk/vm)* how old is he/she/it?, what age is he/she/it?; *(ön)* how old are you?; **kétéves garancia** a guarantee for 2 years, 2 years' guarantee; **ötvenöt éves vagyok** I am fifty-five (years old); **tizenhat éves** *(igével)* (s)he is

sixteen years old; *(jelzőként)* 16-year-old, 16/sixteen years old *ut.*; aged sixteen *ut.*; **tizennyolc éves korában** at the age of eighteen, aged eighteen
evez *ige* row; *(kajak-kenu)* paddle ‖ **egyesületben evez** row for a club
evezés *fn* rowing; *(kajak-kenu)* paddling
evező ▼ *mn* rowing ▼ *fn (aki evez)* oarsman°, rower ‖ *(eszköz)* oar; *(rövidebb)* scull; *(kajakhoz, kenuhoz)* paddle
evezőcsapás *fn* stroke
evezőlapát *fn* oar
evezős ▼ *mn* rowing ‖ **evezős csónak/hajó** rowing-boat, ⊕ *US* rowboat ▼ *fn* rower, oarsman°; **első evezős** bowman°, bow oar
evezősbajnokság *fn* rowing championship
évezred *fn* thousand years *tsz*, millennium *(tsz* millennia)
évfolyam *fn (folyóiraté)* volume ‖ ❏ *isk* class, year
évfolyamtárs *fn* classmate ‖ **évfolyamtársam volt** (s)he was in my year class
évforduló *fn* anniversary
évgyűrű *fn (fában)* annual ring
évi *mn* yearly, annual, year's ‖ **évi bér** annual wages *tsz*; **évi fizetés** annual salary; **évi mérleg** annual balance (sheet); **ez évi** this year's, of this year *ut.*
evidens *mn* evident, obvious, manifest
évjáradék *fn* annuity
évjárat *fn (személyek)* generation, age-group ‖ *(bor)* vintage
évkönyv *fn (almanach)* almanac; *(intézményé)* yearbook; *(ismeretterjesztő stb. társaságé)* annals *tsz*
évnyitó *fn* ❏ *isk* opening ceremony
evő ▼ *mn* eating *ut.* ▼ *fn* eater ‖ **rossz evő** poor/bad eater
évődik *ige (vkvel)* tease (sy); ❖ *biz* pull sy's leg
evőeszköz(ök) *fn* cutlery, silver
evőkanál *fn* tablespoon ‖ **három evőkanállal** three tablespoonfuls (of …)

evőkanálnyi *hsz* tablespoonful
évszak *fn* season ‖ **az évszakhoz képest hideg idő** cold weather *(v.* it's cold) for the time of the year
évszám¹ *fn* date
évszám² *hsz* year after/by year, year in (and) year out
évszázad *fn* century
évszázados *mn* century/centuries old
évtized *fn* decade
evvel *hsz* = **ezzel**
évzáró (ünnepély) *fn* ❏ *isk* speech-day
exkluzív *mn* exclusive, select
exkuzál *ige* make* excuses (for), apologize (for sg) *(vk előtt* to) ‖ ❏ *isk kb.* ask to be excused homework
expedíció *fn* ❏ *kat* ❏ *tud* expedition ‖ *(üzemben)* dispatch (department)
exponál *ige* ❏ *fényk* make* an exposure, expose
export *fn* exportation, exports *tsz* ‖ *(jelzőként)* export(-)
exportál *ige* export
exportálás *fn* exportation, exporting
exportáru *fn* export goods *tsz*, export(s)
exportcikk *fn* export (article)
exportőr *fn* exporter
expozíció *fn (irodalom, zene)* exposition ‖ ❏ *fényk* exposure
expressz ▼ *mn (levél)* express, ⊕ *GB* first class; ⊕ *főleg US* special delivery ▼ *hsz* **expressz ad fel** send sg express, ⊕ *GB* send* sg first class ▼ *fn (vonat)* express (train)
expresszáru *fn* express goods *tsz*
expresszionista *fn* expressionist
expresszlevél *fn* express letter, ⊕ *GB* first-class letter/mail; ⊕ *US* special delivery letter
expresszvonat *fn* express (train)
extenzív *mn* extensive
extra *mn (ráadás)* extra ‖ *(különleges)* super-fine ‖ **extra méretű/nagy** *(ruhaféle)* outsize, extra large; *(cigaretta)* king-size
extraprofit *fn* extra/super-profit

extrém *mn* extreme
ez *nm* this *(tsz* these), that *(tsz* those) ‖ **ez a(z) ...** this; **ez a ház** this house; **ez az** that's it!, that's right; **ezek az emberek** these people; **ezek azok** these are the men; **ezek után** after that/these, thereupon, hereupon, at this stage
ezalatt *hsz (időben)* in the meantime, meanwhile, during this/that time
ezáltal *hsz* hereby, by this means, by so doing
ezelőtt *hsz* formerly, in former times ‖ *(határozott időjelöléssel)* ago ‖ **két évvel ezelőtt** two years ago, ⊕ *US* two years back
ezen *hsz (vmn)* at/on this ‖ **ezen az asztalon** on this table; **ezen nem kell csodálkozni** there is nothing surprising in this
ezenkívül *hsz* besides, in addition
ezennel *hsz* herewith, hereby ‖ **ezennel igazoljuk ...** this is to certify (that)
ezentúl *hsz* henceforth, from now on, from this time on
ezer *szn* (a/one) thousand ‖ **ezer dollár** a thousand dollars; **több ezer forintba került** it cost thousands of forints; **harmincezer lakos** thirty thousand inhabitants; **ezer éve nem láttalak!** I haven't seen you for ages!; **ezer bocsánat!** a thousand pardons!
Ezeregyéjszaka *fn* the Arabian Nights *tsz*
ezeresztendős *mn* a thousand years old *ut.*
ezermester *fn* jack-of-all-trades, handyman°
ezermillió *szn* one/a thousand million(s), ⊕ *US (de GB-ben is terjed)* one/a billion (10^9)
ezernyi *mn* thousands of; *(igen sok)* millions of
ezerszer *hsz* a thousand times
ezért *hsz/nm (emiatt)* therefore, for this/that reason, so, that/this is why ‖ *(evégett)* for that/this purpose, with that/this object, to that/this end ‖ **ezért vagyok itt** that's why I am here
eziránt *hsz (erre nézve)* with regard to this, on this point, in that matter/question
ezred *fn* ❑ *kat* regiment ‖ *(rész)* thousandth (part)
ezredes *fn* colonel
ezredév *fn* millennium *(tsz* millennia)
ezredforduló *fn* turn of the millennium
ezredik *szn* thousandth
ezrelék *fn* per thousand/mill/mil, one thousandth
ezres ▼ *mn (tízes rendszerben)* thousand; **ezres szám** the number 1000 ▼ *fn (bankjegy)* a thousand pound/dollar/forint note ‖ *adj* **kölcsön egy ezrest** could you lend me a thousand forints?
ezután *hsz (ezentúl)* henceforth, from now on, from this time on
ezúton *hsz (így)* thus; *(hivatalosan)* hereby, herewith
ezúttal *hsz* this time, on this occasion
ezüst *fn* silver
ezüstérem *fn* silver medal
ezüstérmes *mn/fn* silver medallist (⊕ *US* -l-)
ezüstlakodalom *fn* silver wedding
ezüstlánc *fn* silver chain
ezüstnemű *fn* silver(-ware)
ezüstös *mn* silvery
ezüstpapír *fn* silver paper/foil, (tin)foil
ezüstpénz *fn* silver (coin)
ezüstpróba *fn* hallmark
ezüstszínű *mn* silver(-coloured), silvery
ezüsttárgyak *fn* silver-ware
ezüstvasárnap *fn* <the second Sunday before Christmas>
ezzel *hsz (vmvel)* with this/that, herewith, hereby ‖ *(időben)* on this ‖ **ezzel már el is szaladt** having said this he ran away/off; **ezzel mára végeztünk is** and that's it; **ezzel szemben** whereas, on the other hand, while

F

f → fillér
fa¹ *fn (élő)* tree || *(anyag; tüzelő)* wood; *(jelzőként)* wooden, wood-, of wood *ut.*; *(építőanyag)* timber, wood; ⊕ US lumber || ❏ *isk* ❖ *biz* = **elégtelen** || **azt sem tudja, mi fán terem** have* not the slightest/foggiest idea of sg; **kemény fából van faragva** be* made of sterner stuff; **maga alatt vágja a fát** cut* the ground from under one's own feet; **nagy fába vágta a fejszéjét** bite* off more than one can chew
fa² *fn* ❏ *zene* fa(h)
faág *fn* branch; *(nagyobb)* bough
faanyag *fn* timber, wood; ⊕ US *főleg* lumber
fabatka *fn* **(egy) fabatkát sem ér** it is not worth a goat/pin/straw
faburkolat *fn* panelling (⊕ US -l-), wainscot
fácán *fn* pheasant
facsar *ige (mosásnál)* wring* || *(vm vknek az orrát)* irritate (sy)
facsavar *fn* screw
facsemete *fn* sapling
fadarab *fn* piece of wood, stick
fafaragás *fn* (wood-)carving
fafejű *mn* ❖ *biz (ostoba)* thick || *(makacs)* pig-headed
fafúvósok *fn tsz (zenészek)* the woodwind *esz v. tsz*
faggat *ige* interrogate (closely), cross-examine/question; ❖ *biz* grill
faggatás *fn* (close) interrogation; ❖ *biz* grilling
fagott *fn* bassoon

fagy ▼ *ige* freeze* || *(befagy)* freeze* (over), become* frozen || **fagy (odakinn)** it's freezing; **majd ha fagy!** when hell freezes over! ▼ *fn* frost
fagyálló ▼ *mn* frost-resistant/proof ▼ *fn (folyadék)* antifreeze
fagyás *fn (testen)* chilblain
fagyaszt *ige* freeze* || *(ételt)* chill, refrigerate, deep-freeze*
fagyasztás *fn (élelmiszeré)* freezing, refrigeration || ❏ *orv* ❖ *biz* freezing
fagyasztóláda *fn* (chest) freezer
fagyasztószekrény *fn (háztartási)* freezer; *(frizsiderrel egybeépített)* fridge freezer
fagyasztott *mn* frozen; *(mélyhűtött)* deep-frozen
faggyú *fn (kiolvasztva)* tallow; *(természetes állapotban)* suet
fagykár *fn* frost damage, damage done by (*v.* due to) frost
fagylalt *fn* ice-cream, ice
fagylaltozik *ige* have* an ice-cream
fagylaltozó *fn (helyiség)* ice-bar
fagyos *mn (idő)* frosty, chilly; *(szél, út)* icy || ❖ *átv (tekintet)* chilling, glacial || **fagyos fogadtatás** a frosty/cool reception
fagyott *mn* frozen
fagyöngy *fn* mistletoe
fagypont *fn* freezing-point || **fagypont alatt** below freezing-point (*v.* zero)
faház *fn (lakóház)* wooden house, log cabin; *(kempingben)* chalet, hut
fahéj *fn (fűszer)* cinnamon
faipar *fn* wood/timber industry

faiskola fn nursery
faj fn ❑ biol species (tsz species) || (emberfajta) race || (válfaj) type, species, sort
fáj ige (élesen) hurt*, cause pain; (tartósan, tompán) ache || (vm lelkileg vknek) pain sy || **fáj a fejem** I have a headache; **gyakran fáj a fejem** I often get headaches; **fáj a karja** he has a pain in the arm; **fáj a torkom** I have a sore throat; **fáj a szívem, ha rágondolok** it breaks my heart to think of (it/her/him); **mi fáj?** what's wrong with you?, what's the trouble?; **minden tagom fáj** I ache all over
fájás fn (kis) ache, hurt; (nagy, szervi) pain; (szülési) (labour v. ⊕ US labor) pains tsz || **jönnek a fájások** she's gone into labour
fájdalmas mn painful, aching, sore || (veszteség) grievous, sad, distressing
fájdalom fn (testi) pain, ache || (lelki) grief, suffering, sorrow, pain || **fájdalommal tudatjuk, hogy** it is with deep regret that we announce that; **nagy fájdalmai vannak** suffer/feel* great pains
fájdalomcsillapító fn painkiller, analgesic
fájdalomdíj fn ❖ biz **fájdalomdíjként** by way of consolation
fájdalommentes mn painless
fajfenntartás fn race preservation
faji mn racial || **faji megkülönböztetés** fn racial discrimination/segregation
fajkutya fn pedigree dog
fájlal ige complain of a pain (in sg) || ❖ átv regret, be*/feel* sorry for
fájó mn (seb) painful, aching || **fájó pont(ja vknek)** ❖ átv a sore point
fájós mn aching, sore || **fájós lábbal** having sore feet
fajsúly fn specific gravity/density
fajta ▼ fn ❑ biol variety || (féleség) sort, kind, variety, type, class; (áru) brand, make ▼ mn (fajtájú) of the ... kind/type ut. || **különböző fajta tárgyak** objects of various kinds
fajtatiszta mn (állat) pure-bred, pedigree; (ló, főleg) thoroughbred
fajul ige vmvé fajul degenerate into sg
fajüldözés fn rac(ial)ism
fakad ige (forrás) spring* (from) || (vmből) ❖ átv spring*/arise* from || **sírva fakad** burst* into tears
fakanál fn wooden spoon, stirrer
fakír fn fakir
fáklya fn torch
fakó mn pale, faded
fakul ige fade, lose* colour (⊕ US -or), discolour
fakultáció fn ❑ isk optional course of study
fakultás fn (egyetemi) faculty
fakultatív mn optional, ⊕ US elective || **fakultatív tantárgyak** optional subjects, optionals; ⊕ US elective subjects, electives
fal[1] ige devour, eat* ravenously || **falja a könyveket** (s)he is a voracious reader
fal[2] fn wall || **négy fal között** indoors; **akár a falnak beszélne** it's like talking to a brick wall; **a falnak is füle van** even walls have ears; **faltól falig szőnyeg** wall-to-wall carpet, fitted carpet; **fallal elválaszt** partition (off)
falánk mn gluttonous, greedy, ravenous
falánkság fn gluttony, greed
falat fn mouthful, bit, bite || **egy falat kenyér** a bit of bread; **nincs egy betevő falatja** have* not a bite/morsel to eat
falatozik ige have* a snack
falatozó fn (helyiség) snack-bar
falburkolat fn (külső) wall covering, cladding; (burkolólappal) panelling (⊕ US -l-)
falemez fn panel; (többrétegű) plywood
falevél fn leaf°

falfestmény *fn* wall-painting, fresco, mural

fali *mn* mural, wall

falikar *fn (tartó)* wall bracket || *(lámpa)* bracket light, wall lamp

falikút *fn (konyhai)* sink

falinaptár *fn* wall calendar

falióra *fn* wall-clock, hanging clock

faliszekrény *fn* (wall-)cupboard

faliszőnyeg *fn* tapestry, hangings *tsz*

faliújság *fn kb.* notice-board

falka *fn* pack (of hounds/wolves)

falu *fn* village

falubeli *mn* villager || **falumbeliek** people of/from my village

falusi ▼ *mn* rural, village- || **falusi lakosság** rural population ▼ *fn* **a falusiak** the villagers

falvédő *fn* wall-hangings *tsz*

fametszet *fn* woodcut, (wood) engraving

fanatikus ▼ *mn* fanatic(al) ▼ *fn* fanatic (for sg)

fanatizmus *fn* fanaticism

fánk *fn kb.* doughnut

fantasztikus *mn* fantastic

fantázia *fn* imagination || **nem látok benne fantáziát** I can't see much in it

fantázianév *fn* brand/trade name

fantomkép *fn* identikit (picture)

fanyalog *ige* make* a face

fanyar *mn (íz)* tart, acrid; *(bor, igével)* has a vinegary taste || *(mosoly)* wry

fapofa *fn* wooden/poker face

far *fn (emberé)* bottom; ❏ *orv* buttocks *tsz*; ❖ *tréf* backside, bum; *(állaté)* hindquarters *tsz* || *(hajóé)* stern; *(más járműé)* back || **farral áll be a garázsba** back the car into the garage

fárad *ige (elfárad)* get* tired || *(fáradozik)* take* (great) pains *(vmvel* over *v.* to do sg)

fáradozás *fn* trouble, pains *tsz*, effort || **(szíves) fáradozását hálásan köszönöm** thank you for the trouble you've taken (*v.* for taking all that trouble)

fáradozik *ige* **azon fáradozik, hogy** he is devoting all his efforts to (doing sg)

fáradság *fn (fáradozás)* trouble, pains *tsz*, effort || **kár a fáradságért** it isn't (*v.* it's not) worth the trouble/bother, it's not worthwhile; **veszi magának a fáradságot, hogy** take* the trouble to do sg

fáradt *mn* tired; *(kimerült)* fatigued, exhausted || **(nagyon) fáradt vagyok** I am (very) tired

fáradtan *hsz (vmtől)* wearily, tired (with sg), exhausted (by sg)

fáradtság *fn* tiredness, exhaustion, fatigue || **erőt vesz rajta a fáradtság** be* overcome with fatigue

farag *ige (fát)* carve, cut*; *(követ)* hew*, trim; *(szobrot)* sculpt, sculpture, carve || **vkből embert farag** make* a man of sy

faragás *fn* carving

faragatlan *mn* ❖ *átv* boorish, unpolished, rough

fáraó *fn* Pharaoh

fáraszt *ige (fáradttá tesz)* tire, fatigue, weary || **bocsánat, hogy ide fárasztottam** I'm sorry to have put you to the trouble of coming here

fárasztó *mn (kimerítő)* tiring, fatiguing, exhausting, back-breaking || **fárasztó munka** a (very) fatiguing job; **fárasztó út** a tiring journey

farizeus ▼ *mn* Pharisaic(al) ▼ *fn* Pharisee

fark *fn* tail || ❖ *vulg* cock, ⊕ *US* pecker || **farkával csapkod** swish its tail

farkas *fn* wolf°

farkaskutya *fn* Alsatian, ⊕ *US* German shepherd

farkasszemet néz vkvel ❏ *kif* stare sy out

farkcsigolya *fn* caudal vertebra (*tsz* -brae)

farkcsont *fn* caudal bone

farkcsóválás *fn* tail-wagging

farm *fn* farm

farmer *fn (gazdálkodó)* farmer || *(nadrág)* jeans *tsz*, Levi's *tsz*, denims *tsz* || *(anyag)* denim, Levi's
farmotoros *mn* rear-engined, rear-drive
farok *fn* = **fark**
farol *ige (csúszva, oldalt)* skid, swerve || *(hátra)* reverse, back
farostlemez *fn* chipboard
farsang *fn* carnival (time)
fás *mn (terület)* wooded || *(zöldség)* stringy
fasírozott *fn* meatball, hamburger (steak), beefburger
fasiszta *mn* fascist
fasizmus *fn* fascism
fásli *fn* bandage
fasor *fn* avenue
faszén *fn* charcoal
faszobrász *fn* wood-carver
fatális *mn* fatal || **fatális tévedés** fatal error/mistake
fatányéros *fn kb.* mixed grill
fatelep *fn* timber (⊕ *US* lumber)-yard
fatörzs *fn* (tree-)trunk
fatuskó *fn (ülésre, tűzre)* log
fátyol *fn* veil || **borítsunk fátylat a múltra** let* bygones be bygones
fátyolfelhő *fn* veil-cloud
fátyolos *mn* veiled
fattyú *fn* bastard
fauna *fn* fauna
favágás *fn (erdőben)* felling (of) trees, logging || *(tüzelőnek)* wood-cutting || ❖ *átv* drudgery
favágó *fn (erdőn)* woodman°, logger; ⊕ *US* lumberman°
fazék *fn* pot
fazekas *fn* potter
fazekasság *fn* potter's craft, pottery
fázékony *mn* sensitive/susceptible to cold *ut.*
fázik *ige* be*/feel* cold, feel* chilly || ❖ *átv (vmtől)* shrink* from, fight* shy of (doing) sg || **fázik a lábam** my feet are cold; **fázom** I am/feel cold
fázis *fn (szakasz)* phase, stage || ❑ *el* live (wire)

fazon *fn (ruháé)* cut [of a suit] || ❖ *átv* ❖ *biz* character, guy
fázós *mn* = **fázékony**
F-dúr *fn* F major
február *fn* February; → **december**
februári *mn* February, of/in February *ut.*; → **decemberi**
fecseg *ige* chatter, babble on
fecsegés *fn* chatter; *(pletyka)* gossip
fecsegő ▼ *mn* chattering ▼ *fn* chatterbox
fecske *fn* swallow
fecskendez *ige* squirt *(vmt vmbe* sg into sg), spray; *(tűzoltó)* play the hose (on sg) || ❑ *orv* inject *(vkbe vmt* sy with sg)
fecskendő *fn* ❑ *orv* (hypodermic) syringe; *(tűzoltóé)* (fire-)hose
fed *ige (takar)* cover *(vmvel* with sg) || *(házat, tetőt)* put* a roof on || **ez nem fedi a valóságot** this does not accord with the facts
fedd *ige* reprove, rebuke, castigate
feddés *fn* reproof, reprimand
fedél *fn (házé)* roof || *(dobozé, edényé)* lid; *(csavaros)* cap || *(könyvé)* cover
fedélzet *fn (hajóé)* deck || **minden ember a fedélzetre!** all hands on deck!; **a repülőgép fedélzetén** on board the aircraft
fedélzeti *mn* deck(-) || **fedélzeti számítógép** *(autóban)* board computer
fedetlen fővel *hsz* bare-headed, hatless
fedett *mn* covered; *(épület)* roofed || **fedett pályás** indoor; **fedett uszoda** indoor (swimming-)pool
fedez *ige* ❑ *kat* ❑ *sp* cover || *(költséget)* cover, meet* || ❑ *áll* cover || ❑ *kat* ❑ *sp* **fedezz!** fall in!
fedezék *fn* entrenchment, trenches *tsz*
fedezés *fn* covering || **költségeinek fedezésére** to cover/meet his expenses
fedezet *fn (arany, vagyontárgy stb.)* security; *(pénz)* funds *tsz* || ❑ *sp* half(back) || **fedezettel kísér** escort (sy), convoy

fedő *fn (vmn)* cover, top; *(edényen)* lid
fedőnév *fn* code-name
fegyelem *fn* discipline || **fegyelmet tart** keep*/maintain discipline
fegyelmez *ige* discipline
fegyelmezetlen *mn* undisciplined
fegyelmezett *mn* disciplined, orderly
fegyelmi ▼ *mn* disciplinary || **fegyelmi eljárás** disciplinary procedure; **fegyelmi úton elbocsát** be* summarily dismissed; **fegyelmi vétség** disciplinary offence; **fegyelmi vizsgálat** departmental investigation ▼ *fn* disciplinary procedure
fegyenc *fn* convict, inmate [of a prison]
fegyház *fn* prison, ⊕ *US* penitentiary || **ötévi fegyházra ítél** sentence (sy) to five years of penal servitude
fegyőr *fn (csak GB)* gaoler, ⊕ *GB* és ⊕ *US* jailer
fegyver *fn* ❖ *ált* weapon, arms *tsz*; *(lőfegyver)* gun || **fegyvert fog vk ellen** take* up arms against sy; **leteszi a fegyvert** *(átv is)* lay* down one's arms, surrender; **fegyverrel kényszerít vkt vmre** force sy [to do sg] at gunpoint
fegyveres *mn* armed || **fegyveres bandita** gunman°; **fegyveres beavatkozás** armed/military intervention
fegyverkezés *fn* military preparations *tsz*
fegyverletétel *fn* laying down of arms, surrender, capitulation
fegyverszakértő *fn* firearms expert
fegyverszünet *fn* armistice || **fegyverszünetet köt** conclude/sign an armistice
fegyvertelen *mn* unarmed, weaponless
fegyverviselési *mn* **fegyverviselési engedély** firearms/gun licence
fegyverzet *fn* ❑ *kat* armament || ❑ *el* armature
fehér ▼ *mn* white; *(borosüveg)* clear || **a fehér bőrűek** the whites; **fehér ember** white man°, ❖ *elít* honkie; **a Fehér Ház** ⊕ *US* the White House; **fehér kenyér** white bread; **fehér könyv** *(diplomáciai)* White Paper ▼ *fn* **kimutatja a foga fehérét** show* one's true colours (⊕ *US* -ors)
fehérbor *fn* white wine
fehérje *fn* ❑ *vegy* albumin, protein || *(tojásfehérje)* white of egg, egg-white
fehérjetartalmú *mn* albuminous || **nagy fehérjetartalmú** rich in protein *ut.*
fehérjetartalom *fn* albumin/protein content
fehérnemű *fn (testi)* underwear, underclothes *tsz*; *(csak női, biz)* undies *tsz*
fehérvérsejt *fn* white blood cell, leucocyte
fehérvérűség *fn* leukaemia (⊕ *US* -kem-)
fej¹ *ige (tehenet)* milk || ❖ *átv (vkt)* bleed* sy for sg
fej² *fn* ❖ *ált és* ❖ *átv* head || *(testületé)* head, chief || *(dologé)* head, (upper) end, top || *(hagymáé)* bulb; *(káposztáé)* head || *(újságcím)* head(ing) || **azt sem tudja, hol áll a feje** he doesn't know which way to turn; **nem esett a feje lágyára** he is no fool, he is all there; **benőtt (már) a feje lágya** he has sown his wild oats; **egy fejjel nagyobb** a head taller; **fej fej mellett** neck and neck; **fej vagy írás?** heads or tails?; **fejbe ver vkt** hit*/knock sy on the head, deal* a blow on sy's head; **fejből** from memory, by heart; **fejébe ver vknek vmt** hammer/beat* sg into sy; **fejen áll** stand* on one's head; **fel a fejjel!** cheer up!, (keep your) chin up!; ❖ *biz* **jó fej** he's a good man, he's not a bad sort; **jó feje van** he has a good head on his shoulders, he has brains; **két fej hagymát kérek** two onions, please; **nem fér a fejembe** I can't believe it, it is beyond me; **nem megy ki a fejemből** I can't forget it; **teljesen elvesztette a fejét** he completely lost his head; **vm jár a fejében** be* turning sg over in one's mind, be* thinking of sg

fejadag *fn* ration (per head)
fejedelem *fn* (reigning) prince
fejedelemség *fn* principality
fejedelmi *mn* princely
fejel *ige (labdát)* head [the ball]
fejenállás *fn* head-stand
fejenként *hsz* a/per head; each || **fejenként 5 fontba kerül** it costs £5 a/per head; **fejenként 1000 forintot adott a fiúknak** he gave the boys 1000 forints each
fejes ▼ *mn* **fejes saláta** (cabbage) lettuce; **fejes vonalzó** T-square ▼ *fn (futballban)* header || = **fejesugrás** || ❖ *biz (vezető)* bigwig, VIP || **fejest ugrik** take* a header
fejesugrás *fn* header, dive
fejetlen *mn (fej nélküli)* headless
fejetlenség *fn* disorder, confusion
fejezet *fn* chapter
fejfa *fn (síron)* wooden grave-post
fejfájás *fn* headache
fejgörcs *fn* migraine, splitting headache
fejhallgató *fn* headphone(s), ⊕ *US* headset
fejkendő *fn* kerchief
fejléc *fn* heading
fejlemény *fn* developments *tsz*, outcome, issue || **a legújabb fejlemény** the latest development
fejleszt *ige* ❖ *ált* develop; improve || *(képességet)* develop, cultivate || *(áramot, hőt)* generate, produce
fejlesztés *fn* ❖ *ált* development, improvement
fejletlen *mn (pl. gyerek)* undeveloped, backward || **gazdaságilag fejletlen ország** underdeveloped country
fejlett *mn (testileg)* fully/well developed || ❖ *átv* highly developed, advanced || **fejlett technika** advanced technology; **(iparilag) fejlett ország** developed country
fejlettség *fn* state of development, advanced state
fejlődés *fn (növekedés, kifejlődés)* development, evolution, growth || ❖ *átv* progress, advance, improvement || **a fejlődés éveiben** *(vkről)* in his/her formative years
fejlődik *ige (kifejlődik)* develop || ❖ *átv* develop, progress, advance
fejlődő *mn* developing || **fejlődő ország** developing country
fejmosás *fn (hajmosás)* shampoo || ❖ *biz (szidás)* **(alapos) fejmosás** dressing-down (*tsz* dressings-down)
fejsze *fn* axe (⊕ *US* ax)
fejt *ige (varrást)* undo*, unstitch; *(kötést)* rip up || *(babot)* shell || *(szenet)* mine || *(bort)* rack, draw* off, decant || *(rejtvényt)* solve
fejtámasz *fn* headrest
fejteget *ige* expound, explain, discuss; *(hosszasan)* dwell* (at length) on sg
fejtegetés *fn* discussion, analysis
fejtörés *fn* racking one's brains || **nagy fejtörést okoz (vknek)** give* sy plenty to think about, ❖ *biz* it is a real headache
fejtörő *fn* puzzle, brainteaser
fejű *mn* -headed
fejvesztett *mn* crazy, crazed, panic-stricken || **fejvesztett menekülés** headlong flight
fék *fn (járműé)* brake || **féken tart** keep* in check, curb, restrain, bridle
fékbetét *fn* brake lining
fekély *fn* ❑ *orv* ulcer
fekete ▼ *mn* black; ❖ *átv* dark, dusky || **fekete bőrű** black(-skinned); **fekete doboz** ❖ *biz* black box, ❖ *hiv* flight recorder; **fekete karácsony** green Christmas; **fekete ruhában** (dressed) in black; **fekete szemű** black/dark eyed ▼ *fn (kávé)* black coffee || **a feketék** the blacks; **feketére fest** ❖ *ált* paint sg black; ❖ *tex* dye sg black
fekete-fehér *mn* black-and-white, monochrome
feketéllik *ige* show*/look black

feketepiac *fn* black market
feketerigó *fn* blackbird
feketeség *fn* blackness
Fekete-tenger *fn* the Black Sea
feketézik *ige* ❖ *biz* trade/deal in/on the black market
feketéző *fn* ❖ *átv* black-marketeer
fékez *ige* use (*v*. put* on) the brakes, brake || ❖ *átv (szenvedélyt)* bridle, restrain || **fékezi magát** control/restrain oneself
fékezés *fn* ❏ *műsz* braking
fékezhetetlen *mn (jármű stb.)* uncontrollable || ❖ *átv* unmanageable
fékfolyadék *fn* brake fluid
féklámpa *fn* brake light, ⊕ *US* stoplight
fékpedál *fn* brake pedal
fékpofa *fn* brake-shoe
fekszik *ige* ❖ *ált* lie* (*vmn* on) || *(ingatlan)* lie*, be* situated; *(tárgy vmn)* lie* on sg; *(vagyon vmben)* lie* in sg, be* invested in sg || **az ágyban fekszik** be* in bed; **az ágyra fekszik** lie* down on the bed; **betegen fekszik** lie* ill, be* (ill) in bed, be* laid up (with); **feküdj!** *(vezényszó)* (lie) down!; **későn fekszik** be* a night owl (*v*. nighthawk), stay up (late), *(pl. tanulva)* burn* the midnight oil; **korán fekszik** go* early to bed
féktelen *mn* wild, unbridled, unrestrained || **féktelen jókedv** high spirits *tsz*; **féktelen harag** unbridled fury; **féktelenül** boisterously, wildly
fektet *ige (vmt vhová)* lay*, put*, place || *(pénzt vmbe)* invest/place [money] in sg || **vkt ágyba fektet** put* sy to bed
fékút *fn* braking distance
fekvés *fn (cselekvés)* lying; *(helyzet)* recumbent position || *(vidéké)* situation, location, lie; *(házé)* aspect, exposure
fekvésű *mn (ház stb.)* (-)situated, lying ... || **déli fekvésű** having/with a southern/southfacing aspect *ut*.

fekvő *mn* lying, recumbent || **fekvő beteg** *(kórházi)* in-patient
fekvőhely *fn* bed; *(hajón, hálókocsin)* berth
fekvőrendőr *fn* ❏ *közl* ❖ *biz* sleeping policeman°
fekvőtámasz *fn* press-up, ⊕ *US* pushup
fel *hsz* up || **fel és alá** up and down; **fel és alá járkál** walk the floor; *(szobában)* pace up and down; **fel a kezekkel!** hands up!; **fel az emeletre** upstairs; **hegynek fel** uphill
fél¹ *ige (félelmet érez)* be* afraid, feel* fear; *(nagyon)* fear greatly; ❖ *biz* ❏ *kif* be* in a funk || *(vmtől, vktől)* fear sg/sy, be* afraid of sg/sy; *(nagyon)* have* a great fear of sg/sy, dread sg/sy, be* frightened of sg/sy || **(attól) félek, hogy eljön** I'm afraid (that) he will/may come; **fél a kutyá(k)tól** be* afraid of dogs; **fél kimenni (egyedül)** she is afraid to go (*v*. of going) out (alone); **fél tőle, mint a tűztől** shun/avoid sy like the plague; **félek, hogy nem jön el** I'm afraid he won't come, I fear he may not (*v*. won't) come; **ne félj!** don't be afraid!, have no fear!
fél² ▼ *fn (vmnek a fele)* half° (of sg) || *(rész, oldal)* side, half || *(határvonal)* halfway point || *(időpont)* half past || *(ügyfél)* ❏ *ker* customer; *(perben)* party; *(ügyvédé)* client || **a jobb felemen** on my right (hand side); **a szerződő felek** the contracting parties, the signatories to a treaty; **az összeg fele** half the amount; **az utca túlsó fele** the far/other side of the street; **ennek a fele sem tréfa** this is no joke; **felébe vág** cut* in half, halve; **felére csökkent** *(vmt)* halve sg; **felet üt** strike* the half hour; **félkor** at half past; *(menetrendben)* (every hour) on the half hour ▼ *mn* half || *(időpont)* half past || **a fele almát nekem adta** he gave me half (of) the apple; **fél áron** at/for half-price; **fél év** half a

year → **félév**; **fél fülére süket be*** deaf in one ear; **fél füllel hallottam** I have it only from hearsay; **fél hangjegy** minim, ⊕ *US* half note; **fél kar** one arm; **fél kesztyű** *(fél pár)* one glove; **fél kézzel** with one hand, single/one-handed; **fél lábbal a sírban van** have* one foot in the grave; **fél liter** half-litre, ⊕ *GB kb.* a pint; **fél nap** half a day, a half day; **fél oldal** one side; **fél óra** half an hour; **fél öt** half past four, ⊕ *US így is* half after four; **fél ötkor** at half past four; **fél szóból is ért** know* how to take a hint; **fél szem** one eye; **fél szemére vak** blind in one eye; **fele arányban** half-and-half, fifty-fifty

felad *ige (vmt kézzel)* hand/pass sg up || *(levelet)* post, ⊕ *US* mail; *(csomagot postán)* post, ⊕ *US* mail [a parcel], send* by post; *(poggyászt vasúton)* register || *(versenyt)* give* up || *(várat)* surrender, hand over || *(feladatot, leckét stb. vknek)* set* || **kabátot felad vkre** help sy on with his coat; **mi van feladva biológiából?** what (homework) have we got (to do) for biology?; **rendelést felad** place an order for goods; **táviratot felad** send* (off) *(v.* dispatch) a telegram

feladás *fn* posting, ⊕ *US* mailing || *(versenyé, harcé)* giving up; *(váré)* surrender, handing over

feladat *fn* ❖ **ált** task, work || ❖ *átv* mission, duty || ❑ *isk* exercise(s); ⊕ *főleg US* assignment; *(matematikai, fizikai stb.)* problem || **feladatot megold** solve a problem; **házi feladat** homework; **teljesíti feladatát** perform one's task, carry out one's task, fulfil (⊕ *US* -fill) one's duty

feladatlap(os vizsga) *fn* ❑ *isk* test (-sheet), answer sheet(s), multiple-choice questions *tsz (v.* test) || **nyelvi feladatlapok** language tests

feladó *fn (postai küldeményé)* sender; *(borítékon, csomagon)* From: ...

feladóhivatal *fn* office of dispatch

feladóvevény *fn (ajánlott levélé)* certificate of posting

feladvány *fn (matematika, sakk)* problem

felajánl *ige (vknek vmt)* offer sg to sy *(v.* sy sg)

felajz *ige* ❖ *átv (vkt)* excite

felakaszt *ige (vmt)* hang* up *(vmre* on), hang*/hook sg (up) on sg || *(embert)* hang *(múlt ideje:* hanged) || **felakasztotta magát** he hanged himself

fel-alá *hsz* = **fel és alá**; → **fel**

feláldoz *ige* sacrifice, devote

feláll *ige (ülésből)* get*/stand* up, rise*; *(esés után)* pick oneself up || *(vmre)* get* up on sg, stand* on sg || *(pl. haj)* stand* on end

felállás *fn* getting/standing up || ❑ *sp* line-up

félállás *fn* part-time job || **félállásban dolgozik** work half-time

felállít *ige (álló helyzetbe hoz)* stand* sg upright; *(eldőlt tárgyat)* right, set* upright; *(tekebábukat)* put* up; *(vkt ültéből)* make* sy get/stand up || *(gépet)* install, put* up; *(sátrat)* put*/ set* up, erect || *(összeállít)* pick || ❖ *átv* set* up; *(intézményt)* establish, found; *(elméletet)* devise

felállítás *fn (gépé)* installation; *(sátoré)* putting up, erection

félálom *fn* light sleep, doze || **félálomban** half asleep

félannyi *hsz* half as much/many

felár *fn* extra/additional charge

félárboc *fn* half-mast || **félárbocra ereszt** fly* [a flag] at half-mast

félárú *mn* **félárú jegy** half-fare/price ticket

felavat *ige (új tagot)* initiate; *(épületet stb.)* inaugurate, open

felázik *ige* become* sodden/soaked

felbecsül *ige* appraise, assess, estimate; *(egy pillantással)* size up

felbecsülhetetlen *mn* priceless, inestimable; ❖ *átv* invaluable

félbehagy *ige* break*/leave* off, stop, discontinue, interrupt

felbélyegez *ige* levelet felbélyegez put* a stamp on a letter, stamp a letter

félbemarad *ige* be* broken off, be* left unfinished/uncompleted

felbérel *ige* hire sy [to do sg unlawful]

félbeszakad *ige* be* broken off, stop (suddenly), be* interrupted

félbeszakít *ige (előadást, vitát, vkt)* interrupt; *(beszélgetést)* break* off, break* in [on the conversation]; *(munkát)* break* off, discontinue

felbillen *ige* tilt/turn/tip/roll over, tip up

felbillent *ige* tilt/tip/roll/turn over, tip up

felbocsát *ige (űrhajót)* launch

felbomlik *ige (varrás, kötés)* come* apart/undone || *(szervezet)* dissolve, disintegrate, break* up; *(házasság)* break* up; *(fegyelem)* break* down || ❏ *vegy* decompose, break* down

felboncol *ige* dissect

felbont *ige (levelet)* open || *(vmt részeire)* break* down, dissolve || *(eljegyzést)* break* off; *(házasságot)* grant (sy) a decree nisi; *(szerződést)* cancel (⊕ *US* -l), dissolve || ❏ *vegy* decompose

felbontás *fn (levélé)* opening || *(vmé részeire)* disintegration, breaking down || *(szerződése)* dissolution, cancellation, cancelling (⊕ *US* -l-)

felborít *ige* push/knock over, overturn || ❖ *átv (tervet)* upset*, spoil*

felborul *ige (vk/vm)* overturn, fall*/tip/keel over; *(csónak)* capsize; *(autóval)* turn over, have* a spill || *(rend)* be* upset

felborzolódik *ige* bristle (up); *(haj)* stand* on end, get* tousled

felbosszant *ige* make* (sy) angry, irritate

felbőszít *ige* enrage, infuriate, make* furious

felbujt *ige (bűntényre)* instigate

felbujtó *fn* instigator, inciter, abetter, abettor

felbukkan *ige (személy)* appear suddenly, emerge; ❖ *biz* pop up || *(nehézség)* crop up

felbuzdul *ige (vmn)* get*/grow* enthusiastic (about sg), be* fired (to do sg)

félcipő *fn* shoes *tsz*

felcsap *ige (láng)* dart/shoot* up || *(katonának)* enlist, join up, join the colours (⊕ *US* -ors)

felcsavar *ige* roll/wind* sg on (to) sg

felcseperedik *ige* grow*/shoot* up

felcserél *ige (sorrendben)* invert, transpose || *(tévedésből)* mistake* for

felcsigáz *ige* felcsigázza vknek az érdeklődését excite the curiosity of sy

felcsillan *ige* flash, gleam || **felcsillant a szeme** her eyes sparkled (*v.* lit up)

felcsúszik *ige (ruhadarab)* ride* up

feldagad *ige* swell* (up)

feldarabol *ige (darabokra vág)* cut* into pieces, cut*/chop up, divide up; *(szárnyast)* (dis)joint

felderít *ige (rejtélyt)* clear up, find* out || *(felkutat)* find* out || ❏ *kat* reconnoitre (⊕ *US* -noiter) || *(jókedvre hangol)* cheer (up), enliven

felderítés *fn (rejtélyé)* clearing up; *(tényeké)* fact-finding

felderítetlen *mn* unexplored; *(rejtély)* unsolved

felderítő *mn* exploratory; ❏ *kat* reconnaissance, reconnoitring

felderül *ige (hangulat)* cheer up

feldíszít *ige* decorate, adorn, embellish

feldob *ige* throw*/fling* up, throw* in the air || **fel van dobva** ❖ *biz* he's elated, ⊕ *US* he's on cloud nine, he's on a high

feldolgoz *ige (iparilag)* process, prepare; *(hulladékanyagot)* recycle || ❏ *biol* assimilate || *(író témát)* write*/work up, treat || *(lelkileg)* get* over sg

számítógéppel feldolgoz process [data] (by computer), computerize
feldolgozás *fn (iparilag)* processing || *(témáé)* writing/working up, treatment
féldombormű *fn* bas/low-relief
feldől *ige* overturn, fall* over, upset*
feldönt *ige* knock/push over, upset*, overturn
feldúl *ige (országot)* ravage, lay* waste
feldúlt *mn (ország)* ravaged, laid waste ut. || *(igével)* be* very upset
felduzzad *ige (arc stb.)* swell* (up), be*/become* swollen || *(létszám)* swell* || **felduzzadt** *(folyó)* be* swollen
felduzzaszt *ige* ❖ *ált* swell*, distend || *(vizet)* dam (up)
feldühít *ige* make* (sy) angry
felé *hsz (térben)* towards, toward || *(időben)* towards, about, around || **a felé a ház felé** towards that house; **dél felé** southwards, towards the south; *(délidőben)* towards noon; **feléje se néz** he does not care for him, neglect sy/sg; **felém** towards me; **ötven felé jár** be* pushing/nearly fifty; **10 óra felé gyere** come about ten
-féle *mn (fajta)* a kind/sort of ..., of a ...kind || **a Newton-féle elmélet** Newton's theory, the Newtonian theory; **ilyenféle** of this sort; **valami kávéféle (folyadék)** coffee of a sort
feleakkora *mn* half the size, half as big (as)
felébred *ige* wake* up, awake*, awaken
felébreszt *ige* wake* (up)
feledékeny *mn* forgetful, absent-minded
feledékenység *fn* forgetfulness
feledés *fn* oblivion || **feledésbe merül** be* forgotten, fall*/sink* into oblivion
féledes *mn* medium
fele-fele arányban *hsz* fifty-fifty, half-and-half
felejt *ige* forget* || **sokat felejtett** he's very rusty (on sg); *(nyelvből)* his [English etc.] is rather/pretty rusty;
hamar felejt have* a short memory, have* a bad memory (for sg)
felejtés *fn* oblivion
felejthetetlen *mn* unforgettable
felekezet *fn* denomination
felekezeti iskola *fn* denominational school
felel *ige (válaszol)* answer, reply, make* a reply || *(iskolában)* answer the teacher's questions, ⊕ *US* recite (the lesson) || *(felelősséget vállal vkért/vmért)* be* responsible for sy/sg, answer/vouch for sy/sg || **egyesre felelt** he got a fail; *(vizsgán)* he failed (the examination); **nem felel** make* no reply; *(telefon)* there's no answer/reply
feléled *ige (magához tér)* revive, come* to/round, awaken || *(tűz)* rekindle, flame/flare up
félelem *fn* fear (of sg), dread (of sg) || **félelem fogta el** he was seized by fear, fear gripped him; **a ráktól való félelmében** for fear of cancer; **félelmében tesz vmt** do* sg out of fear
felélénkül *ige* revive, liven up
felelés *fn (iskolai)* repetition, answering the teacher's questions, ⊕ *US* reciting (the lesson)
feléleszt *ige (élőlényt)* revive, resuscitate; *(tüzet)* stir up, rekindle; *(szokást)* revive
felelet *fn* answer, reply || **feleletet ad** (give* an) answer, (make* a) reply
feleletválasztós teszt *fn* multiple-choice test
felelevenít *ige (vm emlékét)* evoke, recall; *(nyelvtudást stb.)* brush up
félelme(te)s *mn* fearful, dreadful, frightful
felelős ▼ *mn (vmért/vkért) (rá van bízva)* be* responsible for sg/sy, be* in charge of sy/sg || **felelős szerkesztő** senior editor ▼ *fn* person/official responsible for sg
felelősség *fn* responsibility (for sg); *(bajért)* blame || **övé a felelősség** be*

(left) responsible (for sg); **felelősségre vonható** responsible for one's actions *ut.*, amenable to law *ut.*; **vállalja a felelősséget** *(vkért/vmért)* assume/accept responsibility for sy/sg, take* the responsibility of sg
felelősségbiztosítás *fn (gépjármű)* third-party insurance
felelőtlen *mn* irresponsible
felelőtlenség *fn* irresponsibility
feleltet *ige* ❏ *isk* question [a pupil in/on sg], examine [a pupil in sg]
felemás *mn (cipő stb.)* odd
felemel *ige (magasba)* lift (up), raise; *(földről tárgyat)* pick/take* up; *(autót emelővel)* jack up ‖ *(árakat)* raise, mark/put* up; *(fizetést)* raise, increase, ⊕ *US* boost ‖ **felemeli a szavát vk/vm ellen** speak* out against, protest against
félemelet *fn* mezzanine, entresol
felemelkedés *fn* rise, rising; *(iparé)* progress, advance
felemelkedik *ige* ❖ *ált* rise*; *(földről)* get* up; *(magasba)* ascend; *(repülőgép)* take* off ‖ ❖ *átv* rise*
felemelő *mn (látvány)* elevating, uplifting
felenged *ige (vkt vhová)* let* sy go up ‖ *(hideg idő)* grow* milder; *(fagy)* ease off; *(jég)* melt ‖ *(feszültség)* ease ‖ *(ember)* unbend*, relax ‖ **felengedi a kuplungot** engage the clutch
félénk *mn* shy, timid, timorous
félénkség *fn* shyness, timidity
felépít *ige* build*, erect, construct, set* up ‖ ❖ *átv* build* up
felépítés *fn* construction, building, setting up ‖ *(szerkezet)* make-up, structure ‖ *(emberi szervezeté)* build ‖ **jó felépítésű** *(vm)* well-constructed, *(vk)* well-built
felépül *ige (épület)* be* built/completed ‖ *(betegség után)* recover
felér *ige (vk kézzel vhová)* reach up to; *(vm vmeddig)* reach as far as ‖ *(vmvel értékben)* be* worth (as much as) sg ‖ **ésszel felér vmt** comprehend/grasp sg; **nem ér fel vkhez** ❖ *biz* can't hold a candle to sy
felerősít *ige (vmt vhová)* fix/fasten/attach sg to sg ‖ *(rádiót stb.)* turn up (the sound)
felértékel *ige (felbecsül)* appraise ‖ *(valutát)* revalue
feleség *fn* wife° *(pl.* wives) ‖ **feleségül vesz vkt** marry sy
felesel *ige* answer back; ⊕ *főleg US* talk back
felesleg *fn* surplus; *(többlet)* excess
felesleges *mn (több)* superfluous, redundant ‖ *(szükségtelen)* unnecessary, needless ‖ **feleslegesen** unnecessarily
féleszű ▼ *mn* half-witted, crazy ▼ *fn* half-wit
felett *nu (vmnél magasabb helyen)* above; *(vmn át)* over ‖ *(vmt meghaladva)* over, above ‖ ❖ *átv* about, concerning ‖ **a felett a ház felett** above that house; **a föld felett** above (the) ground; **fagypont felett** above zero (centigrade); **fejem felett** overhead
felette *hsz* **felette áll vknek** *(rangban)* be* above sy; **felette áll vmnek** ❖ *átv* be* above (doing) sg, be* superior to do sg; **felettünk lakik** he lives over us
felettes ▼ *mn* superior ‖ **felettes hatóság** superior authority ▼ *fn* superior
félév *fn* ❏ *isk* semester, half-year; ⊕ *GB (évharmad)* term; ⊕ *US (ha évharmad)* session, *(ha félév)* semester
félévenként *hsz* half-yearly, biannually
féléves *mn* six months old *ut.*, six months'
félévi *mn* six months', biannual, half-yearly ‖ **félévi bizonyítvány** end-of-semester/term report
felez *ige* halve, divide into halves ‖ **felez vkvel** split* sg fifty-fifty (v. 50-50) with sy, go* halves/shares with sy (in sg)

felezési *mn* **felezési idő** half-life
felezőpont *fn* midpoint
felezővonal *fn* bisecting line, bisector; ❑ *sp* halfway-line
felfal *ige* eat*/gobble up, devour || **majd felfalja a szemével** devour sy with one's eyes
felfázik *ige* catch* a chill
felfed *ige (arcot)* uncover, expose; *(titkot)* disclose, reveal
felfedez *ige (új vmt)* discover; *(földr így is)* explore || *(hibát)* detect; *(titkot)* find* out, reveal, disclose
felfedezés *fn (vm újé)* discovery || *(titoké)* revelation, disclosure
felfedező *fn* discoverer; *(földrajzi kutató)* explorer
felfejt *ige* unstitch, undo*
felfekvés *fn (sebhely)* bedsore
felfelé *hsz (irány)* upwards, ⊕ *US* upward; *(dombra)* uphill; *(folyón)* upriver, upstream; *(lépcsőn)* go* up, climb [the stairs] || *(észak felé)* northwards || *(álló helyzetbe)* upright || **felfelé a Dunán** up the Danube; **felfelé megy** go* up(hill)
felfeszít *ige (ajtót, fedelet)* force/prise/break* (v. ⊕ *US* prize/pry) sg open
felfigyel *ige (vmre)* sg/sy attracts the attention of sy
felfog *ige (ésszel)* grasp, comprehend
félfogadás *fn (ideje)* consulting hours *tsz*, business/office hours *tsz*
felfogás *fn (vélemény)* opinion, notion, idea; *(megközelítés)* approach || **ez felfogás dolga** it is a matter of opinion
felfogású *mn* **gyors felfogású** nimble/quick-witted; ❖ *biz* quick on the uptake *ut.*; **nehéz/lassú felfogású** slow-witted; ❖ *biz* slow on the uptake *ut.*
felfoghatatlan *mn (ésszel)* incomprehensible, unintelligible || **felfoghatatlan dolog** something (quite) inconceivable
felfordít *ige (vmt)* upset*, overturn, turn upside down || **felfordítja a házat** turn the house upside down

felfordul *ige (felborul)* overturn, turn over, roll over || *(állat)* die; *(ember, biz)* kick the bucket || **felfordul a gyomra** *(vmtől)* (it) makes one's stomach turn
felfordulás *fn (zűrzavar)* confusion, chaos; *(lakásban)* disorder
felforr *ige (folyadék)* (come* to the) boil || **felforr a vére** *(vmtől)* it makes his blood boil
felforral *ige* boil (up), bring* to the boil
felföld *fn* highlands *tsz*
felfrissít *ige (frissé tesz)* refresh, freshen up || *(készletet)* restock, refurnish || **felfrissíti angol nyelvtudását** brush up one's English; **felfrissíti vk emlékezetét** refresh sy's memory (about/of sg)
felfrissül *ige* be*/feel* refreshed, refresh oneself
felfúj *ige (léggömböt)* blow* up, inflate || *(ügyet)* blow* up (out of all proportion) || *(vkt étel)* make* sy (feel) bloated
felfújható *mn* inflatable
felfut *ige (növény)* climb, creep*
felfuttat *ige (növényt vmre)* train [plant] on sg, make* [plant] grow on sg
felfúvódik *ige (has)* become* distended/bloated; *(állat)* be* bloated
felfüggeszt *ige (tárgyat)* hang*/hook up || *(vkt állásából)* suspend (sy) || *(eljárást)* stay; *(ülést)* suspend, interrupt; *(ítélet végrehajtását)* suspend
felfüggesztés *fn (tárgyé)* hanging up || *(állásból)* suspension || *(eljárásé)* stay(ing) || **ítélet felfüggesztése** suspension of sentence
felfüggesztett *mn (ítélet)* suspended/deferred [sentence]
félgömb *fn* hemisphere
felgöngyöl(ít) *ige* ❖ *ált* roll/fold up || *(rendőrség)* crack down on sy
félgőzzel *hsz (dolgozik)* at half steam
felgyógyul *ige* recover, get*/become* well (again)

felgyógyulás *fn* recovery
felgyorsul *ige* accelerate, speed* up
felgyújt *ige (lángra lobbant)* set* sg on fire || *(lámpát)* turn/switch on (the light)
felgyülemlik *ige (anyag, tennivaló)* accumulate, pile up
felháborít *ige* revolt, shock || **felháborítja az, hogy** be* shocked at sg
felháborító *mn* revolting, scandalous, shocking, disgusting
felháborodás *fn* indignation, outcry
felháborodik *ige (vmn, vm miatt)* be* indignant at sg *(vk miatt* with sy), be* disgusted at/by/with sg, be* shocked at sg
felhagy *ige (vmvel)* give* up sg
felhajt¹ *ige (járművel)* drive* up || *(vadat)* beat*, rouse || ❖ *biz (vkt keresve)* track down
felhajt² *ige (vmnek a szélét)* turn up || *(felvarr)* turn up
felhajtás¹ *fn* ❖ *biz (hűhó)* fuss, to-do, ado
felhajtás² *fn (ruhadarabé)* hem; *(nadrágé)* turn-up(s); ⊕ *US* cuff
felhajtó *fn (kocsinak házhoz)* drive(way); *(középülethez, emelkedő)* ramp
felhalmoz *ige (halomba rak)* heap/pile up; *(árukészletet)* stockpile
felhalmozódik *ige* accumulate, pile up
félhang *fn* ❑ *zene* minim, ⊕ *US* half note
félhangosan *hsz* in an undertone
felhangzik *ige (dal)* (re)sound, be* heard || **felhangzott a himnusz** the band struck up the national anthem
felhánytorgat *ige (felpanaszol)* throw*/ cast* sg in sy's teeth/face || **felhánytorgatja a múltat** rake up the past
felharsan *ige* be* sounded; *(trombita)* blare forth
felhasad *ige* ❖ *ált* split*, crack, burst*; *(szövet)* tear*, rip open || *(kéz)* chap, get* chapped
felhasznál *ige (elhasznál)* use up; *(pénzt vmre)* spend* [money] on, invest [money] in; *(vízi erőt)* harness || *(alkalmaz)* use, put* to use, employ; *(hasznosít)* make* use of, utilize || *(vkt vmre)* employ sy as sg, make* use of sy('s services) || **felhasználja az alkalmat** take* the opportunity (to do sg)
felhasználás *fn* use; *(alkalmazás)* use, employment, application
felhasználható *mn* useable
felhatalmaz *ige (vkt vmre)* empower/ authorize sy to do sg
felhatalmazás *fn* authorization
félhavi *mn* semi-monthly; ⊕ *GB* fortnightly, two weeks'; ⊕ *GB* a fortnight's [pay etc.]
felhevül *ige (meleg lesz)* grow*/get* hot, warm up
felhígít *ige* dilute
felhív *ige (vkt vhova)* call for sy to come up, call up || *(telefonon)* ring* sy (up) (v. ring* up sy), (tele)phone sy, give* sy a ring/call; ⊕ *US* call sy (up) || **felhívtak telefonon** I received a phone call; **hívj(on) fel (telefonon)!** give me a ring/call!; ⊕ *US* call me (up)!; **később újra felhívlak** I'll call you again (v. ring you back) later
felhívás *fn (vmre)* request, appeal; *(hivatalos hirdetmény)* warning, notice || **felhívást intéz vkhez** appeal to sy
félhivatalos *mn* semi-official, unofficial
félhold *fn* half-moon
félholt *mn* half-dead; more dead than alive || **félholtra ver vkt** beat* sy within an inch of his life
felhólyagzik *ige (bőr)* blister, get* blistered
félhomály *fn* semi-darkness, half-light; *(esti)* dusk, twilight
felhorzsol *ige* chafe [the skin], rub (sg) sore
felhoz *ige (vmt vhova)* bring* up, fetch; *(vkt kocsin)* drive* (up) (to); *(árut piacra)* bring* || *(érvet, okot)*

bring* up/forward, adduce; *(példát)* mention, cite, refer to
felhő *fn* cloud || *(atomfelhő)* mushroom
felhőkarcoló *fn* skyscraper
felhörpint *ige* down sg, ❖ *biz* knock back
felhős *mn (ég)* clouded, cloudy; *(erősen)* overcast; *(idő)* cloudy, dull
felhősödés *fn* clouding over || **holnapra felhősödés várható** tomorrow will be cloudy
felhősödik *ige* cloud (over)
felhőszakadás *fn* cloudburst, downpour
felhőtlen *mn* cloudless; ❖ *átv* unclouded
felhúz *ige* ❖ *ált* draw*/pull up; *(terhet emelővel)* hoist; *(redőnyt)* draw* up; *(horgonyt)* weigh, heave (up); *(zászlót)* hoist, haul/run* up; *(színházi függönyt)* ring* up || *(ruhadarabot)* put* on || *(órát)* wind* (up); *(lőfegyver ravaszát)* cock || *(falat, épületet)* put* up, erect || ❖ *biz (felingerel vkt)* put* sy's back up, rile, nettle || **felhúzza a nadrágját** put* on (*v.* step into) one's trousers; **harisnyát felhúz** pull on one's stockings
felhúzó *fn (óráé)* winder; *(játéké)* key
felidegesít *ige* set* sy's nerves on edge
felidéz *ige (emléket)* recall, bring* (sg/sy) to mind
felidézés *fn* evocation
félidő *fn* ❑ *sp (tartam)* half; *(két félidő közti idő)* half-time
félig *hsz* half, partly || **csak félig érti** he only half understands; **félig kész** half/semi-finished; **félig (át)sült** *(hús)* underdone *ut.*, ⊕ *főleg US* rare
félig-meddig *hsz* partly, somewhat, more or less
felindulás *fn* emotion, excitement
felingerel *ige* irritate, rile, stir up, incite || **vkt vk ellen felingerel** set* sy against sy
felír *ige (feljegyez)* write* down, take* sg down, note (down), make* a note of || ❑ *orv* prescribe || *(vkt a rendőr)* take* sy's name and address; *(közlekedési szabálysértésért)* have* one's licence endorsed
felirat *fn (emlékművön stb.)* inscription; *(érmén)* legend; *(sírkövön)* epitaph || *(filmen)* (sub)titles *tsz*; *(kép alatt)* caption || *(használati tárgyon)* label; *(kiírás utcán)* notice
felirat *ige* have* sg written down || *(gyógyszert)* have*/get* [a medicine] prescribed
feliratkozik *ige (vmre)* put* one's name down (for sg); *(listára)* enter one's name
feliratos *mn (film)* subtitled, with subtitles *ut.*
felismer *ige (vkt/vmt)* recognize (sy/sg), know* (sy) (*vmről mind:* by sg) || *(rájön vmre)* realize (sg *v.* how …); *(igazságot)* perceive
felismerés *fn* recognition; *(tudatossá válás)* realization || **korai felismerés** early detection
felismerhetetlen *mn* unrecognizable, indiscernible
felitat *ige (szivaccsal)* sponge (up)
felizgat *ige* excite, agitate; *(szexuálisan)* turn (sy) on || **nagyon felizgatta a baleset** (s)he was very upset by the accident
feljáró *fn* way up (to); *(kocsinak)* drive(way); *(rámpa)* ramp
feljebb *hsz (magasabban)* higher (up); *(magasabbra)* higher || **egy emelettel feljebb** on the next floor up; **lásd feljebb** see above
feljebbvaló *mn* superior
feljegyez *ige* note (down), make* a note of, take* (sg) down
feljegyzés *fn (cselekedet)* noting (down), recording || *(jegyzet)* note, record || *(irat)* ❖ *biz* memo
feljelent *ige (vkt)* report sy [to the police]
feljelentés *fn* reporting, information || **feljelentést tesz vk ellen** report sy

feljogosít *ige a*uthorize (to do sg)
feljogosítás *fn* authorization
feljön *ige* (*vk vhová*) come* (up) to, get* (up) to
feljut *ige* (*vhová*) manage to reach sg
felkacag *ige* give* a laugh
felkap *ige (tárgyat vhonnan)* snatch (up), snap/whip up ‖ *(ruhát magára)* tumble *i*nto ‖ *(divatos dolgot)* bring* *i*nto fashion ‖ **felkapja a fejét** toss one's head, look up suddenly; **(igen) felkapták** be* in vogue, be* all the rage, ❖ *biz* be* in
felkapaszkodik *ige (magaslatra)* climb (up) ‖ *(társadalmilag)* be* a social climber, worm one's way *i*nto
felkapott *mn* in vogue *ut.*, fashionable; *(igével, biz)* be* in ‖ **felkapott könyv** best-seller
felkar *fn u*pper arm
felkarol *ige (ügyet)* espouse, take* up
félkarú *mn* one-armed
felkavar *ige (átv is)* stir up; *(vizet)* trouble; *(szél port)* whip/churn up ‖ *(lelkileg)* upset* ‖ **felkavarja a gyomrát** make* sy (feel) sick, *n*auseate
felkel *ige (ágyból)* get* up, rise*, get* out of bed; *(helyéről)* get*/stand* up, rise* ‖ *(nép)* rise* (up), revolt *(vk ellen* against) ‖ **a nap keleten kel fel** the sun rises in the east; **felkel az asztaltól** leave* the table; **holnap már felkelhet** he can (*v.* is fit to) get up tomorrow; **már felkelt** *(beteg)* he is up and about
felkelés *fn (népé) u*prising, revolt
felkelő *fn* insurgent, rebel
felkelt *ige (álmából)* wake* (up) ‖ *(érzést)* awake*, arouse, stir up
felkeltés *fn (álomból)* waking up
felkér *ige* ❖ *ált* ask, request; *(előadástartásra)* invite
felkeres *ige (vkt)* call on sy, visit sy
felkérés *fn* request; invitation
félkész *mn* semi-finished
felkészít *ige (vizsgára)* coach sy (for), prepare sy for; *(versenyre)* coach

felkészül *ige (vmre)* prepare for sg; *(útra)* get* ready for, make* preparations for; *(vizsgára)* prepare for; *(versenyre)* ❏ *sp* train for, prepare for
felkészülés *fn* preparations *tsz*
felkever *ige* stir (up)
félkezű *mn* one-armed, single-handed
felkiált *ige* cry out, shout, give* a shout
felkiáltójel *fn* exclamation mark, ⊕ *US* exclamation point
felkínál *ige* offer
felkínálkozik *ige* offer oneself (for sg)
felkoncol *ige* ❏ *kat* put* to the sword
félkör *fn* semicircle ‖ **félkör alakú** semicircular
felköszönt *ige (lakomán)* drink* (to) sy's health; *(évfordulókor)* congratulate sy
felköt *ige (karját)* bind*/tie up ‖ *(embert)* string up, hang *(múlt ideje:* hanged) ‖ **felköti a gatyáját** ❖ *biz* get*/knuckle down to [a task]
felkúszik *ige (vk)* climb/clamber up
felkutat *ige (átkutat)* go* over/through with a fine-tooth(ed) comb ‖ *(kinyomozva)* track sy/sg down ‖ *(új területet)* explore
felküld *ige* send* up
féllábú *mn* one-legged
fellángol *ige* blaze/flame/flare up
fellángolás *fn (lelki)* burst (of feeling)
fellapoz *ige* turn/look up (sg in sg)
fellázad *ige* rebel *v.* rise* up against
fellázít *ige* incite to rise up (against)
fellebbez *ige (vhova)* appeal to, lodge an appeal (to) ‖ **fellebbez vmlyen határozat ellen** appeal from/against a decision/judgment
fellebbezés *fn* appeal ‖ **fellebbezésnek helye van** an appeal lies; **fellebbezésnek helyt ad** grant an appeal
fellebbezési *mn* **fellebbezési határidő** time for appeal
felleg *fn* = **felhő** ‖ **a fellegekben jár** have* one's head in the clouds
fellegvár *fn* citadel

fellélegzik *ige* breathe (freely) again, breathe (a little) easier, give* a sigh of relief
fellendít *ige (ipart stb.)* give* a boost to, further, promote, advance, boost
fellendül *ige* prosper, boom, flourish
fellendülés *fn* upswing, boom
fellengzős *mn (stílus)* high-flown
fellép *ige (vmre)* step up (onto sg), go* up sg || *(szerepben)* play, appear as || *(viselkedik)* take* steps, act on || *(betegség)* set* in, occur || **erélyesen kell fellépni a korrupció ellen** firm steps must be taken v. against corruption; **képviselőjelöltként lép fel** stand* for Parliament
fellépés *fn (vmre)* stepping up || *(színészé)* appearance || *(magatartás)* behaviour (⊕ *US* -or), action || **első fellépés** debut, coming out
félliteres *mn* half-litre (⊕ *US* -liter)
fellobogóz *ige* decorate/deck with flags
fellocsol *ige (utcát)* sprinkle, water || *(ájultat)* splash water on
fellő *ige (rakétát)* launch, send* up
felmagasztal *ige* exalt; praise highly
felmászik *ige (vmre)* climb (up), clamber up sg || **felmászik a fára** climb the tree
felmegy *ige (vhova, vmn)* go* up, get* up/on; *(gyalog)* walk up || *(függöny)* rise* || *(láz)* go* up || *(ár)* rise*, go* up || **a láza 40°-ra ment fel** his/her temperature reached (v. went up to) forty degrees (centigrade); **felmegy (az emeletre)** go* upstairs; **felmegy Pestre** go* (up) to Budapest
felmelegedés *fn* ❖ *ált* warming up || *(időjárás)* rise* in temperature
felmelegedik *ige* ❖ *ált* grow*/get* warm; *(motor)* warm up
felmelegít *ige* ❖ *ált* heat, warm up; *(szobát)* heat up; *(vm hőfokra)* raise the temperature (to); *(ételt)* warm (up), (re-)heat
felment *ige (vm alól)* exempt (sy from sg) || *(vádlottat vm alól)* acquit [the accused] of sg (v. on the charge) || **állásából felment** relieve sy of his office; **felmentettek igazgatói állásomból** I was relieved of my position as director
felmentés *fn (vm alól)* exemption, relief *(mind:* from) || *(vádlotté)* acquittal
felmentő *mn* **felmentő csapatok** relief troops; **felmentő ítélet** acquittal, discharge
felmér *ige (súlyra)* weigh; *(köbtartalomra, mennyiségre)* measure || *(földterületet)* survey, measure; *(épület állagát)* survey || *(lehetőséget)* size up; *(vm jelentőségét)* assess (the importance/significance of) sg; *(vk képességeit)* gauge (⊕ *US* gage); *(ismeretet, tudásanyagot)* test || **felméri a helyzetet** weigh things up
felmérés *fn (területé)* surveying || *(vizsgálat)* survey || *(felbecsülés)* assessment, appraisal || **a helyzet felmérése** assessment of the situation
felmérgesít *ige* = **felbosszant**
felmérő *fn* ❑ *isk* test; *(matematikából stb.)* a mathematics test
felmerül *ige (víz felszínére)* come* to the surface, emerge || *(kérdés, nehézség)* arise*, crop/come* up || **felmerült költségek** expenses incurred, incidental expenses; **komoly probléma merült fel** a serious problem has arisen
félmillió *szn* half a million
felmond *ige (leckét)* say*/repeat/recite || *(lakást bérlőnek)* give* sy [two months' etc.] notice to leave/quit; *(lakást bérbeadónak)* give* sy notice (of leaving); *(szerződést)* cancel (⊕ *US* -l), abrogate || *(munkavállalónak)* give* sy notice, give* notice to sy; *(munkavállaló)* hand/give* in one's notice, give* [one's employer] notice || **felmondja a szolgálatot** *(gép)* break* down, ❖ *biz* pack up; **felmondtak neki** (s)he has received (her/his) notice

felmondás *fn (leckéé)* saying, repetition || *(munkaviszonyé)* notice; *(szerződésé)* cancellation (⊕ *US* -l-) || **egyhavi felmondás** a/one month's notice
felmondási idő *fn* period/term of notice
felmos *ige (padlót)* scrub, wash; *(nyeles felmosóval)* mop up || *(ájultat)* splash water on
felmosó *mn/fn* **felmosórongy** floorcloth; **nyeles felmosó** mop
felmutat *ige (okmányt)* show*, produce || *(eredményt)* show*
félművelt *mn* half-/semi-educated
felnagyít *ige (fényképet)* enlarge || *(túloz)* exaggerate, overstate
félnapos *mn* half-day
felnevel *ige (gyermeket, családot)* bring* up, rear; ⊕ *US* raise; *(állatot)* raise, breed*
felnéz *ige* ❖ *átv (vkre)* look up to sy
felnő *ige (vk)* grow* up || *(színvonalhoz)* live/come* up to || **felnő a feladathoz** rise* to the occasion; **vidéken nőtt fel** (s)he was brought up (*v.* ⊕ *US* raised) in the country
felnőtt *fn* adult, grown-up
felnőttkor *fn* adulthood, adult age
felnyalábol *ige* gather (sg) up in one's arms
felnyit *ige* open; *(zárat)* unfasten, unlock
felnyújt *ige* hand/reach sg up to sy
felocsúdik *ige* come* to (one's senses)
felold *ige (folyadékban)* dissolve, melt* || *(vkt vm alól)* exempt, absolve (sy from sg) || *(tilalmat)* lift || *(rövidítést)* write* out (sg) in full || **feloldja a zárójelet** remove the parentheses/brackets
féloldalas *mn (cikk)* half-page [article]
féloldali *mn* on (the) one side *ut.*, unilateral
feloldás *fn (folyadékban)* dissolving || *(vm alól)* exemption || *(tilalomé)* lifting
feloldódik *ige (folyadékban)* dissolve, melt*

feloldoz *ige (pap)* absolve (from)
felolvad *ige (jég)* melt*, dissolve
felolvas *ige (hangosan)* read* (out), read* aloud; *(vknek)* read* (to) || *(előad)* lecture (on sg), read* [a paper]
felolvasás *fn (hangosan)* reading (out/aloud) || *(előadás)* lecture || **felolvasást tart** read*/present a paper, deliver a lecture
felolvaszt *ige* ❖ *ált* melt*, dissolve; *(ércet)* smelt; *(fagyasztott ételt)* defrost
félóránként *hsz* every half an hour
félórás *mn* of half an hour *ut.*, half-hour, half-hourly || **félórás beszéd** a 30-minute speech
feloszlat *ige (testületet)* dissolve; *(céget)* liquidate, wind* up; *(tömeget)* disperse; *(gyűlést)* dismiss, dissolve
feloszlatás *fn (testületé)* dissolution; *(cégé)* liquidation; *(tömegé)* dispersal
feloszlik *ige (részekre)* be* divided (into) || *(hulla)* rot (away), putrefy
feloszt *ige (részekre)* divide (into); *(országot)* partition || *(szétoszt)* distribute (among), divide (sg) (up) (*vkk között*) between/among)
felosztás *fn (részekre)* division
felől *nu (irány)* from || *(róla)* about, concerning || **a felől a hegy felől** from the direction of that mountain
felőle *hsz (róla)* about, concerning, of || **felőlem (akár)** as far as I am concerned, for all/aught I care
felöltő *fn* (over)coat
felöltöz(köd)ik *ige* dress, get* dressed, put* on one's clothes
felöltöztet *ige (gyermeket)* dress; *(ált is)* put* clothes on sy || ❖ *átv* clothe sy
felőrlődik *ige (idegzet)* be* worn (away)
felőröl *ige* ❖ *átv* wear* out; *(egészséget)* undermine, sap
félős *mn (ember)* timid, shy
felpanaszol *ige* complain (of)
félpanzió *fn* half-board, partial board
felpattan *ige (kinyílik)* burst*/fly*/spring* open || *(helyéről)* spring*/

jump up || **felpattant a lóra** (s)he leapt/sprung onto the horse
felperes *fn* plaintiff
felperzsel *ige* burn* down, scorch
felpofoz *ige* box sy's ears, slap sy's face
felpróbál *ige* try on
felpuffad *ige* swell*, become* distended, bloat
felpumpál *ige* inflate, pump/blow* up
felpúposodik *ige (parketta)* warp
felragaszt *ige* stick*/paste on
felrajzol *ige* draw*, sketch; outline
felrak *ige (egymásra)* pile/heap up; *(terhet járműre)* load sg into/onto sg, load sg with sg || *(festéket)* lay* on
felravataloz *ige* lay* out [the body] || **felravatalozzák vhol** X's body will lie in state (in …)
felráz *ige* ❖ *ált* shake* up || ❖ *átv* stir up, rouse || **felráz vkt álmából** shake* sy out of his sleep
félre *hsz* aside, on/to one side; ❑ *szính* aside || **félre az útból!** (get) out of the way!
félreáll *ige (útból)* stand*/step aside, get* out of the way || *(közéletben)* withdraw*
félreállít *ige* set* aside, move (sg) out of way; shift || ❖ *átv (vkt)* remove (sy) from office
félrebeszél *ige* be* delirious, rave
félredob *ige* throw*/fling*/cast* aside, discard
félreért *ige* misunderstand*; get* sg wrong || **félreértettem, amit mondott** I mistook/misunderstood what he said
félreértés *fn* misunderstanding || **félreértésre ad okot** give* rise to misunderstanding
félreérthetetlen *mn* unmistakable, plain || **félreérthetetlenül megmond vmt** make* sg quite clear/explicit
félreérthető *mn* mistakable, easily misunderstood *ut.*, ambiguous
félreeső *mn* out-of-the-way, remote, out-lying || **félreeső helyen** in some/a remote spot

félrehív *ige* call/take*/draw* sy aside
félreismer *ige* mistake* (sy/sg) || **félreismertelek** I have misjudged you
félrelép *ige (hibáz)* blunder, take*/ make* a false step || ❖ *biz (házasfél)* be* unfaithful
félrelök *ige* push/thrust*/shove aside
félremagyaráz *ige* explain sg badly, misinterpret, misconstrue
felreped *ige* split* open, burst*
félresikerül *ige* fail, miscarry
félreszólás *fn* ❑ *szính* aside
félretapos *ige (cipőt)* wear* one's shoes down
félretesz *ige* ❖ *ált (vmt)* put*/lay* aside/away || *(pénzt vmre)* save (up) for sg
félreugrik *ige (vm elől)* jump clear (of sg)
félrever *ige (harangot)* toll the bell
félrevezet *ige* mislead*, lead* astray
félrevonul *ige* withdraw*, retire
felriad *ige* start up (in alarm); *(álmából)* be* startled out of one's sleep
felriaszt *ige* startle, rouse, alarm; *(vadat)* beat*, start, rouse
felrobban *ige (tárgy)* blow* up; *(robbanóanyag)* explode, detonate
felrobbant *ige (tárgyat)* blow* up; *(bombát)* explode, detonate || **felrobbantották a hidat** the bridge was blown up
felrohan *ige* rush/dash/run* up || **felrohan az emeletre** dash/run* upstairs
felruház *ige (ruhával ellát)* clothe || **jogkörrel felruház vkt** authorize/ empower sy (to do sg)
felsálszelet *fn* round of beef
felség *fn* majesty || **Felséged** Your Majesty
felséges *mn (pompás)* splendid, magnificent
felsegít *ige (földről)* help sy up, help sy to rise; *(járműre)* help sy on || **felsegíti vkre a kabátot** help sy on with her/his coat

felségjel *fn (állami)* insignia; *(repülőgépen)* markings *tsz*
felségsértés *fn* high treason
felségterület *fn* sovereign/national territory
felségvizek *fn tsz* territorial waters
felsikolt *ige* cry out, scream
felsír *ige* cry out (weeping)
felsóhajt *ige* heave a sigh, sigh ‖ **megkönynyebbülten felsóhajt** breathe again/freely
felsorakozik *ige* ❖ *ált* line up; ❑ *kat* fall* in(to line) ‖ *(vk mögött, átv)* range on sy's side, gather round sy
felsorol *ige* enumerate, list
felsorolás *fn (cselekmény)* enumeration ‖ *(lista)* list
félsorompó *fn* half/short barrier
felső ▼ *mn* upper, higher ‖ **felső ajak** upper lip; **a Duna felső szakasza** the upper reaches of the Danube *tsz*, the Upper Danube; **felső korhatár** (upper) age limit; **felső rész** upper part; **felső tagozat/osztályok** *kb.* the middle school; **felső tízezer** the upper ten/crust; **felső vezeték** overhead (contact) wire, trolley wire ▼ *fn (kártya)* queen
felsőbb *mn* higher, upper ‖ **felsőbb körökben** in high quarters; **felsőbb matematika** higher/advanced mathematics; **felsőbb osztályok** ❑ *isk* ⊕ *GB* the middle school; *(társadalmi)* upper classes
felsőbbrendű *mn (minőségileg)* superior, higher
felsőfok *fn* ❑ *nyelvt* superlative (degree)
felsőfokú oktatás *fn* higher education
felsőház *fn* the Upper House; ⊕ *GB* the House of Lords; ⊕ *US* the Senate
felsőkabát *fn* overcoat, topcoat
felsőkar *fn* upper arm
felsőoktatás *fn* higher education ‖ **felsőoktatási intézmények** institutions of higher education
felsőosztályos *mn/fn* higher-form (student), higher-class (student)
felsöpör *ige* sweep* up
felsőtest *fn* trunk
felsúrol *ige* scrub, scour
felsül *ige* fail unexpectedly, blunder
felsülés *fn* failure, fiasco
felszabadít *ige* ❖ *ált* set* free, liberate; *(országot)* liberate; *(várat)* relieve; *(elnyomott népet)* set* [people etc.] free; *(rabszolgát)* liberate ‖ *(zárolás alól)* release, declassify; *(árakat)* allow [prices] to find their own level; *(kötött árucikket)* deration ‖ ❑ *vegy* ❑ *fiz (energiát)* free, release, discharge
felszabadítás *fn (országé idegen uralom alól, elnyomottaké)* liberation
felszabadul *ige (ország)* be* liberated; *(erőd)* be* relieved; *(elnyomott nép)* be* set free
felszakad *ige* split*, tear*; *(seb)* reopen
felszakadozik *ige (felhőzet)* be* breaking
felszakít *ige* tear*/rip open
felszalad *ige (lépcsőn)* run*/dash up
felszáll *ige (levegőbe)* fly* up, take* to the air; *(madár)* take* flight; *(repülőgép)* take* off ‖ *(köd)* lift, clear away ‖ *(lóra)* mount [a horse] ‖ *(vonatra)* get* into (*v.* on *v.* onto), board [a/the train]; *(hajóra)* go* on board (the ship), embark; *(buszra, villamosra)* get* on/into; *(repülőgépre)* get* on/onto, board [a/the plane]
felszállás *fn (levegőbe)* flying up; *(repülőgépé)* takeoff; *(űrhajóé)* lift-off, blastoff ‖ *(lóra)* mounting [on horseback] ‖ *(vonatra, buszra)* getting into/on; *(hajóra)* embarking, embarkation; *(repülőgépre)* getting on(to), boarding ‖ **felszállás hátul** the entrance is at the rear
felszállási engedély *fn* (takeoff) clearance

felszállópálya *fn* runway, tarmac; *(nem kiépített)* airstrip
felszámol *ige (vállalatot)* wind* up, liquidate; *(kiárusít)* sell* off
felszámolás *fn* winding up, liquidation
felszánt *ige* plough (⊕ *US* plow) up
felszárad *ige* dry* (up), get* dry
felszárít *ige* ❖ ált dry* (up) || *(könnyeket)* wipe away
felszed *ige* ❖ ált pick/gather/take* up; *(kövezetet)* tear*/take* up; *(horgonyt)* weigh || ❖ *biz (betegséget)* contract, catch* || ❖ *biz (vmennyit hízik)* put* on || *(ismeretet, nyelvtudást)* pick up
félszeg *mn* awkward, clumsy
felszegez *ige* nail sg up/on/to sg
félszegség *fn* awkwardness, clumsiness
felszeletel *ige* slice (up), cut* sg into slices; *(pecsenyét)* carve
félszemű *mn* one/single-eyed
felszentel *ige (papot)* ordain; *(templomot)* consecrate
felszentelés *fn (papé)* ordination; *(templomé)* consecration
félszer *szn* **félszer annyi** half as much; **félszer akkora** half as big
felszerel *ige (készlettel)* stock with; *(berendezéssel)* equip (with) || *(gépet)* install, mount || **felszereli(k) a telefont** *(a lakásban)* have* a phone put in; **jól fel van szerelve** *(árukészlettel)* be* well stocked (up) with
felszerelés *fn (folyamat)* equipping, outfitting || *(gépé)* installation, mounting || *(tartozékok)* accessories *tsz*, gear; *(gépen)* mountings *tsz*, fittings *tsz*; *(berendezés)* equipment, installation, apparatus; *(mezőgazdasági)* (farming) implements *tsz*, (farming) equipment; *(irodai)* (office) equipment; *(lakásé)* fixtures *tsz*; *(turistáé stb.)* equipment, outfit; *(horgászé)* (fishing) tackle; *(sportolóé)* (sports) gear/kit/equipment; *(katonai)* outfit, equipment, kit
felszerelési tárgyak *fn tsz* fittings, accessories
felszerelt *mn* **jól felszerelt** well-equipped
félsziget *fn* peninsula, headland
felszín *fn* surface || **felszínre hoz** bring* to the surface, bring* to light; *(ásatás útján)* excavate
felszínes *mn* superficial, shallow
felszív *ige* suck in/up, absorb
felszívódik *ige (orvosság)* be* absorbed
felszólal *ige (gyűlésen stb.)* rise* to speak, speak*; *(vitában)* take* the floor
felszólalás *fn (gyűlésen)* speech, statement, remarks *tsz*
felszólaló *fn* speaker
felszólamlás *fn* protest, complaint
felszolgál *ige (ételt)* serve (up) || *(asztalnál)* wait at table
felszolgáló *fn* waiter; *(nő)* waitress; *(hajón, repülőgépen)* stewardess
felszólít *ige (vmre)* call upon (sy to do sg), request to, invite to || *(tanulót)* test/question || *(fizetésre)* summon sy for debt
felszólítás *fn* call, invitation; *(írásbeli)* notice, warning; *(fizetésre)* demand (for payment) || **ügyvédi felszólítás** solicitor's letter
felszólító mód *fn* imperative
felszökik *ige (felugrik)* leap*/jump up || *(ár, teljesítmény)* rise* suddenly, soar || *(láz)* go* up
félt *ige (vkt)* be* concerned/anxious about sy, be* worried about sy || **félti a bőrét** fear for one's life; **nem kell őt félteni** ❖ *biz* don't worry about him/her
feltalál *ige (újat)* invent || **feltalálja magát** quickly find* one's feet
feltálal *ige (ételt)* dish/serve up
feltaláló *fn* inventor

feltámad *ige (halott)* rise* again v. from the dead || *(szél)* rise*
feltámadás *fn* ❑ *vall* Resurrection
feltámaszt *ige (halottat)* raise from the dead || *(fejét kezével)* rest one's head on [one's hand]
feltankol *ige* fill up
feltápászkodik *ige* struggle to one's feet
feltár *ige (bányát)* open up; *(régész vmt)* excavate, open/dig* up || *(orvos műtétnél)* expose, approach || *(szívét vk előtt)* open [one's heart to sy] || *(helyzetet)* reveal; *(titkot)* disclose; *(okokat, összefüggéseket)* explore
feltárás *fn (bányáé)* opening; *(régészeti)* excavation || *(műtéti)* exposure, approach || *(titoké)* disclosure; *(jelenségek okaié)* exploration
feltárcsáz *ige* dial (sy), ring* sy up
feltart *ige (magasba)* hold* up, raise
feltartóztat *ige (mozgást)* arrest, impede; *(eseményeket)* stay, stem || *(útonálló)* hold* up, waylay* || *(vkt munkában)* keep* (sy from work), hinder (sy in sg)
feltartóztathatatlan *mn* irresistible
feltárul *ige* ❖ ált open (wide); *(ajtó)* fly* open || *(titok)* come* to light || **micsoda látvány tárult fel szemem előtt!** what a scene met my eyes!
feltehető *mn* probable || **feltehető, hogy** it is just possible that, presumably ...
feltehetően *hsz* presumably
félteke *fn* hemisphere
féltékeny *mn* jealous (vkre/vmre of)
féltékenykedik *ige (vkre)* be* jealous of sy
féltékenység *fn* jealousy
felteker(csel) *ige* coil up, spool, wind* up, wind* onto a reel (⊕ *US* spool)
feltép *ige* tear*/rip open
felterjeszt *ige (iratot)* lay* before, send* up (to), submit (to) || *(vkt előléptetésre)* put* sy forward for promotion

felterjesztés *fn (iraté)* submission, presentation || *(javaslaté)* proposal
feltérképez *ige* map, chart
féltestvér *fn (férfi)* half-brother; *(nő)* half-sister
feltesz *ige (vmt vhova)* put* (sg on), place (on) || = **feltételez** || **feltette magában** (s)he made up his/her mind to ..., (s)he resolved to ...; **felteszem a kérdést** I put it to you, I ask you; **felteszi a kezét** *(jelentkezésképpen)* raise *(v.* put* up) one's hand; **felteszi a levest** put* the soup on; **felteszi a szemüvegét** put* one's glasses/spectacles on; **kérdést tesz fel vknek** ask sy a question, put* a question to sy
feltétel *fn* condition, term; *(kikötés)* stipulation || **feltétel nélküli** unconditional; **három feltételhez köti** he makes 3 stipulations; **azzal a feltétellel, hogy** on condition that
feltételes *mn* ❖ ált conditional || **feltételes megálló(hely)** *(busz)* request stop; ❑ *nyelvt* **feltételes mód** conditional; ❑ *biol* **feltételes reflex** conditioned reflex
feltételez *ige (feltesz)* suppose, presume, assume || **tételezzük fel, hogy** let us suppose that, suppose ...; **feltételezik róla, hogy** he is assumed/supposed to be ...; **ezt nem tételeztem volna fel róla** I would not have thought it of him
feltételezhető *mn* presumable, probable || **feltételezhetően** presumably
feltétlen ▼ *mn (bizalom)* absolute, implicit; *(feltétel nélküli)* unconditional || **feltétlen engedelmesség** unquestioning/blind obedience; **feltétlen reflex** unconditioned reflex ▼ *hsz* = **feltétlenül**
feltétlenül *hsz* absolutely || *(okvetlenül)* by all means || **feltétlenül írj(on)!** be sure to write!; **feltétlenül szükséges, hogy** absolutely necessary that

feltett *mn* **feltett kalappal** with one's hat on; **feltett kérdés** question raised, question to be answered; **feltett szándéka** it is his firm intention (to ...)
feltéve *hsz* **feltéve, hogy** provided/supposing that; **elmegyek, feltéve, hogy/ha te is elmész** I'll go, provided (that) you go too; **feltéve, hogy önnek igaza van** granted that you are right
feltevés *fn (feltételezés)* supposition, assumption; *(logikai)* premise
feltölt *ige (folyadékkal)* fill (up); *(kiegészít)* top up || *(földdel)* bank up; ❑ *mezőg* earth (up) || *(akkut)* (re)charge || *(létszámot kiegészít)* bring* up to (full) strength
feltör *ige (erőszakkal kinyit)* break*/force/prise open; *(zárat)* force, pick || *(diót)* crack || *(földet)* break* || *(ember bőrét)* chafe || *(víz)* rush/well up, spout || *(vk felküzdi magát)* go* up in the world || **a cipő feltörte a lábát** the shoes blistered his feet
feltörik *ige (bőr)* blister; *(kéz)* chap, be* chapped; *(felfekvéstől)* get* bedsore || **(járástól) feltört a lába** be* footsore
feltöröl *ige* wipe/mop up; *(padlót)* wipe
feltűnés *fn (felbukkanás)* appearance (of sg), coming into sight, rise || ❖ *átv* sensation, stir || **feltűnést keltő** striking, sensational; **nem szeretem a feltűnést** I do not like to be in the limelight
feltűnik *ige (felbukkan)* appear, come* into sight, emerge || ❖ *átv* strike* the eye, be* striking || **feltűnt nekem** it struck me (that)
feltűnő *mn* conspicuous, prominent; *(meglepő)* uncommon || **feltűnő helyen** in a prominent place; **feltűnő, hogy** it strikes one that
feltüntet *ige (vmlyennek, vhogyan)* make* sg appear (as), (re)present sg (as) || *(írásban stb.)* indicate, show* || **kérjük (itt) feltüntetni nevét és címét** (please) state your name and address below
feltűr *ige (ingujjat)* roll up; *(gallért)* turn up
felugrik *ige (ültéből)* jump/leap* up || **felugrik vkhez egy pillanatra** drop in on sy, ❖ *biz* pop up to sy
felújít *ige* ❖ *ált* renovate; *(épületet, lakást)* renovate, restore; *(erdőt)* re(af)forest || *(színdarabot)* revive; *(filmet)* rerun*
felújítás *fn* ❖ *ált* renovation, restoration, renewal || *(színdarabé)* revival; *(filmé)* rerun, repeat showing (of)
félúton *hsz* half-way, midway
felüdít *ige* refresh
felügyel *ige (vkre/vmre)* look after, take* care of (sy/sg), be* in charge of (sy); *(gyerekre)* mind, look after || *(vizsgán)* invigilate || **gyerekekre felügyel** *(rendszeresen)* be* a baby-sitter, baby-sit*
felügyelet *fn* supervision; *(irányítás)* control || **vk felügyelete alatt áll** be* under the supervision of sy
felügyelő ▼ *mn* **felügyelő tanár** master in charge, *kb.* form/house master ▼ *fn* superintendent, supervisor, person in charge || *(rendőrfelügyelő)* (police) inspector; *(munkára)* overseer, inspector
felül[1] *ige (ágyban)* sit* up || *(lóra)* get* on, mount; *(vonatra)* get* on; *(madár ágra)* perch on || ❖ *biz (vknek)* be* taken in by, be* duped by
felül[2] *hsz/nu (vmn rajta)* above, over, on (the) top; *(mennyiségen)* over, upwards (of)
felület *fn* surface
felületes *mn (ember, tudás)* superficial
felületesség *fn* superficiality
felületi *mn* surface; *(külső)* external || **felületi kezelés** surface treatment
felüli *mn* over, above || **csak 15 éven felülieknek** no persons under 15 years admitted; **az ötvenen felüliek** the over-fifties

felüljáró *fn* flyover; ⊕ *US* overpass; *(csak gyalogos)* footbridge

felülkerekedik *ige (vkn)* get* the upper hand *(over sy)*, prevail *(over sy)*; *(nehézségen)* overcome* *(sg)*

felülmúl *ige (teljesítményben)* surpass, outdo*, outshine* *(vmben mind:* in) ‖ **felülmúlja önmagát** surpass oneself

felülnézet *fn* view from above

felülről *hsz* from above ‖ **felülről lefelé** downwards

felültet *ige (vmre)* seat sy on sg ‖ *(becsap)* make* a fool of sy ‖ **felültették** (s)he was taken in

felülvizsgál *ige* ❖ *ált* revise; *(számlát)* check; *(ítéletet)* review, re-examine, reconsider ‖ *(gépet)* check

felülvizsgálat *fn* ❖ *ált* revision ‖ ❑ *orv* checkup

felüt *ige (tojást)* break* [egg] ‖ **felüti a könyvet** *(találomra)* open a/the book (at random); **vm felüti a fejét** sg raises its head

felvág *ige* cut* up/open; *(szeletekre)* cut* [into slices], slice up, carve; *(fát)* cut* up ‖ ❖ *biz (kérkedik)* show* off, swagger, swank

felvágás *fn* ❖ *biz (kérkedés)* showing off

felvágós *mn* flashy ‖ ❖ *biz* **felvágós alak** a show-off, a smart aleck

felvágott *fn (hideg)* (slices *tsz* of) cold meat; ⊕ *US* cold cuts *tsz*

felvállal *ige* undertake*, take* on

félvállról *hsz* **félvállról beszél vkvel** talk down to sy, look down one's nose at sy; **amúgy félvállról** quite casually, superciliously

felvált *ige (pénzt)* give* sy change (for), change, break* into ‖ *(helyébe lép)* be* succeeded/followed by ‖ **fel tudna váltani egy fontot?** can you change a pound for me?, have you got change for a pound note?

felváltva *hsz* by turns, alternately ‖ **felváltva végeznek vmt** take* turns to do sg, take it in turns to ...

felvarr *ige* sew* sg on

felvásárol *ige* buy* up

felvázol *ige* sketch, outline

felver *ige (álmából)* awaken, rouse, alarm; *(vadat)* start, rouse, beat* ‖ *(tejszínt)* whip; *(tojásfehérjét)* beat* (up) ‖ *(sátrat)* pitch, put* up ‖ *(árakat)* bid*/force/send* up prices; ❑ *kif* bull the market

félvér *fn (ember, állat)* half-breed

felvesz *ige (vmt fölemel)* take*/pick/lift up ‖ *(járműre vkt)* give* sy a lift; *(vonat utast)* pick/take* up ‖ *(posta levelet)* accept ‖ *(ruhát)* put* [one's hat/coat etc.] on ‖ *(járandóságot)* collect, draw*; *(hitelt, kölcsönt)* take* out/up, raise ‖ *(vkt munkahelyre)* engage, employ; *(iskolába, egyetemre)* admit; *(tagként társaságba, pártba)* admit, affiliate ‖ *(adatokat)* take* down; *(katalógusba)* enter *(vmbe* in); *(leltárba)* take* an inventory of; *(magnóra)* tape(-record) sg, record sg; *(videóra)* video sg, videotape sg ‖ *(szokást, nevet)* adopt ‖ **felveszi a kapcsolatot vkvel** contact sy, get* in touch with sy; **fel sem veszi** *(sértést)* care nothing for sg, not care a whit; **felveszi a magyar állampolgárságot** assume Hungarian citizenship; **felveszi a telefont** lift the receiver, answer the phone; **felvesznek vkt vhová** sy is admitted to, sy gains admission to; **felveszünk:** *(hirdetésben)* wanted ...; *(álláshirdetésben)* situations vacant; **milyen ruhát vegyek fel?** what (dress) shall I wear?; **nem veszik fel** *(telefont) (mondja a központ)* sorry, no reply; **nem vették fel** (s)he has been rejected

felvet *ige (víz vmt)* cast* up ‖ **felveti a kérdést** raise the question; **majd felveti a pénz** be* rolling in money

felvétel *fn (adatoké)* inclusion, entering, entry ‖ *(vasúton poggyászé)* luggage/parcels office ‖ *(helye)* parcels counter ‖ *(állásba)* employment; *(mun-*

kásé) hiring/engaging (v. taking on) of [workers]; *(egyetemre, testületbe)* admission || *(fénykép)* photograph, snap(shot) || *(film)* shooting; *(egyes jeleneté)* take, shot || *(hangfelvétel)* recording; *(magnófelvétel)* tape recording; *(videofelvétel)* video (recording) || **felvétel indul!** action!; **felvételre jelentkezik** apply for admission; **nincs felvétel** *(munkára)* no vacancies; **külső felvétel** shooting on location

felvételi *mn* felvételi beszélgetés *(GB egyetemre)* interview (with); **felvételi követelmények** admission requirements; **felvételi vizsga** entrance examination; *(GB public school-ba)* Common Entrance

felvételizik *ige* sit* (for) an/the entrance examination

félvezető *mn/fn* semiconductor

felvidék *fn* the highlands *tsz;* ❏ **tört a Felvidék** *(a régi Magyarország északi része)* Upper Hungary

felvidít *ige* cheer (up)

felvidul *ige* cheer up, brighten up

felvilágosít *ige* inform, give* sy (full) information || **vkt felvilágosít vmről** inform sy about sg; **a gyereket felvilágosítja a nemi életről** provide a child with sex(ual) education

felvilágosítás *fn (tájékoztatás)* information, instruction; *(pályaudvari)* enquiries *tsz,* information || **felvilágosítás utazási ügyekben** travel information; **nemi felvilágosítás** sex(ual) education; **felvilágosítást kér vmről** inquire about sg, ask for information about sg; **részletes felvilágosítást ad** give* detailed information (about)

felvilágosodás *fn* enlightenment

felvillan *ige (fény)* flash, gleam, flare up

felvirágzás *fn* thriving, prosperity, boom

felvirágzik *ige* thrive*, prosper, boom

felvisz *ige (vmt vhová)* carry/take* up || *(út vhová)* lead* up (to)

felvon *ige (vitorlát, zászlót)* hoist, raise

felvonás *fn* ❏ *szính* act || *(zászlóé)* hoisting, raising

felvonó *fn* lift; ⊕ *US* elevator

felvonul *ige (tömegfelvonuláson)* march || ❏ *épít* [builders] move in

felvonulás *fn (ünnepélyes)* procession || *(építkezéshez)* preparatory works *tsz* || **felvonulási épület** site office

felzaklat *ige* upset*, unsettle

felzárkózik *ige* ❏ *kat* close up || *(vk mellé, átv)* join forces (with sy)

felzavar *ige (álmából)* rouse, startle

felzúdul *ige* flare up, get* into a rage

felzúdulás *fn* indignation, outcry

fém *fn* metal

fémes *mn* metallic

fémfényű *mn* metallic

fémjelez *ige (átv is)* hallmark

fémjelzés *fn* hallmark

fémlemez *fn* sheet-metal, (metal) plate

fémötvözet *fn* metallic alloy

fémpénz *fn* coin, specie

fen *ige* hone, whet, sharpen || **feni rá a fogát** *(vmre)* hanker after sg, long for sg; *(vkre)* wait for the hour of reckoning with sy

fene ▼ *mn* damned || **fene nagy lárma** devil of a din, hell of a row ▼ *fn* **a fene egye meg!** damn/blast (it)!; **menj a fenébe!** go to hell!

fenegyerek *fn* enfant terrible *(tsz* enfants terribles), daredevil

fenék *fn* ❖ **ált** bottom || ❖ *biz (emberé)* bottom, behind; *(nadrágé)* seat || **fenékbe rúg vkt** give* sy a kick in the behind; ⊕ *US* kick sy in the pants; **fenekére ver** *(gyereknek)* spank, give* (him/her) a spank; **fenékig üríti a poharat** drain one's glass; **nagy feneket kerít vmnek** spin* a long yarn (about sg), be* too circumstantial

fenevad *fn (vadállat)* wild beast || *(emberről)* brute, savage [person]

fenn *hsz* above, up || **fenn az emeleten** upstairs; **fenn hordja az orrát** be* proud/haughty; **fenn marad** (= *nem*

fekszik le) stay/be*/sit* up; *(vízen)* float, stay on the surface; **ott fenn** up there
fennakad *ige (beleakad)* get* caught/ stuck || *(megütközik vmn)* find* fault with [trifles], take* sg amiss || *(megakad)* stop, come* to a standstill
fennakadás *fn (megállás)* stoppage; *(kisebb)* a slight hitch; *(forgalomé)* trafficjam
fennáll *ige (létezik)* exist, be* in existence || *(érvényes)* be* valid, hold* || **fennáll annak a lehetősége, hogy** it is possible that
fennállás *fn* existence, continuance; *(intézményé)* life || **fennállása óta** since its foundation/establishment
fennálló *mn (létező)* existing, extant || *(érvényes)* valid
fennforog *ige* exist, be*, prevail || **csalás esete forog fenn** it is a case of fraud
fennhangon *hsz* aloud, in a loud voice || **fennhangon olvas** read* aloud/out
fennhatóság *fn* authority, supremacy || **vk fennhatósága alatt** under sy's authority
fennhéjázó *mn* haughty, arrogant
fennmarad *ige (utókornak)* survive, remain || *(mennyiség)* be* left over, remain; → **fenn**
fennmaradó összeg *fn* remainder, residue, surplus
fennsík *fn* plateau, table-land
fenntart *ige (víz színén)* buoy (up), keep* afloat || *(intézményt)* maintain, support, sponsor; *(rendet)* maintain, keep*, preserve, uphold* || *(családot)* keep*, maintain, support || *(helyet)* reserve || *(kapcsolatot)* maintain, keep* up || **fenntartom kijelentésemet (v. amit mondtam)** I stand by what I have said; **minden jog fenntartva** all rights reserved
fenntartás *fn (intézményé)* maintenance || *(családé)* keeping, support || *(feltétel)* reservation || **fenntartás nélkül** without reservation; **fenntartással** with reservations
fenntartó *fn* maintainer
fenséges *mn* majestic, magnificent
fensőbbség *fn (tulajdonság)* superiority
fent *hsz* = **fenn** || **kelt, mint fent** date as above; **a fent említett** the abovementioned, the aforesaid, the above; **fentről** from above
fentebb *hsz* higher/farther up || **mint fentebb mondottuk** as stated above
fenti *mn/fn (helyileg)* above; *(lakó)* (sy) upstairs || *(fent említett)* the above (mentioned), the aforesaid || **a fenti példa** the above example, the example (given) above; **a fentiek értelmében** according to the above; **a fentiekből következik, hogy** it follows from the foregoing that
fény *fn* ❖ *ált* light; *(csillogó)* glitter, sparkle || ❖ *átv* splendour (⊕ *US* -or), pomp || **fényt kapott** *(negatív)* the negative has been exposed to light, the negative is fogged; **fényt vet vmre** throw*/shed* light on sg; **vmnek fényében** in the light of sg
fényár *fn* flood of light || **fényárban úszó** brilliantly illuminated, floodlit
fényceruza *fn* light pen
fénycsóva *fn* beam of light
fénycső *fn* fluorescent light/lamp/tube, strip light
fenyeget *ige (vkt vmvel)* threaten (sy with sg)
fenyegetés *fn* threat, menace
fenyegető *mn* threatening, menacing || *(veszély)* impending, imminent || **fenyegető veszély** imminent danger
fenyegetőzés *fn* menaces *tsz*, threats *tsz* || **üres fenyegetőzés** empty/idle threats *tsz*
fenyegetőzik *ige* threaten sy with sg
fényerő *fn* light intensity; *(objektívé)* speed
fényérzékeny *mn* photosensitive
fényes *mn (fénylő)* shining, bright, radiant, lustrous; *(fényesített)* shiny, pol-

ished || ❖ *átv* splendid, brilliant, magnificent; *(győzelem)* glorious || **fényes nappal** in broad daylight
fényesít *ige* polish, brighten; *(fémet)* polish, burnish, rub; *(padlót)* polish
fényesség *fn* luminosity, brightness
fényév *fn* light-year
fényez *ige* ❖ *ált* polish; *(bútort, fát)* varnish, (French-)polish; *(autót)* spray
fényezés *fn (cselekvés)* polishing; *(bútoré)* varnishing; *(autóé)* spraying || *(felület)* varnish, gloss; *(bútoron)* French polish, gloss finish, varnish
fenyít *ige* punish, chastise
fenyítés *fn* punishment, chastisement || **testi fenyítés** corporal punishment
fénykép *fn* photo(graph), picture, snap(shot) || **fényképet készít vkről/vmről** take* a photograph/picture of sy/sg
fényképalbum *fn* photo(graph) album
fényképész *fn* photographer
fényképészet *fn* photography
fényképez *ige* take* photographs, take* a picture/photograph of sy/sg || **jól fényképez** (s)he's a good photographer
fényképezés *fn* photography
fényképezőgép *fn* camera
fényképmásolat *fn* print
fénykor *fn* golden/great age; *(vké)* the heyday (of sy) || **fénykorát éli** be* in one's prime
fénylik *ige* shine*; *(csillogva)* glitter, glisten, gleam; *(vakítva)* glare
fénymásolás *fn* photocopying
fénymásolat *fn* photocopy; xerox || **fénymásolatot készít** make* a photocopy of (sg), photocopy (sg)
fénymásoló gép *fn* photocopier, copier, Xerox machine
fénymérő *fn* exposure meter
fenyő *fn* fir(tree); pine(-tree)
fenyőág *fn* fir/pine bough/branch
fenyőerdő *fn* pine-forest, fir-wood
fenyőfa *fn (élő)* = **fenyő** || *(anyag)* pinewood

fénypont *fn (pályáé)* acme, zenith || **az előadás fénypontja** the highlight (v. high spot) of the performance
fénysebesség *fn* velocity/speed of light
fénysorompó *fn* flashing lights *tsz*; traffic-light operated level crossing
fényszedés *fn* filmsetting
fényszóró *fn* searchlight; *(autón)* headlight(s)
fényszóró-beállítás *fn* lighting adjustment
fénytan *fn* optics *esz*
fénytani *mn* optical
fényújság *fn* (electric) newscaster
fényűzés *fn* luxury
fényűző *mn* luxurious || **fényűzően él** lead* a life of luxury
fenyves *fn* pinewood
fényvisszaverő prizma *fn* reflector
fér *ige (vmbe)* go* into sg, find* room in/on sg, get* in(to) || *(vmhez hozzáfér)* have* access to sg || **fér még a zsebedbe?** is there room for any more in your pocket?; **sok fér bele** you can get a lot into it
fércmunka *fn kb.* hack work, shoddy/slipshod piece of work
ferde *mn (sík)* slanting, inclined, oblique; *(él, szél)* bevel || ❖ *átv* **ferde szemmel néz vkre** look askance at sy/sg, frown on sy
ferdén *hsz* obliquely, aslant, slantwise, slantways, on the skew/slant, askew || **ferdén áll** slant, be* slanted
ferdeszög *fn* oblique angle
ferdeszögű *mn* oblique-angled
féreg *fn* worm, insect
féreghajtó *mn/fn* vermifuge
féregtelenít *ige* disinfest; *(tetűtől)* delouse
ferences *mn/fn* Franciscan
férfi *fn* man°; *(jelzőként)* male; *(sp és öltözködés)* men's || **férfi beteg** male patient; **férfi egyes** men's singles; **férfiak** *(illemhelyen)* gents, ⊕ *US* men's (room); **légy férfi!** be a man!

férfias *mn* manly, masculine, virile
férfidivatáru *fn* menswear, men's clothing, ⊕ *US* haberdashery || **férfidivatáru-üzlet** (gentle)men's outfitter, men's shop, ⊕ *US* haberdasher
férfifodrász *fn* men's hairdresser, barber
férfikar *fn (énekkar)* male (voice) choir
férfinév *fn* man's name
férfiruha *fn* men's clothing, menswear
férfiszabó *fn* tailor
férfiú *fn* man°
férfivécé *fn* gents toilet
férges *mn* wormy
fergeteg *fn* storm
férj *fn* husband || **férjhez adja a lányát** marry off one's daughter (to), marry one's daughter off to; **férjhez megy** get* married (to sy), marry (sy); **férjnél van** she is married
férjes *mn* married [woman]
férőhely *fn* space, room (for); *(szállás)* accommodation || **kórházi férőhelyek** hospital beds
férőhelyes *mn* **800 férőhelyes színház** 800-seat theatre; **400 férőhelyes szálloda** hotel that can sleep 400
fertő *fn (erkölcsi)* slough (of crime)
fertőtlenít *ige* ❖ *ált* disinfect; *(műszert)* sterilize
fertőtlenítés *fn* disinfection; *(műszeré)* sterilization
fertőtlenítőszer *fn* disinfectant, antiseptic
fertőz *ige (anyag, élőlény)* infect, be* contagious/infectious
fertőzés *fn (kórokozó által)* infection || **fertőzést kap** get* (*v.* pick up) an infection
fertőző *mn (betegség)* infectious; *(közvetlen érintkezés útján)* contagious || **fertőző betegség** infectious/contagious disease; **fertőző osztály** *(kórházi)* infectious ward; *(elkülönítő)* isolation ward
feslik *ige (ruha)* come* unstitched || *(bimbó)* burst*

fess *mn* smart, stylish, chic
fest *ige (falat)* decorate, paint; *(hajat, kelmét)* dye, stain; *(arcot)* paint, make* up; *(kifest)* colour (⊕ *US* -or) || *(képet)* paint *(átv is)* || **festi magát** make* up (one's face), use make-up; **mikor festetek?** when are you decorating?; **olajjal fest** paint in oils; **úgy fest a dolog, hogy** it looks as if, it would appear that
festék *fn* ❖ *ált* paint; *(vízfesték)* watercolours (⊕ *US* -ors) *tsz*; *(gyerekeké dobozban)* a box of paints, paintbox, paints *tsz*; *(arcra)* paint, rouge, make-up; *(falra)* paint, distemper; *(colour)*wash; *(hajra, kelmére)* dye
festékpárna *fn* ink-pad
festés *fn* ❖ *ált* painting; *(lakásé)* decorating, decoration; *(hajé, kelméé)* dyeing || *(réteg)* (coat of) paint
festészet *fn* (art of) painting
festett *mn* painted, coloured (⊕ *US* -or-) || **festett arc** made-up face; **festett haj** dyed/hennaed hair
festmény *fn* painting, picture
festő *fn (művész)* painter, artist || *(szobafestő)* house-painter, decorator
festőállvány *fn* easel
festői *mn (látvány)* picturesque
festőművész *fn* painter, artist
fésű *fn* comb
fésül *ige* comb
fésületlen *mn* uncombed, unkempt; ⊕ *GB* dishevelled
fésülködik *ige* comb/do* one's hair
feszeget *ige (zárat)* try to force open || *(kérdést)* harp on sg, insist on sg
fészek *fn* nest || **fészket rak** build* a nest, nest, nestle
feszélyez *ige* embarrass, make* sy feel uneasy/awkward
feszeng *ige* fidget, be* restless
feszes *mn (ruha)* tight, tight/close-fitting || *(tartás)* upright, erect
feszít *ige* stretch, tighten; *(izmot)* flex, tense
feszítővas *fn* crowbar

feszmérő *fn* pressure-gauge (⊕ *US* -gage)
fesztáv(olság) *fn* span; ❑ *rep* wingspan
fesztelen *mn* uninhibited, relaxed, free and easy, unaffected
fesztivál *fn* festival
feszül *ige* tighten; *(ruha)* fit tightly
feszület *fn* crucifix
feszült *mn* strained, tight; *(izmok, idegek és átv)* tense || **feszült légkör** tense atmosphere
feszültség *fn (feszült viszony)* strained relations *tsz*; *(politikai, lelki)* tension || ❑ *el* voltage
fetreng *ige* roll about (in sg), wallow (in sg)
feudális *mn* feudal
feudalizmus *fn* feudalism
f. év = *folyó év* this year
f. hó = *folyó hó* → **folyó** *mn*
fia *fn* → **fiú**
fiacskám *fn (megszólításként)* Sonny, little boy
fiadzik *ige* bring* forth offspring, drop; *(macska)* have* kittens; *(szuka)* pup
fiatal ▼ *mn* young || **fiatal házasok** young couple, a newlywed couple, the newlyweds; **két évvel fiatalabb nálam** he is two years my junior, he is two years younger than I/me ▼ *fn* young person, youth || **a fiatalok** the young, young people; **a mai fiatalok** young people today, the youth of today
fiatalasszony *fn* young (married) woman°, young wife°; *(megszólításként)* my dear, young lady
fiatalember *fn* young man°, youth; *(megszólításként)* young man
fiatalkor *fn* youth, one's younger days *tsz* || **fiatalkoromban** in my youth, in my younger days, when I was young
fiatalkori *mn* youthful, of one's youth *ut.* || **fiatalkori bűnözés** juvenile delinquency

fiatalkorú ▼ *mn* youthful, juvenile, teenage; ❑ *jog* underage || **fiatalkorú bűnöző** juvenile delinquent/offender, young offender ▼ *fn* juvenile, teenager || **fiatalkorúak bírósága** juvenile court
fiatalos *mn* youthful, youngish; *(külsőleg)* young-looking
fiatalság *fn (életkor)* youth || *(állapot)* youthfulness || *(fiatalok)* young people, youth, the young
ficam *fn* dislocation || **ficamot helyre tesz** reduce a dislocation
ficánkol *ige (vk, jókedvében)* frisk about
fickó *fn* fellow, chap, lad, ❖ *biz* guy || **helyes fickó** a nice guy/chap
figura *fn (alak)* figure || *(sakk)* piece; *(teke)* (nine)pin || *(regényalak)* character || **furcsa figura** ❖ *elít* a strange fellow, a queer fish
figyel *ige* watch, keep* (a) careful/close watch on; *(titkosan vkt)* shadow sy; *(vmt is)* keep* an eye on sy || *(vmre)* follow sg with attention, pay* attention to || *(tanuló)* listen attentively || **figyelj!** listen!, pay attention!; **figyelj a gyerekre!** look after (*v.* mind) the child/baby
figyelem *fn (érdeklődés)* attention, notice || *(figyelembevétel)* regard || *(figyelmesség)* thoughtfulness, consideration || **elkerüli a figyelmet** escape one's attention; **felhívja vknek a figyelmét vmre** call/draw* sy's attention to sg, remind sy of sg, bring* sg to sy's notice; **figyelem!** (may I have your) attention (please)!; **figyelembe vesz vmt** take* sg into consideration/account, consider, bear* sg in mind; *(körülményeket)* make* allowances for sg, allow for sg; **figyelemmel kísér vmt/vkt** keep* an eye on sg/sy, follow sg with attention; **figyelemre méltó** notable, remarkable, noteworthy, ❑ *kif* it deserves attention; **figyel-**

mébe ajánl vknek *(vmt)* draw* sg to sy's attention; commend sg to sy('s attention) *(vkt)* recommend sy to sy; **figyelmen kívül hagy vmt** leave* sg out of consideration, take* no account/notice of sg, disregard sg; **figyelmet szentel vmnek** pay* attention to sg; **vk iránti figyelemből** out of respect/consideration/regard for sy, for sy's sake; **X úr figyelmébe** *(levélen)* for the attention of Mr X *röv* attn. Mr X

figyelembevétel *fn* taking into consideration, considering sg, bearing sg in mind

figyelmes *mn (aki figyel)* attentive, observant ‖ *(gondos)* careful, mindful ‖ *(előzékeny)* thoughtful, considerate ‖ **figyelmes vkvel szemben** show* sy attention, show*/have* consideration for sy

figyelmetlen *mn (nem figyelő)* inattentive, careless ‖ *(más iránt)* inconsiderate, thoughtless

figyelmetlenség *fn (nem figyelés)* inattention, carelessness ‖ *(más iránt)* thoughtlessness ‖ **figyelmetlenségből** through an oversight

figyelmeztet *ige (vmre)* call/draw* sy's attention to sg ‖ *(eszébe juttat)* remind sy of sg (*v*. to do sg)

figyelmeztetés *fn (intő)* warning, notice

fiktív *mn* fictitious

filc *fn* felt

filctoll *fn* felt-tip (pen); *(kiemelő)* marker

filé *fn* fillet (⊕ *US* -l-) (steak)

filharmonikus *mn/fn* philharmonic ‖ **filharmonikusok** philharmonic society/orchestra

filigrán *mn* (small and) delicate, graceful

fillér *fn* fillér ‖ **tíz fillér** ten fillér

film *fn (filmszalag)* film; *(keskenyfilm)* cinefilm, 16 mm film ‖ *(mozifilm)* film, picture, ⊕ *csak US* motion picture, movie

filmbemutató *fn (első előadás)* film première; *(szakmai)* preview

filmez *ige* film, shoot* (a film)

filmfelvétel *fn* shooting/taking of a film; *(egyetlen)* shot, take ‖ **külső filmfelvétel** shot made on location

filmfelvevő (gép) *fn* cine camera, ⊕ *US* movie camera

filmfesztivál *fn* film festival

filmhíradó *fn* newsreel, newsfilm

filmmúzeum *fn* film archives *tsz*; *(Londonban)* National Film Theatre

filmrendező *fn* director

filmstúdió *fn* film studio

filmszínész *fn* film actor

filmszínésznő *fn* film actress

filmsztár *fn* film star

filmvászon *fn* screen

filmvetítés *fn* screening, projection

filmvígjáték *fn* comedy (film)

filmzene *fn* music, soundtrack

filológia *fn* philology

filológiai *mn* philological

filozófia *fn* philosophy

filozófiai *mn* philosophical

filozófus *fn* philosopher

finálé *fn* finale

finanszíroz *ige* finance; *(támogat)* subsidize, sponsor, back

fingik *ige* ❖ *vulg* fart, break* wind

finis *fn* = **hajrá**

finn ▼ *mn* Finnish ‖ **finn nyelven** = **finnül** ▼ *fn (ember)* Finn, Finlander ‖ *(nyelv)* Finnish, the Finnish language

Finnország *fn* Finland

finnugor *mn* Finno-Ugric/Ugrian

finnül *hsz* Finnish → **angolul**

finom *mn (minőségileg)* fine; *(íz)* delicious ‖ *(ízlés)* refined ‖ **finoman** gently, subtly

finomít *ige* ❖ *ált* make* better ‖ ❖ *átv* polish, improve, refine

finomított *mn* refined

finommechanika *fn* precision-engineering/mechanics *esz*

finomság *fn* ❖ *ált* fineness ‖ *(aranyé)* purity ‖ **finomsági próba** assay

fintor *fn* grimace
fintorog *ige* pull faces, pull/make* a face
finnyás *mn* fastidious, fussy, finicky
fiók *fn (bútoré)* drawer || *(banké, cégé)* branch
fióka *fn* young (of birds), nestling
fiókhálózat *fn* chain stores *tsz*
fiókiroda *fn* branch office
fiókos *mn* drawered, with/containing drawers *ut.* || **fiókos szekrény** chest of drawers; *(magas GB)* tallboy; ⊕ *US* highboy
fióküzlet *fn* chain store, multiple shop/store
fiola *fn* vial, phial
Firenze *fn* Florence
firenzei *mn* Florentine
firkál *ige* scribble, scrawl, doodle
firtat *ige* pry into sg, be* inquisitive about sg
fisz *fn* F sharp
fitnesz *fn* fitness
fitneszszalon *fn* fitness studio
fitogtat *ige* make* a show of, show* off
fitos (orrú) *mn* snub-nosed
fityeg *ige* dangle, hang* loose/down
fitying *fn* farthing, button || **nincs egy fityingem sem!** I haven't got a stiver
fityma *fn* foreskin
fitymál *ige* belittle, sneer at (sg)
fiú *fn (fiatal fiú)* (young) boy, lad || *(vk)* **fia** (sy's) son; **apja fia** a chip off the old block; **apáról fiúra száll** (go*) from father to son; **a fiúja** her (latest) boyfriend, ⊕ *US* így is one's buddy
fiúkórus *fn* boys' choir
fiús *mn* boyish
fivér *fn* brother
fix *mn* fixed || **fix fizetés** fixed salary
fixál *ige (rögzít)* fix; *(elintéz)* fix (up) (sg)
fixíroz *ige (vkt)* eye, ogle, stare at sy
fizet *ige* pay*; *(fizetést teljesít)* make* a payment; *(adósságot, számlát)* discharge, settle (up); *(vendéglőben)* settle the bill (⊕ *US* check) || *(munkáért)* pay* sy sg for sg || ❖ *átv (vmért)* pay* for sg || **csekkel fizet** pay* by cheque (⊕ *US* check); **fizet vmt vmért** pay* sg for sg; **fizetek!** *(vendéglőben)* the bill, please!, ⊕ *US* check, please!; **fizetve** *(számlán)* paid (in full); **készpénzzel fizet** pay* cash; **fizethetek kártyával?** do you accept credit cards?, can I pay by card?; **mennyit fizetek?** what have I to pay?, how much is it?; **mennyit fizetnek?** how much are they offering (to pay)?, how much do they pay?; **nagy árat fizetett vmért** he paid dearly (v. a heavy price) for sg
fizetés *fn (cselekvés)* payment || *(vknek adott)* pay, salary; *(bér)* wages *tsz* || **fizetés nélküli szabadság** unpaid leave
fizetésemelés *fn* rise (in salary), ⊕ *US* raise
fizetési *mn* **fizetési eszköz** means of payment *tsz*; currency, money; **törvényes fizetési eszköz** legal tender
fizetésképtelen *mn* insolvent, bankrupt
fizetésképtelenség *fn* insolvency, bankruptcy
fizetésletiltás *fn* stoppage (of pay)
fizetésrendezés *fn* new salary scale(s), revision/review of salaries
fizetetlen *mn* unpaid, unsettled
fizetett *mn (vk)* paid, salaried || **fizetett szabadság** holiday(s) with pay, paid holiday/leave, ⊕ csak *US* paid vacation; **rosszul fizetett** underpaid, badly paid
fizető ▼ *mn* paying ▼ *fn* payer || ❖ *biz* = **fizetőpincér** || **jó fizető** good payer
fizető-autópálya *fn* toll road, ⊕ *US* turnpike
fizetőparkoló *fn* paying car park; ⊕ csak *US* parking lot
fizetőpincér *fn* kb. head waiter
fizetővendég *fn* paying guest
fizika *fn* physics *esz.*
fizikai *mn* physical || **fizikai dolgozó** manual worker

fizikatanár *fn* physics teacher/master
fizikum *fn* physique, constitution
fizikus *fn* physicist
fiziológia *fn* physiology
fiziológus *fn* physiologist
F-kulcs *fn* ❏ *zene* bass clef
flakon *fn* flacon
flamand ▼ *mn* **flamand (nyelvű)** Flemish ▼ *fn (ember, nyelv)* Flemish ‖ **a flamandok** the Flemish
flanc *fn* ❖ *elit* swank, showing off
flanel *fn* flannel
flekken *fn kb.* barbecue
flopi *fn* ❏ *szt* floppy (disk)
floridai *mn/fn* Floridian, Floridan
flörtöl *ige (vkvel)* flirt with sy
f-moll *fn* F minor
foci *fn* ❖ *biz* soccer
focista *fn* ❖ *biz* soccer player
focizik *ige* play soccer
fodor *fn (ruhán)* frill, ruffle ‖ *(vizen)* ripple
fodrász *fn* hairdresser ‖ **női fodrász** ladies' hairdresser
fodrászat *fn (mesterség)* hairdressing ‖ → **fodrászüzlet**
fodrásznő *fn* woman° hairdresser
fodrászszalon *fn (női)* (ladies') hairdressing salon
fodrászüzlet *fn* hairdresser's (salon); *(férfi)* barber's shop
fodros *mn (fodorral díszített)* frilled
fodrozódik *ige (víz)* ripple
fog¹ *ige (tart)* hold*; *(megragad)* take*, seize, take* hold of, grasp, catch* ‖ *(állatot)* catch* ‖ *(rádión, tévén)* get*, pick up ‖ *(vkn vm)* have* an effect/influence on sy ‖ *(toll)* write*; *(festék)* stain, dye, come* off; *(ragasztó)* stick*, hold* ‖ **Bécset fogja** (s)he is picking up *(v. getting)* Vienna; **férjet fog** catch*/hook a husband; **fogd ezt a könyvet** take this book; **halat fog** catch* fish, *(horoggal)* hook a fish; **jól fog a(z) esze/agya/feje** be* quick on the uptake; **nem fog a toll** the pen won't write; **nem fog rajta a szó** it's no use talking to him; **nem fogja a golyó** be* bullet-proof; **nem tudja, mihez fogjon** (s)he's at a loss, (s)he doesn't know what to do; **puskát fog vkre** point a gun at sy, turn a gun on sy; **vkre fog vmt** impute/attribute sg to sy, lay* sg at sy's door; **vmbe/vmhez fog** begin* to do sg, take* up sg, set* about sg, start doing sg
fog² *ige (segédige)* shall; *(2. és 3. személyben)* will ‖ **fog esni?** is it going to rain?; **fog vmt tenni** *(= készül rá, szándékában áll)* be* going to do sg; **meg fogom tenni** *(valamikor a jövőben)* I'll *(= I shall)* do it; **nem fog eljönni** he won't come; **ő tudni fogja** *(valószínűség)* he will *(v. is bound to)* know
fog³ *fn (emberi, állati)* tooth°; *(vadállaté)* fang, tooth° ‖ *(gereblyéé, fésűé)* tooth°; *(villáé)* prong, tine; *(fogaskeréké)* cog, tooth° ‖ **fáj a foga** have* (a) toothache; **fáj a foga vmre** ❖ *átv* long/yearn for sg, he would give his eye teeth *(v.* his right arm*)* for sg; **fogához veri a garast** count every penny; **fogat (be)töm** fill a tooth; **fogat fogért** a tooth for a tooth; **fogat húzat** [is going to the dentist to] have* a tooth out/drawn, have* a tooth taken out; **fogat mos** brush/clean one's teeth; **jön a foga** *(gyereknek)* be* teething; **lyukas fog** carious/decaying tooth°; **megcsináltatja a fogait** have* one's teeth done
fogad *ige (vkt)* ❖ *ált* receive; *(vendéget)* be* at home to, welcome, receive, entertain; *(ügyfelet)* see*; *(kihallgatáson, hivatalosan)* receive, grant/give* sy a hearing ‖ *(alkalmazottat)* engage, take* into one's service, hire, employ ‖ *(elfogad)* accept, receive, take* ‖ *(vkvel vmben)* bet*/wager sy sg ‖ **fogad egy lóra** back a horse, place a bet on a horse; *(orvosi táblán)*; **fogad 3-5-ig** Consulting Hours 3-5 p.m.; **fogadja hálás köszönetemet** please accept my grateful thanks,

many thanks; **hogyan fogadták a dolgot?** how was it received?, how did they take it?; **mennyibe fogadunk?** how much will you bet?; **fogadok, hogy** I('ll) bet (you) that; **1000 Ft-ba fogadok, hogy** I('ll) bet (you) 1000 forints that; **nem fogad** vkt *(hivatalosan)* refuse to receive/see sy

fogadalom *fn* pledge, oath

fogadás *fn (vké)* reception; welcome; *(konferencián, álló)* reception || *(pénzben)* wager, bet || **fogadást ad** give*/hold* a reception; **fogadást köt** lay* a wager (with sy), make* a bet *(vmre on)*

fogadó ▼ *mn* **fogadó ország** the host country ▼ *fn* inn, hostelry, lodge || *(pénzben, totón stb.)* punter

fogadóóra *fn* ❖ *ált* consulting hours *tsz*; ❖ *hiv* office/business hours *tsz*

fogadott *mn (gyermek)* adopted

fogadtatás *fn* welcome, reception || **szívélyes fogadtatásban részesít vkt** give* sy a warm welcome/reception; **kedvező fogadtatásra talál vm** be* well received

fogalmaz *ige* draw* up, draft, compose

fogalmazás *fn (szöveg)* draft; ❏ *isk* composition

fogalmi *mn* conceptual

fogalom *fn* ❏ *fil* concept, notion || *(elképzelés)* idea || **(halvány) fogalmam sincs vmről** I have no idea of sg, I have not the faintest/slightest idea of sg

fogamzás *fn* conception

fogamzásgátló *fn* contraceptive || **fogamzásgátló (tabletta)** oral contraceptive, contraceptive pill, ❖ *biz* the pill; **fogamzásgátló tablettát szed** take* the pill, go*/be* on the pill

fogan *ige (méhben)* conceive, become* pregnant || ❖ *átv* originate (in), arise* from

fogantatás *fn* conception

fogantyú *fn* handle, holder

fogápolás *fn* dental hygiene/care

fogas¹ ▼ *mn (lény)* toothed || **fogas kérdés** thorny/difficult question ▼ *fn (ruhának, fali)* coat-rack; *(álló)* coat-stand

fogas² *fn (hal)* zander, pike perch

fogás *fn (megragadás)* grip, grasp, hold, clasp || *(vmnek a tapintása)* feel, touch || *(halé)* catching || *(ügyes)* trick, knack, dodge; *(mesterségbeli)* technique, trick (of the trade) || *(étel)* course, dish || **jó fogást csinál** make* a good catch, strike* lucky; **ügyes fogás** a good trick

fogaskerék *fn* cogwheel

fogaskerekű (vasút) *fn* rack/cog railway, cogway

fogásos *mn* **háromfogásos ebéd** a three-course dinner/lunch

fogász *fn (szakorvos)* dentist, dental surgeon

fogászat *fn (tudomány)* dentistry, odontology || *(rendelő)* dental surgery/clinic, ❖ *biz* the dentist's

fogászati *mn* dental || **fogászati kezelés** dental treatment

fogat *fn (lóval, főleg mezőg)* team (of horses) || *(hintó)* equipage

fogatlan *mn* toothless

fogazat *fn (szájban)* set of teeth, teeth *tsz*, dentition || *(eszközön stb.)* dentation, teeth *tsz* || *(bélyegen)* perforation

fogda *fn* lock-up

fogdos *ige (kézbe vesz)* finger, handle || ❖ *biz (nőt)* paw, keep* pawing

fogékony *mn* susceptible to sg *ut.*

fogékonyság *fn* susceptibility

fogfájás *fn* toothache

foggyökér *fn* root (of tooth)

fogház *fn* prison, jail, ⊕ *GB így is* gaol || **két év fogházban letöltendő szabadságvesztésre ítélték** he was sentenced to 2 years' imprisonment

fogházbüntetés *fn* imprisonment

foghúzás *fn* drawing of tooth°

fogideg *fn* (dental) nerve

fogíny *fn* gums *tsz*
fogkefe *fn* toothbrush
fogkezelés *fn (beteg fogé)* dental treatment
fogkő *fn* tartar, plaque
fogkrém *fn* toothpaste
foglal *ige (birtokba vesz)* seize, occupy, take* possession of; *(végrehajtó ingóságot)* distrain upon, seize || **asztalt foglal** reserve a table; **írásba foglal** put* in writing; **(kérem,) foglaljon helyet** please take a seat (*v.* sit down); **magába(n) foglal** contain, comprise, include; *(csak átv)* comprehend, involve, imply; **szavakba foglal vmt** put* sg into words, express sg; **szobát foglal** book/reserve a room
foglalat *fn* ❑ *el* socket, (power) point || *(drágakőé)* setting, mount(ing)
foglalkozás *fn* ❖ *állt* occupation, business, line; *(állás)* employment, post; *(szakma)* trade; *(szellemi pályán)* profession || ❑ *isk* class || *(tevékenység)* activity; ❑ *kat* drill || **mi a foglalkozása?** what is his/her occupation/line/profession, what does (s)he do for a living?; **szabad foglalkozás** free time
foglalkozási *mn* **foglalkozási ág** (line of) occupation; **foglalkozási ártalom** occupational hazard
foglalkozik *ige (vmvel tartósan)* be* employed/occupied/engaged in (doing) sg || *(érdeklődésből vmvel)* be* interested in sg, go* in for sg; *(kérdéssel)* deal* with, go* into; *(kutatási stb. témával)* study sg, specialize on sg; *(üggyel hivatalosan)* deal* with, treat, investigate; *(kérvénnyel)* consider || **azzal a gondolattal foglalkozik, hogy** he is considering sg, he is toying with the idea (of); **mivel foglalkozik?** what is his/her profession/occupation/line, what does (s)he do for a living?
foglalkoztat *ige (dolgozót)* give* employment/work (to), employ || *(vkt vm)* be* concerned about sg || **500 főt foglalkoztat** employ 500 people
foglalkoztatás *fn* employment
foglalkoztatott *mn/fn* employee
foglalt *mn (hely stb.)* occupied, engaged; *(asztal)* taken, 'reserved'; *(ajtón kiírás)* engaged; *(taxi)* hired, engaged || **foglalt (a vonal)** (the number is) engaged, ⊕ *US* (the line is) busy
fogmosás *fn* cleaning the teeth, teeth-cleaning, tooth-brushing
fogó *fn (harapófogó)* pincers *tsz*; *(kombinált, lapos)* pliers *tsz*; *(orvosi)* forceps *tsz*; *(foghúzó)* extraction forceps *tsz*
fogócskázik *ige* play tag/tig
fogódzkodik *ige (vkbe, vmbe)* cling*/hold* *(on)*to, clutch/grasp at, hang* onto
fogódzó *fn* handhold, handrail
fogoly[1] *fn (hadifogoly)* prisoner (of war), captive; *(letartóztatott)* convict, prisoner || **foglyul ejt** take* prisoner/captive
fogoly[2] *fn (madár)* (grey) partridge
fogolytábor *fn* ❑ *kat* prison camp, prisoner-of-war camp *(röv* P.O.W. camp)
fogorvos *fn* dentist, dental surgeon || **fogorvoshoz jár** go* to the dentist
fogpaszta *fn* toothpaste
fogpiszkáló *fn* toothpick
fogpótlás *fn* (dental) prosthesis; *(műfogsor)* dentures *tsz*, (dental) plate
fogság *fn* captivity, imprisonment || **fogságban van** be* in prison/captivity
fogsor *fn (saját)* row/set of teeth; *(hamis)* dentures *tsz*, false teeth *tsz*, dental plate
fogszuvasodás *fn* (dental) caries, (tooth) decay
fogtechnikus *fn* dental technician/mechanic
fogtömés *fn (művelet)* stopping/filling a tooth || *(plomba)* filling
fogva ▼ *nu (időben)* from, since, ever since || **attól (az időtől) fogva** from

that time/moment (on); **vm oknál fogva** by virtue of, in consequence of, as a result of ▼ *hsz* **fogva tart** keep* in prison; **karjánál fogva** [take* sy] by the arm
fogzománc *fn* (dental) enamel
fogy *ige* ❖ *ált* lessen, grow* less, decrease, diminish; *(áru)* sell*, be* selling; *(készlet)* be* running out/short/low; *(pénz)* be* running/giving out ‖ *(súlyban ember)* lose* weight, become*/get* thinner ‖ *(hold)* wane ‖ **hat kilót fogyott** (s)he (has) lost six kilograms
fogyás *fn (árué)* sale, consumption ‖ *(testi)* loss of weight
fogyaszt *ige (anyagot)* use up, consume; *(áramot, energiát)* consume ‖ *(ételt)* consume, eat* ‖ **8 litert fogyaszt 100 kilométerenként** *(autó)* the car does 12 km per (*v.* to the) litre, a car that does 35 mpg; [*kimondva:* miles per gallon]
fogyasztás *fn* ❖ *ált* consumption
fogyasztási *mn* **fogyasztási cikkek** consumer goods; **tartós fogyasztási cikk(ek)** consumer durable(s)
fogyasztó *fn* consumer
fogyasztói *mn* **fogyasztói ár** consumer's/shop/retail price
fogyatékos *mn (hiányos)* deficient, insufficient, scanty ‖ **értelmi fogyatékos** mentally handicapped, retarded, educationally subnormal *(röv* ESN); **testileg fogyatékos gyermekek** physically handicapped children
fogyatékosság *fn (hiányosság)* insufficiency, deficiency; *(főleg erkölcsi)* shortcomings *tsz*, fault ‖ **értelmi fogyatékosság** mental deficiency/handicap
fogyó *mn* diminishing, decreasing, lessening ‖ **fogyó hold** waning/decrescent moon
fogyóeszköz *fn* semi-fixed assets *tsz*, expendable material/tool etc.
fogyókúra *fn* slimming cure/diet

fogytán *hsz* **fogytán van** be* coming to an end; *(pénz, készlet)* be* running out
fojt *ige* choke, stifle; *(füst)* suffocate ‖ **vízbe fojt** drown
fojtogat *ige (vk vkt)* try to strangle/throttle ‖ **fojtogatta a füst** the smoke almost choked him; **sírás fojtogatja** choke down/back one's tears/sobs
fok *fn (beosztásban)* degree, scale ‖ *(hőé)* degree(s) ‖ *(lépcsőé)* step, stair; *(létráé)* rung ‖ *(hegyé)* cape, promontory ‖ *(átv fokozat)* degree, grade; *(fejlődési)* stage, phase ‖ **egy bizonyos fokig** to a certain degree; **fokokra (be)oszt** grade, graduate, calibrate; **10 fok hideg** ten degrees of frost, 10 degrees below zero
fóka *fn* seal
fókaprém *fn* sealskin
fokbeosztás *fn* graduation, calibration
fokhagyma *fn* garlic
fokhagymás *mn* seasoned with garlic *ut.*
fokonként *hsz* gradually, by degrees
fokos[1] *mn* of ... degrees *ut.* ‖ **huszonhat fokos meleg** twenty-six degrees, 26 °C
fokos[2] *fn kb.* halberd, tomahawk
fokoz *ige (sebességet)* increase
fokozás *fn (melléknévé)* comparison (of adjectives)
fokozat *fn (tudományos)* degree
fokozatos *mn* gradual
fokozatosan *hsz* gradually, by degrees, step by step
fokozódik *ige* increase, grow*, intensify
fokozott *mn* increased ‖ **fokozott mértékben** to a greater extent, to a marked degree; **fokozott közúti ellenőrzés** *kb.* a drive against traffic offenders
fókusz *fn* focus *(tsz* focuses *v.* foci)
fókusztávolság *fn* focal length
fólia *fn (fém)* foil; *(műanyagból)* clingfilm

fóliasátor *fn* plastic tunnel, polythene greenhouse

folt *fn (pecsét)* stain, smudge, spot; *(tinta)* blot(ch), blob; *(bőrön)* blotch, freckle, mark || *(felvarrt)* patch, piece || *(jellemen)* stain, blemish, blot || **foltot ejt vmn** stain sg

foltos *mn (pecsétes)* stained, smudgy, spotted, spotty; *(tintától)* blotched

foltoz *ige (ruhát)* patch, put* a patch on

folttisztító (szer) *fn* stain remover

folyadék *fn* liquid, fluid

folyam *fn (folyó)* river, stream

folyamán *nu* **vmnek folyamán** in the course of, during; **április folyamán** during/in April

folyamat *fn* ❖ **ált** ❑ *tud* process || **folyamatban van** be* under way, be* going on, be* in progress; **a folyamatban levő tárgyalások** the current negotiations

folyamatos *mn* continuous; unbroken || **folyamatos jelen (idő)** present continuous; **folyamatosan** continuously

folyamodik *ige (vmért)* apply for sg, request sg || *(vmhez)* resort to, have* recourse to || **vmlyen lépéshez folyamodik** adopt (certain) measures

folyás *fn* ❖ **ált** flow(ing), course, run || ❑ *orv* discharge, flux(ion)

folyékony *mn (halmazállapotú)* fluid, liquid, flowing || *(beszéd)* fluent

folyékonyan *hsz* **folyékonyan beszél angolul** speak* fluent English

folyik *ige (folyadék)* flow, run*, stream || *(hibás edény)* leak, run* || *(tart)* go* on, be* (going) on, be* in progress; *(beszélgetés vmről)* run* on || *(következik vmből)* follow, ensue, result || **a tárgyalások folynak** the talks/negotiations continue; **folyik az orra** *(náthás)* his nose is running; **folyik az orra vére** his nose is bleeding; **mi folyik itt?** what's going on here?; **miről folyik a beszélgetés?** what are they talking about?

folyó ▼ *mn* **folyó évi** *(röv* **f. évi)** this year's, of this year *ut.*; **folyó hó** *(röv* **f. hó)** this month *(röv* inst.); **f. hó 14-én** on the 14th inst.; **folyó ügyek** routine work/matters, ordinary business; **folyó víz** *(csapból)* running water ▼ *fn* river, stream || **folyón felfelé** up the river, upstream; **folyón lefelé** down the river, downstream

folyóirat *fn* periodical; *(havi)* monthly; *(kéthetenkénti)* biweekly

folyómeder *fn* river-bed, watercourse

folyópart *fn* (river-)bank; *(városban)* water-front

folyósít *ige* pay (out)

folyosó *fn* corridor, passage; *(nézőtéren)* gangway, aisle; *(vonaton)* corridor

folyószakasz *fn* reach

folyószámla *fn (bankban)* current account, ⊕ *US* checking account; *(kamatozó)* deposit account; *(takarékpénztárban)* savings account || **folyószámlája van a ... Bankban** have* an account at (⊕ *US* with) (the) ... Bank

folyótorkolat *fn* mouth (of river), estuary

folyóvíz *fn* river-water; → **folyó**

folytán *nu* as a result of, owing/due to

folytat *ige* ❖ **ált** continue, go* on/ ahead (with), carry on || *(meghosszabbít)* extend, continue, prolong || *(mesterséget)* follow, pursue || **folytasd (csak)!** go on!, proceed!, carry on!

folytatás *fn* ❖ **ált** continuation || *(regényrészlet)* continuation, instalment || **az ügynek nem lett folytatása** the matter was dropped; **folytatása következik** to be continued

folytatásos *mn* serial, serialized [story, novel]

folytatódik *ige* continue, go*/keep* on, proceed; *(megszakítás után)* be* resumed || **a per holnap folytatódik** the trial continues tomorrow

folytatólag *hsz (megszakítatlanul)* continuously, without a break

folytatólagos *mn* continuous, nonstop
folyton *hsz* always, continually, continuously, without a break
folytonos *mn (megszakítás nélküli)* continuous, continued; *(panasz)* continual
folytonosság *fn* continuity, continuance
fon *ige (fonalat)* spin*; *(hajat)* braid
fonák *mn/fn* absurd, anomalous || **fonák** *(ütés)* backhand
fonal *fn* ❖ ált yarn, thread; *(kötéshez)* knitting wool || ❖ *átv* thread
fondorlatos *mn* fraudulent || **fondorlatos módon** by fraudulent means, fraudulently
fondü *fn* fondue
fonetika *fn* phonetics *esz*
fonetikai *mn* phonetic
fonetikus *mn* phonetic || **fonetikus átírás** phonetic transcription
font¹ *fn* pound *(mint súly 453 gramm, röv lb; mint pénzegység 100 pence, röv £)*; ❖ *biz (pénz)* quid *(tsz ua.)* || **egy font ...** *(súly)* a pound of ...; **10 fontba kerül** it costs £10 *(kimondva: ten pounds)*
font² *fn* ❏ *szt* font
fontolgat *ige* ponder (over), weigh, consider, think* over
fontos *mn* important; *(jelentős)* significant || **igen fontos** very important, of great importance *ut.*; **nem fontos** unimportant, of no importance/consequence *ut.*; **nem fontos, hogy ki** no matter who
fontoskodik *ige* fuss, be* officious
fontosság *fn* importance, significance || **fontosságot tulajdonít vmnek** attach importance to sg, set* great store by sg
fonnyad *ige* wither, fade, droop
fordít *ige (vmlyen irányba)* turn; *(lapot)* turn over; *(megfordít)* reverse || *(más nyelvre)* translate (sg from sg into sg) || *(energiát)* direct to; *(vmt vm célra)* devote to; *(összeget)* appropriate for || **balra fordít vmt** turn sg to the left; **fordíts!** *(lap alján)* please turn over *(röv* P.T.O.), ⊕ *US* over; **angolból fordította ...** translated from (the) English by ...; **angolról magyarra fordít vmt** translate sg from English into Hungarian; **vmre fordítja pénzét** spend* money on sg
fordítás *fn (más nyelvre)* translation || **meglehetősen szabad fordítás** a fairly free translation
fordító *fn* translator
fordított *mn (megfordított)* reversed, inverse || *(nyelvből)* translated (from) || **angolból fordított** translated from (the) English *ut.*; **fordított sorrendben** in reverse order; **fordított szórend** inversion
fordítva *hsz* inversely || *(ellenkezőleg)* on the contrary
fordul *ige (vmlyen irányba)* turn (round); *(megfordul)* turn round, make* a turn || *(vkhez)* turn to sy, apply/appeal to sy (for sg) || **a kocsi az árokba fordult** the car overturned into the ditch; **azt mondták, forduljak ...hoz** I was referred to ...; **orvoshoz fordul** (go* to) see* a doctor, consult a doctor; **balra fordul az út** the road turns/bears left; **hidegre fordul az idő** the weather is turning cold; **jóra fordul** take* a turn for the better, take* a favourable (⊕ *US* -or-) turn; **rosszra fordul** take* a turn for the worse, change for the worse, worsen; **vk ellen fordul** turn/rise* against sy
fordulat *fn (keréké)* revolution || ❖ *átv (sudden)* change, turn ||´*(nyelvi)* phrase, idiom || **döntő fordulat** decisive change; **fordulat áll be** the tide is turning; **kedvező fordulat** a turn for the better
fordulatszám *fn* revolutions per minute *(röv* rpm) *tsz*
forduló *fn (úté)* turn(ing); *(versenypályán)* bend, curve || *(oda-vissza megtett út)* journey, trip || *(sp és egyéb verseny)* round; leg || **első forduló** first round/leg

fordulópont *fn* turning-point, landmark || **fordulóponthoz érkezik** *(vm)* come* to a head

forgács *fn (fa)* shavings *tsz; (esztergályozásnál)* turnings *tsz*

forgalmas *mn* busy

forgalmaz *ige (forgalomba hoz)* put* into circulation; *(filmet)* distribute

forgalmi *mn* általános forgalmi adó (ÁFA) value added tax (VAT); **forgalmi csomópont** junction, interchange; **forgalmi dugó** traffic jam, ❖ *biz* snarl-up; **forgalmi érték** market value; **forgalmi engedély** vehicle licence, ⊕ *US* automobile registration; **forgalmi jelzőlámpa** traffic lights/signals *tsz*; **forgalmi sáv** (traffic) lane; **forgalmi torlódás** congestion, *(több kilométeres)* tailback

forgalmú *mn* nagy forgalmú útvonal a very busy thoroughfare; **nagy forgalmú üzlet** shop with a big turnover

forgalom *fn (közúti)* traffic || ❏ *ker* turnover, trade || **forgalomba hoz** put* into circulation, circulate, issue

forgalomelterelés *fn* diversion, diverted traffic, ⊕ *US* detour

forgás *fn* turning round; *(tengely körül)* rotation; *(keréké)* turn

forgat *ige* ❖ *ált* turn (round), revolve, rotate || *(filmet)* shoot* || *(könyvet)* read*; ❏ *kif* turn the leaves of a book || *(pénzt)* reinvest, circulate; *(váltót)* endorse, negotiate || **vmt forgat a fejében** turn over sg in one's mind, ponder (over) sg; *(vm terve van)* have* sg in mind, be* up to sg

forgatag *fn* **az utcák forgataga** the bustle of the streets/city

forgatás *fn* ❖ *ált* turning, revolving (sg), rotation (of sg) || *(filmé)* shooting

forgatócsoport *fn* shooting/film crew/team

forgatókönyv *fn* ❏ *film (irodalmi)* script, screenplay || *(rendezvényé)* scenario || **a forgatókönyvet írta** screenplay by ...

forgó ▼ *mn* turning, revolving, rotating ▼ *fn (játék)* windmill, ⊕ *GB* whirligig, ⊕ *US* pinwheel ||

forgolódik *ige (sürögve)* busy oneself, bustle about; *(vm körökben)* move about (in); *(vk körül)* pay* marked attention to (sy) || *(ágyban)* toss and turn

forgópisztoly *fn* revolver, ⊕ *US* handgun

forgószék *fn* revolving chair

forgószél *fn (átv is)* whirlwind

forint *fn (röv* Ft) *(magyar)* forint *(röv* ft *v.* fts) || *(holland)* guilder, gulden || **ötezer forint** 5000 fts

forma *fn (alak)* form, shape || ❏ *sp* form || *(minta)* model || **Forma I** Formula I; **(jó) formában van** be* in (good) form; **nincs formában** be* out of form

formájú *mn* -shaped, -like

formál *ige* form, mould (⊕ *US* mold), frame, model (⊕ *US* -l)

formális *mn* formal

formálisan *hsz (formailag)* formally || ❖ *biz (szabályosan)* practically

formálódik *ige* take* form/shape, be* formed

formaruha *fn* (special) uniform; ❏ *isk* school dress/uniform

formás *mn* shapely, well-shaped

formaság *fn* formality, ceremony || **csak formaság az egész** it is just a formality, it is a mere formality

formatervezés *fn* design work

formátlan *mn* shapeless, disfigured, deformed

formattál *ige* ❏ *szt* format

formattálás *fn* ❏ *szt* formatting

formátum *fn (könyvé)* format; *(más tárgyé)* size, shape || **nagy stb. formátumú (ember)** ... of great/considerable stature *ut.*

forog *ige (körbe)* turn, revolve, turn/go* round || *(pénz, könyv, hír)* circulate, be* in circulation || **a legmagasabb körökben forog** move in the

highest circles of society; **forog velem a világ** I feel giddy, my head is swimming/spinning
forr *ige* be* on the boil, boil, be* boiling; *(csendesen)* simmer || *(bor)* ferment || **forr a (tea)víz** the kettle is boiling; **forr benne a düh** boil/seethe with anger
forradalmár *fn* revolutionary
forradalmasít *ige* revolutionize
forradalom *fn* revolution || **az 1956-os forradalom és szabadságharc** the 1956 revolution and freedom fight, the 1956 (v. the Hungarian) uprising
forradás *fn (seb)* scar
forral *ige (folyadékot)* boil, bring* to the boil; *(tejet)* scald || *(gonosz tervet)* hatch
forralatlan *mn* unboiled
forralt *mn* boiled; **forralt bor** mulled wine
forrás *fn (felforrás)* boiling || *(víz előtörése)* spring; *(folyóé)* source || *(eredet)* source, origin || *(hírforrás)* source(s) || **biztos forrásból tudom** I have it on good authority
forrásmunka *fn* authority, source (-book) || **forrásmunkák** sources, references, bibliography *esz*
forráspont *fn* boiling-point
forrásvíz *fn* spring-water
forraszt *ige (fémet)* solder
forrasztás *fn* soldering
forrasztólámpa *fn* blowlamp, blow torch
forrasztópáka *fn* soldering iron
forráz *ige (teát)* infuse, brew
forró *mn* ❖ *ált* (very) hot; *(étel, ital)* steaming hot || *(égöv)* torrid || *(szerelem)* passionate || **forró a homloka** *(láztól)* her/his forehead is hot/burning; **forró fejjel** hot-headedly; **forró víz** boiling hot water
forródrót *fn* hot line
forrófejű *mn* hotheaded
forrong *ige* be* in ferment/revolt

forrongás *fn* agitation, turbulence, upheaval
forróság *fn* ❖ *ált* hotness; *(hőség)* (tropical) heat, torridity || *(láz)* fever
forróvérű *mn* hot-blooded, fiery
forróvíztároló *fn* immersion heater, electric water heater
fortély *fn* trick || **érti a fortélyát** get*/have* the hang of sg
fortélyos *mn (vk)* wily, tricky || *(eszköz, dolog)* tricky, awkward
fórum *fn* forum; *(hatóság)* authority || *(tévében) kb.* panel (on sg)
foszfor *fn* phosphorus
foszlány *fn (anyagé)* shred, rag || ❖ *átv* scraps *tsz*, snatches *tsz*
foszlik *ige* fray; *(csak ruha)* get* threadbare/tattered
fosztogat *ige* loot, pillage
fosztogatás *fn* looting, pillaging
fotel *fn* armchair, easy chair
fotó *fn* = **fénykép**
fotocikk(ek) *fn* photographic article(s)/materials/supplies
fotokópia *fn* photocopy || **fotokópiát készít vmről** make* a photocopy of sg, photocopy sg
fotómodell *fn* model
fotóriport *fn* picture/camera report
fotóriporter *fn* press photographer
fő¹ *ige (étel, ital)* boil, cook, be* cooked; *(lassú tűzön)* simmer || **fő a krumpli** the potatoes are boiling/cooking; **fő a fejem** my head is reeling (with/from sg)
fő² ▼ *fn (fej)* head || *(személy)* person || **főbe lő vkt** shoot* sy in the head, *(kivégez)* execute sy by shooting; **főbe lövet** have* sy shot; **három főből álló bizottság** a committee of three; **társaságunk 50 főt számlál** our club is 50 strong ▼ *mn (lényeges, fontos)* main, principal, (most) important, chief || **az a fő, hogy** the main thing is that; **fő cél** sy's main/chief object (in life); **fő helyen közöl** *(újság)* feature

főállás *fn* full-time job
főbejárat *fn* main entrance, front door
főbenjáró *mn (bűn)* capital [crime]
főbűnös *fn* principal
főcím *fn* main title; *(újságban)* headline || *(filmé)* credits *tsz*
födém *fn* floor
föderáció *fn* federation
főellenőr *fn* chief inspector, controller
főelőadó *fn* section head, chief official, executive
főemlősök *fn tsz* primates
főépület *fn* main building
főétel *fn* main dish/course, entrée
főétkezés *fn* main/principal meal
főfelügyelő *fn* chief inspector, inspector general
főfoglalkozás *fn* principal/main occupation; full-time job
főfoglalkozású *mn* full-time [employee]
főhadiszállás *fn* general headquarters *tsz v. esz*
főhadnagy *fn* ⊕ *GB* lieutenant, ⊕ *US* 1st lieutenant
főhajó *fn (templomi)* nave
főhős *fn* hero
főidény *fn (üdülési)* high season; *(színházi stb.)* the height of the season
főigazgató *fn* director general
főiskola *fn* college
főiskolai *mn* college || **főiskolai hallgató** = **főiskolás**; **főiskolai tanár** college teacher, ⊕ *US* professor
főiskolás *fn* (college) student, undergraduate
főjavítás *fn* (general) overhaul
főkapitányság *fn* police headquarters *tsz v. esz*; *(Londonban)* Scotland Yard
főkapu *fn* main gate
főként *hsz* mainly, chiefly, above all, mostly
főkönyv *fn* ledger, the books *tsz*
főkönyvelő *fn* chief accountant
föl¹ *fn (tejé)* the top of the milk || ❖ *átv* the cream (of sg)
föl² *hsz* up → **fel**
fől *ige* = **fő¹**

föld *fn (égitest)* the Earth; *(világ)* earth, world || *(talaj)* ground, earth, soil || *(birtok)* land, estate, property || = **földelés** || **a föld alatt** underground; **a földön** on the ground; *(padlón)* on the floor; **az egész földön** all over the world; **föld alatti** underground → **földalatti**; **föld feletti** overground; **föld körüli** round the world *ut.*; **földbe gyökerezik a lába** stand* rooted (*v.* fixed) to the spot; **földhöz vág** *(vmt)* throw* sg on the floor/ground; *(vkt)* floor sy, knock/bring* sy down; **földig ér** reach to the ground; **földig lerombol** raze to the ground; **földet ér** *(repülőgép)* land, touch down
földalatti *fn (vasút)* the underground (railway); *(Londonban)* tube || = **metró**
földalatti-állomás *fn* underground station, ⊕ *GB* ❖ *biz* tube station
földbirtok *fn* landed property/estate
földbirtokos *fn* landowner
földcsuszamlás *fn (átv is)* landslide
földel *ige* ❑ *el* earth, ⊕ *US* ground
földelés *fn* ❑ *el* earth, ⊕ *US* ground
földfelszín *fn* surface (of the earth)
földgáz *fn* natural gas
földgázvezeték *fn* pipe-line
földgömb *fn* (the) globe
földhivatal *fn* land registry
földi ▼ *mn (földön termő)* ground-, growing in the earth *ut.* || **földi irányító központ** ground control ▼ *fn* fellow-countryman°
földieper *fn* strawberry
földigiliszta *fn* earthworm
földimogyoró *fn* ground-nut, peanut
földkerekség *fn* **a(z egész) földkerekségen** in all the world, the world over
Földközi-tenger *fn* the Mediterranean (Sea)
földközi-tengeri *mn* Mediterranean
földmarkoló *fn* (power) shovel, excavator
földmérés *fn* (land) survey
földmozgás *fn* earthquake motion
földmunka *fn* earthwork

földművelés *fn* agriculture
földművelésügyi *mn* **Földművelésügyi Minisztérium** Ministry of Agriculture
földműves *fn* farmer, farmhand, farm labourer (⊕ *US* -or-)
földöntúli *mn (mosoly)* unearthly; *(boldogság)* heavenly, celestial
földrajz *fn* geography
földrajzi *mn* geographical || **földrajzi hosszúság** (geographical) longitude; **földrajzi szélesség** (geographical) latitude
földrajztanár *fn* teacher of geography, geography master/teacher
földreform *fn* land/agrarian reform
földrengés *fn* earthquake
földrengésjelző *fn (készülék)* seismograph
földrész *fn* continent
földszint *fn (házban)* ground floor, ⊕ *US* first floor || *(színházban elöl)* (front) stalls *tsz; (hátrább)* ⊕ *GB* pit, ⊕ *US* parquet circle, parterre; *(US az egész)* parquet, orchestra
földszintes *mn* single-storey, ⊕ *US* single-story
földszinti *mn* **földszinti lakás** flat on the ground floor, ground-floor flat, ⊕ *US* first-floor apartment; ❏ *szính* **földszinti páholy** pit box; **földszinti ruhatár** ground-floor cloakroom; **földszinti ülés** stall(s) seat, ⊕ *US* parterre seat
földszoros *fn* isthmus, neck
földterület *fn* area
földtulajdon *fn* land(ed property)
földút *fn* minor/dirt road
fölé *hsz/nu* over, above || **föléje hajol vknek** lean* over sy
főleg *hsz* = **főként**
fölény *fn* superiority, ascendancy || **fölénybe kerül vkvel szemben** get*/gain the upper hand over sy
fölényes *mn* ❖ elít superior || *(fennhéjázó)* supercilious, haughty || **fölényes győzelem** easy win/victory, walkover
fölösleg(es) → **felesleg(es)**

fölött(e) → **felett(e)**
fölöttébb *hsz* very, exceedingly, extremely, excessively
főmérnök *fn* chief engineer
főmondat *fn* main clause
főmunkatárs *fn (folyóiraté, lapé stb.)* executive/senior/contributing editor || **tudományos főmunkatárs** senior research fellow/worker
főnemes *fn* aristocrat; ⊕ *GB* peer
főnév *fn* noun
főnévi *mn* substantival || **főnévi igenév** infinitive
fönn → **fenn**
főnök *fn (hivatali)* principal, head [of department], ❖ *biz* boss
főnökség *fn* the management *tsz v. esz,* directorate
főnővér *fn* matron
fönt → **fent**
főnyeremény *fn (szerencsejátékban)* top/first prize [in lottery], jackpot
főorvos *fn (kórházi)* head physician/surgeon || **főorvos úr kérem!** please, doctor
főosztály *fn* (major) department
főosztályvezető *fn* head of department/section
főparancsnok *fn* commander-in-chief *(tsz* commanders-in-chief)
főpincér *fn* head waiter
főpolgármester *fn* the Mayor (of Budapest); *(London)* Lord Mayor; *(Skócia)* Lord Provost
főportás *fn* (chief) receptionist
főposta *fn* head post office
főpróba *fn* dress rehearsal
főrabbi *fn* Chief Rabbi
főrendező *fn* ❏ *szính* artistic director
förtelmes *mn* disgusting, loathsome
fős *mn* **30 fős küldöttség** a 30-strong delegation
fösvény ▼ *mn* miserly, avaricious, tight-fisted, ❖ *biz* stingy ▼ *fn* miser, niggard
főszak *fn* main/chief subject, ⊕ *US* major

főszakács *fn* head/chief cook, chef
főszerep *fn* leading part/role, lead || **a főszerepben ...** starring ...
főszereplő *fn* protagonist, lead
főszerkesztő *fn* general editor, editor-in-chief, chief editor
főtantárgy *fn* main subject || **főtantárgyul választ** specialize in, ⊕ *US* major in [history etc.]
főtéma *fn* (beszélgetésben) main topic || ❑ *zene* first/main theme/subject
főtiszt *fn* ❑ *kat* field-officer
főtitkár *fn* secretary-general (*tsz* secretaries-general)
főtörzsőrmester *fn* regimental sergeant-major (*röv* RSM)
főtt *mn (burgonya, hús, tojás stb.)* boiled; *(étel)* cooked || **főtt étel** cooked food; **főtt marhahús** boiled beef
főúr *fn* = **főnemes** || = **főpincér** || **főúr, fizetek!** (the) bill please!; ⊕ *US* check please!; *(udvariasabban)* could we have the bill please?
főutca *fn* High (⊕ *US* Main) Street
főútvonal *fn (gépjárműveknek)* arterial road, main/trunk/principal road, (busy) thoroughfare; ⊕ *főleg US* highway || *(városi, elsőbbséggel)* major/main road
főügyész *fn (állami)* public prosecutor
főváros *fn* capital
fővárosi *mn* of the capital *ut.*, metropolitan
föveny *fn* sand, quicksand
fővezér *fn* commander-in-chief (*röv* C.-in-C.)
fővezeték *fn (víz, gáz, villany)* main(s)
fővonal *fn (vasút, távíró)* main/trunk line
főz *ige (ételt, ált)* cook, prepare; *(húst)* stew; *(ebédet stb.)* prepare, make*, ⊕ *US* fix || *(rendszeresen)* do* the cooking || *(pálinkát)* distil || *(kávét, teát)* make*; *(kávét kávéfőző gépen)* perk, percolate || **a feleségem főz** my wife° does the cooking
főzelék *fn* vegetable (dish)
főzés *fn* cooking

főző *fn (gáz)* (gas-)cooker, (gas-)stove || **kétlapos főző** two-burner cooker/stove
főzőedény *fn* pot, pan
főzőfülke *fn* kitchenette
főzőkanál *fn* (wooden/stirring) spoon, stirrer
főzőlap *fn (villamos)* ⊕ *GB* electric hob, ⊕ *US* hot plate; *(villanytűzhelyé)* hot plate
főzt(j)e *fn* sy's cooking
főzve *hsz (nem nyersen)* cooked
frakció *fn* ❑ *pol* (parliamentary) group; ❖ *elít* faction
frakk *fn* tailcoat, tails *tsz*
francia ▼ *mn* French; Francophone || **francia kártya** playing card; **francia kenyér** French stick ▼ *fn (ember)* Frenchman°, French-woman° || *(nyelv)* French, the French language || → **angol**
franciaágy *fn* double bed
franciakulcs *fn* (monkey-)wrench; adjustable spanner
franciaóra *fn* French lesson/class
Franciaország *fn* France
franciaországi *mn* French, of France *ut.*
franciás *mn* in the French style/spirit *ut.*
franciasaláta *fn* mixed salad
franciatanár *fn* teacher of French, French teacher; *(csak iskolában)* French master
franciául *hsz* (in) French; → **angolul**
frank *fn (pénz)* franc
frappáns *mn (találó)* striking, apt
frász *fn* ❖ *vulg (pofon)* slap in the face || *(rémület)* fright || **frászban van** ❖ *biz* have* kittens, have*/get* cold feet
frazeológia *fn* phraseology, idioms *tsz*
frázis *fn* ❖ *elít (közhely)* platitude, commonplace; *(főleg pol)* (empty) slogan || ❑ *zene* phrase || **elkoptatott frázis** cliché
fregoli *fn (ruhaszárító)* clothes drier/airer

frekvencia *fn* frequency
freskó *fn* fresco, wall-painting
fricska *fn* flip, fillip, rap
friss *mn (gyümölcs, víz stb.)* fresh; *(levegő)* fresh, cool, refreshing || *(hír)* recent; *(emlék)* green || **friss nyom** hot scent/trail; **nem egészen friss** *(hús)* be* a bit off, be* not quite fresh
frissen *hsz* fresh(ly), newly || **frissen borotválva** fresh-shaven; **frissen mázolva** *(mint felirat)* wet paint
frissensült *fn* roast à la carte || **frissensültek** dishes from the pan
frissesség *fn (emberé)* liveliness, spryness, sprightliness; *(mozdulaté)* briskness || *(tárgyé)* freshness, newness
frissítés *fn* ❑ *szt (szoftveré)* updating; *(információé)* refresh
frissítő ▼ *mn* refreshing, cooling ▼ *fn* **frissítők** *(étel, ital)* (light) refreshments
fritőz *fn* ⊕ *GB* chip pan, ⊕ *US* deep fat fryer
frizura *fn* hair-style; *(női)* hair(-do), coiffure; *(férfi)* (hair-)cut
frizsider *fn* refrigerator, ❖ *biz* fridge
front *fn* ❑ *kat* front (line), battle-line/front || = **homlokzat** || *(meteorológiai)* front || **a fronton** at the front, in the front line; **hideg/meleg front** cold/warm front
frontális ütközés *fn* head-on collision
frontáttörés *fn* breakthrough
frontátvonulás *fn* frontal passage
frottírtörülköző *fn* terry/Turkish towel
fröccs *fn* wine-and-soda
fröccsen *ige* **sár fröccsent kabátjára** mud spattered on his coat
fröcsköl *ige* splash
frufru *fn* bang, fringe, curl
Ft = **forint** forint, ft *(tsz* fts)
fuga *fn* ❑ *épít (falon)* (wall) joint
fúga *fn* ❑ *zene* fugue
fugázás *fn* pointing
fúj *ige* ❖ **ált** blow*; *(levest)* blow* on, cool; *(vkre/vmre vmt)* blow* sg on/at sy/sg || *(fúvós hangszert)* blow*, sound || *(szél)* blow* || **ébresztőt fúj** sound (the) reveille; **fúj a szél** the wind is blowing, it is windy
fukar *mn* miserly, avaricious, mean, stingy
fukarkodik *ige (vmvel)* be* miserly stingy with sg
fuldoklás *fn (vízben)* drowning; *(levegőhiány miatt)* gasping, choking, suffocation
fuldoklik *ige (vízben)* be* drowning; *(nem kap levegőt)* gasp (for air/breath), choke
fullad *ige (nem kap levegőt)* be* suffocating/choking || **vízbe fullad** drown, be*/get* drowned
fulladás *fn (vízben)* drowning; *(levegőhiánytól)* suffocation; ❑ *orv (oxigénhiánytól)* asphyxia
fullánk *fn* sting
fullasztó *mn* suffocating, stifling, choking; *(levegőtlen)* close, oppressive; *(hőség)* sultry, oppressive
funkció *fn* function, duty
funkcionál *ige* function, act, work
fúr *ige (lyukat)* drill, bore; *(fogat)* drill; *(kutat)* sink* || *(vkt)* kb. scheme/plot against sy, ⊕ *US* bad-mouth sy
fura *mn* = **furcsa** || **fura alak** a queer customer, ⊕ *US* oddball; **fura módon** oddly enough, strange to say …; **furákat mond** say* odd things
fúrás *fn (művelet)* boring, drilling, sinking; *(fogé)* drilling || *(lyuk)* bore/drill-hole || ❖ *átv* scheming/plotting (against), ⊕ *US* bad-mouthing
furat *fn* boring, bore(-hole); *(mint méret)* calibre (⊕ *US* -ber)
furcsa *mn* strange, odd, peculiar, curious, extraordinary, funny
furcsáll *ige* find* sg strange/peculiar/odd
furcsaság *fn (különösség)* strangeness, oddity, peculiarity, curiousness || *(furcsa dolog)* curiosity, oddity
furdal *ige* **furdalja a lelkiismeret** have* twinges/pangs of conscience

furfang *fn* trick, dodge, wiles *tsz*
furfangos *mn* smart, clever, wily
furkósbot *fn* cudgel, club
furnér *fn* (felső réteg) veneer || **furnér(lap/-lemez)** plywood
fúró *fn* (kézi) gimlet; (nagy kézi) auger; (villanyfúró) electric drill; (fogfúró) drill
fúródik *ige* (falba) bury itself in, penetrate sg, pierce sg
furulya *fn* flute, pipe, recorder
furulyázik *ige* play the flute/pipe/recorder
furunkulus *fn* furuncule, boil
fuser *fn* ❖ *elít* bungler; ⊕ *GB* cowboy || **fuser munka** a botched job
fut *ige* (szalad) run*; ❑ *sp* (rövid távon) sprint; (hosszú távon) race || (menekül) flee*, run* away/off, fly*, escape || (versenyt) run* || **a 100 m-t 10,5 (mp) alatt futotta** he ran the 100 metres in 10.5 seconds; **erre már nem futja** (a pénzemből) I can't afford it; **fusson, ki merre lát!** run for your lives!; **ha futja az időmből** if I have the time
futam *fn* ❑ *sp* heat || ❑ *zene* run, (rapid scale) passage || **selejtező futamok** eliminating/preliminary heats
futár *fn* (küldönc) messenger; (motoros) dispatch-rider; ❑ *kat* mounted orderly; (diplomáciai) courier || (sakkban) bishop
futás *fn* (szaladás) run(ning); (menekülés) flight, escape, bolt; (megvert seregé) rout || ❑ *sp* running, (foot)race, track-racing; (futószámok) track events *tsz* || **futásnak ered** start running; (menekülve) run* away, take* to one's heels
futball *fn* (Association) football, ❖ *biz* soccer || **amerikai futball** American football
futballbelső *fn* football bladder
futballbíró *fn* referee
futballcipő *fn* football boot(s)
futballcsapat *fn* football team/eleven

futballista *fn* football player
futballkapu *fn* goal
futball-labda *fn* football
futballmeccs *fn* football match
futballozik *ige* play football
futballpálya *fn* football pitch/ground/field
futballrajongó *fn* football/soccer fan
futkos *ige* run*/rush about, run* to and fro; (vmlyen ügyben) run* around
futó ▼ *mn* (szaladó) running, racing || **futó pillantást vet vmre** glance at sg, take* a quick/passing look at sg; **futó zápor** passing/sudden shower ▼ *fn* ❑ *sp* runner || (sakkban) bishop
futólag *hsz* cursorily, in passing || **futólag ismer vkt** have* a passing/nodding acquaintance with sy
futólépés *fn* double quick pace
futómű *fn* undercarriage
futópálya *fn* ❑ *sp* running track; (egy sávja) lane
futószalag *fn* assembly/production line
futószámok *fn tsz* ❑ *sp* track events
futótűz *fn* wildfire || **futótűzként terjed** spread* like wildfire
futóverseny *fn* (foot)race
fuvar *fn* (szállítás) transport, freightage, carriage, ⊕ *US* transportation || (szállítmány) freight, cargo || (szállítóeszköz) conveyance, carriage, transport || **fuvar fizetve** carriage/freight paid
fuvardíj *fn* (freight) carriage, truckage
fuvarlevél *fn* (vonaton) waybill, bill of lading
fuvaros *fn* carter, carrier, ⊕ *US* trucker
fuvaroz *ige* carry, transport, ship, ⊕ *US* truck
fuvarozás *fn* transportation, transport, carriage, shipping, ⊕ *US* trucking
fuvarozási vállalat *fn* forwarding agent, shipping company, carrier, ⊕ *US* express/transport company
fuvarozó ▼ *mn* carrying ▼ *fn* carrier
fúvóka *fn* (hangszeren) mouthpiece || ❑ *műsz* jet

fuvola *fn* flute
fuvolás *fn* flautist, flute-player; ⊕ *US* flutist
fuvolázik *ige* play the flute, flute
fúvós *mn/fn* **fúvós hangszer** wind instrument; **a fúvósok** the wind [is *v.* are ...]
fúvósötös *fn* wind quintet(te)
fúvószenekar *fn* brass/wind band
fúzió *fn* ❑ *ker* amalgamation, merger, ⊕ *US* consolidation || ❑ *fiz* (nuclear) fusion
fuzionál *ige* amalgamate, merge
fúziós *mn* ❑ *fiz* fusion
fű *fn (gyep stb.)* grass; *(gyógyfű)* herb || ❖ *biz (marihuána)* grass, weed || **a fűre lépni tilos** keep off the grass; **fűbe harap** bite* the dust; **fűhöz-fához kapkod** clutch at straws
füge *fn* fig
fügefa *fn* fig-tree
fügefalevél *fn* fig-leaf°
függ *ige (lóg)* hang* (down) *(vmről* from); be* suspended/hanging || *(vmtől/vktől)* depend on sg/sy || **attól függ** it (all) depends; **attól függ, hogy van-e rá pénze** it depends on whether he can afford it/to; **tőled függ** it's up to you
függelék *fn (könyvhöz)* appendix *(tsz* appendixes *v.* appendices)
függés *fn (lógás)* hanging, suspension || ❖ *átv* dependence *(vmtől* upon, on)
független *mn* independent *(vktől/vmtől* of sy/sg)
függetlenség *fn* independence; *(államé)* sovereignty, independence
függetlenül *hsz* independently *(vmtől* of sg) || **ettől függetlenül** apart from this
függő ▼ *mn (lógó)* hanging, suspended || *(kábítószertől)* dependent (on), addicted (to) || **attól függően, hogy** depending on whether ...; ❑ *nyelvt* **függő beszéd** indirect/reported speech; **függő játszma** *(sakk)* adjourned game; **vktől/vmtől függő** dependent on/upon sy/sg *ut.* ▼ *fn (ékszer)* pendant || **függőben hagy** leave* [the matter] open *(v.* undecided); **függőben marad** be* pending/postponed, hang* fire
függőágy *fn* hammock
függőhíd *fn* suspension bridge
függőleges ▼ *mn* perpendicular, vertical ▼ *fn* perpendicular, vertical || *(keresztrejtvényben)* down
függöny *fn (szính is)* curtain; ⊕ *US (csak lakásban)* drape, drapes *tsz*, drapery || **felhúzza a függönyt** raise the curtain; **függöny!** *(színházi utasítás)* curtain!; **a függöny legördül** the curtain falls/drops; **a függöny felmegy** the curtain rises
függőség *fn* ❖ *ált* (state of) dependence, dependency, subordination || *(kábítószertől)* (drug) dependence
függővasút *fn* cable-railway
függvény *fn* ❑ *mat* function || **... függvényében ábrázolva** plotted against ...
fül *fn (testrész)* ear || *(fogó)* handle; *(sapkán, zseben)* flap || *(könyv borítólapján)* blurb || **az egyik fülén be, a másikon ki** go* in (at) one ear and out (at) the other; **csupa fül vagyok** I am all ears; **fülem hallatára** in my hearing; **fülig szerelmes vkbe** be* head over heels in love with sy; **fülön fog** take* by the ears; **jó füle van** *(jól hall)* have* sharp ears, have* a fine ear; *(zenéhez)* have* an ear for music; **nem hisz a fülének** he can't believe his ears; **se füle, se farka** sy can't make head or tail of it
fül-, orr- és gégeszakorvos *fn* ear, nose, and throat specialist
fülbaj *fn* ear disease/trouble
fülbevaló *fn* ear ring/drop
fülcimpa *fn* earlobe
füldugó *fn* ear-plug
fülel *ige* be* all ears

fülemüle *fn* nightingale
füles *fn* ❖ *biz (értesülés)* tidbit, ⊕ *US* tidbit
fülész *fn* ear-specialist
fülfájás *fn* earache
fülhallgató *fn* earphone
fűlik *ige* **nem fűlik a foga hozzá** (s)he doesn't feel like it *(v.* doing sg*)*
fülke *fn (falban)* niche || *(hajón)* cabin; *(lifté)* car; *(telefoné)* call/(tele)phone box, (tele)phone booth; *(szavazó)* (voting) booth; *(vasúti)* compartment
fülledt *mn* close, sultry || **fülledt nyári meleg** stifling (summer) weather; **fülledt meleg van** it is stiflingly hot
füllent *ige* tell* a fib, fib
füllentés *fn* fib, white lie
fül-orr-gégeklinika *fn* ear, nose, and throat clinic
fül-orr-gégészet *fn (tudomány)* oto-(rhino)laryngology || *(osztály)* ear, nose, and throat clinic
fülsértő *mn (túl hangos)* ear-splitting || *(disszonáns)* jarring, cacophonous
fülsiketítő *mn* deafening
fülszöveg *fn (könyvé)* blurb
fültanú *fn* ear-witness
fűmag *fn* grass-seed, hay-seed
fűnyíró (gép) *fn* lawnmower
fürdés *fn (kádban)* bath; *(szabadban)* bathe, bathing
fürdet *ige* bath sy, give* sy a bath
fürdik *ige (kádban)* take*/have* a bath, bath; *(szabadban)* bathe, have* *(v.* go* for) a bathe/swim
fürdő *fn (kádban)* bath, bathing || *(intézmény)* public baths *tsz* || **fürdőt készít (vknek)** run* sy a bath
fürdőhely *fn* health-resort, spa
fürdőidény *fn* bathing season
fürdőkád *fn* bath, ⊕ *US* (bath)tub
fürdőköpeny *fn* bathrobe, ⊕ *US* bathing wrap
fürdőlepedő *fn* bath sheet/towel
fürdőmedence *fn* swimming/bathing pool
fürdőnadrág *fn* swimming trunks *tsz*

fürdőruha *fn* bathing suit, swimming costume, swimsuit
fürdősapka *fn* bathing-cap, swim-cap
fürdőszoba *fn* bath(room) || **fürdőszobával** *(szállodában)* with private bath
fürdőszobamérleg *fn* bathroom scales *tsz*
fürdőváros *fn* spa
fürdővendég *fn* visitor (at a spa)
fürdőzik *ige (gyógyfürdőhelyen)* take* the waters || *(strandon)* bathe
fürdőző ▼ *mn* bathing ▼ *fn* bather
fűrész *fn* saw
fűrészel *ige* saw* (off/up), cut* (sg) with a saw
fürge *mn* nimble, agile, quick, lively || **fürgén jár** walk at a brisk pace
fürgeség *fn* nimbleness, agility, briskness, liveliness
fürj *fn* quail
fürkész *ige* search for, nose about
fürt *fn (szőlő)* bunch
füst *fn* smoke || **egy füst alatt** at the same time, in the same breath
füstköd *fn* smog
füstöl *ige (kémény stb.)* give* off smoke, smoke || *(dohányzik)* smoke
füstölt *mn (hús)* smoked
füstös *mn* smoky, full of smoke *ut.*
füstszűrős cigaretta *fn* filter-tipped cigarette(s), filter-tip(s)
fűszál *fn* blade/leaf° of grass
fűszer *fn* spice
fűszeráru *fn (fűszerek)* spices *tsz* || *(élelmiszerek)* groceries *tsz*
fűszeres ▼ *mn (étel)* spicy, (highly) spiced, seasoned ▼ *fn (kereskedő)* grocer; *(mint üzlet)* grocer's (shop), ⊕ *US* grocery (store)
fűszerez *ige (ételt)* season, spice || **erősen fűszerezett** highly seasoned
fűszerüzlet *fn* = **fűszeres** *fn*
fűt *ige (szobát)* heat
fűtés *fn* heating || **milyen a fűtés nálatok?** what type of heating do you have?
fűtetlen *mn* unheated, cold

fűtő *fn* stoker, fireman°
fűtőanyag *fn* fuel
fűtőszál *fn* filament
fűtőtest *fn* radiator, heater
fűtött *mn* heated, warmed || **fűtött terem** well-heated room/hall
fütty *fn* whistle, whistling
füttyent *ige* give* a whistle, whistle
fütyül *ige* (*vk*) whistle; *(színházban)* hiss, boo || *(madár)* pipe, sing* || *(golyó)* ping, zip || ❖ *biz* **fütyülök rá!** I couldn't care less, I don't care a rap
füves *mn* grassy, grass-covered || **füves pálya** grass court
füvesít *ige* put* (sg) under grass, turf
fűz¹ *ige* (*könyvet*) stitch, sew* [book] || *(tűbe)* thread [needle] || *(vmhez vmt)* attach, bind*, tie *(mind: sg to sg)*; *(vmhez megjegyzést)* comment on sg || ❖ *biz (szédít vkt)* string* sy along, lead* sy on (*v.* up the garden path)

fűz² *fn* = **fűzfa**
füzér *fn (gyöngy)* string; *(virág)* garland
füzet *fn (irka)* exercise/copy-book || *(kisnyomtatott mű)* booklet, pamphlet, brochure || *(folyóiratszám)* number, fascicle
fűzfa *fn* ❏ *növ* willow || *(fája)* willow (-wood)
fűző *fn (női)* corset; *(csípőszorító)* girdle || *(cipőbe)* (shoe)lace(s)
fűződik *ige* (*vmhez*) be* connected/linked with sg, be* attached to sg, relate to sg
fűzőkapocs *fn* staples *tsz*
fűzős cipő *fn* lace-up shoes *tsz*, lace-ups *tsz*
fűzött *mn (könyv)* stitched || **a hozzáfűzött remények** (*vkhez*) the expectations/hopes we have/had of him; **fűzött könyv** paperback
fűzve *hsz* in paperback

G

g = *gramm* gram(me), g
gabona *fn* grain, cereals *tsz*; ⊕ *GB* corn
gabonatermés *fn* corn/grain crop
gabonatermesztés *fn* growing of corn
gácsér *fn* drake
gael *mn/fn* Gaelic
gágog *ige* cackle, gaggle
gagyog *ige* babble, gurgle
galacsin *fn* pellet
galád *mn* base, vile, low
gálaest *fn* gala night/evening
galagonya *fn* hawthorn
galaktika *fn* galaxy
galamb *fn* ❏ *áll* pigeon; *(vad)* (turtle-)dove
galambdúc *fn* dove-cot(e)
galambfióka *fn* young pigeon/dove
galambszürke *mn* dove-grey
galandféreg *fn* tape-worm
galeri *fn* ❖ *biz* gang (of hooligans)
galéria *fn* gallery
galiba *fn* mix-up, trouble, fuss
gall *mn/fn* Gallic, of Gaul || **a gallok** the Gauls
gallér *fn* *(ruhán)* collar || *(köpeny)* cape, cloak
gallicizmus *fn* *(más nyelvben)* Gallicism || *(francia nyelvi sajátosság)* French idiom
gallon *fn* gallon *(brit = 4,54 l; amerikai = 3,78 l)*
galóca *fn* agaric || **légyölő galóca** fly-agaric; **gyilkos galóca** death-cap, amanita
galopp *fn* *(vágta)* gallop || *(verseny)* the races *tsz* || **kimegyek a galoppra** I'm going to have a day at the races
galoppozik *ige* gallop, ride* (at) full gallop
galuska *fn* (small) dumplings *tsz*, gnocchi *tsz*
gálya *fn* galley
gályarab *fn* galley slave
gally *fn* twig, sprig
gáncs *fn* *(lábbal)* trip || **gáncs nélküli** blameless; **gáncsot vet vknek** ❖ *átv* put*/throw* obstacles in sy's way, hinder sy
gáncsol *ige* ❖ *átv* blame, censure, find* fault with
gáncsoskodás *fn* carping, fault-finding, hair-splitting, cavilling (⊕ *US* -l-)
gáncsoskodik *ige* find* fault with, cavil (⊕ *US* -l) at, carp at
ganéj *fn* dung, droppings *tsz*
garancia *fn* guarantee, warranty || **egy év garancia** one-year guarantee; **még nem járt le a garancia** sg is still under guarantee; **garanciát vállal vmért** *(v. garanciát ad vmre)* guarantee sg; **kétévi garanciával** guaranteed for two years
garancialevél *fn* warranty
garantál *ige* guarantee, warrant || **ezt garantálom** I can assure you, I'll vouch for it
garas *fn* groat, farthing || **nem ér egy lyukas garast sem** it's not worth a straw *(v. a brass farthing)*
garat *fn* *(torokban)* pharynx *(tsz* pharynges *v.* -nxes*)* || **felöntött a garatra** he had a glass too many
garatmandula *fn* pharyngeal tonsils *tsz*, adenoids *tsz*

garázda *mn* ruffianly, rowdy, bullying || **garázda ember** hoodlum, ruffian, hooligan; **garázda vezető** *(autós)* road hog, speed merchant

garázdálkodik *ige* go*/be* on the rampage, ravage

garázdaság *fn* hooliganism, rowdyism || ❏ *jog* breach of the peace

garázs *fn* garage

garbó *fn* polo-neck (sweater/jumper), ⊕ *US* turtleneck

gárda *fn* *(testőrség)* the Guards *tsz*

gárdista *fn* guardsman°

gargarizál *ige* gargle

garmada *fn* heaps/lots of sg *tsz*, pile || **garmadával van** have* heaps/loads/piles of sg

garnitúra *fn* set || **egy garnitúra bútor** a suit (of furniture)

garzonlakás *fn* *(kislakás)* flatlet; *(egyszobás)* one-room flat (⊕ *US* apartment), ❖ *biz* bedsitter

gát *fn* *(folyó menti)* dam, dike *v.* dyke, embankment, levee || *(akadály)* impediment, obstacle, hindrance || ❏ *sp* hurdle || **gátat vet vmnek** put* a stop to sg, check sg; **legény a gáton** he stands his ground

gátfutás *fn* hurdle race, the hurdles *tsz*

gátlás *fn* *(akadály)* hindrance, impediment || *(lelki)* inhibition || **tele van gátlással** be* full of inhibitions

gátlásos *mn* inhibited, full of inhibitions *ut.*

gátlástalan *mn* shameless, uninhibited

gátló *mn* impeding, hampering || **gátló körülmény** impediment

gátol *ige* *(vmt)* hinder sg, be* an obstacle to sg || *(vkt)* throw* an obstacle in sy's way

gatya *fn* ❖ *biz (alsónadrág)* underpants *tsz*

gavallér *fn* gallant

gavalléros *mn* *(bőkezű)* generous || **gavallérosan fizet** come* down handsomely

gaz *fn* *(gyom)* weed, rank grass

gáz *fn* *(főzéshez stb.)* gas || **elzárja a gázt** turn off the gas, turn the gas off *(a főcsapnál:* at the mains); **gázt ad** *(motornak)* step on it, ⊕ *US* step on the gas; **kinyitja a gázt** turn on the gas

gázálarc *fn* gas-mask

gázbojler *fn* gas water heater, geyser

gázcsap *fn* gas-tap, ⊕ *US* gas faucet

gázcső *fn* gas-pipe

gazda *fn* ❏ *mezőg* farmer, smallholder || *(tárgyé)* owner, proprietor; *(házé)* master; *(üzemé)* manager, owner || *(főnök)* chief, boss || **gazdája vmnek** *(= felelőse)* be* in charge of sg; **ki a gazdája?** who is in charge?; **szabad a gazda!** it's anybody's guess

gazdag ▼ *mn (ember)* rich, wealthy, affluent, moneyed || *(növényzet)* rich, luxuriant || ❖ *átv* ample, abundant, plentiful ▼ *fn* **a gazdagok** the rich/wealthy

gazdagság *fn (vagyon)* riches *tsz*, wealth, affluence

gazdálkodás *fn* ❏ *mezőg* farming, agriculture || *(gazdasági rendszer)* economy; *(vállalati)* management || **rossz gazdálkodás** mismanagement

gazdálkodik *ige* ❏ *mezőg* run*/have* a farm, be* a farmer, farm || **jól gazdálkodik erejével** husband one's strength; **jól gazdálkodik vmvel** make* good use of sg, manage sg well

gazdálkodó *fn* farmer, smallholder

gazdaság *fn* ❏ *mezőg* farm; *(nagyobb)* estate || ❏ *mezőg (gazdálkodás)* farming || *(gazdasági rendszer/élet)* economy

gazdasági *mn* ❏ *mezőg* agricultural, farming, farm- || *(közgazdasági)* economic || *(anyagi ügyeket intéző)* financial || **gazdasági élet** economic life, economic conditions *tsz*, economy; **gazdasági épületek** farm-buildings; **gazdasági helyzet** economic situation; **gazdasági hivatal** finance office/department; **gazdasági kapcsola-**

tok economic relations; **gazdasági viszonyok** economic conditions *tsz*
gazdaságilag *hsz* economically
gazdaságos *mn* economical, profitable || **nem gazdaságos** uneconomical, unprofitable
gazdaságpolitika *fn* economic policy
gazdaságtan *fn* economics *esz*
gazdaságtörténet *fn* economic history, history of economics
gazdasszony *fn* housewife°
gazdátlan *mn (tulajdon)* unclaimed; *(hajó, ház stb.)* derelict; *(állat)* stray, ownerless
gazember *fn* villain, scoundrel, crook, rogue, a bad lot
gazfickó *fn* scoundrel, villain; ❖ *tréf* rascal
gázfogyasztás *fn* gas consumption
gázfőző *fn* gas stove/cooker; *(főzőlap)* gas ring
gázfűtés *fn* gas heating
gázkályha *fn* gas-stove/heater
gázkonvektor *fn* gas convector
gázleolvasó *fn* gasman°
gázló *fn (folyóban)* ford, shallows *tsz*
gázlómadár *fn* wader, wading bird
gázmérgezés *fn* gas-poisoning
gázművek *fn* gasworks *esz v. tsz*, ⊕ *US* gas-company
gázol *ige (autó)* run* over/down || *(vízben)* wade || **halálra gázol** run* over and kill, crush to death; **halálra gázolta (egy autó)** was run down and killed (by a car), was killed in a car (⊕ *US* automobile) accident; **térdig gázol a vízben** be* up to the knees in water; **vk becsületébe gázol** blacken sy's good name, offend sy deeply
gázolaj *fn* diesel oil/fuel
gázolás *fn* running over/down, street accident || **halálos gázolás** fatal road accident
gázóra *fn* gas meter
gazos *mn* rank, rank/overgrown with weeds *ut.*

gázos ▼ *mn* gassy; *(gázjellegű)* gaseous ▼ *fn (szerelő)* gas fitter
gázömlés *fn* escape of gas, gas escape/leak
gázöngyújtó *fn* gas/butane lighter
gázpalack *fn (laboratóriumban)* gas holder/container; *(iparban)* gas cylinder || **(háztartási) gázpalack** ⊕ *GB* Calor gas, ⊕ *US* cooking gas
gázpedál *fn* accelerator (pedal), ⊕ *US* gas pedal
gázrezsó *fn* gas ring/cooker
gázrobbanás *fn* gas explosion
gazság *fn* villainy, baseness, outrage
gázszámla *fn* gas bill
gázszerelő *fn* gas fitter
gázszolgáltatás *fn* gas supply
gáztartály *fn (gyári)* gasometer, gasholder
gaztett *fn* outrage, outragous deed
gáztűzhely *fn* gas cooker/oven/range
gázvezeték *fn* gas piping (v. pipes *tsz*)
gázsi *fn (alkalomszerű)* fee; *(fizetés)* salary
G-dúr *fn* G major
gége *fn* larynx (*tsz* larynges *v.* -nxes), throat
gégész *fn* laryngologist
gégészet *fn* laryngology
gejzír *fn* geyser
gél *fn* gel
gém *fn (madár)* heron; *(kanalas)* spoonbill || *(kúté)* sweep
gémeskút *fn* shadoof, sweep
gemkapocs *fn* (paper-)clip
gén *fn* gene
génbank *fn* gene bank
genealógia *fn* genealogy, pedigree
genealógiai *mn* genealogical
generáció *fn* generation
generációs ellentét *fn* the generation gap
generáljavítás *fn* (general) overhaul
generáloz *ige (motort)* give* [a car] a general overhaul, overhaul [a car]
generatív *mn* generative

generátor *fn* generator, dynamo
genetika *fn* genetics *esz*
genetikai *mn* genetic || **genetikai kód** genetic code
Genf *fn* Geneva
gengszter *fn* gangster
géniusz *fn* genius
génkutatás *fn* genetic engineering
Genova *fn* Genoa
genovai *mn/fn* Genoese
génsebészet *fn* genetic engineering
genny *fn* pus
gennyed *ige* suppurate, become* full of pus, become* purulent
gennyes *mn* purulent || ❖ *biz* **gennyesre keresi magát** be* making money hand over fist; **gennyes váladék** purulent discharge
geodézia *fn* geodesy, surveying
geofizika *fn* geophysics *esz*
geológia *fn* geology
geológiai *mn* geological
geológus *fn* geologist
geometria *fn* geometry
geometriai *mn* geometric(al)
gép *fn* ❖ *ált* machine; *(eszköz, készülék)* apparatus || *(írógép)* typewriter || *(számítógép)* computer || **gépre visz** ❑ *szt* key in; **géppel írt** typewritten, typed; **géppel mosható** machine washable
gepárd *fn* cheetah
gépel *ige (írógépen)* type
gépelési hiba *fn* typing error
gépelt *mn (írás)* typewritten, typed || **gépelt kézirat** typescript
gépeltérítés *fn* = **géprablás**
gépesít *ige* ❑ *mezőg* mechanize; ❑ *kat* motorize
gépesítés *fn* ❑ *mezőg* mechanization; ❑ *kat* motorization
gépesített *mn* ❑ *mezőg* mechanized; ❑ *kat* motorized || ❑ *kat* **gépesített alakulatok/egységek** motorized troops/units; **gépesített háztartás** mechanized household; ❖ *biz* a home with all mod cons

gépész *fn (gépkezelő)* mechanic; *(hajón)* (marine) engineer || *(hallgató)* engineering student, student of (mechanical) engineering
gépészet *fn* (mechanical) engineering
gépészmérnök *fn* mechanical engineer *(röv* Mech. E.)
gépészmérnöki kar *fn* department/faculty *(v.* ⊕ *GB* school) of mechanical engineering
gépezet *fn* ❑ *műsz* machinery, mechanism || ❖ *átv* machinery
gépfegyver *fn* = **géppuska**
gépgyár *fn* engine/machine factory
gépház *fn* engine room; *(gépszín)* engine shed
géphiba *fn* ❑ *műsz* defect, engine/machine failure, breakdown || = **gépelési hiba**
gépi *mn* mechanical, power(-driven) || *(géppel készült)* machine-made || **gépi adatfeldolgozás** data processing; **gépi berendezés/felszerelés** machinery; **gépi erő** (mechanical) power; **gépi fordítás** machine translation; **gépi hajtású** powered, power-driven/operated; **gépi kapcsolású** automatic; **gépi úton** mechanically; **gépi úton feldolgoz** *(adatokat)* process [data] (by computer), computerize [data]
gépies *mn* mechanical, automatic; *(önkéntelen)* unconscious; reflex || **gépies munka** routine (work/job)
gépipar *fn* engineering industry
gépírás *fn (cselekedet)* typewriting, typing || *(szöveg)* typescript
gépíró(nő) *fn* typist
gépjármű *fn* (motor) vehicle
gépjármű-felelősségbiztosítás *fn* third-party insurance
gépkezelő *fn* machine minder/operator, machinist; *(hajón)* engineer
gépkocsi *fn* (motor) car; ❖ *hiv* (motor) vehicle; ⊕ *US* automobile || **bérelt gépkocsi** rental car
gépkocsi-ellenőrzés *fn* identity check
gépkocsiforgalom *fn* motor traffic

gépkocsikölcsönzés *fn* car-hire, *(⊕ főleg US)* car rental(s) || **gépkocsikölcsönzési díj** rental
gépkocsikölcsönző *fn* car-hire, *(⊕ főleg US)* rent-a-car [service/agency business etc.], car rental
gépkocsiokmányok *fn tsz* vehicle/car/registration documents; ⊕ *US* registration papers
gépkocsi-tulajdonos *fn* vehicle owner
gépkocsivezető *fn* driver
géplakatos *fn* (engine) fitter, mechanic
gépolaj *fn* machine/lubricating oil
géppapír *fn* typing paper
géppisztoly *fn* submachine-gun
géppuska *fn* machine-gun
géprablás *fn* ❑ *rep* hijacking, skyjacking
géprabló *fn* ❑ *rep* hijacker, skyjacker
gépselyem *fn* machine-twist
gépsonka *fn* pressed ham
gépsor *fn (üzemi)* production line
gépszíj *fn* ❑ *műsz* driving-belt
géptan *fn* mechanics *esz*
gépterem *fn* machine room; *(nyomdában)* print(ing) shop
gereblye *fn* rake
gereblyéz *ige* rake
gerely *fn (fegyver)* spear, lance || ❑ *sp* javelin
gerelyhajítás, -vetés *fn* ❑ *sp* throwing the javelin, javelin throw
gerenda *fn* beam; *(szarufa)* rafter, joist, strut || ❑ *sp* beam || ❑ *kat* chevron
gerendázat *fn* timber frame(work)
gerezd *fn (gyümölcs, dinnye)* slice; *(narancs, grépfrút)* segment; *(fokhagyma)* clove
Gergely *fn* Gregory
Gergely-naptár *fn* Gregorian calendar
gerillaharc *fn* guer(r)illa warfare
gerinc *fn (emberi)* spine, backbone, spinal column || *(hegyé)* ridge, crest; *(könyvé)* spine || ❖ *átv* backbone
gerinces ▼ *mn (lény)* vertebrate || *(jellemes)* of strong character *ut.*, steadfast, resolute, firm || **gerinces ember** man° of principle ▼ *fn* **gerincesek** vertebrata
gerincoszlop *fn* spinal/vertebral column
gerinctelen *mn (állat)* invertebrate || ❖ *átv* spineless, weak(-kneed)
gerincvelő *fn* spinal marrow/cord
gerjed *ige* ❑ *el* excitation is produced
gerjeszt *ige* ❑ *el* excite || **haragra gerjeszt** anger sy, make* sy angry
gerjesztés *fn* ❑ *el* excitation
gerle, gerlice *fn* turtle-dove
gerontológia *fn* gerontology
gesztenye *fn (szelíd)* (sweet/Spanish) chestnut || *(vad)* horse chestnut
gesztenyebarna *mn* chestnut(-)
gesztenyepüré *fn* chestnut puree
gesztikulál *ige* gesticulate, gesture
gesztus *fn (mozdulat)* gesture, motion, movement || **nemes gesztus** ❖ *átv* handsome/noble gesture/act
gettó *fn* ghetto
géz *fn (sebkötöző)* (sterilized) gauze
gézengúz *fn* rascal
Gibraltár *fn* Gibraltar
Gibraltári-szoros *fn* Strait of Gibraltar
giccs *fn* kitsch, ⊕ *US* trash
giccses *mn* kitsch, ⊕ *US* trashy, cheap || **giccses kép** kitsch painting
gida *fn (kecske)* kid || *(őz)* fawn
giliszta *fn (földi)* earthworm || *(bélben)* tapeworm, ❖ *biz* worms *tsz*
gimnasztika *fn* gymnastics *esz*
gimnazista *fn* ⊕ *GB* grammar-school student/boy/girl, ⊕ *US* high-school student/boy/girl
gimnázium *fn* ⊕ *GB* grammar school; ⊕ *US* high school
gímszarvas *fn* red deer; *(hímje)* stag; *(nősténye)* hind
gipsz *fn (természetes)* gypsum; *(égetett)* plaster of Paris || **gipszbe tesz** *(végtagot)* put* [a limb] in plaster
girhes *mn (ló)* lean(-flanked) || *(ember)* skinny, sickly

girland *fn* garland, festoon, wreath
gitár *fn* guitar
gitározik *ige* play the guitar
gitt *fn* putty
G-kulcs *fn* ❏ *zene* G clef, treble clef
glasgow-i *mn/fn* Glaswegian
gleccser *fn* glacier
glicerin *fn* glycerin(e)
globális *mn* total, inclusive, overall, aggregate
globalizáció *fn* ❏ *közg* globalization
glória *fn* halo, nimbus, glory
glossza *fn* (margón) gloss
gnóm *mn/fn* gnome, dwarf (*tsz* -fs *v.* dwarves)
gobelin *fn* Gobelin (tapestry)
góc *fn* (gyújtópont) focus (*tsz* -ses *v.* foci); (betegségé) focus, centre (⊕ *US* -ter) ‖ **a fertőzés góca** the centre of infection
gócpont *fn* ❖ *átl* focus (*tsz* -ses *v.* foci), focal point ‖ (kereskedelmi) commercial centre (⊕ *US* -ter)
gól *fn* goal ‖ **gólt rúg/lő** kick/score a goal; **gól nélküli** scoreless, no-score
gólarány *fn* score, goal average
golf *fn* golf
Golf-áram *fn* the Gulf Stream
golfnadrág *fn* plus-fours
golfoz(ik) *ige* play golf
golfpálya *fn* golf course, golf links *tsz*
golfütő *fn* (golf) club
gólhelyzet *fn* chance to score
góllövő *mn/fn* (goal-)scorer
gólya *fn* ❏ *áll* stork ‖ (elsőéves) fresher, freshman°
golyó *fn* ❖ *átl* ball; (játékgolyó) marble ‖ (puskába) bullet, cartridge; (ágyúba) shot, (cannon-)ball ‖ **golyó általi halálra ítél** vkt condemn sy to be shot; **golyót röpít az agyába** blow* one's brains out
golyóálló *mn* bullet/shot-proof
golyós *mn* **golyós dezodor** roll-on deodorant; **golyós szelep** ball-cock
golyóscsapágy *fn* ball(-)bearing

golyóstoll *fn* ballpoint (pen), ball-pen, biro
golyóstollbetét *fn* refill
golyószóró *fn* (light) machine-gun, Bren gun
golyva *fn* goitre, ⊕ *US* goiter
gomb *fn* (ruhán) button ‖ (ajtón, fiókon, sétapálcán) knob ‖ (csengőé) button, bellpush
gomba *fn* ❏ *növ* fungus (*tsz* -gi *v.* -uses); (ehető) mushroom; (mérges) toadstool ‖ ❏ *orv* fungus (*tsz* -gi *v.* -uses) ‖ **gombabetegség** mycosis (*tsz* -ses)
gombafej *fn* **gombafejek rántva** fried button-mushrooms
gombaismeret *fn* mycology
gombaleves *fn* mushroom soup
gombamérgezés *fn* mushroom poisoning
gombapörkölt *fn* mushroom and paprika stew
gombaszakértő *fn* mycologist
gombászat *fn* ❏ *tud* mycology ‖ (gombatermesztés) mushroom-growing
gombászik *ige* gather mushrooms, go* mushrooming
gombavizsgáló *fn* kb. mushroom-checking booth
gombelem *fn* micro-battery, pill battery
gomblyuk *fn* buttonhole
gombnyomásra működő *mn* push-button
gombóc *fn* dumpling; (húsból, burgonyából) ball ‖ **gombóc van a torkában** there is a lump in her/his throat
gombol *ige* button (up)
gombolyag *fn* ball; (fonal) skein, hank ‖ **egy gombolyag spárga** a ball of string
gombolyít *ige* wind* into a ball
gombostű *fn* pin
gond *fn* (aggódás) worry, concern, anxiety, uneasiness, trouble; (nehézség) difficulty, problem ‖ (törődés)

care (for sg), concern, attention, carefulness || **a legkisebb gondom is nagyobb annál** that is the least of my cares/worries; **anyagi gondok** financial difficulties; **ez nem gond** that's no problem; **gond nélkül(i)** carefree; **majd gondom lesz rá** I'll see to it, I'll attend to it, I'll look after him/it; **nagy gondot fordít vmre** devote great care to sg; **sok a gondja** be* full of cares, be* worried; **sok gondot okoz vknek** cause sy great anxiety, worry sy (very much)

gondatlan *mn* careless, negligent, neglectful (of sg), thoughtless

gondatlanság *fn* carelessness, negligence, neglect

gondnok *fn (kiskorúé)* guardian || *(örökségé)* administrator, trustee || *(gazdasági)* steward, overseer || *(intézménye, kollégiumé)* warden; *(üdülőé, kisebb épületé)* caretaker; ⊕ *US* főleg janitor; ⊕ *US* ❖ hiv custodian

gondnoknő *fn (diákszállóban, tanulóotthonban)* matron; *(intézménye ált)* warden; *(üdülőé, kisebb épületé)* caretaker

gondnokság *fn (kiskorúé)* guardianship; *(örökségé)* trusteeship || *(mint állás)* office of guardian/trustee/curator || *(intézménye)* board of trustees || *(gondnoki hivatal)* warden's office

gondol *ige* think*, *(fontolva)* consider || *(vmlyennek vél)* think*, judge, find* || *(vkre/vmre)* think* of/about sy/sg, have* sy/sg in mind; *(vmre)* consider sg || *(vmvel/vkvel törődve)* think* about, care for/about, concern oneself with, mind sy || **angolnak gondolták** he was thought/believed to be an Englishman, he was taken for an Englishman; **arra gondoltam, hogy állást változtatok** I considered changing my job; **gondolhattam volna** I might have known; **gondoltam rád** I have not forgotten about you; **hova gondolsz?** how can you think of such a thing?; **mást gondolt** he changed his mind; **miből gondolod, hogy megbízható?** what makes you think you can trust him?; **mindjárt gondoltam** I thought as much; **mire gondolsz?** what are you thinking of?; **mit gondol(sz)?** what do you think?; **sokat gondolunk rátok** you are very much in our thoughts; **úgy gondolom, hogy ...** I think/believe/expect that, ⊕ *US* I guess/reckon that

gondola *fn (velencei és bolti)* gondola

gondolat *fn* thought; idea || **az a gondolatom támadt** it occurred to me, the idea occurred to me; **gondolatban** mentally, in thought, in one's mind; **gondolatban veled leszek** I shall be with you in spirit

gondolatjel *fn* dash

gondolatmenet *fn* chain/sequence of ideas, train of thought

gondolatvilág *fn* thoughts *tsz*, ideas *tsz*

gondolkodás *fn* thinking, thought

gondolkodásmód *fn* way of thinking, turn/cast of mind, mentality

gondolkodik *ige* think* *(vmről, vmn* of/about); *(fontolgatva)* consider (sg) || **hangosan gondolkodik** think* aloud; **saját fejével gondolkodik** use one's own head; **gondolkodj(ál) (csak)!** use your brains!, think (again)!; **gondolkodik a dolgon** give* [the matter] some thought, be* thinking sg over

gondolkodó ▼ *mn* thinking ▼ *fn (filozófus)* philosopher, thinker || **gondolkodóba ejt** set* sy thinking

gondos *mn* careful

gondosan *hsz* carefully || **gondosan olvasd el** read it carefully/attentively; **gondosan ügyel arra, hogy** make* a point of (doing sg)

gondoskodás *fn* care, provision (for)

gondoskodik *ige (vkről/vmről)* take* care of, provide for, look after; *(vmről)* see* to sg (*v.* doing sg), arrange for sg || **gondoskodj(ék) róla, hogy** see

(to it) that ...; **arról majd én gondoskodom!** I shall see to it
gondosság *fn* care(fulness)
gondoz *ige* look after, take* care of, attend to; *(beteget)* nurse, tend
gondozás *fn (vké)* looking after, care || *(gépé)* maintenance, servicing
gondozatlan *mn* uncared-for, neglected; *(külső)* slovenly
gondozó *fn (vk)* caretaker
gondozónő *fn* **(területi) gondozónő** district-nurse
gondozott ▼ *mn* well-kept, in good condition/repair *ut.* ▼ *fn* **állami gondozott** child° in care
gondtalan *mn* free from care *ut.*, carefree, light-hearted || **gondtalan élet** life free from cares, easy life
gondterhelt *mn* careworn, worried
gondviselés *fn (isteni)* providence
gong *fn* gong
gonosz ▼ *mn* evil(-minded), wicked, vicious, vile ▼ *fn* evil
gonoszság *fn (tulajdonság)* evil, wickedness, viciousness || *(tett)* evil/wicked deed/act
gonosztett *fn* crime, evil/wicked deed
gonosztevő *fn* evil-doer
gordiuszi *mn* **kettévágja a gordiuszi csomót** cut* the Gordian knot
gordonka *fn* cello
gordonkaművész *fn* cellist
gordonkázik *ige* play the cello
góré[1] *fn (kukoricagóré)* barn
góré[2] *fn* ❖ *biz (főnök)* boss; ⊕ *GB* guvnor || **ő a góré** he runs the show, he's (the) boss
gorilla *fn (átv is)* gorilla
goromba *mn (ember)* rough, rude, boorish || **goromba fráter** churlish fellow, boor(ish fellow)
gorombaság *fn (modor)* roughness, rudeness, boorishness || *(bánásmód)* ill-treatment/usage || *(kijelentés)* abuse *(tsz ua.)*
gorombáskodik *ige (szóban)* be* rude/offensive/abusive (to sy)

gót ▼ *mn* Gothic || **gót stílus** Gothic/ogival/pointed style ▼ *fn* Goth
gótika *fn* Gothic art
gótikus *mn* Gothic, ogival
göb *fn* knot
gödör *fn* pit, hole; *(úton)* pothole
gödrös *mn (út)* bumpy, full of potholes *ut.*
gőg *fn* arrogance, haughtiness, pride
gőgicsél *ige* gurgle, babble away
gőgicsélés *fn* baby talk
gőgös *mn* arrogant, haughty, proud
gömb *fn* ❖ *ált* ball, orb; sphere || **gömb alakú** spherical, globular
gömbcsukló *fn* ball-and-socket joint/head
gömbölyded *mn* roundish; *(arc)* chubby
gömbölyödik *ige* grow*/get* round, round (out)
gömbölyű *mn (test)* round, spherical, globular, rounded || *(emberről)* stout, round
gönc *fn (ócska ruha)* cast-off clothing, cast-offs *tsz* || *(limlom)* odds and ends *tsz*; ⊕ *US* junk
Göncölszekér *fn* the Great Bear, the Plough, ⊕ *US* the Big Dipper
göndör *mn* curly
göndörödik *ige* curl
göngyöl *ige* roll (up), pack (up)
göngyöleg *fn (csomag)* bundle, bale, package || *(csomagolóanyag)* wrapping, packaging
görbe ▼ *mn* ❖ *ált* curved; *(hajlított)* bent, twisted, crooked || **görbe éjszaka** night on the tiles, spree; **görbe lábú** bandy-legged; **görbe tükör** distorting mirror; **görbe vonal** curve(d line) ▼ *fn* ❏ *mat* curve; *(grafikon)* graph
görbít *ige* bend*, make* crooked, warp
görbül *ige* curve, become* bent/crooked
görbület *fn* curvature; *(kanyarulat)* bend, curve, winding
görcs *fn (fában)* knot, gnarl || *(kötött)* knot || *(izomé)* cramp; spasm || **görcsöt**

kapott a lába he had cramp in his leg(s)
görcsoldó *mn/fn* görcsoldó (szer) antispasmodic
görcsöl *ige* have*/get* cramp, cramp, have* spasms
görcsös *mn (fa)* gnarled, knotty, knotted || *(fájdalom)* spasmodic
gördeszka *fn* skateboard
gördeszkázik *ige* skateboard
gördít *ige* wheel, roll, push
gördül *ige* roll (along)
gördülékeny *mn (stílus)* easy(-flowing), fluent, smooth
görény *fn* polecat, ⊕ *US* skunk
görget *ige* roll, trundle, wheel, push
görgő *fn* roller, runner; *(bútoron)* castor *v.* ⊕ *US* caster
görgőscsapágy *fn* roller bearing
görkorcsolya *fn* roller-skates *tsz*
görkorcsolyázik *ige* roller-skate
görnyed *ige* bend*, bow, stoop
görnyedt *mn* bent, bowed, stooping
görög ▼ *mn* Greek, Grecian, Hellenic || **görög katolikus** Greek Catholic, Uniat(e); **görög kultúra** Greek civilization/culture; **görög nyelvtudás** (knowledge of) Greek ▼ *fn (ember, nyelv)* Greek || **a görögök** the Greeks, the Greek people
görögdinnye *fn* water-melon
görögkeleti *mn* (Greek) Orthodox || **a görögkeleti egyház** the (Greek) Orthodox Church, the Greek Church
Görögország *fn* Greece
görögül *hsz* (in) Greek; → **angolul**
göröngy *fn* clod of earth, lump
göröngyös *mn* uneven, rough || **göröngyös út** rough/bumpy road
göthös *mn* weak-chested; *(beteges)* sickly, weak in health *ut.*
gőz *fn* ❖ *ált* vapour (⊕ *US* -or); *(kigőzölgés)* exhalation, evaporation, vapour || *(mint hajtóerő)* steam || ❖ *biz* **halvány gőzöm sincs róla** I haven't the faintest idea; **teljes gőzzel előre** speed/steam ahead

gőzfürdő *fn* Turkish/steam bath
gőzgép *fn* steam-engine
gőzhajó *fn (kisebb)* steamer; *(nagyobb)* steamship, steamboat
gőzhenger *fn* steam-roller
gőzmozdony *fn* steam-engine
gőzöl *ige (textilt)* hot-press, steam [textile] || *(ételt)* steam, stew
gőzölgő *mn* steaming; *(leves stb.)* piping/steaming hot
gőzölög *ige* steam
gőzölős vasaló *fn* steam iron
gőzös ▼ *mn* steamy; vaporous ▼ *fn* = **gőzhajó, gőzmozdony**
grafika *fn* ❑ *műv* graphic arts *tsz* || ❑ *nyomd (kiadványé)* artwork, graphics *tsz* || **Dürer grafikái** Dürer's graphics
grafikai *mn* graphic
grafikon *fn* graph, diagram, chart
grafikus ▼ *mn* graphic ▼ *fn (művész)* graphic artist
grafit *fn* ❖ *ált* graphite || *(ceruzában)* (black)lead
grafológia *fn* graphology
grafológus *fn* graphologist
gramm *fn* gram(me) *(röv g, gm)* || **súlya 2 gramm** it weighs two gram(me)s
gránát *fn (robbanó)* grenade, shell
gránit *fn* granite
gratuláció *fn* congratulations *tsz*
gratulál *ige (vknek vmely alkalomból)* congratulate sy (on sg) || **gratulálok!** congratulations!, I congratulate you (on sg); **gratulálok születésnapjára** (I wish you) many happy returns (of the day)
gravitáció *fn* ❑ *fiz* gravitation, gravity
gravitációs *mn* gravitational || **a Newton-féle gravitációs törvény** Newton's law of gravitation
greenwichi középidő *fn* Greenwich Mean Time *(röv GMT)*
gregorián ének *fn* Gregorian chant
grépfrút *fn* grapefruit
grill *fn* = **grillsütő** || *(vendéglő)* grill (-room) || **grillen süt** grill, ⊕ *US* broil

grillcsirke *fn* roast/grilled (US broiled) chicken
grillsütő *fn (konyhában, rostély)* grill, US broiler; *(szabadban)* barbecue
grimasz *fn* grimace || **grimaszokat vág** make*/pull faces, grimace
gríz *fn* semolina
gróf *fn (a kontinensen)* count; GB earl
grófnő *fn* countess
groteszk *mn* grotesque, freakish
Grönland *fn* Greenland
grönlandi ▼ *mn* Greenlandic ▼ *fn* Greenlander
grund *fn* ❖ *biz* plot, US lot
grúz *mn/fn (ember és nyelv)* Georgian
guba *fn* ❖ *biz* dough, bread
gubacs *fn* gall
gubancos *mn (haj)* shaggy, matted
gubbaszt *ige* huddle, cower, crouch
guberál *ige* scavenge
guberáló *fn* scavenger
gubó *fn (rovaré)* cocoon
guggol *ige* squat (on one's heels), crouch (down)
gúla *fn* pyramid || **gúla alakú** pyramidal, pyramidic(al)
gulya *fn* herd
gulyás *fn (étel)* goulash
gulyásleves *fn* goulash soup
gumi *fn (anyag)* rubber; összet rubber, elastic || *(radír)* (India-)rubber, eraser; *(autóé)* tyre, US tire || *(óvszer)* sheath, condom, US rubber
gumiabroncs *fn* tyre, US tire
gumibot *fn (rendőri)* truncheon, baton; US így is nightstick; US billy
gumicsizma *fn* GB wellingtons (boot), US rubber boot
gumicsónak *fn (felfújható)* inflatable boat, rubber dinghy
gumiharisnya *fn* elastic stocking/hose
gumikesztyű *fn* rubber gloves *tsz*
gumilabda *fn* rubber ball
gumimatrac *fn* air mattress, airbed

guminadrág *fn (kisbabáé)* rubber panties/pants *tsz*
guminyomás *fn* airpressure
gumiragasztó *fn* rubber cement
gumitalp *fn* rubber sole
gumó *fn (burgonyáé)* tuber, root
gumós *mn* ❏ *növ* tuberous, bulbous
gúnár *fn* gander
gúny *fn* ridicule, mockery; *(finom)* irony || **gúnyt űz vkből/vmből** make* fun of sy/sg, ridicule/mock sy
gúnynév *fn* nickname
gúnyol *ige* mock, ridicule, make* fun of
gúnyolódás *fn* mockery, mocking
gúnyolódik *ige* be* derisive/sarcastic || **gúnyolódik vkvel** taunt sy (with sg)
gúnyos *mn* sarcastic, ironic(al), biting || **gúnyos megjegyzés** sneer; sarcastic remark; **gúnyos mosoly** derisive smile, sneer
guriguri *fn* double-runners *tsz*
gurít *ige* roll, send* sg rolling; *(bútort, karikát)* trundle; *(labdát, tekét)* bowl
gurul *ige* ❖ *ált* roll, travel (US -l); *(repülőgép)* taxi || **gurul a nevetéstől** be* doubled-up with laughter
gusztus *fn* ❖ *biz (ízlés)* taste || **gusztusa van vmre** fancy sg, feel like (doing) sg; **gusztusomra való dolog** sg to my taste
gusztusos *mn* appetizing, inviting, tempting
gusztustalan *mn* disgusting, repulsive, unappetizing
guta *fn* apoplexy, stroke || **megüt a guta, ha** I shall have a fit if; *(enyhébben)* I shall be very upset if
gutaütés *fn* = **guta** || **gutaütés éri** have* a stroke; **gutaütésben meghal** die of apoplexy (v. a stroke)
gügye *mn* = **gyüge**
gügyög *ige (kisbaba)* crow with pleasure
gügyögés *fn* crow with pleasure
gürcöl, gürizik *ige* ❖ *biz* drudge, grind* away (at sg)

GY

gyakori *mn* frequent, recurrent, repeated

gyakoriság *fn* frequency

gyakorlás *fn* practice, practising; *(testi képességeké)* exercise

gyakorlat *fn (elmélet ellentéte)* practice || *(jártasság)* practice, (practical) experience; routine || *(foglalkozás végzése)* practice || *(gyakorló feladat)* ❖ *ált* exercise; ❏ *zene* étude; ❏ *sp* training; *(súlyemelésben versenyen)* attempt || ❏ *kat* exercise, drill || **a gyakorlatban** in practice; **gyakorlat teszi a mestert** practice makes perfect; **kijött a gyakorlatból** be*/get* out of practice, ❖ *biz* be* rusty; **orvosi gyakorlat** medical practice; **bemutatja a gyakorlatát** *(tornász)* perform

gyakorlati *mn* practical || **gyakorlati érzék** (practical) common sense; **gyakorlati pályára megy** go* in for something practical

gyakorlatias *mn* practical, down-to-earth

gyakorlatilag *hsz* in practice, practically, technically

gyakorlatlan *mn* inexperienced, unpractised (in), unskilled (in), untrained, undrilled

gyakorlatozik *ige* ❏ *kat* drill, do* exercises, train

gyakorlatvezető *fn (egyetemen)* demonstrator, ⊕ *US* instructor

gyakorló *mn (gyakorlatot folytató)* practising || *(gyakorlásra való)* for practice *ut.* || **gyakorló orvos** medical/general practitioner; **gyakorló tanárjelölt** student (*v.* ⊕ *US* training) teacher

gyakorlóév *fn* probationary year, year on probation || **gyakorlóévét tölti** do* a probationary year

gyakorlóéves *fn* ❖ *ált* probationer; *(tanárjelölt)* student (⊕ *US* training) teacher; *(igével)* be* on probation

gyakorlógimnázium, -iskola *fn* (teacher's) training college/school

gyakorlótér *fn* ❏ *kat* drill/parade ground

gyakorlott *mn* practised, trained, skilled, experienced

gyakornok *fn* ❖ *ált* trainee; *(irodában)* junior clerk; *(üzletben)* assistant

gyakorol *ige* practise (⊕ *US* -ce) || *(mesterséget)* practise (⊕ *US* -ce), follow, pursue || ❖ *biz (szakmai gyakorlatot folytat)* be* on probation || **gyakorolja magát vmben** practise sg, get*/keep* one's hand in sg, train for sg; **naponta 2 órát gyakorol** practise (for) two hours a/every day

gyakran *hsz* often, frequently || **gyakran jár vhova** frequent sy's house

gyaláz *ige* abuse, revile, vilify

gyalázat *fn* shame, ignominy

gyalázatos *mn (szégyenletes)* shameful, base, disgraceful

gyalázkodik *ige* use abusive language

gyalog ▼ *fn (sakkban)* pawn ▼ *hsz* on foot || **gyalog megy vhova** walk (to)

gyalogátkelőhely *fn* zebra crossing, (pedestrian) crossing, ⊕ *US* crosswalk

gyalogjáró *fn (járda)* pavement, ⊕ *US* sidewalk

gyaloglás *fn* walk(ing); ❏ *kat* march; ❏ *sp* walking ‖ **50 km-es gyaloglás** 50 km walking
gyalogol *ige* ❖ *ált* go* on foot, walk ‖ ❏ *kat* march
gyalogos *fn* pedestrian ‖ ❏ *kat* infantryman°
gyalogság *fn* infantry
gyalogtúra *fn* walking tour, hike
gyalogút *fn* footpath, footway, lane ‖ *(megtett út)* walk ‖ **kétórai gyalogút** two hours' walk
gyalu *fn* ❏ *műsz* plane ‖ *(káposztának stb.)* slicer, cutter; *(zöldségnek)* shredder
gyalul *ige* ❏ *műsz* plane ‖ *(káposztát)* slice; *(zöldséget)* shred ‖ **simára gyalul vmt** plane sg smooth
gyalulatlan *mn* unplaned, rough(-hewn)
gyalupad *fn* work-bench, joiner's/carpenter's bench
gyám *fn* ❏ *jog (gyermeké)* (legal) guardian
gyámfiú *fn* ward, foster-son
gyámhatóság *fn* court of guardians
gyámkodás *fn* ❏ *jog* guardianship ‖ ❖ *átv* patronage
gyámkodik *ige* ❏ *jog* act as guardian/trustee ‖ ❖ *átv* **gyámkodik vk felett** overprotect
gyámleány *fn* ward, foster-daughter
gyámolít *ige* support, aid, help, protect
gyámolítás *fn* support, aid, assistance
gyámoltalan *mn (tehetetlen)* helpless ‖ *(ügyetlen)* awkward, clumsy
gyámoltalanság *fn (tehetetlenség)* helplessness ‖ *(ügyetlenség)* awkwardness
gyámság *fn* ❏ *jog* guardianship ‖ **gyámság alá helyez** place under the care of a guardian, make* sy a ward of court
gyámszülők *fn* = **nevelőszülők**
gyanakodik *ige (vkre/vmre)* be*/feel* suspicious about/of sy/sg, have* suspicions about sy/sg ‖ **vkre gyanakodik** suspect sy (of having done sg)

gyanakvás *fn* suspicion
gyanakvó *mn* suspicious, mistrustful
gyanánt *nu* as, by way of
gyanít *ige (vél, sejt)* suspect, presume ‖ **gyanítom, hogy ...** I suspect (that) ..., I presume ...
gyanta *fn* resin; *(hegedűnek)* rosin, colophony
gyantás *mn* resinous
gyantáz *ige* resin; *(vonót)* rub [the bow] with rosin, rosin
gyanú *fn* suspicion ‖ ❏ *jog* **alapos gyanú** well-founded/grounded (*v.* strong) suspicion; **a gyanú árnyéka sem** not a shadow of suspicion; **az a gyanúm, hogy** I suspect that, I have a suspicion that; **gyanúba kerül** fall* under suspicion, be* suspected of sg; **gyanúba kever vkt** cast* suspicion on sy, incriminate sy; **gyanún felül áll** be* above suspicion
gyanús *mn* ❖ *ált* suspicious, suspect ‖ *(ügy)* shady, underhand ‖ *(ember)* shifty ‖ **gyanús alak** shady(-looking) customer, suspicious character
gyanúsít *ige* suspect sy of sg, cast* suspicion on sy; *(alattomosan)* insinuate [that sy is ... *v.* sy did sg] ‖ **lopással gyanúsítják** be* suspected of theft
gyanúsítás *fn* suspicion, *(alattomos)* insinuation
gyanúsított ▼ *mn* suspected, under suspicion of sg *ut.* ▼ *fn* suspect
gyanútlan *mn* unsuspecting, naive *v.* naïve, guileless ‖ **gyanútlanul** unsuspectingly, innocently
gyapjas *mn* woolly, (⊕ *US* wooly), fleecy
gyapjú *fn* wool; *(állaton)* fleece ‖ *(jelzőként)* woollen, (⊕ *US* woolen) ‖ **tiszta gyapjú** all/pure wool
gyapjúfonal *fn* woollen, (⊕ *US* -l-) yarn, wool thread
gyapjúharisnya *fn* woollen (⊕ *US* -l-) stockings/socks *tsz*

gyapjúsál *fn* woollen (⊕ *US* -l-) scarf°
gyapjúszál *fn* woollen (⊕ *US* -l-) thread/yarn
gyapjúszövet *fn* woollen (⊕ *US* -l-) cloth
gyapot *fn* cotton
gyár *fn* factory, works *esz v. tsz*, plant
gyarapít *ige* increase, add to, augment, enlarge || *(gyűjteményt, ismereteket)* expand, enrich
gyarapodás *fn* growth, increase, expansion; *(könyvtári)* accession; *(tudásbeli)* progress
gyarapodik *ige (nő)* increase, grow*, be* added to || *(testileg)* put* on flesh/weight, grow* strong(er) || *(tudásban)* know* more about sg
gyári *mn (áru)* factory/machine-made, manufactured, mass-produced || **gyári ár** factory/cost price; **gyári készítmény** manufactured goods/articles *tsz*, manufactures *tsz*; **gyári munkás** factory worker
gyárigazgató *fn* manager [of a factory], factory manager
gyáripar *fn* manufacturing industry
gyárkémény *fn* factory chimney
gyarló *mn (ember)* frail, feeble, weak
gyarlóság *fn* frailty, feebleness fallibility
gyarmat *fn* colony
gyarmati *mn* colonial || **gyarmati rendszer** colonialism
gyarmatosít *ige* colonize
gyarmatosítás *fn* colonization
gyarmatosító *mn/fn* colonizer
gyáros *fn* manufacturer
gyárt *ige* manufacture, produce || **szériában gyárt** mass-produce
gyártás *fn* manufacturing
gyártási *mn* **gyártási hiba** fault/flaw in manufacture
gyártásvezető *fn* ❑ *film* producer
gyártelep *fn* (manufacturing) plant, factory/works and grounds *tsz*
gyártmány *fn* product, manufactured goods *tsz*; *(márka)* make || **milyen gyártmány?** what make is it?; **hazai gyártmány** home product
gyártmányú *mn* **magyar gyártmányú** made in Hungary *ut.*, Hungarian made; *(élelmiszer, főnévvel)* produce of Hungary, Hungarian produce
gyártó (cég) *fn* manufacturer
gyárudvar *fn* factory-yard
gyász *fn (gyászolás)* mourning || *(gyászeset)* bereavement || *(gyászruha)* mourning (dress), black
gyászbeszéd *fn* funeral oration/address, *(egyházi)* funeral sermon
gyászeset *fn* death; *(a családban)* bereavement
gyászinduló *fn* funeral/dead march
gyászjelentés *fn* death-notice; *(újságban)* obituary
gyászkíséret *fn* funeral procession, the mourners *tsz*
gyászmise *fn* requiem, mass for the dead
gyászol *ige* mourn, be* in mourning; *(gyászruhát visel)* wear* mourning || **gyászol vkt** mourn for sy; **gyászolja vk halálát** mourn sy's death, mourn over the death of sy
gyászoló ▼ *mn* **a gyászoló család** the bereaved ▼ *fn* **a gyászolók** the mourners *tsz*
gyászos *mn (szomorú)* mournful, sorrowful || *(szegényes)* wretched, sorry, miserable || **gyászos véget ér** come* to a bad end
gyászrovat *fn (újságban)* obituary
gyászruha *fn* mourning (dress)
gyászszertartás *fn* funeral service
gyatra *mn* wretched, poor; *(középszerű)* mediocre
gyáva ▼ *mn* cowardly ▼ *fn* coward
gyávaság *fn* cowardice, cowardliness
gyékény *fn (növény)* bulrush || *(fonat)* mat(ting); *(lábtörlő)* door-mat || **egy gyékényen árulnak** be* hand in glove with sy
gyémánt *fn* diamond || **csiszolt gyémánt** cut diamond, brilliant

gyémántlakodalom *fn* diamond wedding

gyenge ▼ *mn* ❖ *ált* weak || *(csekély)* slender, slight || *(erélytelen)* lenient, indulgent || *(erőtlen)* feeble, infirm || *(törékeny)* frail, fragile, delicate, tender || *(elégtelen fokú/értékű)* poor, weak; shoddy, second/third-rate || **a gyengébb nem** the gentle(r) sex; **gyenge a matematikában** be* bad/weak (*v.* a poor hand) at mathematics; **gyenge dohány** mild tobacco; **gyenge dolog** poor stuff/show; **gyenge gyomor** weak digestion; **gyenge idegzetű** weaknerved, nervy, neurotic; **gyenge kifogás** lame excuse; **gyenge minőségű** of poor quality *ut.*; **gyenge oldala/pontja** *(vmnek)* vulnerable point, weakness, failing, flaw; *(vknek)* sy's weak side/point/spot, sy's Achilles' heel; **gyenge tűzön süt** cook in a (very) moderate oven, simmer (gently) ▼ *fn* **a gyengébbek kedvéért** ❑ *kif* let me spell it out; **az ital a gyengéje** drinking is his weakness; **vknek a gyengéje** *(aminek nem tud ellenállni)* weakness (for), foible

gyengeáramú *mn* light/weak-current

gyengéd *mn* gentle, tender(-hearted), affectionate, mild, delicate || **gyengéd szálak fűzik vkhez** be* tenderly attached to sy

gyengédség *fn* tenderness, gentleness, affection(ateness), delicacy

gyengeelméjű *mn* mentally retarded

gyengélkedik *ige* be* unwell/indisposed

gyengeség *fn (múló)* weakness, feebleness || **gyengeséget érez** feel* weak/low

gyengít *ige* weaken, make* weak

gyengül *ige* ❖ *ált* weaken, grow*/become* weak(er); *(emlékezet)* (be* beginning to) fail; *(erő)* decline, diminish || **vk gyengül** sy is losing strength, sy's strength is declining; **a szeme gyengül** her/his sight is failing/going

gyep *fn* grass, lawn

gyepes *mn* **gyepes pálya** grass court

gyeplabda *fn* (field) hockey

gyeplő *fn* reins *tsz* || **megereszti a gyeplőt** give full/free rein to sg/sy; **rövidre fogja a gyeplőt** take* sy in hand, keep* a tight rein on sy

gyepszőnyeg *fn* lawn

gyeptégla *fn* turf (*tsz* turfs *v.* turves), sod

gyér *mn* ❖ *ált* sparse, scanty || *(haj)* thin || *(növényzet)* straggling, scattered || **gyér közönség** low/small attendance; **gyéren lakott** underpopulated

gyere! *isz* come (on)! || **gyere ide!** come (over) here!

gyerek *fn* child°; *(fiú)* boy; *(leány)* girl || *(vk gyereke)* sy's child° || **a gyerekek** the children, ❖ *biz* the kids; **gyereke született** have* a child/baby; **ne légy gyerek!** don't be silly/childish!, don't be such a child!, grow up!

gyerekágy *fn* cot, ⊕ *US* crib

gyerekes *mn* childish, infantile, puerile

gyerekeskedik *ige (gyerekesen viselkedik)* behave childishly, behave in a childish way || *(gyerekkorát tölti)* have*/spend* one's childhood (swhere)

gyerekjáték *fn (könnyű dolog)* child's play || = **gyermekjáték**

gyermek *fn* = **gyerek**

gyermek- *összet* children's, child's; *(csecsemő)* baby-

gyermekágy *fn* = **gyerekágy** || ❑ *orv* confinement, lying-in || **gyermekágyban fekszik** lie* in; **gyermekágyban halt meg** she died in childbirth

gyermekágyi láz *fn* puerperal/childbed fever

gyermekáldás *fn* child°, children *tsz*, offspring

gyermekbénulás *fn* poliomyelitis; ❖ *biz* polio

gyermekbetegség *fn* children's disease/illness, infantile disorder

gyermekcipő *fn* (még) **gyermekcipőben jár** be* (still) in its infancy
gyermekdal *fn* children's song, nursery rhyme
gyermekes *mn* = **gyerekes** || with ... children *ut.* || **háromgyermekes anya** mother of three
gyermekgondozás *fn* child welfare; *(otthontalanoké)* child care
gyermekgyilkos *fn* child-murderer, infanticide
gyermekgyógyász *fn* p(a)ediatrician
gyermekgyógyászat *fn* p(a)ediatrics *esz.*
gyermekhalandóság *fn* infant mortality
gyermeki *mn* child's, childish, childlike || **a gyermeki értelem** the child's mind
gyermekirodalom *fn* juvenile/children's literature
gyermekjáték *fn (pl. fogócska)* children's game || *(játékszer)* toy
gyermekjegy *fn* children's ticket
gyermekklinika *fn* children's/p(a)ediatric clinic; ⊕ *GB* child health clinic *(röv CHC)*
gyermekkocsi *fn* pram; *(összecsukható, könnyű)* pushchair; *(esernyőfogantyús, főleg US)* stroller; ⊕ *US* baby carriage/buggy
gyermekkor *fn* childhood; *(korai)* infancy || **gyermekkora óta** since he was a child, from childhood
gyermekkórház *fn* children's hospital
gyermekkori pajtás *fn* childhood-friend
gyermekkórus *fn* children's choir
gyermekláncfű *fn* dandelion
gyermeklélektan *fn* child psychology
gyermekmegőrző *fn* crèche
gyermekmenhely *fn* home for destitute children
gyermekmérleg *fn* baby-scales *tsz*
gyermekorvos *fn* p(a)ediatrician, specialist in p(a)ediatrics
gyermekosztály *fn (kórházban)* children's ward

gyermekotthon *fn* children's home
gyermekőrzés *fn* baby-sitting
gyermekőrző *fn (főleg éjszakára, ill. rövidebb időre)* baby-sitter; *(főleg nappal)* childminder
gyermekparalízis *fn* = **gyermekbénulás**
gyermekpornográfia *fn* child pornography
gyermekrablás *fn* kidnapping
gyermekruha *fn* children's wear, childswear
gyermekszeretet *fn* love of children
gyermekszerető *mn* child-loving, fond of children *ut.*
gyermekszoba *fn (tényleges)* nursery, children's room, ⊕ *US* playroom || **nem volt gyermekszobája** ❖ *átv* has no manners, has been badly brought up, was dragged up anyhow
gyermektartás *fn* maintenance (of children)
gyermektelen *mn* childless, without children *ut.*
gyermeküdülő *fn* children's holiday home/resort; *(tábor)* (children's) holiday camp
gyertek! *isz* come (on)! || **gyertek ide!** come (over) here!
gyertya *fn (fényforrás)* candle || *(autóban)* spark(ing) plug || *(tornában)* candle || **két végén égeti a gyertyát** burn the candle at both ends
gyertyafény *fn (gyertyaláng)* candlelight
gyertyán(fa) *fn* hornbeam
gyertyaszál *fn* (a) candle
gyertyatartó *fn* candlestick, sconce
gyérül *ige* become* sparse, thin out
gyerünk! *isz* let's go; *(siettetve)* come/ go on!, hurry up! || **na gyerünk!** let's get going!; **gyerünk odébb!** move on!
gyík *fn* lizard
gyilkol *ige* murder, kill
gyilkos *fn* murderer, killer; ❏ *pol* assassin

gyilkosság *fn* ❏ *jog* murder ‖ ❏ *pol* assassination ‖ **gyilkosságot követ el** commit murder
gyilkossági kísérlet *fn* attempted murder
gyógyáru *fn* medicines *tsz*
gyógyászat *fn* medicine, therapeutics *esz*
gyógyfürdő *fn (hely)* spa (resort)
gyógyhatás *fn* curative effect/power, healing power
gyógyhely *fn* health resort
gyógyintézet *fn (kórház)* hospital; *(szanatórium jellegű)* sanatorium *(tsz -ums v. -ria)*
gyógyít *ige* cure
gyógyítás *fn* curing, cure
gyógyíthatatlan *mn (betegség, beteg)* incurable ‖ **gyógyíthatatlan beteg** incurable
gyógyítható *mn* curable
gyógyító *mn* curative, curing, medicinal
gyógykezel *ige* treat sy (medically) ‖ **gyógykezelteti magát** undergo* (medical) treatment
gyógykezelés *fn* (medical) treatment, cure
gyógymód *fn* cure, therapy
gyógynövény *fn* medicinal plant/herb, herb
gyógypedagógia *fn* special education, education of handicapped children
gyógypedagógiai *mn* **gyógypedagógiai iskola/intézet** special school, school/institute for the handicapped; **gyógypedagógiai (tanárképző) főiskola** training college for teachers of the handicapped
gyógypedagógus *fn* special (needs) teacher, teacher of the handicapped
gyógyszálló *fn* health/resort hotel; *(gyógyvízzel)* spa-hotel, ⊕ *GB* hydro
gyógyszer *(orvosság)* medicine, drug ‖ ❖ *átv* remedy

gyógyszerész *fn* (dispensing) chemist, pharmacist, ⊕ *US* druggist
gyógyszergyár *fn* pharmaceutical factory
gyógyszermérgezés *fn* drug-intoxication
gyógyszertan *fn* pharmacology
gyógyszertár *fn* pharmacy; ⊕ *GB* dispensing chemists
gyógytea *fn* herb(al) tea
gyógytorna *fn* physiotherapy
gyógytornász *fn* physiotherapist
gyógyul *ige (vk)* be* recovering (from sg), be* convalescing ‖ *(seb)* be* healing (up) ‖ **szépen gyógyul** make* a good recovery
gyógyulás *fn (vké)* recovery, convalescence ‖ *(sebé)* healing
gyógyüdülő *fn* convalescent home
gyógyvíz *fn* (medicinal) waters *tsz*
gyom *fn* weed(s)
gyomirtó(szer) *fn* weed-killer, herbicide
gyomlál *ige (kertet)* weed ‖ ❖ *átv* weed out
gyomor *fn* ❖ *ált* stomach ‖ *(tehéné)* maw ‖ **fáj a gyomra** have* (a) stomachache; **jó gyomor kell hozzá** it is hard to stomach/swallow
gyomorbaj *fn* gastric disease/complaint
gyomorbajos *mn* suffering from a gastric disease/complaint *ut.*
gyomorbántalom *fn* gastric pains *tsz*
gyomorbeteg ▼ *mn* = **gyomorbajos** ▼ *fn* gastric patient
gyomorégés *fn* heartburn
gyomorfájás *fn* stomachache, gastric pains *tsz*
gyomorfekély *fn* gastric/peptic ulcer
gyomorgörcs *fn* stomach cramp; *(főleg gyermeknél)* colic
gyomormosás *fn* gastric lavage
gyomorműtét *fn* gastric operation
gyomorrák *fn* cancer of the stomach
gyomorrontás *fn* indigestion, an upset stomach ‖ **gyomorrontása van**

he has a stomach upset, his stomach is upset
gyomorsav *fn* gastric acid
gyomorsavhiány *fn* acid deficiency
gyomorszáj *fn* cardia ‖ **gyomorszájon üt** hit* sy in the stomach
gyomorvérzés *fn* gastric haemorrhage
gyón *ige* confess, make* a confession
gyónás *fn* confession
gyóntat *ige* confess
gyóntató *fn* (father-)confessor
gyóntatószék *fn* the confessional
gyopár *fn* **(havasi) gyopár** edelweiss
gyors ▼ *mn* ❖ *ált* quick; *(állat)* swift; *(érverés)* quick, rapid; *(futó, játékos)* fast; *(mozgó tárgy)* fast, rapid ‖ *(rövid időt igénylő)* speedy, prompt, immediate ‖ *(mozgékony)* nimble, agile, brisk ‖ **gyors a keze** *(ütésre)* be* quick, lightning-fisted; *(gyorsan dolgozik)* be* quick with one's hands, be* a quick worker; **gyors beszédű** fast-talking; **gyors egymásutánban** in quick/rapid succession; **gyors észjárású** smart, quick/ready-witted ▼ *fn* = **gyorsvonat** ‖ = **gyorsúszás**
gyorsan *hsz* ❖ *ált* quickly, swiftly, fast, rapidly, ❖ *biz* quick; *(sietve)* hastily
gyorsaság *fn* ❖ *ált* speed(iness), quickness, rapidity, swiftness
gyorsasági verseny *fn* speedway (racing)
gyorsbüfé *fn* snack bar/counter
gyors- és gépírás *fn* shorthand typing, ⊕ *US* stenography
gyorsétterem *fn* fast-food restaurant
gyorsfagyasztott *mn* quick-frozen
gyorsfényképész *fn* street photographer
gyorsforgalmi út *fn* ⊕ *GB* clearway, ⊕ *US* freeway
gyorsforraló *fn* *(spirituszos)* spirit-lamp; *(villamos)* electric kettle
gyorshajtás *fn* speeding ‖ **gyorshajtásért 10 000 Ft-ra megbüntették** he was found guilty of speeding and fined 10 000 fts
gyorshír *fn* news flash
gyorsír *ige* write* (*v.* take* sg down) in shorthand
gyorsírás *fn* shorthand, stenopgraphy
gyorsíró *fn* shorthand writer; ⊕ *US* stenographer
gyorsít *ige* increase the speed (of), step/speed* up, accelerate ‖ *(gyorsul)* pick up speed; *(autó)* accelerate; *(gázt ad)* put* one's foot down, ⊕ *US* step on the gas
gyorsítás *fn* acceleration, speeding/stepping up
gyorsító *fn* ❑ *fiz* accelerator
gyorsítósáv *fn* fast/overtaking lane
gyorsított *mn* accelerated, high-speed ‖ ❑ *jog* **gyorsított eljárás** summary proceeding
gyorsjárat *fn* *(busz)* express bus/coach service
gyorslift *fn* express lift (⊕ *US* elevator)
gyorssegély *fn* emergency aid
gyorstapasz *fn* plaster, ⊕ *US* Band-Aid
gyorstisztító *fn* *(szalon)* launderette, ⊕ *US* laundromat
gyorsul *ige* gather speed, accelerate
gyorsulás *fn* acceleration
gyorsúszás *fn* freestyle (swimming)
gyorsúszó *fn* freestyle swimmer, sprinter
gyorsvasút *fn* (urban) rapid transit system
gyorsvonat *fn* fast train ‖ **gyorsvonattal megy** take* a/the fast train
gyök *fn* ❑ *mat* root ‖ **gyököt von** extract a root
gyökér *fn* *(növ, fog és átv)* root ‖ *(petrezselyemé)* parsley root ‖ **gyökeret ver** take*/strike* root
gyökeres *mn* *(növény)* having roots ut., rooted ‖ ❖ *átv* radical, thorough, fundamental ‖ **gyökerestől kitép** uproot, tear*/pull up by the roots**

gyökeresen *hsz* radically || **gyökeresen megváltoztat** make* radical changes in sg, alter/change sg radically
gyökerezik *ige (vmben)* be* rooted in sg
gyökérkezelés *fn (fogé)* root(-canal) treatment
gyökértömés *fn (fogé)* root filling
gyökérzet *fn* roots *tsz*
gyökjel *fn* radical (sign), root-sign
gyökkitevő *fn* index *(tsz* indices), exponent
gyökvonás *fn* extraction of root
gyömbér *fn* ginger
gyömöszöl *ige* stuff, cram, press, squeeze *(vmbe mind:* into)
gyönge *mn* = **gyenge**
gyöngy *fn (igazgyöngy)* pearl || *(üveg, izzadság)* bead || = **gyöngysor** || *(italban)* bubble || **hamis gyöngy** imitation pearl
gyöngyélet *fn* a life of ease, easy life || **gyöngyélete van** live like a lord, be* in clover
gyöngyház *fn* mother-of-pearl
gyöngyözik *ige (ital)* sparkle, bubble || *(csillogva)* glisten, glitter || **izzadságtól gyöngyözik az arca** his face is covered with beads of sweat/perspiration
gyöngysor *fn* pearls *tsz*, pearl necklace
gyöngyvirág *fn* lily of the valley
gyönyör *fn (érzés)* pleasure || ❖ *átv* delight, bliss, rapture, ecstasy
gyönyörködés *fn* (taking) delight (in sg)
gyönyörködik *ige (vmben)* take* delight in sg, enjoy sg, take*/find* (great) pleasure in sg
gyönyörű *mn* wonderful, most beautiful, magnificent, superb, splendid || **gyönyörűen** beautifully; **gyönyörűen énekel** (s)he is a wonderful singer
gyönyörűség *fn (vmnek gyönyörű volta)* delightfulness, loveliness, splendour, magnificence || *(élvezet)* pleasure, delight
gyötör *ige (testileg)* torture, torment || *(belsőleg)* worry; *(zaklatva)* pester
gyötrelem *fn (testi)* pain, pang, suffering, torture || *(lelki)* anguish, worry
gyötrelmes *mn* tormenting, painful
gyötrő *mn* **gyötrő éhség** pangs of hunger *tsz*
gyötrődik *ige (lelkileg)* worry, be* worried (about)
győz *ige (harcban)* gain a victory, win*, be* victorious; *(választáson)* come*/get* in, win* || ❏ *sp* win*, come* in first || *(munkát)* manage to do, get* through, keep* up/pace with || *(vmt pénzzel)* (can) afford || **ki győzött?** who won?, who is/was the winner?; **könnyen győz** win* easily, ❖ *biz* win* hands down; **nem győzi kivárni** become* impatient; **nem győzöm** I can't afford sg
győzelem *fn* ❖ *ált* victory || ❏ *sp* win || **győzelmet arat** gain a victory, bear* *(v.* carry off) the palm; **3:1 arányú győzelem** a 3–1 *(kimondva:* three to one) win
győzelmi *mn* triumphal, of victory *ut.* || **győzelmi esély** chance/prospect of winning/victory; **győzelmi mámor** flush of victory
győztes ▼ *mn (harcban)* victorious, triumphant, conquering || ❏ *sp* winning ▼ *fn (harcban)* victor, conqueror || ❏ *sp* winner || **győzteskét kerül ki** be* victorious, ❖ *biz* come* out on top
gyufa *fn* match || **egy doboz gyufa** a box of matches
gyufaskatulya *fn* match-box
gyufaszál *fn* match(-stick)
gyújt *ige (motor)* spark, fire || **cigarettára gyújt** light* a cigarette, ❖ *biz* light* up; **gyufát gyújt** strike* a light/match; **tüzet gyújt** light* a fire; **nem gyújt a motor** the engine is misfiring *(v.* is not firing properly)

gyújtás *fn (tűzé)* lighting || *(motorban)* ignition || **ráadja a gyújtást** switch on the ignition
gyújtásbeállítás *fn* ignition/spark adjustment
gyújtáskapcsoló *fn* ignition (switch)
gyújtogatás *fn* arson, fire-raising
gyújtogató *fn* ❑ *jog* fire-raiser, arsonist
gyújtógyertya *fn* spark(ing) plug
gyújtóláng *fn (gázkészüléken)* pilot (-light), burner flame
gyújtómágnes *fn* magneto
gyújtópont *fn* focus *(tsz* -es *v.* foci), focal point || **vmnek a gyújtópontjában áll** be* the focus of attention
gyújtótávolság *fn* focal length
gyúlékony *mn* inflammable; ⊕ *US* ⊕ *és GB* ❑ *műsz* flammable || **nem gyúlékony** non-flammable
gyullad *ige* ❖ *ált* catch*/take* fire
gyulladás *fn* ❖ *ált* combustion, ignition, burning || ❑ *orv* inflammation || **gyulladásba jön** be* inflamed
gyulladt *mn* ❑ *orv* inflamed
gyúr *ige (tésztát, agyagot)* knead || *(masszőr)* massage, give* a massage to sy
gyurma *fn* Plasticine
gyúró *fn* masseur
gyúródeszka *fn* pastry/paste-board
gyutacs *fn* ❑ *kat* percussion-cap, fuse || ❑ *bány* primer
gyüge *mn* gaga, off one's nut/rocker *ut.*
gyűjt *ige* ❖ *ált* gather (together), collect || *(vagyont)* amass, hoard || *(vmre)* save (up) (for sg) || *(erőt)* gather
gyűjtemény *fn* collection
gyűjteményes *mn* collected || **gyűjteményes kiadás** collected works/papers *tsz*, collected edition; **gyűjteményes kiállítás** one-man exhibition/show; *(életműé)* retrospective
gyűjtés *fn* collection
gyűjtő *fn* collector, gatherer
gyűjtöget *ige* keep* gathering, glean

gyülekezés *fn* assembling, meeting
gyülekezési *mn* **gyülekezési jog** right of assembly; **gyülekezési szabadság** freedom of assembly
gyülekezet *fn (egyházi)* congregation
gyülekezik *ige* gather (together), assemble, come*/get* together
gyűlés *fn (összejövetel)* meeting, assembly, rally, gathering; ⊕ *US (párté)* caucus || *(sebé)* suppuration
gyűlésezik *ige* hold* a meeting
gyűlésterem *fn* assembly room/hall
gyűlik *ige (tömeg)* assemble, come*/get* together, gather (together) || *(seb)* gather || *(pénz)* be* accumulating, be* piling up
gyűlöl *ige* hate/loathe/detest sg/sy
gyűlölet *fn* hatred, hate
gyűlöletes *mn* odious, abominable, hateful
gyűlölködés *fn* hatred, animosity
gyümölcs *fn* ❑ *növ* fruit || *(eredmény)* fruit(s), result || **gyümölcsöt terem** bear* fruit
gyümölcsárus *fn* fruiterer; *(utcai)* fruitseller; ⊕ *GB* barrow boy; ⊕ *US* fruit vendor
gyümölcsfa *fn* fruit-tree
gyümölcshéj *fn* peel, rind, skin
gyümölcskereskedés *fn* fruiterer's, fruit shop, ⊕ *US* fruit store
gyümölcslé *fn* (fruit) juice
gyümölcsös *mn* orchard, fruit-garden
gyümölcsözik *ige* ❖ *átv* bear* fruit, be* profitable
gyümölcsöző *mn* ❖ *átv* fruitful, profitable, lucrative
gyümölcssaláta *fn* fruit-salad
gyűr *ige* crumple, rumple, crush, crease
gyűrhetetlen *mn* crease-resistant/proof
gyűrődés *fn (ruhán)* crease, wrinkle, crumpling || ❑ *geol* flexure of strata || ❖ *biz* **nem bírja a gyűrődést** (s)he can't take it
gyűrődik *ige* crease, become*/get* creased

gyűrődő *mn* creasable
gyűrött *mn (szövet)* crumpled, rumpled, creased
gyűrű *fn (kézen)* ring || ❏ *műsz* hoop, collet, circle || ❏ *sp* rings *tsz* || **(külső) gyűrű** *(város körül)* ring road, ⊕ *US* beltway

gyűrűhinta *fn* the rings *tsz*, flying ring
gyűrűsujj *fn* ring/third-finger
gyűrűzik *ige (víz)* ripple || *(átv vm tovább)* ripple across (sg)
gyűszű *fn* thimble
gyűszűnyi *mn* thimbleful
gyűszűvirág *fn* foxglove, digitalis

H

h = *óra* hour, h
h. = *helyett* for ‖ = *helyettes*
ha[1] *ksz* if, supposing, when ‖ **ha én volnék a helyedben** if I were you; **ha egyszer** should it happen (that), if one day, if ever; **ha nem** if not, otherwise; **ha tetszik, ha nem** (whether you) like it or not; **ha tudnám** if (only) I knew (it)
ha[2] = *hektár* hectare, ha
hab *fn (parti hullámon)* surf; *(tengeren)* foam, spume; *(söré)* froth, ❖ *biz* head; *(szappané)* lather; *(tejszíné)* whipped cream; *(tojásé)* beaten white [of egg] ‖ **habot ver** *(tejszínt)* whip [cream]; *(tojásfehérjét)* beat* up, whisk [eggs]
habar *ige* stir, mix; add to [while stirring]
habár *ksz* (al)though, even if/though, notwithstanding, whereas
habarcs *fn* mortar
habfürdő *fn* foam bath
háborgó *mn (tenger)* rough, turbulent ‖ *(tömeg)* turbulent
háborítatlan *mn* peaceful, quiet
háborodott *mn (elme)* deranged, demented
háborog *ige (tenger)* be* stormy/rough ‖ *(tömeg)* be* discontented; *(ember)* grumble
háború *fn* war ‖ **háború idején** in wartime; **kitör a háború** war breaks out; **háború utáni** post-war
háborús *mn* war(-time) ‖ **háborús bűnös** war-criminal; **háborús évek** war-years, wartime *esz*; **háborús pusztítás** ravages of war *tsz*
háborúskodik *ige (háborút visel)* wage war *(vkvel* on/against), be* at war *(vkvel* with sy)
habos *mn* ❖ *ált* frothy, foamy ‖ *(sütemény)* cream, (filled) with whipped cream *ut.*
habozás *fn* hesitation, vacillation ‖ **habozás nélkül** without a moment's hesitation
habozik *ige* hesitate (about sg v. to do sg)
Habsburg *mn/fn* Hapsburg
habverő *fn* egg-whisk, egg-beater
habzik *ige (szappan)* lather; *(sör)* froth, foam
habzsol *ige (ételt)* eat* greedily, ❖ *biz* wolf (down), devour ‖ ❖ *átv* devour
hacsak *ksz* if only, if by any means, if at all ‖ **hacsak lehet** if (at all) possible; **hacsak (…) nem** unless
had *fn (sereg)* army, troops *tsz*, forces *tsz* ‖ **hadat üzen** declare war *(vknek* on); **hadat visel** be* at war (with sy), make*/wage war *(vk ellen* on/against sy)
hadar *ige* jabber (away), gabble
hadászat *fn* strategy
hadászati *mn* strategic ‖ **hadászati fegyverek** strategic arms
hadbíró *fn* judge of military tribunal
hadbíróság *fn* military tribunal
hadd *isz* **hadd lám!** let me see!; **hadd fusson!** let him run!
haderő *fn* the (armed) forces *tsz*

hadgyakorlat *fn* army exercises *tsz*
hadi *mn* military, war- || **hadi kitüntetés** (war) decoration
hadiállapot *fn* state of war || **hadiállapotban** at war (with)
hadiflotta *fn* naval force, fleet
hadifogoly *fn* prisoner of war (*röv* POW)
hadifogság *fn* captivity || **hadifogságba esik** be* taken prisoner of war
hadihajó *fn* warship; *(csatahajó)* battleship
hadiipar *fn* war/munitions industry
hadijelentés *fn* communiqué, war bulletin/report
hadilábon áll vkvel ❏ *kif* be* at daggers drawn with sy
hadirokkant *fn* disabled soldier
haditechnika *fn* military technology
haditengerészet *fn* the navy
haditengerészeti *mn* naval, of the navy *ut.*
haditerv *fn* plan of campaign, ❏ *kat* operational plan
haditett *fn* action, feat (of arms)
haditörvényszék *fn* ❏ *tört* court-martial (*tsz* courts-martial *v.* court-martials)
haditudósítás *fn* war report/correspondence
haditudósító *fn* war correspondent
hadjárat *fn* ❏ *kat* campaign, (military) expedition || ❖ *átv* campaign, drive
hadköteles *mn* liable to military service *ut.*
hadkötelezettség *fn* compulsory military service, conscription
hadművelet *fn* (military) operations *tsz*
hadműveleti *mn* operational
hadnagy *fn* second (*v.* 2nd) lieutenant
hadonászik *ige* gesticulate (wildly), flail
hadoszlop *fn* column
hadosztály *fn* division
hadsereg *fn* army

hadsereg-főparancsnok *fn* commander-in-chief [of an army] (*röv* C.-in-C.)
hadszíntér *fn* theatre of war/operations, seat of operations
hadtest *fn* army corps
hadügy *fn* military affairs *tsz*
hadügyminiszter *fn* Minister of War
hadügyminisztérium *fn* Ministry of War
hadüzenet *fn* declaration of war
hadvezér *fn* general, (supreme) commander
hadviselés *fn* *(háborúskodás)* war(fare) || ❖ *átv* war (on/against sg)
hadviselő *mn* **hadviselő felek** powers at war
hág *ige* (*vmre*) step up on sg, ascend/mount sg
Hága *fn* the Hague
hágcsó *fn* ladder; *(kötélhágcsó)* rope ladder
hágó *fn* (mountain) pass, col
hagy *ige* let*, leave*, allow, permit || *(örökül)* leave*/bequeath sg to sy (*v.* sy sg) || **időt hagy** give* time; **magára hagy** leave* sy alone (*v.* to oneself); **nem hagyja magát** not give* in, refuse to give in, hold* out/on
hagyaték *fn* legacy, bequest, inheritance
hagyatkozik *ige* (*vkre/vmre*) rely on sy/sg (for sg), leave* it (to sy)
hagyján *hsz* **ez még csak hagyján, de a másik** this is not so bad but the other
hagyma *fn* *(vöröshagyma)* onion || *(növényé)* bulb
hagymamártás *fn* onion sauce
hagymás *mn* with onions *ut.* || **hagymás rostélyos** steak and onions *tsz*
hagyomány *fn* tradition
hagyományos *mn* traditional || **hagyományos fegyverek** conventional weapons
haj *fn* hair || **égnek áll a haja** his hair stands on end; **hajat mos** wash/

shampoo one's hair; **hajat mosat** have* a shampoo, have* one's hair shampooed; **hajat vágat** have* one's hair cut, have* a haircut

háj *fn (disznóé)* (leaf-)lard || *(emberen)* fat

hajadon *mn* unmarried; *(családi állapot, űrlapon)* single

hájas *mn* (very) fat, flabby, obese

hajcsár *fn* ❖ *átv* ❖ *elít* slave-driver

hajcsat *fn* hairgrip, (hair) slide, ⊕ *US* bobby pin

hajcsavaró *fn* hair-curler; *(készletben)* roller

hajcsipesz *fn* hairgrip, kirby grip

hajcsomó *fn* mat, matted hair

hajdan(ában) *hsz* in bygone/olden days/ times, in times past, long ago

hajdani *mn* past, former, one-time

hajfestés *fn* (hair) dyeing

hajfonat *fn* plait, braid

hajfürt *fn* lock (of hair)

hajhullás *fn* loss of hair, falling hair || **hajhullás elleni szer** hair tonic, hairrestorer

hajigál *ige* keep* throwing

hajít *ige* throw*, hurl, fling*

hajítás *fn* throw(ing), flinging, hurl(ing)

hajkefe *fn* hairbrush

hajlakk *fn* hair-spray

hajlam *fn (vmre)* inclination (to), bent (for) || *(betegségre)* susceptibility (to), (pre)disposition (to) || **hajlama van vm iránt** have* a bent for sg

hajlamos *mn* ❖ *ált (vmre)* (be*) susceptible/inclined to sg || *(betegségre)* (be*) susceptible/prone to

hajlandó *mn* **hajlandó vmre** be* ready/ willing/prepared to do sg

hajlandóság *fn* willingness, inclination, readiness || **hajlandóságot mutat** *(vmre)* be*/seem willing/ready to do sg

hajlás *fn* ❖ *ált* bend

hajlat *fn (tárgyé)* bend, curve; *(lejtőé)* slope

hajlék *fn (menedék)* shelter, cover || *(otthon)* home

hajlékony *mn (anyag)* flexible, pliable || ❖ *átv* flexible, adaptable, pliable

hajléktalan *mn/fn* homeless || **a hajléktalanok** the homeless

hajlik *ige* ❖ *ált* bend*; *(ívben)* arch; *(vm oldalirányba)* curve, sweep*; *(tárgy vm fölé)* hang* over, overhang* (sg) || *(vmre, átv)* incline to, tend to, show* an inclination towards

hajlít *ige (tárgyat)* bend*

hajlítás *fn* bending

hajlítható *mn (vm)* flexible, pliable

hajlott *mn* bent, curved, crooked || **hajlott hát** humped back; **hajlott kor** advanced age

hajmeresztő *mn* hair-raising, horrible

hajmosás *fn* shampoo

hajnal *fn* dawn, daybreak, break of day || **(kora) hajnalban** at dawn, at daybreak

hajnali *mn* early (morning), dawn, of dawn *ut.*

hajnalodik *ige* dawn, day is breaking

hajnyírás *fn* haircut

hajó *fn (nagyobb)* ship; *(kisebb)* boat; ❖ *ált* vessel; *(óceánjáró)* (ocean) liner; *(teherhajó)* freighter || ❑ *sp* ❖ *biz* vessel; *(versenyvitorlás)* yacht || = **templomhajó** || **hajón** on board (ship), on a ship; **hajóra száll** go* on board (ship), embark *(vhol* at); **hajóval megy** sail, go* by ship/sea

hajóállomás *fn* landing place; *(óceánjáróé)* port of call

hajócsavar *fn* screw, propeller

hajófenék *fn* (ship's) bottom, hold

hajófülke *fn* cabin; *(luxus)* stateroom

hajógyár *fn* dockyard, shipyard

hajóhad *fn* fleet

hajóhíd *fn (folyón)* pontoon/floating bridge || *(hajóról partra)* gangway, gangplank || *(hajón)* bridge

hajójárat *fn* (shipping) line; *(szolgálat)* boat service || **hajójáratok indulása** sailing times

hajójegy *fn* (boat) ticket

hajókirándulás *fn* boat-trip

hajókötél *fn* hawser, rope || **leütötte a hajókötél** ❖ *biz* he's kicked the bucket
hajókürt *fn* (ship's) horn; *(ködben)* foghorn
hajol *ige* bend* (down), stoop || **könyv fölé hajol** pore over a book
hajolaj *fn* hair-oil
hajónapló *fn* log(book)
hajóorr *fn* beak, prow, cutwater
hajópadló *fn* strip/jointed floor
hajóparancsnok *fn* captain
hajópark *fn* fleet, tonnage
hajóraj *fn* squadron; *(kicsi)* flotilla
hajórakomány *fn* shipload, cargo
hajóroncs *fn* (ship)wreck
hajós *fn* sailor, seaman°
hajóskapitány *fn* captain; *(ker hajón)* master
hajószakács *fn* (ship's) cook
hajószemélyzet *fn* crew
hajótörés *fn* shipwreck || **hajótörést szenved** be* shipwrecked, suffer shipwreck
hajótörött *mn/fn* shipwrecked (person)
hajóút *fn* voyage
hajózás *fn* shipping, sailing; *(navigáció)* navigation
hajózási *mn* shipping, nautical; *(navigációs)* navigation(al) || **hajózási társaság** shipping company/line
hajózható *mn* navigable, passable
hajózik *ige* sail, go* by sea, voyage
hajózótiszt *fn* navigator
hajrá ▼ *isz* forward!, at it/'em! ▼ *fn (verseny finise)* sprint, the finish || *(munkában)* rush; *(egy bizonyos munka)* a rush job || **év végi hajrá** last-minute rush
hajsütő vas *fn* curling-tongs *tsz*
hajsza *fn (vm után)* hunt after sg, chase/pursuit of sg; *(vk ellen)* persecution of sy, campaign against sy || *(munkával)* rush || **nagy hajszában van** be* snowed under (with work)
hajszál *fn* (single) hair || **egy hajszál híján** within a hair; **csak egy hajszá-** **lon múlt** it was touch-and-go, ❖ *biz* it was a close shave/call
hajszálfinom *mn (vékony)* very delicate/fine || ❖ *átv* subtle, nice
hajszálpontos *mn* very exact/punctual || **hajszálpontosan érkezik** come*/ arrive on the dot
hajszálrepedés *fn* hairline (crack)
hajszárító *fn* (electric) hair dryer; *(kézi)* hand-dryer; *(bura)* drying hood
hajszesz *fn* hair lotion/tonic
hajszín *fn* colour (⊕ *US* -or) of hair
hajszol *ige* ❖ ált chase/hunt after, pursue || *(beosztottakat, munkásokat)* work [one's staff] very hard (*v.* to death)
hajt¹ *ige (állatot)* drive*; *(noszogatva)* urge on; *(vadat)* beat* || *(gépet erő)* drive*, propel, work || *(gépjárművet vezet)* drive* || *(dolgoztat)* drive* sy (very) hard || ❖ *biz (erősen dolgozik)* slave away, work flat/all out || *(hashajtó)* have* a purgative effect, loosen the bowels || **az állomásra hajtott** (s)he drove to the station; **jobbra hajts!** keep (to the) right!
hajt² *ige (hajlít)* bend*, turn in/down; *(papírt stb.)* fold || **álomra hajtja fejét** go* (off) to sleep; **térdet hajt** bend* the knee, kneel* down
hajt³ *ige (növény)* sprout (up), shoot* || **hasznot hajt** bring* in [profit, money], yield a profit
hajtás¹ *fn (állatoké)* driving; *(vadászaton)* beat(ing), battue || ❖ *biz (nagy erőkifejtés)* rush (at work) || *(járművel)* driving
hajtás² *fn (ruhán)* pleat, fold || **egy hajtásra kiitta** he drank it at one gulp
hajtás³ *fn* ❏ *növ* sprout, bud, shoot
hajthatatlan *mn* ❖ *átv* unyielding
hajtó *fn (vadászaton)* beater || *(ügetőversenyen)* driver; *(egyéb fogaté)* coachman°; ❏ *sp* carriage-driver
hajtóerő *fn* propelling power/force, motive power || ❖ *átv* driving force
hajtogat *ige (papírt)* fold (repeatedly), keep* folding || *(ismétel)* keep* re-

peating, reiterate || **örökké csak azt hajtogatja** be* always harping on the same theme/string

hajtóka *fn (kabáté)* lapel; *(nadrágé)* ⊕ *GB* turn-up, ⊕ *US* cuff; *(ujjé)* cuff

hajtómű *fn* driving-gear

hajtóvadászat *fn (átv is)* drive

hajtű *fn* hairpin, hairgrip

hajtűkanyar *fn* hairpin bend

hajvágás *fn* haircut

hajviselet *fn* hair(style)

háklis *mn* ❖ *biz* fussy, crochety

hal¹ *ige* die || **szörnyű halált hal** die a terrible death

hal² *fn* fish *(tsz* ua; *de több fajtából:* fishes) || **sok hal** a lot of fish; **úgy él, mint hal a vízben** (s)he's (living) in clover

hál *ige* sleep*, spend*/pass the night || *(vkvel)* sleep* with sy || **(már) csak hálni jár belé a lélek** be* very ill, look like a ghost, (seem to) be on one's last pins

hála *fn* gratitude, thanks *tsz*, thankfulness || **hála Isten(nek)!** thank God/goodness; **hálát ad vknek** thank sy, give* thanks to sy (for sg)

hálaadás *fn* giving/rendering thanks; ❑ *vall* thanksgiving

halad *ige (megy)* go*, make* way, advance, go* on; *(vm mellett)* come*/run*/pass along; *(jármű)* proceed, travel (⊕ *US* -l) || ❖ *átv* make* headway, advance, progress, make* progress, get* on; *(minőségileg)* improve || **az idő halad** time passes; **jól halad** *(munka)* be* coming along/on well/fine, be* shaping up (well); *(vk vmvel v. vmben)* be* doing well/fine in sg, make* good progress with/in sg

haladás *fn (térben)* going, advance(ment) || ❖ *átv* progress, advance, improvement

haladási *mn* **kötelező haladási irány** "ahead only"

haladék *fn (késedelem)* delay

haladéktalan *mn* immediate, prompt

haladéktalanul *hsz* immediately, without delay/fail, at once

haladó ▼ *mn* **London felé haladó vonat** train going to London, train on its way to London ▼ *fn* ❑ *pol* progressive || ❑ *isk* advanced student

halál *fn* death || **halálán van** be* dying; **halálra gázolja vm** be* killed in an accident, be* run down/over and killed; **halálra ítél** sentence/condemn to death; **halálra rémül** be* scared to death

halálbüntetés *fn* capital punishment, the death penalty

haláleset *fn* death; *(balesetnél)* casualty || **nem történt haláleset** there were no casualties, nobody was killed [in the accident]

halálhír *fn* news/announcement of sy's death

haláli *mn* ❖ *biz* terrific; dead *(és melléknév)*

halálkanyar *fn* dangerous curve/corner

halálmegvető *mn* **halálmegvető bátorsággal** braving death

halálok *fn* cause of death

halálos *mn* deadly, mortal; *(végzetes)* fatal; *(gyilkos)* murderous || **halálos adag** lethal dose; **halálos ágy** deathbed; **3 halálos áldozata volt a balesetnek** three were killed in the accident; **halálos (kimenetelű) baleset** fatal accident; **halálos betegség** fatal illness; **halálos bűn** deadly/mortal sin; **halálos ítélet** sentence of death, death-sentence

halálosan *hsz* mortally; *(végződik)* fatally || **halálosan beleszeret vkbe** fall* desperately in love with sy; **halálosan komoly** dead earnest

halálozás *fn (meghalás)* death, decease || *(statisztikailag)* mortality

halálozási *mn* mortality, of death *ut.* || **halálozási arányszám** death (v. ⊕ *US* mortality) rate

halálsápadt *mn* deathly/deadly pale

haláltusa *fn (haldoklás)* death throes *tsz*, (mortal) agony
halandó *mn/fn* mortal
halandóság *fn* mortality, being mortal
halandzsa *fn* gibberish, nonsense
halandzsázik *ige* talk gibberish
halánték *fn* temple
hálapénz *fn* bribe, backhander
halas ▼ *mn* **halasbódé** fish stall/stand ▼ *fn* fishmonger
hálás *mn (vknek vmért)* grateful (to sy for sg), thankful (for sg) ‖ **hálás köszönet!** (many) thanks!, thank you very much; **hálás közönség** an appreciativ audience; **hálás vagyok, hogy** I am thankful that …; **nagyon hálásak lennénk, ha** we should greatly appreciate it if
halastó *fn* fish pond
halász *fn* fisher(man°)
halászat *fn (foglalkozás)* fishing
halászbárka *fn* fishing-boat
halászcsárda *fn* fishermen's inn
halászfalu *fn* fishing-village
halászik *ige* fish *(vmre* for sg)
halászlé *fn* fish-soup, Hungarian chowder
halaszt *ige* postpone, defer, put* off/back, adjourn ‖ **másnapra halaszt vmt** put* off sg till the morrow
halasztás *fn (vmé)* postponement, deferring, putting-off, delay ‖ *(adósnak)* extension ‖ **halasztást kér** *(pl. vizsgázó)* apply for a postponement
halaszthatatlan *mn* pressing, that cannot be postponed *ut.*, urgent
hálátlan *mn (vk)* ungrateful (towards sy for sg) ‖ *(munka)* thankless
hálátlanság *fn* ungratefulness, ingratitude
halcsont *fn* whalebone, baleen
haldoklás *fn* dying, (death) agony
haldoklik *ige* be* dying
haldokló ▼ *mn* dying ▼ *fn* the dying man°/person
halétel *fn* fish (dish)

halfogás *fn (művelet)* fishing ‖ *(eredménye)* haul, catch
halhatatlan *mn* immortal
halhatatlanság *fn* immortality
halikra *fn (ehető)* roe, caviar; *(ívó halaké stb.)* spawn
halk *mn (hang)* soft, low, scarcely audible ‖ **halk beszéd** whisper; **halk szavú** softspoken, quiet voiced
halkan *hsz (beszél)* in a low voice, softly, in a whisper ‖ ❏ *zene* piano, softly
halkereskedő *fn* fishmonger('s)
halkít *ige (beszédhangot)* lower one's voice; *(rádiót, tévét)* turn down
halkonzerv *fn* tinned (*v.* ⊕ *US* canned) fish
halkul *ige* become* faint, die/fade away
hall¹ *ige (hangot, közlést)* hear* ‖ *(értesül)* hear* *(vkről, vmről* of), learn* *(vmről* of), be* told ‖ **halljuk!** hear! hear!; **hallottál már ilyet?** can you beat it?; **jól hall** have* good/keen hearing; **nagyot hall** be* hard of hearing, he does not hear well; **úgy hallom, hogy** I hear (*v.* have heard) that, I'm told that
hall² *fn (lakásban)* hall, ⊕ *US* így is hallway; *(szállodában)* lobby, lounge
hallás *fn* (sense of) hearing; *(zenei)* ear for music ‖ **jó hallása van** *(zeneileg)* have* an ear for music; **nincs (jó) hallása** have* no ear for music, be* tone-deaf
hallásjavító (készülék) *fn* hearing-aid
hallássérült *mn* hearing-impaired, defective in hearing *ut.*
hallatlan *mn* unheard-of, unprecedented ‖ **hallatlan!** (that's) incredible!, that's the limit!
hallatlanul *hsz* extremely, enormously
hallatszik *ige* be* heard/audible, sound
hallgat *ige (vmt, vkt)* listen to, hear* ‖ *(egyetemi előadást)* attend [lectures on sg], take* [a course in sg] ‖ *(nem*

szól) keep*/be*/remain silent, be* quiet || *(vkre)* listen to sy; *(tanácsra)* take*/follow sy's [advice] || **ne hallgass rá!** you mustn't mind him/her; **ide hallgass!** look here!, listen!; **ha rám hallgatnának** if I were listened to; **hallgass! silence!**, be/keep quiet!; **jogot hallgat** read* law; **rádiót hallgat** listen in, listen to the radio, listen to a broadcast/play etc. on the radio; **zenét hallgat** listen to music
hallgatag *mn* taciturn, silent, reticent || **hallgatag ember** man° of few words
hallgatás *fn* silence || **a hallgatás beleegyezés** silence gives/implies consent
hallgató ▼ *mn* silent || *(vmt)* listening to *ut.* ▼ *fn (rádióé)* listener || *(egyetemi)* undergraduate, student || **hallgatók, kedves hallgatóim!** *(vegyes közönséghez)* Ladies and Gentlemen!; **végzett hallgató** *(egyetemé, főiskoláé)* graduate, ⊕ *US* alumnus *(tsz* -ni)
hallgatódzik *ige (illetéktelenül)* eavesdrop || ❏ *orv* auscultate, sound
hallgatólagos *mn* tacit, unspoken, implicit || **hallgatólagos beleegyezés** silent consent; **hallgatólagos megállapodás** tacit agreement
hallgatóság *fn* audience; *(egyetemi)* students *tsz*, undergraduates *tsz* || **500 főnyi hallgatóság** an audience/attendance of 500
halló *isz (telefonban)* hello!, hullo!, hallo! || *(vkre rákiáltva)* I say!, hey! || **halló, ki beszél?** hello, who's speaking, please?
hallókészülék *fn* hearing-aid
hallomásból tud vmt ❏ *kif* have* sg from hearsay, know* sg by hearing
hallószerv *fn* organ of hearing
hallucináció *fn* hallucination
hallucinál *ige* hallucinate
hallucinogén *mn* hallucinogenic
halmaz *fn* heap, pile, stack, mass || ❏ *mat* set
halmazállapot *fn* state, physical condition

halmérgezés *fn* fish poisoning
halmoz *ige* ❖ *ált* heap/pile (up) || *(árut)* hoard, stockpile
halmozódik *ige* accumulate, heap/pile up
háló¹ *fn* ❖ *ált* net; *(halászé)* trawl, (fishing) net; *(vadászé)* net, mesh; ❏ *szt (világháló)* the Web, the Net
háló² *fn* = **hálószoba**
hálófülke *fn (hálókocsin)* sleeping compartment; *(hajón)* cabin
halogat *ige* keep* putting off, keep* postponing/delaying
halogatás *fn (continual)* postponement, putting off, deferring
hálóhely *fn* ❖ *ált* sleeping place, bed || *(hajón, hálókocsiban)* berth
hálóing *fn (férfi)* nightshirt; *(női)* nightdress, ⊕ *US* nightgown, nightie
hálókocsi *fn* sleeping-car, sleeper
hálóköntös *fn* dressing-gown, ⊕ *US* bathrobe
halom *fn (domb)* hill, hillock, mound || *(tárgyakból)* heap, pile, stack, mass
hálószoba *fn* bedroom || **kétágyas hálószoba** double bedroom
hálóterem *fn* dormitory
halott ▼ *mn* dead; *(elhunyt)* deceased ▼ *fn* a dead person; *(az elhunyt)* the deceased; *(holttest)* corpse || **a halottak** the dead; **halottak napja** All Souls' Day
halottasház *fn* mortuary, morgue
halotti *mn* death-, funeral || **halotti anyakönyvi kivonat** death certificate
halottkém *fn* coroner
hálóvendég *fn* overnight guest
hálózat *fn (ált és műsz)* network; ❏ *el* mains *esz v. tsz* || **közlekedési hálózat** transport (⊕ *US* transportation) network
hálózati *mn* ❏ *el* mains || **hálózati feszültség** mains voltage
hálózsák *fn* sleeping-bag
halpástétom *fn* fish paste
halpiac *fn* fish-market
halszálka *fn* fish-bone

halszelet *fn* fish steak; *(filézett)* fillet (of fish)
halvány *mn* ❖ *ált* pale; *(arcú)* wan, pallid; *(szín)* faint || ❖ *átv* faint, vague, foggy || **halvány fogalmam sincs** *(róla)* I haven't the faintest/foggiest/remotest idea; **halvány remény** faint hope
halvaszülés *fn* stillbirth
hályog *fn* ❖ *biz (szürke)* cataract; *(zöld)* glaucoma
hám¹ *fn (lószerszám)* harness, traces *tsz* || **kirúg a hámból** ❖ *átv* go* on the razzle, go* on a spree
hám² *fn* ❑ *orv* epithelium; *(felhám)* epidermis
hamar *hsz* soon, quickly, fast, promptly, immediately || **hamar elmúlt az idő** time passed quickly
hamarjában *hsz (sietve)* in haste, hastily, right away; *(e pillanatban)* for the moment
hamarosan *hsz (rövidesen)* before long, shortly, in a little while, at an early date
hamburger *fn* hamburger
hamis *mn (nem valódi)* false, not genuine, fake(d); *(pénz)* counterfeit, base, fake; *(bankó, aláírás)* forged || *(megtévesztő)* false; *(érzelem)* feigned, insincere, untrue; *(ember lelkileg)* treacherous, cunning, shifty || *(hang)* false, wrong || **hamis ékszer** imitation jewellery; **hamis eskü** false oath, perjury; **hamis kártya** marked card; **hamis tanú** false witness
hamisan *hsz* **hamisan énekel** sing* off key, sing* out of tune; **hamisan játszik** *(hangszeren)* play out of tune
hamisít *ige* ❖ *ált* falsify; *(aláírást, bankjegyet, pénzt)* forge [signature, banknote], counterfeit [money]; *(italt)* adulterate
hamisítás *fn (aláírásé, bankjegyeké)* forging, forgery; *(italé)* adulteration
hamisítatlan *mn* unadulterated, unalloyed, genuine, veritable

hamisító *fn* ❖ *ált* falsifier; *(aláírásé, bankjegyé)* forger; *(pénzé)* counterfeiter; *(műtárgyé)* faker; *(boré)* adulterator
hamisítvány *fn* forgery, imitation, counterfeit; *(műtárgyé)* fake
hamisság *fn (vmnek nem valódi volta)* falseness, spuriouness || *(kijelentésé)* falsehood, falsity
hámlik *ige* peel
hámoz *ige (gyümölcsöt, burgonyát)* peel
hámréteg *fn* epidermis, cuticle
hamu *fn* ash(es); *(cigarettáé)* ash
hamuszínű *mn* ashen (grey, ⊕ *US* gray), ashy
hamutartó *fn (dohányosé)* ash-tray
hamv *fn* = **hamu** || *(gyümölcsé)* bloom || ❖ *biz* **hamvába holt** *(kudarcra ítélt)* abortive; **vknek a hamvai** sy's ashes
hamvas *mn (gyümölcs)* bloomy || *(arc)* blooming, rosy
hamvaszt *ige (halottat)* cremate
hamvasztás *fn* cremation || **hamvasztás utáni búcsúztatás** cremation (will be) followed by funeral (service)
hamvazószerda *fn* Ash Wednesday
hancúrozik *ige* romp/frisk about, gambol (⊕ *US* -l), frolic *(alakjai:* frolicked, frolicking)
háncs *fn (fában)* inner bark || *(kötöző)* bast; *(pálmából)* raffia
hanem *ksz* but → **nemcsak**
hang *fn* ❖ *ált* sound; *(emberé)* voice; *(állati)* cry; *(zenei)* note, ⊕ *US* így is tone; *(harangé)* sound, chime || *(modor)* tone || **a C hang** C; **a hegedű hangja** the sound of the violin; **egész hang** semibreve, ⊕ *US* whole note; **hangot ad vmnek** give* voice to sg; **jó hangja van** have* a fine voice; **más hangot üt meg** change one's tune, ❖ *biz* sing* another tune
hangár *fn* hangar
hangerő *fn (rádió, tévé)* volume || **vedd le(jjebb) a hangerőt!** turn the volume down

hangerősítő *fn* (sound) amplifier
hangerősség *fn* loudness, volume
hangerő-szabályozó *fn* volume control
hangfal *fn (sztereó berendezésé)* speaker
hangfelvétel *fn (készítése)* recording ‖ *(a felvett szalag)* tape (recording) ‖ **hangfelvételt készít vmről** record sg (on tape), tape(-record) sg
hangfogó *fn* mute, sordino
hanghiba *fn (tévében)* (sound) fault
hanghullám *fn* sound-wave
hangjáték *fn* radio play
hangjegy *fn* note ‖ **hangjegyek** notes, musical notation *esz*
hangkártya *fn* ❑ *szt* sound card
hangköz *fn* interval
hanglejtés *fn* intonation
hanglemez *fn* record, disc (⊕ *US* disk)
hangmagasság *fn* pitch
hangnem *fn* ❑ *zene* key; *(előírás)* key-signature ‖ ❖ *átv* tone ‖ **más hangnemben beszél** change one's tune
hangol *ige (hangszert)* tune ‖ *(zenekar)* tune up ‖ **jókedvre hangol** put* sy in a good humour, cheer sy up; **vkt vk ellen hangol** set*/turn sy against sy
hangolás *fn* tuning
hangos *mn (zene, beszéd stb.)* loud; *(lármás)* noisy
hangosan *hsz* = **fennhangon** ‖ *(erős hangon)* loudly, at the top of one's voice ‖ **beszéljen hangosabban!** speak up!, (speak) louder!
hangosbemondó *fn* loudspeaker
hangoztat *ige* emphasize, stress, say, assert ‖ **... hangoztatta** ... he said
hangposta *fn* voicemail
hangrobbanás *fn* sonic boom/bang
hangsáv *fn* sound-track
hangsebesség *fn* speed of sound ‖ **hangsebesség feletti** supersonic
hangsúly *fn* ❑ *nyelvt* stress ‖ ❖ *átv* emphasis, stress ‖ **most nem ezen van a hangsúly** this is of secondary importance

hangsúlyos *mn* stressed
hangsúlyoz *ige (szótagot)* stress ‖ ❖ *átv* lay* stress/emphasis on/upon, emphasize
hangsúlytalan *mn* unstressed
hangszalag *fn* ❑ *orv* **hangszalagok** vocal cords ‖ *(magnó)* (magnetic) tape
hangszer *fn* (musical) instrument ‖ **vmlyen hangszeren játszik** play (on) an instrument
hangszerel *ige* score, orchestrate, arrange (sg) for orchestra
hangszerkereskedés *fn* music shop (⊕ *US* store)
hangszigetelés *fn* soundproofing, sound insulation
hangszigetelt *mn* soundproof
hangszín *fn* timbre, tone(-colour)
hangszóró *fn* (loud)speaker
hangtalan *mn* soundless, noiseless
hangtan *fn* ❑ *fiz* acoustics *esz* ‖ ❑ *nyelvt* phonetics *esz*
hangtompító *fn (zongorán)* damper ‖ *(gépen)* silencer, ⊕ *csak US* muffler
hangulat *fn (kedély)* mood, frame of mind, spirit(s); *(társaságé)* atmosphere ‖ *(tájé, helyé, időé)* atmosphere ‖ **jó hangulatban van** be* in good/high spirits; **rossz hangulatban van** be* in low spirits, feel*/be* low, ❖ *biz* be* out of sorts
hangverseny *fn* concert; *(szólóest)* recital ‖ **hangversenyt ad** ❖ *ált* give* a concert/recital *(hegedű- v. zongoraestet stb.)* give* a violin/piano etc. recital
hangversenyez *ige (többször)* give* concerts
hangversenykalauz *fn* concert guide
hangversenymester *fn* leader, ⊕ *US* concert master
hangversenyterem *fn* concert hall
hangvétel *fn* tone
hangvilla *fn* tuning fork
hangzás *fn* sound, tone, resonance

hangzat *fn (akkord)* chord
hangzatos *mn (zengzetes)* sonorous ‖
❖ *elít* (high-)sounding ‖ **hangzatos jelszavak** fine/big words
hangzavar *fn* cacophony, discord, babel
hangzik *ige (hang és átv)* sound ‖ *(szöveg)* run*, read* ‖ **a következőképpen hangzik** it runs/reads as follows
hangya *fn* ant
hangyaboly *fn* ant-hill, ants' nest
hangyaszorgalom *fn* assiduity
Hansaplast *fn (gyorstapasz)* plaster, ⊕ *US* Band-Aid
hánt *ige (fakérget)* strip, peel (off)
hány¹ *ige (okád)* vomit, throw* up; *(csak GB)* be* sick ‖ *(dob)* throw*, cast*, fling*
hány² *nm* how many? ‖ **hány éves?** *(ő)* how old is (s)he?; *(vagy te, ill. ön)* how old are you?; **hány óra van?** what's the time?, what time is it?; **hány kiló?** how much does it/(s)he weigh?
hányad *fn* proportion (of), part
hányadán *hsz* how? ‖ **hányadán vagyunk?** how do we stand?; **tudja, hányadán áll** (s)he knows what's what
hányadik *nm* which [of a given number]? ‖ **hányadik lap?** which page?; **hányadika van ma?** what is the date (today)?, what date it is today?
hányados *fn* quotient
hányadszor *hsz* how many times?, how often?
hanyag *mn (ember)* negligent (in/of sg v. in doing sg), careless (about) ‖ *(munka)* slipshod, shoddy
hanyagság *fn* neglect, negligence, carelessness
hányan *hsz* how many (people)?, how many of them? ‖ **hányan érkeztek?** how many (people) have come?
hányas *nm* ❖ *ált* what number?; *(cipő, kalap)* what size? ‖ **hányas busz?** which bus?

hányás *fn* vomit(ing)
hanyatlás *fn* decline, decadence, decay ‖ **hanyatlásnak indul** go* into a decline
hanyatlik *ige* ❖ *átv* decline, decay; *(egészségileg)* sink*, fail
hanyatló *mn* ❖ *ált* declining, decadent ‖ *(erő)* be* failing ‖ **hanyatlóban van** be* on the decline
hanyatt *hsz* **hanyatt esik** fall* backwards; **hanyatt fekszik** lie* on one's back
hanyatt-homlok *hsz* head over heels, headlong ‖ **hanyatt-homlok menekül** fly* in a panic
hányféle *nm* how many sorts/kinds/varieties (of)
hányinger *fn* nausea ‖ **hányingerem van tőle** it makes me feel sick, it nauseates me
hánykolódik *ige (ágyban)* toss about, toss and turn ‖ *(hajó)* be* tossed (about)
hányszor *hsz* how many times?, how often?
hapci! *isz* atishoo!, ⊕ *US* a(t)choo!
hápog *ige (kacsa)* quack, gaggle
hapsi *fn* ❖ *biz* chap, fellow, guy, bloke
harag *fn (vm miatt)* anger, rage; *(bosszankodás)* irritation, vexation ‖ **örök harag!** it is all over between us; *(gyermeknyelven)* and I won't speak to you again; **haragban van vkvel** be* on bad terms with sy; **haragra gerjed** fly* into a temper/passion
haragos ▼ *mn (vk)* angry, furious; *(tenger)* raging, angry ▼ *fn* enemy ‖ **sok haragosa van** have* many enemies
haragszik *ige* be* angry; be* in a (bad) temper; ⊕ *US* így is be* mad; *(nagyon)* be* furious ‖ **haragszik vm miatt** be* angry/furious at/about sg; **haragszik vkre** be* angry/annoyed with sy; **ne haragudjon, hogy zavarom** I'm sorry to disturb/trouble

you, forgive me for troubling you (but ...)
haragtartó ▼ *mn* unforgiving, irreconcilable ▼ *fn* a good hater
háramlik *ige (vkre)* fall* to one's lot
harang *fn* (church) bell
harangjáték *fn* carillon, chimes *tsz*
harangoz *ige* ring* the (church) bells ‖ **harangoznak** the bells are ringing
harangozó *fn* (bell-)ringer
harangszó *fn* ringing, toll(ing)
harangvirág *fn* bluebell, harebell
harangzúgás *fn* peal (of bells)
haránt ▼ *mn* transversal, cross ▼ *hsz* transversely, diagonally, crosswise
harap *ige* bite* ‖ ❖ *biz* **harapjunk vmt!** let's have a snack
harapás *fn (helye)* bite ‖ *(cselekedet)* biting ‖ *(rövid étkezés)* snack
harapnivaló *fn* sg to eat, snack
harapófogó *fn* pincers *tsz*
harapós *mn* biting ‖ ❖ *átv* snappish, testy, ❖ *biz* ratty ‖ **harapós kutya** vicious dog; *(kiírás)* beware of the dog
haraszt *fn (bozót)* brushwood, undergrowth ‖ ❏ *növ* fern, brake
harc *fn* fight(ing), combat, battle ‖ ❖ *átv* battle *(vm ellen* against sg) ‖ **harcban áll vkvel** fight* with sy, be* at war with sy
harcászat *fn* tactics *esz*
harcászati *mn* tactical ‖ **harcászati fegyverek** tactical (nuclear) weapons
harci *mn* battle-, of battle *ut.*, war-, of war *ut.* ‖ **harci egység** fighting/combat unit; **harci feladat** ❖ *átv* urgent task
harcias *mn* warlike, eager to fight *ut.*; *(ember)* pugnacious, bellicose
harckocsi *fn* tank
harcmező *fn* battlefield, field of battle
harcol *ige (átv is)* fight* *(vmért* for sg, *vk ellen* against sy, *vkvel* with sy), battle *(vkvel* with/against sy)
harcos ▼ *mn (harcoló, harci)* fighting, combative ▼ *fn* fighter, warrior
harctér *fn* the front/field

harcsa *fn* catfish, sheat-fish
hardver *fn* ❏ *szt* hardware
hárem *fn* harem
hárfa *fn* harp
hárfás *fn* harpist
hárfázik *ige* play the harp
harisnya *fn (hosszú)* stocking(s), pair of stockings
harisnyanadrág *fn* tights *tsz*, ⊕ *US* pantihose
harisnyatartó *fn (női)* suspender (belt), ⊕ *US* garter (belt)
hárít *ige (vkre felelősséget)* shift [the responsibility onto sy] ‖ *(költségeket)* charge [the expenses to sy]
harkály *fn* woodpecker
harmad ▼ *szn (rész)* third (part) ▼ *fn* ❏ *isk* term, ⊕ *US* trimester ‖ ❏ *sp* period ‖
harmadéves (hallgató) *fn* third-year student, ⊕ *US* junior
harmadfokú *mn* third-degree ‖ **harmadfokú égés(i seb)** third-degree burn
harmadik ▼ *szn/mn* third; 3rd ‖ **harmadik sebesség** third gear; **harmadik személy** ❏ *nyelvt* third person; ❏ *jog* third party/person ▼ *fn (osztály)* the third form/class (⊕ *US* grade)
harmadikos (tanuló) *fn* third-form (⊕ *US* third-grade) pupil
harmadmagával *hsz* (s)he and two others
harmadrendű *mn* third-rate, inferior
harmadrész *fn* third part, a third
harmadszor *hsz (harmadszorra)* for the third time ‖ *(felsorolásban)* third(ly)
hárman *hsz* the three of us/you/them
hármas ▼ *mn (három részből álló)* threefold, treble, triple ‖ **hármas ikrek** triplets ▼ *fn (szám)* (the number/figure) three ‖ ❏ *isk* satisfactory, fair
hármasugrás *fn* triple jump
harmat *fn* dew
harmatos *mn* dewy, wet with dew *ut.*
harminc *szn* thirty ‖ **harmincan** thirty of us/you/them
harmincadik *szn/mn* thirtieth

harmincas *mn* a harmincas évek the thirties, the (19)30s

harmincéves *mn* thirty years old *ut.*, thirty-year-old || **a harmincéves háború** the Thirty Years' War

harmincszor *hsz* thirty times

harmónia *fn* harmony

harmonika *fn* (piano) accordion; *(kisebb)* concertina; → **szájharmonika**

harmonikázik *ige* (*vk*) play (on) the accordion/concertina

harmonikus *mn* harmonious; *(kiegyensúlyozott)* well-balanced

harmónium *fn* harmonium

harmonizál *ige* harmonize, agree, be* in tune (*mind:* with)

három *szn* three || **három darabból álló** three-piece; **háromfelé** *(térben)* in three different direction; *(időben)* about three; **három ízben** three times; **három példányban** in triplicate; **három szótagú** trisyllabic; **három vegyértékű** trivalent; **háromkor** at 3 (o'clock); **háromra** by 3 (o'clock)

háromdimenziós *mn* three-dimensional, three-D, 3-D

hároméves *mn* three years old *ut.*, three-year-old

háromévi *mn* of three years *ut.*, three years'

háromféle *mn* three kinds/sorts of

háromhavi *mn* three months', of three months *ut.*

háromhetes *mn* three weeks old *ut.*, of three weeks *ut.*, three weeks'

háromheti *mn* three weeks', of three weeks *ut.*

háromjegyű *mn* three-digit/figure

háromlábú állvány *fn* tripod

háromnapos *mn* *(3 napig tartó)* three days', of three days *ut.*, three-day; *(korú)* three days old *ut.*, three-day-old

háromnegyed *szn/fn* *(rész)* three-quarters *tsz* || *(idő)* **háromnegyed öt** a quarter to five, ⊕ *US* a quarter of five

háromrészes *mn* three-piece

háromszáz *szn* three hundred

háromszintes *mn* *(ház)* three-storeyed (⊕ *US* storied)

háromszínű *mn* three-colour(ed) || **háromszínű lobogó** tricolour (⊕ *US* -or)

háromszor *hsz* three times, thrice

háromszoros *mn* triple, threefold, triplex || **háromszoros éljen** three cheers

háromszög *fn* triangle || **egyenlő szárú háromszög** isosceles (triangle); **egyenlő oldalú háromszög** equilateral triangle

háromszögű *mn* triangular

hárs *fn* lime/linden-tree

harsan *ige* sound, blare (out), resound

harsány *mn* loud, ringing, shrill

hársfa *fn* lime/linden-tree

hársfatea *fn* lime-blossom tea

harsog *ige* blare, resound

harsogó nevetés *fn* roaring/uproarious laughter

harsona *fn* trombone

hártya *fn* membrane, film

hárul *ige* (*vkre*) fall* to the lot of sy || **rám hárul** *(feladat stb.)* it falls to me to (do sg)

has *fn* ❏ *orv* abdomen; *(ált, ill. gyomor)* stomach; ❖ *biz* tummy, belly; *(nagy)* paunch || **fáj a hasa** have* stomach-ache; **hasra esik** fall* prone/flat, fall* on one's face; **hasára üt és ...** look at the ceiling and ...

hasáb *fn* *(fa)* log, billet || *(újságban)* column || ❏ *mat* prism

hasábburgonya *fn* fried potato(es), ⊕ *GB* chips *tsz*, ⊕ *US* French fries *tsz*

hasad *ige* ❖ *ált* burst*, crack || *(kő)* split*, splinter, chip || *(szövet)* tear*, rip, rend* || **hasad a hajnal** dawn is breaking

hasadás *fn* *(folyamat)* bursting, cracking; *(kőé)* splitting; *(szöveté)* tearing, rending || *(tárgyon)* split, crack; *(szövetben)* tear, rend; *(földben szárazságtól)* crack || ❏ *biol* ❏ *fiz* fission

hasadék *fn* *(tárgyon)* split, crack || *(hegyben)* mountain-gorge

hasadóanyag *fn* fissile material
hasal *ige (hasán fekszik)* lie* on one's stomach || ❖ *biz (mellébeszél)* talk drivel, drivel (⊕ *US* -l), talk through one's hat
hascsikarás *fn* colic
hasé *fn (étel)* vol-au-vent, hash
hasfájás *fn* stomach-ache
hashajtó *fn* laxative, purgative || **hashajtót vesz be** take* a laxative/purgative
hasít *ige* ❖ *ált* cleave*, split*; *(fát)* split*, chop (up) || **darabokra hasít** cut* into pieces
hasíték *fn (slicc)* fly
hasizom *fn* stomach/abdominal muscle
haslövés *fn* shot in the stomach
hasmenés *fn* diarrhoea (⊕ *US* -rhea)
hasműtét *fn* abdominal operation
hasnyálmirigy *fn* pancreas
hasogat *ige (vk vmt)* cut* (sg) up into pieces
hasogató *mn (fájdalom)* piercing, shooting, stabbing; *(fejfájás)* splitting
hasonlat *fn (szólásszerű)* simile; ❖ *ált* comparison
hasonlít *ige (vkhez, vmhez) v. (vkre, vmre)* resemble sy/sg, look/be* like sy/sg, be* similar to sy/sg || *(vkhez, vmhez vkt, vmt)* compare sy/sg to sy/sg || **apjához hasonlít** the boy takes after his father; **hasonlítanak** there is a likeness between them; **úgy hasonlítanak egymáshoz, mint egyik tojás a másikhoz** they are as like as two peas (in a pod)
hasonlíthatatlan *mn* incomparable, unparalleled, unequalled (⊕ *US* -l-) || **hasonlíthatatlanul jobb** incomparably better, beyond compare
hasonló *mn* similar || **hasonló vkhez/vmhez** *(igével)* be* similar to sy/sg, be*/look like sy/sg, resemble sy/sg; **a hozzánk hasonlók** ❖ *biz* the likes of us; **hasonló dolog** sg similar; **hasonló eset** analogous/parallel case

hasonlóan *hsz* similarly; *(ugyanúgy)* in the same way, likewise || **hasonlóan cselekszik** do* the same, follow suit
hasonlóság *fn* similarity; *(közelebbről)* likeness; *(külső)* resemblance
hasonmás *fn (kép)* likeness, portrait || **hasonmás kiadás** facsimile edition
hastífusz *fn* typhoid (fever)
hasüreg *fn* abdominal cavity
használ *ige (vmt, vkt)* use, make* use of; *(képességet)* utilize; *(módszert, eljárást)* employ, apply || *(vm vknek)* be* of use, be* useful (to sy), help (sy); *(gyógyszer, eljárás)* do* (sy) good, work || **használt neki vm** sg did him good, sg proved beneficial to him; **tudod valamire használni?** will it be any use to you?
használat *fn* use; *(tárgyé)* handling; *(ruháé)* wear(ing); *(szóé)* usage; *(eljárásé)* application, employment || **használat előtt felrázandó** to be shaken before use; **használatba vesz** put* to use, take* over; **használatban van** be* in use
használati *mn* of use *ut.* || **használati cikkek** consumer goods, articles for personal use; **használati díj** charge (for use/loan); *(bérleti)* hire charge; **használati utasítás** directions (for use) *tsz*, instructions *tsz*; → **kezelési** *utasítás*
használatlan *mn* unused, quite/brand new
használatos *mn* in use *ut.*, usual, current || **egyszer használatos** disposable; **nem használatos** not in use *ut.*
használhatatlan *mn* unusable, unserviceable, of no use *ut.*, useless
használható *mn* serviceable, usable, useful; *(igével)* (can*) be used || **használható ember** capable/useful man°
használó *fn* user
használt *mn* used, second-hand || **erősen használt** *(tárgy)* the worse for wear *ut.*, worn; **használt autó** second-hand car

hasznavehetetlen *mn (dolog)* useless, (of) no use *ut.* || *(ember)* good-for-nothing
hasznavehető *mn* useful
hasznos *mn* useful, serviceable, *(igével)* be* of use; *(vmre)* be* good for, be* of use for; *(egészségre)* beneficial || **hasznos tanácsok** (useful) hints (for sy)
hasznosít *ige* utilize, make* use of; *(hulladékanyagot)* recycle; *(tudást, szabadalmat)* make* the most of
haszon *fn (előny, hasznosság)* advantage, benefit || *(nyereség)* profit, gain; ❖ *átv* profit/benefit by/from sg || **hasznára van vm** gain from sg, profit/benefit by/from sg; **hasznát veszi vmnek** make* use of sg; ❖ *átv* profit/benefit by/from sg; **hasznot húz vmből** make* a profit out of (*v.* on) sg; **tiszta haszon** net/clear profit; ❖ *átv* (it's) all to the good
haszonélvezet *fn* usufruct
haszonélvező *fn* usufructuary, beneficiary
haszontalan *mn (hasznavehetetlen)* useless, of no use *ut.* || ❖ *biz (ember)* good-for-nothing, worthless; *(kölyök)* naughty || **haszontalan gyerek** scamp, rascal, naughty child°
haszontalankodik *ige (gyerek)* be* naughty
hasztalan ▼ *mn* useless, vain, futile, fruitless || **minden hasztalan volt** all one's efforts went for nothing ▼ *hsz* in vain
hat¹ *ige (gyógyszer stb.)* act, be* effective, take* effect || *(vm vkre)* impress/affect sy, make* an impression on sy; *(vk vkre)* influence sy, exercise an influence on sy || *(vmnek tűnik)* give* the impression of || **ezek a szavak hatottak rá** these words went home
hat² *szn* six || **hat hónapos** *(kor)* six months old *ut.*, six-month-old; *(időtartam)* six months', for six months;

hatkor at six (o'clock); **hatra** by six (o'clock)
hát¹ *fn (vké, vmé)* back (of) || *(vm visszája)* reverse || **vk háta mögött** *(átv is)* behind sy's back; **a hátán fekszik** lie*/be* on one's back; **hátat fordít vknek** *(átv is)* turn one's back on sy/sg; **hátán visz vkt** carry sy pickaback; **hátba támad** attack (sy) from/in the rear; *(orvul)* stab (sy) in the back; **háton úszik** swim* on one's back, do*/swim* backstroke; **háttal ül** *(vmnek)* sit* with one's back to sg; *(menetiránynak)* sit* with one's back to the engine
hát² *hsz/ksz (nos, bizony)* well, why, then, to be sure; but/yes of course || **hát aztán**? so (what)?; **hát még Feri!** and F. most of all!, let alone F.!; **hát még mit nem!?** what(ever) next, what do you take me for?; **hát persze** of course, to be sure
hatalmas *mn (óriási)* very large, huge, gigantic, vast; *(épület)* enormous, monumental; *(testileg)* huge, big || *(uralkodó)* mighty, powerful || **hatalmas siker** tremendous/enormous success
hatalmi *mn* of power *ut.*
hatalom *fn (erő, képesség)* power, might, strength, force; *(kormányzás, uralkodás)* power, rule; *(tekintély)* authority, power || *(állam)* power || **hatalmába kerít** get* control over (sg), seize, take* possession of (sg), *(országot)* conquer; **hatalmat gyakorol** exert power, be* in control/command/charge; **hatalmon van** *(kormány, párt)* be* in power/office; **hatalomra jut** come* to power
hatalomátvétel *fn* takeover
hatály *fn* force, power, operation || **hatályba lép** come* (*v.* be* put) into force/effect, take* effect; **azonnali hatállyal** with immediate effect
hatálybalépés *fn* coming into force/effect

hatályos *mn* effective, operative, valid || **hatályos jogszabályok** current legislation/laws/regulations/rules
hatálytalanít *ige* repeal, annul, make* void, cancel (⊕ *US* -l), nullify
hatan *szn/hsz* six (people), six of them/us/you || **hatan vagyunk** we are six, there are six of us
határ *fn (területé)* boundary; *(országé)* border, frontier; *(városé)* (city) limits *tsz,* outskirts *tsz* || *(képességé)* limit, bounds *tsz* || ❏ *nép (föld)* field || **a határon** at/on the border; **a határon túl** beyond the frontier; **átlépi a határt** cross the frontier; **határ menti** frontier, border(land); **mindennek van határa** that's the limit!, enough's enough!
határállomás *fn* border/frontier station
határátkelőhely *fn* (frontier/border) crossing point, checkpoint
határérték *fn* limit
határeset *fn* borderline case
határidő *fn (vm benyújtására)* deadline, closing date || **a fizetési határidő aug. 31.** payment due by 31 August; **határidő előtt** before the deadline; **határidőt kitűz** appoint/fix a day
határidőnapló *fn* engagement diary
határkő *fn* boundary-stone, landmark
határol *ige* border
határos *mn (terület vmvel)* bordering on *ut.,* adjacent to … *ut.; (igével)* border (on) || **Franciaország és Svájc határosak (egymással)** France and Switzerland border each other, Fr. borders (on) Sw.
határoz *ige* decide *(vmről, vmben* on sg *v.* to do sg), come* to a decision; *(bíróság)* rule || **úgy határozott, hogy** (s)he decided to (do sg), (s)he decided on (doing sg)
határozat *fn* decision, resolution || **határozatot hoz** *(hiv. szerv)* pass/adopt a resolution/motion; *(bíróság)* rule *(vmben* on sg *v.* that …)

határozathozatal *fn (gyűlésé)* (passing of a) resolution || *(bíróságé)* decision || **határozathozatalra vonul vissza** retire for deliberation
határozatképes *mn* quorate *ut.; (mondattal)* there is a quorum
határozatképtelen *mn* inquorate *ut.; (mondattal)* there is no quorum
határozatlan *mn (dolog)* indefinite, undetermined || *(ember)* indecisive, irresolute, hesitant || **határozatlan névelő** indefinite article; **határozatlan válasz** vague reply
határozatlanság *fn (emberé)* indecisiveness, indecision
határozó *fn* ❏ *nyelvt* adverbial complement/phrase
határozói *mn* adverbial || **határozói mellékmondat** adverbial clause
határozószó *fn* adverb
határozott *mn (jellemben)* determined, resolute, strong-minded; *(fellépés)* self-confident, determined || *(körülírt)* definite, exact || *(időpont)* definite, settled, fixed || ❖ *biz (nyilvánvaló)* clear, unquestionable || **határozott egyéniség** strong/forceful personality; **határozott elutasítás** flat refusal; **határozott kérés** express wish; **határozott névelő** definite article
határozottan *hsz (pontosan)* definitely, precisely; *(kétségtelenül)* definitely, clearly, emphatically; *(céltudatosan)* resolutely; firmly || **határozottan tudom** I am quite/absolutely certain
határőr *fn* frontier/border guard
határőrség *fn* frontier/border-guards *tsz*
határsértés *fn* violation of the frontier
határtalan *mn (átv is)* unlimited, boundless, immense || **határtalan lelkesedés** boundless enthusiasm
határterület *fn* frontier (zone), borderland || *(tudományágak közt)* borderland, borderline, overlap
határvidék *fn* frontier zone, borderland
határvonal *fn (országé)* border(line), boundary/frontier (line)

hatás *fn* ❖ *ált* effect, influence, impression; *(szellemi)* influence || *(vegyi, belső)* action; *(gyógyszeré)* effect || **azt a hatást kelti, hogy** it suggests that; **érezteti hatását** make* itself felt (in sg); **hatással van** *(vkre)* have*/produce an effect on sy

hatásfok *fn* efficiency, efficacy || **nagy hatásfokkal** very efficiently

hatáskör *fn* (sphere of) authority, powers *tsz*, remit; *(bírói)* competence, jurisdiction || *vk* **hatáskörébe tartozik** fall*/be* within the competence of sy; **saját hatáskörén belül** on its own authority; **hatáskörén kívül** beyond one's range

hatásos *mn* ❖ *ált* effective, effectual || *(megjelenés)* impressive || *(beszéd)* powerful, moving, rousing; *(érv)* potent || *(orvosság)* efficacious, potent

hatástalan *mn* ineffective, ineffectual; *(beszéd stb.)* unimpressive

hatástalanít *ige* ❖ *ált* neutralize, counteract || *(bombát)* defuse, deactivate

hatástalanítás *fn (bombáé)* bomb-disposal; *(gyógyszeré)* counteraction, neutralization

hátborzongató *mn* gruesome, eerie

hátcsigolya *fn* (dorsal) vertebra *(tsz -brae)*

hatékony *mn* efficient, effective

hatékonyság *fn* efficiency

hatéves *mn (kor)* six-year-old, six years old *ut.*, *(tartam)* of six years *ut.*, six years'

hatféle *mn* six kinds/sorts of

hátgerinc *fn* spine, backbone, spinal column

hátgerincferdülés *fn* curvature of the spine, scoliosis

hátha *hsz* supposing, suppose, if after all, maybe

hathatós *mn* efficient, effectual, effective || **hathatós segítség** powerful help

hathetes *mn* six weeks old *ut.*, six-week-old

hatheti *mn* six weeks', of six weeks *ut.*

hátitáska *fn* school-satchel/bag

hátizsák *fn* rucksack, ⊕ *US* backpack || **vázas hátizsák** framed rucksack

hátlap *fn* back; *(éremé)* reverse (side), verso || **lásd a hátlapon** see overleaf

hatnapi *mn* six days', of six days *ut.*

hatóanyag *fn* agent, active ingredient

hatod *fn (hatodrész)* (a/one) sixth || ❏ *zene* sixth

hatodik ▼ *szn/mn* sixth; 6th ▼ *fn (osztály)* the sixth class/form (⊕ *US* grade) → **első**

hatodikos (tanuló) *fn* sixth-form (⊕ *US* sixth-grade) pupil

hatodrész *fn* a sixth part, (one) sixth

hatóerő *fn* (active) force, efficiency

hatol *ige (erőszakkal vmbe)* penetrate into, force/make* one's way into || **vmnek mélyére hatol** penetrate into sg, probe deeply into sg

hátország *fn* hinterland, home territory

hatos ▼ *mn* six(fold) ▼ *fn (számjegy)* (the number/figure) six || ❏ *zene* sextet(te)

hatóság *fn* authority || **felsőbb hatóság** higher authority; **a hatóság tölti ki** for official use

hatósági *mn* of the authorities *ut.*, official || **hatósági közeg** official, public servant

hatóságilag *hsz* officially || **hatóságilag engedélyezett** licensed

hatótávolság *fn* range, reach

hátra *hsz (irány)* back(wards) || **hátra arc!** about turn!, ⊕ *US* about face!

hátrább *hsz* further/farther back, more in the background

hátrabillen *ige* tilt backwards

hátrabukik *ige* fall* backwards

hátradob *ige* cast*/throw*/hurl back

hátradől *ige (székben)* sit* back

hátraesik *ige* fall* over/backward

hátrafelé *hsz* back(wards)

hátrafordul *ige (testtel)* turn (a)round; *(csak fejjel)* look round/back

hátrahagy *ige (otthagy)* leave* (sg) beh*i*nd || *(vknek örökséget)* leave*/bequeath (sg to sy *v.* sy sg)
hátrahúzódik *ige* draw* back, withdraw*
hátraigazít *ige* **(egy órával) hátraigazítja az órát** set*/put* the clock back one hour
hátraküld *ige* send* back
hátrál *ige (ember)* back away, draw* back, withdraw* || *(sereg)* retreat, give* way || *(jármű)* reverse, back
hátralék *fn* arrears *tsz*, rema*i*nder (of debt), residue; *(restancia)* backlog || **hátralékban van** *(fizetéssel, pénzzel stb.)* be* in arrears with, be* beh*i*nd in/with
hátralékos *mn* outstanding, overd*u*e
hátralevő *mn* rema*i*ning || **a hátralevő feladat az, hogy** what rema*i*ns to be done is ...
hátráltat *ige* h*i*nder; imp*e*de, hold* back
hátramarad *ige (lemarad)* lag/fall*/stay beh*i*nd || *(vk után, örökségképp)* be* left beh*i*nd || **hátramarad a fejlődésben** be* backward
hátramegy *ige* (*vk*) go* back, walk/go* to the rear || *(jármű)* reverse, back
hátramenet *fn (gépkocsié)* reverse || **hátramenetbe kapcsol** put* the car *i*nto reverse
hátramozdító *fn* n*u*isance (of a man)
hátranéz *ige* look back
hátrány *fn* disadv*a*ntage, dr*a*wback; *(anyagi)* loss, d*e*triment || **hátrányára van** be* a disadv*a*ntage/dr*a*wback to sy/sg
hátrányos *mn* disadvant*a*geous, detrimental || **hátrányos helyzetben levő** underpr*i*vileged, disadv*a*ntaged
hátrarúg *ige (puska)* kick
hátraszól *ige* call back
hátratesz *ige* put*/set* (sg) back
hátratett kézzel *hsz* with one's hands beh*i*nd one's back
hátratol *ige* push/move back

hátraugrik *ige* jump/leap*/spring* back
hátravan *ige (ezután kerül sorra)* be* still to come, rem*a*in (to be done) || **még tíz perc van hátra** (there's) ten m*i*nutes left (*v.* to go); **nincs más hátra, mint** there's n*o*thing for it but to
hátsó *mn (hátul levő)* back(-), rear(-) || **hátsó ablak** *(járművön)* re*a*r window; ❖ *biz* **hátsó fele vknek** sy's beh*i*nd, b*u*ttocks *tsz*; **hátsó gondolat** ult*e*rior m*o*tive; **hátsó kerék** back/rear wheel; **hátsó lábak** *(állaté)* hind legs; **hátsó lépcső** b*a*ckstairs *tsz*; **hátsó rész** (*vmé*) the back part of sg, (the) rear; *(állaté)* h*i*ndquarters *tsz*; **hátsó ülés** b*a*ck seat
hatszáz *szn* six h*u*ndred
hátszín *fn* s*i*rloin, r*u*mp(steak)
hatszor *szn/hsz* six times
hatszori *mn* repe*a*ted six times *ut.*
hatszoros *mn* s*e*xtuple, s*i*xfold
hatszög *fn* hexagon
háttér *fn* background || **kék háttér előtt** ag*a*inst a blue b*a*ckground; **háttérbe szorul** be* pushed/thrust *i*nto the b*a*ckground; **háttérben marad** rem*a*in in the background
háttér-információ *fn* background inform*a*tion
hátul *hsz* at the back, in/at the rear, beh*i*nd
hátulja *fn* (*vmnek*) = **hátsó rész**
hátulról *hsz* from beh*i*nd, from the back/rear || **hátulról ledöf** stab in the back
hátulsó *mn* = **hátsó**
hátulütője *fn* **az a hátulütője, hogy** it has the dr*a*wback that
hátúszás *fn* b*a*ckstroke (sw*i*mming)
hatvan *szn* sixty
hatvanadik *szn/mn* s*i*xtieth, 60th
hatvanan *szn/hsz* sixty (of them)
hatvanas ▼ *mn* sixty || **a hatvanas évek** the s*i*xties (*v.* the 60s *v.* the 1960s) ▼ *fn* man°/woman° in his/her s*i*xties || **jó hatvanas lehet** is sixty if a day

hatvány *fn* power [of a number] || **második hatvány** second power, square; **harmadik hatvány** third power, cube; **negyedik hatvány** fourth power; **a második/harmadik/stb. hatványra emel** raise [a number] to the second/third/etc. power

hatványkitevő *fn* exponent, (power) index (*tsz* indices)

hátvéd *fn* ❑ *kat* rear-guard || *(futball)* (full-)back

hattyú *fn* swan

hattyúdal *fn* swan-song

havas ▼ *mn (hóval borított)* snowy, snow-covered/capped || **havas eső** sleet ▼ *fn* **a havasok** snow-covered mountains

havasi *mn* → **gyopár**

havazás *fn* snowfall, fall of snow

havazik *ige* snow, be* snowing

haver *fn* ❖ *biz* pal, ⊕ *US* buddy || **jó haverom** I am pally with him

havi *mn* monthly, a month's || **havi fizetés** monthly pay/salary || → **hónapi**

havibér *fn* monthly wage/pay

havibérlet *fn* monthly season ticket; *(utazáshoz GB)* travelcard [monthly]

havivérzés *fn* menstruation

havonta *hsz* a/every/per month, monthly || **havonta kétszer(i)** twice a month, twice-monthly, ⊕ *GB* fortnightly

hawaii *mn* Hawaiian

Hawaii *fn* Hawaii(an Islands)

ház *fn* house; *(nagyobb)* residence; *(otthon)* home || *(képviselőház)* The House, ⊕ *GB* House of Commons, ⊕ *US* House of Representatives || *(uralkodói)* (royal) house, dynasty || *(csigáé)* shell || **az én házam az én váram** my house is my castle; **házhoz szállít** deliver; **házhoz szállítás** *(árué)* delivery [of goods] to sy's door; *(tejé)* doorstep delivery; **házon kívül van** is out, is not in, has gone out; **háztól házig** *(feladott)* registered through; ❑ *szính* **telt ház** full house

haza ▼ *fn* native land, country, mother country, home(land) || **hazánkban** in Hungary, *(ritkábban)* in this country ▼ *hsz* home || **elindult haza** he started (back) for home

hazaárulás *fn* (high) treason

hazaáruló *fn* traitor

házadó *fn* house-tax

hazaenged *ige* ❖ **ált** let* sy (go) home || *(iskolából tanítás után)* dismiss || *(hadifoglyot)* release

hazaérkezés *fn* homecoming, return (home), coming home

hazaérkezik *ige* return/come*/arrive home || **hazaérkezett már?** is (s)he back yet?

hazafelé *hsz* homewards, on the way home

hazafi *fn* patriot

hazafias *mn* patriotic

hazafiság *fn* patriotism

hazahoz *ige* bring*/fetch home

hazai ▼ *mn* native, domestic, home, national || **a hazai csapat** the home team; **hazai termék** home produce/product ▼ *fn* **kap egy kis hazait** get* a hamper from home

hazáig *hsz* (as far as) home, to one's house/home

hazajön *ige* come* home, return || **ebédre hazajövök** I'll be back for lunch; **nem jön haza** stay/stop out

hazakísér *ige* see*/take* sy home

hazaküld *ige* send* home

hazalátogat *ige* visit the land of one's birth/fathers

házaló *fn* door-to-door salesman°

hazamegy *ige* go*/walk home || **haza kell mennem** I must be/go home

hazánkfia *fn* our compatriot, fellow countryman°

hazardíroz *ige* risk, take* risks, venture

hazárdjáték *fn* gambling

hazárdjátékos *fn* gambler

hazarendel *ige* summon/order home, recall

házas ▼ *mn* married ▼ *fn* **házasok** married couple, husband and wife
házasélet *fn* married life
házaspár *fn* (married) couple
házasság *fn (intézménye)* marriage; *(állapota)* married life ‖ **jó házasság** good marriage; **házasság előtti** premarital; **házasságon kívüli** *(viszony)* extramarital; **házasságot köt** get* married, *(vkvel)* marry sy
házassági *mn* marriage-, of marriage *ut.*, matrimonial ‖ **házassági anyakönyvi kivonat** marriage certificate; **házassági évforduló** (wedding) anniversary
házasságkötés *fn (intézménye)* marriage ‖ *(az aktus)* marriage service
házasságkötő terem *fn* register office
házasságtörés *fn* adultery
házasságtörő *fn* adulterer; *(nő)* adulteress
házastárs *fn* spouse, one's husband/wife
hazaszalad *ige* run* home
hazaszeretet *fn* love of one's country, patriotism
hazatalál *ige* find* one's way home
hazatelefonál *ige* (tele)phone/ring* home
hazatelepít *ige* repatriate
hazatér *ige* return/come* home
hazátlan *mn* homeless, displaced, exiled
hazautazás *fn* homeward travel/journey; *(repülővel)* return flight
hazavisz *ige (vkt pl. kocsin)* take* sy home, give* sy a lift home; *(csak vmt)* carry home
házbér *fn* rent
házépítés *fn* house-building
házfelügyelő *fn* caretaker, porter, ⊕ *US* janitor
házhely *fn* building site/plot⊕ *US* lot
házi *mn* home-; *(otthon készült)* homemade ‖ **házi feladat** home-work, home task; **házi kabát** smoking-jacket; **házi koszt** home cooking; **házi őrizet** house arrest

háziállat *fn* domestic/farm animal
házias *mn* house-proud; *(férfi)* domesticated, ❖ *tréf* house-trained
háziasszony *fn (otthon)* lady of the house, housewife°; *(vendégségkor)* hostess ‖ *(szállásadó)* landlady
házibuli *fn* ❖ *biz* party, bash, thrash
házigazda *fn (vendégségkor)* host
háziipar *fn* domestic/cottage industry
házikenyér *fn* home-baked bread
házilag *hsz (készítve)* home-made
házimunka *fn* = **háztartási munka**
házinyúl *fn* tame/pet rabbit
háziorvos *fn* family doctor
házirend *fn* rules of the house *tsz*
házkutatás *fn* house search ‖ **házkutatást tart** search/raid sy's premises
házőrző kutya *fn* watch/house-dog
házsor *fn* row of houses, terrace
házszám *fn* street-number
házszentelő *fn* house-warming
háztartás *fn (vké)* household; *(tevékenység)* housekeeping ‖ **háztartást vezet** keep* house *(vkét* for sy)
háztartásbeli *fn* housewife°, ⊕ *US* home-maker
háztartási *mn* **háztartási alkalmazott** domestic, (home) help; **háztartási bolt** household stores *tsz*; *(felirat)* housewares *tsz*; **háztartási gépek** household appliances; **háztartási munka** (domestic) chores *tsz*, housework
háztető *fn* roof, housetop
háztömb *fn* block (of houses)
hazudik *ige* tell* a lie, lie*
hazudozik *ige* be* given to lying
hazug *mn (ember)* lying ‖ *(valótlan)* untrue, not true ‖ **hazug ember** liar
hazugság *fn* lie
hazulról *hsz* from home
házvezetőnő *fn* houskeeper
házsártos *mn* quarrelsome ‖ *(nő)* shrewish
H-dúr *fn* B major
hé! *isz* hey!, hallo there!, hello!
hébe-hóba *hsz* now and then/again

héber *mn/fn* héber **(nyelv)** Hebrew; **héberül** *(van írva)* (be* written) in Hebrew

hecc *fn (hercehurca)* bother, fuss ‖ *(mulatság)* prank, joke ‖ **heccből** for the fun/hell of it; **jó hecc volt** it was a great joke

heccel *ige (ugrat)* tease, chaff, kid, have* sy on; *(vkt vk ellen)* egg sy on, stir it up (between X and Y)

heg *fn* scar, cicatrice

heged *ige (seb)* heal (up), skin/scar over

hegedű *fn* violin

hegedűkészítő *fn* violin builder

hegedül *ige* play the violin

hegedűművész *fn* violinist

hegedűs *fn* violinist ‖ **első hegedűs** leader

hegedűverseny *fn* violin concerto

hegedűvonó *fn* bow

hegemónia *fn* hegemony, supremacy

hegesedés *fn* scar, cicatrice

hegesedik *ige* scar over

hegeszt *ige (fémet)* weld ‖ **hegesztett** welded

hegesztőpisztoly *fn* welding torch

hegy¹ *fn* ❏ *földr* mountain; *(kisebb)* hill ‖ **a hegy oldalán** on the hillside; **a hegyekben él** live in the mountains/highlands; **hegynek föl** uphill; **hegyről le** downhill

hegy² *fn (ceruzáé, kardé, késé, tűé)* point; *(lándzsáé, ujjé, nyelvé, nyílé, orré)* tip; *(tollé)* nib; *(toronyé)* top

hegycsúcs *fn* peak, summit

hegyes¹ *mn (vidék)* mountainous

hegyes² *mn (tárgy)* pointed, sharp ‖ **hegyes orrú** sharp-nosed

hegyesszög *fn* acute angle

hegyez *ige (ceruzát)* sharpen ‖ **hegyezi a fülét** prick up one's ears

hegyező *fn* sharpener

hegyfok *fn (tengerbe nyúló)* headland; *(meredek nyúlvány)* peak

hegygerinc *fn* (mountain) ridge

hegyi *mn* mountain(-), of the mountain(s) *ut.* ‖ **hegyi lakó** mountain dweller, highlander; **hegyi legelő** alpine pasture

hegyikerékpár *fn* mountain bike

hegyláb *fn* foot of the/a mountain

hegylánc *fn* mountain range/chain

hegymászás *fn* mountaineering, alpinism

hegymászó *fn* mountaineer, alpinist ‖ **hegymászó bot** alpenstock; **hegymászó cipő** climbing/mountaineering boot(s)

hegymenet *fn* uphill passage ‖ **hegymenetben** uphill

hegyoldal *fn* mountainside, hillside

hegység *fn* mountains *tsz*, mountain range

hegyszoros *fn* (mountain) pass, defile

hegytető *fn* mountain-top, top

hegyvidék *fn* mountainous region/area

hej! *isz* oh!; *(lelkesítve)* hey!, heigh-ho!

héj *fn (alma, körte, barack, burgonya, hagyma)* skin; *(tojás, dió)* shell; *(dinnye, sajt, alma)* rind; *(kenyér)* crust; *(lehámozott)* peel, peelings *tsz*, parings *tsz* ‖ **héjában főtt burgonya** potatoes cooked in their jackets *tsz*

héja *fn* kite, hawk, goshawk

héjas *mn* having a shell/skin *ut.*, shelled

hektár *(röv ha) fn* hectare *(röv ha)*

hektó, hektoliter *(röv hl) fn* hectolitre (⊕ *US* -ter) *(röv hl)*

hekus *fn* ❖ *tréf* ❖ *biz* cop, ⊕ *GB* bobby, ⊕ *US* fuzz

helikopter *fn* helicopter, ❖ *biz* chopper

hélium *fn* helium

hellén ▼ *mn* Hellenic, Greek ▼ *fn* Hellene, Greek

hely *fn* ❖ *ált* place; *(férő)* room, space; *(ülő)* seat, place ‖ *(színhely)* spot, scene; *(épületé)* site; *(vidék, tájék)* locality, spot, place, district ‖ **első helyen áll** be* in the first position, stand* in first place; **(én) a (te) he-**

lyedben if I were you; **foglaljon helyet!** please take a seat, please be seated; **helyben** in/at the place, locally, on the spot/premises; *(levélen)* local; **helyből ugrás** standing jump; **helyére tesz vmt** *(vissza)* return sg to its place, put* sg back (in its place); **helyet kérek!** make* way please!, mind your backs!; **helyhez köt** localize; **helyt ad vmnek** admit sg; *(fellebbezésnek)* grant [an appeal]; **hol a helye?** *(vm tárgynak)* where does it go?; **nincs hely** there is no room, it is full up

helyár *fn* price of seat(s)

helybeli *mn/fn* local || **a helybeliek** the local population *esz*, ❖ *biz* the locals

helybenhagy *ige* = **jóváhagy** || ❖ *biz* *(megver)* thrash sy (within an inch of his life)

helyenként *hsz* here and there, in some places || **helyenként zivatarok** local showers

helyénvaló *mn* fitting, proper, appropriate, suitable || **helyénvaló megjegyzés** an apposite remark; **nem helyénvaló** out of place *ut.*, improper

helyes *mn (helyénvaló)* right, proper, fitting, sensible || *(korrekt)* correct || *(számszerűen)* accurate || ❖ *biz (vkről)* nice, sweet; *(vmről)* nice, lovely || **helyes angolság** good English; **helyes kis szoba** a nice little room; **(nagyon) helyes!** (that's) right!, quite right/so!

helyesbít *ige* correct, set*/put* (sg) right, rectify || **helyesbítek** I'm sorry, I will read that again

helyesbítés *fn* correction, rectification

helyesebben *hsz* **(vagy) helyesebben** or rather; or, to be precise; to be more exact

helyesel *ige (vmt)* approve of sg, agree to/on sg

helyesen *hsz* rightly, properly, correctly, accurately || **helyesen ír** spell* correctly

helyesírás *fn* spelling, orthography || **rossz helyesírással ír vmt** misspell*, spell* sg wrong; **jó a helyesírása** sy's/one's spelling is good, be* a good speller

helyesírási *mn* spelling, orthographical || **helyesírási hiba** spelling mistake, misspelling

helyeslés *fn* approval, approbation; *(lelkes)* acclamation

helyett *nu* instead of, in place of || **az igazgató helyett** *(aláírásnál)* for/p.p. the Director; **helyettem** instead of me, on my behalf

helyettes ▼ *mn* deputy, assistant || **helyettes tanár** supply teacher **▼** *fn (állandó)* deputy; *(kisebb beosztásban)* assistant; *(alkalmilag)* sy's substitute; *(igazgatóé stb. átmenetileg)* the acting director/manager/president etc.

helyettesít *ige (vkt)* deputize/substitute for sy, stand* in for sy, be* sy's substitute/deputy; ❖ *biz* sub for sy || *(vmt vmvel)* substitute sg for sg, replace sg by/with sg

helyettesítés *fn (vké)* deputyship; ❑ *isk* supply teaching || *(vmé)* substitution (of sg by/with sg)

helyez *ige (vmt vhova)* place, put*, lay* *(mind:* sg swhere) || *(vkt munkakörbe, hivatalba)* appoint (sy) to, place sy swhere

helyezés *fn (cselekedet)* placing, putting || ❑ *sp* place, placing || **jó helyezést ért el** he was well placed

helyezkedik *ige (vhol)* take* up a place somewhere || ❑ *sp* position oneself || *(érvényesülést keresve)* jockey/manoeuvre (⊕ *US* maneuver) for position || **jól helyezkedik** ❖ *biz* ❑ *kif* he's a smooth operator

helyfoglalás *fn (seat)* reservation, advance booking

helyhatározó *fn* adverb of place

helyhatóság *fn* local authority, ⊕ *US* municipality

helyhatósági *mn* municipal, local ‖ **helyhatósági választások** municipal elections
helyi *mn* local ‖ **helyi beszélgetés** local call; **helyi önkormányzat** local government/authority/council; **helyi idő** local time; **helyi vonat** local train
helyiérdekű *mn* **helyiérdekű vasút** *röv* HÉV suburban/local railway/line
helyiség *fn* room, premises *tsz*
helyismeret *fn* local knowledge
helyjegy *fn* reserved seat (ticket) ‖ **helyjegyet vált** reserve a seat, make* a reservation
helyőrség *fn* garrison
helyrajzi szám *fn* (topographical) lot number
helyreáll *ige* egészsége helyreállt he got well again, he recovered (from an illness); **a rend helyreállt** order was restored
helyreállít *ige (tárgyat)* repair; *(újjáépít)* rebuild*; *(tataroz)* renovate ‖ *(rendet)* restore ‖ **helyreállítják a forgalmat** (the) traffic is flowing again
helyreállítás *fn (épületé)* restoring, restoration, renovation, repair(ing)
helyrehoz *ige (megjavít)* repair; *(épületet)* restore; *(gyomrot)* settle ‖ *(jóvátesz)* put* sg right, make* amends for sg
helyrehozhatatlan *mn* irremediable, irreparable, beyond/past repair *ut.*
helyrehozható *mn* reparable, redeemable
helyreigazít *ige* adjust; *(rendbe hoz)* set* (sg) right, set* (sg) to rights ‖ ❖ *átv* rectify; *(téves közlést)* correct
helyreigazítás *fn* ❖ *átv* rectification, correction; *(tiltakozó)* disclaimer
helyrejön *ige (az egészsége)* get* well, be* restored to health
helyretesz *ige (ficamot)* reduce [a dislocated joint etc.]
helység *fn* ❖ *ált* place, locality ‖ *(község)* community

helyszín *fn* locale, locality, the scene of sg; *(pl. konferenciáé)* venue ‖ **a helyszínen** on the spot/scene
helyszíni *mn* **helyszíni bírságolás** on-the-spot fine; *(a cédula)* ticket; *(tiltott parkolásért)* parking-ticket; **helyszíni közvetítés** running commentary (on); ❏ *kif* sg is broadcast live; **helyszíni szemle** examination on the spot, visit to the scene
helytáll *ige (küzdelemben)* hold*/stand* one's ground, hold* on; *(megállja a helyét vmben)* cope with sg ‖ *(állítás)* be* (still) valid ‖ **helytáll a tanulásban** keep* up with one's work
helytálló *mn (elfogadható)* acceptable, apposite; *(érv)* sound; ❏ *kif* it doesn't stand up ‖ **nem helytálló** untenable
helytartó *fn* governor, (vice-)regent
helytelen *mn (nem pontos/igaz)* incorrect, inaccurate, faulty, wrong ‖ *(viselkedés)* improper, inappropriate, unbecoming ‖ **helytelen használat** wrong use
helytelenít *ige* disapprove of
helytelenül *hsz* wrongly, incorrectly ‖ **helytelenül jár el** act wrongly
helyzet *fn (tárgyé)* situation, position ‖ *(fekvés)* setting; site ‖ *(társadalmi)* social standing/status/position ‖ **a helyzet az, hogy** the fact/thing is (that)
helyzetlámpa *fn* side lamp
hematológia *fn* h(a)ematology
hempereg *ige* roll/tumble about
hemzseg *ige (emberektől)* swarm with; *(állatoktól)* teem with ‖ *(tévedésektől, hibáktól)* teem with, be* riddled with
henceg *ige* brag, boast
hencegés *fn* bragging, boasting
henger *fn* ❖ *ált* cylinder; *(simító, mezei, textilnyomó)* roller; *(gépkocsiban)* cylinder ‖ **henger alakú** cylindrical
hengerel *ige (utat)* roll (down) ‖ *(fémet)* roll, flat(ten)
hengerűrtartalom *fn* cylinder capacity
Henrik *fn* Henry ‖ **VIII. Henrik** Henry VIII (= the eighth)

hentereg *ige* = **hempereg**
hentes *fn* (pork-)butcher, the butcher's
hentesáru *fn* meats and sausages *tsz*
hentesüzlet *fn* butcher's shop, the butcher's
henyél *ige* idle/laze around/about
hepehupás *mn* bumpy, rough, uneven
herceg *fn (GB királyi)* prince; *(nem királyi)* duke
hercegnő *fn (GB királyi)* princess; *(nem királyi)* duchess
hercehurca *fn* bother
here *fn (méh)* drone || *(testrész)* **herék** testicles
herél *ige* castrate; *(lovat)* geld; *(macskát)* neuter
herélés *fn* castration; *(lóé)* gelding; *(macskáé)* neutering
herélt *mn* castrated; *(ló)* gelded; *(macska)* neutered
herezacskó *fn* scrotum (*tsz* -ta *v.* -tums)
hergel *ige* = **heccel** || *(állatot)* set* on
hering *fn* herring || **(sózott és) füstölt hering** kipper; **mint a heringek** packed like sardines
hermelin *fn* ermine
hermetikusan *hsz* hermetically
hernyó *fn* caterpillar, worm
hernyótalpas traktor *fn* caterpillar-tractor, ❖ *biz* cat
herpesz *fn* herpes, cold sore
hervad *ige* fade, wither, droop, languish
hervadt *mn (virág, szépség)* faded
hess *isz* shoo!, boo!
hét¹ *szn* seven || **négytől hétig** from four to/till seven; **este hétig** until seven in the evening, till seven p.m.; **hétkor** at seven; **hétre** *(időpont)* at seven; *(határidő)* by seven
hét² *fn (hét nap)* week || **két hét** two weeks *tsz*, ⊕ *GB* a fortnight; **ma egy hete** this day last week, a week ago (today), it is just a week since …; **jövő héten** next week; **kétszer egy héten** twice a week; **minden héten** every week; **keddhez egy hétre** Tuesday week, a week on Tuesday, ⊕ *US* a week from Tuesday; **mához egy hétre** today week, a week (from) today; **holnaphoz egy hétre** tomorrow week; **egy hétre** for a week; **hétről hétre** from week to week
heted *fn* seventh
hetedik *szn/mn* seventh, 7th || **hetedik osztály** the seventh class/from (⊕ *US* grade)
hetedikes tanuló *fn* seventh-form (⊕ *US* -grade) pupil
heten *szn/hsz* seven (people), seven of them/us/you
hetenként *szn/hsz* weekly, every week || **hetenként egyszer** once a week
heterogén *mn* heterogeneous, mixed
hetes¹ ▼ *mn* seven(fold) ▼ *fn (szám)* (the number/figure) seven; *(kártya)* the seven
hetes² ▼ *mn (életkor)* … weeks old *ut.*, of … weeks *ut.*; *(vmennyi hétig tartó)* … weeks', lasting … weeks *ut.* || **kéthetes csecsemő** a baby two weeks old, a two-week-old baby ▼ *fn (szolgálatban)* person on duty for a/the week; ❑ *isk* monitor
hetet-havat összehord *ige* talk nonsense/drivel, drivel (⊕ *US* -l) (about)
hétéves *mn* seven years old *ut.*, seven-year-old
hétféle *mn* seven kinds/sorts of
hétfő *fn* Monday || → **kedd**
hétfői *mn* Monday, of Monday *ut.*, Monday's || → **keddi**
hétfőnként *hsz* every Monday, on Mondays, ⊕ *US* így is Mondays
heti *mn* weekly, a week's, of … weeks *ut.* || **e heti** this week's, of this week *ut.*; **jövő heti** next week's; **múlt heti** last week's
hetijegy *fn* weekly (season) ticket, weekly pass; *(londoni közlekedésben)* travelcard

hetilap *fn* weekly (paper)
hétköznap ▼ *fn* weekday ▼ *hsz* on weekdays
hétköznapi *mn (hétköznapra eső)* weekday- || ❖ *átv* everyday || **hétköznapi ruha** everyday/casual clothes *tsz*
hétszáz *szn* seven hundred
hétszer *szn/hsz* seven times
hétszeres *mn* sevenfold
hétszög *fn* heptagon
hétvég(e) *fn* weekend || **vhol tölti a hétvégét** spend* the weekend (at), weekend (at); **hétvégeken** (at) weekends, during every weekend, ⊕ *US* (on) weekends; **a hétvégén** during/at the weekend; **hétvégére elmegy vhová** go* away for the weekend
hétvégi *mn* weekend || **hétvégi ház** weekend cottage
hetven *szn* seventy
hetvenedik *szn/mn* seventieth
hetvenes ▼ *mn* seventy || **a hetvenes évek** the seventies (*v.* the 70s *v.* 1970s) ▼ *fn (szám)* (the number) seventy || ❖ *biz (ember)* be* in one's seventies; septuagenarian
hetvenéves *mn* seventy years old *ut.*, seventy-year-old
hetyke *mn* cocky, impudent, pert
HÉV *fn* = **helyiérdekű** vasút
heveder *fn* ❖ *ált* strap, band || *(gépé)* belt
heveny *mn* acute
hever *ige (vk)* lie*, be* lying; *(lustán)* lie*/loll about || *(szerteszét)* lie* scattered/about
heverő *fn (bútor)* single bed, (studio-) couch, divan
heves *mn* ❖ *ált* violent, passionate, hot(-tempered) || *(fájdalom)* violent, intense, acute, sharp || *(vita)* heated
heveskedik *ige* be* hot-tempered/headed
hevít *ige (forróvá tesz)* heat, make* hot
hévíz *fn* (thermal) waters/baths *tsz*
hevül *ige (tárgy)* get*/become* hot
hexaéder *fn* hexahedron

hexensussz *fn* lumbago
hézag *fn (nyílás)* gap; ❑ *műsz* clearance || ❖ *átv* deficiency, shortcoming || **van vm hézag?** ❖ *biz* is there a hitch?
hézagos *mn (nem folytonos)* discontinuous || ❖ *átv* imperfect, defective
hézagpótló *mn* much/long-needed, filling a long-felt gap *ut.*; *(igével)* fill a gap
hiába *hsz* in vain, to no purpose || **hiába minden!** all is in vain, nothing can be done; **nem hiába** not for nothing
hiábavaló *mn* useless, vain, futile, idle, fruitless || **hiábavaló erőfeszítés** fruitless effort
hiány *fn* ❖ *ált* want (of sg), lack, absence; *(áruban stb.)* shortage of (sg); *(elégtelenség)* deficiency; *(műveltségben)* gap || *(költségvetési)* deficit; *(pénztári)* amount missing || **a hiányom 10 dollár** I am 10 dollars short/out; **hiányt pótol** fill/stop a gap; **vmnek hiányában** for want/lack of sg; **vmnek hiányát érzi** feel* the want of sg
hiánycikk *fn* article/commodity/goods in short supply, scarce commodity; *(eladó válasza)* (sorry,) it's out of stock
hiányérzete van *ige* miss sg
hiányol *ige (hiányát érzi vmnek)* miss (sg), find* (sg) wanting (in sy) || *(vkt)* miss (sy)
hiányos *mn* defective, imperfect, deficient, incomplete, scant(y), insufficient || **hiányos táplálkozás** malnutrition
hiányosság *fn* deficiency, defectiveness, insufficiency; *(műveltségben)* gap
hiánytalan *mn* complete, entire, full, whole || **hiánytalanul visszafizette** repaid the sum in full
hiányzás *fn (távollét)* absence
hiányzik *ige (nincs jelen)* be* absent || *(nincs meg)* be* missing/wanting/lacking; *(nem található)* be* not to be found || *(hiányérzetet kelt)* miss (sg/

sy) || *(szükség volna rá)* miss, need, be* wanting (in) sg || **még csak ez hiányzott!** that's the last straw!, that puts the lid on it; **nagyon hiányzik az eső** rain is sorely/badly needed; **ő igen hiányzik nekem** I miss her/him very much; **2000 Ft hiányzik** we are 20 fts short, 2000 fts are missing
hiányzó ▼ *mn* missing || **hiányzó láncszem** missing link ▼ *fn* **a hiányzók** ❏ *isk* absent pupils
hiba *fn* ❖ *ált* mistake, *(nagyobb)* error, fault, *(kisebb)* slip; *(baklövés)* blunder || *(tökéletlenség)* defect, deficiency; *(működési)* trouble; *(gépé, árué)* flaw || *(jellembeli)* flaw (of character), failing, fault || *(testi)* deformity, bodily defect || **nyelvtani hiba** bad grammar, grammatical error; **beismeri a hibáját** admit one's mistake, stand* corrected; **ez nagy hiba** that's a serious error/mistake; **ez nem az én hibám** it is not my fault, I am not to blame; **hibát követ el** make* a mistake, make*/commit* an error, err
hibabejelentő *fn (telefonközpont)* fault-repair service
hibaforrás *fn* source of error
hibajegyzék *fn (könyvben)* (list of) errata
hibapont *fn* ❏ *sp* fault, penalty (point); *(lovaglásban)* penalty
hibás *mn (vm)* defective; deficient, faulty || *(bűnös)* guilty, at fault *ut.* || ❏ *nyelvt* ungrammatical, bad || **hibás áru** seconds *tsz*; **ki a hibás?** who is to blame?
hibásan *hsz* defectively, wrongly || **hibásan beszél** speak* incorrectly, slur one's words || **hibásan ír** (s)he can't spell
hibátlan *mn* ❖ *ált* faultless, flawless, perfect || *(áru)* undamaged, perfect || *(jellem)* perfect || *(nyelvileg)* correct, good || *(számítás)* exact, accurate
hibátlanul *hsz* faultlessly, perfectly, without mistake/fault, correctly

hibázik *ige* ❖ *ált* make* a mistake, commit an error || *(lövésnél)* miss [the mark], fail [to hit]
hibrid *mn/fn* hybrid
híd *fn* bridge || **átmegy a hídon** cross the bridge; *(kocsival)* drive* across the bridge
hideg ▼ *mn* ❖ *ált* cold; *(időjárás)* cold, chilly || *(arckifejezés)* stony [look/face]; *(ember)* cold, stand-offish, aloof *ut.* || **hideg étel(ek)** cold foods/dish(es)/meal(s); **hideg hús(étel)** cold meat, cold cuts *tsz*; **hideg vacsora** buffet supper; cold table; **hideg vérű állat** cold-blooded animal; **hideg víz** cold water; *(hűtött, ivásra)* chilled water; **hidegre fordul az idő** weather turns cold(er); **se hideg, se meleg** neither hot nor cold, neither fish nor flesh ▼ *fn* cold, chill || **rázza a hideg** *(láztól)* be* shivering with fever, have* the shivers; **5 fok hideg van** it is 5 degrees below [zero]
hidegbüfé *fn* cold buffet
hidegen *hsz (tart)* cold || ❖ *átv* coldly, coolly
hidegfront *fn* cold front
hidegháború *fn* cold war
hideghullám *fn* cold wave/spell
hidegkonyha *fn* buffet meals *tsz*
hidegtál *fn* cold dish/plate
hidegvér *fn* coolness, sang froid, nerve || **hidegvér!** keep your shirt (⊕ *GB* hair) on!, cool it!; **megőrzi a hidegvérét** keep* one's head/temper (v. ❖ *biz* cool); **hidegvérrel** in cold blood
hidegvérű *mn* ❖ *átv (nyugodt)* cool (-headed), calm, self-possessed
hídfő(állás) *fn* bridgehead
hídpillér *fn* pier
hidraulikus *mn* hydraulic
hidrogén *fn* hydrogen
hidrogénbomba *fn* hydrogen bomb, H-bomb
hiéna *fn* hyena
hierarchia *fn* hierarchy
hifitorony hi-fi system, music centre

híg *mn* thin, watery, diluted
higany *fn* mercury, quicksilver
higgadt *mn* sober, settled, calm
higgadtság *fn* soberness, calmness, coolness
higiénia *fn* hygiene
higiénikus *mn* hygienic
hígít *ige (bort)* dilute, water down; *(festéket)* thin *(vmvel* with), add thinner to
hígító *fn* thinner
hihetetlen *mn* unbelievable, incredible
híja *fn* **vmnek híja** lack/want of sg; **híja van vmnek** lack (for) sg, be* short of sg; **kis híja, hogy ... nem** all but, almost, nearly; **jobb híján** for want/ lack of something better
hím ▼ *mn* male, he- ▼ *fn* male
himbál *ige* rock, swing*, sway
himbálódzik *ige* swing*, seesaw, rock
hímes *mn (hímzett)* embroidered || *(tarka)* (many-)coloured (⊕ *US* -or-) || **hímes tojás** painted/Easter egg
hímez *ige* embroider
himlő *fn* smallpox, variola
himlőoltás *fn* vaccination
hímnem *fn* ❏ *biol* male sex || ❏ *nyelvt* masculine (gender)
hímnemű *mn* ❏ *biol* male || ❏ *nyelvt* masculine
himnusz *fn (nemzeti)* national anthem
hímpor *fn* ❏ *növ* pollen || *(lepkéé)* scale
hímvessző *fn* penis
hímzés *fn* embroidery, embroidering
hímzett *mn* embroidered
hínár *fn* reed-grass; *(tengeri)* seaweed
hinta *fn (kötélen)* swing || *(deszka)* seesaw, ⊕ *US* így is teeter
hintaló *fn* rocking-horse
hintaszék *fn* rocking chair, rocker
hintázik *ige (kötélen)* swing* || *(deszkán)* seesaw; *(hintaszéken)* rock
hintőpor *fn* talcum powder, talc
hiperbola *fn* ❏ *mat* hyperbola
hipermarket *fn* hypermarket
hipermodern *mn* ultra-modern, luxury
hipnózis *fn* hypnosis *(tsz* hypnoses)

hippi *fn* ❖ *biz* hippie, hippy
hír *fn (értesülés)* news *(tsz* ua.) *(vmről* of sg), information *(tsz* ua.); *(egy hír)* a piece of news/information || *(hírnév)* reputation, repute, fame || **az a hír járja, hogy** rumour has it that; **hírbe hoz vkt** get* sy talked about, get* sy into disrepute; **hírből ismer** know* sy (only) by repute/report; **hírek** *(rádió, tévé)* the news *esz;* **hírt hall vmről/vkről** have* news of sg/ sy, hear* of sg/sy; **vmnek a hírében áll** be* said to be, have* a reputation as sg
híradás *fn* information, message
híradástechnika *fn* telecommunications *esz,* communications *(esz v. tsz)*
híradó *fn (moziban)* newsreel; *(tévé)* (TV) news *esz*
hirdet *ige (eseményt tudtul ad)* announce, proclaim, make* sg known publicly || *(újságban)* advertise, place/ put* an ad(vertisement) in a paper; *(plakáttal)* put* up a poster about sg || *(tant, eszmét)* advocate, profess, propagate || **eredményt hirdet** declare/ publish the result(s); **ítéletet hirdet** pass sentence (on sy); **pályázatot hirdet** announce a competition for
hirdetés *fn (szöveg)* advertisement; *(apró)* (classified) ad; *(plakát)* poster, bill || **hirdetés útján** through an advertisement; **hirdetést tesz közzé** advertise (that/to ...), place/ put* an advertisement [in the local paper] to ...
hirdető *fn (újságban)* advertiser
hirdetőiroda *fn* advertising agency
hirdetőoszlop *fn* advertising pillar
hirdetőtábla *fn* notice (⊕ *US* bulletin) board, message board
híres *mn (vk, vm)* famous, celebrated, well-known || **vmről híres** famous/ noted (v. well-known) for sg *ut.*
híresség *fn (ember)* celebrity, personality, dignitary, famous person
híresztel *ige* spread* a report of

híresztelés *fn* report, rumour (⊕ *US* -or), talk ‖ **alaptalan híresztelés** baseless/unfounded rumour
hírforrás *fn* source of information, authority
hírhedt *mn* notorious, ill-famed, disreputable
hírközlés *fn* telecommunications *esz*
hírlap *fn* (news)paper; *(napi)* daily
hírlapbolt *fn* newsagent('s)
hírlapíró *fn* journalist, newspaperman°, pressman°
hírlik *ige* it is rumoured (⊕ *US* -or-), it is said, we are told, people say (that)
hírmagyarázó *fn* news commentator/analyst, *(TV-ben így is)* correspondent
hírnév *fn* reputation, fame, repute ‖ **hírnévre tesz szert** make* a name for oneself, make* a/one's name as
hírnök *fn* herald, messenger
hírszerzés *fn* intelligence (service/work)
hírszerző ❏ *kat* ▼ *mn* **hírszerző szolgálat** intelligence (service) ▼ *fn* (secret) agent
hirtelen ▼ *mn* ❖ *ált* sudden, unexpected, abrupt ‖ *(mozdulat)* quick, rapid ‖ *(ember)* hasty, impetuous, impulsive ▼ *hsz* suddenly, all of a sudden, all at once
hírügynökség *fn* news agency
hírverés *fn* propaganda, advertising, publicity, ❖ *biz* hype
hírzárlat *fn* news blackout
história *fn* *(történelem)* history ‖ *(történet)* story, tale
hisz¹ *ige* *(vmt, vmben)* believe (in) sg, believe sg to be true, hold* sg true ‖ *(vél)* believe, think*, ⊕ *US* guess ‖ *(vknek)* believe sy, trust sy ‖ *(vkben)* believe in sy ‖ **alig hiszem(, hogy)** I hardly think (that); **azt hiszem, hogy ő ...** I think (s)he ..., I expect (that) (s)he ...; **hisz Istenben** believe in God; **ki hitte volna!** who'd have thought it!, think of it!; **nem akart hinni a szemének** he couldn't believe his eyes; **nem hiszem** I don't think so; *(= nem hiszek benne)* I don't believe it
hisz² *fn* *(zene)* B sharp
hiszékeny *mn* credulous, naive
hiszékenység *fn* credulousness, naivety
hiszen *hsz/ksz (magyarázva)* for, as, since ‖ *(elvégre)* after all ‖ **de hiszen** but then, why; **hiszen jól tudod (, hogy)** but you know very well (that)
hisztéria *fn* hysteria, hysterics *tsz*
hisztérikus *mn* hysteric(al)
hisztizik *ige* ❖ *biz* create, throw* a tantrum
hit *fn* *(meggyőződés)* belief (in sg), faith, trust, confidence ‖ *(vallás)* faith, religion ‖ **a jövőbe vetett hit** faith in the future; **(vmlyen) hitre tér** be* converted (to)
hiteget *ige* feed* (sy) with promises/hopes
hitel *fn* ❏ *ker* credit ‖ *(hihetőség)* authenticity, trustworthiness; *(elhívés)* belief (in sg), credence ‖ **hitelre vesz** buy* sg on credit; **hitelt ad vmnek** believe sg, give* credence to sg; **hitelt érdemlő** authentic, authoritative, credible; **hitelt nyújt** give* sy credit, allow sy an overdraft; **vmnek hiteléül** in witness whereof
hitelbank *fn* credit bank
hiteles *mn* *(valódi)* authentic, genuine, trustworthy, valid ‖ *(hitelesített)* authenticated, certified ‖ **hiteles másolat** certified/attested/true copy
hitelesít *ige* ❖ *ált* authenticate, certify ‖ *(mértéket)* check, test; *(mérőedényt)* calibrate ‖ **jegyzőkönyvet hitelesít** confirm the minutes (of the meeting)
hitelesítés *fn* authentication
hitelesség *fn* authenticity
hitelez *ige* *(pénzt)* credit sy with, credit [an amount] to sy
hitelkártya *fn* credit card
hitelképes *mn* credit-worthy

hitellevél *fn* letter of credit (*röv* L/C)
hitelszámla *fn* credit (⊕ *US* charge) account
hites *mn* lawful, legitimate
hitetlen ▼ *mn (kétkedő)* incredulous, sceptical (of sg) || *(nem hívő)* unbelieving, faithless || **hitetlen Tamás** doubting Thomas ▼ *fn* unbeliever
hitetlenkedik *ige* be* sceptical/incredulous
hitetlenség *fn* ❖ *ált* incredulity, disbelief || ❑ *vall* unbelief
hithű *mn* faithful, orthodox
hitközség *fn* community
hitoktatás *fn* religious education
hitoktató *fn* RE teacher
hitszegő ▼ *mn* perfidious ▼ *fn* perjurer, traitor
hittan *fn (tantárgy)* religious education
hittankönyv *fn* religion textbook; scripture book
hittanóra *fn* religious education (class/lesson), RE class/lesson, scripture lesson
hittudomány *fn* theology, divinity
hittudományi *mn* theological, divinity || **hittudományi főiskola** theological/divinity college; *(főleg r. kat.)* (theological) seminary; **hittudományi kar** Faculty of Theology/Divinity
hitvallás *fn* ❑ *vall* confession (of faith); *(hiszekegy és átv)* creed
hitvány *mn (minőségileg)* worthless, valueless || *(erkölcsileg)* base, contemptible, mean || **hitvány áru** rubbish, shoddy goods *tsz*, trash
hitványság *fn* baseness, vileness
hitves *fn (feleség)* wife°; *(házastárs)* spouse
hiú *mn (ember)* vain, conceited, foppish || *(hiábavaló)* vain, illusory
hiúság *fn (emberi)* vanity
hív^1 *ige (vkt vhová)* call (to) || *(telefonon)* ring* sy (up) *v.* ring* up sy, give* sy a ring, (tele)phone sy, ⊕ *US* call sy (up) || *(nevez)* call, name || **ebédre hív** invite/ask to dinner; **engem Ferencnek hívnak** my name is F., I am (called) F.; **hogy hívnak?** what's your name?; *orvost* **hív** call a doctor, send* for a doctor; **rossz számot hívott** you('ve) got the wrong number; **segítségül hív** call sy to one's aid; **taxit hív** call a taxi/cab
hív^2 *fn* híve *(vknek, vmnek)* follower, adherent (of sy/sg); *(igével)* adhere to sg, believe in sg, be* in favour (⊕ *US* -or) of sg, be* keen on sg || ❑ *vall* a **hívek** the congregation
hivalkodik *ige (vmvel)* parade/flaunt sg, make* a show of sg
hívás *fn (vhová)* call(ing) || *(telefon)* call || **helyi hívás** local call; **távolsági hívás** long-distance call; **nemzetközi hívás** international call
hívat *ige* send* for sy; *(magához)* summon sy || **orvost hívat** send* for a doctor
hivatal *fn (hely)* office, bureau (*tsz* -s *v.* -x) || *(állás)* position, function, post, job || **hivatalba lép** take* up (*v.* enter) office, come* into office; **hivatalból** officially; **hivatalból kirendelt védő** appointed counsel (for the defendant); **hivatalt betölt** hold* an office, occupy a post
hivatali *mn* official, professional || **hivatali helyiség** office
hivatalnok *fn* (state) official, civil servant, clerk
hivatalos *mn (hatóságtól eredő)* official || *(vhová meghíva)* be* invited (to) || **hivatalos idő** office/business hours *tsz*; **hivatalos közlöny** the (official) Gazette; **hivatalos nyelv** official language; *(hivatali stílus)* ❖ *biz* officialese; **hivatalos úton** through the official/normal channels; **hivatalos ügyben** on business; **hivatalos ünnep** public holiday, ⊕ *GB* bank holiday, ⊕ *US* legal holiday; **nem hivatalos** unofficial, informal; *(közlés)* off-the-record

hivatás *fn (elhivatottság)* calling, vocation (to) || *(szakma)* profession, trade, career
hivatásos *mn* professional || **hivatásos katona** professional soldier, regular; **nem hivatásos** non-professional, amateur
hivatásszerű *mn* professional
hivatkozás *fn (vmre)* reference (to sg) || **hivatkozással vmre** with reference to sg
hivatkozik *ige (vmre)* refer to sg || *(vkre) (pl. állásnál)* give* sy as a reference; *(tud. irodalomban)* refer to sy, cite sy || **aug. 10-i levelére hivatkozva** with reference to your letter of 10 August
hívatlan *mn* uninvited || **hívatlan vendég** uninvited guest
híve *fn* → **hív²**
híven *hsz* **vmhez híven** true to sg, in accordance with sg
hívó ▼ *mn* calling || **hívó fél** caller ▼ *fn* caller
hívogat *ige* keep* calling/inviting, call often
hívójel *fn* call(ing) signal
hívólift *fn* automatic lift (⊕ *US* elevator)
hívószám *fn* calling/telephone number
hívott fél *fn* called party
hívő *mn/fn* **hívő ember** believer; *(protestáns szóhasználatban főleg így)* a Christian
hízás *fn* putting on weight || **hízásra hajlamos** inclined to obesity *ut.*
hízeleg *ige (vknek)* flatter sy, fawn on sy, butter sy up
hízelgés *fn* flattery, blandishment
hízelgő *mn* flattering, fawning || **hízelgő szavak** flattering words
hízik *ige (ember)* gain weight, put* on weight, grow*/get* fat; *(állat)* fatten || *(dicsérettől)* swell* (with pride); *(káröröm től)* gloat (over sg) || **hízni kezd** begin* to put on weight, be* getting fat

hizlal *ige (állatot)* fatten (up) || *(vm vkt)* make* (sy) fat, sg is fattening || **disznót hizlal** fatten pigs
hl = *hektoliter* hectolitre ⊕ *US* -ter *röv* hl
hm *isz* humph, hm, ahem
h-moll *fn* B minor
hó¹ *fn* snow || **esik a hó** it is snowing
hó² *fn* = **hónap**
hóakadály *fn* snowdrift, snow-bank
hobbi *fn* hobby || **... a hobbija ...** is his (chief) hobby
hóbort *fn (szeszély)* whim, caprice, whimsy || *(divat)* craze, mania, fad
hóbortos *mn* eccentric, cranky, crazy
hóbucka *fn* heap of snow, snow-bank
hócipő *fn (rubber)* overshoes, gumshoes || ❖ *biz* **tele van a hócipőm** I'm fed up (with)
hócsizma *fn* gumboots *tsz*, wellingtons *tsz*
hód *fn* beaver
hódít *ige (földet, országot)* conquer || *(nő, férfi)* make* a conquest of sy
hódítás *fn* conquest
hódító ▼ *mn (országot)* conquering || ❖ *átv* winning, captivating || **hódító háború** war of conquest ▼ *fn* conqueror
hódol *ige (vknek)* pay* homage (to sy), pay* one's respects (to sy) || *(szenvedélynek)* have* a passion (for sg), indulge (in sg) || *(divatnak)* follow
hódolat *fn* homage, reverence
hódoló *fn* admirer, devotee, follower; *(nőé)* admirer
hódoltság *fn* ❏ *tört* **török hódoltság** the Ottoman (Turkish) occupation (of Hungary)
hóeke *fn* snowplough (⊕ *US* -plow)
hóember *fn* snowman°
hóesés *fn* snowfall
hófehér *mn* snow-white, white as snow *ut.*
Hófehérke *fn* Snow White
hófúvás *fn (hóvihar)* snow-storm, blizzard || *(akadály)* snowdrift, snow-bank

hógolyó *fn* snowball
hogy¹ *hsz (hogyan)* how, in what manner, by what means || *(mennyire)* how || **de még hogy!** and how!; **hogy a szilva?** how much are the(se) plums?; **hogy mondják ezt angolul?** what is the English for ...?, how do you say it/that in English?; **hogy vagy?** how are you (getting on)?; **hogy volt!** encore!
hogy² *ksz* that || *(célhatározó)* in order to/that, so that || *(függő kérdésben)* whether || **kérdezte, hogy elmegyek-e** he asked me whether I was going; **kért, hogy siessek** he asked me to hurry; **remélem, hogy eljön** I hope he will come
hogyan *hsz* = **hogy¹**
hogyha *ksz* if, supposing, presuming
hogyhogy *hsz* what do you mean?
hogyisne *isz (tagadólag)* certainly not, nothing of the sort!, not a bit!
hogyne *hsz* of course, naturally, yes indeed, sure, certainly, by all means
hóhér *fn* executioner, hangman°
hokedli *fn* kitchen stool
hoki *fn* hockey
hokiütő *fn* (hockey) stick
hokizik *ige* play hockey
hókotró *fn* snowplough (⊕ *US* -plow)
hol¹ *hsz* ▼ *(kérdő)* where?, in what place?, whereabouts? || **hol jár az eszed?** a penny for your thoughts! ▼ *(vonatkozó)* = **ahol**
hol² *ksz* **hol hideg, hol meleg** now hot now cold; **hol volt, hol nem volt** once upon a time there was ...
hólánc *fn* snow-chain, skid chain
hólapát *fn* snow shovel
hold¹ *fn* ❏ *csill* moon; *(más bolygóé)* satellite, moon || *(körmön)* half-moon, lunule || **hold körüli pálya** lunar orbit; **holdra szállás** moon landing; **mesterséges hold** earth satellite
hold² *fn (mérték)* Hungarian acre; <0,57 hectares or 1,42 English acres>
holdfény *fn* moonlight

holdfogyatkozás *fn* eclipse of the moon, lunar eclipse
holdkóros *fn* sleepwalker
holdtölte *fn* full moon
holdutazás *fn* moon flight
holdvilág *fn* moonlight
holdvilágos *mn* moonlit
holland *mn/fn* Dutch || **holland (nyelv)** Dutch; **holland férfi** Dutchman°; **a hollandok** the Dutch
Hollandia *fn* the Netherlands *tsz*, Holland
hollandiai ▼ *mn* Dutch, of the Netherlands (*v.* Holland) *ut.* ▼ *fn* Netherlander
hollandul *hsz* (in) Dutch → **angolul**
holló *fn* raven || **ritka, mint a fehér holló** it is a rare bird
hollófekete *mn* jet-black
holmi *fn* sy's things *tsz*, belongings *tsz* || **ócska holmi** lumber
holnap *hsz* tomorrow || **holnap reggel** tomorrow morning; **holnapra** (by) tomorrow
holnapi *mn* of tomorrow *ut.*, tomorrow's
holnapután *hsz* the day after tomorrow
holott *ksz* (al)though, whereas
holt ▼ *mn* dead, deceased || **holt nyelv** dead language; **holt szezon** off season; **holtan esett össze** he dropped dead ▼ *fn (halál)* death || **a holtak** the dead; **a jó pap holtig tanul** you/we live and learn
holtág *fn (folyóé)* backwater, stagnant water
holtbiztos *mn* dead certain
holtfáradt *mn* dog/dead-tired, ready to drop *ut.*
holtidő *fn (munkában)* idle time, idle hours *tsz*; ❏ *sp* time out
holtjáték *fn* play; *(túl nagy)* backlash
holtpontra jut *ige* come* to a deadlock
holtrészeg *mn* dead/blind-drunk
Holt-tenger *fn* Dead Sea

holttest *fn* dead body, corpse
holtverseny *fn* dead heat, tie, draw || **holtversenyben elsők lettek** they tied for first place
hólyag *fn (szerv)* bladder || *(bőrön)* blister
hólyaghurut *fn* ❏ *orv* (catarrhal) cystitis
homály *fn (sötétség)* obscurity, darkness, dimness, shadow || *(esti)* twilight, dusk || ❖ *átv* obscurity, mystery, uncertainty || **homály fedi** sg has remained a mystery
homályos *mn (sötét)* dim, obscure, dark; *(körvonal)* fuzzy || *(fémfelület)* dull, tarnished || *(célzás)* not clear *ut.*, obscure, opaque
homályosan *hsz* **homályosan emlékszem rá** I have a vague recollection of it
homár *fn* lobster
homlok *fn* forehead, brow, front || **homlokára üt** slap one's forehead/brow
homloküreg-gyulladás *fn* sinusitis
homlokzat *fn* front, facade
homok *fn* sand || **tengerparti homok** sands *tsz*, beach; **homokra épít** build* on sand
homokbánya *fn* sand-pit
homokóra *fn* sand-glass; *(egyórás)* hour-glass
homokos¹ *mn* sandy, sanded || **homokos part** sandy beach, sands *tsz*
homokos² *mn/fn* ❖ *biz (homoszexuális)* gay, queer
homokozik *ige* play in the sand
homoksivatag *fn* sandy desert/waste
homokzátony *fn* sandbank, sand-bar
homokzsák *fn* sandbag
homorít *ige* make* concave/hollow || *(vk)* draw* back the shoulders; ❏ *sp* hollow back
homorú *mn* concave, hollow || **homorú lencse** concave lens
homoszexuális *mn* homosexual
hómunkás *fn* snow-sweeper

hon *fn* ❖ *ir* fatherland, homeland, native country
hóna alatt *hsz* under one's arm
hónalj *fn* armpit
hónap *fn* month || **egy hónap leforgása alatt** within a month, in the course of a month; **a hetedik hónapban van** *(nő)* she is seven months pregnant
hónapi *mn (vhány hónapig tartó)* ... months' || **három hónapi** three-months', of three months *ut.*; **múlt hónapi** last month's, of the last month *ut.*
hónaponként *hsz* a/per month, monthly, every month
hónapos *mn* ... months old *ut.*, ...-month-old; monthly || **hónapos retek** forcing/spring radish
honfitárs *fn* compatriot, fellow-countryman°
honfoglalás *fn* conquest; ❏ *tört* the Hungarian/Magyar conquest
honfoglaló ▼ *mn* conquering ▼ *fn* a **honfoglalók** the first Magyar settlers of Hungary
honi *mn* native, home
honnan *hsz* ▼ *(kérdő; irány, hely)* from where?, where ... from?, from what place? || ❖ *átv* how?, why?, for what reason? || **honnan gondolod?** what makes you think so?; **honnan tudja?** how do you know?; **honnan tudjam?** how should I know?; **honnan veszi?** where does he get it from? ▼ *(vonatkozó)* = **ahonnan**
honorárium *fn* fee; *(szerzői)* royalty
honos ▼ *mn* ❏ *növ* ❏ *áll* native/indigenous *(vhol to)* ▼ *fn* citizen, *(főleg külföldön élő)* national
honosít *ige (vkt)* naturalize || *(oklevelet)* have* [a diploma] accepted/registered
honosítás *fn (vké)* naturalization || *(oklevélé)* registration, acceptance
honpolgár *fn* citizen
hontalan ▼ *mn* homeless, exiled ▼ *fn* displaced person *(röv D.P.)*

honvágy *fn* homesickness, nostalgia ‖ **honvágya van** be* homesick *(vm után* for sg)
honvéd *fn* (Hungarian) soldier
honvédelem *fn* national defence (⊕ *US* -se)
honvédelmi *mn* of national defence (⊕ *US* -se) *ut.*, defence ‖ **honvédelmi miniszter** Minister of Defence; **honvédelmi minisztérium** *(nálunk és GB)* Ministry of Defence, ⊕ *US* Department of Defense
honvédség *fn* Hungarian Army
hóolvadás *fn* thaw(ing of the snow)
hópehely *fn* snowflake
hopp! *isz* oops! ‖ **hoppon marad** get* nothing for one's pains
hord *ige (visz)* carry ‖ *(ruhát, cipőt)* wear*, have* sg on ‖ *(fegyver)* carry ‖ **magánál hord** have*/carry sg on one
horda *fn* horde
hordágy *fn* stretcher
hordalék *fn* alluvial deposit(s)
hordár *fn* porter
horderejű *mn* **nagy horderejű** of great import(ance)/significance *ut.*
hordó *fn (fa v. fém)* barrel; *(fa)* cask; *(kisebb)* keg; *(olajnak, 159 l)* barrel
hordoz *ige (visz)* carry, keep* carrying; *(tárgyat magával)* have*/carry always on one ‖ *(súlyt, terhet)* bear*, carry, support
hordozható *mn* portable
horgany *fn* zinc
horgas *mn* hooked, curved, crooked ‖ **horgas orr** hook-nose, hooked nose
horgász *fn* angler
horgászat *fn* angling, fishing
horgászbot *fn* fishing-rod, rod and line
horgászfelszerelés *fn* fishing-tackle, fishing/anglers outfit
horgászik *ige* angle/fish *(vmre* for sg) ‖ **horgászni megy** go* angling
horgol *ige* crochet
horgolótű *fn* crochet-hook

horgony *fn* anchor ‖ **horgonyt vet** let* go the anchor, cast*/drop anchor, anchor
horgonyoz *ige* ride*/be*/lie* at anchor, anchor
hőrihorgas *mn* long-legged, lanky
horizont *fn* horizon; *(város sziluettjével)* skyline
horizontális *mn* horizontal
horkol *ige* snore
horkolás *fn* snore
hormon *fn* hormone
horog *fn (kampó)* hook; *(horgászé)* fish-hook ‖ *(ökölvívásban)* hook ‖ **horogra akad** *(hal)* take* the hook
horoszkóp *fn* horoscope
horpadás *fn* ❖ *ált* dent (in sg)
hortenzia *fn* hydrangea
horvát *mn/fn* Croatian
Horvátország *fn* ❑ *tört* Croatia
horvátul *hsz* (in) Croatian ‖ → **angolul**
horzsol *ige* graze, chafe, scratch
horzsolás *fn (folyamat)* grazing, chafing ‖ *(sérülés)* graze, abrasion
hószemüveg *fn* snow goggles *tsz*
hossz *fn* length ‖ ❑ *sp* **egy teljes hosszal nyer** *(úszó, ló stb.)* win* by a length
hosszában *hsz* lengthways, lengthwise ‖ **vmnek hosszában** along(side) sg
hosszabb *mn* longer ‖ **3 cm-rel hosszabb** 3 cm longer, longer by 3 centimetres
hosszabbít *ige* ❖ *ált* lengthen, make* longer ‖ *(időt)* prolong, spin* out ‖ ❑ *sp* extend the time
hosszabbítás *fn (vmé)* lengthening, elongation; *(könyvtárban)* renewal ‖ *(időé)* prolongation ‖ *(futball)* extra time
hosszabbító (zsinór) *fn* extension lead/cord
hosszabbodik *ige* grow*/get* longer, lengthen ‖ **hosszabbodnak a napok**

the days are getting longer, the days are drawing out
hosszan *hsz* long, for a long time ‖ **hosszan elnyúló** *(beszéd, történet)* long-drawn-out; **hosszan tartó** long (-lasting), prolonged, persistent
hoszanti *mn* longitudinal ‖ **hosszanti irányban** lengthways, ⊕ *US* lengthwise
hosszas *mn (hosszadalmas)* lengthy, long-winded/drawn ‖ **hosszas gondolkodás után** after due deliberation
hosszasan *hsz* at great length, (for) long, endlessly
hosszat *nu (hely)* along ‖ *(idő)* during, for ‖ **egy óra hosszat vártam** I was waiting for an hour; **órák hosszat** for hours on end
hosszmérték *fn* linear measure
hossztengely *fn* longitudinal axis
hosszú *mn (vm)* long; *(emberről)* tall, lanky ‖ **3 méter hosszú** three metres long, three metres in length *ut.*; **hosszú életű** long-lived; **hosszú hajú** long-haired; **hosszú ideig** for a long time; **hosszú időre szóló** long-term; **hosszú lábú** long-legged, ❖ *biz (nő)* leggy; **hosszú lejáratú** long-range, *(hitel)* long-term; **hosszú szőrű** long-haired; **hosszú távon** in the long run
hosszúkás *mn* longish, elongated, oblong
hosszúnadrág *fn* trousers, slacks, ⊕ *US* pants *(mind: tsz)*
hosszúság *fn* ❖ *ált* length ‖ ❏ *földr* longitude ‖ **hosszúsága tíz méter** its length is ten metres (⊕ *US* -ters), it is ten metres long
hosszúsági *mn* longitudinal ‖ **hosszúsági fok** degree of longitude
hosszútávfutás *fn* long-distance running
hosszútávfutó *fn* long-distance runner
hótakaró *fn* blanket of snow
hotel *fn* hotel
hova *hsz* ▼ *(kérdő)* in which direction?, where?, which way? ‖ **hova gondol(sz)!?** how can you think of such a thing!; *(nem!)* by no means!; **hova mész?** where are you going (to); **hova valósi (vagy)?** where do you come from? ▼ *(vonatkozó)* = **ahova**
hóvihar *fn* snow-storm, blizzard
hóvirág *fn* snowdrop
hoz *ige* ❖ *ált* bring*, carry; *(érte menve)* fetch ‖ *(eredményez)* bring* in; *(jövedelmet)* yield; *(kamatot)* bear*; *(gyümölcsöt)* produce, bear* ‖ **Isten hozott!** welcome!; **hát téged mi hozott (ide)?** what brings you here?; **magával hoz** bring* along; *(következményt)* bring* sg in its train, cause, involve; **7 millió Ft-ot hozott** it brought in 7 million fts
hozam *fn* output, yield
hózápor *fn* flurry of snow
hozat *ige* send* for; *(rendel)* order
hozomány *fn* dowry, marriage portion
hozzá *hsz* to/towards sy ‖ **odalépett hozzá** he went/came up to her/him; **elég az hozzá** suffice it to say, to cut a long story short; **hozzám** to me; **hozzád** to you; **hozzád beszélek** I am talking to you; **hozzánk** to us; **hozzátok** to you; **hozzájuk** to them
hozzáad *ige (vmhez vmt)* add (sg to sg) ‖ **hathoz hozzáadunk hetet** add seven to six
hozzáállás *fn (vmhez)* attitude, approach (to sg)
hozzácsatol *ige (vmhez)* fasten/attach (sg); *(kapoccsal)* hook/hang* on(to) ‖ *(területet)* annex sg to sg
hozzáér *ige (vmhez)* touch sg, come* into contact with sg
hozzáerősít *ige (vmhez)* fasten/fix/attach sg to sg
hozzáértés *fn* expertise, competence
hozzáértő *mn* competent, expert, skilled (in sg)
hozzáfér *ige (vmhez)* reach (sg), be* able to get hold of sg; *(vkhez)* come*/get* near (enough) to sy ‖ **nehéz hoz-**

záférni be* difficult/hard to get at; **(könnyen) hozzáfér vmhez** have* (easy) access to sg
hozzáférhetetlen mn *(dolog)* inaccessible, out of reach *ut.*, unavailable, ❖ *biz* ungetatable || *(ember)* incorruptible
hozzáférhető mn *(dolog)* accessible, approachable, available, *(igével)* be* within (one's) reach || *(ember)* approachable || **könnyen hozzáférhető** easy of access *ut.*
hozzáfog ige *(vmhez)* set* about sg, start/begin* to do sg, start doing sg, set* off/out to do sg, commence sg || **hozzáfog a munkához** get* down to work
hozzáfűz ige *(vmhez)* tie (sg) on (sg), bind*/fasten (sg) to (sg) || *(megjegyzést)* add || **(ehhez) nincs mit hozzáfűzni** I've nothing to add; no comment
hozzáigazít ige *(vmhez)* adjust to || *(órát)* set* [one's/the watch] by (sg)
hozzáillik ige *(vkhez)* become*/suit sy, be* suited to sy || *(vmhez)* suit sg; *(jól áll)* go* (well) with sg
hozzáillő mn suitable, fitting, becoming, appropriate || **színben hozzáillő ... to match**
hozzájárul ige *(vmhez okként)* contribute to (sg) || *(anyagilag)* contribute to (sg), make* a contribution to (sg) || *(beleegyezik)* assent, agree, consent *(vmhez to)*
hozzájárulás fn *(ténye, összege)* contribution *(vmhez to)* || *(beleegyezés)* assent, consent, approval || **étkezési hozzájárulás** meals allowance, ⊕ *GB* luncheon voucher, ⊕ *US* meal ticket; **megadja hozzájárulását vmhez** approve of sg, assent to sg; *(hatóság)* approve (sg)
hozzájut ige *(térben vmhez)* get* at; have* access to (sg) || *(időben)* find* time (for sg or to do sg) || **olcsón jutott hozzá** he got it cheap, it was a good bargain
hozzálát ige *(evéshez)* settle down to sg
hozzálép ige step/walk up to sy
hozzámegy ige *(feleségül vkhez)* get* married to (sy)
hozzányúl ige *(vmhez)* touch/handle sg, lay* hands/fingers on sg || **ne nyúlj hozzá!** don't touch (it)!, leave it alone, hands off!
hozzáragad ige *(vmhez)* cling*/stick* to, get* stuck to
hozzáragaszt ige *(vmhez)* stick*/affix/glue to
hozzászámít ige *(vmhez)* add on, include (in sg), reckon in (sg) || *(beleszámít vm)* be* included in
hozzászokik ige *(vmhez)* get*/become*/grow* accustomed to sg, get* used to sg || **hozzá van szokva** be* accustomed/used to sg
hozzászoktat ige *(vkt vmhez)* accustom sy to sg, get* sy used to sg
hozzászól ige *(vmhez)* speak* (on a subject), make* a comment (on), comment on sg || **mit szólsz hozzá?** what do you think (of it)?, what do you say (to this)?
hozzászólás fn *(ülésen)* contribution [to a debate], remarks *tsz* [at a meeting]
hozzászóló fn speaker [adding his remarks]; *(felkért)* discussant
hozzátapad ige *(vmhez)* stick*/adhere to sg || *(vkhez)* cleave*/cling* to sy
hozzátartozik ige *(vmhez)* belong to sg, be* (a) part of sg
hozzátartozó fn *(rokon)* relative, relation || **legközelebbi hozzátartozó** (one's) next of kin, closest/nearest relative
hozzátesz ige = **hozzáad** || **nincs semmi hozzátennivalóm** I have nothing to add, I have no comment to make; *(főleg pol)* no comment

hozzávaló *fn (kellékek)* accessories, ⊕ *US* findings; *(szabóé)* trimmings, ⊕ *US* fixings; *(ételhez)* ingredients *(mind: tsz)*
hozzávetőleg *hsz* approximately, about, roughly (speaking)
hozsanna *fn* hosanna
hő *fn* heat
hőálló *mn* heat-resistant, heatproof
hőemelkedés *fn (légköri)* rise in temperature || ❏ *orv* slight fever/temperature || **hőemelkedése van** have*/ run* a temperature
hőenergia *fn* heat-energy, thermal energy
hőerőmű *fn* (thermal) power station
hőfok *fn* temperature
hőfokszabályozó *fn* thermostat
hőforrás *fn (hősugárzó test)* source of heat/warmth || *(víz)* hot/thermal spring
hőhullám *fn* heat-wave || *(nőé)* hot flush, ⊕ *US* hot flash
hőlégballon *fn* hot-air balloon
hölgy *fn* lady || **Hölgyeim és uraim!** Ladies and Gentlemen!
hőmérő *fn* thermometer
hőmérőz *ige* take* sy's temperature
hőmérséklet *fn* temperature
hőpalack *fn* thermos (flask), vacuum flask, ⊕ *US* thermos bottle
hőpárna *fn* electric pad
hörcsög *fn* ❏ *áll* hamster, ⊕ *US* gopher
hörgés *fn* rattle (in one's throat)
hörghurut *fn* bronchitis
hörgő *fn* bronchial tube
hörög *ige* rattle (in one's throat)
hős *fn* hero || **a nap hőse** the hero/man° of the hour; **a regény hősei** the heroes (v. the main characters) of the novel
hőség *fn* (great) heat || **nagy hőség van** it is very hot
hősi *mn* heroic || **a hősi halottak** the war dead *tsz*, those killed in the war
hősies *mn* heroic || **hősiesen** heroically
hősiesség *fn* heroism, gallantry; ❖ *átv* ❖ *biz (vké)* heroics *tsz*
hőskor *fn* heroic age (of)
hősnő *fn* heroine
hőstett *fn* heroic/brave feat/deed
hősugárzó *fn* radiator, (electric) heater || **fali hősugárzó** *(gáz)* gas heater
hőszigetelés *fn* heat insulation
hőtakaró *fn* electric blanket
hőtároló *fn* storage heater
húg *fn* younger sister
húgy *fn* urine, water
húgycső *fn* urethra
húgyhólyag *fn* (urinary) bladder
hugyozik *ige* ❖ *vulg* urinate, make*/pass water
huhog *ige* hoot, to-whoo, ululate
huligán *fn* hooligan, (young) thug
hull *ige* fall* (off), drop (down/off) || *(könny)* flow || *(meghal)* die; *(állatok tömegesen)* die off || **hull a haja** he is losing his hair, his hair is falling out; **hull a hó** it is snowing, snow is falling
hulla *fn* corpse, cadaver, (dead) body
hulladék *fn* ❖ *ált* waste (material), refuse, ⊕ *US* garbage; *(szemét)* litter
hullaház *fn* mortuary, ⊕ *US* így is morgue
hullám *fn* wave; *(nagy tengeri)* billow || **nagy hullámokat ver** ❖ *átv* cause great excitement; **tartós hullám** permanent wave
hullamerevség *fn* rigor mortis
hullámfürdő *fn* wave bath
hullámhossz *fn* wavelength
hullámlovaglás *fn* surfriding, surfing
hullámsáv *fn* waveband
hullámtörő (gát) *fn* breakwater
hullámvasút *fn* switchback (rail-way), roller coaster, ⊕ *US* így is coaster
hullámvölgy *fn* ❖ *átv* depression
hullámzás *fn (tengeré)* surge of the sea, waves *tsz* || *(áraké)* fluctuation
hullámzik *ige (szelíden)* ripple, undulate; *(erősen)* surge, billow, swell*; *(erősebben)* there is a rough sea ||

(árak) fluctuate || **hullámzik a tenger** the sea is choppy, *(erősen)* there is a rough see

hullámzó *mn (víz)* billowy, rough; *(kis hullámokban)* rippling || *(tömeg)* milling, surging [crowd]

hullat *ige* drop, let* fall || *(könnyet, vért, levelet)* shed* || *(hajat)* lose*

hullik *ige* = **hull**

hullócsillag *fn* shooting star

hullott *mn* **hullott gyümölcs** windfall

humán *mn* **humán beállítottságú** interested in (v. oriented towards) the arts/humanities *ut.*; **humán tárgyak** the humanities

humanista *mn/fn* humanist

humanizmus *fn* humanism

humánpolitika *fn* human resources *tsz*

humánus *mn* humane, humanitarian

humor *fn* humour (⊕ *US* -or)

humorérzék *fn* sense of humour (⊕ *US* -or) || **nincs humorérzéke** he has no sense of humour

humorista *fn* humorous writer, humorist

humoros *mn* homorous, funny, comic

huncut ▼ *mn (pajzán)* waggish, prankish, impish || ▼ *fn* rogue, rascal || **te kis huncut** you little imp/rascal

huncutság *fn (pajkosság, tréfás gonoszkodás)* impishness || ❖ *elít* villainy

hunyó *fn* finder || ❖ *átv* ❖ *biz* **ő a hunyó** he is carrying the can

hunyorít *ige (egyet)* wink; *(tartósan)* narrow one's eyes

húr *fn* ❑ *zene* string(s) || ❑ *mat* chord || **egy húron pendülnek** they are thick as thieves

hurcol *ige* drag, haul; ❖ *biz* lug || **magával hurcol** drag along

hurcolkodás *fn* removal, moving

hurcolkodik *ige* move house, move *(vhova)* to)

hurka *fn* sausage || **májas hurka** liver sausage; ⊕ *US* liverwurst, ⊕ *GB* white pudding; **véres hurka** black pudding

hurok *fn* ❖ *ált* noose, slip-knot, loop || **szorul a hurok** the net is closing (on sy)

húros hangszer *fn* string(ed) instrument

húroz *ige (teniszütőt, zongorát)* string*

hurrá *isz* (hip, hip) hurray! || **háromszoros hurrá** three cheers (for sy)

hurut *fn* catarrh

hús *fn (élő)* flesh; *(ennivaló)* meat; *(vadé)* game || *(gyümölcsé)* pulp, flesh || ❖ *biz* **jó húsban van** be* in good condition

husáng *fn* cudgel, club

húsbolt *fn* butcher's (shop), the butcher's

húsdaráló *fn* mincer, ⊕ *US* meat grinder

húsétel *fn* meat dish

húsevő ▼ *mn* carnivorous, meat-eating ▼ *fn* carnivore

húshagyókedd *fn* Shrove Tuesday

húskonzerv *fn* canned/tinned meat

húsleves *fn* meat-soup, clear soup

húsos *mn* meat- || **húsos étel** *(fogás)* meat dish/course

hússzelet *fn* steak

hústalan *mn (étkezés)* meatless || **hústalan nap** fish-day

húsvét *fn* Easter || **húsvétkor** at Easter

húsvéti *mn* Easter || **húsvéti locsolás** Easter sprinkling; **húsvéti nyuszi** Easter bunny; **húsvéti tojás** Easter egg

húsvétvasárnap *fn* Easter Sunday

húsz *szn* twenty || **húsz óra** twenty hours, 8 p.m.; **húszon aluli** teenager

huszad *fn* a/one twentieth, twentieth part

huszadik *szn/mn* twentieth || **a XX. század** the 20th century

huszadszor *szn/hsz* for the twentieth time

húszan *szn/hsz* twenty (of them/us/you)

huszár *fn* hussar, cavalryman° || *(sakkban)* knight

húszas ▼ *mn* twenty || **a húszas évek** the twenties, the 1920s ▼ *fn* húszas

(szám) (figure/number) twenty || →
húszforintos
húszéves *mn (vk)* twenty-year-old, twenty years old *ut.*; *(vm)* of twenty years *ut.* || **még nincs húszéves** he is still in his teens
húszforintos *fn (érme)* twenty-forint piece
huszonegy *szn* twenty-one
huszonegyezik *ige* play pontoon (*v.* ⊕ *US* twenty-one)
huszonnégy *szn* twenty-four || **huszonnégy órán át** round the clock
huta *fn (üveg)* glass-works
húz *ige* ❖ *ált* draw*, pull; *(vonszolva)* drag, haul, pull || *(ruhát)* put* on [clothes] || *(ugrat vkt, biz)* kid (sy), pull sy's leg || *(vonzódik vkhez)* feel* attracted to sy, feel* drawn towards sy; *(vm vm felé)* be* drawn towards || *(madár)* fly* (in a direction), pass by || *(sakkozó)* (make* a) move || *(írásból töröl)* cut*, make* cuts in [an article], cut* out [of play] || *(huzat)* there is a draught, it is draughty || **ágyat húz** put* clean sheets on the bed, change/make* the bed; **cipőt húz** put* on one's shoes, put one's shoes on; **húzza a lábát** drag one's feet; **jót húz az evezőn** pull one's weight, pull a good oar
huzal *fn* wire; *(erősebb)* cable
huzalozás *fn* wiring
huzamos *mn* protracted, (long-)lasting, of long duration *ut.* || **huzamos időre** for a long time
húzás *fn* ❖ *ált* pull, pulling, draw, drawing; *(vonszolva)* drag, dragging, haul, hauling || *(evezővel)* stroke || *(madaraké)* flight || *(sorsjegyé, kötvényé)* drawing || *(írásból)* cut || ❖ *biz* = **sakkhúzás**
huzat *fn (léghuzat)* draught (⊕ *US* draft) || *(bútorra)* cover; *(párnára)* case, slip
huzatos *mn* draughty (⊕ *US* drafty), blowy

huzavona *fn* wrangling, delays *tsz*
húzóágazat *fn* leading industry
húzódás *fn (végtagfájdalom)* strain
húzódik *ige (anyag)* stretch || *(ügy)* drag on, take* a long time (in getting done) || *(terület vmeddig)* extend to/over (*v.* as far as)
húzódozik *ige (vmtől)* fight* shy of sg, be*/feel* reluctant/loath to do sg
húzódzkodik *ige* pull up at/to the bar
hű¹ *mn* faithful, loyal, true, devoted *(vkhez, vmhez mind:* to sy/sg) || **hű fordítás** close/faithful translation
hű² *isz* oh!, wow!
hűha *isz* by golly!, oh dear!
hűhó *fn* ado || **sok hűhó semmiért** much ado about nothing, a storm in a teacup; **nagy hűhót csap vmért** make* a fuss about sg
hűl *ige* cool, grow*/get* cool || **hadd hűljön** let it cool
hüllő *fn* reptile
hülye ▼ *mn* idiotic, half-witted, stupid ▼ *fn* idiot || ❖ *biz* **te hülye!** you fool/idiot!; **hülyének nézel?** do you take me for a fool?
hülyeség *fn* idiocy, stupidity || ❖ *biz* **hülyeség!** (stuff and) nonsense!
hülyéskedik *ige* act foolishly, play silly pranks || **ne hülyéskedj!** don't be silly!
hűs *mn* cool, fresh, refreshing
hűség *fn* ❖ *ált* faithfulness, fidelity; *(ragaszkodó)* devotion
hűséges *mn* = **hű**¹
hűsít *ige* refresh
hűsítő ▼ *mn* refreshing, cooling ▼ *fn (ital)* soft drink
hűsöl *ige* rest in the shade, rest in a cool place || **árnyékban hűsöl** enjoy the cool of the shade
hűt *ige* ❖ *ált* cool, make* cold; *(hűtőkészülékben)* refrigerate, chill
hűtlen *mn (barát stb.)* faithless, unfaithful, disloyal; *(házastárs)* unfaithful

hűtlenség *fn* ❖ *ált* faithlessness, disloyalty, breach of faith || *(házastársi)* infidelity

hűtő ▼ *mn* cooling, chilling ▼ *fn (autóé)* radiator || *(szekrény)* refrigerator

hűtőfolyadék *fn* coolant

hűtőház *fn* cold store, cold-storage depot/plant || **hűtőházban** in cold storage/store

hűtőpult *fn* (display-type food) freezer

hűtőrács *fn (autón)* grille

hűtőszekrény *fn* refrigerator, ❖ *biz* fridge, ⊕ *US így is* icebox || *(mélyhűtővel egybeépítve)* fridge freezer

hűtőtáska *fn* freezer bag

hűtött *mn* chilled, iced

hűtővitrin *fn* cold-storage (show)case

hüvely *fn (kardé)* scabbard, sheath; *(töltényé)* cartridge-case; *(tok)* case; cover; ❑ *műsz* sleeve, jacket, casing || ❑ *növ* legume, pod || *(női)* vagina

hüvelyes ▼ *mn* ❑ *növ* leguminous || **hüvelyes termés** legume ▼ *fn* **hüvelyesek** leguminous plants

hüvelyk *fn (kézen)* thumb; *(lábon)* big toe || *(mérték)* inch (= 2,54 cm) || **Hüvelyk Matyi** Tom Thumb

hüvelykujj *fn* = **hüvelyk**

hűvös ▼ *mn (idő, kellemesen)* cool, fresh, refreshing; *(kellemetlenül)* chilly, chill || *(modor)* stiff, icy, unresponsive || **hűvös fogadtatás** cold/frosty reception; **hűvös helyen tartandó** to be* kept in a cool place; **hűvös van** it is a bit chilly ▼ *fn* **hűvösre tesz** clap (sy) in jail/jug

hűvösödik *ige* become* colder, turn cool/chilly

I

ibolya *fn* violet || **alulról szagolja az ibolyát** be* pushing up the daisies

ibolyántúli *mn* ultraviolet || **ibolyántúli sugarak** ultraviolet rays

ibolyaszínű *mn* violet(-coloured) (⊕ *US* -or-)

icipici *mn* tiny, teeny(-weeny), ❑ *sk* wee

idáig *hsz (időben)* up to now, till now, up to the present, so far, hitherto || *(térben)* as far as here, this far

ide *hsz* here, to this place || **gyere ide!** come here!; **ide figyelj!** listen!, look here

idead *ige* give*, hand over || **kérlek, add ide a sót** please pass (me) the salt

ideál *fn* ideal

ideális *mn* ideal

idealista ▼ *mn* idealistic ▼ *fn* idealist

ideáll *ige* come* over (this place), stand* here

ideát *hsz* over here

idébb *hsz* further this way, nearer here

idefelé *hsz* on the way here

idefigyel *ige* listen (to), pay* attention (to)

ideg *fn* nerve || **az idegei felmondják a szolgálatot** his nerves are shattered/ruined; **az idegeire megy vm/vk** sg/sy gets on one's/sy's nerves

idegbeteg *mn/fn* neurotic, neuropathic

idegbetegség *fn* nervous disease, neurosis

idegcsillapító *fn* sedative, tranquillizer (⊕ *US* -l-)

idegen ▼ *mn (ismeretlen, szokatlan)* foreign, strange, unknown, unfamiliar *(vk számára mind:* to) || *(külföldi)* foreign, alien || **idegen ajkú** non-native speaker; **idegen állampolgár** alien, foreigner, ⊕ *US* non-citizen ▼ *fn* stranger, outsider || *(külföldi)* foreigner, alien || **idegenben** in a strange country, abroad; **idegenben játszott mérkőzés** away game; **idegeneknek tilos a bemenet** no entry except to authorized persons, no admittance (except on business)

idegenforgalmi iroda *fn* tourist office/agency

idegenforgalom *fn* tourism; *(mint iparág)* the tourist industry/trade

idegenkedés *fn* aversion (to)

idegenkedik *ige (vmtől)* be* averse to sg || *(vktől)* dislike sy, have* an aversion to sy

idegennyelv-oktatás *fn* the teaching of foreign languages, language teaching

idegenvezetés *fn* guided tour

idegenvezető *fn* guide

ideges *mn* nervous

idegesít *ige (vkt vm)* make* sy nervous, irritate sy

idegesítő *mn* nerve-racking, tiresome

idegeskedik *ige* be* nervous/jittery || **nem kell idegeskedned** you need not worry

idegesség *fn* nervousness, jangled nerves *tsz*

idegfeszítő *mn* nerve-racking

ideggyógyász *fn* neurologist, nerve specialist
ideggyógyászat *fn* neurology
ideggyógyintézet *fn* neurological clinic, neurological nursing home *(v.* hospital*)*
idegosztály *fn* neurological ward
idegőrlő *mn* nerve-racking
idegösszeomlás *fn* nervous breakdown
idegrendszer *fn* nervous system
idegroham *fn* hysterics *tsz*
idegzet *fn* nervous system, nerves *tsz* ‖ **gyenge idegzetű** weak nerved
idegzsába *fn* neuralgia
idehaza *hsz* here, at home, in ‖ **nincs idehaza** he is not in (*v.* at home), he is out
idehív *ige* call/summon (sy) here
idehoz *ige* bring* (sg/sy) here, fetch (sg)
idei *mn* **(ez) idei** this year's, of this year *ut.*
ideiglenes *mn* (*átmeneti*) temporary, provisional, interim; (*pillanatnyi*) momentary ‖ **ideiglenes intézkedés** interim/temporary measure(s)
ideiglenesen *hsz* temporarily, for the time being, provisionally
ideig-óráig *hsz* for a short time ‖ **ideig-óráig tartó** short-lived, momentary
idejekorán *hsz* in (good) time
idejétmúlt *mn* out-of-date, outdated, old-fashioned, out of fashion *ut.*
idejön *ige* come* here
idejövet *hsz* on one's way here
ideküld *ige* send* here ‖ **ideküldött érte** he has sent (sy over) for it
idén *hsz* this year ‖ **idén tavasszal** this spring
idenéz *ige* look here; (*rám néz*) look at me
idény *fn* season, time (of the year)
ide-oda *hsz* here and there; (*előre-hátra*) to and fro, back and forth
ideológia *fn* ideology

idetartozik *ige (vk, vm)* belong here; (*hozzánk*) be* one of us ‖ (*ügyhöz, átv*) pertain/relate to ‖ **ez (már) nem tartozik ide** that is another story
idétlen *mn (alakra)* misshapen, unsightly ‖ (*tréfa*) stupid ‖ (*ügyetlen*) clumsy, awkward
ideutazik *ige* travel (⊕ *US* -l) here, come* (over) here
idevágó *mn* relevant, referring/pertaining to this *ut.*
idevaló *mn* local ‖ (*ideillő*) appropriate; relevant ‖ **idevaló idézet** an apt quotation; **idevaló vagyok** I belong here, I am a native here; **nem vagyok idevaló** I am a stranger here
idéz *ige (szöveget)* quote (*vmt* sg, *vkt* sy, *vmből* from sg, *vktől* from sy), cite (sy v. sg) ‖ (*hatóság elé*) summon, give* a summons to ‖ **Adyt idézi** (s)he quotes (from) Ady; **azt mondta, idézem: „..."** he said, quote "..."
idézés *fn (szövegé)* quoting, citing ‖ (*bírósági*) summoning, citation ‖ (*irat*) summons (*tsz* -ses); (*bírósági*) subpoena (*tsz* -nas)
idézet *fn* quotation (from); ❖ *biz* quote (from) ‖ **eddig az idézet** unquote
idézőjel *fn* quotation marks *tsz*, ❖ *biz* quotes *tsz*; inverted commas *tsz* ‖ **idézőjel bezárva** unquote; **idézőjelbe tesz** put* in inverted commas, ❖ *biz* place/put* in quotes
idióma *fn* idiom
idióta ▼ *mn* idiotic ▼ *fn* idiot
idom *fn* ❏ *mat* figure ‖ (*női*) figure, form ‖ **telt idomok** full figure *esz*
idomít *ige (állatot)* train; (*vadállatot*) tame ‖ (*vmhez*) adapt/fit/adjust to sg
idomítás *fn (állaté)* training; (*vadállaté*) taming
idomító *fn* trainer, tamer
idő *fn* ❖ *ált* time; (*időtartam*) (length of) time, period, term; (*időpont*) (point of) time, date; (*kor*) time, times *tsz*, days *tsz*, age, period ‖ (*időszámítás*)

time || *(időjárás)* weather || ❏ *nyelvt tense* || **a pontos idő ...** time now ...; **annak idején** *(akkor)* in those days, at the/that time; *(jövőben)* when the time comes; **az egész idő alatt** all the time; **az idő pénz** time is money; **az idő tájban** (at) that time; **az ő idejében** in his time; **budapesti idő szerint este 8-kor** at 8 in the evening, Budapest time; **(csak) idő kérdése** it is (only) a question/matter of time; **egy idő óta** for some time (past), of late, lately; **egy időben** *(valamikor)* at one time; **egy időre** for a while/time; **ettől az időtől kezdve** from this time on; **ez ideig** up to now, so far, as yet; **ez idő szerint** at present, at the moment, (as of) now; **hosszú idő múlva** after a long while, considerably later; **húzza az időt** be* marking time; **ideje, hogy** the time has come to, it is time to, now is the time to; **idő előtti** premature, untimely, immature; **időben, idejében** in (good) time; **időről időre** from time to time; **idővel** in (the course of) time, by and by, in due course; **jó ideje** a good while (ago), for a long while; **közép-európai idő** Central European Time; **kellő időben** in good time, in due course/time; **kis idő múlva** after a while/time/bit, before long, soon, presently; **legfőbb ideje, hogy** it is high time (that); **mennyi az idő?** what's the time?, what time is it?; **mennyi ideig?** (for) how long?; **milyen idő van?** what's the weather like (today)?; **mind ez ideig** so/thus far, till now, up to now, up to the present; **mindent a maga idejében** there is a time for everything, all in good time; **nincs rá ideje** (s)he has no time to spare; **rossz idő van** the weather is bad, it's rotten/foul weather; **sok idejébe került** it took him a long time, it took him long; **sok időt tölt vmvel** spend* a lot of time doing sg; **szép idő van** it's fine, it's a nice/fine day (today); **van elég ideje** (s)he has plenty of time, (s)he has time and to spare (to); **vmvel tölti (az) idejét** spend* one's time (doing sg), pass the time in/by doing sg; **vknek/vmnek az idején** in the days/time of

időbeosztás *fn* time-table, schedule

időfecsérlés *fn* waste of time

időhatározó *fn* adverb of time

időhiány *fn* lack of time || **időhiánnyal küzd** work against the clock

időhúzás *fn* marking time, playing for time

időigényes *mn* time-consuming

időjárás *fn* weather || **a várható időjárás ...** today's/the weather ...; **az évszaknak megfelelő időjárás** seasonable weather

időjárási *mn* **időjárási térkép** weather map/chart; **időjárási viszonyok** weather conditions

időjárás-jelentés *fn* weather forecast, the weather

időköz *fn* interval, space of time || **meghatározott időközökben** at stated intervals; **ötperces időközökben** at five minute intervals

időközben *hsz* meanwhile, (in the) meantime

időmérő *mn* **időmérő edzés** trial/test run

időmérték *fn (verstani)* quantity, measure

időnként *hsz* from time to time, (every) now and then/again

időpont *fn* (point of) time, date || **megbeszél egy időpontot vkvel** make*/fix an appointment with sy (v. to see sy)

idős *mn* old, aged, elderly || **mennyi idős?** how old is he?; **mikor ennyi idős voltam** when I was your age; **nem látszik annyi idősnek** he does not look his age; **idősebb** *(testvér)* elder; **idősebb, mint** older than ...; **három évvel idősebb nálam** he is three years older than me, he is three years my senior

idősb, *röv* **id.** *mn (személynévvel)* Senior *röv* Sr. **id. Horváth Zsolt** Zsolt Horváth, Sr.

időszak *fn* period, term

időszakos *mn* periodic; *(munka)* seasonal

időszámítás *fn (rendszere)* time || **időszámításunk előtt** *röv* **i. e.** B.C. (= before Christ); **időszámításunk szerint** *röv* **i. sz.** A.D. (= *Anno Domini*, in the year of our Lord); **helyi időszámítás** local time; **nyári időszámítás** summer time, ⊕ *US* daylight saving time (*röv* DST)

időszerű *mn* timely, topical || **igen időszerű** ❏ *kif* it is very much on the agenda

időszerűség *fn* timeliness, opportuneness, topicality

időszerűtlen *mn* untimely, ill-timed, inopportune, out of place *ut.*

időtartam *fn* length of time, period, duration || **2 évi időtartamra** for a period of two years

időtöltés *fn* pastime, hobby

időváltozás *fn* break/change in the weather

időveszteség *fn* loss of time, lost time

időzavar *fn* **időzavarban van** be* pressed for time

időzik *ige* stay *(vknél* with sy, *vhol* at/ in) || *(tárgynál)* dwell* on sg

időzít *ige* time

időzítés *fn* timing

időzített *mn* **időzített bomba** time-bomb; **jól időzített** well-timed

idült *mn* chronic

i. e. → **időszámítás**

ifi *fn* ❏ *sp* junior || **ifik** junior team *esz*

ifjabb, *röv* **ifj.** *mn* ❖ *ált* younger || *(személynévvel)* **ifj. Szabó Béla** Béla Szabó Jr. *(v.* Jnr.) (= Junior)

ifjú ▼ *mn* young || **az ifjú nemzedék** the rising/younger generation; **az ifjú pár** the young *(v.* newly married) couple, the newly-weds ▼ *fn* young man°, youth, lad

ifjúkor *fn* youth, younger years/days *tsz*

ifjúkori *mn* of youth *ut.* || **ifjúkori barát** friend of one's youth; **ifjúkori szerelem** calf/puppy love

ifjúság *fn (kor)* youth, days of youth *tsz* || *(ifjak)* youth, young people *tsz,* the young *tsz* || **egyetemi ifjúság** (the) undergraduates *tsz,* university students *tsz*

ifjúsági *mn* of/for youth *ut.*; youth; ❏ *sp* junior || **ifjúsági egyesület** youth club/centre (⊕ *US* -ter); **ifjúsági előadás** school matinee/performance, matinee for the young; **ifjúsági irodalom** juvenile literature, books for the young *tsz*; **ifjúsági szervezet** youth organization; **ifjúsági (turista)szálló** youth hostel; **ifjúsági válogatott** junior team

iga *fn* yoke || **igába hajt** ❖ *átv* subjugate, subdue

igaz ▼ *mn (való)* true, genuine, real, veritable, authentic || *(becsületes)* true, straight, just, honest; *(hű)* loyal || **ami igaz, (az) igaz** there is no getting away from it, there is no getting round it, as a matter of fact; **egy szó sem igaz belőle** there is not a word/ grain of truth in it; **igaz barát** true/ real friend; **igaz, hogy ...** *(állításban)* true (enough) (that), to be sure, no doubt; *(elismerem)* I admit; *(kérdésben)* is it true (that)?; **igaz (is)** *(most jut eszembe)* by the way; **(nem) igaz?** isn't that so?, don't you agree? ▼ *fn (valóság)* truth || **igaza van** he is right; **az igazat megvallva** to tell the truth, strictly speaking; **nincs igaza** he is wrong/mistaken

igazán *hsz (állítva)* really, truly, in truth, indeed || *(kérdve)* really?; indeed?, is that so?

igazgat *ige (vállalatot)* manage, direct, conduct || *(ruhát)* adjust, arrange

igazgatás *fn (vállalaté)* management, direction, administration || **rossz igazgatás** mismanagement, maladministration

igazgató ▼ *mn* **igazgató főorvos** *kb.* senior consultant, hospital superintendent ▼ *fn (banké)* manager, *(fölötte)* director, *(nagyobb banké)* governor, *(bankfióké)* branch manager; *(vállalaté)* manager, director, head; *(múzeumé)* custodian, keeper, curator || ❑ *isk* headmaster; *(nő)* headmistress, (the) head [of the school], *(főleg US)* principal

igazgatóhelyettes *fn (banké, vállalaté)* deputy/assistant manager || ❑ *isk* deputy headmaster *(nő:* headmistress)

igazgatónő *fn (banké, vállalaté)* directress, director || ❑ *isk* headmistress

igazgatóság *fn (testület)* management, board of directors || *(állás)* managership, directorship || *(helyiség)* manager's/director's office

igazgyöngy *fn* real/genuine pearl

igazi *mn* true, real, genuine, authentic || **ez az igazi!** that's the real thing/ McCoy

igazít *ige* ❖ *ált* put* (sg) right; *(beállít)* adjust, set*, (re)arrange; *(órát)* set*

igazítás *fn (javítva)* repair(ing), repairs *tsz*, ⊕ *US* fixing || *(ruháé)* alteration

igazodik *ige* (vk vmhez) go* by sg, adjust to sg || (vk vkhez) adjust to sy, take* one's cue from sy

igazol *ige (cselekedetet)* justify, give* reason for || *(tudományosan)* prove*, verify, demonstrate || *(mulasztást)* excuse || *(gyanúsított egyént)* clear; *(vk politikai múltját)* screen, vet || *(okmánnyal vmt)* certify, certificate; *(vmnek átvételét)* acknowledge [receipt of] || **alulírott ezennel igazolom** I (the undersigned) hereby certify (that); **az események őt igazolták** he was justified by the events; **ezennel igazoljuk, hogy** this is to certify that; **igazolja (személy)azonosságát** prove one's identity; **igazolja magát!** your identity card please!

igazolás *fn (cselekedeté)* justification, *(állításé)* verification || *(politikai múlté)* (political) screening/vetting || *(személyazonossága)* proof of one's identity, *(okmánnyal)* certification || *(az irat)* certificate || **igazolást ad vmről** give*/issue a certificate to sy about sg, certificate sg

igazolatlan mulasztás *fn* unjustified/uncertified absence

igazolt *mn* justified, authorized, verified, certified || ❑ *sp* **igazolt játékos** registered player; ❑ *isk* **az igazolt órák száma** number of classes attended, number of credits

igazoltatás *fn* identity check

igazolvány *fn* certificate; *(engedély)* pass || **személyi igazolvány** identity card

igazolványkép *fn* passport(-size) photo(graph)

igazság *fn* truth || **igazság szerint** to tell the truth; by rights; as a matter of fact; **az igazság napfényre jön** truth will out

igazságos *mn* just, fair(-minded) || **nem igazságos** it is not fair

igazságszolgáltatás *fn* administration of justice, jurisdiction

igazságtalan *mn* unjust, unfair || **igazságtalan vkvel szemben** do* sy an injustice

igazságtalanság *fn* injustice, unfairness

igazságügy *fn* justice, judicature

igazságügyi *mn* of justice *ut.*, judicial || **igazságügyi minisztérium** Ministry of Justice, ⊕ *US* Department of Justice

igazságügy-miniszter *fn* Minister of Justice, ⊕ *GB* Lord Chancellor, ⊕ *US* Attorney-General

ige *fn* ❑ *nyelvt* verb || ❑ *vall* the Word

igealak *fn* verb(al) form || **cselekvő/ szenvedő igealak** active/passive voice
igehirdetés *fn* sermon
igeidő *fn* tense
igeidő-egyeztetés *fn* sequence of tenses
igekötő *fn* verb prefix
igemód *fn* mood
igen¹ ▼ *msz* yes || **Esik (az eső)?** – **Igen.** Is it raining? – Yes, it is; **Nem is láttad.** – **De igen!** You didn't see it. – But I did (*v.* Oh yes, I did); **igen is, nem is** yes and no ▼ *fn* yes || **igennel felel** answer in the affirmative, say* yes
igen² *hsz* = **nagyon**
igenév *fn* **főnévi igenév** infinitive; **melléknévi igenév** participle
igenlő *mn* affirmative, positive || **igenlő válasz** a positive answer
igény *fn* (*vmre*) claim (to), title (to), demand (on) || ❖ *átv (anyagi stb.)* pretension, (the) expectations *tsz* || **igénybe vesz** *(eszközt)* make* use of, employ; *(alkalmat)* take* advantage of; *(anyagiakat)* draw* on, utilize; **igényt tart vmre** lay* claim to sg; **minden igényt kielégít** satisfy every demand, meet* every requirement; **túl nagyok az igényei(k)** they have too many expectations
igénybevétel *fn* *(eszközé)* employment, making use of; *(alkalomé)* taking advantage of || ❑ *műsz* bearing force, stress
igényel *ige (jogot formál vmre)* claim (sg), lay* claim to (sg); *(kiutalandó dolgot kér)* put* one's name down for sg || *(szükségessé tesz)* demand, require, call for sg || **ez (némi) magyarázatot igényel** that demands an explanation
igényes *mn (vk minőség dolgában)* exacting, demanding; ❑ *kif* (s)he has (very) high standards; *(munka stb.)* taxing, demanding care *ut.*; *(színvonalas)* of a high standard *ut.*

igénylés *fn (vmé ált)* claiming (of), claim (to), demand (of) || *(kiutalási)* application(-form) || **benyújtja az igénylést** hand in an/the application (for sg)
igénytelen *mn (szerény)* unassuming, modest || *(egyszerű)* simple, plain, undemanding || *(jelentéktelen)* insignificant
igénytelenség *fn (szerénység)* modesty || *(egyszerűség)* simplicity
ígér *ige (vk vmt)* promise || ❑ *ker* bid*, offer || **sokat ígér** be* promising, bid* fair || **többet ígér vknél** make* a higher bid (than sy), outbid* sy
igeragozás *fn* conjugation
ígéret *fn* promise, *(ünnepélyes)* pledge, word
ígéretes *mn* promising; full of promise *ut.*; *(igével)* promise well
így ▼ *hsz* so, thus, in this way/manner || **a szöveg így szólt** the text went as follows; **és így tovább** and so on/forth; **így áll a dolog** that's how it is, this is how matters stand; **így is, úgy is** either way, anyway; **így történt** that/this is how it happened; **így van?** am I right? ▼ *ksz (eszerint)* so, thus || *(tehát, következésképpen)* thus; consequently; therefore
igyekezet *fn* effort, endeavour (⊕ *US* -or); exertion
igyekszik *ige (szorgalmas)* work hard, exert oneself, be* hard-working || *(vhová)* make*/head for || **igyekezzünk!** let's get a move on!, hurry up!; **igyekszik vmt tenni, azon igyekszik, hogy** try/do* one's best to (do sg), make* an effort to, endeavour (⊕ *US* -or) to (do sg)
igyekvő *mn* hard-working, ambitious
ihatatlan *mn* undrinkable
iható *mn* drinkable || **iható víz** drinkable water, drinking-water
ihlet ▼ *ige* inspire, give* inspiration to ▼ *fn* inspiration

íj *fn* bow
íjász *fn* archer, bowman°
íjászat *fn* (target) archery
ijedős *mn* easily frightened/scared *ut.*, timorous
ijedt *mn* frightened, scared, alarmed
ijedtség *fn* fright, alarm, fear, terror
ijesztően *hsz* frightfully, awfully, dreadfully
iker *fn* twin || **Péter és János ikrek** Peter and John are twins; **hármas ikrek** triplets
ikerház *fn* semi-detached (⊕ *US* duplex) house
ikerpár *fn* twins *tsz*
ikertestvér *fn* twin brother/sister || **ikertestvérek** twins || **az ikertestvérem** *(fiú)* my twin brother; *(lány)* my twin sister
iktat *ige (hivatalban)* file || **törvénybe iktat** enact, codify
iktató *fn (tisztviselő)* filing clerk || *(hivatal)* registry, office files *tsz*
iktatószám *fn* reference (number)
ill. = **illetőleg, illetve**
illat *fn* fragrance, pleasant/sweet smell, scent || **jó/kellemes illata van** have a pleasant smell/scent, smell* sweet; **vm illatot áraszt** give off a scent
illatos *mn* fragrant, sweet-smelling/scented
illatosít *ige* scent, perfume
illatozik *ige* smell* sweet, be* fragrant
illatszer *fn* scent, perfume || **illatszer(ek)** *(részleg áruházban)* perfumery
illatszerbolt *fn kb.* chemist's, ⊕ *US* drugstore
illedelmes *mn* well-behaved/mannered, polite
illegális *mn* ❖ *ált* illegal || ❑ *pol* underground
illegalitás *fn* ❖ *ált* illegality || ❑ *pol* underground (activity) || **illegalitásba vonul** go* underground
illem *fn* proper/decent behaviour (⊕ *US* -or), decency, good manners *tsz*

illemhely *fn* lavatory, toilet, *(női)* powder room; ⊕ *US* washroom; *(nagyobb épületben)* rest room || **nyilvános illemhely** public convenience/lavatory
illemtudó *mn* well-brought-up, polite
illeszt *ige (tárgyat vmbe, vmhez)* fit (to, into), join (to); *(ajtót, ablakot)* true up || **egymásba illeszt** fit, join
illesztés *fn (folyamata)* fitting (in)to, joining (to); *(eredménye)* joint, fit
illet *ige (vm vké)* belong/appertain to sy, be* sy's right/due || *(vonatkozik vkre, vmre)* concern sy/sg, refer/relate to, have* to do with || **a pénz őt illeti** it is his money, the money is rightfully his; **ami azt illeti** as a matter of fact; **ami engem illet** as for/regards me, as far as I am concerned, as for myself
illeték *fn (kisebb jelentőségű eljárásért)* dues *tsz*, fee, tax; *(nagyobb)* duty, *(ingatlan adásvételénél)* stamp duty || **illeték lerovása** payment of duty/tax
illetékbélyeg *fn* fee/official stamp
illetékes *mn* competent (to), authorized (to) || **az illetékes bíróság** court of competent jurisdiction; **ebben (az ügyben) nem vagyok illetékes** this (case) is beyond my competence; **illetékes szerv** competent authority
illetékesség *fn* competence
illetéktelen *mn* unauthorized, not competent
illetlen *mn* improper, indecent, ill-bred || **illetlen szó** four-letter word
illető ▼ *mn (szóban forgó)* in question/point *ut.*, the said ... || *(vkre vonatkozó)* concerning, relating/referring to; *(vknek járó)* due/belonging to *(mind. ut.)* ▼ *fn (ember)* the person in question, man°, person || **mit mondott az illető?** what did the man (in question) have to say?
illetőleg ▼ *hsz* vkt/vmt illetőleg concerning/regarding sy/sg, as regards sy/sg ▼ *ksz (röv ill.) (ki-kire vonatko-*

zó) or …(, as the case may be) ‖ *(szakszövegben így is)* … respectively *(röv resp.)* ‖ *(pontosabban)* or rather ‖ **6, ill. 10% béremelés** pay rises of 6% and 10% respectively (*v.* resp.)
illetve → **illetőleg**
illik *ige (vhova, vmbe) (pl. alkatrész)* fit (into) ‖ *(vmhez vm)* go* (well) with sg; *(vkhez vm)* become*/suit sy; *(színek)* the colours go well together ‖ **ahogy illik** as is right and proper, in a due manner, duly; **illenek egymáshoz** they are made for each other; *(ruhadarabok)* they match well; **nem illik hozzá** *(vmhez)* it doesn't go (well) with it, *(vkhez)* it doesn't suit him/her; **nem illik vkhez vm** it does not become him/her to …
illó *mn* ❑ *vegy* volatile
illogikus *mn* illogical, contrary to reason *ut.*
illő *mn* ❖ *ált* proper, fitting, due, suitable ‖ *(vkhez, vmhez)* appropriate for/to *ut.* ‖ **illően, illő módon** properly, in a proper manner, duly, suitably; **nem illő** indecent, *(vkhez)* unbecoming for sy
illusztráció *fn* illustration
illusztrál *ige* illustrate
illúzió *fn* illusion ‖ **illúziókban ringatja magát** cherish an/the illusion (that); **nincsenek illúziói vkt/vmt illetően** have* no illusions about sy/sg
ily *nm* such ‖ **ily módon** in this manner/way, thus, consequently, so; **(no) de ilyet!** well, well!, well I never!, my word!; **ki hallott ilyet!** whoever heard of such a thing?
ilyen ▼ *nm* such, such a(n), of this/the kind/sort *ut.*, that/this kind of … ‖ **az én táskám is ilyen** my bag is/looks just like yours; **ilyen az élet** such is life, that's life; **ilyen még nem volt** it is unprecedented; **se ilyen, se olyan** neither this nor that ▼ *hsz* so, such a(n) ‖ **egy ilyen okos ember** such a clever man° ▼ *fn* **nekem senki se mondjon ilyeneket!** don't try to fool me!, I wasn't born yesterday
ilyenformán *hsz (így)* in this manner/way, in such a way ‖ *(így tehát)* thus
ilyenkor *hsz (ilyen időben)* at such a time; at such times, when(ever) this happens/happened ‖ *(ilyen esetben/alkalommal)* under such (v. in these) circumstances, in such a case ‖ **holnap ilyenkor** tomorrow at this time, this time tomorrow
ilyesmi *nm* such a thing, sg of the kind
ima *fn* prayer
imád *ige* adore, worship ‖ ❖ *biz* **imád táncolni** (s)he adores dancing
imádkozik *ige* pray
imádság *fn* prayer
imakönyv *fn* prayer-book
imbolyog *ige (járva)* totter, stagger ‖ *(hajó)* rock ‖ *(fény)* flicker
íme *isz* **íme néhány példa** here are some examples
immunhiány *fn* immune deficiency
immúnis *mn* immune *(vmvel szemben)* to/against sg, *oltás után* from sg)
immunitás *fn* immunity (from/to)
immunológia *fn* immunology
immunrendszer *fn* immune system
imponál *ige (vknek)* impress sy, make* a great impression on sy
import *fn (művelet)* importation, import
importál *ige* import
importcikk *fn rendsz tsz* import(s)
impotens *mn* impotent
impregnál *ige (átitat)* impregnate ‖ *(vízhatlanít)* (water)proof
impresszárió *fn* impresario
impresszionista *mn/fn* impressionist
improduktív *mn* unproductive, nonproductive
improvizáció *fn* improvisation
improvizál *ige* improvise, extemporize
impulzus *fn* impulse, impetus
ín *fn* tendon, sinew ‖ **inába száll a bátorsága** have* one's heart in one's boots

inas¹ *mn* tendinous, sinewy, *(hús)* stringy
inas² *fn (ipari tanuló)* apprentice || *(gazdagoknál)* valet, man-servant *(tsz* men-servants), footman°
incidens *fn* incident
incselkedik *ige (vkvel)* tease, mock, chaff *(mind:* sy)
inda *fn* trailer, creeper
index *fn* = **indexszám** || = **irányjelző** *(műszeren)* pointer, hand, indicator || ❑ *isk kb.* record/report (card), course record || *(névmutató)* index *(tsz* indexes)
indexszám *fn* ❑ *mat* index (tsz indices); *(statisztikában)* index number || **alsó indexszám** subscript; **felső indexszám** superscript
India *fn* India
indiai *mn/fn* Indian, *(hindu)* Hindu
Indiai-óceán *fn* Indian Ocean
indián *mn/fn* (American) Indian
indigó *fn (átírópapír)* carbon (paper)
indiszkréció *fn* indiscretion || **indiszkréciót követ el** commit an indiscretion
indiszkrét *mn* indiscreet, tactless
indít *ige (járművet)* start (up), get* (sg) going, set* (sg) in motion; *(űrhajót)* launch || ❑ *sp (jeladással)* give* the starting signal, start [the race] || **folyóiratot indít** launch a periodical; ❖ *biz* **indíts!** (let's) get going/started!; **pert indít** bring* an action (against)
indítás *fn (járműé)* starting, *(űrhajóé)* launching
indíték *fn* motive, reason, incentive || **indítékok** motives, motivation *esz.*
indítógomb *fn* starter-button
indítókapcsoló *fn* starter-switch
indítókulcs *fn* ignition key
indítómotor *fn* starter (motor)
indítvány *fn* motion, proposal, *(szűkebb körben tett)* proposition, suggestion || **indítványt elutasít** throw* out a motion; **indítványt tesz** make* a proposal, put* forward a motion, suggest/move sg
indítványoz *ige* move (that ... v. for sg), propose, suggest
individuális *mn* individual
indok *fn* motive, reason, ground; *(érv)* argument
indokol *ige (vk vmt)* give*/offer (one's) reasons (v. the grounds) for sg, give* grounds for sg, account for sg; *(szavait, tetteit)* explain oneself; *(vm vmt)* account for sg, be* the reason for sg
indokolás *fn (ítéleté stb.)* reasons for a/the judg(e)ment *tsz; (tetteké)* motivation || **indokolás nélkül** without offering an explanation
indokolatlan *mn* unjustified || **félelme indokolatlan volt** he had no cause to be (so) alarmed
indokolatlanul *hsz* without cause/reason
indokolt *mn* justified || **indokolt esetben** for good cause
indukció *fn* induction
indul *ige (gép)* start; *(repülőgép)* take* off, *(hajó)* sail, *(busz, vonat)* depart, leave *(vhonnan* from, *vhová* for) || ❑ *sp* take* part, compete [in a race], enter for [a competition] || *(vmerre)* start out for, leave* for || **az 5. vágányról indul** ... leaves from platform 5; **(éppen) indulni készül** be (just) about to start/leave; **indulj!** ❑ *kat* march!; **induljunk!** let's go/start!; **mikor indul?** *(a vonat/repülőgép/hajó)* when does it leave?
indulás *fn (gépé)* start; *(hajóé)* sailing, *(buszé, vonaté)* departure, *(repülőgépé)* takeoff; *(útnak)* setting out; *(kiírás)* departures *tsz* || ❑ *sp* start || **indulásra készen** about to start, ready to leave/depart/sail
indulási *mn* **indulási idő** departure time; **indulási oldal** departures *tsz; (repülőtéren)* departure lounge

indulat *fn (harag)* temper || **indulatba jön** lose* one's temper, ❖ *biz* get* worked up
indulatos *mn* passionate, hot-tempered || **indulatosan** heatedly, emotionally, testily
indulatszó *fn* interjection
induló ▼ *mn* starting, departing || **Bécsbe induló vonatok** trains to Vienna; **induló vonatok** *(kiírás)* departures ▼ *fn* ❏ *zene* march || ❏ *sp* competitor, entrant, *(autóversenyen, lóversenyen)* starter || **indulóban van** be* about to start/leave/depart
infarktus *fn* (myocardial) infarction, infarct, ❖ *biz* heart attack
infinitivus *fn* infinitive
infláció *fn* inflation
influenza *fn* influenza, ❖ *biz* (the) flu || **egy kis influenza** ❖ *biz* a touch of flu
influenzajárvány *fn* influenza epidemic
influenzás *mn* **influenzás vagyok** I am down with (the) flu, I am in bed with flu
információ *fn* information *(tsz ua.)*; *(adatok)* particulars *tsz* || *(vkről munkavállalásnál)* reference, ⊕ *GB* character || *(kiírás)* Information, Inquiries *tsz* || **információt kér (vktől) vkről** ask (sy) for references (*v.* for a reference); **téves információ** misinformation
információcsere *fn* information exchange
információs *mn* **információs iroda** information bureau, inquiry office; **információs pult** information desk; **információs társadalom** information society
informál *ige (vkt vmről)* inform sy of sg, give* sy information/particulars on/about/regarding sg || **rosszul informálták** you've been misinformed (*v.* wrongly informed)
informálódik *ige* make* inquiries (about sg/sy), inquire/ask about sg/sy

informatika *fn* information science/technology, informatics *esz*
infrastruktúra *fn* infrastructure
infravörös *mn* infrared
ing *fn* shirt || **akinek nem inge, ne vegye magára** if the cap fits (wear it)
inga *fn* pendulum
ingadozás *fn (mennyiségé)* fluctuation || *(vké)* vacillation, hesitation
ingadozik *ige (ár, mennyiség)* fluctuate (between ... and ...) || *(vk)* vacillate, hesitate, waver
ingadozó *mn (vk)* vacillating, hesitant, wavering
ingajárat *fn* shuttle(-service)
ingaóra *fn (padlón álló)* grandfather clock
ingatag *mn (tárgy)* unstable, unsteady
ingatlan *fn* real estate, property
ingázik *ige* ❖ *biz* commute
ingázó *mn* ❖ *biz* commuter
inger *fn (érzékszervi)* stimulus (*tsz* -li)
ingerel *ige (érzékszervet)* stimulate, excite, irritate || *(bosszantva)* irritate, nettle, vex
ingerlés *fn (érzékszervé)* stimulation, irritation || *(bántó)* provocation
ingerlő *mn* ❖ *ált* stimulating || *(bosszantó)* provoking, annoying
ingerült *mn* irritated, exasperated
ingó *mn (mozgatható)* movable
ingóságok *fn tsz* personal/movable property *esz*, belongings, (personal) effects
ingovány *fn* bog, swamp, fen, marsh
ingoványos *mn* swampy, marshy
ingruha *fn* shirtwaister, ⊕ *US* shirtwaist
ingujjban *hsz* in (one's) shirt-sleeves
ingyen *hsz* free (of charge), gratis, for nothing, for no charge || **ez ingyen van!** it is a gift, ❖ *biz* it is dirt cheap
ingyenélő *mn* parasite, sponger
ingyenes *mn* free, gratuitous
ingyenjegy *fn* free ticket
inhalál *ige* inhale
ínhüvelygyulladás *fn* tendovaginitis

iniciálé *fn* initial || **díszes iniciálékkal ellátott** illuminated
injekció *fn* injection || **bőr alá adott injekció** hypodermic/subcutaneous injection; **injekciót ad** give* sy an injection; **injekciót kap** get* an injection
injekciós *mn* **injekciós fecskendő** hypodermic syringe; **eldobható injekciós tű** disposable (hypodermic) needle
inkább *hsz* rather, sooner; ... instead || **inkább várok** I prefer to wait, I'd rather wait; **annál is inkább, mert** especially as; **minél inkább ..., annál kevésbé ...** the more ... the less ...; **inkább mint** rather than; **inkább nem** (I'd) rather not; **sokkal inkább** much rather
inkognitó *fn* incognito
inkorrekt *mn* (*vk*) unfair; *(viselkedés)* incorrect improper
inkubátor *fn* incubator
innen *hsz (hely)* from here, from this place, hence || **menj innen!** be off!, get out of here! ❖ *biz* scram!
inni *ige* → **iszik**
innivaló *fn* (sg to) drink
inog *ige (tárgy)* be* unsteady, wobble, shake*
ínség *fn* penury, distress, poverty, misery
ínséges *mn* poverty-stricken, poor
installál *ige* ❑ *szt* install
installálás *fn* ❑ *szt* installation
ínszakadás *fn* rupture of a tendon
ínszalagszakadás *fn* torn ligament
int *ige* make* a sign, *(kézzel)* beckon, wave, motion || (*vkt vmre*) warn sy to do sg; (*vkt vmtől*) warn/admonish sy against sg || **óva int** (*vkt vmtől*) caution/warn sy against sg
intarzia *fn* marquetry, inlay
integet *ige* wave (one's hand) (*vknek* to sy)
integráció *fn* integration
integrál ▼ *ige* ❖ **ált** integrate (sg) (into sg) ▼ *fn* ❑ *mat* integral

integrálszámítás *fn* integral calculus
integrált áramkör *fn* integrated circuit
intellektuális *mn* intellectual
intelligencia *fn (értelem)* intelligence || *(értelmiségiek)* the intellectuals *tsz*, intelligentsia || **mesterséges intelligencia** artificial intelligence
intelligenciahányados *fn* intelligence quotient *röv* IQ
intelligens *mn* intelligent, bright || **nagyon intelligens** highly/very intelligent
intenzitás *fn* intensity
intenzív *mn* intensive || **intenzív nyelvtanfolyam** intensive (language) course; ❑ *orv* **intenzív osztály** intensive care (unit) (*röv* i.c.u.)
interaktív *mn* interactive
interjú *fn* interview
internacionális *mn* international
internál *ige* intern
internálás *fn* internment
internálótábor *fn* internment/concentration camp
internátus *fn* boarding-school
Internet *fn* Internet
internetezik *ige* use the Internet
internet-hozzáférés *fn* Internet access
internetszolgáltató *fn* Internet Service Provider (*röv* ISP)
interpelláció *fn* interpellation, question (to a/the minister)
interpellál *ige* interpellate, question
intés *fn (kézzel)* wave, waving, motion, *(fejjel)* nod || *(figyelmeztetés)* warning, caution
intéz *ige (ügyet)* manage, conduct, direct || *(elrendez)* arrange || (*vmt vkhez*) address sg to sy || **úgy intézte, hogy** he arranged to/that
intézet *fn (tudományos stb.)* institute || = **nevelőintézet**
intézeti növendék *fn* boarder
intézkedés *fn* measure(s), step(s), arrangement(s) || **további intézkedésig** until further notice
intézkedik *ige* (*vk*) take* measures/steps, make* arrangements, (*vmről*)

arrange for sg (to be done) || *(törvény)* provide || **majd intézkedni fogunk** we shall see to it, measures will be taken
intézmény *fn* institution
intézményes *mn* institutional, regular
intézőbizottság *fn* executive committee/board
intim *mn* intimate, personal, private
intimitás *fn* intimacy || **intimitások** *(vk életéből)* personal gossip, details
intonáció *fn* intonation
intő ▼ *mn* exhorting, warning ▼ *fn* ❏ *isk kb.* warning
intravénás *mn* intravenous
intrika *fn* intrigue(s), machinations *tsz* || **intrikát sző vk ellen** hatch a plot against sy
invázió *fn* invasion
inzulin *fn* insulin
íny *fn* *(szájpadlás)* palate || *(foginy)* gums *tsz* || **ínyére van** be* to sy's taste/liking; **nincs ínyemre** it is not to my taste/liking, it does not suit me
ínyenc *fn* gourmet
ion *fn* ❏ *fiz* ion
ipar *fn (gazdaság ága)* industry; *(egy bizonyos)* trade || *(mesterség)* trade, (handi)craft || **vmlyen ipart űz** be* engaged in a trade, be* in a trade
iparág *fn* (branch of) industry
iparcikk *fn* (industrial) product, manufacture, consumer goods *tsz*
ipari *mn* industrial || **ipari formatervezés** industrial design; **ipari pályára lép** go* into trade/business; **ipari tanuló** (industrial/trade) apprentice; **ipari termelés** industrial production, output; **ipari vásár** trade/industrial fair
iparmágnás *fn* tycoon, captain/leader of industry, big industrialist
iparművész *fn (tervező)* industrial designer/artist
iparművészet *fn* applied art(s), arts and crafts *tsz*
iparművészeti *mn* **iparművészeti bolt** arts and crafts shop, craft shop; **iparművészeti főiskola** school of applied arts, school of arts and crafts
iparos *fn (kis)* craftsman°
IQ = intelligenciahányados
ír[1] *ige* ❖ *ált* write*; *(írógéppel)* type || **csúnyán ír** have* poor handwriting; **hogyan írjuk (ezt a szót)?** how do you spell it?, how is it spelt?; **írj majd pár sort!** drop me a line!; **lapokba ír** *(cikkeket stb.)* contribute to *(v.* write* for) a paper *(v.* to papers/magazines etc.); **szépen ír** write* a good/fine hand
ír[2] ▼ *mn* Irish || **Ír Köztársaság** Republic of Ireland, Irish Republic ▼ *fn (férfi)* Irishman°, *(nő)* Irishwoman° || *(nyelv)* Irish || **az írek** the Irish
iram *fn* pace, speed || **őrült iramban** at a furious pace, at a breakneck speed; **nem győzi az iramot** (s)he can't stand the pace
iránt *nu (vk, vm felé és átv)* towards, to || ❖ *átv* towards, to || **az iránt érdeklődöm ...** I'd like to inquire about ... *(v.* whether ...), I'd like to know [when/what/whether ... etc.]; **érdeklődik vk iránt** ask after sy; **érdeklődik vm iránt** inquire after/about sg, show* interest in sg
iránta *hsz* towards him/her || **irántam** towards me, with regard to me, concerning me
irány *fn (földrajzi)* direction, course; *(hajó)* bearing || = **irányzat** || **irány London!** destination London; **irányt változtat** change (one's) direction, alter one's course/route, change course; **vmlyen irányba(n)** in the direction of, towards sg
irányadó *(mérvadó)* authoritative, influential
irányár *fn* guiding/guide price
irányelv *fn* directive, guiding principle || **irányelvek** guidelines, *(párté)* policy *esz*
irányít *ige (vkt vhova)* direct (to), guide (to); *(vkt vkhez)* refer sy to sy,

(küldeményt vhova) send*, direct, address || *(intézményt)* direct, manage, run*, *(forgalmat)* control || *(műsz, vezérel)* control; *(hajót)* steer, pilot || **figyelmét vmre irányítja** turn one's attention to sg
irányítás *fn* direction, guiding, control, guidance || *(vezérlés)* control
irányítható *mn* controllable
irányító *fn (vezető)* leader
irányítószám *fn (postai)* postal code, postcode, ⊕ *US* zip code
irányítótorony *fn* control tower
irányjelző *fn (gépkocsin)* indicator
iránytű *fn* compass, magnetic needle
irányul *ige (vmre)* be* aimed at, be* directed towards, tend towards/to || **ellene irányul** it is directed against him; **minden figyelem feléje irányult** all eyes were (focussed/riveted) on him/it
irányváltoztatás *fn* change of direction; ❏ *pol* change-over
irányvonal *fn* ❏ *pol* line, policy
irányzat *fn* tendency, trend
irányzék *fn (fegyveren)* sights *tsz*
írás *fn* writing || *(kézírás)* (hand)writing || *(írásrendszer)* script, alphabet || **írásban** in writing; **vknek az írásai** sy's writings/works
írásbeli ▼ *mn* written, in writing *ut.* || **írásbeli értesítés** notice (in writing); **írásbeli vizsgát tesz** sit* (for) the/a written examination, take* the/a written examination/paper (on/in sg) ▼ *fn (dolgozat)* composition, essay, (written) paper
írásjel *fn (vessző stb.)* punctuation mark || **kiteszi az írásjeleket** punctuate [a text]
írásszakértő *fn* handwriting expert
írástudatlan *mn* illiterate
írástudatlanság *fn* illiteracy
írástudó ▼ *mn* literate ▼ *fn (Bibliában)* scribe
írásvetítő *fn* overhead projector

irat *fn (hivatalos stb.)* document; documents (relating to a case) || **az irataim** my papers; **az iratok** *(egy ügyről)* the file (on) *esz*
írat *ige* have* sg written || **nevére írat vmt** have* sg registered in one's name, transfer sg in writing to sy
iratgyűjtő *fn* folder
iratkapocs *fn* paperclip
íratlan *mn* unwritten || **íratlan törvény** an unwritten law
iratrendező *fn* binder
iratszekrény *fn* filing cabinet, files *tsz*
irattár *fn* archives *tsz*, *(kisebb)* filing cabinet, files *tsz* || **irattárba helyez** file
irattáska *fn* attaché case, briefcase
irgalmas *mn* merciful, compassionate
irgalmatlan ▼ *mn* merciless, unmerciful ▼ *hsz* very || **irgalmatlan nagy** enormous
irgalmaz *ige (vknek)* be* merciful to sy, have* pity/mercy on sy
irgalom *fn (könyörület)* mercy, pity, compassion
irhabunda *fn* sheepskin coat/jacket
irigy ▼ *mn* envious *(vkre, vmre* of sy/sg) ▼ *fn* **sok az irigye** he is envied by many
irigyel *ige (vkt, vmt)* envy (sy/sg), be envious (of) || **nem irigylem tőle a sikert** I do* not envy him his success
irigykedik *ige* be* envious *(vkre, vmre* of sy/sg)
irigylésre méltó *mn* enviable
irigység *fn* envy, enviousness
írisz *fn* ❏ *növ orv* iris
irka *fn* exercise/copy-book
irkál *ige* scribble
író *fn* writer, author
íróasztal *fn* (writing) desk
íróasztali *mn* **íróasztali lámpa** desk/table lamp; **íróasztali munka** desk-work, paper-work
iroda *fn* office, bureau *(tsz -s v. -x)* || **központi iroda** head office

irodaház *fn* office-block, office building
irodai *mn* office || **irodai dolgozó** office worker, ❖ *biz* white-collar worker; **irodai munka** clerical/office work, ❖ *biz* white-collar job; **irodai órák** office hours
irodalmár *fn* literary man°, man° of letters
irodalmi *mn* literary || **irodalmi alkotás** literary work; **irodalmi nyelv** standard language
irodalom *fn (írott művek)* literature || *(felhasznált)* **irodalom** bibliography; *(folyóiratcikk végén)* references *tsz*
irodalomtörténet *fn* history of literature, literary history (of)
irodalomtudomány *fn* (study of) literature, literary studies *tsz*
irodaszerek *fn tsz* office supplies/stationery
írógép *fn* typewriter
írógépel *ige* type
irónia *fn* irony || **a sors iróniája, hogy** ironically, …; it's ironical that …
ironikus *mn* ironic(al)
írónő *fn* woman writer *(tsz* women writers)
írópapír *fn* writing paper
Írország *fn* Ireland, Eire
írországi *mn* Irish, of Ireland *ut.*
írószerbolt *fn* stationer('s)
írószerek *fn tsz* writing materials *tsz*, stationery
írószövetség *fn* writers' association
írott *mn* written || **kézzel írott** handwritten, written by hand *ut.*; **géppel írott** typewritten
irracionális *mn* irrational || **irracionális szám** irrational number, surd
irreális *mn* unrealistic
irt *ige (élősdit)* destroy, exterminate, *(gyomot)* kill, get* rid of || *(tömegesen gyilkol)* butcher, slaughter, massacre || **erdőt irt** deforest a region, cut* down a forest; **patkányt irt** clear a place of rats

irtás *fn (élősdié)* destruction, extermination, *(gyomé)* killing, eradication, *(erdőé)* deforestation, cutting down, clearing || *(tömeges gyilkolás)* massacre, slaughter
irtó *hsz* ❖ *biz (szörnyen)* awfully, terribly
irtózás *fn* horror, terror, dread
irtózatos *mn* horrible, horrific, dreadful, awful, monstrous
irtózik *ige (vmtől)* have* a horror/dread (of sg); *(vktől)* be* repelled by sy, find* sy repugnant
is *ksz* also, too || **én is ott leszek** I shall also be there, I shall be there, too; **én is voltam Bécsben** I too have been to Vienna; **Bécsben is voltam** I have been in Vienna, too; **még akkor is** even if; **… is, … is** both; **látni fogod Pestet is, Budát is** you will see both Pest and Buda; **itt is, ott is** here as well as there; **én is!** me too!
isiász *fn* ❑ *orv* sciatica
iskola *fn (intézmény, épület)* school || *(irányzat)* school || **ma nincs iskola** there are no lessons/classes today; **iskolába jár** go* to school, be* at school, attend school; **iskoláit elvégzi** leave* school, complete one's (course of) studies; **az iskoláját!** ❖ *biz* blast/darn (it)!
iskolai *mn* school- || **iskolai dolgozat** composition, school exercise, essay, test(paper)
iskolakerülő *fn* truant; *(igével)* play truant
iskolaköpeny *fn* school gown
iskolaköteles kor *fn* school age
iskolakötelezettség *fn* compulsory education
iskolalátogatás *fn* school attendance
iskolaorvos *fn* school doctor
iskolapélda *fn* **vmnek az iskolapéldája** a textbook case of sg
iskolarendszer *fn* educational system
iskolás *mn/fn* **iskolás (gyermek)** schoolboy, schoolgirl, schoolchild

(*tsz* schoolchildren), pupil; **iskolások** schoolchildren, pupils
iskoláskor *fn* school age || **iskoláskorú gyermekek** children of school age
iskolaszék *fn* school board
iskolatárs *fn* schoolmate, schoolfellow || **iskolatársak voltunk** we were at school together
iskolatáska *fn* (school) satchel, schoolbag
iskolatelevízió *fn* schools television
iskolaügy *fn* educational affairs *tsz*
iskolázatlan *mn* uneducated
iskolázott *mn* educated
iskoláztat *ige* send* [one's child] to school, provide schooling for [one's child]
iskoláztatás *fn* schooling, education
ismer *ige* (*vkt/vmt*) know* (sy/sg), be* acquainted with (sy/sg) || *(jártas vmben)* be* familiar with (sg), have* a knowledge of (sg) || **évek óta ismerem** I've known him/her for years; **alaposan ismer egy tárgyat** be* well up (*v.* well-versed) in a subject, know* all about it/sg
ismeret *fn* knowledge || **a tények ismeretében** with full knowledge of the facts; **az angol nyelv alapos ismerete** a good command of the English language
ismeretanyag *fn* factual knowledge/material
ismeretes *mn* (well-)known || **mint ismeretes** as is well-known ...
ismeretkör *fn* one's field (of knowledge)
ismeretlen ▼ *mn* ❖ *ált* unknown (to sy), not known, *(arc)* unfamiliar, *(holttest)* unidentified || **a címzett ismeretlen** "not known"; **az ismeretlen katona sírja** the tomb of the Unknown Soldier/Warrior; **ismeretlen terület** unexplored area, *(átv is)* terra incognita ▼ *fn* ❑ *mat* unknown (quantit)
ismeretlenség *fn* anonymity

ismeretség *fn* acquaintance || **ismeretségben van vkvel** know* sy (personally), be* acquainted with sy; **ismeretség(i kör)** circle of acquaintances
ismeretterjesztő *mn* educational || **ismeretterjesztő előadás** educational (*v.* popular science) lecture; **ismeretterjesztő könyv** popular work
ismerkedik *ige* get* to know*; *(vkvel)* make* contacts/acquaintances; *(vmvel)* familiarize oneself with sg, ❖ *biz* get* the hang of sg
ismerős ▼ *mn* known *(vk számára* to); *(arc, hang stb.)* familiar || **ebben a városban nem vagyok ismerős** I am a stranger here, I do not know anybody here, ⊕ *US* I have no contacts here ▼ *fn* acquaintance; *(kapcsolat)* contact
ismert *mn* (well-)known || **vk által ismert** known to sy *ut.*; **alig ismert** little-known, not widely known *ut.*; **ismertté válik** become* known
ismertet *ige* *(ismertté tesz)* make* sg known, set* forth, *(álláspontot)* state, expound, *(tervet)* outline, describe || *(könyvet)* review, write* a review of [a book]
ismertetés *fn* *(véleményé)* statement (of views), *(helyzeté)* survey, overview, exposé || *(könyvé)* review || *(reklámszerű)* prospectus
ismertető *fn* *(könyvé)* reviewer || *(nyomtatvány)* brochure, information sheet
ismertetőjel *fn* distinguishing mark, distinctive feature, characteristic
ismét *hsz* again, once more
ismétel *ige* repeat; *(isk, vizsgára)* do* some revision (for the examination), revise (sg) || **osztályt ismétel** repeat the/a year, stay down (for the year)
ismétlés *fn* ❖ *ált* repetition; ❑ *isk* revision, review || *(tévéközvetítésben)* replay || ❑ *zene* repetition, repeat || **ismétlésekbe bocsátkozik** repeat oneself
ismétlődik *ige* repeat itself, recur, be* repeated

ismétlőjel *fn (kottában)* repeat(-mark)
istálló *fn (ló)* stable(s), *(marha)* cowshed/house
isten, *tulajdonnévként:* **Isten** *fn* god, God || **Isten hozott!** welcome!; **Isten vele(d)!** goodbye!; **Isten ments!** God/heaven forbid; **az Istenért!** for heaven's sake; **Isten háta mögötti** godforsaken, in the back of beyond *ut.*
istenhit *fn* belief in God
istenhívő *fn* believer
isteni *mn* divine, of God *ut.* || *(pompás)* superb, divine
istenkáromlás *fn* blasphemy
istentagadás *fn* atheism
istentagadó ▼ *mn* atheistic ▼ *fn* atheist
istentelen *mn (nem hívő)* godless, ungodly, atheistic || ❖ *átv (gyalázatos)* wretched, abominable, wicked || **istentelenül rossz** execrable
istentisztelet *fn* service || **istentiszteleten részt vesz** attend a/the service, worship (swhere)
istenverte *mn* wretched, damned
i. sz. → **időszámítás**
iszákos ▼ *mn* given/addicted to drink(ing) *ut.*, alcoholic ▼ *fn* drunkard, hard drinker, alcoholic
iszákosság *fn* alcoholism
iszap *fn* ❖ *ált* mud
iszapfürdő *fn* mud-bath
iszapos *mn* muddy, muddied
iszik *ige* ❖ *ált* drink* || *(iszákos)* drink*, be* a drunkard, ❖ *biz* booze || **inni kezd** take* to drink*, take* to the bottle; **iszik egyet** have* a drink; **iszik, mint a kefekötő** drink* like a fish; **iszik vmből** *(italból)* drink* (of) sg; *(pohárból, forrásból)* drink* from sg; **mit iszol?** what will you drink/have?, what's yours?; **vk egészségére iszik** drink* to sy, drink* a toast to sy, drink* the health of sy
iszlám ▼ *mn* Islamic ▼ *fn* Islam
iszony *fn* horror, terror, dread

iszonyatos *mn* horrible, horrific, terrible, dreadful, awful, monstrous
iszonyodik *ige (vmtől)* be* horrified by sg; *(túlzó)* dread sg
ital *fn* drink; *(gyűjtőnév)* beverage || **meleg italok** *(tea, kávé)* warm/hot beverages; **szeszes ital** alcohol, alcoholic drink(s)/beverage(s), ⊕ *US* liquor; **palackozott italok boltja** ⊕ *GB* off-licence, ⊕ *US* liquor store; *(bornak)* wine shop/merchant; **bírja az italt** he can carry/hold his liquor (well); **nem bírja az italt** he can't take alcohol
italbolt *fn (kocsma)* pub, bar; *(csak bort árusító)* wine-bar
Itália *fn* Italy
itáliai *mn/fn* Italian
italozás *fn* drinking
italozik *ige* drink*
itat *ige (inni ad)* give* sy sg to drink, make* sy drink sg; *(állatot)* water
ítél *ige (törvényszéken)* pass sentence on; *(vmennyire)* sentence sy to ... years, sentence sy to pay a fine of ... || **a gyermekeket az anyának ítélték** the mother was given custody of the children; **börtönre ítél** sentence sy to imprisonment, send* sy to prison; **szükségesnek ítél** deem necessary (that sg should be done); **vmlyennek ítél vmt** consider, hold*, think*
ítélet *fn (bírói)* judg(e)ment, decision; *(büntető)* sentence || *(vélemény)* opinion, judg(e)ment, conclusion, verdict || **ítéletet hirdet** deliver judg(e)ment (v. a/the sentence); **ítéletet mond vmről** form one's own opinion about sg, give* one's judg(e)ment on sg; **ítéletet végrehajt** execute (v. carry out) a sentence
ítélethirdetés *fn* delivery of judg(e)ment, (declaration of) sentence
ítélethozatal *fn* verdict, sentence || **a bíróság ítélethozatalra visszavonul** the court retires to deliberate
ítéletidő *fn* stormy weather, tempest

itt *hsz* here, in this place, on this spot ‖ **itt nálunk** over here; **itt az ősz** autumn has come/arrived; **itt van** here he/it is; **itt vagyok** here I am; **itt lakók** locals, inhabitants; **itt a vonat** the train has come (*v.* is) in; **tessék, itt van** here you are; **itt kell leszállni** this is where you get off; **itt Kovács (beszél)** *(telefonon)* (this is) Kovács speaking

ittas *mn* drunk, tipsy, intoxicated ‖ **ittas állapotban** in a drunken state, under the influence of drink *ut.*; **ittas vezetés** drink drive/driving; **ittas vezető** drink-driver

itteni *mn* of this place *ut.*, (from) here *ut.*

itthon *hsz* (here) at home, in this place/country ‖ **itthon van** he is (at) home, he is in; **nincs itthon** he is not at home, he is not in, he is out; **egy óra múlva itthon leszek** I'll be back in an hour

ív *fn (boltozat)* arch; *(hídé)* span; ❏ *mat* ❏ *fiz* arc ‖ *(vonal)* curve ‖ *(papírlap, bélyeg)* sheet ‖ **(nyomdai) ív** printed sheet

ivadék *fn* issue, offspring

ivarérett *mn* (sexually) mature

ivarszerv *fn* sexual organ; *(külső)* genitals *tsz*

ivás *fn* ❖ *ált* drink(ing) ‖ *(szeszes italé)* drinking (of alcohol); alcoholism

ívás *fn* spawning (of fish)

ível *ige* arch, bend*, vault, curve ‖ **pályája felfelé ível** his star is rising

ivó *fn (ember)* drinker ‖ *(kocsma)* bar, taproom ‖ **nagy ivó** hard drinker

ivólé *fn* juice

ivópohár *fn* tumbler, glass, cup

ivóvíz *fn* drinking-water

ívpapír *fn (irodai)* flat paper ‖ ❏ *nyomd* sheet-paper

íz^1 *fn (ennivalóé)* taste, flavour (⊕ *US* -or), relish ‖ *(lekvár)* jam, ⊕ *US* így is jelly ‖ **nincs íze** be* tasteless; **vmlyen íze van** taste like/of sg

íz^2 *fn (tagolt rész)* joint, limb ‖ **minden ízében remeg** tremble/shake* all over

izé *fn (dolog)* what's-it('s name), what-d'you-call-it, thingummy; *(ember)* what's-his-name, what's-her-name; *(mondat elején)* I say; *(közben)* er

ízelítő *fn* sample, a taste of sg ‖ **hideg/vegyes ízelítő** hors d'oeuvre *(tsz* hors d'oeuvres)

ízes *mn (jóízű)* tasty, flavourful (⊕ *US* -or-) ‖ *(lekváros)* with jam *ut.*

ízesít *ige* flavour (⊕ *US* -or); *(fűszerrel)* season, spice

ízesítő *fn* seasoning, condiment

ízetlen *mn* ❖ *konkr* tasteless, flavourless (⊕ *US* -or-), insipid ‖ ❖ *átv (száraz, lapos)* dull, vapid, flat, stale ‖ *(ízléstelen)* tasteless, (be) in bad taste; *(igével)* sg lacks taste

izgága *mn (nyugtalan)* unruly

izgalmas *mn* exciting; *(esemény)* sensational, thrilling ‖ **izgalmas olvasmány** thriller

izgalom *fn* excitement; thrill; *(aggodalom)* anxiety

izgat *ige (vkt kellemetlenül érint)* excite, upset*, make* anxious/uneasy, disturb ‖ *(érzéket, testileg)* excite, stimulate, irritate ‖ *(tömeget)* stir (up), inflame, provoke, incite ‖ **ez nem izgatja** that leaves him cold; **ne izgasd magad!** don't worry (about it), don't get excited!, keep calm!, take it easy!

izgatás *fn* ❖ *ált* incitement (to), instigation, stirring up ‖ ❏ *jog* subversion, sedition

izgató *mn* ❖ *ált* exciting, stirring ‖ *(beszéd)* seditious, inflammatory, subversive

izgatószer *fn* stimulant; ❏ *sp* dope

izgatott *mn* excited, agitated ‖ **igen izgatott** be* very much upset; **izgatott jelenetek játszódtak le** there were tumultuous scenes

izgatottság *fn (vké)* (state of) excitement, excited state ‖ *(tömegé)* commotion

izgul *ige (izgatja magát)* be* excited/ anxious, worry, fret *(vm miatt mind: about sg)* || *(vkért)* keep* one's fingers crossed || **ne izgulj!** don't get excited!, don't worry!; ❖ *biz* keep your hair (⊕ *US* shirt) on!

ízig-vérig *hsz* out-and-out, thorough (-going); to the backbone/core *ut.* || **ízig-vérig amerikai** a hundred per cent American; **ízig-vérig sportember** every inch a sportsman°

Izland *fn* Iceland

izlandi ▼ *mn* Icelandic, of Iceland *ut.* ▼ *fn (ember)* Icelander || *(nyelv)* Icelandic

ízlel *ige* taste, try

ízlelés *fn* tasting, trying

ízlelőszerv *fn* organ of taste

ízlés *fn (ízek érzékelése)* faculty/sense of taste, tasting, gustation || ❖ *átv* taste || **ízlés kérdése** a matter of taste; **jó ízlés** (good) taste; **tégy hozzá cukrot ízlés szerint** add sugar to taste

ízléses *mn* tasteful, neat, trim || **ízlésesen öltözködik** dress with/in style

ízléstelen *mn* tasteless, in bad/poor taste *ut.* || **ízléstelenül öltözve** badly/tastelessly dressed

ízléstelenség *fn* tastelessness, bad/poor taste

ízletes *mn* tasty, flavourful, (⊕ *US* -or-)

ízlik *ige* taste good, be* to one's taste; *(vknek vm)* sy likes sg || **hogy ízlik?** how do you like it?, what do you think of it?; **nagyon ízlik** it is excellent, it tastes very good/nice, I like it very much

izmos *mn* muscular, strong(-muscled)

izom *fn* muscle

izomláz *fn* stiffness (after overexertion) || **izomláza van** feel* (rather) stiff

izomzat *fn* muscles *tsz*

izotóp *fn* isotope

Izrael *fn* Israel

izraeli *mn/fn* Israeli

izraelita, *röv* **izr.** ▼ *mn* Jewish ▼ *fn* Jew; *(bibliai)* Israelite

ízű *mn* tasting of sg *ut.*, -tasting || **vmlyen ízű** *(igével)* taste of sg; **sós ízű** salty

ízület *fn* joint

ízületi *mn* of the joints *ut.*, articular || **ízületi bántalom** pain in the joints; **ízületi gyulladás** arthritis

izzad *ige* sweat, be* in a sweat, perspire

izzadás *fn* sweat(ing), perspiration

izzadság *fn* sweat, perspiration

izzadságszag *fn* smell of sweat/perspiration || **izzadságszaga van** be* sweaty, smell* of sweat

izzadt *mn* sweaty, sweating, perspiring

izzadtság *fn (állapot)* sweating, perspiring || = **izzadság**

izzás *fn* glow, heat

izzik *ige* glow; *(vörösen)* be* red-hot; *(fehéren)* be* white-hot

izzít *ige (fémet)* heat, make* red/white-hot

izzó ▼ *mn (parázs)* glowing, burning || **izzó gyűlölet** fervent/burning hatred ▼ *fn* (light) bulb

izzószál *fn* (incandescent) filament

J

ja *isz* ah ‖ **ja úgy?** oh I see!; **ja igaz!** by the way!
jacht *fn* yacht
jachtozik *ige* yacht
jácint *fn* hyacinth
jaguár *fn* jaguar
jaj *isz (fájdalom)* ow!, ouch!, oh!, ah! ‖ *(baj)* woe ‖ **jaj de fáj!** (ouch,) it hurts; **jaj de szép!** how beautiful; **jaj nekem!** oh dear!, woe is me!; **ó jaj!** alas!
jajgat *ige* wail, lament, moan; ❖ *átv* complain
jajgatás *fn* wail(ing), lamentations *tsz*, moans *tsz*
jámbor *mn (vallásos)* pious, devout ‖ *(jó)* simple, meek ‖ *(állat)* tame
janicsár *fn* janissary, janizary
január *fn* January ‖ → **december**
januári *mn* January, in/of January *ut.* ‖ **januári időjárás** January weather ‖ → **decemberi**
japán ▼ *mn* Japanese ‖ **japán nyelv** Japanese ▼ *fn (ember, nyelv)* Japanese ‖ **a japánok** the Japanese; **egy japán csoport** a group of Japanese
Japán *fn* Japan
japánul *hsz* (in) Japanese ‖ → **angolul**
jár *ige (helyét változtatja)* go* (about), move (about); *(jármű közlekedik)* go*, run* ‖ *(vmlyen ruhában)* wear* sg, be* always dressed (in sg) ‖ *(gép, szerkezet)* work, be* working, run*, be* running, be* in operation ‖ *(büntetés vmért)* sg is punishable (by sg) ‖ *(vmvel, következménnyel)* involve sg, be* accompained by sg, bring* about sg, entail sg, lead* to sg ‖ *(vknek pénz stb.)* sg is due to sy, sy is owed sg ‖ **állás után jár** be* looking for a job; **autón jár** go* by car; **az a hír járja, hogy** there's a report that, rumour (⊕ *US* -or) has it that; **az idő már későre jár** it is getting late; **nyolcra jár az idő** it is nearly eight, it is getting on for eight, ⊕ *US* **így is** it is close on eight; **az órám jól jár** my watch keeps good time; **dolga után jár** go* about one's work/business, be* busy with one's work; **egyetemre jár** study/be* at (a) university (⊕ *US* **így is** school), attend (a) university (⊕ *US* **így is** school); **én is úgy jártam** the same thing happened to me, *(az előző mondat igéjétől függően)* so did/had I; **gyalog jár** go* on foot; *(vhova)* walk (to); **harmadik osztályba jár** be* in the third form/class (⊕ *US* grade) [of a school], be* a third form pupil; **iskolába jár** go* to school, be* at school, attend school; **jár a szája** his tongue is (always) going/wagging; ❖ *biz* **jár vkvel, járnak** go* out with [a girl/boy], X is her boy(friend), Y is his girl(friend); **jól járt** he was fortunate/lucky, he came off well; **lányok után jár** be* always going after girls; **mennyi jár (ezért)?** what (*v.* how much) do I owe you (for this)?, what do you charge (for this)?; **milyen újság jár hozzátok?** what paper(s) do you get/take?; **nem jár az óra** the watch/clock has stopped; **sokat jár színházba** go* to

the theatre a lot, be* a regular theatregoer; **súlyos következményekkel járt** it involved grave/serious consequences; **sűrűn jár hozzánk** (s)he comes to see us a lot, (s)he's a regular visitor; **úszni jár** swims regularly; **vkhez jár** be* a frequent caller/visitor at sy's house; **vmn járnak a gondolatai** one's thoughts run* on sg

járás *fn (menés)* walking, going || *(ahogyan vk jár)* gait, walk, bearing, way of walking || *(távolság)* walk || *(óráé)* movement || *(csillagoké)* course || **az óramutató járásával ellenkező irányba(n)** anticlockwise, ⊕ *US* counterclockwise; **megismeri a járásáról** recognize/know* sy by his/her walk/gait; **nem ismeri a járást** he does not know his way around, he is a stranger here; **10 perc járás** a ten-minute walk

járat ▼ *ige (gépet)* race; run*, operate || *(közlekedtet)* run* || **a bolondját járatja vkvel** make* a fool of sy, send* sy on a fool's errand; **a Magyar Nemzetet járatja** (s)he takes/gets Magyar Nemzet; **iskolába járat** send* to school ▼ *fn (hajó)* line, service; *(busz)* service; *(repülő)* flight || ❏ *bány* gallery, level; *(egyéb anyagban)* channel || **mi járatban van?** what are you doing here?, what brings you here?

járatlan *mn (út)* untrodden, unbeaten || *(vmben)* inexperienced in sg, unfamiliar with sg, unaccustomed to sg; *(munkában)* unskilled in sg *(mind: ut.)*

járatlanság *fn* inexperience, lack of skill

járda *fn* pavement, ⊕ *US* sidewalk || **járda felőli oldal** the nearside [of a vehicle]

járdaszegély *fn* kerb, ⊕ *US* curb

járdasziget *fn* (traffic) island, ⊕ *US* safety island

járhatatlan *mn (út)* impassable; *(hozzáférhetetlen)* inaccessible || ❖ *átv* impracticable

járható *mn (út)* passable || ❖ *átv* **járható út** practicable plan; **nem járható** not feasible, impracticable

járkál *ige* walk/stroll/roam about

járkálás *fn* coming(s) and going(s)

jár-kel *ige* come and go, wander about

jármű *fn* vehicle

járműforgalom *fn* vehicular traffic

járó *mn (vhol)* going, walking, moving (swhere, *mind: ut.*) || *(pénz)* due to ut. || *(vmvel)* consequent (up)on sg, inherent in sg, running with sg *(mind: ut.)* || **ötven felé járó ember** man° getting on for fifty

járóbeteg *fn* outpatient

járóbeteg-rendelés *fn (hely)* outpatients (department)

járóka *fn (ketrec)* playpen; *(kerekes)* baby-walker, ⊕ *US* go-cart

járókelő *fn* passer-by *(tsz passers-by)*

járom *fn* yoke || **járom alá hajt** ❖ *átv* subjugate

járomcsont *fn* yoke/cheek-bone

járőr *fn* patrol

járőrautó *fn (rendőrségi)* patrol car

jártas *mn (vmben)* be* well up (v. well-versed) in sg; *(szakemberként)* be* an expert in sg; *(szakmában)* be* skilled in sg

jártasság *fn* expertise, expertness, skill

járul *ige (vk elé)* appear (before sy) || *(vmhez vm)* add to (sg) || **ehhez járul még az is** add to this (that ...), besides, moreover

járvány *fn* epidemic

járványos *mn* epidemic || **járványos megbetegedés** contagious disease

jászol *fn* manger, crib

játék *fn* ❖ *ált és* ❏ *sp* play; *(tenisz)* game || *(szerencsejáték)* gambling || *(színészi)* acting, playing; *(hangszeren)* play(ing) || *(játékszer)* toy

játékasztal *fn (szerencsejátékhoz)* gaming-table || *(orgonáé)* console

játékautó *fn (kicsinyített mása)* model car; *(hajtány)* toy (motor) car

játékautomata *fn* game machine, ❖ *biz* one-armed bandit, ⊕ *GB* fruit-machine, ⊕ *US* slot machine

játékbaba *fn* doll

játékbolt *fn* toyshop

játékfilm *fn* feature film

játékidő *fn* ❑ *sp* playing time || *(játszásra szánt)* playtime

játékkaszinó *fn* casino, gam(bl)inghouse

játékos *fn* ❑ *sp* player; *(csapatban)* member/one of the team, man° *(szerencsejátékban)* gambler, punter

játékszabály *fn* laws/rules of the game *tsz* || **megtartja a játékszabályokat** *(átv is)* play the game, go* by the book

játékszer *fn* toy

játékterem *fn (játékautomatákkal)* ⊕ *GB* amusement arcade, ⊕ *US* gaming room/hall

játékvezető *fn (futball, jégkorong, kosárlabda)* referee, ❖ *biz* ref; *(asztalitenisz, tenisz)* umpire || *(vetélkedőben)* quizmaster, host

játszik *ige* ❖ *ált és* ❑ *sp* play || *(előadóművész)* perform, play; *(színész szerepet)* play, perform, act || *(szerencsejátékban)* gamble; *(pénzben)* play (for money) || **az Otellót játsszák** Othello is on (at the ... theatre); **egymás ellen játszanak** are playing against each other; **életével játszik** trifle with one's life, risk one's life; **filmen játszik** play/appear/act in a film/picture; **hangszeren játszik** play an instrument; **játszik vkvel** ❑ *sp* play (against) sy; ❖ *átv* play with sy; **jól játszik** *(játékos)* be* a good player; **kicsiben játszik** play for small stakes; **nagyban játszik** play for high stakes

játszma *fn (sakk, kártya)* game; *(tenisz)* set || **a játszma elveszett** the game is up

játszódik *ige (cselekmény)* take* place (in) || **a történet Londonban játszódik** the story is set in L.

játszótér *fn* playground, playing field

játszva *hsz (könnyen)* easily, with (the greatest) ease || **játszva győz** win* hands down

jattol *ige* ❖ *biz (kezet fog)* shake* hands || *(borravalót ad)* slip sy [money]

java ▼ *mn* best || **java korában van** be* in the prime of life; **vmnek a java része** the better/best/greater part of sg, the bulk of sg ▼ *fn (embereknek)* pick (of men), élite || *(üdve)* good, benefit, advantage || **a java még hátravan** the best is yet to come; **kenyere javát megette** he is past his prime; **vknek a javát akarja** mean well by sy

javában *hsz* at its height || **javában csinál vmt** be* busy doing sg; **még javában áll** it is still going strong; **már javában alszik** (s)he's (already) fast asleep

javak *fn tsz* goods, possessions

javára *hsz* for the good/benefit of || **a közösség javára** for the benefit/welfare of the community; **egy null a javadra** one up to you; **javára ír** ❑ *ker* credit sy with

javaslat *fn* proposal, suggestion, proposition; *(ülésen)* motion || **javaslatot tesz** put* foward a proposal (for sg); **javaslatot elfogad** carry/adopt a motion

javasol *ige* ❖ *ált* propose, suggest || *(törvényjavaslatot)* bring* in [a bill], ⊕ *GB* table [a bill] || **azt javasolta, hogy** (s)he proposed/suggested that

javít *ige (tárgyat)* mend, repair, ⊕ *US* fix; *(épületet)* restore || ❖ *átv* better, improve; *(hibát, tévedést)* correct; *(dolgozatot tanár)* mark, ⊕ *US* grade || *(rekordot)* break*, better || **javít (anyagi) helyzetén** better one's circumstances

javítás *fn (tárgyé)* mending, repairing, repairs *tsz,* ⊕ *US* fixing || ❖ *átv* improvement, bettering; *(hibáé, tévedésé)* correcting, correction || **javítás alatt** under repair
javíthatatlan *mn (tárgy)* irreparable || *(ember)* incorrigible; ❖ *biz* hopeless; *(erkölcsi hiba)* incurable
javítóintézet *fn* ⊕ *GB* young offender's institution, *(régebben)* approved school, ⊕ *US* reformatory, reform school
javítóműhely *fn* garage, *(főleg* ⊕ *US)* service station
javított *mn* improved || **javított és bővített kiadás** revised and enlarged edition
javítóvizsga *fn* repeat exam/examination || **javítóvizsgát tesz** retake* an exam/examination
jávorszarvas *fn (amerikai)* moose; *(európai)* elk
javul *ige* ❖ *ált* improve, get*/become* better; *(egészségileg)* be* getting better, improve in health; *(idő, körülmény)* change for the better
javulás *fn* improvement, advance, upturn, upswing; *(nemzetközi helyzeté)* improvement
jázmin *fn* jasmine
jég *fn* ice || *(eső)* hail || **a jég hátán is megél** he's got his wits about him, he can always manage; ❖ *átv* **megtört a jég** the ice was broken; **jég esik** it hails, *(most)* it's hailing; **jégbe hűtött** iced, icecooled, on ice *ut.*
jégcsap *fn* icicle
jegenye(fa) *fn* poplar
jegenyefenyő *fn* fir(-tree), silver fir
jégeralsó *fn* thermal (under-)pants *tsz*
jeges ▼ *mn* ❖ *konkr* iced, icy; *(jéghideg)* cold as ice *ut.* || *(fogadtatás)* chilly, frosty, icy || **jeges borogatás** ice pack ▼ *fn* iceman°
jegeskávé *fn* iced coffee
jegesmedve *fn* polar bear

jégeső *fn* hail; *(egy szem)* hailstone || **jégeső esik** it is hailing
Jeges-tenger *fn* → **Északi-, Déli-**
jéghegy *fn* iceberg || **de ez csak a jéghegy csúcsa** but this is only the tip of the iceberg
jéghideg *mn* ice-cold, icy, cold as ice *ut.* || ❖ *átv* chilly, icy, frosty
jéghoki *fn* ice hockey
jégkár *fn* damage from hail
jégkocka *fn* ice cube || **jégkockával (felszolgálva)** on the rocks
jégkorong *fn (játék)* ice hockey || *(a korong)* puck
jégkorszak *fn* ice age, the Ice Age
jégkrém *fn* ice lolly
jégmentesítő *fn* de-icer
jégpálya *fn* skating rink; *(fedett, mű)* icerink
jégszekrény *fn (jéggel)* icebox; *(villamos)* refrigerator; ❖ *biz* fridge
jégtábla *fn* ice-floe
jégtelenítő *fn (spray)* de-icer
jégtorlasz *fn (úszó)* packice, ice floe
jégvirág *fn (ablakon)* frost-work
jégvitorlás *fn* ice-boat/yacht
jégzajlás *fn* break-up of ice, ice drift
jegy *fn (közlekedési, színház- stb.)* ticket || *(élelmiszer)* ration book/card || *(ismertetőjel)* (distinguishing) mark, (distinctive) feature; *(jel)* sign, token; *(beleégetett)* brand || ❑ *isk* mark, ⊕ *US* grade || **a jegyeket kérem!** *(járművön)* tickets please!; **jegyben jár vkvel** be* engaged to sy; **jegyet vesz/vált** *(vasúton)* buy*/book a ticket *(vhová* to, for); ❑ *szính* book a seat; **jegyre adják a cukrot** sugar is on ration; **vmnek a jegyében** in terms of sg
jegyárusítás *fn* booking (of tickets) || **jegyárusítás 10–20 óráig** tickets on sale from 10 am to 8 pm
jegyelővétel *fn* advance booking
jegyes *fn (férfi)* fiancé; *(nő)* fiancée
jegyespár *fn* engaged couple; *(az esküvőn)* the bride and groom

jegyez *ige (ír)* make*/take* notes (of sg), note/write* down; *(gyorsírással)* take* down || ❏ *ker (céget)* sign (the firm) || *(részvényt)* underwrite*, subscribe for [shares] || **hogy jegyzik a fontot?** what is the exchange rate of the pound?

jegygyűrű *fn (esküvő előtt)* engagement ring; *(utána)* wedding ring

jegyiroda *fn* booking/ticket office/agency

jegykiadás *fn (felirat)* booking/box-office

jegypénztár *fn* ❖ *ált* ticket office; *(főleg vasút)* booking-office, ticket office; ❏ *szính* box-office

jegyszedő *fn* ❏ *szính* usher, attendant; *(nő)* usherette; ❏ *vasút* ticket collector

jegyzék *fn* list; *(számlát helyettesítő árujegyzék)* invoice; *(névsor)* roll; *(választókról)* register || *(diplomáciai)* (diplomatic) note, memorandum *(tsz -da v. -dums)* || **fizetési jegyzék** paysheet, payroll; **jegyzékbe vesz** register, list; **jegyzéket intéz vkhez** address/hand a note (to)

jegyzékváltás *fn* exchange of notes (between) two

jegyzet *fn (feljegyzés)* note; *(könyvben)* note, *(lapalji)* footnote; *(magyarázó)* annotation || *(egyetemi)* (lecture) notes *tsz*

jegyzetel *ige* make*/take* notes *(vmt of sg)* || **jegyzetel az előadáson** take* notes in the lecture

jegyzetfüzet *fn* notebook

jegyzettömb *fn* (scratch-)pad, memo pad/block

jegyzőkönyv *fn (ülésen)* minutes *tsz*; *(diplomáciai)* protocol; *(rendőré)* police record || **jegyzőkönyvbe vesz vmt** *(ülésen)* enter/record sg in the minutes; **jegyzőkönyvet készít** take* the minutes

jel *fn* ❖ *ált* sign, mark, stamp; *(betegségé)* symptom, trace; *(vmre utaló)* indication; *(bizonyíték)* token, mark || ❏ *mat* ❏ *vegy* symbol, sign || *(kiejtési)* symbol || *(figyelmeztető)* signal, sign || ❏ *nyelvt* **a többes szám jele** the plural marker/affix; **jeléül annak, hogy** as a proof that, as a sign/token of ...; **jelt ad** give* a/the signal, signal (⊕ *US* -l), make* a sign; **minden jel szerint** there is every indication (that)

jeladás *fn* signal(ling) (⊕ *US* -l-)

jelbeszéd *fn* sign language

jelen ▼ *mn* present || **a jelen esetben** in the present case, in this particular case; **jelen (idő)** present tense, the present; **a jelen pillanatban** (the) present, today, the present time ▼ *hsz* **jelen van** be* present, *(vmn)* attend (sg); *(tanúként)* witness (sg); **nincs jelen** be* absent ▼ *isz* here!, present!

jelenet *fn* scene || **jelenetet rendez** make* a scene, make* scenes, *(hisztizik)* create, throw* a fit

jelenkori *mn* contemporary, modern, of today *ut.*

jelenleg *hsz* at present, for the time being, now, for the moment

jelenlegi *mn* present; *(mai)* present-day || **a jelenlegi helyzetben** in/under the circumstances

jelenlét *fn* presence, attendance || **vk jelenlétében** in the presence of sy

jelenlevő *fn* person present || **a jelenlevők** those present

jelenség *fn (tünet)* phenomenon *(tsz -mena)*, symptom

jelent *ige (közöl)* report (sg to sy), notify (sy of sg), let* sy know (about of sg) || *(vm jelentése van)* mean*, denote || **beteget jelent** report sick; **Chicagóból jelentik** it is reported from Chicago; **(ez) mit jelent?** what does it (v. this word) mean?, what is the meaning of this (word)?

jelentékeny *mn* important, significant, considerable || **jelentékeny ember** important person; **jelentékeny összeg** considerable amount

jelentéktelen *mn* unimportant, insignificant, of no importance *ut.* || **jelentéktelen összeg** a trifling sum
jelentés *fn (közlés)* report *(vmről* on); *(hivatalos)* official statement/report/announcement, communiqué || *(szóé)* meaning, sense || **jelentést tesz vmről** report sg, make* a report (on sg), give* an account of sg
jelentéstan *fn* semantics *esz*
jelentkezés *fn (vhol)* registering (for); *(repülőtéren)* check-in || *(vmre)* application (for sg)
jelentkezési *mn* **jelentkezési határidő** *(pályázatra stb.)* closing date; **jelentkezési lap** application form
jelentkezik *ige (vk)* present oneself, report, make* one's appearance; *(vknél)* call on (sy); *(állásra)* apply for; *(tagnak)* apply for [admission]; *(repülőtéren)* check in; *(bűnös a rendőrségen)* give* oneself up; *(vizsgára)* enter for
jelentkező *fn (állásra)* candidate, applicant; *(vizsgára)* candidate *(mind: for)*
jelentő *mn* ❏ *nyelvt* **jelentő mód** indicative (mood); **sokat jelentő pillantás** a meaning(ful) look
jelentős *mn* = **jelentékeny**
jelentőség *fn* importance, significance || **nincs jelentősége** be* of no importance/significance
jeles ▼ *mn (nevezetes)* excellent, famous, illustrious || **jeles (rendű) tanuló** pupil who got full marks ▼ *fn (osztályzat)* the highest mark; *(minden tárgyból)* full marks
jelez *ige (jelt ad)* signal (⊕ *US* -l), make* a signal, give* signals || *(mutat)* indicate, show* || **előre jelez** give* notice, notify (in advance), announce; **jelzem, már el is késtünk** mind you, we are already late
jelige *fn (jelszó)* motto, slogan, catchword
jelkép *fn* symbol, emblem

jelképes *mn* symbolic || **jelképesen** symbolically
jelképez *ige* symbolize, represent symbolically/allegorically
jelleg *fn* character, type, nature, quality || **más a jellege** it is different in character/nature
jellegzetes *mn* typical, characteristic
jellegzetesség *fn (vonás)* characteristic, (characteristic) feature
jellem *fn* (personal) character, personality || **erős jellem** man° of (strong) character; **gyenge jellem** man° of weak character
jellemez *ige (vkt)* characterize (sy), draw* sy's character/profile, *(leír)* describe (sy); *(író, festő)* portray || **jellemezte az esetet** he outlined the case
jellemtelen *mn* unscrupulous, dishonest
jellemvonás *fn* characteristic, feature, trait
jellemzés *fn* characterization, description of character, character-drawing || **jellemzést ad vkről** *(csak GB)* write*/give* a character of sy, give* a reference of sy
jellemző *mn (vkre)* characteristic/typical of sy; *(vmre)* peculiar to sg, typical of sg || **ez jellemző rád!** that's typical (of you)!, just like you!; **jellemző tulajdonság** (characteristic) feature
jelmagyarázat *fn* signs and abbreviations *tsz*, key (to signs); *(térképen)* legend
jelmez *fn* ❏ *szính* costume; *(jelmezbálon)* fancy dress
jelmezbál *fn* fancy-dress ball
jelmezes főpróba *fn* dress rehearsal
jelmondat *fn* motto; *(pol, reklám)* slogan
jelöl *ige (vmt vmvel)* mark/indicate (sg with sg); *(jelez)* indicate, show*, point to || *(állásra)* propose as [can-

didate], nominate (for) || **elnökségre jelölték** he has been nominated for president (*v.* for the presidency)
jelölés *fn* (*vmvel*) marking, designation || *(a jel)* mark; *(jelrendszer)* notation || *(tisztségre)* nomination, proposal
jelölt ▼ *mn* marked ▼ *fn (tisztségre, vizsgára)* candidate (for); *(állásra)* nominee
jelszó *fn (párté)* slogan, watchword; ❏ *kat és szt* password
jelvény *fn (kitűzhető)* badge
jelzés *fn (megjelölés)* marking, stamping, labelling (⊕ *US* -l-); *(a jel)* mark, stamp; ❏ *ker* brand, label; *(aktán)* (classification) mark; *(turista)* blaze, trail || *(jeladás művelete)* signalling (⊕ *US* -l-); *(figyelmeztető)* warning; *(amit észlelünk)* signal || **közúti jelzések** traffic signs and signals; **piros jelzés** red (light)
jelző *fn* ❏ *nyelvt* attribute; *(díszítő)* epithet
jelzőberendezés *fn* signalling (⊕ *US* -l-) equipment/device/system
jelzőfény *fn* beacon; *(repülőtéri)* ground-lights *tsz*
jelzői *mn* attributive || **jelzői használatban** (used) attributively
jelzőlámpa *fn (forgalmi)* traffic lights *tsz*, traffic light/signal
jelzőtábla *fn (közúti)* (road/traffic) sign; *(tilalmi)* signs giving orders *tsz*; *(veszélyt jelző)* warning signs *tsz*; *(tájékoztatást adó)* information signs *tsz*; *(utasítást adó)* mandatory signs *tsz*; *(feloldó)* end of
jénai tál *fn kb.* Pyrex dish/bowl
jenki *fn* Yankee
Jézus *fn* Jesus || **Jézus Krisztus** Jesus Christ
jiddis *fn/mn* Yiddish
jó ▼ *mn* ❖ *ált* good; *(alkalmas, célszerű)* fit, suitable, proper; *(befektetés)* profitable, advantageous; *(ember)* upright, good, honest; *(föld)* fertile; *(íz)* nice, pleasing, delicious; *(levegő)* fresh; *(munkaerő)* efficient; painstaking; *(tanuló)* diligent, industrious || *(sok)* rather, pretty, fairly, very || **eljössz? jó, elmegyek** Will you come (along)? – All right(, I will); **ez nem jó rám** it doesn't fit me; **ez arra jó, hogy** this is for ..., this serves to ...; **(ez) jó lesz** that'll do, that'll be fine; *(beleegyezés)*; **jó!** (all) right!, okay!, OK!; **jó fejű** intelligent, clever, bright; **jó ideje** a good while (ago), for a long while/time; **jó minőségű** good quality, first-rate; **jó modorú** well-mannered; ❏ *kif* have* good manners; **jó nagy** pretty big, fairly large, considerable; **jó napot (kívánok)!** *(délig)* good morning!; *(délután)* good afternoon!; *(búcsúzáskor)* good-bye, ⊕ *US* good-by; **jó nevű** famous, noted, well-known; **jó ötlet** a good idea, a happy thought; **jó sok** quite a lot, a good deal/many; **jó szándékú** well-intentioned, well-meaning, kindly; **jó szemmel néz** approve of; **jó utat!** have a pleasant journey!, have a good trip!, bon voyage!; **jó vknél** ❖ *biz* be* well in with sy; **jó vmben** *(vk)* be good at sg; **jó vmre** be* of (some) use for sg, be* fit/good/suitable for sg; **légy jó!** be good!; **minden jó, ha jó a vége** all's well that ends well; **mire jó?** what is it good for?; **nem jó szemmel néz** disapprove of, doesn't like (sg/to) ▼ *fn* ❖ *ált* good, good thing || *(osztályzat)* good, ⊕ *US* B || **a bor nem tesz jót nekem** wine doesn't agree with me; **jóban van vkvel** be* on good terms with sy; **jóból is megárt a sok** enough is as good as a feast, too much is as bad as nothing at all; **jónak lát** find*/deem sg advisable, think* sg proper/fit; **jóra fordul** take* a turn (*v.* change) for the better; **jót akar vknek** have* good intentions towards sy, mean* sy well; **jót fog tenni** it will do you good; **jót**

nevet vmn laugh heartily at sg, ❖ *biz* have* a good laugh at sg; **minden jót kívánok** (my) best wishes (to); *(születésnapra)* many happy returns; **nem sok jót ígér** bode ill; **tegyen, amit jónak lát** take what action you think fit, do as you think fit

jóakarat *fn* goodwill, benevolence

jóakaratú *mn* kindly/well-disposed, benevolent

jóakaró *fn* well-wisher, patron, benefactor

jobb¹ *mn (a jó középfoka)* better (*vmnél* than) ‖ **annál jobb** all the better, so much the better; **jobb volna (ha)** it would be better (to/if), one had better; **jobbra fordul** change for the better

jobb² *mn/fn (kéz, oldal stb.)* right [hand], right(-hand) [side] ‖ **jobb kéz, vknek a jobbja** right hand; **jobb kéz felől** to the right, on one's right (-hand) side; **jobb kéz felőli** righthand; ❖ *átv* **vknek a jobbkeze** sy's right hand, sy's right-hand man; **jobb oldal** the right, the right-hand side; *(hajóé)* starboard; **a jobb oldalon** on the right(-hand) side; **az út jobb oldalán** on the right-hand side of the road; **jobb oldali** right-hand; **jobb parti** of the right bank *ut.*, right(-) bank; **jobbra, jobb felé** to(wards) the right, right; **jobbra hajt(s)!** keep (to the) right!; **jobbra kanyarodik** turn right; **jobbra kanyarodni tilos!** no right turn; **jobbra tolódik** veer/drift to(wards) the right; **jobbra át!** right turn!; **jobbra igazodj!** dress right!; **jobbra nézz!** eyes right!; **jobbról, jobb felől** from the right; **jobbról balra** *(képen)* (from) right to left

jobban *hsz* better; *(erősebben)* more, harder ‖ **jobban van** be* better, be* feeling better; **egyre jobban** better and better; *(erősebben)* more and more; **jobban jársz, ha ...** you would do better to ...; **jobban mondva** or rather, that is to say; **jobban szeret** (*vmt vmnél v. vmt tenni*) prefer sg to sg, prefer to do sg; **jobban tennéd, ha mennél** you'd better leave now

jobbhátvéd *fn* ❑ *sp* right back

jobbkezes *mn* right-handed

jobbkéz-szabály *fn* priority on the right, ⊕ *US* yield to traffic from the right

jobbkor *hsz* **soha jobbkor!** it could not have come at a better time, just what was wanted/needed

jobbközép *fn* right centre (⊕ *US* -ter)

jobboldal *fn* ❑ *pol* the Right

jobboldali ▼ *mn* ❑ *pol* right(-wing), conservative, rightist ▼ *fn* right-winger, rightist

jobbos *mn* ❑ *műsz* closing/opening to the right *ut.*, right(-hand), right-handed

jobbratolódás *fn* ❑ *pol* swing to the right

jobbszélső *fn* ❑ *sp* outside right, right-wing(s)

jobbulás *fn* improvement, betterment, getting better ‖ **jobbulást kívánok!** get better quickly!, (I wish you a) speedy recovery!

jócskán *hsz* pretty much, considerably

jód *fn* iodine

jódoz *ige* iodize; *(jóddal ecsetel)* paint with iodine

jóérzés *fn* goodwill, decency

jóformán *hsz* practically, virtually, as good as, so to speak

jog *fn (rendszer)* law; *(tudomány)* law, jurisprudence ‖ (*vmhez*) right (to), title (to) ‖ **emberi jogok** human rights; **joga van vmhez** have* the right to (do) sg, be* entitled to sg, have* the power to (do) sg; **joggal** rightly, with good reason; **jogot végzett** *(személy)* graduate in law; **mi jogon?** by what right?; **minden jog fenntartva** all rights reserved

jóga *fn* yoga

jogállam *fn* state under the rule of law

jogállamiság *fn* the rule of law, constitutionality

jogar *fn* sceptre (⊕ *US* -ter)

jogász *fn* *(ügyvéd)* lawyer; ⊕ *US így is* jurist || *(diák)* law student || **a jogászok** the legal profession

jógázik *ige* practise (⊕ *US* -ce) yoga

jogcím *fn* (legal) title || **azon a jogcímen** by right/virtue of, on/under the pretext of; **milyen jogcímen?** (up)on what grounds?, by what right?

jogdíj *fn* royalties *tsz*, *(főleg* ⊕ *US)* royalty

jogellenes *mn* unlawful

jogfolytonosság *fn* continuity of right, legal continuity

joghallgató *fn* law student

joghurt *fn* yog(h)urt

jogi *mn* legal || **jogi doktor** Doctor of Laws *(röv* LLD); **jogi kar** faculty/department of law; **jogi képviselő** legal representative, counsel, ⊕ *US* attorney; **jogi osztály** legal department; **jogi személy** legal entity/person, corporate body

jogkör *fn* sphere of authority, jurisdiction

jogos *mn* lawful, rightful, legitimate, legal; *(igény)* just || **jogos panasz** justified complaint; ❏ *kif* the complaint was upheld; **ez az ő jogos tulajdona** it belongs to him by right; **jogosan** rightly, by right, de jure

jogosít *ige* entitle (to), authorize (to) || **két személy belépésére jogosít** admits two

jogosítvány *fn* ❖ **ált** licence (⊕ *US* -se) || = **vezetői engedély**

jogosulatlan *mn* unjustified, unauthorized

jogosult *mn* entitled (to) *ut.*; *(illetékes)* authorized

jogosultság *fn* title, competence

jogrend *fn* law and order

jogrendszer *fn* legal system

jogsértés *fn* infringement of lawful rights

jogszabály *fn* law, rule || **a jogszabályoknak megfelelő** lawful, legal

jogszerű *mn* lawful, legal || **jogszerű követelés** legal/legitimate claim (to sg); **jogszerűen** by right, according to law

jogszolgáltatás *fn* administration of justice, jurisdiction

jogtalan *mn* unlawful, illegal, illegitimate, unauthorized, lawless

jogtalanság *fn* illegality, wrong, unlawfulness

jogtanácsos *fn* legal adviser, counsel || **vállalati jogtanácsos** company solicitor/lawyer

jogtudomány *fn* law, jurisprudence

jogtudományi kar *fn* faculty of law

jogutód *fn* legal successor

jogvédő *mn* **szerzői jogvédő iroda** copyright agency/bureau

jogviszony *fn* legal relation(s)/relationship

jogvita *fn* legal dispute/debate

jóhiszemű *mn* *(ember)* well-meaning, honest || **jóhiszeműen cselekszik** do* sg in good faith

jóhiszeműség *fn* good faith, bona fides *(esz v. tsz)*, honest intentions *tsz*

jóindulat *fn* goodwill, benevolence || **jóindulattal van vk iránt** be* well-disposed towards sy, mean* well by sy

jóindulatú *mn* *(ember)* well-meaning || **jóindulatú daganat** benign tumour (⊕ *US* -or)

jóízű *mn* *(étel)* tasty, delicious; *(igével)* it tastes nice

jóízűen *hsz* **jóízűen eszik** eat* with relish, relish (sg); **jóízűen nevet** laugh heartily (at sg)

jókedv *fn* high spirits *tsz*

jókedvű *mn* cheerful, jolly, merry, in good/high spirits *ut.*

jóképű *mn* good-looking, handsome

jókívánság *fn* best wishes *tsz* || **születésnapi jókívánságok** [a card with] birthday greetings

jókor *hsz (idejében)* in (good) time ‖ *(korán)* early ‖ **éppen jókor** just in time, in the nick of time

jól *hsz* ❖ *ált* well; *(helyesen)* properly, fairly; *(hibátlanul)* correctly, without a mistake ‖ **jól áll** *(vknek)* suit sy; *(ruha)* fit sy well; **jól él** live a life of ease, be* in clover, live in style, be* comfortably off; **jól értesült** well-informed; **jól érzi magát** feel* (quite/pretty) well, be* well/fine, be* all right; **jól fésült** well-groomed; **jól fizetett** highly-paid; **jól járt vele** *(vmvel)* it was a good choice, he was lucky with it; **jól jön** *(vknek vm)* come* in useful/handy; **jól megmondja neki a magáét** tell* sy off, give* sy a piece of one's mind; **jól megy** *(vállalkozás, ember boldogul)* thrive*, prosper, get* along/on; **jól menő** *(vállalkozás)* going [concern]; **jól nevelt** well-bred/educated; *(igével)* know* how to behave; **jól vagy?** are you feeling well?, are you all right?; **jól van** be*/feel* well, be* keeping well; **jól van!** (all) right, that's right, ⊕ *US* OK; **nem érzi jól magát** feel*/be* unwell, be* under the weather; **nincs jól** be* unwell

jólelkű *mn* kind-hearted, charitable, kind

jólesik *ige (vknek vm)* be* pleased/flattered by (sg), sg gives pleasure (to sy), be* agreeable (to sy) ‖ **jólesett a vacsora** the dinner was delicious; **jólesik ránézni** she is nice to look at

jóleső *mn* pleasant, pleasing, agreeable ‖ **jóleső érzés** a good feeling

jólét *fn (anyagi)* welfare, well-being; *(bőség)* wealth, plenty, abundance, prosperity ‖ **jólétben él** be* well off, live a life of ease

jóléti *mn* **jóléti állam** welfare state

jóllakik *ige* eat* one's fill, have* enough ‖ **jóllaktál?** have you had enough?

jóllakott *mn* full, satisfied

jómód *fn* → **jólét**

jómódú *mn* well-to-do, wealthy, well-off

jópofa *fn* jolly good fellow, ❖ *biz* a real card; *(jelzőként)* funny

jóravaló *mn* honest, decent, upright

jós *fn* prophet, seer, oracle

jóság *fn* goodness, kind(li)ness, charity

jóságos *mn* good, kind(ly), kind-hearted

jóslat *fn* prophecy, prediction

jósnő *fn* prophetess, sibyl, fortune-teller

jósol *ige* prophesy, foretell*, predict ‖ **nem sok jót jósolok neki** I do not expect much (good) of him/it

jószág *fn (állat)* cattle *tsz*, domestic animals *tsz*

jószívű *mn* kind/warm-hearted, charitable

jószívűség *fn* kindheartedness, generosity

jótáll *ige (vkért)* stand* surety for sy, go*/stand security for sy; *(vmért)* guarantee sg

jótállás *fn* surety, guarantee ‖ **kétévi jótállás** a guarantee for two years, a two-year guarantee/warranty

jótékony *mn (bőkezű)* charitable, philanthropic, generous ‖ **jótékony célú hangverseny** *(... számára)* a benefit concert (for ...); **jótékony hatás** beneficial result, good influence

jótékonyság *fn* charity, beneficence

jótett *fn* good deed/turn ‖ **jótettért jót várj** one good turn deserves another

jótevő *fn* benefactor; *(nő)* benefactress

jóvágású *mn (ember)* good-looking

jóváhagy *ige (tervet stb.)* approve (sg), endorse (sg), agree to (sg), sanction (sg); ⊕ *US* ❖ *biz* okay (sg)

jóváhagyás *fn* approval, endorsement, sanction(ing)

jóváír *ige* credit [an amount v. sy with an amount], enter sg to sy's credit

jóváírás *fn* credit entry, crediting
jóval *hsz* much, quite, well, far || **jóval előbb** long before; **jóval idősebb** much older; **jóval több a kelleténél** far too many
jóvátehetetlen *mn* irredeemable, irreparable, inexpiable
jóvátesz *ige (hibát)* remedy, repair; *(sérelmet)* make* amends for || *(veszteséget)* compensate for, make* up for
jóvátétel *fn (hibáé)* reparation || ❏ *pol* **jóvátételt fizet vknek** indemnify sy; *(államnak)* pay* reparations to
jóvoltából *hsz* vknek a jóvoltából thanks to sy, through/owing to the good offices of sy
józan *mn (nem iszik)* temperate; *(nem részeg)* sober || *(higgadt)* sober, restrained || **józan ész** common/good sense; **józan eszű ember** man° of (common) sense; **józan gondolkodású** right-minded, sensible, sane
józanság *fn (alkoholtól tartózkodás)* temperance; *(mértékletesség)* sobriety, soberness || *(józan gondolkodás)* soundness, common sense, sensibleness
jön *ige* ❖ *ált* come*, be* coming; *(érkezik)* arrive || *(származik)* come* (from); *(pénzbe)* cost* || **honnan jön (ön)?** where do you come from?; **jól jön** *(vm vknek)* come* in handy/useful; **jöjjön, aminek jönni kell** come what may; **mibe jön?** how much does it come to?, what will/does it cost?; ❖ *biz* **ő jön** (s)he comes on; **rögtön jövök** I'll be back in a minute; *(kiírás)* back soon
jövedelem *fn (magán)* income; *(vállalaté)* receipts *tsz*; *(állami)* revenue || **bruttó jövedelem** gross income; **nemzeti jövedelem** national income; **havi jövedelme ... Ft** (s)he earns ... fts a month; **nettó jövedelem** net income
jövedelemadó *fn* income tax

jövedelembevallás *fn* (income-)tax return
jövedelmező *mn (üzlet)* paying, profitable; *(igével)* pay*, be* profitable || **nem jövedelmező** unprofitable
jövendő *fn* the future, the time to come
jövendőbeli ▼ *mn* future ▼ *fn* sy's future wife/husband
jövetel *fn* coming, arrival
jövevény *fn* newcomer, new/fresh arrival
jövő ▼ *mn (eljövendő)* future, coming, to come/be *ut.* || **jövő év** next year; **jövő héten** next week; **jövő idő** future tense ▼ *fn (jövendő)* the future, the time to come || *(nyelvt idő)* future tense || **a jövő zenéje** it remains to be seen; **a jövőben** in the future; **mit hoz a jövő?** what has the future in store (for us)?; **nagy jövő vár rá** have* fine prospects
jövőre *hsz* next year; in the coming year
jubileum *fn* jubilee, anniversary
jubileumi *mn* jubilee
jugoszláv *mn/fn* Yugoslav, Yugoslavian
Jugoszlávia *fn* Yugoslavia
jugoszláviai *mn* Yugoslavian
juh *fn (élő)* sheep *(tsz* sheep); *(anya)* ewe || *(húsa)* mutton
juharfa *fn (élő)* maple(-tree) || *(faanyag)* maple(-wood)
juhász *fn* shepherd
juhászkutya *fn* sheepdog, shepherd dog || **német juhászkutya** Alsatian, ⊕ *US* German shepherd; **skót juhászkutya** collie
juhhús *fn* mutton
juhsajt *fn* sheep's/ewe's milk cheese
juhtenyésztés *fn* sheep-farming
juhtenyésztő *fn* sheep-farmer
juhtúró *fn* sheep's cottage cheese, curded ewe-cheese
juj *isz* oh!, my goodness!
Júlia *fn* Julia; *(Rómeóé)* Juliet
július *fn* July || → **december**

júliusi *mn* July, of/in July *ut.* ‖ **júliusi kánikula** the sweltering heat of July ‖ → **decemberi**

június *fn* June ‖ → **december**

júniusi *mn* June, of/in June *ut.* ‖ **júniusi meleg** the heat of June ‖ → **decemberi**

jut *ige (vhová térben)* come* (to), get* to, arrive at ‖ ❖ *átv (vmre)* arrive at; *(állapotba)* become* (sg) ‖ *(vmhez)* get* at sg, come* by sg, obtain sg ‖ *(vknek vm)* fall* to the share/lot of sy ‖ **álláshoz jut** come* by a job; **ezzel nem jutsz messzire** it will not take you far; **jut is, marad is** there is enough and to spare; **pénzhez jut** come* by money, get*/obtain money; **semmire se fog jutni** (s)he will never get anywhere (*v.* amount to anything); **szóhoz jut** obtain a hearing, have* a chance of speaking

jutalmaz *ige* reward, recompense; *(pályaművet)* award sg a/the prize

jutalmazás *fn* rewarding

jutalom *fn (jó teljesítményért)* reward; *(pályadíj)* prize, award; *(pénzbeli)* prize-money; *(teljesítménytöbbletért)* premium, bonus ‖ **jutalomban részesít vkt** reward sy; **szolgálatai jutalmául** for services rendered

jutalomdíj *fn (megtalálónak)* reward; *(szerzőnek)* prize

jutalomkönyv *fn* book award, gift book

juttat *ige (vkt vhová)* bring*/get* sy to, place sy in ‖ *(vkt vmhez)* let* sy get sg; *(kiutal)* allocate (sg to sy) ‖ **álláshoz juttat** find* a place (*v.* employment) for sy, get* sy a job; **lakáshoz juttat vkt** get* sy a flat, help sy get a flat

juttatás *fn (vmhez)* assignment, allotment ‖ *(béren felüli)* allowance, grant

K

kabala *fn (babona)* superstition || *(tárgy)* mascot
kabaré *fn* ❏ *szính kb.* cabaret, ⊕ *GB* music hall || *(műsor)* cabaret, (floor) show || ❖ *iron* **ez tiszta kabaré!** this is sheer comedy!; **politikai kabaré** a satirical political revue, a political satire
kabát *fn (felső)* (over)coat; *(meleg)* topcoat; *(zakó)* jacket
kábel *fn (huzal)* cable || **kábelt lerak** lay* a cable
kábeltelevízió *fn* cable television
kabin *fn (strandon, uszodában)* (changing) cubicle, beach hut, ⊕ *US* cabana || *(hajón stb.)* cabin, stateroom; *(űrhajón)* (space) capsule
kabinet *fn (kormány)* cabinet, government, ⊕ *US* administration
kabinos *fn* swimming-pool attendant
kábít *ige (átv is)* daze; *(kábítószer)* drug, dope, narcotize
kábítószer *fn* drug || **kábítószert szed** take* drugs, be* on drugs; **kábítószeres cigaretta** ❖ *biz* joint
kábítószer-élvező/-függő *fn* drug-addict; ❖ *biz* junkie
kábult *mn* dazed; *(ütéstől)* stunned; *(szertől)* stupefied, drugged
kábultság *fn* daze, stupor; ❏ *orv* narcosis
kacag *ige* laugh heartily, have* a good laugh *(vmn* at)
kacagás *fn* loud/hearty laugh(ter)
kacat *fn* ❖ *biz* junk, lumber, clutter
kacér *mn* coquettish, flirtatious || **kacér nő** coquette, flirt

kacérkodik *ige (vkvel)* flirt with sy || **kacérkodik a gondolattal** flirt/toy with the idea (of doing sg)
kacs *fn* tendril
kacsa *fn (állat)* duck || *(hírlapi)* false report, canard
kacsasült *fn* roast duck
kacsázik *ige (járás közben)* waddle || *(kővel)* play ducks and drakes
kacsingat *ige (vkre)* keep* winking (at)
kacsint *ige* wink || **vkre kacsint** wink at sy, give* sy a wink (v. the wink)
kád *fn (fürdő)* bath, ⊕ *US* bath(tub)
kádár *fn* cooper
káder *fn* ❏ *pol és* ❏ *kat* cadre
kagyló *fn (állat)* shellfish, mollusc (⊕ *US* -sk) || *(kagylóhéj)* shell || *(telefoné)* receiver || *(mosdóé)* wash basin
kaja *fn* ❖ *biz* grub, nosh, eats *tsz*
kajak *fn (Eskimo's)* kayak, canoe; *(összecsukható túrakajak)* faltboat, foldboat, collapsible boat
kajak-kenu *fn* canoeing
kajakos *fn* canoeist
kajakozik *ige* paddle a kayak/canoe, canoe
kajszi(barack) *fn* apricot
kajüt *fn* cabin; *(nagyobb)* stateroom
kaka *fn* ❖ *biz* shit
kakál *ige* ❖ *vulg* shit*
kakaó *fn* ❏ *növ* cacao || *(por és ital)* cocoa; *(ital még)* hot chocolate
kakas *fn* ❏ *áll* cock, ⊕ *csak US* rooster || *(fegyveré)* cock
kakastaréj *fn* cockscomb
kakasülő *fn* ❖ *biz (színházban)* the gods *tsz*

kaktusz *fn* cactus *(tsz* -es *v.* cacti)
kakukk *fn* cuckoo
kalács *fn kb.* milk loaf°
kaland *fn* adventure; *(szerelmi)* (love) affair
kalandor *fn* adventurer
kalandos *mn* adventurous || **kalandos utazás** eventful/adventurous journey
kalap *fn (fejfedő)* hat || *(gombáé)* cap || **egy kalap alá vesz** lump together, treat (sy) alike, judge (sy) by the same standard; **kalap van a fején** have* a hat on; **le a kalappal!** I take my hat off to you/him etc.
kalapács *fn (szerszám)* hammer; *(elnöki, árverező)* gavel || *(fülben)* hammer, malleus || **kalapács alá kerül** come* under the hammer
kalapácsvetés *fn* throwing the hammer
kalapácsvető *fn* hammer-thrower
kalapál *ige* hammer || *(szív)* pound
kalapos ▼ *mn* hatted, wearing a hat *ut.*
▼ *fn* hatter, hatmaker; *(női)* milliner
kalapszalon *fn* milliner's
kalarábé *fn* kohlrabi, turnip cabbage
kalász *fn* ear || **kalászba szökken** ear
kalászos *mn/fn* **kalászosok** cereals
kalauz *fn (villamoson, buszon)* conductor; *(vonaton)* ticket-inspector || *(útikönyv)* guide(-book)
kalauzol *ige* guide (sy), *(körbevezetve)* show* (sy) round
kalcium *fn* calcium
kaliber *fn (csőé)* calibre (⊕ *US* -ber); *(furat)* bore || **nagy kaliberű ember** a man of high calibre
Kalifornia *fn* California
kalimpál *ige (kéz)* beat* the air; *(láb)* fling* about, kick || *(szív)* beat* feverishly, palpitate
kalitka *fn* cage
kálium *fn* potassium
kalkuláció *fn* calculation, reckoning; *(áré)* costing
kalkulál *ige* calculate, reckon, estimate, compute; *(árat)* cost sg

kalkulátor *fn* calculator, estimator
kalória *fn* calorie
kalóriaszegény *mn* low in calories *ut.*
kalóz *fn* pirate
kalózhajó *fn* pirate, privateer
kalózkiadás *fn* pirate(d) edition
kálvinista *fn/mn* Calvinist
kálvinizmus *fn* Calvinism
kályha *fn* stove
kamara *fn (testület)* chamber
kamaraszínház *fn* studio theatre
kamarazene *fn* chamber music
kamarazenekar *fn* chamber orchestra
kamasz *fn* adolescent
kamaszkor *fn* adolescence, puberty
kamaszkori *mn* adolescent
kamaszodik *ige* reach puberty
kamat *fn* interest || **kamatos kamat** compound interest; **15% kamatra ad kölcsönt** lend* money at 15% *(kimondva:* per cent) interest
kamatláb *fn* rate of interest, interest rate
kamera *fn* ❏ *fényk* ❏ *film* ❏ *tv,* camera
kamillatea *fn* camomile tea
kamion *fn* (articulated) lorry, ❖ *biz* juggernaut, ⊕ *US* truck
kampány *fn* campaign
kamra *fn (éléskamra)* pantry, larder; *(egyéb)* shed, box-room; *(lomtár)* lumber-room || *(gépé, zsilipé)* chamber || *(szívé)* ventricle
kan *fn (állat hímje)* male [animal] || *(disznó)* boar || **kan kutya** (male) dog
Kanada *fn* Canada
kanadai *mn/fn* Canadian
kanál *fn* spoon; *(merítő)* ladle
kanalas orvosság *fn* liquid medicine, mixture
kanális *fn* sewer
kanapé *fn* settee, sofa, couch
kanári *fn* canary
Kanári-szigetek *fn tsz* Canary Islands
kanca *fn* mare
kancellár *fn* chancellor
kancellária *fn* chancellery
kancsal *mn* cross/squint-eyed

kancsalít *ige* squint, have* a squint
kancsalság *fn* squint, strabismus
kancsó *fn (italnak)* pitcher, jug; *(bornak, víznek)* carafe
kandalló *fn* fireplace
kandidátus *fn* candidate (of)
kandúr *fn* tomcat
kánikula *fn* heatwave, dog days *tsz*
kankalin *fn* primrose, cowslip
kanna *fn* ❖ *ált* can; *(tejes)* milk-can/churn || *(teás)* (tea)pot; *(vízforralásra)* (tea)kettle
kannibál *fn* cannibal
kánon *fn (egyházi)* canon || ❑ *zene* canon, round
kanonok *fn* canon
kantáta *fn* cantata
kántor *fn* choir-master, organist, *(zsidó is)* cantor
kánya *fn* kite
kanyar *fn* bend, curve, turn(ing) || **éles kanyar** sharp bend/turn; **kettős kanyar** double bend; **veszi a kanyart** take* the bend, turn a corner
kanyargó(s) *mn* winding, twisting, zigzag(ging)
kanyaró *fn* measles *esz v. tsz*; ❑ *orv* morbilli || **kanyarója van** be* down with measles
kanyarodás *fn (járműé)* turn(ing), cornering || *(úté, folyóé)* bend, turn
kanyarodik *ige* turn, bend* || **balra kanyarodik** *(jármű)* turn left; *(út)* turn/bend* left; **jobbra kanyarodni tilos!** no right turn!
kanyarog *ige* wind*, meander, zigzag
kap *ige (ajándékot)* get*, receive, be* given; *(hozzájut)* get* (hold of), obtain, find* || *(betegséget)* catch*, contract || **ezt nem kapni sehol** you can't get it for love or money, it is nowhere to be had; **fejéhez kap** clutch one's head; **két évi börtönt kapott** he was given two years, he got two years; **levelet kapott** he got/had a letter; **ruhát kap magára** slip on one's clothes, tumble into one's clothes; **szívéhez kapott** he clutched his chest
kapa *fn* hoe
kapacitás *fn* ❑ *fiz* capacity || *(képesség)* capacity, ability
kapál *ige* hoe *(jel. id. igenév:* hoeing)
kapálódzik *ige* writhe, struggle || **kézzel-lábbal kapálódzik vm ellen** kick/protest against sg
kapar *ige* scratch, scrape || **kapar a torkom** I've got a tickle in my throat
kapásból *hsz* off the cuff, extempore, on the spot, right away, impromptu
kapaszkodik *ige (vmre fel)* climb up (on) || *(vmbe)* grasp sg, hang*/hold* on to sg, cling* (on) to sg, clutch sg, take* hold of sg || **kapaszkodj belém!** hold/hang on to me!
kapaszkodósáv *fn* crawler lane
kapcsán *nu* **vmnek (a) kapcsán** in connection with sg, with reference to sg; *(alkalmából)* on the occasion of sg
kapcsol *ige* ❖ *ált* connect, couple (up); join || *(áramkört)* connect [the wires] *(párhuzamosan:* in parallel, *sorosan:* in series); *(telefonon)* connect sy (to/with), put* (sy) through to || ❖ *biz (megért)* catch* on || **gyorsan kapcsol** be* sharp/quick(-witted), be* quick on the uptake || **kérem, kapcsolja a 12-70-et** can you put me through to 12-70?; **második sebességre kapcsol** move/go*/shift into second (gear)
kapcsolás *fn* ❖ *ált (folyamat)* connecting, joining, linking *(vmvel mind:* with) || *(kapcsolóval)* switching || *(el és telefon)* connection || **téves kapcsolás** (you've got the) wrong number
kapcsolat *fn (személyes)* connection, contact, relationship, relation(s); *(érzelmi)* attachment || *(dolgoké)* link, tie(s), connection, relation(s), relationship (between) || **jó kapcsolatai vannak** have* good connections, be* well connected; **kapcsolatban van**

kapcsoló

vkvel be* in touch/contact with sy, have* contacts with sy; **üzleti kapcsolatok** business relations, dealings (with); **vmvel kapcsolatban** in connection with sg, with regard to sg, with reference to sg
kapcsoló *fn* switch
kapcsolódik *ige (vmhez)* be* connected/joined/linked with sg, be* attached to sg
kapcsológomb *fn* switch knob, button
kapcsolótábla *fn* switchboard
kapcsos zárójel *fn* brace, curly bracket
kapható *mn* obtainable, available; *(igével)* to be had/obtained || **nem kapható** be* out of stock, be* sold out, be* unavailable
kapitalista *mn/fn* capitalist
kapitalizmus *fn* capitalism
kapitány *fn* ❖ *ált* captain || ❏ *sp* captain, skipper || **szövetségi kapitány** selector, team manager
kapitányság *fn (rendőri)* local/district police station
kapitulál *ige* surrender, capitulate
kapkod *ige (árut)* snap up, buy* up || *(vm után)* catch*/grab/snatch at sg, keep* catching/snatching (at) || *(zavarában)* be* in a flurry/fluster || **levegő után kapkod** gasp/pant for breath, be* short of breath
kapkodás *fn (zavar)* confusion, flurry, fluster
kapocs *fn* hook, fastener; *(ruhán)* hook and eye; *(patent)* snap (fastener); ❏ *orv (sebé)* (wound) clamp, clip
kápolna *fn* chapel
kapor *fn* dill
kapóra jön *ige (vknek vm)* come* just at the right moment, come* in very handy; *(vk is)* come* in the nick of time
kapós *mn* ❖ *biz (áru)* be* selling like hot cakes
káposzta *fn* cabbage
káposztasaláta *fn* coleslaw

káprázik *ige* **káprázik a szeme** *(fénytől)* be* dazzled; **azt hittem, káprázik a szemem, amikor ...** I couldn't believe my eyes when
kapszula *fn* capsule
kaptafa *fn* (shoemaker's) last
kapu *fn (kerti)* gate; *(házé)* (street) door, entrance door || *(futballban)* goal || **belőtte a labdát a kapuba** he kicked the ball into the goal; **hátsó kapu** back door; **kerti kapu** (garden) gate; **megnyitja kapuit** *(intézmény)* be* opened (to the public); **utcai kapu** *(házé)* front door; *(előkerté)* gate
kapualj *fn* gateway, doorway, entrance
kapucni *fn* hood
kapukulcs *fn* (latch)key
kapus *fn (portás)* gate/door-keeper, porter || *(futball)* goalkeeper
kaputelefon *fn* entryphone
kapzsi *mn* greedy, grasping, avaricious
kapzsiság *fn* greed, avarice, rapacity
kar[1] *fn (emberé)* arm || ❏ *műsz (emelőé)* arm; *(mérlegé)* (scale-)beam || **jó karban** in good repair/condition; *(vm)* in good state of preservation; **karjába vesz vkt** take* sy in one's arms; **karjánál fogva** taken sy by the arm; **karon fog take*** sy by the arm; **karon ülő gyermek** child°/babe in arms; **rossz karban van** be* in bad repair
kar[2] *fn (egyetemi)* faculty || *(ének)* choir, chorus; *(tánc)* (corps de) ballet || **bölcsészettudományi kar** Faculty/School of Arts
kár *fn (anyagi)* damage, loss; *(pénzbeli)* cost, expense; *(erkölcsi)* detriment, harm, injury, wrong || **de kár!** what a pity!, that's a great pity, that's too bad!; **kár a fáradságért** it's not worth the trouble; **kár érte!** *(vmért)* it is much to be regretted; *(vkért)* he is much to be pitied; **kár, hogy** it is unfortunate that, what/it's a pity (that) you ...; **kárba vész** be* wasted, be* all for nothing; **kárba veszett** futile,

*u*seless, fr*ui*tless; **kárt okoz** *(vknek/ vmnek)* cause/do* d*a*mage (to sy/sg), do* sy a lot of harm, *i*njure sy/sg
karácsony *fn* Christmas *(röv* Xmas) ||
karácsony első napja Christmas Day;
karácsony másnapja B*o*xing Day;
fekete karácsony green Chr*i*stmas;
karácsonykor at Chr*i*stmas
karácsonyest *fn* Christmas Eve
karácsonyfa *fn* Christmas tree
karácsonyfadísz *fn* Christmas-tree *o*rnament/decor*a*tion
karácsonyfaégők *fn tsz (villany)* Christmas l*a*nterns, Chr*i*stmas tree lights (set)
karácsonyi *mn* Christmas || **karácsonyi ajándék** Christmas present; *(alkalmazottaknak)* Chr*i*stmas-box; **karácsonyi üdvözlet** Christmas greetings *tsz*; **kellemes karácsonyi ünnepeket (kívánok)!** (I wish you a) me*r*ry Chr*i*stmas
karaj *fn (sertés)* (p*o*rk) chop
karakter *fn (szt is)* ch*a*racter
karalábé *fn* kohlr*a*bi, t*u*rnip c*a*bbage
karám *fn* (sheep-)pen, sh*e*epfold
karambol *fn* ❏ *közl* coll*i*sion, (r*o*ad) *a*ccident, sm*a*sh-up
karambolozik *ige* coll*i*de, have* an *a*ccident, crash (*i*nto sg)
karamella *fn* t*o*ffee, c*a*ramel(s)
karát *fn* c*a*rat
karátos *mn* -carat || **14 karátos arany** fourt*e*en-carat gold
karbantart *ige* maint*ai*n, keep* in good rep*a*ir/cond*i*tion
karbantartás *fn* m*a*intenance, serv*i*cing
kárbecslés *fn* assessment of d*a*mage, loss adj*u*stment/ass*e*ssment
kárbecslő *fn* ins*u*rance (claims) adj*u*ster, l*o*ss adj*u*ster/ass*e*ssor
karburátor *fn* carb*u*rettor (⊕ *US* -t-)
karcol *ige (kapar)* scratch, scrape || *(torkot)* *i*rritate (one's throat)
karcolás *fn (folyamata)* scr*a*tching, scr*a*ping; *(nyoma)* scratch

karcsont *fn (felkaré)* h*u*merus *(tsz* -ri)
karcsú *mn* slim, sl*e*nder, sv*e*lte
karcsúság *fn* sl*i*mness, sl*e*nderness
kard *fn* sword; *(lovassági és sp)* s*a*bre (⊕ *US* -ber); ❖ *ir* steel, *i*ron
kardántengely *fn* c*a*rdan shaft
kardigán *fn* c*a*rdigan
kardvívás *fn* s*a*bre (⊕ *US* -ber) fencing
kardvívó *fn* (s*a*bre) f*e*ncer
karéj *fn (kenyér)* slice (of bread)
káreset *fn* d*a*mage
karfa *fn (híd*é*)* r*ai*ling; *(lépcsőé)* b*a*nister; *(ülőbútoré)* arm/*e*lbow-rest
kárfelvétel *fn* assessment of d*a*mages
karfiol *fn* c*au*liflower
karhatalom *fn* force of arms, the force || **karhatalommal** by force
karigazgató *fn* ch*o*ir/ch*o*rus-m*a*ster
kárigény *fn* claim for d*a*mages || **kárigényt jelent be** lodge a compl*ai*nt (aga*i*nst sy), claim d*a*mages (from sy)
karika *fn* ❖ *ált* ring; *(rajzolt)* c*i*rcle || *(játék, abroncs)* hoop || *(görgő)* c*a*stor || **egy karika szalámi** a slice of sal*a*mi
karikatúra *fn* car*i*cature, cart*oo*n
karikaturista *fn* caric*a*turist, cart*oo*nist
karima *fn* edge, b*o*rder, rim
karkötő *fn* br*a*celet
karmester *fn* cond*u*ctor; *(fúvósoké)* b*a*ndmaster || **karmester ...** cond*u*cted by ...
karmol *ige* claw, scratch with the/one's (f*i*nger-)nails
karnevál *fn* c*a*rnival
karó *fn* ❏ *mezőg* stake, pale, post; *(szőlőé)* stick, stake, prop, supp*o*rt || ❖ *biz (egyes osztályzat)* fail (mark)
káró *fn (kártya)* d*i*amond || **káró ász** the ace of d*i*amonds
károg *ige (holló)* croak; *(varjú)* caw
Károly *fn* Charles || **Nagy Károly** Charlem*a*gne
karom *fn* claw; *(ragadozó madáré)* t*a*lon || **vk karmai közé kerül** get* *i*nto sy's cl*u*tches

káromkodás *fn (cselekedet)* swearing, cursing || *(szövege)* oath(s), curse, bad/foul language
káromkodik *ige* swear*, curse (and swear*), use bad language
karonfogva *hsz* arm in arm (with sy)
karóra *fn* wrist-watch
káros *mn* injurious, harmful, damaging *(vmre mind:* to sg)
karosszék *fn* armchair, easy-chair
károsult *mn/fn* injured/damaged person; *(elemi csapástól)* victim of a disaster
karosszéria *fn* bodywork, carbody
káröröm *fn* malicious joy/glee (at sy's misfortune)
Kárpátalja *fn* Sub-Carpathia
kárpáti *mn* Carpathian
Kárpát-medence *fn* Carpathian basin
Kárpátok *fn tsz* the Carpathians
karperec *fn* bracelet, bangle
kárpit *fn (függöny)* curtain, hangings *tsz; (autóé)* upholstery
kárpitos *fn* upholsterer
kárpitozott *mn (bútor)* upholstered
kárpótlás *fn* compensation
kárpótol *ige (vkt vmért)* compensate sy for sg
kárrendezés *fn* loss adjustment
karrier *fn* career
kartárs *fn* colleague, fellow worker
kártékony *mn* harmful
kártérítés *fn* compensation, damages *tsz* || **kártérítést fizet vknek vmért** pay* damages to sy for sg
kártérítési *mn* **kártérítési igény** claim for damages; **kártérítési összeg** damages *tsz*
kártevő *fn (ember)* vandal || *(állat)* pest
karton¹ *fn (papír)* cardboard; *(keményebb)* pasteboard || *(kártya)* card || *(doboz)* carton || **egy karton cigaretta** a/one carton of cigarettes
karton² *fn* ❏ *tex* cotton, print
kartoték *fn (adattár)* card index, file || *(egy lap)* card
kartörés *fn* fracture of the arm

kártya *fn (játék)* card || *(cédula)* slip || *(bank)* (credit) card || **mindent egy kártyára tesz fel** put* all one's eggs *in*(to) one basket; **Fizethetek kártyával?** Can I pay ba card?; **nyílt kártyával játszik** put*/lay* one's cards on the table
kártyaparti *fn* a game of cards
kártyázik *ige* play cards
kárvallott *fn* loser, the injured party
karzat *fn* ❏ *szính* gallery; *(templomi)* choir, loft, gallery
kása *fn* ❖ *ált* mush, pap; *(kukoricából)* cornmeal mush; *(zabkása)* porridge
kásás *mn (gyümölcs)* mushy
kastély *fn* mansion (house), ⊕ *GB* country house, manor (house); *(palota)* palace; *(várkastély)* castle
kasza *fn* scythe
kaszál *ige (füvet)* mow, cut* down, scythe || **szénát kaszál** make* hay
kaszálás *fn* mowing, cutting; *(szénakaszálás)* hay-making
kaszinó *fn* club; *(játékkaszinó)* casino
kaszinótojás *fn* egg mayonnaise
kaszkadőr *fn* stunt man°
kassza *fn (boltban)* cash desk; *(pénztárgép)* cash register; *(szupermarketben)* checkout; *(színház, mozi stb.)* box office || **a kasszánál tessék fizetni** please pay at the desk; **kasszát csinál** cash up, balance (up) one's/the cash
kasszasiker *fn* box-office hit/smash
kat. = **katolikus** = **katonai**
katakomba *fn* catacombs *tsz*
katalizátor *fn* ❏ *vegy* catalyst || *(autóban)* catalytic converter
katalógus *fn (jegyzék)* catalogue (⊕ *US* -log); *(névsorolvasás)* roll call
katapultál *ige* ❏ *rep (üléssel együtt)* eject
katasztrófa *fn* catastrophe, disaster
katasztrófa sújtotta terület *fn* disaster area
katedra *fn* ❏ *isk (dobogó)* platform; *(tanári asztal)* teacher's desk || *(egyetemi)* chair

katedrális *fn* cathedral
kategória *fn* category; *(osztály)* class
kategorikus *mn (kijelentés)* categorical; *(visszautasítás)* flat || **kategorikusan tagad** deny sg categorically
katéter *fn* catheter
katicabogár *fn* ladybird, ⊕ *US* ladybug
katlan *fn (üst)* cauldron; *(kisebb)* kettle
katód *fn* cathode
katolikus, (röv kat.) *mn/fn* Catholic || **a katolikus egyház** the (Roman) Catholic Church
katona *fn* soldier, serviceman°; *(közkatona)* private (soldier) || **katonák** soldiers, troops, men; **katonának megy** enter the army, join the army/services; **katona volt** he saw service, he was in the Army
katonai, (röv kat.) *mn* military || **katonai behívó** call-up papers *tsz*, ⊕ *US* draft call; **katonai felszerelés** kit; **katonai főiskola** military academy/college; **katonai szolgálat** military service
katonaruha *fn* army clothes *tsz*, uniform
katonaság *fn* the army/military, armed forces *tsz* || **a katonaságnál** in the army
katonaszökevény *fn* deserter
katonatiszt *fn* (army) officer
kátrány *fn* tar
kattan *ige* click
kattint *ige szt* click
kattog *ige* click (repeatedly), clack, rattle
kattogás *fn* click, clack
kátyú *fn (úton)* pot-hole, puddle || **kátyúba jut** ❖ *átv* get* bogged down, stall
kavar *ige* stir
kavargat *ige* keep* (on) stirring
kavarodás *fn* upheaval
kavarog *ige* whirl, swirl; *(folyadék)* eddy || **kavarog a gyomra** feel* sick, one's stomach turns

kávé *fn* coffee; *(eszpresszókávé)* espresso; *(tejes)* white coffee || **kérsz egy (csésze) kávét?** would you like a (cup of) coffee?; **kávét főz** make* coffee
kávédaráló *fn* coffee mill; *(elektromos)* coffee grinder
kávéfőző *fn (gép)* (coffee) percolator; *(nagyobb)* coffee maker
kávéház *fn* café
kávékeverék *fn* blend (of coffees)
kávéscsésze *fn* coffee-cup
kávéskanál *fn* teaspoon || **kávéskanálnyi** teaspoonful
kávéskészlet *fn* coffee-set
kávézás *fn* having (a) coffee
kávézik *ige* have*/drink*/take* coffee
kávézó *fn* coffee bar, coffee-room, coffee shop
kaviár *fn* caviar
kavics *fn* pebble(s *tsz*); *(murva)* gravel; *(tengerparton)* shingle; pebbles *tsz* || **folyami kavics** river gravel/ballast
kavicsos *mn* pebbly; *(kerti út)* gravelled (⊕ *US* -l-)
kazal *fn* rick, stack
kazán *fn* boiler
kazetta *fn (ládika)* case; *(ékszeres)* casket || *(mennyezeti)* (sunk) panel, coffer || *(magnó, video)* cassette
kazettás magnó *fn* cassette recorder
kb. = **körülbelül**
kebel *fn (mell)* bosom, breast
kebelbarát *fn* intimate/bosom friend
kecmec *fn* ❖ *biz* **nincs (sok) kecmec** there's no messing/footling about/around
kecsege *fn* sterlet
kecses *mn* graceful, charming, dainty
kecske *fn* ❑ *áll* goat; *(bak)* he/billy-goat; *(nőstény)* she/nanny-goat || **kecskére bízza a káposztát** set* the fox to watch the geese
kecskegida *fn* kid
kecskeszakáll *fn (emberé)* goatee
kedd *fn* Tuesday || **kedden** on Tuesday; **jövő kedden** next Tuesday; **múlt**

kedden last Tuesday; **minden kedd** on Tuesdays, every Tuesday; **kedd(en) este** Tuesday evening/night; **keddre** by Tuesday

keddenként *hsz* every Tuesday, on Tuesdays

keddi *mn* Tuesday, of Tuesday *ut.*, Tuesday's || **a keddi nap folyamán** in the course of Tuesday, on Tuesday; **egy keddi napon** on a Tuesday; **a múlt keddi napon** last Tuesday; **a jövő keddi óra** next Tuesday's lesson, the lesson next Tuesday

kedély *fn* temper(ament), humour (⎙ *US* -or), spirit, mood || **jó kedély** good humour, high spirits *tsz*, cheerfulness; **lecsillapítja a kedélyeket** pour oil on troubled waters

kedélyállapot *fn* frame/state of mind

kedélyes *mn* jovial, merry, convivial

kedv *fn (hangulat)* mood, temper; *(hajlam)* disposition, frame of mind || **jó kedve van** be* in good humour (⎙ *US* -or), be* in a good mood, be* in high spirits; *(mulatozónak)* have* a good time; **rossz kedve van** be* in bad humour, be* in a bad mood, be* out of sorts, ⎙ *US így is* feel* blue; **kedve van vmhez** feel* like ...ing; **nincs kedvem hozzá** I don't feel like it, I haven't the slightest intention of [doing sg]; **kedve volna vmt tenni** have* a great mind to (do sg); **volna kedve(d) ...?** would you care to/for ...?, how about a ...?; **nincs kedve(d) vmt inni?** would you care for a drink?; **elmegy a kedve vmtől** lose* interest in sg, be* no longer in the mood for sg, go* off sg; **vknek a kedvéért** for the sake of sy, for sy's sake/benefit; **vmnek a kedvéért** *(vm érdekében)* because of sg, for the sake of sg

kedvel *ige* like, be* fond of, have* a liking for || **nem kedvel** dislike, does not like, *(csak vmt)* does not care for

kedvelt *mn* popular, fashionable, much liked

kedvenc ▼ *mn* favourite (⎙ *US* -or-); *(egyetlen)* pet || **kedvenc étele** his favourite dish ▼ *fn* favourite || **a közönség kedvence** a favourite with the audience

kedves ▼ *mn (szeretett)* dear || *(nyájas)* kind, gentle, decent, nice, pleasant || *(bájos)* pretty, sweet, charming, lovely || **ez igen kedves tőled** that's very kind/nice of you; **ha kedves az élete** if you value your life; **kedves barátom!** Dear Friend; **legyen olyan kedves és** be so kind as to (do sg) ▼ *fn (nő)* his beloved/sweetheart; *(férfi)* her beloved/lover || **kedvesem!** my dear!, dearest!, darling!

kedveskedik *ige (vknek vmvel)* favour sy with sg, give* sy sg as a (surprise) gift

kedvesség *fn (modoré)* kind(li)ness, courtesy, gentleness, kind manners *(tsz)* || *(szívesség)* kindness, favour (⎙ *US* -or)

kedvez *ige (vk vknek)* favour (⎙ *US* -or) sy, give* sy an advantage; *(előnyben részesít)* prefer sy (over sy else) || *(vm vknek/vmnek)* be* favourable (⎙ *US* -or-) to sy/sg

kedvezmény *fn (előny)* advantage, favour (⎙ *US* -or) granted to sy; *(engedmény)* allowance, reduction, discount || **vasúti kedvezmény** reduced fares *tsz*; **kedvezményben részesít** grant/give* sy a (special) discount

kedvezményes *mn* preferential, reduced || **kedvezményes ár** reduced/discount price; **kedvezményes díjszabás** special tariff, reduced rate

kedvezményezett *mn/fn (biztosításban)* the beneficiary

kedvező *mn* favourable (⎙ *US* -or-), advantageous; *(pillanat)* opportune, propitious || **kedvező feltételek mellett** under favourable conditions

kedvezőtlen *mn* unfavourable (⊕ *US* -or-); disadvantageous; *(időjárás)* adverse, inclement || **kedvezőtlen feltételek** adverse/unfavourable conditions
kedvtelés *fn (öröm)* pleasure, fancy, delight; *(időtöltés)* diversion, pastime, hobby || **kedvtelésből tesz vmt** do* sg for pleasure
kefe *fn* brush; *(súroló)* scrubbing brush
kefél *ige* brush, give* sg a brush up/down || ❖ *vulg (közösül)* screw *(vkvel* with sy*)*
kefír *fn* kephir, kefir
kégli *fn* ❖ *biz (lakás)* pad
kegy *fn* favour (⊕ *US* -or), grace, benevolence, kindness, goodwill
kegyelem *fn* mercy; *(büntetés enyhítése)* clemency; *(elengedése)* pardon; *(halálraítéltnek)* reprieve || ❏ *vall* grace
kegyenc *mn/fn* favourite, minion
kegyes *mn (kedves)* kind, friendly, amiable || ❏ *vall* pious, devout || **kegyes hazugság** white lie
kegyetlen *mn* cruel, merciless, brutal *(vkhez mind:* to) || **kegyetlenül bánik vkvel** treat sy cruelly, maltreat sy; ❖ *biz* **kegyetlenül hideg van** it is dreadfully/terribly cold
kegyetlenkedik *ige* commit atrocities
kegyetlenség *fn* cruelty, inhumanity, brutality; savageness (of sg)
kegyvesztett *mn (fallen)* out of favour (⊕ *US* -or) (with sy) *ut.* || **kegyvesztett lesz** lose* favour
kehely *fn (ivó)* drinking cup; ❏ *vall (katolikus haszn.)* chalice; *(protestáns haszn.)* (communion) cup || *(virágé)* calyx *(tsz* calyces *v.* -es)
kéj *fn (nemi)* (sexual) pleasure || ❖ *átv* pleasure, delight
kéjelgés *fn (nemi)* lust, carnal pleasure(s) || ❏ *jog* **üzletszerű kéjelgés** soliciting
kéjes *mn* ❖ *átv* delicious, delightful, blissful
kéjgyilkos *fn* sex murderer
kéjgyilkosság *fn* sex murder

kék ▼ *mn* blue || **kék folt** *(ütéstől)* bruise, contusion; **kék szemű** blue-eyed ▼ *fn (szín)* blue || **kékre fest** ❖ *ált* paint (sg) blue; ❏ *tex* dye/stain sg blue
kékcinke *fn* blue tit
kékes *mn* bluish; *(ajak, arc)* livid
keksz *fn* biscuit, ⊕ *US* cookie; *(sós)* cracker
kékszakáll *fn* Bluebeard
kékül *ige* become*/turn blue
kel¹ *ige (ágyból)* rise*, get* up || *(égitest)* rise* || *(növény)* shoot*, sprout, come* up, spring* || *(tészta)* rise*, swell* || **levele okt. 25-én kelt** his letter was dated 25 October (⊕ *US* October 25th) *(kimondva:* the twenty-fifth of October); **ki korán kel, aranyat lel** the early bird catches the worm
kel² *fn* = **kelkáposzta**
kelbimbó *fn* Brussels sprouts *tsz*
kelendő *mn* **kelendő áru** marketable/saleable goods *tsz*, goods much in demand *tsz*
kelengye *fn (menyasszonyé)* trousseau *(tsz* -seaux *v.* -seaus)
kelepce *fn* trap, pitfall, snare
kelepel *ige (gólya)* clatter
kelés *fn* ❏ *orv* boil, furuncle || *(ágyból)* getting up || *(tésztáé)* rising || **korai kelés** getting up early
kelet¹ *fn (égtáj)* East, east || *(vidék)* the (far) East, the Orient || **kelet felé** eastward(s); **keleten** in the east; **keletre** to(wards) the east, eastbound; **keletre utazik** go* east; **keletről** from the east; **vmtől keletre fekszik** lie* east of sg
kelet² *fn* = **keltezés**
keletbélyegző *fn* date-stamp
Kelet-Európa *fn* Eastern Europe
kelet-európai *mn* East European
keleti *mn* eastern, of the East/east *ut.*, east, in the East *ut.*; *(távolkeleti)* oriental, Oriental || **keleti fekvésű ház** house facing (the) east; **keleti irány-**

ban eastward(s), towards the east, eastbound; **Keleti pályaudvar** Budapest East (railway station)

keletkezés *fn* rise, origin, beginning

keletkezik *ige* come* into being; *(vmből)* originate in/from sg, (a)rise*/issue from sg; *(tűz, vihar)* break* out

keletű *mn* **új(abb) keletű** recent; **régi keletű** long-standing

kelkáposzta *fn* savoy cabbage

kell *ige (vm szükséges)* be* needed; *(vknek vm)* sy wants/needs sg || *(vmhez)* be* necessary/required for sg || *(kedvére van)* (sg) is to sy's taste/liking || **csak szólnod kell** you have only to say the word; **ehhez idő kell** it will take (some) time to ...; **el kell jönnie** he has (got) to come, he's bound to come; **el kell mennem, mennem kell** I must go; **el kellett mennem** I had to go; *(feltételes)*; **el kellett volna hoznom** I should (*v.* ought to) have fetched/brought it; **mondanom sem kell** I need hardly say, needless to say; **nem kell elmenned oda** you don't need to go there; **nem kell nekem!** not for me, thanks!; **nem kellett volna bíznom benne** *(= hiba volt)* I shouldn't have trusted him

kellék *fn* **kellékek (felszerelések)** accessories, ⊕ *US* fixings; *(főzéshez)* ingredients; *(varráshoz)* trimmings, materials; *(ruhához)* accessories; *(színpadi)* ❖ *biz* props

kellemes *mn* agreeable, pleasant, nice; *(élvezetes)* enjoyable || **kellemes ünnepeket** *(karácsonykor)* I wish you a merry Christmas; *(formálisabban)* the season's greetings

kellemetlen *mn* disagreeable, unpleasant; *(helyzet, ügy)* awkward, troublesome, annoying; *(szag)* offensive, bad || **kellemetlen fráter** nasty person, tough/rough/ugly customer; **kellemetlen helyzetben van** be* in an embarrassing situation, ❖ *biz* be* in a spot (⊕ *US* fix); **milyen kellemetlen!** how annoying!, what a nuisance!

kellemetlenség *fn (tulajdonság)* unpleasantness || *(eset)* trouble, bother, inconvenience, nuisance || **sok kellemetlenségem volt** I had a lot of trouble

kellemetlenül *hsz* disagreeably || **kellemetlenül érint vkt** it makes one feel uneasy/uncomfortable, ❖ *biz* it touches one on the raw

kellete *fn* **a kelleténél jobban** (only) too well, excessively, more than necessary; **a kelletén felül** too much/many, more than enough/necessary

kelletlen *mn* unwilling, reluctant

kellő *mn* proper, right, due, adequate || **a kellő formában** in due form, properly, duly; **kellő időben** at the right/proper time, in due time

kellőképpen *hsz* duly, properly, as required

kellős *mn* **vmnek a kellős közepén** in the very/exact centre (⊕ *US* -ter) of sg

kelme *fn* material, fabric, cloth, stuff

kelmefestő *fn* dyer

kelt[1] *ige (alvót)* wake* (up) || *(gyanút)* give* rise to [suspicion]; *(hatást)* produce, bring* about; *(szánalmat)* arouse || **azt a benyomást kelti, hogy ...** it gives the impression of ...ing (*v.* that ...); **életre kelt** *(ájultat)* revive, resuscitate; **izgalmat kelt** cause great excitement, give* rise to great excitement

kelt[2] *mn* **kelt tészta** leavened/raised dough/pie/cake

kelt[3] *mn* **hivatkozva f. hó 10-én kelt levelére** with reference to your letter of the 10th inst.

kelta ▼ *mn* Celtic || **kelta nyelv** Celtic ▼ *fn (ember)* Celt

keltez *ige* date [a letter]

keltezés *fn* date; *(folyamat)* dating || **budapesti keltezésű levél** a letter dated from Budapest

kelvirág *fn* cauliflower
kém *fn* spy; *(rendőri)* informer
kémcső *fn* test tube
kémelhárítás *fn* counterintelligence (work), counterespionage
kémelhárító tiszt *fn* counterintelligence officer
kemence *fn (péké)* oven; *(olvasztó)* furnace; *(téglaégető, szárító)* kiln
kemény *mn* hard, stiff || ❖ *átv* hard, severe; *(bánásmód)* hard, harsh; *(elhatározott)* resolute, unyielding; *(szavak)* hard, harsh || **kemény hideg** severe cold; **kemény kézzel bánik vkvel** be* hard/rough on sy; **kemény kritika** severe criticism; **kemény kötésű könyv** hardback; **kemény munka** hard work; **kemény tojás** hardboiled egg
kémény *fn* chimney; *(hajón)* funnel
keményedés *fn (folyamat)* hardening, stiffening || *(bőrön)* callus
keményedik *ige* harden
keményen *hsz* hard, severely || **keményen bánik vkvel** deal* severely with sy, be* hard on sy; **keményen dolgozik** work hard
keményítő *fn* starch
keménykötésű *mn (legény)* sturdy [lad], tough [chap]
kéményseprő *fn* chimney-sweep
kémhatás *fn* (chemical) reaction
kémia *fn* chemistry
kémiai *mn* chemical
kémiatanár *fn* master/teacher of chemistry, chemistry master/teacher
kémikus *fn* chemist
kémkedés *fn* spying, espionage
kémkedik *ige* act as a spy, spy (*vk után* on sy) || **kémkedik vknek** spy for sy
kemping *fn* campsite, camping ground/site, ⊕ *US* főleg campground; *(GB üdülőtelep faházakkal)* holiday camp
kempingágy *fn* camp-bed, ⊕ *US* cot
kempingasztal *fn* camping table
kempingbicikli *fn* fold-up bicycle
kempingcikkek *fn tsz* camping articles
kempingezés *fn* camping
kempingezik *ige* camp || **kempingezni megy** go* camping
kempingező *fn* camper
kempingfelszerelés *fn* camping equipment
kempingfőző *fn* camp(ing) stove
kempinglámpa *fn* camp light, hurricane lamp
kempingszék *fn* camp-chair/stool, garden/picnic chair, ⊕ *US így is* lawn chair
kémtörténet *fn* spy story/thriller
ken *ige* (*vmt vmvel*) smear sg with sg; (*vmt vmre*) smear/spread* sg on/over sg; *(gépet)* grease, lubricate || ❖ *biz (veszteget)* grease sy's palm, bribe sy, ⊕ *US így is* soap sy || **krémmel keni a kezét** put* cream on one's hands; **másra ken vmt** lay* sg at sy's door; **vajat ken a kenyérre** spread* butter on the/one's bread
kén *fn* sulphur, ⊕ *US* sulfur
kender *fn* hemp
kendő *fn (fejre, vállra)* shawl; *(nyakra, vállra)* scarf° || *(törölgető)* duster
kenés *fn (gépé)* lubrication, greasing; *(másé)* smearing; ❑ *orv* unction || ❖ *biz (vesztegetés)* greasing sy's palm, bribing, bribe, slush money, ⊕ *US így is* soap
kenet *fn* ❑ *orv (kenőcs)* ointment; *(híg)* liniment; *(testrészből vett)* smear || ❑ *vall* **utolsó kenet** extreme unction
kenguru *fn (állat)* kangaroo; *(kis fajtájú)* wallaby || *(gyermekhordó)* (baby) carrier
kengyel *fn (lovagláshoz)* stirrup
kenőanyag *fn* lubricant, grease
kenőcs *fn (testre, sebre)* ointment, cream; *(híg)* liniment
kenőmájas *fn* liver pâté
kenőolaj *fn* lubricating oil, lubricant
kénsav *fn* sulphuric acid (⊕ *US* -lf-)

kentaur fn (mitológiában) centaur
kenu fn canoe
kenus fn canoeist, paddler
kenuzás fn canoeing
kenuzik ige canoe, paddle a canoe
kényelem fn comfort, ease, convenience || **kényelembe helyezi magát** make* oneself comfortable
kényelmes mn (vm) comfortable; (lakályos) cosy, ⊕ US cozy, snug || **kényelmes állás** sinecure, comfortable job; **kényelmes ruha** loose/easy-fitting clothes tsz
kényelmesen hsz comfortably; (lakályosan) cosily || **kényelmesen ül** be* comfortable
kényelmetlen mn uncomfortable; (alkalmatlan) inconvenient; (kellemetlen) awkward || **kényelmetlenül ül be*** uncomfortable in this/his chair; **kényelmetlenül érzi magát** feel* uncomfortable/awkward
kényelmetlenség fn discomfort, lack of comfort; (kellemetlenség) inconvenience
kenyér fn ❖ ált bread || (kereset) livelihood, a living, bread and butter || **egy darab kenyér** a piece of bread; **friss kenyér** new bread; **ropogós kenyér** crusty bread; **vajas kenyér** a slice of bread and butter
kenyérhéj fn (bread)crust
kenyérkosár fn bread-basket
kenyérpirító fn toaster
kenyérvágó fn (kés) bread knife°; (gép) bread-slicing machine
kényes mn (törékeny stb.) delicate, tender, fragile || (ízlésre) refined, fastidious, critical; (finnyás) be* (rather/very) particular about sg || (kínos) thorny, awkward, embarrassing || **kényes ügy** delicate matter, ticklish affair; **kényes vmre** (érzékeny) be* sensitive to sg
kényeskedik ige be* sensitive/touchy; (finnyás) be* fastidious (about)
kényeztet ige pamper, spoil*, coddle
kényeztetés fn pampering, spoiling
kényszer fn compulsion, constraint, force, pressure || **kényszer hatása alatt tesz vmt** do* sg under duress/pressure, feel* constrained to do sg; **enged a kényszernek** yield to pressure/force
kényszerít ige (vkt vmre) compel/force/press sy to do sg
kényszerleszállás fn forced/emergency landing; (géptöréssel) crash-landing || **kényszerleszállást hajt végre** make* a forced landing; (géptöréssel) crash-land
kényszerül ige (vmre) be* constrained/forced/driven/compelled to do sg || **arra kényszerül, hogy** have* no choice but to
kénytelen mn be* forced/compelled/obliged to (do sg) || **kénytelen vagyok** I can't help [doing sg], I am compelled/forced to

kép fn ❖ ált picture; (arckép) portrait, picture; (fénykép) photo(graph), snap(shot); (papírkép) print; (festmény) painting, picture; (képmás) image, likeness; (könyvben) picture, illustration; (tv) picture || ❖ biz (arc) face, visage || (látvány) picture, sight, view, prospect || (vmről alkotott) picture, image; (fogalom) idea, notion || ❑ szính scene || **a képen** in the picture; **jó képet vág a dologhoz** grin and bear* it, put* a good/bold face on sg; **van képe hozzá** have* the nerve/cheek/face to sg
képaláírás fn caption
képcsarnok fn (art) gallery
képcső fn ❑ tv television/picture tube
képernyő fn ❑ tv (television/TV) screen || **a képernyőn** on (the) television, on TV; **nagy képernyőjű** large-screen
képes[1] mn (képpel ellátott) with pictures ut., illustrated || (képletes) figurative, metaphorical || **képes folyóirat** illustrated magazine/journal

képes² *mn (vmre)* (be*) *a*ble (to do sg), (be*) c*a*pable of (do*i*ng) sg; *(igével)* can* (do sg), be* fit/qu*a*lified to do sg; ❖ *elít* be* (quite) c*a*pable of *a*nything

képesít *ige (képessé tesz vkt vmre)* en*a*ble sy to do sg ‖ *(képesítést ad vknek)* qu*a*lify sy for sg

képesítés *fn* qualification ‖ **képesítést szerez** qu*a*lify; *(egyetemi)* take*/obt*a*in a/one's degree [at a university], gr*a*duate [from Debrecen etc. *v.* in arts etc.]; **angoltanári képesítése van** be* qu*a*lified to teach *E*nglish; **képesítés nélküli** unqu*a*lified [t*ea*cher etc.]

képesített *mn* qu*a*lified, cert*i*ficated

képesítő ▼ *mn* qu*a*lifying ▼ *fn (vizsga)* qu*a*lifying examination

képeskönyv *fn* p*i*cture-book

képeslap *fn (újság)* (*i*llustrated) magazine ‖ *(levelezőlap)* (p*i*cture) p*o*stcard

képesség *fn* ab*i*lity, cap*a*city, *a*ptitude, f*a*culty; *(különleges)* t*a*lent, gift; *(ügyesség)* ab*i*lity, cap*a*bility, skill ‖ **jó képességű** showing *a*ptitude *ut.*; g*i*fted, t*a*lented

képest *nu* comp*a*red to/with sg, in/by comp*a*rison with sg ‖ **hozzá képest** comp*a*red to/with her/him/it; **korához képest magas** he is tall for his age

képez *ige (tanít)* instruct, train, teach* ‖ *(alkot)* form, constitute, comp*o*se ‖ ❑ *nyelvt* form ‖ **képezi magát** learn* sg, st*u*dy/train (on one's own); **vmnek az alapját képezi** constitute the b*a*sis/found*a*tion of sg

képhiba *fn* p*i*cture/*i*mage dist*o*rtion

képkereskedés *fn a*rt/p*i*cture g*a*llery, *a*rt shop, p*i*cture(-dealer's) shop

képlékeny *mn e*asy to shape *ut.*, pl*a*stic, pl*i*able

képlet *fn* formula *(tsz* -las *v.* -lae)

képletes *mn* f*i*gurative, metaph*o*rical

képmagnó *fn* = **videomagnó**

képmás *fn* picture, *i*mage, l*i*keness; *(arckép)* portrait ‖ **vknek hű képmása** ❖ *átv* the very p*i*cture/*i*mage of sy

képmutatás *fn* hyp*o*crisy

képmutató ▼ *mn* hypocr*i*tical ▼ *fn* hypocrite

képregény *fn* c*o*mic strip(s *tsz)*, str*i*p cart*oo*n; ⊕ *főleg US* c*o*mics *tsz*

képtár *fn* p*i*cture/*a*rt g*a*llery

képtelen *mn (vmre)* inc*a*pable of, un*a*ble to; *(alkalmatlan)* unfit for, not qu*a*lified for *(mind: ut.)* ‖ *(lehetetlen)* abs*u*rd, imp*o*ssible; *(értelmetlen)* unr*ea*sonable, nons*e*nsical ‖ **képtelen állítás** abs*u*rd assertion

képtelenség *fn (vmre)* incap*a*city (for), incapab*i*lity (to), inab*i*lity (to) ‖ *(lehetetlenség)* abs*u*rdity, abs*u*rdness, imposs*i*bility ‖ **képtelenség ezt állítani** it is abs*u*rd to suggest that

képújság *fn (tévében)* teletext

képvisel *ige* ❖ *ált* represent (sy); *(vk nevében eljár)* act on beh*a*lf of sy, act for sy; *(országgyűlésen)* be* (the) member for [a const*i*tuency] ‖ **vk érdekeit képviseli** prom*o*te/prot*e*ct sy's *i*nterests; **a bíróság előtt képvisel vkt** *(ügyvéd)* act (as c*ou*nsel) for sy, plead sy's c*a*use, repres*e*nt sy in court

képviselet *fn* ❖ *ált* represent*a*tion ‖ ❑ *ker a*gency ‖ **vknek a képviseletében van jelen** app*e*ar on beh*a*lf of sy; **XY, a vád képviseletében** XY, pros*e*cuting, …

képviselő *fn* ❖ *ált* repres*e*ntative; *(küldött)* d*e*legate;→ **országgyűlési**

képviselőház *fn* ⊕ *GB* House of Commons, *(US, Ausztrália)* House of Representatives; ⊕ *GB és* ⊕ *US* the House ‖ **a képviselőház elnöke** the Sp*e*aker

képzel *ige* im*a*gine, supp*o*se ‖ **sokat képzel magáról** h*a*ve* a high op*i*nion of onesel*f,* be* conc*e*ited; **magát vknek/vmnek képzeli** he im*a*gines/f*a*ncies himself (to be) sy/sg; **képzelje (csak), mi történt!** just im*a*gine what h*a*ppened!

képzelet *fn* imagin*a*tion, f*a*ntasy, ❖ *ir* fancy ‖ **minden képzeletet felülmúl**

it's beyond belief, it defies description
képzeletbeli *mn* imaginary, fictitious
képzelődik *ige (hallucinál)* be* imagining things, hallucinate
képzelőerő *fn* imaginative/creative faculty/power
képzelt *mn* imaginary, fictitious, invented
képzés *fn (oktatás)* instruction, teaching, training
képzetlen *mn* unskilled, untrained, unqualified
képzett *mn (tanult)* educated, trained, skilled; *(művelt)* cultivated || **képzett szó** derived word, derivative
képzettség *fn (szellemi)* education, culture; *(előképzettség)* qualification
képző *fn* ❏ *nyelvt* affix, (lexical) formative
képzőművész *fn* artist
képzőművészet *fn* the fine arts *tsz*
képzőművészeti *mn* of the fine arts *ut.* || **képzőművészeti főiskola** academy of fine arts, school of art, art school
kér *ige (vmt)* ❖ *ált* ask for (sg), request (sg), ❖ *hiv* solicit (sg) || *(vktől vmt)* ask sy for sg || *(vkt vmre)* ask/request sy to do sg || *(vmből)* want, ask for || *(felszámít)* ask, charge, want || *(kérvényez)* apply for || **csendet kérek!** silence please!, be quiet!; *(gúnyosan)*; **ebből nem kérek** no thanks, no thank you, I will have none of it, that's not for me; **engedélyt kér vmre** ask permission to …; **kérek …** I should like to have …, please give me …; *(kínálásra válaszként)* thank you; **kérek a húsból** (please) could/may I have some (of the) meat, *(még udvariasabban)* may I trouble you for some (of the) meat; **kérem** *(könyörögve)* please; *(mint megszólítás)* excuse me, ⊕ *US* pardon me, I say!; *(tessék?)* sorry?, (I beg your) pardon? ⊕ *US így is* excuse me?; *("köszönömre" adott válaszban)* don't mention it!, not at all!, you're welcome!; **kérem a 20-36-ot** give me two-o-three-six (please), put me on to two-o-three-six; **kérlek** *(vmre)* please, be so kind, will you be kind enough; *(beszédben közbevetve gyakran nem fordítjuk, vagy:)* you see; **Kér(sz) kávét?** – **Igen, kérek** do you want coffee? Yes, please, ⊕ *US* (yes) sure; **kérte, hogy menjek vele** he asked me to go with him; **köszönöm, nem kérek belőle** no (more) thank you; **nem kérek érte semmit** you may have it free (of charge); **önt kérik a telefonhoz** you are wanted on the phone
kerámia *fn (szakma)* ceramics *esz*, pottery || *(tárgyak)* ceramics *tsz*; *(egy db)* a piece of pottery, ❖ *biz* pot
kerámiai *mn* ceramic || **kerámiai termékek** ceramics
keramikus *mn/fn* potter, ceramist, ceramicist
keramit *fn* glazed tile
kérdés *fn* ❖ *ált* question, query; *(érdeklődés)* inquiry ❖ ❏ *nyelvt* question; *(kérdő mondat)* interrogative (sentence) || *(probléma)* question, problem, issue || **eldöntendő kérdés** yes or no (*v.* yes/no) question; **ez más kérdés** that's another matter; **ízlés kérdése** (it's) a matter/question of taste; **kérdés, hogy …** I wonder whether/if …, the question is: …; **kérdést tesz fel vknek** ask sy a question, put* a question to sy; **kérdésre válaszol** answer a question; **napok kérdése** (it's) a matter of days; **vmnek a kérdése** a question/matter of
kérdéses *mn (szóban forgó)* in question *ut.*, *(tárgyalt)* under discussion *ut.* || *(eldöntetlen)* problematical, undecided; *(bizonytalan)* questionable, doubtful, uncertain
kérdez *ige* ❖ *ált* ask, put* a question || *(érdeklődve)* inquire (about/after sg) || *(vizsgán)* examine, ask/put* ques-

tions || **azt kérdezte, hogy** he asked if/whether; **kérdezte (tőlem), hol lakom** he asked (me) where I lived, he inquired where I lived

kérdezősködés *fn* inquiring, inquiry

kérdezősködik *ige (vknél vm, vk után)* put* questions to sy about sg/sy, question sy about sy/sg, inquire after sy/sg *(v. about sg)*

kérdő ▼ *mn* ❏ *nyelvt* interrogative || **kérdő mondat** interrogative (sentence), question; **kérdő pillantás** inquisitive look/glance; **kérdően** inquiringly ▼ *fn* **kérdőre von vkt** call sy to account (for sg)

kérdőív *fn* questionnaire, form || **kérdőívet kitölt** fill in/out a form/questionnaire

kérdőjel *fn* question mark, ⊕ *US* interrogation point/mark

kérdőszó *fn* interrogative (word), question-word

kéredzkedik *ige (vktől vhová)* ask (sy's) permission to go swhere

kéreg *fn (fáé)* bark; *(földé)* crust || *(cipőben)* counter, stiffener

kéreget *ige* beg (alms), go* begging

kerek ▼ *mn (kör alakú)* round(ed), circular || *(egész)* round || *(nyílt)* flat || **a kerek világon** in the whole world; **kerek elutasítás** flat refusal; **kerek összeg** a round sum; ❖ *biz* **kerek perec** flatly, bluntly, straight; **kerek zárójel** round brackets *tsz* ▼ *fn* **a föld kerekén** (all) the world over, all over the world

kerék *fn* wheel || **első kerék** front wheel; **hátsó kerék** rear wheel; **hiányzik egy kereke** ❖ *átv* have* a screw loose, he is not all there; **kereket old** take* to one's heels

kerékabroncs *fn* tyre, ⊕ *US* tire

kerékagy *fn* (wheel) hub

kerekasztal *fn* round table

kerekasztal-konferencia *fn* round-table conference/discussion

kerékbilincs *fn* ⊕ *GB* wheel clamp, ⊕ *US* Denver boot

kerekedik *ige* **vk fölé kerekedik** overcome*, get* the better of sy

kereken *hsz (nyíltan)* bluntly, flatly, explicitly || **kereken megmond** tell* (sy sg) straight, *(véleményt)* not mince one's words; **kereken visszautasít** flatly refuse sg

kerekít *ige* round (off), make* round

kerékpár *fn* bicycle, ❖ *biz* bike

kerékpáros ▼ *mn* cycling ▼ *fn* cyclist

kerékpározás *fn* cycling

kerékpározik *ige* cycle, ride* (on) a bicycle; ❖ *biz* bike, pedal (⊕ *US* -l)

kerékpárpumpa *fn* (bicycle) pump

kerékvágás *fn* **kizökken a rendes kerékvágásból** get* out of the rut/groove

kérelem *fn (kérés)* request, plea; *(kérvény)* application, petition || **saját kérelmére** at one's own request

kérelmez *ige* request sg, *(kérvénnyel)* apply (to sy) for sg, make* an application for sg

keres *ige (vmt)* look for sg, seek* sg; *(kutatva)* search for/after sg, hunt for sg, be* in search of sg; *(állást)* seek*, look for [a job] || *(vkt)* seek*, look for; *(alkalmazottat)* want || *(pénzt)* earn; *(üzlettel)* make* [money] || **a főnököt keresem** I'm looking for the man in charge; **gépírónőt keresünk** *(hirdetésben)* typist wanted; **havi ... Ft-ot keres** he earns *(v.* ❖ *biz* makes) ... fts a month; **jól keres** earn a good living, be* doing well; **mit keresel?** what are you looking for?; **senki sem keresett?** did anyone ask for me?, did anybody call (to see me)?

kérés *fn* request || **volna egy kérésem** may I ask (for) a favour (⊕ *US* -or)?; **vk kérésére** at sy's request; **kérés nélkül** unasked

keresés *fn* search, seeking, pursuit

kereset *fn (megélhetés)* living; *(jövedelem)* income, earnings *tsz*; *(fizetés)* salary; *(munkabér)* wages *tsz* || ❏ *jog* action, suit || **mennyi a havi kerese-**

te? how much does (s)he earn a month?

keresetlen *mn* néhány keresetlen szóval in a few simple words, in plain words

keresgél *ige* search for, rummage about, try to find

kereskedelem *fn* trade, commerce

kereskedelmi *mn* commercial, of commerce *ut.*, of trade *ut.*, trade, business || **kereskedelmi alkalmazott** (commercial) clerk; **kereskedelmi egyezmény** trade agreement; **kereskedelmi hajó** merchantman°, merchant ship, trading vessel; **kereskedelmi kamara** Chamber of Commerce, ⊕ *US* board of trade; **kereskedelmi levelezés** commercial correspondence; **kereskedelmi levelező** (foreign) correspondence clerk; **kereskedelmi pályára megy** (s)he'll do business; **kereskedelmi tárgyalások** trade talks; **kereskedelmi televízió** commercial television

kereskedés *fn (folyamat)* trade, trading, business || *(üzlet)* shop, ⊕ *US* store

kereskedik *ige (kereskedést folytat)* trade, be* in business, carry on trade || **kereskedik vkvel** transact/do* business with sy, trade with sy; **kereskedik vmvel** trade/deal* in sg

kereskedő *fn (boltos)* tradesman°, shopkeeper || *(üzletember)* merchant, trader, dealer, businessman°

kereslet *fn* demand

keresnivaló *fn* **itt nincs semmi keresnivalód** you have no business here

kereső ▼ *mn (vmt, vkt)* seeking sg/sy *ut.*, looking/searching for sy/sg *ut.* || **kereső családtag** wage-earner (in/of the/a family); **kereső foglalkozás** gainful employment/occupation ▼ *fn* ❏ *fényk* viewfinder || *(kenyeret)* (wage-)earner, breadwinner

keresőképes *mn* capable of earning one's living *ut.*; *(munkaképes)* fit for work *ut.*

kereszt *fn* ❖ **ált** cross; *(feszület)* crucifix || *(gabona)* shock || ❏ *zene* sharp (sign) || **kereszt alakú** cross-shaped, cruciform; **keresztet vet** cross oneself; **keresztre feszít vkt** crucify

keresztanya *fn* godmother

keresztapa *fn* godfather

keresztbe *hsz* across, crosswise || **keresztbe teszi a karját** cross/fold one's arms

keresztben *hsz* across, crosswise, crossways; *(átlósan)* diagonally || **keresztben áll a szeme** squint, be* cross-eyed; *(ittas is)* see* double

keresztel *ige* baptize, christen || **Pálnak keresztelték** [the child] was christened Pál

keresztelő *fn* baptism, christening (ceremony)

keresztény *mn* Christian || **keresztény erkölcs** Christian ethic; **keresztény hitre tér** convert to Christianity, turn Christian

keresztényi *mn* Christian

kereszténység *fn* Christianity, Christian faith

keresztes hadjárat *fn* crusade

keresztez *ige* ❖ **ált** cross || *(meghiúsít)* cross, thwart || ❏ *mezőg (állatot)* cross (-breed*); ❏ *növ* cross(-fertilize), hybridize || **keresztezi vknek a terveit** cross sy's plans

keresztezés *fn* ❏ *biol (folyamat)* cross-breeding; ❏ *növ* cross-fertilization, hybridization || ❏ *biol (eredménye)* cross(-breed), hybrid

kereszteződik *ige (utak, vonalak)* intersect, cross each other

keresztfiú *fn* godson

kereszthajó *fn* transept

keresztkérdés *fn* cross-question

keresztlány *fn* goddaughter

keresztlevél *fn* certificate of baptism

keresztmetszet *fn* cross-section

keresztnév *fn* first/Christian/given name

keresztrejtvény *fn* crossword (puzzle)

keresztszülők *fn tsz* godparents, sponsors

keresztutca *fn* side street || **jobbra az első keresztutca** the first turning on the right

keresztül *hsz (térben)* through, across, over; *(utazásnál)* via || *(segítségével)* by means of, through || *(időben)* for, during, through(out) || **a réten keresztül** across the fields; **a sajtón keresztül** by means of (*v.* through) the press; **Bécsen keresztül** via Vienna; **tíz éven keresztül** (for) ten years

keresztülgázol *ige (vízen)* wade through || *(ellenfélen)* cut* a (wide) swath(e) through

keresztülhúz *ige (töröl)* strike*/cross out; *(érvénytelenít)* cancel (⊕ *US* -l) || ❖ *átv* thwart, frustrate || **keresztülhúzza vk számításait** upset*/ruin sy's plans

keresztüljut *ige* get* through

keresztülmegy *ige (halad)* pass (through), cross || *(átél)* undergo*, go* through; *(egy ország vmn)* pass through; *(szenvedésen, betegségen)* go*/come*/pull through [an illness] || *(vizsgán)* pass

keresztülnéz *ige (vmn)* look through || **keresztülnéz vkn** cut* sy dead/cold, ignore sy

keresztülvisz *ige* **keresztülviszi az akaratát** have* one's way

keresztvas *fn* cross-bar, cross-piece

keresztyén = **keresztény**

keret *fn (képnek stb.)* frame; *(szemüvegkeret)* frame, frames *tsz* || ❏ *kat* cadre; *(ált létszám)* a given/stated number of people; ❏ *sp* selection [of representative players/athletes] || *(határ)* compass, range, limits *tsz*; *(váz)* framework || **az előadás keretében** in the course of the performance/lecture

kéret *ige* ask (sy) to come, send* for sy || **magához kéret vkt** invite sy to appear before one, send* for sy; **kéreti magát** take* much asking/persuading (to do sg)

kergemarhakór *fn* mad cow disease

kérges *mn (kéz)* horny, callous

kerget *ige* chase, pursue, hunt

kergető(d)zik *ige* chase about

kering *ige (bolygó)* revolve *(vm körül* round); *(űrhajó)* orbit; *(vm a levegőben)* circle; *(folyadék, gáz)* circulate || *(hír)* circulate, go* (a)round

keringés *fn (bolygóé)* revolution; *(más tárgyé)* circling; *(folyadéké, véré stb.)* circulation

keringési *mn* ❏ *orv* **keringési elégtelenség** circulatory failure/disturbance

keringő *fn (tánc)* waltz

keringőzik *ige* waltz, dance a/the waltz

kerít *ige (szerez)* get*, get* hold of, obtain, go* and fetch

kerítés *fn (vm körül)* fence, fencing

kérkedik *ige* talk big, brag; *(vmvel)* vaunt sg, boast of sg

kérlelhetetlen *mn* implacable, relentless

kérő ▼ *mn* asking, requesting ▼ *fn (leányé)* suitor

kérődzik *ige* chew the cud, ruminate

kérődző *mn* ruminant

kert *fn* garden; *(gyümölcsös)* orchard; *(konyhakert)* kitchen-garden

kertel *ige* mince matters, beat* about the bush

kertelés *fn* mincing matters, beating about the bush || **kertelés nélkül** bluntly, frankly

kertépítés *fn* landscape architecture/gardening

kertépítő (mérnök) *fn* landscape architect/gardener

kertes *mn* having/with a garden *ut.* || **kertes ház** house with a garden

kertész *fn* gardener; ❏ *tud* horticulturist

kertészet *fn (foglalkozás)* gardening; ❏ *tud* horticulture || *(üzem)* garden, nursery(-garden); *(piacra termelő)* market garden, ⊕ *US* truck farm

kertészeti *mn* of gardening *ut.*, gardening; ❏ *tud* horticultural || **kertészeti egyetem** university of horticulture

kertészkedés *fn* gardening; ❏ *tud* horticulture

kertészkedik *ige* do* some/the gardening, garden

kertészmérnök *fn* horticulturist

kerthelyiség *fn* garden

kerti *mn* garden || **kerti növény** garden plant; **kerti olló** (a pair of) secateurs *tsz*; **kerti parti** garden party

kertkapu *fn* garden gate

kertváros *fn* garden city/suburb

kertvárosi *mn* suburban

kerül *ige* (*vhova*) get* somewhere, arrive at, come*/get* to || (*vmre*) come* to, result/end in || (*vmbe, pénzbe*) cost*, come* to; (*időbe*) take*, require || (*vkt, vmt*) avoid, give* sg/sy a wide berth, shun (seeing), keep* out of the way (of) || (*kerülőt tesz*) go* a roundabout/circuitous way, go* round, go* out of one's way || **az életébe került** it cost him his life; **csak egy szavadba kerül** you need only say a/the word; **hát te hogy kerültél ide?** how (on earth) did you get here?; **kerül, amibe kerül** cost what it may, at any cost, at all costs; **kerüli az embereket** be* unsociable, avoid people; **kórházba kerül** be* taken/sent to hospital, be* hospitalized; **mennyibe kerül?** how much is it?, what does it cost?; **nagyot került** went a/the long way round; **rá kerül a sor** it is his/her turn now; **sokba kerül** it costs a lot, it costs a great deal, it is very expensive; **vidékre került** he was transferred to the provinces

kerület *fn* ❏ *mat* circumference || (*városi, közigazgatási*) district, ⊕ *GB így is:* borough || **a XII. kerület** the 12th district

kerületi *mn* (*városi*) district || **kerületi bíróság** local/district court

kerülget *ige* (*témát*) talk round [the subject], skirt (around) [the issue] || **kerülgeti, mint macska a forró kását** beat* about the bush

kerülő ▼ *mn* **kerülő út** detour; **kerülő úton** by a roundabout route; ❖ *átv* in a roundabout way; **társaságot kerülő ember** person shunning company ▼ *fn (út)* detour || **nagy kerülő** it is a long way round

kérvény *fn* application, request; (*közügyi/válókereseti*) petition || **kérvényt bead** (*vkhez vm ügyben*) make*/submit an application (to sy for sg)

kérvényez *ige* make*/submit an application (for sg), apply for (sg)

kés *fn* knife°

késedelem *fn* delay; (*fizetési*) default || **késedelem nélkül** without delay, forthwith, at once

késelés *fn* knifing

keselyű *fn* vulture

kesereg *ige* (*vmn*) grieve at/over/about sg, lament (over) sg

kesernyés *mn* tart, bitterish

keserű *mn* bitter

keserűség *fn (íz)* bitterness || (*szomorúság*) bitterness, grief, distress

keserves *mn (fájó)* painful; (*keserű*) bitter, grievous, sorrowful; (*nehéz*) troublesome, hard || **keserves csalódás** bitter disappointment

keservesen *hsz* bitterly || **keservesen csalódik** have* the disappointment of one's life; **keservesen zokog** sob bitterly, sob/cry one's heart out

késés *fn (vonaté stb.)* delay, late arrival || **a vonatnak 25 perc késése van** the train is (running) 25 minutes late, the train was delayed for 25 minutes; **elnézést a késésért** I apologize for being late

késik *ige (vk)* be* late; (*vonat*) be* (running) late || **ami késik, nem mú-**

lik everything comes to him who waits; **késik a válasz** the answer is overdue; **két órát késett** he was two hours late; **öt percet késik az órája** his watch is five minutes slow, his watch loses five minutes (a day); **2 órát késett a vonat** the train was delayed for two hours

keskeny *mn* narrow, tight; *(szűk)* strait || **keskeny nyomtávú vasút** narrow-gauge (⊕ *US* -gage) railway

késlekedés *fn* tardiness || **nincs idő a késlekedésre** there is no time to lose

késlekedik *ige* fall*/lag behind, linger; *(vmvel)* be* slow in [doing sg]

késleltet *ige (feltart)* detain, keep* (back), hold* up || *(lassít)* delay, retard, hold* up/back

késő ▼ *mn (elkésett)* late, belated, coming (too) late *ut.* || **késő éjszakáig** far into the night; **késő este** late in the evening ▼ *hsz* (too) late || **már késő van** it is late in the day, it is getting late; **már késő** *(= nincs tovább)* it is too late ▼ *fn* **későre jár az idő** it is getting late

később *hsz* later (on), afterwards || **egy évvel később** a year later; **későbbre halaszt vmt** put* off sg, defer/delay sg

későbbi ▼ *mn* later; *(rákövetkező)* subsequent, following ▼ *fn* **a későbbiek során** later on, subsequently

későn *hsz* (too) late || **későn jövő** latecomer; **későn fekszik le** stay up late; **későn kel(ő)** get* up late, be* a late riser; **jobb későn, mint soha** better late than never

késszúrás *fn* thrust*/stab with a knife

kész *mn (befejezett)* ready, finished || *(készen kapható)* ready-made, ready-to-wear || *(készséges)* obliging, willing || **... és kész!** and that's that/it, that's all; **kész cirkusz** it's (quite) ridiculous; **kész örömmel** with pleasure, gladly, most happily/willingly; **kész tények elé állít vkt** face sy with a fait accompli; **kész vagyok** I am ready; *(vmvel)* I have finished/done it; **mindenre kész be*** ready/prepared to do everything, be* ready for anything

készakarva *hsz* deliberately, on purpose, intentionally

keszeg *fn* bream

készen *hsz (befejezetten)* ready, finished, done, accomplished || *(felkészülten)* ready, prepared || **készen vagy vele?** are you ready (with it)?, have you done it?; **készen van** *(vk, vm)* be* ready; *(vm)* be* finished/done; *(írásmű)* be* written

készenlét *fn* readiness, preparedness || **készenlétben van** be* on (the) alert, stand* by [to do sg]; *(rendőrség)* be* on standby

készétel *fn (üzletben)* ready-to-eat meal/food || *(étteremben)* dish [on the menu]

készít *ige (csinál)* make*, prepare || *(előállít vmből)* produce, make*; *(gyárilag)* manufacture; *(ételt)* prepare, make* ready, cook || *(összeállít)* construct || **tervet készít** make*/devise a plan/scheme

készítés *fn (csinálás)* making, preparation, preparing || *(előállítás)* producing, production

készítmény *fn* product, manufacture; ❏ *vegy* preparation; *(gyógyszer)* specific || **gyári készítmények** industrial goods/products

készíttet *ige* have* sg made

készlet *fn (áru)* store, stock (in hand); *(tartalék)* reserve (fund), supply || *(összetartozó dolgok)* set; *(edények)* set, service; *(szerszámok)* kit || **amíg a készlet tart** while stocks last

készpénz *fn* cash, ready money || **készpénzzel fizet** pay* in cash, pay cash (down); **készpénznek vesz vmt** take* sg for granted

készpénzfizetés *fn* payment in cash, cash payment

készruha *fn* ready-to-wear *(v.* off-the-peg*)* clothes *tsz* || **készruhát vesz** buy* sg off the peg

készség *fn (szerzett)* skill || *(hajlandóság)* readiness, willingness || **készséggel** readily, willingly; *(örömmel)* gladly, with pleasure; **készséggel elismeri, hogy** he is ready/happy to admit that

készséges *mn* ready, willing, helpful || **nem készséges** unhelpful

késztet *ige (vmre)* get*/prompt/urge sy to do sg || **mi késztette erre?** what made him do it?

kesztyű *fn* glove(s); *(egy- és kétujjas)* mitten(s) || **kesztyűt húz** put* on gloves

kesztyűtartó *fn (kocsiban)* glove-compartment

készül *ige (munkában van)* be* in hand, be* being made; *(javítás alatt)* be* under repair; *(építés alatt)* be* being built, be* going up; *(gyártott)* be* manufactured from sg, be* made from/of sg || *(előkészületeket tesz)* make* (oneself) ready for, make* preparations/arrangements for; *(szándékozik vmt tenni)* be* going to do sg, be* about to do sg || *(vhova)* be* about *(v.* get* ready*)* to go somewhere; *(tanul)* study [medicine], study for [the medical profession] || *(diák a másnapi órákra stb.)* prepare for || **készül az ebéd** lunch is on the way; **készül az útra** make* preparations for the journey, be* preparing to go ...; **mérnöknek készül** he is studying to be an engineer; **orvosnak készül** want to become a doctor

készülék *fn* apparatus, appliance, machine; *(rádió, tévé)* (radio/TV) set || **ügyes kis készülék** ❖ *biz* a clever little gadget

készülés *fn* ❖ *ált és* ❑ *isk* preparation || *(vizsgára)* studying/reading for

készülő ▼ *mn (munkában levő)* in hand/preparation *ut.* || *(közeledő)* imminent, approaching || **készülő mű** the work in hand/preparation ▼ *fn* **készülőben van** *(vm)* be* under way, be* in preparation/progress, be* in the making

készülődés *fn* preparation(s)

készülődik *ige (vmre)* prepare (oneself) for sg, get* ready for sg

készültség *fn (készenlét)* preparedness, readiness, standby || ❑ *kat (alakulat)* squad on standby || **készültségben van** *(kat, rendőrség stb.)* be* on (the) alert, be* (kept) on standby; *(orvos)* be* on call

két *szn* two

kétágú *mn* forked, two-pronged, bifurcate

kétágyas szoba *fn* double bedroom

kétbalkezes *mn* ham-fisted/handed, clumsy; *(főnévvel)* ❖ *biz* butterfingers *tsz;* ❑ *kif* he is all (fingers and) thumbs

kételkedés *fn* doubt(ing), scepticism

kételkedik *ige* doubt; *(vmben)* be* doubtful/sceptical (about), have* (one's) doubts (about)

kételkedő ▼ *mn* doubting, unconvinced, sceptical ▼ *fn* sceptic

kétell *ige* doubt, call in(to) question, question || **kétlem!** I (rather) doubt it; **kétlem, hogy eljön** I doubt if/whether/that he'll come

kétéltű ▼ *mn* amphibious || **kétéltű jármű** amphibious vehicle, amphibian ▼ *fn* amphibian || **kétéltűek** amphibia

kétely *fn* doubt, scruple

kétemeletes *mn* **kétemeletes ház** a house on/with three floors, three-storey(ed) house *(v.* block of flats*)*

kétértelmű *mn* having a double meaning *ut.*, ambiguous, equivocal || *(illetlen)* risqué, double entendre

kétes *mn* doubtful, dubious; *(bizonytalan)* uncertain; *(vitás)* disputed; *(gyanús)* suspicious || **kétes egzisztencia** shady/dubious character; **kétes érté-**

kű of doubtful value *ut.*, equivocal; **kétes hírű** ill-reputed
kétévenként *hsz* every two years, biennially
kétévenkénti *mn* biennial
kétéves *mn* two years old *ut.*, two-year-old || *(két évig tartó)* lasting two years *ut.*, two-year
kétevezős *mn* *(hajó)* pair(-oar)
kétévi *mn* (of) two years, lasting two years *ut.*, two-year
kétezer *szn* two thousand
kétfelé *hsz* *(félbe)* in two/half || *(két irányba)* in two/opposite directions || **kétfelé ágazik** bifurcate, branch (off)
kétféle *mn* of two (different) kinds/sorts *ut.*, alternative, alternate
kétféleképpen *hsz* in two (different) ways
kétharmad *hsz* two-thirds *tsz*
kéthavi *mn* *(kéthavonként megjelenő)* bimonthly || *(két hónapra szóló)* two month's, for two months *ut.*
kéthavonként *hsz* *(megjelenő)* bimonthly, every two months
kéthetenként *hsz* every two weeks, ⊕ *GB* fortnightly, biweekly || **kéthetenként megjelenő** biweekly
kéthetes *mn* *(időtartam)* two weeks', ⊕ *GB* a fortnight's || *(kor)* two weeks old *ut.*, two-week-old
két hónapi *mn* two months', for two months
két hónapos *mn* two months old *ut.*, two-month-old
kétirányú forgalom *fn* two-way traffic
kétjegyű *mn* **kétjegyű betű** digraph; **kétjegyű szám** double figures *tsz*
kétkamarás *mn* bicameral
kétnapi *mn* two-days', of two days *ut.*
kétnapos *mn* two days old *ut.*, two-day-old
kétnyelvű szótár *fn* bilingual dictionary
kétoldalú *mn* bilateral || **kétoldalú megállapodás** bilateral agreement

kétóránként *hsz* every two hours, bihourly
kétórás *mn* two hours long *ut.*, lasting two hours *ut.*, two hours', two-hour
ketrec *fn* cage; *(baromfinak)* coop
kétrészes *mn* two-piece || **kétrészes fürdőruha** two-piece bathing suit, bikini
kétsávos *mn* *(út)* two-lane; *(magnó)* double-track
kétség *fn* doubt || **ehhez kétség nem fér** there is no doubt about it; **kétségbe ejt** drive* sy to despair; **kétségbe von** call (sg) in question, cast* doubt on; *(vitat)* dispute; *(tagad)* deny
kétségbeejtő *mn* desperate, hopeless
kétségbeesés *fn* despair, desperation
kétségbeesett *mn* desperate || **kétségbeesett erőfeszítés(ek)** desperate effort(s)
kétségbeesik *ige* despair, lose* heart || **kétségbeestem** my heart sank; **kétségbe van esve** be* desperate, be* in despair
kétséges *mn* doubtful, dubious, uncertain
kétségkívül *hsz* undoubtedly, without/no/beyond doubt, doubtless; *(valóban)* surely, certainly
kétségtelen *mn* unquestionable, indisputable, certain, sure
kétszáz *szn* two hundred
kétszáz éves évforduló *fn* bicentenary, 200th anniversary, ⊕ *főleg US* bicentennial
kétszemélyes *mn* for two (people) *ut.* || **kétszemélyes ágy** double bed; **kétszemélyes beutaló** a holiday for two
kétszer *szn/hsz* twice || **kétszer annyi** twice as much/many; **kétszer kettő négy** twice two is/are four
kétszeres ▼ *mn* double, twofold, duplicate ▼ *fn* *(mennyiség)* double (amount)
kétszeri *mn* done/occurring twice *ut.*, double
kétszersült *fn* zwieback, rusk

kétszintes *mn (ház)* two-storey(ed), ⊕ *US* two-storied

kétszínű *mn* two-coloured (⊕ *US* -or-), of two colours *ut.*, bicolour(ed) ⊕ *US* (-or-) || ❖ *átv* hypocritical, double-dealing, two-faced || **kétszínű ember** double-dealer

kétszínűség *fn* duplicity, double-dealing

kétszínűsködik *ige* be* a hypocrite, be* a double-dealer, play a double game

kétszobás *mn* two-room(ed), with two rooms *ut.*

kéttannyelvű *mn* ❏ *isk* bilingual

ketté *előtag* in two (halves), asunder

ketted *szn* (egy)ketted one half

ketten *szn/hsz* **mi ketten** the two of us; **ők ketten** the two of them; **mind a ketten** both (of them/us/you)

kettéoszt *ige* halve, divide in two

kettes ▼ *mn (számú)* (number) two || **kettes számrendszer** binary system ▼ *fn (számjegy)* figure/number two || *(kártyában, kockában)* deuce || *(osztályzat)* rather poor (mark); *(vizsgán)* pass mark || **kettesre felelt** he was found rather weak

kettesben *hsz* (the two of them/us/you) together, in private

kettesével *hsz* by/in twos, two by/and two

kettészakít *ige* tear*/rip in half/two

kettétörik *ige* break* in two/half, snap

kettévág *ige* cut* in(to) two, cut* in half

kettéválaszt *ige* separate, sever

kettéválik *ige* fall* apart, separate, divide in two (*v.* into two parts), part

kettő *szn* two; *(vmből)* a couple of || **mind a kettő** both; *(személyről)* both (of them); **kettőn áll a vásár** it takes two to make a bargain

kettős ▼ *mn (kétszeres)* double, twofold, duplicate; *(kettő vmből)* double, twin || **kettős állampolgárság** dual citizenship; **kettős kereszt** cross of Lorraine, patriarchal cross; **kettős könyvvitel** double-entry book-keeping ▼ *fn* ❏ *zene* duet

kettőshangzó *fn* diphthong

kettőspont *fn* colon

kettőszáz *szn* two hundred

kettőz *ige* double, duplicate

kétujjas kesztyű *fn* mitten(s *tsz*)

kétüléses autó *fn* two-seater

ketyeg *ige* tick

ketyegés *fn* ticking

kéve *fn* sheaf°, bundle

kever *ige (össze)* mix; *(főzéskor)* stir; *(vm közé)* mix (with); *(vegyileg)* combine || *(kártyát)* shuffle || *(átv, vmbe)* involve/embroil in, get* sy mixed up in || **bajba kever vkt** get* sy into trouble (*v.* a fix); **italt kever vknek** get* (⊕ *US* fix) sy a drink

keveredés *fn (egybe)* mixing, blending || *(zűrzavar)* confusion, chaos, ❖ *biz* muddle

keveredik *ige (több egybe)* mix, blend; *(vegyileg)* combine || *(vk vmbe)* become*/get* involved in sg || **bajba keveredik** get* into trouble; **rossz társaságba keveredik** get*/fall* into bad company

keverék *fn* ❖ *ált* mixture; *(dohány, kávé)* blend; *(üzemanyag)* fuel mixture; *(rendszertelen)* medley, mishmash; ❖ *átv* amalgam || **keverék faj(ú)** mixture of breeds, hybrid, crossbreed

keverés *fn (össze)* mixing, mingling; *(főzéskor)* stirring; *(vegyítés)* combination || *(kártyáé)* shuffling

keverő *fn (eszköz)* mixer

keverőgép *fn* mixer; *(háztartási)* liquidizer, blender

kevés *szn* little, few *(utána: tsz)*, small; *(valamennyi)* some; *(idő)* short; *(csekély)* slight, limited, scanty; *(nem elég)* wanting, insufficient, not enough, too little/few || **ez kevés** that's not much, that's insufficient/unsatisfactory; **kevés kivétellel** with few exceptions; **kevés a pénzem** I have little money, I am short of money; **keveset keres** earn (very) little, earn a pittance; **kevéssel ezelőtt** a short time ago, not long ago; **kevéssel azután** shortly/soon after

kevésbé *hsz* (the) less || **annál kevésbé, mert** all the less since, especially as; **egyre kevésbé** less and less, decreasingly

kevesebb *mn* less, fewer || **vmvel kevesebb** a little/trifle less; **egyre kevesebbet** less and less

kevesell *ige* find* unsatisfactory/insufficient, find*/think* sg too little

kevesen *hsz* (a) few (people), some (people) || **kevesen voltak** *(vmn)* it was poorly attended

kevéssé *hsz* a little/trifle, somewhat, a little bit

kéz *fn* hand || **kéz alatt** *(vásárol)* secondhand; **kezébe vesz** *(vkt, vmt)* take* sy/sg into one's hands; **nem való gyerek kezébe** it is not for children; **vmt (jól) kézben tart** ❖ *átv* keep* one's hands on sg, keep* a firm hand on sg; *(főleg pol)* control sg, be* in control of sg; **első kézből tud vmt** learn/hear* sg at first hand (v. firsthand), ❏ *kif* have* sg (straight) from the horse's mouth; **kézhez kap/vesz vmt** receive/get* sg; *(levelet, hiv)* be* in receipt of; **X úr kezéhez** *(levélen)* attn./attention Mr X; **kézen fog vkt** take* sy by the hand; **kézen fogva** hand in hand; **kéznél van** be* to hand, be* (near) at hand; **kezet fog vkvel** shake* hands with sy; **kezet nyújt vknek** give*/offer sy one's hand; **kezét csókolom** *(az angolban pontos megfelelője nincs, helyette csak ez mondható:)* good morning/afternoon/evening (Madam/Sir); how do you do?; ❖ *biz* hello, Mrs Smith etc.; **kézzel** by hand; **kézzel festett** handpainted; **el a kezekkel!** hands off!; **fel a kezekkel!** hands up!

kézápolás *fn* manicure

kézbesít *ige* deliver, hand

kézbesítés *fn* delivery, handing (over) || **téves kézbesítés** misdelivery

kézbesítő *fn* *(vállalaté stb.)* messenger; *(postás)* postman°

kezd *ige* *(vmt, vmbe, vmhez)* begin*/start (v. commence) sg (v. to do sg); set* out to (do sg) || **azzal kezdte, hogy** he began by (...ing); **beszélgetésbe kezd vkvel** strike* up a conversation with sy; **énekelni kezd** start singing, begin* to sing; **most mihez kezdjünk?** what (are we to do) now?; **(már) kezdem érteni** I'm beginning to understand, it has just dawned on me; **kezdem megszokni** I'm getting used to it

kezdeményez *ige* take* the initiative (in sg), initiate (sg)

kezdeményezés *fn* initiative || **egyéni kezdeményezés** private venture, an individual initiative

kezdés *fn* beginning, start

kezdet *fn* beginning, start, outset, commencement; *(időszaknak)* opening; *(eredet)* origin, source || **minden kezdet nehéz** every beginning is difficult; **kezdetben** in the beginning, at first; **kezdettől fogva** from the beginning/outset

kezdeti *mn* initial || **kezdeti stádium** early/initial stage

kezdetleges *mn* primitive, elementary

kezdő ▼ *mn* *(vmt)* beginning, commencing; *(kezdeti)* initial || *(tapasztalatlan)* inexperienced || **kezdő fizetés** starting/initial salary; **kezdő író** budding author; **kezdő tanfolyam** a course for beginners ▼ *fn* beginner, tyro, tiro, ❖ *biz* greenhorn, tenderfoot° *(tsz* -foots *v.* -feet)

kezdőbetű *fn* initial (letter) || **kezdőbetűk** initials; **nagy kezdőbetű** capital letter; **nagy kezdőbetűvel ír** write* [a word] in capital/block letters, capitalize

kezdődik *ige* *(kezdetét veszi)* begin*, start, commence || *(származik vhonnan)* originate in/from, derive from || **kezdődik a tanítás** teaching begins (on...); **rosszul kezdődött** it made (v. got off to) a bad start, it started badly

kezdősebesség *fn* initial velocity

kezdve *hsz* from ... on(wards) || **1986-tól kezdve** 1986 onwards; **ettől az időtől kezdve** from this time on; **mostantól kezdve** from now (on), henceforth

kezel *ige (beteget)* treat *(vkt vm ellen* sy for sg), attend (sy) || *(gépet)* handle, operate, work; *(karbantart)* maintain, service || *(jegyet)* inspect, check, control || *(pénzt)* be* in charge of, administer, handle; *(ügyeket)* manage, have* charge of, administer, look after || *(vkt vhogyan)* treat (sy), deal* with (sy), handle (sy)

kezelés *fn* ❏ *orv* treatment, therapy || *(gépé)* handling, operation || *(jegyeké)* check, control || *(pénzé, ügyeké)* administration, managing, management || **a jegyeket kezelésre kérem!** fares/tickets please!; **kezelésbe vesz** ❖ *átv (vmt)* take* sg in hand; ❖ *biz (vkt)* take* sy in hand

kezelési *mn* **kezelési költség** service/handling charge(s), administrative costs *tsz*; **kezelési utasítás** operating/service manual/handbook (v. instructions *tsz*), [a car/computer etc.] instruction manual

kezelhető *mn* manageable, treatable || **könnyen kezelhető** easy to manage/handle *ut.*

kezelő *fn (gépé)* operator, mechanic || *(ügyé)* administrator, manager; *(vagyoné)* trustee || *(kórházi helyiség)* surgery, *(kiírás így is)* treatment

kezelőorvos *fn* consultant, ⊕ *US* medical advisor

kezeltet *ige* have* sg/sy treated || *(jegyet)* show*/produce [one's ticket] (for inspection) || **kezelteti magát** undergo* treatment

kézenállás *fn* handstand

kézenfekvő *mn* obvious, (self-)evident, clear

kezes *fn (összegért)* guarantor

kezeskedik *ige (vmért)* guarantee sg, vouch for sg; *(vkért)* stand*/be* security/surety for sy, vouch for sy

kezeslábas *fn* ❖ *ált* overalls *tsz*

kezesség *fn* surety(ship), security, guarantee

kézfelemelés *fn* **kézfelemeléssel szavaz** vote by a show of hands

kézfogás *fn* handshake

kézi *mn (kézzel végzett)* manual; *(kézi működtetésű)* hand-operated || **kézi (gyártású)** handmade, made by hand *ut.*; **kézi vezérlés** manual controls *tsz*

kézifegyver *fn* small arms *tsz*

kézifék *fn* handbrake || **be van húzva a kézifék** the handbrake is on

kézigránát *fn* (hand)grenade

kézikönyv *fn* manual, handbook, reference book

kézilabda *fn* handball

kézilány *fn (konyhai)* kitchen maid

kézimunka *fn (kötés, hímzés, horgolás)* needlework, fancywork

kézimunkázik *ige* do* needlework

kézipoggyász *fn* hand luggage (⊕ *US* baggage)

kézirat *fn* manuscript

kéziszótár *fn* concise dictionary

kézitáska *fn (női)* handbag, ⊕ *csak US* purse; *(kis bőrönd)* suitcase

kézjegy *fn* initials *tsz* || **kézjegyével ellát** initial (⊕ *US* -l) (sg)

kézkrém *fn* hand-cream

kézmosás *fn* hand-wash

kézműves *fn* craftsman°, artisan

kéztörlő *fn* (hand-)towel

kézügyesség *fn* manual skill, handiness || **jó a kézügyessége** be* good with one's hands

kft. = **korlátolt** *felelősségű társaság*

kg = **kilogramm** kilogram(me), kg

ki¹ ▼ *nm (kérdő)* who? || **ki az?** who is that/it/there?; **kié?** whose?; **kié ez a**

könyv? whose book is this?, who does this book belong to?, to whom does this book belong?; **kiért?** for whom?, for whose sake?; **kihez?** to whom?; **kihez megy férjhez?** who is she going to marry?; **kinek?** for/to whom?; **kinek adtad a pénzt?** who did you give the money (to)?; **kire gondolsz?** who are you thinking of?, who have you (*v.* do you have) in mind?; **kit?** whom?; **kit láttál?** who did you see?, *(formálisabban)* whom did you see?; **kit vár?** who are you waiting for?; **kitől?** from whom?, who ... from?; **kivel?** with whom?, who ... with? ▼ *nm (vonatkozó: aki)* who || **nincs, ki megcsinálja** there is no one to do it ▼ *nm (határozatlan: némelyik)* **ki jobbra, ki balra fut** some run* to the right, others to the left; **ki erre, ki arra** some this way and some that (way)

ki² *hsz (irány)* out; *(kifelé)* outwards || **ki innen!** get out!, be off!

kiabál *ige (ember)* shout, cry; *(ordít)* bawl

kiabálás *fn* shouting; *(lárma)* uproar

kiábrándul *ige (vmből)* be* disappointed in sg/sy (*v.* with sg)

kiábrándulás *fn* disappointment, disillusion(ment)

kiad *ige (vhonnan)* give* out; *(raktárból vknek vmt)* issue (sy with sg *v.* sg to sy) || *(kiszolgáltat)* deliver, give* up, hand over, surrender; *(bűnözőt)* extradite || *(kihány)* bring* up, vomit || *(kézből)* part with sg || *(munkára)* give* sg out (to be made); *(munkát)* assign, distribute || *(parancsot)* give*, issue; *(rendeletet)* publish, issue || *(sajtóterméket)* publish, issue || *(útlevelet, jegyet)* issue || *(házat)* let*; *(szobát, lakrészt)* let* (out), ⊕ *csak US* rent (sg) out || *(pénzt)* spend*, expend; *(félretett pénzből)* disburse || **kiadta minden pénzét** he has run out of cash/money, he has spent all his money; **kiadták új regényét** her/his new novel is out

kiadás *fn (kiszolgáltatás)* handing out, delivery, surrender; *(bűnözőé)* extradition || *(sajtóterméké)* publication, issue; *(könyvé)* edition || *(útlevélé, jegyé)* issue || *(költségek)* expenses *tsz*; *(kormányé stb.)* expenditure || *(lakásé stb.)* letting (out) || **apró kiadások** sundry/incidental expenses, sundries

kiadatás *fn* ❑ *jog* extradition

kiadó ▼ *mn (bérbe vehető)* to (be) let *ut.*, vacant, ⊕ *US* for rent *ut.* || **kiadó lakás/szoba** flat/room to let; ⊕ *US* apartment for rent; **ez a ház kiadó** this house is to (be) let (*v.* ⊕ *US* for/to rent) ▼ *fn (vállalat)* publisher(s), publishing house

kiadós *mn* abundant, plentiful || **kiadós ebéd** a substantial lunch; **kiadós eső** a heavy rain

kiadvány *fn* publication

kiaknáz *ige (felhasznál)* exploit, utilize || *(lehetőséget)* make* the best/most of

kialakul *ige* form, take* shape; *(kifejlődik)* develop, evolve, ❖ *biz* shape up || ❖ *biz (elrendeződik)* be* settled, get*/be* sorted out || **kezd kialakulni** things are working out

kialakulás *fn* formation, development

kiáll *ige (vk vhová)* go*/stand* out; *(vhonnan előlép)* step out, come*/step forward || *(vm vmből)* stand*/stick* out; *(hegyesen)* jut/stick* out, protrude, project; *(kidomborodik)* bulge (out) || *(vkvel)* stand* up to (sy), accept the challenge of || *(vmért/vkért, vm/vk mellett)* ❑ *kif* take* up the cudgels for sg/sy || *(fájás megszűnik)* cease, stop || *(kibír vmt)* endure, suffer, bear*, tolerate; ❑ *ker* compete successfully with || **ki nem állhatom** I can't stand/bear him, I hate the (very) sight of him; **kiáll meggyőződése mellett** have* the courage of one's convictions; **kiállja a próbát** pass/stand* the test

kiállhatatlan *mn* odious; *(viselkedés, modor)* insufferable, intolerable, unbearable; *(pasas)* tiresome

kiállít *ige* ❑ *sp* send* off, exclude || *(kiállításon)* exhibit; *(bemutat)* display, show* || *(okmányt, számlát)* make* out

kiállítás *fn* exhibition; *(ipari stb. termékeké)* (trade) exhibition, show || *(külső)* finish, get-up, presentation || ❑ *sp (játékosé)* send(ing)-off, expulsion || *(iraté)* issue || **kiállítás napja** date of issue

kiállítási tárgy *fn* exhibit

kiállító ▼ *mn* **kiállító hatóság** ... *(okmányé)* issued by ..., issuing authority is ... ▼ *fn (kiállításon)* exhibitor

kiálló *mn* projecting, protruding

kialszik *ige (lámpa)* go* out; *(tűz)* burn* (itself) out, be* extinguished, die out || *(vmt)* sleep* off || **kialussza magát** have* a good night's rest; **kialudt a tűz** the fire is (*v.* has gone) out

kiált *ige* cry (out), shout, exclaim, call (out) || **segítségért kiált** cry/shout/call for help

kiáltás *fn* cry, shout, call

kiáltvány *fn* proclamation, manifesto

kialudt *mn (tűzhányó)* extinct

kialvatlan *mn (vk)* needing/lacking sleep *ut.*

kiapad *ige (kiszárad)* dry up, run* dry

kiárad *ige (folyó)* flood, overflow (its banks); *(vmre)* inundate, overrun*

kiárusít *ige (végleg)* sell* off

kiárusítás *fn* sale

kibékít *ige (vkt vkvel)* reconcile sy with sy

kibékül *ige (vkvel)* be* reconciled (with sy), make* peace (with sy), make* it up (with sy), make* friends again || *(vmvel)* resign oneself to sg, acquiesce in sg || **kezd kibékülni a helyzettel** (s)he is coming to terms with the situation

kibékülés *fn* reconciliation

kibélel *ige* line; *(vattával)* pad

kibelez *ige* disembowel (✢ *US* -l); *(vadat, halat)* gut; *(szárnyast)* clean, draw*

kibérel *ige (csónakot stb.)* hire (out); *(házat hosszabb időre v. földet)* lease; *(házat/szobát rövidebbre v. autót)* rent

kibetűz *ige* make* out, decipher; *(jeleket)* decode

kibicsaklik *ige (testrész)* be* sprained/dislocated || **kibicsaklott a bokája** (s)he sprained his/her ankle

kibír *ige (elbír)* bear*, support || *(elvisel)* endure, bear*, stand*

kibírhatatlan *mn* unbearable, intolerable

kibocsát *ige* ❖ *ált* send* out; *(hőt, szagot)* emit, give* off/out; *(sugarat, fényt)* radiate, pour out/forth || *(bankjegyet)* put* into circulation, issue; *(rendeletet)* publish, issue || *(egyetem szakembereket)* turn out

kibocsátás *fn* ❑ *műsz* emission, radiation || *(bankjegyé)* issue

kibogoz *ige (csomót)* untie, undo*; unravel (✢ *US* -l) || ❖ *átv* solve, puzzle out

kibomlik *ige (kötés, varrás)* come* undone, come*/get* untied || *(szirom)* unfold

kibont *ige (csomót stb.)* undo*, untie; *(csomagot)* open, unpack, unwrap; *(hajat)* take*/let* down; *(levelet)* open; *(vitorlát, zászlót)* unfurl, unfold

kibontakozás *fn (kifejlődés)* development; *(bonyodalomé)* unravelling (✢ *US* -l); *(cselekményé)* denouement

kibontakozik *ige (vmből)* free/extricate/disentangle oneself from sg || *(ködből)* emerge || *(kifejlődik)* develop, blossom out; *(cselekmény)* be* unravelled (✢ *US* -l-)

kiborít *ige (edényt)* overturn, upset*; *(folyadékot)* spill* || ❖ *biz (vkt)* upset* sy

kiborul *ige (edény)* be* upset/overturned/spilt || ❖ *biz (kijön a sodrából)* get*/be* upset; *(idegileg)* crack up, break* down

kibök *ige (szemet)* poke out || ❖ *biz (szót)* utter, blurt out; *(titkot, kif)* spill* the beans

kibővít *ige* widen, make* wider

kibújik *ige (vhonnan)* creep*/crawl out, emerge from || *(vmből)* come* out, emerge || **gyorsan kibújt a ruhájából** she slipped out of her clothes; **kibújik a szög a zsákból** show* the cloven hoof

kibulizik *ige* ❖ *biz* wangle *(vmt sg v. sg out of sy)*

kibúvó *fn (ürügy)* pretext; *(mentség)* excuse || **kibúvót keres** try to find a loophole

kicentrifugáz *ige* spin-dry

kicsal *ige (állatot rejtekhelyéről)* lure (out) || *(vkből vmt)* wheedle/worm/draw* sg out of sy; *(pénzt vktől)* cheat/swindle sy out of sg; *(titkot)* get* [a secret] out of (sy)

kicsap *ige* ❖ *biz (iskolából)* expel; *(egyetemről)* send* down, expel || *(láng)* leap* up, shoot* up; *(medréből)* overflow

kicsapongás *ige* debauch(ery), dissipation

kicsapongó *mn* **kicsapongó életet él** lead* a dissolute/dissipated life

kicsavar *ige (csavart)* unscrew || *(vizes ruhát)* wring* (out) || *(gyümölcsöt)* squeeze || **kicsavar vmt vk kezéből** wrest sg from (v. out of) sy's hands

kicselez *ige* dodge, elude

kicsempész *ige* smuggle out

kicsempéz *ige* cover with tile(s), tile

kicsenget *ige* ❏ *isk* **kicsengettek** the bell went

kicsengetés *fn* ❏ *isk* bell

kicserél *ige (vmt vmért, vmre)* exchange sg for sg, ❖ *biz* swap (sg for sg); *(újjal)* replace (sg with/by sg); *(becserél)* trade sg for sg || *(nézeteket)* exchange [views]; *(tapasztalatokat)* share one's experiences (with sy)

kicsi ▼ *mn* little, small; *(nagyon kicsi)* tiny, ❏ *sk* wee; *(termetre)* short; *(filigrán)* tiny, of small build *ut.*, diminutive; *(jelentéktelen)* puny, petty, insignificant, trifling || **kicsi korában** as a child, in his childhood ▼ *fn (gyerek)* little (v. ❏ *sk* wee) one/boy/girl, ⊕ *csak US* junior || **egy kicsit** a little/bit/trifle; **kicsire nem adunk** we are not so very particular; **sok kicsi sokra megy** many a little makes a mickle

kicsiny ▼ *mn* = **kicsi** ▼ *fn (gyermek)* little one, (tiny) tot || *(állaté)* cub, whelp || **a kicsinyek** the little ones, the children

kicsinyes *mn* small/petty-minded; *(aprólékos)* fussy, pedantic; *(szűkmarkú)* niggardly, hair-splitting

kicsinyesség *fn* small-mindedness, pettiness

kicsinyített *mn* reduced

kicsinyítő *mn* ❏ *nyelvt* **kicsinyítő képző** diminutive (suffix)

kicsíp *ige (vmt vhonnan)* ❖ *biz* **kicsípi magát** trick oneself out (in sg), put* on one's best bib and tucker

kicsírázik *ige* sprout, bud, germinate

kicsoda *nm* who(ever)?, who on earth?

kicsomagol *ige* unpack

kicsorbít *ige* blunt, chip

kicsorbul *ige* chip, get* blunt

kicsordul *ige* overflow, run* over, spill* || **kicsordult a könnye** tears came to her/his eyes

kicsúfol *ige* mock sy, make* fun of sy

kicsúszik *ige (kézből)* slip (out) || **kicsúszott vm a száján** sg slipped from his lips

kidagad *ige (vitorla)* fill/belly (out); *(vmtől)* be* bulging with sg

kiderít *ige* find* out, clear up, bring* to light; *(tényt)* ascertain; *(rejtélyt)* unravel, clear up; *(igazságot)* hunt out, seek* after || **a vizsgálat kiderítette, hogy** the investigation has revealed/established/proved that

kiderül *ige (idő)* clear up, get* brighter; *(ég)* clear || **kiderült (az idő)** it's turned out nice and sunny (again); **kiderült, hogy** it came to light that, it turned out that

kidob *ige (vmt)* throw* out; *(haszontalant)* throw* away/out, discard, scrap; *(pénzt)* throw* away, waste || ❖ *biz (vkt vhonnan)* throw*/turn* sy out (of swhere); *(erőszakkal)* ❖ *biz* chuck out || *(állásából)* give* sy the sack/boot, sack sy || **kidobott pénz** money down the drain, a waste of money

kidobóember *fn* ❖ *biz* bouncer, chucker-out

kidolgoz *ige (anyagot)* make* up, fashion, model (⊕ *US* -l); *(kikészít)* process, finish || *(részleteiben vmt)* work out, elaborate (sg)

kidolgozás *fn (anyagé)* making (up), finish || *(témáé)* working up/out, elaboration

kidöglik *ige* ❖ *biz* be*/get* fagged out (v. ⊕ *US* pooped)

kidől *ige (fa)* fall* || *(folyadék)* be* spilt || ❖ *átv (fáradtságtól)* drop (down)

kidönt *ige (fát)* fell; *(falat)* pull/knock down, demolish || *(kiborít)* spill*, overturn, upset*

kidörzsöl *ige (testrészt vm)* chafe, rub till sore

kidudorodás *fn* bulge, protuberance

kidudorodik *ige* bulge, protrude, swell* up/out

kidug *ige* stick*/thrust*/poke sg out (of sg)

kidurran *ige (gumi)* burst*, blow* out

kidülled *ige* bulge, swell* (out); *(szem)* goggle || **kidülledt szemmel** goggle/pop-eyed

kié → **ki¹**

kiebrudal *ige* ❖ *biz* throw*/turn/chuck out

kiég *ige (ház)* burn* out || **kiégett az égő** the bulb has gone; **kiégett a biztosíték** the fuse has blown

kiegészít *ige* complete, make* sg complete, complement, make* up *(vmre* to), supplement

kiegészítés *fn* completion, addition, supplement || *(pénzben)* supplement || *(könyvben)* addendum (tsz addenda)

kiéget *ige (tűzzel)* burn* (out) || *(biztosítékot)* blow* (out) || **kiégeti a szőnyeget** burn* a hole in the carpet

kiegyenesedik *ige* straighten (out); *(kihúzza magát)* draw* oneself up (to one's full height)

kiegyenesít *ige* straighten (out), make* straight

kiegyenlít *ige (egyenlővé tesz)* equalize, set*/put* aright, straighten, even out/up, level (⊕ *US* -l) off || ❑ *sp* equalize || *(számlát)* settle; *(adósságot)* clear, pay* (off)

kiegyenlítés *fn* equalization || *(számláé)* settlement; *(adósságé)* settling (up), clearing, paying

kiegyensúlyozott *mn* balanced || *(ember)* well-balanced

kiegyezés *fn* compromise || ❑ *tört* **a 67-es kiegyezés** the Settlement/Ausgleich of 1867

kiegyezik *ige (vkvel)* agree on a compromise (with sy), reach an agreement

kiejt *ige (kezéből)* drop, let* sg fall/slip || *(szót)* pronounce

kiejtés *fn (szóé)* pronunciation

kiejtési *mn* **kiejtési hiba** mispronunciation

kielégít *ige* ❖ *ált (vkt)* satisfy, give* satisfaction to || **kielégíti az igényeket** meet*/satisfy all demands/requirements

kielégítés *fn* satisfaction, satisfying

kielégítő *mn* satisfactory; *(megfelelő)* adequate; *(elég)* sufficient || **kielégítően** satisfactorily

kielégül *ige (vmben)* find* satisfaction in sg || *(vágy)* be* gratified/appeased; *(nemileg)* reach orgasm/climax

kielégülés *fn* satisfaction, contentment; *(nemi)* orgasm, climax

kiélesedik *ige (helyzet)* become* critical/strained, come* to a crisis; *(harc, vita)* intensify, grow*/become* more acute/intense

kiélez *ige (helyzetet)* increase the tension; *(ellentétet)* sharpen, deepen, intensify

kiélvez *ige* enjoy sg to the full, make* the most of sg

kiemel *ige (vmből)* take*/lift sg out (of sg); *(a sok közül)* pick (out) || *(hangsúlyoz)* stress, emphasize, point out || *(mint fontosat)* highlight (sg) || **kiemeli vmnek a fontosságát** stress the importance of sg

kiemelés *fn (hangsúlyozás)* stress, emphasis

kiemelkedik *ige (vhonnan)* rise* (from); *(vízből)* emerge (from), come* out of || **erősen kiemelkedik a háttérből** it is in sharp contrast to the background

kiemelkedő *mn (kiugró)* projecting, prominent || *(kiváló)* outstanding, excellent, distinguished, eminent || **kiemelkedő fontosságú** of overriding importance *ut.*

kiemelt *mn (hangsúlyozott)* stressed

kienged *ige (vkt)* let* (sy) out || *(vmt)* emit, let* escape; *(gázt/levegőt vmből)* deflate sg; *(folyadékot)* run* off || *(ruhát)* let* out

kiengesztel *ige* conciliate, appease

kiépít *ige (átv is)* build* up, develop

kiépül *ige (város)* grow*, develop; *(városrész)* be*/become* built up

kiér *ige (vk vhová)* get* to [a place], arrive at [a place] (in time) || **kiért a vonathoz** (s)he managed to catch the train

kiérdemel *ige* merit, deserve, earn

kiereszt *ige (vkt vhová)* let* (sy) out || *(lazít)* slack(en); *(köteléket)* pay* out || **vitorlát kirereszt** start the sail

kierőszakol *ige (vkből vmt)* wring*/force/extort sg from sy || *(vmt)* enforce sg, insist (up)on sg || **kierőszakolja a győzelmet** gain a hard-won victory

kiértékel *ige* evaluate, assess

kiértékelés *fn* evaluation, assessment

kiesés *fn (vhonnan)* falling/dropping out, drop-out || ❏ *sp (versenyből)* elimination

kiesik *ige (vhonnan, vmből)* fall*/drop out (of sg) || be* eliminated (from) || **kiesett X has been eliminated; kiesik az emlékezetéből** sg escapes sy, sg slips one's mind

kieszel *ige* invent, think*/dream* up, conceive, plot

kieszközöl *ige* secure, obtain

kievickél *ige (vízből)* paddle out (of) || *(bajból)* extricate oneself (from)

kifacsar *ige (ruhafélét)* wring* (out); *(gyümölcsöt)* squeeze

kifacsart *mn (ruha)* wrung-out || **kifacsart citrom** squeezed lemon; ❖ *átv (vk)* a squeezed orange

kifaggat *ige* question in detail, interrogate, ❖ *biz* grill

kifakad *ige (kelés)* burst*, break* (open); *(bimbó)* burst* open, open || *(megmondja véleményét)* speak* one's mind; *(vk ellen)* attack sy, (let*) fly* at sy

kifakul *ige* fade, (grow*) pale, lose* colour (⊕ *US* -or)

kifárad *ige (vmtől)* tire (of), become*/get*/grow* tired (of/from) || **lesz szíves kifáradni** kindly/please go/come out

kifáradás *fn* exhaustion, tiredness

kifarag *ige* carve (out); *(követ)* cut*

kifáraszt *ige* tire (out), make* sy tired/weary, wear* out

kifecseg *ige* blurt out || **titkot kifecseg** ❖ *biz* let* the cat out of the bag

kifejez *ige (szavakkal)* express, voice, give* expression to || **kifejezi magát** express oneself

kifejezés *fn (kinyilvánítás)* expression, utterance || *(szókapcsolat)* expression, phrase, *(nyelvben sajátos)* idiom, idiomatic expression || ❑ *mat* expression, term

kifejezéstelen *mn* expressionless

kifejezetten *hsz* expressly, definitely, professed(ly) || **kifejezetten szép** truly beautiful

kifejeződik *ige* be* expressed

kifejleszt *ige* develop; *(tehetséget)* improve [one's abilities]

kifejlesztés *fn* development; *(tehetségé)* improvement

kifejlődés *fn* development, growth, evolution; *(tehetségé)* development, blossoming

kifejlődik *ige* develop *(vmvé* into sg), grow*; *(tehetség)* blossom

kifejt *ige (varrást)* undo*, unpick || *(babot, borsót)* hull, shell || *(képességet)* display, show* || *(szavakban)* expound; *(magyaráz)* explain, make* clear, expand on sg; *(véleményt)* express, put* forward, state || **kifejti nézeteit** expound/state/give* one's views

kifejtés *fn (varrásé)* undoing, unpicking || *(szavakban)* expounding; exposition

kifelé *hsz (irány)* out, outward(s) || *(külsőleg)* outwardly, seemingly || **(mars) kifelé!** out you go!

kifelejt *ige* leave* (sg/sy) out (by mistake), forget* to put in

kifényesít *ige* polish, buff up, shine*

kifér *ige (vm, vk vmn)* get* out through, pass through sg || **kiabál, ahogy csak a torkán kifér** shout at the top of one's voice

kifest *ige (szobát)* paint, decorate || *(arcot)* make* up, paint || *(kiszínez)* colour || **kifesti magát** make* up (one's face), make* oneself up, put* on make-up, do* one's make-up

kifestőkönyv *fn* colouring (⊕ *US* -or-) book

kifeszít *ige (feszessé tesz)* stretch (out), tighten, make* tight; *(szél vitorlát)* fill || *(felfeszít)* break*/force/prise (⊕ *US* prize) open

kificamít *ige* sprain, dislocate || **kificamította a bokáját** (s)he sprained his/her ankle, (s)he has a sprained ankle

kificamodik *ige* be*/become* sprained/dislocated

kifinomult *ige* refined

kifizet *ige (megfizet)* pay* (up/out), disburse; *(adósságot)* pay* || **kifizet vkt** pay* sy (off)

kifizetés *fn (adósságé, számláé)* settlement, payment

kifizetetlen *mn* unpaid

kifizetődő *mn* paying, remunerative || **nem kifizetődő** (it) does not pay *ut.*, (it is) unremunerative

kifli *fn* croissant, roll

kifog *ige (vízből)* fish, land, take* out; *(halat)* catch* || *(lovat)* unharness || ❖ *biz (vkn)* get*/have* the better of sy || **ez kifogott rajtam** that beats me, ⊕ *US* ❖ *biz* that has/had me beat; **ezt jól kifogtuk** *(rosszat)* it's not our day, that's just our luck; ❖ *biz* **ki kell fogni** *(ritka árucikket)* you've got to be lucky to get it

kifogás *fn (helytelenítés)* objection, disapproval; *(panaszos)* complaint, protest; ❑ *jog* objection, plea || *(mentség)* pretext, excuse, plea || **ha nincs ellene kifogásod** if you don't mind; **nincs semmi kifogásom ellene** I have no objection(s) to it, I have nothing (to say) against it; **olcsó kifogás** shallow pretext, lame/thin excuse; **van vm kifogása az ellen, ha …?** do you mind if I …?

kifogásol *ige* object to; find* fault with; *(bírálólag)* censure, criticize

kifogástalan *mn* unexceptionable, unobjectionable, blameless; *(hibátlan)* faultless; *(viselkedés)* above reproach *ut.*, irreproachable, correct; *(minőség)* excellent, top

kifogy *ige (elfogy)* come* to an end, run*/be* short, give* out; *(készlet)* give*/run* out, run* low ‖ **kifogyott vmből** *(vk)* be* out of sg; **kifogyott** *(pl. mosogatószer)* it's run out; *(áru)* be* out of stock; *(könyv)* be* out of print

kifolyik *ige* flow*/run* out; *(lyukas edényből)* leak (out)

kifolyó *fn (csatornáé stb.)* outfall; *(kádban)* plug-hole; *(konyhai)* sink

kifolyólag *nu* **ebből kifolyólag** for this reason, owing to this, as a result, consequently

kifordít *ige (megfordít)* reverse, turn (sg) inside out; *(ruhát)* turn (out/over)

kiforgat *ige (vihar fákat)* tear* up; *(zsebet)* turn (inside) out ‖ *(vkt vmből)* cheat/do*/diddle sy out of sg ‖ *(értelmet)* twist [sy's words], distort, misinterpret [sg said]

kiforrott *mn (vk)* mature, settled

kifoszt *ige (vkt)* rob; ❖ *biz* fleece, skin; *(háborúban)* plunder, pillage; *(várost)* sack; ❑ *kat* loot

kifőtt tészta *fn* ❖ *ált* pasta; *(cérnametélt)* vermicelli; *(vastagabb)* spaghetti

kifőz *ige (tésztát)* boil [pasta/vermicelli etc. in water], cook [pasta] ‖ *(fertőtlenít)* sterilize (sg by boiling) ‖ *(tervet)* brew, plot, concoct

kifröccsen *ige* splash, spurt (out); *(vér)* gush out/forth

kifúj *ige (füstöt stb. vmből)* blow* out ‖ **kifújja az orrát** blow* one's nose; ❖ *biz* **kifújja magát** get* one's breath (back)

kifullad *ige* get* out of breath; ❖ *biz* run* out of steam ‖ **kifulladt** be* out of breath, be* winded

kifúr *ige (fúróval)* bore (out/through), drill ‖ ❖ *átv* try to elbow sy out [of his job], edge sy out of [his/her job]

kifut *ige (kirohan)* run* out ‖ *(hajó)* sail, put* out to sea ‖ *(tej)* boil over ‖ ❖ *biz* **kifut az időből** run* out of time

kifutópálya *fn* ❑ *rep* runway

kifütyül *ige* boo at/off sy, catcall sy, hiss (sy) off the stage, howl sy down ‖ **kifütyülik** ❖ *biz* get* the bird, be* catcalled

kigombol *ige* unbutton

kigondol *ige* think* up, conceive, invent; *(tervet)* think*/work out; *(megoldást)* think* of

kiguberál *ige* fork/dig* out [money]

kigúnyol *ige* ridicule, mock, make* game/fun of sy; ❖ *biz* send* sy up

kigurul *ige* roll out

kígyó *ige* snake; ❖ *ir* serpent ‖ **kígyót melenget a keblén** nurse a viper in one's bosom; **kígyót-békát kiált vkre** shower abuse on sy

kigyógyít *ige (vkt vmből)* cure sy of sg; ❖ *átv* cure (sy of sg) ‖ **kigyógyít vkt betegségéből** cure sy of a disease, restore sy to health

kigyógyul *ige* recover, be* cured, get* well again ‖ **kigyógyul betegségéből** be* cured of one's/a disease

kígyómarás *fn* snake-bite

kígyóméreg *fn* snake-poison/venom

kígyózik *ige (út, folyó)* twist and turn, wind*

kigyullad *ige (lámpa, fény)* be* lit, light* up ‖ *(tüzet fog)* catch* fire, burst* into flames

kihagy *ige (mellőz)* leave* out, omit; *(elhagy, töröl)* omit; *(lehetőséget)* miss ‖ *(kimarad)* miss; *(motor)* misfire ‖ **kihagy(ott) a pulzusa** his pulse missed a beat; **kihagyott az emlékezete** (s)he had a lapse, his memory failed him/her; **kihagyott egy szót** (s)he has left out a word

kihajít *ige (vmt)* throw*/fling*/hurl out || *(vkt)* ❖ *biz* turn out
kihajlik *ige (vm)* overhang*, stick* out
kihajol *ige* **kihajolni veszélyes** do not lean out of the window
kihajt *ige (állatot)* drive* out || *(gallért)* turn down [one's collar] || ❏ *növ* sprout, put* out shoots; *(rügyezik)* bud, put* out buds
kihal *ige (család)* die out; *(terület elnéptelenedik)* become*/be* deserted/depopulated; *(állatfaj)* become* extinct
kihalász *ige (halat)* catch*; *(vmt a vízből)* fish up [sg from water], fish (sg) out [of the water] || ❖ *biz (előkotor)* fish sg out of [one's pocket]
kihallgat *ige (kikérdez)* interrogate, question || *(beszélgetést)* overhear* [a conversation], eavesdrop [on a conversation] || **kihallgatja a tanúkat** hear* the witnesses
kihallgatás *fn (kikérdezés)* examination, questioning, hearing || *(államfőnél stb.)* audience
kihaló *mn/fn* **kihalóban lévő állatfaj** a species on the verge of extinction
kihalt *mn (faj)* extinct || *(vidék)* desolate || **kihalt utca** deserted street
kihámoz *ige* shell, peel (off) || **nehéz kihámozni, mit akar mondani** it is difficult to make out what he means/wants
kihangosító *fn* handsfree device/system
kihány *ige (kidob)* throw*/fling* out || *(ételt)* vomit, throw*/bring* up
kiharcol *ige* gain/obtain (sg) by fighting (for); *(elér)* (manage to) obtain, secure, attain
kihasznál *ige (vmt)* ❖ *ált* utilize, exploit, take* (full) advantage of (sg); *(anyagi haszonra)* profit by/from; *(energiaforrást)* harness; *(kimerít)* exhaust, use up || *(vkt) (tisztességtelenül)* take* advantage of sy, exploit sy (shamelessly) || **jól kihasznál vmt** make* the most of sg; **kihasználja az alkalmat** take* (advantage of) the opportunity
kihasználás *fn* ❖ *ált* utilization, exploitation; *(haszonra)* profiting; *(energiaforrást)* harnessing
kihasználatlan *mn* unexploited, unutilized, unused; ❏ *mezőg* uncultivated
kihat *ige (vmre)* have* an effect/impact on, influence/affect sg/sy
kiherél *ige* castrate
kihever *ige (bajt)* get* over; *(betegséget)* recover from; *(csapást)* survive; *(balesetet)* get* over
kihirdet *ige* proclaim, publish, announce; *(közöl)* notify, give* notice of || **kihirdeti az ítéletet** pronounce sentence, deliver judg(e)ment
kihirdetés *fn* proclamation, announcement, publication
kihív *ige (vkt vhová)* call out/to || *(küzdelemre, párbajra)* challenge || *(diákot felelni)* call upon, ask sy questions || **kihívja a mentőket** summon/call an ambulance; **kihívja a rendőrséget** call (out) the police; ❏ *isk* **kihívták felelni** he was tested on his homework
kihívás *fn* provocation, *(tágabb ért)* challenge
kihord *ige (vhonnan)* carry/take* out || *(házhoz)* deliver; *(leveleket)* deliver || *(gyermeket)* bear* [a child] [to (full) term] || **lábon kihord betegséget** not go* to bed with an illness
kihoz *ige (vhonnan)* bring*/get*/take* out || ❖ *biz (vmből vm eredményt)* produce, manage to show/prove
kihull *ige* **kihull a haja** lose* one's hair
kihurcolkodik *ige* move (out)
kihúz *ige (vhonnan)* draw*/pull out || *(töröl)* cross/strike* out, erase, delete; *(cenzúra)* blue-pencil (⊕ *US* -l) || *(tussal)* ink in sg || *(sorsjegyet, kötvényt)* draw* || **dugót kihúz az üvegből** uncork a bottle; **faludugót kihúz**

unplug sg, take* the plug out of the socket; **fiókot kihúz** open a drawer; **fogat kihúz** extract a tooth°, pull out a tooth°; ❖ *átv* **kihúz vkből vmt** drag/draw* sg out of sy; **kihúz vkt a vízből** fish sy out of the water; **kihúzza magát** straighten up/out, draw* oneself up; **kihúzza magát vmből** (*v. vm alól*) wriggle out of sg, evade (doing sg), back out of (sg); **majd csak kihúzzuk tavaszig** we'll last out till the spring somehow

kihúzat *ige* **kihúzatja a fogát** have* a tooth (pulled) out

kihűl *ige* cool, get* cold/cool; *(étel)* go* cold

kihűt *ige* cool

kiigazodik *ige* (*vhol, vmben*) get*/find* one's bearings (swhere) || **nem tud kiigazodni** *(pl. új helyen)* he is all at sea; *(pl. íráson stb.)* he cannot make head or tail of it

kiindul *ige* (*vhonnan*) start/set* out/off || (*vmből*) set* out from, take* sg as its starting-point

kiindulópont *fn* starting-point, point of departure

kiír *ige* *(kimásol)* copy out; *(vhonnan)* write* out; print out || *(pályázatot)* announce || ❏ *orv* ❖ *biz* *(táppénzesnek)* put* sy on sickness benefit; *(újból munkaképesnek)* declare sy fit for work || **választásokat kiír** call an election, call elections

kiírás *fn* (*vhonnan*) copying; *(adatoké)* writing out; ❏ *szt* printout || *(állásra)* advertisement of vacancies || **pályázati kiírás** competition, ❏ *ker* invitation to tender; **választások kiírása** declaration of (general) elections

kiirt *ige* ❖ *ált* wipe out; *(gyökerestől)* destroy sg root and branch, root out; *(erdőt)* clear; *(megsemmisít)* annihilate, destroy, extirpate; *(állatfajt)* kill (off) || *(népet)* exterminate, commit genocide || *(vmnek emlékét)* blot out

kiirtás *fn* ❖ *ált* wiping out; *(elpusztítás)* destruction

kiismer *ige* (*vmt*) come* to know (sg) thoroughly; (*vkt*) come*/get* to know sy; *(átlát vkn)* see* through sy || **kezdi kiismerni magát** (begin* to) get* one's bearings, find* one's feet; **kiismeri magát** (*vhol*) find*/know* one's way about/around; **nem ismeri ki magát** (*vhol*) be* lost

kiismerhetetlen *mn* inscrutable

kiizzad *ige* get* hot, work up a sweat || *(náthát)* sweat out [a cold] || ❖ *biz* *(pénzt)* scrape together/up || **ki van izzadva** he is hot and sweaty

kijár *ige* *(vk vidékre)* visit the countryside || (*vm vmből*) come* off/out, keep* falling out || (*vknek vm*) be* due/owing to, be* sy's due || *(vknél vk számára vmt)* manage to obtain/get sg for sy || *(iskolát)* finish/complete one's studies || *(lábadozó)* **már egy hete kijár** he has been up and about for a week

kijárási tilalom *fn* curfew **kijárási tilalmat rendel el** impose a curfew; **kijárási tilalmat felold** lift the curfew

kijárat *fn* ❖ *ált* way out, exit; *(autópályáról)* exit; *(repülőtéren gépekhez)* gate

kijáró *fn* *(kijárat)* way out, exit

kijátszik *ige* *(kártyát)* lead* || *(becsap)* cheat, outwit (sy), take* (sy) in || **kijátszik vkt vk ellen** play off one person against the other; **kijátssza a törvényt** evade the law, get* round the law

kijavít *ige* *(hibát, dolgozatot)* correct; *(szöveget)* revise, correct, emend; *(helyesbít)* rectify, put* (sg) right; *(gépet)* repair, ⊕ *US* fix; *(házat)* repair, renovate || ❏ *isk* **kijavította a hármasát** he improved his low mark *v.* ⊕ *US* grade

kijavítás *fn* *(hibáé, dolgozaté)* correction; *(helyesbítés)* rectification

kijegyzetel *ige* take*/make* notes on sg (while reading it)
kijelent *ige (vmt)* declare, state
kijelentés *fn (nyilatkozat)* declaration, statement || ❏ *vall* revelation
kijelentkezik *ige (lakásból)* notify one's departure; *(szállodából)* check out
kijelentő *mn* **kijelentő mondat** declarative sentence
kijelöl *ige (helyet)* designate, indicate, point/mark/stake out; *(időt)* fix, set*, appoint; *(diáknak feladatot)* set* (sy) a task, give*/set* sy an assignment; *(vknek vmlyen munkát)* assign [a/the job] to sy, assign sy [a/the job] || ❏ *szt* highlight **kijelöl részeket könyvben** mark passages in a book; **kijelöli az irányt** point out the direction; ❖ *átv* set* the course
kijelölés *fn (helyé)* designation, indication, assignment, marking; *(időé)* fixing, appointment
kijelzés *fn* ❏ *el* display
kijelző *fn* ❏ *el* display
kijjebb *hsz* farther/further out/away
kijózanít *ige (részegségből)* sober (sy) up || ❖ *átv* disenchant sy (of his illusions), disillusion, sober (sy) down
kijózanodás *fn (részegségből)* sobering up, becoming sober
kijózanodik *ige (részegségből)* sober up, become* sober
kijön *ige (vhonnan)* come* out (of); *(fiók)* pull out || *(szín, folt vmből)* come* out/off || ❖ *biz (könyv, rendelet)* come* out || *(számítás)* be* right; *(számtanpélda)* work out || ❖ *biz (vkvel)* get* on well with sy || **ebből az jön ki, hogy** this proves that, it follows from this that; **így jött ki a lépés** this is how it worked out; **jól kijönnek egymással** they get* along/on well (together); **kijött a gyakorlatból** he is out of practice, be* a bit/little rusty; **nem jön ki a fizetéséből** he can't manage on his salary; **nem lehet vele kijönni** he is not easy to get on with
kijut *ige (vhonnan)* (manage to) get* out (of) || **ugyancsak kijutott neki!** he (has) had a hard time (of it)!
kikap *ige (kiragad)* snatch (sg *v.* sg from sy *v.* sg out of sy's hand) || *(megkap)* get*, receive, obtain || *(megszidják)* be* told/ticked off, get* a telling off *(vmért mind:* for sg) || ❖ *biz (vereséget szenved)* be* defeated/beaten || **alaposan kikapott** got a good/sound beating/hiding; **kikaptak 3:1-re** they were beaten 3-1 *(szóban:* (by) three goals to one)
kikapcsol *ige (ruhát stb.)* undo*, unfasten, unhook || *(áramot, gázt)* cut* off; *(telefont, áramot véglegesen)* disconnect || *(el készüléket, gépet)* switch/turn off || **ki van kapcsolva** *(pl. tévé)* ... is off
kikapcsolódás *fn* ❖ *átv* ❖ *biz* getting away from it all, relaxation
kikapcsolódik *ige (kapocs, ruha stb.)* come* undone/unfastened || *(gép stb.)* be* switched off (automatically) || *(vk)* ❖ *átv* ❖ *biz* relax, get* away from it all
kikefél *ige (ruhát)* brush, give* sg a brush; *(cipőt)* polish
kikel *ige (ágyból)* rise* (from bed) || *(tojásból)* hatch out, be* hatched; ❏ *növ* spring*, sprout || **kikel magából** lose* one's temper/patience
kikényszerít *ige* obtain sg by force || **kikényszerít vkből vmt** wring*/force sg from (*v.* out of) sy
kiképez *ige (vkt)* train, give* sy training in sg, instruct, teach*; ❏ *kat* drill, train
kiképzés *fn (iskoláztatás)* training, schooling, instruction; ❏ *kat* (military) training, drilling
kikér *ige (vkt cégtől)* ask for (*v.* request) sy's transfer; *(államok egymás közt bűnöst)* ask for the extradition of

sy ‖ ❖ *biz* **kikér magának vmt** protest against sg, object strongly to sg; **kikéri vknek a véleményét** ask the opinion of sy, consult sy
kikérdez *ige (rendőr)* (cross-)question, interrogate ‖ ❏ *isk (gyereket) kb.* ask [the/a child] to go over his/her homework ‖ **kikérdezi a leckét** hear* the lesson
kikeres *ige* ❖ *ált* look/search for, seek* (out); *(kiválogat)* choose*, select; *(szót)* look up [a word in the dictionary] **keresd ki a szótárban** look it up in the dictionary
kikerics *fn (őszi)* **kikerics** meadow-saffron, autumn crocus
kikerül *ige (tócsát)* go*/walk round ‖ *(ütést)* evade; *(vkt)* get* out of the way of sy, evade sy, give* sy a wide berth; *(bajt)* avoid ‖ *(vk vmből)* come* out, emerge from ‖ **kikerüli a nehézségeket** skirt/evade/avoid (the) difficulties
kikészít *ige (előkészít)* put*/set* out, arrange, prepare ‖ *(bőrt)* curry; *(cserzéssel)* tan; ❏ *tex* finish ‖ ❖ *biz (vkt vm)* finish sy (off), knock sy out/sideways ‖ **kikészíti a ruháját** lay* out one's clothes; **kikészíti magát** make* oneself up, make* up one's face
kikészül *ige* ❖ *biz (kifárad)* be* ready to drop, be* worn/knocked out ‖ **egészen kikészültem vmtől** I am worn out from/with sg
kikever *ige* stir, mix
kikezd *ige (vmt rozsda)* corrode, eat* away ‖ *(vkvel veszekedni akar)* pick a quarrel with ‖ *(nővel)* make* a pass at, take* up with
ki-ki *nm* everybody, everyone, each ‖ **ki-ki alapon ebédel** *stb.* ❖ *biz kb.* go* Dutch
kikiált *ige (vkt vmvé)* proclaim sy sg ‖ *(eredményt)* announce, publish
kikísér *ige (ajtóig)* show* sy to the door, show*/see* sy out; *(állomásra)* see* sy off

kikosaraz *ige* ❖ *biz (vkt)* ❖ *ált* turn sy down, refuse sy
kikotor *ige* sweep* out/clean; *(tó fenekét)* dredge
kikotyog *ige* blurt/let out sg
kikölcsönöz *ige* borrow, ⊕ *US* loan
kikölt *ige (fiókát, tojást)* hatch
kiköltözés *fn* removal
kiköltözik *ige (lakásból)* move (out), (re)move [from one's flat] ‖ **kiköltözik falura** go* to live in the country
kikönyököl *ige (ablakon)* lean* out (of the window)
kiköpött *mn* **kiköpött apja** ❖ *biz* be* the very/spitting image of his father, be* a dead ringer for his father
kiköt *ige (megköt)* bind*, tie, fasten; *(csónakot)* tie up ‖ *(feltételt)* stipulate ‖ *(hajó)* put* in, put* into port, call at [a port] ‖ **kiköt magának vmt** reserve [the right] to sg for oneself
kikötés *fn (feltétel)* stipulation, condition ‖ *(hajóval stb.)* landing, mooring ‖ **azzal a kikötéssel, hogy** on (the) condition that, with the reservation that
kikötő *fn (tengeri)* harbour (⊕ *US* -or), port; *(menetrendszerű)* port of call; *(kisebb, pl. balatoni)* (landing-)pier, jetty; *(csónakoknak)* landing-stage
kikötőbak *fn* bitts *tsz*
kikötőmunkás *fn* docker, stevedore, ⊕ *US* longshoreman°
kikötőváros *fn* port, seaport
kikövez *ige* pave, cobble
kiközösít *ige (közösségből)* expel, exclude (from) ‖ *(egyházból)* excommunicate
kiközösítés *fn* ❖ *ált* expulsion, exclusion ‖ *(egyházból)* excommunication
kikristályosodik *ige (átv is)* crystallize
kikupálódik *ige* ❖ *biz* acquire social polish
kikutat *ige (fiókot, zsebet)* rummage through ‖ *(feltár)* search out, ❖ *biz* dig* up
kiküld *ige (vhonnan)* send* out (of); *(vhová)* send* out (to), dispatch (to) ‖

(megbíz) delegate, depute, commission || **bizottságot küld ki** appoint a committee; **kiküld külföldre** send* (sy) abroad

kiküldetés *fn* posting, mission; *(megbízatás)* commission || **kiküldetésben van** he is on a posting; *(diplomata)* he is en poste

kiküldött ▼ *mn* delegated, commissioned, sent, sent out *ut.* || **kiküldött tudósítónk jelenti Londonból** [news] from our own/special correspondent in London ▼ *fn* delegate, envoy; *(képviselő)* representative, deputy

kiküszöböl *ige* eliminate, do* away with, get* rid of || ❏ *mat* eliminate || **kiküszöböli a hibákat** get* rid of the mistakes/errors

kiküszöbölés *fn* elimination, removal

kilábal *ige (betegségből)* recover (from); *(bajból)* get* out of

kilakoltat *ige* evict (from)

kilát *ige* see* (out) || **kilát az ablakon** see* out of the window; **innen kilátni a Balatonra** from here one has (*v.* you get) a view of Lake Balaton

kilátás *fn (vhonnan)* view, prospect, panorama || ❖ *átv (távlati)* outlook, prospect(s) (for sg); *(egyéni)* chance || **kilátásba helyez** hold* out the prospect of, promise (sg); **szép kilátás nyílik a völgyre** there's a beautiful/fine view/prospect over the valley

kilátástalan *mn* without prospects *ut.*, hopeless, bleak

kilátótorony *fn* look-out (tower)

kilátszik *ige* be* visible, show* || *(ruha alól)* be* showing

kilehel *ige* breathe out, exhale || **kileheli a lelkét** breathe one's last, ❖ *biz* give* up the ghost

kilenc *szn* nine

kilencedik *szn/mn* ninth; 9th

kilencedszer *szn/hsz* for the ninth time

kilencen *szn/hsz* nine (people) || **kilencen vagyunk/vagytok/vannak** we/you/they are nine, there are nine of us/you/them

kilences ▼ *mn (számú)* number nine ▼ *fn (számjegy)* (the number) nine

kilencszáz *szn* nine hundred

kilencszer *szn/hsz* nine times

kilencszeres *mn* ninefold

kilencven *szn* ninety

kilencvenedik *szn/mn* ninetieth

kilencvenes ▼ *mn* **a kilencvenes években** in the nineties (*v.* 90s *v.* 1990s) ▼ *fn* (the number) ninety

kilencvenéves ▼ *mn* ninety-year-old, ninety years old *ut.* ▼ *fn* nonagenarian, ninety-year-old

kilencvenszer *szn/hsz* ninety times

kileng *ige* oscillate, swing*

kilengés *fn (ingáé stb.)* oscillation, swing; *(eltérés)* amplitude; *(toronyé, hídé)* swaying

kilép *ige (vhonnan)* step/come* out || *(siet)* walk quickly, quicken one's pace, step out || **a folyó kilépett a medréből** the river overflowed its banks; **kilép a vállalattól** leave* the company/firm; **kilép az ajtón** step outside, leave* the room; **kilép egy pártból** resign from (*v.* leave*) a party

kilépő *fn (cédula)* pass

kilét *fn* identity || **felfedi kilétét** state/disclose one's identity

kilincs *fn* door-handle; *(kerek)* (door)-knob

kiló *fn* kilogram(me), kilo || **kérek 2 kiló krumplit** 2 kilos of potatoes, please

kiloccsan *ige* spill*, splash || **kiloccsant az agyveleje** sy's brains were dashed out

kilóg *ige (vm vhonnan)* hang*/stick* out; *(nyelv)* loll (out) || *(látszik)* be* showing || ❖ *biz (nem illik bele)* **kilóg a sorból** be* the odd one out

kilogramm, *röv* **kg** *fn* kilogram(me) *(röv* kg), kiló

kilométer, *röv* **km** *fn* kilometre (⊕ *US* -ter) (*röv* km) ‖ **hány kilométer van a kocsiban?** how much mil(e)age has the car done?
kilométeres *mn* **óránként 80 kilométeres sebességgel haladt** he drove at (a rate of) 50 miles per hour (*röv* at 50 mph)
kilométerkő *fn* kilometre mark/stone, ⊕ *GB* milestone
kilométeróra *fn* mil(e)ometer, ❖ *biz* the clock
kilop *ige* steal* sg out of, filch
kilopódzik *ige* (*vhonnan*) steal*/creep* away/out
kilós *mn* **25 kilós csomag** a parcel weighing 25 kg, a 25 kg parcel
kilowatt *röv* **kW** *fn* kilowatt (*röv* kW)
kilowattóra *röv* **kWh** *fn* kilowatt-hour (*röv* kWh)
kilő *ige* (*vhonnan*) shoot*/fire out (of) ‖ *(puskából)* fire, shoot*; *(rakétát)* launch ‖ ❑ *kat (tankot)* shoot* up, knock out ‖ *(vadat)* shoot*, bag ‖ **mintha puskából lőtték volna ki** he was off like a shot
kilök *ige* push/thrust*/cast*/throw* out ‖ *orv (szervet)* eject
kilöttyen *ige* be* spilt
kilövell *ige* throw* out, spurt/gush out, ejaculate
kilövőállás *fn (rakétának)* launching site/pad
kilyukad *ige (lyukas lesz)* wear* through, wear* into holes, become* worn out ‖ **kilyukad a feneke** the bottom is coming through; **hova akarsz ezzel kilyukadni?** what are you driving/aiming/getting at?
kilyukaszt *ige* ❖ ált perforate, hole (sg), make* a hole in (sg); *(jegyet)* punch, clip ‖ *(vmt koptatással)* wear* through
kimagaslik *ige (kiemelkedik)* stand* out, rise*; *(vm fölé)* tower above (sg) ‖ ❖ *átv* be* eminent/distinguished; surpass [sy in sg]

kimagasló *mn* outstanding, eminent, distinguished ‖ **kimagasló teljesítmény** outstanding achievement; **kimagaslóan** prominently, eminently
kimagoz *ige* stone, pit
kimar *ige (rozsda)* corrode; *(sav)* erode, eat* into
kimarad *ige (kihagyták)* be* left out, be* omitted ‖ *(iskolából)* drop out ‖ *(sokáig távolmarad)* stay away too long; *(nem alszik otthon)* sleep* out
kimaradás *fn (listából)* omission ‖ *(vk vmből)* staying out/away ‖ *(távolmaradás)* absence; ❑ *kat* leave
kimásol *ige* copy out
kimászik *ige (vhonnan)* climb/creep*/ crawl/clamber out-(of) ‖ ❖ *átv* get* out (of) ‖ **kimászik a bajból** get* out of a difficulty/scrape/mess
kimegy *ige (vhonnan)* go*/pass/get* out (of), go* swhere ‖ **kimegy a csöngetés** *(telefonnál)* get* through, it's ringing; **kimegy a fejéből** go* out of (v. slip) one's mind, escape one's memory, be* forgotten; **kimegy vk elé az állomásra** (go* to) meet* sy at the station; **kimegy vkhez** *(az orvos)* do* one's house call; **kiment a szobából** he left the room
kímél *ige (óv)* take* care of, be* careful (of) ‖ *(megtakarít)* spare ‖ **nem kíméli a fáradságot** spare no pains, be* unsparing in one's efforts; **nem kíméli magát** he doesn't spare himself
kimelegedik *ige (vk mozgástól)* get* hot ‖ **kimelegedik az idő** it is getting warm, it is warming up
kíméletes *mn* considerate (vkvel szemben towards sy) ‖ **kíméletesen közöl vkvel vmt** break* sg gently to sy
kíméletlen *mn (vkvel szemben) (tapintatlan)* inconsiderate (to v. towards); *(kegyetlen)* cruel (to)
kímélő étrend *fn* (special) diet
kimenet *fn (kijárat)* way out, exit ‖ ❑ *el* output

kimenetel *fn* issue, outcome, result ‖ **halálos kimenetelű baleset** fatal accident
kimeneti *mn* ❑ *el* output
kimenő ▼ *mn* outgoing ▼ *fn* leave, day off ‖ **kimenője van** have* a day off
kiment *ige (vkt vmből)* rescue/save sy from sg ‖ **kiment vkt a vízből** save/rescue sy from drowning, ❖ *biz* fish (sy) out of the water; **kimentette magát a késésért** he gave an excuse for being late
kimér *ige (távolságot)* measure (out); *(földet)* survey; *(szobát)* measure up; *(bort)* sell* by the litre; *(húst)* weigh (out)
kimerít *ige (tartalékot)* exhaust ‖ *(témát)* exhaust ‖ *(kifáraszt)* wear* out, weary, tire (out)
kimeríthetetlen *mn* inexhaustible; *(bőséges)* abundant
kimerítő *mn (alapos)* exhaustive, detailed ‖ *(fárasztó)* exhausting, tiring, wearying
kimért *mn* ❖ *átv* formal; *(kissé elit)* cool, prim; *(tartózkodó)* reserved **kimérten** formally
kimerül *ige (elfárad)* get* exhausted, be* tired out, be*/feel* run down ‖ *(elfogy)* be* used up, be* exhausted; *(készlet)* give* out ‖ **kimerült az akkumulátor** the battery is/has run down; **teljesen ki vagyok merülve** I am thoroughly run down, I am worn out, I am exhausted
kimerült *mn (ember)* exhausted, tired (out), run-down, worn-out; *(igével)* be* exhausted ‖ *(akkumulátor)* rundown
kimerültség *fn* exhaustion, weariness
kimeszel *ige* whitewash
kimond *ige (szót)* pronounce, utter: *(érthetően)* articulate ‖ *(kijelent)* state, declare ‖ *(véleményt)* express, put* into words ‖ **a rendelet kimondja, hogy** the regulation stipulates states that; **bűnösnek mond ki vkt** find*/declare sy guilty
kimondhatatlan *mn* unspeakable
kimos *ige (ruhát)* wash, ⊕ *US* launder
kimozdít *ige (helyéből)* move sg from its place, remove
kimozdul *ige* move, get* displaced ‖ **nem mozdul ki a helyéből** doesn't leave* the spot, stay (on), ❑ *kif* stay put
kimutat *ige (megmutat)* show* ‖ *(bebizonyít)* prove, demonstrate; *(felfed)* reveal, disclose
kimutatás *fn (jelentés)* statement, report; *(pénztári)* return(s), account ‖ **kimutatást készít vmről** make* a statement/report on sg
kín *fn* pain, torture, torment ‖ **nagy kínban van** ❖ *átv* be* in agony/agonies
Kína *fn* China
kínai ▼ *mn* Chinese ‖ **kínai nagy fal** The Great Wall of China; **Kínai Népköztársaság** People's Republic of China; **kínai nyelv** Chinese, the Chinese language ▼ *fn (ember)* Chinese, Chinaman° ‖ *(nyelv)* Chinese
kínaiul *hsz* (in) Chinese ‖ ❖ *biz* **ez nekem kínaiul van** this/it is double Dutch to me ‖ → **angolul**
kínál *ige (vkt vmvel)* offer sy sg, make* an offer of sg to sy ‖ *(árut)* offer (sg) for sale, put* up for sale; *(áruért összeget)* offer [a price], bid* [£5 etc.] (for sg) ‖ **étellel kínál** help sy to [food], offer food to; **hellyel kínál** offer sy a seat
kínálat *fn* ❑ *közg* supply, buyer's market; *(árverésen)* bid(ding)
kincs *fn* treasure, jewel ‖ **a világ minden kincséért sem** not for (all) the world
kincsesbánya *fn* ❖ *átv* goldmine, treasury
kincstár *fn (állami)* treasury, ⊕ *GB* the Exchequer
kinevet *ige* (have* a) laugh at, ridicule, make* fun of

kinevez *ige (állásba)* appoint (sy sg v. sy to be sg) || **X-et nevezték ki igazgatónak** X was appointed manager
kinevezés *fn* appointment
kinéz *ige (magának vmt)* pick/look out, choose*, select || **jól néz ki** look well; *(csinos)* look fine/good; **úgy néz ki, hogy esni fog** it looks like rain, it's going to rain; **nem néz ki olyan idősnek, amennyi** he doesn't look his age; **jól nézünk ki!** now we are in a fine mess!; **kinéz az ablakon** look out of the window; **kinéztem magamnak egy színes tévét** I've got my eyes on a colour TV; **nem sok jót nézek ki belőle** I have no great confidence in him; **rosszul néz ki** look ill/unwell
kinézés *fn (megjelenés)* appearance, looks *tsz*
kinézésű *mn* **jó kinézésű** good-looking; **rossz kinézésű** evil-looking
kínlódás *fn* torment, torture, agony
kínlódik *ige (szenved)* suffer pain/agonies/tortures || ❖ *átv (vmvel)* struggle (with), bother with/about sg, take* trouble/pains with/over sg
kinn *hsz* outside, out (of doors), outdoors; *(külföldön)* abroad || **kinn a szabadban** in the open (air); **kinn marad** stay outside; **kinn reked** remain outside; *(kizárják)* get*/be* locked out
kinnlevőség *fn* outstanding debt, amount outstanding
kínos *mn (fájdalmas)* painful || *(kellemetlen)* embarrassing, awkward, unpleasant || *(túlzott)* scrupulous, meticulous || **kínos csend** awkward silence; **kínos helyzetben van** be* in a tight corner, be* in an awkward situation; **kínos pontossággal** [prepared] with meticulous care; **kínosan érzi magát** be* ill at ease, feel* embarrassed
kínoz *ige (gyötör)* torment, torture || *(bosszant)* plague, harass, pester

kinő *ige (földből)* grow*, spring* forth || *(fog)* be* teething, cut one's teeth; *(haj, köröm)* grow* || *(ruhát)* grow* out of, outgrow* [one's clothes] || *(rossz szokást)* grow* out of, outgrow* || **ebből már kinőttél** ❏ *kif* you are a bit long in the tooth; **majd kinövi!** (s)he'll grow out of it
kinövés *fn (testen)* excrescence, (out)growth
kínszenvedés *fn* torture
kint *hsz* = kinn
kinti *mn* outside; *(külföldi)* foreign, from abroad *ut.*
kínvallatás *fn* torture
kínzás *fn* torturing, tormenting, torture
kínzó *mn (testileg)* torturing, tormenting || ❖ *átv* worrying, harassing || **kínzó fejfájás** excruciating headache, migrain(e)
kinyilatkoztatás *fn* ❖ *ált* declaration; ❏ *vall* revelation
kinyílik *ige* open; *(virág)* blossom, bloom || **kinyílik a szeme** ❖ *átv* he begins to see clearly
kinyilvánít *ige* manifest, declare; *(véleményt)* express
kinyír *ige* ❖ *biz (vkt)* get* rid of sy, eliminate, do* away with sy
kinyit *ige (ablakot, ajtót)* open; *(zárat)* unlock; *(boltot; bolt)* open (up) || *(összecsukott vmt)* open; *(kibont)* unfold; *(borítékot)* open; *(levelet)* unfold; *(csatot)* undo*, open; *(esernyőt)* put* up [one's umbrella] || *(vm csavarosat)* unscrew; *(csapot, gázt, vizet)* turn on [the gas/water] || **az üzlet 10-kor nyit ki** the shop opens at 10 a.m.; **kinyissam az ablakot?** shall I open the window?; **kinyitja a rádiót/tévét** turn/switch on the radio/TV (v. turn the radio/TV on); **kinyitja a szemét** open one's eyes (wide); *(vkét)* open sy's eyes (to sg); **újra kinyit** reopen
kinyom *ige (levet stb.)* press/squeeze (out), squeeze sg out of sg

kinyomoz *ige* trace, track (down), hunt down

kinyomtat *ige* ❏ *nyomd* have* (sg) printed/published; ❏ *szt* print

kinyög *ige* ❖ *biz* spit* sg out ‖ **nyögd már ki!** spit it out

kinyújt *ige (kezét stb.)* stretch/reach out ‖ *(vmt vhonnan)* hand sg out ‖ *(meghosszabbít)* draw*/pull out, lengthen ‖ *(tésztát)* roll out ‖ **kinyújtja a nyelvét** put*/stick* one's tongue out

kinyújtózik *ige* stretch (out), stretch one's limbs

kinyúl *ige (vk)* reach out (from swhere); *(vmért)* reach out (after/for sg)

kinyúlik *ige (kiáll)* protrude, project, stand*/stick*/jut out; *(vm fölé)* hang* over

kioktat *ige (vmre)* brief sy on sg, instruct sy in sg; ❖ *elít* put* sy wise (to)

kiold *ige (kibont)* undo*, untie, unfasten; *(csomót)* undo*; *(bombát)* release

kioldódik *ige* come* undone/unfastened/loose, work (itself) loose

kiolt *ige (tüzet)* put* out, extinguish, quench ‖ **kioltja vknek az életét** exterminate/kill sy

kiolvad *ige (zsír)* run*, melt ‖ *(biztosíték)* blow* ‖ **kiolvadt a biztosíték** the fuse has blown

kiolvas *ige (könyvet)* finish (reading) a book, read* [a book] through ‖ **még nem olvastam ki a könyvet** I haven't finished (reading) that book yet

kioson *ige* slink*/sneak*/slip*/steal* out

kioszt *ige (vmt szét)* distribute, give*/share out, divide (among); *(díjat)* award, give*, present; *(kiadagol)* portion out; *(szerepet)* assign [sy a role in a play], cast* [the parts in a play] ‖ ❖ *biz (vkt)* give* sy a (good) dressing down

kiöblít *ige* rinse (out), wash out

kiöl *ige* kill (off), murder, extirpate; *(érzést)* kill, extinguish

kiöltözik *ige* dress up, trick oneself out

kiöltöztet *ige* dress/doll sy up

kiömlik *ige* run*/pour/spill* out

kiönt *ige (vizet stb.)* pour out, spill*, empty ‖ *(folyó)* overflow, burst* its banks ‖ **kiönti a szívét** pour one's heart out, unburden oneself (to sy); **kiönti haragját** give* vent to one's anger

kiöntő *fn (konyhában)* sink

kiöregedett *mn* superannuated

kiözönlik *ige* pour/stream out

kipakol *ige (kicsomagol)* unpack ‖ ❖ *átv* ❖ *biz* **kipakol vmvel** come* out (with), get* sg off one's chest

kipárolgás *fn (folyamat)* evaporation ‖ *(pára)* exhalation, vapour (⊕ *US* -or)

kipárolog *ige* evaporate, vaporize

kipattan *ige (rügy)* burst*; *(szikra)* fly* out ‖ *(titok, hír)* leak/come* out

kipécéz *ige* ❖ *biz (vkt)* pick on sy, single sy out (for sg) ‖ *(hibát)* point sg out

kipellengérez *ige* ❖ *átv* expose, unmask, pillory

kipenderít *ige* ❖ *biz* bundle/throw* turn (sy) out

kipihen *ige* **kipiheni magát** rest, have* a rest

kipipál *ige* tick, ⊕ *US* check

kipirul *ige* flush, be*/get* flushed

kiporol *ige* dust; *(szőnyeget, ruhát)* beat* (the dust from)

kiporszívóz *ige* vacuum [the room/car/carpet etc.], ⊕ *GB* hoover (sg)

kipótol *ige (hiányzó dolgot)* supply, add; *(kiegészít)* supplement, make* up [sum, money]; *(veszteséget)* make* sg good, make* good [a loss], make* up [the loss]; *(mulasztást)* make* up for sg

kipottyan *ige (vmből)* fall* out of sg

kiprésel *ige (szőlőt)* press; *(egyéb gyümölcsöt)* squeeze ‖ *(vkből, vmből vmt)* squeeze/screw sg out of sy/sg

kipróbál *ige (vmt)* try sg, try sg out; *(vkt)* try sy out, put* sy to the test

kipróbált *mn (gyógyszer, módszer, barát)* tried (and tested), well-tried

kipucol *ige* ❖ *ált* clean; *(cipőt)* shine*, polish

kipufogó(cső) *fn* exhaust (pipe), ⊕ *US* tailpipe

kipufogódob *fn* silencer, ⊕ *US* muffler

kipufogógáz *fn* exhaust fumes *tsz*

kipuhatol *ige* ❖ *biz* (try to) find* out; *(helyzetet)* assess; *(vk szándékát)* sound out [the intention(s) of sy], sound sy out [on sg]

kipukkad *ige* burst*, split*; *(gumi)* puncture, be* punctured ‖ **majd kipukkad a nevetéstől** burst* with laughter

kipukkaszt *ige* puncture, burst*

kipurcan *ige* ❖ *biz (gép)* conk out, break* down ‖ **kipurcant** *(vk)* he's snuffed it

kipusztít *ige* exterminate, wipe out, eradicate, destroy

kipusztul *ige (faj, állat)* die out, become* extinct

kirabol *ige (házat, személyt)* burgle; *(vkt úton)* rob, hold* up ‖ **kiraboltak** *(házban)* I've been burgled *(v.* ⊕ *US* burglarized); *(úton)* I've been robbed; **kirabolták a bankot** the bank was robbed

kiradíroz *ige* rub out, efface, erase

kiragad *ige (kitép)* tear*/pull out ‖ **kiragad vmt a kezéből** snatch sg from sy *(v.* out of sy's hand), wrench sg from *(v.* out of) sy's grasp/hand; **(találomra) kiragad** pick sy/sg out (at random), choose* sy/sg at random

kiragaszt *ige (plakátot)* post/stick* (up); *(hirdetményt)* display [a notice]

kirak *ige (vmt vmiből)* take* sg out of sg; *(árut)* unload; *(hajót)* unload ‖ *(megtekintésre)* display ‖ *(vmvel)* stud, trim (with); *(utat)* pave, surface (with) ‖ ❖ *biz (állásból)* turn out, dismiss, discharge

kirakat *fn* shop-window, display ‖ **kirakato(ka)t néz(eget)** *(vásárlás nélkül)* window-shop

kirakatrendezés *fn* window-dressing

kirakatrendező *fn* window-dresser

kirakodás *fn* unloading

kirakodik *ige (szállítóeszközből)* unload; *(hajóból)* unload, unship ‖ *(vásáron)* put* out, put* on display

kirakodóvásár *fn* fair, open(-air) market

kirakójáték *fn* jigsaw puzzle

király *fn* king

királydráma *fn* historical/chronicle play

királyfi *fn* prince

királyi *mn* ❖ *ált* royal ‖ **királyi ház** dynasty; **királyi palota** royal palace; **királyi udvar** royal court, the Court; ⊕ *GB* the Court of St James's; **királyi vár** Royal Castle

királykisasszony, királyleány *fn* princess

királyné *fn* queen (consort)

királynő *fn (sakkban is)* queen ‖ **a királynő férje** the prince consort; **az angol királynő** the Queen of England; **Erzsébet angol királynő** Elizabeth II, Queen of the United Kingdom (of Great Britain and Northern Ireland)

királyság *fn (ország)* kingdom ‖ *(államforma)* monarchy

kirámol *ige (szekrényt)* clear, empty ‖ ❖ *biz =* **kirabol** ‖ **kirámolja a szobát** empty the room

kiráncigál *ige* pull/drag out

kirándít *ige* dislocate, sprain

kirándul *ige (vhova)* go* on an excursion/outing (to), take* a trip (to); *(egy napra, hideg élelemmel)* go* on a picnic, have* a picnic; *(autóval)* go* for a ride (to) ‖ **kirándult a bokája** he has sprained his ankle, have* a sprained ankle

kirándulás *fn* excursion, outing, trip; *(hideg élelemmel)* picnic || **kirándulásra megy** go* on an excursion/outing (to)

kiránduló *fn* day-tripper, tourist

kirándulóhely *fn* beauty spot

kirángat *ige (egyenként)* tear*/pull out (one by one)

kiránt[1] *ige (vmt vhonnan)* pull out (violently)

kiránt[2] *ige (húst)* fry (sg) in breadcrumbs || **kirántani való csirke** broiler

kiráz *ige (vmt)* shake* out || **kirázza a hideg** shiver with cold, have* the shivers

kirendeltség *fn* local/branch office, branch agency

kireped *ige (zsák)* burst*

kirepül *ige (madár)* fly* away, take* wing, leave* the nest

kirí *ige (vmből)* stand* out (from sg), be* in startling contrast (to sg) || **kirí a környezetéből** stick* out like a sore thumb; **kirí a társaságból** be* the odd one/man out

kirívó *mn* glaring, flagrant, striking, conspicuous || **kirívó igazságtalanság** flagrant/blatant injustice

kiró *ige (vkre büntetést)* inflict [a severe etc. penalty/punishment] (up)on || **bírságot ró ki vkre** fine sy

kirobban *ige* ❖ *átv* burst*, break* out || **kirobbant a válság** there was a sudden crisis; **kirobbant a botrány** a row blew up (over sg)

kirobbanó *mn* **kirobbanó nevetés** a burst of laughter; **kirobbanó siker** an overwhelming success

kirobbant *mn (háborút)* trigger/set* off

kirohan *ige (vhonnan)* run*/rush/dash out || *(vk ellen)* run* sy down, lash out against sy/sg

kirohanás *fn (vk ellen)* attack on sy/sg, outburst against sy/sg

kiröhög *ige (vkt)* laugh in sy's face, laugh at sy

kiről *nm (kérdő)* about whom? || **kiről beszél?** who are you talking about?

kiruccan *ige* ❖ *biz (kirándul)* go* for a spin

kirúg *ige* ❖ *vulg (vkt)* turn/kick out, turn sy out of doors; *(állásból)* sack, fire, give* sy the sack || ❑ *sp* **kirúgja a labdát** *(kapuból)* take* the goal-kick; **kirúgták** *(munkahelyről)* he got the sack/boot, he was sacked

kirúzsoz *ige (száját)* put* on lipstick (v. put* lipstick on), use lipstick

kirügyezik *ige* bud

kis *mn* little, small; *(nem magas)* short || **egy kis** a little, a bit of, some; **egy kis ideig** for a (little) while, for a/some time; **egy kis idő múlva** shortly, in/after a (short) while

kiságy *fn* cot, ⊕ *US* crib

kisajátít *ige (hatóság)* expropriate || *(vmt magának, átv)* monopolize

kisajátítás *fn (hatósági)* expropriation, dispossession [of property]

kisasszony *fn* miss, young lady

kisautó *fn* small car, mini, ⊕ *US* compact

kisbaba *fn* baby, infant || **kisbabát vár** be* expecting a baby

kisbetű *fn* small letter; ❑ *nyomd* lower case

kiscsirke *fn* chick

kisdiák *fn* schoolboy, schoolgirl

kisebb *mn (méretre)* smaller; *(mennyiségre, fontosságra)* less || *(fiatalabb)* younger || *(kisebbfajta)* lesser, minor || **a kisebb testvér** (the) younger brother/sister; ⊕ *US* kid brother/sister; **egy számmal kisebbet kérek** do you have the next size down?, do you have it one size smaller?; **jóval kisebb a kelleténél** much too small; **kisebb javítások** minor repairs

kisebbik *mn (méretre)* the smaller *(fontosságra)* the lesser/minor || *(fiatalabb)* younger || **ez a kisebbik baj** that's a minor problem

kisebbít *ige (mértéket)* make* smaller, reduce; ❖ *átv (értéket)* minimize, lessen

kisebbítés *fn* diminution, reduction; *(mennyiségé)* diminishing, reducing

kisebbrendűségi komplexus *fn* inferiority complex

kisebbség *fn* ❖ ált és ❏ *pol* minority; *(nemzetiség)* ethnic minority

kisebbségi *mn* ❏ *pol* minority

kisebesedik *ige (bőr)* become*/get* abraded/excoriated

kisegít *ige (vkt munkájában)* help sy [in his work] || *(helyettesít)* deputize (for sy); *(orvos)* be* a locum || **kisegít vkt vmvel** help sy out with [money etc.]

kisegítés *fn (vmből)* helping out (of); *(munkában)* assisting (sy) || *(helyettesítés)* deputizing (for sy)

kisegítő *mn/fn* auxiliary, subsidiary || **kisegítő alkalmazott** (member of the) auxiliary/ancillary staff; **kisegítő iskola** special school

kiselejtez *ige* throw* aside, discard, weed out

kisemmiz *ige (vkt vmből)* cheat/elbow sy out of sg

kísér *ige (vkt)* go* with, accompany, escort (sy), keep* sy company || **az ajtóhoz kísér** see* sy to the door; **zongorán kísér** accompany sy on/at the piano

kíséret *fn (vké)* train, suite, followers *tsz* || *(kat, rendőri stb.)* escort || ❏ *zene* accompaniment || **kíséret nélkül** unaccompanied, unescorted; **vk kíséretében** in sy's company, accompanied/escorted by sy

kiserken *ige* **kiserken a vér** blood shows*/appears, sg draws* blood

kísérlet *fn (megpróbálás)* attempt *(vmre* at sg) || ❏ *tud* experiment || **kísérletet tesz vmre** make* an attempt at sg (*v.* to do sg), attempt sg

kísérletezés *fn* experimenting, experimentation, experiments *tsz*

kísérletezik *ige (vmvel)* make* experiments, experiment (with sg)

kísérleti *mn* experimental

kísérő ▼ *mn* accompanying, attending; *(velejáró)* concomitant, attendant || **kísérő tünet** concomitant symptom ▼ *fn (társ)* companion, follower, attendant; *(gyerek mellett)* guardian || *(tünet, körülmény)* concomitant || ❏ *zene* accompanist || ❖ *biz (ital)* a glass of soda (water); *(gyengébb alkohol)* chaser

kísért *ige (megkísért)* tempt || *(szellem)* haunt

kísértés *fn* temptation || **kísértésbe esik** be* (sorely) tempted; **kísértésbe visz** *(vkt)* tempt sy; **enged a kísértésnek** yield (*v.* give* in) to temptation

kísértet *ige* ghost, phantom, spirit

kísérteties *mn* ghostly; *(túlzó)* startling

kísértő *fn* tempter; *(nő)* temptress

kisestélyi *fn* cocktail dress

kisétál *ige* go* (out) for a walk || *(kijut)* get* out easily

kisfeszültség *fn* ❏ *el* low voltage

kisfilm *fn (játékfilm)* short (film); *(dokumentumfilm)* (short) documentary (film) || *(fényképezőgéphe)* 35 mm film

kisfiú *fn* little boy || *(megszólítás)* **kisfiam!** son!, sonny!

kisfröccs *fn* a small wine-and-soda

kisgazda *fn* small-holder, small landowner

kisgyerek *fn* small/little child° || **a kisgyerekek** the little ones

kishitű *mn* faint/half-hearted

kishitűség *fn* faint/half-heartedness, defeatism

kisiklás *fn (vonaté)* derailment || ❖ *átv* a blot on one's copybook

kisiklik *ige (vonat)* get* derailed, jump (*v.* go* off) the rails

kisimul *ige* become* smooth

kisipar *fn* small(-scale) industry; *(egy ága)* craft

kisipari *mn (minőségű)* hand-crafted, hand-made
kisiparos *fn* craftsman°; *(nő)* craftswoman°
kisír *ige* **jól kisírja magát** have* a good cry
kiskabát *fn* jacket
kiskanál *fn* teaspoon || **egy kiskanál só** one teaspoon of salt; **2 kiskanál cukor** two teaspoonfuls of sugar
kiskapu *fn* door gate || ❖ *átv* ❖ *biz* the back door, backstairs influence
kiskatona *fn* soldier boy/lad, (young) serviceman°
kiskereskedelem *fn* retail trade
kiskereskedelmi ár *fn* retail price
kiskereskedő *fn* retailer, shopkeeper
kiskocsi *fn (autó)* small car, mini, ⊕ *US* compact; *(mint taxi)* minicab
kiskocsma *fn* pub, inn, tavern
kiskorú ▼ *mn* not of age *ut.*, under age *ut.* ▼ *fn* minor
kislány *fn* little/young girl || *(akinek udvarol)* one's girlfriend
kismama *fn* young mother(-to-be), mother-to-be, mum
kisméretű *mn* small, small-scale, miniature
kisminkel *ige* ❖ *biz (magát)* make* (oneself) up; *(mást)* make* up sy
kismutató *fn* hour hand
kisorsol *ige* draw*, select (sg) by a draw
kisöpör *ige* sweep* out || ❖ *átv* drive*/chase out/away
kispárna *fn (alváshoz)* pillow
kisplasztika *fn* ❏ *műv* small sculpture || *(egy mű)* statuette, figurine
kispolgár *fn* petty bourgeois
kisportolt *mn* athletic(-looking)
kisregény *fn* short novel
kissé *hsz* a little (bit), a bit, slightly || **egy kissé** a little, rather, somewhat
kisszótár *fn* pocket dictionary
kistányér *fn* dessert plate
kisugároz *ige* radiate, emit

kisugárzás *fn (sugár kibocsátása)* radiation || *(fájdalomé)* reflection, radiation; *(a fájdalom)* referred pain
kisugárzik *ige* radiate || ❏ *orv (fájdalom)* feel* a referred pain
kisujj *fn* little finger || **a kisujjában van** he has it at his fingertips; **a kisujját sem mozdítja meg érte** he will not lift a finger for him
kisúrol *ige* scour/scrub (out)
kisurran *ige* slip/steal* out
kisül *ige (kenyér, tésztaféle)* get* baked; *(hús)* get* roasted, be* well done || *(kiderül)* turn/come* out, come* to light || **végre kisült, hogy** at last it came out that, it turned out that
kisülés *fn* ❏ *fiz* (electric) discharge
kisüt *ige (kenyeret)* bake; *(húst sütőben)* roast; *(zsírban)* fry; *(roston)* grill; *(zsírt)* render [lard] || *(hajat)* curl [one's hair], wave [one's hair with an iron] || ❖ *biz (kieszel)* dream* up, concoct, invent || *(nap)* begin* to shine, come* out || ❖ *biz* = **kiderít**
kisüzem *fn* small business/firm/enterprise
kisvad *fn* small game
kisvállalkozás *fn* small company/business/firm
kisvállalkozó *fn* small businessman°, entrepreneur
kisváros *fn* small/provincial town
kisvasút *fn* narrow-gauge (⊕ *US* -gage) railway
kisvendéglő *fn* small restaurant
kiszab *ige (ruhát)* cut* out || *(határidőt)* fix, set* [a date] || *(büntetést vkre)* impose [a fine/punishment on sy], fine sy
kiszabadít *ige (rabot)* liberate, release, set* free; *(állatot)* let* out, release || *(veszedelemből)* rescue, save
kiszabadul *ige* get* out/away (from), be* set free, be* set at liberty; *(börtönből)* be* discharged/released; *(ál-*

lat) escape (from), get* free, break* loose

kiszakad *ige (szövet)* tear*, rip, get* torn

kiszakít *ige (ruhát)* tear*, rend*, rip ‖ **kiszakít vkt a környezetéből** tear* sy from his environment, uproot sy

kiszáll *ige (járműből)* get* off/out *(vhol at)*; get* out of [a/the bus etc.]; *(hajóból)* land, go* ashore, disembark (from); *(repülőgépből)* get* off [an aeroplane] ‖ *(helyszínre)* visit the scene/spot ‖ *(játszmából, üzletből)* pull/get*/back out, opt out (of sg) ‖ **hol kell kiszállni?** where do I get out/off?

kiszállás *fn (járműből)* getting off/out; *(hajóból)* landing, disembarkation ‖ *(hatósági)* investigation, visit to the scene/spot; *(helyszínre)* examination on the spot, on-the-spot investigation, field trip ‖ **kiszállás!** all change!

kiszállókártya *fn* landing card

kiszámít *ige* calculate, count, compute ‖ **kiszámítja a költségeket** count the cost

kiszámíthatatlan *mn (vm pl. következmények)* unforeseeable ‖ *(ember)* unpredictable, erratic

kiszámítható *mn* calculable; ❖ *átv* predictable

kiszámított *mn* calculated, figured/worked out *ut.*, computed ‖ ❖ *átv* premeditated, studied, calculated

kiszámol *ige* = **kiszámít** ‖ *(bokszolót)* count out

kiszárad *ige (kút)* dry up, run*/go* dry ‖ *(élő fa)* die; *(növény)* wither, shrivel (⊕ *US* -l) ‖ *(torok)* get* parched/dry ‖ ❑ *orv* dry (out), be* desiccated

kiszáradás *fn (kúté stb.)* drying up/out, running dry ‖ *(növényé)* withering ‖ ❑ *orv* drying out, dehydration

kiszárít *ige (földet, hőség)* dry up; *(növényt, bőrt a szél, hőség)* scorch, wither, dry

kiszed *ige (vhonnan)* take* out (of swhere), pick out

kiszegez *ige* nail up

kiszélesedik *ige* widen/broaden out

kiszellőzik *ige* be* aired (thoroughly)

kiszellőztet *ige* air, ventilate

kiszemel *ige (vkt vmre)* select/choose*/pick sy for sg

kiszimatol *ige* find* out, ferret out, get* wind of; *(alattomosan)* spy out

kiszínez *ige* colour (⊕ *US* -or); *(képet gyerek)* colour in [a/the picture] ‖ ❖ *átv* embellish, embroider

kiszív *ige (folyadékot)* suck (out), drain; *(levegőt)* extract ‖ **a nap kiszívta** the sun has faded it, the sun has discoloured it

kiszivárog *ige (folyadék)* leak (out) ‖ *(hír)* leak out

kiszivárogtat *ige* leak out [the news]

kiszivattyúz *ige* pump/suck out

kiszolgál *ige (vkt)* serve (sy), attend on sy, look after sy; *(hatalmat, rendszert)* serve, be* in the service of ‖ *(gépet)* operate, handle [machine] ‖ *(étteremben)* wait on, serve [guests]; *(üzletben)* serve, attend to [customers] ‖ **szolgáld ki magad** help yourself

kiszolgálás *fn* service ‖ **a kiszolgálásért 10 %-ot számítunk** service 10 per cent; **kiszolgálással együtt** service included

kiszolgáltat *ige (vmt átad)* deliver, hand over (sg) ‖ *(vknek átad vkt)* give*/hand sy over to sy; *(bűnöst)* extradite

kiszór *ige* scatter, disperse ‖ **az ablakon szórja ki a pénzét** throw* (one's) money down the drain

kiszorít *ige (helyéből)* squeeze/drive*/push out ‖ *(vkt vhonnan, vmből)* oust sy from sg, elbow sy out (of sg)

kiszótároz *ige (szövegrészt)* look up the words [in a/the dictionary]

kiszögellés *fn* projection

kiszögellik *ige* protrude, project, jut out; *(vm fölé)* hang* over sg

kiszúr *ige (hegyes tárggyal)* pierce, prick || ❖ *biz (kiszemel)* pick out || ❖ *biz (vkvel)* do* sy in, give* sy the works || **majd kiszúrja a szemét** it is glaringly obvious, ❖ *biz* it sticks out a mile, it's under your very nose

kiszűrődik *ige* filter out/through, can be heard/seen

kitagad *ige (gyereket)* disown; *(örökségből)* disinherit

kitagadás *fn (gyermeké)* disowning; *(örökségből)* disinheriting

kitágít *ige (rugalmas dolgot)* stretch, expand; *(cipőt)* stretch; *(ruhát, övet)* loosen, slacken; *(lyukat)* enlarge || ❖ *átv (látókört)* widen/broaden [one's horizons]

kitágul *ige* dilate, expand; *(cipő)* stretch; *(nyílás)* widen, broaden, extend

kitakar *ige* uncover, bare

kitakarít *ige (szobát)* do* [the room], tidy up [the room]

kitakarítás *fn (szobáé)* cleaning (up), tidying (up)

kitakaródzik *ige* kick the bedclothes/blanket off (while asleep)

kitalál *ige (eltalál)* guess, find* out, hit* upon || *(kiötöl)* invent, devise; *(nem tisztességes dolgot)* make* up, concoct || **kitalálja vk gondolatát** read* sy's thoughts

kitálal *ige (ételt)* serve (up), dish up [a meal] || ❖ *tréf (véletlenül kiborít)* spill*, upset* || ❖ *átv* ❖ *biz* wash (one's) dirty linen in public

kitalálás *fn (eltalálás)* guessing, finding out || *(kiötlés)* invention

kitalált *mn* made-up, invented, fictitious

kitámaszt *ige* support, prop up

kitapétáz *ige (falat)* paper, decorate [a/the room]

kitapint *ige* feel* (for) || **kitapintja vk pulzusát** feel sy's pulse

kitapos *ige (utat)* tread* [a path] || ❖ *átv* **a kitaposott út** the beaten track

kitár *ige (ablakot, ajtót)* open (wide), throw* open [the door] || **szívét kitárja vk előtt** open one's heart to sy

kitart *ige (állhatatos)* be* persistent, hold* out/on, persevere; *(ügy mellett)* hold* firm to || **kitart a végsőkig** endure *(v.* hold* out) to the end; **kitart amellett, hogy** (s)he maintains that …; **kitart vk mellett** remain loyal to sy, stand* by sy, stick* by/to sy; **kitart vm mellett** persist in, keep*/stick* to sg, insist on

kitartás *fn (állhatatosság)* persistence, steadfastness; *(vk mellett)* sticking (to sy), standing by sy, backing (sy); *(vm mellett)* persisting (in sg), standing by sg, sticking (to sg) || **csak kitartás!** hold on!

kitartó *mn* persistent, steady, firm, steadfast; *(szorgalmas)* assiduous, keen on one's work *ut.*; *(hű)* loyal || **kitartóan csinál vmt** persist in [doing sg], keep* at sg; **kitartóan tanul** study hard/steadily/patiently

kitárul *ige* open (out), be* thrown open

kitaszít *ige (vhonnan)* expel (sy from), throw*/turn sy out (of/from)

kitát *ige* **kitátja a száját** open one's mouth wide

kitavaszodik *ige* spring is coming || **(már) kitavaszodott** spring is/has come

kitekint *ige* look out (of/from swhere)

kitelepít *ige (személyeket, családokat)* deport, remove || **kitelepített személy** deportee

kitelepítés *fn (személyé)* deportation, internal exile

kitelik *ige (vmből)* be* enough/sufficient (for) || *(vm vktől)* be* capable of sg || **ez kitelik tőle** I wouldn't put it past him

kitép *ige* tear*/pull out; *(gyökerestől)* uproot, tear* out by the roots; *(kiragad)* snatch (sg from swhere/sy)

kitér *ige (útból)* get* out of the way; *(helyet adva)* make* way, let* pass;

(vk elől) shun/avoid sy; *(ütés elől)* deflect/parry [a blow] || *(vmre)* *(also)* touch upon sg, mention; *(hosszasan)* dwell* on || **kitér egy kérdés elől** dodge/evade/sidestep a question
kitereget *ige (ruhát száradni)* hang* out/up || **kiteregeti a szennyesét** ❖ *átv* wash one's dirty linen in public
kitérés *fn (vm elől)* evasion (of sg) || *(elbeszélésben)* digression || ❑ *műsz (mutatóé)* deflection
kiterjed *ige* ❑ *fiz* expand, dilate || *(terület vmeddig)* extend (to/over), spread* over, range (as far as) || *(vmre)* cover/comprise/include sg || **a biztosítás ...ra is kiterjed** the (insurance) cover includes ...
kiterjedés *fn (test növekedése)* expansion, dilation || *(terjedelem)* extension; ❑ *fiz* dimension || **nagy kiterjedésű** vast, extensive, wide
kiterjedt *mn* extensive, wide, vast, widespread || **kiterjedt rokonság** large number of relatives
kitermel *ige (ásványt)* exploit, work; *(fát)* lumber
kitérő ▼ *mn* **kitérő válasz** an evasive answer/reply ▼ *fn* ❑ *vasút* = **kitérővágány** || *(közúti)* lay-by || *(kerülő út)* detour, roundabout route || *(beszédben)* digression
kitérővágány *fn* siding, side track
kitervel *ige (ravaszul)* lay* a scheme (to do sg), scheme (to do sg)
kitesz *ige (kihelyez)* put* out(side); *(hirdetményt)* post/stick* up; *(kirakatba)* display, show* (in the shopwindow) || *(írásjeleket)* punctuate [a text]; *(ékezeteket)* put* on (the) diacritics || *(állásból)* turn out, dismiss, discharge; *(lakásból)* evict, turn out || **az ár(a) 5000 Ft-ot tesz ki** the price amounts to (v. totals) 5 000 fts; **kitesz magáért** do* one's utmost; **veszélynek teszi ki magát** expose oneself to danger, court danger

kitevő ▼ *mn (összeg)* amounting to ut. ▼ *fn* ❑ *mat* exponent
kitilt *ige (országból, városból)* expel/banish (from); *(iskolából)* expel (from); *(házból)* forbid* (to enter) the house
kitiltás *fn (vké)* expulsion, banishment
kitisztít *ige* clean; *(sebet)* clean out
kitisztul *ige (ált vm)* become* clean; *(folyadék)* clarify, fine down || *(idő)* clear/brighten up
kitol *ige (vmt)* push/thrust* out || ❖ *biz (időpontot)* defer, postpone, put* off || **kitol vkvel** do* the dirty on sy, do* sy down
kitolás *fn (időponté)* postponement || ❖ *biz (vkvel)* doing the dirty (on) || **ez aljas kitolás volt (velem)** that was a dirty trick (to play on me)
kitoloncol *ige* deport, expel
kitölt *ige (folyadékot edénybe)* pour out || *(űrt)* fill in/up, stop/plug [the gap] || *(űrlapot)* fill in, ⊕ *US* fill out, complete || **kitölti a büntetését** serve one's term/sentence
kitöltés *fn (folyadéké)* pouring out || *(űrlapé)* filling in (⊕ *US* out) || *(büntetésé)* serving (of sentence)
kitöm *ige (vmvel)* stuff, pad; *(állatot)* stuff
kitör *ige (ablakot)* break*, smash || *(testrészt)* break*, fracture || *(háború, járvány, tűz, vihar)* break* out; *(tűzhányó)* erupt || **kitört rajta az influenza** (s)he had an attack of influenza (❖ *biz* flu); **kitörte a karját** (s)he broke his/her arm; **nevetésben tör ki** burst* out laughing, break*/burst* into laughter
kitörik *ige* break* (off), chip; *(testrész)* be*/get* fractured || **kitört a karja** he broke his arm
kitöröl *ige (edényfélét)* wipe (out), dry || *(írást)* erase, efface, rub out; *(emlékezetből)* wipe [from memory]
kitudódik *ige* come* out (v. to light), get*/become* known, leak out

kitűnik ige *(több közül)* excel, be* prominent/conspicuous among; *(vmben)* excel *(szellemiekben* in sg; *sportban* at sg) ‖ *(vmből)* appear (from), be* evident (from)

kitűnő ▼ *mn* excellent, eminent, splendid, first-class/rate, prominent ‖ **kitűnő minőség** top quality; **kitűnően érzem magam** I am/feel fine ▼ *fn* ❑ *isk* (an) excellent (mark) ‖ **kitűnőt kap** get* an excellent; *(vizsgán)* get* full marks

kitüntet ige *(rendjellel)* award sy [a medal]

kitüntetés *fn (jutalom, rendjel)* medal, decoration, order; *(címmel járó)* title, distinction, honour (⊕ *US* -or) ‖ ❑ *isk* **kitüntetéssel érettségizik** get* a first-class *(v.* excellent) school-leaving certificate, get* full marks [at the final exams]; **kitüntetést kap** be* decorated, receive an award (for sg)

kitűz ige *(jelvényt)* pin on/up, put* on; *(zászlót)* fly*, hoist, set* up ‖ *(helyet)* mark/set* out ‖ *(időt)* set*, appoint, fix ‖ *(célt)* set* [oneself a(n) aim/target]; *(díjat)* offer, set* [a prize] ‖ **kitűz vknek egy feladatot** set* sy a task

kiugrik ige *(vhonnan, vmből)* jump/leap* out ‖ ❖ *átv* ❖ *biz (vk vmből)* break* away (from), drop out (of), desert sg ‖ ❖ *biz (kimegy rövid időre)* nip/pop/slip out ‖ ❑ *sp (rajtnál)* jump the gun ‖ ❑ *orv (ízület)* be* dislocated

kiújul ige be* renewed/resumed; *(harc, seb)* flare up (again)

kiúszik ige *(vízből partra)* swim* [to the bank/shore] ‖ *(parttól messze)* swim* out

kiút *fn* way out ‖ **nincs más kiút, mint** there is no way out *(v.* no choice) but

kiutal ige *(vmt vknek)* allocate/assign sg to sy; *(pénzt)* remit, grant, pay* out

kiutalás *fn* allocation; *(pénzé)* paying out, remittance

kiutasít ige *(vkt vhonnan)* order/turn sy out (of), show* sy the door; *(országból)* expel, banish

kiutasítás *fn (vhonnan)* ordering turning out; *(országból)* expulsion

kiutazás *fn* going abroad; *(kifelé való út)* outward journey, exit

kiültet ige ❑ *növ* plant/bed out

kiürít ige ❖ *ált* empty; *(fiókot)* clear out; *(poharat)* drain; *(zsebet)* empty ‖ *(helyiséget)* vacate, quit ‖ *(várost)* evacuate ‖ **kiüríti a termet** *(bíróság)* clear the court

kiürül ige *(edény, hordó)* become* empty; *(terem, szoba)* clear, empty

kiüt ige *(vkt bokszban)* knock out, KO [alakjai: KO's, KO'ing, KO'd]; *(sakkfigurát)* take*, remove [chess-man°] ‖ *(tűz, járvány)* break* out

kiütés *fn (boksz)* knock-out, KO ‖ *(bőrön)* rash, spot(s), eruption

kiűz ige *(vhonnan)* drive*/chase/hound out

kivág ige *(ollóval, késsel)* cut*/clip* (sg) out ‖ *(fát)* fell, cut* down; *(erdőt)* cut* down ‖ *(szél az ablakot)* fling*/burst* open ‖ ❖ *átv (vkt vhonnan)* throw*/turn sy out ‖ **kivágja a magas c-t** reach top C; **kivágja magát** *(talpraesetten válaszol)* give* a smart answer; *(nehézségekből)* extricate/free oneself (from)

kivágás *fn (ruhán)* neckline, décolletage

kivágódik ige *(ajtó, ablak)* burst*/fling* open

kivágott *mn* cut out ‖ **kivágott nyakú** *(ruha)* décolleté, low-cut [dress]

kiváj ige hollow/dig* out, excavate

kiválaszt ige *(több közül)* choose*, select, pick/single out ‖ ❑ *biol* = **elválaszt** excrete

kiválasztás *fn (több közül)* choice, selection ‖ ❑ *biol* excretion

kiválik *ige (több közül)* excel
kiváló *mn* eminent, excellent, outstanding, prominent ‖ *(kitüntető cím)* outstanding, eminent ‖ **kiváló egyéniség** an outstanding personality, a person of distinction; **kiváló minőségű** high/top quality; **kiváló vmben be*** very good at sg
kiválogat *ige* select, pick/sift/sort out
kiválóság *fn (személy)* VIP *(ejtve:* víájpí), dignitary, notable
kivált *ige (zálogot)* redeem [article in pawn]; *(foglyot)* ransom, buy*/bail out ‖ *(bérletet)* take* out, buy*; *(jogosítványt)* take* out ‖ *(valutát)* buy* ‖ *(hatást)* produce, elicit, bring* about, evoke; *(betegséget)* trigger ‖ *(helyettesít)* replace; ❑ *épít* discharge ‖ **kiváltható** can be replaced; **kiváltja a poggyászt** collect (*v.* take* out) one's luggage
kiváltképp *hsz* especially, in particular, above all
kiváltság *fn* privilege, prerogative
kiváltságos *mn* privileged
kivan *ige* ❖ *biz (fáradt)* be* exhausted/whacked, be* dog tired, ❖ *biz* be* done in, ⊕ *US* be* pooped
kíván *ige (vknek vmt)* wish (sy sg) ‖ *(vmt)* wish/want sg; *(vágyódik vm után)* desire sg, long/yearn for sg ‖ *(megkövetel vmt vktől)* demand/expect sg of sy ‖ *(vm igényel vmt)* demand, require, call for ‖ **jó estét kívánok!** good evening!; **minden jót kívánok!** (my) best wishes, all the best; **nem kívánom az ételt** I have no appetite, I don't feel like eating
kívánalom *fn* requirement, demand
kívánatos *mn* desirable, wanted; *(igével)* it is desirable (that) ‖ **nem kívánatos** undesirable, unwanted; **nem kívánatos személy** persona non grata, undesirable person
kíváncsi *mn* curious, *(főleg állat)* inquisitive ‖ **kíváncsi vmre be*** curious/eager to know/learn, wonder (about); **kíváncsi vagyok, vajon ...** I wonder whether/if ..., I should like to know if ...; **kíváncsi vagyok, mi történt** I wonder what happened
kíváncsiság *fn* curiosity ‖ **fúrja az oldalát a kíváncsiság** (s)he is dying of (*v.* burning with) curiosity; **kíváncsiságból** out of (sheer) curiosity
kíváncsiskodik *ige* be* inquisitive/indiscreet
kivándorlás *fn* emigration
kivándorló *fn* emigrant
kivándorol *ige* emigrate (to)
kívánnivaló *fn* (sok) **kívánnivalót hagy maga mögött** sg leaves much (*v.* a lot) to be desired, there's much room for improvement
kívánság *fn* wish, desire, request ‖ **vknek kívánságára** at sy's request, at the request of sy; **kívánságra** on request/application, as requested
kivár *ige (vmeddig)* takes his time ... ‖ **kivárja a kedvező alkalmat** bide* one's time
kivasal *ige (ruhafélét)* iron, press ‖ *(vkből vmt)* extort sg from sy; *(pénzt)* screw/get*/wheedle [money] out of sy
kivéd *ige* ward/fend off, parry ‖ *(futball)* **lövést kivéd** save a shot
kivégez *ige* execute, put* sy to death
kivégzés *fn* execution
kivehető *mn (vmből)* removable, detachable ‖ *(látható)* discernible, visible, perceivable; *(hang)* distinct, audible ‖ **szavaiból kivehető a félelem** there is fear in his voice
kiver *ige (ellenséget)* drive* out, chase away ‖ *(ruhát, szőnyeget)* beat*
kivés *ige (falat csőnek stb.)* cut* away
kivesz *ige (vmből vmt)* take* out (of), remove (from) ‖ *(foltot, szálkát)* remove, take* out ‖ *(könyvtárból)* take* out, borrow ‖ *(lakást)* rent, take* (out) ‖ *(szemmel)* discern, make* out ‖ **kiveszi a részét vmből** *(részesedik)* take* one's share (of sg); *(munkából)*

do* one's share/bit; **kiveszi a szabadságát** take* one's/a holiday; **kivesz egy összeget (a bankból)** (with)draw* a sum of money, take* [money] out (of one's account); **kivették a manduláját** he has had his tonsils removed/out

kivet *ige (idegen anyagot)* reject ‖ *(társadalomból)* cast* out, make* an outcast of sy ‖ **adót vet ki vkre** impose/levy a tax on sy

kivét *fn (bankból)* withdrawal

kivétel *fn* exception ‖ **a kivétel erősíti a szabályt** the exception proves the rule; **kivétel nélkül** without exception; **vmnek/vknek kivételével** with the exception of

kivételes *mn* exceptional, uncommon ‖ **kivételesen** *(rendkívülien)* exceptionally; *(most az egyszer)* just this once

kivetít *ige* project

kivéve *hsz* except, but for, all but, barring, apart/aside from ‖ **mindig ráérek, kivéve kedden** I am free except on Tuesday(s); **kivéve, ha** unless

kivezet *ige (vkt vhonnan)* lead*/see* sy out, show* sy the way out ‖ *(út vhová)* lead* swhere

kivilágít *ige (szobát)* light* up; *(épületet)* illuminate, floodlight* ‖ *(autót)* light* up [the car], turn on the lights **esténként kivilágítják a Várat** the Castle is floodlit/illuminated at night

kivilágítás *fn (szobáé)* lighting up; *(épületé)* floodlighting, illumination; *(autóé)* lights *tsz*

kivilágítatlan *mn (jármű)* without the lights on *ut.*

kivisz *ige (ált vmt)* take*/carry out; *(árut)* transport/convey (to); *(külföldre)* export *(vhova* to) ‖ *(mosószer piszkot)* take* out, remove ‖ **ez az út kivisz a városból** this road leads out of (the) town

kivitel *fn (külföldre)* export, ⊕ *főleg US* exportation; *(ennek összessége)* exports *tsz*

kivitelez *ige* make* (up), execute, finish, carry out

kivitelezés *fn* making (up), execution, finish

kiviteli *mn* **kiviteli cikk(ek)** exports *tsz*, export goods *tsz*

kivív *ige* achieve, reach, effect; *(célt)* attain; *(eredményt)* obtain; *(győzelmet)* win*

kivizsgál *ige (vmt)* examine, investigate; *(ügyet)* look into [the matter], inquire into sg ‖ ❏ *orv* **kivizsgálják a klinikán** have*/get* (*v*. be* given) a check-up at the hospital

kivizsgálás *fn* examination, inquiry ‖ ❏ *orv* check-up ‖ **kivizsgálásra megy** go* for a check-up

kivon *ige (kihúz)* drag/draw*/pull out ‖ *(felelősség alól)* avoid, evade ‖ ❏ *mat* subtract ‖ *(kardot)* draw*, unsheathe [one's sword] ‖ **katonaságot kivon vhonnan** withdraw* troops from swhere; **kivon a forgalomból** withdraw* from circulation; **kivonja magát vm alól** back out of sg

kivonandó *mn/fn* subtrahend

kivonás *fn (forgalomból)* withdrawal ‖ ❏ *mat* subtraction ‖ **a csapatok kivonása** the withdrawal of troops

kivonat *fn (irat)* extract ‖ *(könyvé)* abridgement, summary; *(főleg tud. cikké)* abstract ‖ ❏ *vegy* extract, essence ‖ **(születési) anyakönyvi kivonat** birth certificate

kivonszol *ige* drag/lug/pull/tug out

kivonul *ige (tömeg vhova)* turn out ‖ *(mentők, tűzoltók)* turn out ‖ ❏ *kat (vhonnan)* withdraw* (troops) from ‖ **a balesethez kivonultak a mentők** an ambulance went to the scene of the accident

kívül ▼ *hsz (vhol kinn)* outside, outdoors, out of doors; **kívül áll** ❖ *átv* stand* apart, stand*/keep*/hold* aloof ‖ **kívül marad** stay outside; ❖ *átv* keep*/stand* aloof/apart, keep* out (of) ▼ *nu (helyileg)* outside (of);

(*vmből*) out of || *(vkn/vmn felül)* beside(s), in addition to, outside, beyond || **a kapun kívül** outside the gate; **vmn kívül** apart from, except; **a lányán kívül fia is van** apart from a/his/her daughter (s)he also has a son; **önhibáján kívül** through no fault of his (own); **rajta kívül** besides him, apart from him; **rajta kívül álló okokból** for reasons beyond his control; **tréfán kívül** joking apart, seriously

kívülálló *fn* stranger, outsider; spectator; non-member; third party

kívülről *hsz (helyileg)* from outside || *(könyv nélkül)* by heart

kizár *ige (kapun)* lock/shut* out || *(egyesületből)* exclude; *(egyetemről)* send* down [from (the) university]; *(iskolából, pártból)* expel (from), throw* out (of); *(versenyből)* disqualify || *(vmnek a lehetőségét)* rule out (sg), preclude (the possibility of) sg || **ki van zárva** it is out of the question, no way; **nincs kizárva, hogy eljön** it's just possible that he'll come, he may (well) come

kizárás *fn (kapun)* shutting/locking out || *(iskolából, pártból)* expulsion; *(egyesületből)* exclusion; *(egyetemről)* sending down; *(versenyből)* disqualification || **a nyilvánosság kizárásával** behind closed doors, in camera

kizárólag *hsz* exclusively, solely, alone

kizárólagos *mn* exclusive, sole, absolute

kizárt *mn (vmből)* excluded/expelled from *ut.* || **ez kizárt dolog!** it is impossible (*v.* out of the question)

kizökken *ige* ❖ *átv* be* upset || **kizökken a munkájából** be* put* off one's stride/stroke

kizöldül *ige (fa)* come* into leaf

kizsákmányol *ige (munkást)* exploit || *(energiaforrást)* exploit, utilize, harness

kizsákmányolás *fn* exploitation

klarinét *fn* clarinet

klarinétos *fn* clarinettist (⊕ *US* -etist)

klassz *mn* ❖ *biz* great, slick, classy, smashing || **állati klassz volt** it was jet good

klasszicizmus *fn* classicism

klasszika-filológia *fn* classical studies *tsz*

klasszika-filológus *fn* classical scholer

klasszikus ▼ *mn* ❏ *műv* classical || *(mintaszerű)* classic || **klasszikus esete vmnek** a classic example of sg; **klasszikus fizika** Newtonian/classical physics; **klasszikus zene** classical music ▼ *fn* classic || **az angol klasszikusok** the English classics

klaviatúra *fn* = billentyűzet

klikk *fn* clique

klikkel *ige szt* click

klíma *fn* climate || → klímaberendezés

klímaberendezés *fn* air-conditioning, *(a készülék)* air-conditioner

klimatizál *ige* air-condition || **klimatizált** air-conditioned

klimatizálás *fn* air-conditioning

klimax *fn* climax || ❏ *orv* menopause, climacteric

klinika *fn* teaching/university hospital; *(egyes klinikák)* department of ... || **sebészeti klinika** (department of) surgery, surgical department

klinikai *mn* clinical || **a klinikai halál állapotában van** be* clinically dead

klip *fn* clip

klisé *fn* ❏ *nyomd* plate, block || *(közhely)* cliché, stereotyped/hackneyed phrase

klór *fn* chlorine

klorofill *fn* chlorophyll

klóros *mn* chloric, chlorous

klóroz *ige* chlorinate

klub *fn* club

klubtag *fn* club member, member (of a club)

koalíció *fn* coalition || **koalícióba lép** form a coalition

koalíciós kormány *fn* coalition government

kóbor *mn* vagrant, roving, strolling, vagabond || **kóbor kutya** stray dog

kóborol *ige* roam/wander/stroll about, tramp, ramble; *(állat)* stray

koca *fn* sow

koccan *ige* knock against (sg), clink, clatter; *(autók)* bump each other

koccanás *fn (autóé)* bump, knock, ⊕ *US* fender-bender || **koccanásos baleset** a (slight) bump

koccint *ige* clink [glasses] || **koccint vknek az egészségére** drink* sy's health

koccintás *fn* clinking (of glasses)

kocka *fn (mat is)* cube || *(dobó)* dice *(tsz* ua.) || *(mintában)* square, check || **a kocka el van vetve** the die is cast; **fordult a kocka** the tables are turned; **kocka alakú** cube-shaped; **kockán forog** be* at stake; **kockára tesz vmt** risk/hazard sg

kockacukor *fn* lump sugar; *(darab)* a lump (of sugar), a sugar cube

kockajáték *fn* (game of) dice

kockakő *fn (utcai)* flag(stone), paving stone/block

kockás *mn* squared, checked, chequered (⊕ *US* checkered) || **kockás minta** check pattern; **kockás papír** graph paper

kockatészta *fn (száraz)* (dried) pasta [cut into small squares]

kockázat *fn* risk, hazard, chance

kockázatos *mn* risky, hazardous || **igen kockázatos** high-risk

kockáztat *ige* risk, chance, run*/take* the risk of (doing) sg || **az állását kockáztatja** he risks losing his job

kocog *ige (ló)* trot, jog along || *(ember)* jog

kocogás *fn (testedzés)* jogging

kócos *mn* tousled, dishevelled, unkempt

kócsag *fn* heron, egret

kocsi *fn (lófogatú)* carriage; *(kétkerekű)* cart; *(négykerekű)* cart, wagon; *(hintó)* coach || *(autó)* car, ⊕ *US főleg* auto; *(taxi)* taxi, ⊕ *főleg US* cab; *(közlekedési eszköz, ált)* vehicle; *(busz)* bus; *(távolsági)* coach; *(zárt, szállító)* van || *(vasúti, metró)* carriage, ⊕ *főleg US* car; *(villamos)* tram(car), ⊕ *US* streetcar; *(kötélpályán)* car, cabin || *(kézikocsi)* handcart; *(pályaudvaron stb. poggyásznak)* trolley; *(gyermekkocsi)* pram, ⊕ *US* (baby) buggy; *(könnyű összehajtható)* pushchair, ⊕ *főleg US (és esernyőfogantyús)* stroller || *(írógépé)* carriage || **kocsira rak** load a cart with (sg), load sg on (to) a cart; **kocsival** by car *(de)* **a(z új) kocsimmal** in my (new) car; **kocsin visz** *(vkt)* drive* sy swhere, take* sy by car; *(terhet)* convey, take* sg by car/van

kocsiemelő *fn* (car) jack, ⊕ *US* (auto) lift

kocsifelhajtó *fn* drive(way)

kocsikulcs(ok) *fn* car keys *tsz*

kocsimosás *fn* car-wash

kocsimosó *fn (személy)* car-washer; *(hely)* car-wash

kocsis *mn* driver, coachman°

kocsiszekrény *fn* (car) body

kocsiszín *fn (szekérnek stb.)* coachhouse, shed; *(villamosé)* depot, ⊕ *US* streetcar shed; *(autóé)* garage

kocsma *fn* inn, tavern, pub, bar, ⊕ *US* saloon

kocsmáros *fn* innkeeper, ⊕ *US* saloon keeper

kocsonya *fn* cold pork/fish in aspic, pig pudding

kocsonyás *mn* jelly-like, gelatinous

kód *fn* code

kódex *fn* codex *(tsz* codices)

kódleolvasó *fn* light pen

kódol *ige* (en)code

kódszám *fn* code (number)

koedukáció *fn* coeducation

kofa *fn (piaci)* fish wife°, market-woman°
koffein *fn* caffeine
koffer *fn* = **bőrönd**
kohász *fn (munkás)* metalworker, foundry worker || ❏ *tud* metallurgist
kohászat *fn* metallurgy
kohó *fn* furnace
kohol *ige* invent, fabricate, forge
koholmány *fn* forgery, fabrication
koholt *mn* invented, fabricated, fictitious, made-up || **koholt vádak alapján elítél** convict sy on trumped-up charges (of), frame a charge against sy
kohómérnök *fn* metallurgical engineer
kokárda *fn* cockade, rosette
koksz *fn* coke
koktél *fn* cocktail
kókuszdió *fn* coconut
kókuszpálma *fn* coconut palm
kóla *fn* ❖ *biz* Coke
kolbász *fn* sausage
koldul *ige* beg
koldus *fn* beggar
kolera *fn* cholera
kolerás *mn/fn* cholera patient
koleszterinszint *fn* level of cholesterol
kólibaktérium *fn* colon bacillus, bacillus coli
kollaborál *ige* collaborate
kolléga *fn* colleague || *(diplomáciában)* **vknek a brit kollégája** sy's [British etc.] counterpart (*v.* opposite number)
kollegiális *mn* friendly, fraternal
kollegina *fn* (female) colleague
kollégista *mn/fn* college student
kollégium *fn* ❏ *isk* ❏ *tört (bennlakásos, 8 osztályos)* college || *(főiskolásoknak, főleg szállás)* students' hostel, hall (of residence), ⊕ *US* dormitory, ❖ *biz* dorm || *(testület)* board; college || *(előadássorozat egyetemen)* course (of lectures)
kollégiumi *mn* college(-), collegiate

kollekció *fn* collection; ❏ *ker* samples *tsz*
kollektív *mn* collective || **kollektív felelősség** joint/collective responsibility
kollektíva *fn* collective
kollokvál *ige* sit* for (*v.* pass) an oral (examination) (*vmből* in)
kollokvium *fn* oral (examination)
kolonc *fn (teher)* clog || ❖ *átv* handicap, burden, nuisance || **kolonc vk nyakán** a stone round one's neck
kolónia *fn* **a londoni magyar kolónia** the Hungarian community in London
koloniál *mn (bútor)* colonial
koloratúraénekes *fn* coloratura soprano
kolostor *fn* monastery, cloister; *(apácakolostor)* convent, nunnery
koma *fn (barát)* crony, old friend, ⊕ *US* brother
kóma *fn* coma
komámasszony *fn* **komámasszony, hol az olló?** puss in the corner
kombájn *fn* combine (harvester)
kombi *fn* estate car, ⊕ *US* station wagon
kombináció *fn* ❏ *mat* combination || *(feltevés)* conjecture, hypothesis (*tsz* hypotheses)
kombinációs zár *fn* combination lock
kombinál *ige (vmvel)* combine sg with sg || *(következtet)* conclude, reason || **jól kombinál** (be* able to) think* (far) ahead
kombinált *mn* combined
kombinát *fn* combine; (building/sports) complex
kombiné *fn* slip
komédia *fn* comedy, farce || **szép kis komédia!** a fine kettle of fish!
komédiás *fn (vígjátéki)* comedian, comic || ❖ *átv* charlatan, fraud
komédiázik *ige* ❖ *biz (bolondozik)* play the fool, fool about/around
komfort *fn* comfort, ease, convenience, amenities *tsz* || **komfort nélküli lakás**

cold water flat; ❏ *rep* **komfort osztály** comfort class
komfortos *mn (lakás)* [house/flat] with all mod cons *ut.*[but no central heating]
komika *fn* comedienne
komikum *fn* humour (⊕ *US* -or)
komikus ▼ *mn* comical, droll ▼ *fn* comedian, comic
komisz *mn (erkölcsileg)* bad, vile, nasty, mean || *(dolog)* abominable, wretched, wicked || **komisz kölyök** naughty brat
kommentár *fn (vmhez)* commentary (on sg) || ❏ *tud* commentary || **kommentárt fűz vmhez** comment (up)on sg, make* comments on/upon sg
kommentátor *fn (főleg sp)* (sports) commentator
kommersz *mn* mass-produced
kommunális *mn* communal || **kommunális létesítmények** public works
kommunista *mn/fn* communist
kommunizmus *fn* communism
kommüniké *fn* communiqué, statement
komoly *mn* serious, grave; *(arc)* stern; *(ember)* earnest || *(jelentős)* considerable; serious || **komoly erőfeszítés** considerable effort; **komoly sérülés** bad/serious injury
komolyan *hsz* seriously, earnestly, in earnest || **komolyan?** really?, do you really mean it?, are you serious?; **nem gondolta komolyan** he did not mean it; **komolyan vesz vmt** take* sg seriously, be* in earnest about sg
komolyság *fn* earnestness, seriousness
komolytalan *mn* immature; *(beszéd)* irresponsible; *(egyén)* unreliable; *(ígérgetés)* airy; *(viselkedés)* frivolous, flippant
komolyzene *fn* classical music
komor *mn* gloomy, sombre (⊕ *US* -ber); *(ember)* grave, morose; *(idő)* dreary; *(tekintet)* sullen, grim
komp *fn* ferry(boat); *(autós)* car-ferry

kompakt ▼ *mn* compact ▼ *fn (púder)* compact
kompaktlemez *fn* compact disc, CD
kompánia *fn* ❖ *biz (baráti kör)* companions *tsz* || *(banda)* company, set, gang
komplett *mn* complete, entire, whole, full || **komplett reggeli** (full) English breakfast
komplex *mn* complex; compound || ❏ *mat* **komplex szám** complex number
komplexum *fn* complex
komplexus *fn* ❏ *pszich* complex
komplikáció *fn (orv is)* complication
komplikál *ige* complicate
komponál *ige* compose
komponens *fn* component, constituent
komposzt *fn* compost, leaf mould (⊕ *US* mold)
kompót *fn* stewed fruit(s), compote; *(eltett)* preserved/bottled fruit; *(konzerv)* tinned (⊕ *US* canned) fruit
kompozíció *fn* composition
kompresszor *fn* compressor
kompromisszum *fn* compromise, concession || **kompromisszumot köt vkvel** make*/reach a compromise with sy
kompromittál *ige* compromise (sy) || **kompromittálja magát** compromise oneself (with sg/sy)
komputer *fn* = **számítógép**
komputertechnika *fn* computer technology
koncentráció *fn* concentration
koncentrál *ige* concentrate || **vmre koncentrál** concentrate on sg, give* all one's attention to sg
koncepció *fn (felfogás)* conception, idea || *(elgondolás)* plan, design || **nagy koncepciójú ember** man° of vision
koncepciós per *fn* show trial, ❖ *biz* frame-up
koncert *fn (előadás)* concert || *(versenymű)* concerto || **élő koncert** live concert

koncertez *ige* give* a concert; *(turnén)* give* concerts, be* on a concert tour
koncertmester *fn* leader, ⊕ *US* concertmaster
koncesszió *fn* concession
kondenzátor *fn* ❏ *el* condenser
kondenzor *fn* ❏ *fényk* condenser
kondér *fn* ca(u)ldron, (large) kettle
kondíció *fn* *(feltétel)* condition, terms *tsz* ‖ *(erőnlét)* (physical) condition, form; fitness ‖ **jó kondícióban van** *(vk)* be* fit, be* in good condition/form
kondicionál *ige* condition
kondicionálóterem *fn* gym, health club
kondicionáló torna *fn* keep-fit exercises/classes *tsz*
kondoleál *ige* *(vknek)* offer one's condolences to sy, express one's sympathy to sy
kondoleáló levél *fn* letter of sympathy
konfekció *fn* ready-to-wear articles/clothes *tsz*, off-the-peg clothes *tsz*
konferál *ige* announce, compère, act as a compère
konferanszié *fn* master of ceremonies *(röv* M.C.), host, compère, ⊕ *US* ❖ *biz* emcee
konferencia *fn* conference *(amiről szól:* on) ‖ **konferencián részt vesz** attend *(v.* take* part in) a conference
konfetti *fn* confetti
konfirmáció *fn* ❏ *vall* confirmation
konfirmál *ige* **13 éves korában konfirmált** (s)he was confirmed when (s)he was thirteen
konfliktus *fn* conflict, dispute, quarrel ‖ **konfliktust felold** resolve a conflict
konflis *fn* hansom-cab
konföderáció *fn* confederation
kong *ige* ring*/sound hollow/empty, resound ‖ **kong az ürességtől** be* utterly empty/deserted
kongat *ige* *(harangot)* sound, toll, ring*

kongresszus *fn* *(tud. tanácskozás)* congress ‖ ⊕ *US* ❏ *pol* convention; ⊕ *US* *(törvényhozó testület)* Congress
kongresszusi *mn* congressional ‖ **kongresszusi küldött** *(párté)* congress delegate; ⊕ *US* **kongresszusi tag** congressman°
konjunktúra *fn* *(fellendülés)* boom; prosperity ‖ **konjunktúrája van vmnek** there is a boom in sg
konkáv *mn* concave
konkrét *mn* concrete; particular ‖ **konkrét adatok** (hard) facts/information, facts and figures; **ebben a konkrét esetben** in this particular case
konkrétan *hsz* in the literal sense of the word, concretely, literally ‖ **mondd meg konkrétabban, mikor ...** please specify when you ...
konkrétum *fn* fact, specific, concrete thing
konkurál *ige* *(vkvel)* compete with, enter into competition with
konkurencia *fn* competition, rivalry
konkurens ▼ *mn* rivalling (⊕ *US* -l-), competing ▼ *fn* rival, competitor
konnektor *fn* *(dugója)* plug; *(aljzata)* socket, ⊕ *US* outlet
konok *mn* obstinate, stubborn, headstrong, hard-headed
konstruktív *mn* constructive; positive
konszenzus *fn* consensus
konszern *fn* concern
konszolidáció *fn* consolidation, stabilization
konszolidálódik *ige* be*/become* consolidated/stabilized
konszolidált viszonyok *fn tsz* normal conditions
kontaktlencse *fn* contact lens
kontaktus *fn* contact
kontár ▼ *mn* bungling, bungled, amateurish ‖ **kontár munka** botched (piece of) work, botched job ▼ *fn* bungler, botcher, cowboy
kontárkodik *ige* bungle, botch

konténer *fn* container
kontinens *fn* continent
kontinentális *mn* continental
kontingens *fn* quota, share; *(főleg emberekből)* contingent
kontrafék *fn (kerékpáron)* coaster brake
kontraszt *fn* contrast
kontroll *fn* check(ing), control
kontúr *fn* contour, outline
konty *fn* knot (of hair), bun
konvektor *fn* convector (heater)
konvenció *fn (társadalmi)* convention(s), form(ality) || *(államközi)* convention
konvencionális *mn* conventional, customary
konvent *fn* convent
konvertibilis *mn* convertible || **konvertibilis valuta** convertible currency
konvex *mn* convex
konzekvencia *fn* consequence, issue, outcome || **levonja a konzekvenciát** draw* one's own conclusions (*v.* the conclusion) (from sg)
konzekvens *mn* consistent, logical
konzerv *fn (fémdobozban)* tinned (⊕ *US* canned) food; *(gyümölcs)* preserve, conserve
konzervál *ige* ❖ ált preserve; *(gyümölcsöt)* conserve, preserve; *(fémdobozban)* tin, ⊕ *US* can
konzervatív *mn/fn* conservative
konzervativizmus *fn* conservatism
konzervatórium *fn* ❑ *zene* ⊕ *GB* conservatoire, ⊕ *US* conservatory
konzervdoboz *fn* tin, ⊕ *US* can
konzervnyitó *fn* tin (⊕ *US* can) opener
konzílium *fn* ❑ *orv* (medical) consultation
konzul *fn* consul
konzulátus *fn* consulate
konzultáció *fn* consultation
konzultál *ige (vkvel vmről)* consult (sy on/about sg)
konyak *fn* cognac, brandy
konyha *fn (helyiség)* kitchen || *(főzésmód)* cuisine, cooking || **francia konyha** French cuisine; **jó konyhájuk van** keep* a good table
konyhabútor *fn* kitchen furniture; kitchen units *tsz*
konyhaedény(ek) *fn (tsz)* kitchen/cooking/household utensils *tsz*, kitchenware, pots and pans *tsz*
konyhafőnök *fn* chef
konyhagép *fn* kitchen/domestic appliance
konyhakert *fn* kitchen/vegetable-garden
konyhakés *fn* kitchen-knife°
konyhakész *mn* oven-ready, ready-to-cook
konyhalány *fn* kitchen maid
konyhapénz *fn* housekeeping (money)
konyharuha *fn* dish-cloth
konyhasó *fn* (table/common) salt
konyhaszekrény *fn* kitchen cupboard/cabinet
konyít *ige (vmhez)* know* something (*v.* a little) about sg
kooperáció *fn* cooperation
kooperál *ige* cooperate (with)
koordinál *ige* coordinate
kopár *mn (föld)* barren, bare; *(fa)* leafless; *(fal)* bare, naked
kopás *fn* wear and tear
kopasz *mn* bald(headed), hairless || **kopasz ember** baldhead, ❖ *biz* baldie; **kopaszra nyírott** close cropped
kopaszodik *ige* become*/go* (*v.* be* going) bald
kopaszság *fn* baldness
kopaszt *ige (baromfit)* pluck
kópé *fn* ❖ *biz (furfangos ember)* rascal, rogue || *(gyerek)* scamp, imp
kópia *fn* ❖ ált copy; *(papírkép)* print; *(film)* copy || *(utánzat)* copy
kopik *ige* wear* away/out, get* thin from wear, fret; *(szövet)* become* threadbare/frayed
kopjafa *fn* wooden headboard [on a tomb]
koplal *ige (szándékosan)* fast, go* on a hunger cure || *(nincs mit ennie)* starve

koplalás *fn (szándékos)* fasting, hunger (cure) || *(éhezés)* starvation, starving
kopó *fn (kutya)* hound, foxhound || ❖ *átv* ❖ iron sleuth, private eye
kopog *ige (ajtón)* knock (at the door); *(eső, láb)* patter || *(motor)* knock, pink || **kopogtak!** *(az ajtón)* there was a knock (at the door)
kopogtat *ige (ajtón)* knock (at the door); *(máson)* rap at/on sg || ❏ *orv* percuss, sound [sy's chest]
kopogtatás *fn (ajtón)* knock(ing), rap(ping) || ❏ *orv* sounding, percussion
kopoltyú *fn* gill; ❏ *tud* branchia *(tsz* -chiae)
koponya *fn* skull || ❖ *átv* head, brain
koponyaalapi törés *fn* fracture of the skull-base
koporsó *fn* coffin, ⊕ *csak US* casket
kopott *mn* ❖ ált *(vm)* worn; *(ruha)* shabby, threadbare, frayed || ❖ *átv (vk) (megjelenése)* shabby, seedy, ❏ *kif* down-at-heel
koppan *ige* knock, thud, strike*; *(csepp)* patter
Koppenhága *fn* Copenhagen
koprodukció *fn* joint production
koptat *ige* wear* out/down/away
kor *fn (életkor)* age || *(időegység)* age, epoch, era, days *tsz*, period, time || **(a) mai kor** our age/time, the present day; **az én koromban** at my time of life; **abban a korban van(, hogy/ amikor)** (s)he is of an age [to/when ...]; **korához képest nagy** be* tall for one's age; **Shakespeare korában** in the age *(v.* days *tsz)* of Shakespeare, in the Shakespearian age; **15 éves kora óta** since he was fifteen (years old); **18 éves korára** by the time he is/was eighteen; **30 éves korában** at (the age of) thirty
kór *fn* disease, illness
kora *mn* early || **kora délután** early in the afternoon; **kora tavasszal** in early spring

korábban *hsz (hamarabb)* earlier, sooner || *(azelőtt)* previously, before || **10 perccel korábban jött** (s)he came/ was 10 minutes early
korábbi *mn* former, earlier, previous, preceding
korabeli *mn (egyidejű)* contemporary, contemporaneous || *(akkori)* period-, of the age/time *ut.* || **korabeli bútor** period furniture; **Mátyás korabeli** belonging to the period of Matthias *ut.*
koraérett *mn* premature; *(gyermek)* precocious
korai *mn* early; *(idő előtti)* premature, untimely || **korai gyümölcs** early fruit; **korai halál** untimely death; **korai lenne az öröm** it would be premature to rejoice
korall *fn* coral
korallzátony *fn* coral reef
korán *hsz* early, in good time || **jó korán** in good time, *(reggel)* early in the morning; **korán fekszik** go* early to bed; **korán kel** rise* early; *(rendszeresen)* be* an early risen (❖ *biz* bird); **korán fekszik és kel** keep* early hours; **korán érő** *(gyümölcs)* early (ripening); **korán jön** arrive/ come* too soon; **még korán van** it's early yet, it's not yet time (to do sg)
korántsem *hsz* by no means, not at all, not in the least, far from it
koraszülés *fn* premature birth || **koraszülése van** have* a premature birth/ baby
koraszülött *fn* premature baby
korbács *fn* lash, whip, scourge
kórboncnok *fn* pathologist
kórbonctan *fn* pathology
korcs ▼ *mn (keverék)* crossbred, hybrid || *(nyomorék)* crippled, freakish || *(elfajzott)* degenerate ▼ *fn (állat)* crossbred, freak; *(kutya)* mongrel
korcsolya *fn* skate(s)
korcsolyacipő *fn* (ice) skating boot(s)
korcsolyapálya *fn* skating/ice rink

korcsolyázás *fn* (ice) skating; *(műkorcsolyázás)* figure skating
korcsolyázik *ige* skate
korcsoport *fn* age-group/category
kordbársony *fn* corduroy || **kordbársony nadrág** corduroys *tsz*, cords *tsz*
kordon *fn* cordon || **kordonnal lezárták** *sg* has been cordoned off
Korea *fn* Korea
koreai *mn* Korean
korelnök *fn* president/chairman° by seniority; ❖ *átv* doyen
koreográfia *fn* choreography
koreográfus *fn* choreographer
korgó *mn* rumbling || **korgó gyomorral** with one's stomach rumbling
korhad *ige* moulder (⊕ *US* molder), rot, decay, decompose
korhadt *mn* rotten, rotting, decayed
korhatár *fn* age limit || **alsó korhatár** lower age limit, minimum age; **felső korhatár** upper age limit; **korhatár nélküli** *(film)* ⊕ *GB* universal *(röv* U)
kórház *fn* hospital || **kórházba szállít vkt** take* sy to hospital; **kórházba felvesz vkt** admit sy to hospital, ⊕ *US* hospitalize sy
kórházi *mn* hospital || **kórházi ápolás** hospital care/treatment; **kórházi beutaló** referral [to a hospital]; **kórházi osztály** (hospital) ward
- **korhely** ▼ *mn* rakish, dissolute, debauched ▼ *fn* rake, drunkard
korhol *ige* chide*/scold/reprove sy, nag (at) sy
korhű *mn* exact, faithful [representation of an epoch] || **korhű jelmez** period dress
kori *mn* **reneszánsz kori műveltség** Renaissance civilization
korkülönbség *fn* difference of age (between)
kórlap *fn* case-history/sheet/record
korlát *fn* *(védő)* bar, barrier, guard; *(karfa)* banister, railing; *(hajón, mozgólépcsőn)* handrail || *(tornaszer)* parallel bars *tsz* || ❖ *átv* limit, bounds *tsz*

korlátlan *mn* boundless; *(lehetőség)* unlimited; *(mennyiség)* unrestricted; *(hatalom)* absolute, unbounded || **korlátlanul** without restraint, unlimited
korlátolt *mn* *(korlátozott)* limited, restricted || *(szellemileg)* dull, stupid, narrow/small-minded || ❏ *ker* **korlátolt felelősségű társaság** *(röv* **kft.)** limited liability company *(röv* Ltd.)
korlátoltság *fn* *(szellemi)* stupidity, narrow-mindedness
korlátoz *ige* restrict, limit, keep* within limits, confine, restrain
korlátozás *fn* restriction, limitation, restraint; *(főleg anyagi)* cutback || **korlátozások** restrictions
korlátozódik *ige* *(vmre)* be* limited/confined (to)
kormány *fn* *(kerék)* steering wheel; *(szerkezet)* steering gear; *(hajón a kerék)* steering wheel, helm; *(hajón a szerkezet)* steering mechanism/apparatus; *(kerékpáron)* handle-bar(s); *(repülőgépen)* control stick/column, wheel; ❖ *biz* joystick || ❏ *pol* government, cabinet, regime, ⊕ *US* administration || **a kormánynál** at the wheel; ❏ **hajó és** ❖ *átv* at the helm; **kormányon van** be* in power; **kormányt alakít** form a cabinet/government; **kormányt átalakít** reshuffle a/the cabinet/government
kormányellenes *mn* anti-government
kormányfő *fn* premier, prime minister
kormányhivatalok *fn tsz* government offices
kormányhű *mn* loyal to the government *ut.*, loyal
kormánykerék *fn* steering wheel; *(hajón)* steering/pilot wheel, helm
kormánylapát *fn* rudder
kormányos ▼ *mn* *(versenycsónak)* coxed || **kormányos négyes** coxed four; **kormányos nélküli** coxless ▼ *fn* *(hajón)* steersman°, helmsman°; *(csónakban)* cox

kormányoz *ige (járművet)* steer || ❑ *pol* govern, rule

kormányozhatatlan *mn* uncontrollable || **kormányozhatatlanná vált az autó** the car ran/went out of control

kormánypárt *fn* government/governing party

kormányprogram *fn* government programme (⊕ *US* -gram)

kormányrendelet *fn* order in council, decree, (government) edict, ⊕ *US* executive decree

kormányrúd *fn* steering column

kormányszerkezet *fn (autó)* steering gear; *(hajó)* steering mechanism

kormányszóvivő *fn* government spokesman°

kormányválság *fn* government/cabinet crisis *(tsz* crises)

kormányváró *fn* ❑ *rep* VIP lounge

kormányzás *fn (járműé)* steering || ❑ *pol* governing, ruling

kormányzat *fn* (system of) government, regime, ⊕ *US* administration

kormányzó ▼ *mn* governing, ruling || **kormányzó párt** governing/ruling party ▼ *fn* ⊕ *US és* ❑ *tört* governor; *(1920 után)* regent

kormányzóság *fn (tisztség, ált)* governorship; *(tört, pl. Magyarországon)* regency || *(terület)* province

kormeghatározás *fn* dating, chronology; *(radiokarbon-)* carbon dating

kormos *mn* sooty, smoky

korog *ige* rumble, grumble || **korog a gyomra** his stomach is rumbling

kórokozó *fn* pathogen

korom *fn* soot

koromfekete *mn* jet/pitch-black

korona *fn (uralkodói, pénz, fáé, fogé)* crown || ❑ *zene* pause, fermata

koronaékszerek *fn tsz* crown jewels

koronatanú *fn* chief/principal/crown witness; *(bűntársai ellen valló)* Queen's/King's evidence, ⊕ *US* State's evidence

koronáz *ige* crown || **vkt királlyá koronáz** crown sy king

koronázás *fn* coronation, crowning

koronázási jelvények *fn tsz* regalia, crown jewels

korong *fn* ❖ *ált* disc, ⊕ *US* disk || *(hoki)* puck

koros *mn* elderly, aged, advanced in years *ut.*

kóros *mn* morbid, pathological, diseased, abnormal

korosztály *fn* age-group/bracket

korpa *fn (őrlési termék)* bran || *(fejbőrön)* dandruff, scurf

korpás *mn (korpából való)* bran-, made of bran *ut.* || *(fejbőr)* scurfy || **korpás a feje** have* dandruff

korrekt *mn* correct, straight, fair || **nem korrekt** unfair; **nem (valami) korrekt eljárás** it's not fair, it's not playing the game

korrektor *fn* ❑ *nyomd* proof-reader, printer's reader

korrektúra *fn* ❑ *nyomd* proof(s); *(korrektúrázás)* proofreading

korrepetál *ige* coach/teach*/tutor/cram sy, give* sy extra tuition, prepare sy for (an/his/her) examination(s)

korrepetálás *fn (egy gyereké)* kb. (one-to-one) tutoring; *(csoporté)* kb. remedial teaching [in maths etc.]

korrigál *ige (helyesbít)* correct, rectify

korrózió *fn* corrosion

korrupció *fn* corruption

korsó *fn* jug; *(agyag)* pitcher; *(kő)* jar, pot; *(sörös)* mug, stein; *(üveg/vizes)* carafe || **egy korsó sör** a pint/mug of beer; **két korsó …t kérek** two pints of … please

korszak *fn* period, era, epoch

korszakalkotó *mn* epoch-making

korszerű *mn* modern, up-to-date

korszerűség *fn* up-to-dateness, modernity

korszerűsít *ige* modernize, bring* up to date, update

korszerűtlen *mn* out-of-date; *(igével)* (be*) out of date
kortárs *fn* contemporary || **kortárs irodalom** contemporary literature
kórterem *fn* (hospital) ward
korteskedik *ige* canvass, electioneer
kortörténet *fn* history of an age (*v. a period*)
korty *fn (nagy)* draught; *(kis)* sip, drop, mouthful (of sg) || **(csak) egy korty bor** ❖ *biz* a drop of wine; **egy kortyra** at a gulp
kortyol *ige* sip || **kortyolja a teáját** be* sipping (at) one's tea
kórus *fn (énekkar)* choir, chorus || *(kórusmű)* chorus; choral work || **egyházi kórus** church choir; **vegyes kórus** mixed choir
kórusfesztivál *fn* choirs festival
Korzika *fn* Corsica
korzikai *mn/fn* Corsican
korzó *fn* promenade, walk, esplanade
kos *fn* ram
kosár *fn (sp is)* basket || **kosarat ad vknek** turn sy down, refuse sy; **kosarat kap** be* turned down, be* refused
kosárlabda *fn* basketball
kosárlabdázik *ige* play basketball
kóstol *ige* taste, try, sample
kosz *fn* ❖ *biz (piszok)* dirt
kósza *mn* stray, idle || **kósza hírek** vague rumours (⊕ *US* -ors)
kószál *ige* stroll, rove, ramble, roam
koszolódik *ige* get* soiled/dirty/grubby
koszorú *fn (ált és temetésre)* wreath
koszorúér *fn* coronary artery
koszorúzás *fn* wreath-laying (ceremony)
koszos *mn* ❖ *biz* dirty
koszt *fn (ált, élelem)* food; *(étkezés)* meal(s); *(rendszeres)* board; *(főzésmód)* cooking, cuisine || **rossz koszt** poor food
kosztol *ige* board, eat*, take* one's meals || **hol kosztolsz?** where do* you take your meals?

kosztüm *fn (női)* suit, ensemble, outfit || *(korabeli viselet)* costume
kosztümkabát *fn* jacket
kotkodácsol *ige* cluck, cackle
kotlik *ige (tyúk)* brood, hatch [eggs]
kotlóstyúk *fn* brood hen, brooder
koton *fn* ❖ *biz* sheath, condom, ❖ *biz* French letter, ⊕ *US* rubber
kotor *ige* scoop; *(medret)* dredge, sweep*
kotorászik *ige* ❖ *biz (vmben)* rummage/delve in sg; *(vmk között)* search among
kotródik *ige (el)* clear out/off || **kotródj innen!** get out (of here)!, get lost!, scram!
kotta *fn* (sheet) music; *(partitúra)* score || **kottából játszik** play from music; **tud kottát olvasni** can* read music
kottaolvasás *fn* music/score reading; *(blattolás)* sight-reading
kottapapír *fn* music-paper
kótyagos *mn (italtól)* tipsy, dizzy; *(zavaros, átv)* muddled, confused
kotyog *ige (folyadék)* gurgle || ❖ *biz (vk)* chatter, jabber (away) || ❏ *műsz* knock, be* knocking
kotyogás *fn (folyadéké)* gurgle || ❖ *biz (fecsegés)* chattering, jabbering || ❏ *műsz* play, slack, knocking
kotyvalék *fn* concoction; *(ital)* brew
kotyvaszt *ige* ❖ *biz (ételt, csak GB)* knock up [a meal], concoct
kovács *fn* (black)smith; *(patkoló)* farrier
kovácsműhely *fn* smithy, forge
kovácsolt *mn* **kovácsolt áruk** wrought iron(work)
kovácsoltvas *fn* wrought iron
kóvályog *ige (kóborol)* wander about, stroll || **kóvályog a fejem** my head is swimming, my head is going round
kovász *fn* leaven
kovászos uborka *fn* leavened cucumber (preserve)
kozmás *mn* burnt, scorched
kozmásodik *ige* get* burnt/scorched

kozmetika *fn* beauty culture, cosmetology; *(kezelés)* beauty treatment
kozmetikai *mn* cosmetic || **kozmetikai kezelés** beauty treatment; **kozmetikai szalon** beauty salon/parlour (*US* -or); **kozmetikai szerek** cosmetics
kozmetikáz *ige (írásművet)* touch up, improve, ❖ *biz* face-lift; *(statisztikai adatokat)* massage
kozmetikus *fn* beautician, cosmetician, beauty specialist, cosmetologist || **kozmetikushoz megy** go* for a beauty treatment, go* to the beauty parlour (⊕ *US* -or)
kozmikus *mn* cosmic
kozmopolita *mn/fn* cosmopolitan
kő *fn* ❖ *ált* stone || *(drágakő)* precious stone; *(órában)* jewel || *(epe, vese)* stone, calculus *(tsz* -li *v.* -luses) || **kővé dermed** be* petrified, be* rooted to the spot [when …], stand* transfixed with [fear/horror/amazement etc.]; **minden követ megmozgat** leave* no stone unturned; **nagy kő esett le a szívemről** (it's) a load/weight off my mind!; **üsse kő!** I don't care!, to hell with it!
köb *fn* cube || **köbre emel** cube, raise to the third power
kőbánya *fn* quarry
köbcenti(méter) *(röv* cm³*)* *fn* cubic centimetre (⊕ *US* -ter) *(röv* cu. cm.)
köbgyök *fn* cube root
köbméter *(röv* m³*)* *fn* cubic metre (⊕ *US* -ter) *(röv* cu. m.)
köbtartalom *fn* cubic capacity, volume
köcsög *fn* jug, ⊕ *US* pitcher
köd *fn (sűrű)* fog; *(ritka)* mist, haze || **köd van** it's foggy, there's fog
ködkürt *fn* foghorn
ködlámpa *fn* fog lamp/light
ködös *mn (sűrű)* foggy; *(párás)* hazy, misty
ködszitálás *fn* (misty) drizzle
kőépület *fn* stone building
kőfal *fn* stonewall, stonework
kőfaragás *fn* stone-cutting/masonry
kőfaragó *fn* stone-cutter
kőhajításnyira *hsz* (within) a stone's throw, a stone's throw away
köhint *ige* cough, give* a (little) cough
köhintés *fn* little cough, hem(ming)
köhög *ige* cough, have* a cough
köhögés *fn* cough(ing) || **erős (száraz) köhögés** hacking cough
köhögéscsillapító *fn (szer)* cough medicine; *(kanalas)* cough mixture; *(cukorka)* cough-drop
kökény *fn* blackthorn, wild plum; *(bogyója)* sloe
kőkerítés *fn* stonewall
kőlap *fn* slab, flag(stone)
kölcsön ▼ *fn (bankból)* (bank) loan || **kölcsönt ad vknek** lend* sy [money]; *(bank)* grant a loan; **kölcsönt felvesz** *(vktől)* borrow money (from sy); *(bankból)* take* out *(v.* get*) a loan; **személyi kölcsön** personal loan; ❖ *átv* **visszaadja a kölcsönt** pay* off old scores, pay* sy back; **visszafizeti a kölcsönt** repay* the loan ▼ *hsz (kölcsönbe)* **elviszem ezt kölcsön** I'll borrow that/it ▼ *mn* borrowed, on loan *ut.* || **kölcsön írógép** a borrowed typewriter, a typewriter on loan/hire
kölcsönad *ige (vmt vknek)* lend* sg to sy *(v.* sy sg), ⊕ *US* loan sg to sy *(v.* sy sg)
kölcsönhatás *fn* interaction
kölcsönkér *ige (vktől vmt)* borrow sg from sy
kölcsönös *mn* mutual, reciprocal || **kölcsönös bizalom** mutual confidence; **kölcsönös megegyezés** mutual understanding/agreement
kölcsönösen *hsz* mutually, reciprocally
kölcsönösség *fn* reciprocity, mutuality
kölcsönöz *ige (vknek vmt)* lend* sg to sy *(v.* sy sg), ⊕ *US* loan sg to sy *(v.* sy sg) || *(vktől vmt)* borrow sg from sy; *(kölcsönzővállalattól rövidebb időre)* hire [a boat, car etc.]; *(hosszabb időre és US)* rent [a television etc.]

kölcsönvesz *ige (vktől vmt)* borrow sg from sy

kölcsönzés *fn (vknek)* lending, ⊕ *US* loaning ‖ *(vktől)* borrowing (from) ‖ *(könyvtári)* loan, lending

kölcsönző *fn (kölcsönadó)* loaner, lender ‖ *(vállalat)* hire leasing service/company; *(nagyobb gépeké)* equipment/plant hire (company); *(autóé)* car-hire firm, car rental (firm) *(kölcsönvevő)* borrower

kölcsönzőjegy *fn (könyvtári)* borrower's reader's library ticket

köldök *fn* navel

köldökzsinór *fn* umbilical cord, ⊕ *US* navel string

Köln *fn* Cologne, Köln

kölnisüveg *fn* scent bottle

kölni(víz) *fn* eau de cologne

költ[1] *ige (felébreszt)* wake* (up)

költ[2] *ige (madár)* brood ‖ *(fiókákat)* hatch

költ[3] *ige (pénzt)* spend* (vmre on) ‖ **keveset költ** spend* little, live modestly

költ[4] *ige (verset)* compose/write* [a poem] ‖ *(hírt, mesét)* dream*/make* up

költekezés *fn* lavish spending, extravagance

költekezik *ige* spend* money; *(pazarló)* spend* lavishly

költemény *fn* poem

költés[1] *fn (ébresztés)* waking (up)

költés[2] *fn (madár)* brooding; *(tojásé)* hatching

költés[3] *fn (pénzé)* spending

költés[4] *fn (versé)* the writing of poetry

költészet *fn* poetry

költő *fn* poet

költői *mn* poetic(al)

költőnő *fn* poetess

költőpénz *fn* pocket/spending money

költött *mn (nem valódi)* invented, made-up, fictitious

költözés *fn (vké)* move, removal ‖ *(madáré)* migration

költözik *ige (vk)* move *(vhova* to, *vmbe* in) ‖ *(madár)* migrate ‖ **hozzánk költözött** he came to live (*v.* moved in) with us

költözködés *fn* moving, removal(s)

költöző madár *fn* bird of passage, migratory bird

költség *fn* expense; *(kiadás)* expenditure, cost ‖ **költségek** expenses, charges, costs; **szállodai költségek** hotel charges; **saját költségén** at one's own expense; **fedezi vmnek a költségeit** cover/meet* the cost(s)/expense(s) of sg, ❑ *kif* ❖ *biz* foot the bill

költséges *mn* expensive, costly, dear

költségtérítéses *mn* ❑ *isk* non-subsidized

költségvetés *fn* estimate (of the cost), calculation ‖ *(állami, vállalati stb.)* budget, estimates *tsz*

költségvetési *mn* budget(ary) ‖ **költségvetési hiány** budget deficit

kölykezik *ige* ❖ ált litter; *(kutya)* pup; *(macska)* kitten

kölyök *fn (állaté)* young [of an animal]; *(kutya)* pup(py); *(macska)* kitten, puss(y) ‖ *(gyerek)* kid, brat ‖ **négy kölyke lett** had a litter of four [kittens etc.]

köménymag *fn* caraway seed

kőműves *fn* bricklayer, builder

kőművesmunka *fn* bricklaying

köntörfalaz *ige* beat* about the bush

köntös *fn (köpeny)* (dressing) gown, ⊕ *US* (bath)robe

könny *fn* tear ‖ **könnybe lábadt a szeme** her eyes filled with tears; **könnyek között** in tears; **könnyekre fakad** break*/burst* into tears

könnycsepp *fn* tear(drop)

könnyebb *mn (súly)* lighter ‖ ❖ *átv* easier ‖ **könnyebb sérülés** minor injury

könnyed *mn* easy; *(stílus)* easy-flowing, fluent

könnyedén *hsz* lightly, easily, without effort, with (the greatest of) ease

könnyedség *fn* ease, lightness; *(stílusé)* elegance, gracefulness

könnyelmű *mn* ❖ *ált* light-headed, rash; *(veszélyben)* heedless, thoughtless, rash; *(nemtörődöm)* careless, thoughtless, foolish; *(pénzügyileg)* prodigal, wasteful

könnyelműség *fn* rashness, heedlessness, thoughtlessness, folly || **könnyelműség volt részéről** it was very rash/foolish of him

könnyen *hsz* easily, with ease, lightly, freely || **a dolog könnyen megy** it's going well/smoothly; **ő könnyen beszél** it's easy for him to talk; **könnyen megközelíthető** be* easily accessible, be* easy to reach

könnyes *mn* tearful, filled/wet with tears *ut.* || **könnyes szemmel** with tears on one's eyes

könnyezik *ige* shed* tears, weep*

könnygáz *fn* tear-gas

könnyít *ige (terhen)* lighten || ❖ *átv (vmn)* make* sg easier, facilitate; *(fájdalmon)* ease, lessen

könnyű *mn (súly)* light; *(anyag)* thin || ❖ *átv* easy, light || **könnyű bor** light wine; **könnyű dolga van** have* an easy job; **könnyű étel** light food; **könnyű ezt mondani** that's easy to say; **könnyű kereset** easy money, money for old rope; **könnyű műfaj** light entertainment; **könnyű olvasmány** light reading; **könnyű sérülés** minor/slight injury; **könnyű testi sértés** assault

könnyűatlétika *fn* track and field athletics *tsz*

könnyűbúvár *fn* skin-diver

könnyűfém *fn* light metal

könnyűipar *fn* light industry

könnyűsúly *fn* ❑ *sp* lightweight

könnyűvérű *mn (nő)* fast, loose, easy

könnyűzene *fn* light music

könyök *fn* elbow || **már a könyökömön jön ki** I am fed up with it

könyököl *ige* lean* on one's elbows || ❖ *átv* elbow, be* pushing

könyörgés *fn* entreaty; *(ima)* prayer

könyörög *ige (vmért)* beg/supplicate for sg; *(vkhez)* beg, entreat, beseech, implore *(mind:* sy)

könyörtelen *mn* merciless, unmerciful, pitiless, ruthless

könyörtelenség *fn* mercilessness, ruthlessness

könyörület *fn* mercy, compassion, pity || **könyörületből vk iránt** out of pity for sy

könyv *fn* book; *(kötet)* volume || **könyv alakban** in book form; **könyv nélkül megtanul** commit (sg) to memory, learn* (sg) by heart

könyvárus *fn* bookseller; *(utcai)* bookstall

könyvel *ige* ❑ *ker (bevezet vmt)* enter sg into the books || *(könyvelést végez)* keep* the books; *(foglalkozásként)* do* the bookkeeping

könyvelés *fn (művelet)* bookkeeping, ⊕ *US* így is accounting || *(osztály)* accounts department

könyvelő *fn* bookkeeper, accounts clerk

könyvesbolt *fn* bookshop, ⊕ *US* bookstore

könyvespolc *fn* bookshelf°, *(többnyire zárt)* bookcase

könyvjelző *fn* bookmark(er)

könyvkereskedő *fn* bookseller

könyvkiadás *fn* publishing (of books)

könyvkiadó *fn* publisher, publishing house

könyvnyomtatás *fn* printing

könyvsiker *fn* best-seller

könyvszekrény *fn* bookcase

könyvtár *fn* library || **nyilvános könyvtár** public library

könyvtáros *fn* librarian

könyvvizsgáló *fn* auditor, accountant || **okleveles könyvvizsgáló** ⊕ *GB* chartered accountant, ⊕ *US* certified public accountant

kőolaj *fn* (crude) oil, petroleum

kőolajvezeték *fn* pipeline

köp *ige* spit* || *(bűnöző)* sing*, grass (on sy) || ❖ *biz* **(csak úgy) köpi az**

adatokat (s)he just showers swamps you with facts and figures
köpcös *mn* stocky, dumpy, (s)tubby
köpeny *fn (ruhadarab)* cloak, gown; *(ujjatlan)* cape || *(autógumi)* tyre (⊕ *US* tire) || **orvosi köpeny** [doctor's] white coat
köpés *fn* spit(ting)
köpet *fn* spit, ❏ *orv* sputum
köpköd *ige* spit* (about)
köpönyeg *fn* cloak, cape || **eső után köpönyeg** lock the stable-door after the horse has bolted; **köpönyeget fordít** change/switch sides/colours (⊕ *US* -ors)
köpönyegforgató *fn* time-server, turncoat
köptető(szer) *fn* expectorant, cough mixture
kőpúder *fn* powder compact
kör *fn (vonal)* circle; *(emberekből stb. álló)* ring || *(céltáblán)* (scoring) ring || *(versenypályán)* lap || *(társas)* club, circle || **baráti kör** circle of friends; **három kört ír le** do* three laps; ❏ *földr* **hosszúsági kör** (line of) longitude; **írói körökben** in the literary world; **kör alakú** circular, round; **kör alakú épület** rotunda; **körbe áll** make*/form a ring/circle; **körben forog** rotate, go* round, circle; **politikai körökben** in political circles; ❏ *földr* **szélességi kör** (line of) latitude
kőr *fn (kártya)* heart(s) || **két kőr** *(bemondás)* bid* 2 hearts
körbe *hsz* round || **körbe ad** hand/pass round
körbeáll *ige (= köréje áll)* stand* round sy, surround sy
körben *hsz* (a)round
köré *hsz/nu* (a)round || **az asztal köré ülnek** sit* round the table
köret *fn* trimmings *tsz* ... **körettel** [roast turkey etc.] with all the trimmings

körforgalom *fn* roundabout, ⊕ *US* traffic circle, rotary
körforgás *fn* circulation, rotary motion, rotation; *(égitesté)* revolution; *(jelenségeké)* recurrence, cycle
körgyűrű *fn (forgalmi)* ringroad, ⊕ *US* outer belt, belt(way)
körhinta *fn* merry-go-round, roundabout, ⊕ *US így is* carousel
körít *ige (vmvel)* garnish/trim with
körív *fn* ❏ *mat* arc || ❏ *épít* arch, bow
körkép *fn (festmény)* cyclorama, panorama || *(áttekintés)* panorama, survey
körkörös *mn* concentric, circular
körlevél *fn* circular
körmenet *fn* procession
körmondat *fn* complex sentence
körmozgás *fn* circular motion, rotation
körmönfont *mn (ravasz)* wily, cunning, artful, shrewd || *(bonyolult)* complicated, subtle
környék *fn* environs *tsz*; *(vidék)* countryside || *(sebé)* periphery || **a város környéke** the environs/outskirts of the town *tsz*
környékbeli *mn/fn* **a környékbeliek** people from/of/in the neighbourhood
környezet *fn (természeti)* environment, surroundings *tsz*; *(személyi)* milieu, surroundings *tsz*
környezeti ártalmak *fn tsz* environmental damages/effects
környezetszennyezés *fn* environmental pollution, pollution of the environment
környezetvédelem *fn* environmental protection, protection of the environment
környezetvédelmi *mn* environmental, environment || **környezetvédelmi szakember** environmentalist
környezetvédő *fn* environmentalist
környező *mn* surrounding, near(by), neighbouring
köröm *fn (emberé)* (finger)nail; *(lábujjakon)* toenail || *(állaté)* claw || **kör-**

möt ápol *(kézen)* manicure; *(lábon)* pedicure; **körmöt vág** clip/cut*/pare one's nails
körömágy *fn* nail-bed
körömápolás *fn* manicure; *(lábon)* pedicure
körömcipő *fn* pumps *tsz*
körömlakk *fn* nail varnish/polish
körömlakklemosó *fn* nail varnish/polish remover
körömolló *fn* nail scissors *tsz*
körömpörkölt *fn* Hungarian stew of trotters
körömreszelő *fn* nail file
körönd *fn* circus
körös-körül *hsz* all (a)round, round and round
köröz *ige (kört ír le)* circle, describe circles || *(vkt)* issue a warrant for the arrest of sy || *(írást)* send*/pass round, circulate || **körözi a rendőrség** he is wanted by the police
körözés *fn (keresés)* warrant (for sy's arrest) || *(körbeadás)* passing round, circulation
körözött ▼ *mn (személy)* wanted (person) ▼ *fn (étel)* Liptauer
körpálya *fn* ❑ *csill* orbit; *(autóverseny)* circuit
körséta *fn* (sightseeing) tour, walk (a)round town
körszínház *fn (mai)* theatre-in-the-round; *(ókori)* amphitheatre
körtánc *fn* round dance
körte *fn (gyümölcs)* pear || *(égő)* (light) bulb
körtefa *fn* pear-tree
körút *fn (utca)* boulevard || *(utazás)* round trip; *(szolgálati)* round, beat
körutazás *fn* round trip
körül *nu (körben)* (a)round || *(időben: táján)* (at) about, round || *(megközelítőleg)* about, near || **a ház körül** about the house; **az ára 1000 Ft körül lehet** it costs about 1000 fts; **az asztal körül** (a)round the table; **9 óra körül** around (v. at about) 9 o'clock; **1900 körül** round 1900
körüláll *ige* surround, encircle
körülálló *fn* bystander
körülbelül *(röv* **kb.)** *hsz* about, roughly, approximately *(röv* approx.), ⊕ *US* around || **körülbelül ötvenen voltak ott** there were about/some/approximately 50 people there; **körülbelül egy hét múlva** in a week or so
körülfog *ige (vmt)* surround, enclose, encircle; *(vk személyt)* gather/stand* round, surround, form a ring (a)round
körülhatárol *ige (körülkerít)* encircle, encompass || *(körülír)* circumscribe, delimit, define || **jól körülhatárolt** well-defined
körüli *mn* about *ut.*, (a)round *ut.* || **hatvan év körüli férfi** a man (round) about sixty
körüljár *ige (vk, vm körül)* go*/walk round
körülmegy *ige* go*/walk round; tour || **körülmentem a városban** I walked around (in) the city/town
körülmény *fn* ❑ *jog* circumstance || **körülmények** circumstances, conditions; **a körülményekhez képest elég jól** not bad, considering; **nehéz körülmények között él** be* badly off, live in reduced circumstances, find* it hard to make ends meet
körülményes *mn* complicated; roundabout || *(személy)* formal, ponderous, fussy
körülmetélés *fn* circumcision
körülnéz *ige* look/glance (a)round, take*/have* a look round
körülötte *hsz* (a)round/about him/her/it
körültekintés *fn* ❖ *átv* circumspection, caution || **kellő körültekintéssel** cautiously, with circumspection
körültekintő *mn* ❖ *átv* circumspect, wary, cautious, prudent
körülvesz *ige (vmt)* surround, enclose, encircle *(vmvel mind:* with) || *(vkt)*

surround sy || ❑ *kat* = **körülzár** || **kerítéssel vesz körül** fence off
körülvisz *ige* take*/carry round; *(körülvezet)* show* sy (a)round [a place]
körülzár *ige* surround, encircle; ❑ *kat* cut* off, blockade, hem in
körvonal *fn (kontúr)* outline, contour; *(városé távolból)* skyline
körvonalaz *ige* ❖ *átv* outline/sketch sg, produce an outline (*v.* a rough draft) of sg
körzet *fn (igazgatási)* district, zone; *(terület)* area
körzeti *mn* district || **körzeti hívószám** area code; **körzeti orvos** panel/district/local doctor; *(háziorvos GB)* family doctor, GP
körző *fn* compasses *tsz*
körzőkészlet *fn* compass set
kösz! *isz* ❖ *biz* thanks
kőszikla *fn* rock, cliff
köszön *ige (vknek, üdvözölve)* greet sy || *(vknek vmt)* thank sy for sg || **előre is köszönöm** thanks in advance; **nagyon szépen köszönöm** thank you very much!, many thanks!, thank you ever so much!; **köszönöm, hogy ...** thank you for (... ing); **köszönöm (, kérek)** thank you; **köszönöm, nem (kérek)** no, thank you; **magadnak köszönheted** *(a bajt)* you asked for it; **neki köszönhetem, hogy** it was thanks to him that
köszönés *fn* greeting
köszönet *fn* thanks *tsz* || **hálás köszönet!** thank you ever so much!, thank you very much!; **köszönetet mond vknek vmért** thank sy for sg, express/offer one's thanks to sy for sg; **köszönettel vesz** receive with thanks, be* grateful/thankful for
köszönetnyilvánítás *fn* acknowledgements *tsz*
köszönhető *mn (vmnek)* due/thanks to || **bátorságának volt köszönhető, hogy** thanks to his courage; **neki köszön-**

hető, hogy it is due/thanks to him that
köszönőlevél *fn* letter of thanks; *(szíveslátásért)* ❖ *biz* bread-and-butter letter
köszönt *ige (üdvözöl)* greet, welcome || *(beszéddel)* address || *(gratulál)* congratulate (sy on sg) **X köszöntötte a kongresszust** X addressed the congress
köszöntés *fn (üdvözlés)* greeting
köszöntő ▼ *mn* congratulatory || **köszöntő szavak** *(érkezéskor)* words of welcome ▼ *fn (pohárral)* toast
köszörű *fn* grinding machine, grinder
köszörűkő *fn* grindstone, whetstone
köszörül *ige (élesít)* grind*, sharpen || **torkát köszörüli** clear one's throat
köszörűs *mn* (knife-)grinder
köt *ige (megköt)* bind*, tie; *(vmhez)* tie/fasten/attach to || *(pulóvert)* knit* || *(könyvet)* bind* || *(beton)* set* || **barátságot köt** make* friends (with sy); **biztosítást köt** take* out insurance; **csomót köt** tie/make* a knot (in sg); **házasságot köt** marry sy; **üzletet köt** do*/transact business (*vkvel* with sy)
kötbér *fn* penalty, forfeit
köteg *fn* bundle, parcel, packet, bunch
kötekedik *ige (szemtelenül)* (try to) pick a quarrel (with)
kötél *fn* cord, rope; *(hajó)* cable, rope; *(vontató)* towline, hawser || **kötél általi halálra ítél** condemn sy to be hanged; **kötélnek áll** toe the line
kötelék *fn (kötés)* tie, bond, link, band || *(érzelmi)* ties *tsz*, bonds *tsz* || ❑ *kat* unit; ❑ *rep* formation || **kötelékben repül** fly in formation
kötelem *fn* ❑ *jog* obligation
köteles *mn (kötelező)* obligatory; *(feladata)* be* supposed to do sg || **köteles tisztelet** due respect; **köteles vmt megtenni** be* bound/obliged/required to do sg
kötelesség *fn* duty, obligation, task, function || **kötelességem vmt meg-**

tenni I am obliged/bound to do sg, it is my duty to do sg; **teljesíti kötelességét** do* (v. fulfil v. ⊕ *US* fulfill) one's duty

kötelességszegés *fn* breach of duty

kötelez *ige (vmre)* oblige, bind*, compel (sy to do sg) || **kötelezi magát** *(vmre)* undertake* (to do sg), bind*/commit oneself (to do sg)

kötelezettség *fn* obligation, engagement, duty, liability || **kötelezettség nélkül** without liability/engagement/obligation; **kötelezettséget vállal** undertake* (to), assume an obligation

kötelező *mn* obligatory, compulsory || **kötelező elmenni** one/sy is required to go; ❑ *közl* **kötelező haladási irány** ahead only; **kötelező olvasmány** compulsory/required reading, reading material

kötélmászás *fn* rope-climbing

kötélpálya *fn* cable car, cable railway

kötéltáncos *fn* tightrope walker

kötény *fn* apron; *(kislányé)* pinafore

kötés *fn (művelet)* binding, tying; *(csomóra)* knotting; *(a csomó)* knot, tie; *(seben)* bandage, dressing || *(kézimunka)* knitting || *(könyvé, művelet)* (book-)binding; *(a könyv kötése)* binding, cover || ❑ *műsz* bond, link, joint || *(sílécen)* bindings *tsz* || *(cementé)* set(ting); *(tégláé)* bonding || ❑ *vegy* bond || **kötést cserél** *(seben)* change/replace a bandage

kötet *fn* volume

kötetlen *mn (társalgás)* informal

kötőhártya-gyulladás *fn* conjunctivitis, pink eye

kötőjel *fn* hyphen || **hosszú kötőjel** dash; **kötőjellel ír** write* with a hyphen, hyphenate

kötőszó *fn* conjunction

kötőszövet *fn* ❑ *orv* connective tissue

kötött *mn (össze)* tied, bound; *(vmhez erősített)* fixed, attached, fastened *(mind:* to) || *(kézimunka)* knitted || *(könyv)* bound || *(meghatározott)* defined, settled || **kötött ár** fixed price; **kötött kabát** cardigan; **kötött ruha** knitted dress

kötöttáru *fn* knitwear

kötöttség *fn* restriction, constraint

kötőtű *fn* (knitting) needle

kötöz *ige (megköt)* tie (up), fasten, bind (up); *(szőlőt)* tie up || *(sebet)* dress, bandage

kötözés *fn (sebé)* dressing, bandaging

kötszer *fn* dressing, bandage

kötve *hsz (könyv)* bound || *(aligha)* **kötve hiszem** I very much doubt it

kötvény *fn (pénz)* bond, security || **biztosítási kötvény** insurance policy

kövér *mn (ember)* fat, stout, corpulent; *(hús, állat)* fat || *(föld)* rich, fertile

kövérség *fn* fat(ness), stoutness, corpulence, plumpness

köves *mn (talaj)* stony, full of stones *ut.* || **15 köves óra** watch with 15 jewels

követ¹ *ige (utána megy)* follow (sy), go*/be* after || *(sorrendben)* succeed, follow, come* after *(mind:* sy v. sg) || *(példát)* imitate; *(utasítást)* observe, obey || **érdeklődéssel követ** follow with attention; **követi vk tanácsát** take* sy's advice; **távolról követ** vkt shadow/trail sy, follow sy secretly

követ² *fn (diplomáciai)* minister

követel *ige (vktől vmt)* claim, demand || *(szükségessé tesz)* require, necessitate || ❑ *ker* **a számla követel oldalán** on the credit side of the account; **követel vmt vkn** press sy for sg; **követeli jussát** demand/assert one's rights ...; **(új) emberéleteket követel nap mint nap** claim new lives every day

követelés *fn* claim, demand || ❑ *ker* credit balance, ⊕ *US* account receivable; *(folyószámláé)* balance || **követelése van vkn** have* a claim on sy

követelmény *fn* requirement, demand || **a követelményeknek megfelel** comply with (v. meet*) the requirements

követendő *mn (követésre méltó)* exemplary, worthy of imitation *ut.* || **követendő példa(kép)** model/example to be followed, exemplar
követési távolság *fn* safety gap
következés *fn (sorrendi)* succession, sequence, order
következésképpen *hsz* consequently, in consequence, as a consequence
következetes *mn* consistent
következetesség *fn* consistency
következetlen *mn* inconsistent, illogical, contradictory
következetlenség *fn* inconsistency
következik *ige (sorrendben)* follow, come* (after/next); succeed; be*/come* next || *(vmből)* result (from), follow (from), ensue || **a fentiekből következik, hogy** it follows from the foregoing that; **folytatása következik** to be continued (in our next issue); **ki következik?** who is/comes next?, whose turn is it?
következmény *fn* consequence; *(eredmény)* result, upshot, outcome; *(főleg káros)* aftermath; *(kedvező)* issue; *(szükségszerű)* corollary || **az a következménye, hogy ...** it results in ...; **viseli a következményeket** take* the consequences
következő ▼ *mn* following; *(legközelebbi)* next || **a következő alkalommal** next time; **a következő évben** in the following year; **a következő hét(en)** the following week; **a következő napon** on the following day ▼ *fn (személy)* the next || **a következőkben** in the following; **kérem a következőt!** next (v. the next one) please
következtében *hsz* vmnek **következtében** in consequence of sg, as a consequence (of sg), because of sg, owing/due to sg; **ennek következtében** therefore, whereupon, thereupon
következtet *ige (vmből vmt/vmre)* deduce sg from sg, infer sg from sg, conclude from

következtetés *fn* conclusion || **arra a következtetésre jut, hogy** come* to (v. reach) the conclusion that; **helytelen következtetés** faulty reasoning; **levonja a következtetést vmből** draw* the/a conclusion from sg, draw* some conclusions from sg
követő ▼ *mn* following, subsequent, succeeding || **egymást követő öt napon** five days running, on five consecutive days; **vmt követően** following sg ▼ *fn (vké)* follower
követség *fn (hivatal)* legation; *(nagykövetség)* embassy
követségi *mn* legation, embassy || **követségi titkár** secretary at a/the embassy/legation; **követségi ügyvivő** chargé d'affaires
kövez *ige (utcát)* pave, flag
kövezet *fn* paving, road surface
köz *fn (idő)* interval, pause, break || *(tér)* distance, intermediate space || *(utcácska)* close, lane, passage || *(közösség)* community, public || **a köz érdekében** in the public interest, for the common good; **köze van vmhez** have* to do with sg; **mi közöd hozzá?** (it's) none of your business, mind your own business; **mi közöm hozzá?** it's no business/concern of mine, I've nothing to do with it
közadakozás *fn* public contributions *tsz*
közalapítvány *fn* public foundation
közalkalmazott *fn* civil servant, public employee, ⊕ *US* sy in public service
közbejön *ige* intervene, occur, happen, come* up || **hacsak valami közbe nem jön** unless something happens, unless sg crops/comes up
közbejött akadály *fn* unforeseen obstacle
közbelép *ige* step in, intervene, interfere
közben ▼ *hsz (egyidejűleg, ezalatt)* meanwhile, (in the) meantime ▼ *nu (idő)* during, while || **beszélgetés(ünk)**

közben as/while we were talking …; **előadás közben** during the performance/play
közbenjár *ige (vkért)* intercede with sy for sy, mediate between sy and sy
közbenjárás *fn* intercession, mediation
közbeszéd *fn (amiről beszélnek)* common talk || **közbeszéd tárgya** topic on everybody's lips, the talk of the town
közbeszerzés *fn* public procurement
közbeszól *ige* put* one's/a word in, interrupt (sy), get* a word in; ❖ *biz* chime/cut* in
közbeszólás *fn* interruption, interference || **közbeszólásokkal megzavarja a szónokot** heckle the speaker
közbevág *ige* interrupt, ❖ *biz* cut* in
közbevetőleg *hsz* incidentally, by the way
közbiztonság *fn* public security/order
közbotrány *fn* public scandal
közbülső *mn (középső)* middle
közé ▼ *hsz* in between, among(st) || **közéjük való be*** one of them; **állj (be) közénk!** join us!, be one of us! ▼ *nu* **kiment a gyerekek közé** (s)he went out to join the children; **vknek a szeme közé néz** look sy in the eye, look into sy's eyes
közeg *fn (vm)* medium *(tsz* media), agent || *(vk)* official || **hivatalos közeg** official, functionary
közegészségügy *fn* public health
közegészségügyi *mn* public-health
közel ▼ *hsz (térben)* near, not far off || *(időben)* near, towards, around || *(csaknem)* nearly, about || **a házhoz közel** near the house; **egészen közel** close to, within easy reach (of), close/near by, close/near at hand, no distance at all; **közel áll vkhez** stand* near sy; ❖ *átv* be* on intimate/friendly terms with sy; **közel ezer forint** about/almost a thousand forints; **közel jár az igazsághoz** be* near the truth; **közel lakik** live nearby; **közel sem** not by a long way/chalk, not nearly, very far from it, far from …; **közel van be*** near ▼ *fn* **a közelben** in the vicinity, not far off/away, nearby
közelálló *mn* **a közelállók** *(barátok)* close friends, intimates
közelebb *hsz* nearer
közelebbi ▼ *mn* closer; *(részletesebb)* fuller, more particular/detailed || **közelebbi tájékoztatás** fuller/further information, further details *tsz* ▼ *fn (adat)* details *tsz*, particulars *tsz* || **közelebbit megtudhat X-től** for further details please apply to (*v*. contact) X
közelebbről *hsz (térben)* more closely || ❖ *átv (pontosabban)* in (more) detail || **közelebbről meghatároz** specify; **közelebbről megvizsgálva** on closer examination
közeledés *fn* approach; ❏ *pol* rapprochement (between)
közeledik *ige (vmhez)* approach/near sg, come* nearer/closer to sg; *(egymáshoz)* come* closer, draw* near || **az ötvenedik évéhez közeledik** he is approaching fifty, he is getting on for fifty; **közeledni próbál vkhez** make* approaches to sy
közélet *fn* public life
közéleti *mn* public || **közéleti személyiség** public figure, VIP; **közéleti szereplés** public appearance
közelgő *mn* approaching, coming, advancing, nearing; *(veszély)* imminent
közeli *mn (közel levő)* near, close, neighbouring (⊕ *US* -bor-); *(jövő)* immediate; *(napok)* coming; *(veszély)* imminent || **a közeli napokban** before long, in the near future; **közeli rokonok** they are close/near relatives
közelít *ige (vmhez)* approach sg, come*/draw* near to sg, near sg || **helyesen közelít a kérdéshez** his approach to the question is right, he has the right idea
közeljövő *fn* **a közeljövőben** in the immediate future, one of these days, before long

Közel-Kelet *fn* the Middle East
közel-keleti *mn* Middle Eastern; of/in the Middle East *ut.*
közellenség *fn* public enemy
közelmúlt *fn* recent past || **a közelmúltban** recently, lately, not long ago
közelre *hsz* close, at close range, at a short distance
közelről *hsz* from a short distance, closely || **közelről érint** *(vkt)* affect sy, concern sy greatly; **közelről ismer vkt** know* sy well
közelség *fn* nearness, closeness, proximity
közember *fn* man° in the street, ❖ *biz* Mr Average
közép *fn (vmnek a közepe)* the middle of sg; the centre (⊕ *US* -ter) || ❑ *mat* mean || **a tél kellős közepén** in midwinter, in the depths of winter; **június közepén** in the middle of June, in mid-June
Közép-Amerika *fn* Central America
közép-amerikai *mn* Central American, of Central America *ut.*
Közép-Anglia *fn* the Midlands *tsz*
középangol *mn/fn* Middle English
középcsatár *fn* centre (⊕ *US* -ter) forward, striker
középdöntő *fn* semifinal
középen *hsz* in the middle/centre (⊕ *US* -ter)
középérték *fn* ❑ *mat* mean (value), average
közepes ▼ *mn (minőségű)* medium; *(rendsz elít)* mediocre (in quality); ❖ *biz* middling, so-so || *(átlagos)* mean, average || **közepes eredmény** ❑ *isk* satisfactory, fair [mark]; **közepes magasságú** (s)he is of/about medium/average height; **közepes méretű** medium(-)sized, of medium/moderate size *ut.*, moderate-sized, middle-sized ▼ *fn (osztályzat)* satisfactory, fair, ⊕ *US* C

közepette *hsz* amid, in the midst/middle of
Közép-Európa *fn* Central Europe
közép-európai *mn* Central European, of Central Europe *ut.* || **közép-európai idő** Central European time *(röv* CET)
középfedezet *fn* ❑ *sp* centre (⊕ *US* -ter) half, half back
középfok *fn* ❑ *nyelvt* comparative
középfokú *mn* ❑ *isk* secondary || **középfokú nyelvtudás** a satisfactory/fair knowledge of [a language]; **középfokú oktatás** secondary education; → **nyelvvizsga**
középfülgyulladás *fn* inflammation of the middle ear; ❑ *tud* otitis
középhaladó *mn* intermediate
középhullám *fn* medium wave
középidő *fn* mean time
középiskola *fn* ❖ *ált* secondary school; ⊕ *GB (állami)* comprehensive (school); ⊕ *GB (magán, rendsz bentlakással)* public school; ⊕ *GB (kb. gimnázium)* grammar school, ⊕ *US* high school, secondary school
középiskolai *mn* secondary school, ⊕ *US* high school || **középiskolai oktatás** secondary (school) education, ⊕ *US* high school education; **középiskolai tanár** secondary (school) teacher, (assistant) master
középiskolás *fn* secondary/grammar school student, ⊕ *US* high school student, high-schooler
középjátékos *fn* ❑ *sp* midfield player
Közép-Kelet *fn* the Middle East, ⊕ *US* Mideast
közép-keleti *mn* Middle Eastern, of the Middle East *ut.*
középkor *fn* Middle Ages *tsz*
középkori *mn* medieval, of the Middle Ages *ut.*
középkorú *mn* middle-aged, of middle age *ut.*
középosztály *fn* the middle class

középosztálybeli *mn* of the middle class *ut.*, middle-class

középpont *fn* centre (⊕ *US* center) || **az érdeklődés középpontjában** in the centre of interest, in the limelight

középponti *mn* central, middle

középső *mn* central, centre (⊕ *US* -ter), middle || **középső elválasztó sáv** *(autópályán)* central reserve, ⊕ *US* median strip; **középső sáv** middle/overtaking lane; **középső ujj** middle finger

középsúlyú *mn* ❑ *sp* middleweight

középszerű *mn* middling, average; ❖ *elít* mediocre, run-of-the-mill || **középszerűen** ❖ *biz* so-so

középtávfutó *fn* middle-distance runner

középtermetű *mn* of medium height/build *ut.*

középút *fn* ❖ *átv* middle course, middle-of-the-road || **az arany középút** the golden mean

középület *fn* public building

középvonal *fn* axis, centre (⊕ *US* -ter) line; *(futball)* halfway line

közérdek *fn* general/public interest

közérdekű *mn* of (*v.* in the) public/general interest *ut.*

közerkölcs *fn* public morality

közért *fn* grocer's, grocery, ⊕ *US* grocery store, food shop (*v.* ⊕ *US* store)

közérthető *mn* clear, clear to all *ut.*, easy to understand/follow *ut.*

közérzet *fn* general state of health; general feeling || **rossz közérzet** *(egyéni)* indisposition, *(általános)* malaise, (the general feeling of) being unwell; **rossz a közérzetem** I feel low/unwell; **jó a közérzetem** I feel well

kőzet *fn* rock

közfelfogás *fn* public opinion; **a közfelfogás szerint** it is generally held/believed that ...

közfelkiáltás *fn* **közfelkiáltással** by acclamation

közgazdasági *mn* economic

közgazdaságtan *fn* economics *esz.*

közgazdász *fn* economist; *(hallgató)* student of economics

közgyűlés *fn* general assembly

közhangulat *fn* general/public feeling

közhasznú *mn* (generally) useful, for public use *ut.*, of public utility *ut.*

közhely *fn* cliché, commonplace

közhír *fn* **közhírré tesz** inform the public, announce, make* known to the public

közigazgatás *fn* (public) administration, the civil service

közigazgatási *mn* administrative, executive

közintézmény *fn* public institution/corporation/body

közismert *mn* well-known, widely known || **közismert dolog, hogy** it is a well-known fact that

közízlés *fn* general taste

közjáték *fn* interlude

közjegyző *fn* notary (public)

közjegyzői *mn* notarial || **közjegyzői iroda** notary's office; **közjegyzőileg hitelesít** attest, authenticate; ⊕ *US* notarize

közjó *fn* public welfare, common good

közjog *fn* public/constitutional law

közkedvelt *mn* popular, much-loved

közkegyelem *fn* (general) amnesty || **közkegyelemben részesül** granted general amnesty

közkeletű *mn* in/of current use *ut.*, current, everyday, common, popular || **közkeletű nevén** generally/commonly called ...

közkézen forog ❑ *kif* be* in common use, pass through many hands; *(pénz, könyv stb.)* be* in circulation, circulate

közkívánatra *hsz* by popular demand/request

közköltség *fn* **közköltségen** at public expense

közkönyvtár *fn* public library
közlekedés *fn* traffic, transport, ⊕ *főleg US* transportation; *(járat)* service ‖ **vasúti közlekedés** train service; **autóbusz-közlekedés** *(távolsági)* coach service
közlekedési *mn* traffic, transport, service ‖ **közlekedési baleset** *(közúti)* road accident, traffic accident; **közlekedési eszköz** means of transport, vehicle; **közlekedési szabályok** rules of the road *tsz*, the Highway Code; **közlekedési szabálysértés** infringement of traffic regulations, traffic/motoring offence (⊕ *US* violation)
közlekedésrendészet *fn* traffic department/control
közlekedésügy *fn* transport
közlekedik *ige (jármű)* go*, be* on the road; *(gyalogos)* walk, go* on foot ‖ *(menetrendszerűen)* run* ‖ **az autóbuszok tíz percenként közlekednek** buses run every ten minutes; **közlekedik autóbusz Pécsre?** is there a coach service to Pécs?
közlékeny *mn* communicative, talkative
közlemény *fn* communication, notice, announcement; *(hivatalos)* communiqué, statement
közlendő *fn* communication ‖ **fontos közlendőm van** I have an important announcement to make
közlés *fn* communication; *(hírlapban)* publication
közlöny *fn (kormányé)* gazette; *(egyéb)* journal, bulletin
közmegegyezés *fn* general agreement, ❏ *pol* consensus ‖ **közmegegyezéssel** by common consent
közmondás *fn* proverb
közművek *fn tsz* essential services, ❖ *hiv* public utility (companies), ⊕ *US így is* public-service corporation
közművelődés *fn* general education

közművelődési *mn* educational, cultural
közműves(ített) *mn (telek)* supplied with public utility *ut.*
köznév *fn* ❏ *nyelvt* common noun
köznyelv *fn* standard language *(főleg így:* standard English/Hungarian etc.)
közokirat *fn* official document, deed
közoktatás *fn* public education
közoktatásügy *fn* public education
közöl *ige (hírt stb.)* tell*, report, announce, disclose, make* known; *(rádióban)* announce; *(árat)* quote [a price] ‖ *(közzétesz)* publish ‖ **cikket közöl** publish an article *(vmről* on); **közlöm önnel, hogy** I should like to tell/inform you that; **közölték, hogy** it was announced that; **sajnálattal közlöm** I regret to inform you
közömbös *mn* indifferent, uninterested; ❏ *pol* apolitical ‖ ❏ *vegy* neutral
közömbösít *ige* ❏ *vegy* neutralize
közömbösség *fn* indifference, unconcern
közönség *fn (nagyközönség)* the public; *(szính stb.)* audience, public ‖ **nyitva (van) a közönség számára** be* open to the public
közönséges *mn* general, common, everyday, ordinary ‖ ❖ **elít** vulgar, low ‖ **közönséges bűnöző** ordinary/common criminal; **közönséges nő** tramp, low woman°; **közönséges szélhámos** a scoundrel/rascal
közönségsiker *fn* ❖ *ált* great success; *(színdarab)* box-office hit, smash-hit; *(könyv)* best-seller
közönségszolgálat *fn (vállalati)* public relations department, public relations *tsz*
közöny *fn* indifference, unconcern
közönyös *mn* indifferent, uninterested
közös *mn* common, collective, public, joint; *(kölcsönös)* mutual ‖ **közös állásfoglalás** a joint statement; **közös kórterem** public/general ward; **közös**

szerzemény common/joint acquisition; **közös tulajdon** joint property; ❏ *jog* collective/joint/public ownership; **közös vállalat** joint venture; **közösek vmben** they have sg in common
közösen *hsz* jointly, in common (with) ‖ **közösen használják a fürdőszobát** they share the bathroom
közösség *fn* community ‖ ❏ *vall* fellowship ‖ **közösséget vállal vkvel** make* common cause with sy, identify oneself with sy
közösségi *mn* communal ‖ **közösségi szellem** esprit de corps, public spirit
közösül *ige* (*vkvel*) have* sexual intercourse (with), have* sex (with)
közösülés *fn* (sexual) intercourse, coitus
között *hsz* (*kettőnél*) between; *(több mint kettőnél)* among ‖ **többek között** among others, inter alia; **aug. 10-e és 15-e között** from 10th to 15th August, between 10 and 15 August, ⊕ *US* from August 10th through August 15th; **a között a két ház között** between those/the two houses
közötti *mn* between *ut.* ‖ **a kettő közötti különbség** the difference between them
központ *fn* (*középpont*) centre (⊕ *US* center), middle ‖ *(hivatal)* central office, centre (⊕ *US* center), headquarters *tsz* ‖ *(telefonközpont)* (telephone) exchange; *(intézményé)* switchboard
központi *mn* central ‖ **központi fűtés** central heating
központilag *hsz* centrally
központosít *ige* centralize
közrefog *ige* surround
közrejátszik *ige* (*vmben*) take* part in, contribute to sg, have* an influence on sg
közreműködés *fn* contribution, co-operation, assistance ‖ **közreműködésével** with ...
közreműködik *ige* (*vmben*) take* part in, participate in, contribute to ‖ **közreműködik** ... *(szólistaként)* soloist ...; **közreműködtek** ... *(közreműködők névsora, film)* the credits
közreműködő *fn* (*műsorban stb.*) performer
közrend *fn* law and order, public order
község *fn* village; *(közigazgatásilag)* community
községi *mn* communal, parish, village-, local ‖ **községi elöljáróság** parish council
közszemérem *fn* **közszemérem elleni vétség** public indecency
közszolgáltatás *fn* services *tsz*
közszükségleti cikkek *fn tsz* consumer goods
közt *nu* **egymás közt** between/among ourselves/yourselves/themselves; **magunk közt** between you and me, between ourselves
köztársaság *fn* republic ‖ **a Magyar Köztársaság** the Hungarian Republic
köztársasági *mn* of the republic *ut.* ‖ *(köztársaságpárti)* republican ‖ **köztársasági elnök** president of the republic
közte *hsz* between ‖ **köztem és közted** between you and me; **van köztük olyan, aki** there are some of/among them who
közterhek *fn tsz* rates and taxes
közterület *fn* public domain
köztisztelet *fn* **köztiszteletben áll** be* universally/highly respected
köztisztviselő *fn* civil/public servant, government official/worker, official
köztörvényes *fn* ordinary/common criminal
köztudat *fn* common knowledge ‖ **átmegy a köztudatba** become* public, become* generally known
köztudomású *mn* generally known ‖ **köztudomású, hogy ...** it is well-known that ...; **köztudomású tény** it is a generally known fact
köztulajdon *fn (viszony)* public ownership ‖ *(tárgya)* public/common prop-

erty || **köztulajdonba vesz** place under public ownership, nationalize
közút *fn* public road, ⊕ *US* highway
közúti *mn* road || **közúti baleset** road accident; **közúti híd** road/highway bridge; **közúti ellenőrzés** traffic check; **közúti jelzőtábla** traffic/road sign
közügy *fn* **közügyek** public affairs
közül *nu* from (among), among, one (of), (out) of || **melyik a kettő közül?** which of the two?; **egy a sok közül** one among/of many; **hat közül kettő** two out of six; **közülük való** one of them; **közülünk hárman** three of us
közület *fn* public institution/corporation; *(vállalat)* company
közüzem *fn* public utility, ⊕ *US* public-service corporation **közüzemi díjak** heating and lighting charges/costs
közvagyon *fn* public property
közvélemény *fn* public opinion
közvélemény-kutatás *fn* public opinion poll, *(csak US és GB)* Gallup Poll
közveszélyes *mn* a danger to the public *ut.*, dangerous || **közveszélyes őrült** a (raving) lunatic
közvetett *mn* indirect
közvetít *ige (vm ügyben)* mediate, act as (a) go-between || *(üzletet)* act as a (*v.* be* the) middleman°; *(állást)* secure/obtain [a job for sy] || *(rádión)* broadcast*; *(televízión)* broadcast*, televise || **a miniszterelnök beszédét a televízió közvetíti** the Prime Minister's speech will be (shown) on television
közvetítés *fn (ügyben)* mediation || *(rádió, televízió)* broadcast || **élő közvetítés** live coverage (of); **helyszíni közvetítés** ❖ *ált* live broadcast; ❑ *sp* running commentary (on); **vk közvetítésével** through the medium of sy
közvetítő *fn* mediator; ❑ *ker* middleman°, go-between, intermediary
közvetítőkocsi *fn* outside broadcast vehicle/van

közvetlen ▼ *mn (direkt)* direct, immediate || *(modor)* informal, free and easy || **közvetlen kocsi** *(vasúti)* through carriage (to ...); **közvetlen közelében** near, hard/close by; **közvetlen összeköttetés/vonat** through train (to ...); **közvetlen veszély esetén** in an emergency ▼ *hsz* = **közvetlenül**
közvetlenül *hsz (térben)* directly; *(időben is)* immediately || ❖ *átv* in an informal manner || **közvetlenül a megérkezése után** right after his arrival; **közvetlenül mellette** next to sy, right/hard by
közvetve *hsz* indirectly
krajcár *fn kb.* penny
krajcároskodik *ige* be* penny-pinching, be* stingy/niggardly
Krakkó *fn* Cracow
krákog *ige* clear one's throat, croak
krapek *fn* ❖ *biz* ⊕ *GB* bloke, chappie, ⊕ *US* guy
kráter *fn* crater
Kr. e. *(Krisztus előtt)* BC (before Christ) || **Kr. e. 2000-ben** in (the year) 2000 BC
kreatív *mn* creative
kredenc *fn* sideboard, dresser
krém *fn (étel)* cream, mousse || *(kozmetikai)* (skin/face) cream
krematórium *fn* crematorium (*tsz* -riums *v.* -ria)
krémes ▼ *mn* filled with cream *ut.*, cream ▼ *fn kb.* cream bun/cake
krémsajt *fn* cream cheese
krémszínű *mn* cream-coloured (⊕ *US* -or-), creamy
kreol *mn/fn* creole
krepp *fn* crepe
krepp-papír *fn* crepe (paper)
KRESZ (= *A közúti közlekedés szabályai*) the Highway Code, rules of the road *tsz*
KRESZ-tábla *fn* traffic/road sign; *(feloldó tábla)* de-restriction sign, end of [speed limit etc.]
KRESZ-vizsga *fn* driving test

kréta *fn* chalk; *(színes)* crayon, pastel
Kréta *fn* Crete
krikett *fn* cricket
krimi *fn* (crime) thriller || **folytatásos tv-krimi** crime series *esz*
krinolin *fn (felvágott) kb.* polony, sausage
kripta *fn* burial vault, tomb; *(templomi)* crypt
kristály *fn* crystal
kristálycukor *fn* granulated sugar
kristályos *mn* crystalline, crystal(lized)
kristálytiszta *mn* crystal-clear, pure/clear as crystal *ut.*
kristályvíz *fn* mineral water
Krisztus *fn* Christ
kritérium *fn* criterion *(tsz* -ria *v.* -rions)
kritika *fn (rövidebb, szóban is)* criticism; *(írásban)* review; *(hosszabb, tudományos, írásban)* critique || **jó kritikát kapott** it had good reviews, it was well received; **kritikán aluli** beneath contempt *(v.* all criticism) *ut.*
kritikai *mn* critical || **kritikai kiadás** critical edition
kritikátlan *mn* uncritical
kritikus ▼ *mn* (vm) critical; *(döntő)* crucial || (vk) critical || ❏ *fiz* critical ▼ *fn* ❖ ált critic; *(ismertetés/kritika írója)* reviewer
kritizál *ige* criticize, find* fault with
krizantém *fn* chrysanthemum
krízis *fn* crisis *(tsz* crises)
krokett *fn* ❏ *sp* croquet || *(étel)* croquette
krokodil *fn* crocodile
króm *fn* ❏ *vegy* chromium; ❏ *műsz* chrome
kromoszóma *fn* chromosome
krómozott *mn* chromium-plated
krónika *fn* chronicle; *(átv is)* annals *tsz* || *(rádióban)* **reggeli krónika** the (morning) news *esz*
krónikus *mn* ❏ *orv* chronic
kronológia *fn* chronology
kronologikus *mn* chronological

Kr. u. *(Krisztus után)* AD *(Anno Domini)*
Kr. u. 55-ben in (the year) AD 55
krumpli *fn* potato *(tsz* potatoes) || → **burgonya** *és összetételei*
krumplinyomó *fn* potato-masher, ⊕ *US* ricer
krumpliorr *fn* snub/stumpy nose
krumplipüré *fn* mashed potatoes *tsz*, potatoe purée
Kuba *fn* Cuba
kubai *mn/fn* Cuban
kubista *fn* cubist
kubizmus *fn* cubism
kuckó *fn* nook, recess
kucsma *fn* furcap
kudarc *fn* failure, defeat, setback, fiasco || **kudarcba fullad** end in failure; **kudarcot vall** fail
kugli *fn* (tenpin) bowling, ⊕ *US* tenpins *esz*
kuglibábu *fn* pin
kugligolyó *fn* bowl
kuglipálya *fn* bowling-alley
kuglizik *ige* bowl, go* bowling, play tenpin bowling
kuglóf *fn kb.* ring-cake, deep-dish cake
kuka[1] *mn* tongue-tied, dumb
kuka[2] *fn (autó)* dustcart, ⊕ *US* garbage truck; *(tartály)* dustbin, rubbish bin, ⊕ *US* garbage/trash can
kukac *fn (giliszta)* worm; *(gyümölcsben)* maggot; *(sajtban)* cheese-mite || ❏ *szt* at
kukacos *mn* maggoty, wormy, worm-eaten || ❖ *átv* fussy, nitpicking
kukacoskodik *ige* be* fussy/nitpicking
kukás *fn* refuse collector
kukk *fn* **egy kukkot sem értek** I can't understand a (single) word, it's all Greek to me; **egy kukkot sem szól** doesn't utter a sound
kukorékol *ige* crow
kukorica *fn* maize, Indian corn, ⊕ *US* corn; *(csemegekukorica)* sweet corn, corn on the cob

kukoricapehely *fn* cornflakes *tsz*
kukoricatábla *fn* maize-field, cornfield
kukoricázik *ige (vkvel)* trifle with sy
kuksol *ige* crouch, cower, squat
kukta *fn (fiú)* cook's/kitchen boy || *(edény)* pressure cooker, steamer
kukucs! *isz* peekaboo!
kukucskál *ige* peep/peek at/into
kukurikú! *isz* cock-a-doodle-doo!
kulacs *fn* canteen, flask
kulcs *fn (zárba)* key || *(rugó felhúzására)* key; *(húros hangszeren)* tuning peg/pin; *(szardíniás dobozon)* opener || *(feladatok megoldásához)* key || ❖ *átv (vmnek a nyitja)* key, clue || ❑ *zene (kottán)* clef || **a helyzet kulcsa** the key to the situation; ❖ *biz* **beadja a kulcsot** kick the bucket, snuff it; **kulcsra zár** lock (up)
kulcscsont *fn* collarbone, clavicle
kulcsember *fn* key man°
kulcsfontosságú *mn* key(-)
kulcskarika *fn* key/split ring
kulcskérdés *fn* key issue
kulcslyuk *fn* keyhole
kulcsmásolás *fn* key cutting
kulcsosház *fn* rented holiday chalet
kulcspozíció *fn* key position
kulcsszó *fn* key word
kulcstartó *fn (tábla)* keyboard; *(tok)* key-case
kuli *fn* coolie; ❖ *átv* slave, drudge
kulimunka *fn* hard work, drudgery, toil, donkey work
kulissza *fn* ❑ *szính* wings *tsz* || **kulisszák mögött** behind the scenes, backstage
kulizik *ige* work like a trojan/horse, toil hard
kullancs *fn* ❖ *ált* tick || ❖ *átv* barnacle || **olyan, mint a kullancs** he sticks like a leech
kullog *ige (baktat)* trudge || **vk után kullog** trail after sy
kulminál *ige* culminate, reach its highest pitch/point

kultivál *ige (tevékenységet, ismeretséget)* cultivate; *(helyet)* frequent
kultúra *fn* ❖ *ált* civilization; culture || *(vké)* culture, taste || ❑ *biol (tenyészet)* culture || **a görög kultúra** *(ancient)* Greek culture, the civilization of Ancient Greece
kulturálatlan *mn* uncivilized, uncultured
kulturális *mn* cultural || **kulturális rovat** *(újságban)* entertainments *tsz*
kulturált *mn* civilized; cultured, cultivated, educated
kultúrattasé *fn* cultural attaché
kultúregyezmény *fn* cultural agreement
kultúrember *fn* civilized man°/woman°, person of culture
kultusz *fn* worship, cult
kultuszminiszter *fn* Minister of Education
kun *fn* Cumanian
kuncog *ige* chuckle, chortle, titter, giggle
kuncsaft *fn* ❖ *biz* customer, client
kunkorodik *ige (haj)* curl (up), frizz
kunszt *fn* ❖ *biz* stunt, trick || **ez nem (nagy) kunszt** big deal, that's not saying much
kunyhó *fn* hut, hovel, cabin
kúp *fn* cone || **kúp alakú** conical, cone-shaped
kupa *fn (serleg)* cup, goblet; ❑ *sp* cup
kupac *fn* small heap/pile
kupadöntő *fn* cup final
kupagyőztes *fn* cup winner(s)
kupak *fn (palackon)* cap
kupamérkőzés *fn* cup tie
kupé *fn (vasúti)* compartment
kupica *fn* liqueur glass || **egy kupica pálinka** a shot/snort/short/snifter
kuplé *fn* (music-hall *v.* vaudeville) song
kupleráj *fn* ❖ *biz* brothel, ⊕ *US* whorehouse
kuplung *fn* clutch || **felengedi a kuplungot** let* in/up the clutch; **kioldja**

a **kuplungot** step on the clutch, declutch, let* the clutch out
kupola *fn* dome; *(kisebb)* cupola
kupon *fn* coupon
kúpos *mn* conical, cone-shaped
kúra *fn* cure, (course of) treatment || **injekciós kúra** a course of injections
kúrál *ige* treat, cure
kúria *fn (vidéki)* country-house/mansion || *(legfelsőbb bíróság)* Supreme Court
kurjant *ige* shout (with joy), whoop
kurjantás *fn* shout, whoop
kurta *mn* short; ❖ *átv* brief, curt, laconic(al)
kurtán-furcsán *hsz* brusquely, off-hand
kuruttyol *ige* croak
kuruzsló *fn* quack(-doctor), charlatan
kuruzsol *ige* practise (⊕ *US* -ce) quackery
kurva *fn* ❖ *vulg* whore
kurzus *fn (tanfolyam)* course || *(árfolyam)* (exchange) rate
kuss *isz (kutyának)* sit!, down! || *(embernek, vulg)* shut up!, shut your trap!
kussol *ige (kutya)* lie* down || *(ember, biz)* hold* one's tongue, keep* one's head down
kusza *mn* ❖ *ált* (en)tangled; *(haj)* dishevelled (⊕ *US* -l-), ruffled, tousled || *(beszéd)* confused, incoherent
kúszik *ige* creep*, crawl
kúszónövény *fn* creeper, runner, climber
kút *fn (vízé)* well; *(szivattyús)* pump || *(benzintöltő állomás)* filling station, ⊕ *US* gas station; *(a szerkezet)* petrol pump || **kútba esik** ❖ *átv* fall* flat, come* to nothing/nought
kutat *ige (vm után)* try to find, look for; *(vhol)* search [a place] thoroughly (for sg); *(fiókban, zsebeiben)* search through, ransack [the drawers v. one's pockets] (for sg); *(vk után)* search for sy || *(tudományosan)* be* engaged in research; *(vmlyen témakörben)* do* research on/into sg

kutatás *fn (vm, vk után)* search, quest || *(tudományos)* research, researches *tsz*
kutatásfejlesztés *fn* research and development
kutatási *mn* research || **kutatási terület** field of research
kutató ▼ *mn (kereső)* searching; *(elme)* inquiring, inquisitive; *(tekintet)* searching ▼ *fn (tudományos)* researcher, research worker/fellow/student; *(csak term. tud.)* scientist
kutatócsoport *fn* research group/team
kutatóintézet *fn* research institute, institute for research (into/on)
kutatóút *fn* research expedition, field trip
kútfő *fn (forrásmű)* source, authority
kútvíz *fn* well/spring-water
kutya ▼ *fn* dog || **amelyik kutya ugat, az nem harap** his bark is worse than his bite; **a kutya se törődik vele** nobody cares for him; **a kutyának sem kell** be* beneath contempt; **kutyát tart** keep*/have* a dog ▼ *mn* ❖ *biz* **kutya baja sincs** he is as fit as a fiddle, he is alive and kicking; **ez neki kutya kötelessége** he damned well has (got) to do it!, there is no doubt that he has (got) to do it ▼ *hsz (nagyon)* **kutya hideg van** it is bitterly/damned cold
kutyaeledel *fn* dog food, dog biscuit(s), pet food
kutyafáját *isz* **(azt) a kutyafáját!** well I never!, damn (it)!, blast (it)!
kutyafajta *fn* breed of dog
kutyafuttában *hsz* in a hurry, hurriedly, hastily, in haste || **kutyafuttában csinál** *vmt* do* sg in a slapdash manner
kutyaharapás *fn* dog-bite || **kutyaharapást szőrével (gyógyítják)** (take*) a hair of the dog that bit you
kutyaház *fn* kennel, ⊕ *US* doghouse
kutyakölyök *fn* pup(py)
kutya-macska barátság *fn* [live/lead*] a cat-and-dog life

kutyaszorító *fn* kutyaszorítóban van be* in a tight corner
kutyatartó *fn* dog-owner
kutyatej *fn* ❏ *növ* spurge, wolf's-milk
kutyaugatás *fn* bark(ing) (of dogs)
kutyául van ❏ *kif* feel* wretched/miserable
kuvik *fn* little owl
külalak *fn* outward form, exterior, (external) appearance; *(könyvé)* getup; ❏ *isk* neatness
küld *ige* send*; *(árut)* dispatch, consign; *(levelet)* send*, forward; *(pénzt)* remit || **érte küld** *(vkt vmért)* send* sy to fetch sg; *(vkért)* send* for sy; **az igazgatóhoz küldtek** I was referred to the manager; **küldi:** *(borítékon)* From
küldemény *fn* ❏ *ker* consignment, parcel; *(pénz)* remittance
küldetés *fn* *(átv is)* mission
küldő *fn* sender; ❏ *ker* dispatcher, consignor; *(pénzé)* sender, remitter
küldönc *fn* messenger, runner; *(kifutó)* errand-boy, dispatch rider
küldött *fn* delegate
küldöttség *fn* delegation
külföld *fn* foreign countries/lands *tsz* || **külföldön** abroad, ⊕ *GB* overseas; **külföldön él** live abroad, ⊕ *GB így is* live overseas; **külföldre megy** go* abroad; **külföldről** from abroad
külföldi ▼ *mn* foreign, *(udvariasabban és GB így is)* overseas; *(csomag stb.)* ... from abroad *ut.* || **külföldi áruk** imports; **külföldi fizetőeszköz** foreign currency; **külföldi hírek** *(GB lapokban)* overseas news; **külföldi utazás/út** trip abroad, going abroad, foreign travel ▼ *fn* foreigner || **külföldiek** foreigners, *(udvariasabban)* people from overseas/abroad; overseas visitors
külképviselet *fn* foreign representation
külkereskedelem *fn* foreign trade

külkereskedelmi *mn* foreign trade/trading || **magyar–amerikai külkereskedelmi kapcsolatok** Hungarian-American trade contacts; **külkereskedelmi kirendeltség** *(követség részlege)* commercial section; *(ahol nincs követség)* trade representation; **külkereskedelmi vállalat** foreign trade company
küllem *fn* (outward) appearance, looks *tsz*
küllő *fn* spoke
külön ▼ *mn (mástól elválasztott)* separate, different, distinct; *(saját)* private, (sg) of one's own *ut.* || *(különleges)* special, particular, peculiar || **külön bejáratú szoba** room with a private entrance; **külön díjak** extra/supplementary charges, extras; **külön utakon jár** go* one's own way ▼ *hsz (elválasztva)* separately, separated, apart || *(magában)* by itself, on one's/its own, individually || *(kizárólag)* (e)specially, particularly || **külön azért jön, hogy** come* particularly to/for, come* (e)specially to/for; **külön élnek** *(házasok)* they are separated, live separately
különálló *mn (független)* independent; *(elkülönített)* separate, separated, freestanding, isolated || **különálló ház** detached house; **különálló lap** loose leaf°
különb *mn* különb vknél/vmnél (be*) better than sy/sg, (be*) superior to sy/sg; *(vmnél)* (be*) finer than sg
különben *hsz (máskén)* otherwise, or else || **különben is** besides, in any case, moreover, after all
különbözet *fn* difference; *(viteldíjé)* excess, excess fare
különbözik *ige (vmtől)* differ (from sg, vmben in sg); *(vk vktől)* be* different (from sy); *(eltér)* diverge (from); *(megkülönböztethető)* be* distinct (from)

különböző *mn (egymástól eltérő tulajdonságú)* different || *(különféle)* various, diverse || **ízlésük különböző** their tastes differ, they differ in their tastes; **különböző érdekek** diverse interests

különbség *fn* difference (between) || **különbség nélkül** without difference; **mi a különbség?** what's the difference (between …)?

különc ▼ *mn* eccentric, queer, odd ▼ *fn* eccentric, odd person; ❖ *biz* queer/odd fish, oddball

különélés *fn* separation, living apart || **különélési pótlék** separation allowance

különféle *mn* various, several, diverse *(mind után: tsz)* || **különféle érdekek** diverse interests

különféleképpen *hsz* in different/various ways, variously

különgép *fn (repülőgép)* private/special aeroplane (⊕ *US* airplane)

különír *ige* write*/spell* as two words

különítmény *fn* ❑ *kat* detachment, commando *(tsz* commando(e)s)

különjárat *fn (busz)* special bus/coach (service); *(kiírás buszon)* private; *(repülőgép, bérelt)* charter flight

különkiadás *fn* special (edition)

külön-külön *hsz* separately, severally, one by one || **külön-külön behívott mindenkit** (s)he called in (*v.* saw) each person individually

különleges *mn* special, particular, peculiar, extra

különlegesség *fn* speciality, ⊕ *főleg US* specialty

különmunka *fn* extra work || **különmunkát végez** do* extra work; *(túlórázik)* do*/work overtime

különóra *fn (tanulásban)* private lesson

különös *mn (furcsa)* strange, unusual, peculiar; *(személy így is)* odd, strange; *(különleges)* special || **semmi különös** nothing special, nothing in particular; **elég különös módon** curiously enough; **különös ismertetőjel** special peculiarity; **különös tekintettel vmre** with special regard to sg

különösebb *mn* **minden különösebb ok nélkül** for no apparent/obvious reason, without special reason

különösen *hsz (főként)* in particular, particularly, especially || *(furcsán)* oddly, peculiarly, strangely

különszoba *fn* private room; *(kórházi)* private ward

különterem *fn (vendéglőben)* banqueting hall; *(kisebb)* private room

különtudósító *fn* special correspondent

különváltan élnek ❑ *kif* they are separated, they live apart/separately

különvélemény *fn* dissent(ing opinion)

különvonat *fn* special (train)

külpolitika *fn* foreign affairs *tsz*, foreign policy

külső ▼ *mn* exterior, external, outside, outward, outer; *(szabadban lévő)* outdoor || **külső épület** outbuilding; **külső felület** outside; **külső felvétel** *(filmé)* shot filmed on location; **külső megjelenés** outward appearance(s); **külső munkatárs** (outside) contributor, contributor/correspondent on a part-time basis; **külső sáv** *(autópályán)* ⊕ *GB* inside/nearside lane; *(másutt)* outside lane; **külső szög** ❑ *mat* exterior/external angle ▼ *fn (személyé)* (outward) appearance, looks *tsz*; *(tárgyé)* exterior, surface || *(autókerék köpenye)* tyre (⊕ *US* tire); *(labdáé)* cover || **ad a külsejére** care about one's looks; **csinos külső** good looks *tsz*

külsőleg *hsz (kívülről nézve)* outwardly, externally, to all appearances || ❑ *orv* for external use/application only

külsőség(ek) *fn (külső megjelenés)* the outside, outward appearances *tsz*, externals *tsz*; *(formaságok)* formalities *tsz*, ceremony || **sokat ad a külsőségekre** attach too much importance to externals/form

külterület *fn* the outskirts *tsz*, the outer areas *tsz*, the fringes [of a town/city]
külügy *fn* **külügyek** foreign affairs
külügyi *mn* pertaining to foreign affairs *ut.*, foreign affairs || **külügyi államtitkár** (permanent) undersecretary for foreign affairs; **külügyi szolgálat** diplomatic/foreign service
külügyminiszter *fn* Foreign Minister, Minister of/for Foreign Affairs, ⊕ *GB* Foreign Secretary, Secretary of State for Foreign Affairs, ⊕ *US* Secretary of State
külügyminisztérium *fn* Ministry of Foreign Affairs, Foreign Ministry, ⊕ *GB* Foreign Office, ⊕ *US* State Department
külváros *fn* suburb, the outskirts *tsz* [of a city/town]
külvárosi *mn* suburban
külvilág *fn* outside world
küret *fn* = **méhkaparás**
kürt *fn* ❑ *zene* horn; ❑ *kat* bugle || *(autón)* horn; *(gyárban)* hooter, factory whistle || **kürtön játszik** blow*/play the horn
kürtjelzés *fn* **kürtjelzést ad** *(autón)* sound the horn
kürtöl *ige* sound/blow* a horn, trumpet; *(autón)* sound/blow*/toot the/one's horn || **világgá kürtöl** trumpet abroad
kürtös *fn* ❑ *kat* bugler, trumpeter || *(zenekari)* horn-player
küszködés *fn* *(erőlködés)* struggle || *(nyomorgás)* penury
küszködik *ige* struggle, strive* (hard); *(vesződik vmvel)* struggle/grapple with sg

küszöb *fn* threshold, doorstep || **a küszöbön áll** ❖ *átv* be* imminent/impending/approaching, be* at hand
küzd *ige* ❖ *ált* struggle, fight*; *(vmért)* struggle/fight*/strive* for sg; *(ügyért)* battle for, stand* up for [a cause]; *(vk/vm ellen)* v. *(vkvel/vmvel)* fight*/battle/combat against/with sy/sg || ❑ *sp* fight*, compete (with/against sy for sg) || **jogaiért küzd** stand* up (v. fight*) for one's rights; **nehézségekkel küzd** struggle, have* difficulties
küzdelem *fn* ❖ *ált* struggle, fight, battle, combat, strife; ❑ *sp* fight || **létért való küzdelem** struggle for life; **küzdelmet vív** fight* a battle
küzdelmes *mn* hard || **küzdelmes élete volt** (s)he had a hard life
küzdés *fn* struggle, struggling, fight(ing)
küzdősportok *fn tsz* martial arts
kvantum *fn* quantum *(tsz* quanta*)*
kvantumelmélet *fn* quantum theory
kvarc *fn* quartz
kvarclámpa *fn* quartz lamp, sunlamp
kvarcol *ige* *(vk)* treat oneself with (v. use) a sunlamp (v. an ultraviolet lamp) || *(vkt)* treat (sy) with sunlamp (v. ultraviolet lamp)
kvarcóra *fn* quartz clock/watch
kvarcüveg *fn* quartz (glass)
kvartett *fn* quartet
kvéker *fn* Quaker
kvintett *fn* quintet
kvittek vagyunk ❑ *kif* we are quits, we are (now) square/even
kW = *kilowatt* kilowatt *röv* kW
kWó = *kilowattóra* kilowatt-hour *röv* kWh

L

l = *liter* liter, ⊕ *US* liter, l
l. = *lásd* see, s.
la *fn* ❏ *zene* la
láb *fn (lábszár)* leg; *(lábfej)* foot° ǁ *(bútoré)* leg; *(hegyé)* foot° ǁ ❏ *műsz* rest, stand, support, leg; *(hídé)* pier, pillar ǁ *(hosszmérték)* foot° ǁ **alig áll a lábán** *(fáradtságtól)* be* ready/fit to drop; **az ágy lábánál** at the foot of the bed; **eltörte a lábát** he has broken his leg; **fél lábbal a sírban van** have* one foot° in the grave; **3 láb széles** 3 foot/feet broad; **hátsó láb** hind leg/foot°; **jó lába van** *(nőnek)* have* shapely legs; **keresztbe teszi a lábát** cross one's legs; **láb alatt van** be* in the/one's way, be* underfoot; **lába kel vmnek** disappear, get* lost, take* wings; **lábbal tipor** ❖ *átv* trample sg underfoot, ride* roughshod over sg; **lábhoz!** ❏ *kat* order arms!; **lábra áll** *(beteg)* get* about again; *(anyagilag)* get* back on one's feet; **mellső/első láb** front leg/foot°, foreleg; **nagy lábon él** live in (great/grand) style
lábadozik *ige* convalesce, be* recovering, be* getting better
lábápolás *fn* pedicure
lábas *fn* (cooking) pot, casserole; *(nyeles)* (sauce)pan
lábatlankodik *ige (útban van)* be*/stand* in the/one's way
lábazat *fn* ❏ *épít* skirting board; ⊕ *US* baseboard
lábbeli *fn* footwear
labda *fn* ball ǁ **megszerzi a labdát** seize the ball

labdarúgás *fn* (Association) football, ❖ *biz* soccer
labdarúgó *fn* footballer, football-player ǁ → **futballista**
labdarúgócsapat *fn* football team/eleven
labdarúgó-mérkőzés *fn* football match
labdarúgópálya *fn* football field/ground/pitch
labdarúgó-világbajnokság *fn* World Cup
labdázik *ige* throw* the ball about, play (at/with a) ball
lábfájás *fn* pain in the foot
lábfej *fn* foot°
lábfürdő *fn* foot-bath
lábikra *fn* calf°
labilis *mn* unstable, unsteady, rickety
labirintus *fn* maze
lábjegyzet *fn* footnote
lábmosás *fn* washing (of) the feet
lábnyi *mn* a/one foot long ǁ **két lábnyi** (= *2 láb hosszú/magas*) 2 feet/foot long/high
lábnyom *fn* footprint
labor *fn* ❖ *biz* lab(oratory) ǁ **nyelvi labor** language lab(oratory)
laboráns *fn* laboratory technician/assistant
laboratórium *fn* laboratory
laboratóriumi *mn* laboratory ǁ **laboratóriumi vizsgálat** laboratory test/analysis
lábsérülés *fn* foot/leg injury
lábszag *fn* smell of sweaty feet
lábszár *fn* leg

lábszárvédő *fn* ❖ *ált* leggings *tsz* || *(labdarúgóé)* shin guard
lábtörés *fn* fracture of leg; *(lábfeje)* fracture of foot, broken leg/foot°
lábtörlő *fn* (door)mat
lábujj *fn* toe || **nagy lábujj** big toe
lábujjhegy *fn* tiptoe || **lábujjhegyre áll** stand* on tiptoe
lacipecsenye *fn kb.* barbecue, fry-up
láda *fn* ❖ *ált* chest, box; *(csomagolásra)* (packing) case
láger *fn* lager, camp
lagúna *fn* lagoon
lágy ▼ *mn* ❖ *ált* soft || *(akaratgyenge)* soft, weak || *(hang)* soft, gentle, sweet, mellow || *(szellő)* soft, gentle, light || **lágy kenyér** new/fresh bread; **lágy tojás** (soft) boiled egg; **lágy víz** soft water ▼ *fn* **feje lágya** → **fej²**
lágyék *fn* ❑ *orv* groin
lágyéksérv *fn* inguinal hernia
lágyít *ige* ❖ *ált* soften, make* soft
lagymatag *mn* wishy-washy, lukewarm, half-hearted
lágyszívű *mn* soft/tender-hearted
lágyul *ige* soften, grow*/become* soft(er)
laikus ▼ *mn (nem hozzáértő)* without skill/experience *ut.*, amateurish; *(nem hivatásos)* non-professional, unprofessional, lay || ❑ *vall (világi)* lay ▼ *fn (nem hozzáértő személy)* amateur || ❑ *vall* layman° || **a laikusok** the laity
lajhár *fn* ❑ *áll* sloth || ❖ *átv* sluggard, lazybones *(tsz ua.)*
Lajos *fn* Lewis || **Nagy Lajos** Louis the Great
lakáj *fn (szolga)* lackey, footman°
lakályos *mn* comfortable, cosy, ⊕ *US* cozy
lakás *fn (nagyobb házban)* flat; ⊕ *US* apartment; *(otthon)* home; *(albérleti)* lodgings *tsz*, rooms *tsz* || **állandó lakás** domicile, permanent address; **háromszobás lakás** three-room(ed) flat; **kiadó lakás** ❖ *ált* flat/rooms to let; *(hirdetésben)* accommodation vacant; **lakás és ellátás** board and lodging, bed and board; **lakásomon** at my place, where I live; **lakást bérel/kivesz** rent rooms, take* a flat (⊕ *US* an apartment); **lakást cserél** change flats, move flat(s); **lakást keres** look for accommodation/lodgings; **lakást kiad** rent a flat (to sy), let* out rooms (to sy)
lakáscím *fn* (home) address
lakáscsere *fn* (ex)change of flats
lakásépítés *fn* building (of) flats/houses; *(lakásügy)* housing
lakásfelszerelés(i tárgyak) *fn* household fittings *tsz*, household equipment
lakáshiány *fn* housing shortage
lakáshirdetés *fn* (classified) advertisement of rooms/lodgings/flats (⊕ *US* apartments)
lakáshitel *fn* housing loan
lakáshivatal *fn* housing department; ⊕ *US* Housing Board
lakáskérdés *fn* housing problem
lakásszentelő *fn* housewarming
lakásügyi osztály *fn* housing department; ⊕ *US* Housing Board
lakásviszonyok *fn* housing conditions
lakat *fn* padlock || **lakat alá kerül** *(bűnöző)* be* locked up
lakatlan *mn* uninhabited; *(ház)* unoccupied, vacant; *(elhagyatott)* deserted, derelict; *(sziget)* desert [island]
lakatos *fn (zárlakatos)* locksmith || *(géplakatos)* mechanic, fitter
lakatosműhely *fn* locksmith's workshop
lakbér *fn* (house-)rent
lakbéremelés *fn* rise in rent(s)
lakberendezés *fn (bútorzat)* (interior) furnishings *tsz*, furniture, set/suite of furniture || *(folyamat)* interior decorating
lakberendezési tárgyak *fn tsz* furnishings
lakberendező *fn* interior decorator

lakcím *fn* (home) address
lakcímváltozás *fn* change of address
lakhely *fn* = **lakóhely**
lakik *ige (állandóan)* live; ❖ *hiv* reside; *(lakást, épületet)* occupy || **hol laksz?** where do you live?; **itt lakom** this is where I live; **vknél lakik** *(állandóan)* live in sy's house/flat, live at sy's; *(átmenetileg)* lodge with sy (*v*. at sy's house/flat), stay with sy, ⊕ *US* room with sy (*v*. at sy's house/apartment)
lakk *fn* lacquer, shellac || → **körömlakk**
lakkfesték *fn* varnish
lakkoz *ige* lacquer, shellac *(múlt időben:* shellacked) || **parkettet lakkoz** lacquer the parquet (floor); **vörösre lakkozott körmök** nails varnished/polished red
lakli *mn* ❖ *biz* gangling fellow
lakó *fn (bérházé)* tenant; *(társasházé, öröklakásé)* owner occupier, occupant; *(lakrészé, szobáé bérlőként)* lodger || *(városé)* inhabitant, resident
lakóautó *fn* motor caravan, ⊕ *US* camper
lakodalmi *mn* wedding- || **lakodalmi ebéd** ⊕ *GB* wedding breakfast
lakodalom *fn* wedding
lakóház *fn* (dwelling) house; *(soklakásos)* block of flats; ⊕ *US* apartment house/building/block
lakóhely *fn (állandó)* permanent address/residence; ❖ *hiv* domicile
lakókocsi *fn* caravan, mobile home, ⊕ *US* trailer || **lakókocsival utazik** caravan, go* caravanning
lakókonyha *fn* kitchen-diner, eat-in-kitchen
lakol *ige* **ezért még lakolni fogsz!** you'll pay*/smart for it!
lakoma *fn* (rich) repast, feast || **ünnepi lakoma** (festive) banquet; **nagy lakomát csap** throw*/give* a big dinner
lakónegyed *fn* residential district/area/quarter
lakópark *fn* residential park

lakos *fn* inhabitant; *(állandó)* resident || **Papp János budapesti lakos** J. P. resident in/of Budapest
lakosság *fn* inhabitants *tsz*, population; the local residents *tsz* || **polgári lakosság** civilian population
lakossági *mn* community; *(városi)* municipal || **lakossági szolgáltatások** services, service industries
lakószoba *fn* living/sitting room
lakosztály *fn* suite, apartments *tsz*
lakótárs *fn (házban)* house-sharer; *(kollégiumban)* roommate || **lakótársak vagyunk** *(szobában)* we share a flat/room, ⊕ *US* we room together
lakótelep *fn* housing/council estate, ⊕ *főleg US* housing project/development
lakótelepi lakás *fn* council flat
lakott *mn* inhabited by *ut.* || ❑ *közl* **lakott terület** built-up area; **lakott területen kívül** in open country; **sűrűn lakott terület** densely populated area
lakozik *ige* **ki tudja mi lakozik benne?** who knows what he may have in him?
lakrész *fn* part of house/flat
laktanya *fn* barrack(s), fort
laktató *mn (étel)* filling, substantial, rich
lám *isz (íme)* (you) see!, well! || **hadd lám csak!** let me see!; **lám, lám!** well well!
láma¹ *fn (buddhista szerzetes)* lama
láma² *fn* ❑ *áll* llama
La Manche-csatorna *fn* the English Channel
lámpa *fn* ❖ *ált* lamp || *(járművön)* light(s); *(fényszóró)* headlight || *(forgalmi jelzőlámpa)* traffic lights *tsz* || **asztali lámpa** table/desk-lamp; **hátsó lámpa** rear light; **lámpánál** by lamplight
lámpaernyő *fn* lamp-shade
lámpafény *fn* lamplight || **lámpafénynél** by lamplight
lámpagyújtás *fn (ideje)* lighting-up (time)

lámpaláz *fn* stage fright
lámpaoszlop *fn* lamppost
lámpás *fn* lantern
lampion *fn* Chinese/Japanese lantern
lánc *fn* ❖ *ált* chain; *(rablánc)* chains *tsz*; *(lábra)* irons *tsz*; ❖ *átv* fetters *tsz* || **láncra köt** *(kutyát)* chain up [a dog]
láncfűrész *fn* chain-saw
lánchíd *fn* chain/suspension bridge
láncol *ige* *(vmt vmhez, vhova)* chain sg to sg
láncolat *fn* chain, train, series *(tsz* series), succession
láncöltés *fn* chain/loop(ed) stitch
láncreakció *fn* chain reaction
láncszem *fn* link, chain-loop || ❖ *átv* link || **hiányzó láncszem** missing link
lánctalp *fn* caterpillar
lándzsa *fn* lance, spear
láng *fn* ❖ *ált* flame || *(égő tűzhelyen stb.)* burner || **kis lángon főz** cook sg gently *(v.* in a slow oven); **lángba borít vmt** set* sg on fire, set* fire to sg; **láng(ok)ban áll** be* (all) in flames, be* ablaze, be* on fire; **lángra lobban** catch* fire, burst* into flames
lángész *fn* genius
lángol *ige (tűz)* be* flaming/blazing; *(ég)* be* in flames, be* on fire || *(arc)* glow, blaze
lángoló *mn* ❖ *átv* flaming, glowing, blazing, burning (for)
lángos *fn* <fried dough> "langosh"
langyos *mn (víz)* lukewarm, tepid || *(idő)* mild
lankad *ige* ❖ *ált* flag, droop; *(bágyad)* grow* languid; *(gyengül)* weaken, grow* faint/feeble; *(érdeklődés)* flag, decline; *(figyelem)* flag, fade
lankadt *mn* flagging, drooping, droopy; *(bágyadt)* languid
lankás *mn (lejtős)* gently sloping || **lankás vidék** downs *tsz*
lanolin *fn* lanolin, wool-fat
lant *fn* ❑ *zene* lute || ❑ *kif* **leteszi a lantot** call it a day

lány *fn (kislány)* girl; *(fiatal nő)* young woman° || *(vknek a lánya)* (sy's) daughter || **a kisebbik lánya** the his/her younger daughter
lanyha *mn (enyhe)* mild; *(langyos)* lukewarm; *(érdeklődés)* waning, lukewarm || ❑ *ker (piac)* sagging, bearish
lanyhul *ige (enyhül)* grow*/become*/get* mild || *(gyengül)* lose* vigour (⊕ *US* -or), lose* intensity || **lelkesedése lanyhul** one's interest/enthusiasm is flagging
lányos *mn (külső viselkedés)* girlish, girl-like || **lányos arcú** baby-face
lap *fn (sima felület)* (flat) surface, flat; ❑ *mat (síklap)* plane || *(fémből)* plate, sheet; *(papírból)* sheet, leaf; *(fából, burkoló)* panel, wainscot || *(vmnek lapos része)* (flat) surface, flat side; *(kardé)* flat (of sword) || *(könyvé)* page, leaf° || *(hírlap)* newspaper, paper, journal || *(levelező)* (post)card || *(egy kártya)* card || **a 30. lapon** on page thirty; **az más lapra tartozik** ❖ *átv* that's quite another thing/matter; **jó lapja van** have* a good hand; ❑ *zene* **lapról énekel** sing* at sight, sightread°; **mindent egy lapra tesz (fel)** ❖ *átv* put* all one's eggs in one basket; ❖ *biz* **veszi a lapot** *(érti)* catch* on, get* the message; *(belemegy a tréfába)* join in
láp *fn* bog, fen, marsh(-land), moor, swamp
lapát *fn (szerszám)* shovel; *(öblös)* scoop || *(evező)* oar; *(kajakhoz)* paddle || *(turbináé)* blade
lapátkerék° *fn (hajóé)* paddle, wheel
lapátol *ige* shovel; (⊕ *US* -l); scoop || *biz (kajakban)* paddle
lapít *ige (lapossá tesz)* make* flat, flat(ten) || ❖ *biz (rejtőzik)* lie* low/doggo
lapjárás *fn* run (of the cards)
lapocka *fn* shoulder-blade

lapos¹ ▼ *mn* ❖ *ált* flat; *(sík)* plain, even ‖ ❖ *átv (unalmas)* flat, dull; *(stílus)* flat, prosy ‖ ❖ *biz* **laposra ver vkt** beat* sy hollow, wipe the floor with sy; **lapos sarkú** *(cipő)* low-heeled (shoes); **lapos tető** flat roof ▼ *fn* **laposakat pislant** *(álmos)* have* lids as heavy as lead

lapos² *mn* of ... pages *ut.* ‖ **500 lapos könyv** a 500-page book, a book of 500 pages

laposfogó *fn* flat-nose pliers *tsz*

lapostányér *fn* dinner plate

lapoz *ige (egyet)* turn the/a page; *(többet)* leaf (through) [a book]

lappang *ige (rejtőzik)* lurk, be*/lie* hidden, be*/lie* in hiding ‖ *(szunnyad vkben vm)* be* latent (in sy); *(betegség)* incubate, be* incubating

lappangás *fn* ❏ *orv* incubation ‖ **lappangási idő** incubation/latency period

lappangó *mn* ❏ *orv* latent ‖ **lappangó betegség** latent disease

lapszemle *fn* press review

lapul *ige (laposodik)* become* flat(tened out) ‖ *(észrevétlenül marad)* lurk, skulk; ❖ *biz* lie* doggo/low

lapzárta *fn* deadline, closing date ‖ **lapzárta utáni hírek** stop-press (news)

lárma *fn* (loud) noise, din; *(kiabálás)* clamour (⊕ *US* -or)

lármázik *ige (zajong)* make* a noise ‖ *(követel)* clamour (⊕ *US* -or); *(veszekszik)* quarrel (⊕ *US* -l) (about)

lárva *fn* ❏ *áll* larva *(tsz* larvae)

lásd *isz (röv l., ld.)* see, s. ‖ **lásd a 6. lapon** see page 6

lassan *hsz* slowly *(ige előtt v. után állhat)*; slow *(csak ige után állhat, kivéve how után)*; *(ráérősen)* in a leisurely way ‖ **lassan!** slowly!, not so fast!, take it easy!; **lassan, de biztosan** slowly but surely; **lassan hajt** drive*/go* slow; **lassan jár** walk slowly, walk at a slow pace; **lassan megy** *(a dolog)* it is a slow process/business; **lassan járj, tovább érsz** more haste less speed; **lassan a testtel!** take it easy!, gently does it!

lassanként *hsz (fokozatosan)* gradually, little by little, bit by bit ‖ *(nemsokára)* before long

lassít *ige (vk, vm)* slow (down/up); *(autóval)* slow down ‖ **lassíts!** reduce speed!

lassított *mn (felvétel)* slow-motion (picture)

lassú *mn* slow; *(ráérős)* leisurely; *(hosszadalmas)* lingering ‖ **lassú ember** ❖ *biz* a slowcoach, ⊕ *US* slowpoke; **lassú észjárású** slow(-witted), dull; **lassú tűzön** in a gentle/slow oven; **lassú víz partot mos** still waters run deep

lassul *ige* slow down/up, become* slow(er)

lasszó *fn* lasso; ⊕ *főleg US* lariat

lat *fn* **latba veti befolyását** use one's influence, pull strings; **sokat nyom a latban** be* of great account/weight

lát¹ *ige* see* ‖ *(vmlyennek ítél)* think*, find*, deem, consider; *(felfog, ért)* see*, perceive ‖ *(tapasztal)* see* ‖ *(vmhez)* set* to do sg, see* about sg ‖ **ahogy én látom** in my view/opinion; ❖ *biz* **az orráig se lát** (be*) as blind as a bat; **jónak lát vmt** think* sg proper/fit, find*/deem sg good/advisable; **jól lát** have* good eyes, one's eyesight is good; **lásd, kivel van dolgod** you'll see who(m) you are dealing with; **lássuk csak!** let us/me see!; **látja, kérem ...** you see!; **másképp látja a dolgokat** see* things differently; **mit látok?** *(meglepődve)* what is this (that I see)?; **munkához lát** set* to work; **nem látom az értelmét** I don't see the point; **rosszul lát** have* poor eyesight, not see well; **se lát, se hall** he neither sees* nor hears*; **tégy, ahogy jónak látod** do as you please, do as you think fit; **szí-**

vesen lát vkt welcome sy; **vendégül lát** vkt entertain sy to [dinner]
lát² fn ❏ ker **látra fizetendő** payable at/on sight ut.
látás fn (képesség) sight, eyesight, vision ‖ (cselekvés) seeing ‖ **első látásra** at first sight; **látásból ismer** vkt know* sy by sight; **látástól vakulásig** from daybreak till nightfall, from morning till night
látási mn visual, optic(al) ‖ **látási viszonyok** visibility
látásvizsgálat fn sight-testing
látatlanban hsz unseen, unexamined ‖ **látatlanban vásárol** vmt buy* a pig in a poke, buy* sg sight unseen
látcső fn (kétcsövű) binoculars tsz, field glasses tsz; (színházi) opera glasses tsz
láthatár fn horizon
láthatatlan mn invisible
látható mn visible; (kivehető) discernible; ❏ kif be* (with)in sight; (igével) that can be seen ‖ **látható helyen** in/on a conspicuous place/spot; **láthatóvá válik** come* into view/sight, show itself; **ebből látható** this goes to show (that); it is apparent (that)
latin ▼ mn Latin ‖ **latin betűk** Roman letters/characters; **a latin nyelv** Latin; **latin nyelvek** (román nyelvek) Romance languages; **latint/latinul tanul** learn* Latin ▼ fn **a latinok** the Latin people
Latin-Amerika fn Latin America
latin-amerikai mn Latin American
latinos mn latinos **műveltség** classical education/culture
latintanár fn teacher of Latin, Latin teacher/master
látkép fn view, panorama
látlelet fn doctor's/medical statement/report
látnivaló fn sight(s), place(s) of interest ‖ **megnézi/megtekinti a látnivalókat** see* the sights [of London etc.], go* sightseeing, visit the places of interest; **nincs sok látnivaló** not much to see
látnok fn seer, prophet
látnoki mn prophetic(al)
látogat ige (vkt) visit sy, pay* a visit to sy (v. pay* sy a visit), call on sy ‖ (tanfolyamot) attend ‖ (vmt gyakran felkeres) frequent
látogatás fn (vknél) visit; (rövid) call ‖ (tanfolyamé) attendance ‖ (kórházban) visiting times/hours tsz ‖ **hivatalos látogatást tesz** vhol make* a state (v. an official) visit to [a country]; **szerdán, pénteken és vasárnap van látogatás** visitors are allowed in the hospital on Wednesdays, Fridays and Sundays
látogatási mn visiting, calling ‖ **látogatási idő** (kórházban, múzeumban) visiting hours/times tsz
látogató fn visitor, caller; (könyvtáré, múzeumé, más országé stb.) visitor ‖ **látogatóban van** vknél be* on a visit to sy; **látogatóba megy** call on sy, go*/call to see sy
látóhatár fn horizon
látóideg fn optic nerve
látókör fn ❖ átv horizon, scope ‖ **széles látókörű** with a wide intellectual horizon ut.
latolgat ige ponder [the matter]; (kérdést) consider (sg)
látószög fn visual angle ‖ **nagy látószögű objektív** wide-angle lens
látótávolság fn range/distance of vision, visual distance
látszat fn (aminek tűnik) appearance ‖ **a látszat csal** appearances can be deceptive; **a látszat kedvéért** for the sake of appearances, for show; **látszatra** in appearance; **minden látszat ellenére** in spite of (all) appearances
látszerész fn optician
látszik ige (látható) be* visible/seen/noticeable, can* be seen; (kirajzolódik) show* ‖ (vélhető) appear, seem, look ‖ **az ablakomból jól látszik a**

híd you get*/have* a good view of the bridge from my window; **betegnek látszik** he seems (to be) ill, he looks ill; **nem látszik annyinak** she does not look her age; **szomorúnak látszik** (s)he seems (to be) sad; **úgy látszik** so it appears; **úgy látszik, hogy** it appears/seems that, (s)he seems to (have ...d); **úgy látszik, igaza van** he appears/seems to be right; **úgy látszik, esni fog** it looks like rain

látszólag *hsz* apparently, seemingly, in appearance

látvány *fn* ❖ *ált* spectacle, sight, view || *(tájé)* prospect, scenery || **szomorú látvány** a sad spectacle

látványos *mn* spectacular

latyak *fn* slush

latyakos *mn* slushy

láva *fn* lava

lavina *fn* avalanche

lavíroz *ige* ❏ *hajó* tack (about) || ❖ *átv* ❖ *biz* tack, manoeuvre (⊕ *US* maneuver)

lavór *fn* basin, bowl

láz *fn* *(betegé)* temperature, fever || **láza van** have*/run* a temperature; **lázat mér** take* sy's temperature

laza *mn* loose, slack || **laza erkölcs** loose lax morals *tsz*

lazac *fn* salmon

lázad *ige* *(nép)* be* in (a state of) revolt; *(vm/vk ellen)* revolt/rebel/rise* against sg/sy

lázadás *fn* revolt, rebellion; ❏ *kat* mutiny

lázálom *fn* *(rémkép)* nightmare

lazán *hsz* loose(ly), slack(ly) || **lazán lóg** *(kötél)* slack, hang* loose(ly)

lázas *mn* *(lázzal járó)* feverish || ❖ *átv* feverish || **lázas izgalomban** at fever pitch; **lázas (beteg)** [patient] with a fever/temperature *ut.* || → **láza van**

lazaság *fn* looseness, slackness

lázcsillapító *mn/fn* antipyretic

lazít *ige* *(kötést)* loosen, slacken || *(talajt)* loosen || *(vk)* relax, ease up

lázít *ige* incite sy to revolt/rebel/rebellion

lazítás *fn* *(vké)* relaxing, relaxation

lázítás *fn* incitement, instigation, sedition

lázító ▼ *mn* inciting ▼ *fn* subversive

lázkiütés *fn* heat rash/spot

lázmentes *mn* free from fever *ut.*, without fever *ut.*; *(igével)* have* no temperature

lázmérő *fn* clinical thermometer

lazul *ige* ❖ *ált* loosen, slack(en)

le *hsz* down; downwards; *(hegyről)* downhill; *(folyón)* downstream || **le a Dunán** down the Danube; **le a kalappal!** hats off!; **le vele!** down with him!

lé *fn* *(folyadék)* liquid, fluid; *(gyümölcsé)* juice; *biz (pénz)* dough, bread || **minden lében kanál** have* a finger in every pie; **vmnek megissza a levét** (have to) pay* dearly for sg

lead *ige* *(nyújt)* give*/hand down || *(letétbe)* deposit || *(lövést)* fire [a shot], let* off [a gun] || ❏ *sp (labdát)* pass || **leadja a kulcsot a portán** leave* the key at the reception desk

leágazás *fn* ❏ *közl* exit road, slip road

leágazik *ige* ❏ *műsz* branch off, fork

leakaszt *ige* *(szegről)* take* down/off [from the hook/peg]

lealacsonyít *ige* debase, lower, degrade

lealjasodik *ige* debase/degrade/demean oneself

lealkuszik *ige* **lealkuszik 1000 forintot** get* 1000 forints

leáll *ige* *(megáll)* stop, halt; *(forgalom)* come* to a standstill; *(motor, gép)* stall, break* down || ❖ *biz (vkvel beszélni)* stop [to have a talk with sy] || **a gyár leállt** the factory ceased work, the factory shut down; **leállt a motor** *(autóé)* the engine stalled

leállás *fn* stop(page), halt; *(forgalomé)* (coming to a) standstill; *(motoré)* breakdown

leállít *ige (földre)* let* sg stand on the floor, put*/place/stand* sg on the floor || *(megállít)* stop, bring* to a stop/standstill/halt; *(motort, kocsit)* stop; *(taxit)* hail [a cab]; *(járművet karjelzéssel)* flag down || **leállítja a motort** stop the engine

leállósáv *fn* hard shoulder, lay-by

leány *fn* ❖ *ir* = **lány**

leánycserkész *fn* ⊕ *GB* guide, *(korábban)* girl guide; ⊕ *US* girl scout; *(7–10 év között)* Brownie (Guide) || **leánycserkészek** (girl) guides, the Guides, ⊕ *US* girl scouts; *(kicsik)* The Brownies

leánygimnázium *fn kb.* girls' grammar school

leányka *fn* little/young girl; *(skótosan)* wee/little lass, lassie

leánykori név *fn (űrlapon)* maiden name

leánynevelő intézet *fn* girls' boarding school

leányszöktetés *fn (erőszakkal)* abduction

leányvállalat *fn* affiliated company

learat *ige (gabonát)* reap || **learatja a dicsőséget** reap the laurels

lebarnul *ige* get* sunburnt/tanned, get* a tan

lebbencsleves *fn kb.* Hungarian pasta soup

lebecsül *ige (alábecsül)* underrate, underestimate, undervalue || *(ócsárol)* disparage, belittle, depreciate || **lebecsüli a veszélyt** make* light of danger, disregard danger

lebeg *ige* ❖ *ált* float || *(madár)* hover || *(függ)* hang*, be* suspended (over sg) || *(vízen)* float, drift (on)

lebegés *fn* ❖ *ált* floating, flo(a)tation || *(madáré)* hovering

lebélyegez *ige* cancel (⊕ *US* -l), postmark

lebeszél *ige (vkt vmről)* reason/persuade/talk sy out of (doing) sg, dissuade sy from (doing) sg

lebetegedik *ige (nő)* be* confined, lie* in || ❖ *biz* take* sick

lebiggyeszt *ige* **lebiggyeszti az ajkát** pout, purse one's lips

lebilincsel *ige* captivate, enthral, fascinate, charm

lebilincselő *mn* captivating, enthralling, fascinating

leblokkol *ige (pénztárgépen)* register [on a bill] || *(bélyegzőórán)* clock in/out || ❖ *biz (zavarában)* go* blank

lebombáz *ige* bomb (out), destroy with bombs

lebont *ige (házat)* pull down, demolish || ❏ *vegy* break* down || *(adatokat)* break* down

lebontás *fn (házé)* pulling down, demolition || ❏ *vegy* breakdown || *(adatoké)* breakdown

lebonyolít *ige* arrange, settle || **ügyletet lebonyolít** conclude a deal (with sy)

lebonyolítás *fn* arrangement, settlement

lebonyolódik *ige (végbemegy)* take* place || *(lezárul)* get* settled

leborotvál *ige* shave off

leborul *ige (vhonnan)* tumble down || *(vk előtt)* fall* on one's knees before sy

lebuj *fn* ❖ *biz* rough pub/tavern; ⊕ *US* joint

lebukás *fn* ❖ *biz (bűnözőé stb.)* being/getting nabbed/caught/collared

lebukik *ige (vhonnan)* tumble down || ❖ *biz (rendőrileg)* be* caught/nabbed/collared

lebuktat *ige (vízbe)* plunge || ❖ *biz (rendőrileg)* grass on sy, get* sy pinched/collared/arrested

lebzsel *ige* loiter/idle/hang* around/about

léc *fn* lath, batten, slat; *(magasugró)* bar

lecke *fn* homework; *(átv is)* lesson ‖ **leckét felad** vknek give* sy a lesson/ task to do

lecsap *ige (madár)* swoop (down) on sg, pounce on sg; *(rendőrség)* pounce on sy; *(ellenségre)* bear*/swoop down on [enemy] ‖ *(vm fedelét)* bang/slam sg shut ‖ *(teniszlabdát)* smash, kill [the ball] ‖ *(levág)* strike*/lop/cut* off ‖ *(nőt vk kezéről)* cut* sy out ‖ **lecsap (egy) hibára** pounce on a mistake; *(vk)* **lecsap** vmre *(hogy megszerezze)* pounce on sg, snap sg up, snatch sg (away); **lecsapja a telefont** hang* up on (sy); **lecsapott a villám** lightning struck swhere

lecsapható *mn* **lecsapható ülés** tip-up seat

lecsapódik *ige (fedél)* come* down with a bang/snap ‖ ❏ *vegy* precipitate, be* precipitated; *(pára)* condense

lecsapol *ige (vizet)* drain ‖ *(földet)* reclaim

lecsapolás *fn* drainage

lecsatol *ige* unbuckle, unhitch, undo*

lecsavar *ige (vmt vmről)* unscrew, screw off ‖ *(leteker)* unroll, uncoil, wind* off

lecsavarható *mn (tetejű)* screw-top(ped)

lecsendesedik *ige (vihar)* subside, abate, calm/die down ‖ *(vk)* compose (oneself)

lecsendesít *ige (embert)* calm, pacify, soothe, appease

lecsepeg *ige* drip down, fall* drop by drop

lecseppen *ige (egy csepp)* drop (down)

lecsillapít *ige* = **lecsendesít**

lecsillapodik *ige* = **lecsendesedik**

lecsiszol *ige (simít)* smooth; *(ledörzsöl)* scrape

lecsó *fn* <pepper and tomato stew> 'letcho'

lecsöpög *ige* = **lecsepeg**

lecsuk *ige (fedelet)* close, shut* ‖ *(börtönbe)* lock up, run* in ‖ **lecsukja a szemét** close/shut* one's eyes; ❖ *átv (= meghal)* fall* asleep

lecsukódik *ige* close, shut*

lecsurog *ige* = **lecsepeg** *(csónakban folyón)* drop/drift downstream

lecsúszik *ige (lesiklik)* slide* down; *(szánkón)* coast down ‖ *(harisnya stb.)* slip down ‖ *(vk)* ❖ *átv* come*/go* down in the world

ledér *mn* **ledér nő** a loose/fast woman°

ledob *ige* throw* down; *(bombát)* drop, release [bombs]

ledolgoz *ige (munkaidőt)* work/do* [one's 8 etc. hours] ‖ *(restanciát)* work off

ledől *ige (vm)* collapse, tumble/topple/ come* down, fall* in/down ‖ ❖ *biz (rövid időre)* have* forty winks

ledönt *ige (falat)* pull/knock down; *(fát)* fell, cut* down; *(szobrot)* demolish, hurl down

ledörzsöl *ige (vmt)* rub/scrape off ‖ *(vkt törülközővel)* give* sy a rubdown

leég *ige (ház)* burn* down, be* burnt down ‖ *(bőr)* become* sunburnt, get* sunburn ‖ *(kudarcot vall)* fail, come* a cropper ‖ *(anyagilag)* lose* one's shirt, get* cleaned out

leegyszerűsít *ige* simplify; *(vmre, vmvé)* reduce sg to

leejt *ige* drop, let* (sg) fall, slip

leemel *ige (vhonnan)* lift/take*/get* down from ‖ *(bank vmely összeget)* transfer [money from sy's account to sy else's]

leendő *mn* future, prospective; -to-be *ut.* ‖ **leendő anya** expectant mother, mother-to-be

leenged *ige (vkt vhova)* allow sy to go/come down ‖ *(árat)* reduce, lower

leépít *ige (alkalmazottat)* dispense with [sy's services], lay* sy off, ❖ *biz* give* (sy) the chop/axe; *(létszámot)* reduce [the personnel], cut* down/back ‖ **leépítették** (s)he got the chop/axe, (s)he has been axed

leépítés *fn (létszámé)* reduction, cutting down, cut(back); ❖ *biz* the axe
leér *ige (vmeddig)* come*/hang*/reach down (to); *(földig)* touch the ground; *(lába az uszoda fenekéig)* touch bottom || *(leérkezik vhova)* get* down
leereszkedik *ige (vk kötélen)* let* oneself down; *(hegyről)* descend || *(köd)* descend, fall* || *(vkhez)* ❖ *elít* be* condescending to sy
leereszt *ige (vmt)* ❖ *ált* let* down, lower; *(függönyt, redőnyt)* let* down; *(színházi függönyt)* ring* down; *(horgonyt)* cast*, drop; *(mentőcsónakot)* lower || *(ruhát)* let* down || *(gumi)* go* down/flat
leérettségizik *ige* pass/take* the final examination [at a secondary school]; ⊕ *US* graduate [from a high school]
leértékel *ige (pénzt)* devalue || *(árut)* mark down, reduce the price of || **leértékelt áruk** goods at reduced prices *tsz*, bargains; *(áruházban)* bargain basement
leértékelés *fn (pénzé)* devaluation || *(áraké)* price reduction; *(vásár)* sale
leesik *ige* ❖ *ált* fall* (down/off) || *(láz)* abate || *(ár)* fall* || ❖ *átv* **leesett a tantusz/húszfilléres** it has clicked for me
lefagy *ige (gyümölcs)* be* nipped (by the frost) || **lefagyott egy lábujja** his have* a frozen toe
lefarag *ige (kőből, fából)* whittle down, chisel (⊕ *US* -l) off, cut* away/off || ❖ *biz (pénzösszeget, kiadást)* cut* down (on)
lefed *ige* cover, put* a cover/lid over/on
lefegyverzés *fn* disarmament
lefékez *ige (járművet a vezető)* brake, apply the brakes, put* on the brakes || ❖ *átv* slow down, hold* back; *(fejlődést)* arrest
lefekszik *ige (vmre)* lie* down || *(aludni)* go* to bed || ❖ *biz (férfi nővel)* go* to bed with sy, sleep* with sy

lefektet *ige (vmt)* lay*/put* down; *(kábelt)* lay* (down) || *(gyereket)* put*/send* to bed
lefekvés *fn (vmre)* lying down || *(aludni)* going to bed || **lefekvés ideje** bedtime
lefelé *hsz* down(wards) || **fejjel lefelé** upside down; **lefelé fordít vmt** turn sg upside down; **lefelé néz** look downwards; **a folyón lefelé** down the river, downriver
lefényképez *ige* take* a picture/photo(graph) (*v.* ❖ *biz* snap/snapshot) of sy/sg
lefest *ige (festő)* paint [a portrait/picture of sy/sg]
lefitymál *ige* belittle, pooh-pooh
lefixál *ige (időpontot)* fix [time/date for sg with sy], make* an appointment (with sy for sg)
lefizet *ige (összeget)* pay* down deposit || *(megveszteget)* bribe (sy)
lefizetés *fn (összegé)* payment || *(megvesztegetés)* bribery
lefog *ige (erőszakkal)* hold*/keep* down || ❖ *biz (bűnözőt)* arrest, seize
lefoglal *ige (helyet, jegyet, szobát stb.)* book (in advance), reserve; make* the reservations/bookings || *(hatóság ingatlant)* seize; *(ingóságot)* distrain (upon) [sy's goods] || **lefoglal egy asztalt** *(étteremben)* make* a reservation, reserve a table; **lefoglal egy helyet** *(repülőn)* book (*v.* ⊕ *főleg US* reserve) a seat [on a/the plane]
lefogy *ige (vk)* lose* weight, grow* thin
lefolyás *fn (vízé)* outflow, flow(ing) || *(eseményeké, betegségé)* course, process
lefolyik *ige (felülről)* flow, run*, trickle (down) || *(vm vhogy)* take* place; *(betegség)* run*/take* its course
lefolyó *fn (kagylón)* plug-hole, outflow pipe; *(konyhai mosogató)* sink
lefolyócső *fn (lakásban)* waste-pipe, outflow pipe || *(ereszcsatornából)* gutter/rain(water) pipe

lefolytat *ige (tárgyalásokat)* conduct [negotiations]; *(vizsgálatot)* make* [an investigation], hold* [an inquiry]; *(kísérletet)* carry out [an experiment]

lefordít *ige (tárgyat)* turn (upside) down ‖ *(szöveget)* translate (from ... into ...) ‖ **vmt angolról magyarra lefordít** translate sg from English into Hungarian

lefordíthatatlan *mn* untranslatable

leforráz *ige (forró vízzel)* scald, pour boiling water (over); *(teát)* infuse

le-föl *hsz* up and down

leföldel *ige* ❏ *el* earth, ground

lefölöz *ige (tejet)* skim (off) the cream from [the milk]; ❖ *átv* cream off

lefőz *ige* ❖ *biz (vkt)* outdo* sy, go* one better than sy, run* rings round sy

lefröcsköl *ige (vízzel)* sprinkle [with water]; *(sárral)* (be)spatter/splatter [with mud]

lefúj *ige* ❏ *kat* sound the dismiss ‖ ❏ *sp* stop [the match] ‖ *(rendezvényt)* call off, cancel (⊕ *US* -l)

lefut *ige (hegyről)* run* down, come*/go* running down ‖ **lefut három kört** do* 3 laps

lefülel *ige* collar, run* to earth, nab

leg- *előtag (egyszótagú mellékneveknél, ill. -er, -y, -ly végű kétszótagúaknál)* -(e)st; *(két- és többszótagúaknál)* most ... [+ *melléknév*] ‖ **legcsinosabb** prettiest; **legfiatalabb** youngest; **legszebb** most beautiful

lég *fn* air ‖ **légből kapott hírek** groundless rumours (⊕ *US* -ors), groundless allegations, fabrications

legalább *hsz* at least, at the very least ‖ **legalább egy évig tart** it takes (v. will take) at least a year; **legalább 80 éves** he is 80 if a day; **ha legalább igaz volna!** if only it were true!

legalábbis *hsz (helyeselve)* at least, or rather; well, that's how I see it ‖ *(legalább)* at least, not less than ‖ **legalábbis én így gondolom** I think so, anyway; **legalábbis én nem hiszem** I for one don't believe it

legális *mn* legal ‖ **legális úton** by legal means

legalizál *ige* legalize

legalsó *mn* lowest, bottom

legalul *hsz* down below, lowest down

légáramlat *fn* air current, breeze

legázol *ige* trample (sg) down/underfoot, crush (sg) ‖ ❖ *átv* run* down/over

légbuborék *fn* air-bubble

légcsavar *fn* airscrew, propeller

légcső *fn* windpipe; ❏ *orv* ❏ *tud* trachea

légcsőhurut *fn* tracheitis

legel *ige* graze, browse [in the fields], pasture

legeleje *fn (vmnek)* foremost/front part (of sg), the very front (of sg) ‖ *(időben)* **legelején vmnek** at the very beginning, right at the beginning/start

légellenállás *fn* drag, air resistance

legelő *fn* pasture, grazing ground

legelöl *hsz* in the very front, in the forefront; *(sorban)* at the head of the line/row

legelőször *hsz* first(ly), at first, first of all ‖ **ki érkezett legelőször?** who came first?, who was the first to arrive?

legelső *mn* (the very) first; *(legelülső)* foremost

legeltetés *fn* grazing, pasturing, pasturage

legenda *fn* legend

legendás *mn* legendary

legény *fn (fiatal ember)* young man°, lad ‖ **legény a talpán** quite a lad, plucky fellow

legénylakás *fn* bachelor flat

legénység *fn* ❏ *kat* men (of the rank and file) *tsz*, the rank and file; troops *tsz*; ⊕ *US* enlisted men *tsz* ‖ *(hajóé)* crew, the lower deck; *(repülőgépé, űrhajóé)* crew

legépel *ige* type

légfék *fn* a*i*r brake(s)
legfeljebb *hsz* at most, at the (very) most || **legfeljebb elkésünk** we'll be late, that's all
legfelső *mn (legmagasabb)* highest, *u*ppermost, *t*op(most) || *(hatóság)* supreme || **legfelső szintű tárgyalások** *t*op-level talks
legfelsőbb *mn* supreme || **a Legfelsőbb Bíróság** the Supreme Court
legfelül *hsz u*ppermost, *t*opmost, at the top (of sg)
legfőbb *mn* chief, main, most important, principal || **legfőbb ideje, hogy (el)induljunk** it's high time we went
legfőképpen *hsz* chiefly, mainly, especially, above all
légfrissítő *fn* a*i*r-freshener
léggömb *fn (gyermeké is)* balloon
léghajó *fn* a*i*rship, balloon
leghátul *hsz* farthest/back, at the very back of sg || **leghátul megy** bring* up the rear
leghátulsó *mn* hindmost, backmost || **leghátulsó sor** last/back row
leghosszabb(an) *mn/hsz* longest
légi *mn* összet air- || **légi felderítés** *ai*r reconnaissance; **légi folyosó** *ai*r corridor; **légi fuvar** *ai*r cargo; **légi haderő** *ai*rforce; **légi járat** flight, air service; **légi közlekedés** *ai*r transport/service; **légi mentőszolgálat** *ai*rborne ambulance service; **légi szállítás** *ai*r transport, transport by air; **légi támaszpont** air base; **légi úton szállított** *ai*rborne; **légi útvonal** *ai*r route, *ai*rway; **légi úton** by air
légibeteg *mn ai*rsick
légibetegség *fn ai*rsickness
légibusz *fn ai*rbus
légierő *fn ai*rforce
légies *mn* (light and) *ai*ry, ethereal
légiflotta *fn* air fleet, *ai*rforce
légihíd *fn* airlift
légikikötő *fn ai*rport

légikisasszony *fn* = **légiutas-kísérő**
leginkább *hsz* most(ly), for the most part, most of all, principally, especially, above all (things)
légió *fn* ❏ *tört* legion
légiposta *fn ai*rmail || **légipostával** by *ai*rmail
légiriadó *fn ai*r-raid warning, alert
légitámadás *fn ai*r raid/attack
légitársaság *fn ai*rline
légitaxi *fn ai*r-taxi
légiutas *fn* air passenger
légiutas-kísérő *fn* stewardess, air hostess
legjobb *mn* best || **legjobb lesz, ha** *(vmt teszel)* you had better (⊕ *US* best) do sg, it would be better (⊕ *US* best), if …; **a legjobb esetben** at best, at the very best; **legjobb tudása szerint** to the best of one's ability
legjobban *hsz* (the) best, best of all
legjobbkor *hsz* **a legjobbkor** just in time, in the nick of time
legkésőbb *hsz* at the latest, not later than || **legkésőbb 6-ra itt leszek** I'll be here/back by 6 (o'clock) at the latest
legkevésbé *hsz* (the) least, least of all || **a legkevésbé sem** not in the least
legkevesebb *mn* → **legalább**
legkisebb *mn* smallest, slightest, least, minimum || **a legkisebb gyerek** the youngest child°
légkondicionálás *fn* air-conditioning
légkondicionáló berendezés *fn* air-conditioner
légkondicionált *mn* air-conditioned
légkör *fn átv is* atmosphere
légköri *mn* atmospherical, meteoric || **légköri nyomás** atmospheric pressure; **légköri zavarok** static, atmospherics *tsz*
legközelebb *hsz (térben vmhez)* nearest to sg; *(közvetlenül)* next to sg || *(időben)* next (time), very shortly/soon || **ha/amikor legközelebb talál-**

kozunk when next we meet, next time we meet

legközelebbi *mn (térben)* nearest; *(közvetlen)* next || *(időben)* next

legmagasabb *mn (hegy)* highest || *(ember)* tallest

légmentes *mn* airtight, hermetically sealed || **légmentes tömítés** hermetic seal

légmentesen *hsz* hermetically

legnagyobb *mn* biggest, largest, greatest || **a legnagyobb gyerek(e vknek)** sy's eldest child°; **a legnagyobb örömmel** with the greatest of (*v.* utmost) pleasure

légnemű *mn* gaseous, aerial

légnyomás *fn* ❑ *fiz* (atmospheric) pressure; *(autógumiban)* air pressure || *(bombarobbanáskor)* blast (of explosion)

légnyomásmérő *fn* barometer

légópince *fn* air-raid shelter

legördül *ige* roll down || **a függöny legördül** the curtain drops/falls*

légörvény *fn* whirlwind, air eddy

légpárnás hajó *fn* hovercraft

légpuska *fn* air rifle

legrosszabb *mn* worst || **a legrosszabb esetben** at (the) worst, if the worst comes to the worst

legszélső *mn* outermost, farthest, extreme

légszennyezés *fn* air pollution

légszűrő (betét) *fn* air filter

légtér *fn* airspace

légtornász *fn* acrobat, trapeze artiste

legtöbb *mn* most, the greatest number/quantity/part (of sg) || **ez a legtöbb, amit megtehet** that is the utmost/best he can do; **a legtöbben** most people

legtöbbször *hsz* most often

leguggol *ige* crouch (down), squat (oneself) down; ⊕ *US* hunker down

legújabb *mn* newest, latest || **legújabb divat** latest fashion; **legújabb fejlemények** latest developments

legurít *ige* roll down

legurul *ige* roll down

légutak *fn tsz* ❑ *orv* respiratory tract/system *esz*, air passages

légúti *mn* respiratory || **légúti fertőzés** infection of the respiratory tract/organs; **légúti megbetegedések** respiratory diseases

legutóbb *hsz (nemrég)* recently, lately, the other day || *(utoljára)* last

legutóbbi *mn* recent, latest, last; *(legújabb)* newest || **a legutóbbi években** in the last few years, of late, in recent years; **a legutóbbi időkben** recently, of late

legutoljára *hsz (utoljára)* last (of all), in the last place || *(végül)* at last, finally

legutolsó *mn* (very) last, latest, last of all *ut.* || **legutolsó ár** lowest price, rock-bottom price

légügyi *mn* air-, of air/aviation *ut.* || **légügyi attasé** air attaché; **légügyi miniszter** Aviation Secretary, Secretary for Aviation

légüres *mn* **légüres tér** vacuum; ❖ *átv* void, vacuum

légvárak *fn tsz* **légvárakat épít** build* castles in Spain

légvédelem *fn* anti-aircraft defence (⊕ *US* -se)

légvédelmi *mn* anti-aircraft || **légvédelmi tüzérség** anti-aircraft artillery

legvége *fn (vmnek)* extremity, the very/extreme end (of sg) || **az asztal legvégén** at the foot of the table

legvégső *mn* (very) last, extreme, ultimate, final || **a legvégső esetben** in the last resort

legvégül *hsz* at the (very) end, at last, last (of all), lastly, finally

légvonal *fn* **légvonalban 10 kilométer** 10 kilometres as the crow flies

légzés *fn* breathing, respiration || **mesterséges légzés** artificial respiration

légzési *mn* **légzési zavarok** respiratory trouble *esz*, respiratory disturbances

légzőszervek *fn tsz* respiratory organs

légzsák *fn (autóban)* airbag || *(levegőben)* airpocket || *(repülőtéren)* windsock, windsleeve

légy¹ *ige* be = **legyen**

légy² *fn* (house) fly || **tudja, miből döglik a légy** knows on which side his bread is buttered, knows what's what, ⊕ *US* knows the score; **egy csapásra két legyet üt** kill two birds with one stone

legyalul *ige (simára)* plane

légycsapó *fn* (fly-)swatter, swat

legyen *ige* be || **legyen itt 8-ra** (will you) be here by 8; **legyen olyan szíves** (will/would you) be so kind as to …, would you mind …-ing

legyengül *ige* grow*/become* weak(er)/weakened/feeble(r)

legyez *ige* fan

legyező *fn* fan

légyfogó *fn (papír)* flypaper

legyilkol *ige (vkt)* murder (sy) (in cold blood), kill || *(tömegesen)* massacre, slaughter

legyint *ige (kezével)* wave one's hand

legyintés *fn (kézlegyintés)* wave of the hand || *(könnyed ütés)* slap, flick

legyőz *ige (ellenfelet)* defeat, conquer, overcome*, subdue || ❏ *sp* ❖ **ált** beat*; *(birkózásban)* floor || *(nehézséget, indulatot)* overcome*, conquer, surmount; *(betegséget)* fight* off

legyőzhetetlen *mn (ember)* invincible, unconquerable || *(nehézség)* insurmountable [difficulty]

léha *mn* frivolous, light-minded; *(életmód)* loose, idle

lehagy *ige (megelőz)* outstrip, outrun*; *(egy körrel)* lap; *(járművel)* pass, overtake*; *(vkt tanulásban stb.)* get* ahead of (sy), do* better than (sy)

lehajlik *ige* bend*/bow down

lehajlít *ige* bend*, bow, curve (down)

lehajol *ige* bend*/bow down; *(csak vk)* stoop

lehajt *ige (lefelé fordít)* bend* down; *(gallért)* turn down || *(italt)* gulp down, knock back || **nincs hova lehajtania a fejét** have* nowhere to lay one's head

lehajtósáv *fn* ❏ *közl* exit, slip road, ⊕ *US* exit-ramp

lehalkít *ige (rádiót, tévét)* turn the volume TV down || **lehalkítja a hangját** lower one's voice

lehallgat *ige (telefont)* tap sy's phone

lehallgatókészülék *fn* ❖ *biz* bug

lehámlik *ige* peel (off)

lehámoz *ige* peel off, hull, husk, strip

lehangol *ige (hír vkt)* depress, dispirit, distress, deject, cast* (sy) down

lehangolt *mn (hangszer)* out of tune *ut.* || ❖ *átv* depressed, dejected, downcast || **nagyon lehangolt** ❖ *biz* feel* blue/low

lehány *ige (ledob)* throw*/hurl/fling* down || *(leokád)* vomit on (sg)

lehanyatlik *ige (fej)* droop (suddenly) || ❖ *átv* decline, decay, come* down

leharap *ige* bite* off

lehasal *ige* lie* flat on one's stomach

lehel *ige* breathe; *(erősen)* blow*, puff

lehelet *fn* breath || **utolsó leheletéig** *(küzd)* [fight*] to one's dying/last breath; to the last ditch

lehengerel *ige (utat)* roll down [with a roller] || *(ellenfelet)* bowl over, crush || **mindenkit lehengerel** wipe the floor with one's opponent(s), sweep* the board

lehet *ige (lehetséges)* be* possible, (it) may/can be; *(talán)* maybe, perhaps, possibly || *(szabad)* sy can/may do sg || **amennyire (csak) lehet** as far as possible; **az nem lehet!** that/it is impossible, that's it's out of the question; **be lehet menni** you can/may enter (*v.* go* in); **Eljössz? – Lehet** Will you come (with us)? – Possibly (*v.* maybe *v.* perhaps); **itt nem lehet játszani!** you may/must not play here!, you are not allowed/supposed to play here!; **legfeljebb 30 éves lehet** he can't be more than 30; **lehet, hogy**

igazad van you may (well) be right; **lehet, hogy késni fog** he is likely to be late, he may be/come/arrive late; **még baj lehet belőle** it could lead to (some) trouble, it may turn out bad; **mihelyt lehet** as soon as possible

lehetetlen *mn (nem lehetséges)* impossible || *(képtelen)* impossible, absurd || **(ez) lehetetlen!** it is impossible!, it can't be (possible/true)!, it is out of the question; **megkísérli a lehetetlent** attempt the impossible

lehetetlenség *fn* impossibility

lehető *mn* possible || **a lehető legjobb** the best possible; **vmt lehetővé tesz** render/make* sg possible

lehetőleg *hsz* if possible, possibly, as far as possible || **lehetőleg délelőtt** preferably a.m. (*v.* in the morning)

lehetőség *fn* possibility; *(érvényesülési)* chance, opening; *(főzési, sportolási stb.)* [cooking/sports etc.] facilities *tsz*; *(kétféle/többféle)* alternative; option || **lehetőség szerint** as far as possible; **lehetőség nyílik vmre** an opportunity presents itself; **két lehetősége van** have* two alternatives; **nincs más lehetősége** have* no option/alternative (but to ...)

lehetséges *mn* possible; *(megvalósítható)* practicable || **nagyon lehetséges** very/most likely, it looks like (it)

lehiggad *ige (dühös ember)* calm down, regain one's composure || *(fiatal ember)* settle down

lehív *ige (vkt vhová)* call down, ask sy (to come) down || ❏ *pénz* call (in) || *(kártya)* play [a card]

lehívat *ige (vkt vhonnan)* ask sy (to come) down

lehord *ige (vmt)* carry*/bring* down (piecemeal) || *(vkt)* upbraid; ❏ *kif* haul sy over the coals; ❖ *biz* tear* sy off a strip

lehorgaszt *ige* **lehorgasztja a fejét** hang*/bow one's head

lehorgonyoz *ige* cast*/drop anchor, anchor

lehorzsol *ige (bőrt)* graze, scrape off [skin]

lehoz *ige (vhonnan vmt)* bring*/fetch down || *(leközöl)* publish, print

lehull *ige* fall* (down), drop

lehuny *ige* **egész éjjel nem hunyta le a szemét** (s)he didn't sleep a wink all night

lehúz *ige (felülről)* pull down || *(vmt vmről)* pull/strip sg off/from sg || *(kritikus)* slate, savage, pan || **lehúzza a cipőjét** take* off one's shoes; **lehúzza a vécét** flush the toilet

lehűl *ige* cool down || **lehűlt a levegő** it has turned cold/cool/chilly

lehűt *ige* ❖ *ált* cool (down), chill || *(olvadt fémet)* quench || *(lelkesedést)* cool

léhűtő *fn* idler, loafer, ne'er-do-well

leigáz *ige* subjugate, subdue, conquer

leint *ige (vkt)* warn sy not to do sg || *(taxit)* hail

leír *ige* ❖ *ált* write*/take*/put* down; *(másol)* copy || *(eseményt)* describe || *(veszteséget)* write* off

leírás *fn* ❖ *ált* writing down; *(másolás)* copying || *(eseményé)* description; *(veszteségé)* write-off

leírat *ige (vmt)* have* sg written down; *(másoltat)* have* sg copied (out)

leírhatatlan *mn* beyond description *ut.*

leíró *mn* descriptive || **leíró nyelvtan** descriptive grammar

leiszik *ige* **leissza magát** get* drunk

leitat *ige (vkt)* make* sy drunk, drink* sy under the table || *(írást)* blot (the ink)

leiterjakab *fn* gross mistranslation, (schoolboy) howler

lejár *ige (eljárogat)* visit frequently || *(levehető)* be* detachable/removable || *(szerkezet)* run* down; *(óra)* stop || *(határidő)* expire, lapse, fall* due; *(árukon)* sell* by, best before; *(iga-*

zolvány) expire, be* no longer valid; *(váltó)* expire, fall*/become* due || **lejárja a lábát** be* (clean) run off one's feet; **lejárt az idő** time is up
lejárat ▼ *fn (vhová)* way/passage/exit leading down; *(földalatti)* underground entrance, subway || *(határidőé)* expiry, expiration; *(kölcsöné, váltóé)* falling due, maturity; *(adósságé stb.)* due-date || **lejárat napja** day/date of expiry, expiry date; **lejáratkor** when due, upon expiry ▼ *ige (vkt)* discredit (sy) || **lejáratja magát** discredit oneself
lejárt *mn* ❖ *ált* expired, no longer valid; *(követelés)* overdue; *(szerződés)* expired; *(váltó)* mature
lejátszás *fn (magnón)* playback, replay
lejátszik *ige (mérkőzést)* play || *(hangfelvételt)* play back, replay
lejátszódik *ige* take* place
lejegyez *ige* take*/make* a note of sg, note sg down || **gyorsírással lejegyez vmt** take* down (sg) in shorthand
lejjebb *hsz* lower (down), below, deeper, further down || **lejjebb enged** *(redőnyt)* lower (a little bit); *(árat)* lower, cut*; **lejjebb ment az ára** sg has become cheaper, sg has gone down in price; **lásd lejjebb** see below
lejön *ige (vk vhonnan)* come* down, descend || **ebből még lejön 1000 forint** 1000 fts is to be deducted from this, less 1000 fts
lejt *ige (út)* slope
lejtmenet *fn* downhill ride || **lejtmenetben** downhill
lejtő *fn (hegyé)* slope, gradient, ⊕ *US* grade; ❑ *közl* hill || **lejtőn lefelé** downhill; **lejtőn felfelé** uphill; ❖ *átv* **lejtőre kerül** *(ember)* go* to the bad/dogs, go* downhill; **veszélyes lejtő** *(közúti jelzés)* 'steep hill'
lejtős *mn* sloping, inclining
lék *fn (hajón)* leak; *(jégen)* ice hole || **léket kap** spring* a leak

lekap *ige (vmt)* remove, snatch off || ❑ *fényk* ❖ *biz* snap, take* a snap(shot) of (sg/sy) || *(vkt)* ❖ *biz* tell* sy off || **lekap vkt tíz körméről** give* sy a rap on/over the knuckles
lekapar *ige* scratch/scrape (off)
lekapcsol *ige (vmről)* unbuckle || *(vasúti kocsit)* uncouple, disconnect
lekaszál *ige* scythe, cut* (with a scythe); *(füvet)* mow*
lekefél *ige* brush (down)
leken *ige* **leken vknek egy pofont** ❖ *biz* slap sy in/across the face, fetch sy one in the face
lekér *ige* ❖ *biz (táncban)* cut* in (on)
lekésik *ige (vmről, vmt)* come*/arrive late for (sg), miss (sg) || **lekésik a vonatról** miss the train
lekezel *ige (vkt)* ❖ *elít* treat (sy) in an off-hand manner, be* condescending (towards sy)
lekiált *ige (vhonnan)* shout down (from above)
lekicsinyel *ige* belittle
lekísér *ige* see* (sy) down
lekonyul *ige* bend* down, droop, flag
lekopik *ige* wear* off/down || ❖ *biz* **kopj le!** shove off!, get lost!
lekopog *ige* ❖ *biz* **kopogjuk/kopogd le!** touch wood!, ⊕ *US* knock on wood!
leköltözik *ige (alacsonyabb emeletre)* move (to a lower storey), move down(stairs) || *(vidékre)* move to [the country], go* to live in [the country]
leköp *ige* spit* on (sy)
leköröz *ige (vkt)* lap sy; ❖ *átv* run* rings round sy
leköszön *ige (tisztségről)* resign [one's post], resign/retire from, withdraw* || **a leköszönő elnök** the outgoing/retiring president
leköt *ige (kötelékkel)* bind*, tie/fasten down || *(árut)* contract, secure an option on goods; *(szerződéssel)* bind* (sy by contract); *(zálogul)* pledge; *(ingatlant)* mortgage; *(utat utazási*

irodában) book [a tour]; *(szobát)* book [a room] || *(figyelmet)* hold*/arrest [sy's attention], hold* [the audience]; engage [sy's interest] || *(munka)* occupy, absorb; sg keeps sy busy || ❑ *vegy* absorb, neutralize, fix || **leköti a gyermek érdeklődését** the child's interest is engaged (by ...)

lekötelez *ige* oblige, place (sy) under an obligation || **vkt vmvel lekötelez** oblige sy by (...ing); **nagyon lekötelezne, ha ...** I would be much obliged to you if ...; **le van vknek kötelezve** be* indebted/obliged to sy (for sg), be* under an obligation to sy

lektor *fn (egyetemen)* lector, visiting lecturer/reader; ⊕ *US* instructor || *(könyvkiadónál)* (publisher's) reader, copy editor; *(szótáré stb.)* consultant/contributing editor

lektorál *ige (kéziratot)* read* [a manuscript] [for a publisher]; *(nyelvileg)* check sg linguistically

lektorátus *fn (egyetemen)* modern languages department, language centre (⊕ *US* -ter) || *(könyvkiadónál)* readers' department

leküld *ige (vk vkt)* send* down

leküzd *ige (akadályokat, betegséget)* overcome*

leküzdhetetlen *mn (akadály)* insurmountable, insuperable [obstacle]

lekvár *fn* jam, preserve; jam

lekvárosüveg *fn* jam-jar/pot

lel *ige (talál)* (happen to) find*, hit*/come*/light* (up)on sg, come* across (sg) || **halálát lelte** he met his death; **mi lelte?** what has come over him?

lelassít *ige (jármű)* slow down/up || *(mozgást)* slacken [the/one's pace]

lelassul *ige* slow down

lelátó *fn* grandstand

lélegeztetőgép *fn* life-support machine

lélegzés *fn* breathing, respiration

lélegzet *fn* breath || **lélegzetet vesz** take* (a) breath, breathe

lélegzetelállító *mn* breath-taking

lélegzetvétel *fn (egy)* breath || *(légzés)* breathing, respiration

lélegzik *ige* breathe || **mélyet lélegzik** take* a deep breath

lélek *fn (test ellentéte)* soul, spirit || *(vminek)* life and soul(of sg) || **az ő lelkén szárad** he will have it on his conscience; **egy (árva) lélek sem volt ott** not a (living) soul was there; **600 lélek** (a population of) 600 people; **lelke rajta** he is to blame; **lelkére beszél vknek** appeal to sy's better nature/feelings; **nyugodt lélekkel** *(megtesz)* (do*/state sg) in good conscience/faith; **vm nyomja a lelkét vknek** have* sg on one's conscience, sg is on one's mind

lélekharang *fn* deathbell

lélekjelenlét *fn* presence of mind

lélekszakadva *hsz* out of breath, breathless(ly) || **lélekszakadva fut** run* at breakneck speed

lélektan *fn* psychology

lélektani *mn* psychological

lélektelen *mn (unalmas)* dull, uninspiring

leleményes *mn* inventive, ingenious || **leleményes ember** resourceful man°

lelép *ige (vk vhonnan)* step* down/off; *(járműről)* get* off || ❖ *biz* = **meglóg** || *(megmér)* pace

leleplez *ige (szobrot)* unveil || ❖ *átv (összeesküvést, csalást stb.)* expose, uncover, reveal

leleplezés *fn (szoboré)* unveiling || ❖ *átv* exposure

lelet *fn* ❖ *ált* finding; *(régészeti)* find || ❑ *orv* **leletek** (laboratory) findings

lelkendez *ige* be* enthusiastic about

lelkes *mn* enthusiastic, keen, ardent, zealous || **lelkes éljenzés** ovation, loud cheers *tsz*; **lelkes fogadtatásra talál** meet* with a warm reception; **lelkes híve vknek** a fervent/ardent admirer of sy

lelkesedés *fn* enthusiasm, ardour (⊕ *US* -or), zeal, fervour (⊕ *US* -or)

lelkesedik *ige (vmért)* be* enthusiastic (about sg), enthuse (over sg); *(vkért)* be* a fervent admirer of sy

lelkesen *hsz* enthusiastically

lelkesít *ige* animate, inspire, fire (sy) with enthusiasm (for sg), enthuse (sy)

lelkész *fn (katolikus)* (parish-)priest, clergyman°; *(anglikán)* parson, vicar, rector; *(protestáns ált)* minister; *(nem GB prot.)* pastor, minister; *(zsidó)* rabbi

lelkészi *mn* **lelkészi hivatal** *(anglikán)* vestry; *(más)* minister's office, (church) office; **lelkészi pályára megy** go* into the ministry/Church

lelketlen *mn* heartless, unfeeling

lelketlenség *fn* heartlessness

lelki *mn* ❑ *pszich* mental; ❑ *tud* psychic(al); ❑ *vall és* ❖ *ált* spiritual

lelkiállapot *fn* state/frame of mind, mood

lelkierő *fn* strength of mind, moral strength

lelkiismeret *fn* conscience ‖ **tiszta a lelkiismerete** have* a clear conscience; **rossz a lelkiismerete** have* a (guilty/bad) conscience

lelkiismeretes *mn* conscientious; *(aggályosan)* scrupulous

lelkiismeretesség *fn* conscientiousness

lelkiismeret-furdalás *fn* pangs/qualms of conscience *tsz*, a twinge of conscience, remorse ‖ **lelkiismeret-furdalása van** have* a (guilty) conscience (about sg), be* filled with remorse (for sg)

lelkiismereti *mn* of conscience *ut.*

lelkiismeretlen *mn* unconscientious, unconscionable, *(igével)* have* no conscience

lelkiismeretlenség *fn* unconscientiousness, lack of conscience, unscrupulousness; *(hanyagság)* carelessness, negligence

lelkipásztor *fn* ❖ *ált* minister; *(nem GB)* pastor

lelkivilág *fn* frame of mind, mentality ‖ **beleéli magát vk lelkivilágába** emphatize with sy

lelkület *fn* disposition, temper(ament), cast of mind

lelocsol *ige* spill* water on (sy/sg), slop sy, splash [liquid] (up)on sy

lelohad *ige (daganat)* go* down, subside ‖ *(lelkesedés)* abate, cool off

lelő *ige* shoot* (down)

lelőhely *fn (ásványé)* quarry, place of occurrence; *(áll, növ)* home; *(eredet)* source, provenance

lelök *ige (vhonnan)* push/shove/thrust*/ knock down/off (from)

leltár *fn (jegyzék)* inventory

leltári *mn* inventory, of inventory *ut.*

leltároz *ige* take*/make* an inventory of (sg)

leltározás *fn* taking an inventory, stocktaking

lemarad *ige (csoporttól)* drop/fall*/ lag behind ‖ *(tanulásban)* slip/fall*/ lag behind; *(fejlődésben)* lag behind, be* backward ‖ *(vk vmről)* be* late for sg, miss sg ‖ **lemarad a vonatról** miss the train

lemaradás *fn* lag(ging behind); *(munkával)* backlog, arrears *tsz*

lemásol *ige (másolatot készít)* copy, make* a copy (of sg)

lemászik *ige* climb/crawl down/off sg

lemegy *ige (vk vhová)* go* down, descend; *(lépcsőn)* go* downstairs ‖ *(árvíz, láz)* abate, subside, drop; *(árak)* fall*, come* down ‖ *(nap)* go* down, set* ‖ **lemegy a Balatonra** go* (down) to the Balaton (*v.* to Lake B.)

lemér *ige* ❖ *ált* measure; *(szövetet)* measure off ‖ *(mérlegen)* weigh

lemerevedik *ige (izom)* tense/stiffen up

lemerül *ige* plunge, dive, sink*; *(tengeralattjáró)* submerge ‖ *(akku)* go* flat ‖ **lemerült az akku** the battery is run down (*v.* dead *v.* flat)

lemészárol *ige* ❖ *ált* butcher, slaughter, murder; *(embereket)* massacre
lemez *fn (fém)* plate; *(vékonyabb)* sheet || *(hanglemez)* record, disc, ⊕ *US* disk || ❏ *szt* disk || **hajlékony lemez** floppy disk
lemezjátszó *fn* record-player
lemezlovas *fn* disc (⊕ *US* disk) jockey *(röv* DJ)
lemond *ige (vmről ált)* give* up; *(igényről)* renounce, give* up, waive || *(tisztségről)* resign, give* up; *(trónról)* abdicate [the throne] || *(előadást, jegyet stb.)* cancel (⊕ *US* -l), call off || *(újságot)* discontinue, cancel (⊕ *US* -l) (one's) subscription to || **a versenyt lemondták** the race has been called off; **lemondja a (vacsora)meghívást** send* one's regrets (to sy), cry off the party; **lemondott a kormány** the Cabinet/Government has resigned; **lemond vmről vk javára** renounce sg in sy's favour *(v.* on sy's behalf)
lemondás *fn (ált vmről)* giving up; *(igényről)* waiver; *(örökségről)* renunciation || *(tisztségről)* resignation || *(meghívásé)* cancelling (⊕ *US* -l-), calling off; *(udvarias formában)* regrets *tsz* || *(beletörődés)* resignation, renunciation || **benyújtja lemondását** offer *(v.* send*/hand in) one's resignation
lemos *ige (kocsit)* wash (down) [the car], wash [the car] down; *(tömlővel)* hose down [the car]
len *fn* flax
lencse *fn* ❏ *növ* lentil || *(üveg)* lens || *(bőrön)* freckle, mole
lencsefőzelék *fn* dish of lentils
lencseleves *fn* lentil soup
lencsenyílás *fn* ❏ *fényk* aperture
lendít *ige* swing*, fling*
lendkerék *fn* flywheel
lendül *ige* (begin* to) swing*
lendület *fn (cselekvésre)* impetus, drive, impulse || *(emberben)* energy, drive, vigour (⊕ *US* -or), dash, élan

lendületes *mn* ❖ *ált* energetic, vigorous, lively, dynamic; *(ember)* brisk, dynamic
lenéz *ige (fentről vkre)* look down at/on sy || *(vkt)* ❖ *elít* look down on sy, despise/disdain/scorn sy
lenézés *fn* contempt, disdain, scorn
leng *ige (inga)* swing*, oscillate || *(zászló)* fly*, flutter
lengés *fn (műszer mutatójáé)* oscillation || ❏ *sp (tornában)* swinging || **inga lengése** swing of the pendulum
lengéscsillapító *fn* shock absorber
lenget *ige (karját)* swing* || *(zászlót, kalapot, zsebkendőt)* wave, flourish; *(zsebkendőt)* wave
lengő *mn (mozgás)* swinging; *(zászló)* waving, flowing, flying
lengőajtó *fn* swing(ing) door
lengyel ▼ *mn* Polish ▼ *fn (ember)* Pole || *(nyelv)* Polish || → **angol**
Lengyelország *fn* Poland
lengyelországi *mn* Polish, of Poland *ut.*
lengyelül *hsz* (in) Polish || → **angolul**
lenn *hsz* (down) below, down; *(földszinten)* downstairs || **lenn van** *(földön)* be* down, be* lying on the ground, be* down below; *(vidéken)* be* (down) by/at
lenni *ige* to be || **mi akar lenni?** what is (s)he going to be?, what does (s)he want to do?; **mérnök akar lenni** (s)he wants to be an engineer || → **van, lesz**
lenolaj *fn* linseed oil
lent *hsz* = **lenn**
lenti *mn (hely)* lower, (sg) below; *(lakó)* (sy) downstairs || *(lejjebb említett)* mentioned below *ut.*
lenvászon *fn* linen
lény *fn* (living) being, individual
lényeg *fn* essence, substance; *(beszédé, írásműé)* meat || **a lényeg az, hogy ...** the (main) point/thing is* that/to; **ez nem változtat a lényegen** that makes* no difference; **a lényegre tér** get*/

come* to the point; ❖ *biz* get* down to brass tacks
lényegbevágó *mn* vital, all-important, of primary/prime/vital importance *ut.*
lényeges *mn* substantial, essential; *(alapvető)* fundamental; *(fontos)* important
lényegileg *hsz* essentially, basically
lényegtelen *mn* unimportant, of no importance *ut.*; *(mellékes)* be* beside the point/mark
lenyel *ige (átv is)* swallow
lenyír *ige (hajat)* cut* (off); *(rövidre)* crop, trim; *(birkát)* shear* [a sheep] || *(füvet)* mow*, cut*
lenyom *ige (ált vmt)* press down, depress; *(súlyával)* weigh down || *(árakat)* force [prices] down
lenyomat *fn (vm nyoma)* mark, print, impression || ❏ *nyomd* **(új) lenyomat** impression, reprint, printing
lenyugszik *ige (égitest)* set*, go* down
lenyúz *ige (bőrt)* strip/pull off [skin]
lenyűgöző *mn* fascinating, captivating || **lenyűgöző látvány** entrancing sight/spectacle
leold *ige (övet)* unfasten
leolt *ige (villanyt)* switch off, turn out [the light]
leolvas *ige (műszert)* read* || *(vmt vknek az arcáról)* see*/read* sg in sy's eyes || **gázórát leolvas** read* the gas meter
leolvaszt *ige (hűtőszekrényt)* defrost
leopárd *fn* leopard
leöblít *ige (edényeket stb.)* rinse || *(vécét)* flush [the toilet]
leöl *ige* kill
leönt *ige (abroszt)* spill* sg [on the tablecloth]
lép¹ *ige (vk)* ❖ *ált* step; *(egyet)* take* a step || *(sakkban)* move [a piece], make* a move [with a piece] || **huszadik évébe lép** turn twenty; **ki lép?** whose move is it?; **lábára lép vknek** tread* on sy's foot°/toes; **vmre lép** step/tread* on sg

lép² *fn (szerv)* spleen
lép³ *fn (méhé)* honeycomb
lép⁴ *fn (madárlép)* bird-lime || **lépre csal** take* in sy (*v.* take* sy in), ensnare
leparkol *ige* park [one's/the car]
lepárol *ige* distil, ⊕ *US* distill
lepattan *ige (gomb)* fall*/fly* off || *(golyó)* glance off/aside; *(labda)* rebound
lepattogzik *ige (egy darabka)* crack/chip off || *(festék)* crack, chip/flake off
lépcső *fn (sor)* stairs *tsz*, stair; *(lépcsőfok)* step, stair; *(autóbuszé)* platform; *(vasúti kocsié)* steps *tsz* || *(rakétáé)* stage || **felmegy a lépcsőn** go* upstairs, climb the stairs; **hátsó lépcső** backstairs *tsz*; **lemegy a lépcsőn** go* downstairs; **vigyázat, lépcső!** mind the step!
lépcsőfok *fn* step, stair
lépcsőforduló *fn* landing
lépcsőház *fn* staircase, stairway
lépcsőzetes *mn* stepped; terraced || ❖ *átv* gradual, staggered
lepecsétel *ige (iratot)* stamp (sg), seal (sg); *(bélyeget)* cancel (⊕ *US* -l), postmark || *(lakást)* seal up
lepedő *fn (ágyon)* sheet
lépeget *ige (gyorsan)* trot || *(kimérten)* pace || *(kényelmesen)* amble (along)
lepel *fn* veil || ❖ *átv* **vmnek a leple alatt** under cover of sg
lepény *fn* flan; *(töltött)* pie
lepereg *ige (homok)* run* down || *(könny)* run*/trickle down || **lepereg róla** *(hatástalanul)* ❏ *kif* it's like water off a duck's back (to him/her)
lépés *fn (egy)* (foot)step; *(járásmód)* step, tread, walk(ing pace), amble; *(autóval)* dead slow, at a very slow pace || *(távolság)* step, pace || *(sakk)* move || *(intézkedés)* step(s), measures *tsz* || **csak egy lépés ide** it's only a few steps away; **ha kijön a lépés** if things work out, if (it) all goes ac-

cording to plan; **lépésben** at walking pace (*v. footpace*); **lépéseket tesz** *(vmnek az érdekében)* take* steps (to do sg), take* measures *(vm ellen)* against sg; **lépésről lépésre** step by step, gradually; **lépést tart vkvel/vmvel** *(átv is)* keep* pace/up with sy/sg; **lépést tart a korral** keep* abreast of the times; **nem jött ki a lépés** it just didn't work out; **20 lépés(nyi)re vmtől** twenty paces from sg
lépes méz *fn* honey in the comb
lepihen *ige* have* a rest, lie* down
lepipál *ige* ❖ *biz (vkt)* beat* sy hollow; ❑ *kif* run* rings round sy
lepke *fn* butterfly; *(éjjeli)* moth
lépked *ige (kimérten)* pace; *(kényelmesen)* amble (along)
lepkeháló *fn* butterfly-net
leplez *ige (érzelmeket, szándékot)* conceal, hide*, disguise
leplezetlen *mn* open, plain
leplezetlenül *hsz* openly, frankly
leplombál *ige* seal
lepontoz *ige (igazságtalanul)* mark sy down
leporol *ige* dust (off)
lepottyan *ige* drop/fall*/tumble (from)
lepra *mn/fn (betegség)* leprosy || ❖ *biz (jelzőként)* stinking
leprás ▼ *mn* leprous ▼ *fn* leper
leprésel *ige (virágot)* press
lépték *fn* scale
lerág *ige* gnaw off/away
leragad *ige (odaragad)* stick* || *(sárba)* get* stuck (*v.* bogged down) || **már majd leragad a szeme** one's eyes are heavy with sleep
leragaszt *ige* stick* (down); *(levelet)* seal
lerajzol *ige* draw*, sketch
lerak *ige (letesz)* put*/set*/lay* down, deposit || *(iratokat)* file || *(folyó üledéket)* deposit, lay* down || *(tojásokat)* lay* || **lerakja vmnek az alapjait** lay* the foundations of sg
lerakat *fn* depot, store, warehouse

lerakodás *fn (kocsiról)* unloading
lerakódás *fn (folyamata)* deposition, depositing || *(eredménye)* deposit; *(üledék)* sediment
lerakódik *ige (üledék)* settle, be* deposited, form a deposit
leránt *ige (vmt, vkt vhonnan, vmről)* pull/tear*/strip off (violently), whip off || ❖ *biz (megkritizál)* run* (sy) down, tear* sy off a strip
leráz *ige (gyümölcsöt)* shake* down || *(igát)* shake* off [yoke] || *(magáról vkt)* shake*/brush sy off, get* rid of sy || **nem lehet lerázni** one/you can't get rid of him
lerészegedik *ige* get* drunk/intoxicated
lereszel *ige* file (down/off)
leró *ige (illetéket)* discharge, pay* off, settle; *(kötelezettséget)* fulfil (🌐 *US* -fill), discharge || **lerója kegyeletét vk iránt** pay* a tribute to sy
lerobban *ige* ❖ *biz (autó)* conk out, break* down, have* a breakdown, stall || *(vk)* **lerobban(t)** *(egészségileg)* be* (thoroughly) run down, crack up; *(anyagilag)* get* cleaned out, go* bust; **lerobbant a kocsink** our car (*v.* we) had a breakdown, the car broke down, the car has conked out
lerogy *ige (székbe)* sink*/drop (into a chair)
lerohan *ige (vk vhová)* run*/rush (down); *(lépcsőn)* run*/rush downstairs || *(vkt)* rush at sy, crush sy || *(országot ellenség)* overrun* [a country]
lerombol *ige (épületet)* pull down, demolish || ❖ *átv* destroy, ruin || **földig lerombol** raze sg to the ground
leromlik *ige (értékben)* fall* (in value), depreciate || **leromlott** *(vk egészségileg)* be* in poor/weak health; *(strapában)* be* run down, be* worn out
leront *ige (eredményt, hatást)* destroy, wipe out
lerövidít *ige (szöveget)* cut*, abridge, shorten

lerúg *ige (cipőt)* kick off

les ▼ *ige (vkt, vmt)* watch/eye sy/sg; *(vkre, vmre)* watch (out) for sy/sg; *(rossz szándékkal)* lie* in wait for sy ‖ **lesi az alkalmat** watch for one's opportunity ▼ *fn (ált és kat)* ambush ‖ ❏ *sp* **les!** off side!; ❏ *sp* **lesen van** be* off side ‖ **lesben áll** *(vmre, vkre)* be*/lie in ambush/wait (for)

lesegít *ige (vkt járműről stb.)* help (sy) down, help (sy) get off ‖ **lesegíti vkről a kabátot** help sy off with his coat

leselkedik *ige (vkre)* be* on the watch/lookout for sy, look out for sy, lie* in wait for sy; *(vk után)* spy (up)on sy ‖ **veszély leselkedik vkre** there is danger ahead for sy

leshelyzet *fn* ❏ *sp* off side

lesiklás *fn* ❏ *sp* downhill (skiing)

lesiklik *ige* ❖ *ált* slide* down; ski downhill ‖ *(vmről hirtelen)* slip off (sg)

lesiklópálya *fn* downhill course

lesoványodik *ige* grow* thin, lose* weight ‖ **le van soványodva** look thin

lesöpör *ige (járdát)* sweep*; *(vmt vmről)* sweep*/brush (sg) off/away/down ‖ ❖ *átv kif (vkt)* wipe the floor with sy

lespriccel *ige (vmvel)* sprinkle [water etc.] on sg, splash sg over sy

lestrapál *ige (vkt)* overwork, tire/wear* (sy) out ‖ *(ruhaneműt)* wear* out ‖ **lestrapálja magát** get* run down

lesújt *ige (villám)* thunderbolt strikes ‖ *(vkt ököllel)* knock/strike* down ‖ *(vkre törvény)* come* down on sy; *(pl. bűnözőkre)* clamp down on ‖ = **megrendít** ‖ **(mélyen) lesújtotta a hír** (s)he was stunned by the news

lesújtó *mn (hír)* stunning, appalling

lesúrol *ige* scour, scrub (sg) down/clean, clean

lesül *ige (ember)* get* sunburnt/tanned ‖ *(hús)* be*/get* burnt ‖ ❖ *átv* **hogy nem sül le a bőr a képéről!** he has the cheek to [do sg]; what a cheek!;

jól le van sülve look/be* (sun)tanned, have* a nice tan

lesüllyed *ige* sink* (down), dip ‖ *(erkölcsileg)* come* down

lesüt *ige (húst)* roast, brown ‖ **lesüti a szemét** stare at the ground

lesz *ige (történni fog)* will be; ❏ *kif* in for a penny, in for a pound ‖ *(vmvé)* become* (sg), make* [a good doctor etc.]; *(vmlyenné)* become*, get*, grow* ‖ *(birtokába jut)* come* by, obtain, get* ‖ **félek, hogy beteg lesz** I'm afraid he is going to be ill; **ha lesz időm** if I have time; **jó lesz sietni** we'd better hurry (up); **lesz, ami lesz!** come what may; **lesz/lenne olyan szíves ...** would you (please) ..., would you kindly ...; **mi lett belőle?** what has become of him?; **ott lesz (az)!** *(= ott kell lennie)* it/he must be there; **tanár lett belőle** he became a teacher, he took up teaching

leszakad *ige (gomb)* come* off ‖ ❖ *biz (hátramarad)* drop behind/back

leszakít *ige* tear* down; *(vmt vmről)* tear* (sg from/off sg); *(virágot)* pluck, pick

leszalad *ige (vk vhová)* run* down; *(lépcsőn)* run* downstairs

leszáll *ige (madár ágra)* settle, perch [on a twig], (a)light ‖ *(repülőgép)* land, touch down; *(űrhajó vízre)* splash down; *(szárazföldre)* touch down, land ‖ *(mélybe)* descend, go* down ‖ *(vm fentről)* fall* (down), drop, come* down ‖ *(járműről)* get* off [the bus/train] ‖ *(lóról)* dismount (from a horse) ‖ *(köd)* descend, fall*, come* down ‖ **hol szállunk le útközben?** where do we touch down?; **leszáll az éjszaka** night is falling, night is setting/closing in; **szállj le rólam!** ❖ *biz* get off my back(, will you)!

leszállás *fn (járműről)* getting off; *(lóról)* dismounting ‖ *(repülőgépé)* landing

leszállít *ige (árakat)* reduce, lower, cut*; *(színvonalat)* level (⊕ *US* -l) down; *(igényeket)* lower [one's pretensions] ||
leszállított *mn* **leszállított ár** reduced price; *(vásáron, alkalmi)* sale/bargain price; **leszállított áron** at a reduced price; **leszállított árú** cut-price, ⊕ *US* cut-rate
leszálló ▼ *mn* descending, downward ▼ *fn (utas)* passenger getting off
leszállóhely *fn (autóbuszról stb.)* this is where to get off; terminus
leszállópálya *fn* ❏ *rep* landing strip, runway
leszámol *ige (elszámol)* settle up, settle/balance one's account || *(pénzt)* count out || *(vkvel)* ❖ *átv* get* even/square with sy, settle accounts with sy || **leszámol vkvel régi sérelmekért** pay* off old scores
leszámolás *fn (elszámolás)* settling, settlement [of account]; ⊕ *US* pay-off || ❖ *átv* settling (off) the score; ❖ *biz* showdown
leszármazás *fn* descent, lineage || **egyenes ági leszármazás** lineal descent
leszármazik *ige (vktől)* be* descended from, be* a/the scion of
leszármazott *fn* descendant
leszavaz *ige (szavazatát leadja)* vote *(mellett:* for; *ellen:* against) || *(indítványt)* vote/turn down; *(kormányt)* outvote, defeat
leszázalékol *ige* pension sy off
leszed *ige (virágot)* pick, pluck; *(gyümölcsöt)* pick; *(termést)* harvest || *(vmt vmről)* take*/pick sg off sg; remove sg (from sg) || **leszedi az asztalt** clear the table
leszerel *ige (vmt vmről)* strip (sg off sg), take* down; *(gépet, alkatrészt)* take* off/down, remove || ❏ *kat* demobilize, ⊕ *GB* ❖ *biz* demob; ⊕ *csak US* veteran || *(vkt)* ❖ *átv* ❖ *biz* get* round sy, disarm sy || ❏ *sp (támadást)* check, stop; *(játékost)* tackle || **leszerelt katona** demobilized soldier, ex-service man°
leszerelés *fn* ❏ *kat* disarmament, arms reduction; *(atom)* nuclear disarmament
leszerepel *ige (csúfosan)* be* badly beaten/defeated; ❖ *biz* be* a washout
leszid *ige* give* sy a (good) dressing-down *(v.* talking-to), tell*/tick sy off, tear* sy off a strip, tear* a strip off sy
leszokik *ige (vmről)* give* up sg || **leszokik a dohányzásról** give* up smoking
leszoktat *ige (vkt vmről)* get* sy out of the habit of [doing sg], make* (sy) give up sg
leszól *ige (fentről)* shout down || *(vkt)* speak* disparagingly of sy, run* sy down
leszólít *ige (vkt)* accost sy; ❖ *biz (nőt)* make* a pass at
leszór *ige* sprinkle sg on sg
leszorít *ige (tárgyat)* press/hold*/tie/pin down || *(vkt vhonnan)* push/force sy off
leszögez *ige (tényt)* state, make* it clear, establish || **le kell szögeznünk, hogy** we must make it absolutely clear that
leszúr *ige (vkt)* stab sy (to death) || *(disznót)* stick* || *(karót)* stick* || *(pénzt)* ❖ *biz* shell out || ❖ *biz* = **leszid**
leszűr *ige (folyadékot)* filter, strain || ❖ *átv (tanulságot)* draw* the conclusion
leszüretel *ige* gather (in) the grapes, harvest grapes (from)
lét *fn (létezés)* existence, (state of) being, life° || **küzdelem a létért** struggle for life; **öreg létére** old as he is, in spite of his age, though old
letáboroz *ige* pitch one's tent swhere, pitch *(v.* set* up) camp swhere
letagad *ige* deny [the truth/fact]
letakar *ige* cover (over/up), lay* a cover (over sg)

letapogat *ige* ❏ *el* **scan**
letapos *ige* tread*/trample/stamp down, tread* (sg) underfoot
letartóztat *ige* arrest, take* (sy) into custody, put* sy under arrest, detain
letartóztatás *fn* arrest, detention || **letartóztatásban van** be* under arrest, be* detained; **előzetes letartóztatásban van** be* (detained) on remand, be* in custody, be* in pre-trial detention
leteker *ige* unroll, uncoil, wind* off
letelepedés *fn* settling, settlement
letelepedik *ige* settle (down) || *(székbe)* settle (oneself) down [in a chair]
letelepít *ige* settle
letelik *ige (határidő)* come* to an end, expire || *(idő)* elapse || **letelt az idő** time is up
letép *ige* ❖ *ált* tear*/rip off/away || *(virágot)* pluck, pick || *(szelvényt)* tear* off, detach
letér *ige (útról)* turn off, leave* [a road] || ❖ *átv* **letér a helyes útról** go* wrong
létérdek *fn* vital interest
letérdel *ige* kneel* down, go* down on one's knees
leterít *ige (földre vmt)* spread*/lay* out [sg on the ground/floor]; *(kártyáit)* show* [one's hand] || *(letakar vmt vmvel)* cover (sg) with (sg) || *(vadat)* bring* down, kill || *(vkt)* knock/strike* (sy) down, floor sy
letérít *ige (vkt útjáról)* take* sy (v. make* sy go) out of his way
létesít *ige* institute, establish, set* up || **kapcsolatot létesít** establish contact (with sy), contact sy
létesítmény *fn (szervezet)* establishment; *(intézmény)* institution || *(beruházási)* (construction) project; *(műtárgyak)* constructive works
létesül *ige* be* established, be* set up
letesz *ige (vmt vhová)* put*/set*/lay* down; *(fegyvert)* lay* down || *(megőrzésre)* deposit, leave* (sg with sy) || *(ruhát)* take* off || *(járműből vkt)* drop (sy) || *(vkt hivatalról)* dismiss, remove [sy from office] || *(vizsgát)* pass, get* through [an/the examination] || **hol tegyelek le?** where shall I drop you?; **leteszi a telefonkagylót** replace the receiver, *(befejezi a beszélgetést)* hang* up, *(udvariatlanul, mielőtt a másik befejezi)* hang* up on sy
letét *fn (megőrzésre)* deposit || **letétbe helyez vmt** deposit sg, leave* sg in safe custody
letéteményes *fn* depositary, depository; ❖ *átv így is* repository
létezés *fn* existence, being
létezik *ige* exist, be* (in existence), subsist || **(az) nem létezik!** it can't be (true)!, it is out of the question!
létfenntartás *fn* existence, subsistence, livelihood
létfenntartási *mn* **létfenntartási költségek** the cost of living *esz*, living expenses; **létfenntartási ösztön** instinct of self-preservation
létfontosságú *mn* of vital importance *ut.*
letilt *ige (bankkártyát)* cancel || *(fizetést)* stop
letiltás *fn (bankkártyáé)* cancelling (⊕ *US* -l-); *(fizetésé)* stoppage of payment
letipor *ige (lábbal)* tread*/tramp(le) on sg, trample sg underfoot
letisztít *ige* clean, make* (sg) clean
létjogosultság *fn* reason for the existence of sg, raison d'être
létkérdés *fn* question of life and death
létminimum *fn (mint életszínvonal)* subsistence level, the poverty line || *(kereset)* living/subsistence wage
letol *ige (vmt)* push/shove down || ❖ *biz (vkt)* give* sy a dressing-down, tear* sy off a strip || **jól letolta a főnöke** his boss tore him off a strip; **letolja a nadrágját** drop one's trousers (⊕ *US* pants)

letolás *fn* ❖ *biz* dressing-down, tongue-lashing

letölt *ige* ❑ *szt* download ‖ ‖ **letölthető az internetről** downloadable (v. you can donwload sg) from the Internet

letompít *ige (éles tárgyat)* blunt, take* the edge off (sg) ‖ *(hangot)* deaden, damp; *(fényt autón)* dim the headlights

letör *ige (vmt)* break* down; *(vmről)* break* off/away ‖ *(lázadást)* put* down, crush, suppress ‖ *(elcsüggeszt)* discourage, dispirit, depress ‖ **le van törve** be* in utter despair; **letörte a hír** (s)he was stunned by the news

letörik *ige* break* down/off, come* off ‖ *(elcsügged)* lose* heart/courage, despair; *(kimerül)* break* down ‖ **majd letörik a karom** my arms are breaking (under the load)

letöröl *ige (tárgyat)* wipe (sg) (down/off), wipe (sg) clean; *(nedveset)* dry (sg); *(könnyet)* wipe [the tears] away ‖ **töröld le a lábad!** wipe your feet/shoes!

létra *fn* ladder

létrafok *fn* rung [of ladder]

létrehoz *ige (intézményt)* establish, found ‖ *(művet)* create, produce

létrejön *ige* ❖ *ált* come* into being/existence; *(intézmény)* be* established (v. set up); *(esemény)* happen, take* place, come* about ‖ **megállapodás jött létre** an agreement has been reached/concluded

létszám *fn* number of people on the staff; *(résztvevőké)* number of participants ‖ **létszám feletti** supernumerary, redundant

letűz *ige (leszúr)* pin sg down

leugrik *ige* jump down/off

leukémia *fn* leukaemia (⊕ *US* -kemia)

leukoplaszt *ige* plaster, ⊕ *US* Band-Aid

leül *ige (székre)* sit* down, take* a seat; *(étkezéshez)* sit* down to eat ‖ *(büntetést)* serve one's sentence ‖ **üljön le, kérem!** *(udvariasan)* will you sit down please, please take a seat

leülepedik *ige (üledék)* sink* to the bottom, settle

leültet *ige (székre)* seat, make* (sy) sit down ‖ **leültették** *(börtönbe)* he was put behind bars

leüt *ige (vkt)* knock/strike* down ‖ *(vmt)* knock/strike* off ‖ *(hangot zongorán)* strike* [a note] ‖ ❑ *sp (labdát)* smash ‖ **leütötték és kirabolták** (s)he was mugged

levág *ige* ❖ *ált* cut* (off); chop off; *(ollóval)* cut* off; *(ágat)* lop off; *(hajat)* cut*, crop [sy's hair] ‖ ❑ *orv (végtagot)* amputate ‖ *(állatot)* slaughter, butcher, kill ‖ *(utat)* take* a short cut to ‖ **levág egy szelet kenyeret** cut* off a slice (of bread)

levágat *ige* **levágatja a haját** have* one's hair cut

leválaszt *ige* ❖ *ált* detach, separate, sever

leválik *ige* ❖ *ált* come*/break* off, separate ‖ *(festés)* peel (off), scale, flake off; *(tapéta)* peel off

levált *ige (állásból)* relieve [sy of one's post], replace sy (with/by sy) ‖ ❑ *kat (őrséget)* relieve ‖ **leváltották az igazgatót** the director was relieved of his position/post

leváltás *fn (állásból)* replacement; *(elbocsátás)* dismissal

levegő *fn* air ‖ **a levegőben** (up) in the air; **a szabad levegőn** in the fresh/open air; **levegőbe repül** blow* up, be* blown up; **kimegy a levegőre** go* out for a breath of fresh air, go* out into (the) fresh air; **rossz a levegő** *(szobában)* it is stuffy in here; **tiszta a levegő** ❖ *átv* the coast is clear

levegős *mn* airy, breezy

levegőtlen *mn* airless; *(szoba)* stuffy, close

levegőváltozás *fn* change of air

levegőzik *ige* take* the air

levehető *mn* removable, detachable

levél *fn (fán)* leaf° || *(írott)* letter || **egy levél aszpirin** a strip of aspirin; ❖ *hiv* f. **hó 10-i levelük** your letter of the 10th inst.; **köszönettel megkaptam június 7-i levelét** thank you very much for your letter of 7 June; **külön levélben** under separate cover; **levélben** by letter/mail/post; **március 6-i levelére válaszolva** in reply to your letter of 6 March; **Tokaji úr leveleivel** *(borítékon)* c/o Mr. Tokaji [= care of ...]

levélbomba *fn* letter-bomb

levelez *ige* correspond (with sy) || **leveleznek egymással** they write to each other (regularly)

levelezés *fn* correspondence || **levelezés útján** by correspondence; **üzleti levelezés** business correspondence

levelező ▼ *mn* ❑ *isk* **levelező hallgató** correspondence student; **levelező tag** corresponding member; **levelezőtárs** pen friend/pal ▼ *fn* correspondent; **kereskedelmi levelező** correspondence clerk

levelezőlap *fn (nyílt)* postcard || **képes levelezőlap** picture postcard

levelibéka *fn* tree-frog

levélpapír *fn* writing paper, notepaper, stationery

levélszekrény *fn (falon v. ajtó mellett)* ⊕ *GB* letter box, ⊕ *US* mailbox; ⊕ *GB (járdán)* postbox, *(régebben)* pillar box; *(lakásajtón, nyílás)* letter box, *US* mail slot

levéltár *fn* archives *tsz* || **Országos Levéltár** National Archives, ⊕ *GB* Public Record Office

levéltárca *fn* wallet, ⊕ *US* billfold

levéltetű *fn* plant louse°, aphid

levéltitok *fn* privacy of letters

levélváltás *fn* exchange of letters

levendula *fn* lavender

lever *ige (vmt földbe)* drive* (sg into the earth) || *(vmt véletlenül)* knock down/off || *(felkelést)* put* down, suppress || *(letör)* depress, dispirit, cast* down || **leverte a hír** he was cast down by the news

levert *mn* depressed, dejected

levertség *fn* depression, dejection, low spirits *tsz,* ❖ *biz* the blues *tsz*

leves *fn* soup

leveseskanál *fn* table-spoon

levesestál *fn* (soup-)tureen

levesestányér *fn* soup-plate

leveskocka *fn* stock/bouillon cube

levestészta *fn* vermicelli, noodles *tsz*

levesz *ige* ❖ **ált** take*/get* down; *(vmről)* take* off, remove (from); *(ruhadarabot)* take* off || = **lefényképez** || *(leoperál)* take* off || **levesz egy könyvet a polcról** take* down a book from the shelf; **levesz vkt a lábáról** *(betegség)* put* sy out of action/circulation; *(megtöri ellenállását)* get* round sy, charm sy off his feet; **levesz vmt a napirendről** strike* off the agenda, shelve sg; **leveszik a darabot a műsorról** the play is being taken off; **nem tudja levenni a szemét vmről** he cannot take his eyes off sg

levetít *ige (filmet)* show*, screen

levetkőzik *ige* undress, take* one's clothes off

levetkőztet *ige* undress, strip || **meztelenre levetkőztet** strip sy naked (v. to the skin v. ❖ *biz* buff)

levezet *ige (vkt)* lead* (sy) down || *(vizet)* carry away/off || *(indulatot)* vent [one's anger, ill-temper etc.], work off [one's temper] || *(ülést)* chair [a meeting]; *(szülést)* conduct [a delivery], assist [at birth]; *(mérkőzést)* referee, umpire || ❖ *átv (vmt vmből)* trace (sg) back (to sg), deduce; ❑ *mat* deduce, obtain, work out || **ez levezette a feszültséget** it cleared the air; **felesleges energiáját levezeti** let* off steam

levezetés *fn (vízé)* carrying off/away, draining || *(ülésé)* chairing, chairmanship; *(szülésé)* assistance; *(mérkőzé-*

sé) refereeing, umpiring ‖ ❖ *átv (vmből)* deduction ‖ ❏ *mat* demonstration, proof

levisz *ige (vmt)* carry/take* down ‖ *(vkt)* take* (down) to ‖ *(autóval)* run* sy down (to) ‖ *(szél)* blow* off ‖ *(piszkot)* take* out ‖ **levisz vkt a Balatonra** take*/drive* sy (down) to Lake Balaton

levizsgázik *ige* pass one's/an examination, get* through one's examination/exam(s)

levizsgáztat *ige* examine sy (in sg)

levon *ige (zászlót)* haul down ‖ *(mennyiségből elvesz)* subtract; *(pénzösszegből)* deduct; *(engedményként)* discount; *(fizetésből)* deduct, keep* back ‖ **3 %-ot levon** *(árból)* discount 3 per cent, allow a discount of 3%

levonás *fn (összegből)* deduction, discount; *(fizetésből)* deduction, sum kept back ‖ **6 % levonásával** less 6%

levonul *ige* march down, go*/come* down; *(csapat pályáról)* leave* [the field] ‖ **az ár levonult** the flood has passed/subsided

lexikai *mn* lexical ‖ **lexikai egység** lexical unit

lexikális *mn (adatszerű)* encyclopaedic (⊕ *US* -pedic) ‖ *(szókészleti)* lexical

lexikográfia *fn* lexicography

lexikológia *fn* lexicology

lexikon *fn (ismerettár)* encyclopaedia (⊕ *US* -pedia) ‖ *nyelvt* lexikon ‖ **ez az ember valóságos lexikon** he is a walking encyclopaedia (⊕ *US* -pedia)

lezajlik *ige* go*/pass off, take* place, run* its course

lezár *ige (kulccsal)* lock (up) ‖ *(levelet)* close, seal ‖ *(listát)* close ‖ *(vizet, fűtést stb.)* turn off ‖ *(ügyet)* close, settle; *(vitát)* end, finish, conclude ‖ **az utcát lezárták a forgalom elől** the street has been closed to through traffic; **és ezzel a dolog le van zárva** and that settles it

lezáródik *ige (fedél stb.)* shut* down ‖ *(ügy)* close, end, terminate

lézeng *ige* linger, loiter, hang* around

lézer *fn* laser

lézernyomtató *fn* laser printer

lezúdul *ige (eső)* pour, come* down in torrents; *(víztömeg)* rush/cascade down, come* rushing down

lezuhan *ige* ❖ *ált* fall*/tumble down ‖ *(repülőgép)* crash

lezuhanyozik *ige* take*/have* a shower, shower

lezüllik *ige (vk)* come* down in the world, go* to the dogs ‖ *(vm)* go* off, deteriorate

liba *fn* ❏ *áll* goose°

libabőr *fn* **libabőrös lesz vmtől** sg gives hem the creeps

libamáj *fn* goose-liver

libamájpástétom *fn* pâté de foie gras

libamell *fn* breast of a goose

libasorban megy *ige* go* in single/Indian file

libazsír *fn* goose fat/grease/dripping

libeg *ige (felfüggesztve)* dangle, hang* loose ‖ *(szélben)* flap, flutter, float

libegő *fn* chairlift

liberális *mn* liberal ‖ ❖ *átv* broad/open-minded

liberalizmus *fn* liberalism

libretto *fn* libretto

licit *fn (kártya)* bid(ding)

licitál *ige* (make* a) bid* ‖ **te licitálsz** your bid

licitálás *fn* bidding

lidércnyomás *fn* nightmare

lift *fn* lift, ⊕ *US* elevator ‖ **a lift nem működik** the lift is out of order

liftes ▼ *mn* with a lift *ut.* ▼ *fn* ❖ *biz* **liftes(fiú)** *(szállodában)* bellboy, ⊕ *US* bellhop

liga *fn* league

liget *fn* grove, green wood, park ‖ **a Liget** (= *Városliget*) City Park

liheg *ige* pant, gasp (for breath), be* out of breath

likőr *fn* liqueur
lila *mn (szín)* violet; *(orgona)* lilac
liliom *fn* lily
limlom *fn* odds and ends *tsz*, lumber, junk
limonádé *fn (ital)* lemonade, lemon-squash, ⊕ *US* lemon soda || ❖ *átv (olvasmány)* romance, sob stuff
lincselés *fn* lynching, mob rule
lineáris *mn* linear
link *mn* ❖ *biz* **link alak** good-for-nothing, layabout, shady character; **link duma** blah, bunkum
linóleum *fn* linoleum, ❖ *biz* lino
líra *fn (pénznem)* lira || *(görög lant)* lyre || *(költészet)* lyric poetry
lírai *mn* ❖ *ir* lyric || *(bensőséges)* lyrical || **lírai költő** lyric poet
lírikus ▼ *mn* lyric(al) ▼ *fn* lyric poet
lista *fn* list, register
listaár *fn* list price
listavezető *fn (igével)* top the list
listázás *fn* ❏ *szt* listing
Lisszabon *fn* Lisbon
liszt *fn* flour; *(durvább)* meal
litánia *fn* ❏ *vall* litany
liter *röv* **l** *fn* litre, ⊕ *US* liter || **5 liter bor** 5 litres of wine
literes *mn* holding/containing a litre (⊕ *US* -ter) *ut.* || **literes üveg** one-litre bottle/flask
liturgia *fn* liturgy
ló *fn* ❏ *áll* horse || *(sakk)* knight || *(tornaszer)* horse || **ha ló nincs, a szamár is jó** half a loaf is better than none (*v.* no bread); **leesik a lóról** fall* from [a/one's] horse, have* a spill, take* a toss; **lóra ül** mount [a/one's horse], get* on horseback; **lóra!** to horse!; **lóról leszáll** dismount (from a horse), get* off a horse; **lóvá tesz** make* a fool of sy, dupe, ❖ *biz* bamboozle, take* sy in
lóbál *ige* ❖ **ált** swing*, dangle
lobban *ige* **szerelemre lobban vk iránt** fall* in love with sy

lobbanékony *mn (természetű)* (in)flammable; *(ingerlékeny)* irascible, inflammable, explosive
lobog *ige (tűz)* flame, blaze || *(zászló)* wave
lobogó *fn* flag, standard
lobogtat *ige (kendőt)* wave || *(vmt diadalmasan)* flourish
loccsan *ige* splash, plop
locsog *ige (vk)* chatter/prattle on/away, rabbit on/away
locsogás *fn (fecsegés)* chatter(ing), tittle-tattle, twaddle
locsol *ige (virágokat)* water, sprinkle
lódít *ige (egyet vmn)* give* sg a push/toss, shove || tell* a fib/lie, talk through one's hat
lódobogás *fn* clatter of hoofs
lóerő *fn* horsepower *(röv* h.p., hp *v.* HP)
lóerős *mn* **80 lóerős autó** a 80 h.p. car, a car with a 80 horsepower engine
lófarok (frizura) *fn* ponytail
lóg *ige* hang*, be* suspended (from), dangle || ❖ *biz (kószál)* loaf (about/around); *(iskolából)* play truant, ⊕ *US* play hook(e)y; *(munkából)* swing* the lead, be* an absentee; ❏ *kat* malinger, shirk || ❖ *biz* **lóg az eső (lába)** it looks like rain; ❖ *biz* **lóg vkn** hang* around sy
logaritmus *fn* logarithm || **logaritmust keres** take* the logarithm, look up the logarithm
logaritmustábla *fn* logarithmic table
logarléc *fn* slide-rule
lógás *fn* ❖ *biz* ❏ *isk* playing truant, ⊕ *US* playing hook(e)y; *(munkából)* swinging the lead
loggia *fn* loggia
logika *fn* logic
logikai *mn* logical
logikátlan *mn* illogical
logikus *mn* logical; *(ésszerű)* reasonable; *(magától értetődő)* natural || **logikus érvelés** logical argument

logopédia *fn* speech therapy
logopédus *fn* speech therapist
lóhalálában *hsz* at breakneck speed
lóhát *fn* **lóháton** on horseback; **lóháton megy** ride*, go* on horseback
lóhere *fn* ❑ *növ* trefoil, clover ‖ *(különszintű csomópont)* cloverleaf *(tsz* -leafs *v.* -leaves*)*
lohol *ige* paut (along); ❖ *átv (vm után)* run* after, chase after
lóistálló *fn* stable
lojális *mn* loyal, faithful, honest
lokalizál *ige* localize, locate
lokálpatriotizmus *fn* parochialism, localism
lokátor *ige* radar
lóláb *fn* **kilóg a lóláb** the cloven hoof is showing
lólengés *fn* ❑ *sp* pommel(led) horse exercises *tsz*
lom *fn* lumber, odds and ends *tsz*, junk
lomb *fn* foliage, leaves *tsz* ‖ **a lombok alatt** under the leafy boughs
lombhullás *fn* falling of the leaves
lombik *fn* test-tube
lombikbébi *fn* test-tube baby
lombos *mn* leafy, in leaf *ut.*
lombosodik *ige* come* into leaf, put* out leaves, leaf
lombozat *fn* foliage, leaves *tsz*
lombtalanít *ige* defoliate
lomha *mn* sluggish, inactive
lompos *mn* slovenly, slatternly ‖ **lompos nő(személy)** sloven, slattern
lomtalanít *ige* clear sg of rubbish/junk, remove lumber
lomtalanítás *fn* house/junk-clearance
lomtár *fn* junk/lumber room, boxroom
londiner *fn* boy, page, porter; ⊕ *US* bellhop, bellboy
London *fn* London
londoni ▼ *mn* of London *ut.*; *összet* London ▼ *fn* Londoner
lop *ige* ❖ *ált* steal*; *(apróságot)* pilfer, filch ‖ **lopja a napot** idle/fritter away one's time, loaf around/about

lopakodik *ige (vhova)* go* swhere stealthily, creep* along/towards; *(vhova be)* steal* into
lopás *fn* ❖ *ált* stealing; *(jog)* theft; *(üzletben)* shop-lifting ‖ *(kártyában)* trump(ing), ruff ‖ **betöréses lopás** burglary
lopódzik *ige* = **lopakodik**
lopótök *fn* (bottle-)gourd, calabash
lopva *hsz* stealthily, furtively; *(csak titokban)* secretly ‖ **vmt lopva megnéz** cast* a furtive look/glance at
lósport *fn* horse-racing, the turf
lótenyésztés *fn* horse-breeding
lót-fut *ige* run*/rush (a)round/about
lottó *fn* lottery ‖ = **lottószelvény** ‖ **20 ezer forintot nyert a lottón** (s)he won 20 thousand fts in the lottery
lottóhúzás *fn* drawing of lottery bonds
lottószelvény *fn* lottery ticket/coupon
lottózik *ige* play (in) the lottery, ❖ *biz* do* the lottery
lóugrás *fn (sakk)* knight's move
lovag *fn (tört, ill. ma is GB)* knight ‖ ❖ *átv* ❖ *tréf* sy's boyfriend/steady ‖ **lovaggá üt** knight sy
lovagi *mn* knightly ‖ **lovagi rangra emel** confer a knighthood on sy; ❑ *tört* **lovagi torna** tournament
lovagias *mn* ❖ *ált* chivalrous; *(nőkkel)* gallant ‖ **lovagias ügy** affair of honour
lovagiasság *fn* ❖ *ált* chivalrousness, chivalry; *(nőkkel)* gallantry
lovaglás *fn* ❖ *ált* riding; *(olimpián)* equestrian events *tsz*; *(öttusában)* riding
lovaglóiskola *fn* riding-school
lovaglónadrág *fn (csizmához)* riding-breechs *tsz*; *(csizma nélkül)* jodhpurs *tsz*
lovaglóruha *fn* riding clothes *tsz*, riding-habit
lovagol *ige* ride* (a horse) ‖ **jól lovagol** be* a good rider/horseman°; **lovagol vk hátán** *(gyerek)* ride* on

sy's back; **térden lovagol** ride* a cockhorse
lovagrend *fn* ❏ *tört* order of knighthood
lovas ▼ *mn* ❖ *ált* (mounted) on horseback *ut.* || ❏ *kat* mounted, cavalry || **lovas bemutató** horse-show; **lovas katona** cavalry-man°; **lovas kocsi** horse/horsed carriage, horsedrawn vehicle; **lovas rendőr** mounted policeman°; **lovas szobor** equestrian statue; **lovas tüzérség** horse artillery ▼ *fn* rider; horseman°; *(nő)* horsewoman°
lovaspóló *fn* polo
lovasroham *fn* cavalry charge
lovasság *fn* cavalry
lovasturizmus *fn* horseback tourism
lóvasút *fn* horse tramway
lovasverseny *fn* equestrian/riding competition, equestrian events *tsz*
lovász *fn* groom, stableman°; *(fiú)* stable boy/lad; *(lány)* stable girl
lóverseny *fn* horse-race; *(több futamos)* race-meeting, the races *tsz*
lóversenyez *ige* go* to the races
lóversenypálya *fn* racecourse, the turf
lóversenyzés *fn* horse-racing, the turf
lő *ige* ❖ *ált* shoot*; *(tüzel)* fire; *(ágyúval)* shell; *(vadat)* shoot* || ❏ *sp (labdát)* shoot* || ❖ *biz* **annak már lőttek** the game is up, it's all up, it/he/she has had it; **gólt lő** shoot*/kick a goal
lődörög *ige* loaf/loiter/hang* about/around
lőfegyver *fn* firearm, gun
lőgyakorlat *fn* target-practice
lőhető vad *fn* fair game
lök *ige* ❖ *ált* give* (sg) a push/shove, push; *(durván)* thrust*, knock; *(hirtelen)* jerk || *(könyökkel)* nudge, dig/poke [in the ribs] || *(földre)* throw* [to the ground] || **vkt a folyóba lök** push sy into the river
lökdös *ige* (ide-oda) keep* jerking/pushing
lökdösődik *ige* push and shove, jostle

lökés *fn* push, shove; *(durvább)* toss, thrust, butt; *(könyökkel)* nudge, dig, poke || ❖ *átv* impetus, impulse || **lökést ad vmnek** ❖ *átv* give* sg a push, get* the thing moving/going
lökhajtásos repülőgép *fn* jet aircraft
lökhárító *fn* bumper
lőszer *fn* ammunition, munition(s)
lőtávol(ság) *fn* range, gunshot || **lőtávolon belül** within range/gunshot; **lőtávolon kívül** out of range
lőtér *fn* rifle/shooting-range; *(zárt, kisebb)* shooting-gallery
lötyög *ige (ruha vkn)* hang* loose(ly) (on sy); *(bőszárú nadrág)* be* baggy || *(géprész)* have* some play; *(ált egyéb tárgy)* be* loose
lötty *fn* wash; *(leves, bor, kávé, tea)* thin/watery soup/wine/coffee, slop, wish-wash, dishwater
lövedék *fn* projectile, shot, bullet, missile || **irányított lövedék** guided missile
löveg *fn* gun, cannon
lövell *ige (folyadék)* spurt (out), squirt (out) *(vmből mind:* from) ||
lövés *fn (cselekvés)* shooting, firing; *(ágyúval)* shelling || *(egy)* shot; *(sorozat)* round || **lövés érte** he was shot (and wounded)
lövész *fn* ❏ *kat* rifleman°, fusilier || **kiváló lövész** a good marksman°
lövészárok *fn* trench
lövészet *fn* ❏ *kat* musketry, rifle/target practice; ❏ *sp* shooting
lövet *ige (vkre)* give* the order to shoot/fire (at sy) || **löveti a várost** have* the town shelled/bombarded
lövöldöz *ige (vadra)* shoot* aimlessly, blaze away (at game) || *(emberek egymásra)* fire away (at), snipe at the enemy
lövöldözés *fn* fusillade; *(tűzharc)* gunfight/battle, shoot-out, shooting affray
lucerna *fn (takarmány)* alfalfa
lucfenyő *fn* spruce

lucskos *mn (idő)* wet, dirty || *(izzadságtól)* bathed in perspiration *ut.*, streaming with perspiration *ut.*
lucsok *fn* slush, sludge, slime
lúd *fn* goose°
lúdtalp *fn* fallen arch(es), flat foot°
lúdtalpbetét *fn* arch-support; *(Schollféle, rugalmas)* arch cushions *tsz*
luftballon, lufi *fn* balloon
lúg *fn* ❑ *vegy* alkali
lugas *fn (pihenőhely)* bower, arbour || *(növény felfuttatására)* trellis
lúgos *mn* alkaline
lumbágó *fn* lumbago
lúmen *fn* **nem nagy lúmen** he won't set the Thames on fire, he is no genius
lumpol *ige* ❖ *biz* carouse, have* a night out on the tiles, be*/go* on the spree
lusta *mn (munkára)* lazy, idle; ❖ *biz* lazybones || *(mozgásban)* sluggish, sleepy || **lusta ember** sluggard
lustálkodás *fn* idling, slacking
lustálkodik *ige* idle (away one's time), laze
lustaság *fn* laziness, idleness
lutheránus *mn* Lutheran
luxus *fn* luxury, luxuriousness || *összet* luxury, de luxe || **nagy luxusban él** live in luxury, live a life of luxury || **luxuskivitel(ben)** de luxe (*v.* superior) quality
luxusadó *fn* luxury tax
luxusautó *fn* luxury/saloon car
luxuscikk *fn* luxury article/item, luxury goods *tsz*
luxushajó *fn* cruise liner, yacht
luxusszálloda *fn* a de luxe hotel, luxury hotel
lüktet *ige (szív, ér)* beat* (strongly/rapidly), pulsate || *(seb)* throb, pulsate
lüktetés *fn* beat(ing), throb(bing), pulsation
lüktető *mn* pulsating, throbbing

LY

lyuggat *ige* perforate
lyuk *fn* ❖ *ált* hole; *(nyílás)* opening, gap, mouth; *(egéré)* hole; *(nyúlé)* burrow, hole; *(fogban)* cavity; *(sajtban)* hole, eye || *(rossz lakás)* (rotten) hole (of a place), hovel || **csupa lyuk a zoknim** my socks are full of holes; ❖ *biz* **lyukat beszél vk hasába** talk sy's head/ear off
lyukacsos *mn* full of holes *ut.*; *(szerkezetű)* porous
lyukas *mn (ruha)* holed, with holes (in it) *ut.*, full of holes *ut.*; *(fog)* decayed, hollow; *(autógumi)* punctured, flat || **lyukas a zoknim** there's a hole in my sock; **lyukas a cipője** his boots let* in water; ❑ *isk* **lyukas óra** free hour, an hour off
lyukaszt *ige* make* a hole (in sg), hole sg; *(jegyet)* punch, clip
lyukasztás *fn (cselekvés)* making holes; *(jegyé)* punching, clipping
lyukasztó *fn* punch; *(kalauzé)* ticket-punch
lyukkártya *fn* punch(ed) card
lyukszalag *fn* punched/paper tape

M

m = *méter* metre, ⊕ *US* meter, m
m² = *négyzetméter* square metre, ⊕ *US* -ter, sq m
ma *hsz* today ‖ *(manapság)* nowadays, these days ‖ **ma délben** today (at) noon; **ma egy hete** this day last week, a week ago today; **ma este** this evening, tonight; **ma reggel** this morning; **mához egy hétre** today week, a week today, this day week; **mához két hétre** a fortnight today; **máig** up to this day, up to now, hitherto, so far; **mára** *(a mai napra)* for today; *(legkésőbb máig)* by today; **máról holnapra** *(hirtelen)* overnight, from one day to the other; *(nehezen)* [live] from hand to mouth; **mától fogva** from now on, from today
mackó *fn (állat)* bear (cub); *(mesékben)* Bruin ‖ *(játék)* teddy (bear)
macska *fn* cat
macskajaj *fn* hangover
macskakörmök *fn tsz* inverted commas, quotation marks
macskaszem *fn (járművön)* (rear) reflector; *(úttesten)* cat's-eye *(tsz* cat's-eyes)*
madám *fn (szülésznő)* midwife°
madár *fn* ❑ *áll* bird ‖ ❖ *biz (pasas)* bird ‖ **madarat tolláról, embert barátjáról** birds of a feather flock together
madarász *fn* fowler, bird-catcher
madárfióka *fn (fészekben)* nestling; *(röpülni tanuló)* fledgling
madárijesztő *fn (átv is)* scarecrow
madártávlat *fn* bird's eye view (of sg)

madártej *fn (étel)* oeufs à la neige, floating islands *tsz*
madrigál *fn* madrigal
madzag *fn* string, twine
maffia *fn* mafia
mafla ▼ *mn* stupid, thick(headed) ▼ *fn* blockhead, thickhead
mag *fn* ❑ *növ* ❖ *ált* seed; *(csonthéjasé)* stone, pit; *(belseje)* kernel; *(almáé, körtéé, narancsé)* pip; *(szőlőé)* seed ‖ *(atommag)* nucleus ‖ **vmnek a magva** *(lényege)* the gist/kernel of sg
maga¹ ▼ *nm (saját)* one's own ‖ **(ő) maga** *(vk)* (he) himself, (she) herself; *(egyedül)* alone, (all) by himself/herself; *(vm)* (by) itself; **(ők) maguk** they themselves, **őt magát** himself, herself; **(ti) magatok** (you) yourselves; *(visszaható)* **(én) magam** (I) myself; *(egyedül)* (all) by oneself; **gondolta magában** he said/thought to himself; **maga a gondolat** the very idea; **maga a megtestesült egészség** the picture of health; **maga a puszta tény** the mere fact (in) itself; **maga alatt van** ❖ *átv* ❖ *biz* be* under the weather; *(nyomatékosan)*; **maga az igazgató jött el** the director himself came; **magába fojt** *(haragot)* bottle up; **magában** *(egyedül)* alone, apart; *(magában véve)* in itself; **magában beszél** talk to oneself, soliloquize; **magába(n) foglal** include, contain, comprise; *(költséget stb.)* be* inclusive of; **magában nevet** laugh to oneself; **magához kéret vkt** send* for sy, ask sy to come; **magához tér**

(ájult) recover/regain consciousness, come* to/round; *(gyengeségből)* recover/gather strength; **magánál van be*** conscious; **magára hagy vkt** leave* sy to oneself; **magára marad** be* left alone, be* lonely; **magától** *(beavatkozás nélkül)* by/of itself/oneself, of one's own accord; *(kérés nélkül)* [do sg] unasked; **magától értetődik** it goes without saying, it is only too obvious/natural; **megkapja a magáét** get* one's due, get* his/her/one's (just) deserts; **(mi) magunk** (we) ourselves; **nincs magánál** be* unconscious; **törődj a magad dolgával** mind your own business ▼ *hsz (egyedül, saját maga)* alone, (all) by himself/herself

maga² *nm (ön)* you ‖ *(birtokos)* your ‖ **ez a maga/maguk háza?** is that your house?

magabiztos *mn* sure of oneself *ut.*, confident, self-assured; ❖ **elít** cocksure ‖ **magabiztosan** full of confidence, sure of oneself

magáé *nm (sajátja)* sy's/one's own ‖ *(öné)* yours ‖ **az én könyvem csak fűzött, a magáé kötött** my book is only stitched, yours is bound

magánalkalmazott *fn* employee [of a private firm/office]

magánbeszélgetés *fn* private talk/conversation/interview; *(telefonon)* private call/conversation

magáncég *fn* (private) firm

magáncélra *hsz* for personal use

magánélet *fn* private/personal life, privacy ‖ **a magánéletben** in private (life)

magánember *fn* private individual

magánérdek *fn* private interest

magánhangzó *fn* vowel

magániskola *fn* private school

magánjellegű *mn* private; *(bizalmas)* confidential

magánjog *fn* civil law

magánkéz *fn* **magánkézben van be*** privately owned, be* in private hands

magánlakás *fn* private flat (⊕ *US* apartment)

magánlátogatás *fn* ❖ **ált** private call/visit

magánnyomozó *fn* private detective

magánóra *fn* private lesson

magánpraxis *fn* private practice (⊕ *US* -ise) ‖ **magánpraxist folytat** he receives private patients

magánszemély *fn* private individual

magánterület *fn* private property; *(kiírás)* Private

magántulajdon *fn (viszony)* private ownership ‖ *(tárgyak)* private property ‖ **magántulajdonban levő** privately owned, in private ownership *ut.*

magánúton *hsz* privately, through private channels

magánügy *fn* private/personal affair/matter, private business

magánvállalkozás *fn* private enterprise/venture/business

magánvállalkozó *fn* entrepreneur, owner of a business (enterprise) (*v.* private firm)

magánvélemény *fn* private/personal opinion

magánzárka *fn (hely)* cell ‖ *(büntetésnem)* solitary confinement

magány *fn* solitude, loneliness

magányos *mn (elhagyatott)* lonely, solitary ‖ *(társaságkerülő)* odd man° out ‖ *(különálló)* isolated; *(félreeső)* secluded, isolated ‖ **magányos nő** an unattached woman°; **magányosan él** lead* a lonely/secluded life

magas ▼ *mn (hegy, épület)* high; *(ember, torony)* tall ‖ *(hang, magánhangzó)* high, front ‖ *(szint, színvonal)* high(-level) ‖ ❖ *biz* **ez nekem magas** this beats me, it's beyond me; **2 m magas fal** a two-metre high wall, a wall 2 m high; **magas állás** high of-

fice/position; **magas fizetés** high salary; **magas hangú** high-pitched; **magas kort ért meg** lived to (v. reached) an advanced age; **magas nyakú pulóver** turtleneck (sweater); **magas szárú cipő** boots *tsz*; **magas színvonalú** high-class/level/standard; **magas vérnyomás** high blood-pressure ▼ *fn* **magasba emelkedik** *(repülőgép)* rise* (into the sky)
magasan *hsz* high || **nagyon magasan van** he is very high up; **magasan repül** fly* high
magasföldszint *fn* mezzanine
magaslat *fn* height, elevation, altitude || **a helyzet magaslatán van** prove/be* equal to the task, be* on top of the job
magaslati *mn* high-altitude, alpine || **magaslati levegő** mountain-air
magasodik *ige (magaslik)* rise*, project, jut out
magasság *fn* ❖ ált height; *(csak dolgoké)* altitude; *(vízé)* depth || *(vké)* height || **magassága 180 cm** he is six feet (in height), he is six foot/feet tall, he is a six-footer
magasugrás *fn* high jump
magasugró *fn* high-jumper
magasztal *ige* praise (highly), extol (⊕ *US* extoll), eulogize
magatehetetlen *mn* helpless, crippled; *(béna)* lame
magaviselet *fn* conduct, behaviour (⊕ *US* -or) || **jó magaviselet** good conduct; **jó magaviseletű** well-behaved/conducted; **rossz magaviselet** bad/poor conduct; **rossz magaviseletű** ill-behaved, badly behaved
magáz *ige* <address sy formally as "maga">
magazin *fn (folyóirat)* (illustrated) magazine
magfizika *fn* nuclear physics
maghasadás *fn* ❑ *fiz* nuclear fission
mágikus *mn* magic(al) || **mágikus erő** magic power, spell

máglya *fn* bonfire, pile of logs || *(kivégzéshez, tört)* the stake
máglyarakás *fn (étel) kb.* jam pudding
mágnás *fn* magnate, aristocrat, ⊕ *GB* peer
mágnes *fn* magnet
mágneses *mn* magnetic
mágnesez *ige* magnetize
mágneskártya *fn* credit card; ❖ biz plastic
mágneslemez *fn* (magnetic) disk || **hajlékony mágneslemez** floppy disk
mágnesség *fn* magnetism
magnetofon *fn* = **magnó**
magnézium *fn* magnesium
magnó *fn* ❖ biz tape-recorder; *(kazettás)* cassette recorder || **magnóra felvesz** tape sg
magnófelvétel *fn* tape-recording
magnókazetta *fn* (audio)cassette
magnós ▼ *mn* **magnós rádió** radio/cassette recorder; **sztereó magnós rádió** stereo (radio cassette recorder) ▼ *fn* tape-recording buff
magnószalag *fn* (magnetic) tape
magnózik *ige (felvesz)* tape-record; *(hallgat)* listen to tapes
magol ❖ biz *ige* swot/mug up sg, swot up on sg || cram, swot, mug || **vizsgára magol** cram/swot/mug for an/one's exam, ⊕ *US* grind* (away) for one's exam(s)
magoló *fn* swot, ⊕ *US* grind
magömlés *fn* ejaculation
magtár *fn* granary, barn
mágus *fn* magus *(tsz* magi)
magvas *mn* ❑ *növ* **magvas növények** seed plants ||
magvető *fn* sower
magzat *fn* ❑ *biol (embrió)* embryo *(a terhesség 5. hetétől kezdve)* f(o)etus || ❖ ir *(utód)* offspring
magzatelhajtás *fn* (procured) abortion
magyal *fn* holly
magyar *mn/fn* Hungarian, Magyar || **magyar ajkú/anyanyelvű** Hungarian-speaking; **a magyar ajkúak/anya-**

nyelvűek native speakers of Hungarian, Hungarian-speakers; **anyanyelve magyar** his/her native language is Hungarian; **magyar ember** a Hungarian/Magyar; **a Magyar Köztársaság** the Hungarian Republic; **magyar nyelv** Hungarian (language), Magyar (language); **magyar nyelvű** *(személy)* Hungarian-speaking, *(folyóirat stb.)* Hungarian; **magyar származású** of Hungarian birth/descent *ut.*, Hungarian-born; **Magyar Tudományos Akadémia** Hungarian Academy of Sciences; **magyar szakos tanár** teacher of Hungarian; **magyart tanít** teach* Hungarian (language and literature); **magyar-angol szakos hallgató** student of Hungarian and English

magyarán *hsz* frankly, bluntly, clearly, openly || **magyarán megmond vmt** make* no bones about sg, speak* from one's heart

magyaráz *ige* explain; *(kifejt)* expound; *(értelmezve)* interpret; *(eseményt, szöveget)* comment on || *(vmt indokol)* account for (sg) || **azzal magyarázza, hogy** he gives (it) the following explanation

magyarázat *fn* explanation; *(értelmezve)* interpretation; *(eseményhez, szöveghez)* comment(ary); *(ir szöveghez)* gloss, annotation; *(indok, ok)* reason, motive || **magyarázatra szorul** it calls for an explanation, it needs explaining (*v.* to be explained); **magyarázatot kér** ask for an explanation (of sg)

magyardolgozat *fn* Hungarian essay/homework

magyaróra *fn* class in Hungarian, Hungarian class

Magyarország *fn* Hungary || **Magyarországon** in Hungary

magyarországi *mn* of/from/in Hungary *ut.*, Hungarian, Magyar

magyaros *mn* (typically/characteristically) Hungarian || **magyaros étel** Hungarian dish

magyarosan *hsz* in (true) Hungarian/Magyar fashion/style; *(ételnév)* à la hongroise || **magyarosan főz** cook (in the) Hungarian style

magyarság *fn (nép)* Hungarians *tsz*, the Magyars *tsz*, the Hungarian people/nation || **jó magyarság** *(beszéd)* good/correct Hungarian (speech)

magyarságtudomány *fn* Hungarian studies *tsz*

magyartalan *mn (beszéd)* bad Hungarian (speech)

magyartanár *fn* teacher of Hungarian, Hungarian teacher

magyarul *hsz* (in) Hungarian || *(érthetően)* clearly, plainly || **magyarul beszél** speak* Hungarian; **magyarul beszélő** Hungarian-speaking; *(főnév)* speaker of Hungarian; **magyarul tanul** learn* Hungarian; **magyarul van (írva)** is (written) in Hungarian

mahagóni *fn* mahogany

mai *mn* today's, this day's, of today *ut.*, of this day *ut.* || *(jelenlegi)* present-day; *(kortárs)* contemporary, of today *ut.* || *(korszerű)* up-to-date, modern || **a mai élő angol nyelv** present-day English; **a mai naptól** from this date/day; **(mind) a mai napig** up to the present, up to now, to date, so far, as yet

máj *fn (szerv, étel)* liver

májas hurka *fn* white pudding

majd *hsz (valamikor)* sometime, someday (in the future); *(később, aztán)* then, later (on) || *(majdnem)* almost, nearly || **ezt én majd elintézem** I'll settle/arrange it, I'll see to it; **ha majd elkészül, szólj** tell me if it is ready

majdnem *hsz* almost, (very) nearly, all but || **majdnem tíz óra van** it is nearly ten (o'clock); **majdnem egy óráig tart** it/sg takes just under an hour; **a vonat már majdnem indult, amikor ...** the train was about/going to leave when ...

májgombóc *fn* liver dumplings *tsz*
májgyulladás *fn* hepatitis
májkrém *fn* liver paste, pâté
majmol *ige* ape, imitate/copy slavishly
majolika *fn* majolica
majom *fn* ❏ *áll* monkey; *(emberszabású)* ape ‖ ❖ *átv* ape
majonéz *fn* mayonnaise
majoránna *fn* marjoram
májpástétom *fn* liver paste, *(liba)* pâté de foie gras
május *fn* May ‖ **május elseje** 1st May, ⊕ *US* May 1st ‖ → **december**
májusi *mn* May, of/in May *ut.* ‖ **májusi eső** May rain ‖ → **decemberi**
májzsugorodás *fn* cirrhosis of the liver
mák *fn* *(növény)* poppy ‖ *(magja)* poppy-seed
makacs *mn* *(ember)* stubborn, obstinate, headstrong ‖ *(láz)* persistent
makacsság *fn* stubbornness, obstinacy
makadámút *fn* macadam road
makaróni *fn* macaroni
makett *fn* model, mock-up
maki(majom) *fn* lemur, macaco
makk *fn* *(termés)* acorn ‖ *(kártya)* club(s) ‖ **éhes disznó makkal álmodik** a hungry horse dreams of oats
makkegészséges *mn* (as) fit as a fiddle *ut.*
mákos *mn* **mákos bejgli** poppy-seed roll; **mákos tészta** <vermicelli dusted with ground poppy-seed and sugar>
makrancos *mn* recalcitrant; unmanageable, disobedient, unruly ‖ **A makrancos hölgy** The Taming of the Shrew
mákszem *fn* (grain of) poppy-seed
makulátlan *mn* spotless, immaculate
malac ▼ *fn* ❏ *áll* (young) pig, piglet; *(hússertés)* hog ‖ *(emberről)* pig ▼ *mn* obscene, foul(-mouthed) ‖ **malac vicc** dirty/blue joke/story
malacpecsenye *fn* roast pig
malacság *fn* obscenity, smut

malária *fn* malaria
maláta *fn* malt
málé ▼ *mn* *(mafla)* doltish, stupid, thick(headed) ▼ *fn* dolt
mállik *ige* crumble (away)
málna *fn* raspberry
málnaszörp *fn* raspberry-juice
malom *fn* (flour-)mill, ⊕ *US* gristmill ‖ *(játék)* nine-men's morris
malomkő *fn* millstone
Málta *fn* Malta
máltai *mn* Maltese
malter *fn* mortar
mályva *fn* mallow, hollyhock
mályvaszínű *mn* mauve
mama *fn* ❖ *biz* mum(my), ma, ⊕ *US* mom(my), ma(ma)
mamlasz ▼ *mn* simple(-minded) ▼ *fn* simpleton, pudding-head, dolt
mámor *fn* *(szesztől)* drunkenness, ❖ *biz* tipsiness ‖ *(örömtől)* rapture, ecstasy ‖ **győzelmi mámorban** flushed with victory
mámoros *mn* *(szesztől)* drunk, ❖ *biz* tipsy, mellow ‖ *(örömtől)* rapturous, ecstatic ‖ **sikertől mámoros** drunk with success *ut.*
mamut *fn* *(átv is, jelzőként is)* mammoth
mamutvállalat *fn* mammoth (business) enterprise (*v.* corporation), a business giant
manapság *hsz* nowadays, these days
mancs *fn* paw
mandarin *fn* *(gyümölcs)* mandarin (orange); tangerine ‖ *(kínai)* mandarin ‖ **A csodálatos mandarin** The Miraculous Mandarin
mandátum *fn* *(meghatalmazás)* mandate ‖ *(képviselői)* seat (in Parliament)
mandolin *fn* mandolin
mandula *fn* ❏ *növ* almond ‖ *(szerv)* tonsil ‖ **kiveszik vk mandulájátt** have* one's/sy's tonsils removed/out
mandulafa *fn* almond(-tree)

mandulagyulladás *fn* tonsill*i*tis
mandulakivétel *fn* rem*o*val of t*o*nsils, tonsill*e*ctomy
mánia *fn* m*a*nia
mániákus ▼ *mn* man*i*acal, obs*e*ssive ||
mániákus depresszió manic-depr*e*ssive psych*o*sis ▼ *fn* ❑ *orv* m*a*nic || *(megszállott)* fan*a*tic
manikűr *fn* m*a*nicure
manikűrkészlet *fn* m*a*nicure set
manikűrös *fn* m*a*nicurist
manipuláció *fn* wh*ee*ling and d*ea*ling, *u*nderhand pr*a*ctices *tsz*
manipulál *ige (mesterkedik)* be* wh*ee*ling and d*ea*ling, sch*e*me, man*oeu*vre || *(a választást)* rig the el*e*ctions
mankó *fn* (pair of) cr*u*tches *tsz*
manométer *fn* man*o*meter
manöken *fn* m*o*del
manőver *fn* man*oeu*vre (⊕ *US* man*eu*ver)
manőverez *ige* man*oeu*vre (⊕ *US* man*eu*ver)
manufaktúra *fn* ❑ *tört (termelési forma)* man*u*facture; *(üzem)* man*u*factory
manzárd *fn* m*a*nsard, g*a*rret, *a*ttic
manzárdlakás *fn* g*a*rret/*a*ttic room
mappa *fn (írómappa)* (wr*i*ting) pad; *(konferencián stb.)* f*o*lder
mar¹ *ige (állat)* bite* || *(sav)* bite*, corr*o*de; *(rozsda)* fret, corr*o*de || ❑ *műsz* mill || **marja a nyelvet** it burns one's tongue
mar² *fn (lóé)* w*i*thers *tsz*
már *hsz* alr*ea*dy; *(kérdésben)* alr*ea*dy, yet; *(kérdésben: valaha/egyáltalán)* *e*ver; *(tagadásban)* any more || **már amennyire** (in) so far as; **már akkor is** *e*ven then; **már 1914-ben** as far back as 1914; **már az V. sz.-ban is** as *ea*rly as the 5th c*e*ntury; **már egy éve beteg** (s)he has been ill for a year; **már nem dolgozom** I do not work any more; **már nem** no l*o*nger/more, not now; **már nem a régi** he is no l*o*nger what he used to be, he is no l*o*nger his f*o*rmer/old self; **megjött már?** has he come yet?; **siess már!** come on now!, get a move on, will you!
marad *ige (vm állapotban)* rem*a*in, rest || *(vhol)* stay, rem*a*in, make* a stay, stop (sw*h*ere); || *(vmennyi)* be* left (*o*ver), rem*a*in || **ágyban marad** stay in bed; **egy vasam sem maradt** I h*a*ven't got a p*e*nny left, I am stone/ st*o*ny broke; **ennyiben maradunk** we'll leave it at that, that's that; **életben marad** surv*i*ve; ❑ *mat* **ha 5-ből elveszünk 2-t, marad 3** five m*i*nus two leaves three; **hol maradtál ilyen sokáig?** where have you been so long?; **hű marad vmhez** rem*a*in f*a*ithful/l*o*yal to sg; **maradjunk a tárgynál** let us stick to the point/s*u*bject; **minden marad a régiben** *e*verything rem*a*ins unch*a*nged, there will be no ch*a*nge(s); **ne maradj soká!** don't be long; **nem maradt más, mint ...** n*o*thing was left to me but ...; **ott marad** stay there
maradandó *mn* l*a*sting, end*u*ring, p*e*rmanent
maradék ▼ *fn* ❖ *ált* rem*a*inder, rem*a*ins *tsz*, rest; *(kevés)* r*e*mnant(s) || *(étel)* left-*o*ver(s), rem*a*ins [of a meal] *tsz* || *(kivonásnál, osztásnál)* rem*a*inder; *(összeadásnál)* carry-*o*ver ▼ *mn* rem*a*ining, res*i*dual, left *ut.* || **a maradék pénzem** what rem*a*ined of my m*o*ney
maradi *mn* *(vk)* b*a*ckward(-l*oo*king), old-f*a*shioned
maradvány *fn (pusztulás után)* m*a*radványok rem*a*ins *tsz*; **vk földi maradványai** m*o*rtal rem*a*ins (of sy)
marás *fn (állaté)* bite || *(savé)* b*i*ting/ corr*o*sive eff*e*ct
marasztal *ige (vkt)* det*a*in, ask (sy) to stay (on/l*o*nger)
marat *ige (savval)* corr*o*de || ❑ *műsz* mill
maratoni futás *fn* m*a*rathon

marcipán *fn* marzipan
március *fn* March ‖ → **december**
márciusi *mn* March, in/of March *ut.* ‖ → **decemberi**
mardos *ige (kín)* gnaw (at), torment, torture; *(lelkiismeret-furdalás)* prick ‖ **mardos a tudat, hogy** it pains me to know that
maréknyi *mn* a handful of
margaréta *fn* daisy
margarin *fn* margarine, ⊕ *GB* ❖ *biz* marge
margó *fn* margin
marha ▼ *fn (állat)* cattle *(tsz ua.)* ‖ *(ember)* blockhead, fathead, idiot ▼ *mn* ❖ *vulg (emberről)* idiotic, stupid ‖ **marha jó** bloody (⊕ *US* damn) good, jet good; **marha nagy** *(vm)* great big sg
marhahús *fn* beef ‖ **sült marhahús** roast beef
marhanyelv *fn* ox-tongue
marhapörkölt *fn* beef-stew with paprika, Hungarian stew of beef
marhaság *fn* nonsense, rubbish
marhasült *fn* roast beef, beefsteak
marhaszelet *fn (hirtelen sült)* beefsteak
marihuána *fn* marijuana
máris *hsz (azonnal)* at once, immediately, right/straight away ‖ *(már most)* already, just now, ⊕ *US* ❖ *biz* right now
márka *fn (védjegy)* trademark ‖ *(gyártmány)* make, brand ‖ *(pénz)* mark
márkanév *fn* brand/trade name
markáns *mn* **markáns arcú** sharp-featured/faced
márkás *mn* a good brand (of sg), quality ‖ **márkás óra** a good watch
marketing *fn* marketing
markol *ige* grasp, grip, clutch, seize ‖ **ki sokat markol, keveset fog** grasp all, lose all
markolat *fn (kardé)* hilt
már-már *hsz* almost, (very) nearly; ❏ *kif* be* on the point of …ing ‖ **már-**

már azt hitte he was (just) beginning to think
mármint *ksz (tudniillik)* namely *(röv viz.)*, that is to say *(röv i.e.)*
marmonkanna *fn* jerrycan
maró *mn* ❏ *vegy* corrosive, corroding ‖ *(megjegyzés)* biting, cutting, caustic, scathing, stinging ‖ **maró anyag** corrodent, corrosive; **maró gúny** sarcasm, scathing irony
marok *fn (kéz)* (hollow/palm of the) hand ‖ *(mennyiség)* a handful/fistful of … ‖ **marokra fog vmt** grasp/grip sg
Marokkó *fn* Morocco
marokkói *mn* Moroccan
maroknyi *mn* a handful of
márpedig *(ellenkezés)* but ‖ *(megokolás)* and
marsall *fn* marshal, ⊕ *GB* field marshal
marsallbot *fn* field marshal's baton
mars (ki)! *isz* get out (of here)!, ⊕ *US* scram!
márt *ige (folyadékba)* dunk (in), dip (into), immerse (in), plunge (into)
martalék *fn* prey, booty ‖ **a lángok martaléka lett** went (*v.* had gone) up in flames
mártás *fn (különféle)* sauce, *(húslé)* gravy
mártír *fn* martyr
mártogat *ige* dunk [one's bread in the gravy]
márvány *fn* marble
márványsajt *fn* blue cheese
márványtábla *fn* marble tablet
más ▼ *nm/mn* other, different ‖ **más idők, más emberek** other days/times, other ways/manners; **más szóval** in other words ▼ *nm/fn (vk)* somebody/someone else; *(kérdésben)* anyone else; *(vm)* something else; *(kérdésben)* anything else ‖ *(vk mása)* (sy's) alter ego, second self ‖ *(vm mása)* copy, duplicate, replica ‖ **az már más!** that's more like it, that puts a

different complexion on the matter; **bárki más** anyone else; **ez más** that's different, that's something else; **mások** others, other people; **„mással beszél"** *(telefon)* Sorry! The line's/number's engaged (⊕ *US* busy); **semmi más** nothing else; **vknek a szakasztott mása** (s)he is a carbon copy of her/his [sister etc.]

másé *nm* somebody/someone else's, that of somebody/someone else *ut.* ‖ **ne vedd el a másét** don't take what is another's, don't take what belongs to somebody else

másfajta *nm* another/different kind/sort of ..., other, different

másfél *szn* one and a half ‖ **másfél óra** an hour and a half

másféle *nm* of another kind/sort/type *ut.*, a different kind of, other, different

másfelől *hsz (irány)* from another direction, from a different direction ‖ *(viszont)* on the other hand

másfélszer *szn/hsz* **másfélszer akkora** half as big again; **másfélszer annyi** half as much again

máshogyan *hsz* = **másként**

máshol *hsz* elsewhere, somewhere else

máshonnan *hsz* from elsewhere, from somewhere else

máshova *hsz* elsewhere, somewhere else ‖ **máshova néz** look the other way, look in another direction

másik *nm* another

másként *hsz (eltérően)* differently, in another manner/way, in a different manner/way, otherwise ‖ **másként gondolkodó** (political) dissident

máskor *hsz* another time, at some other time/date, on another occasion ‖ **mint máskor** as usual/before, as at other times

másnap ▼ *hsz* the next day, (on) the following day ‖ **másnap reggel** the following/next morning; **minden másnap** every other day ▼ *fn* **karácsony másnapja** ⊕ *GB* Boxing Day, ⊕ *US* December 26

másnapi *mn* of the next/following day *ut.*, the next/following day's

másnapos *mn (ivás után)* ❏ *kif* feel* a bit hung-over, have* a hangover ‖ **másnapos szakáll** a second day's growth of beard

másnaposság *fn* hangover, ❖ *biz* the morning after

masni *fn* bow, ribbon

másod *fn* ❏ *zene* second

másodállás *fn* second(ary) job/employment, part-time job

másodéves *mn/fn* **másodéves (hallgató)** second-year student, ⊕ *US* sophomore; **másodéves jogász** law-student in his/her second year, ⊕ *US* sophomore law-student

másodfokú *mn* of the second degree *ut.* ‖ **másodfokú égés** second-degree burn; **másodfokú ítélet** judgement of the court of the second instance (v. of the second appeal court); **másodfokú unokatestvér** second cousin

második ▼ *szn/mn* second ‖ **második emelet** second floor, ⊕ *US* third floor; **második gimnazista** student in his/her second year at high/secondary school; **második helyezett** runner-up *(tsz* runners-up); **Második Richárd** Richard II *(kimondva:* Richard the Second); **minden második héten** every other/second week, every two weeks ▼ *fn* **május másodika** *(kimondva:* the second of May); *(írásban:* 2 May, 2nd May), ⊕ *főleg US* May 2(nd) ‖ ❏ *isk* **másodikba jár** go* to (v. attend) the second form/class ‖ → **első**

másodikos (tanuló) *fn* second-form student [in a Hungarian school]

másodlagos *mn* secondary, subsidiary

másodosztályú *mn* second-class ‖ **másodosztályú jegy** second-class ticket; **másodosztályú étterem** a Class/Grade II restaurant

másodpéldány *fn* duplicate (copy)
másodperc *fn* second || **egy másodperc ezredrésze alatt** in a split second
másodpercmutató *fn* second hand
másodpilóta *fn* co-pilot
másodrendű *mn (áru)* second-rate/class/best, inferior *(vmhez képest* to) || *(jelentőségre)* non-essential || **másodrendű áru** seconds *tsz*
másodsorban *hsz* secondly, in the second place
másodszor *hsz (másodízben)* (for) the second time || *(másodsorban)* secondly, in the second place
másol *ige (szöveget)* copy, make*/take* a copy of sg; *(kazettát)* copy || ❏ *fényk* print, take* a print from a negative
másolás *fn* copying
másolat *fn (szövegé)* copy, duplicate (copy); ❏ *műv* replica, reproduction; ❏ *fényk* print || **hiteles másolat** certified/attested copy
másológép *fn* copier; *(xerox)* Xerox machine
másolópapír *fn (indigó)* carbon (paper) || ❏ *fényk* contact paper
másrészt *hsz* on the other hand
másság *fn* otherness
mássalhangzó *fn* consonant
másutt *hsz* elsewhere, somewhere else || **bárhol másutt** anywhere else
másvalaki *nm* somebody/someone else
másvilág *fn* the other world
maszek *mn/fn* self-employed (person) || **sok maszek munkát végez** he has/does a lot of work on the side
maszekol *ige* do* private work, work on the side, moonlight
mászik *ige (vmre)* climb sg || *(csúszik)* crawl; *(négykézláb)* creep* || *(hegyet)* climb || **fára mászik** climb a tree
maszk *fn* ❖ *ált* mask; *(színészé)* make-up || **halotti maszk** death-mask
mászkál *ige* ramble, stroll, roam, loaf *(mind:* about)

mászóka *fn (játszótéri)* climbing frame
massza *fn* mass
masszázs *fn (orvosi)* (medical) massage
masszíroz *ige* massage, give* a massage to
masszív *mn* massive, solid, bulky
masszőr *fn* masseur; *(női)* masseuse
matek *fn* ❖ *biz* maths *esz v. tsz*, ⊕ *US* math
matematika *fn* mathematics *esz*
matematikai *mn* mathematical
matematikatanár *fn* maths teacher
matematikus *fn* mathematician
materialista *mn* materialist
materializmus *fn* materialism
matiné *fn* morning performance/concert
matrac *fn* mattress
matróz *fn* sailor, (ordinary) seaman°
matrózblúz *fn* sailor/middy blouse
matrózruha *fn (fiúé)* sailor suit
matt[1] *mn (fém)* mat(t), unpolished; *(bútor)* unvarnished; *(szín)* dull, flat
matt[2] *fn (sakk)* (check)mate || **matt!** checkmate!; **mattot ad vknek** checkmate sy
Mátyás *fn* Matthias || **Mátyás király** King Matthias
mauzóleum *fn* mausoleum
MÁV = *Magyar Államvasutak* Hungarian State Railways
maxi *mn* maxi
maximál *ige (vm árát)* set* a ceiling on [the price of sg]
maximális *mn* maximum || **maximális ár** maximum/ceiling price; **maximális sebességgel** at maximum/top speed
maximalista *mn/fn* perfectionist
maximum ▼ *mn/fn* maximum ▼ *hsz* at the (very) outside, at (the) most, at the very most
maxiszoknya *fn* maxi (skirt)
máz *fn (kerámián)* glaze; *(fémen)* enamel || *(tortán stb.)* glaze, icing
mázli *fn* ❖ *biz* bit/stroke of luck, fluke
mázlista *fn* ❖ *biz* lucky beggar/dog

mázol *ige* paint || **vigyázat, mázolva!** wet paint

mázsa *fn* 100 kilos, quintal, *kb.* two hundredweight

mazsola *fn* raisin, sultana || ❖ *átv* ❖ *biz (kezdő autóvezető) kb.* learner driver

mecénás *fn* patron [of art], Maecenas

mechanika *fn* ❏ *fiz* mechanics *esz* || *(szerkezet)* mechanism; *(zongoráé)* action

mechanikai *mn* mechanical

mechanikus ▼ *mn (átv is)* mechanical ▼ *fn* mechanic, technician

mechanizmus *fn* ❏ *műsz és* ❏ *tud* mechanism

mécs *fn* night-light, wick

meccs *fn* match

mecset *fn* mosque

medál *fn (nyakban)* medallion, pendant; *(nyitható-csukható)* locket

meddig *hsz (térben)* how far? || *(időben)* (for) how long?, till/until when?

meddő *mn* ❏ *orv* infertile, barren, sterile || **meddő vita** sterile dispute

medence *fn (edény)* basin; *(úszó)* (swimming) pool || ❏ *földr* basin || ❏ *orv* pelvis

meder *fn (folyóé)* bed

média *fn* ❖ *biz* (mass) media

medikus *fn* medical student, ⊕ *GB* ❖ *biz* medic

medve *fn* ❏ *áll* bear || **ne igyál előre a medve bőrére** don't count your chickens before they are hatched, first catch your hare, then cook it; ❖ *biz* **vén tengeri medve** old salt, sea-dog

meg *ksz (felsorolásban)* and || **kettő meg kettő az négy** two and/plus two make/is/are four

még *hsz (időben: ami még tart)* still; *(tagadó mondatban)* yet || **és még sok más** and much/many more; **ilyet még nem hallottam** I have never heard (of) such a thing (*v.* heard anything like it); **még akkor is, ha** even if; **még eddig** so far, as yet; **még egyszer** once more/again, over again;

még inkább even/still more; **még kevésbé** even/still less; **még ma délután** this very afternoon; **még mindig** still; **még (mindig) esik** it is still raining; **még mit nem!** ❖ *biz* not in the least!, by no means!; **még nem** not yet; **még nem érkezett meg** he hasn't arrived yet

megad *ige (ami megilleti)* give* sy his/her due; *(adósságot)* repay* sy [a sum], pay* (sy) back [the money] || *(adatokat)* give*, supply [information]; *(címet)* tell*, give* [one's/sy's address]; *(árat)* state, quote [price] || **megad vknek vmt** ❖ *ált* grant sy sg, grant sg to sy; **megadja az engedélyt vknek** give*/grant sy permission to do sg; **megadja magát** surrender, yield, give* in

megadás *fn (vmé)* granting || *(tartozásé)* repayment || ❏ *kat* surrender || *(beletörődés)* resignation, submission || **feltétel nélküli megadás** unconditional surrender

megadóztat *ige* put*/levy a tax (on sy/sg), tax (sg/sy)

megágyaz *ige* make* the bed(s)

megajándékoz *ige (vkt vmvel)* present sy with sg, present sg to sy

megakad *ige (szerkezet)* stop; *(alkatrész)* catch*, get* stuck/caught

megakadályoz *ige (vkt vmben)* prevent (*v.* keep* back) sy from (doing) sg || *(vmt)* cross, stymie, impede

megakaszt *ige* ❖ *ált* stop, check, block || *(szerkezetet, forgalmat)* jam, stop || *(vkt beszédben)* interrupt (sy), cut* (sy) short

megalakít *ige* form, organize; *(bizottságot)* set* up [a committee]; *(kormányt)* form

megalakul *ige* be* formed/founded/established, be* set up

megalapít *ige* ❖ *ált* found, establish; ❏ *ker (társaságot)* set* up

megalapoz *ige* ❖ *átv* establish; *(vádat)* substantiate

megaláz *ige* humiliate, humble, bring* sy low

megalázó *mn* humiliating, degrading

megaláztatás *fn* humiliation, degradation

megáld *ige (pap)* bless || *(vkt vmlyen képességgel)* bless, endow (sy with sg) || **az Isten áldjon meg!** *(jókívánságként)* God bless you!

megalkuszik *ige (vkvel)* come* to an agreement with sy about sg || ❖ *átv* come* to terms with sg *v.* a/the situation, make* the best of it

megalkuvás *fn* ❖ *átv* compromise; ❖ *elít* opportunism || **meg nem alkuvás** intransigence, uncompromising attitude

megalkuvó *mn* compromising

megáll *ige* ❖ ált stop, come* to a stop/standstill; *(egy időre)* halt, come* to a halt, pause; *(jármű ház előtt stb.)* pull/draw* up; *(vonat állomáson)* call at, stop (at); *(gép leáll)* stall, stop, *(meghibásodik)* break* down || *(beszédben)* stop short, break* off || **megállni tilos!** no stopping; *(mint jelzőtábla)* clearway; **nem álltam meg nevetés nélkül** I couldn't help laughing

megállapít *ige (kiderít)* establish, ascertain || *(kijelent)* state || *(kimutat)* find*, point out (that), show*; *(hibát)* find*, locate || *(meghatároz)* determine, fix, settle, decide; *(árat)* fix, settle [the price]; *(időpontot)* fix, appoint, assign, set* [a date]; *(kárt)* assess || *(betegséget)* diagnose

megállapítás *fn (kijelentés)* statement; *(tud. műben)* findings *tsz* || **megállapítást nyert, hogy** it was found/proved/ascertained that

megállapodás *fn (két fél között)* agreement; *(szerződés)* contract || **megállapodást köt vkvel** make*/conclude (*v.* enter into) an agreement with sy

megállapodik *ige (vkvel vmben)* agree with sy on/about sg (*v.* as to how ...), make* (*v.* come to) an arrangement (with sy) || ❖ *átv (vk)* settle (down) || **megállapodik egy időpontban vkvel** make*/fix an appointment with sy (for)

megállás *fn* stop(ping), stoppage, halt, standstill || **megállás nélkül** *(halad)* without stopping, without a stop, non-stop; *(szakadatlanul)* incessantly, unceasingly

megállít *ige* ❖ ált stop, bring* (sg) to a stop; *(járművet)* stop; *(karjelzéssel)* flag down || *(beszédben)* interrupt || **hirtelen megállították** was brought up short, was flagged down

megálló(hely) *fn* stop || **feltételes megálló** request stop

megálmodik *ige* see* sg in a dream; *(megsejt)* dream* of/about (sg) beforehand

megalszik *ige (tej)* curdle

megalvad *ige (vér)* clot, cake

megárad *ige* rise* || **megáradt a Duna** the Danube is rising

megárt *ige (vknek/vmnek)* do* (sy/sg) harm, be* harmful/injurious (to sy/sg) || *(gyomornak)* upset* (sy *v.* sy's stomach), disagree (with sy) || **jóból is megárt a sok** too much is as bad as nothing at all

megátkoz *ige* curse, damn

megavasodik *ige* go* rancid

megázik *ige (vk)* get* wet

megbabonáz *ige* ❖ *átv* entrance, enchant, charm ||

megbán *ige (bűnt, vall)* repent (of) [one's sins] || *(hibát stb.)* regret [a mistake] || **ezt még megbánod!** you'll be sorry!, you'll live to regret it

megbánás *fn* regret, sorrow; ❏ *vall* repentance

megbánt *ige* offend (sy), hurt* sy's feelings

megbarátkozik *ige (vkvel)* become* friends, make* friends (with sy) || *(vmvel)* familiarize oneself with (sg)

megbecsül *ige (értékel vkt)* appreciate, esteem, value || *(vm értéket)* value,

appraise, estimate; *(kárt)* assess [damage]
megbecsülés *fn (személyé)* esteem, appreciation || *(vm értéké)* estimation, valuing, valuation; *(káré)* assessment
megbékél *ige* be*/reconciled (with sy)
megbékélés *fn* reconciliation (between)
megbélyegez *ige* ❖ *átv* condemn
megbélyegzés *fn* ❖ *átv* condemnation
megbénít *ige (átv is)* paralyse (⊕ *US* -lyze); *(pl. forgalmat)* bring* to a standstill
megbénul *ige (átv is)* be*/become* paralysed (⊕ *US* -lyzed) || **(valósággal) megbénult a forgalom a belvárosban** traffic in the city is at a complete standstill
megbeszél *ige* ❖ *ált* talk (sg) over; *(megvitat)* discuss, debate; *(vkvel vmt)* have* a talk (with sy about sg) || *(találkozót stb.)* arrange || **időpontot megbeszél vkvel** make*/fix an appointment with sy
megbeszélés *fn* ❖ *ált* talk, discussion; *(értekezlet)* meeting, ⊕ *főleg US* conference; ❖ *hiv (két ember között)* interview || *(találkozó)* appointment || **megbeszélés szerint** by appointment; **megbeszélést folytat vkvel** have* a talk with sy
megbetegedés *fn* ❖ *ált* illness, disease || *(szervé)* disorder, trouble || *(eset)* case
megbetegszik *ige* fall*/get* ill, be* taken ill, ⊕ *US így is* fall* sick || **influenzában megbetegedett** be* down with (the) flu
megbilincsel *ige* shackle, fetter, put* (sy) in chains/irons; *(kezén)* handcuff
megbillen *ige (vm)* tilt, tip (up/over), overbalance; *(vk)* lose* one's balance
megbirkózik *ige (vmvel)* ❖ *ált* (can*) manage sg, cope with sg; *(betegséggel)* overcome* [an illness]
megbíz *ige (vkt vmvel)* charge/entrust sy with sg, commission sy to do sg ||

megbízzák vmvel be* charged with (doing sg)
megbízás *fn* ❖ *ált* commission, charge; ❏ *pol* mandate [to do sg]; give* sy a mandate to ... || **megbízást teljesít** fulfil (⊕ *US* -fill) an order; **vk megbízásából** on behalf of sy, on sy's authority
megbízhatatlan *mn (ember, adat)* unreliable, not to be relied on *ut.*
megbízható *mn (ember)* reliable, dependable, trustworthy || *(adat)* accurate [fact, information]; *(értesülés)* reliable [information] || **megbízható forrásból tudom** I have it on good authority
megbízhatóság *fn (vké)* reliability; *(adaté)* authenticity
megbízik *ige (vkben/vmben)* trust sy/sg, put* trust in sg, rely/depend on sy || **nem lehet benne megbízni** he is not to be trusted
megbízólevél *fn (diplomatáé)* credentials *tsz*, letter of credence
megbizonyosodik *ige (vm felől)* make* sure/certain of sg, ascertain sg
megbízott ▼ *mn (vmvel)* in charge of sg *ut.* || **megbízott igazgató** ❏ *isk* acting headmaster ▼ *fn* ❏ *pol* deputy || *(diplomáciai)* representative || ❏ *jog* delegate || ❏ *ker* agent
megbocsát *ige (vknek vmt)* forgive* sy sg (*v.* sy for doing sg), pardon sy sg (*v.* sy for sg), excuse sy for sg (*v.* for doing sg); *(bűnt, sérelmet stb.)* forgive* [wrongs, offences, sins] || ❏ *vall (bűnt)* forgive* [sins] || **bocsáss meg!** excuse me!, I'm sorry!, I beg your pardon!
megbocsátás *fn* forgiveness, pardon
megboldogult *mn/fn* **a megboldogult** deceased; *(csak jelzőként)* the late ...
megbolondul *ige* go* mad/crazy, go* out of one's mind
megborotvál *ige* shave*
megborotválkozik *ige* shave* (oneself); *(borbélynál)* have* a shave

megbosszul *ige* megbosszul vmt (vkn), megbosszulja magát vkn avenge/revenge sg on sy, revenge/avenge oneself on sy; **ez még megbosszulja magát** this may (prove to) be your/sy's undoing; **(vm) megbosszulja magát** sg brings* its own punishment, there is a (heavy) price to be paid for sg

megbotlik *ige (vmben)* stumble (on/over sg), trip (over sg)

megbotránkozás *fn* indignation, disgust, shock, outrage

megbotránkozik *ige (vmn)* be* scandalized/shocked (at/by sg)

megbotránkoztat *ige (vkt)* scandalize/shock/disgust/offend sy

megbukik *ige (vizsgán)* fail (to pass) an/the examination, fail (in an/the exam/examination), fail [one's driving test] || *(vállalkozás stb.)* fail, fall* through, ❖ *biz* go* under, fold; *(pénzügyileg)* go*/become* bankrupt || *(kormány)* fall* || *(színdarab)* fail, be* a failure (*v.* ❖ *biz* flop), ❖ *biz* flop || **a megbukott kormány** the defeated government; **átmentem az írásbelin, de megbuktam a szóbelin** I passed the written paper but failed on my oral; **megbukott történelemből** (s)he (was) failed in history, ❖ *biz* (s)he got a fail in history

megbuktat *ige (vizsgán)* fail sy [in an examination], ❖ *biz* plough sy, ⊕ *főleg US* flunk sy || *(tervet)* wreck || *(kormányt)* overthrow*

megbüdösödik *ige* be*/go* off, begin* to stink; *(és rothad)* putrefy

megbűnhődik *ige (vmért)* suffer for [one's sins], expiate sg

megbüntet *ige* ❖ *ált* punish || *(pénzbírsággal)* fine

megcáfol *ige (érvekkel)* refute, prove (sg) wrong; *(elméletet)* disprove || *(hírt)* contradict, deny

megcéloz *ige (vmt, vkt)* aim (sg) at sg/sy, take* aim/sight at sg/sy; *(fegyverrel)* aim/point [a gun] at sy

megcímez *ige* address

megcukroz *ige* sugar, put* sugar in, sweeten; *(hintve)* sprinkle/dust (sg) with sugar

megcsal *ige* ❖ *ált* deceive, cheat || *(házastársat)* be* cheating on (one's wife/husband)

megcsapol *ige (hordót)* tap, broach

megcsavar *ige (csavaros dolgot)* screw, twist, give* sg/it a twist/turn

megcserél *ige* = **felcserél**

megcsiklandoz *ige* tickle

megcsinál *ige (elkészít)* do*; *(készre)* get* sg ready, carry out, finish (off); *(ételt)* prepare, cook, make* [meal]; *(gyógyszert)* make* up, prepare, dispense; *(ruhát)* make* up; *(számlát)* make* out/up; *(tervezetet)* draw* up, draft || *(megjavít)* repair, fix, mend || ❖ *iron* **ezt jól megcsináltad** you've made a fine mess of it!; **megcsinálja a reggelit** get* (the) breakfast ready; **megcsináltad a leckéidet?** have you done your homework?

megcsíp *ige (ujjával)* pinch, nip || *(élősdi)* bite*; *(csalán, darázs, méh)* sting* || *(fagy)* bite*, nip

megcsodál *ige* admire, gaze at sy in wonder

megcsókol *ige* give* sy a kiss, kiss sy

megcsóvál *ige (fejét)* shake* || *(farkát)* wag

megcsömörlik *ige (vmtől)* grow* disgusted with sg, grow* sick of sg

megcsúszik *ige (vk)* slip || *(jármű)* skid

megdagad *ige* swell* (up)

megdarál *ige* grind*, mill

megdermed *ige (hidegtől vk)* be* numbed with cold

megdézsmál *ige* ❖ *biz* lift, filch, pinch

megdicsér *ige (vkt vmért)* praise (sy for sg)

megdob *ige (vkt vmvel)* throw*/cast* sg at (sy) || **megdob vkt egy kővel** throw*/fling* a stone at sy

megdobban *ige* **megdobbant a szíve** his heart throbbed, his heart leapt (for joy)

megdöbben *ige* (*vmtől*) be* shocked/appalled/astonished (at sg)

megdöbbenés *fn* shock, astonishment || **nagy megdöbbenésére** to his great astonishment

megdöbbent *ige* shock, appal

megdöbbentő *mn* shocking, appalling, startling

megdöglik *ige* die, perish

megdől *ige* (*gabona*) be* beaten down || *(hajó)* lurch, heel over || *(uralom)* collapse, be* overthrown || *(elmélet)* prove a failure, prove false

megdönt *ige* (*gabonát*) beat* down || *(uralmat)* overthrow* || *(tervet)* disappoint, frustrate || *(rekordot)* beat*, break* [a record] || *(érvet)* refute, disprove

megdöntés *fn* (*uralomé*) overthrow || *(rekordé)* beating, breaking

megdörzsöl *ige* rub

megdrágít *ige* (*árut*) raise the price of

megdrágul *ige* go* up (in price), become* more expensive || **megdrágul(t) a benzin** the price of petrol (⊕ *US* gas) is going up

megdupláz *ige* double

megebédel *ige* have* (one's) lunch, lunch

megédesít *ige* sweeten

megedz *ige* *átv* harden; toughen (sy) up

megedződik *ige* become* hardened, toughen up (*vmvel szemben* to sg)

megég *ige* burn*, get*/be* burnt

megéget *ige* burn* || **megégeti a nyelvét** burn*/scald one's tongue

megegyezés *fn* (*egyetértés*) agreement, harmony, concord || *(megállapodás)* contract, agreement || **közös megegyezés alapján** by mutual/common assent/consent

megegyezik *ige* (*vkvel vmben*) agree (with sy on sg), come* to (*v*. arrive at) an agreement (with sy on sg), be* in agreement (with sy) || *(egyező vmvel)* correspond to/with, agree/accord with || *(tervvel, elmélettel)* fit/fall*/chime in with, be* consistent with || ❏ *nyelvt* agree (with) || **megegyeztek abban, hogy** they (all) agreed to …, they are (all) agreed on sg (*v*. that …)

megéhezik *ige* get*/feel*/grow* hungry

megél *ige* (*eleget keres*) earn/make* one's/a living; (*vmből*) live on sg || *(vmely életkort)* live to see sg || *(időszakot stb.)* experience, live through

megelégedés *fn* content(ment); (*vmvel*) satisfaction || **megelégedésére** to one's satisfaction

megelégel *ige* have* enough of

megelégszik *ige* (*vmvel*) be* satisfied/content(ed) (with)

megélesít *ige* sharpen (the edge of sg)

megelevenedik *ige* (*életre kel*) revive, come* to life (again)

megélhetés *fn* living; (*szűkösen*) subsistence

megélhetési költségek *fn tsz* cost of living *esz*

megelőz *ige* (*balesetet*) avert; (*betegséget, veszélyt*) prevent, ward off || (*vkt, vmt*) precede, go*/come* before || (*jármű*) overtake*, ⊕ *US* pass || (*sorrendben*) take*/have* precedence over, precede || **megelőzte korát** is ahead of his time

megelőzés *fn* (*baleseté, veszélyé*) prevention, warding off || (*sorrendben*) precedence || (*vké, átv*) outstripping || ❏ *orv* prevention, prophylaxis

megemel *ige* (*erőfeszítéssel*) raise (with effort), lift up [weight], heave* || (*kalapot*) raise/doff [one's hat to sy] || ❖ *biz* **megemelte magát** he has (over)strained himself by lifting

megemlékezés *fn* ❖ *ált* commemoration || (*nekrológ*) obituary (notice) || **megemlékezésül** in commemoration of

megemlít *ige* mention, make* mention of

megenged *ige (vknek vmt)* allow/permit sy sg, give* sy leave/permission (to …) || **megengedi?** *(elnézést kérek)* excuse me!; *(szabad?)* may I?; **engedje meg (kérem), hogy** (please) allow me to, let me …; **ha az időjárás megengedi** weather permitting; **megenged magának vmt** can afford sg *(v.* to …); **nem engedhetem meg magamnak** I can't afford it

megengedett *mn ált* allowed || *(törvényes)* legitimate, lawful || ❑ *jog* illicit, illegal, unlawful || **meg nem engedett** (sg) not allowed/permitted; **megengedett legnagyobb sebesség** (maximum) speed limit

megengedhetetlen *mn* inadmissible, unpardonable; *(viselkedés)* improper

megenyhül *ige (időjárás)* turn/grow* milder || **megenyhült a hideg** it has become/turned a little less cold

megér¹ *ige (él addig)* live to see || **a beteg nem éri meg a holnapot** the patient will not live through the night

megér² *ige (értékben)* be* worth || **megéri?** ❖ *biz* is it worth it?; **megéri a fáradságot** be* worth one's while, be* worth the trouble (taken)

megérdeklődik *ige (vmt)* inquire about sg || **megérdeklődtem, hogy jutok el az állomásra** I inquired the way to the station

megérdemel *ige* deserve || **megérdemelte!** *(úgy kell neki!)* it serves him right

megered *ige (eső)* begin* to rain, start raining || ❑ *növ (palánta)* take* root || **megered a nyelve** find* one's tongue

megereszt *ige (lazít)* slacken, loosen || ❖ *átv* ❖ *biz* **megereszt egy káromkodást** let* out an oath

megérez *ige (szagot, ízt)* can* smell/ taste sg || *(ösztönösen felfog)* feel*, become* conscious/aware of sg; *(vm rosszat)* scent, smell* || **megérzi a ve-** **szélyt** have* a presentiment/feeling of danger

megérik *ige (gyümölcs)* become* ripe, ripen || ❖ *átv* be*/become* ripe/fit for sg

megérkezés *fn* arrival || **megérkezés(e)kor** on (one's) arrival

megérkezik *ige* arrive *(országba, nagyvárosba:* in, *kisebb helységbe, repülőtérre stb.* at), come* || **amint megérkezik** the minute *(v.* as soon as) (s)he arrives; **megérkezett már a vonat?** has the train arrived (yet)?, is the train in?; **megérkezett a gép?** has the plane arrived/landed?

megerőltet *ige* megerőlteti a szemét strain one's eyes; **megerőlteti magát** overtax oneself *(v.* one's strength), overdo* it

megerőltetés *fn (fizikai)* exertion, effort || *(szellemi)* mental strain || **megerőltetés nélkül** effortlessly

megerőltető *mn (munka)* exhausting, demanding

megerősít *ige (kötelet)* fix, fasten || *(erősebbé tesz)* strengthen, reinforce || ❑ *kat (várost)* fortify || ❖ *átv* confirm

megerősödik *ige* become*/grow* stronger, strengthen || **megerősödött a szél** the wind has picked up

megerőszakol *ige (vkt)* rape (sy)

megért *ige (felfog)* understand*, comprehend || **nem értik meg egymást** they don't get on well (together); **megértette?** is that clear?, do you understand (me)?, ❖ *biz* (you) get me?; **megértettem!** I get *(v.* I've got) it, (all) right!

megértés *fn (felfogás)* understanding || *(együttérző)* understanding, goodwill

megértet *ige* **megérteti magát** ❖ *ált* make* oneself understood/clear

megértő *mn* sympathetic, understanding, considerate *(vkvel* to sy)

megesik *ige (megtörténik)* happen, occur, take* place || *(vkvel vm)* sg befalls* sy, sg happens to sy || **megesik**

a szíve vkn be* sorry for sy, feel* pity/compassion for sy

megesket *ige (esküt kivesz)* make* sy swear/vow, administer an oath to sy || *(házaspárt)* marry

megesküszik *ige (esküt tesz)* take*/ swear* an oath (to); swear* *(amire on)* || *(házasságot köt)* get* married (to sy) || **meg mernék esküdni (arra), hogy őt láttam** I could have sworn that I saw him/her

megesz *ige (vkt)* eat* (up), swallow || **megeszi a rozsda** rust away

megeszik *ige (vmt)* eat* up, ❖ *biz* polish/finish off

megetet *ige (állatot, gyereket, beteget)* feed* || *(csak embert)* give* sy food, give* sy to eat || ❖ *biz (elhitet vkvel vmt)* sy swallows sg hook, line and sinker

megfagy *ige (folyadék)* freeze* || *(élőlény)* freeze* to death; *(testrész)* freeze*, become* frozen

megfagyaszt *ige* freeze*

megfájdul *ige* begin to hurt/ache, become* painful || **megfájdult a feje** she has a headache

megfázás *fn* a cold/chill

megfázik *ige* catch* (a) cold || **(alaposan) megfázott** he caught/has a (bad) cold

megfej *ige (állatot)* milk || *(átv, biz vkt)* bleed*, fleece

megfejt *ige* ❖ *ált* solve, explain || *(kódot)* decode, decipher

megfejtés *fn (cselekvés)* solving, decoding, deciphering || *(eredménye)* solution, explanation; *(rejtvényé)* answer || **a helyes megfejtés** the correct/right solution

megfékez *ige (betegséget)* arrest, check || *(támadást)* stop, slow up || *(embert, tűzvészt)* bring* sy/sg under control, control

megfekszik *ige* vm **megfekszi a gyomrát vknek** sg lies heavy on one's stomach

megfeledkezik *ige (vkről, vmről)* forget* sy/sg || **megfeledkezik az ígéretéről** fail to keep one's promise (to sy); **megfeledkezik magáról** forget* oneself, lose* control (of oneself)

megfelel *ige (vmlyen célra)* be* suitable for, be* equal to; *(vknek vm)* sg suits sy || *(vmnek = vm megegyezik vmvel)* correspond to, equal (⊕ *US* -l) (sg), be* the equivalent of; be* in accordance with sg || **a követelményeknek megfelel** suit/meet* the/sy's requirements; **bármi megfelel** anything will do; **ha így megfelel önnek** if this is convenient to you; **megfelel?** *(üzletben)* will that be all right?

megfelelő ▼ *mn (alkalmas)* suitable (for, to), adequate; *(hely, idő)* convenient; *(megkívánt)* appropriate, required, adequate, proper || **ez a megoldás megfelelő volna nekem** this arrangement would suit me; **nem megfelelő** ❖ *ált* unsuitable, inadequate; *(időben)* inconvenient ▼ *fn* equivalent

megfelelően *hsz* vmnek megfelelően in accordance with sg, according to sg

megfélemlít *ige* intimidate, frighten, terrify

megfélemlítés *fn* intimidation, terrorization

megfelez *ige* halve, cut* in half, divide in(to) two || **felezzük meg!** let's go halves

megfellebbez *ige (ítéletet)* appeal against [a sentence/decision]

megfen *ige (kést)* sharpen, grind*; *(borotvát)* strop, hone; *(kaszát)* whet*

megfeneklik *ige (hajó)* run* aground, founder, be* stranded; *(kocsi sárban)* get* bogged down (*v.* stuck) [in the mud]

megfenyeget *ige (vmvel)* threaten/menace sy (with sg)

megfér *ige (vkvel)* get* on/along (with), be* on good terms (with) || **jól megférnek** they get on well (together)

megfertőz *ige (élőlényt)* infect; *(levegőt, vizet)* pollute, poison

megfest *ige (vmlyen színűre)* paint; ❑ *tex* dye ‖ *(képet)* paint

megfésül *ige* **megfésüli a haját** comb one's hair

megfésülködik *ige* comb one's hair

megfiatalít *ige (üdülés stb.)* make* sy young again, rejuvenate sy

megfigyel *ige* ❖ *ált és* ❑ *tud* observe; *(vkt, vmt)* watch, have*/keep* one's eye on; *(orvosilag)* observe, keep* under observation ‖ *(rendőrileg)* shadow, keep* under surveillance

megfigyelés *fn* ❖ *ált* ❑ *tud és* ❑ *orv* observation; *(vké, vmé)* watching ‖ *(rendőri)* shadowing, surveillance

megfigyelő *fn* observer

megfilmesít *ige* film, make* a film of, adapt for the screen

megfizet *ige (tartozást)* pay* sg to sy, pay* (sy) back [money], pay* [money] back, *(számlát)* settle ‖ *(vmt, vmért)* pay* for (sg) ‖ *(lakol vmért)* pay* for (sg) ‖ *(vkt vmért)* pay* sy for sg ‖ **ezért megfizetsz!** you'll (have to) pay dearly for that

megfog *ige (kézzel)* seize, catch*, take*/get*/catch* hold of; *(megragad)* grip, grasp; *(vmnél fogva)* take* by [the hand etc.] ‖ *(állatot)* catch*, trap ‖ *(tolvajt)* catch*, seize, stop, collar ‖ *(festék)* stain (sg) ‖ **fogják meg!** stop him!, stop thief!

megfogad *ige (megígér vmt)* pledge (oneself) to do sg, make*/take* a vow, vow ‖ **megfogadja vk tanácsát** take* sy's advice; **megfogadtam magamban** I resolved (to)

megfogalmaz *ige* draft, draw* up

megfogalmazás *fn (folyamata)* drafting; *(eredménye)* wording

megfoghatatlan *mn* ❖ *átv* inconceivable, unfathomable

megfogódzik *ige (vmben)* grip sg, hold* on to sg (tightly), cling* (on) to sg, hold* sg tight

megfojt *ige (átv is)* strangle; suffocate; *(vízben)* drown ‖ **megfojtaná egy kanál vízben** hate sy like poison

megfoltoz *ige (ruhát)* mend, patch (up)

megfontol *ige* think* (sg) over, ponder; *(meggondol)* consider (sg) (carefully) ‖ **megfontolja szavait** weigh one's words

megfontolás *fn* consideration ‖ **hosszas megfontolás után** after long/much deliberation [they decided …], after much thought

megfontolt *mn (tett stb.)* carefully thought out (v. considered), deliberate; *(ember)* judicious, thoughtful ‖ ❑ *jog* **előre megfontolt** premeditated, deliberate

megfordít *ige* ❖ *ált* turn (over/round); *(ellenkezőjére fordít)* reverse, turn (sg) over

megfordul *ige* ❖ *ált* turn (round); *(visszafordul)* turn back ‖ *(vk hirtelen)* turn/swing* round; *(vk után)* turn round, look back (after) ‖ *(autó)* turn (back/round), make* a U-turn ‖ *(szél)* shift round ‖ *(vk vhol, társaságban)* mix (in society v. with people), move (in society) ‖ **egy óra alatt megfordulok** I'll be (here and) back in an hour; **megfordulni tilos!** no U-turns!; **minden azon fordul meg, hogy** everything hinges on [what we do next]

megformál *ige* fashion, form; ❖ *átv* formulate

megforraszt *ige* solder

megfoszt *ige (vmtől)* deprive (sy/sg) of sg; *(állástól)* remove [from office], dismiss ‖ **jogaitól megfoszt** deprive of one's rights; **trónjától megfoszt** dethrone

megfő *ige* cook, boil; *(lassú tűzön)* simmer

megfőz *ige (ételt)* cook, boil; *(ebédet, vacsorát)* make*, cook, prepare ‖ do* the cooking ‖ **megfőzők, mire meg-**

jössz I'll have cooked the meal/dinner by the time you come back
megfúj *ige (trombitát)* sound, blow* ‖ ❖ *biz (elcsen)* walk off with (sg), nick (sg)
megfullad *ige* ❖ *ált* suffocate, stifle; *(torkán akadt vmtől)* choke (to death); *(gáztól stb.)* be* asphyxiated; *(vízben)* drown, be* drowned
megfúr *ige (fúróval)* drill, bore; *(páncélszekrényt)* crack [a safe] ‖ *(tervet)* torpedo *(alakjai:* -doed, -doing) ‖ *(vkt)* stab sy in the back
megfürdet *ige* give* a bath to; *(kisbabát)* bath (⊕ *US* bathe) [the baby]
megfürdik *ige (szabadban)* bathe; *(kádban)* have* (⊕ *US* take*) a bath ‖ ❖ *átv* **itt állok megfürödve** I've been done!, a lot of good it has done me!
meggazdagodik *ige* grow*/get*/become* rich, make* a/one's fortune
meggondol *ige (megfontol)* think* (sg) over, consider ‖ **ezt jól meg kell gondolni** it is worth thinking over; **jól gondold meg!** think it over!; **meggondolja magát** change one's mind
meggondolandó *mn* **ez meggondolandó** this needs careful consideration
meggondolás *fn (megfontolás)* consideration, thought ‖ *(indítóok)* reason, motive
meggondolatlan *mn (beszéd)* foolish; *(cselekedet)* ill-considered/advised, irresponsible, thoughtless, hasty ‖ *(ember)* unthinking, inconsiderate
meggondolatlanul *hsz* without due reflection, unthinkingly, rashly
meggondolt *mn (cselekedet)* deliberate, considered ‖ *(ember)* thoughtful, serious
meggyaláz *ige* ❖ *ált (vkt)* disgrace, dishonour (⊕ *US* -or)
meggyalázás *fn* ❖ *ált i*nsult (against), disgrace

meggyanúsít *ige* accuse/suspect sy of [doing] sg
meggyengít *ige* weaken, enfeeble
meggyengül *ige* grow*/become* weak(er), lose* one's strength
meggyilkol *ige* murder
meggyógyít *ige* cure [sy of a disease], restore (sy) to health
meggyógyul *ige (vk)* recover *(vmből* from), be* cured (of sg), get* well (again) ‖ *(seb)* heal (up) ‖ **a beteg meggyógyult** the patient is now fully recovered; **gyógyulj meg!** get well/better!
meggyón *ige* confess (one's sins)
meggyóntat *ige* confess (sy), hear* sy's confession
meggyökeresedik *ige* ❏ *növ* take*/strike* root ‖ ❖ *átv* become* established, become* deeply rooted
meggyötör *ige* torture, torment
meggyőz *ige (vkt vmről)* convince/persuade sy of sg
meggyőző *mn* convincing, persuasive ‖ **ez nem meggyőző** it does not carry conviction
meggyőződés *fn* conviction, persuasion, belief ‖ **az a meggyőződése, hogy** be* convinced that
meggyőződik *ige* make* sure of sg, make* sure/certain (that) …; *(ellenőrizve)* check (sg) ‖ **győződjék meg róla, hogy** make sure/certain that …; **meg van győződve vmről** be* convinced/persuaded of sg (*v*. that …)
meggyújt *ige (tüzet)* light*; *(gázt)* turn on ‖ *(villanyt)* switch/turn on
meggyullad *ige* catch* fire; *(lángra kap)* burst* into flame(s)
meggyűlik *ige* ❏ *orv* fester, suppurate, gather ‖ **meggyűlik a baja vkvel** have* a lot of trouble with sy, get* into trouble with
meggyűlöl *ige* come*/begin* to hate/detest
meghagy *ige (vmely állapotban)* keep*, leave* [in a certain state] ‖ *(utasít)* or-

der/charge (sy to do sg) || **meghagyta, hogy ...** he left word that ...; **meg kell hagyni, hogy** it must be granted that
meghajlás *fn (köszöntés)* bow(ing) || *(tárgyé)* bending, yielding
meghajlik *ige* ❖ *ált* bend*, be(come)* bent || *(vk, vm előtt)* bow before sy/sg
meghajlít *ige* bend*, bow, curve
meghajol *ige* bow *(vk előtt* before sy, ❖ *átv* to sy) || **meghajol vk érvei előtt** bow/yield to sy's arguments
meghajt[1] *ige (fejet)* bow, incline; *(zászlót)* lower the colours (⊕ *US* -ors) || **meghajtja magát** bow
meghajt[2] *ige (lovat)* whip on || ❏ *orv* purge || ❏ *műsz* drive*
meghajtás[1] *fn (fejé)* bow(ing)
meghajtás[2] *fn* ❏ *műsz* drive || **elsőkerék-meghajtás** front wheel drive
meghal *ige* die || **baleset következtében meghalt** (s)he was killed in an accident; **fiatalon hal meg** die young; **rákban halt meg** (s)he died of cancer
meghalad *ige (árban, súlyban)* exceed (sg), be* in excess of (sg); *(erőben, képességben)* surpass (sg v. sy in sg), go*/be* beyond sg/sy || **ez a munka meghaladja képességeimet** this work is beyond me
meghálál *ige* show* one's gratitude (for)
meghall *ige* hear* sg || *(véletlenül)* overhear* || *(megtud)* hear* of/about
meghallgat *ige (vkt, vmt)* listen to, hear* (sy) || *(kérést)* grant [a request] || ❏ *orv* sound, examine by auscultation || **hallgasson meg!** listen to me
meghallgatás *fn (vké hivatalban stb.)* hearing, audience || *(énekesé)* audition || ❏ *orv* auscultation, sounding || **meghallgatásra talál** gain a hearing
meghalagít *ige* make* sy angry
megharagszik *ige* get* angry *(vkre* with sy)
megharap *ige* bite* || **a kutya megharapta a lábamat** the dog bit my leg, the dog bit me in the leg

megháromszoroz *ige* treble, triple
meghat *ige* touch, move, affect
meghatalmaz *ige (vkt vmre)* authorize (sy to do sg) || *(követet)* accredit (sy to swhere)
meghatalmazás *fn* authorization || **ügyvédi meghatalmazás** power of attorney; **meghatalmazást ad vknek** ❖ *ált* authorize sy to do sg, give* sy authority to do sg; *(ügyvédnek)* brief [a solicitor/lawyer], give* sy power(s) of attorney
meghatalmazó *fn (személy)* principal, mandator
meghatalmazott ▼ *mn* authorized ▼ *fn* ❖ *ált* (appointed) representative; *(ügyvéd)* counsel *(tsz* ua.), ⊕ *főleg US* attorney
meghatároz *ige (értéket, fajtát, területet)* determine; *(vmt közelebbről)* specify || *(fogalmat)* define || *(időpontot)* fix, settle, appoint [a day]; *(helyet)* appoint [a place] || *(növényt)* classify, identify || ❏ *orv* diagnose
meghatározás *fn (értéké, fajtáé, területé)* determination; *(közelebbi)* specification || *(fogalomé)* definition || *(időponté)* fixing, settling || *(növényé)* classification, identification || ❏ *orv* diagnosis
meghatározatlan *mn* indeterminate, undefined
meghatározott *mn* ❖ *ált* definite, well-defined, determined; *(megállapított)* set, stated; *(közelebbről)* specific; *(konkrét)* particular; *(szám, idő)* given; *(hely)* appointed [place]; *(nap)* fixed, appointed || **meghatározott időpontban** at a stated time, at the time stated
megható *mn* moving, touching, affecting
meghatódik *ige* be* moved/touched affected
meghatottság *fn* emotion
meghátrál *ige* move*/step back, back away || ❖ *átv* ba(u)lk at, draw* back (from)

megházasodik *ige* marry, get* married || **megházasodtak** they got/were married

meghibásodás *fn (gépé)* fault, failure; *(járműé)* breakdown

meghibásodik *ige (gép)* develop a fault, go* wrong; *(jármű)* break* down

meghirdet *ige (előadást)* announce, advertise || **pályázatot meghirdet** announce a competition (for); *(állásra)* invite applications (for); ❏ *ker (versenytárgyalásra)* invite tenders

meghitt *mn* intimate, familiar

meghiúsít *ige* ❖ *ált* frustrate

meghiúsul *ige* fail

meghív *ige* ❖ *ált* invite *(vhová* to one's house, *vmre* to a conference/ party etc.), ask sy to come || *(állásra)* appoint || **meghív vkt vacsorára** *(saját házába)* ask/invite sy to dinner, have* sy for dinner; *(étterembe)* take* sy out to dinner; **tisztelettel meghívjuk vacsorára okt. 10-én 7 órára** Mr. and Mrs. X request the pleasure of the company of Mr. and Mrs. Y to dinner on Thursday, 10th October at 7 p.m.

meghívás *fn* ❖ *ált* invitation || *(állásra)* appointment by invitation

meghívó *fn* invitation (card)

meghívólevél *fn* letter of invitation

meghívott ▼ *mn* invited || **meghívott előadó** *(egyetemen)* visiting/guest lecturer ▼ *fn* **a meghívottak** the guests

meghízik *ige* put* on weight, grow*/ get* fat

meghódít *ige (területet)* conquer

meghonosít *ige* ❏ *áll* ❏ *növ* naturalize, introduce, domesticate || *(divatot, szokást)* introduce, bring* into fashion

meghonosodik *ige (ember, állat, növény)* be(come)*/get* naturalized/acclimatized || *(divat, szokás)* catch*/ take* on, come* in(to vogue/fashion)

meghosszabbít *ige (tárgyat)* lengthen, elongate, make* longer || *(érvényessé-*

get) extend; *(könyvtárban)* renew; *(tartózkodást stb.)* prolong || **meghosszabbíttatja a vízumot** have* one's visa prolonged/extended

meghosszabbítás *fn (tárgyé)* lengthening, elongation || *(útlevélé)* extension, prolongation

meghosszabbodik *ige* get*/become* longer

meghoz *ige (vmt)* bring* (in); *(érte menve)* fetch || *(ítéletet)* pass [judg(e)ment]

meghökken *ige* be* taken aback, be* startled/astounded

meghökkent *ige* take* sy aback

meghúz *ige* ❖ *ált* pull, give* sg a pull || *(gyeplőt)* pull in || *(csavart)* screw in/tight, tighten (up), drive* in || *(cikket stb.)* cut* || *(vizsgán, biz)* plough (⊕ *US* plow), flunk || **meghúztak kémiából** I've been flunked in chemistry; **meghúzza a karját** pull/strain one's arm; **meghúzza a vécét** flush the toilet/wc

meghúzódik *ige (vm mögött)* hide*/ conceal oneself behind sg, lurk behind sg || *(vk mögött)* take* cover/ shelter behind sy || **meghúzódott a dereka** (s)he has pulled/strained his/ her back

meghűl *ige* catch* (a) cold || **(erősen) meghűlt** he has a (bad) cold

meghűlés *fn* (common) cold, chill

meghülyül *ige* go* crazy/mad, ⊕ *GB* go* round the bend, ⊕ *US* go* nuts

megidéz *ige (vkt vhová)* summon

megigazít *ige (elrendez)* adjust, put*/ set* right/straight || *(szabó)* alter, make* alterations to || *(órát)* set*, adjust

megígér *ige* promise *(vknek vmt* sy sg *v.* sy that …)

megijed *ige* be*/become*/get* frightened, take* fright || **meg van ijedve** be*/feel* frightened

megijeszt *ige* frighten, scare, alarm, terrify, make* sy afraid

megillet *ige (jár vknek)* be* due to, be* sy's due || **megadja neki, ami megilleti** give* sy his due

megilletődik *ige* be* (deeply) moved/touched

megindít *ige (mozgásba hoz)* start, set* (sg) in motion; *(motort)* start; *(villamos készüléket)* press the button || *(mozgalmat)* launch, start up || *(nyomozást)* begin*/institute [an investigation] || *(meghat)* affect, touch, move || **eljárást megindít vk ellen** bring* an action against sy, start/take* (legal) proceedings against sy

megindul *ige (elkezdődik)* begin*, commence || *(gép, jármű)* start, get* moving/going

megindultság *fn* (deep) emotion

megingat *ige (vkt)* shake* sy, make sy falter

meginog *ige (vk)* ❖ *átv* vacillate, waver, falter

megint¹ *ige* warn

megint² *hsz* again, once more || **mi van már megint?** what is the matter now?

megír *ige (vmt)* write*; *(vknek vmt)* write* sy about sg || **hol van az megírva, hogy** why should I (do it if I don't want to)?

megirigyel *ige (vkt, vmt)* grow*/become* envious of sy/sg

mégis *hsz* yet, nevertheless, notwithstanding, still

mégiscsak *hsz* after all

megismer *ige (megismerkedik vkvel)* get*/become* acquainted with sy, make* sy's acquaintance, come*/get* to know sy || *(ismeretet szerez vmről)* get* to know* sg, become* acquainted with sg, familiarize oneself with sg || *(felismer vkt)* recognize (vmről by/from sg), know* (by sg) || **örülök, hogy megismerhetem** pleased to meet you

megismerkedik *ige (vkvel)* get*/become* acquainted with sy, make* sy's acquaintance || *(vmvel)* get* (v. make* oneself) acquainted with sg, make* oneself familiar with sg

megismétel *ige* repeat

megismétlődik *ige* repeat itself, occur again

megiszik *ige (italt)* drink* || **megiszik vkvel egy pohár bort** have*/take* a glass of wine with sy, crack a bottle with sy

megitat *ige (vkt)* give* sy a drink

megítél *ige (vmt, vkt ált)* judge *(vmnek alapján* by), form an opinion of || *(vknek vmt)* adjudge (sg to sy); *(kártérítést)* award

megítélés *fn (vmé)* ❖ *ált* judgement (of) || *(bírói)* awarding, adjudication

megizzad *ige (begin* to) sweat, get* into a sweat

megjár *ige (utat)* do*, cover [distance] || *(rosszul jár vmvel)* make* a bad bargain with sg || **ez még megjárja** that will (just about) do, that is passable; **3 nap alatt megjárta** he did it in 3 days; **jól megjárta!** he's been had/done; **megjárja** *(tűrhető)* not (so) bad, passable; **megjárja vkvel** be* taken for a ride, be* taken in *(mind:* by)

megjavít *ige (jobbá tesz)* improve, make* better, better || *(gépet)* repair, mend, fix || *(rekordot)* better, improve on; *(megdönti)* break* [a record]

megjavítás *fn (jobbá tevés)* improvement || *(gépé)* repair(ing)

megjavíttat *ige (vmt)* have*/get* sg repaired/fixed

megjegyez *ige (megjegyzést tesz)* remark (that), observe (that), remark comment on/upon sg || *(emlékezetébe vés)* remember sg, memorize sg, note sg || **ha szabad megjegyeznem** if I may say so

megjegyzés *fn* remark, observation, note, comment || **megjegyzést tesz vmre** remark/comment on/upon sg, make* comments on sg

megjelenés *fn (vké vhol)* appearance, presence; *(repülőtéren)* check-in || *(könyvé)* publication || *(külső) (out*ward) appearance, look || **jó megjelenésű** (be*) good-looking *(de főnévvel:* good-looking); **meg nem jelenés** non-appearance, failure to appear; *(repülőtéren)* no-show

megjelenési idő *fn (repülőtéren)* check-in time

megjelenik *ige* ❖ *átl* appear; *(személy)* make* one's appearance, show* turn up || *(könyv)* be* published, come* out; *(újság)* appear*, be* published || *(rendelet)* be* issued || **bíróság előtt megjelenik** come* before the court, appear in court

megjelöl *ige (jellel)* mark || ❖ *átv* indicate, point out || **közelebbről megjelöl** specify, state sg precisely, determine

megjelölés *fn (jellel)* marking || *(tulajdonságé)* indication

megjósol *ige* ❖ *átl (vmt)* predict, foretell*, prophesy || *(időjárást)* forecast*

megjön *ige (megérkezik)* come*, arrive; *(visszatér)* get* home/back, be* back, return || **megjött** *(vk)* is back, has arrived; *(vonat stb.)* is in, has arrived; *(havi vérzés)* she's/I'm having a period; **megjön az étvágya** feel* like eating (again)

megjutalmaz *ige* reward *(vkt vmért* sy for sg)

megkap *ige* get*, receive; *(elnyer)* win*, obtain || *(visszakap pl. kölcsönt)* get* back || *(betegséget)* catch*, get*, contract, develop || *(mély hatást tesz vkre)* affect sy deeply || **megkaphatnám?** may I have it?

megkapaszkodik *ige (vmben)* clutch at, cling* to

megkarmol *ige* claw, sratch

megkárosít *ige (anyagilag)* cause loss/damage to sy, damage sy || **vevőt megkárosít** cheat the/a customer

megkavar *ige (folyadékot)* stir

megkedvel *ige (vkt/vmt)* take* to sy/sg, take* a liking to sy, come* to like sy/sg

megkefél *ige (hajat)* brush [one's hair] || ❖ *vulg (vkt)* screw/lay* sy

megkegyelmez *ige (vknek)* ❖ *átl* pardon (sy), have* mercy on || *(halálraítéltnek)* reprieve/pardon sy

megkel *ige (tészta)* rise*

megkeményedik *ige* set*, become* hard/solid, harden, solidify || ❖ *átv* harden, become* callous

megkeményít *ige* make* (sg) hard, harden

megken *ige (gépet)* lubricate, grease || ❖ *átv (vkt)* bribe/square sy, slip sy money, grease/oil sy's palm || **megkeni a kenyeret vajjal** spread* butter on bread, spread* a piece of bread with butter

megkér *ige (vkt vmre)* ask/request sy to do sg || **megkér vkt arra, hogy** ask sy to (do sg); **megkéri vk kezét** propose to sy, ask for sy's hand, ❖ *biz* pop the question (to sy)

megkérdez *ige (vkt)* ask sy || *(megérdeklődik vmt)* ask sy about sg, inquire sg of sy || **megkérdez vktől vmt** ask sy sg, ask sy a question; **megkérdeztem, el akar-e jönni** I asked (him) if/whether he would come; **megkérdeztem, hol van** I asked where he was

megkeres *ige* ❖ *átl* look for, try to find || ❖ *hiv (vkhez fordul)* apply/turn to; *(folyamodik)* appeal to, request (sg of sy) || *(pénzt)* earn || *(szót a szótárban)* look up

megkeresés *fn* ❖ *hiv* request

megkeresztel *ige* ❖ *átl (vkt)* christen; *(csak vall)* baptize || *(hajót stb.)* christen, name || **megkeresztelik** be* christened/baptized

megkeresztelkedik *ige* be* baptized

megkerget *ige* chase

megkerül *ige (előkerül)* be* found, turn up || *(járva)* go*/walk/come* round, skirt || ❖ *átv (kérdést)* evade, skirt, get* round [the question]

megkettőz *ige (tétet)* double, duplicate || ❏ *nyelvt* double, reduplicate

megkever *ige (folyadékot)* stir || *(kártyát)* shuffle

megkezd *ige* ❖ *ált (vmt)* begin*/start (to do) sg; ❖ *hiv* commence || *(munkát)* start work [at 7.30], get* down to (work), begin* ...ing, set* about (sg), set* out to (do sg); ❖ *hiv* commence (sg); *(új szakmát stb.)* set* up [as a builder v. in business] || *(kenyeret)* cut*; *(borosüveget)* open

megkezdődik *ige* ❖ *ált* begin*, start; ❖ *hiv* commence || *az előadás megkezdődött* the performance/show has started (v. is on)

megkímél *ige (vkt vmtől)* save/spare sy sg || *(megóv, pl. ruhát)* look after, take care of || **megkíméli vk életét** spare sy('s life)

megkínál *ige (vmvel)* offer sy sg || **megkínálhatom egy csésze teával?** may I offer you a cup of tea?

megkínoz *ige* torment, torture, rack

megkísérel *ige* attempt (sg v. to do sg), make* an attempt (to do sg v. at doing sg), try (to do sg)

megkíván *ige (vk vmt)* desire/want sg (suddenly), wish for sg; *(férfi nőt)* lust after [a woman] || *(elvár vmt vktől)* require sg of sy (v. sy to do sg) || **megkívánom az engedelmességet** I expect to be obeyed

megkockáztat *ige (kockázatot vállalva tesz)* risk/chance sg, take*/run* the risk of doing sg || *(szóvá tesz)* venture || **megkockáztatom azt a megjegyzést, hogy** I venture to say that

megkondít *ige (harangot)* ring*, toll

megkopaszodik *ige* get*/become* bald, lose* one's hair

megkoronáz *ige (átv is)* crown

megkóstol *ige* taste, try

megkoszorúz *ige (vkt)* crown (with a wreath/garland), wreathe || *(sírt, emlékművet)* lay* a wreath on

megkönnyebbül *ige* ❖ *ált (vk)* feel* relief/relieved, relax || *(beteg)* feel*/be* better || **megkönnyebbült sóhaj** a sigh of relief

megkönnyebbülés *fn* **micsoda megkönnyebbülés!** what a relief!

megkönnyít *ige (vk helyzetét)* facilitate, make* it/sg easier/easy for sy

megkönyörül *ige (vkn)* have*/take* pity on sy, have* mercy on sy

megkörnyékez *ige* (try to) get* at sy, make* approaches to sy

megköszön *ige* thank sy, give* thanks to sy, express one's thanks *(mind: for sg)*

megköszörül *ige (kést)* sharpen, grind* || **megköszörüli a torkát** clear one's throat

megköt *ige (csomóra vmt)* tie (up), knot (sg) || *(ruhadarabot)* knit || *(szerződést)* sign/contract to do sg, enter into [a contract] *(vkvel* with sy), sign [a contract]; *(házasságot)* contract a marriage (with sy); *(békét)* sign [a peace treaty] || *(beton)* set* || **megköti a kendőt** tie a/one's scarf; **megköti a kutyát** tie the dog to [the fence etc.]; **megköti a nyakkendőjét** knot one's tie (⊕ *US* necktie)

megkötöz *ige* bind*, truss/tie (up)

megkövetel *ige (vk vktől vmt)* demand [that sy (should) do sg], require (sy to do sg v. sg of sy) || *(vm vmt szükségessé tesz)* require, call for, demand

megközelít *ige (közelébe megy)* approach, come* near (to), near (sg), come* close to || *(minőségileg)* be* nearly as (good/bad) as, be* comparable to/with; *(mennyiségileg)* approximate, come* near to || *(kérdést)* approach, tackle || **meg sem közelíti** be* far from, be* no match for

megközelítés *fn* approach, drawing near(er) || *(mennyiségileg)* approximation || *(kérdése)* approach, line

megközelíthetetlen *mn (vk, vm)* inaccessible, unapproachable

megközelíthető *mn (hely)* accessible, approachable; **nehezen megközelíthető hely** place difficult to reach *(v. to get to)*

megközelítőleg *hsz* approximately, roughly

megkülönböztet *ige (vmt)* ❖ *ált* distinguish [things, persons etc.]; *(vmt/ vkt vmtől/vktől)* distinguish/discriminate/differentiate sg/sy from sg/sy, tell* sg/sy from sg/sy || *(vmt vmnek az alapján)* distinguish sg/sy by sg

megkülönböztetés *fn* distinction, differentiation

megkülönböztető *mn* distinctive

megküzd *ige (vmért)* fight*/struggle for sg || *(vkvel)* fight* with || *(nehézségekkel)* tackle, brave, fight* [difficulties]

meglapul *ige (vhol)* lie* flat/low *(v. ❖ biz* doggo), cower, keep* one's head down

meglát *ige (megpillant)* catch* sight of, catch* a glimpse of, set* eyes on || *(észrevesz)* notice || **majd meglátjuk!** we'll/I'll see, that remains to be seen

meglátogat *ige (vkt)* pay* sy a visit, visit sy, call on sy || **látogass meg** come round, come and see me

meglátszik *ige* appear; *(észrevehető)* show*

meglazít *ige* ❖ *ált* loosen, slacken || *(fegyelmet)* relax

meglazul *ige* ❖ *ált* slacken; *(kötés)* loosen, come* loose; *(csavar)* get*/ become*/come*/work loose || *(fegyelem)* relax

meglehetősen *hsz (eléggé)* rather, fairly, pretty, quite, reasonably [good, broad etc.]; *(jelentékeny mértékben)* considerably || **meglehetősen gyakran** quite/pretty often; **meglehetősen hosszú ideig** a good while; **meglehetősen jó** pretty/fairly good; **meglehetősen jól tud angolul** his English is pretty good; **meglehetősen nagy** sizable, fairly large; *(mennyiség)* considerable

meglékel *ige (hajót)* scuttle; *(tó jegét)* cut* a hole in the ice; *(dinnyét)* cut* [a wedge] from || ❑ *orv* trepan, trephine

meglep *ige (meglepetést okoz)* surprise (sy); *(megdöbbent)* astonish || *(rajtakap)* take* sy/sg by surprise, come* upon sy/sg unexpectedly || *(váratlanul ér)* take*/catch* sy unawares; *(vkt vmvel pl. ajándékkal)* surprise sy with sg

meglép *ige* = **meglóg**

meglepetés *fn* ❖ *ált* surprise; *(megdöbbenés)* astonishment, amazement || *(ajándék)* present, gift || **meglepetés volt, hogy** it was a surprise that; **meglepetésében** in his surprise

meglepő *mn* surprising, astonishing, amazing || **nem meglepő, hogy** no wonder that

meglepődik *ige* be* surprised/astonished *(vmn* at sg *v.* to hear sg), be* taken aback

megles *ige (kiles)* watch sy, spy (up)on sy

meglevő *mn (készlet stb.)* available, disposable

meglocsol *ige (kertet, növényt)* water; *(kertet öntözőcsővel)* hose [the garden] || *(vkt húsvétkor)* sprinkle water/ perfume on

meglóg *ige* ❖ *biz* ❖ *ált* decamp, skip off, slip away || *(vm elől)* skip sg, skip off || **meglóg vmvel** make*/ walk/waltz off with

meglő *ige* shoot* || ❖ *biz* **meg vagyok lőve** I'm stumped, I'm high and dry

meglök *ige (vkt)* knock/jostle (against) sy; *(vmt)* shove/push sg

megmagyaráz *ige* explain, make* sg clear

megmagyarázhatatlan *mn* inexplicable, unexplainable

megmar *ige (kutya)* bite*; *(kígyó)* sting*, bite*

megmarad *ige (vhol)* stay, remain ‖ *(vmely állapotban)* remain ‖ *(életben marad)* survive ‖ *(fennmarad)* last, endure ‖ *(vmből)* be* left, remain ‖ *(vm mellett)* stick*/keep*/adhere to, stand* by ‖ **a hó nem maradt meg** the snow did not lie; **megmaradt elhatározásánál** he kept his resolve

megmarkol *ige* grip, seize, grasp, catch* hold of

megmászik *ige (hegyet)* climb

megmattol *ige (sakk)* (check)mate

megmelegedik *ige* get*/become* warm/hot ‖ **megmelegedett a tűznél** he warmed himself by the fire

megmelegít *ige* warm (up); *(ételt)* warm up, heat (up)

megmenekül *ige (vhonnan, vmből)* escape (from), make* one's escape (from) ‖ *(vmtől, vm elől)* escape/evade/avoid sg ‖ *(vktől, vk elől)* escape sy, get* rid of sy ‖ **hajszálon múlt, hogy megmenekültem** I escaped by the skin of my teeth, it was *(v.* I had) a narrow escape, it was a close shave

megment *ige* ❖ **ált** save *(vmtől/vhonnan vkt* sy from sg), rescue (sy from sg) ‖ *(megóv vkt vmtől)* save/protect sy (from sg), keep* sy safe (from sg) ‖ **megmenti a becsületét** save one's honour (⊕ *US* -or), save one's face; **megmenti vknek az életét** save sy's life

megmentés *fn* saving, rescuing, rescue

megmér *ige (hosszt, mennyiséget)* measure ‖ *(hőmérsékletet)* take* the/one's/sy's temperature ‖ *(súlyt)* weigh ‖ **megméri magát** weigh oneself

megméredzkedik *ige* weigh oneself, get* weighed

megmerevedik *ige* grow* stiff, stiffen

megmérgez *ige* poison (sy, sg)

megmoccan *ige* stir, move ‖ **meg se moccant** he never budged

megmond *ige (közöl, utasít)* tell* (sy sg) ‖ *(kijelent)* tell* ‖ *(megjósol)* tell* (sy); predict ‖ *(beárul)* tell*/split* on sy ‖ ❑ *isk* ❖ *biz* **megmondalak!** I'll tell on you!; **megmondja a véleményét vmről** give* one's opinion of/on sg, tell* sy *(v.* say) what one thinks of sg; **megmondja a magáét** tell* sy a few home truths, speak* one's mind, make* no bones about sg

megmos *ige (vmt)* wash sg ‖ ❖ *biz* **megmossa a fejét vknek** ❖ *átv* haul sy over the coals, give sy a good/real roasting

megmosdat *ige* give* sy a wash, wash sy

megmosdik *ige* wash (oneself), have* a wash, get* washed

megmotoz *ige* search (sy)

megmozdít *ige* move, shift, stir

megmozdul *ige* move, stir, make* a move; *(elmozdul)* shift; *(magzat)* quicken

megmozdulás *fn (mozgás)* stir, movement, motion

megmukkan *ige* open one's mouth ‖ **meg sem tudott mukkanni** words failed him, he was tongue-tied

megmutat *ige* ❖ **ált** show* *(vknek vmt* sy sg *v.* sg to sy) ‖ *(rámutat vmre/vkre)* point to sg/sy, point sg/sy out to sy ‖ *(kimutat)* show*, prove* ‖ **majd megmutatom neki** I'll teach/show him, ❖ *biz* I'll make him sit up; **megmutatja vknek az utat** show* sy the way

megművel *ige (földet)* cultivate

megművelés *fn (földé)* cultivation

megnehezít *ige* ❖ *átv* render/make* sg more difficult

megneheztel *ige (vkre)* be* offended with sy, feel* resentful towards sy

megnemjelenési díj *fn (repülőtéren)* no-show charge

megnemtámadási egyezmény *fn* non-aggression treaty/pact

megnémul *ige* become* mute/dumb, be* struck dumb

megnevel *ige* train/educate sy
megnevettet *ige* make* sy laugh, raise a laugh
megnevez *ige* ❖ *ált* name, denominate || *(közelebbről)* specify || *(időpontot)* fix, appoint
megnéz *ige* ❖ *ált* look at, take*/have* a look at || *(előadást)* (go* to) see* [a play/performance/film etc.], attend [concert/lecture etc.]; *(tévében)* watch sg [on (the) television] || **megnézi a látnivalókat** go* sightseeing, do* some sightseeing, see* the sights [of London etc.]; **megnézi a menetrendet** consult the timetable; **megnézi a szótárban** look it up in the dictionary
megnő *ige (ember)* grow* up/tall || *(növény)* shoot*/sprout up, grow* || **hogy megnőtt!** how (tall) he has grown
megnősül *ige* marry (sy), get* married
megnövel *ige (terjedelemben)* enlarge; *(hatásfokban)* increase
megnöveszt *ige* make* sg grow || **megnöveszti a bajuszát** grow* a moustache (⊕ *US* mus-)
megnyer *ige (háborút, versenyt, játszmát stb.)* win* || *(díjat)* obtain, get*, win* || *(vkt vm ügynek)* win* sy over/round to sg || **megnyeri a pert vk ellen** win* one's case against sy
megnyerő *mn (modor, külső)* winning, pleasuring, engaging, attractive
megnyes *ige (fát)* prune, trim; *(ágakat)* lop (off)
megnyílik *ige* open
megnyilvánul *ige* show*/reveal/manifest itself
megnyilvánulás *fn* manifestation
megnyír *ige (hajat)* cut*; *(rövidre)* trim, clip || *(birkát)* shear*
megnyiratkozik *ige* have* one's hair cut, get*/have* a haircut
megnyit *ige* ❖ *ált* open; *(intézményt)* open || *(kiállítást, tárlatot)* open || **az ülést megnyitom** I declare the session/meeting open
megnyitás *fn (kiállításé, konferenciáé, tárlaté)* opening || **hivatalos megnyitás** *(intézményé)* official opening, opening ceremony
megnyom *ige* **megnyomja a csengőt** ring* the bell; **megnyomja a gombot** press/push the button
megnyugszik *ige* ❖ *ált* relax, calm down || *(vmben)* resign/reconcile oneself to sg, acquiesce in sg || **megnyugszik az ítéletben** acquiesce in the sentence
megnyugtat *ige (aggódót)* reassure *(vkt vm felől* sy about sg); *(izgatottat)* calm/soothe sy || *(vkt gyógyszerrel)* sedate (sy), put* (sy) under sedation || **megnyugtatlak ...** *(= biztosíthatlak)* I (can) assure you ...
megnyugtatás *fn* reassurance, calming, soothing || **lelkiismerete megnyugtatása végett** for one's conscience's sake
megnyugtató *mn (jelenség, hír)* reassuring, comforting
megnyúlik *ige* stretch, lengthen, grow*/become* longer || **megnyúlt az arca** he made a long face, his face/jaw fell
megnyúz *ige (állatot)* flay, skin || ❖ *átv* fleece
megokol *ige* ❖ *ált* give* (one's) reasons for (doing) sg; *(állítást, döntést, tettet)* justify
megokolás *fn* reasons (for) *tsz*
megolajoz *ige (gépet)* oil, lubricate
megold *ige (csomót)* untie, undo*, loose(n) || ❑ *mat* solve; *(kérdést)* solve, settle; *(rejtélyt)* solve, clear up || **majd megoldjuk** *(a dolgot)* we shall deal with it (v. sort it out) (somehow)
megoldás *fn* solution; *(példáé, rejtvényé)* answer, solution; *(műszaki feladaté)* device
megoldódik *ige (csomó)* come* undone || *(probléma, rejtély)* be* solved, work out

megolvad *ige (fém)* melt, run*; *(hó, jég)* thaw, melt
megolvaszt *ige* ❖ *ált* melt
megoperál *ige* operate on sy *(vmvel* for sg), perform an operation on sy *(amivel* for sg) || **tegnap megoperálták** he was operated on yesterday
megoszlás *fn* division, distribution
megoszlik *ige* be* divided/distributed || **a vélemények megoszlanak** opinions vary/differ
megoszt *ige (több személy közt)* divide (sg among/between people) || *(vmt vkvel)* share sg with sy
megosztozik *ige (vmn vkvel)* share sg with sy || **megosztozik a haszkon** share/split* the profits, go* halves in the profits
megóv *ige (vkt/vmt vmtől)* preserve/protect/safeguard sy/sg from sg; *(biztonságossá tesz)* secure sg against sg || *(zsűri határozatát)* protest against (sg), lodge a protest against (sg)
megóvás *fn (vmtől)* preservation, protection, safeguarding
megöl *ige (vkt)* kill, murder || *(állatot)* kill, slaughter || **megöli magát** kill oneself, commit suicide
megölel *ige* embrace, put* one's arms round (sy), enfold sy in one's arms
megöntöz *ige (növényt, utcát)* water; *(tömlővel kertet)* hose [the garden]
megöregszik *ige* get*/grow*/become* old
megőriz *ige (tárgyat)* preserve, protect, keep* (sg) safe, (safe)guard; *(megtart)* retain, hold* || **nem tudta megőrizni komolyságát** he couldn't keep a straight face
megörül *ige (vmnek)* welcome (sg), be* glad of, be* delighted at/with sg || **megörül egy hírnek** welcome a piece of news
megőrül *ige* go* mad, go* out of one's mind || **megőrültél?** are you crazy?, are you out of your mind?

megőrzés *fn* preservation, guarding, retaining; *(letété)* safe custody, safekeeping || **megőrzésre átad** *(vknek vmt)* entrust sy with sg *(v.* sg to sy), give* sg to sy for safe-keeping
megőszül *ige* get*/turn/become* grey (⊕ *US* gray)
megpályáz *ige (állást)* apply for, put* in for [a post/job]
megparancsol *ige* order/direct/bid* sy to do sg; ❏ *főleg kat* command sy to do sg *(v.* that sy (should) do sg)
megpecsétel *ige (szövetséget)* seal, set* the seal on || **(vm) megpecsételi vknek a sorsát** sg seals sy's doom/fate
mégpedig *ksz* namely *(írásban gyakran:* viz.); or, to be more precise
megpenészedik *ige* mildew, go* mouldy (⊕ *US* moldy)
megperzselődik *ige* get*/become* singed/scorched, scorch
megpihen *ige* have* a rest, take* a break, rest, relax
megpillant *ige* catch* sight of, catch* a glimpse of, glimpse
megpirít *ige (húst)* brown; *(kenyeret)* toast
megpirul *ige (hús)* turn brown, brown; *(kenyér)* toast
megpofoz *ige* slap sy's face, slap sy in the face *(v.* on the cheek), box sy's ears
megposhad *ige (víz)* stagnate, become* stagnant; *(étel, ital)* go* off
megpróbál *ige* ❖ *ált* try || *(kipróbál)* test, give* sg a try; *(megkísérel)* attempt sg, make* an attempt at sg *(v.* to do sg)
megpróbálkozik *ige (vmvel)* make* an attempt at (doing) sg
megpróbáltatás *fn* trial, ordeal, affliction
megpuhít *ige* soften; *(húst)* tenderize; *(bőrt)* dress, soften || ❖ *átv (vkt)* bring* sy round (to one's point of view etc.); soften (sy) up

megpuhul *ige* soften, grow* soft ‖
❖ *átv* soften, weaken
megpukkad *ige* **(majd) megpukkad mérgében** be* hopping mad, be* foaming/bursting with rage/anger; **majd megpukkad a nevetéstől** (nearly/almost) split*/burst* one's sides (laughing)
megragad *ige (kézzel)* seize, grasp, catch* ‖ *(átv magával ragad)* captivate, fascinate, grip ‖ ❖ *átv* **megragadja az alkalmat** take*/seize the opportunity
megragadó *mn* fascinating, captivating ‖ **megragadó látvány** gripping/thrilling sight
megrágalmaz *ige (szóban)* slander; *(írásban)* libel (⊕ *US* -l)
megragaszt *ige* ❖ **ált** glue, stick* (together), join (sg) with glue ‖ *(tömlőt)* seal [a puncture]
megrak *ige (kocsit, hajót stb.)* load sg (up) (vmvel with) ‖ ❖ *biz (megver)* give* sy a good hiding, tan sy's hide ‖ **megrakja a tüzet** make* a fire
megrakodik *ige* load (up)
megrándít *ige (bokát stb.)* sprain ‖ **megrándítja a vállát** *(nemtörődés jeléül)* shrug one's shoulders
megrándul *ige* **egy arcizma sem rándult meg** he didn't bat an eyelid, he didn't move a muscle; **megrándult a bokám** I've sprained my ankle, I have a sprained ankle
megránt *ige* jerk, pull (on) ‖ **megrántja a vészféket** pull the communication cord
megráz *ige* shake* ‖ *(áram vkt)* get* a(n electric) shock ‖ *(lelkileg)* shake* sy (up), be* shaken by sg
megrázkódik *ige (vk)* shudder
megrázkódtatás *fn* shock
megrázó *mn* shocking, upsetting, harrowing
megreformál *ige* reform
meggeggelizik *ige* have* (one's) breakfast

megrémít *ige* frighten, terrify, scare
megrémül *ige (vmtől/vktől)* take* fright (at sg/sy), be* terrified/frightened/scared (of sg/sy)
megrendel *ige* ❑ *ker (árut stb.)* order sg, place an order with sy for sg, give* sy an order for sg ‖ *(szobát, jegyet stb.)* book (⊕ *US így is* reserve) ‖ **előre megrendel vmt** book sg in advance, ⊕ *US így is* make* a(n advance) reservation; **megrendeli a szobát** book (⊕ *US így is* reserve) a room [at a hotel]
megrendelés *fn* order
megrendelő *fn* ❑ *ker* customer
megrendelőlap *fn* order form
megrendít *ige* shatter, stagger ‖ *(vknek hitét)* shake* [sy's faith] ‖ **megrendítette a hír** he was (badly) shaken/shocked/staggered by the news
megrendítő *mn* shocking, staggering
megrendül *ige (ált és hatalom)* be* undermined ‖ *(vm következtében)* be* shaken by sg, be* shocked at/by sg ‖ **megrendült a hír hallatára** (s)he was badly shaken (up) by the news
megrendülés *fn* **mély megrendüléssel értesültem a hírről** I was shocked to hear the (sad) news (of sg)
megreped *ige (kemény tárgy)* split*, crack
megrepedezik *ige* crack, become* cracked
megrepeszt *ige (kemény tárgyat)* crack, split*
megrezzen *ige (személy)* give* a start, quiver, shudder
megriad *ige* start, be* startled; be* frightened (by/of sg/sy *v.* at sg)
megriaszt *ige* frighten (away), terrify
megritkul *ige (levegő)* rarefy, become* rarefied ‖ *(haj, növény)* become* thin, thin ‖ *(vmnek előfordulása)* tail off, become* less frequent
megrohad *ige* rot, decay, become* rotten
megrohamoz *ige* ❑ *kat* attack, make*/launch an assault on

megrohan *ige* **megrohanták az üzleteket** there was a run on the shops
megrokkan *ige* become* disabled/invalid
megromlik *ige (étel)* go* off/bad, spoil* || *(egészség)* be* becoming worse, deteriorate || *(látás, emlékezet)* be* failing/going || *(helyzet)* worsen, deteriorate
megrongál *ige (tárgyat)* spoil*, do* damage to, damage (sg); *(telefont utcán)* vandalize
megrongálódik *ige (tárgy)* spoil*, get* spoiled/damaged
megront *ige (erkölcsileg)* corrupt, deprave || *(leányt)* seduce
megroppan *ige* crack, break*
megrozsdásodik *ige* rust, get* rusty
megrögzött *mn* **megrögzött agglegény** confirmed bachelor; **megrögzött bűnöző** habitual/hardened criminal, ❖ *biz* an old lag
megrökönyödés *fn* astonishment, stupefaction
megrökönyödik *ige* stand*/be* dumbfounded/astounded, be* taken aback
megröntgenez *ige* X-ray (sy); take* an X-ray of sy['s hand etc.] || **megröntgenezik** be* X-rayed, have* an X-ray (examination)
megrövidít *ige* shorten, make* shorter; *(utat)* take* a short cut || *(cikket)* cut* (down); *(ügyintézést)* speed* up || *(megkárosít)* defraud sy (of) || **megrövidít vkt jogaiban** encroach/impinge (up)on sy's rights
megrövidül *ige* become*/get* shorter, shorten || *(károsodik)* be* deprived of sg
megrúg *ige* kick, give* sy/sg a kick
megsaccol *ige* ❖ *biz* size sg up, make* a guesstimate
megsajnál *ige (vkt)* feel* pity/sorry for sy, pity sy
megsárgul *ige* ❖ *ált* become*/grow*/turn yellow || *(papír)* be* foxed || *(falevél)* wither

megsavanyodik *ige* turn/go* sour, sour || **megsavanyodott a tej** the milk has turned (sour)
mégse ▼ *hsz* not ... after all ▼ *ksz* **nem titok, de mégse említsd** it's no secret but don't mention it anyway
megsebesít *ige (csatában)* wound || *(balesetben)* injure
megsebesül *ige (csatában)* be* wounded
megsegít *ige* help sy (out), give*/lend* sy a hand, aid (sy)
megsejt *ige* have* a presentiment/feeling, guess; *(rosszat)* suspect
mégsem *hsz/ksz* not ... after all, still not || **mégsem hiszi el** he still does not believe it
megsemmisít *ige (elpusztít)* annihilate || ❑ *jog (érvénytelenít)* declare sg null and void; *(ítéletet)* quash; *(szerződést)* cancel (⊕ *US* -l), annul; *(iratokat)* shred
megsemmisítés *fn (elpusztítás)* annihilation, destruction || ❑ *jog* annulment, cancellation, nullification
megsemmisítő *mn (elpusztító)* annihilating, destroying || ❑ *jog* annulling || **megsemmisítő kritika** devastating criticism/review
megsemmisül *ige* be* destroyed/annihilated, be* wiped out, come* to nothing
megsemmisülés *fn* annihilation, destruction
megsért *ige (vkt testileg)* injure, hurt*; *(vmt)* damage || *(vkt)* ❖ *átv* affront/insult/offend sy || *(törvényt)* infringe, break* [the/a law] || **ha meg nem sértem (önt)** if I may say so
megsértés *fn (vké)* offence (⊕ *US* -se), insult
megsértődik *ige (vmtől/vmn)* be* offended at/by/with sg, get*/be* hurt at sg
megsérül *ige (vk)* be*/get* injured; *(kicsit)* be*/get* hurt || *(vm)* become*/get* damaged || **halálosan megsérült**

(was) fatally injured, received fatal injuries
megsimogat ige caress, fondle, stroke
megsóz ige salt (sg), put* salt in/on
megspórol ige ❖ biz *(pénzt)* save; *(fáradságot)* spare, save [trouble]
megsúg ige *(vknek vmt)* whisper (sg) in sy's ear ∥ **megsúgom neked** just between us, between you and me
megsüketül ige go*/become* deaf ∥ **bal fülére megsüketül** become* deaf in the left ear
megsül ige *(hús)* roast, get* roasted ∥ *(kenyér)* get* baked ∥ **majd megsül az ember** it's baking here
megsüt ige *(húst)* roast ∥ *(kenyeret)* bake ∥ ❖ **süsd meg!** *(a tudományodat stb.)* hang it all!, confound it!
megszab ige determine, lay* down, prescribe, fix ∥ **megszabja a feltételeket** dictate/set* the terms
megszabadít ige *(vkt/vmt vmtől/vktől)* free/liberate sy/sg from sg/sy, set* sy/sg free from sg/sy ∥ **megszabadít vkt terheitől** relieve sy of [his burdens etc.]
megszabadul ige *(vktől)* rid oneself of sy, get* rid of sy; *(nem kívánt személytől)* throw* off [reporters, police etc.] ∥ *(vmtől)* get* rid of sg, rid oneself of sg ∥ **nem lehet megszabadulni tőle** you cannot shake him off
megszagol ige *(ételt)* smell* sg, have* a smell of sg ∥ ❖ *átv* ❖ *biz* scent sg, get* wind of sg
megszakad ige ❖ *ált* break* ∥ *(folyamat)* be* interrupted, be* cut/broken off, break* off ∥ *(telefon-összeköttetés)* be* cut off, be* disconnected ∥ **a tárgyalások megszakadtak** the negotiations were broken off ∥ ❖ *átv* **majd megszakad a nagy erőlködésben** break* one's back, work one's fingers to the bone
megszakít ige ❖ *ált* break*, interrupt, be* broken/interrupted by ∥ *(beszélgetést)* interrupt, break* off ∥ *(telefon-összeköttetést)* cut* off; *(áramot)* disconnect ∥ *(utazást)* **Bécsben 2 napra megszakítottam utamat** I broke my journey (v. stopped off) for 2 days in Vienna; **terhességet megszakít** terminate (the) pregnancy
megszakítás *fn (folyamaté)* break, interruption ∥ *(diplomáciai kapcsolatoké)* breaking off, severance ∥ *(áramé)* switching off ∥ **megszakítás nélkül** without a break; *(munkaviszonyról)* continuously
megszáll ige *(szállóban)* stay at, put* up at [a hotel]; *(vknél)* stay with sy, put* up with sy; *(egy éjszakára)* stay overnight [at a friend's house], stay the night with sy ∥ ❑ *kat* occupy/invade [a country]
megszállás *fn* ❑ *kat* occupation ∥ **idegen megszállás alatt** under foreign occupation
megszálló ▼ *mn* occupying, invading ∥ **megszálló erők** invading forces; **megszálló hadsereg** army of occupation, occupation army ▼ *fn* occupier, invader
megszállott ▼ *mn* obsessed, obsessive, possessed ▼ *fn (személy)* fanatic, person possessed/obsessed with an idea
megszállottság *fn* obsession
megszállt *mn (terület)* occupied
megszámlál ige count ∥ **napjai meg vannak számlálva** his/her days are numbered
megszámlálhatatlan *mn* countless, innumerable
megszámol ige count
megszámoz ige number
megszán ige pity, feel* pity for; *(megkönyörül, megsegít)* have*/take* pity on
megszárad ige become* dry, dry
megszárít ige dry
megszavaz ige *(indítványt)* adopt, carry ∥ *(törvényjavaslatot)* vote for, pass, carry

megszavaztat *ige* put*/submit sg to a/the vote, poll || **törvényjavaslatot megszavaztat** get* a bill through Parliament

megszédít *ige (ütés)* stun, daze, shock || ❖ *átv (vm vkt)* turn sy's head

megszédül *ige* be*/become* dizzy, feel* giddy || **megszédült a sikertől** success has turned his head

megszeg *ige (esküt)* break*; *(ígéretet)* renege on [a promise]; *(törvényt)* break*, violate || *(kenyeret)* cut* || **megszegte a szavát** he went back on his word

megszégyenít *ige* put* sy to shame, shame

megszégyenítés *fn* shaming, humiliation

megszégyenül *ige* be* humiliated, be* put to shame, suffer humiliation

megszelídít *ige* tame, domesticate

megszelídítés *fn* taming

megszelídül *ige (állat)* grow* tame, be* domesticated

megszentel *ige* consecrate, sanctify

megszeppen *ige* be*/get* scared of/at, get*/have* cold feet

megszeret *ige (vkt)* become* attached to, become* fond of, take* to sy || *(vmt)* come*/begin* to like, take* to sg || **mindjárt megszerettem** I took to him at once

megszerez *ige* get*, obtain, get* hold of, acquire || **megszerez egy lakást** secure a flat; **megszerez egy (jó) állást** ❖ *biz* land a (good) job

megszerkeszt *ige (szöveget)* draw* up, draft, word, write*, formulate || *(kéziratot, könyvet)* edit; *(szótárt)* compile, edit || *(gépet)* construct, design

megszervez *ige* organize, arrange

megszerzés *fn* acquisition, acquiring, obtaining

megszid *ige* scold, reprimand, rebuke *(vkt vmért)* sy for sg)

megszigorít *ige* ❖ *ált* make* (sg) more severe/rigorous, tighten up (on) sg

megszilárdít *ige* strengthen, reinforce || ❖ *átv* strengthen, firm up, stabilize, consolidate, confirm

megszilárdul *ige (anyag)* set*, solidify, firm || ❖ *átv* be* firmly established, be(come)* consolidated

megszitál *ige* sift, screen, pass (sg) through a sieve

megszokás *fn (vmé)* custom, usage, habit || *(vhol)* acclimatization, adaptation || **megszokásból** out of habit, from force of habit

megszokik *ige (vmt)* get*/become* used/accustomed to sg, get* into the habit of doing sg, make* a habit of doing sg; *(vkt)* get* used to sy || *(vhol)* get*/become* acclimatized, adapt to [different conditions], get* used to || **megszokta, hogy** he has got used to, be* accustomed to; **vagy megszokik, vagy megszökik** it's sink or swim

megszokott *mn (szokásos)* usual, habitual, customary; *(rendszeres)* regular; *(látvány)* everyday

megszólal *ige (vk)* begin* to speak, start speaking || *(telefon)* ring*; *(harang)* ring* out || **szólalj meg már!** say something!

megszólalás *fn* speaking || **a megszólalásig hasonlít vkhez** be* the living image of sy

megszólít *ige* speak* to, address (sy); *(idegent, főleg nőt)* accost

megszólítás *fn (szóval)* address, *(főleg idegen nőé)* accosting || *(levélben)* form of address

megszomjazik *ige* become*/get* thirsty

megszondáz *ige (autóst)* breathalyse (sy), give* sy a breath test

megszoptat *ige* suckle, nurse [the baby] || **már megszoptattam** I've fed him/her

megszorít *ige (csavart)* give* it another turn, tighten (up); *(kötést)* tighten

megszorítás *fn* ❖ *átv* restriction, restraint || **azzal a megszorítással érvé-**

nyes, hogy it is valid with the proviso that ...
megszoroz *ige* multiply (*amivel* by)
megszorul *ige (tárgy)* get*/be* stuck/wedged (*vmben* in) ∥ *(levegő)* get* stuffy ∥ *(pénzben)* be* short of money, be* hard up
megszökik *ige* (*vhonnan*) escape/flee* from, run*/break* away from; *(börtönből)* break* out of, escape from [prison] ∥ *(folyadék, gáz)* escape, leak out ∥ **megszökik vkvel** elope with sy, run* away with sy
megszöktet *ige* ❖ ált (*vkt*) help sy to escape (*v.* break out of) [prison]; ❖ *biz* spring* sy [from prison] ∥ *(nőt)* elope with, run* away with sy
megszövegez *ige* draft, draw* up, formulate
megszúr *ige (késsel vkt)* stab ∥ *(vkt darázs)* sting*; *(tövis)* prick
megszül *ige* give* birth to [a baby]
megszületik *ige (gyerek)* be* born ∥ ❖ *átv* be* born, come* into being/existence
megszűnés *fn* ❖ ált cessation, ceasing, stopping ∥ *(szerződésé)* expiration, expiry, termination ∥ *(fájdalomé)* easing ∥ *(üzleté)* liquidation; *(vállalaté)* winding-up
megszűnik *ige (véget ér)* stop, come* to an end; *(vihar, eső)* cease, stop ∥ *(intézmény)* be* wound up; *(üzlet, gyár stb.)* close down
megszüntet *ige* ❖ ált stop, end, cease, discontinue, put* an end to ∥ *(eljárást)* stop [proceedings]; *(intézkedést)* terminate, abandon ∥ **korlátozást megszüntet** lift control
megszüntetés *fn* ❖ ált stopping, ceasing, discontinuance
megtagad *ige (nem teljesít vmt)* refuse (sg *v.* to do sg), deny (sg) ∥ *(vkt)* ❖ *elít* disown/deny sy, turn one's back on sy ∥ **megtagad vktől vmt** refuse/deny sy sg; **megtagadja az engedelmességet** refuse to obey

megtagadás *fn (vktől)* refusal, denial
megtakarít *ige (pénzt)* save (up) [money] ∥ *(időt, energiát)* save, spare
megtakarítás *fn (folyamat)* saving, economy ∥ *(eredmény)* savings *tsz*
megtakarított pénz *fn* savings *tsz*, nest egg
megtalál *ige* find* ∥ *(véletlenül)* discover, come* across ∥ **megtalálja a módját** find* a way (of doing sg *v.* to do sg), find* the way (to do sg)
megtalálható *mn* to be found *ut.*; *(igével)* (sg) can* be found ∥ **könnyen megtalálható** easy to find *ut.*
megtaláló *fn* finder ∥ **a becsületes megtaláló jutalomban részesül** a reward will be paid to the finder (of sg)
megtámad *ige (vkt utcán)* attack, assault ∥ ❏ *kat* attack, make* an assault on ∥ *(országot)* attack, invade ∥ *(véleményt)* challenge, impugn ∥ ❏ *jog (végrendeletet stb.)* contest ∥ **megtámadták és kirabolták** (s)he was mugged
megtámadás *fn* attack, assault
megtámaszt *ige* prop/shore up
megtanít *ige* ❖ ált teach*; *(vkt vmre v. vmt vknek)* teach* sy sg [*v.* (how) to do sg] ∥ **megtanít vkt úszni** teach* sy (how) to swim
megtanul *ige* ❖ ált learn*; *(könyv nélkül)* learn* by heart, commit to memory; *(nyelvet)* learn*, acquire ∥ **megtanul angolul** learn* English; *(angol nyelvterületen, rátapad)* pick up English; **megtanul olvasni** learn* (how) to read
megtapogat *ige* feel*, touch
megtapos *ige* stamp (on) [the ground], tread* (out) (sg)
megtapsol *ige (vkt)* applaud/clap sy, ❖ *biz* give* sy a hand
megtárgyal *ige (vmt)* discuss sg, talk sg over
megtart *ige (birtokában)* keep*, retain; ❖ *biz* hang*/hold* on to; *(magának)* keep* (sg) for oneself ∥ *(elő-*

megtartóztat 443 **megtetszik**

adást) give*, deliver [a lecture], present, read* [a paper]; *(értekezletet)* hold* [a meeting] || *(esküvőt)* celebrate [one's wedding] || *(szokást, ünnepet)* observe, keep* || *(vmt/vkt emlékezetében)* keep*/bear* sg/sy in mind, remember sg/sy || **megtartja a határidőt** keep* to time/schedule, meet* the deadline; **nem tartja meg ígéretét** go* back on one's word; **tartsa meg magának (a véleményét)!** keep it to yourself

megtartóztat *ige* **megtartóztatja magát** abstain/refrain from (doing) sg

megtekint *ige* inspect, view, examine; *(kiállítást)* visit, view

megtekintés *fn* inspection, viewing, survey || **a látnivalók megtekintése** sightseeing, seeing the sights || ❏ *ker* **megtekintésre küld** *(árut)* send* [goods] on approval

megtelefonál *ige (vmt vknek)* (tele)phone sy sg, ring* (v. ⊕ *US* call) up sy about sg

megtelik *ige (edény)* fill (up) *(vmvel* with sg), be*/become* full || **megtelt a busz** the bus is full (up)

megtépáz *ige (vkt)* tear* at sy, ❖ *biz* rough sy up || *(vihar vmt)* batter, buffet; ❖ *átv (vk hírnevét)* damage sy, leave* [sy's reputation] in tatters

megtér *ige* ❏ *vall* be* converted [to Christianity etc.]

megtérés *fn* ❏ *vall* conversion

megterhel *ige (rakománnyal)* weigh/load (down) *(vmvel* with sg); *(túlságosan)* overload, overburden *(vmvel* with sg) || ❖ *átv (vkt)* trouble/burden sy *(vmvel* with sg) || **megterheli vk számláját ... Ft-tal** debit sy's account with ... forints, charge ... forints to one's account

megterhelés *fn (súllyal)* load, weight || *(átv vk számára)* burden, encumbrance || *(számlán)* debit(-side)

megterít *ige* lay* the table, spread* a cloth on the table

megtérít *ige (pénzt)* refund [the cost of sg v. sy the/his etc. money]; *(megfizet)* pay* [a sum] for sg || *(kárt)* pay* for sg, pay* compensation for [damage] || *(vm hitre)* convert sy to [a faith]

megtérítés *fn (pénzé)* refunding || *(vm hitre)* conversion || **a költségek megtérítésére ítél** order to pay costs

megtermékenyít *ige* ❏ *biol (petesejtet)* fertilize [an ovum]; *(nőnemű lényt)* make* sy pregnant, ❏ *tud* impregnate; ❏ *növ* pollinate || ❖ *átv* enrich

megtermékenyítés *fn* ❏ *biol* fertilization; ❏ *növ* pollination || **mesterséges megtermékenyítés** artificial insemination

megtermel *ige* produce

megtérül *ige (vknek a pénze)* get* one's money back, be* refunded [one's money] || **a kár megtérült** the damage was recovered

megtestesít *ige (eszmét, fogalmat)* embody, incarnate, personify

megtestesült *mn* **maga a megtestesült egészség** (be* the) picture of health

megtesz *ige (vmt)* do*; *(teljesít)* perform, achieve, accomplish || *(vkt vmnek)* make* sy sg, appoint sy (to) sg || *(utat, távolságot)* do*, cover || **akármelyik megteszi** either of them will do; ❖ *biz* **az is megteszi** that'll do; **az út egy részét repülővel tette meg** he flew part of the way; **megteheti** ❖ *ált* can/may do, be* able to do; *(pénzügyileg)* (s)he can afford it; **megtesz minden tőle telhetőt** do* one's utmost/best, do* everything possible; **megteszi a magáét** do* one's share/part/duty/bit/stuff; **óránként 100 km-t tesz meg** do*/go* 100 kilometres an/per hour

megtetszik *ige (vknek vk)* be* taken with sy, ❖ *biz* fall* for sy; *(vknek vm)* fall* for sg, take* a liking to/for sg || **rögtön megtetszett nekem** I fell for her at once

megtéveszt *ige* (*vkt*) deceive/delude sy

megtévesztés *fn* deceit, delusion, deception, fraud || **a megtévesztésig hasonlít a bátyjára** you can't tell him from his brother

megtilt *ige* (*vknek vmt*) forbid* sy sg (*v.* sy to do sg), prohibit sy from doing sg || **megtiltom, hogy odamenj** I forbid you to go there

megtisztel *ige* (*vkt vmvel*) honour (⊕ *US* -or) sy with sg

megtisztelő *mn* flattering

megtiszteltetés *fn* honour (⊕ *US* -or), privilege

megtisztít *ige* (*vmt*) ❖ *ált* clean sg (*vmtől* of sg), give* sg a (good) clean; *(sebet)* ❖ *átv* cleanse || *(csirkét)* clean; *(halat)* clean/scale (and gut); *(zöldséget)* peel, pare, clean || *(területet stb. ellenségtől)* clear || *(pártot)* purge

megtisztul *ige* clean, become* clean

megtizedel *ige* (*átv is*) decimate

megtol *ige* give* sg a push, push sg

megtold *ige* add sg to sg, make* (sg) longer, lengthen

megtorlás *fn* reprisal, retaliation, revenge, vengeance

megtorló *mn* **megtorló intézkedéseket tesz** take* retaliatory measures

megtorol *ige* (*megbosszul*) avenge, requite, revenge (oneself for)

megtorpan *ige* stop short, come* to a sudden stop/standstill

megtorpedóz *ige* torpedo (*alakjai:* torpedoed, torpedoing)

megtölt *ige* (*teletölt*) fill (up) (*vmvel* sg with sg) || *(töltelékkel)* stuff (sg with sg) || *(puskát)* charge, load

megtöm *ige* ❖ *ált* stuff; *(pipát)* fill || *(libát)* cram

megtör *ige* ❖ *ált* break*, crush; *(diót)* crack; *(borsot)* grind* || *(ellenállást)* bear*/wear* down, crush [opposition, resistance] || *(vkt bánat/csapás)* crush, break*

megtörik *ige* (*vk vallatásnál*) crack under [questioning, torture]

megtöröl *ige* ❖ *ált* (*vmt*) wipe (sg); *(nedveset)* dry; *(portalanít)* dust || **megtörli a kezét** dry/wipe one's hands; **megtörli az orrát** wipe one's nose

megtörténik *ige* ❖ *ált* happen, take* place, come* about || **ami megtörtént, megtörtént** what is done cannot be undone, no use crying over spilt milk; **ez nem fog megtörténni** this won't happen

megtörülközik *ige* dry oneself (with a towel), rub oneself down

megtréfál *ige* play a (practical) joke on sy, play tricks on sy

megtud *ige* come*/get* to know, learn*, hear* || **ha ezt apád megtudja** should it come to your father's ears

megtudakol *ige* (*vmt*) inquire about sg, make* inquiries about sg

megtűr *ige* tolerate, bear*, endure

megugat *ige* bark at

megújít *ige* (*bérletet, szerződést*) renew [lease, contract] || *(átalakítva)* renovate

megújítás *fn* (*bérleté, ígéreté*) renewal || *(átalakítás)* renovation

megújul *ige* ❖ *ált* be* renewed/refreshed, regenerate || *(természet, remény)* revive

megújulás *fn* ❖ *ált* renewal, regeneration || *(természeté)* revival

megun *ige* (*vmt/vkt*) get*/be* bored with sg/sy (*v.* doing sg)

megundorodik *ige* (*vmtől*) become*/ get*/be* disgusted with

megúszik *ige* **éppen hogy megúszta** (s)he had a narrow escape; **ezt nem úszod meg** you can't get away with it

megutál *ige* take* a dislike/loathing (*v.* an aversion) to

megül *ige* (*lakodalmat, ünnepet*) celebrate || **megüli a lovat** (*biztosan ül rajta*) ride* a horse, be* in the saddle, keep* one's seat

megünnepel *ige (évfordulót)* celebrate; *(rendszeresen)* observe; *(megemlékezik vkről/vmről)* commemorate

megüt *ige* strike*, hit* || **azt hittem, megüt a guta** I was ready to burst; **megüt vkt** strike*/hit* sy; **megüt vmlyen hangot** ❖ *átv* strike* a note/chord; **megüti a fejét** bump one's head (on/against sg); **megüti a lábát** hurt* one's foot; **megüti az áram** get* an electric shock

megütközés *fn (megbotránkozás)* indignation, annoyance || **megütközést kelt** sg scandalizes/shocks sy

megütközik *ige (ellenséggel)* encounter, give* battle to || ❖ *átv (vmn)* be* shocked by/at, be*/become* indignant at

megüzen *ige (vknek vmt)* send*/give*/leave* sy a message, leave* a message for sy

megvacsorázik *ige* have* (one's) dinner/supper

megvadít *ige* enrage, make*/drive* (sg/sy) wild

megvádol *ige (vkt vmvel)* accuse sy of sg, charge sy with sg (*v.* doing sg)

megvadul *ige* ❖ *ált* get*/become* wild *(vmtől* with sg) || *(ló)* bolt, shy

megvág *ige* ❖ *ált* cut || **megvágta magát** he cut himself (*v.* his finger etc.) || ❖ *biz* **vkt megvág 50 000 forintra** sting*/touch sy for 50,000 forints

megvajaz *ige* spread* [a slice of bread] with butter, spread* butter on [bread]

megvakul *ige* go* blind, be* blinded || **bal szemére megvakul** go* blind in the left eye

megválaszol *ige* reply to [a/sy's letter], answer [a/sy's letter]

megválaszt *ige (vkt vmnek)* elect sy (as) sg (*v.* to be sg) || **megválasztották képviselőnek** (s)he has been elected/returned as Member of Parliament

megvall *ige (bűnöket)* confess || *(elismer)* admit, acknowledge || **az igazat megvallva** to tell the truth, as a matter of fact

megválogat *ige* choose*, select || **megválogatja szavait** choose* one's words carefully

megvalósít *ige* ❖ *ált* realize, carry out/through, accomplish || *(gyakorlatilag)* put* into practice, carry out, implement

megvalósítás *fn* realization

megvalósítható *mn* feasible, practicable

megvalósíthatósági tanulmány *fn* feasibility study

megvalósul *ige* ❖ *ált* be* realized/attained, be* carried out, materialize

megvalósulás *fn* realization, fulfilment, materialization

megvált *ige (jegyet)* buy*; *(előre)* book (⊕ *US* buy*) one's ticket (in advance) || *(pénzzel)* redeem, buy* off || ❑ *vall* redeem || **megváltja a jegyét** *(vonatra stb.)* buy*/book one's ticket

megváltás *fn* ❑ *vall* redemption

megváltó *fn* ❑ *vall (Krisztus)* the Redeemer/Saviour (⊕ *US* -or)

megváltozik *ige* change, be* changed/transformed

megváltoztat *ige* change, alter || **megváltoztatja elhatározását** change one's mind

megváltoztatás *fn* change, alteration

megvámol *ige* impose/levy a duty on sg

megvan *ige (létezik)* exist, be* || *(kész)* (be*) ready/finished/done || *(végbemegy)* take* place || **egy óra alatt megvan** it will be done/ready in an hour; **ez a könyv nekem megvan** I have (got) this book || *(egészségileg)* **Hogy van? – (Csak) megvagyok** How are you? – I'm not too bad, I'm all right; **megleszek nélküle** I can do without him, I can manage (all right); **megvan a kalapod?** have you got your hat?

megvár *ige* ❖ *ált (vkt/vmt)* wait for sy/sg || *(állomáson vkt)* (go* to) meet sy at the station/airport etc.

megvárakoztat *ige* keep* sy waiting, make* sy wait, ❖ *biz* let* sy cool his heels

megvarr *ige* sew*

megvásárol *ige (vmt)* buy*, purchase || *(megveszteget vkt)* buy* sy off

megvéd *ige (vk/vm ellen)* defend sg/sy against sy/sg; *(vk/vm védelmet nyújt)* protect sg/sy from sg/sy, shield sy from sy/sg; *(megelőzve)* safeguard sg/sy against sg || *(kiáll vk mellett)* stand* up for sy || ❏ *sp* **megvédi a bajnoki címet** defend one's title

megvédés *fn* defence (⊕ *US* -se)

megvendégel *ige (otthon)* entertain sy to [dinner, tea etc.], invite sy to [dinner, tea etc]; *(vendéglőben)* take* sy out [to dinner etc.], stand* sy [a dinner/drink]

megver *ige* beat* (up), ❖ *biz* thrash || *(ellenséget)* defeat, overcome* || ❏ *sp (futball)* defeat; *(tenisz, sakk stb.)* beat* || **megverték** he was beaten; *(gyereket, biz)* he got a beating; **2:1-re megverték** was defeated 2-1 *(kimondva:* two (goals) to one)

megvesz¹ *ige (megvásárol)* buy*, purchase || **majd megveszi az Isten hidege** be* almost frozen to death, be* chilled to the bone/marrow

megvesz² *ige (állat)* go* mad, get* rabid || **majd megvesz vkért** be* mad (⊕ *US* crazy) about sy, be* madly in love with sy || ❖ *biz* **majd megvesz vmért** be* mad about sg, be* dying for sg

megveszteget *ige* bribe, buy* sy off

megvesztegetés *fn* bribing, bribery

megvesztegethetetlen *mn* incorruptible, unbribable

megvesztegethető *mn* bribable, corruptible, corrupt

megvesztegető *fn (aki veszteget)* briber

megvet *ige (lenéz)* despise, scorn, hold* (sy) in contempt || **megveti a lábát vhol** plant one's feet firmly; ❖ *átv* gain a footing, get* a foothold; **megveti az ágyat** ❖ *biz* make* the bed

megvétel *fn* purchase

megvetemedik *ige* warp, buckle

megvetendő *mn* **nem megvetendő** not to be disdained/despised *ut.*

megvetés *fn* detestation, contempt, scorn, disdain

megvétóz *ige* veto *(alakjai:* vetoes, vetoed, vetoing)

megvető *mn* contemptuous, scornful, disdainful || **megvető pillantást vet vkre** give* sy a withering look

megvigasztal *ige* console, comfort, soothe

megvilágít *ige* light* (up), illuminate || ❖ *átv* illuminate, shed* light on, clarify, illustrate || ❏ *fényk* make* an exposure, expose

megvilágítás *fn* ❖ *ált* lighting, illumination || ❏ *fényk* exposure

megvilágosodik *ige* light*/brighten up || *(kérdés)* clear up, become* clear

megvirrad *ige* day/it is dawning, day is breaking

megvisel *ige (vkt)* try, wear* sy out

megvitat *ige* discuss, talk sg over, debate || **megvitatják a kérdést** argue the issue

megvitatás *fn* discussion, debate

megvizsgál *ige (vmt)* examine, investigate, inquire/look into, consider || *(könyvelést)* audit [accounts], inspect; *(pogygyászt)* examine, search, go* through [luggage] || *(vkt orvos)* examine (sy), give* sy a check-up

megvon *ige (megfoszt, elvesz)* withdraw*, deprive of, cut* off

megvonalaz *ige* line, rule

megzaboláz *ige (átv is)* bridle

megzavar *ige (vmlyen körülmény vkt/ vmt)* disturb sy/sg, be* disturbed by sy/sg; *(munkát, forgalmat)* disrupt; *(tájékozódást megnehezít)* confuse ‖ **megzavar vkt vmben** disturb/interrupt sy while (s)he is doing sg

megzavarodik *ige (víz)* get* muddy ‖ ❖ *átv (vk)* get*/become* confused, lose* one's bearings ‖ *(elme)* become* deranged

megzenésít *ige* set* [words] to music ‖ **megzenésítette** music by

megzöldül *ige* go*/turn green

megzörget *ige* rattle, clatter ‖ **megzörgeti az ablakot** tap on the window

megzörren *ige* rattle, clatter, clang, cling

megzsarol *ige* blackmail (sy), ⊕ *US* ❖ *biz* shake* sy down

megzsíroz *ige (gépet)* grease, lubricate ‖ *(kenyeret)* spread* lard on [one's bread]

megy *ige (vhova, vmn, vhogy)* go* (*vhova* to); *(utazik)* go*, travel (⊕ *US* -l) ‖ *(közl. eszköz, út)* go*; *(hajó)* sail; *(vonat, kocsi)* go*, travel (⊕ *US* -l) ‖ ❖ *biz (működik, jár)* work ‖ ❖ *biz (folyamatban, műsoron van)* be* on ‖ ❖ *biz (idő)* fly* by ‖ **a blúz megy a szoknyájához** the blouse matches her skirt; **autón megy** go* by car; **az út lefelé megy** the road descends, the road goes downhill; **ez a cipő nem megy a lábamra** these shoes won't go on (*v.* don't fit) my feet, it's not my size; **ez nem megy** nothing doing, (it's) no good; **férjhez megy** marry, wed; **hogy megy a sora?** how are you doing (*v.* getting on)?, how goes the world with you?; **hosszú ideje megy** *(film, darab)* it's having a long run, it's been on for a long time; **jól megy vknek** *(munka, tanulás)* be* going well; *(anyagilag)* be* well off, be* doing well, be* thriving; **lábába ment egy tövis** (s)he ran a thorn into his/her foot°; **megy a motor** the motor is working; **megyek már!** (I'm) coming!, I'm just coming; **menj innen!** go away!, get out (of here)!; **mennem kell** I must go, I must get/be going; **mi megy a tévében?** what's on (the) television/TV?; **nem mész vele sokra** a fat lot of use that will be to you, it won't carry/get you very far; **repülővel megy** fly*, go*/travel (⊕ *US* -l) by air; **tanárnak megy** go* in for (*v.* take* up) teaching, become* a teacher; **vasúton megy** go*/travel (⊕ *US* -l) by train/rail

megye *fn* county, ⊕ *GB néha* shire ‖ **Baranya megye** Baranya county

megyei *mn* county ‖ **megyei bíróság** county court

megyeszékhely *fn* county town

meggy *fn* morello (cherry), sour cherry

méh¹ *fn* (honey-)bee

méh² *fn (testrész)* womb, uterus *(tsz* uteruses *v.* ❏ *tud* uteri) ‖ **méhen kívüli terhesség** ectopic/extrauterine pregnancy

méhcsípés *fn* bee-sting, sting of a bee

méhész *fn* bee-keeper, apiarist

méhkaparás *fn* ❖ *biz* D and C

méhkas *fn* beehive

méhkirálynő *fn* queenbee

méhpempő *fn* Royal jelly

mekeg *ige* bleat, baa

mekegés *fn* bleating [of goat]

mekkora *nm (kérdés)* how large/big?, what size? ‖ *(felkiáltás)* what a(n) …

melankolikus *mn* melancholy, mournful

meleg ▼ *mn* warm, hot ‖ *(szín)* mellow ‖ *(homoszexuális)* gay ‖ **meleg étel** hot food; ❖ *átv* **meleg fogadtatás** warm reception/welcome; **meleg ruha** warm clothes *tsz*; **meleg szendvics** toasted sandwich, *(sajtos)* Welsh rarebit/rabbit; **meleg takaró** warm blanket; **meleg víz** hot water ▼ *fn (meleg időszak)* warm weather, heat, hot season ‖ **a nagy melegben** in the heat, when it is very hot; **melegem van** I am hot; **valami meleget eszik** have* a hot meal, eat* hot food

melegágy *fn* ❏ *mezőg és* ❖ *átv* hotbed

melegedik *ige (idő)* get*/become* warm(er)
melegen *hsz* hot, worm; ❖ *átv* warmly || **melegen ajánl** recommend warmly/cordially; **melegen fogad** give* sy a hearty/warm welcome/reception || **melegen öltözik** dress warmly, wear* warm clothes; **melegen üdvözöl** *(szóban)* greet sy warmly; *(levél befejezése)* kind regards from ...
melegfront *fn* warm front
melegház *fn* green house, hothouse, ⊕ *GB* glasshouse, forcing house
melegházi *mn* hothouse, forced
melegít *ige* warm (up), heat (up)
melegítés *fn* warming, heating
melegítő *fn (tréningruha)* tracksuit, ⊕ *US* sweatsuit, ❖ *biz* sweats *tsz* || *(ágyba, villany)* electric underblanket || *(főző)* (electric) dishwarmer, heater
melegség *fn (átv is)* warmth
melegszik *ige* = **melegedik**
melegvérű ▼ *mn (élénk vérmérsékletű)* warm-blooded; *(ló)* hot-blooded ▼ *fn* ❏ *áll* **melegvérűek** warm-blooded animals; ❏ *tud* homoiothermic animals
melegvíz-tároló *fn* immersion heater
melenget *ige* warm (up) || **kezét melengeti a tűznél** warm one's hands by the fire
mell *fn (főleg férfié, gyereké)* chest; *(főleg nőé)* breast; *(ir v. nőé)* bosom; *(női emlő)* breast
mellbimbó *fn* nipple, teat; ❏ *tud* mamilla (*tsz* -llae)
mellbőség *fn (férfiaknál)* chest (measurement); *(nőknél)* bust (measurement)
mellé *nu/hsz* next to, beside, close to, at one's side || **ülj (ide) mellém** come and sit by my side, sit beside/by me
mellébeszél *ige* talk beside the point, waffle (about)
mellehúsa *fn (csirkéé)* breast (of chicken)

mellék *fn (környék)* the environs/surroundings of sg *tsz* || *(telefon)* extension || **a Duna melléke** the Danube region; **a 39-es melléket kérem** extension 39, please
mellékállomás *fn (telefon)* extension
mellékel *ige (vmt vmhez)* add, attach (to); *(csatol, iratot)* enclose, attach
mellékelt *mn* enclosed
mellékelten *hsz* enclosed *(röv* encl.) || **mellékelten tisztelettel megküldöm** enclosed/herewith please find
melléképület *fn* outhouse, outbuilding
mellékes ▼ *mn* subsidiary, secondary, subordinate, of minor importance *ut.* || **mellékes (dolog)** minor matter, sideissue, ❏ *kif* [is] beside the point ▼ *fn* perks *tsz*
mellékesen *hsz (közbevetőleg)* by the way
mellékfoglalkozás *fn* second job/occupation, sideline, secondary occupation; *(részfogl.)* part-time job
mellékfolyó *fn* tributary
mellékhajó *fn* ❏ *épít* side-aisle
mellékhatás *fn* side-effect
mellékhelyiség *fn (illemhely)* lavatory, ⊕ *US* the bathroom, ⊕ *GB* ❖ *biz* the loo, ⊕ *US* ❖ *biz* the john
mellékíz *fn* after-taste
mellékjövedelem *fn* second(ary)/side/additional income
melléklet *fn (újsághoz)* supplement || *(levélhez)* enclosure || *(könyvben)* insert || **vasárnapi melléklet** Sunday supplement
mellékmondat *fn* dependent clause
melléknév *fn* ❏ *nyelvt* adjective
melléknévi *mn* adjectival || **melléknévi igenév** participle
mellékoltár *fn* side-altar
mellékszerep *fn* supporting role
mellékszereplő *fn* ❏ *szính* ❏ *film* supporting character/actress/actor
mellékszög *fn* ❏ *mat* adjacent angle
melléktéma *fn* ❏ *zene* second theme

melléktermék *fn* ❖ *ált* by-product, secondary product
mellékút *fn* minor/secondary road
mellékutca *fn* side street, ⊕ *US* back alley
melléküzemág *fn* sideline
mellékvese *fn* adrenal glands *tsz*
mellémegy *ige (töltéskor)* spill*
mellény *fn (férfi)* waistcoat, ⊕ *US* vest || *(női)* bodice, sleeveless jacket
mellényzseb *fn* waistcoat/vest-pocket
mellérendelt mondat *fn* co-ordinate clause
mellesleg *hsz* by the way, besides
mellett *nu (hely)* beside, by, by the side of, next to, adjoining || *(vmn felül)* in addition to, over and above || **a mellett a ház mellett** beside/near that house, next to that house; **emellett** next to this; **egymás mellett** side by side, next/close to each other; **elmegy vk mellett** pass sy by; **közvetlenül vm mellett** close by, close to sg; **vk mellett áll** ❖ *átv* back sy (up), stand* by sy, stand* up for sy; **vk mellett lakik** live next door to sy
mellette *hsz (hely)* by/near/beside him/her/it || **a mellette és ellene szóló érvek** the pros and cons; **minden mellette szól** he has everything in his favour; **mellette van** be*/stand* near *(v.* next to) him/her/it; ❖ *átv* be*/speak* for sy/sg, stand* by sy/sg
mellhártyagyulladás *fn* pleurisy
mellkas *fn* chest
mellkép *fn* half-length portrait
mellől *nu* from beside, from the side of || **felkel az asztal mellől** leave* the table
mellőz *ige (cselekvést)* omit (to do sg), leave* out || *(nem vesz figyelembe)* ignore || *(vkt háttérbe szorít)* slight, ignore, neglect
mellőzés *fn (cselekvésé)* omission
mellrák *fn* breast cancer
mellső *mn* **mellső lábak** forelegs
mellszobor *fn* bust

melltartó *fn* brassière, ❖ *biz* bra
melltű *fn* breast-pin, brooch
mellúszás *fn* breast-stroke
mellvéd *fn (erődön)* breastwork, parapet || *(korlát)* banister, hand-rail
meló *fn* ❖ *biz* work, ❖ *biz* slog
melódia *fn* melody, tune || = **meló**
melós *fn* ❖ *biz* manual worker, workman°, hand
melózik *ige* ❖ *biz* work (hard), drudge, do* one's (daily) stint
méltán *hsz* deservedly, justly, rightly
méltányol *ige* appreciate
méltányos *mn (elbánás)* fair (and square), equitable, just || *(ár)* reasonable
méltányosság *fn* equity, fairness
méltánytalan *mn* unfair, inequitable
méltánytalanság *fn* unfairness, inequity, injustice
méltat *ige* favour (⊕ *US* -or) sy with || *(vkt/vmt írásban)* write* an appreciation of sy/sg || **figyelemre sem méltat vkt** ignore/overlook sy
méltatás *fn* appreciation, estimation
méltatlan *mn (vmre)* be* unworthy/undeserving of sg
méltatlankodás *fn* indignation
méltatlankodik *ige* be* indignant *(vm miatt* at sg), express indignation (at sg)
méltó *mn (vkhez)* be* worthy of sy; *(vmre)* be* worthy/deserving of sg || **ez nem méltó hozzád** this is beneath you, this is unworthy of you; **méltó büntetés** fit/deserved/just punishment
méltóság *fn (fogalom, állás)* dignity, honour (⊕ *US* -or) || *(személy)* dignitary || **méltóságán alulinak tart vmt** think* it beneath one's dignity to …
mely *nm (kérdő)* which? || *(vonatkozó)* = **amely**
mély ▼ *mn* deep; *(alacsonyan fekvő)* low || ❖ *átv* profound || **mély álom** deep/sound sleep; **mély hang** deep voice; **mély hangú** low/deep voiced; **mély víz, csak úszóknak!** for swim-

mers only; **mélyet lélegzik** draw* a deep breath ▼ *fn* the deep, the depth(s); **az erdő mélye** the depths/heart of the forest/wood

mélyed *ige* ❖ *átv (vmbe)* be*/become* absorbed/immersed in ‖ **gondolatokba mélyed** be* lost in thought

mélyedés *fn (vmben)* cavity, dent ‖ *(földben)* depression

mélyen *hsz* deeply; *(csak átv)* profoundly ‖ **3 m mélyen** 3 m deep; **mélyen alszik** sleep* fast/soundly, be* fast/sound asleep; **mélyen tisztelt közönség!** Ladies and Gentlemen!; **mélyen ülő szem(ek)** deep-set eyes

mélyhegedű *fn* viola

mélyhűt *ige* deep-freeze*; *(zöldséget szárítva)* freeze-dry

mélyhűtő *fn (frizsider része)* freezing/ freezer compartment; *(önálló)* freezer

mélyhűtött *mn* deep-frozen; *(zöldség)* freeze-dried

melyik *nm (kérdő)* which (one)?; *(csak személyre)* who? ‖ *(vonatkozó)* = **amelyik** ‖ **melyik tetszik jobban?** which (one) do you like best?, which do you prefer?; **melyiket?** which one?; **melyiknek?** to which?

mélyít *ige* ❖ *ált* deepen, sink*

mélypont *fn* lowest/deepest point

mélyrepülés *fn* low-altitude flying

mélység *fn (átv is)* the deep, the depths *tsz*

mélytányér *fn* soup-plate

mélytengeri *mn* deep-sea

mélyül *ige* deepen, sink*

membrán *fn* ❑ *biol* membrane ‖ ❑ *el* diaphragm

memoár *fn* memoirs *tsz*

memorandum *fn* memorandum *(tsz* -dums *v.* -da), note

memória *fn (szt is)* memory

memóriaegység *fn* ❑ *szt* memory (unit), storage (unit), (main) store

memoriter *fn* sg learnt by heart

mén *fn* stallion

menedék *fn* refuge, shelter ‖ **menedéket keres** take* *(v.* look for) shelter/ refuge/cover; **politikai menedéket ad vknek** grant sy political asylum

menedékház *fn (turistáké)* (tourist) hostel; *(kunyhó)* shelter, hut

menedékjog *fn* **politikai menedékjogot kér** ask for political asylum; **politikai menedékjogot ad vknek** grant sy political asylum

menedzsel *ige* ❑ *ker (vmt)* manage; *(pénzügyileg fenntart)* sponsor ‖ ❖ *biz* **menedzsel vkt** promote/push sy

menedzser *fn* ❖ *ált* manager ‖ ❑ *szính* impresario

menekül *ige* ❖ *ált* flee*, fly*, run* away, take* (to) flight; *(vk/vm elől v. vhonnan)* escape from, make* one's escape from

menekülés *fn* flight, escape

menekülő *fn* fugitive, escapee

menekült *fn* refugee

menekülttábor *fn* refugee camp

ménes *fn* stud (farm)

meneszt *ige (állásból)* dismiss, ❖ *biz* fire, sack

menet ▼ *fn (vonulás)* march, procession ‖ *(lefolyás)* course ‖ *(gépé)* working, motion ‖ ❑ *sp* round ‖ *(csavaré)* thread ‖ **a menet élén halad** head the procession, lead* the way; ❖ *biz* **álljon meg a menet!** stop!, hang on a minute!; **menet közben** on the way, under way ▼ *hsz (vm felé)* **menet** on the/one's way [to a place]; **hazafelé menet** on the way home, homeward bound

menetdíj *fn* fare

menetelés *fn* march, marching

menetes *mn (csavar)* threaded

menetidő *fn* running-time, journey time; *(repülőgépé)* flight time

menetirány *fn* direction, course ‖ **menetirányban ül** sit* facing the engine; **a menetiránynak háttal ül** sit* with one's back to the engine

menetjegy *fn* (railway/bus/tram-)ticket || **félárú menetjegy** half price/fare ticket; **menetjegyet vált** *(vonatra)* buy*/purchase a ticket; *(hajóra)* book one's passage

menetjegyiroda *fn* travel/tourist agency, ⊕ *US* ticket bureau; *(pályaudvaron GB)* travel centre

menetrend *fn* ❖ *ált* timetable, ⊕ *US* schedule; *(vasúti, nagyobb)* railway guide, ⊕ *US* railroad schedule; ⊕ *GB* *(kis füzetek címe)* train services *tsz*

menetrendszerű *mn* ❖ *ált* according to the timetable *ut.*, scheduled, regular || **menetrendszerű járatok** *(busz)* regular services; *(hajó)* regular sailings

menettérti jegy *fn* return (ticket), ⊕ *US* round-trip ticket; *(egy napig érvényes)* day-return (to)

menlevél *fn* safe-conduct, free pass

mennél *hsz* **mennél ..., annál ...** the ... the ...; **mennél több, annál jobb** the more the better/merrier

menni → **megy**

menő *mn* ❖ *biz* top; *(főnévként is, főleg sp)* ace

menstruáció *fn* menstruation, menses *tsz*, ❖ *biz* period

menstruál *ige* menstruate, ❖ *biz* have* one's period

ment¹ *ige* *(vmtől)* save, rescue, snatch (from) || *(eljárást)* excuse, pardon, justify || **életet ment** save sy's life; **Isten ments!** God forbid!

ment² *mn* = **mentes**

mentében ▼ *hsz* = **menet** *közben* ▼ *nu* along || **a part/folyó mentében** downstream, along the bank/river

menteget *ige* make*/find* excuses (for), excuse (sy); *(vmvel)* plead sg as an excuse for || **mentegeti a késését** apologize for being late

mentegetődzés *fn* excuses *tsz*, apology

mentegetődzik *ige* *(vmért)* make* apologies/excuses, apologize, excuse oneself (for sg *v.* for doing sg)

mentelmi jog *fn* parliamentary privilege/immunity

mentén *nu* along, by the side of || **a part mentén** along the bank (*v. tengernél* beach); **vm mentén halad** go*/run* along sg

mentes *mn* *(vmtől)* free from, devoid of || *(vm alól, vmtől)* exempt from || **előítéletektől mentes** unprejudiced, free of all prejudice(s) *ut.*

mentés *fn* life-saving, rescue || ❏ *szt* **mentés másként** save as

mentési *mn* rescue-, salvage- || **mentési munkálatok** rescue operations, salvage

mentesít *ige* *(vkt vm alól)* exempt sy from sg; *(felment)* relieve sy of sg

mentesítés *fn* exemption, release

mentesítő vonat *fn* relief train

mentesség *fn* exemption, discharge

mentesül *ige* *(vm alól)* be* exempted/freed from sg

menthetetlen *mn* lost, irretrievable; *(mulasztás)* irremediable

menthető *mn* *(megmenthető)* can be saved/salvaged, be* recoverable || *(eljárás)* excusable, pardonable

menti *mn* → **part, út**

mentol *fn* menthol

mentő ▼ *mn* life-saving, rescue, rescuing || **mentő ötlet** saving idea ▼ *fn* ❖ *ált* (life-)saver, rescuer || ❏ *orv* **a mentők** ambulance || **hívja a mentőket** call an ambulance

mentőállomás *fn* ambulance station

mentőautó *fn* ambulance

mentőcsónak *fn* lifeboat

mentőláda *fn* first-aid box/kit

mentőmellény *fn* life-jacket

mentőosztag *fn* rescue party/team

mentőöv *fn* life-belt/buoy

mentős *fn* ambulanceman°, *(női)* ambulancewoman° || **mentősök** ambulancemen, ambulance officers/members, the ambulance staff

mentőszolgálat *fn* ❖ *ált* life-saving service; *(mentők)* ambulance (ser-

vice); *(hegyekben)* mountain rescue team; *(tengerparton)* lifeguards *tsz*
mentség *fn* excuse || **mentségére legyen mondva** be it said in his favour (⊕ *US* -or); **mentségül** by way of an excuse
menü *fn* set dinner/meal/menu || ❑ *szt* menu
menüett *fn* minuet
menza *fn* refectory, canteen, ⊕ *US* commons *esz*
meny *fn* daughter-in-law *(tsz* daughters-in-law)
menyasszony *fn* fiancée; *(esküvő napján)* bride
menyasszonyi *mn* bridal || **menyasszonyi ruha** wedding dress; **menyasszonyi torta** wedding cake
menyegző *fn* wedding-feast
menyét *fn* weasel
menny *fn* heaven
mennybemenetel *fn* Ascension
mennybolt *fn* sky, firmament
mennydörgés *fn* thunder
mennydörgő *mn* thundering || **mennydörgő taps** thunderous applause
mennyei *mn* heavenly, celestial
mennyezet *fn (szobáé)* ceiling
mennyi *nm (kérdő) (megszámlálható mennyiség)* how many?; *(tömeg)* how much? || *(vonatkozó)* = **amennyi** || **mennyi az idő?** what's the time?, what time is it?; **mennyi ember** *(kérdve)* how many people?; *(csodálkozva)* what a lot of people!; **mennyi ideig?** (for) how long ...?; **mennyibe kerül?** how much is it?, what's the/its price?; **mennyien vannak?** how many are there?; **mennyiért?** for how much?, at what price?
mennyiben *nm (mértékben)* to what extent?, how far? || *(vonatkozásban)* in what respect?, wherein? || **mennyiben érint ez bennünket?** how far does it concern us?; **mennyiben igaz?** what truth is there in it?

mennyire *nm* how far? || *(felkiáltásban)* how || **de még mennyire!** I should think so!, by all means!, and how!
mennyiség *fn* quantity; *(tömeg)* mass || **nagy mennyiségben** in large quantities, in bulk
mennyiszer *nm* how many times?, how often?
mennyország *fn* heaven
meó *fn* quality control (section)
meóz *ige (vmt)* check sg for quality
mer¹ *ige (vizet)* draw*, scoop (out) || **merj a levesből** help yourself to (some) soup
mer² *ige* dare (to do sg); *(veszi a bátorságot)* make* (so) bold (as) to do sg || **aki mer, az nyer** fortune favours the brave, faint heart never won fair lady; **merem állítani** I dare say *(v.* daresay) (that); **nem mer vmt (meg)tenni** [I/he etc.] dare not *(v.* daren't) do sg, be* afraid to do *(v.* of doing) sg
mér *ige* ❖ *ált* measure || *(súlyt)* weigh || *(italt)* retail, draw* || *(időt, sebességet)* clock, time
mérce *fn* measure, scale
meredek *mn (lejtő)* steep || **meredek hegyoldal** steep slope *(v.* mountainside)
méredzkedik *ige* weigh oneself
méreg *fn* poison || ❖ *átv* anger; *(bosszúság)* annoyance, vexation, anger, bother || **erős méreg** violent poison; **eszi a méreg** be* bursting/choking with rage; **lassan ölő méreg** slow poison
méregdrága *mn* very steep/expensive/dear
méregfog *fn* (poison-)fang || **kihúzza a méregfogát** *(vmnek)* take* the sting out of sg
méregzsák *fn (férfi)* spitfire, hot-head; *(nő)* shrew, termagant
mereng *ige* muse, meditate, day-dream*
merengés *fn* reverie, day-dream(ing), musing, pipe-dreams *tsz*

merénylet *fn* attempt || **merényletet követ el vk ellen** make* an attempt on sy's life
merénylő *fn* assailant, would-be assassin
mérés *fn* ❖ *ált* measuring || *(földé)* surveying || *(súlyé)* weighing
merész *mn* bold, daring, audacious
merészel *ige* dare, have* the audacity/face to
merészség *fn* daring, audacity
méret *fn* ❖ *ált* measurement, dimension; *(öltözékdarabé)* size || ❖ *átv* magnitude, proportions *tsz* || **a szoba méretei** the dimensions of the room; **nemzetközi méretekben** on an international scale
merev *mn* ❖ *ált* stiff, rigid || *(testrész)* numb, benumbed || *(tekintet)* fixed, set, stony || ❖ *átv* rigorous, inflexible, stiff; *(mozgás, viselkedés)* angular || **mereven visszautasít** give* (sy) a flat refusal, refuse (sy) pointblank
merevedik *ige* grow* stiff, stiffen, get* rigid
merevgörcs *fn* tetanus, lockjaw
merevítő *fn* stay, prop, brace
merevség *fn* ❖ *ált* stiffness, rigidity
mérföld *fn* mile || **angol mérföld** statute mile *(1609,34 m)*; **tengeri mérföld** nautical mile *(1852 m)*
mérföldes *mn* (of) one mile, of ... miles *ut.*, -mile || **15 mérföldes távolság** a 15-mile distance, a distance of 15 miles
mérföldkő *fn (átv is)* milestone
mérgelődik *ige* be* angry *(vm miatt* at/about sg, *vk miatt* with sy) || **ne mérgelődj!** keep your hair/shirt on!
mérges *mn (állat)* poisonous, venomous || ❖ *biz (dühös)* angry, ⊕ *US* ❖ *biz* mad || **mérges gáz** poison-gas; **mérges gomba** toadstool; **mérges vkre** be* angry/cross with sy
mérgez *ige (átv is)* poison, envenom
mérgezés *fn* poisoning
mérgező *mn* poisonous

merít *ige (vmbe)* dip (sg) into (sg) || *(vmből)* draw* (sg) from (sg) || ❖ *átv (vmből)* take*/derive (sg) from (sg); *(átvesz vmből)* draw* on (sg)
mérkőzés *fn* ❑ *sp* match || **barátságos mérkőzés** a friendly (match)
mérkőzik *ige* ❖ *ált és* ❖ *átv* compete with sy || ❑ *sp* play against
mérleg *fn (eszköz)* scales *tsz*, ⊕ *US* scale *is*; *(patikamérleg)* balance || ❑ *ker* balance (sheet) || **kereskedelmi mérleg** balance of trade
mérlegel *ige* ❖ *átv* weigh, ponder [matter], consider
mérlegelés *fn* ❖ *átv* consideration || **hosszas mérlegelés után** after due deliberation, after careful consideration
mérleghiány *fn* **fizetési mérleghiány** balance of payment deficit; **kereskedelmi mérleghiány** trade deficit
mérleghinta *fn* see-saw
mérlegképes könyvelő *fn* chartered accountant, ⊕ *US* certified public accountant
mérnök *fn* engineer
mérnöki *mn* engineering || **mérnöki diploma** degree/diploma in engineering
mérnök-üzletkötő *fn* sales-engineer
merő *mn (tiszta)* pure, mere, sheer || **merő hazugság** downright lie; **merő véletlen** a mere (*v.* sheer) accident
merőben *hsz* wholly, totally, entirely
merőkanál *fn* ladle, ⊕ *US* **így is** dipper
merőleges ▼ *mn* perpendicular || **merőlegesen vmre** at right angles to sg
▼ *fn* perpendicular || **merőlegest húz** draw* a perpendicular (on sg)
mérőszalag *fn (measuring)* tape, tape measure
merre *hsz (kérdő hol?)* where?, whereabouts? || *(hová?)* which way?, in which direction? || *(vonatkozó)* = **amerre** || **megkérdi, merre kell menni** ask one's/the way
merről *hsz (kérdő)* where ... from?, from where?, from which direction? ||

merről jössz? where do you come from?
mérsékel *ige* ❖ *ált* moderate || *(fájdalmat, büntetést)* mitigate
mérsékelt *mn (éghajlat)* temperate || *(ár)* moderate, reasonable
mert *ksz (objektív ok)* because
mértan *fn* geometry
mértani *mn* geometrical
mérték *fn (a mérés egysége)* measure(ment) || *(vké, ruha)* measurement(s) || *(versmérték)* metre (⊕ *US* meter), measure || *(térképen)* scale || *(mennyiség)* **a legcsekélyebb mértékben (sem)** (not) in the slightest (degree); **a legnagyobb mértékben** to the highest degree
mértékegység *fn* measure, unit (of measurement)
mértékletes *mn* moderate in sg
mértékrendszer *fn* system of weights and measures
mértéktartás *fn* moderation
mértéktartó *mn* moderate, temperate
mértéktelen *mn* ❖ *ált* immoderate, excessive, extravagant || *(evésben, ivásban)* intemperate, insatiable, free-living || **mértéktelenül** beyond measure, excessively
merül *ige (vízbe)* dive, dip, submerge
merülőforraló *fn* immersion heater
mérvadó *mn* authoritative, competent; *(vm)* standard
mérvű *mn* **igen nagy mérvű** rather/very extensive, of high proportion
mese *fn (gyermekmese)* (nursery) tale; *(tündérmese)* fairy tale/story; *(tanmese)* fable || *(regényé stb.)* story, plot || *(kitalálás, biz)* story, yarn, tale, fabrication
mesebeli *mn* mythical, fictitious
mesekönyv *fn* story-book
mesél *ige (mesét mond)* tell* a tale/story, narrate [a fable/story] || **azt mesélik** there is a story afloat, people are saying
mesés *mn* fabulous, fabled, legendary

messiás *fn* Messiah
mester *fn (iparos)* (master) craftsman°, master || *(művész, sakk és átv)* master || *(zenész megszólítása)* Maestro
mesterember *fn* craftsman°, artisan
mesterfogás *fn* master stroke
mesteri *mn* masterly, ❖ *biz* superb, brilliant || **mesterien** in a masterly manner, superbly
mesterkedés *fn* ❖ *átv* ❖ *elít* machinations *tsz*, plot, manoeuvring (⊕ *US* -neuvering)
mesterkedik *ige* ❖ *biz* plot, machinate, manoeuvre (⊕ *US* maneuver)
mesterkélt *mn (viselkedés)* affected, sophisticated || *(hamis)* false, artificial
mesterkurzus *fn* master class
mesterlövész *fn* marksman°, sharpshooter
mestermű *fn* masterpiece
mesterség *fn* trade, profession, craft
mesterséges *mn* artificial, man-made || **mesterséges intelligencia** artificial intelligence; **mesterséges légzés** artificial respiration
mész *fn* lime || *(meszeléshez)* whitening || *(emberi szervezetben)* calcium || **oltatlan mész** quicklime; **oltott mész** slaked/slacked lime; ❖ *biz* **nem ettem meszet** I wasn't born yesterday, what do you take me for?
mészárlás *fn (embereké)* massacre, slaughter(ing)
mészárol *ige (embert)* massacre, slaughter
mészáros *fn* butcher
meszel *ige* whitewash, whiten
meszelés *fn* whitewash(ing), whitening
meszes *mn* limy, lime- || **meszes talaj** calciferous soil; **meszes víz** calcareous water
meszesedés *fn* ❑ *orv* calcification
meszesedik *ige* ❑ *orv* calcify, become* calcified
mészhiány *fn* ❑ *orv* calcium deficiency

mészkő *fn* limestone
mészlerakódás *fn* ❏ *orv* calcification
messze ▼ *mn* far-off, faraway, remote, distant || **messze földön híres** far-famed ▼ *hsz* far || *(kimagaslóan)* by far, far and away || **messze a legjobb** by far the best, much the best; **messze lakik** *(a munkahelyétől)* live far away (from his work); **messzebb** farther, further; **nagyon messze van** be* very far (away)
messzelátás *fn* ❏ *orv* long-sightedness, ⊕ *US* far-sightedness, hyperopia
messzelátó ▼ *mn* ❏ *orv* long/farsighted ▼ *fn* field glasses *tsz*, binoculars *tsz*; *(egy csövű)* telescope
messzeség *fn* distance, remoteness
messzi *mn* és *hsz* = **messze**
messzire *hsz* far, a long way, to a great distance || **messzire megy** go* far
messziről *hsz* from afar, from a great distance || **messziről jött** (s)he came from a distant country
metél *ige* chop (sg) up (small), mince
metélőhagyma *fn* chive
metélt *fn* vermicelli, noodles *tsz*
meteor *fn* meteor
meteorológia *fn* meteorology
meteorológiai *mn* meteorological || **meteorológiai előrejelzés** weather forecast; **meteorológiai jelentés** weather report/forecast
meteorológus *fn* meteorologist
méter *röv* **m** *fn* metre, ⊕ *US* meter || **5 m széles és 10 m hosszú** 5 metres wide and 10 metres long
méteráru *fn* drapery, ⊕ *US* dry goods *tsz* || *(kereskedés)* draper's
méteres *mn* of a metre (⊕ *US* -ter) *ut.* || **egyméteres oszlop** a column one metre high long; **100 méteres síkfutás** (men's/women's) 100 metres (⊕ *US* meters)
méterrendszer *fn* metric system
méterrúd *fn* metre-stick
metodista *fn* Methodist

metrikus *mn* *(méterrendszeren alapuló)* metric
metró *fn* (the) underground ⊕ *GB* ❖ *biz* the tube, ⊕ *US* subway, *(Európában több országban)* metro || **metróval megy** go*/travel (⊕ *US* -l) by underground/tube/metro (v. ⊕ *US* subway)
metronóm *fn* metronome
metsz *ige (vág)* cut* || ❏ *mezőg* prune, dress || ❏ *mat* intersect
metszés *fn (vágás)* cut(ting); ❏ *orv* incision || ❏ *mezőg* pruning, dressing || ❏ *műv* engraving || ❏ *mat* intersection
metszet *fn (szelet)* cut, segment ❏ *műv* engraving
metszett *mn* engraved, cut, chiselled (⊕ *US* -l-) || **metszett üveg** cut glass
metsző *mn* **metsző fájdalom** acute/sharp pain; **metsző gúny** piercing irony, pungent sarcasm; **metsző hideg** piercing/bitter cold
metszőfog *fn* incisor
metszőolló *fn* pruning scissors/shears *tsz*
mettől *hsz (időben)* from what time?, since when?; *(térben)* from where?
mez *fn* ❏ *sp* strip, jersey
méz *fn* honey
mezei *mn* ❖ *ált* ❏ *növ* field- || ❏ *sp* **mezei futás** cross-country running; **mezei munka** work in the fields, agricultural work; **mezei nyúl** hare
mézeshetek *fn tsz* honeymoon *esz*
mézeskalács *fn* honey-cake
mézesmadzag *fn* **elhúzza a mézesmadzagot vknek a szája előtt** hold* out a carrot to sy
mézesmázos *mn* honeyed, soapy
mezítláb *hsz* barefoot, barefooted
mező *fn (fiz, nyelvt is)* field
mezőgazda *fn (gazda)* farmer; *(okleveles)* agriculturist, agronomist
mezőgazdaság *fn* agriculture
mezőgazdasági *mn* agricultural || **mezőgazdasági főiskola** agricultural college; **mezőgazdasági gép** agricultural/farm machine; **mezőgazdasági mun-**

kás agricultural labourer (● *US* -or-), agricultural worker, farm hand
mezőgazdaság-tudomány *fn* agriculture
mezőny *fn* ❑ *sp (futballban)* midfield || *(a versenyzők; egy futamban induló lovak)* field || **elindult a mezőny!** off they are!
meztelen *mn (ember)* naked, nude, unclothed; *(igével)* have* nothing on; *(vállak, tagok)* bare || **a meztelen igazság** the naked truth
meztelenség *fn* nakedness, nudity
meztelenül *hsz* naked, with nothing on
mezzoszoprán *fn* mezzo-soprano
mi¹ *nm (személyes névmás)* we || *(birtokos jelzőként)* our || **a mi házunk** our house; **mi magunk** we ourselves
mi² *nm (kérdő)* what? || *(vonatkozó)* = **ami** || **mi az?** what's that?, what's going on?; **mi az ördög!** (what the) hell!, the deuce!; **mi célból?** for what purpose?, what for?; **mi okból?** for what reason?, why?; **mi történt?** what happened?, what's the matter?; **mi újság?** what's the news?; **mi van X-szel?** how about X?; **mibe** = **menynyibe**; **miben lehetek szolgálatára?** what can I do for you?; **miből él?** what does he (*v.* do you) live on?; **miből van?** what is it made of?; **mid fáj?** what's wrong with you?, what's the trouble?; **min dolgozol?** what are you working at/on?; **miről beszél?** what is he talking of/about?; **miről szól?** what is it about?; **mit csináljak vele?** what shall I do with it?; **mit sem** not (...) anything; **mitől félsz?** what are you afraid of?
mialatt *hsz* while
miatt *nu (vm)* because of, owing to, in consequence of, on account of || *(vk)* for the sake of, for sy's sake || **amiatt jött(, hogy)** he came to/because ...; **haláleset miatt zárva** closed on account of bereavement

miatta *hsz* because of [it/him/her], on sy's account
miatyánk *fn* the Lord's prayer
miau *isz* miaou
micisapka *fn* cloth cap
micsoda *nm (kérdés)* what (on earth)? || *(meglepődéskor)* what do you mean? || *(felkiáltásban)* what a(n) ... || **micsoda kérdés!** what a question!
mielőbb *hsz* as soon as possible
mielőbbi *mn* early, the earliest possible || **mielőbbi javulást!** get better quickly!; **mielőbbi viszontlátásra** see you again soon; *(levélben főleg)* I am (*v.* we are all) looking forward to seeing you again soon, ● *US* I'll be seeing you
mielőtt *ksz* before || **mielőtt elmegyek** before I go*/leave*, before leaving
mienk *nm* ours || **ez a ház a mienk** this house is ours, this house belongs to us
miért *hsz (ok)* why?, for what reason? || *(cél)* why?, for what purpose?, what for? || **miért ne?** why not?; **nincs miért** *(köszönetre)* you're welcome, don't mention it
miféle *nm* what kind/sort of?, what?
míg *hsz/ksz (ellentétes ért.)* while || = **amíg**
migrén *fn* migraine
mihaszna *mn* good-for-nothing
mihelyt *ksz* as soon as, the moment that || **mihelyt megérkezett** the moment/minute he arrived; **mihelyt megláttam** as soon as I caught sight of him
miként *hsz (kérdő)* how?, in what manner? || *(vonatkozó)* as
mikor ▼ *hsz (kérdő)* when?, at what time? || *(vonatkozó)* when || **mikor hogy!** it depends ▼ *ksz (hiszen)* since || *(ha)* when
mikorra *hsz* by when?, by what time?
mikortól *hsz* since when?, from what time?

miközben *hsz* while
mikrofilm *fn* microfilm
mikrofon *fn* microphone, ❖ *biz* mike
mikrohullámú sütő *fn* microwave (oven/cooker)
mikrokártya *fn* microfiche
mikroorganizmus *fn* microorganism
mikroprocesszor *fn* microprocessor
mikrosebészet *fn* microsurgery
mikroszámítógép *fn* microcomputer, ❖ *biz* micro
mikroszkóp *fn* microscope
mikroszkopikus *mn* microscopic(al)
Milánó *fn* Milan
milánói *mn* Milanese
militarista *fn* militarist
millenáris *mn* millennial, millenary
millennium *fn* millennium (*tsz* millennia)
milliárd *szn* a thousand million, ⊕ *US* billion
milligramm *fn* milligram(me)
milliméter *fn* millimetre (⊕ *US* -ter)
milliméteres *mn* **12 mm-es** 12 millimetres (⊕ *US* -ters) in length, 12 millimetres long; **35 milliméteres film** a 35 mm film
millió *szn* million ‖ **kétmillió lakosa van** has two million inhabitants; **harmincmillió font** £30 million(s); **220 millió dollár** $220 million
milliomos *fn* millionaire
milliós *mn* of (a) million *ut.*
milyen *nm (kérdésben)* what?, what kind/sort of?, what is ... like? ‖ *(felkiáltásban)* how; what a(n)... ‖ **milyen az idő?** what is the weather like?; **milyen címen?** by what right?; **milyen messze van?** how far is it?; **milyen nap van ma?** what day is it today?; **milyen piszkos!** how dirty (it is)!; **milyen szerencse!** what luck!
minap *hsz* **a minap** the other day, recently, lately
mind ▼ *nm (valamennyi)* all *(utána többes szám)*, every, each *(utánuk egyes szám)* ‖ **a fiúk mind** all the boys, every (single) boy; **mind a kettő** both; **mind a két kezem** both my hands; **mind az öt ember** all five men; **mind az öten** the/all five of us/them/you; **mind, kivétel nélkül** one and all ▼ *hsz (középfokkal)* **mind nagyobb lesz** it is getting larger and larger, it is growing continually, it keeps (on) growing; **mind a mai napig** to this (very) day, (down) to the present (day); **mind ez ideig** *(állításban)* so/thus far, till now, up to now, to the present, hitherto; *(tagadásban)* as yet ▼ *ksz* **mind az egyik, mind a másik** both the one and the other
mindaddig *hsz* **mindaddig, amíg** until, as long as
mindannyian *nm* all (of us/you/them)
mindannyiszor *hsz* every/each time
mindaz *nm* all, all that/those ‖ **mindaz(t), amit** all that; **mindazok, akik** all those who
mindazonáltal *ksz* nevertheless, nonetheless, after all
mindeddig *hsz* so/thus far, till now, up to now, up to the present; *(tagadásban)* [not ...] as yet
mindegy *(állítmányként)* (it is) all the same ‖ **nekem mindegy** it is (all) the same to me, I do not mind/care (if ...); **mindegy, hogy hol/mit stb.** no matter where/what etc.
mindegyik *nm* each, each/either one, every, every (single) one (of) ‖ **mindegyik oldalon** on each/either side, on both sides; **mindegyikünk** each (one) of us, every one of us; *(ha kettőről van szó)* both of us
minden ▼ *nm* every *(utána egyes szám)*, all *(utána többes szám)* ‖ **minden egyes** each (and every), every single; **minden ember** all men/people, every man/person, everybody, everyone; **minden másnap** every other day ▼ *fn* all, everything; *(bármi)* anything ‖ **ez minden** that's all, that's the lot; **minden jó, ha jó a**

vége! all's well that ends well; **mindene fáj** (s)he is aching all over; **megvan mindene** (s)he has (got) everything; **mindennek vége** it is all over, this is the end; **mindenre képes** capable of anything *ut.*

mindenáron *hsz* at any price, at all costs

mindenekelőtt *hsz* first of all, first and foremost, in the first place, above all

mindenesetre *hsz* in any case, at all events, by all means

mindenestül *hsz* bag and baggage; *(teljesen)* entirely, completely

mindenevő ❑ *áll* ▼ *mn* omnivorous ▼ *fn* omnivorous animal, omnivore

mindenfelé *hsz (irány)* in every direction, in all direction ‖ *(mindenhol)* everywhere

mindenféle *nm* all sorts/kinds of, of all sorts/degrees *ut.*

mindenfelől *hsz* from all sides/directions

mindenható ▼ *mn* almighty ▼ *fn* **a Mindenható** the Almighty

mindenhatóság *fn* omnipotence, almightiness

mindenhol *hsz* everywhere

mindenhonnan *hsz* from everywhere, from every direction

mindenhova *hsz* everywhere, in/to all directions, to all places

mindenképp(en) *hsz* in any case, by all means, anyway

mindenki *nm* everybody, everyone *(utánuk esz)*, all *(utána tsz)* ‖ *(bárki)* anyone, whoever ‖ **mindenki, aki** whoever, anyone that who

mindenkor *hsz* always, at all times, *(bármikor)* (at) any time

mindenkori *mn* current ‖ **a mindenkori kormány** the government in power

mindennap *hsz* every day, daily

mindennapi *mn* daily, day-to-day ‖ *(hétköznapi)* everyday, familiar, common ‖ **a mindennapi életben** in everyday life

mindennapos *mn* daily, day-to-day ‖ *(hétköznapi)* everyday, ordinary, common ‖ **mindennapos dolog** an ordinary (a common) thing

mindenség *fn (világegyetem)* universe, world ‖ ❖ *biz* **az egész mindenség** the whole caboodle ‖ **a mindenségit!** the deuce!, damn!

mindenszentek (napja) *fn* All Saints' Day, All Hallows' Day, Allhallows

mindenütt *hsz* = **mindenhol**

mindez *nm* all this/these

mindhalálig *hsz* to the very last, to the grave, till death

mindhárman *szn/hsz* all three (of us/you etc.)

mindhárom *szn* all three of ...

mindig *hsz (minden időben)* always, at all times; *(változatlanul)* invariably ‖ **még mindig** still

mindjárt *hsz (időben)* instantly, immediately, right away, at once, promptly ‖ *(térben)* immediately, right [on ..., at ...] ‖ **mindjárt!** just a minute!; **mindjárt jövök!** coming/back in a minute

mindkét *szn* both *(utána tsz)*, either *(utána esz)* ‖ **mindkét részről** from both sides/directions, from either side/direction

mindketten *szn* both (of us/you/them)

mindkettő *szn* both (of us/you/them)

mindmáig *hsz* (up) till now, up to the present day

mindnyájan *nm* all (of us/you/them), one and all

mindörökre *hsz* for ever (and ever)

mindössze *hsz* altogether, all in all

minduntalan *hsz* incessantly, time after time, time and (time) again

mindvégig *hsz* from first to last, all the time, to/till the (very) last

minek ▼ *nm (birtok)* **minek az árát kérdezted?** what did you ask the price of? *(vonatkozó)*; **minek következtében** as a consequence of which ‖ **minek nézel (te engem)?** who do

you think I am?, what do you take me for? ▼ *hsz (cél)* why?, what ... for?, for what purpose?; **minek ez neked?** what do you want it for?; **minek ez?** what is this for?
minél *hsz* **minél előbb** as soon as possible; **minél ...bb ..., annál ...bb** the + *középfok* ..., the + *középfok*; **minél előbb, annál jobb** the sooner the better
mini *fn* ❖ *biz* = **miniszoknya**
miniatűr ▼ *mn* miniature ▼ *fn* miniature
minimálbér *fn* the minimum wage
minimális *mn* minimum, minimal
minimum ▼ *fn* minimum ▼ *hsz* at the least
miniszoknya *fn* mini(skirt)
miniszter *fn* Minister, ⊕ *GB* Secretary of State, ⊕ *US* Secretary
miniszterelnök *fn* Prime Minister, Premier
miniszterelnökség *fn* the Prime Minister's office ⊕ *GB* Downing Street
miniszteri *mn* ministerial || **miniszteri rendelet** departmental order, ministerial act ⊕ *GB* Order in Council, ⊕ *US* executive decree; **miniszteri tárca** (ministerial) portfolio
minisztérium *fn* ministry, department || **minisztériumok** government departments
mínium *fn* minium, red lead
minőség *fn (árué)* quality, class, variety, kind || *(szerep)* capacity || **milyen minőségben?** in what capacity?, by what right?
minőség-ellenőrzés *fn* quality control
minőségi *mn (minőséggel kapcs.)* qualitative || *(kiváló minőségű)* quality || **minőségi ellenőr** quality controller/checker
minőségű *mn* **jó minőségű** good-quality, first-rate; **kiváló minőségű** of excellent quality *ut.*, first-class, first-rate, excellent

minősít *ige (vmlyennek)* qualify (sg as) || *(osztályoz)* classify (as), rate (as), grade [according to quality/size etc.]
minősítés *fn* classification, qualification || ❏ *tud (rang)* degree
minősített *mn* qualified || ❏ *jog* **minősített lopás** aggravated larceny
minősíthetetlen *mn (gyalázatos)* unspeakable, beyond words *ut.*, base
minősül *ige (vmnek)* be* qualified (as)
mint[1] *ksz (azonos, vmlyen minőségben tevékenykedő)* as; *(hasonló)* like || *(összehasonlítás középfokkal)* than; as || **jobban beszél, mint ír** he speaks better (*v.* more correctly) than he writes; **mint a 4. sz. ábrán látható** as can be seen (*v.* as shown) in Fig. 4; **mint ahogy(an)** as; **mint amikor** when; **olyan nagy, mint én** he is as tall as I/me; **olyan, mint** be* like; **több, mint** more than
mint[2] *hsz (kérdő)* how || *(vonatkozó)* as
minta *fn (vmből)* sample, specimen; *(mint felirat így is)* sample of no commercial value || *(modell)* model, pattern || *(dísz)* pattern, design || **csíkos minta** striped pattern/design; **minta érték nélkül** sample
mintabolt *fn* top-quality shop, showroom
mintadarab *fn* sample, model
mintakép *fn* model, pattern
mintás *mn (szövet, tapéta stb.)* patterned
mintaszerű *mn* ❖ *átv* model, exemplary
mintaterem *fn* showroom
mintavétel *fn* sampling
mintegy *hsz (körülbelül)* about, some, approximately || *(mondhatni)* as it were, so to speak || **mintegy húszan voltak** there were some twenty (of them)
mintha *ksz* as if/though || **mintha láttam volna** I thought I saw him; **úgy tesz, mintha** pretend to

minthogy *ksz* as, since || **minthogy igen meleg van** since/as it is very hot

mintsem *ksz* than || **előbb megjött, mintsem vártuk** (s)he arrived earlier than we expected

mínusz ▼ *mn (zéró alatt)* minus || *(kivonásnál)* minus, less || **mínusz 10 fok van** it is minus ten degrees, it is ten degrees below zero; **8 mínusz 5 az 3** eight minus five leaves/is three ▼ *fn (hiány)* deficit, lack

mínuszjel *fn* minus (sign)

minyon *fn kb.* fairy cake, ⊕ *US* cup cake

mióta *hsz (kérdő)* since when? || *(amióta)* since || **mióta csak** ever since ...

mire ▼ *nm (kérdő, cél)* for what?, what ... for? || *(hely)* on/upon what? || *(vonatkozó)* = **amire** || **mire ülsz?** what will you sit on?; **mire való ez?** what is the use of this it?, what is it good for?; **mire vársz?** what are you waiting for?; **nincs mire leülnöm** there is nothing (for me) to sit on ▼ *hsz (és erre)* thereupon || *(amikorra)* by the time ... || **mire elindultunk** by the time we left/started

mirelit *mn/fn* (deep-)frozen; *(mint főnév)* frozen food || **mirelit borsó** (deep-)frozen peas *tsz*

mirigy *fn* gland

mise *fn* mass

miseruha *fn* chasuble

misszió *fn* mission

misszionárius *fn* missionary

misztikus *mn (titokzatos)* mysterious

mitévő *mn* **mitévő legyek?** what am I to do?

mitikus *mn* mythical

mitológia *fn* mythology

mítosz *fn* myth, legend

miután *ksz (idő)* after (having ...), when || *(mivel)* because, since, as || **miután hazaérkeztem** after/on my return home, having reached/arrived home ...

mivel¹ *nm (kérdő)* with/by what?, what ...? || *(vonatkozó)* = **amivel** || **nem volt mivel írnia** he had nothing to write with

mivel² *ksz (mert)* because, since, as

mixer *fn (bárban)* barman°; ⊕ *US* főleg bartender || *(keverőgép)* mixer

mobil *fn (telefon)* mobile || **mobilon hív vkt** call sy on her/his mobile

mobilizál *ige* mobilize

mobilozik *ige* be* phoning on one's mobile

mobiltelefon *fn* mobile phone, ⊕ *US* cellular phone, cellphone

moccan *ige* budge, stir, move

moccanás *fn* move, stir || **moccanás nélkül** stock still, without a movement

mocorog *ige* move, stir

mocsár *fn* marsh, bog, fen, swamp

mocsaras *mn* marshy

mócsing *fn* ❖ *biz* tendon, sinew, gristle [in meat]

mócsingos *mn* ❖ *biz* gristly, stringy

mocskol *ige (gyaláz)* abuse, slander, defame

mocskos *mn (piszkos)* dirty, soiled, filthy || ❖ *átv* dirty, smutty

mocsok *fn (piszok)* dirt, filth || ❖ *átv* squalor, dirt

mód *fn (eljárásé)* mode [of action], manner, fashion, method, way, procedure || *(mérték)* measure || *(lehetőség)* possibility || ❑ *nyelvt* mood || *(anyagi helyzet)* resources *tsz*, means *tsz* || **az a mód, ahogy** the way/manner in which; **ily módon** in this way/manner, thus; **maga módján** after his/her own fashion, in his/her own way; **megadja a módját** he does it properly/unstintingly; **módjával** keeping within bounds, temperately, in moderation

módbeli segédige *fn* modal auxiliary

modell *fn* model

modellez *ige* build*/make* models, model (⊕ *US* -l)

modellezés *fn* modelling (⊕ *US* -l-)

modellező *fn* modeller (⊕ *US* -l-)
modern *mn* modern, up-to-date, new, recent
modernizál *ige* modernize, bring* up-to-date
módhatározó *fn* adverb of manner
modor *fn* (viselkedés) manners *tsz* ‖ (stílus) manner ‖ (hangnem) tenor ‖ **jó modor** good manners *tsz*; **rossz modor** bad manners *tsz*
modoros *mn* affected, mannered
modortalan *mn* ill-mannered, boorish
modortalanság *fn* unmannerliness, ill-breeding
modorú *mn* **jó modorú** good/well-mannered, [man] of (good) breeding *ut.*, polished; **rossz modorú** bad/ill-mannered, unmannerly
módos *mn* well-to-do
módosít *ige* ❖ *ált* modify, alter, change; (helyesbítve) rectify; (javaslatot) amend
módosítás *fn* ❖ *ált* modification, alteration, change; (helyesbítve) rectification, amendment
módosítójel *fn* ❏ *zene* accidental(s)
módosul *ige* be* changed/altered, change, alter
módszer *fn* ❖ *ált* method
modul *fn* ❏ *műsz* module
mogorva *mn* peevish, sullen, morose, gruff ‖ **mogorva ember** cross-patch, ⊕ *US* grouch
mogorvaság *fn* sullenness, peevishness, crossness, gruffness
mogyoró *fn* hazel-nut
mogyoróbokor *fn* hazel bush
mogyorós *mn* hazel(-nut) ‖ **mogyorós (tej)csokoládé** whole nut (milk) chocolate
moha *fn* moss
mohamedán *mn/fn* Muslim, (nem mohamedán szóhasználatban) Muhammadan, Mohammedan
mohikán *fn* Mohican ‖ **az utolsó mohikán** the last of the Mohicans
mohó *mn* eager, greedy, avid

mohóság *fn* eagerness, greed(iness); (evésnél) greed, voraciousness
móka *fn* fun, joke, prank
mókás *mn* witty, droll ‖ **mókás ember** joker, wag
mókázik *ige* joke, jest, play tricks, make* fun
mokkacukor *fn* lump sugar, sugar cubes *tsz*
mokkáscsésze *fn* coffee-cup
mokkáskanál *fn* coffee-spoon
mókus *fn* squirrel
molekula *fn* molecule
molesztál *ige* molest, importune, pester, bother
molett *mn* roundish, plump, buxom
moll *mn/fn* minor [key/mode] ‖ **moll skála** minor scale; **c-moll** C minor; **h-moll szonáta** sonata in B minor
molnár *fn* miller
móló *fn* pier, jetty, mole, breakwater
moly *fn* (clothes) moth
molyirtó (szer) *fn* moth/insect powder
monarchia *fn* monarchy
mond *ige* ❖ *ált* say* (sg); (közöl vmt vkvel) tell* sy sg ‖ (említ) mention, say* ‖ (vmnek nyilvánít) call, declare, pronounce ‖ (szöveg, írásmű kifejez vmt) express sg ‖ **ahogy mondani szokás** as the saying/phrase goes, as we/they say; **azt mondják, hogy** it is said/reported that; **beszédet mond** make*/deliver/give* a speech; **búcsút mond** bid* farewell, say* good-bye; **ezt se nekem mondták** that is a hit/dig at you; **hogy mondják angolul?** how do you say that/it in English?; **igazat mond** tell* the truth; **jobban mondva** to be more precise, or rather; **köszönetet mond** (vknek vmért) thank sy for sg, express one's thanks/gratitude to sy for sg; **mondanom sem kell** I need hardly say, needless to say; **mondd neki, hogy várjon** tell him to wait; **mondhat(sz), amit akar(sz)** say what you will;

mondhatnám *(akár, szinte)* I might as well say; **mondjuk ...** *(például)* say *(mindig két vessző között)*; **mondjuk, hogy** *(tegyük fel)* let's say/suppose, shall we say; **ne mondd!, ne mondja!** really!, you don't say (so)!, you don't mean it; **nekem azt mondták, hogy** I was told that/to ...
monda *fn* legend, saga, myth
mondai *mn* legendary, mythical, fabulous
mondakör *fn* cycle ‖ **az Artúr-mondakör** the Arthurian cycle
mondanivaló *fn* what one has got to say; *("üzenet")* message
mondás *fn* (common) saying, phrase
mondat *fn* sentence, period ‖ **kérdő mondat** interrogative sentence
mondatrész *fn* part of a sentence, phrase
mondattan *fn* syntax
mondattani *mn* syntactic
mondavilág *fn* world of legends/sagas
mondogat *ige* keep* saying, repeat
mondóka *fn* (sy's) say, short speech
mongol ▼ *mn* Mongolian ▼ *fn (ember)* Mongol, Mongolian ‖ *(nyelv)* Mongol, the Mongolian language
Mongólia *fn* Mongolia
mongoloid *mn/fn* ❏ *orv* mongoloid (person)
monitor *fn* monitor
mono *mn* mono
monogram *fn* monogram, initials *tsz*
monokli *fn (üvegből)* monocle (eye-)glass ‖ *(ökölcsapástól)* black eye
monológ *fn* monologue (✴ *US* -log), soliloquy
monopolhelyzet *fn* monopoly
monopólium *fn* monopoly
monoton *mn* monotonous [voice, work etc.], dull [life]
monszun *fn* monsoon
montázs *fn* montage
montíroz *ige (gépet)* mount, assemble, set* up ‖ *(fényképet)* mount
monumentális *mn* monumental, huge

moraj(lás) *fn* ✢ *ált* murmur ‖ *(hullámoké)* roar, roaring ‖ *(ágyúzásé, tengeré)* boom
morajlik *ige* ✢ *ált* rumble, rustle ‖ *(tenger)* sound, boom, roar ‖ *(dörgés távolról)* boom
morál *fn* morality, ethics *tsz*, morals *tsz*
morális *mn* moral
morbid *mn* morbid ‖ **morbid humor** black humour (✴ *US* -or)
morc *mn* = **mogorva**
morcos *mn* peevish, sullen, sour, surly, morose, gruff
móres *fn* **móresre tanít vkt** teach* sy manners, teach* sy how to behave
morfin *fn* morphine
morfinista *fn* morphinist, morphine addict
morfium *fn* morphine
morfológia *fn* morphology
morfondíroz *ige* ✢ *biz (vmn)* brood over sg, ruminate/cogitate over sg
morgás *fn (vadállaté)* growling, snarling ‖ *(emberi)* muttering, grumbling
morgolódik *ige* keep* grumbling/growling
mormol *ige* murmur, mumble, mutter
mormon *mn/fn* Mormon
mormota *fn* marmot
morog *ige (állat)* growl, snarl ‖ *(ember)* grumble *(vm miatt* at/over/about sg*)*
morzézik *ige* send* Morse signals
morzsa *fn (kenyér)* (bread)crumbs *tsz* ‖ ✢ *átv* morsel, bit, crumbs *tsz*
morzsol *ige* ✢ *ált* crumble
mos *ige* wash ‖ **mos vkre** do* sy's washing/laundry; **fogat mos** brush one's teeth; **hajat mos** wash/shampoo one's hair; **kezet mos** wash one's hands; ✢ *átv* **mossa a kezeit** wash one's hands of sg
mosakodik *ige* wash (oneself), have* a wash, ✴ *US* wash up
mosás *fn* ✢ *ált* wash(ing) ‖ *(fodrásznál)* **mosás és berakás** shampoo and set; **mosásba ad ruhát** send* clothes to the laundry

mosatlan *mn/fn* unwashed
mosdás *fn* wash, ⊕ *US* washup
mosdat *ige* wash sy, give* sy a wash
mosdatlan *mn* unwashed, dirty, filthy ‖ **mosdatlan szájú** foul-mouthed
mosdó *fn (helyiség)* lavatory ‖ = **mosdókagyló**
mosdókagyló *fn* washbasin, basin, ⊕ *US így is* washbowl
mosdókesztyű *fn* face cloth, flannel, ⊕ *US* washcloth
mosdószappan *fn* toilet soap
mosható *mn* washable, washproof, washfast ‖ **jól mosható** it washes/ launders well
moslék *fn* swill, slop(s), kitchen waste ‖ ❖ *átv* wish-wash, dishwater
mosoda *fn* laundry
mosogat *ige* wash up, do* the dishes, do* the washing-up ‖ **sok a mosogatnivaló** there's a lot of washing-up to be done
mosogatás *fn* washing-up
mosogató *fn (személy)* washer-up, dishwasher ‖ *(medence)* sink, washing-up bowl
mosogatógép *fn* dish-washer
mosogatórongy *fn* dish-cloth ‖ ❖ *átv* **olyan, mint a mosogatórongy** *kb.* feel* like a wet rag
mosógép *fn* washing-machine
mosoly *fn* smile
mosolygó *mn* smiling, jolly, jovial
mosolyog *ige* smile *(vmn/vkn* at sg/ sy, *vkre* at/upon sy)
mosónő *fn* washerwoman°, washwoman°, laundress
mosópor *fn* washing-powder
mosószer *fn* detergent
most *hsz* now, at present ‖ **éppen most** this very moment, right/just now
mostan *hsz* now, at present ‖ **mostanra** by this time, by now; **mostantól (fogva)** from now on, from this time on
mostanában *hsz (nemrég)* lately, (quite) recently, not long ago ‖ *(manapság)* nowadays

mostanáig *hsz* until now, by this time, by now, up to now, up to the present
mostani *mn* present(-day)
mostoha ▼ *mn* ❖ *átv* harsh, hostile, cruel ‖ *(természet)* unkind ‖ **mostoha körülmények** adverse circumstances ▼ *fn* = **mostohaanya, mostohaapa**
mostohaanya *fn* stepmother
mostohaapa *fn* stepfather
mostohafiú *fn* stepson
mostohafivér *fn* stepbrother
mostohagyermek *fn* stepchild°
mostohaleány *fn* stepdaughter
mostohanővér *fn* stepsister
mostohaszülő(k) *fn* step-parent(s)
moszat *fn* seaweed
moszkitó *fn* mosquito
Moszkva *fn* Moscow
moszkvai *fn* inhabitant of Moscow, Muscovite
motel *fn* motel
motiváció *fn* motivation
motivál *ige (cselekvést)* motivate ‖ *(ítéletet stb.)* state the reasons for
motívum *fn (indíték)* incentive, motive ‖ *(díszítőmintában)* motif, motive, pattern
motor *fn (gép, főleg villany)* motor; *(főleg autóé)* engine ‖ = **motorkerékpár**
motorbicikli *fn* ❖ *biz* = **motorkerékpár**
motorcsónak *fn* motor boat, *(versenyi)* powerboat; *(gyorsasági)* speedboat
motorfék *fn* power brake(s)
motorháztető *fn* bonnet, ⊕ *US* hood
motorhiba *fn* engine trouble/failure, breakdown
motorkerékpár *fn* motorcycle, motorbicycle, ❖ *biz* motorbike
motorkerékpáros *fn* motorcyclist
motorolaj *fn* motor oil
motoros ▼ *mn* motor-(driven), power(-) ‖ **motoros fűrész** petrol chainsaw ▼ *fn* motorcyclist
motorosszemüveg *fn* goggles *tsz*
motorozik *ige* ride* a *(v.* go* by) motorcycle

motorszerelő *fn* car/motor mechanic
motorverseny *fn* speed-race, motorcycle race/racing
motorvonat *fn* motor-train
motoszkál *ige* fumble/grope about, rummage || **vm motoszkál a fejében** sg is running through one's head
motoz *ige* (vkt) search sy, go* through sy's pockets
motozás *fn* (vké) search(ing)
motring *fn* skein, hank
mottó *fn* motto, saying
motyog *ige* mumble, mutter
mozaik *fn* mosaic
mozaikkép *fn* an Identikit picture, a Photofit picture, *(így is)* Photo-Fit
mozdít *ige* move, stir, remove
mozdítható *mn* movable, mobile
mozdony *fn* engine, locomotive
mozdonyvezető *fn* engine-driver, ⊕ *US* engineer
mozdul *ige* stir, move, budge
mozdulat *fn* movement, move, motion
mozdulatlan *mn* motionless, still, unmoved, immobile
mozdulatlanság *fn* immobility, motionlessness, standstill
mozdulatművészet *fn* eurhythmics *esz*, cal(l)istenics *esz v. tsz*
mózeskosár *fn* carrycot, ⊕ *US* portacrib
mozgalmas *mn* (eseménydús) eventful, busy, crowded, lively || **mozgalmas nap** a busy day, ❖ *biz* a hectic day
mozgalom *fn* ❑ *pol* movement, campaign, drive
mozgás *fn* ❖ *ált* movement, motion, moving || *(testedzés)* exercise || **mozgás!** get a move on!, hurry up! look lively!; **mozgásba hoz vmt** put*/bring* sg in motion, set* sg going, start sg
mozgáshiány *fn* lack of exercise
mozgásképtelen *mn* (személy) disabled, crippled
mozgáskorlátozott, mozgássérült *mn/fn* (partially) disabled, (physically) handicapped || **a mozgássérültek/mozgáskorlátozottak** the disabled, the physically handicapped
mozgat *ige* move
mozgatható *mn* movable, mobile
mozgató ▼ *mn* moving, motive ▼ *fn* mover || **az ügy mozgatója** prime mover of sg, the champion of sg
mozgékony *mn* mobile, agile, lively, nimble, brisk
mozgó *mn (mozgásban levő)* moving, mobile, in motion *ut.* || *(nem rögzített)* movable, sliding
mozgójárda *fn* moving pavement, travolator, travel(l)ator, ⊕ *US* moving sidewalk
mozgókonyha *fn* field kitchen
mozgólépcső *fn* escalator, moving staircase
mozgolódás *fn* movement, moving || ❖ *átv* commotion, turmoil
mozgósít *ige* ❑ *kat* ❑ *ker* mobilize
mozgósítás *fn* ❑ *kat* mobilization
mozi *fn (hely, szórakozás, művészet)* cinema, the pictures *tsz*; ⊕ *US (szórakozás és műv. ág)* (the) movies *tsz*; ⊕ *US (hely)* movie *(v.* motion-picture) theater || **moziba megy** be* going to the cinema/pictures *(v.* ⊕ *US* to the movies)
mozielőadás *fn* (cinema) performance/show/screening
mozijegy *fn* cinema ticket, ticket for the cinema, ⊕ *US* movie ticket
moziműsor *fn* cinema programme
mozog *ige* (vk) move || *(szerkezet)* work, go*, run* || *(vm pályán)* travel (⊕ *US* -l) || *(inog)* shake*, totter || *(testedzést végez)* exercise || **fiatalosan mozog** (s)he is spry, (s)he moves like a young man/woman; **mozog a fogam** my tooth is loose
mozzanat *fn* ❖ *ált* moment || *(körülmény)* circumstance, motif, element; *(történésben)* phase, momentum, moment
mozsár *fn (konyhai)* mortar

mozsártörő *fn* pounder, pestle
mögé *nu* behind ‖ **a ház mögé rejtőzik** he is hiding behind the house; **a mögé (a ház mögé)** behind that (house); **e mögé** behind this
mögött *nu* behind, at the back of, ⊕ *US* (in) back of (sg) ‖ **emögött** behind this, at the back of this; **a mögött a ház mögött** behind that house; **maga mögött hagy vkt** leave* sy behind; *(megelőz)* overtake* sy; **vknek a háta mögött** behind sy('s back)
mögötte *hsz* behind me/you/him etc. ‖ **közvetlenül mögötte** immediately behind sy/sg
mögül *nu* from behind sg/sy
MTA = *Magyar Tudományos Akadémia* Hungarian Academy of Sciences
MTI = *Magyar Távirati Iroda* Hungarian News Agency
mukk *fn* **egy mukkot sem szól** not to say/breathe a word, ❏ *kif* mum's the word
mukkanás *fn* **mukkanás nélkül** without (breathing) a word
mulandó *mn* fleeting, short-lived, transitory, ephemeral
múlás *fn* passing, flow ‖ **az idő múlása** the progress/passing/march of time
mulaszt *ige (alkalmat)* miss, let* slip [opportunity] ‖ *(távol marad)* be* absent (from), fail to appear (swhere); *(órát, előadást)* miss, ❖ *biz* cut*, skip [a class]; *(hiányzik iskolából)* be* absent (from school)
mulasztás *fn* ❏ *isk* absence ‖ *(kötelességé)* omission, neglect (of); ❏ *jog* default
mulat *ige (szórakozik)* pass time, amuse/enjoy oneself, have* (great) fun at [the party etc.] ‖ *(lumpol)* carouse, revel (⊕ *US* -l), have* a fling ‖ *(nevet vmn)* laugh at; be* amused at/by sg
mulatás *fn (szórakozás)* amusement, fun, merry-making ‖ *(lumpolás)* carousal, revels *tsz*, revelry ‖ **jó mulatást!** have a good time!, have fun!

mulató *fn* = **mulatóhely**
mulatóhely *fn* night-club, bar
mulatozás *fn* revels *tsz*, revelry, jollification
mulatozik *ige* carouse, revel (⊕ *US* -l), have* a good time
mulatság *fn (szórakozás)* amusement, entertainment, fun
mulatságos *mn* amusing, entertaining
mulattat *ige* amuse, entertain, divert
mulattatás *fn* entertainment
mulattató ▼ *mn* amusing, entertaining ▼ *fn* entertainer; *(komikus)* comedian
múlékony *mn* passing, ephemeral, momentary, transient
múlik *ige (idő)* pass, elapse ‖ *(fájdalom)* stop, cease ‖ *(vkn/vmn)* depend on sy/sg ‖ **egy hete múlt, hogy** it happened a week ago that; **ha csak ezen múlik** if it is only a question of this; **múltak az évek** the years have gone by; **nehezen múlik az idő** time hangs heavy on one's hands; **25 éves múlt** he is past 25, he has turned 25; **5 óra múlt** it is past five (o'clock), it's just turned 5 o'clock, ⊕ *US* gone 5; **6 (óra) múlt tíz perccel** it is ten past six, ⊕ *US* ten after six
múló *mn* passing, fleeting, momentary
múlt ▼ *mn* past, last ‖ **a múlt órán** during/in our last class; **múlt alkalommal** last time; **múlt évi** last year's, of last year *ut.*; **múlt havi** in/during the previous month *ut.*; **múlt héten** last week; **múlt idő** past tense ▼ *fn* past ‖ ❏ *nyelvt* past tense ‖ **ez most már a múlté** it is a thing of the past
múltán *hsz* after (the lapse of) ‖ **évek múltán** years after
multinacionális *mn* multinational
múltkor *hsz* the other day, not long ago, (the) last time
múlva *nu* in ‖ **3 hét múlva** in three weeks, ❖ *hiv* 3 weeks hence; **(kb.) egy óra múlva jövök** I'll come in an hour (or so); **évek múlva** several years later

mulya ▼ *mn* simple, foolish ▼ *fn* simpleton, dolt

múmia *fn* mummy

mumpsz *fn* mumps *esz*

muníció *fn* ammunition, ❖ *biz* ammo

munka *fn* ❖ *ált* work || *(elfoglaltság, állás)* job; *(erőfeszítés)* effort, toil || *(feladat)* task, job || *(mű)* (piece of) work || **a napi munka után** after the daily grind; **jó munkát végez** do* good work; **kemény munka** hard work; **munka nélküli jövedelem** unearned income; **munkába áll** enter work/service; **munkába megy** go* to work; **munkában van** *(vk)* be* at work; *(vm)* be* in hand, be* in the making; **munkához lát** set* to work; **munkát ad vknek** engage/employ sy, give*/find* sy work

munkaadó *fn* employer

munkabér *fn* wage(s), pay

munkabeszüntetés *fn* strike, walkout, stoppage

munkabírás *fn* working ability/capacity

munkabíró *mn* capable of work(ing) *ut.*

munkadíj *fn (elkészítési díj)* cost, charge, price, (set) fee || *(munkabér)* wage(s), pay

munkaebéd *fn* working lunch(eon)/dinner

munkaerkölcs *fn* work ethic

munkaerő *fn (munkabírás)* working power/ability/capacity, capacity for work || *(munkások összessége)* manpower; *(egy ország iparáé v. egy gyáré)* workforce, labour (⊕ *US* -or) force || *(munkavállaló, fizikai)* worker, workman°; *(alkalmazott)* employee

munkaerőhiány *fn* manpower/labour shortage, shortage of labour (⊕ *US* -or)

munkaerő-vándorlás *fn* migration of manpower, ❖ *biz* floating

munkaeszköz *fn* **munkaeszközök** tools, set of tools *esz*

munkafegyelem *fn* work(shop) discipline, discipline at work

munkafüzet *fn* workbook

munkahely *fn (a vállalat, üzem stb.)* place of work/employment, ⊕ *US* workplace || *(állás, munkaalkalom)* employment, job || **a munkahelyén van** be* at work, be* in the office; **munkahelyet változtat** change one's job

munkahelyi *mn* **munkahelyi légkör** atmosphere of/at the/one's place of work; **munkahelyi telefonszám** work telephone number

munkahét *fn* working week, ⊕ *US* work week || **40 órás munkahét** a 40-hour working week (at work)

munkaidő *fn* working hours *tsz*, working time || **részleges/teljes munkaidőben dolgozik** work part-time/full-time

munkaképes *mn* able to work *ut.*, fit for/to work *ut.*, able-bodied

munkaképesség *fn* ability to work, fitness for work

munkaképtelen *mn (átmenetileg)* unable to work *ut.*, unfit for/to work *ut.* || *(rokkant)* permanently disabled, invalid

munkaképtelenség *fn (átmeneti és ált.)* inability to (*v.* unfitness for) work || *(állandó)* (permanent) disablement/disability, invalidity

munkakerülés *fn* work-shyness, idleness

munkakerülő ▼ *mn* workshy ▼ *fn* (work-)shirker, slacker

munkaköpeny *fn* overalls *tsz*, smock

munkakör *fn* ❖ *ált* sphere/field of work/activity; *(feladatkör)* range/scope of (sy's) duties, occupation, job; *(beosztás)* duty

munkaköri kötelesség *fn* duty, responsibility

munkakörülmények *fn tsz* working conditions

munkaköteles *mn* liable to work *ut.*

munkaközösség *fn (állandó)* co-operative, collective; *(alkalmi, főleg szellemi munkára)* team, work(ing)/study-group

munkaközvetítő *mn/fn* **munkaközvetítő (hivatal/iroda)** ❖ *ált* employment agency; ⊕ *GB* ❖ *hiv* jobcentre

munkalassítás *fn* work-to-rule

munkálat *fn* work, operation ‖ **a munkálatok folynak** work is in progress

munkáltató *fn* employer

munkamorál *fn* work ethic

munkanap *fn* working day *(v.* ⊕ *főleg US)* workday ‖ **nyolcórás munkanap** an 8-hour working day *(v.* ⊕ *US)* workday

munkanélküli *fn (igével)* be* unemployed/jobless ‖ **a munkanélküliek** the unemployed/jobless

munkanélküliség *fn* unemployment

munkanélküli-segély *fn* unemployment benefit, ❖ *biz* dole

munkanyelv *fn (konferenciáé)* working language(s)

munkareggeli *fn* working breakfast

munkarend *fn* scheme/plan of work, work schedule

munkaruha *fn* working-clothes, work clothes, overalls *(mind: tsz)*

munkás *fn (ált fizikai)* working man°, worker, workman° ‖ **nehéz testi munkás** labourer (⊕ *US* -or-), heavy manual worker; **szellemi munkás** white-collar worker

munkásember *fn* workman°, worker

munkásnegyed *fn* working-class district

munkásnő *fn* working woman°, womanworker *(tsz* womenworkers)

munkásosztály *fn* working class

munkásotthon *fn* workers' home

munkáspárt *fn* workers' party, ⊕ *GB* the Labour Party

munkáspárti *mn/fn* ⊕ *GB* adherent/member of the Labour Party ‖ **munkáspárti képviselő** Labour MP

munkásság *fn (munkások)* working people, workers *tsz; (mint osztály)* working class; *(egy üzemé)* workers *tsz,* workmen *tsz* ‖ *(tudományos)* academic/scientific achievement, scholarly activities *tsz*

munkástanács *fn* workers' council

munkásvonat *fn* workmen's train

munkaszeretet *fn* love for work

munkaszervezés *fn* organization of work

munkaszerződés *fn* contract of employment, employment/labour contract

munkaszünet *fn* holiday, rest

munkaszüneti nap *fn* bank/public holiday

munkatábor *fn* labour camp

munkatárs *fn* colleague; *(könyvé)* contributor ‖ *(beosztás)* employee (of) ‖ **a rádió munkatársa** producer/editor (of the Hungarian Radio); **munkatársak** *(szerkesztőségben)* editorial staff/team; **tudományos munkatárs** research fellow/worker, *(rangidős)* (senior research fellow)

munkaterápia *fn* occupational/work therapy

munkaterület *fn (tárgykör)* sphere/area/field of work, scope of activities ‖ *(hely)* building area/site

munkaügyi *mn* labour (⊕ *US* -or), of labour *ut.,* employment ‖ **munkaügyi miniszter** Minister of Labour, Employment Minister, ⊕ *GB* Employment Secretary, ⊕ *US* Labor Secretary; **munkaügyi minisztérium** Ministry of Labour

munkavacsora *fn* working dinner

munkavállaló *fn* employee

munkaviszony *fn (munkáltató és munkavállaló között)* employee–employer *(v.* employment) relationship; employment ‖ **munkaviszonyban van** be* employed, *(teljes munkaidőben)* be* in regular full-time employment

muri *fn* ❖ *biz* fun, lark, spree, beanfeast

murizik *ige* ❖ *biz (mulat)* go* out on a spree, have* fun, revel (⊕ *US* -l) ‖ *(veszekszik)* kick up a shindy/row

murva *fn (kő)* gravel

musical *fn* musical

muskátli *fn* geranium, pelargonium

muskotály *fn (szőlő)* muscat grapes ‖ *(bor)* muscatel, muscat

muslica *fn* vinegar/fruit/wine fly

must *fn* must

mustár *fn* mustard

mustármag *fn* mustard-seed

muszáj *ige* must, be* obliged to, have* (got) to ‖ **ha (éppen nagyon) muszáj** if absolutely necessary

mutál *ige* sy's voice breaks

mutálás *fn* break(ing) of voice

mutat *ige* ❖ *ált* show*; *(vmre/vkre)* point to/towards sg/sy; *(ujjával)* point one's fingers at sg/sy ‖ *(műszer)* read*, register, show* ‖ *(jelez, bizonyít vmt)* show*/indicate sg, point at sg, show* signs of sg ‖ *(kifejez érzést)* show*, express ‖ *(vmlyennek látszik)* look, seem, appear, give* the impression of ‖ **a hőmérő 7 fokot mutat** the thermometer reads/registers 7 degrees; **az óra mutatja az időt** the clock tells the time; **az óra 10-et mutat** the clock shows ten (o'clock); **minden (jel) arra mutat, hogy** everything points to ...

mutatkozik *ige (vk vhol)* show* (oneself) ‖ *(vmnek, vmlyennek)* look, seem ‖ **hasznosnak mutatkozik** promise to be useful

mutató *fn (órán)* hand; *(mérőműszeré)* pointer ‖ *(könyvé)* index *(tsz* indexes*)* ‖ *(minta)* sample, specimen ‖ **mutatóba küld** *vmt* send* sg as a sample

mutatós *mn* ❖ *ált* showy; *(látványos)* spectacular

mutatóujj *fn* forefinger, index finger

mutatvány *fn (közönség előtt)* spectacle, exhibition, show ‖ *(szemelvény)* specimen ‖ *(áruból)* sample(s) ‖ **cirkuszi mutatvány** stunt

mutogat *ige (vmt)* keep* showing/displaying/exhibiting (sg); *(vmt dicsekedve)* boast of/about sg ‖ *(jelez)* make* signs

muzeális *mn* **muzeális darab** museum piece

muzeológus *fn* museologist, custodian, keeper, curator [of a museum]

múzeum *fn* museum

muzikális *mn* musical, talented in music *ut.*

muzulmán *mn/fn* Muslim

múzsa *fn* Muse

muzsika *fn* music

muzsikál *ige* make* music, play (an instrument)

muzsikaszó *fn* (sound of) music

muzsikus *fn* musician

mű *fn* ❖ *ált* work; *(irodalmi)* (literary) work, writing; *(zenei)* opus, composition, (musical) work ‖ *(ipari létesítmény)* (the) works *tsz* ‖ **a véletlen műve volt** it was a matter of chance; **Ady Endre összes művei** the complete works of Endre Ady

műalkotás *fn* work of art

műanyag *fn* plastic ‖ **műanyag(ból készült)** made of plastic *ut.*, plastic

műbőr *fn* imitation leather, leatherette

műbútor *fn* cabinet-work, furniture (of fine craftsmanship)

műbútorasztalos *fn* cabinet-maker

műcsarnok *fn* art gallery

műegyetem *fn* = **műszaki egyetem**

műemlék *fn* ancient monument ‖ **műemlék épület** historic building/monument, ⊕ *GB* listed building

műemlékvédelem *fn* protection of monuments *(v.* historic buildings*)*

műértő *fn* connoisseur, art expert

műfaj *fn* (literary) genre

műfog *fn* false tooth°

műfogsor *fn* set of false/artificial teeth, false teeth *tsz*, denture, ❖ *biz* (dental) plate

műfordítás *fn* translation [of literary works], literary translation
műfordító *fn* translator [of literary/ works], literary translator
műgyűjtő *fn* art collector
műhely *fn* workshop; *(autójavító)* garage || ❖ *átv* ❑ *tud* workshop
műhiba *fn (orvosi)* malpractice
műhold *fn* artificial satellite
műholdas *mn* satellite **műholdas televízió** satellite television/TV
műholdfelvétel *fn* satellite picture
műjég(pálya) *fn* (skating) rink
műkedvelő ▼ *mn* amateur, non-professional || **műkedvelő színtársulat** amateur theatrical company ▼ *fn* amateur
műkereskedés *fn* art(-dealer's) shop
műkereskedő *fn* art-dealer
műkincs *fn* art treasure
műkorcsolya *fn* **Műkorcsolya Európa-bajnokság** European Figure Skating Championship
műkorcsolyázás *fn* figure skating
műkorcsolyázó *fn* figure skater
műkő *fn* artificial/cast stone
működés *fn* ❖ *ált* function(ing); *(gépé)* working, operation || *(emberé)* activity || **működésbe hoz** ❖ *ált* set* sg going
működik *ige (gép, szerkezet)* work, run*, operate, function, be* in operation/service || *(szerv)* function || *(ember)* work, act as || **a lift nem működik** the lift (*v.* ⊕ *US* elevator) is out of order
működő *mn* ❖ *ált* active || *(gép)* working || **működő tőke** working capital; **működő tűzhányó** active volcano
működtet *ige (gépet)* operate
műláb *fn* artificial foot°/leg
műleírás *fn* specification, description
műlesiklás *fn* slalom, downhill (run)
műmelléklet *fn (könyvhöz)* (full-page) plate || *(újsághoz)* artistic supplement
München *fn* Munich
műpártoló *fn* patron of art, Maecenas

műremek *fn* work of art, masterpiece
műrepülés *fn* aerobatics *tsz*
műselyem *fn* rayon
műsor *fn* ❖ *ált* programme (⊕ *US* program); *(könnyű műfajbeli)* show || **két hónapig volt műsoron** it had a run of two months
műsorfüzet *fn* (theatre) programme, playbill
műsoros est *fn* evening (with entertainment/programme)
műsorszám *fn* item (of programme)
műsorvezető(-szerkesztő) *fn (rádió)* broadcaster, presenter; *(tévé)* presenter
műszak *fn* shift || **éjjeli műszak** night shift; **nappali műszak** day shift; **8 órás műszakban dolgozik** work an 8-hour shift
műszaki ▼ *mn* technological; *(korábban, és ma is néhány kapcsolatban)* technical || **műszaki áru** *(vas- és edényboltban)* fittings *tsz*; **műszaki beállítottságú** technically minded; **műszaki egyetem** technological university; ⊕ *GB* College of Advanced Technology; **műszaki értelmiség** technical intelligentsia, ❑ *pol* (the) technocrats *tsz*, technocracy; **műszaki főiskola** college of technology; **műszaki hiba** breakdown, mechanical trouble; *(tévében)* transmitter failure; **műszaki igazgató** works manager; **műszaki rajz** technical drawing; **műszaki rajzoló** draughtsman°, ⊕ *US* draftsman°; **műszaki segélyhely** *(autópályán stb.)* mechanical help/assistance; **műszaki tudományok** technological sciences, technology; *(gépészmérnöki)* engineering; **műszaki vizsga** *(gépkocsié)* ⊕ *GB* MOT (test) ▼ *fn* **a műszakiak** the technical staff; ❑ *kat* ❖ *biz* the sappers
műszál *fn* synthetic fibre (⊕ *US* -ber)
műszempilla *fn* false eyelashes *tsz*
műszer *fn* instrument; *(készülék)* apparatus, appliance

műszeres leszállás *fn* instrument/blind landing
műszerész *fn* mechanic, technician
műszerfal *fn (autóé)* dashboard; *(repülőgépé)* instrument panel
műszív *fn* artificial/mechanical heart
műtárgy *fn* ❏ *műv* work of art || ❏ *műsz* **műtárgyak** (construction) works *tsz*
műterem *fn* studio; *(művészé)* atelier
műtét *fn* (surgical) operation, surgery || **kisebb műtét** minor surgery; **nagyobb műtét** major operation/surgery; **műtétnek aláveti magát** undergo* an operation
műtő *fn* (operating) theatre, ⊕ *US* főleg operating room
műtőasztal *fn* operating table
műtős *fn* theatre orderly
műtősnő *fn* theatre nurse
műtrágya *fn* artificial fertilizer
műugrás *fn* springboard diving
műugró *fn* (springboard) diver
műút *fn* high road, highway
művek *fn* works *esz v. tsz* || **elektromos művek** electricity works
művel *ige (tesz)* do* || *(tudományt)* study || *(vkt)* educate, polish, refine || **csodát művel** work miracles; **földet művel** cultivate the land, farm
művelés *fn (földé)* cultivation (of land/soil) || *(tudományé, művészeté)* study
művelet *fn* ❖ *ált és* ❏ *mat* operation || ❏ *pénz* ❏ *ker* transaction
műveletlen *mn (ember)* uneducated, uncivilized, lacking culture *ut.*
műveletlenség *fn* lack of education
művelhető *mn* ❏ *mezőg* arable
művelődés *fn* education, culture
művelődési *mn* cultural || **művelődési ház** *kb.* community (arts) centre (⊕ *US* -ter)
művelődéspolitika *fn* cultural and educational policy
művelődéstörténet *fn* history of civilization/culture, cultural history
művelődésügy *fn* public education
művelt *mn (ember)* educated, cultured, cultivated; *(nép)* civilized || **művelt beszéd** educated/standard speech
műveltető ige causative
műveltség *fn (vké)* education || *(népé)* civilization || **humán műveltség** arts education; **ókori műveltség** ancient civilization
műveltségi *mn* of culture/civilization *ut.*, cultural || **műveltségi fok** cultural level/standard
műveltségű *mn* **nagy műveltségű ember** a highly cultured man°
művese *fn* artificial kidney, kidney machine
művész *fn* artist
művészegyüttes *fn* ensemble
művészet *fn* art
művészeti *mn* artistic, art-, of art *ut.* || **művészeti alkotás** work of art; **művészeti iskola** art school, school of (fine) arts, ⊕ *US* arts college; **művészeti rovat** art column; **művészeti vezető** artistic director
művészettörténész *fn* art historian, historian of art
művészettörténet *fn* history of art
művészi *mn* artistic || **művészi érzék** artistic sense, artistry; **művészi torna** eurhythmics, ⊕ *US* eurythmics *(mind: esz)*
művésznév *fn* ❏ *szính* stage-name
művésznő *fn* artist
művezető *fn* works manager
művi *mn* ❏ *orv* **művi úton** artificially; **művi vetélés** induced abortion
művirág *fn* artificial flower

N

na *isz (biztatólag)* **na!** go on! || *(kérdőleg)* **na?** what's the news?, well? || **na és (aztán)?** so what?; **na mi (baj) van?** what's up?
náci *mn/fn* ❑ *pol* ❖ *elít* Nazi
nacionalista *mn/fn* nationalist
nacionalizmus *fn* nationalism
nácizmus *fn* ❑ *pol* Nazism
nád *fn* ❑ *növ* reed; *(bambusz/cukornád szára)* cane || ❑ *zene* reed
nádas ▼ *mn* reedy ▼ *fn* reeds *tsz*
nádfedél *fn* thatch
nádfedeles *mn* thatched
nádor *fn* ❑ *tört* palatine [of Hungary]
nadrág *fn (hosszú)* a pair of trousers, trousers *tsz*, ⊕ *US* pants *tsz*; *(könnyebb, mindennapi használatra)* slacks *tsz*, a pair of slacks || *(női alsó)* briefs, panties, knickers, pants *(mind: tsz)* || **nadrágot húz** put* one's trousers on, put* on trousers
nadrágkosztüm *fn* trouser suit, ⊕ *US* pant suit
nadrágszíj *fn* (waist-)belt || ❖ *átv* **összehúzza a nadrágszíjat** tighten one's belt *(v.* one's/the purse-string)
nadrágszoknya *fn* culottes *tsz*
nadrágtartó *fn* braces *tsz*, ⊕ *US* suspenders *tsz*
naftalin *fn* naphthalene, ❖ *biz* mothball
nagy ▼ *mn (méretre)* big, large; *(magas vk)* tall || *(erkölcsileg)* great, grand || *(felnőtt)* grown up || **ez a kabát nagy neked** this coat is too big for you; **ha nagy leszek** when I grow up; **igen nagy méretű** extra large, outsize(d); **nagy múltú** with a great past *ut.*; **nagy A-val** with a capital A; **nagy bajban vannak** they are in great/big trouble; **nagy családja van** has a large family; **nagy darab ember** ❖ *biz* a big burly fellow, a beefy/hefty fellow; **nagy ember** great man°; **nagy fontosságú** very/most significant, of considerable/great importance *ut.*; **nagy hideg** bitter/severe cold; **nagy hírű** famous, of great renown *ut.*, well-known, celebrated; **nagy idők** historic times; **nagy mennyiségű** a lot of …, great many; **nagy műveltségű** highly cultured, of great erudition *ut.*; **nagy orrú** large/big-nosed; **nagy sikerű** highly successful; **nagy teljesítményű** *(gép)* high-powered, heavy-duty; **nagy tömegben** in quantity, en masse; **nagy tudású** very learned, erudite, scholarly; **nagy út** long way, *(utazás)* a long journey/trip ▼ *fn* **a nagyok** (= *felnőttek)* the grown-ups; **naggyá tesz** make* sy/sg great/famous, aggrandize; **nagyokat mond** talk big, *(lódít)* fib || *(vkt)* **nagyra becsül** appreciate, esteem, have* a high opinion (of), respect, think* highly of (sy); *(vmt)* set*/lay* great store by sg, value sg highly; **nagyra becsült** esteemed, appreciated || *(vm zöme)* **vm nagyja** the greater part of sg, the bulk of sg ▼ *hsz* **nagy bölcsen** ❖ *elít* foolishly/stupidly (enough)
nagyágyú *fn* ❖ *tréf* ❖ *biz (személy)* big gun
nagyanya *fn* grandmother, ❖ *biz* grandma(ma), granny

nagyapa *fn* grandfather, ❖ *biz* grandpa(pa)
nagyarányú *mn* large-scale, vast
nagyáruház *fn* department store
nagybácsi *fn* uncle
nagyban *hsz (nagy tételben, ker)* (at) wholesale, in bulk ‖ = **nagymértékben** ‖ *(javában)* ekkor már nagyban állt a bál the ball was already in full swing
nagybani *mn* wholesale ‖ **nagybani ár** wholesale price
nagybeteg *mn* seriously/desperately ill
nagybetű *fn (kezdő)* capital (letter), ❖ *biz* cap(s) ‖ **nagybetűkkel** in block letters
nagybetűs *mn (kezdőbetű)* capitalized, written/printed in capital letters *ut.*
nagybőgő *fn* double bass
nagybőgős *fn* double-bass player, contrabassist
nagyböjt *fn* Lent
Nagy-Britannia *fn* Great Britain, *(nem hiv)* Britain ‖ **Nagy-Britannia és Észak-Írország Egyesült Királysága** United Kingdom of Great Britain and Northern Ireland
nagy-britanniai *mn* of Great Britain *ut.*, British
Nagycsarnok *fn* Great Market Hall
nagycsoportos *fn* child° at nursery school [5 to 6 years]
nagycsütörtök *fn* Maundy Thursday
nagydíj *fn* grand prize; *(autóversenyen)* Grand Prix
nagydob *fn* bass drum
nagyevő *mn* a big/hearty eater
nagyfeszültség *fn* ❏ *el* high voltage
nagyfilm *fn* feature (film)
nagyfokú *mn* intense, considerable, the highest degree *ut.* ‖ **nagyfokú hanyagság** gross negligence
nagyfrekvencia *fn* high frequency
nagyfröccs *fn* wine and soda
nagygyűlés *fn* congress, general assembly

nagyhangú *mn (ember)* loud-mouthed, ranting ‖ *(kijelentés)* grandiloquent
nagyhatalom *fn* Great Power
nagyhét *fn* ❏ *vall* Holy Week
nagyipar *fn* big industry, large-scale industry
nagyiparos *fn* industrialist, tycoon, [beef, etc.] baron
nagyítás *fn* ❏ *fényk* enlargement; *(optikai)* magnifying ‖ *(nagyított kép)* enlargement, *(kinagyítás)* blow-up
nagyító *fn (üveg)* magnifying glass, magnifier, reading glass ‖ = **nagyítógép**
nagyítólencse *fn* magnifying/convex lens
nagyjából *hsz* by and large, roughly, roughly/broadly speaking, on the whole
nagykabát *fn* overcoat, topcoat
nagyképű *mn* bumptious, pompous, self-important ‖ ❖ *biz* **nagyképű alak** bumptious fellow, stuffed shirt
nagyképűség *fn* bumptiousness, pompousness, self-importance
nagykereskedelem *fn* wholesale trade
nagykereskedő *fn* wholesaler
nagykorú *mn* major, of age *ut.*
nagykorúság *fn* (one's) majority ‖ **eléri a nagykorúságot** come* of age, reach/attain one's majority
nagykövet *fn* ambassador
nagykövetség *fn (hely)* embassy
nagyközség *fn* large village
nagykutya *fn* ❖ *biz (személy)* bigwig, big noise, ⊕ *US* big shot
nagylány *fn* big girl
nagylelkű *mn* generous, magnanimous
nagylelkűség *fn* generosity
nagymama *fn* grandma(ma), granny
Nagymedve *fn* ❏ *csill* the Great Bear
nagyméretű *mn* large-size(d), large-scale, of great size *ut.*
nagymértékben *hsz* to a great extent, in large measure
nagymértékű *mn* considerable, substantial, extensive, large-scale

nagymester *fn (sakkban)* grandmaster || **nemzetközi nagymester** International Grandmaster
nagymise *fn* high mass
nagymutató *fn (órán)* minute hand
nagynéni *fn* aunt
nagyobb *mn (méretre)* larger, bigger; *(magasabb)* taller (... *mint*: than); *(belső tulajdonságra)* greater (than) || *(elég nagy)* fairly big; *(fontosabb)* major
nagyobbik *mn* **a nagyobbik fiam** my elder son; **a nagyobbik része vmnek** the major better part of sg
nagyobbrészt *hsz* mostly, for the greater most part
nagyon *hsz* very; *(rendkívül)* most, highly; *(meglehetősen)* quite || *(igével)* very much || **nagyon akar** *(vmt tenni)* be* very keen on (doing sg); **nagyon esik** it is raining very hard; **nagyon helyes!** quite right!; **nagyon kevés** very little; **nagyon nagy** very big/large; **nagyon örülök** I am very pleased/glad/happy; **nagyon sajnálom** I am very sorry (for ... *v.* that ...); **nagyon sok** very much, a great many, ever so many, quite a lot
nagyopera *fn* grand opera
nagyoperett *fn* light opera, operetta
nagyothall *ige* be* hard of hearing
nagyothalló *mn* hard of hearing *ut.*, partially deaf
nagyotthalló-készülék *fn* hearing aid
nagypapa *fn* grand-dad, grandpa(pa)
nagypéntek *fn* Good Friday
nagypolitika *fn* power/high politics *esz v. tsz*
nagyrabecsülés *fn* (high) esteem, appreciation, respect
nagyravágyó ▼ *mn* ambitious, high-flying; *(igével)* be* flying (too) high ▼ *fn* high-flier (*v.* -flyer), ❖ *biz* whiz(z) kid
nagyrészt *hsz (nagyobb részben)* largely, mostly, for the most part, in the main || *(rendszerint)* as a rule, mostly, usually
nagyság *fn* ❖ *ált* bigness, largeness; *(fokozat)* extent, scale, grade; *(kiterjedés)* dimension, extent; *(magasság)* height; *(mennyiség)* volume; *(méret)* size, measure, magnitude || *(lelki, szellemi)* greatness [of soul/mind] || *(fontosság)* significance, dimensions *tsz* || *(személyiség)* notability || **a feladat nagysága** the size (*v.* magnitude) of the task/challenge; **ez a nagyság megfelel** this is my size, this size will do
nagyságrend *fn* order (of magnitude) || ... **nagyságrendű** of the order of ...
nagystílű *mn (terv)* large-scale, grand, bold || *(vk)* high-living (and high-spending)
nagyszabású *mn* vast, large-scale, monumental || **nagyszabásúan** on a large scale
nagyszálló *fn* Grand Hotel
nagyszerű *mn* grand, magnificent, splendid, wonderful, superb; ❖ *biz* great, super || *(felkiáltás)* splendid!, that's fine!, ❖ *biz* great! || **nagyszerű ötlet!** what a great idea!
nagyszerűen *hsz* splendidly, magnificently, wonderfully
nagyszombat *fn* Easter Eve, Holy Saturday
nagyszótár *fn* comprehensive/unabridged dictionary
nagyszülők *fn tsz* grandparents
nagytakarítás *fn* big cleaning, housecleaning || **tavaszi nagytakarítás** spring-cleaning
nagyterem *fn* big/banqueting hall, assembly hall/room
nagytőke *fn* big business
nagytőkés *fn* great capitalist/financier, plutocrat, tycoon
nagyujj *fn (kézen)* thumb, *(lábon)* big toe
nagyüzem *fn (ipari)* large-scale (*v.* mammoth) works *esz v. tsz* (*v.* plant)

nagyüzemi termelés *fn* bulk/serial production, mass-production
nagyvad *fn* big game
nagyvállalat *fn (ipari)* big/large industrial/enterprise/company
nagyváros *fn* city
nagyvilági *mn* fashionable || **nagyvilági élet** high life
nagyvizit *fn (kórházban)* round
nagyvonalú *mn (ember)* generous, open-handed, liberal || *(terv)* grandiose, bold
nagyvonalúan *hsz* generously, *(csak pénzt illetően)* handsomely
nahát! *isz (meglepődés)* well, I never!; come come!; you don't say (so)!
naiv *mn (jóhiszemű)* naive || *(hiszékeny)* simple-minded
naivitás *fn* naivety, naïveté
nála *hsz (vknél, vkvel, vhol)* with him/her etc. || *(birtokában)* on him || *(összehasonlításnál)* than he || **én idősebb vagyok nála** I am older than he (is); **én nála lakom** I live at his place; **nálam** on me, ⊕ *US* by me; **nálunk** *(lakásunkban)* with us; *(országunkban)* over here, in this country; **nincs nálunk pénz** we have no money on us
nap *fn (égitest)* sun || *(napsütés)* sun(shine) || *(24 óra)* day || **a helyzet egyik napról a másikra megváltozott** the situation has changed overnight; **a mai naptól** from this day/date; **a nap folyamán** in the course of the day; **a napokban** recently, the other day; **a tűző napon** in the blazing sun; **az utóbbi napokban** lately; **egész nap** all day (long); **egy napon** *(régen)* one day; *(majd)* some day; **egy-két nap alatt** in a day or two; **három napig marad** stay three days; **három napon át** for three days, three days running; **jó napja van** he is in good spirits today; **jobb napokat látott** he has seen better days, he has had his day; **jó napot (kívánok)** good morning/afternoon; **kiül a napra** sit* (out) in the sun; **milyen nap van ma?** what day is (it) today?; **mind a mai napig** to date, to this day, until now, so far; **nap mint nap** day after/by day, day in day out; **napjai meg vannak számlálva** his days are numbered; **napjainkban** in our time, nowadays, these days; **napokon át** for days (on end); **napról napra** from day to day, every day; **néhány napon belül** in a few days, in a day or two; **nincs semmi új a nap alatt** there is nothing new under the sun; **rossz napja volt** it was one of his off days; **süt a nap** the sun is shining/out, it is sunny; **ugyanazon a napon** the same day
napéjegyenlőség *fn* equinox
napelem *fn* solar cell
napellenző *fn (ablak fölött)* awning; *(ponyva)* canopy; *(autóban)* sun-shield/visor || *(sapkán)* peak, visor
napenergia *fn* solar energy
napernyő *fn* parasol
napfény *fn* sunlight; *(napsütés)* sunshine
napfényes *mn* sunlit, sunny
napfogyatkozás *fn* eclipse of the sun, solar eclipse
napfolt *fn* sunspot
napforduló *fn* solstice
naphosszat *hsz* all day long
napi *mn (egy napi)* a/the day's, day(-); *(mindennapi)* daily; *(ismétlődő)* day-to-day, daily || **egy napi járásra van innen** it is a days' walk from here; **kétnapi, ötnapi** *stb.* two/five etc. days'; **napi áron** at the current/market price; **napi jegy** daily ticket; **napi jelentés** daily report, ❏ *orv* bulletin
napidíj *fn (kiszállásnál)* per diem (allowance), daily/travel allowance
napilap *fn* daily (paper)
napirend *fn (ülésé stb.)* agenda (*tsz* agendas); *(parlamentben)* order of the day || **napirenden van** be*/appear on the agenda; **napirenden levő ügy** the

point/case/matter at issue; **napirendre tér vm fölött** ❖ *átv* get* over sg, let* bygones be bygones
napirendi pont *fn* item on the agenda
napisajtó *fn* daily press, daily papers *tsz*
napjában *hsz* daily, ... a/every day
napkelte *fn* sunrise || **napkeltekor** at sunrise
napközben *hsz* in the daytime, in the course of the day, during the day, by day
napközi *fn* **napközi (otthon)** day-nursery, day-care centre
napközis *mn (igével)* go* to a/the day-care centre
naplemente *fn* sunset, sundown || **naplementekor** at sunset/sundown
napló *fn* (personal) diary || **naplót vezet** keep* a diary
naplopó *mn* idler, lounger, loafer
napnyugta *fn* = **naplemente**
napolaj *fn* suntan oil/lotion
Nápoly *fn* Naples
nápolyi *mn* Neapolitan, of Naples *ut.* || **nápolyi (szelet)** cream slice, (creamy) wafer biscuit
naponként *hsz (egy-egy nap)* a/per day || *(mindennap)* every day, daily || **naponként és személyenként 6000 Ft** 6,000 fts per day per person; **naponként kétszer** twice a day, twice daily
naponkénti *mn* daily
naponta *hsz* = **naponként**
napóra *fn* sun-dial
napos[1] *mn (napsütötte)* sunny
napos[2] ▼ *mn (valahány napig tartó)* lasting ... days *ut.* || *(szolgálatra beosztott)* on duty *ut.* || **ötnapos hajóút** a five-day voyage; *(korra vonatkozóan)*; **12 napos csecsemő** a baby 12 days old, a 12-day-old baby ▼ *fn* ❖ *biz* person on duty
napozás *fn* sunbathing
napozik *ige* sunbathe, bask in the sun, sun oneself

napozó *mn (személy)* sunbather || *(hely)* beach, sun-terrace || *(ruha)* sun-dress, *(gyereké)* sunsuit
nappal ▼ *hsz* by day, during the day, in the daytime || **fényes nappal** in broad daylight ▼ *fn* day(time) || **rövidülnek a nappalok** the days are drawing in (*v.* getting shorter)
nappali ▼ *mn* day-, of the day *ut.* || **nappali fény** daylight; **nappali hallgató** regular student; **nappali (arc)krém** day/vanishing cream; **nappali műszakban dolgozik** work on the dayshift; **nappali világítás mellett** by/in daylight, while it's still daylight ▼ *fn (szoba)* sitting/living-room
nappalos *fn (igével)* be*/work on the dayshift
napraforgó *fn* sunflower
napraforgóolaj *fn* sunflower-seed oil
naprakész *mn* current, daily; up-to-date
naprendszer *fn* solar system
napsugár *fn* sunbeam, ray of sunlight
napsugaras *mn* sunny, sunlit
napsütés *fn* sunshine || **ragyogó napsütésben** in the bright sunshine
napszak *fn* part of the day
napszemüveg *fn* sunglasses *tsz*
napszúrás *fn* sunstroke || **napszúrást kap** get* a touch of sunstroke
naptár *fn* calendar
naptáros (kar)óra *fn* calendar watch
napvilág *fn* daylight, sunlight || ❖ *átv* **napvilágra hoz vmt** bring* sg to light, disclose/reveal sg; **napvilágot lát** come* to light; *(könyv)* appear, be* published, be* out
narancs *fn (gyümölcs)* orange || *(fa)* orange-tree
narancsdzsem *fn* marmalade
narancsdzsúsz *fn* orange juice
narancsfa *fn* orange-tree
narancshéj *fn* orange-peel
narancsital *fn* orange drink/squash, *(szénsavas)* ⊕ *GB* orangeade

narancslé *fn* orange squash
narancslekvár *fn* marmalade
narancssárga *mn* orange(-coloured) (⊕ *US* -or-)
narancsszörp *fn* orange drink/squash
nárcisz *fn* narcissus (*tsz* narcissi)
narkós *mn* ❖ *biz* junkie, drug-addict
nász *fn* (*esküvő*) wedding, marriage, nuptials *tsz*
naszád *fn* sloop, cutter
nászajándék *fn* wedding-present
nászéjszaka *fn* wedding/bridal night
nászinduló *fn* wedding/bridal march
násznagy *fn* (*vőlegény részéről*) best man°
násznép *fn* the wedding guests *tsz*
nászút *fn* honeymoon ‖ **nászútra megy** go* on (one's) honeymoon
nászutasok *fn tsz* newly wedded couple, honeymoon couple
nátha *fn* (common) cold ‖ **náthát kap** catch* (a) cold
náthás *mn* **(nagyon) náthás vagyok** I have (got) a (bad) cold
NATO → **Észak-atlanti**
nátrium *fn* sodium
natúra bolt *fn* health-food shop
naturista *mn* naturist, nudist
naturizmus *fn* naturism, nudism
natúrszelet *fn* veal/pork cutlet/escalope
nazális *mn* nasal
ne *isz* (*felszólító módú igével*) don't ‖ (*tiltószó*) no!, don't!, stop it/that! ‖ (*feltételes módú igével*) **bár ne jönne** I wish he wouldn't come, I wish he weren't coming; **ki ne tudná?** who doesn't know it?, surely everybody knows (that)!; **miért ne?** why not?; **ne menj(en) el!** don't go!; **ne mondd!** (*nem hiszem*) you don't say (so)!, well I never!
-né *képző* (*családnévvel*) Mrs ... ‖ (*köznévvel*) the wife of ..., ...'s wife ‖ **a gyógyszerészné** the chemist's wife; **Kovács Pálné** Mrs. Pál Kovács

nebáncsvirág *fn* ❑ *növ* balsam, touch-me-not, impatiens ‖ ❖ *átv* oversensitive person, ❖ *biz* shrinking violet
n-edik *mn* ❑ *mat* **az n-edik hatványra emel** raise to the nth power
nedv *fn* moisture, fluid; (*gyümölcsé, húsé*) juice; (*növényé*) sap; (*testben*) (body) fluid
nedves *mn* ❖ *ált* wet, humid, (*kissé*) moist, damp, (*nagyon*) watery, (*egészségtelenül*) dank, (*időjárás*) wet
nedvesedik *ige* become*/grow* moist/wet/damp
nedvesít *ige* moisten, (make*) wet, damp(en)
nedvesség *fn* (*tulajdonság*) wetness, humidity, moistness, dampness ‖ (*nedv*) moisture, water
nefelejcs *fn* forget-me-not
negatív ▼ *mn* negative ‖ ❑ *mat* **negatív előjel** minus sign; **negatív hős** anti-hero ‖ ❑ *orv* **negatív lelet** negative findings *tsz* ▼ *fn* ❑ *fényk* negative
negatívum *fn* the negative side, a minus factor; (*hátrányos oldal*) drawback
néger ▼ *mn* Black, Negro ‖ **néger nő** a Black woman°, Negress ▼ *fn* (a) Black (*tsz* the Blacks), Negro (*tsz* -oes) (*'Black' egyes számban és 'Negro' sértő szóhasználatban; helyette*), ⊕ *US* African American ‖ ❖ *biz* (*más helyett dolgozó*) ghost(-writer)
négerkérdés *fn* the colour (⊕ *US* -or) problem, the 'Negro' question
négy *szn* four ‖ **négy lábon jár** walk on all fours; **négykor kezdődik** it begins at four (o'clock)
négyajtós *mn* four-door
negyed ▼ *mn* (a) quarter (of) ‖ **negyed hangjegy** crotchet, ⊕ *US* quarter note; **negyed kettő** (a) quarter past (⊕ *US* after) one; **negyed kettőkor** at a quarter past one; **negyed kiló** quarter (of) a kilo(gram); **negyed liter** quarter of

a litre, *kb.* half a pint ▼ *fn* ❖ *ált* quarter, fourth part || *(városrész)* district, quarter || ❑ *sp (vízilabda)* period

negyeddöntő *fn* quarter-finals *tsz*

negyedév *fn* quarter [of a year] || **negyedévenként** every quarter, every three months, quarterly

negyedéves ▼ *mn (negyedévre szóló)* quarterly || *(negyedik éves)* of the fourth year *ut.*, in its fourth year *ut.*, fourth-year ▼ *fn (egyetemista)* fourth-year student, *(US, ha ötéves az egyetem)* senior

negyedévi *mn* quarterly

negyedik ▼ *szn/mn* fourth; 4th ▼ *fn (osztály)* **negyedikbe jár** attend (*v.* be* in) the fourth class/form (*v.* ⊕ *US* grade) || → **első**

negyedikes (tanuló) *fn* fourth-form pupil/boy/girl, fourth-former

negyedóra *fn* a quarter of an hour

negyedrész *fn* quarter, fourth part

negyedszer *szn/hsz (felsorolásnál)* fourthly

négyemeletes *mn* **négyemeletes ház** a house on of four storeys, (⊕ *US* five stories); a four-storey(ed), (⊕ *US* five-storied) house

négyen *szn/hsz* four || **négyen vannak/ vagyunk** *stb.* there are four of them/ us etc.

négyes ▼ *mn* **négyes fogat** four-horse carriage, coach and four, four-in-hand; **négyes szám(jegy)** number/figure four/4 ▼ *fn (szám, mennyiség)* four || *(osztályzat)* good || ❑ *sp (hajóegység)* four(s *tsz*)

négyesével *hsz* in fours, four at a time

négyevezős *mn* four-oar

négyévi *mn* four years', four-year, of four years *ut.*

négyfelé *hsz* || **négyfelé vág** cut* into four

négyféle *mn* four kinds/sorts of

négyhengeres *mn* four-cylinder [engine]

négykezes *fn (zenedarab)* piece for four hands, four-handed piece

négykézláb *hsz* on all fours

négylábú *mn* four-legged; ❑ *áll* quadruped

négylevelű lóhere *fn* four-leaved/leaf clover

négynapi *mn* four days', of four days *ut.*, four-day

négynapos *mn (kor)* four days old *ut.*, four-day-old || *(négy napig tartó)* four-day

négyoldalú *mn* four-sided

négyötöd *szn* four-fifths

négyszáz *szn* four hundred

négyszemélyes *mn (autó)* four-seater

négyszemközt *hsz* in private, privately, between ourselves, between you and me

négyszer *szn/hsz* four times; *(négy alkalommal)* on four occasions

négyszeres *mn* fourfold || **vmnek a négyszerese** the quadruple of sg, four times as many/much as

négyszótagú *mn* four-syllable(d), quadrisyllabic

négyszög *fn* ❑ *mat* quadrilateral, quadrangle || **négyszög alakú** quadrangular

négyszögletes *mn* square, four-sided/cornered, ❑ *mat* rectangular

négyszögöl *fn* (= *3,57 m² =* 38.32 square feet)

négytagú *mn* **négytagú család** family of four

négyüléses *mn* with four seats *ut.*, four-seat || **négyüléses autó** four-seater

négyütemű *mn* ❑ *zene* in/of quadruple time/rhythm *ut.* || *(motor)* four-stroke, ⊕ *US* four-cycle

negyven *szn* forty || **túl van a negyvenen** he is over forty

negyvenedik *mn/fn* fortieth

negyvenen *hsz* forty (people), forty of you/them/us

negyvenes ▼ *mn* negyvenes évek the forties (40s) ▼ *fn (számjegy)* number/figure forty || **ő jó negyvenes** he is well over forty

negyvenéves *mn* forty years old *ut.*, forty-year-old

négyzet *fn* ❏ *mat (alakzat)* square || *(hatvány)* square || **négyzet alakú** square, quadrate; **négyzetre emel** raise to the second power, square

négyzetgyök *fn* ❏ *mat* square root

négyzetkilométer *röv* km² *fn* square kilometre (⊕ *US* -ter), *röv* sq km

négyzetméter, *röv* m² *fn* square metre (⊕ *US* -ter), *röv* sq m

néha *hsz* sometimes

néhai *mn* late || **néhai Szántó István** the late Mr. I. Szántó

néhány *nm* some, a number of, a few, several || **néhány nappal ezelőtt** some (*v*. a few) days ago

néhányan *nm* some/a few (of us them/you)

néhányszor *hsz (többször)* several times, repeatedly, again and again

nehéz ▼ *mn (súly)* heavy || ❖ *átv* difficult, hard; *(fárasztó)* tiring, fatiguing, wearisome *(felelősségteljes)* responsible; *(probléma)* knotty, intricate || **a nehéz napokban** in the days of hardship; **milyen nehéz?** how much does it weigh?; **nehéz a fejem** my head feels/is heavy; **nehéz étel** heavy/stodgy/rich food; **nehéz helyzetben van** be* in an awkward (*v*. a difficult) situation, *(anyagilag)* be* badly off; **nehéz idők** hard times; **nehéz kérdés** a difficult question, a knotty problem; **nehéz légzés** heavy/laboured breathing; **nehéz munka** *(fizikai)* hard (manual) work, *(szellemi)* difficult/hard (piece of) work; **nehéz órákban** in time of need; **nehéz pasas** ❖ *biz* a(n) awkward/tough customer; **nehéz sor(s)a van** his is a hard (*v*. not easy) lot; **nehéz szülés** difficult confinement/birth; **nehéz ügy** a difficult case, ❖ *biz* tough going ▼ *fn* **a nehezén már túl vagyunk** we are over the worst, the worst is over

nehezen *hsz* with difficulty *ut.* || **nehezen halad vmvel** make* slow progress with sg, find* sg heavy/hard going; **nehezen kezelhető gyerek** that child is a handful, (s)he is a problem/difficult child

nehézipar *fn* heavy industry

nehézkes *mn* clumsy, cumbrous; *(stílus)* ponderous, laboured; *(átv, személy)* difficult, unaccommodating

nehézkesség *fn* clumsiness, cumbrousness; *(stílusé)* ponderousness; *(személyé)* difficult character

nehezményez *ige (rossz néven vesz vmt)* take* exception to sg, be* offended by sg, take* offence at sg || *(helytelenít)* disapprove of sg, object to sg || **én éppen ezt nehezményeztem** that was exactly what I objected to

nehézség *fn (súly)* heaviness || ❖ *átv* difficulty; *(technikai)* hitch, snag, trouble || **legyőzi a nehézségeket** overcome* the difficulties; **nehézség nélkül** easily, without difficulty

nehézségi erő *fn* gravitational force/pull

nehézsúlyú *mn* heavyweight

neheztel *ige (vkre vmért)* bear*/have* a grudge against sy for sg, bear* sy a grudge for sg

neheztelés *fn* resentment, grudge, ill feeling

nehogy *ksz* so that ... not, lest, so as not to ... || **vigyél ernyőt, nehogy megázz!** take* your umbrella so that you don't/won't get wet, take* your umbrella lest you (should) get wet; **nehogy elfelejtsd!** (mind you) don't forget (it)!

néhol *hsz* here and there, in (some) places

neje *fn* his wife || **hogy van a kedves neje?** how is Mrs. ...?

nejlonharisnya *fn* nylons *tsz*, a pair of nylons, (nylon) stockings *tsz*
nejlonzacskó *fn* plastic bag/carrier, polythene (*v.* ⊕ *US* polyethylene) bag
neki *hsz* (to/for) him, (to/for) her ‖ *(birtoklás)* **neki van** he has, he has (*v.* he's) got (sg) ‖ **küldök neki csomagot** I am sending him/her a parcel; **megmondtam nekik** I told them; **neked, nektek** (to/for) you; **neked/nektek van** you have, you have (*v.* you've) got (sg)
nekidől *ige* (*vmnek*) lean*/rest against sg, prop oneself against sg
nekiesik *ige* (*vmnek*) fall*/bump against sg ‖ *(támadólag)* turn on (sy), set* about (sy), attack (sy) ‖ (*vmnek*) set* upon (sg), fall* to ‖ **nekiesik az ételnek** fall* to (*eagerly*), pitch into one's food, attack one's food; **nekiesik vknek (és veri)** hit* out at sy
nekifekszik *ige* (*vmnek*) set*/buckle/fall* to; *(minden erejével)* put* one's back into, give* one's full attention to
nekifog *ige* = **nekilát**
nekifut *ige* (*vmnek, vknek*) run* at/against (sg/sy) ‖ *(lendülettel)* take* a run at, run* up to
nekifutás *fn* ❑ *sp* run-up ‖ **ugrás nekifutásból** running jump
nekilát *ige* (*vmnek*) set about (doing) sg, set*/fall* to, fall* to doing sg
nekilök *ige* (*vkt/vmt vmnek*) throw*/bump/knock sy/sg against sg
nekimegy *ige* *(ütközve vmnek/vknek)* knock/run*/bang into/against sg, come* up against sg, bump into sy ‖ *(átv is vknek)* attack sy, fall* (up)on sy, ❖ *biz* set* about sy ‖ ❖ *biz (vizsgának)* have* a go at [an examination]
nekiront *ige* (*vmnek/vknek*) dash into/against sg/sy
nekiszegez *ige* *(fegyvert vknek)* point/aim/level (⊕ *US* -l) [a gun] at sy ‖ **nekiszegeztem a kérdést** I sprang the question on him

nekitámad *ige* (*vknek*) attack sy
nekitámaszkodik *ige* (*vmnek*) lean*/rest against sg, prop oneself against [the door etc.]
nekitámaszt *ige* (*vmt vmnek*) lean*/prop/rest sg against sg
nekivág *ige* (*vmt vmnek*) hurl/dash/fling* sg against sg ‖ (*vmnek*) set*/go* about (doing) sg, set* out (to do sg) ‖ **vágj neki!** go ahead!
nekrológ *fn* obituary (notice)
nélkül *nu* without ‖ **könyv nélkül** by heart, from memory; **szó nélkül** without (wasting/uttering) a word; **e nélkül** without/lacking that/this
nélküle *hsz* without him/her ‖ **nélküled/nélkületek** without you
nélkülöz *ige* *(megvan vm nélkül)* be*/do* without, lack (sg) ‖ *(hiányol)* miss (sy, sg), be* in want of (sg) ‖ *(ínséget szenved)* live/be* in want/privation
nélkülözés *fn* want, privation
nélkülözhetetlen *mn* indispensable, essential
nem[1] *fn (nő, férfi)* sex; *(rendszertani)* genus (*tsz* genera) ‖ *(fajta)* kind, sort ‖ ❑ *nyelvt* gender ‖ **az emberi nem** human race/species, mankind
nem[2] ▼ *hsz (az egész mondat tagadására)* no; *(csak igével)* not, …n't ‖ **egyáltalán nem** not at all; **eljössz ma? nem, nem megyek** are you coming today? no, I'm not (going/coming); **már nem** no more/longer; **még nem** not yet; **nem egészen** not quite; **nem igaz?** isn't it true?; **nem kérek** *(kínálásra válaszolva)* no, thanks; no, thank you; **nem nagyon** not very …, not much; **nem rossz** not bad; **nem teljesítés** omission (of sg), default (on sg), failure [to perform duty etc.] ▼ *fn* no ‖ **nemet mond** say* no; **nemmel válaszol** say*/answer no, answer in the negative
néma ▼ *mn (személy)* dumb; *(főleg átmenetileg)* mute ‖ *(hangtalan)* mute,

speechless, silent || **néma csend** profound silence; **néma szereplő** supernumerary, walk-on ▼ *fn* dumb person, mute
némafilm *fn* silent film
némán *hsz* mutely, speechless, dumbly || **némán ül** is sitting in silence; **némán tűr** suffer in silence
nemcsak *ksz* not only || **ő nemcsak szép, hanem okos is** she is both pretty and intelligent
nemdohányzó ▼ *mn* non-smoking || **nemdohányzó szakasz** compartment for non-smokers, non-smoker ▼ *fn* non-smoker
némely ▼ *nm/mn* some || **némely esetben** in certain/some cases ▼ *nm/fn* **némelyek** some, some people
némelyik *nm/mn* some || **némelyik azt gondolja, hogy** some think that, there are some who believe that; **némelyikünk** some of us *tsz*
nemes ▼ *mn (származásra)* noble, of noble/gentle birth/descent *ut.* || ❖ *átv* noble, high/noble-minded, lofty, generous ▼ *fn* noble(man°)
nemesfém *fn* precious/noble/rare metal
nemesség *fn* ❑ *tört* nobility
német ▼ *mn* German; *összet* Germano- || ❑ *tört* Germanic || ❑ *tört* **a német birodalom** the German Empire, Reich; **német juhászkutya** Alsatian, ⊕ *US* German shepherd || ▼ *fn* (ember) German || *(nyelv)* German || **németek** Germans || → **angol**
Németalföld *fn* the Netherlands *tsz*, the Low Countries *tsz*
németalföldi ▼ *mn* of the Netherlands *ut.* || **németalföldi festő** Flemish painter ▼ *fn* Netherlander
németes *mn* Germanic || **németes kiejtés** German accent
németóra *fn* German lesson/class
Németország *fn* Germany
némettanár *fn* teacher of German, German teacher

németül *hsz* (in) German || → **angolul**
nemez *ige* felt
nemhiába *hsz* **nemhiába tanult oly sokat** his studies were not in vain
nemhogy *ksz* **nemhogy hálás lett volna érte!** he could at least have been grateful!
nemi *mn (szexuális)* sexual; ❖ *biz* sex || ❑ *nyelvt* of gender *ut.* || **nemi aktus** sex act, sexual intercourse; **nemi betegség** venereal disease, *röv* VD; **nemi erőszak** sexual assault, rape; **nemi élet** sex(ual) life; **nemi felvilágosítás** sex education; **nemi ösztön** sex instinct/urge, sexual impulse; **nemi szervek** genitals, external sex organs
némi *mn* some, (a) certain, a little || **némi büszkeséggel** with a touch of pride
nemigen *hsz (aligha)* scarcely, hardly; *(nem sokat)* not very much || **nemigen hiszem** I (can) hardly believe (it)
némiképp(en) *hsz* in a way, to some (v. a certain) extent, in some measure
nemkívánatos *mn* undesirable || **nemkívánatos személy** persona non grata
nemleges *mn* negative || **nemleges válasz** negative answer, answer in the negative; **nemleges szavazat** no, ⊕ *US* nay
nemrég *hsz* recently, not long ago, the other day; only lately
nemsokára *hsz* soon, shortly, before long, presently
nemtetszés *fn* displeasure, disapproval, dislike
nemz *ige (ember)* beget* || *(állat)* sire, get* || ❖ *átv* give* rise to, breed*
nemzedék *fn* generation || **az új nemzedék** the rising/new generation
nemzedéki ellentét *fn* generation gap
nemzet *fn* nation
nemzetbiztonság *fn* national security
nemzetbiztonsági *mn* (of) national security || **nemzetbiztonsági tanácsadó** national security adviser

nemzetellenes *mn* anti-national
nemzetgazdaság *fn* national economy
nemzetgyűlés *fn* national assembly
nemzeti *mn* national || **Nemzeti Bank** *(nálunk)* National Bank, ⊕ *GB* Bank of England; **angol/brit nemzeti jelleg** the British national character; **nemzeti jövedelem** national income; **nemzeti nyelv** national language, vernacular; **nemzeti park** national park; **Nemzeti Színház** National Theatre; **nemzeti ünnep** national holiday; **nemzeti zászló** national flag; *(háromszínű)* tricolour (⊕ *US* -or), ⊕ *GB* Union Jack, ⊕ *US* the Stars and Stripes *tsz*
nemzetiség *fn (kisebbség)* (national/ ethnic) minority || *(hovatartozás)* nationality
nemzetiségi ▼ *mn* nationality-, of nationalities *ut.*, ethnic, minority(-) || **nemzetiségi kisebbség** national/ ethnic minority ▼ *fn* **a szlovák nemzetiségiek** ethnic Slovaks
nemzetiségű *mn* milyen nemzetiségű ön? what is your nationality?
nemzetiszín(ű) *mn* in the national colours (⊕ *US* -ors) *ut.*; *(magyar)* red, white and green || **nemzetiszín lobogó** the national colours *tsz, (magyar)* the Hungarian Tricolour (⊕ *US* -or)
nemzetközi *mn* international || **nemzetközi jog** international law; **nemzetközi szerződés** treaty
nemzetközileg *hsz* internationally
nemzetközösség *fn* commonwealth || **Brit Nemzetközösség** the Commonwealth
nemzetőr *fn* ❑ *tört* member of the national guard, militiaman°
nemzetőrség *fn* ❑ *tört* national/home guard, militia
nemzetség *fn* ❑ *tört* clan, family || ❑ *növ* genus *(tsz* genera)
nemzetvédelmi *mn* of national defence *ut.* || **nemzetvédelmi miniszter** ⊕ *US* Secretary of Defense

nemzőképesség *fn* sexual capability, potency
néni *fn* aunt(y), auntie || **Mari néni** Aunt Mary; **Kovács néni** Mrs. Kovács; **néni kérem** madam
nénike *fn (öreg)* old woman°
neologizmus *fn* neologism
neon *fn* neon || **neon fényreklám** neon sign
neoncső *fn* neon tube/lamp
nép *fn (közösség, nemzet)* people *esz* || *(lakosság)* the people *tsz* (of …) || **a magyar nép** the Hungarian people
népballada *fn* folk ballad
népcsoport *fn* ethnic group
népdal *fn* folk-song
népdalénekes *fn* folk singer
népes *mn* populous || **népes család** large family; **népes városnegyed** densely populated quarter
népesség *fn* population, number of inhabitants, inhabitants *tsz*
népfelkelés *fn (lázadás)* insurrection, rebellion, revolt, (popular) uprising
népfelkelő *fn* insurrectionist; freedom fighter
népgyűlés *fn* public/mass meeting
népi *mn* people's, of the people *ut.* || **népi sajátosságok** national traits/ peculiarities/characteristics; **népi zenekar** gipsy orchestra/band
népies *mn (népit utánzó)* folksy || *(paraszti)* rustic; *(népi)* popular
népiesség *fn (irány)* popular tendency/ trend || *(tulajdonság)* popular character
népjólét *fn* public/national welfare
népjóléti *mn* welfare
népképviselet *fn* popular representation
népképviseleti rendszer *fn* representative system
népkonyha *fn* soup-kitchen
népköltészet *fn* folk-poetry
népmese *fn* folk-tale
népművelés *fn kb.* adult education
népművészet *fn* folk art

népművészeti *mn* **népművészeti bolt** folk art shop, local (handicrafts) shop; **népművészeti tárgyak** peasant arts/crafts-products, local handicraft(s)

népnyelv *fn* popular speech, the vernacular

néprajz *fn* ethnography

néprajzi *mn* ethnographic(al)

néprajzos *fn* ethnographer

néprajztudomány *fn* ethnography

népség *fn* ❖ elit rabble, mob, plebs, crowd

Népstadion *fn* People's Stadium

népsűrűség *fn* density of population

népszámlálás *fn* (national) census

népszavazás *fn* referendum *tsz*, *(ügydöntő)* plebiscite ‖ **népszavazást tart** hold* a referendum on sg

népszerű *mn* popular

népszerűség *fn* popularity

néptánc *fn* folk-dance; *(angol)* country dance

néptelen *mn* *(gyéren lakott)* underpopulated; *(elnéptelenedett)* depopulated ‖ **néptelen utca** deserted street

néptömeg *fn* **néptömegek** the masses

népünnepély *fn* mass entertainment

népvándorlás *fn* ❑ *tört* migration of nations, the great migrations *tsz*

népviselet *fn* national/traditional costume/dress

népzene *fn* folk-music

nercbunda *fn* mink (coat)

Nescafé *fn* instant coffee

nesz *fn* slight noise, rustle

nesze! *isz* take it/this!, here you are!

neszesszer *fn* toilet-case, ⊕ *GB* sponge bag, *(női)* vanity case

nesztelen *mn* soundless, noiseless, silent

netán *ksz* by (any) chance ‖ **ha netán megérkeznék** should he arrive, if (by any chance) he happens to arrive

netovább *fn* **vmnek a netovábbja** ne plus ultra of sg, high-water mark of sg; **ez a szemtelenség netovábbja!** that's the limit!, that's the height of insolence/impudence

nettó *mn* net ‖ **nettó kereset** take-home pay; **nettó jövedelem** net income

neurotikus *mn/fn* ❑ *orv* neurotic

neurózis *fn* ❑ *orv* neurosis (*tsz* neuroses)

neutron *fn* ❑ *fiz* neutron

név *fn* ❖ ált name; *(elnevezés)* designation ‖ *(hírnév)* renown, reputation ‖ **jó néven vesz vmt** be* pleased with sg; **más néven** alias, otherwise/also known as; **megmondja a nevét** give* one's name; **mi a neve?** what is his/her name?, what do you call him/her?; **neve van** *(a szakmában)* have* a name, be* (well) known; **nevet szerez magának** win* renown [as a …], make* a name reputation for oneself; **névre szóló meghívás** personal invitation; **rossz néven vesz vmt** take* sg in bad part; **saját nevemben** in my own name; **vknek/vmnek a nevében** on (*v.* ⊕ *US* in) behalf of sy, on (*v.* ⊕ *US* in) sy's behalf, in the name of sy/sg

névadás *fn* naming, christening, giving (of) a name

névadó ▼ *mn* **névadó szülő(k)** *kb.* sponsor(s) ▼ *fn* **az iskola névadója** the person giving his/her name to the school

nevel *ige* *(gyermeket)* bring* up, ⊕ *főleg US* raise; *(oktatva)* educate ‖ *(állatot)* rear, breed*; *(baromfit)* raise, keep*; *(növényt)* grow*, cultivate ‖ **vkt vmre nevel** train sy for sg, bring* up sy to (do) sg

nevelés *fn* *(gyermeké)* bringing up, upbringing, ⊕ *főleg US* raising (one's children) ‖ *(iskolában stb.)* education ‖ *(állaté)* breeding, rearing; *(baromfié)* raising, keeping

nevelési *mn* educational

nevelésügy *fn* (public) education

neveletlen *mn (rosszul nevelt)* badly brought-up, spoilt; *(modortalan)* lacking good manners *ut.*, ill-mannered/bred; *(komisz gyermekről)* naughty, behaving badly *ut.*

neveletlenség *fn (tulajdonság)* ill-breeding, churlishness, ill-manners *tsz*; *(gyermeké)* naughtiness || *(cselekedet)* misbehaviour (⊕ *US* -or), bad form/behaviour (⊕ *US* -or)

nevelkedik *ige* be* brought up, be* educated, grow* up, ⊕ *US* be* raised

nevelő ▼ *mn* nevelő hatású educational, educative ▼ *fn* educator; *(magán)* (family) tutor, private teacher

névelő *fn* article || **határozott névelő** definite article; **határozatlan névelő** indefinite article

nevelőanya *fn* foster-mother

nevelőapa *fn* foster-father

nevelőintézet *fn (bennlakásos)* ⊕ **főleg** *GB* boarding-school, ⊕ *US* preparatory (*v.* ❖ *biz* prep) school || *(fiatalkorú bűnözőké)* ⊕ *GB* community home

nevelőnő *fn* governess

nevelőotthon *fn (állami gondozottaknak)* ❖ *ált* home; state/council home (for those in care), foster home || **nevelőotthonban van** be* in care

nevelőszülők *fn tsz* foster-parents, adoptive parents

nevelt *mn (fogadott)* foster || *(vmlyen nevelése van)* be* (well-)educated, has* a good education || **jól nevelt** well brought up, well-bred; **nevelt gyermek** foster-child°; **rosszul nevelt** (be*) badly brought up, (be*) ill-bred

neveltetés *fn* education, upbringing; *(iskolai)* schooling

névérték *fn* face/nominal/par value || **névértéken** at par; **névértéken alul** below par

neves *mn* famous, renowned, well-known || **neves író** writer of distinction

nevet *ige* laugh; *(vkn)* laugh at sy; *(vmn)* laugh at/about sg, be* amused at/by sg || **az nevet legjobban, aki utoljára nevet** he who laughs last laughs longest; **nincs ezen semmi nevetnivaló** it's no laughing matter; **mit/min nevetsz?** what are you laughing at?

nevetés *fn* laughter, laugh(ing) || **nevetésben tör ki** burst* out laughing, burst* into laughter

nevetség *fn (nevetséges dolog)* (be*) a laugh

nevetséges *mn* ridiculous, laughable, funny || **nevetséges alak** a figure of fun; a funny fellow, (⊕ *US* guy); **nevetséges ár** ridiculously low price; **nevetségessé tesz** *(vmt, vkt)* ridicule (sg/sy), make* (sg/sy) ridiculous

nevettében *hsz* (from) laughing || **majd megpukkadt nevettében** he nearly died with laughter

nevettető ▼ *mn* amusing, comical, funny ▼ *fn* comedian, humorist

nevez *ige (vkt vmnek)* call/name sy sg; *(vmt vmnek)* call/name/term sg sg; *(vmt/vkt vmről/vkről)* name sg/sy after sg/sy || ❏ *sp* enter sy [in/for a competition] || **Péternek nevezik** he is called Peter

nevezés *fn (vmnek)* calling, naming || ❏ *sp* entry

nevezetes *mn (vk)* notable, renowned, celebrated; *(vm)* remarkable, noteworthy || *(vmről)* famous/famed/known for sg || **nevezetes nap** memorable day, red-letter day

nevezetesség *fn (tulajdonság)* celebrity, fame || **nevezetességek** *(látnivalók)* places of interest, sights || → **látnivaló**

nevezett *mn* ❖ *ált* called, named; *(hiv stílusban)* said, above(-mentioned), aforesaid || **nevezett személy** person in question

nevező *fn* denominator || ❏ *sp* entrant (for), competitor || ❏ *mat* **közös nevező** common denominator

névházasság *fn* nominal marriage
névjegy *fn* (visiting) card; ⊕ *US így is* calling card; *(üzletemberé)* (business) card ‖ **leadja a névjegyét** leave* one's card with sy
névleg *hsz* nominally, in name
névleges *mn* ❖ *ált* nominal, titular ‖ ❑ *ker stb.* nominal ‖ **névleges bér** nominal wages *tsz*
névmás *fn* ❑ *nyelvt* pronoun ‖ **birtokos névmás** possessive pronoun; **határozatlan névmás** indefinite pronoun; **kérdő névmás** interrogative pronoun; **mutató névmás** demonstrative pronoun; **személyes névmás** personal pronoun; **visszaható névmás** reflexive pronoun; **vonatkozó névmás** relative pronoun
névmutató *fn* index *(tsz* indexes)
névnap *fn* name-day ‖ **gratulál vknek névnapjára** *kb.* wish sy many happy returns (of the day)
névrokon *fn* namesake
névsor *fn* list (of names), register, roll ‖ **névsort olvas** call the roll, take*/hold* a roll-call
névsorolvasás *fn* roll-call
névtábla *fn* name-plate
névtelen *mn* ❖ *ált (ismeretlen)* anonymous, unknown, nameless ‖ **névtelen levél** anonymous letter
névtelenség *fn* anonymity ‖ **a névtelenség homályába burkolózik** preserve one's anonymity
névutó *fn* postposition
nevű *mn* **egy Papp nevű ember** a man called/named P., a man by the name of P.; **jó nevű** of (good) repute *ut.*, reputable
New York-i ▼ *mn* New York, of New York *ut.* ▼ *fn* New Yorker
néz *ige (vmt/vkt) v. (vmre/vkre)* look at sg/sy; *(előadást, televíziót)* watch ‖ ❖ *biz (keres)* look for sg ‖ *(tekint)* consider, look (up)on sy/sg (as); *(vmt/vkt vmnek/vknek)* take* sg/sy for sg/sy ‖ *(nyílik vmre)* look out on sg, face/

front sg ‖ **a ház délnek néz** the house faces south; **az ablakok a kertre néznek** the windows look onto (v. out on) the garden, the windows give on to the garden; **állás után néz** look for a job; ❖ *biz* **hadd nézzem, nézzük** let me see, let's see; **húszévesnek nézem** I (should) put* him down as twenty, I take him to be no more than twenty; **képeket néz** *(pl. fényképeket)* be* looking at pictures; **nézi a televíziót** watch television
nézeget *ige* keep* looking at (sy, sg)
nézelődik *ige* look around
nézés *fn (figyelés)* looking ‖ *(tekintet)* look
nézet *fn* = **vélemény**
nézeteltérés *fn* difference of opinion, clash of views, disagreement ‖ **nézeteltérése van vkvel** disagree with sy
néző ▼ *mn* **utcára néző ablakok** windows looking onto the street; **délre néző szoba** south-facing room ▼ *fn* onlooker, looker-on, spectator; *(tévéadásé)* viewer; ❑ *(tv)* viewer *szính* **nézők** the audience
nézőközönség *fn* public, audience, spectators *tsz*
nézőpont *fn* point of view, stand-point
nézőtér *fn* auditorium
nézve *hsz* **jobbról nézve** seen from the right; **oldalról nézve** in profile; **végtelenül kellemetlen volt rám nézve** it was extremely unpleasant for me
Niagara-vízesés *fn* Niagara Falls *tsz*
nikkel *fn* nickel
nikotin *fn* nicotine
nikotinmentes *mn* nicotine-free, free from nicotine *ut.*
nincs *ige (nem létezik)* there is no, there isn't ... ‖ *(nem kapható)* is out of stock, is not to be had ‖ **nincs hely** there is no seat to be found, (there is) no room; **nincs idő** there is no time; **nincs itthon** he is out; **nincs jól** be* unwell; **nincs meg az erszényem** I can't find my purse; **nincs miért** *(kö-*

szünetre válasz) you're welcome, don't mention it, it's nothing; **nincs mit tenni** there is nothing to be done, there is nothing to do; **nincs pénzem** I have no money, I am out of cash; **nincs nálam pénz** I haven't got any money on me, I've no (ready) cash on me, *(csak kevés)* I'm short of cash right now
nitrát *fn* nitrate
nitrogén *fn* nitrogen
nívó *fn* level; ❖ *átv* standard
no *isz* **no mi az?** what is it?; **no, megjöttél?** so you're here; well, you've arrived/come?; **no megállj csak!** hold your horses!; **no de ilyet!** well, I never!
Nobel-díj *fn* Nobel prize || **Nobel-díjat kapott** he was awarded the Nobel prize
Nobel-díjas *mn* Nobel prize winner, winner of the/a Nobel prize, Nobel laureate
nocsak! *isz* well, well!
Noé bárkája *fn* Noah's Ark
noha *ksz* (al)though, whereas
nomád *mn* nomad, nomadic
norma *fn (viselkedési)* norm(s), standard(s) || **nyelvi norma** standard English/Hungarian etc., correct usage
normál *mn (szabványos)* standard || *(átlagos)* normal, ordinary, regular, standard || *(kazettán)* normal (position) || ❑ *zene* **normál a (hang)** concert pitch
normálbenzin *fn* regular, 86 octane petrol (⊕ *US* gas/gasoline)
normálfilm *fn* standard (v. 35 mm) film
normális *mn (rendes)* normal || *(épeszű)* be* in one's right mind || **normális körülmények között** normally, under normal conditions
normann *mn/fn* ❑ *tört* Norman || **a normann hódítás** the Norman Conquest (1066)
normatív *mn* normative

norvég *mn/fn* Norwegian || → **angol**
Norvégia *fn* Norway
norvégül *hsz* (in) Norwegian || → **angolul**
nos *isz (kijelentésben)* well (now), ... || **nos, befejeztem** well, I have finished (it); *(kérdésben);* **nos, mi a véleményed?** well, what do you think?
nosztalgia *fn* nostalgia
nosztalgiázik *ige* indulge in nostalgia
nóta *fn (magyar)* (Hungarian) song (in the folk style); *(dallam)* tune, melody || *(mai)* pop song
nótázik *ige* sing* popular/Hungarian songs/tunes
notesz *fn* note-book, diary
noteszgép *fn* ❑ *szt* notebook
novella *fn* short story
november *fn* November || → **december**
novemberi *mn* November, in/of November *ut.* || → **decemberi**
nő[1] *ige* ❖ **ált és** ❑ *növ* grow* || *(nagyobbodik)* grow*, increase, augment; *(fejlődik)* develop; *(adósság, bevétel, tekintély)* increase || **magasra nő** grow* tall, shoot* up; **nőtt a szememben** he has grown in my estimation
nő[2] *fn* ❖ *ált és* woman°; *(udvariasan)* lady || **a nők** women; ❖ *biz* **jó nő** a cute little number; **nők** *(felirat és női WC)* Ladies
nőcsábász *fn* lady-killer, Don Juan, womanizer
nőgyógyász *fn* gynaecologist (⊕ *US* gynec-)
nőgyógyászat *fn* gynaecology (⊕ *US* gynec-)
nőgyógyászati *mn* gynaecological (⊕ *US* gynec-)
női *mn* woman-, woman's, women's, ladies('), female || **női betegség** gynaecological (v. ⊕ *US* gynec-)/women's disease; **női divat** ladies' fashion; **női divat(áru)** ladies' wear; **női fodrász** ladies' hairdresser; **női (kézi-) táska** handbag, ⊕ *US* pocket book,

purse; **a női nem** womankind, womanhood, the fair/gentle sex; **női osztály** *(kórházban)* female/women's ward; *(áruházban)* ladies' department; **női ruha** (woman's) dress, frock; **női szabó** ladies' tailor; *(szabónő)* dressmaker; ❏ *sp* **női számok** women's events

nőies *mn (nő)* womanly, womanlike, ladylike, feminine ‖ *(férfi)* effeminate, womanish

nőismerős *fn* woman acquaintance *(tsz* women acquaintances), girl-friend

nőnem *fn* ❏ *nyelvt* feminine (gender)

nőnemű *mn* ❏ *nyelvt* feminine ‖ **nőnemű főnév** feminine

nős *mn* married

nőstény *fn* female (animal) ‖ összet female, she-; *(őz, nyúl)* doe- ‖ *(elefánt)* cow-elephant; *(farkas)* she-wolf; *(kecske)* she/nanny-goat; *(macska)* she-cat; *(nyúl)* doe-rabbit; *(oroszlán)* lioness

nősül *ige* get* married, marry

nősülés *fn* marrying, getting married, marriage

nőtársaság *fn* female company

nőtlen *mn* unmarried; *(hiv nyomtatványokon)* single ‖ **nőtlen férfi** unmarried man°, bachelor

növekedés *fn (ált és élő szervezeté)* growth; *(számban)* increase; *(terjedelemben)* growth, expansion

növekedik *ige (ált és élő szervezet)* grow*; *(mennyiségben)* increase, be* on the increase; *(terjedelemben)* grow* larger/bigger, expand ‖ **egyre növekedik** keep* growing

növekedő *mn* growing, increasing; *(terjedelemben)* expanding ‖ **növekedőben van** be* steadily/continually growing/increasing

növel *ige* ❖ *ált* increase, swell*; *(terjedelemben)* enlarge, expand, extend; *(árat, bevételt)* increase; *(értéket)* enhance, increase; *(befolyást, hatalmat)* extend; *(sebességet)* increase; *(szókincset)* enrich; *(termelést)* increase, step up; *(tudást)* improve

növelés *fn* ❖ *ált* increase; *(termelésé így is)* step(ping)-up

növendék *fn* ❖ *ált* pupil; *(főleg főiskolai)* student; *(intézeti)* boarder ‖ *(állatról)* young ‖ **növendék marha** young cattle; **volt növendék** *(iskoláé)* ex-pupil, ⊕ *GB* old boy/girl, graduate, ⊕ *US* alumnus *(tsz* alumni)

növény *fn* plant ‖ **kerti növények** garden plants

növény- és állatvilág *fn* the animal and plant life [of the area]

növényevő ▼ *mn* plant-eating ▼ *fn* plant-eater

növényi *mn* plant-; *(növényi eredetű)* vegetable ‖ **növényi olaj** vegetable oil; **növényi rost** vegetable fibre (⊕ *US* -ber)

növénytan *fn* botany

növénytani *mn* botanical

növénytermesztés *fn* cultivation of plants

növényvédelem *fn* plant protection/ conservation

növényvédő szer *fn* plant-protecting agent/material, insecticide

növényvilág *fn* flora, vegetable kingdom, plant life

növényzet *fn* plants *tsz*, vegetation, flora, plant life

nővér *fn (testvér és ápoló)* sister

nővérke *fn (testvér)* ❖ *biz* sis ‖ *(ápolónő megszólítása)* excuse me, nurse/sister

növés *fn (növekedés)* growth ‖ *(termet)* build, figure, stature ‖ **növésben levő gyermek** growing child°

növeszt *ige* make* grow, grow* ‖ **szakállt növeszt** grow* a beard

nudista *fn* nudist

nudli *fn* noodles *tsz,* vermicelli

nukleáris *mn* nuclear ‖ **nukleáris energia** nuclear energy; **nukleáris fegyverkísérlet** nuclear (weapon) test

nulla ▼ *szn (számjegy)* zero, nought, nil; *(számban kiolvasva:* ou) ‖ ❏ *sp* **három nulla (3:0)** three goals to nil, three-nil (3-0); **nulla alatti** below zero *ut.*; **nulla alá süllyed** fall* below zero; **nulla egész 6 tized (0,6)** (nought) point six (0.6); **nulla fok (van)** (it's) zero (centigrade); **nulla óra 35 perckor** at 00:35 hours, at zero (*v.* 0-0) thirty-five hours ▼ *fn* ❏ *el* neutral ‖ ❖ *biz* **ő egy nagy nulla** he is a mere cipher
nulladik *mn* **nulladik óra** ❏ *isk* <school class beginning at 7 a.m.>
nullpont *fn* zero (point)
nullszéria *fn* trial series, pilot, batch
numerikus *mn* numerical
numizmatika *fn* numismatics *esz*
nutria *fn* coypu, nutria
Nürnberg *fn* Nuremberg

NY

Ny = *nyugat* west, W
nyafog *ige* whine, whimper, snivel (🌐 *US* -l-)
nyafogás *fn* whine, whimper(ing), snivel(ling) (🌐 *US* -l-)
nyafogós *mn* whining, ❖ *biz* whinging
nyaggat *ige* trouble, bother, nag, pester
nyáj *fn* flock
nyájas *mn* ❖ *ir* kind(ly), friendly, amic(c)able, affable || **nyájas olvasó** gentle reader
nyak *fn (testrész)* neck || *(ruháé, ingé)* neck(-piece) || *(üvegé, hangszeré)* neck || **a nyakára jár vknek** hound/bother/pester/importune sy; **nyakamat teszem rá** I'd stake my life on it; **nyakába borul** fall* on sy's neck, fling* one's arms round sy's neck; **nyakába varr vknek vmt** palm/fob sg off on sy, foist sg on sy; **nyakát töri** *(átv is)* break* one's neck
nyakas *mn* obstinate, stubborn, headstrong
nyakatekert *mn* convoluted, tortuous
nyakazás *fn* beheading, decapitation
nyakbőség *fn* collar size || **39-es nyakbőség** collar (size) 39 cms (15 ins), size 15 collar
nyakcsigolya *fn* cervical vertebra *(tsz* -brae *v.* -bras)
nyakék *fn* (necklace/necklet with a) pendant
nyaki *mn* ❑ *orv* cervical
nyakigláb *fn* long-limbed/legged; ❑ *kif* be* all-leg(s)
nyakizom *fn* cervical muscle

nyakkendő *fn* tie, 🌐 *US* necktie || **megköti nyakkendőjét** tie one's (neck)tie; *(csokrot)* knot one's tie
nyakkendőtű *fn* tie-pin
nyaklánc *fn* chain, necklace; *(rövid, nyakhoz simuló)* necklet || **arany nyaklánc** gold chain
nyakleves *fn* ❖ *biz* cuff, clout round the ear || **nyaklevest ad** cuff (sy), clout sy round the ear
nyakörv *fn* (dog) collar
nyakra-főre *hsz* helter-skelter, headlong
nyaktörő *mn* break-neck || **nyaktörő mutatvány** stunt
nyal *ige (vmt)* lick, lap || ❖ *biz (a főnökének stb.)* lick sy's boots, play up to sy, toady to sy; *(gyerek tanárnak stb.)* suck up to sy
nyál *fn* saliva, spittle, slaver, slobber
nyaláb *fn* bundle (of sg); *(rőzse)* faggot, bundle of firewood/sticks
nyalánk *mn* (very) fond of titbits; ❑ *kif* have* a sweet tooth
nyalánkság *fn (jó falat)* titbit, (🌐 *US* tidbit), delicacy
nyalás *fn (vmt)* lick(ing), lapping || ❖ *biz* bootlicking
nyalas *mn* slobbering, slobbery || ❖ *biz (hízelgő)* oily, 🌐 *GB* smarmy
nyaldos *ige* lick, keep* licking || *(tenger)* **nyaldossa a partot** wash (against/over) the shore
nyálkahártya *fn* mucous membrane
nyálkás *mn* mucous, slimy
nyalogat *ige* lick || **nyalogatja a száját** lick one's lips/chops

nyalóka *fn* lollipop, ❖ *biz* lolly
nyamvadt *mn (ember)* weedy, sickly, puny; *(dolog)* lousy, rotten
nyápic *mn* puny, weedy
nyár¹ *fn* summer || **nyáron** in (the) summer, during the summer; **ezen a nyáron** this summer; **a múlt nyáron** last summer; **jövő nyáron** next summer; **1998 nyarán** in the summer of 1998; **nyárra** by/for the summer
nyár² *fn* = **nyárfa**
nyaral *ige* spend* the summer, spend* one's summer holiday(s) (at) || **nyaralni megy** go* swhere for the summer holiday(s); ⊕ *US* vacation swhere (in the summer)
nyaralás *fn* summer holiday(s) (⊕ *US* vacation)
nyaraló *fn (épület, kisebb)* holiday home/chalet, summer cottage; *(nagyobb)* country cottage, villa || *(személy)* holiday-maker, ⊕ *US* így is vacationer
nyaralóhely *fn* summer/holiday/seaside resort
nyaranta *hsz* every summer
nyárfa *fn* poplar
nyargal *ige* hurry, rush, run*
nyári *mn* summer || **nyári időszámítás** summer time, ⊕ *US* daylight saving time, DST; **nyári meleg** summer heat, the great heat of summer; **nyári menetrend** summer timetable; **nyári ruha** summer clothes *tsz*, summer suit/dress; **nyári szünet** ❏ *isk* long vac(ation), summer holiday(s), ⊕ *US* vacation; ❏ *szính* summer break; *(mint kiírás)* "closed for the summer/season"
nyárias *mn (idő)* summery; *(öltözet)* light
nyárs *fn* spit || **nyárson süt** roast on the spit, barbecue
nyársonsült *fn* meat/joint roasted on the spit, barbecue(d meat)
nyavalya *fn (betegség)* illness, disease

nyavalyás *mn (betegeskedő)* sickly, seedy || ❖ *biz (nyomorúságos)* miserable, wretched || ❖ *biz (vacak)* paltry, wretched; *(boszszúsan)* damned
nyavalygás *fn (betegeskedés)* ailing, sickliness || *(siránkozás)* lamentation, whining, wailing || *(bajlódás)* bother
nyavalyog *ige (siránkozik)* lament, whine, wail, moan || *(bajlódik)* bother about (sg), have* trouble with sg || *(betegeskedik)* be* in poor health
nyávog *ige* mew, meow, miaow
nyávogás *fn* mewing, miaowing
nyel *ige* swallow || **nyelt egy nagyot, és ...** he swallowed (hard) and ...
nyél *fn (szerszámé ált)* handle; *(zászlóé)* staff; *(seprőé)* handle, stick || ❖ *átv* **nyélbe üt vmt** carry sg out/through; *(üzletet)* clinch/close [a deal] with sy
nyelés *fn* swallow(ing)
nyelőcső *fn* gullet, oesophagus *(tsz* oesophagi) (⊕ *US* eso-)
nyelv *fn (szerv)* tongue || *(cipőé)* tongue; *(fúvós hangszeré)* reed, tongue; *(harangé)* clapper, tongue; *(mérlegé)* pointer || *(a társadalmi érintkezés eszköze)* language || *(írásműé, isk dolgozaté stb.)* style || **a nyelve hegyén van** have* sg on the tip of one's tongue; **az angol nyelv** the English language; **élő nyelv** living/modern language; **három nyelven jól tud(ó)** (be*) fluent in three languages *ut.*; **holt nyelv** dead language; **modern nyelvek** modern languages; **kinyújtja a nyelvét vkre** put*/stick* out one's tongue at sy
nyelvbotlás *fn* slip of the tongue, lapsus linguae
nyelvcsalád *fn* family of languages
nyelvelsajátítás *fn* language acquisition
nyelvemlék *fn* literary remains of a language *tsz*, linguistic record
nyelvérzék *fn* linguistic instinct, sense of language, gift for languages || **jó**

nyelvérzéke van have* a feeling for a language
nyelvész *fn* linguist
nyelvészet *fn* linquistics *esz*
nyelvészeti *mn* linguistic
nyelvezet *fn* language; *(írásé)* style; *(szónoké)* diction || **jogi nyelvezet** legal parlance; **politikai nyelvezet** the language of politics
nyelvgyakorlat *fn* language drill/practice/exercise
nyelvhasználat *fn* usage || **mindennapi nyelvhasználatban** in everyday usage
nyelvhelyesség *fn* good/correct/standard usage, grammatical correctness
nyelvi *mn (beszélt nyelvi)* relating to language(s) *ut.*, of language *ut.*, language; ❏ *tud* linguistic || **nyelvi fordulat** idiom; **nyelvi hiba** mistake (in the language, in English etc.), grammatical mistake/error, speech error, solecism
nyelvileg *hsz* linguistically || **nyelvileg ellenőriz/lektorál** read* linguistically
nyelviskola *fn* language school, school of languages
nyelvjárás *fn* dialect
nyelvjárási *mn* dialectal, dialect
nyelvkönyv *fn* course (book), textbook; *(kezdő)* primer || **angol nyelvkönyv középhaladóknak** an intermediate course in English
nyelvlecke *fn* language lesson || **angol nyelvlecke** lesson in English, English lesson
nyelvoktatás *fn* = **nyelvtanítás**
nyelvóra *fn* language lesson || **nyelvórákat ad** give* lessons (*v.* hold* classes) (in English/etc.); **nyelvórákat vesz** go* to classes (*v.* take* lessons) in [English etc.]
nyelvpótlék *fn* language allowance
nyelvszakos *mn* **nyelvszakos hallgató** student specializing in languages, student of English/Hungarian etc.,
⊕ *US* student majoring in languages; **nyelvszakos tanár** language teacher
nyelvtan *fn* grammar
nyelvtanár *fn* language teacher, teacher of (a) language || **angol nyelvtanár** English teacher, teacher of English
nyelvtanfolyam *fn* (language) course || **angol nyelvtanfolyam** an English course, a course in English
nyelvtani *mn* grammatical, of grammar *ut.* || **nyelvtani hiba** grammatical mistake/error, bad grammar
nyelvtanilag *hsz* grammatically
nyelvtanítás *fn* language teaching
nyelvtankönyv *fn* grammar
nyelvtanulás *fn* language learning/acquisition, learning (foreign) languages
nyelvtanulási *mn* language-learning
nyelvtanuló *fn* language learner
nyelvtehetség *fn* gift for languages || **ő egy valódi nyelvtehetség** (s)he has a talent/head for languages, (s)he is a linguistic genius
nyelvterület *fn* language/speech area || **angol nyelvterület** the English language area
nyelvtörő *fn* tongue-twister
nyelvtörténet *fn* history of language
nyelvtudás *fn (több nyelvé)* ❖ *ált* foreign language skills *tsz*, knowledge of languages; *(egy nyelvé)* knowledge/command of [English etc.], proficiency in [English etc.] || **angol nyelvtudása ...** his/her English is ...; **jó angol nyelvtudás** competent knowledge of English, proficiency in English
nyelvtudomány *fn* linguistics *esz*
nyelvtudományi *mn* linguistic
nyelvtudós *fn* linguist
nyelvű *mn (beszélt nyelven)* -speaking, of ... language *ut.* || **angol nyelvű beszéd** speech/address in English, English speech; **angol nyelvű lakosság** English-speaking population; **angol nyelvű szöveg** a text (written) in English

nyelvvizsga *fn* állami (angol) nyelvvizsga state examination in English; **alapfokú angol nyelvvizsga** lower (state) examination in English; **középfokú angol nyelvvizsga** intermediate (state) examination in English; **felsőfokú angol nyelvvizsga** higher/advanced (state) examination in English
nyer *ige (játékban, üzletben stb.)* win*, gain || *(versenyt, versenyen)* win* || *(megkap, szerez)* get*, obtain || *(haszna van vmből, átv)* profit/gain by/from (sg) || *(anyagot vmből)* get*/win*/obtain sg from sg || **a mérkőzést a magyar csapat nyerte** the Hungarian team won the match
nyereg *fn (lovon, kerékpáron)* saddle || **nyeregbe száll** mount a horse, mount into the saddle; **nyeregben érzi magát** be* (v. feel* that one is) firmly in the saddle
nyeremény *fn (sorsjátékban)* prize; *(csak pénz)* the winnings *tsz*
nyerés *fn* winning, gain(ing)
nyereség *fn (üzletileg)* profit, gain; *(játékon)* winnings *tsz* || ❖ *átv* gain, benefit, advantage || **ő nagy nyereség nekünk** he is a great asset (to us); **tiszta nyereség** net/clear profit
nyereséges *mn* profitable, paying, lucrative; ❑ *kif* be in the black
nyeretlen *mn* **nyeretlen ló** maiden horse
nyergel *ige* saddle, put* the saddle on
nyerges ▼ *mn* saddle-backed || **nyerges vontató** semi-trailer ▼ *fn (foglalkozás)* saddler
nyerít *ige* neigh
nyerítés *fn* neigh
nyerő *mn* winning || **nem nyerő szám** blank; ❖ *biz* **nem nyerő** dead loss
nyers *mn (anyag)* raw, crude, unmanufactured || *(étel)* raw, uncooked || *(ember)* rough, coarse || ❑ *ker* gross || **nyers bánásmód** rough treatment; **nyers erő(szak)** brute force; **nyers fa** natural/plain/unvarnished wood; **nyers hús** raw meat; **nyers modor** rudeness, coarseness
nyersanyag *fn* raw material
nyerseség *fn (emberé, átv)* roughness, coarseness
nyersfordítás *fn* rough translation
nyersolaj *fn* crude oil
nyersselyem *fn* raw silk
nyersvas *fn* crude iron
nyert *mn* **nyert ügye van** (s)he is bound/sure to win
nyertes ▼ *mn* winning || **nyertes számok** winning numbers ▼ *fn* winner
nyest *fn* (beech-)marten
nyikorgás *fn (ajtóé)* creak(ing), squeak(ing)
nyikorgó *mn* creaking, creaky, squeaky
nyikorog *ige* creak, squeak
nyíl *fn* arrow || **a nyíl irányában** *(halad)* follow the arrows
nyilall(ik) *ige (fájdalom)* shoot* || **a szívébe nyilallik** it cuts one to the heart/quick; **(a fájdalom) a vállamba nyilallik** a pain shoots through my shoulder, I have a shooting pain in my shoulder
nyilalló *mn* shooting, stabbing
nyilas *fn (íjász)* archer, bowman°; ❑ *csill* the Archer, Sagittarius || ❑ *pol* ❑ *tört* arrow-cross man°, Hungarian Nazi
nyílás *fn* opening, aperture; *(hézag)* gap; *(automatáé)* slot
nyilaskereszt *fn* arrow-cross
nyilatkozat *fn* declaration, statement; ❖ *hiv* communiqué; *(kiáltvány)* proclamation
nyilatkozik *ige* ❖ *ált* make* a statement/declaration || *(házassági ígéretet tesz)* propose (to sy) || ❖ *biz* pop the question || **nyilatkozik az újságíróknak** give* an interview to the journalists
nyilaz *ige* shoot* an arrow, shoot* with a bow
nyílegyenesen *hsz* straight (as a dart), directly

nyílhegy *fn* arrow-head
nyílik *ige (ajtó, bolt, pénztár stb.)* open ‖ *(virág)* open, bloom ‖ **az ablakok a kertre nyílnak** the windows give onto the garden, the windows overlook the garden; **befelé nyílik** opens inwards
nyíló *mn (virág)* blooming, opening ‖ **kertre nyíló szoba** room that opens onto the garden
nyílt *mn* open; *(őszinte)* frank, aboveboard; *(szókimondó)* outspoken, straightforward ‖ **nyílt erőszak** brute force, undisguised/naked violence; **nyílt eszű** clear-headed; **nyílt láng használata tilos** No naked flames; **nyílt levél** open letter; **nyílt magánhangzó** open vowel; **nyílt nap** an open day, ⊕ *US* open house; **nyílt pálya** open track; **nyílt parancs** open order, military pass; **nyílt seb** open wound, raw sore; **nyílt szavazás** open vote/ballot; **nyílt szótag** open syllable; **nyílt támadás** direct/open attack; **nyílt tekintet** straight look; **nyílt tenger** the open sea; **nyílt tengeren** on the high seas, (out) at sea; **nyílt törés** *(csonté)* compound fracture; **a nyílt utcán** in the street, in broad daylight, publicly; **nyílt város** open city/town
nyíltan *hsz* openly, frankly, plainly, overtly (⊕ *US* overtly), directly ‖ **nyíltan beszél** speak* frankly, be* plain with sy, ⊕ *US* talk turkey; **nyíltan megmond vmt** does not mince matters
nyíltság *fn (jellemé)* openness, directness, frankness, candour (⊕ *US* -dor); *(szókimondás)* plain speaking, straightforwardness
nyilván *hsz* evidently, obviously, apparently, clearly
nyilvánít *ige (akaratot, hálát)* give* expression to; *(érzést)* manifest, show*, reveal ‖ *(vmnek, vmvé)* declare, pronounce ‖ **holttá nyilvánít** declare (legally) dead; **véleményt nyilvánít** express one's/an opinion, opine
nyilvános *mn* public, open ‖ **nyilvános illemhely** ⊕ *GB* public convenience(s), ⊕ *US* public toilet(s), rest room; **nyilvános főpróba** public rehearsal
nyilvánosan *hsz* in public, publicly
nyilvánosház *fn* (licensed) brothel
nyilvánosság *fn (vmnek nyilvános volta)* publicity; openness ‖ *(közönség)* public ‖ **tájékoztatja a nyilvánosságot** keep* the public informed; **a nyilvánosság kizárásával** the public are not admitted, privately, behind closed doors
nyilvántart *ige* keep* a record of
nyilvántartás *fn (tény)* recording, registering ‖ *(az írások)* records *tsz*, register, file ‖ **nyilvántartást vezet** keep* a record of sg; **rendőrségi nyilvántartás** police registers *tsz*
nyilvántartó ▼ *mn* registering, recording ‖ **nyilvántartó könyv** register(-book) ▼ *fn (tisztviselő)* registrar, recorder ‖ *(intézmény)* record office, register(s)
nyilvánvaló *mn* evident, obvious, manifest, clear, plain ‖ **nyilvánvalóvá válik** come* out, become* obvious/manifest/evident/clear
nyílvessző *fn* arrow, bolt
nyír¹ *ige (hajat)* cut*; *(stuccol)* clip, trim; *(rövidre)* crop (close/short) ‖ *(birkát)* shear* ‖ *(füvet)* mow, cut*; *(növényt)* cut*, clip
nyír² *fn* ❏ *növ* birch(-tree)
nyírás *fn (hajé)* haircut, cut(ting); *(rövidre)* crop(ping); *(stuccolás)* trimming ‖ *(birkáé)* shear(ing)
nyiratkozik *ige* have* one's hair cut, have*/get* a haircut
nyírfa *fn (anyaga)* birch(-wood) ‖ = **nyír**²
nyirkos *mn (éghajlat)* moist, humid; *(idő, hideg)* (cold and) damp, raw; *(idő, meleg)* muggy, (warm and) hu-

mid; *(testrész)* moist, wet; *(ház, pince)* damp

nyirkosság *fn (éghajlaté, testé)* moistness, moisture; *(házé, ágyneműé)* dampness; *(időé)* humidity

nyirok *fn* lymph

nyirokcsomó *fn* lymphatic gland

nyirokér *fn* lymphatic vessel

nyirokmirigy *fn* lymphatic gland

nyírott *mn (haj)* cut, cropped; *(rövidre)* close-cut/cropped ‖ **nyírott gyapjú** clippings *tsz*, shearings *tsz*

nyit *ige* open ‖ *(nyitott politikát kezd)* open up ‖ **ajtót nyit vknek** answer the door to/for sy; **folyószámlát nyit** open an account; **mikor nyit a pénztár?** when does the box-office open?; **tágra nyitja a szemét** open one's eyes wide; **tüzet nyit** open fire

nyitány *fn* overture

nyitás *fn* ❖ *ált* opening; *(üzleté)* opening time ‖ ❑ *sp (röplabda)* service

nyitható *mn* **nyitható tető** convertible top, sun roof; **nyitható tetejű autó** convertible

nyitja *fn (vmnek)* key to sg, solution (of sg) ‖ **rájön a dolog nyitjára** find* the key to sg

nyitott *mn* open ‖ **nyitott szemmel jár** go* about open-eyed; **nyitott uszoda** outdoor (*v.* open-air) swimming-pool

nyitva *hsz* open ‖ **nyitva van a csap** the tap is on; **nyitva felejt** *(gázt)* leave* [the gas] on, forget* to turn the gas off; **nyitva 9 órától 17 óráig** opening hours 9 a.m. to 5 p.m.; **egész évben nyitva** open all (the) year round; **az ajtó nyitva van** *(= nincs kulcsra zárva)* the door is not locked (*v.* is on the latch); **nyitva tartja a szemét** ❖ *átv* keep* one's eyes open/skinned

nyitvatartási idő *fn* office/opening/shop hours *tsz*, business hours *tsz*

nyolc *szn* eight ‖ **nyolc felé** *(irány)* in eight directions, into eight parts; *(idő)* about eight; **földszint nyolc** (door) number 8 on the ground (⊕ *US* first) floor; **a nyolcban (8-ban) lakik** (s)he's living at No. 8; **reggel nyolckor** at eight in the morning (*v.* at 8 a.m.); ❖ *biz* **nekem nyolc** it's all the same to me, I don't care, it makes no odds

nyolcad *fn (rész)* eighth (part) ‖ *(hangjegy)* quaver, ⊕ *US* eighth note

nyolcadik *szn/mn* eighth; 8th ‖ **nyolcadikba jár** go* to the eighth form/class

nyolcadikos (tanuló) *fn* eighth-form (⊕ *US* grade) pupil/student [in a Hungarian public elementary school], school-leaver

nyolcadrész *fn* eighth (part), one eighth

nyolcadszor *szn/hsz (nyolcadik alkalommal)* (for) the eighth time ‖ *(felsorolásnál)* in the eighth place

nyolcan *szn/hsz* eight (of them/us/you)

nyolcas ▼ *mn (számú)* number eight ▼ *fn (számjegy)* the figure/number eight ‖ *(nyolcevezős)* eight(-oared boat) ‖ *(kerékpárkeréké)* wobbly wheel ‖ ❑ *zene* octet

nyolcéves *mn (kor)* eight years old *ut.*, eight-year-old ‖ *(tartam)* of eight years *ut.*, eight years' ‖ **nyolcéves fiú** a boy of eight

nyolcevezős *fn* eight(-oared boat)

nyolcévi *mn* of eight years *ut.*, eight years'

nyolcféle *mn* eight kinds/sorts of, of eight parts/sorts *ut.*

nyolcnapi *mn* of/for eight days *ut.*, eight days'

nyolcnapos *mn (kor)* eight days old *ut.*, eight-day-old ‖ *(tartam)* eight-day, eight days long *ut.*, lasting/for eight days *ut.*, eight days'

nyolcórai *mn (időtartam)* eight hours' ‖ *(időpont)* eight o'clock

nyolcórás *mn* eight-hour, lasting/for eight hours *ut.*

nyolcszor *szn/hsz* eight times

nyolcszori *mn* of eight times *ut.*

nyolcszoros *mn* eightfold, eight times as many/much as ...
nyolcszög *fn* octagon
nyolcszögű *mn* octagonal
nyolcvan *szn* eighty || **nyolcvan forint** 80 forints (*v.* fts); **10 nyolcvanba kerül** it costs 10 fts eighty; **nyolcvanan** eighty (people), eighty of them/us/you
nyolcvanas *mn/fn (szám)* number eighty || *(korban)* in one's eighties *ut.* || **a nyolcvanas évek** the eighties (the 80s *v.* 1980s)
nyolcvanéves ▼ *mn* eighty years old *ut.*, eighty-year-old ▼ *fn* octogenarian
nyom¹ *ige (szorít, ránehezedik átv is)* press || *(súlyban)* weigh || ❏ *nyomd* ❏ *tex* print || *(elnyom vkt)* oppress (sy) || ❖ *biz (támogat)* push || **a cipő nyomja a lábát** the shoe pinches
nyom² *fn* trace, trail, track, mark; *(lábé)* foot-print(s), foot-mark(s); ❖ *átv* footsteps *tsz*; *(erkölcsi hatásé)* impression, sign, mark || **nyoma sincs** there is no trace of it; **nyomába sem léphet** can't (*v.* be* not fit to) hold a candle to, be* not to be compared with/to sy; **nyomában van** be* hot on the scent/track of sy, be* on sy's trail; *(fenyegetően)* breathe down sy's neck; **hamis nyomon van** be* on the wrong track; **helyes nyomon van** be* on the right track; **Shakespeare nyomán írta** adapted from Shakespeare (by); **vm nyomán** on the basis of, after, from, according to
nyomás *fn* ❖ *ált* pressure; *(embertömegé)* pushing || ❏ *fiz* pressure || ❏ *nyomd (folyamata)* printing; *(eredménye)* print || ❖ *biz* **nyomás!** get a move on! || ❏ *sp (súlyemelés)* snatch || **a körülmények nyomása alatt** under the pressure of circumstances/necessity; **a levegő nyomása** (atmospheric) pressure; **enged a nyomásnak** yield to pressure
nyomásmérő *fn* manometer, pressure gauge (⊕ *US* gage)

nyomaszt *ige (gond)* weigh (heavily) on sy('s mind), distress
nyomasztó *mn* oppressive, depressing || **nyomasztó érzés** uneasy/sickening/depressing feeling; **nyomasztó gondok** grinding/oppressive cares, serious worries
nyomat¹ *ige* have* sg printed
nyomat² *fn* print, impression
nyomaték *fn (hangsúly)* emphasis; *(fonetikai ért. is)* stress || ❏ *fiz* moment || **kellő nyomatékkal** with due emphasis
nyomatékos *mn (hangsúlyozott)* emphatic; *(fonetikai ért. is)* stressed || **nyomatékosan kijelenti, hogy** lay* emphasis/stress on, declare emphatically that
nyomban *hsz* at once, immediately, instantly, forthwith, straightaway || **azon nyomban** on the spot, then and there
nyombélfekély *fn* duodenal ulcer
nyomda *fn (nagyobb)* printing house/press/office, ⊕ *US így is* printery; *(kisebb)* print(ing) shop || **nyomdában van** (= *nyomják*) be* in the press, ⊕ *US így is* be* in press, is being printed
nyomdafesték *fn* printer's/printing ink || **nem bírja el a nyomdafestéket** it's unprintable
nyomdahiba *fn* misprint, printer's/typographic error
nyomdaköltség *fn* cost of printing
nyomdász *fn* printer
nyomdászat *fn* printing, typography
nyomelem *fn* ❏ *biol* trace element
nyomógomb *fn* ❏ *el* push button, button; *(csengőnek)* bell push
nyomógombos *mn* push-button
nyomor *fn* misery, distress, need || **(nagy) nyomorban él** suffer from (*v.* live in) (extreme) poverty
nyomorék ▼ *mn* crippled, disabled, deformed ▼ *fn* cripple
nyomornegyed *fn* slum(s)
nyomorog *ige* lead* a miserable/wretched existence/life

nyomorult *mn (szerencsétlen)* miserable, wretched; *(megvetendő)* despicable
nyomorúság *fn* misery, destitution
nyomorúságos *mn* miserable, wretched, needy, poor; *(szánalmas)* woeful, pitiful, piteous; *(összeg)* paltry, ❖ *biz* measly, ⊕ *US* ❖ *biz* lousy; *(városnegyed)* poverty-stricken
nyomott *mn* ❏ *nyomd* ❏ *tex* printed ‖ *(levegő)* close ‖ *(lelkiállapot)* depressed, downcast
nyomoz *ige (vm ügyben, bűnügyben)* investigate [a case/crime], look/inquire into [the/a matter etc.]
nyomozás *fn* investigation, inquiry, search ‖ **a nyomozás megindult** an inquiry has been set up
nyomozó ▼ *mn* investigating ‖ **bűnügyi nyomozó osztály** ⊕ *GB* Criminal Investigation Department *röv* CID ▼ *fn* detective
nyomtalan *mn* traceless ‖ **nyomtalanul eltűnt** disappeared without (a) trace
nyomtat *ige* ❏ *nyomd* print
nyomtatás *fn* ❏ *nyomd* printing ‖ **nyomtatásban** in print
nyomtató *fn* ❏ *szt* printer
nyomtatott *mn (szöveg)* printed ‖ **kérjük, nyomtatott betűkkel írja a nevét** please print your name (clearly) (in block capitals); **nyomtatott áramkör** printed circuit; **nyomtatott betűk** ❏ *nyomd* type; *(kézírással)* block/capital letters
nyomtatvány *fn (nyomdatermék)* print(ed publication) ‖ *(postai küldeményként)* printed matter, ⊕ *GB* printed paper, ⊕ *US* third class; *(US könyvekre)* book post ‖ *(űrlap)* form, blank; *(pályázathoz)* application form
nyomtáv *fn* gauge (⊕ *US* gage), track ‖ **keskeny nyomtávú** narrow-gauge; **szabvány(os) nyomtávú** standard-gauge; **széles nyomtávú** broad-gauge

nyomul *ige* advance, progress, press (forward); *(vhová be)* force one's way into, penetrate (sg *v.* into sg); *(erőszakosan)* press ahead
nyomvonal *fn* ❏ *közl* lane
nyög *ige (erőlködve, panaszosan)* groan, moan ‖ *(vm következményeit)* feel* the (evil) effects of
nyugágy *fn* deck-chair
nyugállomány *fn* retirement
nyugállományú *mn* retired
nyugalmas *mn* restful, calm; *(békés)* peaceful; *(nyugodt)* quiet, tranquil
nyugalom *fn (cselekvés megszűnése)* rest, standstill; *(békesség)* calmness, quiet(ness), tranquillity, peace(fulness) ‖ *(önuralom)* composure ‖ **a nyugalom helyreállt** public order has been restored
nyugat *röv* **Ny** *fn* west *röv* W ‖ **a nyugat** the west; ❏ *pol* the West; **nyugaton** in the west; **nyugat felé, nyugatra** (towards the) west, westward(s); **vmtől nyugatra fekszik** lie* west of sg; **Londontól nyugatra** west of London; **nyugat felől, nyugatról** from the west
Nyugat-Európa *fn* Western Europe
nyugat-európai *mn* of Western Europe *ut.*, West(ern) European
nyugati ▼ *mn* west(ern), of the west *ut.*; *(szél, áram)* westerly, from the west *ut.* ‖ **nyugati fekvésű ház** house facing west; **nyugati irányban** westward(s), towards the west; **nyugati oldal** west(ern) side; **Anglia nyugati részén** in the west of England/Britain; **a nyugati sajtó** the Western press; **nyugati szél fúj** there is a westerly wind, the wind is/lies in the west ▼ *fn* **a Nyugati** *(pályaudvar)* Budapest West (Railway Station)
Nyugat-India *fn* the West Indies *tsz*
Nyugat-Magyarország *fn* Western Hungary
nyugdíj *fn (retirement v.* old-age*)* pension, superannuation ‖ **nyugdíjba**

megy retire; **nyugdíjban van** be* retired, be* receiving a pension, be* a pensioner; **nyugdíjból él** live on a pension

nyugdíjalap *fn* pensionable salary

nyugdíjas ▼ *mn* pensioned-off, retired, receiving a pension *ut.*, on the retired list *ut.* ‖ **nyugdíjas korú (állampolgár)** senior citizen ▼ *fn* pensioner, old-age pensioner (OAP), ❖ *ált* senior citizen, ⊕ *US* retiree

nyugdíjaz *ige* ❖ *ált* pension off, retire

nyugdíjazás *fn* pensioning off, retirement

nyugdíjemelés *fn* pension rise

nyugdíjintézet *fn* pension fund

nyugdíjkorhatár *fn* retirement/retiring/pensionable age

nyughatatlan *mn* unable to rest *ut.*, restless, fidgety

nyugodalmas *mn* tranquil, peaceful, restful ‖ **nyugodalmas jó éjszakát!** good night and (have) a good rest!

nyugodt *mn* ❖ *ált* tranquil, quiet, calm, peaceful; *(ember)* calm, imperturbable, steady; *(lelkiismeret)* undisturbed, easy; *(megnyugodott)* reassured; *(modor)* composed; *(tenger)* calm, still ‖ **nyugodt vm felől** be* easy about sg, be* not worried about sg; **efelől nyugodt vagyok** my mind is at rest about the matter, I have no worry (*v.* worries) on that score; **legyen nyugodt** you may/can rest assured (that), ❖ *biz* don't worry

nyugodtan *hsz (nyugalmasan)* calmly, quietly, peacefully, tranquilly ‖ **csak nyugodtan!** steady!, easy/gently (does it)!, take* it easy; **maradj nyugodtan!** keep still!; **nyugodtan alszik** sleep* soundly

nyugovóra tér *ige* ❑ *kif* retire

nyugszik *ige (pihen)* lie*, (take* a) rest, repose ‖ *(lemegy, égitest)* set* ‖ ❖ *átv (vmn)* rest (up)on, be* based (up)on ‖ *(szünetel)* be* at a standstill ‖ **addig nem nyugszik, amíg** he won't rest until/till; **itt nyugszik** here lies … (buried)

nyugta¹ *fn (elismervény)* receipt ‖ **nyugta ellenében** against a receipt; **nyugtát ad** give* a receipt *(amről* for sg)

nyugta² *fn (nyugvás)* **nincs nyugta, míg** he won't rest till

nyugtalan *mn (nem nyugodt)* restless, restive; *(álom)* troubled, broken; *(életmód)* unsettled, hectic; *(ember)* restless; *(izgő-mozgó)* fidgety ‖ *(aggódó)* anxious, worried, uneasy (vk/vm miatt *mind:* about)

nyugtalanít *ige* make* sy uneasy/anxious, worry, trouble

nyugtalankodik *ige (aggódik vm/vk miatt, vmért, vkért)* be* anxious (for/about sg/sy), worry (about sg/sy)

nyugtalanság *fn (nyugtalan természet)* restlessness, disquiet ‖ *(aggódás)* anxiety, worry, uneasiness ‖ *(tömegjelenség)* unrest, disturbance

nyugtat *ige (vkt)* calm sy (down); *(vigasztal)* comfort

nyugtató(szer) *fn* sedative, tranquillizer (⊕ *US* -l-), calmative

nyugtáz *ige (küldeményt)* acknowledge receipt of (sg), be* in receipt of (sg)

nyugton *hsz* **nyugton marad** keep* still/quiet; **nyugton hagy** let*/leave* sy alone

nyújt *ige (terjedelemben)* stretch, extend, expand; *(hengerléssel)* roll, draw*; *(hosszában)* lengthen, elongate; *(tésztát)* roll out ‖ *(kezet)* stretch/hold* out [one's hand]; *(tárgyat vknek)* pass, hand ‖ *(ad vmt, ált)* give*/offer sy sg, provide sg for sy (*v.* sy with sg); *(lehetőséget, alkalmat)* afford, provide; *(előnyt, kényelmet)* offer; *(kölcsönt)* grant; *(látványt)* command, offer, present; *(menedéket)* give*/afford

nyújtás *fn (terjedelemben)* stretching, extending, extension, expanding, ex-

pansion || *(átv, adás)* affording, providing, giving, offering, grant(ing)
nyújtó *fn (tornaszer)* horizontal bar
nyújtózkodik *ige* stretch (oneself), stretch one's limbs || **addig nyújtózkodj, ameddig a takaród ér** cut your coat according to your cloth
nyúl[1] *ige (vkhez, vmhez)* touch (sy, sg), lay* hands on (sy, sg) || *(vmhez folyamodik)* resort to, have recourse to || **ne nyúlj hozzá!** leave it alone!, don't touch it!; **nem nyúl vkhez/vmhez** let*/leave* sy/sg alone; **vm után nyúl** reach out (one's hand) for sg, stretch out one's hand after sg
nyúl[2] *fn (mezei)* hare; *(üregi)* rabbit; *(házi)* pet rabbit
nyúlánk *mn* slender, tall and slim, lanky
nyúlás *fn* stretching, expansion, extension; *(hosszabbodás)* lengthening
nyúlhús *fn* hare(-flesh), rabbit (meat)
nyúlik *ige (anyag, ált)* stretch, extend, expand; ❏ *tex* stretch || *(vmeddig)* reach (as far as), stretch (out)
nyúló *mn (táguló)* stretching || **hosszúra nyúló** lengthy, long-winded
nyúlós *mn (folyadék)* viscous, gelatinous; *(tésztaféle, kenyér)* sticky, gluey; *(ragacsos)* glutinous, tacky
nyúlpástétom *fn* hare-spread/paste
nyúlszívű *mn* chicken/faint-hearted, chicken-livered
nyúlszőr *fn* rabbit's hair/wool || **nyúlszőr kalap** fur/felt hat
nyúlvány *fn (tárgyé)* extension, continuation, prolongation || *(földé)* tongue; *(tengeré)* arm; *(sziklaé, hegyé)* spur, foothills *tsz*
nyurga *mn* lanky, tall and thin
nyuszi *fn* bunny (rabbit)
nyuszt *fn* marten
nyúz *ige (bőrt)* skin, flay || *(koptat)* wear* sg out || *(alkalmazottat)* sweat
nyúzott *mn (állat)* skinned, flayed || *(ember)* worn-out, careworn || **nyúzott arc** a haggard/careworn face
nyű[1] *fn* maggot, worm || ❖ *biz* **annyi, mint a nyű** ❏ *kif* there are millions of them
nyű[2] *ige (ruhát)* wear* (sg) out/threadbare, wear* (sg) to rags || *(lent)* pull up out
nyűg *fn (átv, teher)* burden, load || *(kellemetlenség)* bother, nuisance || **nyűg vk nyakán** be* a drag on sy, a stone around sy's neck
nyűglődik *ige (bajlódik vmvel)* have* trouble with sg, bother about with sg
nyűgös *mn* ❖ *átv* peevish, grumpy, petulant, tiresome; *(gyermek)* whining, whimpering
nyüszít *ige* whimper, whine
nyűtt *mn* threadbare, worn, shabby
nyüzsgés *fn (férgeké és ált)* swarming, teeming, bustle; *(csak férgeké)* crawling; *(tömegé)* milling (about/around); *(nagyvárosé)* bustle || ❖ *biz (fontoskodás)* hustle and bustle
nyüzsög *ige (féreg és ált)* swarm, teem, bustle; *(csak féreg)* crawl; *(tömeg)* mill (about/around) || ❖ *biz (fontoskodik)* be* much in evidence, bustle about/around

O

ó *isz* o!, oh!, ah! || **ó jaj!** oh dear!, dear me!
óangol *mn* Old English
óarany *mn* old gold
oázis *fn* oasis (*tsz* oases)
óbégat *ige* lament, yammer, wail, moan
óbégatás *fn* lamentation, lamenting, yammering, wail(ing)
objektív ▼ *mn* objective; *(elfogulatlan)* impartial, unbias(s)ed ▼ *fn (tárgylencse)* objective
objektivitás *fn* objectivity, objectiveness
objektum *fn (tárgy)* object, thing || *(létesítmény)* project
oboa *fn* oboe
oboás *fn* oboist
oboázik *ige* play the oboe
óbor *fn* aged wine, older vintage(s)
obszcén *mn* obscene, indecent
obszcenitás *fn* obscenity, indecency
obszervatórium *fn* observatory
Óbuda *fn* Old Buda
óceán *fn* ocean, sea
óceáni *mn* oceanic
óceánjáró *fn* ❑ *hajó* (ocean) liner
ócsárol *ige* disparage, belittle, pull down
ócska *mn (öreg)* old || *(értéktelen, silány)* worthless, rubbishy, trashy
ócskapiac *fn* flea-market
ócskavas *fn* scrap-iron
ocsmány *mn* ugly, hideous, nasty, foul; *(erkölcstelen)* dirty, filthy || **ocsmány beszéd** obscene/filthy talk/language, bawdy
oda *hsz/előtag* there || **oda és vissza** there and back, *(jegy)* return (ticket), ⊕ *US* round-trip ticket; **csak oda (kéri)?** single or return, please?; **oda a pénzem!** all my money is gone; **oda se neki** never mind!
óda *fn* ode
odaad *ige (vknek vmt)* give*/hand/pass sy sg (*v.* sg to sy), hand over sg to sy (*v.* hand sg over to sy) || **odaadom 20 000 Ft-ért** *(árból engedve)* I'll let you have it for 20,000 forints; **odaadja magát** *(nő férfinak)* give* oneself to sy
odaadás *fn (vonzalom)* devotion, devotedness; *(buzgalom)* dedication
odaadó *mn* devoted, self-sacrificing
odaajándékoz *ige (vknek vmt)* give* sg away (as a present), make* sy a present of sg
odaáll *ige* (go* and) stand* swhere
odaállít *ige* place/stand* sg/sy swhere
odaát *hsz* over there, on the other side
odább *hsz* farther/further (away/on)
odabenn *hsz* inside, in there, within
odabújik *ige (vkhez)* snuggle/cuddle up to sy, snuggle into sy's arms, nestle up against (*v.* close to) sy
odacsap *ige (vmre)* strike* at sg, hit* (out at) sg
odacsatol *ige (csattal)* buckle (up) sg, clasp sg; *(hozzáerősít)* fasten/bind* to || *(iratot)* enclose, attach || *(vmhez)* buckle/clasp (to); *(területet)* annex sg to sg
odadob *ige (vmt vhova)* throw*/fling* sg down (*v.* into the corner etc.); *(vmt vknek)* throw* sg to sy
odaég *ige (étel)* get* burnt || **odaégett a hús** the meat is/got burnt

odaenged *ige* let*/allow sy to go swhere, let*/allow sy near sg

odaér *ige (odaérkezik)* get*/arrive there, arrive *(kisebb helyre, állomásra, repülőtérre stb.* at; *városba, nagyobb helyre* in); come*/get* to [a place], reach sg/swhere || *(vmhez)* touch sg, come* into contact with sg || **mikor érünk oda?** when do we get there?, how long will it take (us) to get there?

odaerősít *ige* fasten/fix/attach sg to sg, make* sg secure

oda- és visszautazás *fn* the journey there and back, the return journey

odafagy *ige (vhová)* be* frozen to

odafelé *hsz* on the way there, *(utazásnál)* on the outward journey

odafenn *hsz* up there, at the top, *(emeleten)* upstairs

odafér *ige (vhová)* find* room (for sg) swhere || **ez még odafér** there is still room for it

odafigyel *ige (vkre)* listen to, pay* attention to || **odafigyel az iskolában** be* attentive in school

odafordul *ige (vkhez/vmhez)* turn to/towards sy/sg; *(vkhez kéréssel)* turn to sy

odafut *ige (vhová)* run* there (v. to a place), *(vkhez)* run* (up) to sy

odahajol *ige (vkhez)* lean* over to sy, bow towards sy

odahallatszik *ige* be* heard as far (away) as ..., be* audible

odahaza *hsz* at home || **odahaza Amerikában** ⊕ *US* back in the U.S.A.

odahív *ige (vkt)* call sy, summon sy

odahívat *ige* send* for

odahoz *ige* carry/take* sg/sy to, fetch sg/sy

odáig *hsz* as far as (that) || **odáig jutott, hogy** he got to the point that/where

odaígér *ige* promise (to give) sg to sy

odaír *ige* write* (sg) on/there || **odaírja a nevét vmre** sign one's name, write*/put* one's name on (sg)

odaítél *ige (díjat vknek)* award [a prize] to sy, sy is awarded [a prize] || ❑ *jog* adjudge/award sg to sy || **neki ítélték oda a gyermeket** *(válóperben)* (s)he was given/awarded custody of the child°

odajön *ige (vhova)* come* (up) to

odajut *ige* ❖ *átv* **odajutott, hogy ...** he reached a/the point where ...

odakacsint *ige* wink at sy

odakap *ige (vmhez)* make* a grab at, catch*/snatch/grab at; *(kutya)* snap at

odakerül *ige (vhova)* get* swhere, find* one's way to

odakiált *ige* shout (to sy), call out (to sy), hail sy

odakinn *hsz (kívül)* outside, outdoors, out there, out of doors || *(külföldön)* abroad

odaköltözik *ige* move to

odaköszön *ige (vknek)* greet sy, bow to sy

odaköt(öz) *ige (vmt vmhez)* fasten/tie/bind* sg to sg

odaküld *ige* send*, dispatch; *(árut)* forward, dispatch; *(pénzt)* remit *(mind: to)*

odalenn *hsz* down there; *(épületben)* downstairs

odalép *ige (vkhez/vmhez)* come*/go*/walk up to sy/sg

odamegy *ige (vhova)* go* to [a place]; *(kocsin)* drive* to [a place]; *(vkhez)* approach sy, go*/walk/come* up to sy

odamenet *hsz* on the way there

odamerészkedik *ige (vhova)* venture

odamutat *ige (vmre)* point at/to, indicate, show*

odanéz *ige (vkre, vmre)* look at, (cast* a) glance at || **odanézz!** look!; *(meglepődve)* well, I never!; well, well!

odanyom *ige (vmt vmhez)* press sg to sg

odanyújt *ige (vknek vmt)* hand (sg to sy), offer (sg to sy) || **odanyújtja kezét vknek** hold* out one's hand to sy

odanyúl *ige (vmért)* reach (out) for sg

odaragad *ige (vmhez)* stick* (fast) (to sg), get* stuck to sg

odaragaszt *ige* stick*, glue *(vmt vmhez* sg on/to sg)

odarepül *ige* fly* swhere/to; *(csak madár vmre)* alight on

odarohan *ige (vkhez)* rush/dash up to (sy)

odasiet *ige (vhova)* hurry/rush to [a place]

odasimul *ige (vkhez)* press/nestle close to, cling* to

odasóz *ige* odasóz vknek (egyet) hit*/slap/strike* sy

odasúg *ige (vmt vknek)* whisper sg to sy

odaszalad *ige (vhova)* rush/run* to [a place]; *(vkhez)* run* up to (sy)

odaszegez *ige (vmt vmhez)* nail sg on/to sg

odaszokik *ige* get* into the habit of going swhere, *(vk)* become* a regular swhere

odaszól *ige* speak* to (sy); *(telefonon)* phone (sy), give* sy a ring

odatalál *ige (vhova)* find* one's way swhere *(v.* to sg)

odatámaszt *ige* lean* (sg) against sg, prop (sg) (up) against (sg)

odatapad *ige* adhere to, stick* on/to, get* stuck to sg

odatapaszt *ige* stick*/glue on/to sg

odatart *ige (vmt kínálva)* hold* out (sg to sy)

odatartozik *ige* belong to (sg/sy), *(társasághoz)* be* one of [a party]

odatesz *ige* put*, lay*, place *(mind:* there/swhere)

odatűz *ige (vmt vmre)* pin/fasten (sg) on (sg) ‖ **odatűz a nap** the sun is beating/blazing down on (sg)

odaugrik *ige* jump to(wards), leap*/dart to

odautazás *fn* outward journey

odautazik *ige* go*, journey, travel (⊕ *US* -l); *(gépkocsin)* drive* *(mind:* there *v.* to a place)

odaül *ige* sit* there, sit* down near *(v.* next to sy/sg)

odaültet *ige (vkt vhova)* seat/sit* sy swhere

odaüt *ige (vhová)* strike* a blow (swhere); *(vknek)* hit*/slap/strike* sy

odavág *ige (vmt)* throw*/fling*/hurl (sg) down

odavaló *mn (megfelelő)* odavaló ember the right man ‖ *(onnan származó)* ő is odavaló he too is/comes from the same part of the country *(v.* the same village/town etc.)

odavan *ige* (nagyon) odavan *(= nagyon beteg)* (s)he is very ill ‖ **odalesz** *(elpusztul)* perish, die, *(elvész)* be*/get* lost ‖ odavan a kétségbeeséstől be* in utter despair, be* dismayed; odavan az örömtől be* beside oneself with joy; **minden pénze odavan/odalett** he (has) lost/spent all his money, he is (flat) broke; **odavan vkért** *(akit szeret)* be* head over heels in love with sy, ❖ *biz* be* crazy about sy, *(akiért rajong)* adore/worship sy

odavesz¹ *ige* take*

odavesz², **odaveszik** *ige (odalesz)* be* lost, *(vk)* perish

odavet *ige (néhány sort)* dash off [a few lines] ‖ **odavet egy megjegyzést** drop a remark

odavezet *ige (vkt vhova)* lead*/conduct/guide sy to [a place] ‖ *(út)* lead* to

odavisz *ige (vmt/vkt)* take*, carry [sg/sy there *v.* to a place] ‖ *(út)* lead* to

oda-vissza *hsz* there and back ‖ **oda-vissza jegy** return (ticket), ⊕ *US* round-trip ticket

odébb *hsz* farther/further (away/on)

odébbáll *ige* make*/run* off, take* to one's heels ‖ **odébbáll vmvel** *(= ellopja)* make* off with sg

ódon *mn* ancient, old, antique, archaic

odú *fn (fában)* hollow, cavity ‖ *(állaté)* den, lair, hole ‖ ❖ *elít (piszkos lakás)* miserable room, dirty hole

odvas *mn* hollow ‖ **odvas fog** decayed/hollow tooth°

óév *fn* bygone/old year

offenzíva *fn* offensive ‖ **offenzívát indít** start/launch an offensive

óhaj *fn* wish, desire

óhajt *ige* desire, want, wish for, *(vmt tenni)* should/would like to (do sg) ‖ **mit óhajt?** what can I do for you?; **óhajt valamit inni?** would you care for a drink?

óhajtás *fn* wish, desire

óhajtó mód *fn* optative (mood)

óhatatlan *mn* inevitable, unavoidable

óhaza *fn* the old country

ok *fn* cause (of sg), reason (for sg), *(indíték)* motive (for sg) ‖ **a betegség oka** cause of a/the disease; **azon egyszerű okból fogva** for the simple reason; **bizonyos okoknál fogva** for certain reasons; **én vagyok az oka** it's my fault, I am to blame; **ennek az az oka, hogy** the reason (for this) is (that); **okot ad vmre** give* cause/occasion for sg, give* rise to sg; **ez okból** on that account, for this/that reason

okád *ige (hány)* vomit, throw* up, spew (sg) up ‖ *(tüzet, füstöt)* belch/spout (out), vomit, spew [dense dirty smoke]

okfejtés *fn* reasoning, argumentation

okirat *fn* document, deed

okirat-hamisítás *fn* forgery, forging (of documents)

okirat-hamisító *fn* forger (of documents)

okker *fn* ochre (⊕ *US* ocher)

okkult *mn* occult

oklevél *fn (okirat)* charter, document, deed ‖ = **diploma**

okleveles *mn* holding a diploma *ut.*, certificated, qualified ‖ **okleveles mérnök** graduate/qualified engineer

okmány *fn* document, record, certificate, paper ‖ **személyi okmányok** identity/personal papers

okmánybélyeg *fn* deed/bill/receipt stamp

okmányiroda *fn kb.* registrar's office

okol *ige (vkt vmért)* blame (sy for sg), make* (sy) responsible (for)

ókor *fn* antiquity, ancient times *tsz*

ókori *mn* ancient, old ‖ **ókori klasszikusok** the ancients, classics

ókortudomány *fn* study of antiquity

okos ▼ *mn (értelmes)* clever, intelligent, bright, ❖ *biz* brainy; *(gyors felfogású)* apt [student], quick to learn *(v.* at learning) *ut.*; *(bölcs, tapasztalt)* wise, sensible ‖ **okos ember** man° of understanding, intelligent/sensible man°; **okos gondolat** a good/bright idea, a wise thought; **legokosabb volna (vmt tenned)** you had best [do sg] ▼ *fn* **okosakat mond** (s)he makes some sensible/good points

okoskodás *fn (érvelés)* reasoning, argument ‖ ❖ *elít* arguing, obstinacy, pig-headedness

okoskodik *ige (érvel)* reason, argue ‖ ❖ *elít (feleslegesen vitatkozik)* argue, be* obstinate/stubborn, be* pig-headed ‖ **ne okoskodj!** don't argue

okosság *fn (értelmesség)* cleverness, shrewdness, intelligence; *(bölcsesség)* wisdom, sagacity

okoz *ige* cause, bring* about, give* rise to, be* the cause of ‖ **bajt okoz vknek** cause/give* trouble to sy; **fájdalmat okoz vknek** give* pain to sy, pain/hurt* sy

okozó ▼ *mn* causing, occasioning, being the cause of, producing *(mind: ut.)* ‖ **halált okozó** fatal ▼ *fn* agent, *(személy)* originator, perpetrator, author

okozta *mn* **vírus okozta** caused by a virus *ut.*, viral

oktánszám *fn* octane number/rating ‖ **nagy oktánszámú** high-octane

oktat *ige* educate, *(vkt vmre)* teach* (sy sg), instruct (sy in sg); ❏ *sp* train, coach

oktatás *fn* education, teaching, *(gyakorlatibb)* instruction || **iskolai oktatás** school education, schooling
oktatási *mn* educational || **oktatási intézmények** educational institutions; **oktatási segédeszközök** teaching/educational aids
oktatásügy *fn* public education
oktató ▼ *mn* instructive, educational || *(erkölcsileg)* didactic || **oktató célzatú** didactic, instructional ▼ *fn* ❏ *isk* teacher, instructor; *(magán)* tutor; *(egyetemi)* academic, lecturer, staff member, ⊕ *US* faculty member || ❏ *sp* trainer, coach || **gyakorlati oktató** *(tanulóvezetőé)* driving instructor
oktáv *fn* ❏ *zene* octave
október *fn* October || → **december**
októberi *mn* October, in/of October *ut.* || → **decemberi**
okul *ige (vmn/vmből)* sg teaches* sy a lesson
okvetetlenkedik *ige* be* a nuisance/pest, quibble, cavil (⊕ *US* -l), fuss, argufy
okvetetlenkedő *mn* disputatious, interfering, importunate fussy
okvetlen(ül) *hsz* without fail, by all means || *(feleletben)* **okvetlen (megteszem/megyek) stb.** Certainly (I will)!, Surely!, ⊕ *US* Sure!
ól *fn (disznóé)* sty, pigsty, *(kutyáé)* kennel, *(baromfié)* roost, hen-house, (hen/chicken-)coop
ó-láb *fn* bandy legs *tsz*, bow legs *tsz*
ó-lábú *mn* bandy/bow-legged
olaj *fn* oil || *(olajfesték)* oil (colour paint) || **olajra bukkan** strike* oil; **ellenőrzi az olajat** *(autóban)* check the oil; **olajat önt a tűzre** add fuel to the flames/fire; **olajjal fest** paint in oils; **olajjal főz** cook with oil; **olajjal fűt** burn* oil, use oil for heating; ❖ *biz* **olajra lép** skedaddle, decamp, make* a quick getaway
olajág *fn* olive branch
olajbogyó *fn* olive

olajcsere *fn* oil change
olajfa *fn* olive-tree
olajfesték *fn* oil colour (⊕ *US* -or), oil paint
olajfestmény *fn* oil painting, *(vászon)* canvas
olajfinomító *fn* oil refinery
olajfúró torony *fn (tengeren)* oil rig
olajipar *fn* oil industry
olajkályha *fn* oil(-fired) stove
olajkép *fn* oil painting
olajkút *fn* oil well
olajmező *fn* oil-field
olajos *mn* = **olajtartalmú** || *(olajjal szennyezett)* oily, greasy, oil-stained || **olajos hal** fish in oil
olajoskanna *fn* oil-can
olajoz *ige* oil, grease, lubricate
olajozás *fn* oiling, greasing, lubrication
olajszállító hajó *fn* oil-tanker
olajszintmutató *fn* oil-gauge (⊕ *US* -gage)
olajtermelés *fn* oil production
olajvezeték *fn* pipeline
olajzöld *mn* olive(-green)
ólálkodik *ige (vm körül)* prowl/hang*/loiter around, lurk swhere
olasz *mn/fn* Italian || **az olaszok** the Italians || → **angol**
olaszóra *fn* Italian lesson/class
Olaszország *fn* Italy
olaszországi *mn* Italian, of Italy *ut.*
olaszos ▼ *mn* Italian-looking/sounding, Italianate || **olaszos módra** in the Italian way/fashion ▼ *fn* ❏ *isk (aki olaszt tanul)* student of Italian
olasztanár *fn* teacher of Italian, Italian teacher
olaszul *hsz* (in) Italian || → **angolul**
olcsó *mn* cheap, inexpensive, low-price(d) || **olcsó ár** low price; **olcsó szálloda** inexpensive hotel
olcsóbb *mn* cheaper || **olcsóbb áron ad** undersell*/undercut* sg
olcsón *hsz* cheap(ly), at a low price, at a cheap rate || **olcsón vesz vmt** buy* sg cheap

olcsóság *fn* cheapness

old *ige (folyadék vmt)* dissolve, melt || *(csomót, köteléket)* undo*, untie, unfasten, loosen || **oldja a köhögést** it relieves coughs

oldal *fn (állaté, emberé, tárgyé)* side || *(könyvé)* page || *(tulajdonság)* aspect, quality, side, point || **a dolog jogi oldala** the legal aspect(s) of the matter, the legal angle; **a jó oldala** *(vmé)* the bright side of sg, *(vké)* sy's good point; **a szövet mindkét oldala** both sides of the fabric; **a 26. oldalon** on page 26; **az a dolognak a rossz oldala** its/the drawback is ...; **az utca túlsó oldalán** across the road, on the far/opposite side; **az úttest bal oldala** the left-hand side of the road; **erős oldala** sy's strong point (*v.* forte), *(igével)* be* good at/in sg; **ezen az oldalon** on this side; **érkezési oldal** arrival platform/side; **indulási oldal** departure platform/side; **(majd ki)fúrja az oldalát (a kíváncsiság)** (s)he is dying of curiosity, (s)he is itching/dying to know

oldalági *mn* collateral

oldalas ▼ *mn* **500 oldalas könyv** a 500 page book, a book of 500 pages ▼ *fn (szalonna)* side (of pork) || **füstölt oldalas** smoked chops/spareribs *tsz*, flitch of bacon

oldalfal *fn* side-wall

oldalhajó *fn* ❑ épít aisle

oldalnézet *fn* side/lateral view/elevation, profile || **oldalnézetből** in profile, from the side

oldalsó *mn* side-, lateral

oldalszám *fn* page number

oldalszél *fn* cross-wind

oldalt *hsz* from the side, laterally, sideways, aside || **oldalt fordul** turn aside; **oldalt lép** sidestep, step aside, step to one side

oldaltáska *fn* shoulder bag

oldalzseb *fn* side-pocket

oldás *fn* (dis)solution, dissolving

oldat *fn* solution

oldhatatlan *mn* insoluble

oldható *mn* soluble, dissolvable

oldódik *ige* ❑ vegy dissolve, melt; *(oldható)* be* soluble

oldószer *fn* solvent

olimpia *fn* (the) Olympic Games *tsz*, the Olympics *esz v. tsz* || **téli olimpia** Winter Olympic Games

olimpiai *mn* Olympic, olympic || *(bajnok)* Olympic champion; *(csapat)* Olympic team; *(csúcs)* Olympic record; *(falu)* Olympic Village; *(játékok)* the Olympic Games

olimpikon *fn* competitor (in the Olympic Games), Olympic athlete

olívzöld *mn* olive-green

olló *fn (eszköz)* a pair of scissors, scissors *tsz* || *(ráké)* claw, pincers *tsz*, nippers *tsz* || **kerti olló** (garden) shears *tsz*

ollóz *ige (kivág, pl. újságból)* cut* (out), ⊕ *főleg US* clip || *(plagizál)* plagiarize, ❖ *biz* crib [from an author's work] || *(úszik)* swim* with the flutter/scissors kick, crawl

ollózás *fn (plagizálás)* plagiarism, a scissors-and paste job || *(kallózás lábtempója)* flutter/scissors kick

ólmos *mn (ólomból való)* lead(en); *(ólmozott)* leaded || **ólmos eső** sleet

ólmozott *mn* leaded

ólom *fn* lead

ólomkatona *fn* tin soldier

ólommentes benzin *fn* unleaded (*v.* lead-free) petrol/fuel

ólomüveg *fn* lead-glass

ólomzár *fn* lead seal/stamp

olt¹ *ige (tüzet)* put* out, extinguish || *(meszet)* slake, slack [lime]; *(tejet)* curdle || *(szomjúságot)* quench, slake

olt² *ige* ❑ mezőg make* a graft onto [a tree], graft [a plant] || ❑ orv inoculate, vaccinate *(vm ellen* against)

oltalmaz *ige (vmtől)* protect *(from/against)*, guard, defend *(against)*

oltalom *fn* protection, safety, shelter || **vknek oltalma alatt** under sy's patronage, under the aegis of sy

oltár *fn* altar, communion table

oltáriszentség *fn* Eucharist, Holy Communion

oltárkép *fn* altar-piece

oltás[1] *fn (tűzé)* putting out, extinguishing || *(mészé)* slaking, slacking; *(tejé)* curdling

oltás[2] *fn* ❑ *mezőg* graft(ing) || ❑ *orv* inoculation, vaccination

oltási bizonyítvány *fn* certificate of vaccination

oltatlan[1] *mn* **oltatlan mész** unslaked lime, quick-lime

oltatlan[2] *mn (fa)* ungrafted || ❑ *orv* not vaccinated

olthatatlan *mn (tűz)* inextinguishable || *(szomjúság)* unquenchable

oltóanyag *fn* ❑ *orv* vaccine, *(szérum)* serum *(tsz* sera *v.* serums)

oltókészülék *fn* fire-extinguisher

oltott[1] *mn* **oltott mész** slaked lime

oltott[2] *mn* ❑ *orv* vaccinated, inoculated || ❑ *mezőg* grafted

olvad *ige* ❖ *ált* melt, liquefy, become* liquefied/liquid, dissolve, *(fém)* melt, fuse; *(hó, jég)* thaw*; *(viasz, vaj)* melt, run* || *(időről)* it thaws, the thaw is setting in

olvadás *fn* ❖ *ált* melting, dissolution, *(hóé, jégé)* thaw(ing), *(fémé)* melting, fusion

olvadáspont *fn* melting-point

olvadó *mn (fém)* melting, dissolving || *(hó)* thawing

olvas *ige (szöveget)* read* || *(pénzt)* count || **jól olvas** *(gyerek)* (the child°) can read *(v.* is reading) well; **kottát olvas** read* music

olvasás *fn (szövegé)* reading || *(pénzé)* counting || **harmadszori olvasásban** at the third reading

olvasatlan *mn (szöveg)* unread || *(pénz)* uncounted

olvasgat *ige* be* reading, read* a little bit (from time to time)

olvashatatlan *mn (írás)* illegible, indecipherable || *(szerző)* unreadable || **olvashatatlanul ír** write* illegibly

olvasható *mn* legible, may be read *ut.*

olvasmány *fn* (piece of) reading

olvasnivaló *fn* something to read, reading matter

olvasó ▼ *mn* reading ▼ *fn (személy)* reader || *(terem)* reading room || ❑ *vall* rosary, beads *tsz*

olvasókönyv *fn* reader; *(elsős kisdiáké)* primer

olvasóközönség *fn* the reading public

olvasólámpa *fn* reading lamp

olvasópróba *fn* (first) rehearsal

olvasott *mn (ember)* well/widely-read (person) || *(könyv)* much/widely read || **olvasott ember** man° of wide reading

olvaszt *ige* ❖ *ált* melt, *(fémet kiolvaszt)* smelt; *(havat, jeget)* thaw; *(vajat, zsírt)* clarify, melt down || **magába olvaszt** *(népet stb.)* assimilate, absorb

olvasztás *fn (fémé)* smelting

olvasztott *mn* melted, *(csak fém)* molten || **olvasztott vaj** clarified butter; **olvasztott zsír** rendered fat, grease

oly *nm* = **olyan** || **oly módon** in such a way/manner (that/as)

olyan ▼ *nm (hasonlítás)* that/this kind of ... || *(hsz-szerűen)* so || **az ember mint olyan** man as such; **ne olyan hangosan!** not so loud!; **nem olyan öreg, mint én** (he is) not as old as I (am) *(v.* ❖ *biz* as me); **olcsó, de olyan is** *(= vacak)* (it's) cheap and nasty; **olyan, mint** such as ..., just like ...; **olyan, mint a méz** it's like honey; **olyan ..., mint** as ... as; **olyan boldog vagyok!** I am so happy!; **olyan (csinos/ügyes), mint ...** (he/she is) as [pretty/clever] as ...; **olyan gyorsan futott, ahogyan csak bírt**

he ran as fast as he could ▼ *fn* **olyant kérek, mint a tied** give me (*v*. I'd like) one like yours; **van olyan, aki** there are people who
olyanféle *nm* of such (a) kind *ut.*, a kind/sort of
olyankor *hsz* on such occasions, at such times || **olyankor menj, amikor süt a nap** go when the sun is shining/out
olyannyira *hsz* **olyannyira, hogy** to such an extent that, to such a degree that, insomuch/inasmuch/insofar as
olyasmi *nm* something (like), something of the sort
olykor *hsz* sometimes, now and then/again, occasionally
olykor-olykor *hsz* every now and then, once in a blue moon
ómen *fn* omen, foreboding
ominózus *mn* of ill omen *ut.*, ominous
omlás *fn* collapse, falling in, falling to pieces, crumbling, mouldering (⊕ *US* mol-)
omlett *fn* omelet(te)
omlik *ige (szétesik)* fall* to pieces, collapse, crumble, moulder (⊕ *US* molder), fall* in || **omlik a fal** the wall is crumbling away
omlós *mn* crumbly
ón *fn* tin
onánia *fn* masturbation, onanism
ondó *fn* sperm, semen, seminal fluid
ónix *fn* onyx
onkológia *fn* oncology
onkológiai *mn* oncological
onkológus *fn* oncologist
onnan *hsz* from there, from that place, therefrom, thence || **onnan jövök** that's where I come (*v.* am coming) from; **onnan tudom, hogy** that is how I know it, I can tell from/by ...
ónos *mn (ónozott)* tinned, tin-plated || ❖ *átv* **ónos eső** sleet; **ónos eső esik** it's (started) sleeting
opál *fn* opal
opció *fn* option, first refusal

opera *fn (ház is)* opera
operabérlet *fn* season-ticket to the Opera
operáció *fn* ❑ *orv* operation
opera-előadás *fn* opera night/evening, operatic performance/show
operaénekes(nő) *fn* opera/operatic singer
operaház *fn* opera-house
operál *ige* operate (*vkt* on sy), perform an operation (on sy)
operatőr *fn (film)* cameraman° || *(sebész)* surgeon
operett *fn* operetta, light opera
operettszínház *fn* operetta theatre (⊕ *US* -ter)
ópium *fn* opium
ópiumos *mn* containing opium *ut.*, opiate
opportunista ▼ *mn* opportunist, opportunistic ▼ *fn* opportunist, timeserver
opportunizmus *fn* opportunism, timeserving
oppozíció *fn* opposition
optika *fn* ❑ *fiz* optics *esz* || ❑ *fényk* lens
optikai *mn* optical || **optikai csalódás** optical illusion; **optikai kábel** optical cable; **optikai karakterfelismerés** optical character recognition (OCR)
optikus *fn* optician
optimális *mn* best, optimum
optimista ▼ *mn* optimistic ▼ *fn* optimist
optimizmus *fn* optimism
óra *fn (fali, asztali, torony)* clock, *(zseb, kar)* watch || *(60 perc)* hour || ❑ *isk* class, (teaching) period, lesson || *(gáz/villany stb. mérő)* meter || **a buszok (minden) órakor indulnak** buses leave (every hour) on the hour; **az óra siet** the watch/clock has gained, the watch is fast; **az óra tíz percet késik** the clock/watch is ten minutes slow; **hat óra (van)** it is (*v.* it's) six o'clock; **hány óra van?** what's the time?, what time is it?, can you tell

me the time?, have you got the time?; **hány órakor?** at what time?, when?; **három óráig** *(tartam)* for three hours; *(időpont)* till three o'clock; **három órától kezdve** from three o'clock on(wards); **két percet siet az órám** my watch is two minutes fast (v. gains two minutes) (a day); **ma nincs óra** there is no class/lesson today; **másfél óra** an hour and a half; **minden órában** every hour; **naponta tíz órát dolgozik** work ten hours a day; **nyolc órakor** at eight (o'clock); **6 órára kész leszek** I'll be ready by 6 o'clock; **órákon át, órák hosszat** for hours (on end), for hours and hours; **órán van** *(tanár)* be* in class, be* teaching; **pontos(an jár) az órám** my watch keeps good time

órabér *fn* wage(s)/pay(ment) by the hour, hourly rate ‖ **órabérben fizetik** be* paid by the hour, be* paid an hourly rate

óradíj *fn* (tuition) fee per lesson class, hourly pay/wage

órai *mn (időpont)* ... o'clock, at ... o'clock *ut.* ‖ *(időtartam)* of ... hours *ut.* ‖ **az ötórai vonat** the five o'clock train; **ötórai utazás** a journey of five hours, a five-hour journey

óramutató *fn* hand ‖ **nagy óramutató** minute hand; **az óramutató járásával egyező irányban** clockwise; **az óramutató járásával ellenkező irányban** anticlockwise, ⊕ *US* counter-clockwise

óramű *fn* clockwork ‖ **óraműpontossággal** with clockwork precision

orangután *fn* orang-utan, orang-outang

óránként *hsz (átlagban)* hourly ‖ *(minden órában)* every hour ‖ **háromóránként** every three hours; **óránként 100 km-es sebességgel** (at) 100 km(s) per/an hour

órányi *hsz* of ... hour(s) *ut.*, ... hours ‖ **négy-öt órányi út** a 4- or 5-hour journey

órányira *hsz* **két órányira innen** two hours' distance from here

órarend *fn* timetable

órás ▼ *mn* of ... hours, ... hours, lasting ... hours *ut.* ‖ **ötórás út** a journey of/lasting five hours, a five-hour journey; **48 órás tartózkodás** 48 hour(s') stay ▼ *fn* watchmaker, clockmaker

óraszám(ra) *hsz* for hours on end; for hours and hours

óraszíj *fn* (watch-)strap

oratórium *fn* ❑ *zene* oratorio

óratorony *fn* clock tower

óraütés *fn* striking (of clock), *(toronyóráé)* chime(s)

órazseb *fn* watch-pocket, *(nadrágon)* fob

orbánc *fn* erysipelas

orchidea *fn* orchid

ordas *fn* ❑ *nép (farkas)* wolf°

ordináré *mn* ❖ *biz* ❖ **elít** vulgar, gross, coarse, *(csak ember)* uncouth

ordít *ige (ember)* shout, howl, roar; bawl, ⊕ *US* holler; *(kisgyerek)* cry, howl, scream ‖ *(farkas)* howl ‖ **ordít a fájdalomtól** screams with pain

ordítás *fn (emberé)* shout(ing), howl(ing), roar(ing), bawling; *(kisgyereké)* crying, howling, scream(ing) ‖ *(farkasé)* howl(ing)

ordítozás *fn* (continued) bawling, shouting

ordítozik *ige* keep* bawling/shouting

orgánum *fn (szerv)* organ ‖ *(hang)* voice ‖ ❖ *átv* organ, medium *(tsz* media*)*

orgazda *fn* receiver (of stolen goods), ❖ *biz* fence

orgazdaság *fn* receiving (of stolen goods)

orgazmus *fn* orgasm, climax

orgia *fn* orgy

orgona *fn* ❑ *zene* organ ‖ ❑ *növ* lilac, syringa

orgonabokor *fn* lilac (shrub/bush)

orgonál *ige* play (on) the organ

orgonasíp *fn* organ-pipe
orgonista *fn* organist, organ-player
orgyilkos *fn* assassin, (hired) killer/ murderer
orgyilkosság *fn* assassination, murder
óriás ▼ *fn* giant, *(nő)* giantess ▼ *mn* = **óriási**
óriási *mn (rendkívül nagy)* gigantic, giant, huge, colossal, enormous, ❖ *biz* jumbo ‖ ❖ *biz (remek)* **óriási!** great!, fantastic! ‖ **óriási munka** gigantic/ Herculean task; **óriási siker** tremendous success; **óriási többség** overwhelming majority; **óriási tömeg** huge crowd; **óriási türelem** infinite patience
óriáskerék *fn (vurstliban)* big wheel, ⊕ *főleg US* Ferris wheel
óriáskifli *fn* giant croissant
óriáskígyó *fn* boa (constrictor), python
óriásműlesiklás *fn* grand slalom
orientáció *fn* orientation
orientál *ige* orient, direct
orientalista *mn* orientalist
orientálódik *ige* orient oneself
orkán *fn* hurricane, high wind, tornado
ormány *fn (elefánté)* trunk; *(rovaré)* proboscis
ormótlan *mn (személy)* clumsy, awkward ‖ *(tárgy)* awkward, cumbersome, unwieldy
orom *fn (házé)* gable (end) ‖ *(hegyé)* summit, peak, pinnacle
oromfal *fn* gable
orosz *mn/fn* Russian ‖ → **angol**
oroszlán *fn* lion ‖ **nőstény oroszlán** lioness
oroszlánkölyök *fn* lion('s) cub
oroszlánrész *fn* the lion's share ‖ **oroszlánrészét vállalja vmnek** do* (*v.* take* upon oneself) the bulk of sg
oroszlánszáj *fn* ❑ *növ* snapdragon, antirrhinum
oroszlánszelídítő *fn* lion-tamer
oroszlánszívű *mn* lion-hearted ‖ **Oroszlánszívű Richárd** Richard the Lion-Heart

oroszóra *fn* Russian lesson/class
Oroszország *fn* ❑ *tört* Russia
oroszországi *mn/fn* ❑ *tört* Russian, of/from Russia *ut.*
orosztanár *fn* Russian teacher, teacher of Russian
oroszul *hsz* (in) Russian ‖ → **angolul**
orr *fn (emberé)* nose, összet nasal ‖ *(állaté)* snout, muzzle ‖ *(cipőé)* toe ‖ *(hajóé)* prow, bow ‖ **az orra után megy** follow one's nose ‖ ❖ *biz* **beleüti az orrát** *(vmbe)* stick*/poke one's nose into; **felhúzza az orrát** *(vmn)* turn up one's nose (at); **folyik az orra** his/ her nose is running, (s)he has a running nose, snivel (⊕ *US* -l); **fönn hordja az orrát** put* on airs, be* stuckup; **lógatja az orrát** be* crestfallen/downcast, be* dispirited, be* low (in spirits), hang* one's head; **nem lát tovább az orra hegyénél** he sees no further than (the end of) his nose; **orra alá dörgöl vmt vknek** rub sy's nose in sg, rub it in, cast* sg in sy's teeth; **orra bukik** tumble; **orra előtt** under his (very) nose
orrcimpa *fn* wing/ala (of the nose) *(tsz* alae)
orrcseppek *fn tsz* nasal drops
orrcsont *fn* nasal bone
orrfúvás *fn* nose-blowing
orrhang *fn* (nasal) twang, snuffle ‖ ❑ *nyelvt* nasal (sound) ‖ **orrhangon beszél** talk through one's nose, talk with a twang
orrhangú *mn* nasal
orrjárat *fn* nasal canal
orrlyuk *fn* nostril
orrnyereg *fn* bridge (of the nose)
orrol *ige* ❖ *biz (vmért)* take* sg amiss/ ill, resent sg
orrszarvú *fn* rhinoceros
orrvérzés *fn* nose-bleed
orsó *fn* ❑ *műsz* spindle; *(tengely)* arbor, shaft; ❑ *tex* reel, *(fonógépen)* bobbin ‖ *(cérnának, filmnek, hangsza-*

lagnak stb.) reel, ⊕ *US* spool; *(horgászé, peremfutó)* (spinning) reel
ország *fn* country, land, *(állam)* state
országalma *fn* orb
országgyűlés *fn* parliament || **országgyűlést egybehív** convoke Parliament
országgyűlési *mn* parliamentary || **országgyűlési képviselő** ⊕ *GB és magyar* Member of Parliament *(röv* MP *tsz* MPs), ⊕ *US* Representative, Congressman°
országhatár *fn* frontier [of a country]
Országház *fn* Parliament (building), ⊕ *GB* the Houses of Parliament *tsz*, ⊕ *US* the Capitol
országhívószám *fn* country code
országos *mn* national, nationwide, country-wide || **országos bajnok** national champion; **országos csúcs** national record; **országos eső** widespread rain; **országos mozgalom** nationwide movement; **országos választás** general election
országrész *fn* (country) district/region/area, part of the country
országszerte *hsz* all over the country, throughout the country
országút *fn* highway, main road
országúti *mn* **országúti segélyszolgálat** road patrol service
ortodox *mn* ❏ *vall* orthodox || ❖ *átv* ❖ **elít** backward, old-fashioned
ortopéd *mn* orthopaedic (⊕ *US* -pe-) || **ortopéd cipő** orthopaedic shoes/boots *tsz*
ortopédia *fn* *(tudományág)* orthopaedics (⊕ *US* -pe-) *esz* || *(osztály)* the orthopaedics department
orvlövész *fn* sniper
orvos *fn* doctor, physician; *(általános)* general practitioner *(röv* GP); ❏ *kat* ❏ *hajó* surgeon || **körzeti orvos** *kb.* family/local doctor; **orvoshoz kell fordulni** you have to see a doctor; **orvoshoz megy** (go* to) see* a/the doctor; **orvosnak megy** go* in for medicine; **orvost hívat/**

hív call (out) a/the doctor, send* for a/the doctor
orvosi *mn* medical || **orvosi bizonyítvány** health/doctor's/medical certificate; **orvosi etika** deontology; **orvosi felügyelet** medical supervision; **orvosi jelentés** bulletin (of health); **orvosi költségek** medical expenses; **orvosi műhiba** medical malpractice; **orvosi műszer** surgical instrument; **orvosi rendelés** surgery, consultation; **orvosi utasítás** prescription, (doctor's) order(s) instruction(s)
orvoslás *fn (betegségé)* healing, curing, cure || *(bajoké, átv)* remedy(ing), reparation
orvosnő *fn* lady doctor, woman doctor *(tsz* women doctors)
orvosol *ige (betegséget)* cure, treat, heal || *(bajt, átv)* remedy, help
orvosság *fn (gyógyszer)* medicine, drug || ❖ *átv* remedy, cure || **orvosságot bead vknek** administer/give* (a/the) medicine to sy; **orvosságot bevesz** take* (a/the) medicine
orvosszakértő *fn* medical expert
orvostanhallgató *fn* medical student, ❖ *biz* medic
orvostudomány *fn* medical science, medicine
orvostudományi *mn* medical || **orvostudományi egyetem** ⊕ *GB* ⊕ *US* medical school, *(egyéb országokban így is)* medical university; **orvostudományi kar** medical faculty, faculty of medicine, ⊕ *GB* medical school, school of medicine
orvtámadás *fn* attack from ambush, treacherous stroke/attack
orvul *hsz* treacherously, in an underhand manner
orvvadász *fn* poacher
orvvadászat *fn* poaching
oson *ige* sneak, slip by, flit, scurry
ostoba ▼ *mn (személy)* stupid, silly, foolish, *(cselekedet)* silly, foolish, idiotic ▼ *fn (ember)* idiot, blockhead, fool

ostobaság ▼ *fn* stupidity, silliness, foolishness, folly, ⊕ *US* bunk(um) || **ostobaságokat beszél** talk nonsense/rubbish, say* silly things, drivel; **ne beszélj ostobaságot!** ❖ *biz* don't talk rot! ▼ *isz* nonsense!, rubbish!

ostor *fn* whip, lash, ❖ *átv* scourge || **Attila, Isten ostora** Attila the Scourge of God

ostrom *fn* siege || **ostrom alá veszi a várat** lay* siege to the fortress, besiege sg

ostromállapot *fn* state of emergency/siege

ostromol *ige (várost)* besiege, lay* siege to || *(nőt)* besiege, overwhelm || **vkt kérdésekkel ostromol** bombard sy with questions

ostya *fn (sütemény)* wafer || *(gyógyszerhez)* cachet || ❑ *vall* wafer, Host || **ostyában veszi be** take* sg in cachet-form

oszlás *fn (részekre)* division || *(tömegé)* dispersion, scattering || *(holttesté)* decomposition || **oszlásnak indul** begin* to decompose/rot/decay

oszlik *ige (részekre)* be* divided (into), divide into || *(tömeg)* disperse, scatter || *(felhő)* break* up, *(köd)* disperse || *(holttest)* decompose, rot, decay || **két részre oszlik** it divides into two parts; ❑ *kat* **oszolj!** dismiss!, fall out (men)!

oszlop *fn* ❑ *épít* column, *(pillér)* pillar, post, *(távvezetéké)* pylon, *(hídé)* pier || ❑ *kat* column || ❖ *átv* pillar, mainstay

oszlopfő *fn* capital

oszlopos *mn* ❑ *épít* columned, pillared

oszloprend *fn* order (of columns) || **dór oszloprend** Doric order; **jón oszloprend** Ionic order; **korinthoszi oszloprend** Corinthian order

Ószövetség *fn* Old Testament

oszt *ige* ❑ *mat* divide || *(részekre)* divide/split* into [parts] || *(kioszt)* distribute, dispense; *(kártyát)* deal*; *(parancsot)* issue, give* || *(véleményt)* share [sy's opinion] || **két részre oszt vmt** divide sg in half; **ki oszt?** whose deal is it?; **osztom nézetedet** I agree with you, I am of the same opinion; **se nem oszt, se nem szoroz** it makes* no difference/odds; **15 osztva 3-mal annyi mint 5** 15 divided by 3 is 5, 3 divides into 15 5 times

osztag *fn* detachment, squad, detail

osztalék *fn* dividend

osztály *fn (társadalmi)* class || ❑ *isk (tanulók)* class, form, ⊕ *US* grade; *(terem)* classroom || *(hivatalban, áruházban)* department; *(kórházban)* ward, department || *(vasúton, hajón)* class || *(kategória)* section, class, category; ❑ *tud* class, division; ❑ *áll* ❑ *növ* class || **a harmadik osztályba jár** be* in the third form (⊕ *US* grade); **első osztályon utazik** travel (⊕ *US* -l) first-class; **osztályon felüli** de luxe; *(szálloda)* five-star, luxury

osztályfőnök *fn* ❑ *isk kb.* form-master

osztályharc *fn* class struggle/war

osztálykirándulás *fn* ❑ *isk* school/class outing

osztálynapló *fn* ❑ *isk kb.* attendance register/book

osztályos *mn* ❑ *isk* belonging to a class/form *ut.* || *(kórházban)* ward(-) || **első osztályos (tanuló)** first-form pupil/boy/girl, ❖ *biz* first former, ⊕ *US* first grader

osztályoz *ige (osztályokba sorol)* class, classify, rate; *(árut)* sort, order || ❑ *isk* give*/award marks [to pupils]; *(dolgozatokat)* mark/grade [papers]

osztályozás *fn (osztályokba sorolás)* classification, grading, rating; *(árué)* sorting, ordering || ❑ *isk* giving/awarding marks (⊕ *US* grades), *(dolgozatoké)* marking (⊕ *US* grading)

osztálytalálkozó *fn* class reunion

osztálytárs *fn* class-mate, fellow student

osztályú *mn* összet -class || **első osztályú** *(minőség)* first-class/rate [quality]; **első osztályú vasúti jegy** first-class train ticket; **első osztályú szálloda** a first-class hotel; *(Magyarországon)* class A1 hotel

osztályvezető *fn* head/chief of (a) department, departmental head/manager; *(múzeumi)* custodian, keeper

osztályzat *fn* mark, ⊕ *US* grade

osztandó *fn* ❑ *mat* dividend

osztás *fn (részekre)* dividing, ❑ *mat* division || *(szét)* distribution, dispensing; *(kártya)* deal || ❑ *mat* division

osztatlan *mn (fel nem osztott)* undivided || ❖ *átv* unanimous

osztható *mn* divisible, *(igével)* can be divided || **néggyel osztható szám** a number divisible by four

osztó *fn (személy)* divider, distributor; *(kártyában)* dealer || ❑ *mat* divisor

osztódás *fn* ❑ *biol* cell division, fission || **osztódás útján való szaporodás** reproduction by fission, fissiparous generation

osztódik *ige* divide, be* divided; ❑ *biol* reproduce (v. be* reproduced) by fission

osztogat *ige* distribute; *(adományt, igazságot)* dispense, deal* out

osztójel *fn* division sign

osztott pályás úttest *fn* dual carriageway, ⊕ *US* divided highway

osztozik *ige* **osztozik vkvel vmn** *(megoszt vmt vkvel)* share sg with sy; *(osztozkodik vmn)* share in sg (with sy); **osztoznunk kell a szobán** we'll have to share the room; **osztozik vk véleményében** agree with sy, share sy's opinion

osztrák *mn/fn* Austrian

osztrák–magyar *mn* Austro-Hungarian || ❑ *tört* **Osztrák–Magyar Monarchia** the Austro-Hungarian Monarchy; **osztrák–magyar (válogatott) mérkőzés** the Austria v. (⊕ *US* vs.) Hungary match

osztriga *fn* oyster

óta *nu (időpont)* since || *(tartam)* for || **már órák óta nincs itt** he's been away for hours; **tegnap óta** since yesterday; **1974 óta** since 1974

OTP = *Országos Takarékpénztár* National Savings Bank

OTP-fiók *fn* (local) branch [of the National Savings Bank], *kb.* an/the OTP branch

OTP-kölcsön a loan from the National Savings Bank

otromba *mn (vk)* clumsy, ungainly, *(vm)* unwieldy || ❖ *átv* boorish, vulgar, rude || **otromba fráter** a boor; **otromba tréfa** stupid practical joke

ott *hsz* there || **ott, ahol** where; **ott benn** in there; **ott fenn** up there, ❖ *ir* up yonder; **ott marad** stay/remain there

ottani *mn* ottani viszonyok local conditions, conditions (prevailing) there

ottfelejt *ige* leave* (sg) behind, forget* sg

otthagy *ige (vkt)* desert, abandon; *(szerelmest)* jilt

otthon ▼ *hsz* at home || **érezd magad otthon!** make yourself comfortable!, make yourself at home!; **mindenütt jó, de legjobb otthon** there is no place like home; east or west, home is best; **nincs otthon** (s)he isn't at home, (s)he isn't in, (s)he's out/gone; **otthon érzi magát** feel* at home; **otthon felejt vmt** forget* sg; **otthon hagytam a szemüvegem** I (have) left my spectacles/glasses behind; **otthon kell lennem 7-re** I must be home by 7; **otthon marad** stay at home, keep*/stay/remain indoors; **otthon ülő (ember)** stay-at-home, ⊕ *US* homebody; **otthon van a festészetben** be* familiar with painting, be* wellversed in painting; **otthon van Péter?** is Peter in? ▼ *fn (családi)* home, ❖ *ir* fireside, hearth || *(szállás)* hostel; home

otthoni ▼ *mn* home, domestic ▼ *fn* **az otthoniak** sy's folks (back home)
otthonos *mn* homely, homelike, cosy, ⊕ *US coyy*, homy, ⊕ *US* homey || **otthonosan érzi magát** make* oneself at home
ottlét *fn* **ottlétemkor** during my stay (there), while I was there
ottmarad *ige* → **ott** marad || *(odavész)* **ottmarad a háborúban** perish in the war
ott-tartózkodás *fn* (one's) stay (there) || **ott-tartózkodása alatt** during his/her stay (there)
óv *ige (vkt vmtől, figyelmeztetve)* warn/caution sy against sg, advise sy not to (do sg) || *(vmt/vkt vmtől, megvédve)* protect sy/sg from/against sg, save sy from sg, guard sy from/against sg
ováció *fn* ovation, cheering
óvadék *fn* caution money, security, guarantee, (non-refundable) deposit || **óvadék ellenében szabadlábra helyez** bail sy (out)
óvakodik *ige (vmtől/vktől)* beware of sg/sy, be* on one's guard against sg/sy
ovális *mn* oval
óváros *fn* old(er part of a) town/city
óvás *fn (vmtől)* protecting, guarding (from/against) || **óvást emel vm ellen** lodge a protest against sg
óvatos *mn* cautious, careful || **légy óvatos!** take care!, be careful!, look out!
óvatosan *hsz* carefully, cautiously, gingerly || **óvatosan bánik vmvel/vkvel** handle sg/sy with care; **óvatosan vezet** drive* cautiously
óvatosság *fn* cautiousness, (pre)caution, care(fulness)
overall *fn (mellesnadrág)* bib and brace overall; *(kezeslábas)* boiler suit; *(főleg gyereké)* dungarees *tsz*
Óvilág *fn (Európa)* Old World
óvintézkedés *fn* precautionary/preventive measures *tsz* || **megteszi a szükséges óvintézkedéseket** take* the necessary precautions/measures
óvoda *fn* nursery school, kindergarten; ⊕ *GB (félnapos, rendsz. magán)* play school/group; ⊕ *GB (5-7 éveseknek)* infant school
óvodás *fn* pupil (at a kindergarten), kindergartener || **óvodás korú** of kindergarten age
óvóhely *fn* ❖ *ált* refuge || *(légó)* air-raid shelter
óvónő *fn* nursery-school (*v.* kindergarten) teacher
óvszer *fn* ❖ *ált* contraceptive, *(gumi)* condom, sheath, ❖ *biz* French letter, ⊕ *US* rubber
oxidálódik *ige* oxidize, become* oxidized
oxigén *fn* oxygen
oxigénpalack *fn* oxygen bottle/flask/tank
ózon *fn* ozone
ózondús *mn* rich in ozone *ut.*, full of ozone *ut.*
ózonlyuk *fn* hole in the ozone layer
ózonpajzs *fn* ozone layer

Ö

ő ▼ *nm (hímnemű)* he; *(nőnemű)* she; *(semlegesnemű)* it ‖ **ő maga** he ... himself, she ... herself, it ... itself ▼ *(birtokos jelzőként) (egyes, hímn.)* his; *(nőn.)* her; *(seml. n.)* its ‖ *(többes)* their ‖ **az ő könyve** his/her book; **az ő könyvei** his/her books; **az ő könyveik** their books; **az ő könyvük** their book

öblít *ige* rinse (sg out), give* sg a rinse ‖ **száját öblíti** rinse one's mouth; **torkot öblít** gargle

öblítés *fn* rinsing (out), rinse; *(torok)* gargling; *(irrigálás)* irrigation

öblöget *ige (ruhát, edényt stb.)* rinse; *(torkot)* gargle, rinse one's throat

öböl *fn (nagy)* gulf; *(közepes)* bay; *(kicsi)* inlet, creek ‖ *(öblös tárgyé)* hollow, cavity

öcs *fn* younger brother

öcsém *fn (testvérem)* my younger brother ‖ ❖ *biz (megszólítás)* laddie!, ⊕ *US* kid!

ödéma *fn* oedema (⊕ *főleg US* edema)

őfelsége *fn (király, királynő)* His/Her Majesty ‖ **Őfelsége II. Erzsébet** Her Majesty Queen Elizabeth II *(kiolv.* the Second*)*

őfensége *fn (királyi herceg/hercegnő)* His/Her Royal Highness

ők *nm* they ‖ **ők hárman** the three of them; **ők maguk** they (...) themselves

öklendezik *ige* retch

ökológia *fn* ecology

ökológiai *mn* ecological

ökonómia *fn (takarékosság)* economy, thrift, saving

ököl *fn* fist ‖ **ökölbe szorítja a kezét** clench one's fist(s); clenched fists

ökölvívás *fn* boxing; *(hivatásos)* prizefighting

ökölvívó *fn* boxer; *(hivatásos)* prizefighter

ökölvívó-mérkőzés *fn* boxing match; *(hivatásos)* prizefight

ökör *fn (állat)* ox°, bullock; *(fiatal)* steer ‖ *(emberről, durva)* fool, blockhead, idiot

ökumenikus *mn* ecumenical

ökumenizmus the ecumenical movement, ecumenicalism, ecumenism, ecumenicism

öl[1] *ige (embert)* kill, slay*, put* to death ‖ *(marhát)* slaughter, butcher; *(disznót)* butcher, stick*

öl[2] *fn (testrész)* lap ‖ **ölbe tett kézzel** ❖ *átv* idly; **nem nézhetjük ölbe tett kézzel** we cannot just sit there doing nothing (about it); **vk ölébe ül** sit* in/on sy's lap

öldöklés *fn* massacre, butchery, slaughter

ölel *ige* embrace, hug, put* one's arms round sy ‖ **magához ölel** fold sy in one's arms, embrace (sy); **szeretettel ölel** *(levél végén)* with (much) love, yours affectionately, yours ever, as ever *(és a keresztnév)*

ölelés *fn* embrace, hug

ölés *fn (embert)* kill(ing), slaying; *(mészárlás)* slaughter(ing) ‖ *(állatot)* slaughtering; *(disznót)* sticking

ölt *ige (varr)* stitch, make* stitches ‖ ❖ *átv (magatartást stb.)* assume ‖

gyászt ölt go* into mourning (for sy); **kart karba öltve** arm in arm; **óriási méreteket ölt** assume (v. grow* to) considerable proportions
öltés *fn (orv is)* stitch; *(orv varrat)* suture
öltöny *fn* suit
öltözet *fn* ❖ *ált* clothing, clothes *tsz*; *(férfiöltöny)* suit, outfit; *(női ruha)* dress
öltözik *ige* dress, get* dressed, put* on one's clothes; *(vmbe)* dress in sg ‖ **melegen öltözik** put* on warm clothes/clothing, dress warmly; **jól öltözött** well-dressed, smart
öltözködés *fn* putting on one's clothes
öltözködik *ige* dress, get* dressed, put* on one's clothes
öltöző *fn* ❑ *szính és* ❖ *ált* dressing-room; ❑ *sp* dressing/changing-room; *(uszodában)* cubicle
öltöztet *ige* dress, clothe
ömlesztett *mn* ❑ *ker* in bulk *ut.* ‖ **ömlesztett áru** bulk goods *tsz*; **ömlesztett sajt** processed cheese
ömlesztve *hsz* in bulk
ömlik *ige* flow *(vmből* from, *vmbe* into sg), run* *(vmbe* into), stream, gush into ‖ **ömlik az eső** it's pouring (with rain); ❖ *biz* it's pissing with rain
ön ▼ *nm* you ‖ **önt, önök(et)** you; **ez az ön(ök)é** this is yours ▼ *(birtokos jelzőként)* your ‖ **ez az ön(ök) könyve** this is your book; **ezek az ön(ök) könyvei** these are your books
önálló *mn (vk)* independent, self-supporting; *(önállóan dolgozó)* self-employed; *(szabadúszó)* freelance ‖ *(állam)* independent, autonomous ‖ *(lakás)* self-contained ‖ **nincs egy önálló gondolata** (s)he hasn't a single original idea/thought in his/her head; ❑ *közg* **önálló elszámolás** self-financing
önállóan *hsz* independently; *(egyedül)* unaided, alone, by oneself ‖ **önállóan él** live alone
önállóság *fn* independence

önállósít *ige* **önállósítja magát** ❖ *ált* make* oneself independent, stand* on one's own (two) feet; ❑ *ker* set* up in (a) business, set* up for oneself, become* self-employed
önarckép *fn* self-portrait
önbíráskodás *fn* ⊕ *főleg US* lynch law
önbizalom *fn* (self-)confidence/assurance
önelégült *mn* complacent, self-satisfied/contented, smug
önéletrajz *fn* ❖ *ir* autobiography ‖ *(álláshoz, pályázathoz)* curriculum vitae *(tsz* curricula vitae), ❖ *biz* CV, ⊕ *US* résumé
önellátó *mn* self-supporting
önérzet *fn* self-esteem/respect
önérzetes *mn* self-respecting/confident
önfegyelem *fn* self-discipline/control
önfejű *mn* self-willed, headstrong
önfeláldozás *fn* self-sacrifice
önfeláldozó *mn* self-sacrificing
öngól *fn* own goal
öngyilkos ▼ *mn* suicide(-), suicidal **öngyilkos merénylő** suicide bomber ▼ *fn* suicide
öngyilkosság *fn* suicide ‖ **öngyilkosságot követ el** commit suicide
öngyilkossági *mn* **öngyilkossági kísérlet** attempt at *(v.* attempted) suicide
öngyújtó *fn* lighter
önhitt *mn* conceited
önhittség *fn* conceit
önindító *mn* self-starter, (automatic) starter
önjáró *mn* self-propelled/propelling
önként *hsz (saját magától)* voluntarily, of one's own accord, of one's own free will ‖ **önként adódik a válasz** the answer is self-evident
önkéntelen *mn* involuntary, unintentional, spontaneous
önkéntelenül *hsz* involuntarily, spontaneously ‖ **önkéntelenül arra gondol az ember, hogy** you can't help thinking of ...

önkéntes ▼ *mn* voluntary, spontaneous; *(kéretlen)* unasked for *ut.* ▼ *fn* ❑ *kat* volunteer

önkéntesség *fn* ❖ *ált* spontaneity, spontaneousness

önkény *fn* ❑ *pol* absolutism, despotism

önkényes *mn* arbitrary, high-handed

önkényuralmi jelkép *fn* emblem of autocracy [swastika, red star]

önkényuralom *fn* absolutism, autocracy, despotism

önkezével *hsz* **önkezével vetett véget életének** he took his own life

önkielégítés *fn* masturbation

önkioldó *mn* ❑ *fényk* self-timer

önkiszolgálás *fn* *(étteremben, boltban)* self-service

önkiszolgáló *mn* self-service; ⊕ *US* self-serve || **önkiszolgáló étterem** cafeteria, self-service restaurant

önkormányzat *fn* **(helyi) önkormányzat** local government/authority

önköltségi ár *fn* cost price

önkritika *fn* self-criticism

önmaga *nm (hímn.)* himself; *(nőn.)* herself; *(seml. n.)* itself; *(nyomatékosan)* he himself, she herself || **önmagában** for itself, in/by itself; **önmagáért** for his/her/its own sake; **(ez) önmagáért beszél** it speaks for itself

önmegtartóztatás *fn* self-restraint; *(italtól)* abstinence, teetotalism

önmegtartóztató *mn* self-restraining/restrained; *(italtól)* abstinent, teetotal

önműködő *mn* automatic || **önműködően** automatically

önrendelkezés(i jog) *fn* (right to/of) self-determination

önsúly *fn (árué)* net weight; *(járműé)* weight empty, tare, unladen weight

önszántából *hsz* → **önként**

önt *ige (folyadékot)* pour || *(fémet)* (die-)cast*, found || **bort önt a pohárba** fill one's/sy's glass with wine

öntapadó(s) *mn* self-adhesive

öntelt *mn* conceited, self-important satisfied/complacent

önteltség *fn* conceit, self-importance/satisfaction

öntet *fn (tésztafélék ízesítésére)* flavouring (⊕ *US* -vor-) sauce; *(saláta)* dressing

öntöde *fn* foundry

öntöttvas *fn* cast iron; *(jelzőként)* castiron

öntöz *ige (utcát, növényt)* water; *(gyepet)* sprinkle, hose; *(csatornákkal)* irrigate

öntözés *fn (utcáé, növényé)* watering; *(gyepé)* sprinkling, hosing; *(csatornákkal)* irrigation

öntözőberendezés *fn* irrigation plant

öntözőkanna *fn* watering can, ⊕ *US* így is sprinkling can

öntudat *fn (eszmélet)* consciousness || **öntudatánál van** be* conscious, be* in possession of all one's senses/faculties; **elvesztette öntudatát** he lost consciousness, he became unconscious

öntudatlan *mn (állapot)* unconscious; *(tett)* unintentional, spontaneous

öntudatlanság *fn (eszméletlenség)* unconsciousness

öntudatos *mn* (self-)conscious, self-respecting; *(önérzetes)* self-assured/confident

öntudatosság *fn* (self-)consciousness, self-awareness

öntvény *fn* cast(ing), mould(ing) (⊕ *US* molding)

önuralom *fn* self-command/control/restraint/possession

önvédelem *fn* self-defence (⊕ *US* -se) || **önvédelemből** in self-defence

önvédelmi fegyver *fn* gun for self-defence

önzés *fn* selfishness, ego(t)ism

önzetlen *mn* unselfish, selfless; *(magatartás)* altruistic || **önzetlen ember** altruist

önzetlenség *fn* unselfishness, selflessness

önző *mn* selfish, ego(t)istic, self-centred (⊕ *US* -centered)

őr *fn* ❖ *ált* keeper, guard, watchman°; *(börtön)* warder, turnkey; ❏ *kat* sentry, sentinel; ❖ *átv* guardian, protector

ördög *fn* devil || **a nyomda ördöge** typographical gremlin(s); **szegény ördög** poor devil/beggar; **vigyen el az ördög!** the devil take you!

ördögi *mn* devilish, diabolical

öreg ▼ *mn* ❖ *ált* old; *(koros)* aged, elderly || ❖ *iron* **az öreg lány** the old girl/lady; **öreg bácsi** an old gentleman; **öreg ember** an old (*v. tapintatosabban:* elderly) man°, a rather old man; **öreg szivar** old boy ▼ *fn* old man°, greybeard || ❖ *biz* **az öreg** *(vk apja)* the old man, (the) guv; *(főnök)* the boss; **az öregek** old/elderly people, the old/aged; *(biz, a szülők)* mother and father, ⊕ *US* (sy's) folks

öregasszony *fn* old woman°

öregedés *fn* ag(e)ing, growing old

öregember *fn* old man°

öreges *mn* elderly, of old age *ut.*

öregít *ige (öltözet vkt)* make* sy look older || *(öregebbnek mond)* make* sy/oneself out to be older than (s)he is

öregkor *fn* old age || **késő öregkorban** in one's declining years

öregkori *mn* old-age, of old age *ut.;* ❏ *orv* senile

öregségi *mn* old-age, of old age *ut.* || **öregségi nyugdíj** old-age pension

öregszik *ige* grow* old, age *(j. m. igeneve* ageing *v.* aging), be* growing old, be* getting on (in years), be* advancing in years || **érzem, hogy öregszem** I feel my age/years

öregúr *fn* ❖ *biz* old gentleman°

őrház *fn* ❖ *ált* watchman's hut/house; ❏ *kat* sentry-box; ❏ *vasút* signal-box, ⊕ *US* signal tower

őrhely *fn* post; ❖ *átv* watch, post

őriz *ige* ❖ *ált* watch (over), guard, take* care of, keep* an eye on || *(használatra)* keep* (for use), preserve || **Isten őrizz!** God forbid!; **őrzi az ágyat** be* laid up, keep* to one's bed

őrizet *fn (megőrzés)* care, protection, charge, safety || *(rendőri)* custody || *(kíséret, kat stb.)* escort || **őrizetbe vették** (s)he is (*v.* has been) detained, (s)he has been taken into custody; **őrizetbe vétel** detention, seizure, arrest, custody

őrizetes *fn* detainee

őrjárat *fn (szolgálat)* patrol; *(körlet)* beat

őrködés *fn* watch(ing), guarding, care

őrködik *ige (őrségben)* watch over, keep* guard over, keep* watch || *(vkre/vmre)* take* care of sy/sg, keep* an eye on sy/sg, look after sy/sg

őrlőfog *fn* molar, grinder

örmény *mn/fn* Armenian

Örményország *fn* Armenia

őrmester *fn* sergeant (*röv* Sergt., Sgt.)

őrnagy *fn* major (*röv* Maj.)

örök ▼ *mn* ❖ *ált* eternal; *(örökkévaló)* everlasting; *(állandó)* permanent || *(folytonos)* perpetual, unending, endless, continual || *vall* **örök élet** eternal life; **örök életére** for the rest of one's life; **örök időktől fogva** from/since time immemorial; **örök igazság** eternal truth ▼ *fn* **örökbe fogad** adopt

örökbefogadás *fn* adoption

örökbefogadó *fn* **az örökbefogadók** the adoptive parents

örökké *hsz (örökre)* eternally, for ever || *(folytonosan)* continually, perpetually || **örökké csak morog** he is for ever grumbling; **semmi sem tart örökké** nothing lasts for ever

örökkévalóság *fn* eternity, everlastingness, perpetuity || **egy örökkévalóságnak tűnt** it seemed like an eternity

öröklakás *fn* owner-occupied flat, ⊕ *US* condominium

öröklés *fn* succession, inheritance

örökléstan *fn* (science of) heredity, genetics *esz*

örökletes *mn (betegség, hajlam)* hereditary

öröklődik *ige (betegség, tulajdonság)* be* hereditary, run* in the family || *(vagyon)* be* handed down

örököl *ige* inherit (sg), come* into, be* heir to || **vktől vmt örököl** inherit sg from sy, be* the heir of sy; **nagy vagyont örökölt** (s)he came into (v. inherited) a fortune

örökös¹ *mn (folytonos)* perpetual, unending, continual, constant || *(örök)* eternal || **örökös tag** *(társaságé)* life member (of sg)

örökös² *fn* heir, inheritor; *(nő)* heiress

örökösödés *fn* inheritance, succession

örökösödési *mn* ❑ **tört örökösödési háború** war of succession; ❑ *jog* **örökösödési illeték** ❖ *ált* death duty, ⊕ GB capital transfer tax [on gifts after sy's death]

örökre *hsz* for ever (and ever), for good; *(kap vmt)* ❖ *biz* for keeps

örökség *fn* inheritance, ⊕ US estate; *(ingóvagyon)* legacy, bequest; *(ingatlan)* devise || **szellemi örökség** spiritual heritage

örökül *hsz* **örökül hagy** leave* sg by will; *(ingatlant)* devise; *(főleg ingóságot)* bequeath

örökvaku *fn* flashgun, automatic flash

örökzöld *mn* evergreen

őröl *ige (gabonát, kávét)* grind*, mill

öröm *fn* joy, pleasure, gladness, happiness, delight; *(örvendezés)* rejoicing || **öröm volt őt hallani** it was a pleasure to hear him; **az élet örömei** the joy(s) of life; **örömömre szolgál** it is a great pleasure for me to ..., I am delighted to hear/learn (that), I'm very pleased to ...; **vk nagy örömére** much to the delight of sy; **örömet szerez vknek** please/delight sy, afford/ give* sy (great) pleasure; **örömét leli vmben** take* pleasure in sg, enjoy sg, delight in sg; **oda van az örömtől** be* wild with joy; **örömmel** gladly, with pleasure; *(készséggel)* most willingly/ readily; **legnagyobb örömmel** with (the greatest of) pleasure

örömanya *fn* bride's mother

örömapa *fn* bride's father

örömmámor *fn* ecstasy/thrill of joy || **örömmámorban úszik** be* overjoyed, be* in an ecstasy of joy

örömszülők *fn tsz* parents of the bride and bridegroom [at the wedding]

örömtelen *mn* joyless, cheerless, mirthless || **örömtelen élet** drab/dreary/dull life°

örömteli *mn* joyful, joyous, glad, merry, jolly, full of joy *ut.*

örömtűz *fn* bonfire

örömünnep *fn* festival, high day, jubilee

őrs *fn* ❑ *kat* sentry, sentinel || *(cserkész)* patrol

őrség *fn* ❑ *kat* guard, watch; *(hely, vár)* garrison; *(sztrájknál)* picket || **őrségen van** be* on sentry duty

őrségváltás *fn* ❑ *kat* changing of the guard

őrsvezető *fn (úttörő, cserkész)* patrol leader

őrszem *fn* ❑ *kat* sentry, sentinel, guard

őrszoba *fn (rendőri)* police station

őrtorony *fn* watch-tower, lookout

örül *ige (vmnek)* rejoice at/over (sg), be* glad (that ... *v.* of sg), be* delighted (that ... *v.* at/with sg); be* pleased (that ... *v.* with sg) || **örül, hogy** be* delighted/pleased that/to; **nagyon örülök, hogy ...** I'm very pleased [to go etc. *v.* you've come etc.]; **előre örül vmnek** look forward to (doing) sg; **örülök, hogy láthatom** (I am) glad/pleased (*v.* very pleased) to see you; **örülök, hogy megismerhetem** pleased to meet you

őrület *fn* madness

őrületes *mn* terrific, incredible || **őrületes fejfájás** splitting/raging headache

őrült ▼ *mn (vk)* mad; *(cselekedet)* foolish, stupid, senseless || **őrült iramban** at breakneck speed; **őrült siker** sweeping/overwhelming success; **őrült szerencse** fantastic luck ▼ *fn* madman°, maniac, lunatic

őrültség *fn* madness, lunacy, insanity, frenzy || **ez (tiszta) őrültség!** this is sheer madness!

örv *fn* = **nyakörv** || **vmnek az örve alatt** under the guise of sg, on/under the pretext of (doing) sg

örvend *ige (örül vmnek)* rejoice (at/over sg), be* glad (of sg), be* delighted (at sg), be* pleased (with sg) || ❖ *átv* **jó egészségnek örvend** enjoy (*v.* be* in) good health

örvendetes *mn* pleasing, happy, fortunate || **nagyon örvendetes, hogy ...** it is a good thing that ...

örvény *fn (vízé)* whirlpool, eddy || ❖ *átv* whirl, turmoil

őrzés *fn* watching, guarding, (safe-)keeping, custody

őrző ▼ *mn* guarding, keeping ▼ *fn* ❖ *ált* guard, preserver, watcher || ❑ *orv* intensive care (unit)

őrző-védő szolgálat *fn* security guards *tsz*

ős *fn* ancestor, forefather, forebear, progenitor || **őseink** our fathers/ancestors || ❖ *biz* **az őseim** my folks

ősbemutató *fn* world premiere

ősember *fn* primitive man°, caveman°

őserdő *fn* virgin forest, jungle || **trópusi őserdő** rain-forest

őshaza *fn* original/early home(land)

őshonos *mn* native

ősi *mn (nagyon régi)* ancient; *(ősök idejéből származó)* ancestral; *(eredeti)* original, primeval || **ősi ház** ancestral home/seat

ősidők *fn tsz* bygone days, olden/ancient times || **ősidők óta** from time immemorial

őskor *fn* ❑ *tört* prehistoric/primitive age, prehistory

őskori *mn* prehistoric, primitive, ancient || **őskori lelet** fossil

őslakó *fn* original inhabitant/settler, native || **őslakók** aborigines

őslakosság *fn* original inhabitants/settlers *tsz*, aborigines *tsz*

őslény *fn* primitive/primordial being, fossil

őslénytan *fn* palaeontology (⊕ *US* paleon-)

ősmagyar *fn* ancient Hungarian, proto-Magyar/Hungarian

ősrégi *mn* (very) old/ancient, age-old, of great antiquity *ut.*

ösvény *fn* path

ősz[1] *fn (évszak)* autumn, ⊕ *US* fall || **1983 őszén** in the autumn/fall of 1983; **őszre** by autumn/fall; **az őszre** for the autumn/fall; **ősszel** in autumn, ⊕ *US* in (the) fall; **az ősszel** this autumn/fall; **múlt ősszel** last autumn/fall; **jövő ősszel** next autumn/fall

ősz[2] *mn/fn (szín)* grey(-haired), ⊕ *US* gray; *(ezüstös)* silver-headed || **ősz haj** grey (⊕ *US* gray) hair

őszes *mn* greyish, ⊕ *US* grayish, touched with grey/gray *ut.*

őszi *mn* autumnal, autumn, of autumn *ut.*, ⊕ *US* fall, of fall *ut.* || **őszi búza** winter/autumn wheat

őszibarack *fn* peach

őszinte *mn* sincere, frank, candid, openhearted, plain-spoken, straightforward || **őszinte vkvel** be* plain/open with sy; **ha egészen őszinték akarunk lenni** to be quite frank; **őszinte híve** *(levélben)* Yours sincerely/faithfully, ...; ⊕ *főleg US* Sincerely/Faithfully yours, ...

őszintén *hsz* sincerely, frankly, openly, candidly || **őszintén beszél** speak* sincerely, speak* one's heart/mind; **őszintén szólva** frankly, ...; to tell the truth, frankly speaking

őszinteség *fn* sincerity, frankness, candour (⊕ *US* -or), openness

őszirózsa *fn* aster, Michaelmas daisy

összamerikai mn Pan-American

összead ige *(számokat)* add (up/together) ❖ *biz* tot up || *(pénzt vmre)* raise [a sum] by contributions, contribute (towards), club together || *(összeesket)* marry, wed

összeadás fn ❏ *mat* addition

összeakad ige *(két tárgy)* get* caught/stuck (on/in sg) || ❖ *biz (vkvel)* come* across sy, run*/bump into sy

összeáll ige *(csoportba, társaságba)* assemble, gather/get* together; *(munkára)* team up with sy; *(egyesül)* unite, combine efforts (to do sg), join forces with sy || *(vadházasságban)* take* up with sy || *(ami folyós)* set*, thicken, coagulate, congeal; *(kötőanyag)* bind*

összeállít ige *(részeket)* assemble, put*/fit together; *(gépet, szerkezetet)* assemble, fit together || *(csapatot, sp)* form, pick, field; *(kormányt)* form || *(írásművet, bibliográfiát stb.)* compile; *(listát)* draw* up; *(műsort)* draw* up, organize, arrange || **összeállította ... compiled by ...**

összeállítás fn *(gépeké)* assembling, fitting together, setting up || *(folyamat) (csapaté)* selecting; *(kormányé)* forming; *(műsoré)* drawing up, organizing, arranging || *(a folyamat eredménye, ált és gépeké)* assembly, assemblage; *(sp, csapaté)* arrangement; *(futball)* line-up || *(írásműé)* compilation; *(listáé)* list; *(műsoré)* line-up, arrangement; *(tervé)* draft

összebarátkozik ige *(vkvel)* make* friends with sy, become* friends

összébb hsz closer, more closely, closer together

összebeszél ige *(vkvel)* agree to do sg *(v.* on sg *v.* on doing sg) || **mindenfélét összebeszél** talk nonsense/rubbish, rant

összeborzol ige *(hajat)* ruffle, tousle, ⊕ *US* muss (up) [one's hair]

összebújik ige *(fázósan)* huddle together; *(szerelmesen)* cuddle/snuggle up to each other

összecsap ige *(kezet)* clap; *(bokát)* click [one's heels] || ❖ *biz (munkát)* knock up, knock/throw* (sg) together; *(írásművet)* throw* (sg) together || *(könyvet)* shut*/close with a bang || *(ellenféllel)* join battle with, clash (with); *(vívásban és átv)* cross swords || **összecsaptak a feje fölött a hullámok** the waves dashed/broke over his head

összecsapás fn *(fegyveres)* clash, collision; *(politikai)* clash

összecsavar ige roll/coil (up)

összecserél ige *(vmt vmvel)* confuse sg with sg, mix up sg with sg *v.* mix sg up with sg; *(vkt vkvel)* mistake* sy for sy

összecsinál ige **összecsinálja magát** ❖ *biz* make* a mess in one's trousers (⊕ *US* pants)

összecsomagol ige *(utazásra)* pack (up); *(vmt)* do*/tie up sg into a parcel || **összecsomagoltál már?** have you packed (your suitcase) yet?, have you packed up yet?

összecsuk ige *(becsuk)* close, shut*; *(összehajt)* fold (up)

összecsukható mn folding(-), collapsible || **összecsukható csónak/kajak** foldboat, faltboat (német Faltboot), collapsible boat; **összecsukható ernyő** telescopic umbrella; **összecsukható szék** folding chair

összecsuklik ige collapse; *(fáradtságtól)* drop (down)

összecsukódik ige fold, shut*, close

összedől ige *(ház, fal)* collapse, tumble down, crumble

összedönt ige shatter, knock/throw* down/over

összedug ige ❖ *biz* **összedugják a fejüket** they put* their heads together

összeegyeztet ige *(adatokat)* compare, collate [data]; *(másolatot erede-*

tivel) check/verify [copy] with [the original]; *(nézeteket)* reconcile [views] ‖ **összeegyeztet vmt vmvel** square/reconcile sg with sg

összeegyeztethetetlen *mn (vmvel)* incompatible/irreconcilable/inconsistent with sg

összeegyeztethető *mn (vmvel)* reconcilable/compatible with sg

összeér *ige (két vége vmnek)* meet*, abut on; *(két tárgy)* touch

összeesés *fn (összerogyás)* collapse, fall(ing down) ‖ *(időbeli)* coincidence; *(zavarólag)* clash

összeesik *ige (személy)* collapse, drop ‖ *(testileg)* get* thinner, lose* weight, be* run down; *(lelkileg)* break* down ‖ *(események időben)* coincide (with), concur; *(zavarólag)* clash *(vmvel* with) ‖ *(felfújt dolog)* deflate, go* flat; *(étel)* settle ‖ **esküvője összeesett a vizsgámmal** her wedding clashed with my examination; **majd összeesik a kimerültségtől** be* ready to drop

összeesket *ige* marry/wed sy

összeesküszik *ige (vk ellen)* conspire/plot (with sy) against sg/sy ‖ *(házasságot köt)* get* married ‖ **mintha minden összeesküdött volna ellenem** as if everything conspired against me

összeesküvés *fn* conspiracy ‖ **összeesküvést sző vk ellen** conspire/plot against sy, weave*/hatch a plot against sy

összeesküvő *fn* conspirator, plotter

összefagy *ige* ❖ *biz* **összefagytam** I am frozen, I am chilled to the bone

összefér *ige (vkvel)* get* on (well) with sy ‖ *(vmvel)* be* compatible/consistent with sg ‖ **vm nem fér össze vmvel** be* inconsistent/incompatible with sg

összeférhetetlen *mn (összeegyeztethetetlen)* incompatible (with); *(felfogás)* inconsistent (with)

összeférhetetlenség *fn (dolgoké)* incompatibility; *(felfogásoké)* inconsistency

összefirkál *ige* scrawl on; *(falat)* cover [a/the wall] with graffiti

összefog *ige (vmt)* hold* together/up ‖ *(vkvel)* unite (with sy) (in sg *v.* to do sg); join forces with sy ‖ **összefog vk ellen** unite against sy

összefogás *fn* union, concentration of forces, joining (of) forces

összefoglal *ige* sum up, summarize, give* a summary of

összefoglalás *fn* summing up, summary; *(könyvé)* summary; *(cikké)* abstract

összefoglaló *fn (beszéd)* recapitulation, summing up ‖ **külpolitikai összefoglaló** foreign news roundup

összefolyás *fn* ❖ *ált* convergence, meeting; *(folyóké)* confluence ‖

összefolyik *ige* ❖ *ált* join, converge; *(folyók)* meet*, join, unite ‖ *(színek)* blend, merge

összefon *ige (hajat)* plait, ⊕ *főleg US* braid [one's hair] ‖ **karját összefonja** fold/cross one's arms

összefonódik *ige* ❖ *átv* interweave*, be* interwoven (with)

összeforr *ige (törött csont)* knit*, set*; *(seb)* heal (over), be* closed (by scar) ‖ *(fém)* weld, solder, be* welded/soldered (together)

összefut *ige* **összefut vkvel** bump/run* into sy, come* across sy

összefügg *ige (vmvel)* be* connected with sg, have* a bearing (up)on sy, bear* (up)on sg

összefüggés *fn* connection, connexion, relation; *(belső)* inherence, inherency; *(beszédben)* coherence; *(szövegé)* context; ❑ *mat* relation(ship) ‖ **minden összefüggés nélkül** incoherently, disconnectedly; **összefüggésben van vmvel** be* connected with sg, have* to do with sg, have* some/a

bearing (up)on sg, bear* (up)on sg, relate to sg, be* related to sg
összefüggéstelen *mn* incoherent, disconnected; *(beszéd)* meandering, rambling, disjointed
összefüggő *mn (folytonos)* connected, unbroken, uninterrupted, continuous; *(beszéd)* coherent, connected; *(terület)* contiguous ‖ *(vmvel)* connected with *ut.*, related to *ut*, bearing (up)on *ut.* ‖ **szorosan összefüggő** close(ly)-knit; closely related; **vmvel összefüggő kérdések** questions connected with sg, questions related to sg
összefűz *ige (zsineggel)* bind*, join; *(fűzőkapoccsal)* staple; *(könyvet)* stitch, sew* ‖ ❖ *átv* unite, join, tie, link ‖ **szoros barátság fűzi őket össze** they are close friends
összeg *fn (mennyiség)* sum, amount; *(végösszeg)* (sum) total ‖ *(pénz)* sum, amount; *(számláé)* total amount ‖ **egy összegben fizet** pay* cash, pay* (in) a lump sum; **kerek összeg** a round/lump sum
összegereblyéz *ige* rake together
összegez *ige (összead)* add up ‖ *(eredményt stb.)* summarize, sum up ‖ **mindent összegezve** to sum up, summing up, in sum
összegezés *fn (összeadás)* adding up ‖ *(eredményé stb.)* summarizing, summing-up
összegyúr *ige (tésztát)* knead (together)
összegyűjt *ige* collect, gather (together)
összegyűlik *ige (tömeg)* collect, assemble, gather/come* together ‖ *(pénz)* pile up; *(kiadás)* accumulate
összegyűr *ige (papírt)* crumple/screw up; *(ruhát)* crease, crumple, crinkle; *(erősebben)* crush
összegyűrődik *ige (papír)* get* crumpled (up); *(ruha)* become*/get* creased/crumpled/crinkled, crease; *(erősebben)* get* crushed
összehajt *ige* fold (up), roll up

összehangol *ige (nézeteket)* coordinate, harmonize [views]; *(programokat)* fit [holiday etc. arrangements] in with his/yours etc.
összehány *ige (egy halomba)* pile/heap up ‖ *(leokád)* be* sick over sg, vomit over sg
összeharácsol *ige* amass sg (by underhand means)
összehasonlít *ige (két v. több dolgot)* compare, make* a comparison between [x] and [y], liken [x] to [y] ‖ *(összemérhetetleneket)* compare sg/sy to sg/sy; *(ellentéteseket)* set* sg/sy against sg/sy
összehasonlítás *fn* comparison
összehasonlíthatatlan *mn* incomparable (to/with), beyond compare/comparison *ut.*
összehasonlítható *mn* comparable *(vmvel* to/with sg)
összeházasodik *ige* get* married *(vkvel* to sy), marry *(vkvel* sy)
összehív *ige* ❖ *ált (embereket)* call [people] together, summon; *(értekezletet, tanácskozást)* call/convene; *(országgyűlést)* convoke
összehívás *fn (értekezleté)* calling together, convening, summoning; *(országgyűlésé)* convocation
összehord *ige (vmt)* collect, heap/pile up, accumulate ‖ **hetet-havat összehord** drivel (⊕ *US* -l) on, talk nonsense
összehoz *ige (személyeket)* put* sy in touch with sy
összehúz *ige (függönyt)* draw*, close; *(ruhadarabot magán)* gather
összeilleszt *ige (részeket)* assemble, join (up/together); *(csöveket)* fit, join [pipes]; *(törött csontvégeket)* set*, unite
összeillesztés *fn (részeké)* assembling, assembly; *(alkatrészeké)* joining, connecting; *(törött csontvégeké)* setting
összeillik *ige (egyik a másikkal)* fit, suit, be* suitable for (one another), agree; *(stílus, szín)* match, harmonize

összeillő *mn* well-matched
összejátszás *fn elít (vkvel)* collusion (between sy and sy), complicity (in sg) ‖ ❖ *átv* coincidence, conjunction [of events etc.]
összejátszik *ige* ❖ *elít (vkvel)* act in collusion with sy, conspire with sy; ⊕ *US* ❖ *biz* be* in cahoots with sy ‖ **minden összejátszott ellene** everything seemed to be (conspiring) against him
összejön *ige (összegyűlik család stb.)* gather, come*/get* together; *(barátok) meet* ‖ *(felgyülemlik)* pile/heap up, accumulate, come* together ‖ ❖ *biz* **(ez) nem jött össze** it hasn't worked out, it didn't work out
összejövetel *fn* meeting, gathering, ⊕ *csak US* convention; *(régi barátoké, rokonoké stb.)* reunion
összekacsint *ige* wink at each other
összekap *ige* ❖ *biz (vkvel)* quarrel (⊕ *US* -l) with sy, fall* out with sy ‖ ❖ *biz* **összekapja magát** *(= sietve felöltözik)* get*/put* one's things on quickly
összekapar *ige* ❖ *biz (összeget)* scrape/scratch together
összekapcsol *ige (dolgokat)* connect *(vmvel* with), join *(vmt vmvel* sg to sg), link *(vmvel* with); *(kapoccsal)* clip (together); *(fűzőkapoccsal)* staple; ❑ *műsz* clamp, brace; *(vasúti kocsikat)* couple, hitch [carriages]; *(űrhajókat)* dock
összekapcsolás *fn (dolgoké, ált)* connection, joining, linking up; *(kapoccsal)* fastening; *(vasúti kocsiké)* coupling; *(űrhajóké)* docking
összekapcsolódik *ige (több dolog)* be* (closely) linked, join, link (up); *(fogaskerekek)* engage; *(űrhajók)* dock
összeken *ige (ruhát, testrészt)* get* sg *(v.* oneself *v.* one's sg) all covered in/with sg
összekerül *ige (vkvel véletlenül)* run* into, come* across

összekészít *ige* make*/get* things ready, prepare for [a certain purpose] ‖ **összekészíti a reggelit** get* breakfast ready
összekever *ige (többfajta anyagot)* mix/blend [components] (together) ‖ *(összetéveszt)* confuse sg (with sg), mix/muddle/jumble [objects etc.] up
összekeveredik *ige (többfajta anyag)* intermingle *(vmvel* with), mix, be*/get* mixed up *(vmvel* with) ‖ *(tévedésből)* get* confused, get*/be* mixed/muddled/jumbled up
összekeverés *fn (anyagoké)* mixing (up), blending ‖ *(tévedésből)* confusing
összeköltözik *ige* move in with sy, go* to live with sy
összeköt *ige (madzaggal stb.)* tie (up), bind* (together) [with rope], bundle up ‖ *(összekapcsol)* connect, link, join ‖ ❖ *átv* combine, connect, unite, link up
összekötő ▼ *mn* connecting, joining ‖ **összekötő kapocs** ❖ *átv* connecting link; **összekötő szöveg** linking/connecting text, running commentary; **összekötő tiszt** liaison officer; **összekötő vasúti híd** railway bridge ▼ *fn* ❖ **ált** *(személy)* link; ❑ *kat* liaison (officer) ‖ ❑ *sp* **balösszekötő** inside left; **jobbösszekötő** inside right
összekötöz *ige (vkt)* tie up, bind* sy hand and foot ‖ = **összeköt**
összeköttetés *fn (kapcsolat)* connection, contact; *(személyi)* relations *tsz*, contact, (inter)communication; *(üzleti)* business contacts/connections *tsz* ‖ *(közlekedés)* communications *tsz*; *(vasúti)* railway/train service; *(telefon)* telephone service ‖ *(protekció)* influence, connections *tsz* ‖ **Budapest és Szeged között jó az összeköttetés** there is an adequate train service between Bp. and Sz.; **jó összeköttetései vannak** be* well-connected, have* influential friends; **közvetlen összeköttetés** through train; **légi összeköttetés** air links *tsz*

összekulcsol *ige* összekulcsolja a kezét fold/clasp one's hands, knit one's hands together

összekuporodik *ige* shrink* up, crouch, squat

összemaszatol *ige* smudge, smear with dirt, soil

összemegy *ige* ❑ *tex* shrink* ‖ *(tej)* turn, curdle, turn sour

összemér *ige (erőt)* match

összenéz *ige (tekintetük találkozik)* exchange (knowing) glances

összenő *ige (törött csont)* knit*, set*; *(seb)* heal up, close

összenövés *fn* ❑ *orv* adhesion; *(csonté)* knitting, union

összenyom *ige* press together, compress, crush; *(gyümölcsfélét)* press, squash, squeeze; *(krumplit)* mash

összeollóz *ige* do* a scissors-and-paste job on sg, plagiarize

összeomlás *fn* ❖ *átl* collapse; *(épületé)* tumbling down, giving way; *(hirtelen)* crash ‖ *(anyagi)* collapse; *(erkölcsi)* downfall ‖ *(nemzeté)* downfall, ruin

összeomlik *ige* ❖ *átl* collapse; *(épület)* come* tumbling down, collapse, fall down/in; *(hirtelen)* come* crashing down ‖ *(birodalom)* decay, break* up; *(vállalat)* fold (up), fail, go* to the wall, go* bankrupt ‖ *(erkölcsileg vk)* break* down, be* ruined

összepárosít *ige* ❖ *átl* couple, join in pairs

összepiszkít *ige* make* (sg) dirty, dirty, soil ‖ **összepiszkítja magát** get* soiled/dirty

összeragad *ige* stick* (together), be*/get* stuck together, adhere *(vmvel* to)

összeragaszt *ige (vmt)* glue/stick* together

összerak *ige (rendbe rak)* put*/place sg in order, sort out ‖ *(összeállít)* assemble, fit together; *(összeilleszt)* join (together) ‖ *(pénzt)* collect, get* together

összerakó játék *fn* jigsaw (puzzle), puzzle

összeráncol *ige* összeráncolja a homlokát knit* one's brows, frown

összeránt *ige (görcs testrészt)* convulse, contract (with a jerk)

összeráz *ige (anyagokat)* shake* (up/ together) ‖ *(jármű)* jolt, jerk, bump

összerázódik *ige* get* shaken up; *(járműn)* get* jolted (a lot) ‖ ❖ *biz (összeszoknak)* be* brought closer together

összerezzen *ige (félelemtől)* shudder at, quiver (with fear); *(meglepetéstől)* give* a start, start

összerogy *ige* collapse, drop ‖ **holtan rogyott össze** (s)he dropped dead

összeroppan *ige (pl. híd)* collapse ‖ *(vk lelkileg, idegileg)* have* a breakdown, ❖ *biz* crack/break* up

összeroppant *ige* break*, crush

összeroskad *ige* = **összerogy**

összes *hsz (egész, teljes)* all, all the ... *(és tsz)*; total *(tsz v. esz)*; *(minden)* every *(és esz)*, every one of ... ‖ **az összes iskola** all the schools, every school; **az összes fiú** all the boys, every one of the boys; **Jókai összes művei** the complete works of Jókai

összesároz *ige* make* sg muddy, muddy

összesen *hsz* altogether, ... in all; *(számoszlop összegezésekor)* sum total ‖ **összesen kettő van** there are two altogether *(v.* in all)

összesít *ige (összead)* add/total (⊕ *US* -l) up, aggregate; *(eredményeket)* summarize, sum up

összesítés *fn (folyamat)* adding/summing up, totalizing ‖ *(kimutatás)* summary

összesöpör *ige (szemetet)* sweep* (up) ‖ *(szobát)* sweep* (out/up)

összespórol *ige (pénzt)* save (up) [money] *(vmre* for sg), put*/set* [money] aside

összesűrít *ige* condense, thicken; *(erőket, folyadékot)* concentrate
összesűrűsödik *ige* get* condensed/thick/concentrated
összeszalad *ige* come* running/rushing together || **összeszalad vkvel** run* into sy
összeszámol *ige* count (up)
összeszed *ige* (*vmt*) collect/gather sg, bring*/get* sg together; *(felszed)* pick up || *(összegyűjt, pénzt)* scrape together, collect || *(betegséget)* ❖ *biz* contract || ❖ *biz* **összeszedi a bátorságát** pluck up courage, screw up one's courage; **összeszedi a füzeteket** collect/gather up the exercise books; ❖ *biz* **összeszedi magát** *(egészségileg)* pick up, recover (one's health/strength); *(lelkileg)* collect/compose oneself, ❖ *biz* pull oneself together
összeszerel *ige* assemble, set* up, fit*/put* together || **összeszerelő műhely** assembly floor
összeszid *ige* scold, give* sy a scolding
összeszokik *ige* (*egyik a másikkal)* get* used to each other, get*/grow*/become* accustomed to each other
összeszorít *ige* compress, press together || **összeszorítja a fogát** clench one's teeth, set* one's jaw
összeszoroz *ige* multiply
összeszorul *ige (személyek)* be* pressed/squeezed close together || **összeszorult a szíve** his/her heart sank
összeszűkül *ige* narrow, become* closer/narrower/tighter, grow* narrow
összeszűr *ige* ❖ *biz* ❖ *elít* **összeszűri a levet vkvel** *(cinkosként)* be* hand in glove with sy, ⊕ *US* be* in cahoots with sy
összetart *ige (vmt, vkt)* hold*/keep* together || *(vkvel)* hang*/stick* together || ❑ *mat (vonalak)* converge || **összetartanak** they stick together
összetartás *fn (vkvel)* loyalty, unity, solidarity, mutual help, togetherness || ❑ *mat* convergence
összetartozás *fn* connection, connexion, affinity, relation, togetherness
összetartozik *ige (személyek)* belong/be* together || *(dolgok)* go*/belong together
összetegeződik *ige kb.* come* to be on first-name (*v.* familiar) terms with sy (*v.* with one another)
összetép *ige* tear* (up), tear* to pieces/shreds
összetétel *fn (eredménye, ált)* composition, make-up; ❑ *vegy* composition, compound || *(bíróságé)* constitution (of the Court) || ❑ *nyelvt* compound
összetett *mn* ❖ *ált* joined, put together *ut.* || ❖ *átv* complex, combined || *(bonyolult)* intricate, complicated, complex || ❑ *nyelvt* **összetett szó** compound
összetéveszt *ige (vmt vmvel)* mistake* sg for sg, confuse sg and/with sg, mix sg up with sg; *(vkt vkvel)* mistake* sy for sy, confuse sy and/with sy, mix sy up with sy || **nem tévesztendő össze ...vel** not to be confused with ..., ... should not be confused with sg (else)
összetévesztés *fn* confusion (of sg with sg), mistake, mixing up
összetevő *fn* component, constituent
összetevődik *ige (-ból, -ből)* be* made up of, be* composed of
összetipor *ige* tread* down, trample on
összetol *ige* push nearer/closer together; *(egymásba)* telescope
összetorlódik *ige (forgalom)* become* blocked/congested || *(munka)* pile up || **összetorlódott a forgalom** there was a snarl-up (*v.* traffic jam) [on the motorway]; **összetorlódott a munkánk** we are snowed under with work
összetör *ige* ❖ *ált (vmt)* break* (up), break* to pieces; *(mozsárban)* pound,

crush, grind* || **összetörte a kocsiját** (s)he smashed up his/her car
összetörik *ige* break* (up) || **összetört a kocsim** my car was/got smashed up
összetűzés *fn (civakodás)* quarrel, clash, altercation
összeugraszt *ige* ❖ *biz* set* people by the ears
összeugrik *ige (két ember)* fly* at each other('s throat) ||
összeül *ige (ülésre)* assemble, gather (together), meet*, come*/get* together [for a conference/meeting] || **az Országgyűlés kedden összeül** Parliament reassembles on Tuesday
összeütközés *fn (járműé)* collision, crash; *(súlyos)* smash-up; *(vasúti)* train-crash || ❖ *átv* conflict, clash
összeütközik *ige (jármű)* collide *(vmivel* with sg), run* into one another || ❖ *átv* have* a conflict with, clash with
összevág *ige (vmt)* cut* sg (up) into pieces, chop up || *(filmet)* edit || *(vmvel)* agree, tally, chime/fit in; *(időben)* coincide *(mind:* with sg) || **az üveg összevágta a kezét** (s)he cut his/her hand on the glass; **összevágja a bokáját** click one's heels
összeválogat *ige (kiválogat)* pick (out)
összevarr *ige (ruhát stb.)* sew*/stitch up/together; *(sebet)* sew* up
összevásárol *ige* buy* up, purchase; *(halmoz)* hoard, stockpile, pile up
összever *ige (vkt)* beat* (sy) up, beat* (sy) black and blue, thrash || **összeveri a tenyerét** clap one's hands
összeverekedik *ige (vkvel)* come* to blows (with sy), start a fight
összeverődik *ige (tömeg)* collect, come*/band together, gather
összevesz¹ *ige* = **összevásárol**
összevesz² *ige (vkvel)* have* a quarrel with sy, fall* out with sy, quarrel (⊕ *US* -l) with sy *(vmn mind:* over sg)

összevet *ige (vmvel)* compare *(hasonlóval* with, *eltérővel* to); *(írást, szöveget)* collate || **vesd össze!** *(röv* vö.) compare *(röv* cf.)
összevéve *hsz* **mindent összevéve** in short/brief, all in all, taking all things into consideration/account, all things considered
összevissza *hsz (rendetlenül)* upside down, topsy-turvy, jumbled, in a mess; *(válogatás nélkül)* indiscriminately, at random; *(rendszertelenül)* unmethodically, by fits and starts || *(= összesen)* altogether, all told, in all || **összevissza beszél** talk nonsense/rubbish
összevisszaság *fn* confusion, disorder, chaos, mess
összevon *ige (összehúz)* pull/draw* together, contract || ❏ *kat (csapatokat)* concentrate || *(intézményeket)* amalgamate, merge || ❏ *mat* reduce || **összevonja szemöldökét** knit* one's brows, frown
összevonás *fn* ❏ *kat* concentration [of troops] || *(intézményeké)* amalgamation, merger || ❏ *mat* reduction
összezavar *ige (keveredést okoz)* muddle (up) sg, put* into disorder, upset; *(összegabalyít)* make* a muddle of sg; *(vizet)* stir up, trouble || *(vkt)* confuse, upset*, perplex || **összezavarja vknek a fejét** confuse sy, get* sy confused/muddled
összezavarodik *ige (vk)* get* confused, get* muddled (up)
összezúz *ige (darabokra)* crush, smash, dash to pieces; *(testét)* get* one's [arm etc.] crushed || ❖ *átv* crush, smash
összezsúfol *ige* pack in, pack tightly together || **összezsúfolva** packed like sardines
összezsugorodik *ige (levél stb.)* shrivel (⊕ *US* -l) (up); *(bőr)* get* hardened, shrivel up || *(testrész)* get* contracted/atrophied

összhang *fn* ❏ *zene* harmony, consonance ‖ ✧ *átv* harmony, agreement ‖ **összhangban van vmvel** be* in harmony/line/keeping with sg, chime in with sg

összhangzat *fn* ❏ *zene* harmony, consonance, accord

összhangzattan *fn* (theory of) harmony, harmonic theory

összhatás *fn* general/overall impression

összkomfort *fn* all modern conveniences *tsz*, ✧ *biz* mod cons *tsz*

összkomfortos *mn* with/having all (the) modern conveniences (*v.* every modern comfort) *ut.* ‖ **összkomfortos lakás** flat with every modern comfort (*v.* all (the) modern conveniences), ✧ *biz* flat with all mod cons, self-contained flat

összpontosít *ige* ✧ *ált* concentrate (*vmre* on), focus (-s- *v.* -ss-) ‖ *(adminisztrációt)* centralize ‖ **vmre összpontosítja figyelmét** focus one's attention on sg, keep*/concentrate (one's mind/attention) on (doing) sg

összpontosítás *fn* ✧ *ált* concentration ‖ *(adminisztrációé)* centralization

összpontosul *ige* be(come)* concentrated/centred/focus(s)ed (*vmre/vkre* on), centre (⊕ *US* -ter) on

összsúly *fn* gross weight

össz-szövetségi *mn* all-Union, Federal

összteljesítmény *fn* total output

össztermék *fn* total output, overall yield ‖ **nemzeti össztermék** gross national product (GNP)

össztűz *fn* ❏ *kat (üdvlövés)* salvo

ösztön *fn* instinct ‖ **nemi ösztön** sexual instinct, sex drive/urge

ösztöndíj *fn* scholarship ‖ **elnyer/kap egy ösztöndíjat** win*/obtain a scholarship

ösztöndíjas ▼ *mn* scholarship ‖ **ösztöndíjas diák** scholarship/sponsored student ▼ *fn* scholar, holder of a scholarship

ösztönös *mn* instinctive, intuitive, spontaneous; *(mozdulat)* reflex

ösztönöz *ige* (*vkt vmre*) urge (sy to do sg), stimulate/encourage sy (to do sg)

ösztönzés *fn* urging, urge, impetus, stimulation, stimulus ‖ *(anyagi)* **ösztönzés (rendszere)** incentive scheme

ösztönző ▼ *mn* stimulating, stimulative; *(anyagilag)* incentive ‖ **ösztönzőleg hat vkre** stimulate sy ▼ *fn* **anyagi ösztönző(k)** material/money incentive(s)

őszül *ige (haj)* turn white, become* grey (⊕ *US* gray)

őszülés *fn* becoming/turning grey (⊕ *US* gray), greying (⊕ *US* graying)

őszülő *mn* greyish, touched with grey (⊕ *US* gray) *ut.*, turning/becoming grey (⊕ *US* gray) *ut.* ‖ **őszülő haj** greying (⊕ *US* graying) hair

öszvér *fn* mule

öt *szn* five ‖ **öt felé** *(irány)* in five directions/parts; *(idő)* towards five (o'clock)

ötajtós kocsi *fn* hatchback

öten *szn/hsz* five (people), five of us/you/them ‖ **öten vagyunk** we are five, there are five of us

ötévenként *hsz* every five years

ötéves *mn (kor)* five years old *ut.*, five-year-old, five years of age *ut.*; *(időtartam)* five-year, five years', of/lasting five years *ut.* ‖ **ötéves gyermek** five-year-old child°, a child° of five

ötévi *mn* of/lasting five years *ut.*, five-year, five years'

ötféle *mn* five kinds of

öthetes *mn (kor)* five weeks old *ut.*, five-week-old; *(időtartam)* five-week, five weeks'

ötheti *mn* of/lasting five weeks *ut.*, five-week, five weeks'

öthónapi *mn* of/lasting five months *ut.*, five-month, five months'

öt hónapos *mn (kor)* five months old *ut.*, five-month-old; *(időtartam)* five months', five-month, of/lasting five months *ut.*

ötjegyű *mn (szám)* five-figure; *(logaritmus)* five-place

ötlet *fn* idea, (ingenious) thought ‖ **jó ötlet** a good idea, a happy thought

ötletes *mn (szellemes)* witty, full of ideas *ut.*; *(találékony)* resourceful, ingenious, inventive, clever ‖ *(tárgy)* ingenious, clever

ötnapi *mn* five-day, five days', lasting/ of five days *ut.* ‖ **ötnapi eleség** food for five days

ötnapos *mn (kor)* five days old *ut.*, five-day-old; *(időtartam)* five-day, five days', lasting/of five days *ut.* ‖ **ötnapos munkahét** five-day week

ötórai *mn (időpont)* five o'clock, at five o'clock *ut.* ‖ *(időtartam)* lasting/ of five hours *ut.*, five hours' ‖ **ötórai tea** five o'clock tea

ötórás *mn* lasting/of five hours *ut.*, five hours'

ötöd *fn (rész)* fifth (part); ❑ *zene* quint, fifth

ötödéves ▼ *mn* fifth-year [student] ‖ **ötödéves egyetemi hallgató** undergraduate (*v.* university student) in his/her fifth/final year ▼ *fn* fifth-year student

ötödik ▼ *szn/mn* fifth; 5th ▼ *fn (osztály)* **ötödikbe jár** be* in (*v.* attend) the fifth form/class (*v.* ⊕ *US* grade) ‖ → **első**

ötödikes (tanuló) *fn* fifth-form pupil/ boy/girl, fifth-former

ötödrész *fn* fifth (part)

ötödször *szn/hsz* fifthly, for the fifth time

ötöl-hatol *ige* hedge, hum (⊕ *US* hem) and haw, beat* about the bush

ötös ▼ *mn (ötszörös, öt részből álló)* fivefold, quintuple ‖ *(ötórai)* **az ötös gyors** the five-o'clock train/express ‖ *(ötös számú)* **ötös autóbusz** the number five bus, bus number five (*v.* No. 5) ▼ *fn (számjegy)* the number/figure five ‖ *(isk osztályzat)* very good, excellent ‖ *(villamos, autóbusz)* tram/ bus number five (*v.* No. 5), the number five tram/bus ‖ **ötösre felelt** he got an excellent, he was given an excellent; *(vizsgán)* (s)he got full marks

ötösével *hsz* by fives, five at a time

ötperces *mn* five-minute, five minutes', of five minutes *ut.*

ötszáz *szn* five hundred

ötszázadik *szn/mn* five hundredth

ötszázas, ötszázforintos *fn (bankjegy)* a five hundred forint note

ötszög *fn* pentagon

ötször *szn/hsz* five times

ötszöri *mn* repeated five times *ut.*

ötszörös *mn* fivefold, quintuple

öttagú *mn* having five members/parts *ut.* ‖ **öttagú család** family of five; **öttagú zenekar** five-man band, quintet

öttusa *fn* pentathlon

öttusázik *ige* be* a pentathlete, go* in for pentathlon

öttusázó *fn* pentathlete

ötven *szn* fifty

ötvenedik *szn/mn* fiftieth

ötvenen *szn/hsz* fifty (of us/you/them) ‖ **ötvenen voltak** there were fifty of them

ötvenes ▼ *mn* fifty, of fifty *ut.* ‖ **az ötvenes évek** the fifties (50s *v.* 1950s); **az ötvenes években/éveiben van** he is in his fifties ▼ *fn (számjegy)* fifty, (the) number/figure fifty ‖ *(érme)* a fifty forint piece

ötvenéves *mn (kor)* fifty years old *ut.*, fifty-year-old; *(időtartam)* fifty-year, fifty years', of/lasting fifty years *ut.*

ötvenévi *mn* fifty-year, fifty years', of/ lasting fifty years *ut.*

ötvenforintos *fn (érme)* a fifty forint piece

ötvös *fn* goldsmith

ötvösművészet *fn* goldsmith's craft/ art

ötvöz *ige* alloy, mix
ötvözet *fn* alloy
öv *fn (ruhán)* belt || *(föld)* zone || **övön aluli ütés** *(igével)* hit(ting) below the belt
övé *nm* his, hers || **ez a ház az övé** this house is his/hers, this house belongs to him/her; **ezek a könyvek az övéi** these books are his/hers; **jól gondoskodik az övéiről** he looks after his family well, he takes good care of his own/family
övé(i)k *nm* theirs
övez *ige (vmt vmvel)* encircle, girdle (sy with sg) || *(területet)* surround, encircle || **a várost erdők övezik** the town is surrounded by forest(s)
övezet *fn (terület)* zone, area
őz *fn* ❏ **áll** deer *(tsz ua.)*, roe(-deer); *(hím)* roebuck; *(nőstény)* (roe) doe; *(fiatal nőstény)* fawn || *(húsa)* venison

őzbőr *fn* buckskin, deerskin, doeskin || **őzbőr kabát** suede (coat/jacket)
őzgerinc *fn* back/saddle of venison
őzike *fn* fawn
özön *fn (áradat)* deluge, stream, torrent, flood; *(csak átv)* abundance, plenty (of sg) || **szavak özöne** torrent of words
özönlik *ige* stream, flow, flood, rush; *(tömeg)* flock/throng to [a place]
özönvíz *fn* deluge; *(bibliai)* the Flood || **özönvíz előtti** antediluvian
özvegy ▼ *mn* widowed || **özvegyen maradt** she was left a widow, she remained a widow ▼ *fn (asszony)* widow; *(férfi)* widower
özvegyasszony *fn* widow
özvegyember *fn* widower
özvegyi nyugdíj *fn* widow's pension
özvegység *fn (nőé)* widowhood; *(férfié)* widowerhood

P

pác *fn (élelmiszeré)* pickle ‖ *(bőripari)* steep, tanning ooze/liquor ‖ ❖ *átv* ❖ *biz* **pácban hagy vkt** leave* sy in the lurch; **pácban van** be* in a pickle/jam/mess, be* in the soup, be* in a real fix

paca *fn* ❖ *biz* (ink) blot ‖ **pacát ejt** make* a blot (on), blot (sg)

pacák *fn* ❖ *biz* guy, fellow, ⊕ *csak GB* bloke

pacal *fn* tripe

pacalpörkölt *fn kb.* tripe stew

páciens *fn* patient

pacifista *mn/fn* pacifist

pacifizmus *fn* pacifism

pácol *ige (élelmiszert)* pickle, cure; *(mariníroz)* marinade, marinate ‖ *(bőrt)* steep, tan

pácolás *fn (élelmiszeré)* pickling, curing; *(marinírozás)* marinading, marinating ‖ *(ipar)* steeping, soaking, tanning

pácolt *mn (étel)* pickled, cured; *(marinírozott)* marinaded, marinated ‖ **pácolt hús** corned/cured/pickled meat

pacsirta *fn* (sky)lark

pad *fn* ❖ *ált* bench, (long) seat; *(támla nélkül)* form; ❑ *isk* desk

padka *fn (kemencéé)* chimney corner seat, inglenook ‖ *(útpadka)* (hard) shoulder

padlás *fn* loft, garret, attic

padlásablak *fn* garret/attic-window

padlásszoba *fn* attic, garret

padlizsán *fn* ❑ *növ* aubergine, ⊕ *US* egg-plant

padló *fn* floor

padlóburkolat *fn* floor/bottom covering, flooring

padsor *fn* ❖ *ált* row/line of seats ‖ *(templomban)* pew ‖ *(képviselőházban)* bench

paff ❖ *biz* **egészen paff voltam** I was flabbergasted/dumbfounded/nonplussed, I was struck all of a heap

páfrány *fn* fern

páholy *fn* ❑ *szính* box ‖ *(szabadkőműves)* (masonic) lodge

páholyülés *fn* box seat

pajesz *fn* earlock, corkscrew curl

pajkos *mn* elfish, elvish, impish; *(játékos)* playful, frolicsome

pajkoskodik *ige* be* roguish, lark/monkey about

pajkosság *fn (cselekedet)* mischief ‖ *(viselkedés)* mischievousness, roguishness

pajtás *fn* ❖ *ált* friend, companion, mate, ❖ *biz* pal, ⊕ *US* ❖ *biz* buddy ‖ **jó pajtás** (he is) a good sort, a nice chap

pajzán *mn (sikamlós)* risqué, near the bone *ut.*; *(illetlen)* brazen, naughty ‖ **pajzán történet** racy story/tale

pajzsmirigy *fn* thyroid gland

pajzsmirigytúltengés *fn* exophthalmic goitre (⊕ *US* -ter), Graves' disease

pajzstetű *fn* shield bug, shield scale

pakli *fn (csomag)* packet, package ‖ **egy pakli kártya** a pack (⊕ *US* deck) of cards

pakol *ige (csomagol)* pack/wrap (up)
pakolás *fn (csomagolás)* packing/wrapping (up) || *(borogatás)* pack, compress; *(kozmetikai)* pack
paktál *ige* conspire, enter into a pact with
paktum *fn* agreement, pact
pala *fn* (roof-)slate || **palával fed** cover (sg) with slates, slate
palack *fn* bottle; *(lapos)* flask
palackgáz *fn* Calor gas
palackos *mn* bottled || **palackos bor** bottled wine
palackoz *ige* bottle || **palackozott italok boltja** ⊕ *GB* off-licence, ⊕ *US* package/liquor store
palacsinta *fn* pancake(s *tsz*), crêpe, ⊕ *csak US* flapjack || **diós palacsinta** walnut pancake; **lekváros palacsinta** jam pancake
palacsintasütő *fn (serpenyő)* fryingpan, griddle, ⊕ *US* fry pan, omelette/pancake pan || *(személy)* pancake-seller
palánta *fn* plant, seedling, nursling
palást *fn (ruhadarab)* cloak, (long) mantle; *(ref. lelkészé)* Geneva gown || ❏ *mat* superficies (*tsz* ua.)
palatális *mn* palatal
pálca *fn* ❖ *ált* stick, rod, staff || *(karmesteri)* baton || *(fenyítő)* cane; *(lovagló)* (riding-)switch
palesztin *mn/fn* Palestinian
Palesztina *fn* Palestine
palesztinai *mn/fn* Palestinian
paletta *fn* palette
pálfordulás *fn* (sudden) conversion, about-turn, ⊕ *US* turnabout, about-face
pali *fn* ❖ *biz* sucker, ⊕ *GB* mug || **palira vesz vkt** take* sy for a fool/ride, take* sy in, dupe sy
pálinka *fn* brandy, spirit; *(házi)* poteen
pálinkásüveg *fn (lapos)* (hip) flask
pállik *ige* ❏ *növ* rot || *(bőr)* crack
palló *fn* plank, board, batten

pallos *fn* broadsword, backsword; *(hóhéré, tört)* (executioner's) sword
pálma *fn* ❏ *növ* palm(-tree) || **elviszi a pálmát** bear* (*v.* carry off) the palm, take* the honours (⊕ *US* -ors)
pálmaág *fn* palm-branch/leaf°; *(a győzelem jelképe)* palm
pálmafa *fn* palm(-tree)
pálmaház *fn* glasshouse, greenhouse
pálmalevél *fn* palm-leaf° || *(díszítmény)* palmette
palota *fn* palace, mansion (house)
pálya *fn* ❖ *ált* course, path; *(égitesté, űrhajóé stb.)* orbit; *(lövedéké)* path, course, trajectory || *(vasúti)* (railway) track, railway (line), ⊕ *US* railroad (line) || ❏ *sp* (sports) ground, (playing) field; *(futó)* track; *(tenisz)* court; *(sí)* course; run; *(lesikló)* downhill course || *(életpálya)* career, profession, occupation; *(hivatás)* calling || **pályát választ** choose* a career/profession
pályafutás *fn* career
pályakezdő *mn* **pályakezdő fiatalok** young people starting out on a career (*v.* on their careers)
pályaudvar *fn* ❏ *vasút* railway (⊕ *US* railroad) station; *(autóbusz)* bus/coach station/terminal
pályaválasztás *fn (hivatásé)* choice of career/profession || ❏ *sp* choice of goals/ends
pályázat *fn (versengés)* competition || *(vm elnyerésére)* application (for sg) || **beküldi a pályázatot** enter/submit a work for a/the competition; **pályázatot hirdet** *(állásra)* advertise a vacancy; *(ösztöndíjra)* announce/advertise scholarships (in …)
pályázati *mn (versengéssel kapcs.)* competition(-) || *(vm elnyerésére)* application, of the application *ut.* || **pályázati felhívás** *(szellemi versengésre)* announcement of a competition (for …); ❏ *ker* ❖ *hiv* call for tenders

pályázik *ige (vm elnyerésére)* compete for apply (*v.* put* in) for [a job, a scholarship etc.]; send* in an/one's (*v.* write* an) application for sg || *(pályázaton vesz részt)* compete, enter (for) [a competition] || ❖ *biz (vmre) (= meg akar szerezni vmt)* angle for (sg), make* a bid for sg

pályázó *fn (pályázaton részt vevő)* competitor; *(vmre jelentkező)* applicant (for sg), candidate (for sg); *(nagyobb tisztségre stb.)* aspirant (after/for/to sg)

pamacs *fn (borotva)* shaving brush

pamlag *fn* couch, settee, sofa, ⊕ *US* davenport

pamut *mn/fn* cotton

pamutáru *fn* cotton goods *tsz*, cottons *tsz*; *(fonal)* threads *tsz*

pamutszövet *fn* cotton (fabric/cloth)

panama *fn* (financial) swindle, scandal, ⊕ *US így is* racket, a case of bribery and corruption

panamázás *fn* swindling, ⊕ *főleg US* graft, racket

panamázik *ige* swindle, ⊕ *főleg US* graft

pánamerikai *mn* Pan-American

panasz *fn (jog is)* complaint; *(vk ellen)* accusation, charge || **mi a panasza?** *(betegtől)* what seems to be the matter?, what is your complaint?

panasziroda *fn* complaint office/department

panaszkodás *fn* ❖ *ált* complaint; *(morogva)* grumble || *(sirám)* jeremiad, lament, lamentation, whine

panaszkodik *ige (vkre, vmre)* complain about/of (sy/sg); *(vmről, pl. fejfájásról)* complain of [a headache etc.] || **Hogy van? – Nem panaszkodom!** How are things (going)? – Mustn't grumble

panaszkönyv *fn* complaints book

panaszol *ige* complain

panaszos ▼ *mn* plaintive, sorrowful, mournful || **panaszos hangon** plaintively, in a plaintive voice ▼ *fn* plaintiff

páncél *fn (lovagi)* (suit of) armour (⊕ *US* -or), mail || *(rovaré)* carapace, shell

páncélos ▼ *mn (jármű)* armoured; *(a II. világháború óta így is)* panzer || ❑ *áll* testaceous | **páncélos lovag** armour/mail-clad knight, armoured knight ▼ *fn (katona)* tank man°/trooper || *(harckocsi)* tank || **a páncélosok** the armoured troops

páncélököl *fn* bazooka

páncélszekrény *fn* safe; *(magánléteknek)* safe-deposit

pancser *fn* ❖ *biz* duffer, muff, bungler, ⊕ *US* sad sack

pancsol *ige (vízben)* splash (about), paddle || *(bort meghamisít)* water (down)

panel *fn (építőelem)* panel

panelház *fn* prefabricated house; ❖ *biz* prefab; *(toronyház)* high-rise (block), tower block

pang *ige (átv is)* stagnate, be* stagnant || **az üzlet pang** business is slack/slow, business is in the doldrums

pangás *fn (átv is)* stagnation, depression, slump, recession, ❖ *biz* the doldrums

pánik *fn* panic || **csak semmi pánik!** don't panic!

pánikszerű *mn* panic-stricken

paníroz *ige* fry (sg) in breadcrumbs, coat (sg) with/in breadcrumbs, bread

pankráció *fn* all-in wrestling, catch-as-catch-can

panoptikum *fn* waxworks *tsz v. esz*; *(Londonban)* Madame Tussaud's

panoráma *fn* view, panorama, scenery

pánt *fn* ❖ *ált* band, hold-fast || *(ruhán)* strap

pantalló *fn* trousers, slacks, ⊕ *US* pants *(mind: tsz)*

pantomim *fn* pantomime, mime

panzió *fn* = **penzió**

pap *fn (ált és katolikus, anglikán, ortodox)* priest; *(protestáns, néha anglikán is)* clergyman°; *(főleg református)* minister, pastor

papa *fn* ❖ *biz* Dad(dy), Papa, ⊕ *US* Pa, Pop

pápa *fn* Pope, the Holy Father || **pápább a pápánál** more catholic than the Pope

papagáj *fn* parrot

pápai *mn* papal || **pápai állam** Vatican City, the Holy See; **pápai követ** nuncio, papal legate

papi *mn* ❖ *ált* ecclesiastical, clerical; *(paphoz illő)* priestly, priestlike || **papi pályára megy** take* (holy) orders, go* into the Church, enter the Church

papír *fn (anyag)* paper; *(egy darab)* a piece of paper || **papíron** *(elméletben)* on paper, in theory; *(látszatra)* seemingly, on the face of it; ❖ *biz* **vknek a papírjai** *(személyi okmányok)* sy's/one's (identity) papers/documents *tsz*

papíráru *fn* stationery

papírbolt *fn* stationer('s)

papírforma *fn* **papírforma szerint** on paper, in theory; **papírforma szerint győz** the odds are that he will win

papírkosár *fn* waste-paper basket, ⊕ *US* wastebasket

papírkötés *fn (könyvé)* paper covers *tsz*, paperboards *tsz*

papírlap *fn* sheet/piece of paper

papírpelenka *fn (betét)* nappy-liner; *(eldobható)* disposable nappy (⊕ *US* diaper)

papírpénz *fn* paper money, (bank-)notes *tsz*, ⊕ *US* bills

papírpohár *fn* paper cup

papírszalvéta *fn* paper napkin, table napkin, (paper) serviette

papírvágó kés *fn* paper-knife°

papírzacskó *fn* paper bag

papírzsebkendő *fn* paper tissue

paplak *fn* vicarage, rectory, parsonage

paplan *fn (steppelt)* duvet, continental quilt; *(pehely)* eiderdown

paplanernyő *fn* cell canopy parachute

paplanlepedő *fn* duvet/quilt-cover

papnevelde *fn (katolikus)* seminary

papol *ige* ❖ *biz* ❖ *elít* chatter, jaw away, go* on (at sy *v.* about sg) || **ne papolj!** cut the cackle!, put a sock in it!

paprika *fn (növény és termése, zöldpaprika)* green pepper, capsicum *(tsz* -cums); *(ha piros)* red capsicum, red (green) pepper || *(fűszer)* (Hungarian) paprika || **csípős/erős paprika** hot paprika, *kb.* cayenne pepper; **édes paprika** delicate/sweet paprika; **töltött paprika** stuffed pepper(s)

paprikajancsi *fn* Punchinello, (Mr) Punch

paprikás ▼ *mn (étel)* seasoned with paprika *ut.*, paprika || **paprikás csirke** paprika chicken; **paprikás krumpli** <potato stewed with paprika and onions> paprika potatoes *tsz* ▼ *fn* <meat stewed with paprika, onions and sour cream> *kb.* devilled [chicken etc.]

papság *fn (gyűjtőnév)* the clergy *tsz*, priests *tsz*, the priesthood || **alsó papság** lower clergy; **felső papság** higher clergy

papucs *fn* slippers *tsz* || ❏ *sp* ❖ *biz* speedboat

papucsférj *fn* henpecked husband

pár ▼ *fn (kettő)* pair || *(házas, szerelmes)* couple || *(egyenértékű)* match, the counterpart, analogue || **élete párja** (one's/a) partner for life; **hol van ennek a cipőnek a párja?** where is the fellow of this shoe?; **párját ritkítja** be* (practically) unrivalled/unparalleled, (s)he has no fellows (in sg) ▼ *mn (kettő)* pair of || *(néhány)* a couple (of), some, few *(mind után: tsz)* || **egy pár kesztyű** a pair of gloves; **egy pár szót szólt csak** he said only a few words

pára *fn (gőz)* steam, vapour (⊕ *US* -or) || *(kipárolgás)* fumes *tsz*, exhalation

parabola *fn* parabola

parabolaantenna *fn* dish aerial/antenna

parabolikus *mn* parabolic(al)

parádé *fn (felvonulás)* parade, pageantry || *(pompa)* pomp, (spectacular) show, spectacular || **katonai parádé** muster of troops

parádés *mn (felvonulási)* parade || *(díszes)* festive, gala || **parádés szereposztás** all-star cast

paradicsom *fn* ❏ *növ* tomato (*tsz* -toes) || ❏ *vall* paradise, (the garden of) Eden

paradicsomi *mn* of paradise *ut.*, paradisiacal

paradicsomleves *fn* tomato soup

paradicsommártás *fn* tomato sauce

paradicsomos *mn* tomato, made/prepared with tomato(es) *ut.*

paradicsomsaláta *fn* tomato salad

paradigma *fn* paradigm

paradox *mn* paradoxical

paradoxon *fn* paradox

parafa *fn* cork || **parafa dugó** cork; **parafa talp** cork sole

parafál *ige* put* one's initials to, initial (⊕ *US* -l) [a document]

paraffin *fn* paraffin (wax)

paragrafus *fn (szakasz)* section, paragraph || *(törvénycikk)* article

paraj *fn* spinach

paralel *mn* parallel

paralelogramma *fn* ❏ *mat* parallelogram

paralízis *fn* paralysis

páramentesítő *fn (szélvédőé)* demister, ⊕ *US* defroster

paraméter *fn* parameter

parancs *fn* ❖ *ált* command, order; ❏ *kat* order, directive; *(utasítást tartalmazó)* direction, command, instruction || **a parancsnak megfelelően** as directed; **vk parancsára** by command/order of sy, on the orders of sy

parancsnok *fn* ❏ *kat* commander (*röv* Cdr), commanding officer (*röv* CO); *(repülőgépé, hajóé és tűzoltó)* captain; *(repülőtéré stb.)* commandant

parancsnoki *mn* commanding

parancsnokság *fn (ténykedés)* command || *(szerv)* headquarters (of the commander) (*röv* HQ) *esz v. tsz*

parancsol *ige (vknek vmt)* command/order/direct sy [to do sg], give* orders to sy || *(udvariassági kifejezésekben)* **parancsol?** I beg your pardon(?) || **mit parancsol?** ❖ *ált* what can I do for you?, can I help you?, (is there) anything I can do for you (Sir/Madam)?; *(enni)* what will you have?; **parancsol gyümölcsöt?** would you like some fruit?, may I help you to some fruit?

parancsoló ▼ *mn* commanding, ordering || *(ellentmondást nem tűrő)* peremptory, imperative || **parancsoló hangon** in a peremptory tone of voice, peremptorily; ❏ *nyelvt* **parancsoló mód** imperative (mood) ▼ *fn* commander, commandant, lord

parancsuralom *fn* dictatorship, totalitarianism

parányi *mn* minute, tiny || **egy parányi vaj** a little scraping of butter

párás *mn* ❖ *ált* vaporous; *(levegő)* humid, misty, hazy || *(ablak)* steamed/misted up, *(szemüveg)* foggy misted/fogged up

párásság *fn (levegőben)* mist, haze

paraszt *fn* ❖ *ált* peasant, countryman° || *(sakkban)* pawn || ❖ *elít (faragatlan személy)* boor(ish fellow), lout, ⊕ *US* **így is** peasant, hick

parasztasszony *fn* peasant woman°

parasztgazda *fn* farmer, peasant holder

parasztgazdaság *fn* peasant farm

parasztház *fn* farmhouse, peasant cottage/house

paraszti *mn* peasant, rustic

parasztos *mn* ❖ *ált* peasant, rustic, rural || ❖ *elít* boorish, churlish

parasztság *fn (osztály)* peasantry, the peasants *tsz*

páratartalom *fn* humidity
páratlan *mn (mat is)* odd || *(ritka)* unrivalled (⊕ *US* -l-), peerless; matchless, unequalled (⊕ *US* -l-) || **páratlan a maga nemében** unique (of its kind)
parazita ▼ *mn* parasitic(al) || **parazita életmód** being a parasite, parasitism ▼ *fn (átv is)* parasite
parázna *mn/fn* ❖ *ir* lecherous, libidinous; *(nő)* lewd
paráználkodik *ige* fornicate
parázs ▼ *fn* glowing embers *tsz*, live coal ▼ *mn* **parázs veszekedés** heated quarrel, row
parázslik *ige* glow, smoulder (⊕ *US* -ol-)
párbaj *fn* duel
párbajozik *ige* fight* a duel, duel (⊕ *US* -l)
párbajtőr *fn* épée
párbeszéd *fn* dialogue (⊕ *US* -log), colloquy
parcella *fn* plot, lot; *(temetőben)* plot
pardon ▼ *isz* pardon/excuse me!, I beg your pardon!, (I'm) sorry! ▼ *fn* pardon, forgiveness || **nincs pardon!** no quarter (is given)
párduc *fn* leopard, panther; *(fekete)* (black) panther
parfé *fn* parfait
parfüm *fn* scent, perfume
parfümös *mn* scented, perfumed
parfümöz *ige* scent, perfume
párhuzam *fn* parallel, comparison || **párhuzamba állít** compare
párhuzamos ▼ *mn* parallel (*vmvel* to/with) ▼ *fn* ❑ *mat* parallel
párhuzamosan *hsz* parallel to/with sg || ❑ *el* **párhuzamosan kapcsolt** (connected) in parallel
paripa *fn* steed, (saddle-)horse
paritás *fn* ❑ *ker* ❑ *pénz* parity; *(valutáé)* par(ity) of exchange
Párizs *fn* Paris
párizsi ▼ *mn* Parisian, of/from/in Paris *ut.* || **párizsi szelet** <veal or pork cutlet coated in batter and fried on both sides> *kb.* 'Parisian' cutlet ▼ *fn (ember)* Parisian || *(felvágott) kb.* Bologna/bologna sausage
park *fn (kert)* park, garden || *(járműállomány)* pool, fleet
párkány *fn* ❖ *ált* edge, rim || *(ablaké)* sill
parkett *fn (padló)* parquet (floor/flooring) || *(táncparkett)* (dance) floor
parkol *ige* park (the/one's car) swhere
parkolás *fn* (car-)parking
parkoló ▼ *mn* **parkoló gépkocsi** parked vehicle/car ▼ *fn (hely)* car park; ⊕ *US* parking lot; *(út mentén)* bay; *(autópálya mellett)* lay-by (*tsz* -bys), ⊕ *US* rest stop, pull-off || **fizető parkoló** parking meter zone
parkolóház *fn* multistorey car park, multistorey, ⊕ *US* parking garage
parkolóhely *fn (férőhely)* parking (space), place to park || **kijelölt parkolóhely** designated bay
parkolójegy *fn* parking slip
parkolóóra *fn* parking meter
parkolóőr *fn (ülő)* car-park (*v.* parking) attendant; *(járó)* ⊕ *GB* traffic warden
parkolóövezet *fn* parking zone
parkolótárcsa *fn* parking disc
parkőr *fn* park-keeper
parlag *fn* waste, fallow/uncultivated land/field || ❖ *átv* **parlagon hever** lie* fallow, be* unutilized
parlagfű *fn* ragweed
parlagi *mn (terület)* fallow, waste || ❖ *átv* ❖ *elít* rude, rough, boorish
parlament *fn* Parliament; *(épület, ált)* parliamentary building(s); *(GB, Mo., az épület)* the Houses of Parliament; ⊕ *US* Congress, Capitol Hill
parlamentáris *mn* parliamentary || **parlamentáris demokrácia** parliamentary democracy
parlamentarizmus *fn* parliamentarism
parlamenter *fn* negotiator, mediator, go-between

parlamenti *mn* parliamentary, of parliament *ut.* || **parlamenti folyosó** lobby; **parlamenti képviselő** *(GB, magyar)* member of parliament *(röv* M.P.), ⊕ *US* Congressman°, Congresswoman°

párlat *fn* distillate, distillation

párna *fn (ágyban)* pillow || *(ülésre)* cushion

párnahuzat *fn* pillow-case/slip, tick

párnás *mn* cushioned, soft || **párnás ülés** upholstered/padded seat

paródia *fn* parody, travesty

parodizál *ige* parody, travesty, take* sy/sg off

paróka *fn* wig

parókás *mn* in/wearing a wig *ut.*, (be)wigged

parókia *fn (lelkészlakás)* vicarage, rectory, parsonage; *(presbiteriánus, baptista)* manse || *(egyházközség)* parish

párol *ige* steam, cook (sg) in steam, *(húst)* stew, braise

párolgás *fn* evaporation

paroli *fn* collar patch

párolog *ige* steam, evaporate, vapour (⊕ *US* -or)

párologtat *ige* evaporate, vaporize

párolt *mn* steamed; *(hús)* braised, stewed || **párolt káposzta** steamed cabbage

páros ▼ *mn (kettős)* paired, twin || ❏ *mat* even || **páros oldal** *(utcáé)* even-numbered side ▼ *fn* ❏ *sp* doubles || **férfi páros** men's doubles; **női páros** women's doubles *(mind: tsz)*

párosával *hsz* in/by pairs/twos

párosít *ige* ❖ *ált* pair || ❏ *áll* mate || ❖ *átv* join, combine, unite

párosítás *fn* ❖ *ált* pairing, matching || ❏ *áll* mating || ❖ *átv* joining, combining

párosodás *fn* ❏ *áll* mating

párosodik *ige* ❏ *áll* mate

párosul *ige* ❏ *áll* mate || *(vmvel)* be* accompanied by sg, be* combined/coupled with sg

párszor *hsz* once or twice, a few times

part *fn (állóvízé)* shore; *(tengeré, tágabb ért.)* coast; *(a part)* (sea)shore; *(szórakozási szempontból)* seaside; *(homokos)* beach; *(folyóé)* bank, riverside || *(emelkedés)* bank, slope || **a parton** on the shore; **ott van, ahol a part szakad** *(bajban)* be* up the creek; *(semmire se jutott)* be* back to square one; **part mentén halad** sail along the coast, sail close to the shore, hug the coast; **part menti** *(tengernél)* coastal, littoral, inshore; *(folyónál)* riverside

párt *fn* ❏ *pol* party || *(pártfogás)* protection, patronage || **belép egy pártba** join a party; **párton kívüli** non-party, unaffiliated, independent; **pártjára áll** side with sy, take* sy's part

párta *fn (fejdísz)* [Hungarian girl's] headdress || ❏ *növ* corolla

pártállás *fn* party affiliation

pártapparátus *fn* party machine(ry) apparatus

pártatlan *mn* impartial, unbias(s)ed, disinterested

pártatlanság *fn* impartiality, neutrality

pártatlanul *hsz* impartially

pártbizottság *fn* party committee

pártelnök *fn* party president, president of the party

pártfegyelmi *fn* (punishment for) breach of party discipline

pártfogás *fn (védelem)* protection, patronage || *(támogatás)* support, backing

pártfogó *fn* ❖ *ált* patron, protector; *(támogató)* benefactor, backer, supporter

pártfogol *ige (segít)* patronize, support, back (up), sponsor || *(véd)* protect, stand* up for || *(ügyet)* give* one's backing/support to, espouse, back

pártfogolt *mn* protégé

pártfunkcionárius *fn* party functionary, ❖ *elít* apparatchik

pártgyűlés *fn* party meeting
pártharc *fn* struggle between parties, party struggles *tsz*
parti¹ *mn (tengeri)* coastal, coast-, shore-, of the coast/shore *ut.*, littoral; *(folyóé)* riverside, riparian || **parti hajózás** sailing along the coast, coasting
parti² *fn (játszma)* game || *(házasság)* **jó partit csinál** make* a good match
párti *mn* of a party *ut.*, belonging to a party *ut.*
pártiroda *fn* party office
partitúra *fn* ❏ *zene* score
partizán *fn* partisan, ⊕ *US* így is partisan
partizánháború *fn* partisan warfare
pártjelvény *fn* party badge
partjelző *fn* ❏ *sp* linesman°
pártkassza *fn* party funds *tsz*
pártkongresszus *fn* party congress
pártközpont *fn* party headquarters *esz v. tsz*, party centre (⊕ *US* -ter)
partner *fn* ❖ *ált* partner || ❏ *film* ❏ *szính* co-star || *(szexuálisan)* partner, friend, ⊕ *US* ❖ *biz* buddy || **állandó partnere van** have* a regular (sexual) partner
pártol *ige* = **átpártol**; = **pártfogol**
pártoló ▼ *mn* vmt **pártoló** supporting/patronizing/favouring (⊕ *US* -or-) sg; **pártoló tag** supporting member ▼ *fn* = **pártfogó**
pártonkívüli *fn* non-party man°/politician/member, independent, *(igével)* be* unaffiliated
partőr *fn* coast-guard; ⊕ *US főleg* coast-guard(s)man°
pártpolitika *fn* party politics *esz v. tsz*, party policy
pártprogram *fn* party programme, ⊕ *US* party platform
partraszállás *fn* landing, disembarkation, debarkation
partszakasz *fn (folyóé)* riverside sector || *(tengeré)* coastal/littoral sector
párttag *fn* party member

párttagság *fn (állapot)* party membership || *(tagok)* party members *tsz*
párttitkár *fn* party secretary
partvédelem *fn* coastal defence
pártvezér *fn* (party) leader, ❖ *biz* party boss
pártvezetőség *fn* leadership of a/the party, party leaders *tsz*, party executive/leadership
partvidék *fn (tengeré)* maritime/coastal district/region
partvonal *fn* ❏ *földr* shoreline, coastline || ❏ *sp* touch-line
párviadal *fn* single combat || **párviadalra hív ki** challenge sy (to a combat), send* sy a challenge
párzás *fn* mating
párzik *ige* mate
pasa *fn* ❏ *tört* pasha
pasas *fn* ❖ *biz* fellow, chap, *(csak GB)* bloke, ⊕ *US* guy
passió *fn* ❏ *vall* the Passion || **Máté-passió** the Passion according to St. Matthew, the St. Matthew Passion
pást *fn (vívás)* piste
pástétom *fn* pâté
pasziánsz *fn* patience, ⊕ *US* solitaire
pasziánszozik *ige* play patience
paszomány *fn* braid, frogging, piping
passz ▼ *isz (kártya)* no bid!, pass!, go! ▼ *fn (futball)* pass || *(kártya)* pass, no bid
passzió *fn* hobby
passzíroz *ige* pass through a sieve, sieve
passzív *mn* passive, inactive || **passzív ember** passive/retiring person; **passzív szókincs** passive vocabulary; **passzív választójog** eligibility
passzívák *fn tsz* ❏ *ker* liabilities, debts
passzivitás *fn* passivity, inactivity
passzol *ige (ráillik méretben)* fit || *(kártyajátékban)* pass, say "no bid" || *(futballban)* pass [the ball to sy]
paszta *fn (kenőcs)* polish; *(étel)* spread, paste

pásztáz *ige* ❑ *mezőg* work a field by strips ‖ ❑ *kat* rake, enfilade; *(repülőgépről)* strafe ‖ *(fényszóróval, távcsővel)* sweep* (with); *(filmfelvevővel)* pan
pasztell *fn* pastel (⊕ *US* pastel)
pásztor *fn (marháké)* herdsman°; *(birkáké)* shepherd
pásztorbot *fn (pásztoré)* shepherd's crook ‖ *(püspöké)* crosier, crozier
pasztőrözött tej *fn* pasteurized milk
pata *fn* hoof°
patak *fn* brook, stream(let), ⊕ *US* creek
patakzik *ige* flow in torrents, stream, gush *(vmből* from) ‖ **patakzott a könnye** tears gushed from his/her eyes
patália *fn* ❖ *biz* noise, row
patás *fn/mn* hoofed, ungulate
patentkapocs *fn* press-stud, snap-fastener, ❖ *biz* popper, ⊕ *US így is* snap(s)
páternoszter *fn* paternoster lift (⊕ *US* elevator), paternoster
patetikus *mn* solemn, lofty, elevated, moving; *(hamis)* bombastic, theatrical
patika *fn* = **gyógyszertár**
patina *fn* patina, verdigris
patkány *fn* ❑ *áll* rat
patkányméreg *fn* rat-poison
patkó *fn (lóé)* horseshoe ‖ *(sütemény) kb.* horseshoe cake ‖ **diós patkó** *kb.* walnut croissant; **mákos patkó** *kb.* poppyseed croissant
patológia *fn* pathology
pátosz *fn* emotion(al style), loftiness, feeling ‖ **hamis pátosz** bathos
patron *fn (töltőtollba, autoszifonba is)* cartridge
patronál *ige* sponsor, support, patronize
patt *fn (sakkban)* stalemate
pattan *ige (ostor)* crack ‖ *(ugrik)* spring*, jump ‖ **lóra pattan** jump/spring* into the saddle

pattanás *fn (zaj)* crack ‖ *(bőrön)* pimple, spot, acne, pustule
pattanásos *mn* pimpled, pimply, spotty
pattint *ige (ujjával)* snap one's fingers
pattog *ige (tűz)* crackle ‖ *(vk, átv)* rail, fume, bark/snap (out)
pattogatott kukorica *fn* popcorn
pattogó *mn (tűz)* crackling ‖ *(ember)* fulminating, fuming
patyolat *fn* **olyan, mint a patyolat** (as) white as snow, (as) clean as a new pin ‖ **Patyolat** *(= mosoda)* laundry, cleaners(')
pauszpapír *fn* tracing paper
páva *fn (ált és hím)* peacock; *(nőstény)* peahen; *(bármelyik, néha)* peafowl ‖ **büszke, mint a páva** (as) proud as a peacock
pávatoll *fn* peacock feather
pávián *fn* baboon, mandrill
pavilon *fn (kórházé, kiállító)* pavilion; *(árusítóbódé)* kiosk
pazar *mn (fényűző)* luxurious ‖ *(pompás)* brilliant, lavish, splendid
pazarlás *fn (anyagé)* wasting, waste ‖ *(pénzé)* prodigality
pazarló ▼ *mn* prodigal, extravagant ▼ *fn* waster, squanderer, spendthrift
pazarol *ige* squander, lavish, waste ‖ **pazarolja az idejét** waste one's time
pázsit *fn* grass, lawn, turf
pázsitfű *fn* (lawn) grass
PB-gáz *fn* Calor gas
pecázik *ige* ❖ *biz* angle, go* angling
pech *fn* ❖ *biz* bad/hard luck ‖ **pechem volt** I've had bad luck
peches *mn* ❖ *biz* unlucky, unfortunate; *(igével)* have* bad luck
pecsenye *fn* roast
pecsenyebor *fn* full-bodied wine
pecsét *fn (viaszból stb.)* seal ‖ *(lebélyegzés)* stamp ‖ *(folt)* stain, blotch, spot
pecsétes *mn (levél)* sealed ‖ *(foltos)* stained, blotched, spotted
pecsétgyűrű *fn* signet/seal ring

pedagógia *fn* teaching, pedagogy, pedagogics *esz*, education(al theory)
pedagógiai *mn* pedagogic(al)
pedagógus *fn* teacher; *(általánosabban)* educator
pedál *fn* pedal
pedáns *mn (rendszerető)* thorough, meticulous, precise, particular || *(túlzón)* fussy, overparticular, over-scrupulous
pedantéria *fn (rendszeretet)* meticulousness; *(túlzott)* fussiness, punctiliousness
pedig *ksz (viszont)* while, and; *(azonban)* but, however || *(noha)* (al)though || *(mégpedig)* and || **egy megoldás van, ez pedig az, hogy** there is only one solution and this/that is [to do sg *v.* that …]; **ez kék, az pedig piros** this is blue, while that one is red
pedikűr *fn* chiropody, pedicure, ⊕ *US így is* podiatry
pedikűrös *fn* chiropodist, pedicurist, ⊕ *US így is* podiatrist
pedikűröz *ige* give* sy a pedicure, treat sy's foot/feet
pedz *ige (hal a horgot)* nibble at the bait/hook
pehely *fn (hó, szappan)* flake || *(szőr, toll)* (eider)down, fluff
pehelykönnyű *mn* (as) light as a feather *ut.*
pehelypaplan *fn* eiderdown, duvet, continental quilt
pehelysúly *fn* ❑ *sp* featherweight
pejoratív *mn* pejorative, derogatory
pék *fn* baker('s)
pékség *fn (üzem)* bakery || *(mesterség)* baking, baker's trade
péksütemény *fn* rolls *tsz*, baker's ware
péküzlet *fn* baker's (shop), bakery
példa *fn* ❖ *ált* example, instance, case, precedent || ❑ *mat* problem || *(nyelvtani)* example || **mint például** as, for example …; such as …; **példaként felhoz** cite/give* (sg) as an example

példakép *fn* model, pattern, example, ideal
példamutató *mn* exemplary
példány *fn (könyvé, újságé)* copy || *(minta)* sample, specimen
példányszám *fn* size of edition, number of copies (printed/issued/published); *(sajtóterméké)* circulation
példás *mn* exemplary, model || **példás magaviselet** exemplary conduct
példátlan *mn* unprecedented, without precedent *ut.*
például *hsz* for example/instance (*röv* e.g. *v.* eg)
pelenka *fn* nappy, ⊕ *US* diaper
pelenkabetét *fn* (disposable) nappy-liner
pelenkáz *ige* change [the baby's] nappy (*v.* ⊕ *US* diaper), change the baby
pelenkázó *fn (alul fiókos)* baby dresser
pelerin *fn* cape, cloak
pelikán *fn* ❑ *áll* pelican
pellengér *fn* pillory || **pellengérre állít** put* in the pillory; *(átv is)* pillory; **pellengérre állították** was pilloried *(vm miatt* for sg)
pelyhes *mn (ált és ifjú álla)* downy || ❑ *tex* fluffy, fleecy || ❑ *növ* ❑ *áll* pubescent
penész *fn* mildew, mould (⊕ *US* mold)
penészedik *ige* mildew, mould (⊕ *US* mold)
penészes *mn* mildewy, mouldy (⊕ *US* moldy), musty
penetráns *mn* penetrating, acrid, pungent
peng *ige* ❖ *ált* sound, twang || *(sarkantyú)* jingle; *(más tárgy)* clink
penge *fn* blade
penget *ige* ❖ *ált* sound; *(hangszerhúrt)* pluck [the strings]; *(gitárt)* pluck/strum (*v.* thrum on) [a guitar] || *(sarkantyút)* jingle
penicillin *fn* penicillin
péntek *fn* Friday || → **kedd**
péntekenként *hsz* every Friday, on Fridays

pénteki *mn* Friday, of Friday *ut.*, Friday's || → **keddi**

pénz *fn* money; *(érme)* coin; *(papírpénz)* (bank)notes *tsz*, ⊕ *US* bills *tsz*; *(pénzalap)* fund; *(fizetési eszköz)* currency || **ezért a pénzért** for that much; ❖ *átv* for that matter; **jó pénzért** at a price; **kevés a pénzem** I'm a bit short of funds; **kidobja a pénzét az ablakon** throw* money out of the window; **minden pénzt megér** it's worth its weight in gold; **nincs nálam pénz** *(készpénz)* I've no (ready) cash on/with me; **semmi pénzért (sem)** not for love or/nor money

pénzalap *fn* funds *tsz*

pénzátutalás *fn* (money) transfer

pénzbedobós *mn* coin-operated, operated by insertion of a coin *ut.* || **pénzbedobós automata** vending machine, ⊕ *GB* slot-machine; **pénzbedobós telefon** coin-operated telephone

pénzbeszedő *fn* collector, teller

pénzbüntetés *fn* fine, penalty || **pénzbüntetés terhe alatt** under pain of a penalty

pénzegység *fn* monetary unit

pénzel *ige* supply (sy) with money/funds, finance *v.* finance, fund; *(támogat)* sponsor

pénzember *fn* financier, banker

pénzes *mn* moneyed, wealthy, rich; ❖ *biz (*⊕ *főleg US)* well-heeled

pénzesutalvány *fn* money order

pénzhamisítás *fn* counterfeiting

pénzhamisító *fn* forger, counterfeiter

pénzhiány *fn* lack/shortage of money/funds

penzió *fn* *(szálló)* boarding-house, guest-house, pension || *(ellátás)* board || **félpenzió** half board; **teljes penzió** full board

pénzjutalom *fn* (money) reward, bonus

pénzkidobás *fn* waste of money, money (thrown) out of the window

pénzmosás *fn* money laundering

pénznem *fn* currency

pénzösszeg *fn* amount, sum (of money) || **pénzösszegek** sums of money, monies

pénzpiac *fn* money-market

pénzreform *fn* monetary reform

pénzrendszer *fn* monetary system

pénzromlás *fn* depreciation, fall in (the) value (of money); *(devalváció)* devaluation

pénztár *fn* *(üzletben stb.)* cash desk/point, cashier; *(ABC-áruházban)* checkout; *(bankban)* counter, window, cash point; *(jegypénztár)* ticket office; ❏ *szính* box-office; ❏ *vasút* booking office; *(pénztárhelyiség)* cashier's office || **mikor zár a pénztár?** when does the box-office close?

pénztárablak *fn* (cashier's) desk, counter, window, cash point

pénztárca *fn* *(bankjegynek)* wallet || *(erszény)* purse, ⊕ *csak US* pocketbook, change purse

pénztárgép *fn* cash register

pénztári órák *fn* hours of business, business hours

pénztáros *fn* ❖ *ált* cashier; *(banké)* cashier, bank clerk, teller; *(vasúti)* booking clerk

pénztelen *mn* short of (*v.* without) money *ut.*, penniless; ❖ *biz* broke

pénztelenség *fn* impecuniousness, poverty

pénztőke *fn* money capital

pénzügyek *fn tsz* finances *v.* finances

pénzügyi *mn* financial, finance || **pénzügyi év** financial year; ⊕ *US* fiscal year; **pénzügyi helyzet** *(országé)* financial situation; *(vállalaté)* state of the …'s finances; **pénzügyi körökben** in financial circles, ⊕ *US* in/on Wall Street

pénzügyileg *hsz* financially

pénzügyminiszter *fn* Minister of Finance, ⊕ *GB* Chancellor (of the Exchequer), ⊕ *US* Secretary of the Treasury, Treasury Secretary

pénzügyminisztérium *fn* Ministry of Finance, ⊕ *GB*, ⊕ *US* the Treasury
pénzügyőr *fn* customs officer/official
pénzügyőrség *fn (testület)* customs; ⊕ *GB* the Board of Customs and Excise
pénzváltás *fn* exchange (of currency)
pénzváltó *fn* (money-)changer; *(automata)* change machine
pénzváltóhely *fn* bureau de change *(tsz* bureaux de change)
pénzverde *fn* mint
pép *fn* pulp, mush; *(püré)* purée
pépes *mn* pulpy, mushy
pepita *mn* checked, chequered, ⊕ *US* checkered
per *fn* ❏ *jog* (law)suit, (legal) action proceedings *tsz;* (court) case ‖ **polgári per** civil action/suit/case; **pert indít** *(vk ellen)* take* legal proceedings/action against sy, proceed against sy
perbeszéd *fn* ❏ *jog* pleadings *tsz*
perc ▼ *fn (időegység)* minute ‖ *(rövid idő)* moment, instant, second, minute ‖ **bármely percben** (at) any minute; **csak egy percre** (just) for a moment; **ebben a percben** just this moment/instant/second/minute; **egy perc alatt** in an instant, in a second/minute, ❖ *biz* in no time, in a flash/trice; **innen néhány percre van gyalog** it's a few minutes' walk from here (to); **néhány perce** a few minutes ago; **percekig** for (several) minutes; **tíz perc múlva hat** ten (minutes) to six, ⊕ *US* ten minutes of six; **tíz perccel múlt hat** ten (minutes) past six, ⊕ *US* ten (minutes) after six ▼ *mn (percnyi)* of minutes *ut.,* ... minutes(') ‖ **öt perc szünet** an interval (*v.* ⊕ *US* intermission) of five minutes, five-minute interval (*v.* ⊕ *US* intermission)
percenként *hsz* ❖ *ált* every minute ‖ ❏ *tud* ❏ *műsz* per minute ‖ **percenként 100 fordulat** 100 revolutions per minute (*röv* rpm)

perces *mn* of/lasting ... minutes *ut.* ‖ **húszperces szünet** interval (*v.* ⊕ *US* intermission) of 20 minutes
percmutató *fn* minute-hand, big-hand
percnyi *mn/fn* of a minute *ut.,* ... minutes(') ‖ **percnyi pontossággal** on the dot, to the minute
perec *fn* pretzel
pereg *ige (forog)* spin*/whirl/turn round, twirl ‖ **pereg a dob** the drum rolls (out); **pereg a nyelve** his/her tongue never stops, (p)rattle on
perel *ige* ❏ *jog* perel vkt sue sy, take* sy to court, take* legal action against sy ‖ *(veszekszik)* quarrel, dispute ‖ **perel vmt** sue sg, take* sg to court
perem *fn* ❖ *ált* border, edge, margin ‖ *(edényé, kalapé)* rim, brim ‖ ❏ *műsz* flange, raised edge ‖ **a város peremén** on the outskirts of [a/the city]
peremkerület *fn* outlying district/area ‖ **peremkerületek** the outskirts
peremváros *fn* suburb, (the) suburbs *tsz*
peres *mn* ❏ *jog* litigious, disputed ‖ **peres eljárás** litigation, (legal) proceedings *tsz,* suit, procedure; **peres ügy** lawsuit, action
pereskedés *fn* ❏ *jog* litigation
pereskedik *ige* ❏ *jog* litigate, carry on a lawsuit, engage in legal proceedings; *(öncélúan)* be* litigious
perget *ige (dobot)* roll ‖ *(filmet)* run*, play, show* ‖ *(mézet)* run*
pergő *mn* spinning, whirling, turning round *ut.*
periféria *fn* periphery, the outskirts *tsz*
periferiális *mn* peripheral
periodikus *mn* periodic(al), cyclic(al)
periódus *fn* period; ❏ *el* cycle
periszkóp *fn* periscope
perköltség *fn* ❏ *jog* (legal) costs *tsz* ‖ **perköltséget fizet** bear*/pay* the costs (of the proceedings)
permetez *ige* drizzle ‖ ❖ *ált* sprinkle; *(permetezővel)* spray

permetezés *fn* spraying; *(növényé)* crop spraying/dusting

permetező ▼ *mn* **permetező eső** drizzle, mizzle ▼ *fn (eszköz, gép)* sprayer; *(kézi, főleg festékszórásra)* spray-gun

permetezőszer *fn* spray insecticide

pernye *fn* flying ash(es)

peron *fn (pályaudvari)* platform

perpatvar *fn* squabble, altercation, quarrel || **családi perpatvar** domestic tiff

persely *fn (takarék)* (money-)box; *(gyereké)* piggy bank || *(templomi)* collecting box || ❑ *műsz* bush, ⊕ *US* bushing

perspektíva *fn (távlat)* perspective || **új perspektívákat nyit** open up new vistas

persze *ksz* of course, certainly, naturally, to be sure

pertu *fn* ❖ *biz* **pertuban van vkvel** be* on first-name terms with sy, be* a good/close friend of sy; **pertut iszik vkvel** drink* Brüderschaft with sy, drink* to one's close friendship with sy

Peru *fn* Peru

perui *mn/fn* Peruvian

perverz *mn* perverted, ❖ *biz* kinky

perverzitás *fn* ❖ *ált* perversity; *(nemi)* perversion, ❖ *biz* kinkiness

perzsaszőnyeg *fn* Persian carpet/rug

perzsel *ige (nap)* scorch, broil, singe *(j. m. igeneve:* singeing) || *(disznót)* singe

perzselő *mn* torrid, scorching || **perzselő nap** scorching sunshine

Pest *fn* Pest || **Pesten dolgozik** works in Pest

pesti *mn* (of) Budapest || **a pesti oldalon** on the Pest/left bank (of the Danube)

pestis *fn* (bubonic) plague

pesszárium *fn* ❑ *orv* pessary, vaginal suppository

pesszimista ▼ *mn* pessimistic ▼ *fn* pessimist, ❖ *biz* croaker, doomster

pesszimizmus *fn* pessimism

petárda *fn* petard

pete *fn* ❑ *biol* egg (cell)

petefészek *fn* ❑ *biol* ovary

petefészek-gyulladás *fn* ❑ *orv* oophoritis, ovaritis

petesejt *fn* ovum *(tsz* ova)

petíció *fn* petition

petrezselyem *fn* ❑ *növ* parsley

petróleum *fn* ⊕ *GB* paraffin, ⊕ *US* kerosene

petróleumfőző *fn* paraffin stove, primus (stove), ⊕ *US* kerosene stove

petróleumlámpa *fn* paraffin/oil *(v.* ⊕ *US* kerosene) lamp

petrolkémia *fn* petrochemistry, petrochemical(s) industry

petyhüdt *mn (bőr)* loose, slack; *(mell)* sagging || *(izomzat)* soft, flabby, flaccid || **petyhüdt lesz** sag

petty *fn (állaton)* spot || *(minta)* (polka) dot || *(piszok)* speck(le), fleck

pettyes *mn* spotted, spotty || *(minta)* dotted; polka-dot [shirt etc.] || *(piszkos)* speckled, flecked

pezseg *ige (folyadék)* sparkle, fizz, fizzle, bubble || *(utca forgalomtól)* swarm/teem/bustle with [activity/life etc.]

pezsgés *fn (folyadéké)* sparkling, fizzing, bubbling || *(utcán)* teeming life, milling crowds

pezsgő ▼ *mn* ❖ *ált* sparkling || ❖ *átv* **pezsgő élet** bustling/teeming life ▼ *fn* champagne

pezsgőfürdő *fn* bubble bath

pezsgőzik *ige* drink* champagne

pézsma *fn* musk

pfuj *isz* fie!, (for) shame!; *(undor)* pooh!, ugh!, yuck! || **pfuj bíró!** kill the ref!

pia *fn* ❖ *biz* booze, ⊕ *US* liquor

piac *fn* market || **a piac** the marketplace; **nincs piaca** there is no demand/call/market for it; **a piacon vásárol** buy* [goods] in the market

piacgazdaság *fn* market economy
piaci *mn* market || **piaci ár** market/current/going/prevailing price/rate; **piaci árus** market trader; **piaci viszonyok** market relations
piackutatás *fn* market research
piál *ige* ❖ *biz* booze, soak, knock it back
pianínó *fn* upright/cottage piano
piarista *fn* Piarist
piás ❖ *biz* ▼ *mn (részeges)* boozy; *(berúgott)* lit up, screwd, tight, ⊕ *US* stinko ▼ *fn* **(nagy) piás** boozer, (old) soak, hard drinker
pici *mn* tiny, minute, ❖ *biz* weeny, ❑ *sk* wee || **pici gyerek** tiny tot, toddler
pihe *fn* fluff, flock, floss
pihen *ige* rest, take* a rest, relax
pihenés *fn* rest; *(betegség után)* rest cure || **aktív pihenés** active recreation
pihenj! *isz* ❑ *kat* (stand) at ease!
pihenő ▼ *mn* resting, relaxing || **pihenő ember** man° at rest ▼ *fn (pihenés)* rest; *(munka közben)* break, breather, pause || *(lépcsőházban)* landing
pihenőhely *fn (autópályán)* lay-by (*tsz* -bys), ⊕ *US* rest stop; pull-off
pihenőnap *fn* day off, rest day, day of rest, holiday
pihentet *ige* rest, relax
pikáns *mn (történet)* naughty, spicy, juicy, racy || *(arc)* piquant || *(kellemesen csípős, fűszeres)* (highly) seasoned, piquant || **a pikáns a dologban az, (hogy)** the funny thing is; **pikáns íz** spicy/piquant taste, piquancy
pikk *fn (kártya)* spade(s) || **pikk dáma** the queen of spades
pikkely *fn* scale
pikkelyes *mn* scaly
piknik *fn kb.* bottle party || **piknik alapon** on a bring-your-own-food basis
pikoló *fn* ❑ *zene* piccolo || **egy pikoló sör** a small beer, half a pint of beer, small glass of beer

pillanat *fn* instant, moment, second || **egy pillanat(ra)!** just/wait a moment!, half a second/moment!; **egy pillanat alatt** in an instant, in a flash; **pár pillanat múlva** *(később)* a few moments later; *(most)* in a moment, in two shakes; **ebben a pillanatban** this (very) instant/moment, just now
pillanatfelvétel *fn* snapshot
pillanatnyi *mn* momentary, temporary
pillanatnyilag *hsz* at/for the moment, just/right now, just at the moment
pillangó *fn* ❑ *áll* butterfly || ❖ *átv* ❖ *biz* woman° of the town/streets
pillangóúszás *fn* butterfly (stroke)
pillant *ige (vkre, vmre)* glance at sy/sg, cast*/throw* a glance at sy/sg
pillantás *fn* glance, look, glimpse || **dühös pillantás** angry look; **szerelmes pillantás** amorous glance(s), ❖ *biz* sheep's eyes *tsz*
pillér *fn* pillar, column, post; *(hídé)* pier
pilóta *fn* ❑ *rep* (airline) pilot || **pilóta nélküli** unmanned, pilotless
pilótafülke *fn* flight deck; *(kisebb gépen)* cockpit
pilótaülés *fn* pilot's seat, cockpit
pimasz *mn* impudent, insolent, impertinent, cheeky
pimaszság *fn* impudence, impertinence, cheek || **micsoda pimaszság!** what a cheek!
pince *fn* cellar
pincegazdaság *fn* ⊕ *főleg US* winery, wine-cellars *tsz*
pincér *fn* waiter; *(hajón)* steward; *(söntésben)* barman°, ⊕ *főleg US* bartender, ⊕ *US így is* barkeep
pincérnő *fn* waitress; *(hajón)* stewardess; *(söntésben)* barmaid
pingpong *fn* table tennis, ping-pong
pingpongasztal *fn* table-tennis table
pingponglabda *fn* table-tennis ball
pingpongozik *ige* play table tennis, play (a game of) ping-pong

pingpongütő *fn* (table-tennis) bat
pingvin *fn* penguin
pinty *fn* ❏ *áll* chaffinch
pióca *fn* ❏ *áll* leech ‖ ❖ *átv* leech, blood-sucker
pipa *fn (dohányzáshoz)* pipe ‖ *(könnyűbúváré)* snorkel ‖ *(kipipálás listán)* tick, ⊕ *US* check ‖ **egy pipára való (dohány)** a pipeful (of tobacco)
pipacs *fn* (red/corn/field) poppy
pipadohány *fn* pipe tobacco
pipál *ige (pipázik)* smoke a pipe ‖ **a hegy pipál** the mountain is shrouded in mist; **ilyet még nem pipáltam** well, I never!
pipás ▼ *mn* pipe-smoking ‖ ❖ *biz (dühös)* hopping mad, fuming ‖ **olyan pipás voltam** I was livid/furious ▼ *fn* pipe smoker
pipázik *ige* smoke a pipe
piperecikkek *fn tsz* toilet/cosmetic articles; *(főleg feliratként)* toiletries
pipereszappan *fn* toilet soap
piperetáska *fn* cosmetic/vanity bag
piperkőc *mn/fn* dandy, fop, coxcomb
pipi¹ *fn (kiscsirke és biz lány)* chick
pipi² *fn* ❖ *biz (pisi)* pee, wee(-wee), a tinkle
pír *fn (arcé)* flush, blush, glow ‖ *(hajnali)* flush of dawn
piramis *fn* pyramid
pirít *ige (kenyeret, szalonnát)* toast; *(húst, májat)* sauté *(alakjai:* sautéed *v.* sautéd, sautéing), (shallow) fry
pirítós (kenyér) *fn* toast
pirított *mn (hús)* browned, sauté(ed) ‖ **pirított burgonya** sauté potatoes; **pirított sertésmáj** sauté pork liver
pirkad *ige* the day is breaking, it is dawning
pirkadat *fn* ❏ *nép* dawn, daybreak
piromániá *fn* pyromania, incendiarism
piromániás *fn* pyromaniac
piros ▼ *mn* red ‖ *(rózsaszínű)* pink ‖ **piros arc** rosy/ruddy face (*v.* cheeks *tsz*); **piros betűs ünnep** red-letter day; **piros fény** *(jelzőlámpában)* red light; **piros jelzést ad** give* a warning of red alert; **piros tojás** Easter egg ▼ *fn (szín)* red; *(fény, jelzőlámpában)* red light ‖ *(kártya)* heart(s)
piros-fehér-zöld *mn/fn* red, white and green, tricolour (⊕ *US* -or)
pirosító *fn (ajak)* lipstick; *(arc)* rouge
piroslik *ige* look/glow/show* red
pirosodik *ige* grow*/become*/turn red, redden
pirospaprika *fn (őrölt)* (Hungarian) paprika
pirospozsgás *mn* rosy/ruddy-cheeked
pirul *ige* ❖ *ált* redden, grow*/turn/become* red/pink ‖ *(arc)* blush *(vmtől* with/at sg), flush *(vmtől* with sg) ‖ *(hús)* (begin to) brown
pirula *fn* pill, pastille
pirulás *fn (arcé)* blush, flush
pisál *ige* ❖ *vulg* piss, make* water
pisi *fn* ❖ *biz* pee, wee(-wee), piddle
pisil *ige* ❖ *biz* pee, piddle, widdle, have* a pee, do*/have* a wee-wee ‖ **pisilni megy** go* for (*v.* have*) a pee, go* for (*v.* have*) a wee(-wee), go* to the loo (⊕ *US* john)
pisis *mn* wet
piskóta *fn (rudacskák)* sponge-finger, sponge biscuit ‖ *(tészta)* sponge (-cake)
piskótatészta *fn* sponge(-cake)
pislog *ige (vk akaratlanul)* blink; *(tudatosan)* wink
pislogás *fn (szemmel)* blinking, winking ‖ *(fényé)* glimmer(ing), shimmer(ing)
pisze *mn* retroussé, pug/snub-nosed ‖ **pisze orr** snub/pug-nose, turned-up nose
piszkafa *fn (tűzhöz)* poker
piszkál *ige (vmt, tüzet)* poke, stir ‖ *(vkt)* badger, chivvy ‖ *(bosszantva)* needle, annoy, tease, pick at (sy) ‖ **fogát piszkálja** pick one's teeth
piszkavas *fn* poker
piszkít *ige (ürülékkel)* foul, dirty ‖ dirty, soil ‖ **a konyhapadlóra piszkít** dirty the kitchen floor

piszkol *ige (szid)* revile, vilify, abuse, ❖ *biz* fling*/throw* dirt at sy || = **piszkít**

piszkolódás *fn (ruháé)* soiling, becoming dirty/soiled/grimy || ❖ *átv (vk ellen)* vilification, abuse, slander

piszkolódik *ige (piszkos lesz)* soil, get* dirty/soiled || **nem piszkolódik** it does not pick up dirt

piszkos *mn (tárgy)* dirty || *(erkölcsileg)* filthy, foul || **piszkos beszéd** foul language, dirty talk; **piszkos csirkefogó** (dirty) rat, skunk, a bad egg

piszkoskodik *ige (kellemetlenkedik vkvel)* be* nasty (to sy), treat sy like dirt

piszkozat *fn* rough (copy), (first) draft (of sg)

piszmog *ige (vmn, vmvel)* dawdle over sg, tinker with *(v. away at)* sg

piszmogás *fn* pottering (⊕ *US* puttering) (around), dawdling

piszok ▼ *fn* dirt, filth, ❖ *biz* muck ▼ *mn* **piszok alak** dirty rat/dog, skunk, blackguard

pisszeg *ige* hiss, boo

pisszegés *fn* hiss, hissing, booing

pisszen *ige* **pisszenni sem mert** he did not dare to stir

pisztoly *fn* pistol, (hand) gun || **önműködő pisztoly** automatic (pistol); **pisztolyt fog vkre** point/aim/level (⊕ *US* -l) a pistol/gun at sy

pisztráng *fn* trout

pite *fn* fruit-flan, pie, tart || **almás pite** apple tart/turnover

pitvar *fn (tornác)* porch || *(szívé)* atrium

pitypang *fn* ❑ *növ* dandelion

pizsama *fn* pyjamas *tsz*, ⊕ *US* pajamas *tsz*

plafon *fn (mennyezet)* ceiling || ❖ *biz (felső határ)* [price etc.] ceiling, roof

plágium *fn* plagiarism

plagizál *ige* plagiarize (from)

plakát *fn* bill, poster, placard

pláne ▼ *hsz* ❖ *biz* particularly, especially ▼ *fn* **az benne a pláne, hogy** the beauty of it is that …

planetárium *fn* planetarium

plasztik *mn/fn* plastic

plasztika *fn* ❑ *műv* the plastic arts *tsz*

plasztikai *mn* **plasztikai műtét** plastic operation/surgery; **plasztikai sebészet** plastic surgery

plasztikus *mn* plastic; ❖ *ir* graphic

platán(fa) *fn* plane(tree), ⊕ *US* sycamore

platform *fn* ❑ *pol* platform

platina *fn* platinum

plató *fn* plateau *(tsz* plateaus *v.* plateaux)

plátói *mn* Platonic || **plátói szerelem** Platonic love

plazma *fn* ❑ *biol* plasma

plébánia *fn (kat. egyházközség)* parish || *(épület)* parsonage, vicarage, rectory

plébános *fn* parson, parish priest, vicar

pléd *fn* (travelling-)rug (⊕ *US* -l-)

pléh *fn* tin

pléhlemez *fn* tin/iron-plate, iron-sheeting

pléhpofa *fn* ❖ *biz* poker-face(d), deadpan face, a cool customer || **pléhpofával** coolly, as coolly as you like, deadpan

plenáris ülés *fn* plenary session

pletyka *fn* (piece of) gossip, tittle-tattle; *(rosszindulatú)* scandal(-mongering)

pletykafészek *fn (személy)* scandalmonger, gossip, newsmonger, tattler; ⊕ *US* tattletale

pletykál *ige* gossip, tittle-tattle

pletykarovat *fn* gossip column

pletykás *mn* gossipy, gossiping; *(rosszindulatú)* scandal-mongering

plexi(üveg) *fn* plexiglass, Plexiglas(s)

plomba *fn (ólom)* lead seal || *(fogtömés)* filling, stopping

pluralista *mn* pluralist, pluralistic

pluralizmus *fn* pluralism

plusz ▼ *mn (előjel)* plus || **a hőmérséklet plusz 10 °C** the temperature is ten degrees centigrade/celsius (v. 10 °C), ... a temperature of 10°C ▼ *fn (többlet)* excess,, surplus ▼ *hsz* ❑ *mat* plus || ❖ *biz (azonfelül)* plus || **bevásárol, plusz takarít** (s)he does the shopping plus the housework; **öt plusz három** five plus three

pluszjel *fn* plus sign

plüss *mn* plush

pneumatikus *mn* pneumatic

pocak *fn* paunch, pot(belly)

pocsék *mn (vacak)* worthless || *(komisz)* atrocious, rotten, lousy, foul

pocsékol *ige (pazarol)* squander, waste || **pocsékolja az időt** waste (one's) time

pocskondiáz *ige* abuse, revile, decry, run* down, throw* mud at

pocsolya *fn* puddle, muddy pool, mire

pódium *fn* stage, platform; *(karmesteri is)* rostrum, podium

poén¹ *fn (kártyában)* point

poén² *fn (viccé)* point (of a joke), punch line, ❖ *biz* pay-off || **az benne a poén, hogy** the beauty of it is that ...

poétikus *mn* poetic(al)

pofa *fn (emberé, lóé)* cheek, jowl; *(más állaté)* chops *tsz* || ❖ *biz* = **pasas** || *(satué)* jaws *tsz* || ❖ *vulg (kifejezések)* **fogd be a pofádat!, pofa be!** shut/dry up!, shut your face!; **két pofára eszik** stuff oneself, stuff one's face; **pofákat vág** make* faces

pofacsont *fn* cheekbone

pofaszakáll *fn* (side-)whiskers, ⊕ *GB* side-boards, ⊕ *US* sideburns *(mind: tsz)*

pofátlan *mn* bare-faced, insolent

pofátlanság *fn* brazen cheek, insolence

pofátlanul *hsz* (as) bold as brass

pofázás *fn* ❖ *vulg* rant, mouthings *tsz*

pofázik *ige* ❖ *vulg (sokat beszél)* shoot* one's mouth off || *(zabál)* stuff oneself, guzzle || **ne pofázz!** shut up!, shut your face/mouth!

pofon ▼ *fn (kézzel)* slap/smack in the face, box on the ear || *(erkölcsi, átv)* snub, affront, humiliation ▼ *hsz* **pofon vág** slap/smack sy in the face

pofoz *ige (vkt)* slap sy (repeatedly) in the face

pofozkodik *ige* box one another's ears

pogácsa *fn kb.* savoury scone, scones *tsz*

pogány *mn (nem keresztény)* heathen; *(istentelen)* pagan

pogányság *fn (nem keresztény vallás)* heathenism; *(istentelenség)* paganism || *(pogányok)* heathens, the heathen (peoples); *(istentelenek)* pagan people *(mind: tsz)*

pogrom *fn* pogrom, Jew-baiting

poggyász *fn* luggage *(tsz* ua.*)*, ⊕ *főleg US* baggage *(tsz* ua.*)* || **poggyászt felad** check in (one's baggage)

poggyászfeladás *fn (cselekvés)* registration of luggage (⊕ *US* baggage) || *(hivatal)* luggage (⊕ *US* baggage) office

poggyászkiadás *fn (cselekvés)* delivery of luggage/baggage || *(hivatal)* (luggage/baggage) delivery office; *(repülőtéren)* baggage reclaim

poggyászkuli *fn* (baggage) trolley

poggyászmegőrző *fn* left-luggage (office), ⊕ *US* checkroom, baggage room || **poggyászmegőrző automata** left-luggage locker

poggyásztúlsúly *fn* excess baggage/luggage/weight

poggyászvizsgálat *fn* examination of luggage/baggage

pohár *fn* glass || **egy pohár bor** a glass of wine

pohárköszöntő *fn* toast || **pohárköszöntőt mond** give* a toast

pók *fn* ❑ *áll* spider

pókháló *fn* (spider's) web, cobweb

pokol *fn* ❖ *ált* hell; *(alvilág)* the underworld || **pokol az élete** his life is hell (on earth); **eredj a pokolba** go to blazes/hell, go to the devil

pokolgép *fn* time bomb
pokoli *mn* hellish, infernal, of hell *ut.*; ❖ *biz (rendkívüli)* frightful, fiendish || **pokoli fejfájás** splitting headache; **pokoli meleg nap** a very hot day, a scorching day
pokróc *fn (takaró)* coarse/heavy blanket || ❖ *átv* **goromba pokróc** churlish (*v.* crossgrained) fellow, crosspatch
polc *fn* shelf°; *(kisebb, konzolos fali)* bracket || **polcok** shelves, shelving
polgár *fn (állam_é)* citizen; *(nem katona)* civilian || ❑ *pol* bourgeois
polgárháború *fn* civil war
polgári ▼ *mn (élet, intézmény)* civil; *(nem katonai)* civilian || ❑ *pol* ❑ *tört* bourgeois, middle-class || ❑ *pol* civic || **a polgári életben** in civilian life; **polgári bíróság** civil court; **polgári demokrácia** bourgeois democracy; **polgári házasság** civil marriage; **polgári iskola** higher elementary school; **polgári jogok** civil rights/liberties; **polgári lakosság** civilian population; **polgári párt** civic party; **polgári per** civil action/case/suit ▼ *fn* = **polgári iskola**
polgárjog *fn* **polgárjogok** civil rights *tsz*; **polgárjogot nyer** (*vk*) be* granted civil rights; *(szokás)* be(come)* accepted, take*/strike* root
polgárjogi *mn* **polgárjogi harcos** civil rights leader/activist/campaigner; **polgárjogi mozgalom** civil rights movement
polgármester *fn* mayor
polgármester-helyettes *fn* deputy mayor
polgárság *fn (vmely város lakossága)* citizens *tsz* || *(középosztály)* bourgeoisie, the middle classes *tsz*
polietilén *mn* polythene
polihisztor *fn* polymath
polip *fn* ❑ *áll* octopus *(tsz* -puses) || ❑ *orv* polyp, polypus *(tsz* -pi)
politika *fn (tudomány és rendszer)* politics *esz*; *(tevékenység és vk pol. nézetei)* politics *tsz* || *(irányzat, elvek)* policy || **a kormány politikája** the policy (*v.* policies *tsz*) of the government, government policy
politikai *mn* political || **politikai bizottság** political committee, Politburo; **politikai bűncselekmény** political offence (🌐 *US* offense), political crime, *(állam elleni bűncselekmény)* crime against the state; **politikai bűnper** political/state trial; **politikai fogoly** political prisoner; **politikai fordulat** *(választáson)* turn/change in politics; **politikai irányvonal** policy, (political) line
politikailag *hsz* politically
politikamentes *mn* free of politics *ut.*, nonpolitical, apolitical
politikus ▼ *mn (célszerű)* politic, prudent, diplomatic || **nem politikus** impolitic, inexpedient; **politikus válasz** shrewd answer ▼ *fn* politician
politizál *ige (beszél róla)* talk/discuss politics; *(foglalkozik vele)* engage (*v.* be* engaged) in politics
politológia *fn* political science, politics *esz*
politológus *fn* political scientist
pólóing *fn* T-shirt
poloska *fn* ❑ *áll* bedbug, 🌐 *US* így is chinch || ❖ *biz (lehallgató)* bug
pólózik *ige (lovon)* play polo
pólus *fn* pole
pólya *fn (csecsemőé)* swaddling-clothes *tsz*; *(ma)* baby's wraparound/shawl || ❑ *orv* bandage, dressing
pólyás *mn/fn* **pólyás (baba)** babe-in-arms, infant
pólyáz *ige (csecsemőt)* swaddle || *(kötöz)* bandage, dress, bind* up
pompa *fn (látványosság)* pageantry, pomp; *(ünnepi)* ceremony
pompás *mn (fényűző)* luxurious, magnificent; *(látványosan szép)* splendid, glorious; *(ember vmben)* excellent, first-rate, *(ha főnévvel áll)* first-rate, top(-notch) || **pompás alkalom** excel-

lent opportunity; *(idő)* glorious, fine, lovely; **pompás ötlet** a brilliant idea, a brain-wave

pompázik *ige (vk)* look fine, be* in full bloom, be* in the pride of her beauty || *(vm)* be* resplendent, have* a brilliant/splendid appearance

pompon *fn* pompon, pompom

pongyola ▼ *fn* dressing gown, wrap, ⊕ *US* bathrobe || **pongyolában** in (a state of) deshabille/dishabille/undress ▼ *mn* careless, negligent, untidy; *(stílus)* loose, careless, sloppy, slipshod

póni *fn* pony

pont ▼ *fn (térben)* point || *(mondat végén)* full stop, ⊕ *US* period; *(ékezet)* dot || *(petty)* dot || *(időben)* point || *(mérték)* point, stage, extent, degree || *(részlet, szakasz)* point, paragraph, article || *(sp játék)* score, mark, point; *(műkorcsolya, műúszás)* mark || **a szerződés pontja** clause/article/paragraph of a/the contact; **egy bizonyos pontig** to a certain extent/degree, up to a point; **ezen a ponton** at this juncture/stage/point; **minden ponton** in every respect; **nem ért el pontot** sy failed to score; **pont pont pont (...)** suspension points; **... pontot ért el** (s)he scored [3, 4 etc.] points; **pontról pontra** point by/for point; **4. szakasz c pontja** item c of paragraph 4 ▼ *hsz* just, exactly, precisely || **és pont az apja!** and his father, of all people!; **nem pont így mondta** well, he didn't say it in so many words

pontatlan *mn (vk időben)* late, unpunctual || *(nem precíz)* inexact, inaccurate, imprecise || *(megbízhatatlan)* unreliable || **pontatlan fordítás** loose/inaccurate translation, mistranslation

pontatlanság *fn (vké időben)* lateness, unpunctuality || *(precizitás hiánya)* inaccuracy, inexactness, lack of precision || *(maga a hiba)* inaccuracy, error, slip

pontonhíd *fn* pontoon-bridge

pontos *mn (időben)* punctual, exact || *(precíz)* accurate, exact, correct, precise || **a pontos idő** *(rádió)* the time is now ...; **az órám pontos** my watch keeps good excellent time; **nem pontos** unpunctual, incorrect, imprecise; **pontos adatok** precise/exact figures; **pontos idő** right/correct time

pontosan *hsz (időben)* punctually || *(precízen)* accurately || *(teljesen, egészen, pontról pontra)* exactly, precisely, to a T || **nem tudom pontosan megmondani** I cannot say exactly; **pontosan (erről van szó)!** that's exactly it!, quite!, exactly!, absolutely!; **pontosan egyezik** agree exactly; **pontosan érkezik** be*/come* on time; **pontosan közlekedik** it is running on time (v. ⊕ *US* on schedule); **pontosan meghatároz** state precisely, specify; **pontosan ötkor** at five (o'clock) sharp

pontosít *ige* state precisely; specify

pontosság *fn (időben)* punctuality || *(precizitás)* accuracy, precision, exactness, correctness || **percnyi pontossággal** to the minute, on the dot

pontosvessző *fn* semicolon

pontoz *ige (ponttal megjelöl)* dot || ❏ *sp* score

pontozás *fn (ponttal megjelölés)* dotting; *(kipontozás)* suspension points *tsz* || ❏ *sp* scoring || **pontozással győz/veszít** win*/lose* on points

pontozott *mn (zene is)* dotted || **pontozott vonal** dotted line

pontrendszer *fn* ❏ *sp* point(s) system

pontszám *fn* főleg *sp* score, points *tsz* || **egyenlő pontszám esetén** in case of a tie (on points)

pontverseny *fn* points competition

ponty *fn* carp

ponyva *fn (anyag)* canvas || *(üzleté, kirakaté)* awning

ponyvaregény *fn* pulp/trashy novel, ⊕ *US* dime novel

pop-art *fn* pop art

popénekes *fn* pop singer
popfesztivál *fn* pop festival
popó *fn* ❖ *biz* bum, bottom, ⊕ *US* fanny
popzene *fn* pop music
por *fn (úté)* dust || *(porított vm; gyógyszer)* powder || **elveri a port vkn** dust sy's jacket for him, give* sy a sound beating; **fölveri a port** raise the dust; ❖ *átv* **nagy port ver fel** cause a stir/sensation
póráz *fn* lead, leash || **pórázon tart** *(kutyát)* keep* [a/one's dog] on a/the lead; ❖ *átv (vkt)* hold* sy in leash
porc *fn* cartilage
porcelán *fn* porcelain, china
porceláncsésze *fn* porcelain/china cup
porcelánkészlet *fn* (a set of) china
porcika *fn* **remegett minden porcikájában** (s)he was trembling all over
porció *fn* portion, dole; *(asztalnál)* helping
porckorongsérv *fn* ❑ *orv* slipped disc
porcogó *fn* gristle
porcukor *fn* ⊕ *GB* castor/icing sugar, ⊕ *US* granulated/confectionery sugar
póréhagyma *fn* leek
porhanyó(s) *mn (talaj)* light, loose, loamy, mellow || *(tészta)* crumbly
porhó *fn* powder(y) snow
porít *ige (szenet)* pulverize; *(egyebet)* desiccate, dehydrate
porlaszt *ige (folyadékot)* atomize, vaporize || *(motor)* carburet (⊕ *US* -ret)
porlasztó *fn* ❖ *ált* pulverizer || *(motoré)* carburettor (⊕ *US* -retor)
pornó *fn* ❖ *biz* porn(o)
pornográf *mn* pornographic
pornográfia *fn* pornography
porol *ige (port csinál)* raise the dust || *(ruhát)* beat* the dust out of sg, dust sg; *(szőnyeget)* beat* [the carpet]
porolás *fn* beating (the dust out of) sg, dusting, carpet beating
poroltó *fn* fire-extinguisher
porond *fn (cirkuszi)* ring, arena || ❖ *átv (küzdőtér)* arena

poros *mn* dusty
porosodik *ige* become*/get* dusty || ❖ *átv* be* (just) gathering dust
porózus *mn* porous
porszívó *fn* vacuum cleaner, ⊕ *GB* hoover
porszívóz *ige* vacuum(-clean), ⊕ *GB* hoover
porta *fn (szállodai)* reception (desk)
portál *fn* portal; ❑ *szt* portal (site)
portás *fn (kapus)* doorman, ⊕ *GB* porter, gatekeeper, ⊕ *US* janitor || *(szállodai)* receptionist, ⊕ *US* reception/desk clerk
portásfülke *fn* doorman's/porter's/gatekeeper's lodge
portó *fn* excess postage, postage due stamp, surcharge
portói (vörösbor) *fn* port
portómentes *mn* post-free, ⊕ *US* postpaid
portré *fn* portrait
portugál ▼ *mn* Portuguese ▼ *fn* **a portugálok** the Portuguese || → **angol**
Portugália *fn* Portugal
portugálul *hsz* (in) Portuguese || → **angolul**
pórul jár *ige* come* (badly) unstuck (v. to grief), get* the worst of it
pórus *fn* ❑ *biol* pore (of skin)
porzik *ige* give* off (v. raise) clouds of dust
porzó *fn* ❑ *növ* stamen (*tsz* stamens v. stamina)
poshad *ige (víz)* be* stagnant; *(más)* go* off/musky, rot
poshadt *mn (víz)* stagnant; *(más)* stale, rotten
posta *fn (intézmény)* post; *(hivatal)* post office, post || *(küldemény)* post, mail (⊕ *US csak* mail) || **a legközelebbi postával** by return (of post), by the next post (⊕ *US* mail); **nincs postám?** any mail/letters for me?; **postán küld vmt** post sg (to sy), send* (sy) sg by post, ⊕ *US* mail sg, send* sg by mail; **postán maradó** *(külde-*

mény) poste rest*a*nte, to be kept unt*i*l called for, ⊕ *US* general del*i*very
postacím *fn* postal address, ⊕ *US* mail*i*ng address
postafiók *fn* post office box (*röv* P.O. Box *v.* POB)
postafordultával *hsz* **postafordultával válaszol** *a*nswer by ret*u*rn (of post)
postagalamb *fn* carrier pigeon
postahivatal *fn* post office
postai *mn* postal, post-office ‖ **postai díjszabás** postal rates *tsz*, postal/mail tariff
postakocsi *fn* *(régen)* stagecoach ‖ *(vonaton)* mailcoach, ⊕ *US* mailcar
postaköltség *fn* postage, postal charges *tsz*
postaláda *fn* post-box, ⊕ *GB* p*i*llarbox; *(fali)* letter-box, posting box; ⊕ *US* mailbox; *(máshol)* letter-box
postás *fn* *(levélkézbesítő)* postman°; *(női)* postwoman°; letter-carrier; ⊕ *US* mailman° ‖ *(tisztviselő)* post-office official/employ*ee*/clerk
posta-takarékpénztár *fn* ❖ *ált* postal savings bank; *(GB korábban és Magyarországon ma)* Post Office Savings Bank; *(GB ma)* National Savings Bank
postautalvány *fn* money order; ⊕ *csak GB* postal order; ⊕ *US csak* money order
posvány *fn* bog, fen, swamp; *(átv is)* slough
poszt *fn* *(őrhely)* guardpost ‖ ❖ *átv* ❖ *biz* post, position ‖ **poszton áll** be* on sentry-go/duty
poszter *fn* poster
posztgraduális *mn* postgraduate
posztó *fn* (broad-)cloth; *(biliárdasztalra)* baize ‖ **se pénz, se posztó** *kb.* be* left empty-handed
posztumusz *mn* posthumous
pótágy *fn* spare bed
pótalkatrész *fn* spare part, spare

pótcselekvés *fn* (act of) compensation, redirection act*i*vity
pótdíj *fn* add*i*tional/extra charge; *(vasúton)* excess fare ‖ **gyorsvonati pótdíj** supplementary fare (for a high-speed train)
potencia *fn* (sexual) potency
potenciál *fn* potential
potenciális *mn* potential, possible
pótjegy *fn* *(vasúton)* excess fare
pótkávé *fn* coffee substitute, ersatz coffee
pótkerék *fn* spare wheel/tyre (⊕ *US* tire)
pótkocsi *fn* *(autónál)* trailer ‖ *(villamoson)* trailer, second (tram)car
pótkötet *fn* supplement, supplementary volume
pótlás *fn* substitution, replacement, supplement; *(veszteségé)* compensation
pótlék *fn* *(vm helyett)* substitute (for) ‖ *(díj)* bonus, allowance
pótlólag *hsz* add*i*tionally, *a*fterwards, s*u*bsequently
pótmama *fn* baby-sitter
pótol *ige* *(helyettesít)* replace (*vmt vmvel* sg by/with sg), s*u*pplement (sg by sg), s*u*bstitute (sg for sg) ‖ *(kiegészít)* supply (sg) with, add (sg) to (sg); *(összeget)* make* up [the total, etc.]; *(elmulasztott dolgot)* make* up for (sg); *(veszteséget, kárt)* make* sg good, refund, compensate
pótolhatatlan *mn* (*vk, vm*) irreplaceable, indispensable ‖ *(veszteség)* irrecoverable, irreparable; *(kár)* irretrievable
potom *mn* trifling, insignificant ‖ **potom pénzen** ❖ *biz* for a song, dirt cheap, next to nothing
potroh *fn* *(rovaroké)* abdomen ‖ *(emberé, iron)* pot-belly, paunch
pótszavazás *fn* run-off ballot, second ballot, second round of voting
pótszék *fn* extra seat

pótszög *fn* ❑ *mat* complementary angle
póttag *fn* alternate member, deputy
pótvizsga *fn* ❖ *biz* = **javítóvizsga**
potya ▼ *mn (ingyenes)* free (of charge), gratis, ❖ *biz* freebie || *(könnyű) (igével)* be* a cinch, ⊕ *US* be* a steal || **potya dolog** a cinch, ⊕ *US* a steal; **potya ebéd volt** that meal/lunch was a freebie; **potya gól** a give-away goal; **potyán utazik** steal* a ride; **potyára** *(hiába)* for nothing; *(ingyen)* for love, (for) free ▼ *fn (alkalom, ajándék stb.)* freebie
potyautas *fn* ❖ *biz* freebie passenger; *(buszon, vonaton)* fare-dodger; ⊕ *főleg US* deadhead; *(repülőgépen)* stowaway
potyázás *fn (hangversenyen stb.)* gatecrashing; *(metrón stb.)* fare dodging
potyázik *ige (hangversenyen)* gatecrash; ⊕ *főleg US* be* a deadhead; *(járművön)* steal* a ride
potyog *ige* plop/drop (repeatedly/continuously)
pottyan *ige* plop, plump, flop || **égből pottyant** came as a godsend
póz *fn* attitude, pose
pozdorja *fn* **pozdorjává tör/zúz** crush/shatter to pieces, smash up (*v.* to smithereens), wreck
pozdorjalemez *fn* chipboard
pozíció *fn (helyzet)* position || *(állás)* post, situation, position, standing
pozícióharc *fn* jockeying for position
pozitív ▼ *mn (orv is)* positive ▼ *fn* ❑ *fényk* print
pozitivizmus *fn* positivism
pozitívum *fn* fact || **van benne pozitívum** there is something to be said for it
pozitúra *fn* posture, attitude
pózna *fn* pole, post, staff
pózol *ige* posture, be* affected, strike* an attitude, attitudinize
pödör *ige* twirl, twist; *(bajuszt)* twirl one's moustache (⊕ *US* mustache)
pöffeszkedik *ige* swagger, strut about/around, be* puffed up, ❖ *biz* swank

pöffeszkedő *mn* haughty, conceited, arrogant, ❖ *biz* bumptious
pöfög *ige* bubble (away), ❖ *átv* fume
pökhendi *mn* arrogant, insolent
pörget *ige* spin*/whirl (round), rotate
pörgettyű *fn (játékcsiga)* (humming/spinning) top || ❑ *tud* gyroscope
pörköl *ige (disznót)* singe *(j. m. igenév* singeing) || *(kávét)* roast
pörkölődik *ige (naptól)* become*/get* scorched/parched/burnt || *(vmnek a széle/szőre)* get*/become* singed
pörkölt *fn kb.* (Hungarian) stew
pösze *mn* lisping || **pöszén beszél** have* a lisp, lisp
pöszeség *fn* lisp(ing)
pötyög *ige (gagyog)* babble || **pötyög vmt angolul** (s)he can manage a few words of English
pötty *fn* = **petty**
Prága *fn* Prague
prágai ▼ *mn* of Prague *ut.*, Prague ▼ *fn* inhabitant of Prague
praktikus *mn* practical; *(hasznos)* useful; *(könnyen kezelhető)* easy to handle *ut.*, handy
praktizál *ige* practise (⊕ *US* -ice)
pravoszláv egyház *fn* Eastern/Orthodox Church
praxis *fn (gyakorlat)* practice (⊕ *US* -ise), practical experience || *(orvosé, ügyvédé)* practice
precedens *fn* precedent || **precedens nélkül** without precedent, unprecedented
precíz *mn* precise, exact, accurate, correct || **precíz ember** painstaking/meticulous person, perfectionist
precizitás *fn* precision, exactness, accuracy
préda *fn (zsákmány)* prey, quarry; *(áldozat)* victim || **vmnek prédájává lesz** fall*/be*/become* prey to sg
predesztinál *fn* predestine || **arra van predesztinálva** be* (pre)destined to/for
prédikáció *fn* sermon, preaching

prédikál *ige* ❑ *vall* preach/deliver/give* a sermon (*vmről* on/about sg), preach (*vknek* to, *vmről* about/on), *(igét hirdet)* preach the word of God (*v.* the Gospel)
prédikátor *fn* preacher; *(evangelizátor)* evangelist
prefixum *fn* ❑ *nyelvt* prefix
pregnáns *mn* pithy, trenchant, succinct
prelúdium *fn* prelude
prém *fn* fur || **prémmel bélelt** fur-lined, lined with fur *ut.*
prémes *mn* **prémes állat** furry animal; **prémes kabát** fur coat
prémgallér *fn* fur collar
premier *fn* first/opening night [of a play], première
premier plán *fn* ❑ *film* close-up
prémium *fn* bonus, premium, incentive
preparál *ige (állatot)* mount || *(szavakat)* write* out the words [of a text]
préri *fn* prairie
prés *fn* ❖ *ált* press; *(szőlőnek)* (wine-)press
presbiter *fn (protestánsoknál)* elder
presbiteriánus *mn/fn* ❑ *vall* Presbyterian
presbitérium *fn (protestánsoknál)* session; *(Skóciában)* the kirk session
présel *ige* ❖ *ált* press; *(gyümölcsöt)* squeeze, press
préselt *mn* (com)pressed || **préselt bőr** embossed leather; **préselt virág** dried flower
présház *fn* wine-press house
presszó *fn* coffee-bar
presszókávé *fn* espresso (*tsz* -os)
presztízs *fn* prestige, (high) reputation || **presztízsét megvédi** save (one's) face (by)
prézli *fn* breadcrumbs *tsz* [for frying]
príma *mn* first-class/rate, A1 (*v.* A-1 *v.* A-one) || **príma!** great!
primadonna *fn* prima donna, leading lady, star

prímás *fn* ❑ *vall* primate || *(cigányzenekaré)* leader (of a gipsy-band), first violin
prímhegedű *fn* first violin
primitív *mn* primitive
primőr *fn* first-fruits *tsz,* early fruit and vegetables *tsz*
primula *fn* primrose, primula, cowslip
prioritás *fn* priority (over)
priusz *fn* criminal record || **priusza van** have* a record
privát *mn (magán)* private, personal || *(bizalmas)* confidential || **privát beteg** private patient; **privát vélemény** private opinion
privatizáció *fn* privatization
privatizál *ige* privatize
privilégium *fn* privilege
prizma *fn (fénytani)* prism; *(gépkocsin, fényvisszaverő)* reflector
próba *fn* ❖ *ált* test; *(kísérlet)* test(ing), trial, proof, try-out, experiment || *(áruból)* sample, specimen || *(ruha)* trying on, fitting [of clothes] || *(nemesfémen)* hallmark || ❑ *szính* rehearsal || *(cserkészé)* test
próbababa *fn* dummy, mannequin
próbadarab *fn* test-piece, sample
próbafülke *fn* fitting room
próbaidő *fn* (term of) probation
próbaképpen *hsz* on trial/approval, experimentally, by way of experiment
próbál *ige (kipróbál)* try out, test, put* (sy/sg) to the test || *(kísérletezik)* try, make* a trial || *(ruhát)* try on, have* a fitting || *(színdarabot)* have* a rehearsal, rehearse || *(merészkedik)* venture, dare || **próbál vmt tenni** try/attempt to do sg
próbálkozás *fn* trial, try-out, attempt || **az első próbálkozásra** at the first try/attempt; **első próbálkozásra levizsgázott** (s)he passed the test first go
próbálkozik *ige* try
próbareggeli *fn* test/barium meal

próbatanítás *fn* (period of sy's) teaching practice
próbázik *ige (cserkész)* take* a test
probléma *fn* problem, question || **ez nem probléma** (it's) no problem; **problémája van vmvel** have* difficulty in doing sg, find* it hard to do sg
problematikus *mn* problematical; *(kérdéses)* questionable, uncertain; *(vitatott)* controversial
procedúra *fn* procedure, palaver; *(kínos)* ordeal
produkál *ige* produce || **produkálja magát** show* off, parade one's talents
produkció *fn* production, performance, feat
produktív *mn* productive, fruitful; *(csak vk)* efficient
produktivitás *fn* productivity; efficiency
pró és kontra *hsz* for and against
profán *mn* profane, secular; *(tiszteletlen)* irreverent, sacrilegious
professzionális *mn* professional
professzor *fn* professor
próféta *fn* prophet || **senki sem próféta saját hazájában** no one is a prophet in his own country
profi *mn* ❖ *biz* (real) pro
profil *fn (oldalnézet)* profile, side-face || ❑ *műsz* profile, contour, outline
profit *fn* profit
profitál *ige* (*vmből*) profit/benefit/gain by/from
prognózis *fn (időjárási)* weather forecast || ❖ *ált* prognosis, forecast, prediction
program *fn* ❖ *ált* programme, ⊕ *US* program; *(terv)* schedule; *(találkozás vkvel)* engagement; *(szórakozás)* entertainment || ❑ *pol* [party's] platform, ⊕ *US* [election] program || ❑ *szt* program || **programja van** have* an engagement (for the evening etc.)
programnyelv *fn* programming language

programoz *ige* program (⊕ *US* -m- *is*)
programozás *fn* programming
programozó *fn* programmer
programozott *mn* programmed
programvezérlés *fn* program control
progresszív *mn* ❑ *pol (haladó)* progressive || **progresszív adózás** progressive taxation
proletár *mn/fn* proletarian
proletárdiktatúra *fn* the dictatorship of the proletariat
proletariátus *fn* proletariat
proli *mn/fn* ❖ *biz* prole, pleb
prolongál *ige* prolong, protract, extend; *(filmet)* hold* over (*v.* retain)
prolongálás *fn* prolongation, extension
propagál *ige* propagate, spread* sg (by propaganda), propagandize
propaganda *fn* ❑ *pol* propaganda; *(kerreklám)* publicity; ❖ *elít* hype
propeller *fn* propeller, (air)screw
propozíció *fn* suggestion, proposition, offer, recommendation
prospektus *fn* ❖ *ált* prospectus; *(könyvecske)* brochure, leaflet; *(összehajtható)* folder
prostituál *ige* prostitute || **prostituálja magát** prostitute oneself
prostituált *fn* prostitute, call-girl
prostitúció *fn* prostitution
prosztata *fn* prostate (gland)
prosztataműtét *fn* **prosztataműtéten esik át** undergo* prostate surgery
protein *fn* protein
protekció *fn* influence, backing || **protekciója van** have* influential friends [in high places etc.], be* well-connected
protekcionizmus *fn (egyéni)* favouritism (⊕ *US* -or-) || ❑ *közg* protectionism
protekciós ▼ *mn* well-connected ▼ *fn* well-connected person
protestáns *mn/fn* Protestant
protestantizmus *fn* Protestantism

protézis *fn (végtag, fog stb.)* prosthesis *(tsz* -theses); *(fog)* denture, a set of dentures, (dental) plate
protezsál *ige* patronize, back, recommend
protokoll *fn* protocol
proton *fn* proton
prototípus *fn* ❑ *műsz* prototype (of sg) ‖ *(minta)* prototype, archetype
provinciális *mn* provincial, parochial
provokáció *fn* provocation
provokál *ige* provoke
provokatív *mn* provocative, provoking
próza *fn* prose
prózai *mn (írásmű)* prosaic, (written) in prose *ut.*, prose ‖ *(hétköznapi)* prosaic, commonplace, ordinary
prózaíró *fn* prose-writer
prózairodalom *fn* prose (works *tsz*)
prűd *mn* prudish, strai(gh)t-laced, prim, ⊕ *US így is* prissy
prüszköl *ige* sneeze ‖ ❖ *átv* **prüszköl vmtől** fret and fume at/over/about sg
pszichés *mn* psychic
pszichésen *hsz* psychically
pszichiáter *fn* psychiatrist
pszichiátria *fn* psychiatry
pszichikai *mn* psychic
pszichológia *fn* psychology
pszichológiai *mn* psychological
pszichológus *fn* psychologist
pszichózis *fn* psychosis *(tsz* -choses)
pubertás *mn* puberty
publicista *fn* publicist, (political) journalist
publicisztika *fn* (political) journalism
publikáció *fn* publication
publikál *ige (nyilvánosságra hoz)* make* public/known, announce, proclaim; *(közzétesz, megjelentet)* publish
publikum *fn* the public, audience
pucér *mn* (stark) naked, ❖ *biz* in the buff *ut.*
pucol *ige (ruhát, ablakot)* clean; *(cipőt)* polish; *(krumplit)* peel ‖ ❖ *biz (eliszkol)* skedaddle, clear/make* off ‖ **pucolj!** scram!, ⊕ *US* beat it!

puccs *fn* coup (d'état) *(tsz* coups d'état)
puccskísérlet *fn* attempted coup
púder *fn* (face) powder
púderkompakt *fn* compact
púderpamacs *fn* powder-puff
puding *fn* pudding
pudingpor *fn* custard-powder
Puerto Ricó-i *mn/fn* Puerto Rican
puff¹ *fn (ülőhely)* pouf(fe), ⊕ *US* hassock
puff² *isz* bang!, plop!
puffad *ige* swell* (up/out); *(vk)* feel* bloated
puffadás *fn* inflation, distension, swell(ing), puffing (up)
puffadt *mn* puffy, swollen
puffan *ige (esik)* plop, plump, thump
puffanás *fn* thump
pufogtat *ige (puskát)* fire off ‖ **frázisokat pufogtat** mouth platitudes
pufók *mn* chubby, plump-cheeked
puha *mn* ❖ *ált* soft ‖ *(gyümölcs)* soft, mellow; *(húsétel)* tender; *(kenyér)* fresh ‖ **puha fedelű könyv** paperback, softcover book
puhány *fn* ❖ *átv* weakling, spineless person
puhít *ige* soften; *(húst)* tenderize; *(vkt)* soften sy up
puhul *ige (átv is)* soften
pukkan *ige* pop, go* pop, burst*
pukkaszt *ige (mérgesít)* vex, annoy
puli *fn* <Hungarian sheep-dog> puli
puliszka *fn kb.* corn(meal)/maize porridge
pulóver *fn (női, férfi)* sweater; ⊕ *csak GB* jumper; *(főleg férfi)* pullover; *(ujjatlan)* slipover
pult *fn (üzletben)* counter; *(bárban, büfében)* bar (counter) ‖ *(karmesteri)* rostrum ‖ *(zenekarban hegedűké)* desk ‖ **a pult alatt** under the counter; **pult alatti** *(áru)* under-the-counter
pulzus *fn* pulse ‖ **megtapogatja vk pulzusát** feel* sy's pulse
pulyka *fn* turkey

pulykakakas *fn* turkeycock, ❖ *biz* gobbler
pumpa *fn* pump
pumpál *ige (gumit)* pump (up) || = **szivattyúz**
púp *fn* hump, hunch
pupilla *fn* pupil
puplin *fn* poplin
púpos ▼ *mn* hunchbacked, humpbacked, humped || **púpos teve** *(egypúpú)* dromedary, Arabian camel; *(kétpúpú)* twohumped camel, Bactrian camel ▼ *fn* hunchback, humpback
púpoz *ige (kanalat)* fill/heap up || **egy púpozott evőkanállal** a heaped spoonful
purgatórium *fn* purgatory
puritán ▼ *mn* puritan, puritanical ▼ *fn* ❑ *tört* Puritan
puska *fn* ❖ *ált* rifle, gun; *(vadászé)* hunting rifle, shotgun || ❑ *isk* crib; *(fordításhoz)* ⊕ *US* pony || **kétcsövű puska** double-barrelled gun
puskacső *fn* (gun) barrel
puskagolyó *fn* rifle-bullet, bullet
puskalövés *fn* (gun/rifle-)shot
puskapor *fn* gunpowder, powder || **nem találná fel a puskaport** he won't set the Thames on fire, he's no Einstein
puskaporos *mn* **puskaporos hordó** *(átv is)* powder keg, ❖ *átv* volcano, tinderbox
puskatus *fn* (gun)stock
puskázik *ige* ❑ *isk* crib, use a crib (*v.* ⊕ *US* pony)
puszi *fn* ❖ *biz* peck, kiss
puszil *ige* ❖ *biz* peck, kiss
puszta ▼ *mn (elhagyott)* deserted, abandoned, uninhabited || *(kopár)* bare, bleak || *(nyomatékosító szóként)* bare, mere || **a puszta gondolat** the bare idea (of ...); **már a puszta látása is** the mere sight of it; **puszta kézzel** with one's bare hands; **puszta szemmel lát vmt** see* sg with the naked eye, see* sg with the unaided eye ▼ *fn (síkság)* <Hungarian plain> (the) puszta || *(major)* farm(stead), ⊕ *US* ranch
pusztán *hsz* merely, only, solely, purely || **pusztán azért, hogy** merely in order to/that
pusztaság *fn* lowland plain, prairie, wilderness
pusztít *ige* devastate, destroy, lay* waste, wreak havoc || **tűzvész pusztított a faluban** the village was ravaged by (a) fire
pusztítás *fn* devastation, destruction, ravage(s)
pusztító *mn* destructive, ruinous, (all-)destroying; *(vihar)* devastating
pusztul *ige* go* to rack and ruin, perish, be* ruined/destroyed
pusztulás *fn* destruction, ruin
putri *fn* (gipsy) hovel, shanty, shack
puttony *fn* <basket for gathering grapes>
pünkösd *fn* Whitsun(tide), ⊕ *US* Pentecost
pünkösdi *mn* Whitsun, of Whitsuntide *ut.*, ⊕ *US* Pentecostal || **pünkösdi királyság** passing glory
pünkösdirózsa *fn* (common) peony
pünkösdvasárnap *fn* Whit Sunday
püré *fn* purée, mash
püspök *fn* bishop
püspöki *mn* episcopal, bishop's; *(katolikus)* pontifical
püspöksüveg *fn* mitre, ⊕ *US* miter
PVC *fn* PVC, vinyl
PVC-fólia *fn* PVC/vinyl sheet(ing)

R

rá *hsz* upon/on/onto him/her/it ‖ **emlékszem rá** I remember him/her/it; **haragszom rá** I am angry with him/her

ráad *ige (ruhadarabot vkre)* put* sg on sy ‖ **ráadja a gyújtást** switch on the ignition

ráadás *fn* ❖ *ált* sg given in addition, sg extra, plus ‖ *(művésztől)* encore ‖ **ráadást ad** give* an encore

ráadásul *hsz* besides, at that *ut.*, (and) what is more, moreover, furthermore

ráakaszkodik *ige (vkre)* thrust* oneself upon sy, ❖ *biz* latch onto sy; *(élősködik vkn)* sponge on sy, be* a sponger on sy, batten on/upon sy

rááll *ige (vmre)* stand* on ‖ *(beleegyezik)* agree (to), consent to

rab ▼ *fn* ❖ *ált* prisoner, *(fegyenc)* convict ‖ **a kábítószer rabja** be* addicted to a drug (*v.* drugs), be* a drug-addict, ❖ *biz* be* hooked on a drug (*v.* drugs); **rabul ejt** *vkt* take* sy prisoner, capture sy; ❖ *átv* captivate/enthral (⊕ *US* enthrall) sy, charm sy, put* a spell on sy; **a televízió rabja** be* a slave to television, ❖ *biz* be* hooked on TV; **rabja vknek** be* the slave of sy ▼ *mn* captive, imprisoned

rabbi *fn* rabbi

rábeszél *ige (vkt vmre)* persuade sy to do sg, talk sy into doing sg, get* sy to do sg

rábeszélés *fn* persuasion ‖ **enged a rábeszélésnek** allow oneself to be persuaded/convinced

rábíz *ige (vkre vmt)* entrust sg to sy (*v.* sy with sg); *(vkre vkt)* put* sy in sy's charge/care ‖ **rábízza a gyereket a nagymamára** leave* the child° with grandma

rábizonyít *ige (vkre vmt)* convict sy of sg, prove sy guilty of sg

rablás *fn* robbery ‖ **ez kész rablás!** this is daylight robbery

rabló *fn* robber, thief°, gangster, bandit, *(tengeri)* pirate, *(utcai)* mugger

rablóbanda *fn* gang of thieves/robbers

rablógyilkos *fn* robber and murderer

rablógyilkosság *fn* robbery with murder

rablótámadás *fn* robbery (with violence), hold-up, *(utcai)* mugging, *(úton)* highway robbery ‖ **fegyveres rablótámadás** armed robbery

rabol *ige* ❖ *ált* rob, commit robberies; *(fosztogat)* pillage, loot, plunder ‖ *(embert)* kidnap (⊕ *US* -p) ‖ **időt rabol** take* up a great deal of time, it is very time-consuming

rabomobil *fn* ❖ *biz* Black Maria, ⊕ *US* paddy/patrol wagon

ráborít *ige (ráterít vmt vmre)* lay*/spread* sg over sg ‖ *(folyadékot)* spill* sg on sg

ráborul *ige (vmre rádől)* fall* on ‖ *(folyadék)* spill* on sg

raboskodik *ige* be*/languish in prison, do* one's time

rabruha *fn* prison clothes *tsz*, prison garb

rabság *fn (fogság)* captivity ‖ *(leigázottság)* bondage, servitude

rabszállító autó *fn* police/prison van
rabszolga *fn* ❏ *tört* slave || ❖ *átv* slave, *(kuli)* drudge
rabszolga-kereskedelem *fn* slave-trade/traffic
rabszolga-kereskedő *fn* slave-trader
rabszolganő *fn* woman° slave, slave girl
rabszolgapiac *fn* slave-market
rabszolgaság *fn* slavery || **a rabszolgaság eltörlése** abolition of slavery
rabszolgatartó ▼ *mn* **rabszolgatartó állam** slave state ▼ *fn* slave-holder, slaver
rábukkan *ige (vkre, vmre)* come* across, come*/hit* on/upon || **rábukkan a hibára** find* the fault
ráció *fn* reason, sense
racionális *mn* rational || ❏ *mat* **racionális szám** rational number
racionalizál *ige (ésszerűsít)* rationalize || *(vkt elbocsát)* make* sy redundant, dismiss (sy)
racionalizmus *fn* rationalism
rács *fn* ❖ *ált* grating, screen || *(rostély)* grill(e), grid, grate || ❏ *el* grid || **rács mögött** *(= börtönben)* behind bars
rácsavar *ige (csavarozással)* screw (sg) on (to sg), *(fedelet)* screw [the lid] down || *(fonalat, kötelet)* wind* on, coil on/round
rácsavarodik *ige (vmre vm)* twine round sg, wind*/coil itself (a)round sg; *(vkre vm)* get* entangled in sg
rácsavaroz *ige* screw/bolt sg on (to sg)
raccsol *ige* speak* with a uvular/Parisian r
raccsolás *fn* use of uvular r
rácsos *mn* trellised, latticed, railed || **rácsos ablak** lattice window; **rácsos ágy** crib, railed cot; **rácsos kapu** trellis(-work) gate
rácsuk *ige* close/shut* sg on sy || **rácsukja az ajtót vkre** shut* sy in
radar *fn* radar
radiálgumi *fn* radial (tyre, ⊕ *US* tire)

radiátor *fn* radiator
radikális *mn/fn* radical || **radikális intézkedés** drastic measures *tsz*
radikalizmus *fn* radicalism
rádió *fn* *(intézmény)* radio, broadcasting company || *(készülék)* radio, *(korábban)* wireless || **a rádióban hallottam** I heard it on the radio; **a rádiónál dolgozik** work for/in the radio; **az angol rádió** the British Broadcasting Corporation *(röv* BBC)
rádióadás *fn* broadcast(ing)
rádióadó *fn* radio transmitter
radioaktív *mn* radioactive || **radioaktív anyag** radioactive matter/substance; **radioaktív csapadék** radioactive fallout; **radioaktív hulladék** radioactive waste
radioaktivitás *fn* radioactivity
rádióállomás *fn* radio station
rádióamatőr *fn* radio amateur, ❖ *biz* (radio) ham
rádióbemondó *fn* announcer
rádióbeszéd *fn* broadcast/radio/wireless talk || **rádióbeszédet mond** speak*/ go* on the air
rádióirányítás *fn* wireless/remote control
radioizotóp *fn* radioisotope
rádiójáték *fn* radio play
rádiókészülék *fn* *(vevő)* radio, ⊕ *GB így is* wireless (set)
radiológia *fn* radiology
radiológus *fn* radiologist
rádiólokátor *fn* radar
rádióműsor *fn* radio programme (⊕ *US* -ram), broadcast
rádiónavigáció *fn* radio navigation
rádiós ▼ *mn* **rádiós magnó** radio cassette recorder ▼ *fn* ❖ *biz* ❏ *kif* (s)he's in radio
rádióstúdió *fn* broadcasting studio
rádiószerelő *fn* radio mechanic
rádiótársaság *fn* broadcasting corporation/company
rádiótelefon *fn* radiotelephone, radiophone

rádióvevő *fn* radio receiver
rádiózavarás *fn* jamming
rádiózik *ige* listen in (on the radio), listen to the radio
radír *fn* rubber, eraser
radíroz *ige* erase, rub out, delete
rádium *fn* radium
rádiusz *fn* radius (*tsz* radii *v.* radiuses)
rádöbben *ige* (*vmre*) realize sg suddenly, become* aware/conscious of sg || **rádöbbent arra, hogy** he suddenly realized that
rádől *ige* (*vkre esik*) fall*/tumble (down) on (sy) || *(nekitámaszkodik)* lean*/rest on/against sg
ráébred *ige* (*vmre*) realize sg, awake* (*v.* wake up) to sg || **ráébred a valóságra** awake* to reality
ráér *ige* have* (plenty of) time, find* time (*vmre* for sg *v.* to do sg) || **nem érek rá** I am busy, ❖ *biz* I'm a bit tied up (at the moment)
ráerősít *ige* (*vmt vmre*) fix/fasten sg on sg, attach/secure sg to sg
ráerőszakol *ige* (*vmt vkre*) force/thrust*/press sg on sy; *(véleményét)* ram*/staff [one's opinions] down sy's throat
ráesik *ige* (*vm vkre/vmre*) fall*/tumble (down) on sy/sg || *(sor kerül vkre)* fall* on/to sy
ráfagy *ige* (*vmre*) freeze* to sg || ❖ *biz* = **ráfázik** || **arcára ráfagyott a mosoly** the smile froze on his lips
ráfázik *ige* ❖ *biz* **alaposan ráfázott** (s)he got his/her fingers severely burnt
ráfekszik *ige* (*vk vmre*) lie* down on, lay* oneself down on || ❖ *átv* (*vm vkre*) weigh sy down
ráfektet *ige* lay*/put* on
ráfizet *ige* (*pl. vasúti jegyre*) pay* the difference (*v.* excess fare) || *(üzletre)* lose* [money] by/on sg, make* a loss on sg, be* out of pocket || ❖ *átv* (*vmre*) come* off a loser (in sg), burn* one's fingers, lose* out (on sg) || **10 000 Ft-ot ráfizetett az üzletre** he lost 10,000 fts on the deal
ráfizetés *fn* (*felülfizetés*) extra payment || *(veszteség)* loss, deficit
ráfizetéses *mn* losing, showing a deficit *ut.*, unprofitable
ráfog *ige* (*lőfegyvert*) point/aim/level (⊕ *US* -l) [a gun] at sy || (*vkre vmt*) (falsely) accuse sy of (doing) sg, charge sy with sg
ráfordít *ige* (*összeget*) spend* money on sg, put* [money etc.] into [a business etc.]; *(erőt, fáradságot)* put* [a great deal of effort] into [a project etc.] || **ráfordítja a kulcsot** (*vkre*) lock (sy) in
ráfordítás *fn* expenditure, cost, outlay, outgoings *tsz*
ráfröccsen *ige* sg spatters [mud, oil etc.] on sy, sg spatters sy with [mud, oil etc.]
ráfutásos baleset *fn* (*több járműé*) pile-up
rag *fn* ❑ *nyelvt* inflection(al affix), suffix, ending, *(személyrag)* personal suffix/ending/marker
rág *ige* ❖ ált chew, *(rágcsáló)* gnaw, nibble (at) || **körmét rágja** bite* one's nails
ragad *ige* (*vmhez, egymáshoz*) stick* (together), adhere (to each other) || *(ragadós)* be* sticky || *(megragad)* seize, grasp || **galléron ragad** collar/nab sy; **magához ragadja a hatalmat** seize power; **magával ragad** ❖ *átv* thrill, carry one away, captivate
ragadozó ▼ *mn* predatory || **ragadozó madár** bird of prey ▼ *fn* beast of prey, predator; **ragadozók** ❑ *áll* carnivores
ragadtat *ige* **vmre ragadtatja magát** be* carried away by, give* free rein to
rágalmaz *ige* (*szóban*) slander, calumniate, vilify; defame [sy's character] || *(írásban)* libel (⊕ *US* -l)

rágalmazás *fn (szóban)* slander, calumny, defamation || *(írásban)* libel
rágalmazó ▼ *mn (kijelentés)* slanderous, defamatory || *(írás)* libellous ▼ *fn* slanderer, calumniator, vilifier, libeller
rágalom *fn (szóval)* slander, calumny; *(írásban)* libel
rágalomhadjárat *fn* campaign of slander/vilification
ragályos *mn (betegség)* infectious
ragaszkodás *fn (vkhez)* affection (for), devotion (to) || *(vmhez)* adherence (to), insistence (on)
ragaszkodik *ige (vkhez)* cling*/stick* to sy, be* loyal/devoted/attached to sy || *(vmhez)* stick*/cling*/adhere to sg, insist on sg, ⊕ *US* stand* pat on || **ragaszkodik álláspontjához** stick* to one's guns
ragaszkodó *mn* loyal, staunch, faithful, steadfast
ragaszt *ige* ❖ *ált* stick*, glue, (af)fix *(vmhez mind:* to) || **bélyeget ragaszt vmre** stick* a stamp on, stamp sg
ragasztás *fn* sticking, glu(e)ing || **szétjött a ragasztás** the join has come undone
ragasztó *fn* adhesive, glue, ❖ *biz* stick
ragasztószalag *fn* adhesive tape
rágcsál *ige* gnaw/chew (away) (at sg)
rágcsálók *fn tsz* rodents
rágógumi *fn* chewing gum, *(felfújható)* bubble gum
rágondol *fn (vkre/vmre)* think* of sy/sg
ragos *mn* ❏ *nyelvt* inflected, suffixed
rágós *mn* tough (as leather), leathery, rubbery
ragoz *ige* ❏ *nyelvt* ❖ *ált* inflect; *(igét)* conjugate; *(főnevet)* decline
ragozás *fn* ❏ *nyelvt* ❖ *ált* inflection; *(igéé)* conjugation; *(főnévé)* declension
ragtapasz *fn* sticking plaster, ⊕ *GB* Elastoplast, ⊕ *US* Band-aid

ragu(leves) *fn* veal/chicken-broth, ragout
ragyog *ige* shine*, glitter, glisten, gleam, ❖ *átv* glow, be* radiant *(mind: vmtől* with)
ragyogás *fn* brilliance, glitter || ❖ *átv* glamour (⊕ *US* -or), magnificence, splendour (⊕ *US* -er)
ragyogó *mn (tárgy)* bright, shining, gleaming || *(napsütés)* bright || ❖ *átv* brilliant, excellent, splendid || **ragyogó!** excellent!; **ragyogó formában van** be* in great shape/form
rágyújt *ige (cigarettára)* light* [a cigarette]
ráhagy *ige (örökséget)* leave* sg (by will) to sy, bequeath sg to sy, devise sg to sy || *(nem ellenkezik)* indulge sy in sg, agree to || ❏ *műsz* allow for || **mindent ráhagy** nod assent to everything
ráhajt *ige (járművel hídra stb.)* drive* on to || ❖ *biz (fokozza a munkatempót)* gear/step up [production etc.], work flat out
ráhibáz *ige* ❖ *biz (vmre)* hit* upon sg (by accident/fluke), blunder (up)on sg
ráhúz *ige (tárgyat)* draw* sg over/on sg || *(ráüt)* give* sy a slap, slap sy || ❖ *biz* **ráhúz egy emeletet a házra** add a floor/storey to a/the house
ráígér *ige (vkre vmennyit)* outbid* sy (by)
ráijeszt *ige (vkre)* frighten/alarm sy
ráillik *ige (vmre/vkre)* suit sg/sy || **pontosan ráillik** suit sy to a nicety/T *(v.* ⊕ *GB* down to the ground); **a leírás ráillik** he answers (to) the description, the description fits him
ráirányít *ige (vkre)* turn on/to, direct to || *(fegyvert)* point/level (⊕ *US* -l) *(v.* aim) [a/one's gun etc.] at sy/sg || **ráirányítja a figyelmet vmre** draw*/turn/direct sy's attention to sg, spotlight* sg

ráírat *ige (szöveget vmre)* have* sg written on sg ‖ *(vagyont vk nevére)* make*/sign over [one's property] to sy

ráismer *ige (vkre/vmre)* recognize sy/sg *(vmről by sg)*

raj *fn (méheké, rovaroké)* swarm; *(madaraké)* flock, flight ‖ ❑ *kat* squad, detachment, *(hajó)* squadron

rája *fn (hal)* ray

rájár *ige (pl. a kamrában ételre)* make* frequent raids on [the larder etc.] for sg, raid the larder; ❖ *biz (vmre ált)* make* inroads into/on sg ‖ **rájár a keze vmre** do* sg out of (force of) habit

rajkó *fn* gipsy child°

rajong *ige (vmért)* be* enthusiastic about/over sg, have* a passion for sg; *(vkért/vmért)* be* an (enthusiastic) admirer of sy/sg

rajongás *fn (forró szeretet)* passion, adoration ‖ *(lelkesedés)* enthusiasm, ardour (⊕ *US* -or), rapture ‖ **rajongással beszél vmről** go* into ecstasies/raptures over sg

rajongó ▼ *mn* rapturous, devoted, enthusiastic, passionate ▼ *fn (vké)* admirer (of); ❖ *ált* enthusiast, ❖ *biz* fan

rájön *ige (megtud)* find* (sg) out, discover (sg), ❖ *biz* tumble to sg ‖ **rájön a szapora** ❖ *biz* be* taken short; **rájöttem, hogy** I realized that, I came to realize that; **vm rájön vkre** sg comes over sy, be* overcome by sg

rajt *fn* ❑ *sp* start ‖ **rajthoz áll** toe the line (*v.* ⊕ *US* mark)

rajta ▼ *hsz (vmn, vm felületén, vkn)* (up)on him/her/it, over it ‖ **rajta a sor** it is his turn; **rajta áll** *(vkn)* it is (all) up to him, it lies/rests with him (to do sg); **segít rajta** help sy (with sg), help sy out; **új ruha van rajta** she is wearing a new dress, she has a new dress on ▼ *isz* ❑ *sp* go!

rajtaüt *ige* ❑ *kat (ellenségen)* descend/pounce on make* a surprise attack on; *(rendőrség bűnözőkön)* make* a raid/swoop on, raid

rajtaütés *fn (surprise)* attack, raid, swoop

rajtaütésszerűen *hsz* unawares, by surprise

rajtaveszt *ige* come* off badly, come* to grief, be* a loser

rajtol *ige* start

rajtvonal *fn* starting-line, mark

rajz *fn (rajzolás)* drawing ‖ *(kész rajz)* drawing ‖ ❑ *isk* **rajzot tanít** teach* drawing

rajzás *fn* swarming

rajzfilm *fn* (animated) cartoon

rajzfüzet *fn* sketch/drawing-book

rajzik *ige* swarm

rajzlap *fn* (sheet of) drawing-paper

rajzol *ige* ❖ *ált* draw* ‖ *(vázol)* sketch, trace, outline ‖ **természet után rajzol** draw* from nature/life

rajzoló *fn (műszaki is)* draughtsman° (⊕ *US* drafts-)

rajzszeg *fn* drawing-pin, ⊕ *US* thumbtack

rajztanár *fn* drawing master, art teacher

rak *ige (helyez, tesz)* put*, set*, lay*, place ‖ *(elrendez)* arrange ‖ **egymásra rak** stack/pile (up); **hajóra rak** ship, put*/take* on board, load [goods] on (to)

rák *fn* ❑ *áll (rákok)* crustaceans *tsz*; *(folyami)* crayfish (⊕ *főleg US* crawfish), *(tengeri)* crab, *(homár)* lobster ‖ ❑ *orv* cancer

rákacsint *ige (vkre)* wink at sy

rákap *ige (vmre)* take* to, get*/fall* into the habit of, ❖ *biz* get* hooked on ‖ **rákap az ivásra** take* to drink, ❖ *biz* hit* the bottle (⊕ *US* sauce)

rákapcsol *ige (kocsit stb.)* couple sg on (to) ‖ ❑ *el* connect to/with ‖ *(sebességre)* increase speed, step on it, ⊕ *US* step on the gas, ⊕ *GB* put* one's foot down ‖ ❖ *átv* ❖ *biz* pitch in, pitch into (the job), snap into it

rakás *fn (halom)* pile, stack, heap

rákbeteg *fn* cancer patient
ráken *ige (kenyérre stb.)* spread* sg on sg, spread* sg with sg; *(bemázol)* smear sg on sg, smear sg with sg || ❖ *biz (vmt vkre)* lay*/put* the blame on sy for sg
rákerül *ige (vmre)* get* on to, be* put/placed on sg; *(vhogyan)* land on || **rákerül a sor** it is his turn
rakéta *fn* rocket, *(rakétahajtású lövedék)* missile || **interkontinentális rakéta** intercontinental (ballistic) missile
rakétafegyverek *fn* ballistic weapons, military rockets
rakétahajtómű *fn* rocket engine/motor
rakétakilövő állomás *fn* launching pad/site, launch pad, rocket-range
rakétatámaszpont *fn* rocket base
rakétatelepítés *fn* deployment of missiles
rakett *fn* racket, racquet
rákezd *ige (vmre)* begin* to, start/begin* to do sg (v. doing sg) || *(énekre, zenére)* strike* up [a tune, song etc.]
rákiált *ige (vkre)* shout/bawl at sy
rákkeltő *mn* carcinogenic
rákkutatás *fn* cancer research
rakodás *fn (berakodás)* loading, lading || *(kirakás)* unloading
rakodik *ige (szállítóeszközre)* load (up)
rakódik *ige* be* deposited *(vmre* on)
rakodómunkás *fn* stevedore; *(dokkmunkás)* docker, dock-worker; *(egyéb)* loader, packer
rakomány *fn* ❖ *ált* load; *(hajóé, repülőgépé)* cargo
rákos *mn* cancerous || **rákos beteg** cancer patient; **rákos daganat** cancer(ous) tumour, malignant tumour (⊕ *US* -or)
rakott *mn (szállítóeszköz)* loaded, laden || **rakott káposzta** layered cabbage (with rice, pork and sour cream)
rákölt *ige (pénzt)* spend* [money etc.] on sg/sy

rákönyököl *ige (vmre)* rest one's elbow(s) on sg
ráköt *ige* tie on/to, bind*/fasten* to || **nem fogom rákötni az orrodra** it is none of your business
rakpart *fn (röv* **rkp.***)* quay(side), wharf
rákszűrés *fn* screening for cancer
raktár *fn* ❖ *ált* store(-room), storehouse; ❏ *ker* warehouse; *(gyárban, üzemben)* stores *tsz* || *(készlet)* stock, supply || **nincs raktáron** it is out of stock
raktári *mn* warehouse(-) || **raktári készlet** stock (in/on hand), supplies *tsz* (on hand)
raktáros *fn* stockkeeper, warehouseman°, stock clerk, ⊕ *US így is* storeman°
raktároz *ige* store, warehouse
Ráktérítő *fn* Tropic of Cancer
rákvörös *mn* lobster red || **rákvörös lett** (s)he went as red as a lobster
rálép *ige* ❖ *ált* step on (to); *(vk lábára)* tread* on
rálő *ige (vkre)* shoot* at sy, fire at/on sy
ráma *fn (képé)* frame
rámegy *ige (vmre)* step/go*/get* on sg || *(pénz)* be* spent on || **ráment az egész napja** it took him/her all day (to do sg); **ráment az egészsége** it cost him his health
rámenős *mn* aggressive, pushy
rámosolyog *ige* smile at/on sy || **rámosolyog a szerencse** fortune smiles on him
rámpa *fn* ramp, slope
rámutat *ige (vkre, vmre)* point at/to sy/sg || ❖ *átv (vmre)* **rámutatott arra, hogy** he suggested that, he called/drew attention to the fact that
ránc *fn (arcon)* wrinkle, *(homlokon)* furrow || *(ruhán)* fold, pleat
ráncigál *ige (vmt)* tug/pull at sg || ❖ *biz (vkt zaklat)* bother/pester sy, keep* on at sy, ⊕ *US* bug sy || **ide-**

oda ráncigál vkt order sy about/around

ráncol ige *(ruhát)* pleat, arrange (sg) in pleats ‖ **ráncolja homlokát** knit/furrow one's brow(s)

ráncos mn *(arc)* wrinkled, wizened

randalíroz ige run* riot, brawl, kick up a row/shindy

randevú ❖ *biz* **randi** fn rendezvous *(tsz* ua.), ❖ *biz* date

randevúzik, randizik ige ❖ *biz (vkvel)* make*/have* a date with sy, ⊕ *US főleg* date sy

rándít ige pull/tug on/at, give* sg a pull/tug ‖ **egyet rándít a vállán** shrug (one's shoulders)

rándulás fn ❖ *ált* twitch, jerk ‖ *(ficam)* sprain

ránehezedik ige weigh/press/lie* heavily on sg ‖ ❖ *átv* weigh heavily on sy, weigh sy down

ránevet ige *(vkre)* smile at sy, give* sy a smile

ránéz ige look/glance at, cast* a glance at

rang fn ❖ *ált* rank; *(társadalmi)* rank, standing, status ‖ **magas rangban van** be* in a high position

rangadó fn (football) match [between member teams of a league], (local) derby

rángat ige = **ráncigál**

rangfokozat fn (order/grade of) rank

rangidős mn senior, senior in rank *ut.*; ⊕ *US* ranking ‖ **rangidős tag** *(testületé)* doyen

rangjelzés fn stripes *tsz*, chevron

rangkórság fn mania for titles, snobbery

ranglétra fn *(hivatali)* promotion by seniority, hierarchy, ⊕ *GB* ❖ *biz* Buggins' turn; *(társadalmi)* social ladder/scale

rangsor fn ❖ *hiv* ❑ *kat* order (of rank), (order of) precedence, priority ‖ *(társadalmi)* social hierarchy ‖ ❑ *sp* ranking list, the rankings *tsz*

rangú mn -rate, -ranking, of ... rank *ut.* ‖ **harmadrangú szálloda** third-rate hotel

ránt ige give* sg a pull, pluck, pull, jerk, tug at, ❖ *biz* yank *(vmt* at)

rántás fn *(mozdulat)* pull, tug, jerk, ❖ *biz* yank ‖ *(ételhez)* roux, thickening

rántott mn *(hús)* fried in breadcrumbs *ut.* ‖ **rántott csirke** chicken fried in breadcrumbs; **rántott leves** <thick brown soup> caraway-seed soup; **rántott szelet** breaded cutlet, *(borjú)* escalopes of veal, *(bécsi)* (Wiener) schnitzel

rántotta fn scrambled eggs *tsz, (vajas)* buttered eggs

rányom ige *(vmt vmre)* (im)print/(im)press sg on sg ‖ **rányomja a bélyegét vmre** leave* one's/its mark on sg

ráomlik ige *(vkre/vmre)* collapse *(v.* ram/fall*/tumble down) on sy/sg

ráordít ige *(vkre)* bawl/shout at sy

ráömlik ige *(vmre)* pour on sg, spill* on sg, be* spilt (⊕ *US* spilled) on sg

ráönt ige *(folyadékot)* pour sg on/over sg, spill* sg on sg ‖ **úgy áll rajta, mintha ráöntötték volna** it fits him like a glove, it is a perfect fit

ráparancsol ige *(vkre)* charge/order/command sy to do sg

rápillant ige *(vkre/vmre)* glance at sy/sg, cast* a glance at sy/sg

rapszódia fn rhapsody

rapszodikus mn *(vk)* temperamental, moody

ráragad ige stick* on/to sg/sy, adhere to sy/sg ‖ **ráragad a betegség** catch*/contract a disease

ráragaszt ige *(vmt vmre)* stick*/glue sg on/to sg

rárakódik ige *(vmre)* settle on

ráránt ige ❖ *biz* **rá se ránt** vmre not take a blind bit of notice of sg

rárivall ige *(vkre)* scold sy, bawl sy out (for sg), shout at sy

ráront *ige (vkre)* rush/charge at sy, pounce on sy

ráruház *ige (tulajdont/jogot vkre)* transfer sg to sy; *(pénzt, tulajdont)* settle sg on sy

rásegít *ige* **rásegíti a kabátját** help sy on with his/her coat

rásóz *ige* ❖ *biz (vkre tárgyat)* fob/palm off sg on sy, foist sg (off) on sy || ❖ *biz* **egyet rásóz vkre** give sy a whack, thump/sock sy one

rásüt *ige (nap)* shine* (down) on || *(bélyeget vkre/vmre)* brand/stamp sg on sy/sg

rászakad *ige* = **ráomlik** || ❖ *átv* **rászakadt a sok munka** (s)he was inundated (v. swamped v. snowed under) with work

rászáll *ige (rárepül)* fly* on || *(por, korom)* settle on, be* deposited on || *(tulajdon)* fall*/descend to || ❖ *biz (nem tágít vktől)* **rászáll vkre** descend on sy

rászán *ige (összeget vmre)* assign/allot [a sum] to || **rászánja magát vmre** decide to do sg, make* up one's mind to do sg

rászegez *ige (szöggel)* nail sg on sg || *(fegyvert)* aim/level (⊕ *US* -l) *(v. point)* [a gun] at sy || **rászegezi a szemét vkre** fix/fasten one's eyes on sy

rászegeződik *ige* **minden szem rászegeződött** all eyes were (focus(s)ed) on him/her

rászokik *ige (vmre)* become*/get* accustomed to sg, fall*/get* into the habit of doing sg || **rászokik az ivásra** start drinking, take* to drink

rászoktat *ige (vkt vmre)* accustom sy to sg, get* sy into the habit of (doing) sg

rászól *ige (rosszallólag)* rebuke sy, ❖ *biz* tell*/tick sy off (for doing sg)

rászorít *ige (tárgyat)* press on/against || ❖ *átv (vkt vmre)* compel/force/press(ure) sy to do sg, keep* sy at it

rászorul *ige (vmre)* be* in need of sg, be* reduced to doing sg

rászorult *mn/fn* **a rászorultak** the poor/needy, those in need

rátalál *ige (kitalál)* discover, find* out || *(keresés után)* trace, track down, run* sy/sg to earth || *(véletlenül)* hit*/chance (up)on sg

rátámad *ige (vkre)* attack sy, fall* on sy

rátapad *ige* adhere/stick* to

rátapint *ige (vmre)* put* one's finger on sg || ❖ *átv* put* one's finger on sg, touch the spot || **rátapintott a lényegre** (s)he hit* the nail on the head, (s)he got to the heart of the matter

rátapos *ige* trample/tread*/stamp on sg

rátarti *mn* uppish, priggish, uppity, hoity-tooity

ráteker *ige (huzalt)* wind*/coil sg on sg

rátekeredik *ige* = **rácsavarodik**

rátelefonál *ige (vkre)* give* sy a ring, chase sy up on the phone

rátér *ige (útra)* take* the (right) way to, turn to || **rátér a tárgyra** come* to the point, get* down to business

ráterít *ige (vmt vmre)* spread*/lay* sg over sg

rátermett *mn (vmre)* (be*) suitable/suited/fitted/qualified for sg *(v.* to do sg), (be*) cut out for sg

rátermettség *fn* suitability, fitness, aptness, aptitude, efficiency

rátesz *ige (vmt vmre)* put*/lay*/place sg on sg || **a fejemet teszem rá, hogy** I'll bet anything you like that, I'll lay my life on it that

ratifikáció *fn* ratification

ratifikál *ige* ratify

rátör *ige (vkre/vmre)* attack sy/sg || **rátöri az ajtót vkre** force/burst* open the door on sy, break* the door down on sy

rátűz *ige* stick*/pin/fasten sg on(to) sg || **rátűz a nap** the sun beats down on sg/sy

ráugrik *ige (vkre/vmre)* jump/leap/spring* on/at sy/sg

ráun *ige (vkre/vmre)* be*/get*/grow* weary/sick/tired of sy/sg

ráuszít *ige (kutyát vkre)* set* a dog on sy

ráül *ige (vmre)* sit* (down) on sg

ráüt *ige (vmre/vkre)* strike*/hit*/slap sg/sy, strike* at sg/sy ‖ *(bélyegzőt)* stamp sg, put* a stamp on sg

rávág *ige (vkre/vmre)* strike* (a blow) at sy/sg ‖ **gyorsan rávágja a választ** answer quick as a flash

rávall *ige (bíróságnál)* give* evidence against sy ‖ **ez egészen rávall** it is just like him, that's him all over

ravasz¹ *fn* trigger ‖ **elhúzza a ravaszt** pull the trigger

ravasz² *mn* sly, cunning, artful, wily ‖ **ravasz ember** ❖ *biz* cunning fellow, sly-boots *esz*; **ravasz róka** ❖ *átv* a wily/sly old fox

ravaszkodik *ige* finesse, wheel and deal

ravaszság *fn (tett)* wile, trick, piece of cunning ‖ *(tulajdonság)* cunning, slyness, wiliness

ravatal *fn* bier, catafalque

ravatalozó *fn* mortuary, morgue, funeral parlour, ⊕ *US* funeral parlor/home

ráver *ige (bottal, ütéssel)* strike*, hit*, slap ‖ ❖ *biz (legyőz)* win* against, beat* ‖ ❖ *biz* put* one's back into it *(v.* the work/job)

rávés *ige (vmt vmre)* engrave sg on sg

rávesz *ige (ruhát)* put* on ‖ *(vkt vmre)* get*/persuade sy to do sg

rávezet *ige* ❖ *átv (vkt vmre)* give* sy a clue/hint ‖ *(ráír)* write (sg) on (sg)

rávilágít *ige (átv is)* throw*/shed* light (up)on sg

rávisz *ige (rajzot)* transfer ‖ ❖ *átv (vkt vmre)* lead*/induce sy to do sg

ráz *ige* shake* ‖ *(jármű)* jolt ‖ *(áram, vezeték)* shock, be* live ‖ **fejét rázza** shake* one's head; **kezet ráz vkvel** shake* hands with sy, shake* (each other) by the hand

rázás *fn* ❖ *ált* shake, shaking ‖ *(jármű)* jolt(ing)

rázendít *ige (dalra)* break* into [a song], begin* [to sing]; *(zenére)* strike* up [a tune]

rázkódás *fn* ❖ *ált* shake, shaking, shock

rázkódik *ige* shake*, be* shaken

rázós *mn (út)* rough, bumpy ‖ *(ügy)* ❖ *biz* ticklish, tricky, touchy

razzia *fn* (police-)raid

razziázik *ige* raid, make* a raid (on)

R-beszélgetés *fn* reverse(d)-charge call, ⊕ *US főleg* collect call ‖ **R-beszélgetéssel hív** reverse the charges, ⊕ *US főleg* call sy collect

reagál *ige (vm vmre)* react (up)on sg, respond to sg ‖ *(vk vmre)* react/respond to sg

reagens *fn* reagent

reakció *fn* ❏ *tud* ❏ *pol és* ❖ *ált* reaction

reakciós *mn/fn* reactionary

reaktivál *ige* reinstall, reinstate

reálbér *fn* real wages *tsz*

reálértelmiség *fn* science people

reáliák *fn* the (pure and applied) sciences

reális *mn (valóságos)* real, actual, true ‖ **nem reális** unreal

realista ▼ *mn* realistic ▼ *fn* realist

realitás *fn* reality, actuality

realizál *ige (megvalósít)* realize, carry/put* into effect, carry out/through

realizálódik *ige* take* place, be* realized

realizmus *fn* realism

reáljövedelem *fn* real income

reálpolitika *fn* realpolitik, political realism

rebarbara *fn* rhubarb

réce *fn* duck

recehártya *fn* retina

recenzió *fn* review; *(rövid)* (short) notice

recepció *fn* reception desk, ⊕ *US* front desk

recept *fn (főzéshez)* recipe || ❏ *orv* prescription || **receptet (meg)ír** write* out a prescription (for sy)
recés *mn (hálószerűen)* reticular, reticulated || *(ércpénz)* milled || *(nem sima)* rough
recesszió *fn* recession
reccsen *ige* creak, crack, give* a creak/crack/squeak/groan
recseg *ige* ❖ *ált* creak, crack(le), *(szék)* groan, give* a groan || *(hang)* rasp; *(rádió stb.)* (hiss and) crackle
recsegés *fn (rádióé)* crackling, hissing, atmospherics *tsz*
redőny *fn (ablakon, ajtón, kirakaton)* (rolling) shutter, roller-blind
redukál *ige* ❖ *ált és* ❏ *tud* reduce, decrease; *(költséget)* cut* (down), trim
redukció *fn* ❖ *ált* reduction; *(költségeké)* cut(ting down)
ref. = **református**
referencia *fn* reference
referens *fn* executive (officer), official in charge of sg, desk officer (for sg)
reflektor *fn* ❖ *ált (és hajón)* searchlight, ❏ *szính* projector, *(spotlámpa)* spotlight; *(autón)* headlight(s), main beam
reflektorfény *fn* ❏ *szính* floodlight, *(spotlámpából)* spotlight
reflex *fn* reflex || **feltételes reflex** conditioned reflex
reform *fn* reform || **reformokat hajt végre** carry out reforms
reformáció *fn* ❏ *tört* ❏ *vall* Reformation
reformál *ige* reform, improve
reformátor *fn* reformer
református *mn/fn (röv* **ref.***)* Calvinist, reformed
reformer *fn* reformer
reformfolyamat *fn* reform process
reformkommunista *mn/fn* reformed communist
reformkor *fn* reform era, the age of reform
reformpárti *mn/fn* reformist
reformpolitika *fn* reform policy
refrén *fn* refrain, burden
rég *hsz* = **régóta, régen** || **rég óhajtott** long desired, long wished for *ut.*
rege *fn* tale, saga, legend
régebben *hsz* previously, in former times, before(hand), formerly || **régebben szerettem** I used to like it
régebbi *mn* former, earlier, previous, onetime || **régebbi szám** *(folyóiraté)* back number
régen *hsz* long ago, a long time/while ago, formerly, ❖ *ir* in olden times || **már régen** long since; **nagyon régen** a long time ago, ❖ *biz* way back, ages ago; **mint régen** as in the past; **régen nem láttam** I haven't seen him for a long *(v.* some) time, it's a long time since I saw him
régente *hsz* in the past, formerly
regény *fn* novel
regényalak *fn* character [in a/the novel]
regényhős *fn* hero, romantic hero
regényíró *fn* novelist, novel-writer
regényirodalom *fn* fiction, the novel
régész *fn* archeologist
régészet *fn* archeology
reggel ▼ *hsz* in the morning || **ma reggel** this morning; **korán reggel** early in the morning, in the early morning; **kedd reggel** (on) Tuesday morning; **reggel 7-kor** at 7 (seven) in the morning ▼ *fn* morning || **mindjárt reggel** first thing in the morning; **jó reggelt (kívánok)!** good morning!; **reggeltől estig** from morning to night
reggelenként *hsz* every/each morning, in the morning(s)
reggeli ▼ *mn* morning || **reggeli hírek** the (morning) news *esz*; **a kora reggeli órákban** in the early/small hours ▼ *fn* breakfast || **angol reggeli** English breakfast; **meleg reggeli** cooked breakfast; **(sima) reggeli** continental breakfast

reggelizik *ige* have* (one's) breakfast || **kávét reggeliztem** I had coffee for breakfast

régi ▼ *mn (régóta meglevő)* old, long-standing, of long/old standing *ut.* || *(a múltban megvolt)* ancient, old, early, bygone, past || *(előző)* former, late, ex-, past || *(ócska)* dilapidated, worn(-out), old || **a régi jó idők** the good old days, ❏ *sk* auld lang syne; **nagyon régi** very old; **ő még mindig a régi** he is still his former self, he has not changed a bit; **régi barátság** long-standing friendship; **régi ember** *(vhol)* oldtimer; *(munkás)* an old hand; **régi ismerősöm** an old acquaintance (of mine); **régi szerelem** old flame ▼ *fn* **a régiek** the ancients; **minden marad a régiben** everything remains as it was

régies *mn* antiquated, archaic

régimódi *mn* **régimódi ember** old-fashioned man°/person, old fogey

régió *fn* sphere, region, field

regionális *mn* regional

régiség *fn (tárgy)* antique || **régiségek** antiquities, old curiosities, curios

régiségbolt *fn* antique(s) shop

regiszter *fn (nyilvántartás)* register, record || ❏ *zene (orgonán)* register, stop; *(hangfekvés)* register

régmúlt ▼ *mn* long past, bygone || **régmúlt idők** bygone days, days of old ▼ *fn* ❏ *nyelvt* past perfect, pluperfect

régóta *hsz* for a long time/while, for ages

rehabilitáció *fn* ❏ *jog* ❏ *orv* rehabilitation

rehabilitál *ige* ❏ *jog* ❏ *orv* rehabilitate

rejlik *ige (vmben)* lie*/be* in/behind sg, be* inherent in sg

rejt *ige* hide*; *(leplez)* conceal

rejteget *ige (vk elől vmt)* (try to) hide/conceal (sg from sy) || *(szökevényt)* harbour (⊕ *US* -or), shelter, give* refuge to

rejtegetés *fn (vk elől)* hiding, concealment || *(szökevényé)* sheltering

rejtekhely *fn* hiding place, *(csak vké)* ❖ *biz* hideout, hideaway

rejtély *fn* ❖ *ált* riddle, puzzle, enigma, secret || *(titokzatosság)* mystery || **rejtély vk előtt be*** a puzzle to sy

rejtélyes *mn* mysterious, enigmatic

rejtett *mn (eldugott, titkos)* hidden, concealed, secret || *(felfedezetlen)* undiscovered; *(lappangó)* latent || **rejtett hiba** *(árué, gépé)* latent defect, hidden fault, ❖ *biz* bug || **rejtett mikrofon** hidden microphone, ❖ *biz* bug

rejtjel *fn* code, cipher

rejtjeles *mn* coded, in code/cipher *ut.*

rejtjelkulcs *fn* key to a cipher, code book

rejtőzik *ige* hide*, hide*/conceal oneself

rejtvény *fn* riddle, puzzle || **rejtvényt (meg)fejt** solve a riddle/puzzle

rekamié *fn* sofabed, (studio) couch, bedsettee

reked *ige (vhol, vmben)* stick* (fast), get* stuck in, *(vk is)* be*/get* left/stranded/trapped swhere

rekedt *mn (hang)* hoarse, husky, harsh

rekedtség *fn* hoarseness, huskiness

rekesz *fn* ❖ *ált* compartment || *(istállóban)* stall, box || *(ládika)* crate || ❏ *fényk* diaphragm, stop

rekeszizom *fn* diaphragm

rekkenő hőség *fn* oppressive/sweltering heat, a stifling hot day

reklám *fn (reklámozás)* advertising, publicity, (sales) promotion || *(maga a reklám)* advertisement, ❖ *biz* ad, ⊕ *GB* ❖ *biz* advert; *(tévében, rádióban)* commercial

reklamáció *fn* complaint

reklamál *ige (panaszt tesz)* make*/lodge a complaint (about sg), complain about sg

reklámfőnök *fn* publicity/advertising manager, public relations officer *(röv* PRO)

reklámoz *ige* advertise, promote, publicize, ❖ *biz* push, give* sg publicity;

(rádióban, tévében) ❖ *biz* give* sg a plug

reklámozás *fn* advertising, (sales) promotion, publicity

rekonstruál *ige* reconstruct

rekord *fn* ❑ *sp* record; *(csúcsteljesítmény)* ❖ *biz* an all-time high

rekordidő *fn* record(-breaking) time

rektor *fn (magyar egyetemen)* Rector [of the University], ⊕ *GB* Vice Chancellor, ⊕ *US* Rector, President [of the University]

rektorátus *fn (tisztség)* ⊕ *GB* vice-chancellorship, ⊕ *US* rectorship

rektori hivatal *fn (magyar)* Rector's Office, ⊕ *GB* Vice Chancellor's (*v*. ⊕ *US* Rector's) office

rekviem *fn* Requiem

relatív *fn* relative

relativitás *fn* relativity

relativitáselmélet *fn* theory of relativity

relaxál *ige* relax

relé *fn* ❑ *el* relay

relief *fn* relief; *(magas)* high relief; *(fél)* bas-relief

relikvia *fn* relic(s)

reluxa *fn kb*. Venetian blind

rém *fn (kísértet)* spectre (⊕ *US* -ter), ghost, apparition, phantom || **a háború réme** the spectre (⊕ *US* -ter) of war; **a környék réme** the terror of the neighbourhood (⊕ *US* -or-); **rémeket lát** he is an alarmist, he is a Jeremiah

remeg *ige* = **reszket**

remek ▼ *mn* superb, magnificent, splendid || **remek fickó** a splendid chap, a good man°, ⊕ *US* great guy ▼ *isz* great!, splendid!

remekmű *fn* masterpiece

remekül *hsz* splendidly, brilliantly, magnificently || **remekül éreztük magunkat** we had a wonderful/marvellous (⊕ *US* -l-) (*v.* glorious) time

remél *ige* hope (*vmt* for sg); *(vmt vár)* expect (sg), look forward to (sg *v.* doing sg); have* hope (that *v.* of sg) || **remélem, még találkozunk** I hope to see you again, I hope that we shall meet again

remélhetőleg *hsz* it is (only) to be hoped that; I hope ...; ❖ *biz* hopefully ... || **remélhetőleg eljön** I hope/trust that he will come; **remélhetőleg nem fog esni** I hope it will not rain

remény *fn* hope, expectation || **abban a reményben, hogy** in the hope that (*v.* of ...)

reménykedik *ige* hope *(vmben/vkben)* for (sg/sy), attach hopes *(vmben* to sg) || **abban reménykedik, hogy** (s)he cherishes the hope that, (s)he hopes that

reménység *fn* hope, expectation || **ez az utolsó reménysége** that is his last hope/resort

reménytelen *mn* **reménytelen eset** hopeless matter/case; **reménytelen szerelem** unrequited love

rémes *mn* awful, frightful, dreadful, horrible, ❖ *biz* ghastly

remete *fn* hermit, recluse

remeteség *fn* ❖ *átv* seclusion, solitude

rémhír *fn* rumour (⊕ *US* -or)

rémhírterjesztés *fn* rumour-mongering (⊕ *US* rumor-), scaremongering

rémhírterjesztő *fn* rumour-monger (⊕ *US* rumor-), scaremonger, alarmist

rémkép *fn* nightmare

rémlik *ige (vknek)* seem, appear to sy || **valami rémlik** it rings a bell; **úgy rémlik, mintha** I seem to remember (that), I fancy

rémtörténet *fn* blood-curdler, blood-and-thunder story, thriller

rémuralom *fn* terror(ism), reign of terror

rémület *fn* terror, horror, dread || **legnagyobb rémületemre** to my utter horror

rémült *mn* horrified, terrified, alarmed

rend *fn (elrendezettség)* order; *(szobáé)* tidiness || *(sor)* row, line, array || *(lekaszált)* swath || ❑ *áll* ❑ *növ* order || *(társadalmi, tört)* estate, order, class [of society] || **a dolgok majd rendbe jönnek** things will sort themselves out, it/things/matters will work out; **a rend kedvéért** for the sake of order; **egy rend ruha** a suit (of clothes); **egyházi rend** holy order(s); **ez a dolgok rendje** this is how it should be; **itt valami nincs rendben** there is sg wrong (here), ❖ *biz* I smell a rat; **polgári rend** bourgeoisie, the commons *tsz*; **rendbe hoz** ❖ *ált (vmt)* put*/set* sg/things to rights, sort sg out; *(megjavít)* repair/mend sg; **rendbe jön** settle down, return (*v*. be* back) to normal; **rendbe tesz vmt** put*/set*/get* sg in order, *(szobát)* do* [the room], tidy [the room] (up); **rendben van** ❖ *ált* be* in order; *(gép)* be* in (good/perfect) running/working order, be* in perfect trim; *(elintézett)* be* done/settled; **rendben (van)!** *(helyeslés, beleegyezés)* (all) right!, fine!, ❖ *biz* OK, okay!; *(el van intézve)* done!

rendel *ige (árut)* order, give*/send* sy (*v*. put* in) an order for sg; *(ruhát, cipőt)* have* (sg) made for oneself, order (oneself); *(taxit, étteremben)* order; *(színházjegyet, repülőjegyet)* book; *(szobát szállodában)* book, make* a booking || *(vkt vhova kat)* detail, post || *(orvosságot, kezelést)* prescribe [a medicine/treatment] for [an illness] || *(orvos rendelést tart)* have*/hold* one's surgery || **rendel 2-től 4-ig** surgery/consulting hours 2 p.m. to 4 p.m.

rendelés *fn (áruké)* order(ing) || ❑ *orv* surgery || **délelőtti rendelés** morning surgery; **rendelésre készült** made to order/measure *ut.*, ⊕ *US* custom-made/built; **rendelést felvesz** take* an order

rendelet *fn* ❑ *jog* order, decree || **miniszteri rendelet** ministerial decree, departmental order (signed by a minister)

rendeletileg *hsz* by order/decree

rendelkezés *fn* disposition, disposal, direction, order, command, instruction || **további rendelkezésig** until further orders/notice; **rendelkezésre álló** available, at sy's disposal *ut.*

rendelkezik *ige (parancsot ad)* give* orders, order || *(vm felett)* dispose of/over, have* sg at one's disposal || **jeggyel rendelkezők** ticket-holders; **rendelkezik vmvel** *(birtokol)* possess sg, be* in possession of sg

rendellenes *mn* abnormal

rendellenesség *fn* ❖ *ált* abnormality, abnormity, *(fejlődési)* developmental abnormality, anomaly, deformity

rendelő *fn* ❑ *orv* consulting-room, surgery, ⊕ *US* (doctor's/dentist's) office

rendelőintézet *fn* clinic

rendeltetés *fn (cél)* (intended/special) purpose, designation; *(funkció)* function

rendeltetési hely *fn* destination

rendes *mn (rendszerető)* tidy, neat; *(rendben tartott)* tidy, neat (and tidy), orderly, in order *ut.* || *(derék, tisztességes)* decent, nice, good, upright, straight || *(megszokott)* usual, normal, customary || *(teljes jogú, pl. tag)* ordinary, full [member] || **nagyon rendes volt tőled, hogy ...** it was really nice/kind/good of you to ...; **rendes időben** at the usual time

rendesen *hsz (jól, megfelelően)* properly || *(rendszerint)* usually, normally

rendetlen *mn (nem rendes)* untidy, disorderly || *(hanyag)* careless, negligent, ❖ *biz* sloppy

rendetlenkedik *ige (gyerek)* misbehave, be* mischievous, ❖ *biz* be* playing (sy) up

rendetlenség *fn* disorder, chaos, confusion, ❖ *biz* mess

rendez *fn (elrendez)* arrange, order, put* sg in(to) (proper) order, ❖ *biz (dolgokat)* sort out ‖ *(egyenletet)* reduce [an equation] ‖ *(elintéz)* put*/set* sg to rights, settle; *(kényes/vitás ügyet)* set* [a matter] straight ‖ *(szervez)* organize ‖ *(filmet, színdarabot)* direct ‖ **adósságot rendez** pay*/settle one's debts

rendezés *fn (elsimítás)* putting in order, settlement ‖ *(szervezés)* organization, organizing ‖ *(színházi)* direction

rendezetlen *mn* disordered, disorderly, confused ‖ ❖ *átv* unsettled ‖ **rendezetlen adósság** outstanding/unsettled debt

rendezett *mn* orderly, in order *ut.*, properly arranged, well-arranged; *(szoba stb.)* tidy, orderly, ❖ *biz* in apple-pie order

rendezkedik *ige* make* order, set* (sg) in order

rendező ▼ *mn* **rendező pályaudvar** marshalling yard ▼ *fn (szervező)* organizer ‖ ❑ *szính* ❑ *film* director

rendeződik *ige* be(come)* settled; *(helyzet)* get*/be* back to normal

rendezvény *fn* programme (⊕ *US* program)

rendfenntartás *fn* maintenance of (public) order

rendfokozat *fn* ❑ *kat* rank

rendhagyó *mn* ❑ *nyelvt* irregular

rendjel *fn* order, decoration

rendkívül *hsz* extraordinarily, extremely, exceedingly, exceptionally, remarkably, uncommonly

rendkívüli *mn (szokatlan)* extraordinary, unusual, *(kivételes)* exceptional, *(különleges)* singular, remarkable, *(különös)* unusual, uncommon

rendőr *fn* policeman°, *(női)* policewoman°, *(férfi v. női)* police-officer, ⊕ *GB* (police) constable *(röv* PC) *(tsz* PCs) ‖ **rendőr őrmester** police sergeant; **közlekedési rendőr** traffic policeman°

rendőrautó *fn* police-car, *(URH-kocsi)* patrol car, ⊕ *GB így is* panda car

rendőrfelügyelő *fn* inspector

rendőrfőkapitány *fn* chief commissioner of police, police commissioner

rendőr-főkapitányság *fn* central police station

rendőrfőnök *fn* police superintendent, ⊕ *US* chief of police

rendőri *mn* police ‖ **rendőri felügyelet alatt áll** be* under police surveillance

rendőrkordon *fn* (police) cordon

rendőrkutya *fn* police dog

rendőrnő *fn* policewoman° *(röv* PW), woman police constable *(röv* WPC)

rendőrőrs *fn* police station

rendőrőrszoba *fn* police station

rendőrség *fn* police *tsz*; *(mint országos testület)* police force ‖ **kivonult a rendőrség** the police turned out in force

rendőrspicli *fn* ❖ *biz* ❖ *elít* (police-)spy, informer

rendőrtiszt *fn* police officer

rendszabály(ok) *fn (intézkedés)* measures *tsz*, steps *tsz* ‖ **megtorló rendszabályok** reprisals, retaliatory measures

rendszám *fn (autóé)* registration number

rendszámtábla *fn* number plate, ⊕ *US* license plate

rendszer *fn* system; *(módszer)* method ‖ **(politikai) rendszer** regime, system of government

rendszeres *mn (rendszerezett)* systematic, methodical; *(rendszerszerű)* systemic ‖ *(állandó)* constant, permanent ‖ *(megszokott)* habitual, regular

rendszeresít *ige (bevezet)* establish, introduce

rendszerez *ige* systematize

rendszerezés *fn* systematization, system

rendszerint *hsz* as a rule, usually, generally, normally, in general
rendszertan *fn* taxonomy, taxology
rendszertani *mn* taxonomic
rendszervált(oz)ás *fn* ❏ *pol* change of regime
rendtartás *fn* rules *tsz*, regulations *tsz*
rendületlen *mn* firm, resolute, steadfast, steady, unshakable
rendzavarás *fn* ❖ *ált* disturbance; *(zendülés)* riot(ing); *(garázdaság)* breach of the peace, disorderly conduct
rendzavaró *fn* troublemaker
reneszánsz *fn* the Renaissance
reng *ige* ❖ *ált* shake*, tremble, quiver ‖ *(föld)* quake, there is an earthquake
rengeteg ▼ *szn/mn (számra)* vast number of, countless *(és utána: tsz)*, ❖ *biz* lots of; *(tömegre)* huge, enormous, vast ‖ **rengeteg dolgom van** I'm very busy, I've got my hands full, I'm snowed under; **rengeteg ember** vast/immense/huge crowd(s), a mass of people; **rengeteg munka** a vast amount of work; **rengeteg pénz** a lot of money, a mint; **rengeteg pénze van** he is rolling in money, ❖ *biz* he's loaded ▼ *fn (hatalmas erdő)* vast/trackless forest
renovál *ige (épületet)* renovate, repair, restore
rénszarvas *fn* reindeer
rentábilis *mn* profitable, paying, *(igével)* it pays
rentabilitás *fn* profitability, profitableness
répa *fn (fehér)* turnip ‖ *(sárga)* carrot ‖ *(cukor)* (sugar-)beet
répacukor *fn* beet-sugar
repce *fn* rape, colza
reped *ige* ❖ *ált* crack, burst*, split*; *(bőr)* chap, crack ‖ *(ruha)* tear*, *(nadrág)* tear*, split*, rip
repedés *fn (folyamat, ált)* bursting, splitting; *(bőrön)* cracking, chapping ‖ *(eredménye, ált)* burst; *(rés)* gap, slit; *(falban)* crack, chink; *(bőrön)* chaps *tsz*; *(ruhán)* tear
repedezett *mn* ❖ *ált* cracked, *(bőr)* chapped
repedezik *ige* ❖ *ált* crack, chap, rend* (easily), split* ‖ *(bőr)* chap
repertoár *fn* ❏ *szính* repertoire, repertory
repesz *fn* shrapnel, splinter
repeszt *ige* crack, split* ‖ ❖ *átv* ❖ *biz (motorral)* tear*/roar along, do* a ton
repít *ige (vmt)* ❖ *ált* let* sg fly, *(sárkányt)* fly* [a kite] ‖ *(hajít)* throw*, fling*, hurl
repked *ige* fly* about, *(ide-oda)* flit/flutter to and fro
reprezentáció *fn* public/official duties *tsz*
reprezentációs költségek *fn tsz* entertainment expenses
reprezentál *ige (képvisel)* represent ‖ *(szerepel a közéletben)* <maintain the dignity of one's (official) position> *kb.* act in one's official capacity
reprezentatív *mn (kiállítás, statisztika)* representative ‖ *(mutatós)* impressive, imposing, ❖ *biz* swish, *(épület stb.)* imposing, stately ‖ **reprezentatív mintavétel** representative sample (of), sampling
reprivatizál *ige* reprivatize
reprivatizálás *fn* reprivatization
reprodukció *fn* reproduction
republikánus *mn/fn* republican ‖ **republikánus párt** ⊕ US Republican Party
repül *ige* ❖ *ált* fly*; *(repülőgépen utazik)* fly*, travel (⊕ US -l) (*v.* go*) by air ‖ **levegőbe repül** *(felrobban)* blow* up, be* blown up
repülés *fn* ❖ *ált* flying ‖ *(vké, vmé)* flight ‖ *(technika)* aeronautics *esz*, aviation
repülési *mn* flying-, flight- ‖ **repülési magasság** (flying) altitude
repülő ▼ *mn (vm)* flying ▼ *fn (személy)* flier *v.* flyer, aviator, pilot,

❏ *kat* ⊕ *GB* aircraftman°, ⊕ *US* airman° ‖ = **repülőgép**
repülőgép *fn* ❖ *ált* aircraft *(tsz ua.)*, ⊕ *GB* (aero)plane, ⊕ *US* airplane, ❖ *biz* plane, *(utasszállító)* airliner
repülőgép-anyahajó *fn* aircraft carrier
repülőgép-eltérítés *fn* = **géprablás**
repülőgépgyártás *fn* aircraft production
repülőhal *fn* flying fish *(tsz ua.)*
repülőjegy *fn* air/passenger ticket
repülőszerencsétlenség *fn* air-crash
repülőtér *fn (polgári)* airport, *(kisebb)* aerodrome; *(főleg kat)* airfield
rés *fn* ❖ *ált* slit, rift, *(repedés)* fissure, crack, split, *(nyílás)* aperture, orifice, *(lyuk)* hole, gap ‖ **résen van** be*/stand* on guard (*v.* on the alert/watch)
réshang *fn* fricative (consonant)
respektál *ige* respect sy, have* respect/regard for sy
rest *mn* lazy, slothful, sluggish
restauráció *fn* ❏ *tört* restoration
restaurál *ige* restore
restaurátor *fn* (picture-)restorer
restell *ige (szégyell vmt)* be* sorry that ..., be* ashamed of/that ... ‖ *(vmt megtenni)* be* too lazy to do sg, be* loth/reluctant to do sg ‖ **restellem a dolgot** I feel really (very) bad about it
rész *fn* part, piece ‖ *(osztályrész)* share, proportion ‖ *(terület)* section, region ‖ ❖ *átv* part, side ‖ **a rá eső rész** one's share; **két részből álló** consisting of two parts/sections *ut.*; **kiveszi a részét** *vmből* take* a share in sg, participate in sg; **legnagyobb részben** for the most/greater/greatest part, to a great/large extent; **része van vmben** be* a party to sg, have* a hand in sg, be* involved in sg; **részemről** for/on my part, as far as I am concerned; **részt vesz** *(vmben)* take* part in sg, share/participate/join in sg; *(vm rosszban)* be* engaged in sg; *(vmn)* take* part in, participate in sg
részben *hsz* partly, in part, partially, to some degree/extent, to a certain extent
részecske *fn* particle, fragment ‖ **elemi részecske** elementary particle
részeg ▼ *mn* drunk(en), intoxicated, ❖ *biz* pissed, *(kissé)* tight, tipsy ‖ **részegen** in a state of drunkenness/intoxication; **részeg, mint a csap** (as) drunk as a lord newt ▼ *fn* drunk, drunkard
részeges *mn* drunken, given/addicted to drinking *ut.*
részegség *fn* (state of) drunkenness/intoxication, inebriation, tipsiness
reszel *ige (fát, fémet, körmöt)* file ‖ *(ráspollyal)* rasp ‖ *(ételfélét)* grate ‖ **reszel a torkom** sg is irritating my throat
reszelő *fn* ❖ *ált* file ‖ *(ételhez)* grater
részes ▼ *mn (érdekelt vmben, igével)* have* a(n) interest/hand/share in sg, be* concerned/interested in sg ‖ *(vmben részt vevő)* participating (*v.* taking part) in sg *ut.* ‖ **ő is részes a dologban** he is also involved ▼ *fn* participant (in), partner (to)
részesedés *fn (nyereségből stb.)* share, dividend
részeshatározó (eset) *fn* dative (case)
részfoglalkozású *mn (igével)* work part-time, have* a part-time job
részint *hsz* partly ‖ **részint ..., részint** both ... and; on the one hand ... on the other (hand)
reszket *ige* tremble ‖ *(borzong)* shiver, shudder ‖ ❖ *átv (fél)* tremble (with fear) ‖ **hidegtől reszket** shiver with cold; **reszket, mint a nyárfalevél** tremble like an aspenleaf
reszketés *fn* trembling, tremble ‖ *(borzongás)* shiver(ing), shudder(ing)
reszkető *mn* **reszkető hang** trembling/quavery/tremulous voice
részleg *fn* section, department, part

részleges *mn* partial
részlet *fn (ált vmnek a részei)* detail, particulars *tsz* ‖ *(irodalmi/zenei műből)* extract, passage ‖ *(részletfizetésnél)* instalment (⊕ *US* -ll-); payment ‖ **apró részletek** particulars, minute details; **részletekbe bocsátkozik** go* into detail(s); **részletre vesz** buy* (sg) on hire-purchase; **12 havi részletre** [pay*] by twelve monthly instalments
részletes *mn* detailed
részletesen *hsz* in detail
részletez *ige (részletesen előad)* detail (sg), go* into detail(s) about sg
részletezés *fn (felsorolás)* details *tsz*; *(ker is)* specification, itemization
részletfizetés *fn* hire-purchase
részrehajlás *fn* partiality, bias
részrehajló *mn* partial, bias(s)ed
résztvevő *fn* = **részvevő** *fn*
részvény *fn* share, ⊕ *US* stock ‖ **részvényt jegyez** subscribe for shares
részvényes *fn* shareholder, ⊕ *US* stockholder
részvénytársaság *fn (röv* **rt.***)* joint-stock company; ⊕ *US* stock company
részvét *fn (együttérzés)* compassion, sympathy (for) ‖ **részvétet érez vk iránt** feel* sympathy for sy
részvétel *fn* participation, taking part (in)
részvételi díj *fn* participation fee, charges *tsz*
részvéttávirat *fn* telegram of condolence
részvevő ▼ *mn (sajnálkozó)* compassionate, sympathetic, sympathizing ▼ *fn* participant, attendant; *(konferenciáé)* participant ‖ *fn* **a részvevők** those present, (the) attendance
rét *fn* meadow, field
réteg *fn* ❖ *ált* layer; *(felületen)* coating ‖ *(földben)* stratum (*tsz* strata); ❏ *bány* seam, bed, streak ‖ *(társadalmi)* stratum (*tsz* strata), layer

rétegeződés *fn (társadalmi is)* stratification
retek *fn* radish
rétes *fn* strudel ‖ **almás rétes** apple strudel
retesz *fn* bolt, fastener
réti *mn* meadow
retikül *fn* (hand)bag, ⊕ *US* purse
retina *fn* retina
retorika *fn* rhetoric
retorzió *fn* reprisal(s), retaliation
retteg *ige (vmtől)* dread/fear sg, be* afraid/terrified of sg ‖ *(vktől)* be* terrified of sy, dread sy, be* in dread of sy
rettegés *fn* dread, fear
rettegett *mn* feared, dreaded
rettenetes *mn* terrible, dreadful, frightful, awful, horrible
rettenetesen *hsz* terribly, awfully, *(fél)* desperately
rettentő ▼ *mn* terrific, horrific ▼ *hsz* **rettentő nagy** colossal, enormous
retúrjegy *fn* return (ticket), ⊕ *US* round-trip ticket; *(egynapi)* day-return (to)
retusál *ige* retouch, touch up
reuma *fn* rheumatism
reumás *mn/fn* rheumatic
reumatológia *fn* rheumatology
reumatológus *fn* rheumatologist
rév *fn (révátkelés)* ferry ‖ *(kikötő)* harbour (⊕ *US* -or), port
reváns *fn (bosszú)* return, revenge
reveláció *fn* revelation
révén *nu/hsz* **vknek a révén** through (the intervention of) sy, *(jóvoltából)* through the good offices of sy; **vmnek a révén** through sg, by means of sg
reverenda *fn* cassock, soutane
révész *fn* ferryman°
revízió *fn* revision
revizionista *mn/fn* revisionist
revizionizmus *fn* revisionism
revíziós *mn* revisionist
revizor *fn* ❏ *ker* auditor

révkalauz *fn* (licensed) pilot
revolver *fn* revolver, pistol, ⊕ *US* (hand)gun ‖ **revolvert ránt** whip out a revolver
revü *fn* revue, variety show
révület *fn* trance, entrancement, ecstasy ‖ **révületbe esik** fall* into a trance
revüszínház *fn* variety theatre, music hall
réz *fn (vörös)* copper, *(sárga)* brass
rezdül *ige* quiver, vibrate, oscillate
rezdülés *fn* ❖ *ált* quiver, vibration, oscillation ‖ *(szellőé)* puff, waft (of air)
rezeg *ige (húr)* quiver ‖ *(más)* tremble, shake* ‖ ❏ *fiz* vibrate, oscillate
rezervátum *fn* (nature) reserve
rezes *mn (vörösrezet tartalmazó)* copper(-); *(rézszerű)* copper-like, coppery; *(sárga)* brassy ‖ *(hang)* brazen
rézfúvós ▼ *mn* brass(-) ‖ **rézfúvós hangszer** brass instrument ▼ *fn (zenész)* brass(-instrument) player ‖ **a rézfúvósok** the brass
rezgés *fn* ❖ *ált* quiver(ing), flutter ‖ ❏ *fiz* vibration, oscillation
rezgésszám *fn* frequency
rezgő *mn* ❖ *ált* vibrant, shaking ‖ *(hang)* tremulous, quavery, quivering ‖ ❏ *fiz* vibrating, oscillating ‖ ❏ *növ* **rezgő nyár(fa)** aspen, trembling poplar
rezidencia *fn* residence
rezignált *mn* resigned
rézkarc *fn* etching, etched engraving, copperplate
rézmetszet *fn* copperplate (engraving), copper/line engraving, etching
rezonál *ige* resound, resonate
rezonancia *fn* resonance
rézpénz *fn* copper (coin)
rezümé *fn* résumé, abstract, summary; *(nyelvoktatásban)* précis
rezsi(költség) *fn* overheads *tsz*, overhead costs/expenses *tsz*

rezsim *fn* régime, (system of) government
rezsó *fn (gáz)* gas ring/cooker, *(villany)* hot plate
Rh-faktor *fn* Rh factor
Rh-negatív *mn* Rh negative
Rh-pozitív *mn* Rh positive
riadalom *fn* panic, commotion, chaos
riadó *fn* ❖ *ált* alarm, ❏ *kat* alert
riadóautó *fn (rendőri)* police van (⊕ *US* truck)
riadókészültség *fn* alert ‖ **riadókészültségben van** be* on the alert
riadt *mn* startled, alarmed
rianás *fn (jégen)* crack, crevasse
riaszt *ige (ált és katonaságot, rendőrséget)* alert ‖ = **ijeszt**
riasztó ▼ *mn (ijesztő)* alarming, startling, frightening; *(félelmetes)* fearful, frightful ▼ *fn* alarm ‖ **megszólalt a riasztó** the alarm went off
riasztóberendezés *fn* burglar alarm, alarm/security system
ribiszke, ribizli *fn* ❏ *növ* currant ‖ **vörös ribiszke** redcurrant; **fekete ribiszke** blackcurrant
ricinus(olaj) *fn* castor oil
ricsaj *fn* ❖ *biz (zaj)* din, shindy, row, racket ‖ **nagy ricsajt csap** kick up a row, make* a hell of a row
rideg *mn (ember)* cold, unsociable, unfriendly ‖ *(éghajlat)* bleak, severe ‖ *(anyag)* brittle ‖ **rideg elutasítás** flat refusal
rigó *fn* thrush
rigolya *fn* whim, crotchet
rigolyás *mn* crotchety, whimsical
rikácsol *ige* screech, scream, shriek
rikít *ige (szín)* glare
rikító *mn (szín)* glaring, garish, loud ‖ *(szembeszökő)* conspicuous, striking ‖ **rikító vörös** bright red
rikkancs *fn* newsboy, ⊕ *GB* paperboy
rikolt *ige* scream, shriek, cry out
rikoltoz *ige* shriek out, keep* shrieking
rím *fn* rhyme

rímel *ige (vmvel)* rhyme (with sg)
ring *ige* ❖ *ált* rock, swing* || *(hajó)* sway, dance (on the waves)
ringat *ige (bölcsőt)* rock; *(karban)* cradle || **abban ringatja magát, hogy** (s)he cherishes the hope/illusion that
ringató(d)zik *ige* rock, swing*
ringli *fn (étel)* anchovy-rings *tsz*
ringlispíl *fn* merry-go-round
ringyó *fn* ❖ *vulg* tramp, trollop, ⊕ *GB* scrubber, slag
rinocérosz *fn* rhinoceros
ripacs *fn (színész)* ham, *(⊕ US szónok is)* barnstormer
ripityára *hsz* ❖ *biz* **ripityára ver** beat* sy to pulp/jelly
riport *fn* report (on sg) || **riportot ír vmről** write* a report on sg, report on sg
riporter *fn* reporter, *(tudósító)* correspondent; ❏ *sp* commentator
riszál *ige (testet)* move/swing* to and fro || **riszálja a csípőjét** sway/swing*/wiggle one's hips, *(járás közben)* ⊕ *US* sashay
ritka *mn (nem gyakori)* rare, infrequent, scarce || *(nem sűrű)* thin, sparse, scanty || **ritka alkalom** a golden/unique opportunity; **ritka haj** thin hair
ritkán *hsz (nem gyakran)* rarely, seldom, not often || *(nem szorosan)* sparsely, thinly || **nagy ritkán** once in a blue moon
ritkaság *fn (ritka előfordulás)* rarity, rareness, scarcity, scarceness || *(ritka dolog)* rarity, curio, curiosity
ritkít *ige (sűrűt)* thin (out)
ritkul *ige (gyérül)* grow*/get*/become* thin(ner)/sparse(r), be* thinned (out) || *(kevésbé gyakorivá válik)* get*/become* rare(r)/scarce(r)
ritmikus *mn* rhythmic(al) || **ritmikus sportgimnasztika** rhythmic gymnastics *esz*; **ritmikus torna** eurhythmics *esz v. tsz*
ritmus *fn* rhythm

rituális *mn* ritual
rítus *fn* rite, ritual
rivalda *fn* the front of the stage
rivaldafény *fn* ❏ *szính* footlights *tsz*, limelight || ❖ *átv* limelight
riválís *fn* rival
rivalizál *ige (vkvel)* rival (⊕ *US* -l) sy, compete/vie with sy
rizikó *fn* risk, hazard, venture, chance
rizikófaktor *fn* risk factor
rizling *fn* riesling
rizs *fn* rice
rizses *mn* rice-, with rice *ut.* || **rizses aprólék** giblets with rice *tsz*
rizsfelfújt *fn* rice-pudding, rice soufflé
r. k. = **római** *katolikus*
rkp. = **rakpart**
ró *ige (bevés jelet)* cut* (in), carve, scratch || **az utcát rója** walk/roam the streets; **bírságot ró vkre** fine sy
robaj *fn* din, loud noise, *(összeomlásé, törésé)* crash || **nagy robajjal összedől** collapse with a great crash
robban *ige* explode
robbanás *fn* explosion, detonation
robbanó *mn* explosive
robbanóanyag *fn* explosive
robbanófej *fn (rakétában)* warhead
robbanómotor *fn* internal combustion engine
robbanószer *fn* explosive || **nagy erejű robbanószer** high/powerful explosive
robbanótöltet *fn* explosive (charge), *(rakétában)* warhead
robbant *ige (tárgyat)* blow* up, *(bombát)* explode || *(kártya)* **bankot robbant** break* the bank
robbantás *fn (ált és régi épületé)* blowing up; *(bombáé és bány)* explosion
robog *ige (rohan)* thunder/speed*/rattle past, rush
robot[1] *fn* ❏ *tört (hűbéri)* socage, statute/forced labour || ❖ *átv* hard work, drudgery, toil || **a mindennapi robot** the daily grind

robot² *fn* = **robotember, robotpilóta**
robotember *fn* robot, automaton *(tsz* -tons *v.* -ta)
robotgép *fn (háztartási)* food-processor
robotol *ige* ❑ *tört (hűbéri szolgáltatásként)* do*/perform socage-service ‖ ❖ *átv* drudge, toil/slave away, work hard
robotpilóta *fn* robot/automatic pilot, autopilot
rock *fn* ❑ *zene* rock (music) ‖ **kemény rock** hard/heavy rock
rockénekes *fn* rock singer
rockopera *fn* rock opera
rockzene *fn* rock music
rockzenész *fn* rock musician
rohad *ige* = **rothad**
rohadt *mn* ❖ *vulg* **rohadt alak** a shit
roham *fn (támadó)* attack, assault, charge ‖ *(atlétikában)* run-up ‖ *(betegségé)* bout, fit, attack ‖ **rohammal bevesz** take*/carry sg by assault
rohamcsapat *fn* shock-troops *tsz*, commandos *tsz*
rohamkocsi *fn (mentő)* mobile clinic
rohamlépés *fn* **rohamlépésben** *(átv is)* at the double, double-quick
rohamosztag *fn* ❑ *kat* commando unit
rohamoz *ige* attack, charge
rohamrendőrség *fn* riot-police *tsz*
rohamsisak *fn* steel helmet, ❖ *biz* tin hat
rohan *ige* run* (along), hurry ‖ **vhova rohan** be* in a hurry to, rush to; **vesztébe rohan** court danger/disaster
rohanás *fn* run(ning), rush(ing), hurry(ing)
rohangál *ige* run*/rush about/around, run* to and fro
rojt *fn* fringe, tassel
rojtos *mn (rojtokkal ellátott)* fringed, tasselled (⊕ *US* -l-) ‖ *(kikopott)* frayed
róka *fn* ❑ *áll* fox ‖ **ravasz, mint a róka** (as) cunning/sly as a fox, (as) sharp as a needle; ❖ *átv* **ravasz róka** a sly fox/dog

rókalyuk *fn* fox's earth, *(kat is)* foxhole
rókavadászat *fn* fox-hunting
rókázik *ige* ❖ *biz* be* sick, throw* up
rokfort *fn* Roquefort
rokka *fn* spinning wheel
rokkant ▼ *mn (ember)* disabled, crippled ▼ *fn* disabled person, cripple ‖ **a rokkantak** the disabled, *(végtagnélküliek)* the limbless
rokkantkocsi *fn* invalid carriage
rokkantság *fn* disability
rokkantsági nyugdíj *fn* disability pension
rokokó *fn* rococo
rokon ▼ *mn (vkvel)* related to *ut.* ‖ ❖ *átv (vmvel)* be* related/akin to sg ‖ **rokon nyelvek** related/cognate languages; **rokon szakma** related field (of work/study) ▼ *fn (családi kapcsolatban)* relative, relation ‖ **rokonok vagyunk** we are related, we are relatives; **távoli rokon** a distant relation
rokonság *fn (kapcsolat)* relationship ‖ *(rokonok összessége)* family, relatives *tsz*, relations *tsz*, sy's kindred
rokonsági fok *fn* degree of relationship
rokonszenv *fn* sympathy ‖ **vk iránti rokonszenvből** out of sympathy for sy
rokonszenves *mn* sympathetic, congenial
rokonszenvez *ige (vkvel)* take* to sy, be* drawn/attracted to(wards) sy
rokonszenvtüntetés *fn* demonstration of solidarity/sympathy
róla *hsz (hely)* from him/her/it, of it ‖ *(felőle)* of/about him/her/it ‖ **gondoskodik róla** *(vkről)* take* care of sy, look after sy; *(vmről)* see* to it that ...; **nem tehetek róla** I can't help it, it's not my fault; **szó sincs róla** it is out of the question
roletta *fn* = **roló**
roller *fn* scooter
rollerozik *ige* scooter

roló *fn (vászon)* blind(s), ⊕ *US így is* window shade || = **redőny** || **felhúzza a rolót** draw* up the blind(s); **leereszti a rolót** let*/pull down the blind(s)

rom *fn* ❖ *ált* ruin || *(maradvány)* remains *tsz* || **romba dől** fall* into ruin

roma ▼ *mn (ember, nyelv)* Romany, Roma ▼ *fn (férfi)* Rom *(tsz* Roma)

Róma *fn* Rome

római *mn/fn* Roman || **Római Birodalom** Roman Empire; **római katolikus** *(röv* **r. k., róm. kat.)** Roman Catholic; **római számok** Roman numerals

román ▼ *mn (romániai)* Romanian, Rumanian || **román nyelv** Romanian, Rumanian; **román nyelvek** Romance languages; **román stílus** Romanesque style, ⊕ *GB* Norman style ▼ *fn (ember, nyelv)* Romanian, Rumanian

románc *fn* romance

Románia *fn* Romania, Rumania

romániai *mn/fn* Romanian, Rumanian

romantika *fn (irányzat)* romanticism || *(romantikusság)* romance, the romantic

romantikus ▼ *mn* romantic ▼ *fn* romantic author/poet, romantic

románul *hsz* (in) Romanian/Rumanian || → **angolul**

rombol *ige* destroy, lay* sg waste, ravage, devastate; *(tárgy nélkül)* wreak havoc

rombolás *fn* destruction, ravaging, devastation

romboló ▼ *mn (erkölcsileg)* **romboló hatású** destructive, subversive ▼ *fn* ❑ *kat* destroyer

rombusz *fn* rhombus *(tsz* -buses *v.* -bi)

róm. kat. = **római** *katolikus*

romlandó *mn (áru)* perishable

romlás *fn* ❖ *ált* deterioration; *(anyagé)* perishing, decomposition, *(szerves anyagé)* putrefaction, rotting || *(pénzé)* devaluation, depreciation || *(erkölcsi)* corruption; *(minőségi)* deterioration

romlatlan *mn (anyag)* undeteriorated, undamaged, ❑ *kif* has not gone off; *(hús)* free from taint *ut.* || *(erkölcsileg)* unspoiled, pure; *(lány)* chaste, pure

romlatlanság *fn (erkölcsi)* pureness, purity, innocence

romlik *ige (anyag)* deteriorate, spoil*, decompose; *(szerszám stb.)* go* wrong; *(étel)* spoil*, go* off || *(pénz)* be* devalued, depreciate || *(egészség)* fail, be* getting worse, worsen, become* impaired || ❖ *átv* worsen, grow* worse, decline; *(minőség)* deteriorate, fall* off || **a hal gyorsan romlik** fish goes off quickly

romlott *mn (anyag)* spoiled, deteriorated, damaged; *(rothadt)* rotten, putrid || ❖ *átv* corrupt(ed) || **romlott hús** tainted meat, *(igével)* the meat is high/off

romos *mn* (partly) ruined

roncs *fn (hajóé, járműé)* wreck(age) || ❖ *átv* wreck

roncsol *ige (pusztít)* shatter, smash to pieces; *(szaggatva)* tear* to shreds || *(maró anyag)* corrode

ronda *mn (csúnya)* ugly, *(undorító)* disgusting, repugnant || *(kellemetlen)* wretched, nasty || *(utálatos, ellenszenves)* horrid, horrible, wretched, loathsome || **ronda beszéd** foul/obscene language, dirty talk

rongál *ige* ❖ *ált* damage, *(köztulajdont)* vandalize

rongálás *fn* harm, damaging, damage

rongy *fn* ❖ *ált* rag; *(padlóhoz)* (floor) cloth; *(ruhanemű)* old rag, rags (and tatters) *tsz* || **rázza a rongyot** keep* up appearances, show* off

rongyos *mn (ruha)* ragged, tattered, frayed || ❖ *biz (csekély)* **rongyos ötezer forintért** for a measly/lousy/paltry five thousand forints

ront *ige (rongál)* spoil*, damage (sg) || *(vkt)* corrupt (sy) || *(kényeztet)* spoil* || ❑ *sp* ❑ *isk (bizonyítványán stb.)* be* not up to scratch, be* below one's best || *(rohan)* **vhová ront** rush, dash (to); **rontja a levegőt** taint/vitiate the air; ❖ *átv* be* a nuisance

ropog *ige* ❖ *ált* crack || *(tűz)* crackle || *(fegyver)* rattle || *(hó)* crunch

ropogás *fn* crack(ing), crunch(ing), *(tűzé)* crackle, crackling

ropogós ▼ *mn* ❖ *ált* crisp; *(nassolnivaló)* crunchy || **ropogósra süt** crisp ▼ *fn (étel)* croquette

ropogtat *ige* ❖ *ált* crack(le) || *(ételt szájban)* crunch, munch

roppant[1] *ige* crack(le), snap

roppant[2] ▼ *mn* huge, enormous, vast ▼ *hsz (nagyon)* extremely, exceedingly || **roppant nagy** enormous; **roppant sajnálom** I very much regret it, I'm awfully sorry

rósejbni *fn* chips *tsz*, chipped potatoes *tsz*, ⊕ *US* French fries

roskad *ige* **földre roskad** fall* down, sink*/fall* to the ground; **magába roskad** sink* into oneself

roskatag *mn (épület)* dilapidated, tumbledown, ramshackle || **roskatag aggastyán** decrepit old man°

rost[1] *fn (szerves, ált)* fibre (⊕ *US* fiber), *(növ még)* filament, staple

rost[2] *fn (sütőrostély)* grill, gridiron || **roston sült hús** grill(ed meat/steak); **roston süt** grill, ⊕ *US* broil

rosta *fn* riddle, sieve

rostál *ige* riddle, sift || ❖ *átv* sift, select, screen

rostély *fn* ❖ *ált* grate, grating; *(ablakon)* grating, bars *tsz*; ❑ *műsz* screen || *(sisakon)* visor *v.* vizor, beaver || = **rost**[2]

rostélyos *fn (étel)* braised steak || **hagymás rostélyos** braised steak with fried onions

rostokol *ige* ❖ *biz (vk)* be* hanging around, be* kept waiting, *(vm)* be* held up

rostonsült *fn* grill(ed meat/steak)

rostos *mn* ❖ *ált* fibrous, ❑ *növ* filamentary, filamentous || **rostos ételek** dietary fibre (⊕ *US* fiber), roughage; **rostos gyümölcslé** fruit juice with fibre (⊕ *US* fiber) of the fruit, crush, ⊕ *US* nectar

rossz ▼ *mn* ❖ *ált* bad; *(elvont értelemben)* evil; *(gonosz)* evil, wicked, vicious || *(káros vmre)* injurious (to), bad (for) || *(nem megfelelő)* poor, inadequate, unsuitable, inconvenient; *(téves)* wrong || *(nem működő)* out of order *ut.*; *(elromlott)* be* broken || **rossz anyagi körülmények között él** be* poor, be* badly off; **rossz bőrben van** look ill/seedy, be* in a bad way, be* off colour (⊕ *US* -or); **(ez) nem rossz!** (that's) not (at all) bad!; **rossz értelemben** in a bad (*v.* the wrong) sense; **rossz fényt vet rá** it shows him in a poor light, it reflects discredit on him; **rossz formában van** be* in bad shape, be* off one's form; **rossz gyerek** naughty/mischievous child°; **rossz hírű** notorious, ill-famed, disreputable; **rossz idő van** the weather is bad/dreadful/foul, it's rotten weather; **rossz minőségű** of poor/inferior quality *ut.*, low-grade; **rossz modor** unpleasant/rude manner(s), ill-breeding; **rossz napja volt** it was one of his off days; **rossz néven vesz vmt** take* offence at sg, be* offended by sg, resent sg; **rossz szaga van** have* a bad/unpleasant smell, smell* horrible/bad, stink*; **rossz számot hívott** you('ve) got the wrong number; **rossz szeme van** have* poor/bad eyesight; **rossz szemmel néz vmt** disapprove of sg, dislike sg, doesn't like sg; **rossz színben van** look ill/pale; **rossz termés** poor crop/harvest, crop failure; **rossz útra csábít vkt** lead* sy astray, mislead* sy; **rossz útra téved** go* astray, lose* one's way; **rossz vége lesz** it will come to no good; **rossz viszonyban van vkvel** be* on bad terms with sy ▼ *fn* ❖ *ált* evil ‖ *(helytelenség)* wrong ‖ **ebben nincs semmi rossz** there is no harm in that; **két rossz közül a kisebbiket választja** choose* the lesser of two evils; **nem akarok rosszat neked** I mean you no harm

rosszabb *mn* worse *(vmnél* than), inferior *(vmnél* to) ‖ **rosszabb napokra** for a rainy day; **annál rosszabb** so much the worse

rosszabbodás *fn* growing/getting worse, worsening, change for the worse

rosszabbodik *ige* grow*/get*/become* worse, worsen, take* a turn *(v.* change) for the worse ‖ **a helyzet rosszabbodik** things are going from bad to worse

rosszakarat *fn* ill-will, malice, malevolence

rosszakaratú *mn* ill-willed/disposed/intentioned, malevolent, malicious

rosszall *ige* disapprove of, find* fault with

rosszallás *fn* disapproval

rosszalló *mn* disapproving ‖ **rosszalló tekintet** look of disapproval, frown

rosszhiszemű *mn (bizalmatlan)* mistrustful, distrustful *(vkvel szemben* of sy) ‖ **rosszhiszeműen** *(csalárdul)* in bad faith

rosszhiszeműség *fn (bizalmatlanság)* mistrust, distrust ‖ *(csalárdság)* bad faith

rosszindulat *fn* spite, spitefulness, malice, malevolence, ill-will

rosszindulatú *mn* ❖ *ált* malicious, evil-minded, malevolent, hostile ‖ ❑ *orv* malignant ‖ **rosszindulatú daganat** malignant tumour (⊕ *US* -or); **rosszindulatú vkvel szemben** bear* sy malice

rosszkedv *fn* low spirits *tsz,* depression

rosszkedvű *mn* moody, huffy, out of sorts, bad-tempered, dejected

rosszkor *hsz (helytelen időben)* at the wrong time ‖ *(alkalmatlanul)* at a bad *(v.* an inconvenient) time, at an awkward moment/time ‖ **a legrosszabbkor** at the worst possible moment

rosszmájú *mn* malicious, sarcastic, ❖ *biz* bitchy

rosszul *hsz* ❖ *ált* ill, badly, poorly ‖ *(helytelenül)* wrong(ly) ‖ *(nem előírásosan/rendesen)* out of order, amiss ‖ **rosszul áll** *(anyagilag)* be* badly off; *(vmlyen ügy)* be* not looking good; **rosszul áll a ruha vkn** his suit *(v.* her dress) doesn't fit, the dress/suit is a bad fit; **rosszul érzi magát** *(beteg)* feel* unwell; *(feszélyezett)* feel* ill at ease, feel* awkward/uncomfortable; **rosszul ítél meg vkt** misjudge sy; **rosszul jár** *(pórul jár)* come* to grief; *(óra)* go* wrong; **rosszul járt** he came off badly, ⊕ *US* he lost out; **rosszul lett** *(vmtől)* (s)he was taken ill, (s)he became* unwell, *(elájult)* (s)he fainted; **rosszul öltözött** badly-dressed; **rosszul sikerül** fail, miscarry, misfire

rosszullét *fn* indisposition; *(émelygés)* nausea; *(ájulás)* faint, collapse

rothad *ige* rot, decay, become* rotten

rothadás *fn* rot, rotting, decay, putrefaction

rothadt *mn* rotten, decayed, putrid ‖ ❖ *átv* wretched, rotten ‖ **velejéig rothadt** rotten to the core

rothaszt *ige* rot, putrefy

rovar *fn* insect, ⊕ *US* így is bug

rovarcsípés *fn* insect-bite

rovarirtó (szer) *fn* insecticide, pesticide, *(por)* insect-powder, *(spray)* insect spray, ⊕ *US* így is bug spray

rovás *fn (bevágás)* notch, score ‖ **sok van a rovásán** he has much to answer for, he has much on his conscience; **vknek a rovására** at sy's cost/expense, on sy's account; **vmnek a rovására** at the expense of sg

rovásírás *fn* runic writing, runes *tsz*

rovat *fn* column, side [of account] ||
(újságban) column
rovátkol *ige* groove/notch sg, cut*/
make* a notch/groove (*v.* notches/
grooves) in sg
rovatvezető *fn* columnist, editor
rozmár *fn* walrus
rozmaring *fn* rosemary
rozoga *mn (épület)* dilapidated, ramshackle, shaky; *(bútor)* rickety, shaky, broken down || *(beteges)* frail, delicate, weak, *(és öreg)* decrepit, doddery
rozs *fn* rye
rózsa *fn* ❑ *növ* rose || *(locsolóé, zuhanyé)* rose || **nincsen rózsa tövis nélkül** (there's) no rose without a thorn
rózsabimbó *fn* rosebud
rózsafa *fn* ❑ *növ* rosetree, *(bokor)* rosebush || *(anyag)* rosewood
rózsafüzér *fn* ❑ *vall* beads *tsz*, rosary
rózsahimlő *fn* German measles *esz*, rubella
rózsaolaj *fn* attar (of roses), rose oil
rózsás *mn* ❖ *átv* rosy || **nem valami rózsás a helyzet** the situation is not bright/rosy; **rózsás arc** rosy cheeks *tsz*; **rózsás hangulatban van** be* in high spirits
rózsaszál *fn* a rose
rózsaszín *mn/fn* pink, rose, pinkishred, rose-red/coloured (⊕ *US* -ored) ||
rózsaszínben látja a világot see* everything (*v.* the world) through rose-coloured (⊕ *US* -ored) spectacles/glasses
rózsavíz *fn* rose-water
rozsda *fn (vason)* rust, corrosion ||
❑ *növ* rust, mildew, smut
rozsdaálló *mn* rustproof, rustless
rozsdafolt *fn* rust stain
rozsdamentes *mn (rozsdaálló)* rustproof, *(acél)* stainless || *(nem rozsdás)* rustless
rozsdás *mn (fém)* rusty, rusted, rusteaten || ❑ *növ* rusty, mildewy
rozsdásodik *ige (fém)* get*/become* rusty, rust

rozsdaszínű *mn* rust-coloured (⊕ *US* -colored), rusty (brown)
rozsdavörös *mn* rusty-red, russet
rozskenyér *fn* rye-bread
rozsliszt *fn* rye-flour/meal
röfög *ige* grunt
röfögés *fn* grunt, grunting
rög *fn (göröngy)* clod, lump, sod ||
(arany) nugget || *(vér)* clot || *(föld)* soil
rögbi *fn* rugby (*v.* Rugby) (football)
rögbijátékos *fn* rugby/Rugby player
rögbizik *ige* play rugby/Rugby (football)
rögeszme *fn* fixed idea, idée fixe, obsession || **az a rögeszméje, hogy** he is obsessed by/with the idea that
rögös *mn (talaj)* lumpy; *(út)* bumpy ||
rögös életpálya life° of adversity, a hard life
rögtön *hsz* at once, immediately, without delay, right/straight away, in a moment, ⊕ *US* right off/now || **rögtön jövök** back in a minute (*v.* in a few minutes), I shan't/won't be a minute, ⊕ *US* I'll be right back
rögtönítélő *mn* ❑ *jog* summary || **rögtönítélő bíráskodás** summary jurisdiction
rögtönöz *ige* ❖ *ált* improvise, extemporize; ❑ *szính* ad lib || *(beszédet)*
rögtönöz speak* off the cuff (*v.* offhand/impromptu)
rögtönzés *fn* ❖ *ált* improvisation, extemporization; ❑ *szính és* ❖ *biz* ad lib; ❑ *zene* impromptu
rögtönzött *mn* improvised, extempore, impromptu; ❑ *szính és* ❖ *biz* ad-lib ||
rögtönzött beszéd an off-the-cuff (*v.* impromptu *v.* extempore) speech
rögzít *ige* ❖ *ált (vmt)* secure, fix, fasten, stabilize; *(vmt vmhez)* fix sg to/on sg; *(törött végtagot)* immobilize, splint, fix || *(árat)* fix, peg, freeze* || *(írásban vmt)* put* sg down (in writing), put* it in writing || ❑ *el (hangot, képet)* record sg, make* a recording of sg || ❑ *fényk* fix

rögzítés *fn* ❖ *ált* fixing, fastening, securing; *(törése)* immobilization || *(áré)* fixing, pegging (of prices), (price) freeze; *(béré)* freezing of wages, (wage) freeze || *(írásban)* setting/putting down || *(hangé, képé)* recording
röhej *fn* ❖ *vulg* guffaw, horse-laugh || **kész röhej** it is (simply/just) ridiculous, it's a joke
röhög *ige* ❖ *vulg* guffaw, laugh like a drain, laugh one's head off
röhögés *fn* ❖ *vulg* horse-laugh, guffaw(ing)
rönk *fn* stump, block, log
röntgen *fn (készülék)* x-ray machine/equipment || *(röntgenezés)* x-ray(ing)
röntgenez *ige* x-ray
röntgenfelvétel *fn* x-ray (photograph/picture), radiograph
röntgenkészülék *fn* x-ray apparatus/machine
röntgensugár *fn* x-ray(s)
röntgenvizsgálat *fn* x-ray (examination)
röpcédula *fn* leaflet, flyer, handbill
röpdolgozat *fn* test
röpirat *fn* leaflet, pamphlet
röpke *mn (mulandó)* fleeting, ephemeral, passing, transitory
röplabda *fn* volleyball
röplabdázik *ige* play volleyball
röppálya *fn* trajectory
rőt *mn* ❖ *ir* red, russet
rőtvad *fn* red/fallow deer°
rövid ▼ *mn* ❖ *ált* short, *(idő)* brief, short || *(tömör)* brief, concise, succinct || **egy rövid ideig** for a short time, for a/some time, for a while; **hogy rövid legyek** to cut a long story short, in a word, suffice it to say (that); **rövid életű** short-lived; **rövid és velős** brief/short and to the point; **rövid haj** short/cropped hair, hair cut short; **rövid idő alatt** in a short time; **rövid idő múlva** in a short time, shortly, before long, soon; **rövid lejáratú** short-term [credit, loan]; **rövid pihenő** break, ❖ *biz* breather; **rövid táv** short distance; **rövid távon** for short distances, *(időben)* in the short term, for a short period; **rövid távú** short-distance, *(terv)* short-range; **rövid ujjú** *(ruha)* short-sleeved; **rövid úton** directly, without undue delay ▼ *fn* **röviddel ... előtt** shorty before ...; **röviddel vm után** shortly after(wards), soon after ...; **rövidre vágat** *(hajat)* have* one's hair cut short (v. cropped)
rövidáru *fn* ⊕ *GB* haberdashery, ⊕ *US* notions *tsz*, dry goods *tsz*
rövidáruüzlet *fn* ⊕ *GB* haberdashery, haberdasher('s), ⊕ *US* dry goods store
rövidebb *mn* shorter || **rövidebb út** short cut; **a rövidebbet húzza** get* the worst of it, lose* out
röviden *hsz (tömören)* in short/brief, briefly, in a word, in a few words, concisely || *(rövidítve)* short for
rövidesen *hsz* shortly, before long, (very) soon
rövidfilm *fn* short film/feature, ❖ *biz* short
rövidhullám *fn* short wave
rövidhullámú *mn* short-wave
rövidít *ige* ❖ *ált* shorten, cut*/make* (sg) short(er), reduce the length of || *(szöveget)* cut*, abridge
röviditalok *fn tsz* short drinks
rövidítés *fn (szövegé)* abridgement || *(betűk)* abbreviation
rövidített *mn (szöveg stb.)* abridged
rövidlátás *fn* short-sightedness
rövidlátó *mn/fn* short-sighted (person)
rövidnadrág *fn* shorts *tsz*
rövidnadrágos *mn* in shorts *ut.*
rövidség *fn (térben)* shortness || *(időé)* shortness, briefness, brevity [of time] || **az idő rövidsége miatt** for lack of time

rövidtávfutó *fn* sprinter
rövidül *ige* ❖ *ált* shorten, grow*/become* shorter ‖ **rövidülnek a napok** the days are closing/drawing in
rövidzárlat *fn* short circuit, ❖ *biz* short
rőzse *fn* brushwood, twigs *tsz*, sticks *tsz*
rt. = részvénytársaság
rubeóla *fn* German measles *esz*, rubella
rubin *fn* ruby
rúd *fn* ❖ *ált* bar, rod, beam ‖ *(kocsié)* shaft, pole ‖ *(rúdugráshoz)* (vaulting) pole ‖ **egy rúd szalámi** a whole salami
rúdugrás *fn* pole-vault
rúdugró ▼ *mn* pole-vault(ing) ▼ *fn* polevaulter
rúg *ige* kick ‖ *(gólt)* score/kick [a goal] ‖ *(összeg vmre)* amount/come* to sg
rugalmas *mn (átv vm is)* elastic; *(hajlíthatóan és átv vk)* flexible ‖ **rugalmas munkaidő** flexible working hours *tsz*, flexitime, flextime
rugalmasság *fn (átv vmé is)* elasticity; *(hajlíthatóság és átv vk)* flexibility
ruganyos *mn* elastic, springy
rúgás *fn* ❖ *ált* kick(ing) ‖ *(labdáé)* shot, kick ‖ *(lőfegyveré)* recoil, kick
rugdal *ige* keep* (on) kicking (sy/sg)
rugdaló(d)zik *ige* kick out, kick about
rugdalódzó *fn (kisbabáé)* sleepsuit
rugó *fn* ❑ *műsz* spring, *(tekercsrugó)* coil spring ‖ ❖ *átv (vmé)* mainspring (of), motive (for)
rúgó *mn (vmely összegre)* amounting to *ut.*, mounting up to *ut.* ‖ **50 000 Ft-ra rúgó költség** expenses mounting up to 50,000 fts
rugós *mn (rugózott)* elastic, springy, spring ‖ **rugós kés** switchblade (knife°), flick-knife°
rugózás *fn (szerkezeté, fotelé stb.)* springs *tsz*, springing, *(kocsié)* (spring) suspension ‖ **jó a rugózása** *(ágyé)* it has fine springs; *(autóé)* its suspension is sound/good

rugózik *ige* recoil, spring*/fly* back
ruha *fn (ált ruházat, ruhák)* clothes *tsz*, clothing; *(női)* dress, *(férfiöltöny)* suit ‖ *(textildarab tisztításhoz)* cloth, duster ‖ **estélyi ruha** evening dress, ball gown; **hétköznapi ruha** everyday/casual clothes *tsz*; **ruhát levet** take* off one's clothes; **ruhát ráad vkre** help sy on with his clothes
ruhaakasztó *fn (vállfa)* (clothes) hanger
ruhadarab *fn* article of clothing
ruhafogas *fn (akasztó)* hat-rack, *(álló)* coat-stand
ruhakefe *fn* clothes brush
ruhanemű *fn* clothes *tsz*, clothing, garments *tsz*, articles of clothing *tsz*
ruhásszekrény *fn* wardrobe, ⊕ *US* (clothes) closet
ruhástul *hsz* fully dressed, with (all) one's clothes on
ruhaszárító *fn/mn (állvány)* clotheshorse, clothes airer ‖ **ruhaszárító csipesz** clothes peg, ⊕ *US* clothes pin; **ruhaszárító kötél** clothesline
ruhatár *fn (színházban stb.)* cloakroom, *(pályaudvaron)* left-luggage office, ⊕ *US* checkroom ‖ **ruhatárba (be)teszi a kabátját** leave*/put* one's coat in the cloakroom, ⊕ *US* check one's coat
ruhatári jegy *fn (színház stb.)* cloakroom ticket, ⊕ *US* check (for one's coat)
ruhatáros *fn* cloakroom attendant, ⊕ *US* hat check girl
ruhatervező *fn* dress designer
ruhatisztító *fn* (dry-)cleaner, (dry-)cleaner's
ruhátlan *mn* unclothed, undressed
ruhaujj *fn* sleeve
ruház *ige (ruhával ellát)* clothe, dress ‖ *(vmt vkre)* confer, bestow (on), grant (to)
ruházat *fn* clothes *tsz*, clothing, dress
ruházati *mn* clothing ‖ **ruházati bolt** clothes shop (⊕ *US* store)
ruházkodás *fn* clothing

ruházkodik *ige* clothe oneself
rulett *fn* roulette
rum *fn* rum
rumos *mn* with rum *ut.*, rum || **rumos tea** tea with rum
rút *mn (csúnya)* ugly, hideous || *(aljas)* base, mean, abominable || **rút hálátlanság** downright ingratitude
rutin *fn (tapasztalat, készség)* experience, practice, skill; *(megszokás)* routine
rutinmunka *fn* routine job
rutinos *mn* experienced, practised, accomplished (in), expert (in/at)
rútság *fn* ugliness, hideousness
rúzs *fn (ajak)* lipstick, *(arc)* rouge

rúzsos *mn (vk)* wearing lipstick *ut.* || **rúzsos száj** painted lips *tsz*
rúzsoz *ige* **rúzsozza magát** *(ajkát)* put* lipstick on, wear* lipstick, *(arcát)* put* rouge on
rücskös *mn (arc)* pock-marked, pitted || *(fa)* gnarled || *(felület)* rough, pitted
rügy *fn* bud
rügyes *mn* budding
rügyezik *ige* bud, put* forth/out buds, come* into bud, be* in bud
rüh *fn (emberen)* the itch, scabies || ❏ *áll* scab, mange
rühes *mn (ember)* itchy, scabby || ❏ *áll* mangy
rüszt *fn* instep

S

s *ksz* and ‖ **s a többi** (*röv* **stb.**) and so on/forth, (*röv* etc.) (*kimondva:* etcetera)

sablon *fn (minta)* pattern, model; *(lyuggatott)* stencil ‖ ❖ *átv* commonplace, cliché, stereotype

sablonos *mn* stereotyped, conventional, trite, commonplace

saccol *ige* guess, estimate; ❖ *biz* gues(s)timate

saccolás *fn* guessing, guess-work

sáfrány *fn (virág)* crocus; *(fűszernövény)* saffron

sah *fn* shah

saját ▼ *nm* own; *(magán)* private ‖ **saját érdeke** one's own interest; **a saját feje után megy** s(he) has a will of his/her own; **saját költségen** at one's own cost/expense; **saját maga** he himself, she herself; **saját szemével** with one's own eyes ▼ *fn* own property

saját kezű aláírás *fn* signature, autograph

sajátos *mn* particular, peculiar, specific, characteristic, typical (of sy/sg) ‖ **sajátos módon** in a peculiar (*v.* an odd) way; *(furcsa módon)* strangely/curiously enough

sajátosan *hsz* specifically; *(különösen)* particularly

sajátság *fn* characteristic, feature, characteristic/special/specific feature/quality

sajátságos *mn (különös, furcsa)* strange, singular, odd, queer

sajgó *mn* throbbing, aching, smarting ‖ **sajgó fájdalom** burning/throbbing pain

sajnál *ige (vkt)* be*/feel* sorry for, feel* pity for, pity (sy) ‖ *(bánkódik vm miatt)* regret sg (*v.* doing sg *v.* that ...), be*/feel* sorry about/for sg (*v.* that ...) ‖ **nagyon sajnálom!** I am very/really/awfully sorry!, I'm so sorry!

sajnálat *fn (szánalom)* pity; *(bánkódás)* regret ‖ **legnagyobb sajnálatomra** to my great regret, much to my regret

sajnálatos *mn* regrettable, sad, pitiable, deplorable ‖ **sajnálatos tévedés** regrettable/unfortunate mistake

sajnálkozás *fn (történtekért)* regret; *(bocsánatkérően)* apology; *(szánalom)* pity; *(részvét)* sympathy

sajnálkozik *ige (történtekért)* be* sorry for/about, regret; *(bocsánatkérően)* apologize for; *(vkn)* feel* pity for

sajnos *isz* I'm sorry, unfortunately, sorry (to say); ❑ *kif* it is to be regretted that ...

sajog *ige* throb, ache, smart ‖ **sajog minden tagom** I ache all over

sajt *fn* cheese

sajtó *fn (nyomdai gép)* printing-press/machine ‖ *(prés)* press ‖ ❖ *átv* **a sajtó** the press; **a sajtó útján** through the (medium of the) press; **napi sajtó** daily press; **sajtó alatt van** be* in the press (⊕ *US* in press), is being printed; **sajtó alá rendez** edit, prepare for the press

sajtóértekezlet *fn* press/news conference
sajtófogadás *fn* press conference
sajtóhiba *fn* misprint, printer's error || **sajtóhibák jegyzéke** errata *tsz*, corrigenda *tsz*
sajtóközlemény *fn* communiqué, statement to the press, press release
sajtol *ige (kisajtol)* press, squeeze (sg out of sg) || ❏ *műsz* extrude
sajtónyilatkozat *fn* communiqué, statement to the press
sajtóosztály *fn* publicity department, press-department
sajtóper *fn* libel suit/case
sajtos *mn* cheese, made with cheese *ut.* || **sajtos makaróni** macaroni cheese; **sajtos meleg szendvics** Welsh rabbit/rarebit
sajtószabadság *fn* freedom of the press
sajtótájékoztató *fn* press conference
sajtótudósító *fn* journalist, pressman°, press correspondent, (newspaper) reporter
sajtóügynökség *fn* press/news agency
sajtóvisszhang *fn* press reaction || **jó sajtóvisszhangja van** get* (*v.* be* given) a good press/coverage
sajtreszelő *fn* cheese grater
sakál *fn* jackal
sakk *fn* chess || **sakk!** check!; **sakkot ad vknek** give* check to sy, check sy; **sakkban tart vkt** keep*/hold* sy in check, keep*/hold* sy at bay
sakkfigura *fn* chessman°, (chess) piece
sakkhúzás *fn* move || **ez ügyes sakkhúzás volt** this was a clever trick/move
sakkjátszma *fn* game of chess
sakk-matt *fn (főleg átv)* checkmate
sakkmester *fn* (chess) master
sakkóra *fn* chess clock
sakkozás *fn* (playing) chess
sakkozik *ige* play (a game of) chess || **jól sakkozik** he is good at chess

sakkparti *fn* game of chess
sakktábla *fn* chessboard
sakkverseny *fn* chess tournament
sál *fn* scarf°
salak *fn (anyag)* slag; *(fémé)* dross; *(széné)* clinker || ❏ *biol* excrement, excreta *tsz* || ❖ *átv* scum, refuse
salakos *mn* **salakos teniszpálya** hard court; **salakos út** cinderpath
salakpálya *fn (motoré)* dirt track, speedway track; *(futóé)* cinder-track
saláta *fn* ❏ *növ* lettuce || *(elkészített)* salad || **egy fej saláta** a (head of) lettuce; **fejes saláta** (cabbage) lettuce
salátaöntet *fn* (salad) dressing
salátástál *fn* salad-bowl
salétrom *fn* saltpetre (⊕ *US* -peter), potassium nitrate
salétromos *mn* nitrous
salétromsav *fn* nitric acid
samesz *fn* ❖ *biz* factotum, bottle-washer
sámfa *fn* shoetree, boot tree
sámli *fn* (foot)stool
sampon *fn* shampoo
sánc *fn (erődrész)* rampart; *(földből)* mound
sáncol *ige (röplabdában)* block; *(sakkban)* castle
sanda *mn (kancsal)* squint/cross-eyed || **az a sanda gyanúm** I've got a suspicion that ..., I suspect ...
sandít *ige* **sandít vmre/vkre** squint at sg/sy, cast* a stealthy glance at sg/sy
sánta *mn* lame, limping || **jobb lábára sánta** be* lame in the right leg, have* a game/gammy right leg
sántaság *fn* limp, lameness
sántikál *ige* limp, hobble (along), walk with a limp || **rosszban sántikál** he is up to some mischief (*v.* no good)
sántít *ige* limp, walk with a (bad) limp, have* a (bad) limp, hobble || **jobb lábára sántít** he is lame in the right leg; **sántít a dolog** it doesn't go on all fours

sanzon *fn* song, chanson
sanzonénekes *fn (férfi)* crooner; *(nő)* chanteuse
sápad *ige* turn/grow* pale
sápadt *mn* pale, pale/pasty/whey-faced
sápadtság *fn* paleness, pallor, waneness
sapka *fn (fejre)* cap || *(kupak)* cap
sár *fn* mud; ❖ *átv* dirt || **sárba tipor** defame, profane, sully, drag sy (v. sy's name) through the mud
sárcipő *fn* galoshes *tsz*, overshoes *tsz*, ⊕ *US* rubbers
sárga ▼ *mn* yellow || **a sárga földig lehord vkt** ❖ *biz* give* sy a good dressing down; **a sárga földig leissza magát** get* blind/roaring drunk; **sárga angyal** *(a szervezet)* patrol (car) service; *(az ember a kocsival)* ⊕ *GB* A.A. patrolman°; **sárga az irigységtől** be* green with envy; **sárga fény** *(forgalmi jelzőlámpán)* amber (light); **sárga irigység** green-eyed monster ▼ *fn (szín)* yellow || *(tojássárgája)* (egg) yolk
sárgabarack *fn* apricot
sárgaborsó *fn* split/dry peas *tsz*
sárgadinnye *fn* honeydew melon, cantaloup (⊕ *US* cantaloupe) (melon), musk-melon
sárgállik *ige* be*/look/shine* yellow
sárgarépa *fn* carrot
sárgaréz *mn/fn* brass
sárgarigó *fn* golden oriole
sárgás *mn* yellowish, yellowy
sárgaság *fn* jaundice || **sárgaságban szenved** have* jaundice, be* jaundiced
sárgul *ige* become*/turn yellow, yellow; *(levelek)* wither; *(gabona)* ripen; *(arc)* sallow
sárhányó *fn* mudguard, ⊕ *US* fender
sarj *fn* ❑ *növ* shoot, sprout || *(vké)* offspring, descendant, scion
sark *fn* ❑ *földr* pole
sarkal *ige (cipőt)* heel, put* new heels on

sarkalás *fn (cipőé)* heeling
sarkalatos *mn* cardinal, fundamental, pivotal
sarkall *ige (vkt vmre)* stimulate, encourage, urge *(mind:* sy to do sg), spur sy on to
sarkantyú *fn (csizmán és kakas csüdjén)* spur
sarkantyúz *ige (lovat)* spur, set* spurs to [one's horse]
sárkány *fn (mesebeli)* dragon || *(játék)* kite || *(asszony)* virago (*tsz* -goes v. -gos), shrew, dragon, ❖ *biz* battleaxe || **sárkányt ereget** fly* a kite
sárkányrepülés *fn* hang-gliding
sárkányrepülő *fn* hang-glider
sarkcsillag *fn* the Pole Star, the North Star, Polaris
sarki *mn* ❑ *földr* polar; *(északi)* Arctic; *(déli)* Antarctic || *(utcán)* standing at/on the corner *ut.*, corner
sarkkör *fn* polar circle
sarkkutató *fn* Antarctic/Arctic explorer
sarkvidék *fn* polar region(s), *(déli)* Antarctic region, *(északi)* Arctic region
sarkvidéki *mn* polar, *(déli)* antarctic, *(északi)* arctic || **sarkvidéki hideg** arctic cold/weather
sarlatán *fn* charlatan, quack, sham
sarló *fn* sickle
sármány *fn* ❑ *áll* yellowhammer, bunting
sarok *fn (cipőé, harisnyáé, kenyéré, lábé)* heel || *(szobáé)* corner; *(zug)* nook; *(könyvé, utcáé, szemé)* corner || *(ajtóé)* hinge || ❑ *el* pole || **a negyedik saroknál jobbra** the fourth turning on/to the right; **a sarkában van vknek** be* breathing down sy's neck, be* (hard) at/on sy's heels, follow sy (hot) on/at his/her heels
sarokcsont *fn* heel-bone
sarokház *fn* corner house || *(sütemény)* <wedge-shaped gâteau topped with whipped cream>
sarokkő *fn* cornerstone

sarokvas *fn (ajtón)* hinge || *(cipőn)* heelplate
sáros *mn* muddy; *(ruha)* spattered with mud *ut.*
saru *fn (lábbeli)* sandal || ❏ *műsz* shoe
sas *fn* eagle
sás *fn* sedge
sasfiók *fn* eaglet
sáska *fn* locust
sáskajárás *fn (átv is)* plague of locusts
sasorrú *mn* with an aquiline/Roman nose *ut.*
sasszeg *fn* cotter pin
sasszem *fn* ❖ *átv* **sasszeme van** have* eyes like a hawk, be* eagle/hawk-eyed
sasszemű *mn* eagle/hawk/gimlet-eyed
sasszé *fn (táncban)* chassé, gliding step, side-step
sasszi *fn* ❏ *el* chassis
sátán *fn* Satan, Lucifer, the Devil
sátor *fn* ❖ **ált** tent || *(cirkuszi)* big top; *(vásári)* booth, stall
sátorcövek *fn* tent-peg
sátorfa *fn* tent-pole || **szedd a sátorfádat!** be* off!, make yourself scarce!
sátoros *mn* **sátoros cigány** wandering/nomadic gipsy; ❖ *tréf* **minden sátoros ünnepen** on high days and holidays
sátoroz *ige* camp out, live in a tent
sátorverés *fn* pitching a tent (*v.* tents)
satu *fn* vice, ⊕ *US* vise
satupad *fn* work/vice-bench
sav *fn* acid
sáv *fn (csík)* stripe, streak; *(rangjelzés)* stripes *tsz* || ❏ *földr* strip (of land), zone || ❏ *közl* lane || ❏ *el (hullámsáv)* (wave)band || **belső sáv** outside/offside lane; **külső sáv** inside/nearside lane; **polgári sáv** Citizens' Band, CB; **sávot változtat** change lanes
saválló *mn* acid-resistant, acid-proof
savanyít *ige* make* sour; sour; *(tartósít)* pickle
savanyú *mn (íz)* sour, acid, tart || ❖ *átv* sour, dour, wry, bitter || **savanyú alak** wet blanket, ❖ *biz* misery, sourpuss; **savanyú cukor** acid/lemon drops *tsz*; **savanyú káposzta** pickled cabbage, sauerkraut; **savanyú képet vág** make*/pull a sour/long face, look glum; **savanyú uborka** pickled cucumber gherkin, ⊕ *US* pickle
savanyúság *fn (tulajdonság)* sourness, tartness || *(ételhez)* pickles *tsz*
savas *mn* ❏ *vegy* acid, acidic || ❖ *biz (gyomorsavas)* suffering from an acid stomach *ut.*, hyperacid || **savas eső** acid rain
sávnyújtás *fn (rádión)* bandspreading
savó *fn (tejé)* whey; *(véré)* (blood) serum
sávos *mn* striped, streaked, streaky
sávszélesség *fn* ❏ *el* bandwidth
sávváltás *fn (közúton)* lane changing, changing/change of lane(s), *(veszélyes)* lane-hopping
sávváltó *fn* ❏ *el* band switch/selector
sci-fi *fn* science fiction, sci-fi
se *ksz/hsz* neither || **nem kell a pénz, és a könyv se** I don't want the money or the book, I don't want the money and I don't want the book either; **egyikőtöknek se hiszek** *(kettő közül)* I don't believe either of you, *(több közül)* I don't believe any of you; **se...**, **se** neither ... nor, *(tagadás után)* either ... or; **se nem evett, se nem ivott** he neither ate nor drank; **se pénz, se posztó** *kb.* be* left empty-handed
seb *fn* wound; *(sérülés)* injury; *(égett)* burn; *(horzsolt)* abrasion; *(szúrt)* stab-wound; *(tátongó)* gash || **nyílt seb** open wound
sebbel-lobbal *hsz* in a tearing rush/hurry
sebes¹ *mn (gyors)* quick, swift, speedy, rapid, fast, hurried
sebes² *mn (sérült)* wounded, hurt, sore
sebesség *fn* ❖ **ált** *(és gépkocsié)* speed; ❏ *műsz* velocity; *(tempó)* rate, pace || *(autó sebességfokozata)* **első sebes-**

sség first/low/bottom gear; **kezdő sebesség** initial velocity/speed; **legnagyobb sebesség** full/top/maximum speed, maximum velocity; **megengedett legnagyobb sebesség** speed limit, maximum speed

sebességkorlátozás *fn* speed limit || **40 km-es sebességkorlátozás** a speed limit of 40 kph

sebességmérő *(és kilométerszámláló) fn* speedometer (and mileometer *v.* ⊕ *US* odometer)

sebességváltás *fn* gear-change

sebességváltó *fn (szerkezet)* gearbox, gearcase, gears *tsz* || **automata sebességváltó** automatic transmission (*v. gear system*); **sebességváltó (kar)** gear-lever, gear-stick, ⊕ *US* gearshift

sebesülés *fn (ténye)* being wounded; *(sérülés)* injury || *(seb)* wound; injury || **belehal sebesülésébe** die of one's wounds/injuries

sebesült ▼ *mn* wounded ▼ *fn* wounded soldier/man° || **a sebesültek** the wounded

sebész *fn* surgeon

sebészet *fn* surgery; *(kórházi osztály)* surgical department/ward, surgery

sebészi *mn* surgical || **sebészi beavatkozás** surgery, surgical intervention, operation

sebezhetetlen *mn* invulnerable

sebezhető *mn* vulnerable; ❖ *átv* [be*] easily hurt, sensitive, touchy || **sebezhető pont** tender spot, weak point/spot/side

sebfertőzés *fn* (wound) infection

sebhely *fn* scar, mark, ❏ *orv* cicatrice

sebhelyes *mn* scarred, covered with scars/marks *ut.*

sebtapasz *fn (vízálló)* (sticking) plaster, ⊕ *US* adhesive plaster, ⊕ *GB* Elastoplast, ⊕ *US* Band-aid

sebtében *hsz* hastily, in haste, in a hurry

segéd *fn (bolti)* (shop) assistant, *(női)* saleswoman°, salesgirl, ⊕ *US* (sales-)clerk || ❖ *ált* aid(e), help(er), assistant || *(párbaj)* second

segédeszköz *fn* aid *(vmben* in sg) || **oktatási segédeszköz** teaching aid

segédige *fn* auxiliary (verb)

segédkezik *ige (vknek)* help sy *(vmben* do *v.* to do sg *v.* with sg), assist sy *(vmben* with sg *v.* in doing sg *v.* to do sg) || **segédkezik vknek bűncselekmény elkövetésében** aid and abet sy

segédmotor *fn (csónakon)* outboard motor || **segédmotoros kerékpár** motor-assisted bicycle, ⊕ *GB* moped

segédmunka *fn* unskilled job/work/labour (⊕ *US* -or)

segédmunkás *fn* unskilled worker, ❖ *biz* hand

segély *fn (segítség)* help, aid || *(anyagi támogatás)* grant, grant-in-aid, financial support/assistance; *(intézménynek)* subsidy, aid, grant; *(rendszeres juttatás)* allowance; *(országnak)* relief || **anyasági segély** ⊕ *GB* maternity benefit (⊕ *US* allowance); **külföldi segély** foreign aid; **rendkívüli segély** special/emergency allowance; **segélyben részesít vkt** give* sy aid, give* a grant to sy

segélyakció *fn (fund-raising)* campaign, (organization of a) relief fund

segélyez *ige* assist, support, subsidize

segélyhely *fn (orvosi)* first-aid station || *(műszaki)* aid station, aidpoint

segélyhívó telefon *fn* emergency/roadside telephone/call-box

segélykérés *fn* appeal, supplication

segélykérő *mn* suppliant, supplicant || **segélykérő tekintet** look of entreaty

segélykiáltás *fn* cry/call for help/assistance

segélynyújtás *fn* assistance, help, aid, *(pénzbeli)* subsidy, subvention, grant || **kölcsönös segélynyújtási egyezmény** mutual assistance pact

segélyszolgálat *fn (lift, tévé stb. javítószolg.)* (emergency) repair service ||

országúti segélyszolgálat patrol service

segg *fn* ❖ *vulg* arse, ⊕ *US* ass ‖ **seggbe rúg** kick (sy) in the pants, give* sy a kick up the backside

segít *ige (vknek, ill. vkt vmben)* help sy *(vmben* with sg *v.* to do *v.* do sg); be* of help to sy; assist sy (in doing sg *v.* to do sg) ‖ *(vkn)* help sy, *(munkában)* help sy (with one's work), lend* sy a hand (with sg) ‖ *(vm segítséget jelent)* be* of help (to) ‖ *(segélyez)* help sy financially/out ‖ **ez a gyógyszer majd segít** this medicine will help (*v.* do you good), ❖ *biz* this should/will do the trick; **ezen nem lehet/tudok segíteni** I can't help (you there), there is no help for it; **kérlek, segíts!** please help (me); **nem lehet rajta segíteni** *(vkn)* (s)he is past help, *(vmn)* it can't be helped

segítő ▼ *mn* helping ‖ **segítő kezet nyújt vknek** lend* sy a helping hand ▼ *fn* helper, assistant, aid(e)

segítőkész *mn* helpful, willing

segítőtárs *fn* helper, aid(e)

segítség *fn (vkn/vmn való segítés)* help, aid, assistance; *(támogatás)* support; *(könnyítő)* relief ‖ *(vk, aki segít)* help, aid(e) ‖ *(eszköz)* help, aid ‖ *(bejárónő stb.)* home help ‖ **segítség!** help!; **miben lehetek a segítségére?** what can I do for you?, how can I help you?; **nincs (semmi) segítsége** *(háztartásban)* she hasn't got a help (*v.* anybody to help her); **segítség nélkül** unaided, without help; **segítséget nyújt vknek** help sy, lend*/give* sy a (helping) hand, *(balesetnél stb.)* give* assistance to sy, *(elsősegélyt)* give* sy first-aid; **segítségre szorul** be* in need of help/assistance; **vk segítségét kéri** ask for sy's help; **vknek a segítségével** thanks to sy's help, *(udvariasabban)* through the good offices of sy; **vmnek a segítségével** by means of sg, with the help/aid of sg

segítségnyújtás *fn* giving assistance (to) ‖ **(kötelező) segítségnyújtást elmulasztja** fail/neglect to give assistance (*v.* first-aid) to sy, *(gázoló)* be* a hit-and-run driver

sehogy(an) *hsz* by no means, in no way/wise

sehol *hsz* nowhere, not anywhere ‖ **sehol másutt** nowhere else; **sehol se találom** I can't find it anywhere, it's nowhere to be found

sehonnan *hsz* from nowhere, not from anywhere

sehova *hsz* nowhere, not anywhere

sejk *fn* sheik(h)

sejt¹ *ige (vmt)* suspect (sg), have* an idea that ‖ **mit sem sejtve** quite unsuspectingly

sejt² *fn* ❑ *biol* ❑ *pol* cell

sejtburjánzás *fn* cell(ular) proliferation

sejtelem *fn (előérzet)* suspicion, feeling, presentiment, *(rossz)* suspicion, premonition ‖ *(elképzelés)* idea ‖ **halvány sejtelmem sincs róla** I haven't the faintest/foggiest idea

sejtelmes *mn* mysterious, enigmatical

sejtés *fn* conjecture, guess

sejtet *ige* suggest, make* sy think sg

sejttan *fn* cytology

sekély *mn (átv is)* shallow, flat

sekélyes *mn* ❖ *átv* shallow, flat; *(felszínes)* skin-deep *ut.*, superficial, shallow

sekk *fn (sakkban)* check to the queen

sekrestye *fn* sacristy, vestry

sekrestyés *fn* sacristan

selejt *fn (termék)* faulty product, shoddy/inferior/substandard goods *tsz*, (manufacturer's) rejects *tsz*

selejtes *mn* inferior, faulty, substandard ‖ **selejtes áru** rejects *tsz*

selejtez *ige* weed/sort out, discard

selejtező *fn* **selejtezők** ❑ *sp* eliminating/preliminary/qualifying heats, *(mérkőzések)* qualifying matches, qualifying round/series

sellő *fn* mermaid
selyem *fn* silk
selyemfiú *fn* gigolo
selyemgyár *fn* silk-mill/factory
selyemharisnya *fn* silk stockings *tsz*
selyemhernyó *fn* silkworm
selyemkendő *fn* silk shawl
selyempapír *fn* tissue paper
selyemsál *fn* silk scarf°, *(vállra)* silk shawl
selymes *mn (selyemből való)* silken, silk, of silk *ut.*; *(tapintású, fényű)* silky, silk-like, glossy; *(bőr)* smooth
selypít *ige* lisp
selypítés *fn* lisp
sem *ksz/hsz (tagadószó)* neither, not ... either, nor || *(nyomatékot adva)* not ... even || **egy percig sem** not for a moment; **egy sem** none, not any; **egyik sem** neither; **egyikük sem** neither *(kettőnél több:* none) of them; **én sem** nor I/me (either), ❖ *biz* me neither; **én sem tudom** I don't know myself/either
séma *fn (vázlatos rajz)* (rough) sketch diagram, *(minta)* pattern, *(sablon, modell)* model, scheme
semeddig *hsz (táv)* no distance at all || *(idő)* not for a moment
semelyik *nm* none, not one of them || **semelyiket sem ismerem** I don't know any (one) of them
semennyi *nm* nothing at all, not any, not a bit || **semennyi pénze sincs** (s)he has no money at all
semerre *hsz* nowhere at all, not ... in any direction
sémi *mn* Semitic
semleges *mn* ❑ *pol* ❑ *vegy* neutral; *(állást nem foglaló)* non-committal, ❑ *kif* ❖ *biz* sit* on the fence; *(közömbös)* indifferent || **semleges terület** neutral zone
semlegesít *ige* neutralize
semlegesnem *fn* ❑ *nyelvt* neuter || **semlegesnemű** neuter
semlegesség *fn* neutrality

semmi ▼ *fn/nm* nothing, none || *(tagadásban)* anything, (not) ... any; *(szám)* nought, zero; *(teniszben)* love || *(űr)* space, the void || **ez mind semmi!** that's nothing, it doesn't matter; nothing; **nem tesz semmit!** never mind, it doesn't matter; **semmi sem** nothing (whatever); **semmibe vesz** ignore/disregard sy/sg; *(vmt)* think* nothing of sg, take* no notice/account of sg; **semmiért** for nothing, for no reason at all; **semmire sem jó** good for nothing; **semmit sem aludt** he didn't sleep a wink; **semmit sem ér** be* (of) no use (at all), be* worthless, ❖ *biz* be* no good; **szinte semmi** next to nothing, scarcely anything ▼ *mn* no || **semmi baj!** never mind, it doesn't matter; **semmi esetre (sem)** certainly not, by no means, on no account, ❖ *biz* no way; **semmi közöd hozzá** it is no business of yours, it has nothing to do with you; **semmi különös(ebb)** nothing special/extraordinary, nothing (in) particular; **semmi más** nothing else; **semmi pénze sincs** he has no money at all, he hasn't got a penny to his name; **semmi pénzért** not for love (n)or money, not ... at any price, by no means
semmiféle *nm* no, no kind/sort of, not ... any || **semmiféle formában** in no way
semmiképpen (sem) *hsz* by no means, in no way, not at all, ❖ *biz* no way
semmikor *hsz* never, at no time
semmilyen *nm* no, not ... any || **semmilyen ételhez ne nyúljatok!** don't touch any of the food at all
semmis *mn* invalid, ❑ *jog* (null and) void
semmiség *fn (csekélység)* (a mere) nothing, trifle
semmitmondó *mn* meaningless, *(üres)* vacant || **semmitmondó tekintet** vacant look

semmittevés *fn* idleness, idling, *(pihenés)* leisure ‖ **édes semmittevés** dolce far niente, pleasant idleness
semmittevő *fn* idler, loafer
senki *nm* nobody, no one *v.* no-one, none ‖ **egy nagy senki** an absolute nonentity, a mere cipher; **nem vagyok senkije** I am no relation of his; **senki emberfia** not a soul, no man living; **senki közülük** none of them; **senki más** no one else, nobody else
serceg *ige* sizzle, sputter, crackle, *(írótoll)* scrape, *(rádió)* crackle
sercegés *fn* sizzle, sizzling, sputter(ing), crackling, *(írótollé)* scraping, *(rádióé)* crackling, crackle
serdül *ige* reach puberty, grow* up
serdülő *mn/fn* adolescent (boy/girl), youngster
serdülőkor *fn* puberty, adolescence, ❖ *ir* the awkward age
serdülőkorú *mn/fn* adolescent, teenager
sereg *fn* ❑ *kat* ❖ *biz* army ‖ *(madár)* flock
seregély *fn* starling
seregszemle *fn* review (of troops), muster
sérelem *fn (erkölcsi)* affront, grief, injury; ❑ *jog* injury, grievance
sérelmes *mn* injurious, deleterious; *(anyagilag)* prejudicial; *(becsületére)* derogatory
sérelmez *ige* find* sg injurious, be*/feel* aggrieved at sg
seriff *fn* sheriff
serkent *ige* urge sy on (to do sg), spur sy on to do sg, stimulate (sy) ‖ *(vérkeringést, szívműködést)* stimulate (sg)
serkentő *mn* stimulating, stirring
serkentőszer *fn* stimulant
serleg *fn (díjként)* cup; *(ivásra)* goblet
serpenyő *fn (konyhai)* frying-pan, ⊕ *US* így is fry-pan, skillet ‖ *(mérlegé)* (scale) pan
sért *ige (testileg)* hurt* [one's foot etc.] ‖ *(érzelmileg)* hurt* sy's feelings, affront (sy), offend [sy *v.* sy's sensibilities] ‖ *(jogot, törvényt)* violate, trespass on [sy's rights], break*, violate [a law]
sérteget *ige* keep* offending/insulting/affronting sy
sértegetés *fn* (continual/repeated) insult
sertés *fn* pig, *(sertéshús)* pork
sértés *fn (becsületbeli)* insult, offence (⊕ *US* -se) ‖ *(törvény/szabály ellen)* violation/breach of the law ‖ **lenyeli a sértést** swallow an insult/affront; **testi sértés** ❑ *jog* bodily harm, assault
sertésborda *fn* pork chop/cutlet
sertéscomb *fn* leg (of pork)
sertésflekken *fn* barbecued pork
sertéshús *fn* pork
sertéskaraj *fn* pork chop/cutlet
sertésoldalas *fn* pork chop
sertéspörkölt *fn* pork stew with paprika, Hungarian pork stew
sertéssült *fn* roast pork
sertésszelet *fn* pork chop, fillet of pork
sertéstenyésztés *fn* pig-breeding, pig-farming
sertéstenyésztő *fn (egyéni gazda, igével)* raise/breed* pigs
sertészsír *fn* lard
sértetlen *mn (testileg)* unhurt, unharmed, uninjured ‖ ❖ *átv* intact, unimpaired, *(teljes)* entire, whole
sértett ▼ *mn (testileg)* hurt, injured; *(erkölcsileg)* harmed, wounded ▼ *fn* **a sértett** the offended/injured party
sérthetetlen *mn* inviolable, invulnerable
sérthetetlenség *fn* inviolability, invulnerability
sértő ▼ *mn* offending, offensive, injurious, insulting, affronting ‖ **sértő szándékkal** *(mond vmt)* with the intention of (being) insulting; **nem sértő szándékkal mondtam** no offence (was) meant ▼ *fn* (the) offending party, offender

sértődés *fn* taking offence (US -se), hurt, resentment
sértődött *mn* offended, injured
sértődöttség *fn* sulkiness, offendedness
sérülés *fn (személyi)* injury || *(tárgyé)* damage || **belső sérülés** internal injury
sérült ▼ *mn (személy)* injured; *(tárgy)* damaged, injured ▼ *fn* injured (person) || **a sérültek** the injured (people); **tíz súlyos sérültje volt a vasúti szerencsétlenségnek** there were 10 serious casualties in the train crash
sérv *fn* hernia *(tsz* hernias *v.* herniae)
séta *fn* walk, stroll || *(múzeumban stb. vezetéssel)* guided tour
sétahajó *fn* pleasure boat
sétahajózás *fn* boat trip, a cruise [on the Thames/Danube etc.]
sétál *ige* walk (about), take* a walk, stroll, be* out walking || **elmegy sétálni** take* a walk, go* for a walk, ❖ *biz* take* a breath of (fresh) air
sétáló ▼ *mn* walking ▼ *fn* walker
sétálómagnó *fn* personal stereo (cassette player), Walkman *(tsz* -mans)
sétálóutca *fn (járműforgalomtól mentes)* pedestrian precinct, pedestrianized street, US mall; *(belterületi vásárlóutca)* downtown shopping precinct, US the downtown (shopping) mall
sétáltat *ige* take* (out) for a walk, *(csak állatot)* walk [the dog etc.]
sétány *fn (főleg tengerparton)* promenade, esplanade
sí *fn (eszköz)* ski, a pair of skis || ❖ *biz (sízés)* skiing
síbot *fn* ski stick/pole
sicc! *isz* shoo!, boo!, scat!
sícipő *fn* ski boot(s)
síel *ige* ski *(múlt ideje:* ski'd *v.* skied), go* skiing
síelés *fn* skiing
siet *ige* ❖ *ált* hurry (up); *(nem ér rá)* be* in a hurry, have* no time (to spare) || *(óra)* be* fast, gain || *(vhová)* hurry/hasten to; *(vk után)* hurry after || **az órám öt percet siet** my watch is five minutes fast *(v.* has gained five minutes); **ne siess!** don't hurry!, take your time!, take it easy!; **siess!** hurry up!, be quick!, get a move on!
sietés *fn* hurry, haste
sietős *mn (sürgős)* urgent, pressing || **sietős a dolga (vknek)** be* in a hurry; **sietős léptek** hurried steps
sietség *fn* hurry, haste
siettet *ige (vkt)* hurry sy up, make* sy hurry, *(türelmetlenül)* rush sy; *(munkát)* hurry
sietve *hsz* hurriedly, in a hurry, in (great) haste, hastily
sífelszerelés *fn* ski(ing) equipment/outfit, skiing gear
sífelvonó *fn* ski-lift, chair lift
sífutás *fn* cross-country ski-racing *(v.* skiing *v.* ski-running)
sífutó *fn* cross-country skier *(v.* ski-racer)
sík ▼ *mn (egyenletes)* even; *(lapos)* flat; *(vízszintes)* level; *(sima)* smooth ▼ *fn (síkság)* plains *esz,* flat ground || ❑ *mat* plane || **elméleti síkon** theoretically
sikál *ige (padlót)* scrub; *(csak hajón)* swab; *(edényt)* scour
sikamlós *mn* ❖ *átv* risqué, lascivious, lewd, near the bone *ut.* || **sikamlós vicc** blue/risqué/dirty joke, US **így is** off-color joke
sikátor *fn* alley(way), passage
siker *fn* success; *(eredmény)* result, achievement || **nagy siker volt** *(színdarab stb.)* it was a box-office hit/smash; **nagy sikere van** *(vknek)* succeed, score a hit, have* great success; *(vmnek)* be* a great success; **nincs sikere** *(vknek)* be* unsuccessful, fail, ❑ *kif* (s)he hasn't made it; *(színdarabnak)* it has not taken off, it has flopped

sikerélmény *fn* sikerélménye van get*/have* a real sense of achievement, ❖ *biz* sg gives sy a real kick
sikeres *mn* successful || **sikeres vállalkozás** flourishing business, prosperous enterprise; **sikeres vizsga** pass
sikerkönyv *fn* blockbuster, best seller
sikertelen *mn* unsuccessful; *(igével)* fail; *(hiábavaló)* futile, abortive
sikertelenség *fn* failure, lack of success, *(tervé)* failure
sikerül *ige (vm)* work, turn out well || *(vknek vm, vmt megtenni)* succeed in doing sg, manage (v. be* able) to do sg || **jól sikerült** it was a great success; **nem sikerül** fail, be* unsuccessful, not work; **sikerült átmennie a vizsgán** (s)he succeeded in passing his/her/the examination, ❖ *biz* (s)he managed to get through (the exam)
sikerült *mn* successful, *(munka)* successfully done *ut.*
siket *mn* = **süket**
síkfelület *fn* ❑ *mat* plane (surface)
síkfutás *fn* ❖ *ált* running, *(rövidtávú)* sprinting || **100 m-es síkfutás** 100 metre race, 100 metres (⊕ *US* meters)
síkidom *fn* geometric/plane figure
sikít *ige* scream, shriek, screech, squall
sikk *fn* chic
sikkaszt *ige* embezzle, misappropriate; *(közpénzt)* peculate [public moneys]
sikkasztás *fn* embezzlement, fraud, misappropriation
sikkasztó *fn* embezzler
sikkes *mn* chic, stylish, *(igével)* have* style || **sikkes nő** she has style
síklap *fn* ❑ *mat* plane
siklik *ige* glide, slide*, slip
sikló ▼ *mn* gliding, sliding ▼ *fn (jármű)* funicular (railway), cable-car, cable railway || ❑ *áll* grass snake
siklóernyő *fn* paraglider
siklóernyőzés *fn* paragliding
siklórepülés *fn* glide; *(a sport)* gliding
sikolt *ige* scream, shriek, screech

sikoltás, sikoly *fn* scream, shriek, screech
síkos *mn* slippery, slithery, ⊕ *US* slick
síkraszáll *ige (vmért, vkért)* come* out in favour (⊕ *US* -or) of, come* out in support of
síkság *fn* plain, ⊕ *US* plains *esz*, lowlands *tsz*, flat (land)
silány *mn* inferior, of inferior/poor quality *ut.*, poor; *(eredmény)* second-rate, mediocre, poor
síléc *fn* ski(s), a pair of skis
sílift *fn* ski-lift, chair lift; *(csákányos)* T-bar lift
siló *fn* silo *(tsz* silos)
sima *mn (felület stb.)* smooth; *(egyenletes)* even; *(modor)* smooth, easy, suave; *(víztükör)* waveless, unruffled || *(egyszerű)* plain, simple || **két sima whiskyt kérek** two whiskies, neat, please; ⊕ *US* two straight whiskeys, please; **sima leszállás** soft landing; **sima víz** plain water
simán *hsz* smoothly, evenly; *(könnyen)* easily, without difficulty || **simán elintéz** settle easily
simaság *fn* smoothness, evenness, plainness
simít *ige (vmt)* smooth, even, *(talajt)* level (⊕ *US* -l), even, plane || *(művön)* touch up
simítás *fn* ❖ *ált* smoothing || **az utolsó simításokat végzi** put*/add the finishing touches to sg
simogat *ige* stroke, *(szeretve)* caress
simogatás *fn* stroking, *(szeretve)* caressing
simul *ige (simává válik)* become* smooth || *(ruha vkhez)* fit sy well, *(női)* be* a figure-hugging dress || *(vk vkhez)* snuggle/cuddle up to sy, [they] cling* together
simulékony *mn* accommodating, adaptable, easy-going
sín *fn (vasúti)* rail(s) || ❑ *orv* splint || **sínbe tesz** ❑ *orv* put* [an arm etc.] in splints

sínadrág *fn* ski pants *tsz*
sínautó *fn* rail-car
sincs *ige* is not (*v.* isn't) ... either, is not (*v.* isn't) even ... || **neked sincs, nekem sincs** neither have you nor have I; **nekem egy sincs** I haven't got any; **sehol sincs** I can't find it anywhere, there is no trace of it; **senki sincs otthon** noone is in, nobody is at home; **különben sincs kedvem hozzá** and I don't feel like it anyway; **ők sincsenek itt** they aren't here either
sintér *fn* dogcatcher, poundmaster
síoktató *fn* ski(ing) instructor
síp *fn* whistle; *(pásztoré)* (shepherd's) pipe, reed || *(orgonáé)* pipe
sípálya *fn* (ski) course, ski-run
sípcsont *fn* shin-bone, tibia
sípol *ige* blow* the whistle, whistle; *(mozdony)* hoot
sípolás *fn* whistling
sipoly *fn* fistula (*tsz* fistulas *v.* fistulae)
sípos *fn* piper, whistler
sípszó *fn* whistle
sír¹ *ige (hangosan)* cry; *(halkan)* weep*, be* in tears, shed* tears; *(zokogva)* sob || ❖ *átv* complain, always go* on about sg, lament (*vm miatt* for/over sg) || **keservesen sír** cry/weep* very bitterly, cry one's eyes/heart out
sír² *fn* grave, *(sírbolt)* tomb || **fél lábbal a sírban van** have* one foot in the grave; **forog a sírjában** sy must be turning in one's grave
siralmas *mn* deplorable, lamentable, miserable, pitiful; *(látvány)* pitiable; *(gyenge)* sorry, poor, wretched
siralomház *fn* condemned/death cell
sirály *fn* gull; *(tengeri)* sea-gull
siránkozás *fn* continual lamentation/complaint, ❖ *elít* whining
siránkozik *ige* lament (*vmn, vm miatt* for/over sg), bewail (*vm miatt* sg), whine
sírás *fn* crying, weeping
sírásó *fn* gravedigger

sirat *ige (vmt)* bewail/lament sg, weep* over/for sg, *(vkt)* mourn (for) sy, lament (for) sy
sírbolt *fn* burial vault, tomb; *(templomi)* crypt
sírdogál *ige* be* crying (softly)
sírdomb *fn* grave, burial-mound
síremlék *fn* tomb(stone), sepulchre (⊕ *US* -cher); *(sírkő)* tombstone, gravestone
síri *mn* **síri csend** deathlike/deathly silence, silence of the grave
sírkő *fn* tombstone, gravestone
síruha *fn* ski suit, skiing clothes *tsz*
sisak *fn* helmet; *(vívóé)* mask
sistereg *ige (sülő hús)* sizzle, *(tüzes vas vízben)* hiss, fizz(le)
sistergés *fn* sizzling
síszemüveg *fn* ski-mask
sítalp *fn* ski(s)
sitt¹ *fn* ❖ *biz (börtön)* jug, clink, ⊕ *GB* choky, ⊕ *US* hoosegow
sitt² *fn (építési törmelék)* (building) rubble
síugrás *fn* ski-jump(ing)
síugró *mn/fn* ski-jumper || **síugró sánc** ski-jump, (ski-)jumping ramp
sivár *mn (látvány)* bleak, dismal; *(lakás)* cheerless (flat); *(élet)* dreary, penurious; *(vidék)* desolate, barren
sivatag *fn* desert
sivatagi *mn* desert
síverseny *fn* skiing competition, ski race
sízik *ige* = **síel**
síző ▼ *mn* skiing ▼ *fn* skier
skála *fn (zene is)* scale || *(rádión)* (tuning) dial || ❖ *átv* **széles skálája vmnek** a wide range of sg
skalp *fn* scalp
skandináv *mn/fn* Scandinavian
Skandinávia *fn* Scandinavia
skandináviai *mn/fn* Scandinavian
skanzen *fn* outdoor (village) museum
skarlát *mn/fn (szín)* scarlet || *(betegség)* scarlet-fever
skarlátvörös *mn/fn* scarlet

skatulya *fn* box || **egy skatulya gyufa** a box of matches
Skócia *fn* Scotland
skorbut *fn* scurvy
skorpió *fn* scorpion
skót ▼ *mn (ember, nép)* Scottish, Scots; *(különféle termékek, pl. whisky, szövet)* Scotch; *(könyv, szokás, történelem)* Scottish || ❖ *biz (fukar)* tight-fisted, niggardly, stingy, penny-pinching || **a skót egyház** Church of Scotland; **a skót felvidék** the (Scottish) Highlands *tsz*; **skót juhászkutya** collie; **skót kislány** (Scots) lass, lassie; **skót nyelvjárás** Scots, *(parasztos)* broad Scots; **skót szoknya** kilt; **skót terrier** Scottish/Scotch terrier; **skót whisky** Scotch (whisky) ▼ *fn (ember)* Scot, *(férfi)* Scotsman°, *(nő)* Scotswoman° || ❖ *biz (fukar)* scrooge, skinflint, ⊕ *US így is* tightwad || **a skótok** the Scots/Scottish; **ő egy nagy skót** he is a right old scrooge
skótmintás *mn* tartan || **skótmintás szövet** tartan
sláger *fn (dal)* hit(-song), pop-song || *(áru stb.)* hit, top seller
slejm *fn* phlegm, mucus
slicc *fn* fly, flies *tsz*
slukk *fn* ❖ *biz (cigarettából)* drag, pull (at a fag/cigarette) || *(italból)* gulp, nip, swig || **adj egy slukkot** let me (*v.* let's) have a drag; **egy slukkra** at a gulp
slusszkulcs *fn* ignition key
smaragd *fn* emerald
smaragdzöld *mn* emerald (green)
smink *fn* make-up, ❖ *biz* war paint
sminkel *ige (vkt)* make* up (sy) (*v.* make* sy up) || **sminkeli magát** put* make-up on, use make-up
smirgli *fn* ❖ *biz* emery paper, sandpaper
smirgliz *ige* ❖ *biz* polish (sg) with emery paper (*v.* sandpaper), sandpaper
smucig *mn* ❖ *elít* tight(-fisted), stingy
snapsz *fn* brandy
snassz *mn* ❖ *elít (vk)* tight, mean || *(ruha)* shabby, tatty
snidling *fn* chives *tsz*
snúrozás *fn kb.* pitch-and-toss
só *fn* salt
sóbálvánnyá válik *ige* stand* rooted to the spot, be* transfixed/petrified
sóder *fn (építőanyag)* (sand and) gravel, ballast || ❖ *biz (duma)* waffle, spiel, blather || **nyomja a sódert** waffle on, talk the hind leg off a donkey
sodor¹ *ige (fonalat)* twist, twine; *(bajuszt)* twirl; *(cigarettát, tésztát)* roll || **magával sodor** sweep* away/along, *(víz)* carry/sweep* along
sodor² *fn (folyóé)* current || **az események sodra** the course of events; **kijön a sodrából** lose* one's temper, lose* one's self-control, ❖ *biz* be* put out
sodrás *fn (fonalé)* twist, spinning || *(folyóé)* current
sodródás *fn (vízben)* drifting
sodródik *ige (folyadékban)* drift, be* swept away || **háborúba sodródik** drift into war; **vmbe sodródik** get* involved with/in sg, be* dragged into sg
sodrony *fn* wire, cable
sodronybetét *fn* spring mattress
sodrott *mn (fonal)* twisted
sofőr *fn* driver; *(taxié)* cab-driver, ⊕ *GB* ❖ *biz* cabbie
sógor *fn* brother-in-law (*tsz* brothers-in-law)
sógornő *fn* sister-in-law (*tsz* sisters-in-law)
soha *hsz* never || **szinte soha** hardly ever; **soha sincs pénze** he never has any money (on him)
sóhaj *fn* sigh
sóhajt *ige* sigh, heave*/breathe/utter a sigh || **sóhajt egyet** give* a sigh; **nagyot sóhajt** heave* a sigh, sigh deeply
sóhajtás *fn* sigh
sóhajtozik *ige* heave* sighs, keep* (on) sighing

sohase(m) *hsz* never ‖ **még sohase láttam** I have never seen it/him/her before

sok ▼ *mn (egyes számmal)* much, *(többes számmal)* many, a lot of, a large number of, a good/great many, lots/heaps/loads of ‖ **sok beszédnek sok az alja** the least said the better; **sok ember** (a great) many people, lots of people; **sok fáradságba került** it was a lot of bother/trouble/effort; **sok idő** a long time, much time, a lot of time; **sok időt vesz igénybe** it takes sy a long time, it is very time-consuming; **nincs sok időm** I haven't got much time, ❖ *biz* I'm a bit pushed for time; **sok pénz** a lot of money, much money; **sok pénze van** (s)he has lots of money, ❖ *biz* he has pots/loads/piles of money ▼ *fn* **ami sok, az sok!** that puts the lid on it!, that's the limit!; **elég sok(at)** quite a lot; **sok a jóból** it's too much of a good thing; **nem sok kell hozzá, hogy** it needs little to; **sokba kerül** it costs a lot, it is expensive; **sokban emlékeztet vkre** in many respects he/it reminds one of sy; **sokban különbözik** it differs in many respects/ways; **sokra tart vkt** have* a high opinion of sy, think* highly of sy

soká *hsz* for long, (for) a long time ‖ **soká tart** take* long (to do sg), be* long about sg (*v. doing sg*)

sokadik *szn/mn/fn* umpteenth

sokall *ige (soknak tart)* find* sg too much; *(árat)* find* [the price] too high

sokan *hsz* (a great) many people, a number/lot of people ‖ **sokan közülünk** many of us; **sokan látták** many have seen it

sokára *hsz* after a long time/pause

sokaság *fn (tömeg)* crowd, multitude

sokatmondó *mn* significant, meaningful

sokévi *mn* of many years *ut.*, many years'

sokfelé *hsz (irány)* in many directions ‖ *(hely)* in many/different/various places

sokféle *mn* many kinds of, all sorts of; of all/many kinds *ut.*

sokféleképpen *hsz* in many/different/various ways

sokféleség *fn* great variety

sokgyermekes *mn* having many children *ut.* ‖ **sokgyermekes család** large family

sokk *fn* ❑ *orv* shock

sokkal *hsz (hasonlításban)* far, much, a good deal, a lot *(és középfok)* ‖ **nem sokkal később** shortly/soon afterwards, a little later

soknemzetiségű *mn* multinational

soknyelvű *mn* multilingual, polyglot

sokoldalú *mn* ❖ *ált (és vk)* many-sided, *(csak vk)* versatile, all-round; *(egyezmény stb.)* multilateral ‖ **sokoldalú műveltség** an all-round (*v. a* comprehensive) education

sokrétű *mn (összetett)* complex, intricate, involved; *(sokoldalú)* many-sided, varied

sokszínű *mn* many-coloured, multicoloured, varicoloured (⊕ *US mind*-colored) ‖ ❖ *átv* colourful (⊕ *US* -or-), vivid

sokszor *szn/hsz* many times, many a time, frequently, often

sokszoros *mn* multiple, manifold; *(ismételt)* repeated, frequent

sokszorosít *ige* ❖ *ált* duplicate, *(kazettát, lemezt is)* make* (multiple) copies of, copy; *(fénymásol)* photocopy, *(xeroxszal)* xerox

sokszorosítás *fn* duplicating, copying; *(fénymásolás)* photocopying, *(xeroxon)* xeroxing

sokszorosítógép *fn* duplicator, copier; *(fénymásoló gép)* photocopier, *(xerox)* Xerox(-machine)

sokszög *fn* polygon

sokszögű *mn* polygonal, mult(i)angular

sólyom *fn* falcon, hawk

sonka *fn* ham ‖ **sonka tojással** bacon and eggs

sor *fn* *(emberekből, tárgyakból)* row, line; *(ülőhelyekből)* row; *(sorállásnál)* queue, ⊕ *US* line ‖ *(írásban, könyvben stb.)* line ‖ *(egymásutániság, sorozat)* series (of events) ‖ *(sors)* lot, fate ‖ **alacsony sorból származik** be* of humble birth/origin; **beáll a sorba** *(üzletben)* join the queue; **egy sor ...** *(= sok)* a large number of, a good/great many; **eltávozik az élők sorából** depart this life; **ha arra kerül a sor** if it comes to that; **jó sora van** he is comfortably/well off; **kin van a sor?** whose turn is it?, who is next?; **mértani sor** geometric progression; **rajtam a sor** it's my turn [to do sg]; **rosszul megy a sora** have* a hard/tough time (of it), *(anyagilag)* be* badly off; ❏ *mat* **számtani sor** arithmetic progression; ❖ *biz* **tiszta sor!** clear enough, evidently, no doubt (about it); **sor kerül vmre** happen, take* place, occur; **sorba állít** line up; **sorba kapcsolás** series-connection; **sorba rak** *(tárgyakat)* arrange/place in a row; **sorba vesz vmt** consider/take* one after the other, take* one by one; **sorban** in turn, by turns, one after the other; **sorba(n) áll** *(pénztárnál stb.)* queue (up), ⊕ *US* stand* in line *(vmért for)*; *(felsorakozik)* line up (behind sy); **soron kívül** out of (one's) turn; **soron kívüli** out of turn *ut.*; **soron következő** next in line *ut.*, next

sorakozik *ige* align, line/form up

sorakozó! *isz* fall in!, line up!

sorbaállás *fn (vmre várva)* queuing up, ⊕ *US* standing in line

sorfal *fn* line, row (of people); *(futballistáké)* line-up

sorház *fn* terraced house, terrace-house, ⊕ *US* row house

sorkatona *fn* conscript, soldier, regular, ⊕ *US* GI, enlisted man°

sorkatonaság *fn* regular troops *tsz*

sorkiemelő *fn* (fluorescent) marker

sorköteles *mn* liable to conscription *ut.*, of military age *ut.*, ⊕ *US* draftable

sorol *ige* (vkt vhova) rank sy among/with, reckon sy among ‖ (vmt vhova) rank/count/class sg among

sorompó *fn* barrier, gate ‖ **sorompó nélküli vasúti átjáró** level-crossing without gates

sorompós vasúti átjáró *fn* level-crossing with gates

soros *mn* -line ‖ *(soron következő)* next ‖ **ő a soros** *(következő)* it is his/her turn, (s)he is next; *(szolgálatos)* he is on duty; ❏ *el* **soros kapcsolás** series connection; **25 soros cikk** a 25-line article

soroz *ige* ❏ *kat* recruit, enlist, call up, ⊕ *US* draft

sorozás *fn* ❏ *kat* recruiting, recruitment, conscription, call-up, ⊕ *US* draft

sorozat *fn* ❖ *ált* series (*tsz* ua.); *(dolgok egymásutánja)* sequence, succession; *(tárgyakból)* set; *(kiadványoké)* series; *(bélyeg)* series; *(tévé)* (television/TV) series

sorozatgyártás *fn* mass/series production

sorozatgyilkos *fn* serial killer

sorozóbizottság *fn* recruiting committee, ⊕ *US* draft board

sorrend *fn* order, sequence ‖ **sorrendben az első** first in line/order

sors *fn (végzet)* fate; *(vké)* destiny; *(vk életkörülményei)* lot, life ‖ **jobb sorsra érdemes** deserve a better life; **sorsára hagy vkt** leave* sy to his fate; **sorsot húz** draw*/cast* lots, *(pénzfeldobással)* toss up (a penny) for sg, toss up [to see ...]

sorscsapás *fn* terrible blow, calamity

sorsdöntő *mn* decisive, crucial; *(esemény)* historic ‖ **sorsdöntő változás** turning-point

sorshúzás *fn* drawing (of lots), draw

sorsjáték *fn* lottery
sorsjegy *fn* lottery ticket
sorsol *ige* draw* lots for, have* the draw for
sorsolás *fn* drawing (of lots)
sorszám *fn (jegyzékben)* serial number
sorszámnév *fn* ordinal number
sort *fn* shorts *tsz*
sortűz *fn* volley, *(ágyúé)* round (of cannon), fusillade
sorvad *ige* atrophy, waste away || ❖ *átv (vm)* decay, decline; *(vk)* ❖ *átv* pine away, languish
sorvadás *fn* atrophy
sós *mn* salt(y), salted
sósav *fn* hydrochloric acid
sósborszesz *fn* rubbing alcohol, alcohol rub
sóska *fn* (common) sorrel
sóskeksz *fn* cracker
sóskifli *fn* salted roll
sósmandula *fn* salted almonds *tsz*
sószegény *mn (étel)* low-salt || **sószegény étrendet tart** live/be* on a low-salt diet
sótalan *mn* saltless, salt-free, ❖ *átv* insipid, flat
sótartalom *fn* salinity, salt content
sótartó *fn (vállgödröcske is)* salt-cellar
sovány *mn (élőlény)* lean, thin, meagre (⊕ *US* -ger) || *(étel)* meagre, *(hús)* lean, *(tej)* low-fat, *(lefölözött)* skimmed || *(eredmény, fizetés)* meagre, poor || **sovány arc** thin/hollow/gaunt face; **sovány vigasz** cold comfort
soványság *fn (állapot)* thinness, leanness || ❖ *biz (vkről)* bag of bones
sóvár *mn* **sóvár szemmel néz vkt** look at sy longingly *(v.* with longing), long/sigh for sy
sóvárgás *fn* yearning, longing
sóvárog *ige (vk/vm után)* long/sigh/yearn for sy/sg
soviniszta ▼ *mn* chauvinistic ▼ *fn* chauvinist
sovinizmus *fn* chauvinism

sóz *ige (ételt)* salt, *(hintve)* sprinkle with salt; *(utat)* salt; *(tartósítva)* salt (down), pickle
sózott *mn* salted || **sózott hering** pickled/salted herring; **sózott hús** salt(ed) meat
sömör *fn* herpes
söpör *ige* sweep*
söpredék *fn* ❖ *átv* riff-raff, mob, rabble || **a társadalom söpredéke** the scum *(v.* dregs *tsz)* of society, the scum of the earth
söprögető *fn* ❑ *sp* ❖ *biz* sweeper
söprű *fn* broom || **új söprű (jól söpör)** a new broom (sweeps clean)
söprűnyél *fn* broomstick
sör *fn* beer, *(világos angol)* (pale) ale, *(könnyebb)* lager, *(barna)* bitter, *(egészen sötét)* stout || **két korsó sört kérek** two pints of Gold Fassl etc., please; **két pohár sört kérek** two halves of …, please
sörény *fn* mane
sörét *fn* shot
sörfőzés *fn* brewing (beer), beer-making
sörfőző *fn (személy)* brewer || **sörfőző üzem** brewery
sörgyár *fn* brewery
sörivó *fn* beer-drinker
sörnyitó *fn* bottle-opener
söröshordó *fn* beer-barrel
söröspohár *fn* beer-glass
sörösüveg *fn* beer-bottle
söröz *ige* drink* beer
söröző *fn (hely)* brasserie, bar, Bierkeller; *(kerthelyiség)* beer-garden; *(nagyobb étteremé, szállodáé)* buttery
sőt *ksz* (and) even, (and) indeed, in fact, besides, moreover, actually || **sőt ellenkezőleg!** on the contrary; **sőt még most is** even now; **sőt mi több** and what is more
sötét ▼ *mn* dark, ❖ *átv* gloomy, dark, obscure || **sötét alak** ❖ *elít* shady/shifty character; **sötét bőrű** dark-

skinned, dusky, swarthy; **sötét éjszaka volt** it was a dark night, the night was pitch dark; **sötét gondolatok** gloomy/dismal thoughts; **sötét középkor** dark Middle Ages *tsz*; **sötét külsejű** evil-looking; **sötét szándék** evil intention; **sötét szemű** dark-eyed; **sötét színben látja a dolgokat** look on the dark side (of things); **sötét ügy** shady business, hole-and-corner dealings *tsz* (*v.* affair) ▼ *fn* dark(ness) || *(sakk)* black || **sötét van** it is dark

sötétbarna *mn* dark-brown

sötétedés *fn (anyagé)* darkening || *(esteledés)* dusk, twilight, nightfall || **sötétedés után** after dark; **sötétedéskor** at nightfall

sötétedik *ige (anyag)* darken || *(esteledik)* night is falling, it is growing/getting dark

sötétkamra *fn* darkroom

sötétkék *mn* dark/navy-blue

sötétlik *ige* appear/shine* dark

sötétség *fn* dark(ness), gloom, ❖ *átv* obscurity || **a sötétség beálltával** after dark, at nightfall/dusk

sötétszürke *mn* dark-grey

sötétvörös *mn* dark/deep red

sötétzöld *mn* dark/bottle-green

sövény *fn* hedge(row)

spagetti *fn* spaghetti

spájz *fn* larder, pantry

spaletta *fn* folding/boxing shutters *tsz*

spanyol ▼ *mn* Spanish ▼ *fn (ember)* Spaniard || *(nyelv)* Spanish || → **angol**

Spanyolország *fn* Spain

spanyolul *hsz* (in) Spanish || → **angolul**

spárga¹ *fn (kötözéshez)* string, cord || *(tornában)* the splits *tsz* || **spárgát csinál** do* the splits

spárga² *fn* ❑ *növ* asparagus

speciális *mn* special || **speciálisan** *(különösen)* specially, *(kifejezetten)* specifically

specialista *fn* specialist, consultant

specialitás *fn* speciality (⊕ *US* specialty)

specializál *ige* **specializálja magát vmre/vmben** specialize in sg, become* a specialist in sg, ⊕ *US (egyetemen)* major in sg

specializálódás *fn* specialization

spekuláció *fn (elmélkedés)* speculation, cogitation || ❑ *ker* speculation, gambling

spekulál *ige (töpreng vmn)* speculate/meditate on/about (sg) || ❑ *ker (vmvel)* speculate in (sg)

spekuláns *fn* speculator

spenót *fn* spinach

sperma *fn* ❑ *biol* sperm

spicc¹ *fn (kutya)* spitz, Pomeranian, ❖ *biz* pom || *(cipő)* toe-cap

spicc² *fn* ❖ *biz (enyhe ittasság)* tipsiness, elevation, a drop too much

spicces *mn* ❖ *biz* tipsy, (slightly) elevated, a bit merry/tight/mellow

spicli *fn* ❖ *biz* informer, *(diák)* peacher

spicliskedik *ige* ❖ *biz (vkre)* inform on sy, ❑ *isk* peach on, grass/split* on sy

spirál *fn* spiral; *(fogamzásgátló)* coil

spirálfüzet *fn* spiral(-bound) notebook

spirális *mn/fn* spiral

spiritiszta *fn* spirit(ual)ist

spiritizmus *fn* spirit(ual)ism

spirituálé *fn* (Negro) spiritual

spiritusz *fn* spirits *tsz*, ❖ *biz* meths

spirituszégő *fn* (methylated) spirit lamp/stove

spontán ▼ *mn* spontaneous, *(készséges)* willing, *(önkéntes)* unasked-for, voluntary || **spontán elhatározás** free decision ▼ *hsz* spontaneously, *(készségesen)* willingly

spóra *fn* ❑ *növ* spore, *(kisebb)* sporule

spórol *ige* ❖ *ált* save; economize *(vmn* on sg); *(vmennyit)* save (up) [money] *(vmre* for sg) || ❖ *átv* **régóta spórolok erre az alkalomra** I've long been waiting for this occasion

sport *fn* ❖ *ált* sport, sports *tsz* || *(sportág)* sport || **vmlyen sportot űz** go* in for [some sport]
sportág *fn* (branch/kind of) sport, *(pl. olimpián)* event
sportcikk *fn* sports/sporting goods *tsz*, sports articles *tsz*
sportcsarnok *fn* sports hall
sporteredmények *fn* sports results
sportesemény *fn* (sports/sporting) event
sporteszköz *fn* athletic/sports implement, sports equipment/kit
sportfelszerelés *fn* sports equipment; ❖ *biz* sports gear
sportfogadás *fn* (football) pools *tsz*
sportklub *fn* sports club
sportkocsi *fn (autó)* sports car, ⊕ *US* sport car || *(kisbabáé)* pushchair, *(esernyőfogantyús és US)* stroller
sportol *ige* go* in for sports, go* in for [some sport], be* a sportsman°/sportswoman° || **mit sportolsz?** what sport do you do (*v.* go in for)?
sportolás *fn* sports *tsz*
sportoló *fn* sportsman°, athlete, *(női)* sportswoman°
sportos *mn* sporting; *(ruhadarab stb.)* sporty || **sportos életmód** outdoor life
sportöltözet *fn* sportswear
sportpálya *fn* sports ground/field
sportrepülés *fn* sporting flying
sportrepülő *fn* sports/private pilot
sportruha *fn* sports jacket and flannels *tsz*
sportszer *fn* sports/sporting goods *tsz*
sportszerű *mn* sportsmanlike, fair || **sportszerűen** in a sportsmanlike manner/way
sportszerűtlen *mn* unsportsmanlike, unsporting, unfair
sporttárs *fn* fellow sportsman°
sporttáska *fn* sports holdall
sportuszoda *fn* (swimming) pool [for competitions]
spriccel *ige* squirt, spurt, spray; *(sugárban)* jet

srác *fn* ❖ *biz* kid || **kis srác** scamp; **srácok!** ❖ *biz* fellers, ⊕ *US* you guys
stáb *fn (filmé)* crew
stabil *mn* stable, steady, stationary
stabilizáció *fn* stabilization
stabilizál *ige* stabilize, render stable
stadion *fn* stadium (*tsz* stadiums *v.* stadia)
stádium *fn (fokozat)* phase, stage; *(állapot)* state
staféta *fn* ❏ *sp* relay (race)
stagnál *ige* stagnate, ⊕ *US* stagnate
standard *mn/fn* standard
start *fn* start
startol *ige* start
statáriális *mn* = **rögtönítélő**
statárium *fn* summary jurisdiction, ❏ *kat* martial law
statika *fn* statics *esz*
statikai *mn* static, of statics *ut.*
statikus *fn* structural engineer, stress analyst
statiszta *fn* extra
statisztika *fn (tudomány)* statistics *esz* || *(adatok)* statistics *tsz*
statisztikai *mn* statistical
statisztikus *fn* statistician
statuál *ige* **példát statuál** set* an example
státus *fn (állomány)* list (of civil servants) || **státusban van** be* on the payroll
státusszimbólum *fn* status symbol
státustörvény *fn* Status Law
stb. = *s a többi* et cetera, and so on, etc.
stég *fn* landing-stage
steppelt *mn* quilted || **steppelt takaró/paplan** (continental) quilt, duvet
steril *mn* ❏ *orv (fertőző anyagoktól mentes)* sterile || *(meddő)* sterile, barren
sterilizál *ige* sterilize
sterilizátor *fn* sterilizer, autoclave
sterlingövezet *fn* sterling area
stílbútor *fn* period furniture/piece
stiliszta *fn* stylist

stilisztika *fn* stylistics *esz*
stilisztikai *mn* stylistic
stilizált *mn* stylized, conventional(ized)
stílszerű *mn* in style *ut.*, suitable, appropriate (in style *ut.*), in/of the appropriate style *ut.*, fitting || **stílszerűen** in style, appropriately (enough)
stílus *fn* style, *(íróé még)* language, *(művészé még)* manner, *(festőé még)* touch || **van stílusa** have* style
stílusos *mn* in (good) style *ut.* || **stílusosan** in (good) style
stílustalan *mn* in poor taste/style *ut.*, lacking in style *ut.*, (stylistically) incongruous
stílusú *mn* in/with ... style; -style
stóla *fn (kendő)* stole || *(díj)* surplice-fee
stop *ige (állj!)* stop!, halt!
stoplámpa *fn* brake-light, ⊕ *US főleg* stoplight
stopper(óra) *fn* stop-watch
stoppol *ige (lyukat)* darn, mend || ❏ *sp (időt)* clock, time || *(lefoglal)* reserve || *(autót)* hitch (a ride), thumb a lift/ride
stoppos *mn/fn* = **autóstoppos**
stoptábla *fn* stop sign
strand *fn (természetes)* beach; *(mesterséges)* open-air (swimming-)pool, lido || **a strandon** on the beach
strandfürdő *fn* open-air (swimming-)pool, lido
strandidő *fn* nice weather for a swim
strandol *ige (fürdik)* bathe; be* at the lido; *(tenger- v. tóparton)* be* on the beach
strandoló *fn* bather
strandpapucs *fn* beach sandals *tsz, (gumi)* flip-flops *tsz*
strandruha *fn* beach outfit, beachwear
strandtáska *fn* beach bag
strapa *fn* ❖ *biz (kimerítő elfoglaltság)* hard work, ❖ *biz* sweat, strain || *(erős igénybevétel)* hard wear
strapabíró *mn* ❖ *biz (ruhadarab)* hard-wearing, heavy-duty, for hard wear *ut.*

strapacipő *fn* ❖ *biz* brogue(s), walking shoes, shoes for heavy wear
stratégia *fn* strategy
stratégiai *mn* strategic
stréber *fn* ❖ *biz* ❖ *elít* go-getter, pushy fellow/character, (social) climber; ❏ *kif* ruthlessly ambitious person; ❏ *isk* swot
strici *fn* ❖ *vulg (utcanőé)* pimp, ponce
strófa *fn* stanza, strophe
strucc *fn* ostrich
struccpolitika *fn* ostrich policy
struktúra *fn* structure
strukturális *mn* structural
strukturalista *mn/fn* structuralist
strukturalizmus *fn* structuralism
strúma *fn* struma
stúdió *fn* studio
stukkó *fn* stucco
suba *fn* sheepskin || ❖ *átv* **suba alatt** surreptitiously, clandestinely; ❖ *biz* on the quiet
sublót *fn* chest of drawers, ⊕ *US* lowboy
súg *ige (vknek vmt)* whisper (sg to sy v. in sy's ear), breathe sg in sy's ear || ❏ *isk* ❏ *szính* prompt || **ne súgj!** no prompting!
sugall *ige (vmt vknek)* suggest (sg to sy), prompt/inspire sy to do sg
sugalmazás *fn* suggestion, inspiration
sugár *fn (fény)* ray, beam || *(víz)* jet || ❏ *mat* radius *(tsz* -dii *v.* -diuses)
sugárártalom *fn* radiation injury
sugárbetegség *fn* radiation sickness
sugárbiológia *fn* radiobiology
sugárdózis *fn* radiation dose
sugárfertőtlenítés *fn* decontamination
sugárfertőzés *fn* radioactive contamination
sugárhajtású repülőgép *fn* jet(-propelled plane)
sugárkezelés *fn* radiation therapy/treatment, radiotherapy
sugároz *ige (sugarakat kibocsát és átv)* radiate, beam || *(rádió műsort)* transmit, broadcast*

sugárszennyezés *fn* radioactive contamination
sugárút *fn* avenue
sugárvédelem *fn* radiation protection
sugárveszély *fn* radiation danger
sugárzás *fn* radiation
sugárzásmentesít *ige* decontaminate
sugárzik *(anyag stb.)* radiate, beam || ❖ *átv* beam, glow
sugárzó *mn (anyag, energia)* radiating, radiant || ❖ *átv* beaming, radiant
súgás *fn (fülbe)* whisper(ing), breathing || ❏ *isk* ❏ *szính* prompting
súgó *fn* ❏ *isk* ❏ *szính* prompter
súgólyuk *fn* prompt(er's) box
suhan *ige* glide, flit, slip, whisk
suhog *ige* swish; *(ruha)* rustle; *(ostor, kard)* whiz(z); *(szél)* whistle
sújt *ige* strike*, hit* || ❖ *átv* afflict; *(csapás)* come* upon sy || **büntetéssel sújt vkt** punish sy, inflict/impose a punishment on sy
sújtólég *fn* fire-damp, pit gas
súly *fn (mérhető)* weight || ❏ *sp* shot; *(súlyemelésben)* weight || ❖ *átv* emphasis, stress; *(jelentőség)* importance, consequence || **hasznos súly** payload; **(nagy) súlyt helyez vmre** attach (great) importance to sg, lay* stress on sg; **tiszta súly** net weight; **súlyt dob** put* the shot
súlycsoport *fn* ❏ *sp* (body-)weight category; *(boksz)* weight division
súlydobás *fn* putting the shot, shot-put, shot-putting
súlydobó *fn* shot-putter, thrower
súlyemelés *fn* weight-lifting
súlyemelő *fn* weight-lifter, ❖ *biz* lifter
sulykol *ige* beat* (with beetle mallet), beetle || ❖ *átv (vkbe vmt)* hammer/drum sg into sy (*v.* sy's head)
sulyok *fn* **elveti a sulykot** *(nagyokat mond, túloz)* exaggerate, tell* a tall story, lay* it on (a bit) thick
súlyos *mn (tárgy stb.)* heavy, weighty || *(büntetés, felelősség, veszteség)* heavy; *(bűn)* heinous; *(helyzet, probléma)* grave; *(betegség)* serious, grave; *(érv, egyéniség)* considerable, weighty; *(hiba)* grave, grievous || **sérülése súlyos, de nem életveszélyes** his injuries are serious/severe but not critical; **súlyos baleset** a serious/bad accident; **súlyos beteg** a serious case; *(igével)* be* seriously ill; **súlyos csapás** ❖ *átv* heavy/crushing blow; **súlyos hiba** serious mistake
súlyosbít *ige (betegséget, bűnt)* aggravate; *(helyzetet)* worsen; *(büntetést)* increase
súlyosbítás *fn* **a büntetés súlyosbítása** increase in the severity of a/the sentence
súlyosbító *mn* aggravating
súlyosbodik *ige* worsen, grow* worse
súlypont *fn* centre (⊕ *US* center) of gravity; ❖ *átv* focal point, focus
súlytalanság *fn* weightlessness
súlytöbblet *fn* overweight, excess weight, *(repülőtéren)* excess baggage
súlyzó *fn* dumb-bell, weight
sunyi *mn* shifty, sneaky, foxy, sly
súrlódás *fn (tárgyaké)* friction || *(személyek között)* disagreement, difference of opinion, friction
súrlódik *ige* rub, grate *(vmhez* against)
súrol *ige (edényt)* scour, clean; *(padlót, bútort)* scrub || *(érint)* brush, graze/touch lightly
súrolókefe *fn* scrubbing-brush, ⊕ *US* scrub-brush
susog *ige (falevél)* whisper, rustle; *(szél)* breathe, sigh, sough
susogás *fn (falevélé)* rustle; *(szélé)* sigh(ing), soughing
suszter *fn* shoemaker, bootmaker, cobbler
suta ▼ *mn (balkezes)* left-handed; *(ügyetlen)* awkward, clumsy, ungainly ▼ *fn* ❏ *áll* (roe) doe
suttog *ige* whisper, talk in undertones
suttogás *fn* whisper(ing)
sügér *fn* perch

süket ▼ *mn (vk)* deaf || *(ostoba)* stupid, silly, ⊕ *US* dumb || **fél fülére süket** deaf in one ear; **süket, mint az ágyú** *(as)* deaf as a post; **süket a telefon** the phone/receiver is *(v.* has gone) dead; **süket duma** empty words *tsz,* empty talk, claptrap; **teljesen süket** stone deaf ▼ *fn* deaf person || **a süketek** the deaf

süketnéma *mn/fn* deaf-and-dumb, deafmute

süketség *fn* deafness

sül *ige (tésztaféle)* bake, ... is baking; *(zsírban)* fry, ... is frying; *(pecsenye)* roast, ... is roasting, brown, ... is browning || *(vk napon barnára)* get* a tan, go* brown

sületlen *mn (tészta, kenyér)* half-baked, half-done, underbaked; *(hús)* underdone || ❖ **elít** *(ostoba)* half-baked, silly, stupid

sületlenség *fn* ❖ *átv* nonsense, twaddle, rubbish; *(megjegyzés)* silly thing to say; ❖ *biz* balderdash, tripe, rot

süllő *fn* zander, pike perch

sült ▼ *mn (tésztaféle)* baked; *(húsféle)* roast(ed); *(zsírban)* fried || **sült krumpli** roast potatoes *tsz; (bő zsírban v. olajban)* fried/sauté potatoes *tsz; (hasábburgonya)* ⊕ *GB* chips, ⊕ *US* French fries; *(héjában)* baked/jacket potatoes *tsz,* potatoes in their jackets; **sült csirke** roast/fried chicken; **sült hús** roast meat ▼ *fn* roast; *(csontos)* joint || **hideg sült** cold joint/roast

süllyed *ige* sink*; *(hajó)* be* sinking; *(barométer, hőmérő)* fall*

süllyedés *fn* sinking

süllyeszt *ige* ❖ **ált** sink*, lower; *(hajót)* sink*, submerge || *(csavart)* countersink*

süllyesztő *fn* ❑ *szính* trap(-door)

sün(disznó) *fn* hedgehog

süpped *ige (talaj)* sink*, give* way, subside

sürgés-forgás *fn* bustle, stir

sürget *ige (vkt)* hurry/rush/push sy; *(vmt, pl. munkát, döntést)* hurry [the work], hurry [a decision] along; *(pénzét)* press sy [for one's money]; *(vízumot stb.)* expedite || **az idő sürget** time presses; *(engem)* I'm pressed for time

sürgetés *fn* urge, urging, pressing

sürgető *mn* urgent, pressing

sürgölődés *fn* bustle, stir

sürgölődik *ige* be* bustling about, bustle, stir about, be* (always) on the go

sürgős *mn* urgent, pressing; *(levél)* urgent, special delivery || **sürgős dolga van** have* some urgent things/business to attend to; **sürgős esetben** in case of *(v.* in an) emergency

sűrít *ige (anyagában)* thicken, make* (more) compact; *(folyadékot)* concentrate, evaporate, condense || *(gyakoribbá tesz)* reduce the intervals between sg || *(tömörít)* condense, boil down

sűrített *mn* **sűrített levegő** compressed air; **sűrített tej** condensed/evaporated milk

sűrítmény *fn* concentrate

sürög-forog *ige* = sürgölődik

sűrű ▼ *mn* thick, dense; *(tömör)* compact || *(gyakori)* frequent || **sűrű erdő** thick/dense forest; **sűrű eső** heavy rain; **sűrű haj** thick hair; **sűrű köd** dense/thick fog; **sűrű leves** broth, thick soup ▼ *fn* (close) thicket, coppice || **az erdő sűrűjében** in the thick of the forest

sűrűn *hsz (gyakran)* frequently; often || **milyen sűrűn?** how often?; **sűrűn gépelt** closely-typed; **sűrűn lakott terület** densely populated area

sűrűség *fn (állapot)* thickness, denseness, *(fiz is)* density

süt *ige (kenyeret, tésztát, almát)* bake; *(kevés zsiradékban húst stb.)* roast; *(olajban, bő zsírban)* fry; *(roston)* grill, ⊕ *US* broil; *(a szabadban)* bar-

becue || *(hajat)* curl, frizz || *(éget)* burn*, scorch || *(égitest)* shine*
sütemény *fn (édes)* cake, pastry, ⊕ *US* cookie || *(péké, édes)* patisserie
sütés *fn (kenyéré, tésztáé, almáé)* baking; *(húsé kevés zsiradékkal)* roasting; *(bő zsírban, ill. olajban)* frying; *(roston)* grilling, ⊕ *US* broiling
sütkérezik *ige (napon)* bask in the sun(shine), sun oneself
sütnivaló *fn* **nincs (valami) sok sütnivalója** he doesn't seem to have much gumption
sütő *fn (tűzhelyrész)* oven
sütőpor *fn* baking/yeast powder
sütőtök *fn* pumpkin, ⊕ *US* squash
sütővas *fn* curling irons/tongs *tsz*
süvít *ige (szél)* howl, roar; *(lövedék)* whizz, whistle past

sváb *mn/fn* Swabian || *(Magyarországon)* (ethnic) German
svábbogár *fn* cockroach, ⊕ *US főleg* roach
Svájc *fn* Switzerland
svájci ▼ *mn* Swiss || **svájci óra** Swiss watch ▼ *fn* Swiss || **a svájciak** the Swiss *tsz*
svájcisapka *fn* beret
svéd ▼ *mn* Swedish || **svéd ember** Swede; **svéd nyelv** the Swedish language, Swedish ▼ *fn (ember)* Swede || **a svédek** the Swedish/Swedes *tsz* || → **angol**
svédacél *fn* Swedish steel
svédasztal *fn* smörgåsbord, cold buffet, buffet lunch/supper/meal
Svédország *fn* Sweden
svédül *hsz* (in) Swedish || → **angolul**

SZ

szab *ige (ruhát)* cut* (out), tailor
szabad ▼ *mn (jelzőként és kifejezésekben)* ❖ *ált* free, *(nyitott)* open; *(nem foglalt)* free, unoccupied, vacant; *(nem fogoly)* free; *(ország)* free, independent, sovereign || *(állítmányként: meg van engedve)* [sg is] permitted/allowed, [sy is] allowed to ..., you/he etc. may [do sg] || **ezt nem lett volna szabad megtenned** you ought not to have done this, you should not have done this; **nem szabad** must not; **szabad a sót, kérem?** may I trouble you for the salt, please; **szabad akarat** free will; **szabad az út** the way/road is clear/open; **szabad árak** uncontrolled prices; **szabad délelőtt** morning off; **szabad ez a hely?** is this seat free/vacant?; **szabad ez a kocsi/taxi?** are you free/engaged?; **szabad ez az asztal?** is this table free?; **szabad ég alatt** in the open air; **szabad folyást enged a dolgoknak** let* things take their course, give* (free) rein to sg; **szabad fordítás** free translation; **szabad kezet ad vknek** give*/allow sy a free hand, give* sy carte blanche; **szabad szájú** free-spoken, ❖ *elít* foul-mouthed; **szabad szakszervezet** free trade union; **szabad szellemű** free-thinking, emancipated; **szabad szemmel látható** visible to the naked eye *ut.*, that can be seen with unaided eye *ut.*; **szabad szombat** free Saturday, Saturday off; **szabad választások** free elections; **szabad vers** free verse; **szabad verseny** (free) competition; **szabad!** *(kopogtatásra feleletül)* (please/do) come in!; **szabad?** *(kopogtatás helyett)* may I come in?; **szabad, kérem?** *(utat kérve)* excuse me please!, sorry (to trouble you) ▼ *fn* **menjünk ki a szabadba** let's go outdoors, let's go out into the open; **szabadban** in the open air, outdoors, out of doors

szabadalmazott *mn* patented, proprietary [article]

szabadalmaztat *ige* take* out a patent for/on (sg) (*v.* to protect an invention), patent (sg)

szabadalmi *mn* patent || **szabadalmi hivatal** patent office; **szabadalmi jog** patent law(s)

szabadalom *fn* patent

szabadegyházak *fn tsz* free churches

szabadelvű *mn (tört is)* liberal

szabadesés *fn* ❑ *fiz* free fall

szabadfogású birkózás *fn* freestyle wrestling, catch-as-catch-can

szabadgondolkodó *fn* free-thinker

szabadidő *fn (pihenőidő)* leisure, free/spare time

szabadidőruha *fn* leisure suit/wear, jogging suit/outfit

szabadjegy *fn* free pass/ticket, complimentary ticket

szabadkőműves *fn* freemason, mason

szabadkőművesség *fn* freemasonry

szabadlábon van ❑ *kif* be* at large/liberty, ❑ *kif* he is a free man°

szabadlábra helyez ❑ *kif* set* free, release, free

szabadnap *fn* day off (*tsz* days off)

szabadon *hsz (nyíltan)* openly, frankly || *(korlátozás nélkül)* without restriction/restraint, unimpeded || **szabadon bocsát** *(vkt) (foglyot)* set* sy free, release sy, let* sy go, liberate sy

szabados *mn (kicsapongó)* licentious, loose, libidinous; *(viselkedés)* indecent

szabadosság *fn* licentiousness; *(beszédé, viselkedésé)* indecency

szabadpiac *fn* ❑ *ker* free/open market

szabadpiaci ár *fn* free-market price

szabadrúgás *fn* free kick

szabadság *fn (állapot)* liberty; *(kivívott)* freedom || *(dolgozóé)* holiday, leave, ⊕ *US* vacation; ❑ *kat* leave, furlough || **egy heti szabadságot kér** ask for a week's holiday; **fizetett szabadság** holiday(s) with pay, paid holiday(s)/leave, ⊕ *csak US* paid vacation; **fizetés nélküli szabadság** unpaid leave; **hova mész szabadságra?** where are you going for your holiday(s)? *(v.* ⊕ *US* vacation?); **szabadságon van** be* (away) on holiday/leave, be* on one's holidays, ⊕ *US* be* on vacation, vacation *v.* be* vacationing (at/in …); **szabadságra megy** take* one's holiday(s), go* on holiday

szabadságharc *fn* war of independence || **a(z) 1848-as) szabadságharc** the (1848) Hungarian War of Independence

szabadságharcos *fn* freedom-fighter

szabadságjogok *fn tsz* human rights

szabadságvesztés *fn* ❑ *jog* imprisonment

szabadtéri színpad *fn* open-air theatre (⊕ *US* -ter)

szabadul *ige (börtönből)* be* set free, be* freed/released || *(vktől, vmtől)* get* rid of, rid* oneself of, escape from

szabadulás *fn (börtönből)* release, discharge

szabadúszó *fn* ❖ *átv* ❖ *biz* free lance, *(főleg összet)* freelance [writer, artist, journalist etc.], freelancer, *(igével)* work as a free lance *(v.* freelancer), free-lance

szabály *fn* ❖ *ált és* ❑ *jog* law, rule; *(rendelkezés)* order, ordinance || ❑ *mat* ❑ *vegy* formula *(tsz* -las *v.* -lae), theorem

szabályos *mn (alak, elrendezés)* regular, symmetrical || *(előírásos)* standard, normal, proper

szabályosan *hsz* in accordance/conformity with the rules, properly, regularly

szabályosság *fn* regularity

szabályoz *ige (intézkedéssel)* regulate, bring* (sg) under regulation/control, control sg || *(szerkezetet)* control, regulate, adjust, set* || *(folyót)* control, regulate

szabályozás *fn* regulation; *(folyóé)* control

szabályozó ▼ *mn* ❑ *műsz* regulating, adjusting ▼ *fn (szerkezet)* regulator, controller, adjuster || ❑ *közg* regulator

szabálysértés *fn (kihágás)* contravention, (petty) offence (⊕ *US* -se) || **szabálysértést követ el** commit an offence (⊕ *US* -se) (against the law)

szabálytalan *mn* irregular, abnormal

szabálytalankodik *ige* ❑ *sp* commit a foul

szabálytalanság *fn (tulajdonság)* irregularity || *(kihágás)* offence (⊕ *US* -se) || ❑ *sp* foul

szabályzat *fn* regulation, regulations *tsz*, statutes *tsz*, rules *tsz*

szabás *fn (kiszabás)* cutting, tailoring || *(fazon)* cut

szabásminta *fn* pattern (for a dress)

szabatos *mn* precise, exact, correct, accurate || **szabatos stílus** spare (prose) style

szabatosság *fn* precision, exactitude, correctness, accuracy

szabó *fn* tailor || **úri szabó** (gentlemen's) tailor; **női szabó** ladies' tailor, dressmaker
szabóság *fn (mesterség)* tailoring, tailor's trade || *(cég)* tailor's
szabotál *ige* sabotage
szabotázs *fn* sabotage
szabotőr *fn* saboteur
szabott ár *fn* fixed/set price
szabvány *fn* standard, norm
szabvány(os) *mn* standard, normal || **szabvány méretű** standard size, of standard size *ut.*, full-length
szabványosítás *fn* standardization
szacharin *fn* saccharin
szadista *fn* sadist
szadizmus *fn* sadism
szafari *fn (utazás és karaván)* safari; *(ruha)* safari suit
szafaripark *fn* safari park
szag *fn* smell, odour (⊕ *US* -or); *(illatszeré, virágé)* scent || **jó szaga van** smell* good, have* a pleasant smell; **rossz szaga van** smell* bad/foul, have* a bad/foul smell, reek; **már szaga van** *(húsnak)* it is high
szagelszívó *fn (konyhai)* extractor fan
szaggat *ige* ❖ **ált** *(vmt)* tear* sg (to pieces/bits) || *(pogácsát)* cut* (out) || **szaggat a fejem** my head is splitting
szaggatott *mn (alvás, hang)* interrupted, broken || **szaggatott vonal** broken line
szaglás *fn (emberé)* (sense of) smell; *(kutyáé)* scent, nose
szaglószerv *fn* organ of smell; ❑ *tud* olfactory organ
szagol *ige* smell*
szagos *mn* fragrant, odorous; *(hús)* high, tainted; *(kellemetlenül)* smelly; *(igével)* it smells || **szagos szőlő** muscat grapes *tsz*
szagtalan *mn* odourless (⊕ *US* -or-)
szagtalanít *ige* deodorize
szagú *mn (igével)* smell* (v. be* smelling) of sg; with a ... smell/scent *ut.* || **jó szagú** fragrant, pleasant/sweet-smelling; *(igével)* smell* good; **rossz szagú** evil/foul smelling, reeking; *(igével)* smell* bad
száguld *ige* tear* along, fly*; *(ló)* gallop; *(jármű)* hurtle/race along
Szahara *fn* Sahara
száj *fn (emberé)* mouth || *(állaté)* mouth, muzzle || *(barlangé)* opening, mouth || *(edényé)* mouth, lip; *(palacké)* mouth || **be nem áll a szája** chatters like a magpie, talk nineteen to the dozen, never stops talking; **fogd be a szád!** shut up!, keep your trap shut!; **jár a szája** his tongue is wagging; **szájába rág** spoonfeed* sy, grind*/drum sg into sy (v. into sy's head); **száját tátja** *(csodálkozástól)* gape, gawp, stand* gaping, stand* openmouthed
száj- és körömfájás *fn* foot-and-mouth disease
szájfény *fn* lip-gloss
szajha *fn* ❖ *vulg* whore, prostitute, ⊕ *US főleg* tramp, hooker
szájhagyomány *fn* oral tradition
szájharmonika *fn* mouth-organ, harmonica
szájhős *fn* braggart, swaggerer, boaster, loudmouth
szájíz *fn* aftertaste, taste (in the mouth) || **szájíze szerint** to sy's taste/liking
szajkó *fn* ❑ *áll* jay || ❖ *átv* parrot
szájkosár *fn* muzzle
szájpadlás *fn* palate, roof of the mouth
szájsebész *fn* dental surgeon
szájsebészet *fn* dental surgery
szájüreg *fn* mouth/buccal cavity
szájvíz *fn* mouthwash, gargle
szak *fn (időé)* period, age, era || *(vmnek egy része)* section, part, division || *(képesítés)* profession, branch; *(tanszak)* branch/field (of study), (special) subject || **magyar–angol szakra jár** be* a student of Hungarian and English (language and literature), read* Hungarian and English, ⊕ *US* be* majoring in Hungarian and English; **milyen szakon tanulsz?** what are your

main subjects [at college/university]?, ⊕ *US* what are you majoring in [at university]?, what's your major?
szakács *fn* cook, chef
szakácskönyv *fn* cookery book, ⊕ *US* cookbook
szakácsnő *fn* (woman) cook/chef *(tsz* [women] cooks/chefs)
szakad *ige (ruha)* tear*, get* torn, rip; *(kötél)* break* || *(elszármazik vhová)* get* swhere || **külföldre szakadt hazánkfia** a compatriot/Hungarian swept abroad by the tide of history; **szakad az eső** it is pouring with rain, it is raining cats and dogs
szakadár *fn* ❏ *vall* heretic, schismatic; ❏ *pol* dissident || **szakadár csoport** splinter group
szakadás *fn (ruhán)* tear, rent, hole; *(kötélé)* breaking || *(gáté)* bursting || *(egyházé)* schism; *(párté)* split, division
szakadék *fn* precipice, abyss, chasm; *(sziklán keskeny)* cleft || ❖ *átv* gap, gulf
szakáll *fn (férfié)* beard || *(állaté)* barb || **saját szakállára** on one's own hook/account, off one's own bat
szakállas *mn (ember)* bearded || **szakállas vicc** stale joke, chestnut
szakasz *fn (útvonalé, pályáé)* section; *(rész)* part; *(folyóé)* reach || *(könyvben stb.)* passage, paragraph; *(törvényben)* section, clause, article || *(folyamatban, történésben)* period, phase, stage; ❏ *tört* period, stage || *(vasúti kocsiban)* compartment || ❏ *kat* platoon, section
szakaszos *mn* ❖ *ált* divided into sections/portions/paragraphs *ut.*, periodic; ❏ *vegy* ❏ *orv* fractional || ❏ *mat* recurrent, periodical
szakasztott *mn* **szakasztott olyan, mint ...** exactly the same as ...; **szakasztott mása** *(vknek)* living image of sy, be* a carbon copy of [her sister etc.]; *(vmnek)* exact replica of sg

szakdolgozat *fn* dissertation, extended essay
szakember *fn* expert, specialist; *(műszaki)* technical expert, technician
szakértelem *fn* expertise, special knowledge, competence; ❖ *biz* know-how
szakértő ▼ *mn* expert, competent ▼ *fn* expert *(vmben* on), authority (on sg), specialist (in) || **jogi szakértő** legal expert/adviser/consultant
szakértői *mn* expert, professional || **szakértői vélemény** expertise, expert/professional opinion
szakfelügyelet *fn* technical supervision || ❏ *isk* school(s) inspectorate
szakfelügyelő *fn* ❏ *isk* (primary/secondary-)school inspector
szakfolyóirat *fn* specialist periodical/journal; *(tudományos)* scientific journal
szakfordító *fn* technical/specialist/specialized translator
szakirodalom *fn* (specialized/specialist/technical/scientific) literature, bibliography
szakiskola *fn* technical/professional school
szakismeret *fn* expert/specialized/technical knowledge, expertise
szakít *ige (vmt, ált)* tear*, rend*, rip, split*; *(virágot)* pluck || *(vkvel)* break* with sy || *(súlyemelésben)* snatch || **időt szakít vmre** spare/find* time for sg
szakítás *fn (ruhán)* tear* || *(súlyemelésben)* snatch || ❖ *átv* break, breach, split
szakképesítés *fn* qualification
szakképzés *fn* professional/technical/vocational training
szakképzetlen *mn* unskilled, unqualified
szakképzett *mn* qualified, skilled, trained
szakképzettség *fn* skill; qualification
szakkifejezés *fn* technical term/expression, term

szakkönyv *fn* technical/specialist book; specialized textbook
szakkör *fn* ❏ *isk* study group/circle
szakközépiskola *fn* specialized/vocational secondary school; *(konkrétabban)* technical school [for catering etc.]
szakma *fn* trade, profession; *(pálya)* career ‖ **a szakma** *(üzleti)* the trade; *(értelmiségi)* the profession; **mi a szakmája?** what is his/her line/business?; **az ácsszakmában dolgozik** he is in the carpentry trade, he's a carpenter by trade; **a bankszakmában dolgozik** (s)he is in banking
szakmabeli ▼ *mn* trade ▼ *fn* colleague
szakmai *mn* professional, trade ‖ **szakmai ártalom** occupational hazard; **szakmai jártasság** professional skill, expertise, practice (⊕ *US* -se); **szakmai körökben** among experts, in professional circles; **szakmai önéletrajz** curriculum vitae, c.v., ⊕ *US* résumé
szakmunkás *fn* skilled labourer/worker/workman
szakmunkásképző iskola *fn* industrial/trade school
szakmunkástanuló *fn* (industrial/trade) apprentice; trainee
szaknyelv *fn* technical terminology
szakorvos *fn* specialist (in sg), ⊕ *GB* consultant
szakos *mn* **angol szakos hallgató** (be* a) student of English, ⊕ *US* an English major, student majoring in English; **történelem szakos hallgató** *(igével)* (s)he is reading history [at Budapest University etc.], ⊕ *US* be* majoring in history
szakosztály *fn* ❏ *sp* section
szakszervezet *fn* trade union; ⊕ *US* labor union
szakszervezeti *mn* belonging to a/the trade union *ut.*, trade-union(ist) ‖ **szakszervezeti bizalmi** shopsteward; **szakszervezeti mozgalom** trade-unionism

szakszó *fn* (technical) term ‖ **jogi szakszó** legal term
szakszótár *fn* specialist/technical dictionary
szaktanár *fn* teacher [of a particular/special subject]
szaktárgy *fn* special subject
szaktárs *fn* colleague, fellow-worker
szaktekintély *fn* (be* a) great authority (on sg), be* an expert in sg
szakterület *fn* (special) field, specialization
szaküzlet *fn* specialist shop, speciality (⊕ *US* specialty) shop
szakvélemény *fn* expert('s) opinion, expertise
szakvizsga *fn* special (higher) examination
szál *fn* *(fonál)* thread; *(rost)* fibre (⊕ *US* fiber) ‖ **három szál rózsát kérek** I'd like three roses, please; **két szál kolbász** two (v. a pair of) sausages; **mind egy szálig** to a man
szalad *ige* run* ‖ **szalad vm elől** flee*/fly* from sg; **szalad a szem a harisnyámon** I have a ladder (⊕ *US* run) in my stocking
szaladgál *ige* run* around/about; *(vm után)* chase (after sg)
szaladgálás *fn* running to and fro; *(ügyben)* running around, chasing after sg
szalag *fn* *(textil)* ribbon, band ‖ *(magnó, videó)* tape
szalagavató *fn* *(bál)* school leavers' ball
szalagcím *fn* banner headline
szalámi *fn* salami
szálfa *fn* *(élőfa)* (full-grown) tree; *(levágott)* (rough) timber
szálka *fn* *(fáé)* splinter; *(halé)* (fish)bone; ❏ *növ* awn, beard ‖ **szálka akadt meg a torkán** a fish-bone (got) stuck in his throat; **szálka ment az ujjába** he (has) got a splinter in his finger

szálkás *mn (hal)* bony || *(hús, zöldbab)* stringy, fibrous || *(deszka)* rough-hewn, raw

száll *ige (gép, madár)* fly*; *(felhő)* drift || *(járműre)* take* [a bus/tram/train]; *(beszáll vmlyen járműbe)* get* on/in(to) [a train/bus], get* on(to) [a plane/ship], go*/get* on board [a ship/plane, ⊕ *US* train]; board [a ship/plane/bus/train]; get* *in*(to) [a t*a*xi/car] || *(fogadóba, szállodába)* put* up at, stay at [a hostel/hotel] || **fejébe szállt a bor** the wine has gone to his head; **földre száll** land (at)

szállás *fn* ❖ *ált* accommodation; *(nem szálloda)* lodgings *tsz* || **szállást biztosít** secure accommodation (for sy); **hol találok szállást?** where can I find accommodation/lodgings?; *(egy éjszakára)* where can I find lodging for the night?

szállásadó *fn (nő)* landlady; *(férfi)* landlord, host

szállásdíj *fn* charge for lodging(s)/accommodation, room/accommodation charge

szállásfoglalás *fn* booking (of room/accommodation); *(felirat)* hotel bookings

szállít *ige (vmt vhová)* carry, transport, forward, dispatch || **házhoz szállít** deliver [to sy's door/house], bring* round

szállítás *fn (szállítóeszközzel)* transport, ⊕ *főleg US* transportation, shipping, forwarding || **házhoz szállítás** delivery

szállítási *mn* **szállítási határidő** delivery deadline, term of delivery; **szállítási költség** (cost of) carriage, cost of transportation, freightage, freight charges *tsz*

szállítmány *fn* consignment, shipment; *(rakomány)* cargo, freight

szállító *fn* ❖ *ált* carrier || *(rendszeresen ellátó)* supplier, contractor; *(élelmiszert)* caterer || *(exportőr)* exporter

szállítóeszköz *fn* means of transportation *esz v. tsz*

szállítólevél *fn* consignment note, waybill

szállítómunkás *fn* transport worker

szállítószalag *fn* conveyor belt

szálló *fn (szálloda)* hotel; *(diákoké stb.)* hostel; *(panzió)* guesthouse

szálloda *fn* hotel

szállodai *mn* hotel(-) || **szállodai alkalmazott** hotel employee/worker; **szállodai elhelyezés** hotel accommodation

szállodaipar *fn* hotel and catering trade

szállodaportás *fn (fogadó)* receptionist, ⊕ *US* desk/reception clerk

szállodatulajdonos *fn* owner/proprietor of a hotel, hotelier

szállóige *fn* (common) saying

szállóvendég *fn* staying guest; *(egy éjszakára)* overnight guest

szalma *fn* straw; *(tetőfedéshez)* thatch

szalmakalap *fn* straw hat

szalmaszál *fn* (stalk of) straw

szalmonellafertőzés *fn* salmonellosis, food poisoning [caused by salmonellae]

szalon *fn (lakásban)* drawing room || *(kiállítási)* exhibition room || **kozmetikai szalon** beauty salon/parlour (⊕ *US* -or)

szaloncukor *fn* (Christmas) fondant

szalonka *fn* snipe

szalonképes *mn (ember)* well-bred, presentable || **nem szalonképes vicc** blue (⊕ *US* off-color) joke

szalonna *fn (angol)* bacon; *(húsos)* streaky bacon || **füstölt szalonna** smoked bacon; **nyers szalonna** raw/uncured bacon; *(csak sózott)* green bacon; **sült szalonna tojással** bacon and eggs *tsz*; **szalonnát süt** toast bacon

szalonnasütés *fn kb.* barbecue

száloptika *fn* fibre (⊕ *US* -er) optics *esz*

szaltó *fn* somersault ‖ **szaltót csinál** turn a somersault in mid-air

szalvéta *fn* (table) napkin, serviette

szám *fn* ❖ *ált* number; *(számjegy)* figure, numeral ‖ *(méret)* size ‖ *(műsoré)* number, item; *(énekszám)* number; *(cirkuszban)* act; *(sportversenyen)* event ‖ *(folyóiraté)* number, copy, *(napilapé)* issue ‖ **arab szám** Arabic numeral; **egész szám** whole number, integer; **két számmal nagyobb** two sizes larger, two sizes too large; **mi az ön száma?** *(cipőben stb.)* what size do you take?; **páratlan szám** odd number; **páros szám** even number; **római szám** Roman numeral; **szám szerint** numerically; **szám szerint húszan** twenty in number; **számba jön** count, be* of account, have* to be considered; *(alkalmas, lehetséges)* be eligible; **számba vesz** *(tekintetbe vesz)* take* into account/consideration; *(öszszeszámol)* take* stock of, calculate

szamár *fn* ❑ *áll* donkey, ass ‖ ❖ *átv* ass, fool, idiot, jackass, blockhead, ⊕ *US így is* dope, dummy

számára *hsz* for him/her ‖ **számomra** for me; **könyv az ifjúság számára** book for young people

számarány *fn* (numerical) ratio, proportion; *(hányad)* quota

szamárfül *fn* *(könyvben)* dog-ear ‖ **szamárfület mutat vknek** cock a snook at sy

szamárköhögés *fn* whooping cough

szamárság ❖ *biz* ▼ *fn* *(tulajdonság)* stupidity, silliness; *(tett)* a silly/stupid thing to do; *(beszéd)* stupid talk, rubbish, nonsense, hogwash, bunkum ▼ *isz* nonsense!, rot!

számfejt *ige* calculate, cost

számfejtés *fn* *(eljárás)* calculation, costing, accounting ‖ *(osztály)* accounts division/department, accounts

számít *ige* *(vmt)* count, calculate, reckon; *(felszámít)* charge sy [a sum] (for sg) ‖ *(vkk közé vkt)* number/ count/reckon sy among ... ‖ *(fontos)* count, matter, be* of importance/consequence ‖ *(vmre, vkre)* reckon/count/depend/rely on sg/sy; *(vár)* expect (that), ⊕ *US így is* calculate on sg ‖ *(vmnek)* count as, pass for, be* considered sg ‖ **arra számítva, hogy** in expectation/anticipation of; ... **közé számítják** rank among/with ...; **mire számítasz?** what do* you reckon/expect?, what are you counting on?; **nem számít** it doesn't matter, no matter; **nem számítottam rá, hogy** I did not expect to; **nem számítva** not counting, not including, exclusive of, let alone

számítás *fn* ❑ *mat* counting, calculation, computation ‖ *(tervezés, kilátás)* estimate, calculation ‖ *(ravasz)* scheme ‖ **számítása szerint** according to his calculations

számítástechnika *fn* computer science, computer/computing technique, computing

számítástechnikai *mn* of computer technique/technology *ut.*

számító *mn* *(önző)* selfish, self-seeking, calculating

számítógép *fn* computer ‖ **személyi számítógép** personal computer; **nagyszámítógép** mainframe; **áttérünk a számítógépre** we go* over to computers *(v.* the computer); **számítógépre visz** put* into the computer

számítógépes *mn* computational, computerized ‖ **számítógépes adatfeldolgozás** (electronic) data-processing; **számítógépes program** computer program

számítógépesít *ige* computerize

számítógépesítés *fn* computerization

számítógép-kezelő *fn* computer operator

számítóközpont *fn* data processing centre (⊕ *US* center), processing department, computer centre (⊕ *US* center)

számjegy *fn* figure, digit || **három számjegyből álló szám** three-figure/digit number
számla *fn* ❏ *ker* invoice, bill; *(étteremben)* bill, ⊕ *US* check; *(elszámolás)* accounts *tsz*; *(könyvelési)* account || *(folyószámla)* current account, ⊕ *US* checking account || **számlám javára** to my credit; **számlám terhére** to the debit of my account; **számlát kiállít** make* out a bill
számlakivonat *fn* statement (of account)
számlál *ige (számol)* count, compute, number
számlálás *fn* counting
számláló *fn* ❏ *mat* numerator || *(készülék)* counter
számlap *fn* dial(-plate), face
számlatulajdonos *fn* account holder
számláz *ige* invoice, bill (sy for sg)
számnév *fn* numeral
szamóca *fn* strawberry || **erdei szamóca** wood/wild strawberry
számol *ige (számolást végez)* count || *(vmért)* render/give* an account of sg, account for sg || *(vmvel)* reckon with sg/sy, take* sg/sy into account/consideration, ⊕ *US* calculate/figure on sg || **ezzel számolni kell** one has to reckon with that, it can't be left out of account; **(ezért) még számolunk!** we'll see about that!
számolás *fn* ❏ *isk* arithmetic || *(művelet)* counting, calculation, reckoning
számológép *fn (mechanikus)* calculating machine, calculator || *(elektronikus zseb-)* calculator
számonkérés *fn* ❖ *ált* calling sy to account || ❏ *isk* questioning, examining [pupils in sg]
számos *mn* numerous, many *(utánuk: tsz)* || **számos esetben** in many cases, in a number of cases
számoz *ige* number, mark with a number; *(lapokat)* paginate

számozás *fn* numbering; *(lap)* pagination
számrendszer *fn* numerical/number system || **tízes számrendszer** decimal system
számsor *fn* sequence/series of numbers
számszerű *mn* numerical
számtalan *mn* innumerable, countless, numberless *(utánuk: tsz)*
számtan *fn (aritmetika)* arithmetic
számtani *mn* arithmetic(al) || **számtani alapműveletek** ❏ *isk* basics of arithmetic *tsz*, simple sums *tsz*; **számtani sor** arithmetic progression
számtanóra *fn* mathematics class/lesson
számtantanár *fn* mathematics teacher
számú *mn* **a tízes számú ház** house number ten (*v.* No. 10); **milyen számú cipőt adjak?** what size do you take?, what is your size?
száműz *ige* exile, banish, send* sy into exile
száműzetés *fn* exile, banishment || **(önkéntes) száműzetésbe megy** go* into (voluntary) exile
száműzött ▼ *mn* banished, exiled ▼ *fn* exile, outcast
számvevőszék *fn* audit office
számvitel *fn* (public) accountancy
számzár *fn* combination lock
szán¹ *ige (sajnál)* pity, have* pity on, be*/feel* sorry for || *(vknek)* intend/mean* sg for sy/sg || *(vmre összeget)* set* aside, earmark [a sum] for || **időt szán vmre** find* time to do sg (*v.* for sg)
szán² *fn* sledge, sleigh, ⊕ *US* sled
szánakozás *fn* compassion, pity
szánakozik *ige (vkn)* pity sy, feel* pity for sy
szanál *ige (pénzügyeket)* reorganize [the finances] || *(lebont)* pull down, raze
szánalmas *mn* pitiable, piteous, deplorable, lamentable || ❖ *elít* miserable, pitiful, sorry, poor

szánalom *fn* pity, compassion, commiseration

szanaszét *hsz* all over the place, far and wide, scattered about/around

szanatórium *fn* sanatorium *(tsz* -riums *v.* -ria), ⊕ *US* sanitarium *(tsz* -riums *v.* -ria), convalescent home/hospital; *(kisebb, magán)* nursing home

szandál *fn* sandal

szándék *fn* ❖ *ált* intention, purpose, purport, design; *(terv)* plan, scheme ‖ ❏ *jog* intent ‖ **az a szándékom, hogy** I intend/mean to; **előre megfontolt szándékkal** *(elkövetett)* with malice aforethought, premeditated

szándékos *mn* intentional, wilful (⊕ *US* willful), deliberate, intended

szándékosan *hsz* intentionally, wilfully (⊕ *US* willfully), deliberately, on purpose ‖ **nem szándékosan csinálta** he didn't mean it

szándékosság *fn* intention, deliberateness, wilfulness (⊕ *US* willfulness)

szankció *fn (büntető)* punitive sanction ‖ **szankciókat alkalmaz vk ellen** impose sanctions on/against sy, penalize sy

szánkó *fn* sledge, sleigh, ⊕ *US* sled; ❏ *sp* toboggan

szánkózás *fn* sledging, ⊕ *US* sledding; ❏ *sp* tobogganing; sleigh-ride

szánkózik *ige* sledge, go* sledging, ⊕ *US* go* sledding, toboggan

szánt *ige* plough (⊕ *US* plow)

szántalp *fn* runner

szántás *fn (munka)* ploughing (⊕ *US* plowing) ‖ *(föld)* ploughed/plowed land

szántóföld *fn* plough-land (⊕ *US* plow-), arable land

szántóvető *fn* ploughman° (⊕ *US* plow-), farmer

szapora *mn (jól szaporodó)* prolific, fruitful, fecund ‖ *(gyors)* quick, rapid, hurried, hasty

szaporít *ige (növel)* increase, augment, multiply ‖ ❏ *növ* ❏ *áll* propagate

szaporítás *fn (növelés)* increase (of), augmentation, multiplication ‖ ❏ *áll* ❏ *növ* propagation

szaporodás *fn (élőlényé, növényé)* reproduction, multiplication, propagation, breeding ‖ *(mennyiségi)* increase

szaporodik *ige (élőlény, növény)* propagate, be* propagated, multiply (by reproduction) ‖ *(mennyiség)* increase, grow*, swell*

szappan *fn* soap ‖ **egy darab szappan** a bar/cake of soap

szappanhab *fn (borotvaszappané)* lather; *(egyéb)* (soap)suds *tsz*

szappanopera *fn* soap opera

szappanos *mn* soapy

szappantartó *fn* soap-holder/dish/tray

szar *fn* ❖ *vulg* shit; ❖ *átv* crap

szár *fn* ❏ *növ* stem, stalk ‖ *(csizmáé, harisnyáé, nadrágé)* leg; *(pipáé)* stem; *(szemüvegé)* arm

szárad *ige* dry (up), become* dry

száradás *fn* drying (up), becoming dry

száraz ▼ *mn (nem nedves)* dry; *(éghajlatilag)* arid, dry ‖ ❖ *átv* dry, dull, prosaic, flat ‖ **száraz ág** dead bough; **száraz köhögés** dry/hacking cough; **száraz lábbal** without getting wet ▼ *fn* **szárazon és vízen** by land and sea

szárazelem *fn* dry battery/cell

szárazföld *fn* mainland, continent ‖ **szárazföldre lép** go* ashore, land

szárazföldi *mn* continental, land-; *(nem légi v. tengeri)* overland

szárazság *fn (száraz volta vmnek)* dryness, aridity ‖ *(aszály)* drought

szardella *fn* anchovy, anchovies *tsz*

szardínia *fn* sardine ‖ **két doboz szardínia** two tins of sardines

szarik *ige* ❖ *vulg* shit*

szárít *ige* dry, make* dry; *(mocsarat)* drain [marsh] ‖ *(dehidratál)* dehydrate

szárítás *fn* drying; *(mocsáré)* draining || *(dehidrálás)* dehydration

szárító *fn (alkalmatosság)* airer, clothes horse || *(helyiség)* drying room; *(kisebb, szekrényszerű)* airing cupboard

szárított *mn* dried; *(dehidratált)* dehydrated

szarka *fn* magpie

szarkaláb *fn* ❏ *növ* common larkspur || ❖ *biz (ránc)* crow's-foot°

szarkofág *fn* sarcophagus *(tsz* -phagi)

szarkóma *fn* sarcoma

származás *fn (személyé)* descent, origin, birth; (social) background || *(dologé, fogalomé)* origin, derivation

származású *mn* of ... birth/descent *ut.* || **lengyel származású** (sy) of Polish birth/descent, sy is Polish by birth

származik *ige (személy vhonnan)* come* from || *(vm vmből/vmtől)* derive/spring*/come* from sg; *(vm vmt okoz/eredményez)* sg gives rise to sg, sg leads to sg || *(időbelileg)* date from, date back to || **a vár a XIV. századból származik** the castle dates back to the 14th century

származó *mn* originating in/from, coming of/from *(mind: ut.)* || **az ebből származó bajok** the ensuing/resultant troubles/difficulties, the troubles/difficulties arising from this

szárny *fn* wing || *(ajtóé, ablaké)* leaf° || *(épületé)* (side-)wing, annexe (⊕ *főleg US* annex) || *(hadseregé)* wing, flank || ❏ *pol* wing

szárnyas ▼ *mn* winged || **szárnyas ablak** casement window; **szárnyas ajtó** folding door(s); **szárnyas oltár** winged altar(-piece), triptych; **szárnyas vad** game bird, wildfowl *(tsz* ua.) ▼ *fn (élő)* poultry *tsz,* fowl(s) *tsz* || *(étel)* poultry *esz*

szárnyashajó *fn* hydrofoil

szárnyépület *fn* annexe (⊕ *főleg US* annex), wing, extension, ⊕ *US* addition

szárnysegéd *fn* aide-de-camp *(tsz* aides-de-camp)

szaros *mn* ❖ *vulg* shitty, dirty, nasty

szaru *fn* horn

szaruhártya *fn* cornea *(tsz* -neas *v.* -neae)

szarv *fn (állaté)* horn || *(ekéé)* handle, stilt

szarvas *fn* ❏ *áll* deer *(tsz* ua.); *(hím)* stag, hart, buck; *(nőstény)* hind

szarvasagancs *fn* antlers *tsz,* staghorn

szarvasbogár *fn* stag-beetle

szarvasbőr *mn/fn* deerskin, buckskin, chamois (leather), suede

szarvashús *fn* venison

szarvasmarha *fn* (horned) cattle *(tsz* ua.)

szász *mn/fn* Saxon || **a szászok** the Saxons

szatén *fn (selyemé)* satin; *(pamut)* sateen

szatír *fn* satyr

szatíra *fn* satire

szatirikus ▼ *mn* satiric(al) ▼ *fn* satirist

szatyor *fn* shopping bag, carrier(-bag); *(necc)* string bag

Szaúd-Arábia *fn* Saudi Arabia

szaúd-arábiai *mn/fn* Saudi (Arabian)

szauna *fn* sauna

szavahihető *mn (személy)* trustworthy, reliable || **szavahihető tanú** reliable witness

szaval *ige* recite/read* poetry

szavalás *fn* recitation, reciting poetry, reading of poetry

szavaló *fn* reader (of poetry)

szavatol *ige (vmt, vmért)* guarantee/warrant sg; *(vkért)* go*/stand* bail for sy, vouch/answer for sy

szavatolás *fn* guarantee, guaranty, warrant(y)

szavatolt *mn* guaranteed, warranted

szavatosság *fn* guarantee, warranty || **... évi szavatosságot vállal vmért** guarantee sg for ... years

szavatossági *mn* **szavatossági biztosítás** liability insurance

szavaz *ige* vote, go* to the poll(s), cast* one's vote || **igennel szavaz**

vote for sy; **nemmel szavaz** vote against sy; **titkosan szavaz** ballot
szavazás *fn* vote, poll, *(gyűlésen)* voting || **szavazásra bocsát (egy kérdést)** put*/bring* [a/the question] to a/the vote; **nyílt szavazás** open ballot
szavazat *fn* vote
szavazati jog *fn* right to vote
szavazó *fn* voter, elector
szavazócédula *fn* ballot (paper), vote, voting slip
szavazófülke *fn* polling booth
szavazóhelyiség *fn* polling station
szaxofon *fn* saxophone, ❖ *biz* sax
szaxofonos *fn* saxophonist
száz *szn* (a/one) hundred || **az emberek százai** hundreds of people
század ▼ *fn (idő)* century || ❑ *kat (gyalogos)* company, *(lovas)* squadron || **a század elején** at/towards the beginning of the century; **a XX. században** in the twentieth/20th century ▼ *szn (századrész)* hundredth (part)
századbeli *mn (idő)* of the ...th century *ut.*, ...th century
századforduló *fn* turn of the century
századik *szn/mn* hundredth || **századik évforduló** centenary
százados *fn* ❑ *kat* captain
századparancsnok *fn* company commander, captain of company
századrész *fn* a hundredth (part)
századszor *szn/hsz* for the hundredth time
századvég *fn* fin-de-siècle, end of the century
százalék *fn* per cent, percentage || **száz százalékban** one hundred per cent; *(tökéletesen)* entirely, completely
százalékos *mn* **25 százalékos kamat** 25 per cent interest, interest at 25 per cent (*v.* p.c.)
százan *szn* a hundred (of) || **százan voltak** they were a hundred
százas ▼ *mn* **a százas szoba** room number 100 (*v.* No. 100) ▼ *fn (szám)*

hundred || *(bankjegy)* a hundred pound/dollar note (*v.* ⊕ *US* bill)
százéves ▼ *mn* 100/hundred years old *ut.* ▼ *mn/fn* centenarian
százezer *szn* a/one hundred thousand
százfelé *hsz* in all (*v.* a hundred) directions
százféle *mn* hundred (different) kinds/ sorts of, all sorts of
százforintos *fn* a hundred forint piece
százlábú *fn* ❑ *áll* centipede
százszázalékos *mn* (one-)hundred per cent; ❖ *átv* thoroughgoing, out-and-out, complete
százszor *szn/hsz* a hundred times
százszoros *mn* hundredfold
százszorszép *fn* ❑ *növ* daisy
szecesszió *fn* secession
szecessziós *mn* secessionist
szed *ige (gyűjt)* gather, collect; *(gyümölcsöt, virágot)* pick; *(díjat, vámot)* collect, levy, get* in || *(ételből)* help oneself || ❖ *biz (szerez)* get* || *(orvosságot)* take* [medicine], ❖ *hiv* be* taking medication || ❑ *nyomd* set* (up) [type], compose || **honnan szedi ezt?** where do/did you get that from?
szeder *fn (földi)* blackberry, bramble || *(faeper)* mulberry
szederjes *mn* violet(-coloured *v.* ⊕ *US* -colored), purple-blue || **szederjessé vált az arca** he went blue (in the face)
szedés *fn* ❑ *nyomd (művelet)* typesetting, setting, composition; *(a kész szedés)* matter, set-up type
szédít *ige* stun, daze, make* (one feel) giddy/dizzy || ❖ *átv* ❖ *biz (hiteget)* string* sy along
szedő *fn* ❑ *nyomd* typesetter, compositor
szédül *ige* be*/feel* dizzy/giddy
szédülés *fn* (fit of) dizziness, giddiness, vertigo
széf *fn* safe

szeg¹ *ige (szegélyez)* border, hem, fringe || *(kenyeret)* cut* || *(esküt)* break*

szeg² *fn* nail; *(szegecs)* pin || **kibújik a szeg a zsákból** *(kiderül szándéka)* show* the cloven hoof; *(pedig szeretné leplezni)* can the leopard change his spots?; **fején találja a szeget** hit* the nail on the head

szegecs *fn* rivet, pin

szegecsel *ige* rivet

szegély *fn* ❖ *ált* border, edge; *(függönyé)* trimming; *(ruháé)* hem || *(erdőé)* edge, fringes *tsz*; *(járdáé)* kerb (⊕ *US* curb)

szegény ▼ *mn (szükséget szenvedő)* poor, needy, in want *ut.* || *(sajnálkozva)* poor || *(vmben)* poor/deficient in sg *ut.* || **szegény apám** my poor father; **szegény feje** poor fellow/chap/thing/devil; **szegény sorsú** poor, poverty-stricken, deprived; **szegény, mint a templom egere** (as) poor as a church mouse; **vízben szegény** short of water *ut.*, lacking in water *ut.* ▼ *fn* **a szegények** the poor

szegényes *mn (hiányos)* deficient, scanty, meagre (⊕ *US* -ger) || *(nyomorúságos)* miserable

szegénynegyed *fn* poor part/district, deprived area, slum

szegénység *fn* poverty, indigence, want, penury; *(általános)* pauperism

szeges *mn (szegezett)* nailed; *(szegekkel kivert)* studded

szegesdrót *fn* barbed wire

szegez *ige (szeggel)* nail *(vmhez* on/to sg)

szegezés *fn* nailing

szegeződik *ige* **minden tekintet az ajtóra szegeződött** all eyes were fixed/riveted on the door, everyone stared at the door

szegfű *fn* carnation, (clove) pink

szegfűszeg *fn* clove

szegy *fn (marháé)* brisket

szegycsont *fn* breast-bone

szégyell *ige (vmt)* be*/feel* ashamed (of sg *v.* doing sg *v.* to do sg) || **szégyelli magát** be*/feel* ashamed of oneself

szégyen *fn* shame; *(szégyellnivaló)* disgrace; *(botrány)* scandal

szégyenkezik *ige (vm miatt)* be*/feel* ashamed of sg *(v.* of having done sg), feel* shame at (having done) sg

szégyenletes *mn* shameful, disgraceful

szégyenlős *mn* shy, bashful || **nem szégyenlős** unashamed, shameless

szégyentelen *mn* shameless, impudent

szeizmográf *fn* seismograph

széjjel *hsz (irány)* asunder, apart; *(helyzet)* distant/separated from one another

szék *fn* chair; *(támla nélküli)* stool; *(ülés)* seat || = **széklet** || **két szék közt a pad alá esik** fall* between two stools

szekció *fn* section

székel *ige (vhol)* reside (in/at) || *(ürít)* have* a bowel movement, have* a motion

székely *mn/fn* <Magyar of Eastern Transylvania> Székely, Szekler || **a székelyek** the Székelys/Szeklers

székelygulyás *fn* <pork stew with sauerkraut> Székely/Transylvanian goulash

szekér *fn* (farm-)wagon, cart

székesegyház *fn* cathedral

székház *fn* centre (⊕ *US* center), House; *(intézményé)* headquarters *tsz*

székhely *fn* centre (⊕ *US* center), residence, seat, headquarters *tsz*; *(megyéé)* county town; *(területé)* chief town || **a vállalat székhelye** the head office of the company

székláb *fn* chair leg

széklet *fn* motions *tsz*, stool(s), faeces

székrekedés *fn* constipation

szekrény *fn (akasztós)* wardrobe, ⊕ *US* closet; *(fali)* cupboard; *(fehérneműs)* linen cupboard (⊕ *US* closet); *(öltözőben)* locker || **beépített szekrény** built-in wardrobe/cupboard, ⊕ *US* closet

széksor *fn* row/line of seats/chairs

szekta *fn* ❑ *vall* sect || ❑ *pol* splinter group

széktámla *fn* back (of a/the chair), chair back

szektás ▼ *mn* ❑ *pol* sectarian, factionalist || ❑ *vall* sectarian, denominational ▼ *fn* ❑ *pol* sectarian, factionalist || ❑ *vall* follower/member of a sect

szektor *fn* sector || **állami szektor** state/public sector

szekund *fn* ❑ *zene* second

szel *ige (kenyeret)* slice (up), cut*; *(húst)* carve || **a hajó szeli a vizet** the ship ploughs (⊕ *US* plows) (her way) through the seas

szél¹ *fn (légmozgás)* wind; *(gyenge)* breeze; *(erős tengeri)* gale || *(bélben)* wind, flatulence || ❑ *orv* apoplexy, stroke || **a szél irányában** windward, downwind, before/down the wind; **az új idők szele** the wind of change; **csapja a szelet vknek** court/woo sy, pay* one's attentions to sy; **fúj a szél** the wind is blowing, it is windy; *(vmt)* cast*/throw* sg to the wind; **honnan fúj a szél?** how is/sits the wind?; **kedvező szél** fair wind; **megállt a szél** the wind has dropped; **megfordul a szél** the wind changes/shifts/veers round; **mi szél hozott ide?** what brings you here?; **szél ellen** into/against the wind, (right) into the wind's eye

szél² *fn (papíré, úté, asztalé, erdőé)* edge; *(szakadéké, síré)* brink, verge; *(edényé)* rim; *(városé)* outskirts *tsz*, fringes *tsz*

szélárnyék *fn* lee, ❑ *rep* sheltered zone

szélcsend *fn* calm, lull

szélcsendes *mn* calm

széldzseki *fn* windcheater, ⊕ *US* windbreaker, blouson

szelekció *fn* selection

szelektál *ige* select, choose*

szelektív *mn* selective

szélenergia *fn* wind power

szelep *fn* valve

szélerősség *fn* force of the wind, windforce

szeles *mn (időjárás)* windy; *(gyengén)* breezy || *(meggondolatlan)* thoughtless, inconsiderate, rash, hare-brained, flighty

széles *mn* broad, wide || **széles körű** wide, wide-ranging, extensive, large

szélesség *fn* ❖ ált breadth, width || ❑ *földr* latitude

szélességi *mn* **szélességi fok** degree of latitude; **szélességi kör** parallel, line/parallel of latitude

szélesvásznú *mn* ❑ *film* wide-screen

szelet *fn (kenyér)* slice, piece; *(hús)* steak, cutlet; *(hal)* fillet, steak || ❑ *mat* segment

szeletel *ige* cut* (sg) into slices, slice (sg); *(húst)* carve

szélhámos *fn* swindler, fraud, impostor, ❖ *biz* con-man°

szélhámosság *fn* swindling, swindle, fraud

szelíd *mn (ember)* gentle, meek, mild-mannered; *(hang, érzelem)* soft, gentle, tender || *(állat)* tame, domesticated; *(vadállat)* harmless, inoffensive

szelídgesztenye *fn* sweet/edible chestnut, marron

szelídít *ige (állatot)* tame, domesticate

szelídség *fn (jellemvonás)* gentleness, kindness, mildness || *(állaté)* tameness

szélirány *fn* wind direction, direction of the wind || **széliránba(n)** down/before the wind, windward; **széliránnyal szemben** against/into the wind

szélkakas *fn (átv is)* weather-cock

szellem *fn (erkölcsiség)* spirit; *(felfogás)* spirit, turn of mind, mentality, attitude ‖ *(kísértet)* ghost, spirit, spectre (⊕ *US* specter), phantom ‖ *(elme)* mind, intellect ‖ *(személy)* (brilliant/great) mind, intellectual giant, genius ‖ *(belső tartalom, lényeg)* spirit ‖ **a törvény szelleme** the spirit of the law; **csupa szellem** full of wit
szellemes *mn (gép, szerkezet stb.)* ingenious ‖ *(vk)* witty, full of wit *ut.* ‖ **szellemes megoldás** ingenious solution
szellemesség *fn (tulajdonság)* wit, wittiness ‖ *(mondás)* witty remark, witticism, quip
szellemi *mn* mental, intellectual, spiritual ‖ **szellemi dolgozó** white-collar worker, intellectual; **szellemi export** invisible exports *tsz*; **szellemi foglalkozás** intellectual occupation, white-collar job
szellemileg *hsz* mentally, intellectually
szellemkép *fn (tévén)* ghost image, ghosting
szellent *ige* break* wind
széllovaglás *fn* windsurfing
szellő *fn* breeze
széllökés *fn* gust/blast (of wind); *(erősebb)* squall
szellős *mn* breezy; *(levegős)* airy
szellőzés *fn* ventilation, airing
szellőzik *ige* be* aired, be* exposed to the air
szellőzőnyílás *fn* air vent/hole, blowhole
szellőztet *ige* ventilate, air, let* fresh air in
szellőztetés *fn* airing
szellőztetőkészülék *fn* ventilator, fan
szélmalom *fn* windmill
szélroham *fn* gust/blast of wind, flurry
szélrózsa *fn* compass rose/card
szélsebesen *hsz* with lightning speed, like greased lightning
szélsebesség *fn* wind velocity/speed

szélső ▼ *mn* ❖ *ált* outside ‖ **legszélső** outermost, farthest, extreme; ❑ *mat* **szélső érték** extreme (value) ▼ *fn* ❑ *sp* winger
szélsőbal(oldali) *mn* ❑ *pol* extreme left, ultra-left(-wing)
szélsőjobb(oldali) *mn* ❑ *pol* extreme right, ultra-right(-wing)
szélsőség *fn* extreme, extremity
szélsőséges ▼ *mn* extreme, extremist ▼ *fn* extremist
szélütés *fn* apoplexy, stroke
szélütött ▼ *mn (testrész)* paralysed ▼ *fn* paralytic, paretic
szélvédő *fn (autón)* windscreen (⊕ *US* -shield)
szelvény *fn (értékpapíré)* coupon; *(ellenőrző)* counterfoil, stub, ⊕ *US* check; *(jegyé)* (ticket) stub ‖ ❑ *műsz* profile, section
szélvész *fn* hurricane, high wind
szélvihar *fn* (wind-)storm; *(erős)* gale
szélzsák *fn* wind-sock/sleeve
szem *fn (látószerv)* eye; *(tekintet)* eye(s), gaze, sight ‖ ❑ *növ* grain ‖ *(kötés)* stitch; *(lánc)* link ‖ *(homok)* grain (of sand), *(por)* speck, particle (of dust) ‖ **a szemébe ment vm** sg has got into sy's/one's eye; **a(z én) szememben** in my eyes; **csupa szem vagyok!** I am all eyes; **egy szem szőlő** a/one (single) grape; **fél szemére vak** be* blind in one eye; **jó a szeme** have* good eyesight, sy's sight is good, ❖ *átv* have* good judg(e)ment; **kit látnak szemeim!** what a surprise!, fancy meeting you here!; **lelki szemei előtt** in one's mind's eye; **mélyen ülő szemek** deep-sunk/set eyes; **mindenki szeme láttára** in full view (of all), publicly, openly; **mit látnak szemeim!** what a sight!, what do I see!, well, I never!; **nagy szemek** big eyes; **szemet szemért(, fogat fogért)** an eye for an eye (and a tooth for a tooth), tit for tat; **szemet huny vm fölött** turn a blind eye to sg, wink at sg,

close/shut* one's eyes to sg, overlook sg; **szemébe néz vknek** look sy in the eye/face; **szemére hány vmt vknek** reproach/upbraid sy with sg, upbraid sy for (doing) sg, cast* sg in sy's teeth, blame sy for sg; **szemet szúr vknek vm** strike* sy, catch* one's eye; **szemmel látható** visible (to the naked eye); *(nyilvánvaló)* obvious, evident, manifest; **szemmel tart vkt/vmt** keep* an eye on sy/sg, watch sy/sg; **szemtől szembe(n)** face to face (with sy); **úgy vigyáz rá, mint a szeme világára** cherish/keep* sg as the apple of one's eye; **vk szeme fénye** *(látása)* one's (eye)sight; ❖ *átv* the apple of sy's eye; **vk szemében** in one's eyes/view/opinion/esteem, in the sight of

szemafor *fn* semaphore, signal
szemantika *mn* semantics *esz*
szemantikai *mn* semantic
szembe *hsz* opposite, in the face of
szembeáll *ige* (*vkvel/vmvel*) face sy/sg, stand* opposite/facing sy/sg
szembeállít *ige* (*vkt vkvel*) *(ellenségesen)* set* sy against sy ‖ *(hasonlít vmt vmhez)* contrast [two things *v.* sg with sg], compare sg with sg, set* sg against sg
szembehelyezkedik *ige* (*vmvel*) set* oneself against, set* one's face against, be* opposed to, oppose (*mind:* sg) ‖ (*vkvel*) turn against sy
szembejön *ige* come* from the opposite direction
szembejövő forgalom *fn* oncoming traffic
szembekerül *ige* (*vkvel*) find* oneself face to face with sy ‖ ❖ *átv* (*vkvel*) come* into conflict with sy; (*vmvel*) come* up against
szemben *hsz (térben)* opposite (to), facing (sg), in front of, over against ‖ *(ellentétben vmvel)* in contrast with/to sg, contrary to sg, as opposed to sg, in contradiction to sg; *(vkvel kapcsolatban)* with respect/regard to, towards (sy) ‖ **a szemben álló ház** the house opposite; **ezzel szemben** on the other hand, whereas, while; **szemben áll vkvel/vmvel** face sy/sg, be* at odds with sy/sg, oppose sy/sg, be* opposed to sy/sg, be* against sy/sg
szembenéz *ige* (*vkvel*) look sy full/straight in the face/eye, face sy ‖ (*vmvel*) face sg; *(vm kellemetlennel)* face up to sg ‖ **szembenéz a tényekkel** face the facts/issue
szembeötlik *ige* strike* sy, catch* one's eye
szembesít *ige* (*vkt vkvel*) confront sy with sy
szembesítés *fn* confrontation
szembeszáll *ige* (*vkvel/vmvel*) brave, oppose (sy, sg), take* sy/sg on
szembetegség *fn* eye disease
szembogár *fn* pupil, apple of the/one's eye
szemcse *fn* grain; *(apró)* granule
szemcsepp *fn* eyedrops *tsz*
szemcseppentő *fn* (eye-)dropper; *(üveggel együtt)* dropper bottle
szemcsés *fn* granular, grainy, granulous
szemellenző *fn (lóé)* blinkers *tsz*, ⊕ *US* blinders *tsz*; *(sapkán)* peak, visor
szemelvény *fn* selected passage, selection, excerpt, extract
személy *fn* person (*tsz* people, ⊕ *US* és ❑ *jog*, ill. ❖ *elít* persons); *(egyén)* individual ‖ **személyek** *(színdarabban)* characters; **ismeretlen személyek** persons unknown; **(egy) személy per hó(nap)** man-month; **személy szerint** personally, in person; **első személyben beszél** speak* in the first person
személyautó *fn* (passenger) car
személyazonosság *fn* identity ‖ **személyazonosságát igazolja** prove one's identity

személydíjszabás *fn* passenger tariff
személyenként *hsz* per person, per/a head, each
személyes *mn* personal, *(egyéni)* individual ‖ **személyes használati tárgyak** articles for personal use; **személyes szabadság** personal/individual freedom/liberty
személyesen *hsz* personally, in person
személyeskedés *fn* personal remarks *tsz*, personalities *tsz*
személyeskedik *ige* be* personal, indulge in personalities
személyforgalom *fn* passenger traffic
személygépkocsi *fn* (passenger) car
személyi *mn* personal, private, individual ‖ **személyi adatok** particulars; **személyi igazolvány** identity card, ID card; **személyi jövedelem** personal income; **személyi jövedelemadó** *(röv szja)* income tax, a tax on personal income; **személyi kölcsön** *(banktól)* personal loan; **személyi kultusz** personality cult; **személyi lap** sy's file; **személyi okmányok** one's papers
személyiség *fn* personality ‖ **kiemelkedő személyiség** personage, prominent/outstanding figure/person(age), dignitary
személykocsi *fn (vasúti)* (railway) carriage/coach, ⊕ *US* (railroad) car
személyleírás *fn* description (of a person)
személypoggyász *fn* luggage, ⊕ *US* baggage ‖ **személypoggyászt felad** register one's luggage
személyrag *fn* personal suffix, person marker
személyszállítás *fn* passenger transport/service
személyszállító hajó *fn* passenger boat
személytelen *mn* impersonal
személyvonat *fn* slow train
személyzet *fn (alkalmazottak)* staff, personnel, employees *tsz; (hajóé, járműé)* crew ‖ *(házi)* staff, servants *tsz*

személyzeti *mn (alkalmazotti)* staff ‖ **személyzeti bejáró** *(felirat)* "staff only"; **személyzeti osztály** personnel department
szemérem *fn* (sexual) modesty ‖ **szemérem elleni erőszak** (public) act of indecency
szeméremajkak *fn tsz* labia
szeméremsértő *mn* obscene
szeméremtest *fn* genitals *tsz*, genitalia *tsz*
szemerkél *ige* **szemerkél az eső** it is drizzling
szemérmes *mn* bashful, modest, demure, shy
szemérmetlen *mn (nem szemérmes)* shameless, unabashed, indecent ‖ *(arcátlan)* impudent, barefaced, brazenfaced, insolent; *(viselkedés)* immodest
szemes ▼ *mn* ❏ *növ* ❏ *mezőg* **szemes kávé** coffee-beans *tsz*, whole coffee; **szemes termények** cereals, grain crops ▼ *fn* **szemesnek áll a világ** *kb.* keep* your eyes open/skinned/peeled
szemész *fn* ophthalmologist, ⊕ *US* oculist
szemészet *fn* ophthalmology
szemészeti *mn* ophthalmological
szemeszter *fn* (half-year) term, semester
szemét *fn (házi)* rubbish, refuse, ⊕ *US* garbage; *(szanaszét heverő hulladék)* waste, litter; *(piszok)* dirt, filth ‖ *(áruról, élit)* junk, trash; *(olvasmányról)* trash ‖ *(jelzőként)* ❖ *biz* **szemét alak** louse, rat, ⊕ *US* heel
szemétdomb *fn* rubbish (v. ⊕ *US* garbage) tip/heap, refuse dump
szemétégető (mű) *fn* incinerator
szemetel *ige (piszkít)* scatter rubbish/litter
szemétszállítás *fn* refuse collection
szemetes ▼ *mn (szeméttel teli)* full of rubbish *ut.* ▼ *fn* dustman°, ❖ *hiv* refuse collector, ⊕ *US* garbage collector

szemeteszsák *fn* litterbag
szemétgyűjtő *fn (utcai, konténer)* refuse (⊕ *US* garbage) container
szemétkosár *fn* waste-paper basket, ⊕ *US* wastebasket, waste bin
szemétláda *fn* dustbin, (rubbish) bin, ⊕ *US* garbage/trash can; *(utcán)* litterbin, ⊕ *US* litterbag
szemfedél *fn* shroud, winding-sheet
szemfenék *fn* fundus
szemfényvesztés *fn (bűvészkedés is)* conjuring, jugglery, juggling || ❖ *átv* eyewash, deception, trickery, humbug
szemfényvesztő *mn* ❖ *átv* deceitful, delusive
szemfog *fn* eye-tooth°
szemgolyó *fn* eyeball
szemhéj *fn* eyelid
szemideg *fn* optic nerve
szeminárium *fn (papi)* seminary || *(egyetemi)* seminar; ⊕ *GB kb.* tutorial || ❏ *pol* (ideological) study group || *(tanácskozás)* seminar
szemkenőcs *fn* eye ointment
szemközt *hsz/nu* opposite (to), facing, face to face with, in front of, vis-à-vis || **szemközt ülnek (egymással)** sit* facing/opposite each other
szemközti *mn* opposite, vis-à-vis
szemle *fn (vizsgálat)* review, inspection, survey, view; ❏ *kat* review, muster || *(folyóirat)* review
szemlél *ige* watch, contemplate
szemlélet *fn* view (of sg), way of looking at (things), attitude (to sg), approach
szemléletes *mn* clear, graphic, vividly/clearly described, lifelike
szemléltet *ige* demonstrate, illustrate
szemléltetés *fn* demonstration, illustration
szemléltető *mn* demonstrative, illustrative
szemléltetőeszköz *fn* visual aid
szemlencse *fn (szemé)* lens || *(műszeré)* eyepiece, ocular

szemmérték *fn* (judgement by the) eye
szemorvos *fn* ophthalmologist, oculist, eye-specialist
szemölcs *fn* wart
szemöldök *fn* eyebrow
szemöldökceruza *fn* eyebrow pencil
szemöldökcsipesz *fn* tweezers *tsz*
szempilla *fn* (eye)lashes *tsz; (szála)* eyelash
szempillafesték *fn* mascara
szempillantás *fn (pillantás)* glance, blink || *(pillanat)* instant, moment, second || **egy szempillantás alatt** in the twinkling of an eye, in a flash, before you could say Jack Robinson
szempont *fn (álláspont)* point of view, standpoint, viewpoint, angle; *(meggondolás)* consideration || **gazdasági szempontok** economic considerations; **ebből a szempontból** in this respect, from this point of view
szemrebbenés *fn* blink(ing), twinkle, wink(ing) || **szemrebbenés nélkül** without batting an eyelid, unblinkingly; *(hidegvérrel)* in cold blood
szemrehányás *fn* reproach, reproof, rebuke || **szemrehányást tesz** *(vknek)* reproach sy (with/for sg), reprove sy (for sg)
szemrehányó *mn* **szemrehányó tekintet** look of reproach, reproachful glance
szemrontó *mn* straining the eye *ut.*, causing eyestrain *ut.*
szemszög *fn (nézőpont)* point of view, standpoint, aspect, angle
szemtanú *fn* (eye)witness
szemtelen *mn* impudent, impertinent, insolent, brazen(-faced), ❖ *biz* cheeky
szemtelenkedik *ige* behave impertinently/insolently/impudently, be* impertinent; *(nővel)* take* liberties with
szemtelenség *fn* impudence, impertinence, insolence, effrontery
szemtengelyferdülés *fn* astigmatism

szemüveg *fn* spectacles *tsz*, glasses *tsz*, ❖ *biz* specs *tsz*
szemüveges *mn* bespectacled, wearing spectacles *ut.*
szemüvegkeret *fn* (spectacle) frame
szemüvegtok *fn* spectacle-case, glasses case
szemvizsgálat *fn* sight-testing
szemzés *fn* ❑ *mezőg* budding
szén *fn* *(fűtőanyag)* coal; ❑ *vegy* carbon || *(orvosság)* medicinal charcoal (tablets *tsz*) || *(rajzszén)* charcoal || **szénné ég** get* charred/carbonized
széna *fn* hay
szénanátha *fn* hay-fever
szenátor *fn* senator
szenátus *fn* senate
szénbánya *fn* coal-mine, pit, colliery
szénbányászat *fn* coal-mining/industry
szendereg *ige* doze, take* a nap, slumber
szén-dioxid *fn* carbon dioxide
szendvics *fn* sandwich
szenes *mn* coaly; *(elszenesedett)* charred, carbonized
szénhidrát *fn* carbohydrate
szenilis *mn* senile, decrepit, ❖ *biz* gaga
szenilitás *fn* senility
szén-monoxid *fn* carbon monoxide
szénrajz *fn* charcoal (drawing)
szénsav *fn* (H_2CO_3) carbonic acid || *(szén-dioxid)* carbon dioxide
szénsavas *mn (ital)* carbonated, effervescent, aerated, sparkling
szent ▼ *mn* holy; *(szentelt)* sacred || *(személynévvel)* St. *(kimondva:* Saint) || ❖ *biz (bizonyos)* **annyi szent, hogy** one thing (*v.* that much) is certain *(utána kettőspont v.* that ...); **szent isten!** God Almighty!, good God/grief!, heavens!; **szentül hiszi** believe firmly ▼ *fn* saint
széntabletta *fn* medicinal charcoal tablets *tsz*

széntartalmú *mn* carboniferous, coal-bearing
szentbeszéd *fn* sermon
szentel *ige* ❑ *vall* consecrate, dedicate || ❖ *átv* devote (to), dedicate (to) || **időt szentel vmre** spend* time on sg; **pappá szentel** ordain
szenteltvíz *fn* holy/consecrated water
szentély *fn (vallási szempontból)* sanctuary, shrine, *(izr.)* tabernacle || ❑ *épít* chancel, choir || ❖ *átv* shrine
szentesít *ige (törvényt)* sanction; *(megerősít)* approve, confirm, sanction
szenteste *fn* Christmas Eve
Szentföld *fn* the Holy Land
Szentháromság *fn* ❑ *vall* the Holy Trinity
szentimentális *mn* sentimental, emotional
szentírás *fn* ❑ *vall* a Szentírás the Holy Scripture, the Scriptures *tsz*, the Bible; **szentírásnak veszi szavát (amit mond)** take* sy's word as gospel
Szentivánéji álom *fn (cím)* A Midsummer Night's Dream
szentjánosbogár *fn* glow-worm, firefly, ⊕ *US* lightning bug
szentkép *fn* sacred image, icon, ikon
szentmise *fn* (holy) mass
szentség *fn (állapot)* sanctity, holiness || *(keresztség stb.)* sacrament
szentségtörés *fn* sacrilege, profanation
Szentszék *fn* Holy See
szenved *ige* suffer || suffer, undergo*, bear*, endure || **súlyos balesetet szenvedett** (s)he had a serious accident
szenvedély *fn (érzelem)* passion || *(időtöltő szórakozás)* hobby || *(káros)* addiction || **szenvedélye a sport** (s)he is a sports fan (*v.* ❖ *biz* buff)
szenvedélyes *mn (jellem)* passionate; *(vágy)* ardent, burning; *(vita)* heated || **szenvedélyes futballszurkoló** a great soccer fan
szenvedés *fn* suffering

szenvedő ▼ *mn* suffering || ❑ *nyelvt*
szenvedő (ige)alak the passive (voice)
▼ *fn (személy)* sufferer, victim
szenzáció *fn* sensation; *(hírlapi)* ❖ *biz* scoop, ⊕ *US* beat
szenzációs *mn* sensational, thrilling || ❖ *biz (nagyszerű)* marvellous, sensational
szenny *fn* dirt, filth
szennyes ▼ *mn* dirty, filthy, unclean, ❖ *átv* foul, filthy ▼ *fn (ruha)* dirty linen, laundry
szennyez *ige (vizet, levegőt stb.)* pollute, *(vizet így is)* contaminate; *(ruhát)* soil, dirty, ❖ *átv* sully
szennyező anyagok *fn tsz* pollutants
szennyeződés *fn (levegőé stb.)* pollution, *(vízé így is)* contamination; *(csak az eredmény)* impurity
szennyfolt *fn (piszok)* stain, smudge || *(szégyenfolt)* blemish, slur, stain, blot
szennyvíz *fn* sewage, dirty/slop water
szennyvízcsatorna *fn* sewer, drain(pipe)
szép ▼ *mn* ❖ *ált* beautiful, nice, lovely; *(nő)* beautiful, lovely, pretty, attractive; *(férfi)* handsome; *(férfi, nő)* good-looking; *(idő)* fine, nice, lovely [day]; *(ruha v. egyéb)* lovely, nice || ❖ *iron* fine, pretty || **egy szép napon** one fine day; **ez nem szép tőle** that's not (very) nice (*v.* that's very unkind) of him/her; **szép arc** good looks *tsz*; **szép arcú** with a beautiful face *ut.*; **szép álmokat!** sleep well!, sweet dreams!; **szép fizetés(e van)** have* a nice/tidy salary; **szép tiszta** it's nice and clean ▼ *fn (fogalom)* beauty, the beautiful || **a falu szépe** the belle/beauty of the village; **Magyarország szépe** Miss Hungary; **sok szépet hallottam Önről** I've heard a lot of good things about you
szépanya *fn* great-great-grandmother
szépapa *fn* great-great-grandfather
szépasszony *fn* fair lady, beauty

szépen *hsz* beautifully, nicely, prettily || **kérem szépen** will you please/kindly; may I trouble you for ...; please ...; **köszönöm szépen** thank you very much, (many) thanks; **szépen beszél angolul** his/her English is very good
szépirodalmi *mn* literary, belletristic
szépirodalom *fn* belles-lettres *esz*, (imaginative) literature
szépít *ige (díszít)* embellish, adorn; *(szebbé tesz)* beautify, improve the look of || *(kimagyaráz)* gloss over, whitewash, find* excuses for *(mind: sg)* || **szépíti magát** titivate oneself, smarten oneself up
szépítés *fn (díszítés)* embellishment, improving || *(kimagyarázás)* glossing over
szépítőszer *fn* cosmetics *tsz*, make-up
szeplő *fn (bőrön)* freckle || ❖ *átv* blot
szeplős *mn* freckled, freckly
szeplőtelen *mn* stainless, unstained, taintless || ❑ *vall* **szeplőtelen fogantatás** Immaculate Conception
szépség *fn* beauty
szépségápolás *fn* beauty treatment/care; *(mint szakma)* cosmetology
szépséghiba *fn* (physical) defect, blemish, *(csak vmé)* flaw
szépségkirálynő *fn (báli)* the belle of the ball; *(versenygyőztes)* beauty queen || **az olasz szépségkirálynő** Miss Italy
szépségverseny *fn* beauty contest
szeptember *fn* September || → **december**
szeptemberi *mn* of/in September *ut.*, September || → **decemberi**
szeptim *fn* ❑ *zene* seventh
szépül *ige* grow* more beautiful; *(dolog)* improve, look better; *(vk)* get* prettier, blossom out; *(város)* blossom, bloom
szer *fn (eszköz)* implement, appliance || *(vegyszer)* chemical (agent), agent; *(orvosság)* remedy, drug, medicine ||

(tornaszer) apparatus *(tsz -a*tus *v. -a*tuses)* ‖ **szerét ejtette, hogy** he managed to ...; **szert tesz vmre** get*/obtain/acquire sg, get* hold of sg, lay* hands on sg

szerb ▼ *mn (ember, nyelv)* Serbian ▼ *fn (ember)* Serb; *(nyelv)* Serbian

Szerbia *fn* Serbia

szerbül *hsz* (in) Serbian ‖ → **angolul**

szerda *fn* Wednesday ‖ → **kedd**

szerdai *mn* of Wednesday *ut.*, Wednesday, Wednesday's ‖ → **keddi**

szerdánként *hsz* every Wednesday, on Wednesdays, ⊕ *US* Wednesdays

szerel *ige (gépet egybe)* mount, assemble, set* up, put* together ‖ ❏ *sp* tackle

szerelem *fn* love *(vk iránt* of/for sy) ‖ *(személy)* love, sweethart ‖ **az Isten szerelmére** for God's/Christ's/Goodness(') sake; **szerelemből nősül** marry for love

szerelés *fn* ❏ *műsz (beszerelés)* mounting, fitting, installation; *(össze-)* assembly ‖ ❏ *sp* tackling ‖ ❖ *biz (öltözék)* gear, ⊕ *GB* clobber, togs *tsz*

szerelmes ▼ *mn* **szerelmes vkbe** be* in love with sy, love sy; **szerelmes lesz vkbe** fall* in love with sy, ❖ *biz* fall* for sy; **szerelmesek egymásba** they're in love (with each other); **szerelmes levél** love-letter; **szerelmes vers** love-poem ▼ *fn* **vknek a szerelmese** *(férfi)* sy's/one's lover, *(nő)* sy's/one's sweetheart/lover

szerelmespár *fn* the (young) lovers *tsz*, loving couple

szerelmi *mn* love(-) ‖ **szerelmi bánat** lovesickness, pangs of love *tsz*

szerelő *fn (autó)* (car/motor) mechanic; *(gépgyári)* fitter; *(gáz)* (gas) fitter

szerelvény *fn (víz, gáz, csatorna)* plumbing ‖ ❏ *vasút* train ‖ ❏ *műsz* **szerelvények** mountings, fittings, accessories, appliances

szerelvényfal *fn (autón)* dashboard; *(repülőgépen)* instrument panel

szerenád *fn* serenade

szerencse *fn* (piece of good) luck ‖ **nincs szerencséje** have* no/hard/bad luck *(vmben* in), be* unlucky, ❏ *kif* be down on one's luck, be* out of luck; **részemről a szerencse** it's my pleasure; **szerencse, hogy** fortunately ..., it is lucky that; **szerencséje van** have* good luck, be* lucky/fortunate *(vmben* in); **szerencsémre** luckily for me; **szerencsére** luckily, fortunately, happily

szerencsejáték *fn* game of chance

szerencsés *mn* lucky, fortunate, happy ‖ **szerencsés vmben** be* lucky/fortunate in sg

szerencsésen *hsz* **szerencsésen megérkeztem** I (have) arrived safely

szerencsétlen *mn (vk)* unlucky, unfortunate, unhappy ‖ *(esemény, dolog)* disastrous, calamitous, fatal, sad; *(körülmény)* adverse ‖ **szerencsétlen nap** an evil day

szerencsétlenség *fn (balszerencse)* misfortune, bad/ill luck ‖ *(baleset)* accident; *(katasztrófa)* disaster, catastrophe ‖ **halálos (kimenetelű) szerencsétlenség** fatal accident

szerény *mn (vk) (nem dicsekvő)* modest, humble, unboastful; *(igényeiben)* unassuming, unpretentious, undemanding, modest; *(visszahúzódó)* retiring, diffident, shy, quiet ‖ *(vm)* modest; *(mérsékelt)* moderate ‖ **szerény (anyagi) körülmények** moderate means; **szerény ebéd** frugal meal; **szerény kéréssel állt elő** asked for a small favour (⊕ *US* -or); **szerény véleményem szerint** in my humble opinion

szerénység *fn* ❖ *ált* modesty, *(igénytelenség)* unpretentiousness, *(mérsékeltség)* moderation, temperateness

szerénytelenség *fn* immodesty, (self)-conceit, want/lack of modesty

szerep *fn* part, role ‖ ❏ *szính (a szöveg)* part ‖ *(funkció)* role, part, function ‖ **fontos szerepet játszik vmben**

play a significant role in sg; **Hamlet szerepét játssza** play (the part/role of) Hamlet

szerepel *ige (fellép vmben, vhol)* appear (in/as), play sy in sg || *(vmlyen funkciója van)* act/function as || *(jelen van)* figure; *(benne foglaltatik)* be* included (in) || **a rádióban szerepel** *(éppen adásban van)* be* on (the) radio, be* on the air; **a televízióban szerepel** appear/be* on television

szereplés *fn* ❑ *szính* acting, playing, appearance

szereplő ▼ *mn* **az ügyben szereplő személyek** the persons involved in the affair ▼ *fn (színész)* actor; *(alak ir. műben)* character; *(színdarabban)* cast, dramatis personae; *(filmben)* cast || *(vmely eseményben)* participant || **főbb szereplők** *(filmben, színdarabban)* leading roles

szereposztás *fn* cast

szeret *ige (vkt szeretettel)* love, like, be* fond of; *(vkt szerelmesen)* love, be* in love with || *(vmt)* like (sg v. to do sg v. doing sg), care for (sg v. to do sg), be* fond of (sg v. doing sg); *(nagyon)* be* keen on sg || **nagyon szeret vkt** love/like sy very much, be* very fond of sy; **nem szeret vmt** doesn't like sg, doesn't care for sg (v. to do sg); **szeret olvasni** he likes to read, he likes reading, he is fond of reading; **szeretik egymást** *(szerelmesek)* they are in love (with each other); **szeretne eljönni?** would you like to come?, would you care to visit us?

szeretet *fn* love, affection, fondness, liking (for) || **mindenkit szeretettel várunk** all welcome; **szeretettel** *(levél végén)* With (much) love, ...; Yours affectionately, ... *(és alattuk a keresztnév)*

szeretetotthon *fn (öregeké)* old people's home [run by a church], rest-home

szeretetreméltó *mn* lovable, likeable

szeretetszolgálat *fn* Christian social work

szeretett *mn* beloved, much-loved, dear(est)

szeretkezés *fn* love-making

szeretkezik *ige (vkvel)* make* love (to sy), have* sexual intercourse (with sy), ❖ *biz* have* sex (with sy)

szerető ▼ *mn* loving, affectionate ▼ *fn (nőé)* lover; *(férfié)* mistress

szerez *ige (magának)* obtain, get*, acquire, get* hold of; *(vknek vmt)* procure (sg for sy), find* (sg for sy) || **állást szerez** find*/get* a job; **barátokat szerez** make* friends; **oklevelet szerez** take*/obtain a degree [at a university etc.], get* a diploma, graduate from [a university etc.]; **pénzt szerez** raise money, raise the wind; **tudomást szerez vmről** sg comes to one's knowledge, find* out about sg, discover sg; **zenét szerez** compose [music]

szerint *nu* according to, in accordance with || **ezek szerint** so, accordingly, (in) this way, consequently; **kívánsága szerint** at/by sy's wish/requuest; **név szerint említ** mention by name; **szívem szerint** to my heart's content; **tetszés szerint** as you wish/please; **szerinte, véleménye szerint** in his/her opinion/view

szerkeszt *ige (lapot, könyvet)* edit; *(szótárt, lexikont)* compile, make*; *(rádió-, tévéműsort)* produce || *(okiratot)* draft, draw* up || *(gépet)* design, construct || *(mondatot)* construe, construct || *(mértani idomot)* construct

szerkesztés *fn (lapé, könyvé)* editing; *(lexikoné)* compilation || *(okiraté)* drafting, drawing up || ❑ *műsz* construction

szerkesztő *fn (lapé, könyvé)* editor; *(szótáré stb.)* editor, compiler || *(műsoré)* editor || *(gépé)* constructor || **felelős szerkesztő** senior editor, executive editor

szerkesztő-műsorvezető *fn (pl. rádióban reggeli műsoré)* news editor
szerkesztő-riporter *fn* presenter
szerkesztőség *fn (helyiség)* editorial office || *(személyzet)* editorial staff
szerkesztőségi *mn* **szerkesztőségi cikk** editorial; **szerkesztőségi értekezlet** staff meeting
szerkezet *fn (vmé, ált)* structure, construction || *(gép)* machine, apparatus; *(mechanizmus)* mechanism; *(óráé)* works *tsz*, mechanism; *(ötletes)* contraption, device || *(épületé)* structure
szerkezeti *mn* constructional, structural
szerpentin *fn* winding/serpentine road
szerszám *fn* tool
szerszámkészlet *fn* tool-kit, tool set
szertár *fn* ❑ *isk* equipment store
szertartás *fn* ❖ *ált* ceremony, formalities *tsz* || ❑ *vall* rite, ritual, (religious) ceremony; *(istentisztelet)* service
szertartásos *mn* ceremonial, formal; ❖ *iron* ceremonious
szerteágazó *mn* branching out, far-reaching, ramifying
szertelen *mn (vk)* unbridled, unrestrained, uncontrolled, extravagant
szerteszéjjel *hsz* in utter confusion, *(rendetlenségben)* in disorder/confusion, pell-mell
szertorna *fn* gymnastics on the apparatus *(mint sportág: esz.; gyakorlatok: tsz)*
szérum *fn* serum *(tsz* serums *v.* sera)
szerv *fn (emberi, állati)* organ || *(állami stb.)* organ [of the/a government], government/state institution/organization || **a szerv** *(= rendőr)* the law
szervál *ige* ❑ *sp* serve
szervátültetés *fn* transplant operation/surgery
szerves *mn* organic || **szerves kémia** organic chemistry
szervetlen *mn* inorganic || **szervetlen kémia** inorganic chemistry
szervez *ige* organize; *(kisebb találkozót stb.)* arrange || *(intézményt)* set* up, found, establish || **társasutazást szervez** organize a package/conducted tour
szervezés *fn* organizing, organization
szervezési *mn* organizational
szervezet *fn (élő)* organism; *(alkat)* constitution || *(létesített)* organization, establishment
szervezeti *mn* constitutional || **szervezeti szabályzat** constitution, *(párté)* party rules *tsz*
szervezetlen *mn* unorganized, non-unionized
szervezett *mn* organized || **szervezett társasutazás** conducted tour
szervező ▼ *mn* organizing ▼ *fn* organizer
szervezőbizottság *fn* organizing committee
szervi *mn* organic || **szervi rendellenesség** organic disorder
szervíroz *ige* serve/wait at table
szerviz *fn (készlet)* service, set || *(gépkocsi és egyéb)* service, servicing || **szervizbe viszi a kocsit** have* the car serviced
szervizállomás *fn* service station, garage
szervokormány *fn* power steering
szervomotor *fn* servomotor
szervusz *isz* hello!, ⊕ *US* hi!; *(távozásnál)* bye(-bye)!, cheerio!, ⊕ *US* so long! || **szervusztok!** hello (everybody)!, ⊕ *US* hi, everybody (*v.* you guys)!; *(távozásnál)* bye-(-bye)!, cheerio!, ⊕ *US* so long!
szerzemény *fn (szerzett tulajdon)* acquisition, purchase || *(zenei)* work, composition
szerzet *fn* ❑ *vall* (religious) order || ❖ *biz (alak)* guy, figure
szerzetes *fn* monk, friar
szerzetesrend *fn* (religious) order
szerzett *mn* **szerzett betegség** acquired disease; **szerzett jogok** established rights
szerző *fn (szellemi műé)* author, writer; *(zene)* composer

szerződés *fn (magánjogi)* contract, agreement; *(szolgálati, szính)* engagement; *(nemzetközi nagyobb)* treaty; *(csak pol)* pact, agreement || **szerződést felbont** cancel (⊕ US -l) a contract, terminate a contract; **szerződést köt vkvel** contract with sy, conclude an agreement with sy

szerződéses *mn* contractual

szerződéskötés *fn* entering into a contract

szerződésszegés *fn* breach/violation of (a) contract

szerződő *mn* contracting || **szerződő felek** signatories [to the/a treaty], parties to the contract; **a magas szerződő felek** the high contracting parties

szerzői *mn* author's, of the author/writer *ut.* || **szerzői est** an evening of X's music/poetry [etc.]; **szerzői (jog)-díj** (author's) royalties *tsz,* royalty; **szerzői jog** copyright

szesz *fn* ❑ *vegy* alcohol, spirit

szeszély *fn* caprice, whim(sy)

szeszélyes *mn* capricious, whimsical; *(időjárás)* changeable

szeszes *mn* alcoholic, spirituous || **szeszes ital** alcohol, alcoholic drinks *tsz,* ⊕ US liquor; *(röviditalok)* spirits *tsz*

szeszfogyasztás *fn* alcohol consumption

szeszfőzde *fn* distillery

szeszfőzés *fn* distillation, distilling

szeszgyár *fn* distillery, distillation plant

szeszgyártás *fn* distillation, distilling

szeszipar *fn* distilling industry

szesztartalmú *mn* alcoholic, containing alcohol *ut.*

szesztilalom *fn* prohibition (of alcoholic drinks)

szétbomlik *ige (anyag)* dissolve, decompose || ❖ *átv* break* up, fall* apart, disintegrate || *(öltözékdarab)* come* undone

szétbont *ige (anyagot)* decompose; ❑ *vegy* dissociate || *(csomagot, csomót)* untie, undo* || *(ruhát)* unpick, unstitch

szétesik *ige (tárgy)* disintegrate, collapse, go*/fall*/come* to pieces, break* up || *(felbomlik)* dissolve, disintegrate, break* up

szétfolyik *ige (folyadék)* flow (away in every direction), spill*, spread*

szétfolyó *mn (anyag)* spreading, loose || ❖ *átv* diffuse, rambling, disconnected; *(elmosódó)* fuzzy; *(egyéniség)* scatter-brained

szétfő *ige* be* boiled to rags (v. to a pulp)

szétfut *ige* run* in all directions, break* up, disperse, scatter

széthord *ige (leveleket)* deliver || *(gazdátlan holmit)* carry off || *(szél vmt)* scatter, disperse

széthull *ige* fall*/come*/go* to pieces, break* up, come*/fall* apart

széthúz *ige* pull/draw* apart/asunder || be* at variance, disagree || **széthúzza a függönyt** draw* the curtains (apart/aside)

széthúzás *fn* discord, disagreement, divergence, lack of unity/agreement

szétkapcsol *ige* uncouple, *(összeköttetést)* disconnect || **szétkapcsoltak** we were cut off

szétkerget *ige* disperse, scatter, break* up

szétköltözik *ige* break* up (with sy), move out

szétküld *ige (küldeményt)* post, mail, send* off/out, *(embereket)* send* off (in all directions)

szétmegy *ige (személyek)* drift away, separate, part (company) || *(ruha)* fall*/go* to pieces; *(varratnál)* come* apart (at the seams); *(tárgy)* come*/fall* apart || **(majd) szétmegy a feje** *(úgy fáj)* have* a splitting headache

szétnéz *ige* look round, *(körülnéz)* look about/around

szétnyílik *ige (összehajtott vm)* unfold; *(függöny)* open, be* drawn apart

szétnyitható *mn* folding
szétnyom *ige* squash, crush
szétoszlat *ige (rendőrség tömeget)* disperse, break* up [the crowd]
szétoszlik *ige (tömeg)* disperse, scatter, break* up || *(köd)* lift, clear
szétoszt *ige (vkk között)* distribute (sg among people), give*/deal* out (sg to people); *(pénzt stb.)* share out sg (among people)
szétosztás *fn (vkk között)* distribution; *(pénzé)* allocation
szétpukkad *ige (léggömb)* burst*
szétrág *ige* chew (up); *(állat vmt)* gnaw away at; *(rozsda)* corrode, eat* away
szétrak *ige (tárgyakat)* spread*/lay*/set* out || *(két lábát)* spread* [one's legs]
szétreped *ige* burst*, split*, *(üveg)* crack
szétrobban *ige* explode, blow* up, burst* || **(majd) szétrobban a méregtől** be* bursting with anger
szétrobbant *ige* explode, blow* up || ❖ *átv* break* up, scatter, disperse
szétroncsol *ige* shatter, wreck; *(testrészt)* get* one's [arm etc.] smashed up (v. mangled)
szétszed *ige (vmt)* take* (sg) apart, take* (sg) to pieces; *(gépet)* dismantle
szétszedhető *mn (bútor)* knockdown [furniture]; *(könyvespolc)* removable [bookshelf°]
szétszór *ige (tárgyakat)* strew*/spread* about, scatter about/over, disperse || *(ellenséget)* rout
szétszórás *fn* dispersion, scattering, spreading
szétszóródik *ige* be* scattered/dispersed
szett *fn* ❑ *sp* set || *(készlet vmből, pulóver és kardigán)* set || *(tányéralátét)* (place-)mat
széttár *ige* open (wide) || **széttárja a két karját** open one's arms
széttép *ige* tear* (sg) to pieces/bits/shreds; *(ketté)* tear* in two/half
széttör *ige* break* (sg) into pieces, shatter (sg), dash (sg) to pieces
szétvág *ige* cut* up
szétválaszt *ige (több részre)* separate, take* (sg) apart; *(ketté)* divide; *(verekedőket)* separate, part
szétválik *ige (tárgy)* come* apart, separate; *(ragasztás)* come* unstuck/undone || *(út)* divide, fork || *(személyek)* separate, part (company), split* up
szétver *ige (darabokra)* break* (sg) into bits, smash sg up || *(ellenséget)* rout, destroy
szétvisz *ige (vmt, ált)* carry (sg) off in all directions || *(hírt)* spread* (about)
szétzilál *ige* throw* into disorder, disarrange
szétzúz *ige (darabokra)* shatter (sg), break* (sg) into (small) pieces, smash (sg) to pieces || *(ellenséget)* crush, wipe out
szex *fn* sex
szexbomba *fn* sex kitten, sexpot
szext *fn* ❑ *zene* sixth
szextett *fn* sextet
szexuális *mn* sexual, sex || **szexuális élet** sex-life; **szexuális felvilágosítás** sex education
szezon *fn* season
szezoncikk *fn* seasonal article/item
szezonvégi kiárusítás *fn* (end-of-season) sale
szféra *fn* sphere
szfinx *fn* sphinx
szia! *isz* ❖ *biz (köszönés)* hello!, ⊕ *US* hi!; *(távozáskor)* bye(-bye)!, see you!
szid *ige* scold, reprimand, ❖ *biz* give* sy a dressing-down, chide*, reprove
szidás *fn* scolding, chiding, reprimand, rebuke, reproof
sziget *fn* island; *(földr. nevekben)* isle
szigetel *ige* ❑ *el* ❑ *épít stb.* insulate
szigetelés *fn* ❑ *el* ❑ *épít stb.* insulation

szigetelő ▼ *mn* insulating ▼ *fn* ❏ *el* ❏ *épít* insulator, insulation
szigetelőanyag *fn* insulator, insulation
szigetelőszalag *fn* insulating tape, ⊕ *US* friction tape
szigetelt *mn* ❏ *el* ❏ *épít* insulated
szigetlakó *fn* islander
szigetország *fn* az angol szigetország the British Isles *tsz*
szigetvilág *fn* archipelago
szignál¹ *ige* sign, put*/set* one's name to, initial (⊕ *US* -l)
szignál² *fn* signature tune
szigony *fn* harpoon
szigorít *ige* increase the severity of, render sg more severe/strict/rigorous; *(fegyelmet)* tighten (up); *(büntetést)* aggravate, increase
szigorítás *fn* aggravation, tightening up, *(a gazdaságban stb.)* clamp-down [on wasteful spending etc.]
szigorlat *fn* (sessional *v.* course-unit) examination
szigorlatozik *ige* take* (*v.* sit* for) a (sessional *v.* course-unit) examination
szigorló *fn* student taking (*v.* reading/sitting for) the/her/his final examinations ‖ **szigorló orvos** houseman°, ⊕ *US* intern(e)
szigorú *mn* strict, rigorous, severe, stern, hard; *(pontos)* exact; *(követelményekben)* demanding, exacting ‖ **szigorú vkvel** be* hard on sy, be* strict with sy; **szigorú ellenőrzés** tight/stringent control; **szigorú ítélet** severe sentence
szigorúan *hsz* strictly, severely, rigorously ‖ **szigorúan bizalmas** strictly confidential; *(kormányközlemény)* classified; **szigorúan tilos** strictly forbidden/prohibited
szigorúság *fn* strictness, severity, rigour (⊕ *US* -or)
szíj *fn* strap, thong, belt; *(póráz)* leash; *(gépszíj)* (driving-)belt; *(nadrághoz)* belt

szike *fn* scalpel
szikes *mn* white alkali ‖ **szikes talaj** szik soil, *kb.* alkaline soil
szikla *fn* rock, cliff
sziklabarlang *fn* cavern, cave, rock-cavity
sziklafal *fn* rock face; *(tengerparti)* cliff
sziklamászás *fn* rock-climbing
sziklamászó *fn* rock-climber
sziklás *mn* rocky, craggy
Sziklás-hegység *fn* ⊕ *US* Rocky Mountains *tsz*, ❖ *biz* the Rockies *tsz*
szikra *fn* ❏ *fiz* ❏ *el* spark ‖ ❖ *átv* spark, atom, gleam, glimmer, bit, morsel, scrap (of)
szikrázik *ige* give* off (*v.* throw* out) sparks, spark; *(villan)* sparkle; *(csillog)* glitter, gleam, flash ‖ **szikrázik a szeme** *(dühtől)* fury gleams/glints in his eyes
szikrázó *mn* glittering, sparkling ‖ **szikrázó napsütésben** in brilliant sunshine
szilaj *mn* *(legény)* hotheaded, impetuous, unruly, violent, reckless; *(természet, jókedv)* boisterous, irrepressible; *(csikó)* wild, not (yet) broken in *ut.*
szilánk *fn* splinter
szilánkmentes *mn* splinter-proof, *(pl. szélvédő)* shatterproof
szilárd *mn* *(kemény)* firm, solid, massive; *(erős)* strong, sturdy ‖ *(állhatatos)* firm, steadfast, steady; *(mozdulatlan)* stable, fixed ‖ **szilárd jellem** strong character; ❏ *fiz* **szilárd test** solid
szilárdan *hsz* firmly, sturdily
szilárdság *fn* stability; *(anyag, épít)* solidity, strength ‖ ❖ *átv* constancy, firmness, steadfastness
szilfa *fn* ❏ *növ* elm(-tree); *(fája)* elm (-wood)
szilícium *fn* *(elem)* silicon
szilikát *fn* silicate
szilikon *fn* *(műanyag)* silicone
szilikózis *fn* ❏ *orv* silicosis

sziluett *fn* silhouette; outline; *(nagyvárosé távolból)* skyline
szilva *fn* plum; *(aszalt)* prune
szilvafa *fn* plum(-tree)
szilvalé *fn* plum juice
szilvalekvár *fn* plum jam
szilvapálinka *fn* plum brandy, slivovitz
szilvás *mn* **szilvás gombóc** *kb.* plum-dumpling(s); **szilvás lepény** *kb.* plum pie
szilveszter(est) *fn* New Year's Eve, ❑ *sk* Hogmanay || **szilveszterkor** on New Year's Eve
szilveszterezik *ige* see* the (old year out and the) new year in, have* *(v.* be* at) a New-Year's Eve party
szimat *fn (állati)* scent, (sense of) smell; *(emberi, átv)* nose, feel, foresight
szimatol *ige (szagol)* smell* || ❖ *biz (vk, vm után)* nose about (⊕ *US* around) for sy/sg
szimbolikus *mn* symbolic
szimbolizál *ige* symbolize (sg); be* symbolic of sg
szimbolizmus *fn* symbolism
szimbólum *fn* symbol
szimfónia *fn* symphony
szimfonikus *mn* symphonic
szimmetria *fn* symmetry
szimmetrikus *mn* symmetrical
szimpátia *fn* sympathy, fellow-feeling
szimpatikus *mn* nice, lik(e)able, pleasant
szimpatizáns *fn* sympathizer; ❑ *pol* fellow traveller
szimpla *mn (nem dupla)* simple, single || *(egyszerű, közönséges)* ordinary, simple, common; *(emberek)* simple, ordinary, unpretentious [people] || **szimpla ablak** single-glazed window
szimpózium *fn* symposium
szimulál *ige* ❖ *biz* put* on, feign, pretend || ❑ *tud* ❑ *műsz* simulate || **ő csak szimulál** *(betegnek tetteti magát)* he's malingering

szimuláns *fn* ❖ *biz* malingerer
szimultán ▼ *mn* simultaneous || **szimultán fordítás** simultaneous translation ▼ *fn* simultaneous game/match
szín¹ *fn* ❖ *ált* colour (⊕ *US* -or); *(árnyalat)* tint, hue, shade; *(ruhafestési)* dye; *(autóé)* paintwork (colour *v.* ⊕ *US* color) || *(arcszín)* complexion; look || *(látszat)* (outward) appearance, look || *(kártyaszín)* suit || *(szöveté visszájával szemben)* right side [of the fabric] || *(felszín)* surface, exterior, level || **a föld színén** in the world, on earth; **jó színben tüntet fel vmt** put* a good complexion on sg, put* sg in a favourable light; **jó színben van** look well; **rossz színben tüntet fel vkt** denigrate sy, malign sy (*v.* sy's character), ❖ *biz* put* sy down; **rossz színben van** be*/look off colour (⊕ *US* -or); ❖ *biz* look seedy/rough; **semmi szín alatt** by no means, on no account, under no circumstances, ❖ *biz* no way
szín² *fn (fészer)* shed, lean-to
szín³ *fn (színpad)* stage; *(színdarab része)* scene || **a szín: London** the scene is laid in London, the action takes place in London
színarany *mn/fn* pure gold; *(gyűrű stb.)* solid gold
színárnyalat *fn* shade, hue, tint
színdarab *fn* play
színe-java *fn* the very best of sg, the cream/pride/flower of sg
színes *mn* coloured; *(összet)* colour (⊕ *US* -or) || ❖ *átv* colourful, picturesque, vivid || **színes bőrűek** coloured people; **színes ceruza** colour(ed) pencil, crayon; **színes dia** colour slide/transparency; **színes televízió** colour television
színesfém *fn* non-ferrous metal
színész *fn* actor, player || **színésznek megy** go* on the stage, become* an actor/actress

színészbejáró *fn* stage-door
színészi *mn* actor's, stage-, theatrical, dramatic || **színészi játék** acting, playing; **színészi pálya** the theatrical profession, the stage
színésznő *fn* actress
színez *ige* colour (⊕ *US* -or), tint, paint || ❖ *átv* colour
színezet *fn (szín)* colour(ing) (⊕ *US* -or-), shade || ❖ *átv* appearance, look || **politikai színezete van az ügynek** it looks like a political matter
színezüst *mn/fn* pure silver
színfalak *fn tsz* scenery *esz*, décor *esz*
színfolt *fn* patch (of colour), (bright) spot
színház *fn* theatre (⊕ *US* -ter) || **színházba megy** go* to the theatre, (go* to) see* [a play]
Színház- és Filmművészeti Főiskola *fn* College/School/Academy of Dramatic and Cinematic Art
színházi *mn* theatrical || **színházi bemutató** first night; **színházi előadás** (theatrical) performance; *(könnyebb műfajban)* show
színházjegy *fn* theatre-ticket (⊕ *US* -ter-)
színházlátogató *fn* theatre-goer (⊕ *US* -ter-), play-goer
színhely *fn* ❑ *szính* scene || *(eseményé)* scene, spot || *(konferenciáé stb.)* venue || **színhely: a királyi vár** the scene is laid in the Royal Castle, the setting is the R. C.
színhús *fn* boned and trimmed meat
színig *hsz* to the brim, brimful(l) || **színig tele** full to the brim, brimful(l) *(vmvel* with), (full to) overflowing
színikritika *fn* dramatic criticism; *(a megírt kritika)* review [of a play], notice, write-up
színikritikus *fn* drama critic
színjáték *fn* play, drama
színjátszás *fn (művészet)* theatrical/dramatic art; *(tevékenység)* acting, playing || **amatőr színjátszás** amateur dramatics *esz*
színjátszó *mn* színjátszó **csoport** ❑ *isk* dramatic society, drama group
színjózan *mn* perfectly/cold/dead sober
színkép *fn* spectrum *(tsz* spectra)
színképelemzés *fn* spectroscopic analysis, spectroscopy
szinkron *fn* ❑ *film* dubbing || ❖ *biz* **nincsenek szinkronban** they are out of sync(h), they just don't mesh
szinkrón *mn* synchronic, synchronous || **szinkrón tolmács** simultaneous translator/interpreter
szinkronizál *ige* synchronize; *(filmet)* dub || **magyarra szinkronizált angol film** British film dubbed into Hungarian
szinkronizálás *fn* synchronization; *(filmé)* dubbing
színlap *fn* playbill, programme (⊕ *US* program)
színlel *ige* feign, simulate, affect, pretend to [do/have/be]; ❖ *biz* fake || **betegséget színlel** sham/pretend (*v.* ❖ *biz* fake) illness/sickness, be* malingering
színlelés *fn* pretence, simulation, feigning, ❖ *biz* faking (of)
színlelt *mn* feigned, pretended, false
színmű *fn* play, drama
színműíró *fn* playwright, dramatist
színművész *fn* actor
színművészet *fn* acting, dramatic art; *(a szakma)* the stage
színművészeti *mn* theatrical
színművésznő *fn* actress
szinonima *fn* synonym
színpad *fn* stage; ❖ *ir* the boards *tsz* || **színpadon van** *(színész)* be* on; **színpadra alkalmaz** adapt for the stage; **színpadra állít** stage, put* on the stage
színpadi *mn* stage || **színpadi kellékek** stage properties, ❖ *biz* props

színpadias *mn* theatrical(ly effective)
színskála *fn* range of colours (⊕ *US* -ors)
színszűrő *fn* colour (⊕ *US* -or) filter
szint *fn* level || **egy szinten (van) vmvel** (be*) on a level with sg, (be*) level with sg
színtársulat *fn* (theatre/theatrical) company
színtartó *mn* colourfast (⊕ *US* -or-), non-fading, fast [dye]
szintbeni kereszteződés *fn* level-crossing, ⊕ *US* grade crossing
szinte *hsz* almost, nearly, all but, practically || **szinte alig van, aki** there is hardly anyone who; **szinte hallom a hangját** I seem to hear his voice; **szinte lehetetlen** it's all but impossible
színtelen *mn* colourless (⊕ *US* -or-); *(arc)* pale; ❖ *átv* flat, dull
szintén *ksz* also, too, as well, similarly
szintetikus *mn* synthetic, artificial
szintetizátor *fn* synthesizer
színtévesztés *fn* *(vörös és zöld)* Daltonism, red-blindness
szintézis *fn* synthesis *(tsz* -es)
színtiszta *mn* (absolutely) pure || **a színtiszta igazság** the unvarnished/plain truth
szintű *mn* **magas szintű** *(tárgyalások stb.)* high-level
szintvonal *fn* contour (line)
színű *mn* -coloured (⊕ *US* -colored), -colour(s), of ... colour(s) *ut.* || **milyen színű?** what colour is it?; **barna színű** brown
színültig *hsz* = **színig**
színvak *mn* colour-blind (⊕ *US* color-)
színvakság *fn* colour-blindness (⊕ *US* color-)
színvonal *fn* level, plane; ❖ *átv* level, standard
színvonalas *mn* of a high standard *ut.*, ❑ *kif* have* (immense) style/class, the high standard of sg

szipog *ige (náthás)* sniffle, snuffle; *(sírós)* whimper, whine
sziporkázik *ige* sparkle, scintillate; *(szellemes ember)* scintillate/coruscate (with wit)
szipós, szipózó *fn* ❖ *biz* glue-sniffer
szipózás *fn* ❖ *biz* glue-sniffing, sniffing glue
szippant *ige (levegőt)* sniff, inhale, breathe in; *(cigarettából, pipából)* take* a puff, draw* on (one's pipe); *(dohányport)* take* a pinch (of snuff)
szippantás *fn (levegőből)* breath, sniff; *(cigarettából, pipából)* puff, draw; *(dohányporból)* whiff, sniff
sziréna *fn* siren, horn; *(gyári)* ⊕ *GB* hooter, ⊕ *US* whistle
szirénázik *ige* sound/blow* the siren/horn/hooter/whistle, *(kocsi)* ❑ *kif* with its siren screaming
szirom(levél) *fn* petal
szirt *fn* rock, cliff; *(zátony)* reef
szirup *fn* (golden) syrup
szirupos *mn (átv is)* syrupy
sziszeg *ige* hiss, make* a hissing sound
sziszegő *mn* hissing, whizzing
szisszen *ige* give* a hiss [when in pain], wince
szisszenés *fn* hiss(ing) || **szisszenés nélkül** without a murmur, without wincing
sziszténa *fn* system
szít *ige (tüzet)* poke [the fire] (up), fan [the fire], kindle [the wood] || ❖ *átv* fan, inflame, excite, incite, stir up || **elégedetlenséget szít** stir up feelings of dissatisfaction
szita *fn* sieve
szitakötő *fn* ❑ *áll* dragonfly
szitál *ige (szitával)* sift, sieve || *(eső)* drizzle
szitálás *fn (szitával)* sifting, sieving || *(esőé)* drizzling, drizzle
szitkozódás *fn* cursing, swearing, words of abuse *tsz*

szitkozódik *ige* curse, swear*, blaspheme

szitok *fn* invective, abuse, curse, swearword

szituáció *fn* situation, state of affairs

szív¹ *ige (légneműt)* inhale, breathe/draw* in ‖ *(folyadékot)* suck, draw* [liquid from] ‖ *(cigarettát)* smoke [a cigarette] ‖ *(sebet, fogat)* suck ‖ **kimegy friss levegőt szívni** go* (out) for a breath of fresh air; *(kikapcsolódásból)* go* for a breather, go* and clear one's head

szív² *fn (szerv)* heart ‖ *(városé, országé)* heart, centre (⊕ *US* -ter) ‖ **ami a szívén, az a száján** *(nem titkolja érzelmeit)* wear* one's heart on one's sleeve; *(szókimondó)* speak* one's mind; **majd megszakad a szíve** (s)he is heartbroken *(vm miatt because of sg)*; **nehéz a szíve** his heart is heavy; **szív alakú** heart-shaped; **szívből** cordially, with all one's heart, wholeheartedly; **szívből jövő** *(szavak)* whole-hearted, cordial, *(kívánság, köszönet)* heartfelt; **szívből kívánom, hogy ...** I sincerely wish [sy sg *v.* that ...]; **szíve mélyén** in one's heart of hearts, at heart; *(megszólítás);* **szívem!** my dear!, dearest!, darling!; **szívem szerint** *(= legszívesebben)* I have a good mind to ...; **szívet tépő** heart-breaking/rending; **szívén visel vmt** have* sg at heart, be* deeply concerned about sg; **szívére vesz vmt** take* sg to heart

szivacs *fn* sponge

szivacsos *mn* spongy

szivar *fn* cigar ‖ ❖ *biz* **öreg szivar** old geezer/duffer

szivárgás *fn* oozing (through), infiltration; *(tartályból, hordóból)* leaking; *(gázé)* escape; *(sebé)* oozing

szivargyújtó *fn (autóban)* cigar-lighter

szivárog *ige (folyadék)* ooze *(vmből* from *v.* out of), leak; *(tartály)* leak; *(gáz)* escape; *(seb)* ooze

szivarozik *ige* smoke/have* a cigar

szivárvány *fn* rainbow

szivárványhártya *fn* iris *(tsz* irises *v.* irides)

szívás *fn* suck(ing), suction

szívató *fn* choke ‖ **ki van húzva a szívató** it's on full choke

szívátültetés *fn* heart transplant (operation), heart transplantation

szivattyú *fn* pump

szivattyúz *ige* pump

szívbaj *fn* heart disease/trouble

szívbajos ▼ *mn (beteg)* suffering from heart disease *ut.* ‖ ❖ *átv* ❖ *biz* **nem szívbajos** not easily scared, ❖ *elít* **no shrinking violet** ▼ *fn* cardiac (patient), heart patient

szívbeteg *fn* cardiac (patient), heart patient

szívbillentyű *fn* heart valve

szívburok *fn* pericardium *(tsz* pericardia)

szívdobbanás *fn* heartbeat, heart-throb

szívdobogás *fn (rendes)* heartbeat, beating of the heart, *(heves)* palpitation

szível *ige* like, be* fond of, care for ‖ **nem szível** dislike, cannot *(v.* can't) bear, not care for

szívelégtelenség *fn* heart failure, cardiac insufficiency

szívélyes *mn* hearty, cordial, warm (-hearted) ‖ **szívélyes üdvözlettel** *(levél végén)* Yours sincerely, ...; *(formálisabban)* Yours truly, ...

szívélyesség *fn* cordiality, heartiness

szíverősítő *fn (itóka)* pick-me-up, bracer

szíves *mn* kind, cordial, hearty, friendly ‖ **szíves vkhez** be* kind to sy; **szíves engedelmével** with your kind permission; **köszönöm a szíves vendéglátást** many thanks for the/your generous/kind hospitality; **legyen/légy szíves** be so kind as to, will you kindly ..., would you mind [doing sg], kindly *(és felszólító mód)*

szívesen *hsz (készséggel)* with pleasure, readily, gladly, willingly || *(kedvesen)* kindly, cordially, heartily; *(örömmel)* with pleasure; *(igével)* be* happy to [do sg] || **nem szívesen** unwillingly, reluctantly, grudgingly; *(igével)* be* loath to do sg; **szívesen!** *(köszönöm-re adott válaszként)* you're welcome, don't mention it, not at all, ⊕ *US* **így is** don't worry; **szívesen ad** give* gladly/willingly; **szívesen elmennék moziba** I'd like/love to see a film (*v.* ⊕ *US* go to the movies); **szívesen innék egy pohár sört** I shouldn't/wouldn't mind a glass of beer

szíveskedik *ige* **szíveskedjék** be* so kind as to, be* good enough to, kindly *(és felszólító mód)*

szívesség *fn (szívélyesség)* cordiality, heartiness || *(szolgálat)* favour (⊕ *US* -vor) || **szívességet kér vktől** ask sy a favour, ask a favour of sy; **szívességet tesz vknek** do* sy a favour, do* a favour for sy

szívfájdalom *fn* ❖ *átv* heart-ache, grief, anguish

szívgörcs *fn* heart attack

szívinfarktus *fn* cardiac infarct, myocardial infarction

szívizom *fn* heart muscle

szívizomgyulladás *fn* myocarditis

szívkamra *fn* ventricle (of the heart)

szívműtét *fn* heart operation/surgery

szívós *mn (anyag)* tough, leathery; *(tartós)* durable, tenacious || ❖ *átv* stubborn, persistent, dogged

szívósság *fn (anyagé)* toughness, tenacity || ❖ *átv* stubbornness, doggedness

szívószál *fn* straw

szívpitvar *fn* atrium (of the heart) *(tsz* atria)

szívritmus-szabályozó *fn* pacemaker

szívroham *fn* heart attack

szívszélhűdés *fn* heart attack/failure

szívtelen *mn* heartless, hard/stonyhearted

szívtelenség *fn* heartlessness

szívverés *fn* heartbeat

szja = **személyi** *jövedelemadó*

szkafander *fn* = **űrruha**

szkepticizmus *fn* scepticism (⊕ *US* skep-)

szkeptikus ▼ *mn* sceptical (⊕ *US* skep-) (of/about sg) ▼ *fn* sceptic (⊕ *US* skep-)

szkizofrén *mn* schizophrenic

szkizofrénia *fn* schizophrenia

szlalom *fn* slalom

szlalomozik *ige* perform slaloms, slalom

szláv ▼ *mn* Slavonic, ⊕ *US* Slavic || **szláv népek** Slavonic peoples, the Slavs; **szláv nyelv** Slavonic, ⊕ *US* Slavic ▼ *fn (ember)* Slav || *(nyelv)* Slavonic, ⊕ *US* Slavic || **a szlávok** the Slavs

szlavista *fn* Slavist

szlavisztika *fn* Slavonic (*v.* ⊕ *US* Slavic) studies *tsz*

szlovák ▼ *mn* Slovak, Slovakian || **szlovákul** *(beszél)* Slovak; *(ír)* in Slovak ▼ *fn (ember)* Slovak || *(nyelv)* Slovak

Szlovákia *fn* Slovakia

szlovákiai *mn/fn* Slovakian; of/in Slovakia

szlovén ▼ *mn* Slovene, Slovenian ▼ *fn (ember)* Slovene, Slovenian || *(nyelv)* Slovene

Szlovénia *fn* Slovenia

szmog *fn* smog

szmoking *fn* dinner jacket, ⊕ *US* tuxedo

sznob ▼ *mn* snobbish ▼ *fn* snob

sznobizmus *fn* snobbery, snobbishness

szó *fn* word || **szó nélkül** without (saying) a word, without further ado; **a szóban forgó eset** the case in point; **ad vknek a szavára** listen to sy, believe sy; **állja a szavát** keep* one's word, be* as good as one's word; **arról van szó, hogy** the question is (that), the point/thing is (that), the point/matter at issue is (that); **egy (árva) szó sem igaz belőle** there is not a word/scrap of truth in it, not a (single) word (of it) is true; **egy szót sem értek belőle** I can't/don't understand a word of it, I can't make head or tail of it, it's all Greek to me; **erről van szó?** is that it?, is that the point?; **erről van szó!** absolutely!; **ért a szóból** he can take the hint; **néhány szóval** in a few words, briefly, in a nutshell; **miről (is) van szó?** what is it all about?; **rólad van szó** it's you they are talking about, it's (all) about you, it concerns you; **saját szavaival** in one's own words; **se szó, se beszéd** suddenly, out of the blue; **szavamat adtam a titoktartásra** I'm sworn/pledged to secrecy; **szavát adja vmre** give*/pledge sy one's word (that ...); **szavamra mondom** take my word for it; **szavába vág vknek** cut* sy short, interrupt sy; ❖ *biz* cut* in on sy; **szó sincs/se róla** *(egyáltalában nem)* not at all, nothing of the kind/sort, there is no question of, it's out of question, nothing like that; **szó szerint** literally, word for word, in the literal/strict(est) sense of the word; **szó szerinti** word for word, literal, close [translation]; **szóba áll vkvel** speak* to sy, get* talking to sy; **szóba kerül** [subject/topic] crops/comes* up; **szóba se áll vkvel** *(mert haragszik rá)* be* not on speaking terms with sy; *(nem ereszkedik le hozzá)* not deign to speak to sy; **szóhoz jut** be* able to put in a word, get* the opportunity to speak, *(nagy nehezen)* get* a word in (edgeways); **szóra sem érdemes** it's nothing, it's not worth mentioning; **szóról szóra** word for word; **szóról szóra megtanul vmt** learn* sg *(v.* get* sg off) by heart

szoba *fn* room ‖ **bútorozott szoba** lodgings *tsz*, room; ❖ *biz* digs *tsz*; **szoba kiadó** (furnished) room to let; **bútorozott szobában lakik** stay in lodgings; **szoba reggelivel** bed and breakfast *(röv* BB); **szoba fürdőszobával** *(szállodában)* room with (private) bath

szobaantenna *fn* indoor aerial (⊕ *US* antenna)

szobaár *fn* price of room

szobaasszony *fn* chambermaid

szobabútor *fn* furniture *(tsz* ua.)

szobafoglalás *fn* booking, ⊕ *US* reservation

szobafogság *fn* house arrest, detention

szobakerékpár *fn* cycle exerciser, fitness cycle

szobalány *fn* housemaid, ⊕ *GB* parlourmaid; *(szállóban)* chambermaid

szobanövény *fn* house plant, indoor plant

szobatárs *fn* room-mate

szobatiszta *mn (kutya, macska)* housetrained, house-broken; *(gyermek)* toilet-trained, potty-trained

szobatisztaság *fn* **szobatisztaságra nevel** *(háziállatot)* house-train; *(gyermeket)* toilet-train

szóbeli ▼ *mn* oral, verbal, vocal ‖ **szóbeli megállapodás** verbal agreement/contract; **szóbeli vizsgát tesz** take* *(v.* sit* for) an oral examination, take* a viva ▼ *fn (vizsga)* oral (examination), viva (voce examination)

szobor *fn* statue ‖ **szobrot állít** put* up a statue, erect a statue

szobrász *fn* sculptor

szobrászat *fn* sculpture, plastic art

szociáldemokrácia *fn* social democracy

szociáldemokrata ▼ *mn* social democratic ▼ *fn* social democrat

szociális *mn* social ‖ **szociális előadó** social/case-worker; **szociális gondos-**

kodás *(társad. biztosítás)* social security (US welfare); *(büntetőintézetből elbocsátottról)* after-care; **szociális gondozó** social/welfare worker; **szociális intézmények** social (welfare) institutions, social services; **szociális otthon** old people's home, home for the aged
szocialista *mn/fn* socialist
szócikk *fn* (dictionary) entry/article
szociográfia *fn* sociography
szociológia *fn* sociology
szociológiai *mn* sociological
szociológus *fn* sociologist
szócsalád *fn* word family
szócső *fn (tölcsér)* speaking tube/trumpet; ❖ *átv* mouthpiece (of)
szóda *fn* ❑ *vegy* sodium carbonate || ❖ *biz* soda water
szódabikarbóna *fn* sodium bicarbonate, bicarbonate of soda, baking soda
szódásüveg *fn* (soda) siphon
szódavíz *fn* soda (water)
szófaj *fn* word class, part of speech
szófogadó *mn* obedient, dutiful
szoftver *fn* ❑ *szt* software
szóhangsúly *fn* word stress
szóismétlés *fn* repetition of a word
szójabab *fn* soya bean, US soybean
szójaliszt *fn* soya flour, US soy(bean) flour
szójáték *fn* pun, play on words
szókapcsolat *fn* phrase, idiom, idiomatic expression; collocation
szokás *fn (egyéni, megrögzött)* habit; *(közösségi)* custom; *(gyakorlat)* practice; *(társadalmi)* convention || **jó szokás** a good habit, **rossz szokás** a bad habit; **szokás dolga** it's a matter of habit; **nem szokás** it is not customary/usual/done; **a szokás hatalma** the force of habit; **szokása szerint** as is/was his custom
szokásjog *fn* customary/unwritten law
szokásos *mn* usual, customary, habitual, ordinary || **a szokásos módon** as usual, in the usual/customary way, ordinarily
szokatlan *mn* unusual, unaccustomed, uncommon
szokatlanul *hsz* unusually, strangely
szóképzés *fn* word-formation
szókészlet *fn* vocabulary, word stock, lexis
szókezdő *mn* initial
szokik *ige (vmhez)* get* used to sg, become*/be*/grow* accustomed to sg, get* into the habit of (doing) sg || **ehhez nem vagyok szokva** I am not used/accustomed to it; **6-kor szoktam fölkelni** I generally get up at six (o'clock)
szókimondó *mn* outspoken, ❑ *kif* speak* one's mind
szókincs *fn* vocabulary
szoknya *fn* skirt || **rakott szoknya** pleated skirt; **skót szoknya** kilt
szoknyavadász *fn* ❖ *tréf* lady-killer, ladies' man°
szokott *mn (vmhez)* used/accustomed to sg *ut*. || *(szokásos)* usual, habitual, customary || **a szokott helyen** at/in the usual place
szóköz *fn* space
szoktat *ige (vkt/vmt vmhez)* get* sy/sg used/accustomed to sg, accustom/habituate sy/sg to sg; ❖ *tréf* train sy to do sg
szól *ige (beszél)* speak* || *(vknek/vkhez)* speak* to sy || *(írás vknek)* be* addressed to sy, be* meant for sy || *(könyv, cikk stb. vmről)* be* about (sg), deal* with (sg), treat (sg) || *(szöveg)* read*, run* || *(csengő, harang)* ring*; *(hang, hangszer, zene)* sound; *(orgona)* peal || *(érvényes)* be* valid, be* (good) for || **a meghívó két személyre szól** the invitation is for two; **a nyugta 10 000 forintról szól** the receipt is (made out) for 10,000 forints; **a rádió szól** the wireless/radio is on; **a szöveg így szól** the text

reads/runs thus; **a telefon szól** the telephone rings (*v.* is r*i*nging); **mit szólnál/szólna egy csésze teához?** how/what ab*ou*t a cup of tea?; **magunk között szólva** betw*ee*n you and me (and the g*a*te-post); **minden ellene szólt** *e*verything told ag*ai*nst him; **miről szól?** what is it ab*ou*t?; **mit szól(sz) ehhez?** what do you say (to that)?, what do you think of it?; **nem is szólva** (*vkről/vmről*) to say nothing of, not to mention (sg), let al*o*ne (sg); **őszintén szólva** quite h*o*nestly/fr*a*nkly, to be quite h*o*nest/frank, to tell the truth

szólam *fn (frázis)* stock phrase, sl*o*gan; *(közhely)* pl*a*titude, c*o*mmonplace || ❑ *zene* part || **üres szólamok** *e*mpty sl*o*gans

szolárium *fn* sol*a*rium (*tsz* -ria *v.* -riums)

szólás *fn (beszéd)* speech, sp*ea*king || ❑ *nyelvt i*diomatic expression, *i*diom, (c*o*mmon) s*a*ying || **szólásra jelentkezik** req*u*est leave to speak

szólásszabadság *fn* fr*ee*dom of speech, (the right to) free speech

szolfézz *fn* solf*e*ggio, solmiz*a*tion, ⊕ *főleg GB* t*o*nic sol-fa

szolga *fn* s*e*rvant, att*e*ndant, dom*e*stic

szolgai *mn* s*e*rvile, sl*a*vish || **szolgai fordítás** a l*i*teral transl*a*tion, s*e*rvile/sl*a*vish transl*a*tion

szolgál *ige (vhol, vknél, vkt)* serve (sy), be* in (sy's) s*e*rvice || ❑ *kat* see* *a*ctive s*e*rvice || *(vmvel)* serve (with) || *(vmül, vmként)* serve as (sg); *(vmre)* serve for (sg), be* used for (sg) || **a haditengerészetnél szolgál** serve in the n*a*vy; **a hadseregben szolgál** serve/be* in the *a*rmy, do* one's m*i*litary s*e*rvice; **hogy szolgál az egészsége?** how are you (getting on)?; **milyen célt szolgál?** what is it used for?, what p*u*rpose does it serve?

szolgálat *fn* ❖ *ált* s*e*rvice; *(ügyelet, készenlét)* d*u*ty; *(állás)* post, job; ❑ *kat* s*e*rvice || **tényleges (katonai) szolgálat** *a*ctive s*e*rvice; **szolgálatban van** *(ügyeletes)* be* on d*u*ty; **nincs szolgálatban** be* off d*u*ty; **miben lehetek szolgálatára?** what can I do for you?, is there *a*nything I can do for you?, can I be of s*e*rvice/ass*i*stance to you?

szolgálati *mn* of s*e*rvice *ut.*, off*i*cial, s*e*rvice || **szolgálati idő** term of *o*ffice; *(tisztviselőé, dolgozóé)* period of s*e*rvice, years of s*e*rvice *tsz*; ❑ *kat* years of s*e*rvice *tsz*; **szolgálati lakás** off*i*cial qu*a*rters *tsz*, off*i*cial r*e*sidence

szolgálatkész *mn* h*e*lpful, *e*ager to help *ut.*, w*i*lling to help *ut.*, w*i*lling

szolgálatmegtagadó *fn* conscient*i*ous obj*e*ctor

szolgalmi jog *fn e*asement, w*a*y-leave

szolgálóleány *fn* m*ai*d(servant)

szolgáltat *ige* s*u*pply, f*u*rnish, prov*i*de; *(okot)* give*; *(áramot)* s*u*pply

szolgáltatás(ok) *fn* s*e*rvice/s*e*rvicing/tertiary *i*ndustry, s*u*pply, s*e*rvices *tsz*

szolgaság *fn* s*e*rvitude; *(rabszolgaság)* sl*a*very

szolid *mn (személy)* st*ea*dy, resp*e*ctable, s*e*rious(-minded) || *(öltözködés)* s*o*ber, discr*ee*t || *(ker vállalkozás)* safe, rel*i*able, tr*u*stworthy || *(ár)* r*ea*sonable, fair || *(szilárd)* s*o*lid; *(alapos)* sound

szolidáris vkvel *ige* show* (one's) solid*a*rity with sy

szolidaritás *fn* solid*a*rity

szólista *fn* s*o*loist

szólít *ige (vhova)* call (sy to come), call sy sw*h*ere, s*u*mmon (sy); *(felszólít)* call up*o*n/on [sy for an *a*nswer *v.* to stand up etc.] || **vmnek szólít vkt** address sy as

szolmizál *ige* s*o*lmizate

szolmizálás *fn* solmiz*a*tion

szóló[1] ▼ *mn* névre szóló meghívó a p*e*rsonal invit*a*tion, not transf*e*rable invit*a*tion; **két személyre szóló** *(jegy)* [t*i*ckets] for two; **a Londonba szóló**

jegy the ticket to London; **vmről szóló könyv** a book about/on ...; **az ellene szóló érvek** the arguments against it, ❖ biz the cons; **a mellette szóló érvek** the arguments for (v. in favour/support of) it, ❖ biz the pros ▼ fn *(beszélő)* speaker

szóló² fn ❑ zene solo || **szólót énekel** sing* solo; *(műsoron kiírás)* soloist

szólóénekes fn soloist, solo singer

szólóest fn recital

szombat fn Saturday || → **kedd**

szombati mn Saturday || → **keddi**

szombatonként hsz every Saturday, on Saturdays, ⊕ US Saturdays

szomj fn thirst || **szomját oltja** quench one's thirst

szomjan hal ❑ kif die of thirst

szomjas mn (be*) thirsty || **szomjas vmre** *(átv is)* thirst (v. be* thirsting) for sg

szomjazik ige thirst, be* thirsting *(vmre átv is* for sg), *(csak átv)* be* hungry for sg

szomjúság fn thirst(iness)

szomorú mn sad, sorrowful, *(arc)* sad, melancholy, glum [face], *(esemény)* tragic, *(hír)* sad, saddening, *(látvány)* sorry || **szomorú vm miatt** be* sad about sg, be* sorry/grieved to hear sg

szomorúan hsz sadly

szomorúfűz fn weeping willow

szomorúság fn sadness, sorrow, grief

szomszéd ▼ mn = **szomszédos** ▼ fn (vk) neighbour (⊕ US -bor) || *(szomszédság)* neighbourhood, vicinity || **a (közvetlen) szomszédom** my next-door neighbour; **a szomszédban lakik** live next door

szomszédasszony fn neighbour (⊕ US -bor)

szomszédos mn (vmvel) neighbouring (⊕ US -bor-), next-door, close/near by ut.; *(ház, szoba stb.)* next, adjoining

szomszédság fn neighbourhood (⊕ US -bor-), vicinity

szonáta fn sonata

szonda fn ❑ orv *(hajlékony)* bougie; *(tömör)* probe, sound || ❑ műsz ❖ ált probe; *(meteorológiai)* sonde; *(űr)* (space) probe; *(mérő)* measuring/sensing head || *(alkohol)* breathalyser (v. ⊕ US -lyzer), ⊕ US drunkometer

szondáz ige ❑ orv ❑ műsz probe, sound; *(alkoholszondával)* breathalyse (⊕ US -lize) sy

szondázás fn *(autósé)* breath test

szonett fn sonnet

szónok fn speaker

szónoki mn oratorical, rhetorical

szónoklat fn speech, oration

szóösszetétel fn compound

szopás fn suck(ing)

szopik ige suck || **még szopik a baba** the baby is still at its mother's breast (v. at the breast)

szopós mn **szopós malac** sucking pig, suckling; **szopós gyerek** nursling, suckling

szoprán fn soprano || **szoprán énekesnő** soprano

szoptat ige give* suck to, suckle, nurse; *(nem mesterségesen táplál)* breast-feed*

szoptatás fn suckling, nursing; *(nem mesterséges)* breast-feeding

szoptatós mn suckling, nursing || **szoptatós anya** nursing mother; **szoptatós dajka** wet nurse

szór ige (vmt) sprinkle, scatter, spread*, strew || **szórja a pénzt** squander money, *(mert sok van neki)* throw* one's money around, have* money to burn

szórakozás fn amusement, entertainment; *(szórakozóhelyen)* evening out; *(kikapcsolódás)* relaxation, recreation; *(időtöltés)* hobby, pastime || **szórakozásból csinál vmt** do* sg for amusement/fun

szórakozik ige *(vhol)* enjoy/amuse oneself, have* a good time || **jól szórakozott?** did you enjoy yourself?

szórakozóhely *fn* place of entertainment/amusement

szórakozott *mn* absent-minded || **szórakozottan** absent-mindedly

szórakozottság *fn* absent-mindedness

szórakoztat *ige (társaságot)* amuse, entertain; (*vkt*) entertain sy, keep* sy company

szórakoztató ▼ *mn* amusing, entertaining; *(olvasmányos)* worth reading *ut.* || **szórakoztató irodalom** escapist literature, romantic fiction; **szórakoztató olvasmány** light reading; **szórakoztató zene** light music ▼ *fn* entertainer

szórás *fn* ❖ *ált* spread(ing), scattering, dispersion; *(behintés)* sprinkling, dusting || *(statisztika)* dispersion, scatter

szórend *fn* word-order

szorgalmas *mn (tanulmányokban)* hardworking, diligent; *(munkában)* hardworking, industrious, assiduous || **szorgalmasan tanul** work hard, study diligently

szorgalmi *mn* **szorgalmi feladat** voluntary homework/task; **szorgalmi idő** term(-time)

szorgalom *fn* diligence, industry, hard work

szorít *ige (nyomva)* press; *(kézben)* grasp, grip || *(cselekvésre, munkára)* urge (sy to do sg), drive*, force || *(cipő)* pinch, hurt*; *(cipő, ruha)* be* too tight || ❖ *biz (vknek)* keep* one's fingers crossed for sy (that) || **helyet szorít vknek** make* room for sy; **kezet szorít vkvel** shake* hands with sy

szorítás *fn (nyomva)* pressure; *(kézben)* grip, grasp

szorító ▼ *mn* pressing || **szorító érzés** pressure ▼ *fn* ❏ *műsz* vice (⊕ *US* vise), grip, clamp || ❏ *sp* ring

szóródás *fn (statisztika)* dispersion, scatter(ing)

szóródik *ige (hull)* fall*, drop || *(terjed)* spread*, scatter

szórólap *fn* handout, leaflet, information sheet, (single sheet) flier *v.* flyer

szorong *ige (helyileg)* be* squashed/pressed/crowded together || ❖ *átv* be* anxious/tense, worry; ❏ *pszich* have* angst

szorongás *fn (helyileg)* throng, congestion, overcrowding || *(félelem)* fear; ❏ *pszich* anxiety, angst

szorongat *ige (kezében)* clutch, grasp, keep* clasping

szorongó *mn* ❖ *átv* anguished, anxious, tense

szoros ▼ *mn* tight, close || ❖ *átv* close, narrow || **szoros barátság** close/intimate friendship, intimacy; **szoros ruha** tight-fitting clothes *tsz,* a tight fit; **szorosabbra húzza az övét** tighten one's belt ▼ *fn (hegyé)* pass, defile, *(tengeré)* strait

szorosan *hsz* close(ly), tight(ly) || **szorosan egymás mellett** side by side, closely, packed like sardines; **szorosan fog** hold* tight

szoroz *ige* multiply *(vmvel* by) || **szorozva ...vel** multiplied by ...

szorul *ige (vm vmben)* jam, get* stuck/jammed/wedged (in sg) || *(vmre)* be*/stand* in need of (sg), want (sg); *(vkre)* be* dependent on (sy) || **a ház már javításra szorul** the house is badly in need of repair

szorulás *fn* ❏ *orv* constipation

szórványos *mn* sporadic, scattered, sparse || **szórványos záporok** occasional showers

szorzandó *fn* multiplicand

szorzás *fn* multiplication

szorzat *fn* product

szorzó *fn* multiplier

szorzójel *fn* multiplication sign

szorzótábla *fn* multiplication table

szósz *fn (mártás)* sauce; *(húslé)* gravy || ❖ *biz (beszéd)* story, yarn

szószék *fn* pulpit

szószerkezet *fn* syntactic unit, syntagm, syntagma

szószóló *fn (közbenjáró)* mediator, intermediary, go-between
szótag *fn* syllable
szótagol *ige* syllabify
szótagolás *fn* syllabification
szótár *fn* dictionary; *(latin, görög)* lexicon || **nézd meg a szótárban!** look it up in the/a dictionary; **kikeres egy szót a szótárból** look up a word in the dictionary
szótári *mn* dictionary, lexicographic(al) || **szótári adat** lexical item, dictionary entry, reference
szótlan *mn* silent, taciturn
szótő *fn* stem, root [of a word]
szótöbbség *fn* majority || **nagy szótöbbséggel megszavaz** pass by an overwhelming majority
szóval *hsz (röviden)* briefly, in a word, in brief/short; *(vagyis)* (well,) anyway/anyhow, that is (to say), so
szóváltás *fn (vita)* argument, dispute
szóvirág *fn* rhetorical flourishes *tsz*, flowers of rhetoric *tsz*
szóvivő *fn* spokesman°
szovjet *mn/fn* Soviet || **a szovjetek** the Soviets
szovjetbarát *mn* pro-Soviet
szovjetellenes *mn* anti-Soviet
Szovjetunió *fn tört* Soviet Union
szózat *fn* ❖ *ir* appeal, proclamation
sző *ige (szövetet)* weave*; *(pók)* spin* || *(összeesküvést, mesét)* weave*, hatch [a plot], plot against (sy); *(tervet)* make*, hatch [a plan]
szöcske *fn* grasshopper
szög¹ *fn* → **szeg²**
szög² *fn* ❏ *mat* angle || **90°-os szögben** at an angle of 90°, at right angles
szöglet *fn (sarok)* corner; *(zug)* nook; *(kiszögellés)* angle || ❏ *sp* corner (kick) || **szögletet rúg** take* a corner kick
szögletes *mn* angular, angled, cornered; *(áll, váll)* square || *(modor)* awkward, clumsy || **szögletes zárójel** square brackets *tsz*

szögletrúgás *fn* **szögletrúgást végez** take* a corner kick
szögmérő *fn* protractor
szökdécsel *ige* skip, hop, caper, bound, bounce, cavort
szőke ▼ *mn* blond, fair(-haired) ▼ *fn* blonde
szökés *fn (menekülés)* flight, escape; ❏ *kat* desertion; *(börtönből)* escape [from prison], breakout, jailbreak *v.* gaolbreak || **szökést kísérelt meg** he tried to escape
szökési kísérlet *fn* attempted escape/breakout
szökevény *fn* fugitive, runaway, escapee; ❏ *kat* deserter
szökik *ige (menekül)* escape, flee*, run* away || *(disszidál)* defect || *(ugrik)* leap*, jump, bound, bounce || **könny szökött a szemébe** tears came into her eyes
szőkít *ige* bleach one's/sy's hair, dye one's hair blonde
szökőár *fn* spring tide, tidal wave
szökőév *fn* leap year
szökőkút *fn* fountain
szöktet *ige (vkt, ált)* help sy escape; *(börtönből, biz)* spring* sy; *(leányt)* elope with [a girl] || *(futballista)* send* (sy) away with a deep (through) pass
szöktetés *fn* ❖ *ált* helping sy to escape; *(leányé)* elopement || *(futballban)* long running pass, pass on the run
szőlészet *fn (tudománya)* grape/wine-growing, viticulture, viniculture || *(szőlőgazdaság)* vineyards *tsz*
szőlő *fn (növény)* (grape-)vine || *(gyümölcs)* grapes *tsz* || *(terület)* vineyard || **lesz még szőlő, lágy kenyér** things will get better one day, *kb.* never say die; **savanyú a szőlő!** sour grapes
szőlőcukor *fn* grape sugar, glucose
szőlőfürt *fn* a bunch/cluster of grapes
szőlőlé *fn* grape-juice
szőlőlugas *fn* vine arbour (⊕ *US* -or)

szőlőskert *fn* vineyard
szőlőszem *fn* (a) grape
szőlőterület *fn* vine-lands *tsz*
szőlőtőke *fn* vine(-stock), grape-vine
szőlővessző *fn* vine-shoot
szőnyeg *fn* *(nagyobb, ill. faltól falig)* carpet; *(kisebb)* rug
szőnyegbombázás *fn* carpet bombing
szőnyegpadló *fn* (wall-to-wall) carpet, fitted carpet, broadloom (carpet)
szőr *fn* (body) hair; *(disznóé, keféé)* bristles *tsz*
szörf *fn* *(eszköz)* (sail)board, windsurfer; *(fogódzója)* wishbone (boom) || *(a sport)* windsurfing, boardsailing
szörfözés *fn* windsurfing, boardsailing || *(interneten)* surfing the net
szörföz(ik) *ige* go*/be* windsurfing/ boardsailing || *(interneten)* surf the net
szörföző *fn* windsurfer, boardsailor
szőrme *fn* fur [coat, jacket etc.]
szőrmegallér *fn* fur collar
szőrmekabát *fn* fur coat
szörny *fn* monster, monstrosity
szörnyen *hsz* ❖ *biz* horribly, awfully, dreadfully, terribly
szörnyeteg *fn* monster, monstrosity
szörnyű *mn* *(irtózatot keltő)* horrible, horrid, dreadful, frightful || ❖ *biz (rendkívüli)* horrible, ghastly, appalling, awful
szörnyülködik *ige* *(vmn)* be* shocked and horrified at sg
szörnyűség *fn* *(dolog)* dreadful/terrible/awful thing; *(megdöbbentő vm)* outrage
szőrös *mn* hairy, shaggy
szörp *fn* *(sűrű)* syrup || *(üdítőital)* squash
szőrszál *fn* a hair
szőrszálhasogatás *fn* hair-splitting, nit-picking
szőrszálhasogató ▼ *mn* hair-splitting ▼ *fn* hair-splitter, stickler, pedant
szőrtelen *mn* hairless, smooth-skinned
szőrtelenít *ige* depilate, remove the hair (from)
szőrtelenítés *fn* depilation
szőrtelenítő ▼ *mn* depilatory ▼ *fn* depilatory, hair-remover
szőrzet *fn* *(emberé)* (body) hair; *(állaté)* fur, coat
szösz *fn* tow, fluff || **mi a szösz!** what the devil!
szőttes *fn* homespun
szöveg *fn* ❖ *ált* text; *(dalé)* words *tsz*, lyrics *tsz*; *(dalműé)* libretto; *(filmé, színdarabé)* script; *(kép alatt)* caption; *(okiraté)* wording || **sok a szöveg!** pipe down!, shut up!, ⊕ *US* cut the cackle!
szövegel *ige* ❖ *biz* jaw, yak, go* on, spiel
szövegez *ige* pen, draw* up, word, draft
szöveggyűjtemény *fn* collection of texts, anthology
szöveghű *mn* *(fordítás)* faithful, close
szövegíró *fn* librettist
szövegkiemelő *fn* marker (pen), see-through marker
szövegkönyv *fn* *(zenés műé)* libretto; *(filmé)* screenplay, scenario, script
szövegkörnyezet *fn* context
szövegszerkesztés *fn* word processing
szövegszerkesztő *fn* ❑ *szt* word processor
szövés *fn* weaving
szövet *fn* ❑ *tex* cloth, fabric, material, textile, stuff || ❑ *orv* tissue
szövetkezet *fn* ❖ *ált* co-operative (society), ❖ *biz* co-op || **fogyasztási szövetkezet** consumers' co-operative; **kisipari szövetkezet** craftsmen's co-operative
szövetkezeti *mn* co-operative || **szövetkezeti bolt** co-operative shop, ❖ *biz* co-op; **szövetkezeti lakás** housing co-op flat
szövetkezik *ige* *(vkvel)* form an alliance with, ally with, join forces with
szövetminta *fn* (cloth) pattern, sample
szövetruha *fn* wool(len) dress

szövetség *fn* ❏ *pol* alliance, union, league, confederacy, (con)federation || *(egyesület)* association; *(nagyobb)* federation
szövetséges ▼ *mn* ❏ *tört* allied || **a szövetséges hatalmak** the Allied Powers, the Allies ▼ *fn* ally
szövetségi *mn* federal || **szövetségi állam** federal state; **szövetségi köztársaság** federal republic
szövettan *fn* histology
szövettani *mn* histological
szövődik *ige* weave*, be* woven
szövődmény *fn* ❏ *orv* complication
szövőgép *fn* power-loom
szövőipar *fn* textile industry
szövőszék *fn* loom
szövött *mn* woven || **szövött áru** fabric, textile
szputnyik *fn* sputnik, artificial satellite
sztálinista *mn/fn* Stalinist
sztár *fn (film stb.)* star; *(sp főleg)* ace
sztereó *mn* stereo || **sztereó lemezjátszó** stereo (player)
sztereoadás *fn* broadcast in stereo
sztereofelvétel *fn* stereo recording
sztereolemez *fn* stereo record
szteroid *fn* ❏ *vegy* steroid
sztetoszkóp *fn* stethoscope
sztomatológia *fn* ❏ *orv* stomatology
sztori *fn* ❖ *biz* story
sztráda *fn* motorway, ⊕ *US* expressway
sztrájk *fn* strike, *(rövidebb)* walk-out || **sztrájkba lép** go* (out) on strike, come* out on strike, walk out; **sztrájkra szólít fel** call a strike; **fordított sztrájk** work-in
sztrájkjog *fn* the right to strike
sztrájkol *ige* be* (out) on strike, strike* *(vm miatt* for)
sztrájkoló ▼ *mn* striking, on strike *ut.* ▼ *fn* striker
sztrájkőr *fn* picket
sztrájkőrség *fn* picket, picket line
sztrájktörés *fn* blacklegging, strikebreaking

sztrájktörő ▼ *mn* blacklegging, strikebreaking ▼ *fn* blackleg, strike-breaker
sztratoszféra *fn* stratosphere
sztressz *fn* stress
sztrichnin *fn* strychnine
sztriptíz *fn* striptease
sztyep(p) *fn* steppe, prairie
SZU = *Szovjetunió* Soviet Union, USSR
szú *fn* woodborer, woodworm
szuahéli *mn/fn* Swahili
szubjektív *mn* subjective
szubjektivitás *fn* subjectivity
szubrett *fn* soubrette
szubvenció *fn* subsidy, grant
szubvencionál *ige* subsidize || **szubvencionált** subsidized
szúette *mn* worm-eaten, rotten
Szuez *fn* Suez
Szuezi-csatorna *fn* the Suez Canal
szuggerál *ige (vkt)* influence sy by suggestion, will *(múlt idő:* willed) sy to do sg; *(vkbe vmt)* fill sy with sg
szuggesztió *fn* ❏ *pszich* suggestion
szuggesztív *mn* forceful, potent; *(egyéniség)* magnetic
szuka *fn* bitch
szultán *fn* sultan
szunnyad *ige* slumber, sleep* lightly, be* asleep; *(vkben tehetség)* lie*/be* dormant
szunnyadó *mn* sleeping, slumbering; ❖ *átv* dormant
szúnyog *fn* mosquito, gnat
szúnyogcsípés *fn* mosquito bite
szúnyogháló *fn* mosquito net
szuper *isz* ❖ *biz* super!, excellent!
szuperbenzin *fn* super, four-star *(v.* high-octane) petrol
szuperfoszfát *fn* superphosphate
szuperhatalom *fn* superpower
szupermarket *fn* supermarket
szuperszonikus *mn* supersonic
szúr *ige (tű, tövis)* prick; *(fegyverrel)* stab *(vk felé* at sy); *(rovar)* sting*, bite* || **szúr a háta** he gets twinges in his/the back

szúrás *fn (tű, tövis)* prick(ing), *(rovar)* sting, bite || *(szúrt seb)* stab; *(fájdalom)* stab || **szúrást érez a hátában** have* a twinge (of pain) in one's back

szurkál *ige* prick(le), keep* stabbing

szurkol *ige* ❖ *biz (sp, csapatnak)* support [a team], cheer/root for [one's team], cheer [a team] on, be* a fan of ...

szurkoló *fn* ❑ *sp* fan, supporter [of a team]

szúró *mn* pricking, stinging || **szúró fájdalom** stab, twinge, sting, stitch

szúrófegyver *fn* cold steel

szurok *fn* pitch, tar

szurony *fn* bayonet

szúrópróba *fn* spot-check/test, random sample

szúrópróbaszerűen *hsz* at random, randomly

szúrós *mn* stinging, pricking || *(tekintet)* piercing [glance/look]

szurtos *mn* grimy, grubby

szúrt seb *fn* stab (wound)

szusz *fn* breath, wind || **kifogy belőle a szusz** be* out of breath, be* (quite) winded

szuszog *ige* pant, puff || ❖ *biz (lassú)* dawdle, be* a slowcoach (*v.* ⊕ *US* slowpoke)

szuterén *fn* basement

szuvas *mn* worm-eaten, decayed; *(fog)* carious, decayed

szuvasodás *fn (fogé)* caries, cavity, decay

szuverén *mn* sovereign, supreme || **szuverén joga vknek** one's sovereign right

szuverenitás *fn* sovereignty, supreme power

szűcs *fn* furrier, fur-trader

szügy *fn* breast

szűk ▼ *mn (út, nyílás)* narrow; *(ruha)* tight(-fitting); *(hely)* cramped, confined || **hét szűk esztendő** seven lean years; **szűk keresztmetszet** bottleneck; **szűk látókörű** parochial, narrow-minded ▼ *fn* scarcity, dearth, deficiency || **szűkében van vmnek** lack sg, be* short of sg, sg is in short supply; *(időnek)* be* pressed for time

szűken *hsz (szorosan)* crowded, close(ly) || **szűken áll vm dolgában** be* short of sg

szűkít *ige* tighten, restrict; *(ruhát)* take* in

szűklátókörűség *fn* narrow-mindedness, parochialism, parochial outlook

szűkmarkú *mn* tight(-fisted), parsimonious, ❖ *biz* close-fisted

szűkös *mn* szűkös anyagi körülmények között él live in straitened/reduced circumstances, can hardly make ends meet

szükség *fn (vmre)* need, necessity (for) || *(hiány)* necessity, need, want || **mennyire van szüksége?** how much do you want/need?; **mi szükség van erre?** what need is there for this?; **szükség esetén** if necessary/needed/required, *(ha baj van)* in case of emergency, in an emergency; **szükség szerint** according to need/necessity, as required/needed; **szükség van vmre** sg is wanted/needed/necessary; **szüksége van vmre** need/want/require sg, have* need of sg

szükségállapot *fn* (state of) emergency

szükséges *mn* necessary, needed, required || **feltétlenül szükséges(, hogy)** it is indispensable/essential (that), it is absolutely necessary (that); **ha szükséges** if necessary; **a szükséges összeg** the money/amount needed/required, the wherewithal; **szükséges, hogy** it is necessary that/to; **szükségesnek látta, hogy** he thought/considered it necessary to ...

szükségesség *fn* necessity

szükséghelyzet *fn* (state of) emergency

szükséglakás *fn* temporary accommodation (*v.* lodgings *tsz*)

szükséglet *fn* need, want, demand, demands *tsz*, requirements *tsz* || **alapvető szükségletek** basic needs
szükségmegoldás *fn* stopgap arrangement, stopgap (measure); *(vm eszköz)* makeshift
szükségtelen *mn* unnecessary, needless
szűkül *ige* grow* narrow, narrow, tighten
szül *ige (gyermeket)* bear*, give* birth to, be* delivered of; *(folyamatban van a szülés)* be* in labour (⊕ *US* -or), labour || ❖ *átv* beget*, be* the father of || **alkalom szüli a tolvajt** opportunity makes the thief; **gyermeket szül** have* a baby/child
szülés *fn* childbirth, childbearing, labour (⊕ *US* -or), delivery
szülési *mn* **szülési fájdalmak** labour pains *tsz*; **szülési segély** maternity grant; **szülési szabadság** maternity leave
szülész *fn* obstetrician
szülészet *fn* ❏ *tud* obstetrics *esz* || *(kórház)* maternity hospital, *(osztály)* maternity (ward), obstetric ward
szülészeti *mn* obstetric(al)
szülésznő *fn* midwife°, maternity nurse
születendő *mn* to be born *ut.*
születés *fn* birth
születési *mn* of birth *ut.*, birth- || **születési anyakönyvi kivonat** birth certificate; **születési év** year of birth; **születési hely** birthplace, place of birth
születésnap *fn* birthday || **minden jót kívánok születésnapjára!** (I wish you) many happy returns (of the day)!, happy birthday (to you)!; **boldog születésnapot!** many happy returns of the day!
születésnapi *mn* birthday- || **születésnapi ajándék** birthday present
születésszabályozás *fn* birth control
született *mn (leánykori név megjelölésében) (röv* szül.) née || *(vmnek született)* born || **első házasságából született gyermek** child° of/by the first marriage; **Nagy Pálné született Tóth Anna** Mrs. Pál Nagy, née Anna Tóth
születik *ige (világra jön)* be* born, come* into the world || ❖ *átv* spring* up, be* born, (a)rise* || **fia született** (s)he (has) had a son, she had a boy, she gave birth to a boy; **új városok születtek** new towns have sprung up
szülő ▼ *mn* először szülő nő primipara ▼ *fn* parent || **szülők** (one's) parents
szülőanya *fn (anya)* mother || ❖ *átv* mother, spring, origin *(mind:* of)
szülőfalu *fn* native village
szülőhaza *fn* one's native country, the/one's mother country
szülői *mn* parental || **szülői értekezlet** parents' meeting; **szülői ház** parental home
szülőszoba *fn* labour room/ward, delivery room
szülött *fn* native, child° || **hazánk nagy szülötte** a great son of our country
szülőváros *fn* home/native town
szünet *fn* ❖ *ált* pause; *(étkezési v. események között)* break; *(isk, óraközi)* (school) break, playtime, ⊕ *US* recess; *(isk, egésznapos)* holiday; ❏ *szính* interval, ⊕ *US* intermission || *(munkában)* break, rest || ❏ *zene* rest || ❏ *szính* **a szünetben** in the interval, ⊕ *US* in the intermission; ❏ *szính* **nyári szünet** *(a színészeknek)* summer holiday; *(színházé)* closed for the season; **szünet nélkül** without stopping/interruption, incessantly, unceasingly; **szünetet tart** pause, make* a pause; **tíz perc szünet** ten minutes' break; **tartsunk öt perc szünetet!** take five!, let's break off for 5 minutes; ❏ *isk* **tavaszi szünet** spring holiday (⊕ *US* vacation); ❏ *isk* **téli szünet** winter/Christmas holiday (⊕ *US* vacation)
szünetel *ige* pause, make* a pause/stop; *(működés)* be* interrupted/suspended/stopped, stand* still

szünetjel *fn* ❑ *zene* rest ‖ *(rádió)* station/interval signal
szünetmentes táp *fn* ❑ *szt* uninterruptable power supply *(röv* USP)
szünnap *fn (intézményé)* holiday; *(vké)* a day off ‖ **vasárnap szünnap** *(vendéglőben)* closed (on) Sundays, closed on Sunday
szüntelen ▼ *mn* unceasing, uninterrupted, incessant, ceaseless ▼ *hsz* unceasingly, continuously, incessantly
szüntet *ige* ease, stop
szűr¹ *ige (ált, folyadékot)* strain, filter; ❑ *vegy* filtrate, purify ‖ ❖ *átv és* ❑ *orv* screen
szűr² *fn* <long embroidered felt cloak of Hungarian shepherd>
szűrés *fn (folyadéké stb.)* filtering [of liquid], filtration ‖ ❑ *orv* screening test
szüret *fn (szőlőé)* vintage, grape harvest ‖ *(gyümölcsé)* gathering, picking [of fruit]
szüretel *ige* vintage, gather in the grapes, harvest (grapes)
szüretelő *fn* vintager, grape harvester
szürke ▼ *mn (szín)* grey, ⊕ *US* gray ‖ ❖ *átv* grey, ordinary ‖ **a szürke hétköznapok** the drab monotony of everyday life, the monotonous daily round/routine; **szürke hályog** cataract ▼ *fn (ló)* grey
szürkeállomány *fn* ❑ *biol* grey matter

szürkés *mn* greyish, ⊕ *US* grayish
szürkeség *fn (szín)* greyness, ⊕ *US* grayness ‖ *(egyhangúság)* drabness, monotony, dullness
szürkül *ige (vm szürkévé válik)* turn/go* grey (⊕ *US* gray), be* touched/flecked with grey ‖ *(este)* it is growing dark
szürkület *fn* twilight, half-light; *(hajnali)* dawn; *(esti)* nightfall, dusk, the gloaming
szűrő *fn (folyadéknak)* filter, strainer
szűrőállomás *fn* ❑ *orv* screening centre (⊕ *US* -ter), screening station
szűrőpapír *fn* filter-paper
szűrővizsgálat *fn* ❑ *orv* screening test
szürrealista *mn/fn* surrealist
szürrealizmus *fn* surrealism
szűz ▼ *mn (vk)* virgin, pure ‖ **(ő) még szűz** she is still a virgin; **szűz föld** virgin/unbroken soil; **szűz hó** untrodden/driven snow; **szűz lány** virgin; ❑ *vall* **Szűz Mária** Virgin Mary, the Virgin ▼ *fn* virgin, ❖ *ir* maid(en)
szűzérmék *fn* médaillons of fillet
szüzesség *fn* virginity; ❖ *ir* maidenhood
szűzhártya *fn* hymen
szűzi *mn* virginal, maiden(ly), chaste
szűzies *mn* maidenly
szvetter *fn* sweater, jersey, cardigan, ⊕ *GB* jumper
szvit *fn* ❑ *zene* suite

T

T = **tanuló** *vezető*

tabella *fn* table, list, chart || **a bajnoki tabella élén** at the top/head of the table

tábla *fn* ❖ *ált* board; *(hirdető, fali)* notice-board || ❏ *isk* blackboard || *(könyvben, falon, nyomtatott)* table || *(könyvkötészeti)* cover, board || ❏ *mezőg* field; ⊕ *sk* park || ❏ *jog* ❏ *tört* Court of Appeal || **egy tábla csokoládé** a bar of chocolate

táblabíró *fn* judge of the Court of Appeal

táblázat *fn (könyvben)* table, chart

tabletta *fn* tablet, pill || **tablettát szed** *(fogamzásgátlót)* be* on the pill, be* taking the pill

tabló *fn (fénykép)* group photograph

tábor *fn* camp || **tábort üt** pitch (one's) camp, set* up camp; **tábort bont** break*/strike* camp

tábori *mn* field-; army- || **tábori konyha** field-kitchen; **tábori lelkész** army chaplain

tábornok *fn* general

táboroz *ige* camp (out), be*/stay in camp

táborozás *fn* camping

tábortűz *fn* camp-fire

tabu *fn* taboo

tacskó *fn* basset (hound), dachshund

tag *fn (testé)* limb, member, part || *(cégé)* member, partner || *(egyesületé)* member; *(tud. munkatárs)* fellow, associate || ❖ *biz (ember)* bloke || **a British Academy tagja** fellow of the B.A.; **az MTA (rendes) tagja** member of the Hungarian Academy; **minden tagja reszket** tremble in every limb

tág *mn (laza, bő)* loose, wide; *(cipő stb.)* loose-fitting || *(széles nyílású)* wide(-open) || *(tágas)* large, spacious, wide, roomy || ❖ *átv* wide; *(szabály, keretek)* broad; *(fogalom)* vague; ⊕ *főleg US* catch-all || **tág fogalom** a nebulous/vague concept; **tágra nyit vmt** open sg wide

tagad *ige* ❖ *ált* deny || *(ellentmond)* contradict, gainsay* || *(nem ismer el)* disclaim, refuse to admit*/accept, disown, disavow || **nem lehet tagadni** there is no denying it; **kereken tagadja** flatly deny sg, deny sg point-blank; **tagadja bűnösségét** plead* not guilty

tagadás *fn* ❖ *ált* denial, denying || ❏ *fil* ❏ *nyelvt* negation

tagadhatatlan *mn* undeniable

tagadhatatlanul *hsz* undeniably, undoubtedly

tagadó *mn* negative || **tagadó mondat** negative sentence; **tagadó válasz** negative answer

tagadószó *fn* negative particle

tagállam *fn* member-state

tágas *mn* spacious, large, roomy, wide

tagbaszakadt *mn* sturdy, robust, hefty strapping, husky

tagdíj *fn* subscription, membership fee/money

taggyűlés *fn* (general) meeting; *(párté)* party meeting

tágít *ige (szűk tárgyat)* widen, enlarge; *(cipőt)* stretch; *(feszülőt)* slacken,

loosen || **nem tágít** (s)he won't back down (v. give* an inch)
tagkönyv fn membership card/book
tagmondat fn ❏ nyelvt clause
tagol ige (részekre oszt) divide (sg) into [parts, chapters etc.] || (beszédet) articulate, enunciate clearly
tagolódik ige (mű) fall* into, be* divided into
tagország fn member-state/country || **az EU tagországa** member-state of EU
tagozat fn ❖ ált section, branch
tagság fn (intézményhez való tartozás) membership || (tagok) membership esz v. tsz, members tsz
tagsági igazolvány fn membership card
tágul ige ❖ ált become* larger/wider, enlarge; (test hő hatására) expand; (pupilla) dilate || ❖ átv widen, broaden
tágulás fn ❖ ált enlargement; (hőhatásra) expansion
táj fn (hely) region, country, land || **a világ minden tájáról** from all corners/parts of the world; **öt óra tájban** (round) about (v. around) 5 (o'clock)
tájegység fn region, area
tájék fn region, country, land
tájékozatlan mn uninformed, ignorant
tájékozatlanság fn lack of information, ignorance
tájékozódás fn (térben és átv) orientation; (érdeklődés) inquiry
tájékozódási mn **tájékozódási futás** orienteering; **tájékozódási futó** orienteer
tájékozódik ige (térben) orientate, ⊕ US orient oneself, find* one's way around || ❖ átv get* one's bearings; (érdeklődik) inquire about/into; (vmben) go*/ look into sg
tájékozott mn (vmben) (be*) familiar with sg, (be*) knowledgeable about sg
tájékozottság fn familiarity (with), knowledge (of)

tájékoztat ige (felvilágosít vkt vmről) inform sy about/of sg, inform sy that ..., instruct sy in sg, give* sy information about/on sg
tájékoztatás fn (felvilágosítás) information (tsz ua.) (on/about); (utasítás, eligazítás) instruction, directions tsz || **tájékoztatásul** for your information/ guidance
tájékoztató ▼ mn **tájékoztató (jellegű)** informative, giving information ut.; **tájékoztató szolgálat** information (service) ▼ fn (ismertető) guide, prospectus, brochure; (egylapos) information sheet; (hivatalos) press release || **múzeumi tájékoztató** museum guide
tájfun fn typhoon
tájkép fn landscape, scene, view
tájkertészet fn landscape gardening
tájnyelv fn dialect, vernacular
tájoló fn compass
tájszó fn dialect/local word
tájszólás fn (provincial) dialect, patois
tajték fn (folyadékon, száján) foam, froth; (tengeren) foam, spume, surf
tajtékzik ige foam, froth || ❖ átv fume
tájvédelmi körzet fn landscape-protection area
takács fn weaver
takar ige (fed) cover (vmvel with) || (vmt vmbe) wrap/bundle sg (up) in sg, envelop sg in sg || ❖ átv (rejt) hide*, cloak
takarékbetét fn (savings) deposit [in a savings bank]
takarékbetétkönyv fn savings book, passbook
takarékos mn (személy) economical (with), careful (with), thrifty || (dolog) economical || **takarékos ember** a saver
takarékoskodik ige (vmn/vmvel) save/ economize on sg; (félretesz) save (up) (for sg), make* savings
takarékosság fn economy, thrift, saving

takarékpénztár *fn* savings bank
takarít *ige* clean/tidy up, make* [the room/flat] tidy
takarítás *fn* cleaning/tidying (up)
takarító(nő) *fn* cleaner; *(bejárónő)* cleaning woman°/lady, ❖ *biz* daily
takarmánynövény *fn* fodder-plant/crop
takaró *fn (pokróc)* blanket; *(paplan)* quilt, duvet || *(ágyon)* bedspread
takarodik *ige* **takarodj!** get out (of here)!, clear off!
takarodó *fn (harcban)* retreat; *(este)* tattoo
takaró(d)zik *ige (takaróval)* cover/wrap/muffle oneself up || ❖ *átv (vmvel)* plead* sg
taknyos *mn* snotty; *(náthás, igével)* snivel (⊕ *US* -l), have* a runny nose
takony *fn* snot, dirt from the nose
taktika *fn* ❏ *kat* tactics *tsz v. esz* || *(fogások)* tactics *tsz*
taktikai *mn* tactical
taktus *fn* time
tál *fn* ❖ *ált* dish; *(leveses)* tureen; *(nagy lapos)* platter; *(kisebb gömbölyű)* bowl; *(tűzálló)* casserole || *(fogás)* course, dish
talaj *fn (föld)* soil, earth; ❖ *ált* ground, land
talajgyakorlatok *fn tsz* floor exercises
talajjavítás *fn* soil-amelioration/improvement, (land) reclamation
talajtan *fn* soil science
talajvíz *fn* subsoil/ground water
talál *ige* ❖ *ált* find*; *(véletlenül)* discover || *(vmlyennek)* find*, consider, think*, deem || *(hozzájut)* find*; *(vmre/vkre)* meet*, come* across, discover *(mind: sg/sy)* || *(vhogyan talál vmt)* find* || *(lövés)* hit* the target/mark; *(átv, megjegyzés stb.)* strike* home || **ha esni találna az eső** if it should rain; **jó állást talált** (s)he's found a good job; **jónak talál** think*/find* sg proper/advisable/good, approve (of); **senkit sem talált otthon** he found nobody at home *(v.* in); **úgy találom, hogy** as far as I can judge, in my opinion, to my mind
tálal *ige (ételt)* serve (up), bring* in, ❖ *biz* dish up/out || ❖ *átv (vhogyan)* present, serve/dress up
tálalás *fn (ételé)* ❖ *biz* serving, dishing up || ❖ *átv* presentation, dressing
találat *fn (sp is)* hit || **ötös találata van** *(lottóban)* (s)he hit the jackpot, (s)he won first prize
találékony *mn* inventive, ingenious
találékonyság *fn* inventiveness, ingenuity
találgat *ige* (try to) guess *(vmt* at sg), make* guesses
találgatás *fn* guessing, guesswork, conjecture
található *mn* to be found *ut.*
találkozás *fn (embereké, ált)* meeting; *(véletlen)* encounter; *(megbeszélt)* appointment
találkozik *ige* ❖ *ált (vkk)* meet* *(vkvel* sy); *(véletlenül)* run* into sy, fall* in with sy, ⊕ *US* meet* with sy || *(dolgok)* meet*; *(utak)* meet*, join || **du. 2-kor találkozom X-szel** I have an appointment with X at 2 p.m.
találkozó *fn* meeting, appointment, rendezvous || ❏ *sp* sports meeting, meet; match || **barátságos találkozó** friendly (match); **találkozót beszél meg vkvel** make*/fix an appointment *(v.* ⊕ *US* a date) with sy, arrange to meet sy
találkozóhely *fn* meeting place/point
találmány *fn* invention
találó *mn* right, proper, apt, appropriate || **találó megjegyzés** apposite/apt/telling remark, ❖ *biz* bull's-eye
tálaló *fn (helyiség)* pantry || *(szekrény)* sideboard
találóan *hsz* rightly, aptly
tálalóasztal *fn* dumb waiter, sideboard
találomra *hsz* at random
találós kérdés *fn* riddle, puzzle
talán *hsz* perhaps, ❖ *biz* maybe

talány *fn* riddle, puzzle, enigma
talapzat *fn (szoboré)* pedestal, base; *(oszlopé)* base, socle
talár *fn* gown, robe
tálca *fn* tray, platter
tálib *fn* Taliban ‖ **a tálibok** the Taliban
talicska *fn* (wheel)barrow
talicskáz *ige* wheelbarrow, carry (sg) in a barrow
talizmán *fn* talisman, amulet, mascot
tallózás *fn* gleaning; *(könyvekben)* browsing, browse
tallóz(ik) *ige* glean (sg from sg) ‖ **könyvekben tallózik** browse among books
tallózó folyóirat *fn* digest
talp *fn (emberé)* sole ‖ *(macskaféléké)* paw; *(más állatoké így is)* pad, foot° ‖ *(cipőé)* sole ‖ *(tárgyé, műsz)* support, prop, sole, bottom ‖ **ember a talpán** a man indeed, a man's man, a fine fellow; ❖ *biz* **földobja a talpát** turn up one's toes; **talpig becsületes** absolutely/thoroughly honest
talpal *ige (gyalogol)* tramp, traipse around, trudge ‖ *(cipőt)* (re-)sole
talpalás *fn (gyaloglás)* tramping, traipsing around, trudging ‖ *(cipőé)* (re-)soling
talpalávaló *fn* lively dance-music
talpas pohár *fn* goblet
talpbetét *fn (bélés)* inner sole, insole ‖ = **lúdtalpbetét**
talpnyalás *fn* bootlicking, flattery
talpnyaló *fn* bootlicker, toady
talpraesett *mn* **talpraesett gyerek** bright (*v.* quick-witted) child°; **talpraesett válasz** snappy/smart repartee
tályog *fn* abscess
támad *ige (keletkezik)* arise*, crop up, spring* up ‖ *(vkre, vkt/vmt)* attack (sy/sg) ‖ **(erős) szél támadt** a (strong) wind sprang up; **nekem támadt, hogy miért késtem** he rounded on me for being late; **támadt egy ötletem** I've had an idea

támadás *fn* attack ‖ **támadást indít** take* the offensive (against), launch an attack (on)
támadó ▼ *mn (ember)* aggressive, offensive ‖ *(eredő)* (a)rising, originating ‖ **támadó fegyverek** offensive weapons ▼ *fn* attacker, aggressor
támadójátékos *fn* ❏ *sp* striker, forward
támasz *fn* brace, support, stay ‖ ❖ *átv* mainstay, support, pillar
támaszkodik *ige (vmhez, vmre)* lean*/prop against [the wall, door etc.], lean* on [the piano etc.] ‖ ❖ *átv (vkre)* depend/rely/lean* on sy
támaszpont *fn* ❖ *ált* point of support, foothold ‖ ❏ *kat* base
támaszt *ige (vmhez)* lean*/prop sg against [the wall etc.] ‖ *(okoz)* bring* about, cause, create
támla *fn* back [of chair]
támogat *ige (fizikailag)* support, prop up ‖ *(erkölcsileg, anyagilag)* aid, assist, back (up), bolster up, help *(mind: sy)*, be* behind sy; *(pénzzel)* give* financial assistance to; *(ügyet, társaságot pénzzel)* sponsor; *(államilag)* subsidize, support
támogatás *fn (fizikailag)* support(ing) ‖ ❖ *átv* aiding, assistance, backing (up); *(anyagi)* financial aid/assistance; *(ügyé, társaságé)* sponsoring, sponsorship ‖ **állami támogatás** subsidy
támolyog *ige* stagger, totter, reel
támpillér *fn* buttress, counterfort
tampon *fn* ❏ *orv* tampon; *(sebhez)* swab; *(egészségügyi)* tampon, sanitary pad
támpont *fn* point of reference, basis *(tsz* bases)
tan *fn (tétel)* doctrine, tenet, dogma, thesis *(tsz* theses) ‖ *(tudományág)* science (of), study, theory
tanács *fn (baráti stb.)* piece of advice, advice *(tsz* ua.); *(tipp)* important) tip, hint ‖ *(tanácsadó testület)* council,

board ‖ *(államigazgatási szervezet egysége)* council ‖ *(bíróság)* division [of a court of justice] ‖ **jó tanács** (a) good advice; **helyi tanács** local council, ⊕ *GB* local authority, ⊕ *US* local government; **kerületi tanács** district/local council, *(Londonban)* borough council; **megyei tanács** county council, ⊕ *GB* local authority, ⊕ *US* local government; **városi tanács** city/town (⊕ *US* municipal) council

tanácsadás *fn* (giving of) advice, advising, consultation, guidance

tanácsadó ▼ *mn* advisory, consultative ▼ *fn (személy)* adviser, advisor, counsellor (⊕ *US* -selor); *(szakmai)* consultant; *(elnöké, miniszteré)* advisor, ⊕ *US* aide ‖ *(intézmény)* advice centre (⊕ *US* -er); *(jogi)* legal advice centre (⊕ *US* -er); *(egészségügyi)* health advisory centre (⊕ *US* -er)

tanácselnök *fn* president of the council, ⊕ *GB* leader of the council ‖ *(bírósági)* president of a court division

tanácsháza *fn (városi)* town hall ‖ **megyei tanácsháza** county hall

tanácskozás *fn* conference, discussion, deliberation

tanácskozik *ige* ❖ *ált* hold* a meeting/conference; *(vkvel vmről)* confer with sy (on/about sg), consult (with) sy (about sg)

tanácsköztársaság *fn* **a (Magyar) Tanácsköztársaság** Hungarian Soviet Republic

tanácsol *ige (vknek vmt)* advise sy to … (*v.* that …)

tanácsos ▼ *mn* advisable, wise, prudent, expedient ‖ **tanácsos lesz itthon maradni** we had better/best stay at home; **nem tanácsos** inadvisable, inexpedient ▼ *fn* councillor ‖ **követségi tanácsos** counsellor

tanácstag *fn* member of a/the council, council member, councillor (⊕ *US* -ilor)

tanácstalan *mn* helpless, perplexed; *(igével)* be* at a loss (what to do)

tanácsterem *fn* council-room/hall

tananyag *fn* syllabus *(tsz* syllabuses)

tanár *fn (iskolai)* (school) teacher, schoolmaster; *(nő)* schoolmistress ‖ *(professzor)* professor ‖ **a Tanár úr** *(pl. neves orvosprofesszor)* Professor X *(v. csak)* Mr. X; **angoltanár** teacher of English, English teacher

tanári *mn* teacher's ‖ **tanári állás** teaching post/position; **tanári kar** teaching staff; **tanári oklevél** teacher's/teaching diploma; **tanári szoba** senior common room

tanárjelölt *fn* student (*v.* ⊕ *US* training) teacher

tanárképző főiskola *fn* (teacher-)training college, ⊕ *GB* college of education, ⊕ *US* teachers college

tanárnő *fn* teacher, schoolmistress

tanársegéd *fn* assistant lecturer, ⊕ *US* instructor

tánc *fn (cselekvés)* dance ‖ *(alkalom)* dance; ball

táncdal *fn* pop song

táncdalénekes *fn* pop singer/star

táncdalfesztivál *fn* pop music festival

táncház *fn* dance hall

tánciskola *fn* dancing-school

tánckar *fn* (corps de) ballet

táncmulatság *fn* ball, dance

táncol *ige* ❖ *ált* dance ‖ *(ugrál)* skip; *(csónak vízen)* rock

táncos ▼ *mn* **táncos szórakozóhely** dance-hall ▼ *fn* dancer

táncosnő *fn* (professional/ballet) dancer, ballerina

tánczene *fn* dance music

tánczenekar *fn* dance band/orchestra; *(kisebb, főleg dzsessz)* combo

tandíj *fn* school fees; *(főleg főiskolán v. egyetemen)* tuition fees, fees (*mind: tsz*)

tandíjmentes *mn* exempt from school/tuition fees *ut.*

tandíjmentesség *fn* exemption from school/tuition fees

tanév *fn (iskolai)* school year; *(egyetemi)* academic year, session

tanfolyam *fn* course

tanít *ige* ❖ *ált* teach* [at school]; *(vkt vmre)* teach* sy sg, teach* sg to sy, instruct sy in sg || **történelmet tanít** teach* (sy) history

tanítás *fn* ❖ *ált* teaching, instruction || *(az órák)* lessons *tsz*, classes *tsz*

tanítási *mn* teaching, educational || **tanítási idő** school(-time); **angol tanítási nyelvű iskola** English medium school; **tanítási szünet** holiday

tanító *fn* (primary school) teacher, schoolmaster, ⊕ *US* grade teacher

tanítói *mn* teacher's, of a teacher *ut.*

tanítóképző *fn* (teacher-)training college

tanítónő *fn* (woman°) teacher, schoolmistress

taníttat *ige (vkt)* send* sy to school, provide education for [one's children]

tanítvány *fn (tanuló)* pupil, student || *(eszmei)* disciple, follower || **X tanítványa volt** he studied under X [at the university]

tank *fn* tank

tankhajó *fn* tanker

tankol *ige* fill up

tankönyv *fn* textbook, coursebook

tanrend *fn* timetable

tanszabadság *fn* academic freedom

tanszék *fn (mint intézmény)* chair; *(mint helyiség)* department || **az angol tanszék** the Department of English, the English Department

tanszéki *mn* departmental

tanszékvezető *fn (egyetemi tanár)* head/chairman° of department

tanszer *fn* school equipment

tantárgy *fn* subject || **kötelező tantárgy** compulsory subject

tanterem *fn* classroom, schoolroom; *(főiskolán, egyetemen)* lecture room; *(kisebb)* seminar room; *(lépcsőzetes padokkal)* lecture theatre (⊕ *US* -er)

tantestület *fn* teaching staff; ⊕ *US (főiskolai, egyetemi)* faculty (staff)

tántorgó *mn* reeling, staggering, tottering || **tántorgó léptekkel** with a stagger

tántorog *ige* reel, stagger, totter

tanú *fn* ❖ *ált és* ❑ *jog* witness || **tanúja vmnek** be* a witness to sg

tanújel *fn* proof, evidence || **tanújelét adja vmnek** give*/provide proof of sg

tanúkihallgatás *fn* hearing of witnesses

tanul *ige (vmt)* learn*; *(tanulmányokat folytat)* study; *(egyetemen)* study, ⊕ *GB így is* read* [history, law, etc.] (at ...), be* reading (v. read*) for a degree in [history, law etc.] || **a debreceni egyetemen tanul** (s)he is studying at the University of Debrecen; **a TTK-n tanul** (s)he is reading science; **angolul tanul** learn* English; **az orvosi egyetemen tanul** study medicine, be* studying to be a doctor; **fizikát tanul** *(egyetemen stb.)* study/read* physics (at ...); *(középiskolás, otthon)* be* studying (v. ❖ *biz* doing) physics

tanulás *fn* learning, study(ing); *(készülés)* preparation (for school)

tanulatlan *mn* uneducated, without education *ut.*

tanulmány *fn (tanulás)* study || *(írott)* study; *(rövidebb)* essay || **jogi tanulmányokat folytat** study (v. ⊕ *GB így is* read*) law; **tanulmányai végeztével** ... (up)on/after graduating; **tanulmányait a londoni egyetemen végezte** he graduated from London University

tanulmányi *mn* study || **tanulmányi eredmény** school achievement; **tanulmányi kirándulás** *(iskolai)* school trip/excursion; *(egyetemistáké, kutatóké stb.)* field trip; **tanulmányi verseny** schools competition/contest

tanulmányoz *ige* study, make* a study of (sg)
tanulmányozás *fn* study(ing); *(vizsgálat)* investigation, inquiry (⊕ *US* inquiry)
tanulmányút *fn* study tour/trip/visit, *(kutatóké)* field trip
tanuló ▼ *fn* ❖ *ált* school child°; *(kisiskolás)* pupil; *(ált. felsős és közép)* student, (grammar/secondary school) boy/girl, ⊕ *US* high school boy/girl; *(szakmunkástanuló, bolti stb.)* trainee || **jó tanuló** (be*) a good student; *(igével)* be* doing well at school ▼ *mn* **tanuló pénztáros** training cashier; **tanuló vezető** (*röv* T) *(gépkocsi)* learner driver (*röv* L)
tanulószoba *fn* schoolroom, preparation room
tanulság *fn* lesson || **erkölcsi tanulság** the moral [of a story]
tanulságos *mn* instructive, illuminating, salutary [lesson], edifying
tanult *mn* learned, erudite, educated
tanúság *fn* evidence, testimony || **tanúságot tesz vmről** give* evidence/proof of sg
tanúsít *ige (jelét adja)* give* proof/evidence of || *(igazol)* attest to (sg), certify (sg), bear* witness to (sg)
tanúskodás *fn* (bearing) witness, (giving) evidence, testifying
tanúskodik *ige (tanúként nyilatkozik)* give* evidence (of sg that …); *(igazol)* bear* witness to (sg)
tanúvallomás *fn* evidence, testimony, statement || **tanúvallomást tesz** give* evidence (*v.* witness) (*vk mellett* for sy, *vk ellen* against sy)
tanúzás *fn* **hamis tanúzás** perjury, false witness/evidence
tanya *fn* ❑ *mezőg* small farm, homestead, ⊕ *US* ranch || *(állaté)* lair, den, nest
tányér *fn* plate || **egy tányér leves** a bowl/plateful of soup
tányérsapka *fn* (flat) service cap

táp *fn* ❑ *mezőg* nutrient, feed
tapad *ige (vmhez)* stick*/adhere/cling* to || *(tapadós)* be* sticky/tacky
tapadás *fn* sticking, adhesion, clinging
tapadó(s) *mn* ❖ *ált* sticky, tacky, sticking
tápanyag *fn* nutrient, nutritive(s), nutritive material/matter
tapasz *fn (sebre)* (sticking) plaster, ⊕ *US* adhesive tape
tapasztal *ige* ❖ *ált* experience, learn*
tapasztalat *fn* ❖ *ált* experience; *(megfigyelés)* observation
tapasztalatlan *mn* inexperienced, green
tapasztalatlanság *fn* inexperience, lack of experience
tapasztalt *mn* experienced, skilled *(vmben* in sg)
tápegység *fn* ❑ *el* power supply unit, supply source
tápérték *fn* nutritive value
tapéta *fn* wallpaper
tapétás *mn* papered
tapétáz *ige* (wall)paper [the walls]; *(lakást)* decorate [a flat/house/room etc.]
tapétázás *fn* (wall)papering, decorating
tapint *ige* touch, feel*, finger || **elevenére tapint** touch sy on the raw
tapintás *fn (folyamat)* touch(ing), feel(ing) || *(érzék)* (sense of) touch
tapintat *fn* tact, discretion, consideration
tapintatlan *mn* tactless, indiscreet
tapintatlanság *fn* ❖ *ált* tactlessness, indiscretion
tapintatos *mn* tactful, discreet
táplál *ige* ❖ *ált* feed*, nourish || *(szoptat)* suckle, nurse, breast-feed* || *(gépet)* feed* || *(érzelmet)* cherish, foster, keep* (sg) alive; *(reményt)* nurse, cherish
táplálás *fn* ❖ *ált* feeding, nourishing, nutrition || *(csecsemőé)* nursing, suckling, breast-feeding || *(gépé)* feeding
táplálék *fn (emberi)* food, nourishment, nutriment; *(állati)* nutrient, feed

táplálkozás *fn* nutrition
táplálkozástudomány *fn* (the science/study of) nutrition
táplálkozik *ige (ember)* eat* sg; *(állat)* eat* (*vmvel* sg), feed* (*vmvel* on sg)
tápláló *mn (kalóriadús)* nourishing, nutritious; *(étkezés)* substantial
táplált *mn* fed, nourished || **jól táplált** well-fed/-nourished; **rosszul táplált** undernourished
tapogat *ige* feel* (*vm után* for sg)
tapogató ▼ *mn* feeling, touching ▼ *fn (szerv)* feeler, tentacle; *(csigáé)* horn
tapogatódzás *fn (kézzel)* groping about, feeling one's way || ❖ *átv* sounding out, exploratory talks *tsz*
tapogatódzik *ige (kézzel vm után)* feel*/grope [in one's bag/pocket etc.] for sg || ❖ *átv* feel* one's way, put* out feelers [to see if ...], take* soundings
tapos *ige (vmre, vmt)* tread*/trample on sg
táppénz *fn* sickness benefit, sick pay
táppénzes *mn/fn* **táppénzes (beteg)** person on sickness benefit (*v.* sickpay)
taps *fn* applause, clapping
tapsol *ige* clap; *(vknek)* applaud sy
tápszer *fn* nutriment, nutritive; *(készítmény)* food preparation
tár¹ *ige (kinyit)* throw* open, open wide || **vk elé tár** disclose/show* (sg) to sy
tár² *fn (tárolóhely)* depot, store(-house), magazine || ❑ *szt* store, storage, memory || *(múzeumban)* cabinet, collection || *(puskában)* magazine
taraj *fn (madáré)* comb, crest || *(sisaké)* crest; *(hullámé)* surf, crest
tarajos *mn (állat)* crested || **tarajos hullám** breaker, combing wave(s), surf
tárca *fn (zsebbe)* wallet, ⊕ *US* billfold || *(miniszteri)* portfolio, *(hírlapi)* feuilleton
tárcsa *fn* ❑ *műsz és* ❖ *ált* disc, ⊕ *US* disk || *(telefonon)* dial

tárcsahang *fn* dialling tone, ⊕ *US* dial tone
tárcsáz *ige (telefonon)* dial (⊕ *US* -l)
tárcsázás *fn* dialling (⊕ *US* -l-) || **közvetlen tárcsázás** direct dial(l)ing
targonca *fn* barrow, *(főleg US)* pushcart; *(pályaudvari)* trolley; *(egyéb)* truck
tárgy *fn* object, article, thing || *(írásműé, képé)* subject, theme; *(beszélgetésé)* topic, subject; object || ❑ *isk* subject || ❑ *nyelvt* (direct) object || **a tárgyra tér** come*/get* to the point
tárgyal *ige (tárgyaláson vesz részt)* be* in conference, be* in/at a meeting || ❑ *jog (bíróság tárgyalást folytat)* hold* a trial/hearing; *(egy ügyet tárgyal)* hear* a case; *(büntetőügyet)* try a case || *(fejteget)* discuss (sg), treat [a subject], deal* with (sg) || **tárgyal vkvel** have* discussions/talks with sy, negotiate/confer with sy
tárgyalás *fn* ❖ *ált* conference, discussion(s), negotiation(s), talk(s); *(ülésen)* debate, discussion; ❑ *pol* negotiation(s), talks *tsz*; ❑ *ker (üzleti)* trade talks *tsz* || *(bírósági)* hearing, proceedings *tsz*; *(büntető)* trial || *(írásműben)* treatment [of a subject] || **tárgyalásokat folytat** have* talks/discussions, carry on negotiations
tárgyaló ▼ *mn* **tárgyaló fél** negotiating party, negotiator ▼ *fn (helyiség)* conference room
tárgyalóterem *fn (bírósági)* courtroom
tárgyas ige *fn* transitive verb
tárgyatlan ige *fn* intransitive verb
tárgyeset *fn* accusative (case), case of the object
tárgyi *mn* material, positive, real, objective
tárgyilagos *mn* objective, detached, unbias(s)ed
tárgyilagosság *fn* objectivity, impartiality, detachment
tárgytalan *mn (érvénytelen)* (null and) void; *(már nem időszerű)* off the

agenda *ut.*, overtaken by events *ut.*; *(már elintéződött)* all sorted out *ut.*
tarhonya *fn kb.* farfel *tsz*
tarifa *fn* tariff
tarisznya *fn* satchel, bag
tarja *fn (disznóé)* spare ribs *tsz*
tarka *mn* brightly-coloured, multicoloured, colourful (⊕ *US* -or-), mottled, dappled, variegated || *(változatos)* colourful (⊕ *US* -or-), varied, variegated, diverse, mixed
tarkabarka *mn* (very) brightly coloured (⊕ *US* -or-), motley, gaudy
tarkállik *ige* be* a riot/mass of colour (⊕ *US* -or)
tarkaság *fn* colour (⊕ *US* -or), profusion of colours (⊕ *US* -ors); ❖ *átv* variety
tarkít *ige* ❖ *átv* spice sy with sg || **idézetekkel tarkított** interspersed/spiced with quotations *ut.*
tarkó *fn* back of the head/neck, occiput
tárlat *fn* (art) exhibition
tárlatvezetés *fn* lecture, guided tour
tárló *fn* showcase, display cabinet
tarokk *fn* tarot
tarokkozik *ige* play tarot
tárol *ige* store, stock, keep* || be* stored [in a warehouse] || ❑ *szt* **adatokat tárol** store data/information
tárolás *fn* storage, storing
tároló ▼ *mn* storing ▼ *fn (tartó)* storage tank || *(tárolóegység)* storage unit
társ *fn* ❖ *ált* companion, ❖ *biz* mate || *(hivatalban)* colleague; *(munkában)* fellow worker || ❑ *ker* partner, (business) associate(s) || **... és társa(i)** ... and/& Co.
társadalmi *mn* social || **vk társadalmi helyzete** sy's social position/status; **társadalmi munka** *(ingyenes)* voluntary work, community service; **társadalmi osztály** social class; **társadalmi össztermék** gross national product (GNP)
társadalom *fn* society, community

társadalombiztosítás *fn* social insurance, ⊕ *GB* National Health Service
társadalomtudomány *fn* social science; *(szociológia)* sociology || **társadalomtudományok** *(nem természettudományok)* the arts subjects
társadalomtudományi *mn (nem természettudományi)* arts ...
társalgás *fn* conversation, talk
társalgási *mn* conversational || **társalgási nyelv** the language of conversation, *(bizalmas hangú)* colloquial language
társalgó *fn (helyiség)* lounge; *(személy)* talker, conversationalist
társalog *ige (vkvel)* talk/converse with sy, ❖ *biz* chat to/with sy
társas *mn* social; *(együttes)* joint, collective, common
társaság *fn (emberek együtt)* society, company, gathering; *(összejövetel)* party, gathering, assembly || *(vkvel való együttlét)* society, company, companionship || *(egyesület)* society, association || ❑ *ker* company; *(kft.)* ⊕ *US* corporation; *(egyéb, főleg nem haszonra dolgozó)* association || **nem szereti a társaságot** (s)he doesn't mix well, (s)he is not very sociable; **rossz társaságba keveredik** get* into bad company
társasház *fn* owner-occupied block
társasjáték *fn* parlour (⊕ *US* -or-) game; *(táblán játszott)* board game
társasutazás *fn (szervezett)* package tour/holiday, all-inclusive tour
társbérlet *fn* co-tenancy
társbérlő *fn* co-tenant
társít *ige* associate (with)
társszerző *fn* co-author
társtalan *mn* lonely
társul *ige (vkvel)* ❖ *ált* associate with sy; *(vállalkozásban)* enter into partnership with sy || *(vm vmhez)* be* coupled with sg
társulás *fn* association

társulat *fn* ❑ *szính* (theatre) company
tart¹ *ige (vkt, vmt)* hold*, keep* ‖ *(vhol, vhogyan ált)* keep* ‖ *(alkalmazottat)* employ; *(állatot)* keep* ‖ *(vmnek ítél)* think*, consider, hold*, deem *(mind: sg)*, regard as ‖ *(értékel)* value, think*, make* ‖ **jól tart** vkt look after sy well; **jól tartja magát** be* well-preserved, look good/well for his age; **jónak tart** vmt find*/think* sg good; **(kérem,) tartsa a vonalat!** hold/hang on!; **kocsit tart** run* a car; **magánál tart** vmt keep* sg by/on oneself, keep* sg in one's possession; **nagyra tart** set* great store by, esteem (sg/sy) highly; **ott tartották a rendőrségen** he was (*v.* has been) detained by the police
tart² *ige (időben)* last, continue ‖ *(tartós)* last*, keep* well; *(ruhaféle)* durable, long-lasting; *(igével)* wear* well ‖ *(vmeddig eljutott)* be* (*v.* have got) swhere ‖ *(vmerre)* make* for, keep* to, head for; *(hajó)* bear* down on ‖ *(vkvel)* accompany (sy), go* (along) with (sy), ❖ *biz* tag along with (sy) ‖ *(vmtől, vktől)* be* afraid of (sg/sy) ‖ **attól tartok, hogy** I am afraid (that); **balra tart** keep* to the left; **hol (is) tart(ott)unk?** *(diktálásnál)* where were we?, where did we leave off?; **meddig tart ...?** how long is it?, how long does it/sg last/take?
tárt *mn* wide open ‖ **tárt karokkal (fogad)** (welcome) with open arms
tartalék *fn* reserve, reserves *tsz* ‖ *(játékos)* reserve, ❖ *biz* bench warmer
tartalékalkatrészek *fn tsz* spare parts, spares
tartalékol *ige* reserve, keep* [money etc.] in reserve
tartalékos ▼ *mn* **tartalékos tiszt** reserve officer ▼ *fn* reservist
tartalmas *mn (étel)* substantial ‖ *(írás, cikk stb.)* meaty ‖ *(élet)* full
tartalmatlan *mn* empty, superficial

tartalmaz *ige* contain, hold*; *(magában foglal)* comprise, include
tartalom *fn (vmnek a lényege)* content, essence; *(tartalomjegyzék)* contents *tsz*
tartalomjegyzék *fn* contents *tsz*, table of contents
tartály *fn* container; *(folyadéknak)* tank, reservoir, cistern
tartályhajó *fn* tanker
tartálykocsi *fn* tank wagon, ⊕ *US* tank car; *(gépkocsi)* tanker
tartam *fn* duration, period, term ‖ **az előadás tartama alatt** during the performance
tartármártás *fn* tartar sauce
tartás *fn (folyamat)* holding, keeping, support ‖ *(testi)* posture, carriage, deportment ‖ *(jellembeli)* firmness of mind, strength of character, ❖ *biz* backbone ‖ *(anyagé)* strength, toughness ‖ ❑ *jog (eltartás)* maintenance, support ‖ **jó a tartása** carry oneself nicely, have a good deportment/posture; **nincs tartása** ❑ *tex* be* flimsy; **rossz a tartása** carry oneself badly
tartásdíj *fn* ❑ *jog (elvált feleségnek)* maintenance; *(régebben)* alimony ‖ *(egyéb, pl. gondozotté)* keep, maintenance
tarthatatlan *mn* untenable, insupportable ‖ **tarthatatlan helyzet** intolerable situation
tartó ▼ *mn (súlyt)* holding, keeping ‖ *(időben)* lasting, enduring ‖ **rövid ideig tartó** short-lived, passing, fleeting, transient; **10 napig tartó** 10-day, lasting ten days *ut.* ▼ *fn (súlyt)* support, prop, stay ‖ *(tok)* case, holder
tartogat *ige* keep*/hold* in reserve/store, reserve
tartomány *fn (országé)* land, territory ‖ *(vidék)* province
tartópillér *fn* supporting-pillar
tartós *mn* ❖ *ált* lasting; *(hosszú ideig tartó)* long-lasting, permanent ‖ *(árucikk)* durable; *(élelmiszer)* long-life

(főnévvel: long-life) || **tartós elem** long-life battery; **tartós eső** steady rain; **tartós fogyasztási cikkek** durable goods, consumer durables **tartósított élelmiszerek** *fn tsz (főleg konzerv stb.)* preserved food(s); *(csak konzerv)* tinned (⊕ *US* canned) goods; ❖ *ált* processed foods
tartósság *fn* lastingness, durability, durableness, permanence
tartozás *fn (pénzösszeggel)* debt
tartozékok *fn tsz* accessories, appurtenances
tartozik *ige (vknek vmvel)* owe sy sg || *(vmt tenni)* be* obliged to [do sg], *(kötelessége)* ought to do sg || *(vkhez/vmhez)* belong to sy/sg; *(csak vmhez)* (ap)pertain to sg || *(vmbe)* fall* under/within, be* classed among || *(vkre)* concern sy, be* the business of sy || **a 3. rovatba tartozik** it comes under the third heading; **ez más lapra tartozik** that is quite another matter/story; **ez nem tartozik rám** it's no business of mine, ❖ *biz* it's not my pigeon
tartózkodás *fn (vhol ideiglenesen)* stay; *(tartósan)* residence || *(testi dologtól)* abstinence || *(magatartás)* reserve || *(szavazástól)* abstention || **tartózkodás ideje** duration of stay
tartózkodási *mn* **tartózkodási engedély** residence permit
tartózkodik *ige (vhol ideiglenesen)* stay; *(hosszabb időre)* reside, dwell* || *(alkoholtól)* abstain from, ❖ *biz* ❏ *kif* be* on the wagon; *(dohányzástól, egyéb élvezetektől)* refrain from; *(bizonyos ételektől)* keep*/stay off, ❖ *biz* cut* out [fattening foods etc.] || **szavazástól tartózkodik** abstain (from voting)
tartózkodó *mn (vhol)* staying (swhere) *ut.* || *(testi dologtól)* abstinent || *(magatartás)* reserved, guarded; *(semleges)* noncommittal [attitude] || **tartóz-**

kodóan viselkedik keep* one's distance, show* reserve
tárva-nyitva *hsz* wide-open
tasak *fn* bag; *(nejlon)* plastic/carrier bag
táska *fn* ❖ *ált* bag; *(női)* (hand)bag, ⊕ *US* purse; *(aktatáska)* briefcase; *(iskolatáska)* (school) satchel, schoolbag; *(útitáska)* bag, suitcase
táskarádió *fn* transistor (radio)
taszít *ige (lök)* push, thrust*, give* sg a shove || ❏ *fiz* repulse; ❖ *átv (vkt)* repel
taszítás *fn (lökés)* push(ing), thrust(ing), shove || ❏ *fiz* repulsion
taszító *mn (visszataszító)* repulsive; *(magatartás)* repellent
tat *fn* ❏ hajó stern
tát *ige* open wide || **tátva maradt a szája** (s)he stood there gaping
tatár *fn* Tartar
tatárbifsztek *fn* steak tartare, tartar steak
tataroz *ige (házat)* renovate
tatarozás *fn (házé)* renovation
tátong *ige* gape, yawn || **tátongó szakadék** yawning gulf/chasm
tátott szájjal ❏ *kif* open-mouthed, gaping
táv *fn (távolság)* distance, space; ❏ *sp* distance
tavaly *hsz* last year || **tavaly nyáron** last summer
tavalyelőtt *hsz* the year before last, two years ago
tavalyi *mn* last year's, of last year *ut.*
tavasz *fn* spring || **tavasszal** in (the) spring
tavaszi *mn* spring(-) || **tavaszi eső** spring rain
tavaszias *mn* ❖ *ir* springlike, vernal || **tavaszias idő** spring(like) weather
tavaszodik *ige* spring is coming
távbeszélő *fn* → **telefon**
távcső *fn (kétcsövű)* binoculars *tsz*; *(egycsövű)* telescope

távfutás *fn* long-distance running
távfutó *fn* long-distance runner
távfűtés *fn* district-heating
távhívás *fn* (belföldi) dialled (direct) call (⊕ *US* -l-); ⊕ *GB* subscriber trunk dialling (STD); ⊕ *US* direct distance dialing; (nemzetközi) ⊕ *GB* international subscriber dialling (ISD)
távirányítás *fn* remote control ‖ **távirányítású** (repülőgép stb.) unmanned, remotely controlled, pilotless
távirányító *fn* (tévéhez stb.) remote control (handset/panel)
távírász *fn* telegraphist; ⊕ *US* telegrapher
távirat *fn* telegram, ❖ *biz* ⊕ *főleg US* wire; ⊕ *GB* Telemessage (másnap reggel kézbesítik) ‖ **tengeren túli távirat** overseas telegram, cable(gram)
távirati *mn* **távirati iroda** news agency; **Magyar Távirati Iroda** the Hungarian News Agency, MTI; **távirati űrlap** telegraph form/blank
táviratoz *ige* (vknek) send* a telegram to sy; ⊕ *főleg US* ❖ *biz* wire sy; (tengeren túlra) cable sy, send* a cable(gram) to sy
tavirózsa *fn* water-lily
távközlés *fn* telecommunications *tsz*
távközlési *mn* telecommunications ‖ **távközlési műhold** telecommunications satellite
távlat *fn* (perspektíva) perspective ‖ (kilátás) prospect, outlook, view ‖ (időbeli távolság) distance
távmérő *fn* ❑ *fény* range-finder
távoktatás *fn* ⊕ *GB kb.* Open University
távol ▼ *hsz* far (away) ‖ **távol áll tőlem** it is alien/foreign to my nature, I have not the slightest intention of …ing; **…tól/től távol levő** far away from …; **távol esik vmtől** be* far away from sg; **távol marad** stay/keep* away; **távol tart vkt vmtől** (óv) shield/protect/keep* sy from sg; (magától) keep* sy at a distance; **távol tartja magát vmtől/vktől** keep* away from sg/sy, avoid sy/sg; **egy hétig volt távol** he was away (for) a week ▼ *fn* distance, remoteness ‖ **a távolban** far away, in the distance, at a distance; **távolból** from a/the distance; **távolról** from afar, from a distance; **távolról sem** not in the least, far from it, not at all, by no means
távolabb *hsz* (térben) farther (off/away); ❖ *átv* further
távoli *mn* far-away, distant, remote ‖ **távoli rokon** distant relation/relative
Távol-Kelet *fn* the Far East
távol-keleti *mn/fn* Far Eastern, of the Far East *ut.*
távollátás *fn* long-sightedness
távollátó *mn* long-sighted
távollét *fn* absence, non-attendance; ❑ *jog* non-appearance ‖ **vk távollétében** in the absence of sy, while sy is away
távollevő ▼ *mn* absent, away ▼ *fn* absent, absentee
távolodik *ige* (vmtől) move/draw* away; (hajó) stand* away, clear off ‖ (érzelmileg) become* distant/estranged
távolság *fn* (térben) distance; (útdarab) stretch ‖ (időben) interval, space of time ‖ (emberek közötti) distance
távolsági *mn* long-distance ‖ **távolsági beszélgetés** national/inland call (korábban ⊕ *GB* trunk call); ⊕ *US* long-distance call; **távolsági busz** coach
távolugrás *fn* long jump
távolugró *fn* long-jumper
távozás *fn* ❖ *ált* departure, leaving ‖ **távozáskor** when leaving
távozik *ige* ❖ *ált* leave*, depart; (szállodából) leave*, check out ‖ **angolosan távozik** take* French leave, slip away
távprognózis *fn* long-range weather forecast
távvezérlés *fn* remote control
távvezeték *fn* ❑ *el* high-tension line, power line ‖ (olajé) pipeline

taxaméter *fn* taximeter
taxi *fn* taxi, cab || **taxiba ül** take* a taxi/cab; **taxit hív** *(telefonon)* ring* for *(v.* call) a taxi
taxiállomás *fn* taxi rank, ⊕ *US* taxi stand, cabstand
taxisofőr *fn* taxi/cab driver, ❖ *biz* ⊕ *GB* cabbie
tbc = *tuberkulózis* tuberculosis, tb, TB
te *nm* you; *(régen és vall)* thou || *(birtokos)* your; *(régen és vall)* thy, *(magánhangzó, ill.* h *előtt)* thine || **a te házad** your house
tea *fn (növ és ital)* tea || *(teázás)* tea || **délutáni tea** *(húsétel nélkül)* afternoon tea; **filteres tea** tea bags *tsz*; **iszik egy csésze teát** have*/take* a cup of tea
teafőző *fn* tea-kettle
teakonyha *fn* kitchenette
teáscsésze *fn* teacup
teáskanna *fn (amiben beadják)* teapot || *(amiben a vizet forralják)* tea-kettle
teasütemény *fn* teacake(s), biscuit(s), ⊕ *US* cookies *tsz*
teaszűrő *fn* tea-strainer
teatojás *fn* ❑ *ker* new-laid egg || *(teafőzéshez)* tea ball
teavaj *fn* best/fresh butter
teázik *ige* have*/drink*/take* tea *(v.* a cup of tea)
téboly *fn* ❖ *ir* = **elmebaj** || ❖ *biz* **kész téboly** absolute nightmare, sheer madness
technika *fn (tudomány)* technology; *(szűkebb értelemben)* engineering || *(művészé, sportoloé stb.)* technique; ❑ *zene (ujjtechnika)* finger action
technikai *mn (technológiai)* technological || *(mesterségbeli)* technical || **technikai fejlődés** advances in technology *tsz*; ❑ *zene* **technikai követelmények** technical demands
technikum *fn* technical school
technikus *fn* technician
technológia *fn* technology

technológiai *mn* technological || **technológiai eljárás** technology, method/technique (of)
teendő *fn* task, work (to do), duty, business || **teendők (jegyzéke)** agenda; **mi (most) a teendő?** what now?, what is to be done?
téesz *fn* = **termelőszövetkezet**
teflonedény *fn* nonstick frying pan
téged *nm* you; *(régen és vall)* thee
tégely *fn (olvasztáshoz)* crucible, melting pot || *(patikai)* jar
tegez *ige* be* on first-name basis/terms with sy, tutoyer sy
tegező viszony *fn* first-name informality
tégla *fn* ❑ épít brick || ❖ *átv* ❖ *biz (beépített ember)* mole, plant
téglaépület *fn* brick house/building
téglagyár *fn* brickworks, brickyard
téglalap *fn* rectangle
téglavörös *mn* brick-red
tegnap *hsz* yesterday || **tegnap éjjel** last night; **tegnap reggel** yesterday morning
tegnapelőtt *hsz* the day before yesterday
tegnapi *mn* yesterday's, of yesterday *ut.*
tehát *ksz (következésképpen)* so, thus, consequently || *(ez okból)* for this reason, therefore, accordingly || *(úgyhogy)* so
tehén *fn* cow
tehenész *fn* dairyman°
tehenészet *fn* dairy farm
tehénistálló *fn* cow shed, ⊕ *GB* byre
tehénpásztor *fn* herdsman°, ⊕ *US* cowboy
teher *fn* ❖ *ált* burden, load, weight; *(rakomány)* cargo, freight || *(anyagi)* burden, encumbrance || ❖ *átv* burden || **a házon sok a teher** the house is heavily mortgaged; ❑ *jog* **büntetés terhe mellett** on/under pain of punishment; **hasznos teher** payload;

számlám terhére on (v. to the debit of) my account; **teherbe ejt** vkt get*/make* sy pregnant; *(házasságon kívül)* get* sy in(to) trouble; **teherbe esik** ❖ **ált** get*/become* pregnant
teheráru *fn* goods *tsz*, ⊕ *US* freight
teherautó *fn* lorry, ⊕ *US* truck; *(zárt, árukihordó)* van
teherbírás *fn* load/weight-bearing capacity; *(max. terhelés)* maximum load; *(hajóé)* tonnage ‖ *(emberé, átv)* stamina, endurance ‖ **nagy teherbírású** heavy-duty
teherhajó *fn* cargo boat/vessel, freighter
teherhordó *fn* porter, carrier
teherkocsi *fn* ❑ *vasút (nyitott)* open goods wag(g)on, ⊕ *US* open freight car; *(zárt)* covered goods van/wag(g)on, ⊕ *US* boxcar
teherlift *fn* goods lift, ⊕ *US* goods/freight elevator
teherpályaudvar *fn* goods station, ⊕ *US* freight depot
teherszállítás *fn* transport (⊕ *US* transportation) of goods
teherszállító *mn* **teherszállító repülőgép** cargo/freight plane, (air) freighter
tehervagon *fn* = **teherkocsi**
teherviselés *fn (adóké)* bearing the burden of taxation
tehervonat *fn* goods train, ⊕ *US* freight train; *(konténeres, gyors)* freightliner, liner (train)
tehetetlen *mn (személy)* helpless, impotent, powerless ‖ ❑ *fiz* inert ‖ **tehetetlen düh** impotent rage
tehetetlenség *fn (emberi)* helplessness, impotence, powerlessness ‖ ❑ *fiz* inertia
tehető *mn (becsülhető; igével)* (can) be estimated/put at ‖ **jövedelme havi 200 000 Ft-ra tehető** his income can be put at 200,000 fts a month
tehetős *mn* well-to-do
tehetség *fn (tulajdonság)* talent, gift, ability ‖ *(személy)* talented person, highly gifted person ‖ **írói tehetség** talent for writing
tehetséges *mn* talented, with a lot of talent *ut*.; *(igével)* have* a talent for sg ‖ **nagyon tehetséges** very/highly gifted/talented, brilliant; **zenében nagyon tehetséges** (s)he has a talent/gift for music etc.
tehetségtelen *mn* untalented, ungifted
tej *fn* milk
tejbedara *fn* semolina pudding
tejberizs *fn* milk/rice pudding
tejbolt *fn* dairy
tejcsokoládé *fn* milk chocolate
tejel *ige (tehén)* give*/yield milk ‖ ❖ *biz (fizet)* stump up
tejelő *mn* **jó tejelő tehén** a good milker
tejes ▼ *mn* milk-, milky ▼ *fn* milkman°
tejeskanna *fn (nagy)* milk-churn; *(kisebb)* milk-can
tejeskávé *fn* white coffee
tejfog *fn* milk-tooth°
tejföl *fn* sour cream ‖ **nem fenékig tejföl** (it is) not all beer and skittles, not a bed of roses
tejfölösszájú *mn* greenhorn, ❑ *kif* wet behind the ears
tejgazdaság *fn* dairy (farm)
tejipar *fn* dairy industry
tejkaramella *fn* caramel
tejkonzerv *fn (sűrített)* condensed milk
tejpor *fn* milk powder, powdered/dried milk
tejszín *fn* cream
tejszínhab *fn* whipped cream
tejtermék(ek) *fn* dairy produce, dairy products *tsz*
tejút *fn* Milky Way, the Galaxy
tejüveg *fn* milk/opaque/frosted glass
tejüzem *fn* dairy, creamery
teke *fn (golyó)* ball, bowl ‖ = **tekejáték**
tekebáb *fn* pin
tekejáték *fn (teremjáték 10 fával)* (ten-pin) bowling, ⊕ *US* tenpins, bowls; *(9 fával)* skittles, ninepins *(mind: esz)*

tekejátékos *fn* bowler, player
tekepálya *fn* bowling alley
teker *ige* ❖ *biz (kerékpározik)* pedal (⊕ *US* -l) away ‖ **orsóra teker vmt** wind* sg on(to) a reel (⊕ *US* spool), spool up sg
tekercs *fn (feltekercselt film, magnószalag stb.)* reel; *(film, kelme)* roll ‖ ❏ *el* coil ‖ **diós tekercs** walnut roll; **egy tekercs film** a roll of film; **mákos tekercs** poppy-seed roll
tekercsel *ige* wind*, reel (in/up), roll (up), roll/wind* sg (on)to a reel (⊕ *US* spool)
tekercsfilm *fn* roll film
tekeredik *ige* wind*; *(kígyó)* coil up
tekereg *ige (kígyózik)* wind*, twist; *(féreg)* wriggle ‖ ❖ **elít** *(csavarog)* loiter
teketóriázik *ige* fuss, make* a fuss (about/over sg) ‖ **nem teketóriázik** make* short work of sg
tekézik *ige (10 fával)* play tenpin bowling (v. tenpins), bowl; *(9 fával)* play (a game of) skittles/ninepins
tekint *ige (vkre/vmre)* look at (sy/sg); *(pillant)* glance at (sy/sg), take* a glance at (sg) ‖ *(vmnek tart)* consider (sg), regard as (sg), look on (sg as) ‖ *(számításba vesz)* take* (sg) into account/consideration, consider (sg)
tekintély *fn (vké)* prestige; authority; *(befolyás)* influence ‖ *(személy)* authority ‖ **nagy a tekintélye** have* great influence, be* highly respected
tekintélyes *mn (személy)* influential, (highly)respected, of high standing *ut.* ‖ *(mennyiség)* considerable, siz(e)able
tekintet *fn (pillantás)* look, glance ‖ *(figyelembevétel)* regard, respect, consideration ‖ *(vonatkozás)* relation, respect, point of view ‖ **ebben a tekintetben** in this respect/regard; **tekintetbe vesz vmt** take* sg into consideration/account, consider sg; *(körülményeket)* make* allowances for sg; **tekintettel arra, hogy** considering that; **vmre való tekintet nélkül** without respect to sg, regardless of sg
teknő *fn (edény)* trough ‖ *(völgy)* hollow
teknős(béka) *fn (szárazföldi, édesvízi)* tortoise; *(tengeri)* turtle
tékozlás *fn* squandering, wasting
tékozló ▼ *mn* lavish, wasteful ‖ **tékozló fiú** prodigal son ▼ *fn* squanderer, waster, prodigal
tékozol *ige* squander, waste
tél *fn* winter ‖ **télen** in winter; **ezen a télen** this winter; **múlt télen** last winter
Télapó *fn* Fathér Christmas, Santa Claus
tele *hsz* full, filled ‖ **tele van vmvel** be* full of sg, be* filled with sg; **tele van munkával** be* snowed under with work, be* up to one's eyes in work; **tele kérem** *(tankolásnál)* fill her up, please
teleeszi magát *ige* eat* one's fill, ❖ *biz* stuff oneself
telefax *fn* facsimile number, Fax (number)
telefon *fn* telephone, ❖ *biz* phone ‖ **ki van a telefonnál?** who is speaking?, who is it/that?; **önt kérik a telefonhoz** you are wanted on the phone; **szól a telefon** the (tele)phone is ringing
telefonál *ige* telephone, ❖ *biz* phone; *(éppen)* be* on the phone (just now) ‖ **telefonál vknek** telephone sy, ❖ *biz* phone sy (up), call sy, ring* sy (up), give* sy a ring/call, ⊕ *US* call sy up
telefonállomás *fn* payphone, public telephone
telefonbeszélgetés *fn* (telephone) call
telefonébresztés *fn* alarm (v. early-morning) call (service)
telefon-előfizető *fn* (telephone) subscriber
telefonfülke *fn* phone-booth/box, callbox

telefonhálózat *fn* telephone network
telefonhívás *fn* call
telefonkagyló *fn* receiver || **felveszi a telefonkagylót** lift the receiver, answer the phone; **leteszi a telefonkagylót** replace the receiver
telefonkészülék *fn* (tele)phone, handset
telefonkezelő *fn* (a központban) operator; (irodában) telephonist
telefonkönyv *fn* (telephone) directory, phone book; *(közületi)* yellow pages *tsz*
telefonközpont *fn* telephone exchange; *(intézményé)* switchboard
telefonos ▼ *mn* **telefonos játék** *(tévében)* a phone-in (⊕ *US* call-in) (programme) ▼ *fn* = **telefonkezelő**
telefonszám *fn* (tele)phone number, (sy's) number || **munkahelyi telefonszám** work telephone number
telefonszámla *fn* (tele)phone bill
telefonvonal *fn* telephone line
telehold *fn* full moon
teleír *ige* cover (v. fill up) sg with writing
telek *fn* *(hétvégi)* plot; *(veteményes)* patch; ⊕ *GB (művelésre, bérleti)* allotment; *(házhely)* building plot/site, ⊕ *US így is* lot
telekkönyv *fn* land register
telel *ige* (vk) spend* the winter, winter || ❏ *áll* hibernate || ❏ *növ* winter
teleobjektív *fn* telephoto lens, ❖ *biz* tele
teleönt *ige* fill (up) *(vmvel)* with)
telep *fn* *(település)* settlement, colony || *(ipari stb.)* works *esz v. tsz,* establishment, *(business)* premises *tsz*; *(erőműé stb.)* plant || ❏ *el* battery
telepedik *ige* (vk vhová) settle (down), establish oneself || *(madár)* perch on
telepes ▼ *mn* **telepes rádió** battery radio ▼ *fn* settler
telepít *ige* *(telepeseket)* settle || *(gyümölcsöt, szőlőt)* plant || *(repülőjegyet vhová)* route [an airline ticket] (to) || *(rakétát)* deploy [missiles in ...] || ❏ *szt* install (⊕ *US* -l) || **telepített jegy** prepaid ticket (advice)
telepítés *fn* *(telepeseké)* settling, settlement || *(szőlőé)* planting || *(rakétáké)* deployment [of missiles] || ❏ *szt* installation
település *fn* settlement
teleregény *fn* soap opera
teleszkóp *fn* telescope
teleszór *ige* litter, scatter (all over), bestrew*
televízió *fn* *(adás, műsor)* television *(röv* TV), ❖ *biz* telly, the box || *(készülék)* television (set), TV (set), ❖ *biz* telly || *(intézmény)* television || **a televízióban** on television/TV, ❖ *biz* on (the) telly, on the box *(v.* ⊕ *US* boob tube); **a televízióban szerepel** appear/be* on television; **fekete-fehér televízió** black-and-white television, monochrome TV; **mi megy a televízióban ma este?** what's on (the) television tonight?; **nézi a televíziót** watch television/TV; **színes televízió** colour (⊕ *US* -or) television
televízió-előfizető *fn* television licence holder
televíziókészülék *fn* television (set)
telex *fn (üzenet)* telex || = **telexgép**
telexezik *ige* telex || **telexezik Párizsba** telex Paris (that)
telexgép *fn* teleprinter (⊕ *US* teletypewriter), ❖ *biz* telex
telezsúfol *ige* crowd/pack/cram (with); *(szobát)* clutter up
telhetetlen *mn* insatiable, voracious
telhetetlenség *fn* insatiability, insatiableness
telhető *fn* **minden tőle telhetőt megtesz** do* one's best/utmost, do* everything in one's power (to)
teli *mn* = **tele** || **telibe talál** hit* the mark, ❏ *kif* it's a bull's eye
téli *mn* winter(-) || **téli álom** winter sleep, hibernation; **téli álmot alszik** hibernate; ❏ *közl* **téli gumi** snow-tyre

(⊕ *US* -tire); **téli szünet** Christmas/winter holiday (v. ⊕ *US* vacation)
télies *mn* wintry
telihold *fn* full moon
telik *ige (tele lesz)* be* filling up, become* full || *(idő)* pass, go* by, elapse || *(vmből)* be* enough/sufficient (for) || **ami tőlem telik** to the best of my ability; **erre nekem nem telik** I can't manage/afford it
télikabát *fn* winter coat, topcoat
télikert *fn* winter garden
télisportok *fn tsz* winter sports
téliszalámi *fn* Hungarian salami
telít *ige* ❑ *vegy* saturate
telitalálat *fn* direct hit, bull's-eye; *(totón stb.)* jackpot
telj *fn* **ereje teljében** in the prime of life, in one's prime
teljes *mn (egész)* complete, full, entire, total, whole || **két teljes nap** two clear/whole days; **nem teljes** incomplete, uncompleted; **teljes egészében** in full/toto, completely, wholly (and completely), in its entirety; **teljes ellátás** full board, board and lodging, ⊕ *US* American plan; **teljes erejéből** with all one's might; **teljes gázzal megy** drive* at full throttle; **teljes gőzzel** ❖ *átv* at full steam/speed, ❖ *biz* flat out; **teljes jogú** with full powers *ut.*, fully entitled/qualified; **teljes körű** full-scale/scope; **teljes létszámban** in full force; **teljes mértékben** completely, fully, in full measure
teljesen *hsz* entirely, fully, totally, wholly, completely || **teljesen egyedül** all alone
teljesít *ige (feladatot)* perform, carry out [one's/the/a task]; *(fizetést)* make* [payment]; *(kérést)* fulfil (⊕ *US* -fill), grant, comply with [a request, sy's wish]; *(megbízatást)* discharge, perform; *(normát)* fulfil [the norm]; *(parancsot, utasítást)* follow, carry out, act upon, execute; *(tervet)* fulfil, execute || **teljesíti kötelességét** do* one's duty
teljesítés *fn (feladaté)* performance, carrying out, execution; *(kérésé)* fulfilment (⊕ *US* -fill-) || **nem teljesítés** non-performance
teljesíthetetlen *mn* impracticable, not feasible, unachievable
teljesíthető *mn (feladat)* that can be carried out (v. performed); *(kérés)* that can be fulfilled/granted; *(terv)* that can be fulfilled/executed *(mind: ut.)*
teljesítmény *fn (vké)* performance, achievement, accomplishment || *(üzemé, gépé)* performance, output; *(járműé)* performance; *(km/üzemanyag)* mileage
teljesítménybér *fn* piecework, piece rate
teljesítményű *mn* **nagy teljesítményű** *(gép stb.)* high-power(ed), high-capacity
teljesítőképesség *fn (vké)* efficiency, productivity || *(gépé)* efficiency
teljesül *ige (kívánság)* be* granted
teljhatalmú *mn* with full powers *ut.*, plenipotentiary
teljhatalom *fn* full powers *tsz*; ❑ *pol* dictatorship
telt *mn* ❖ **ált** *(vmvel)* full of sg *ut.* || *(alak)* fleshy, plump || **telt arc** round face, round cheeks *tsz*; **telt ház** full house
teltkarcsú *mn* buxom, with a full figure *ut.*, shapely
télutó *fn* late winter
télvíz *fn* **télvíz idején** in (the depths of) winter
téma *fn (írásműé stb.)* theme, subject (-matter); *(beszélgetésé)* topic; *(kutatási)* project; ❑ *zene* theme || **fő téma** main theme
témakör *fn* topic, subject, field
tematika *fn* topics *tsz*, themes *tsz*
témavezető *fn (szakdolgozat, PhD)* supervisor

temet *ige* bury ‖ **maga alá temették a romok** was buried under the ruins
temetés *fn (szertartás)* funeral
temetési *mn* funeral ‖ **temetési menet** cortège, funeral (procession)
temető *fn* cemetery; *(templom körüli)* churchyard
tempera *fn* distemper
temperamentum *fn (vérmérséklet)* temperament
temperamentumos *mn* (high-)spirited, ebullient; *(nő így is)* vivacious, lively
templom *fn* church, place of worship ‖ **templomba jár** go* to (v. attend) church regularly, be* a church-goer
templomhajó *fn (főhajó)* nave; *(mellékhajó)* aisle
templomtorony *fn* church tower, steeple
tempó *fn* ❑ *zene* tempo; ❖ **ált** *(sebesség)* speed, rate; *(járásban és átv)* pace ‖ *(úszóé)* stroke ‖ *(modorbeli)* manner(s), behaviour (⊕ *US* -or) ‖ **gyors tempóban** at a quick pace
tempós *mn (kimért)* deliberate, measured ‖ *(gyors)* speedy, fast, quick
Temze *fn* Thames
tendencia *fn* tendency, trend
tengely *fn (keréké)* axle, shaft ‖ ❑ *mat* axis *(tsz* axes)
tengelykapcsoló *fn* clutch
tengelytörés *fn* broken axle
tenger ▼ *fn* sea, ocean ‖ **tenger alatti** submarine, undersea; **átkel a tengeren** cross the sea/ocean; **tengeren** *(van)* [be*] at sea; *(szállít, utazik)* [travel, go* *v.* transport sg etc.] by sea; **tengeren túli** overseas, *(Atlantióceánon túli)* transatlantic ▼ *mn* **tenger sok** a sea of, oceans of
tengeralattjáró *fn* submarine
tengeráramlás *fn* sea current
tengerentúl *fn* overseas countries *tsz*; America ‖ **a tengerentúlon** overseas, across the sea; in America; **a tengerentúlról** from beyond the sea(s); from America
tengerentúli *mn* → **tenger**
tengerész *fn* sailor, seaman°
tengerészet *fn (foglalkozás)* seamanship ‖ *(hadi)* navy ‖ **a tengerészetnél szolgál** serve at sea, serve/be* in the Navy; **kereskedelmi tengerészet** merchant navy, mercantile marine
tengerészeti *mn* maritime, naval ‖ **tengerészeti minisztérium** Ministry of Naval Affairs, ⊕ *GB* Admiralty, ⊕ *US* Navy Department; **tengerészeti támaszpont** naval base
tengerészgyalogos *fn* marine
tengerészgyalogság *fn* the Marines
tengerésztiszt *fn* naval officer
tengerfenék *fn* sea-bottom/bed
tengeri[1] *mn* sea(-); *(tengerészeti)* naval, maritime ‖ **tengeri állat** sea animal; **tengeri fürdő(hely)** seaside resort; **tengeri jog** maritime law; **tengeri kikötő** seaport, harbour (⊕ *US* -or)
tengeri[2] *fn (kukorica)* maize, ⊕ *US* corn
tengeribeteg *mn* seasick
tengeribetegség *fn* seasickness
tengerimalac *fn* guinea-pig
tengerjáró ▼ *mn* seafaring, maritime ▼ *fn (hajó)* cruiser; *(nem hadi)* (ocean) liner, transatlantic cruise liner
tengernagy *fn* admiral
tengernyi *mn* a sea of, oceans of
tengeröböl *fn* bay, gulf; *(keskeny)* inlet
tengerpart *fn (partvidék)* coast; *(amit a tenger mos)* (sea)shore; *(üdülési szempontból)* seaside
tengerparti *mn* coastal, on the coast *ut.*; seaside ‖ **tengerparti üdülőhely** seaside resort
tengerszem *fn* mountain lake, tarn
tengerszint *fn* sea-level ‖ **tengerszint fölötti magasság** height above sea-level
tengerszoros *fn* straits *tsz*
tengervíz *fn* sea-water
tenisz *fn* (lawn-)tennis

teniszcipő *fn* tennis shoes *tsz*
teniszezik *ige* play tennis
teniszkönyök *fn* tennis elbow
teniszlabda *fn* (tennis) ball
teniszpálya *fn* tennis court
teniszütő *fn* (tennis) racket
tennivaló *fn* = **teendő**
tenor *fn (hang, szólam)* tenor [voice, part]
tenorista *fn* tenor
tény *fn (valóság)* fact; *(cselekedet)* act, deed || **tény és való, hogy** true enough that, it can't be denied that
tenyér *fn* palm
tenyészet *fn* ❑ *mezőg* breed; stock-farm || ❑ *biol* culture
tenyészt *ige* breed*, rear, raise
tenyésztés *fn* breeding
tenyésző *fn (mat is)* factor
ténykérdés *fn* **ez ténykérdés** it's a question (*v.* an *i*ssue) of fact
tényleg *hsz* really, indeed
tényleges *mn (valódi)* real, actual, effective, true || ❑ *kat* on active service *ut.* || **tényleges szolgálat** active service (⊕ *US* duty)
ténylegesen *hsz* effectively, actually, de facto, in fact
teológia *fn* theology, divinity
teológiai *mn* theological, divinity
teória *fn* theory
tép *ige (eltép)* tear*, rip; *(darabokra)* pull/tear*/rip to pieces, shred*; *(virágot, tollat)* pluck || **haját tépi** be* tearing one's hair
tépelődés *fn* anxious speculation, fretting
tépelődik *ige* worry (about), fret, brood (about/over), ruminate (about/over)
tépőfog *fn* fang, canine
tépőzár *fn* velcro
tepsi *fn* roasting/baking dish/tin
tér¹ *ige (vhová, vmerre)* turn || **jobbra tér** turn (to the) right; **magához tér** regain consciousness, come* to; **más tárgyra tér** change the subject

tér² *fn (űr)* space; *(férőhely)* room, space || *(városban)* square || *(szakmai)* field, line, sphere || **e téren** in this respect
terápia *fn* cure, therapy
terasz *fn* terrace
térbeli *mn* spatial; *(háromdimenziós)* 3D, stereoscopic
térd *fn* knee || **térden állva** on bended knee(s); **térdet hajt** ❖ *átv* bend* the knee (to sy); **térdig érő** knee-deep/high; **térdre borul** go* down (*v.* fall*) on one's knees
térdel *ige* kneel*, be* kneeling, be* on one's knees
térdharisnya *fn* knee socks *tsz*
térdkalács *fn* kneecap, patella
térdnadrág *fn (buggyos)* plus-fours, knickerbockers, breeches *(mind: tsz)*
térdszalagrend *fn* Order of the Garter
térdvédő *fn* knee-guard/pad
terebélyes *mn (fa)* spreading, branchy || *(férfi)* corpulent, portly; *(nő)* matronly
terebélyesedik *ige* spread*, ramify, grow* in size, swell*
tereget *ige (ruhát)* hang* out/up (to dry)
terel *ige* direct, turn, drive*; *(nyájat)* drive* || **másra tereli a szót** change the subject, switch to another subject
terelés *fn* ❑ *közl* diversion, diverted traffic, ⊕ *US* detour
terelődik *ige* turn, be* turned/directed (towards)
terelőkorlát *fn* crush barrier
terelősziget *fn* (traffic) island, ⊕ *US* így is safety island
terelőút *fn (ideiglenes)* diversion, ⊕ *US* detour; *(város körüli)* bypass, relief road
terelővonal *fn (Magyarországon)* broken white line, lane line
térelválasztó (elem) *fn* partition, (room) divider
terem¹ *ige (búzát stb.)* bear*, yield, produce || ❑ *növ* produce, yield ||

❖ *átv* give* birth/rise to, originate ‖ *(vk vhol)* appear suddenly, turn/bob up
terem² *fn* hall, large room, chamber; *(múzeumi, kiállítási)* gallery
teremőr *fn* attendant
teremsportok *fn tsz* indoor sports/games
teremt *ige (alkot)* create, make*, produce
teremtés ▼ *fn (alkotás)* creation ‖ *(személy)* creature, person, individual ▼ *isz* **a teremtésit!** confound/damn it!
teremtmény *fn* creature
teremtő ▼ *mn* creative, creating ▼ *fn* a **Teremtő** the Creator
terep *fn* ❖ *ált* ground, land, area ‖ ❑ *kat* terrain
terepjáró *fn* jeep, landrover
térerősség *fn* ❑ *el* field strength
térfél *fn* ❑ *sp* half°, end (of the pitch)
térfogat *fn* volume, capacity
térhatású *mn (kép stb.)* three-dimensional, stereoscopic; ❑ *zene* stereophonic
terhel *ige (vmvel)* burden, load (with) ‖ *(adóval)* impose [a tax] on sy ‖ *(terhére van)* inconvenience, trouble, bother ‖ **őt terheli a felelősség** (s)he is responsible, the responsibility is his/hers
terhelés *fn (teher)* burden, load; ❑ *el* load(ing)
terhelő *mn* ❑ *jog* incriminating ‖ **terhelő bizonyíték** incriminating evidence
terhelt ▼ *mn* ❑ *jog* accused, charged ‖ ❑ *orv* affected with a hereditary disease *(v.* mental illness) *ut.* ▼ *fn* ❑ *jog* the accused
terheltség *fn* ❑ *orv* hereditary disease
terhes ▼ *mn (vm vknek)* burdensome, irksome; *(kötelesség)* onerous, hard, trying ‖ *(nő)* pregnant ▼ *fn* pregnant woman°
terhesgondozás *fn* antenatal care, prenatal care; *(foglalkozás)* pre-natal classes *tsz* [for expectant mothers]

terhesgondozó *fn* antenatal clinic
terhesség *fn* pregnancy
terhességi *mn* **terhességi próba** pregnancy test
terhességmegszakítás *fn* (induced) abortion
terhestorna *fn* exercises [for expectant mothers] *tsz*, pre-natal exercises
térhódítás *fn* spread(ing), propagation
tériszony *fn* agoraphobia
terít *ige (vmt vhová)* spread* sg on/over sg/sy ‖ *(asztalt)* lay* the table [for dinner etc.]
térít *ige (vmerre)* turn, direct [sy swhere *v.* to a place] ‖ ❑ *vall* proselytize (⊕ *US* proselyte), convert [to another faith] ‖ **magához térít** bring* sy round
teríték *fn (asztalnál)* cover, place [at table] ‖ *(vad)* bag
terítés *fn (kiterítés)* spreading out ‖ *(asztalt)* laying, setting ‖ ❑ *ker* distribution
térítés *fn (irányba)* turning, directing ‖ ❑ *vall* conversion, proselytizing (⊕ *US* proselyting)
térítésmentes *mn* free of charge *ut.*
terített *mn* **terített asztal** (well-)laid table
terítő *fn (asztalon)* (table-)cloth, cover ‖ *(ágyon)* cover(let), bedspread
terjed *ige* ❖ *ált* spread*, expand, increase; *(hír)* spread*, get* about/abroad/round, go* round, circulate; *(fény, hang)* travel (⊕ *US* -l) ‖ *(terület)* stretch, extend (from ... to)
terjedelem *fn (kiterjedés)* extent, size, dimensions *tsz; (térbeli)* volume, bulk; *(könyvé)* size, number of pages ‖ *(szövegé)* length
terjedelmes *mn (síkban)* extensive, spacious, wide; *(térben)* voluminous, big, large ‖ ❖ *átv* long; bulky; *(mű)* lengthy
terjedés *fn* spread(ing), expansion
terjeszkedés *fn* expansion, spread
terjeszkedik *ige* expand, spread*

terjeszt *ige (betegséget)* spread*; *(eszméket)* spread*, disseminate, diffuse; *(hírt)* spread* [news] about/around, circulate; *(röpiratot)* distribute; *(sajtóterméket)* distribute, sell* || *(vmt vk/vm elé)* submit/present/refer sg to sy

terjesztés *fn* ❖ *ált* spreading || *(lapé, könyvé)* distribution (and sale) || *(vk elé)* submission, presentation (to)

térkép *fn* map

termálfürdő *fn (forrás, intézmény)* hot springs *tsz* || *(kezelés)* thermal baths *tsz*

termék *fn (ipari)* product; ❑ *mezőg* produce; *(szellemi)* product, production

termékeny *fn* fertile, productive || **termékeny író** prolific/voluminous/copious writer

termékenység *fn* fertility, productivity

terméketlen *mn* barren, unfruitful, infertile, unproductive

terméketlenség *fn* barrenness, sterility, unfruitfulness, infertility, unproductivity

termel *ige* ❖ *ált* produce; ❑ *mezőg* produce, grow*; *(ipar)* produce, manufacture, turn out, make*

termelékeny *mn* productive, efficient

termelékenység *fn* productivity, efficiency

termelés *fn (folyamat)* production || *(teljesítmény)* ❑ *mezőg* output, yield; *(ipari)* output

termelő *fn* ❑ *mezőg* grower, farmer; *(ipari)* producer, maker

termelőeszközök *fn tsz* means of production

termelői *mn* **termelői bor** wine (direct) from the producer; **termelői borkimérés** wine cellar

termelőszövetkezet *fn (röv tsz)* **mezőgazdasági termelőszövetkezet** farmers'/agricultural co-operative, co-operative farm

termény *fn* (agricultural/farm) produce, crop; *(szemes)* corn, grain

termés *fn* ❑ *mezőg* crop, yield || ❑ *növ* fruit

terméskő *fn* rubble(stone) || **terméskő burkolat** rubblework (cladding)

természet *fn* nature || *(alkat)* nature, character, *(embernél még)* disposition, temper(ament), constitution || **jó természete van** have* a happy disposition, be* good-tempered; **rossz természete van** he is difficult to get on with

természetbeni *mn* in kind *ut*.

természetellenes *mn* unnatural, perverse

természetes *mn* ❖ *ált* natural; *(viselkedés)* unaffected, natural, simple, artless || **természetes gyógymód** nature cure, naturopathy

természetesen *hsz* naturally, of course

természetesség *fn* naturalness, unaffectedness, artlessness, ingenuousness

természetfölötti *mn* supernatural

természeti *mn* natural || **természeti csapás** natural disaster, act of God

természetjárás *fn* hiking, walking

természetjáró *fn* hiker, walker

természettudományi *mn* science || **természettudományi kar** *(röv* **TTK)** faculty of science

természettudomány(ok) *fn* (the) natural science(s); *(❇ GB, ❇ US matematika nélkül)* the sciences *tsz*; *(egyes számban így is)* science

természettudományos *mn* (natural-)science [point of view etc.], (natural-)scientific

természetű *mn (vk)* -natured, -tempered || *(vm)* of ... character/nature

természetvédelem *fn* (nature) conservation, environmental protection

természetvédelmi terület *fn* nature reserve, nature conservation area

természetvédő *fn* conservationist, environmentalist

termeszt *ige* grow*, produce
termesztett *mn* cultivated, grown
termet *fn* stature, figure, build
termetű *mn* -statured, of ... build *ut.* ‖ **kis termetű** short, of small build *ut.*; **magas termetű** very tall
terminál *fn* ❏ *szt* ❏ *rep* terminal
terminológia *fn* terminology
terminológiai *mn* terminological
termofor *fn* heated/warming pad; *(forróvizes)* hot-water bottle
termosz *fn* thermos (flask), vacuum flask, ⊕ *US* thermos bottle
termosztát *fn* thermostat
termő ▼ *mn* productive, producing, fertile ▼ *fn* ❏ *növ* pistil
termőföld *fn* arable/agricultural land
terpeszállás *fn* straddling (position) ‖ **terpeszállásban áll** straddle
terpeszkedik *ige* sprawl, stretch
terrárium *fn* terrarium *(tsz* -riums *v.* -ria)
terror *fn* terror(ism)
terrorcselekmény *fn* act of terrorism
terrorista *mn/fn* terrorist
terrorizál *ige* terrorize, intimidate
terrorizmus *fn* terrorism
terrorszervezet *fn* terrorist organization
terrortámadás *fn* terror/terrorist attack
térség *fn* area, region
térti *mn* **térti jegy** = **menettérti jegy**; **térti vevény** (acknowledgement of) receipt
terület *fn* (*föld*) territory, area, region, land; *(kisebb)* ground, field, area ‖ *(szellemi)* domain, sphere, field, scope ‖ ❏ *mat* surface, area
területi *mn* ❖ *ált* territorial; *(körzeti)* regional; *(helyi)* local
terv *fn* ❖ *ált* plan, scheme; *(szándék)* intention, purpose; *(ütemterv)* schedule ‖ *(gazdasági)* plan ‖ ❏ *épít* plans *tsz*, design, drawing; *(vázlatos)* rough sketch/draft/plan ‖ *(ruhához)* design ‖ **a terveket XY készítette** [the build-

ing] was designed by YX; **teljesíti a tervet** fulfil (⊕ *US* -fill) the plan
tervez *ige (épületet)* design, plan, make* the plans of/for (sg); *(ruhát)* design ‖ *(vk vmt)* plan; *(fontolgat)* consider, think* of, contemplate; *(szándékozik)* intend ‖ **azt tervezi, hogy** (s)he plans/ intends to ...; **tervezte ...** (was) designed by ..., the designer was ...
tervezés *fn* planning
tervezet *fn* draft plan, draft; *(törvényé)* bill, draft of a new law
tervezget *ige* be* planning
tervezgetés *fn* making plans for the future
tervező ▼ *mn* planning; *(mérnök)* design(ing) ▼ *fn* planner, technical designer, designing engineer; *(építész)* designing architect; *(ruhatervező)* (dress) designer
tervezőmérnök *fn* construction/designing engineer
tervrajz *fn* blueprint, plan, draft
tervteljesítés *fn* fulfilment (⊕ *US* -fill-) of the plan
tessék *isz (szíveskedjék)* please ..., would you kindly ...; *(átnyújtva vmt)* here you are ‖ *(asztalnál)* help yourself! *(v. tsz* yourselves)! ‖ *(kopogásra)* come in! ‖ *(nem értettem)* (I) beg your pardon; sorry?; I'm sorry I didn't catch that; ⊕ *US* főleg pardon? ‖ **erre tessék!** this way please!; **tessék helyet foglalni** please be seated; please, sit down; take a seat
test *fn* ❖ *ált* ❏ *fiz* body ‖ ❏ *mat* **mértani test** geometric solid
testalkat *fn* build; *(férfié)* physique
testápolás *fn* personal hygiene, body care
testápoló (szer) *fn* skin/body lotion
testedzés *fn* physical training/education
testes *mn (vk)* stout, corpulent, portly; *(vm)* bulky, large
testhezálló *mn (ruhadarab)* close-fitting, skintight, tight-fitting ‖ *(megfele-*

lő) cut out (*v.* made) for sy *ut.*, after one's own heart *ut.* || **testhezálló trikó** *leo*tard

testhossz *fn* (body) length || **két testhosszal nyert** won by two lengths

testi *mn* bodily, physical || **testi épség** (good) health; **testi fogyatékosság** physical defect, deformity

testileg *hsz* bodily, in body, physically

testmagasság *fn* body height

testmozgás *fn* (physical) exercise

testnevelés *fn* physical training/education (*röv* PT, PE)

testnevelési főiskola *fn* school of physical education

testnevelő tanár *fn* physical/PT/PE instructor, ⊕ *GB* gym teacher

testőr *fn* ❖ *ált* bodyguard; *(a Towerben)* Yeoman° of the Guard; ❖ *biz* beefeater

testőrség *fn* the Guards *tsz*

testrész *fn* part of the body

testtartás *fn* bearing, posture

testület *fn* (corporate) body, corporation

testvér *fn* *(férfi)* brother; *(nő)* sister || **testvérek** *(fivér és nővér)* brother(s) and sister(s); **Péter és János testvérek** Peter and John are brothers; **János és Mária testvérek** John and Mary are brother(s) and sister(s); **a Smith testvérek** the Smith brothers (*ker* Smith bros.)

testvéri *mn* fraternal, brotherly, sisterly

testvériség *fn* fraternity, brotherhood, sisterhood

testvérváros *fn* twin town/city (of …)

tesz *ige (cselekszik)* do* || *(helyez)* put*, place, lay* || *(vmvé)* make*, render || *(vmre kártyán stb.)* stake, lay*/put* [money] on || *(vmről)* help || **jobban tenné, ha …** you had better [go etc.]; **jól teszed** you are quite right; **kettesbe teszi (a sebességet)** go*/shift into second (gear); **mit tegyek?** what shall I do?, what am I to do?; **nem tehetek mást, mint hogy** all I can do is …, I can't do anything but, I can't do other than to …; **nem tesz semmit!** never mind!, (it) doesn't matter!; **nincs mit tenni** there is nothing to be done; there is nothing to do; **ruhatárba teszi a kabátját** leave* one's coat in the cloakroom; **teszem azt** supposing, (let us) say, for example

teszt *fn* ❖ *ált* test; *(feleletválasztós)* multiple-choice test

tészta *fn (sült, édes)* cake, pie, pastry || *(száraz)* (dried) pasta; *(kifőtt)* ❖ *ált* pasta; *(cérnametéltből)* vermicelli; *(vastagabb)* spaghetti; *(egyéb)* pasta; noodles *tsz*, dumplings *tsz* || *(nyers)* (pasta/noodle) dough, batter || **tészták** *(étlapon)* sweets

tesztel *ige* test

tesztlap *fn* test(-sheet)

tesz-vesz *ige (tevékenykedik)* potter (⊕ *US* putter) around || *(sürög-forog)* busy

tét *fn (játékban)* stake, amount staked || **nagy a tét** there is a lot at stake

tetanusz *fn* tetanus

tétel *fn* ❑ *tud (főleg mat)* theorem; ❑ *fil* proposition || ❑ *zene* movement || *(felsorolásban)* item || ❑ *isk* → **érettségi tételek** || ❑ *ker* **egy tételben** in bulk; **kis tételben** in small amounts/lots; **nagy tételben** in bulk, in large amounts/quantities

tetem *fn (emberi)* corpse, (dead) body; *(állaté)* carcass

tetemes *mn* considerable, large, sizeable

tetet *ige (csináltat)* have* sg done/made, cause sy to do sg; *(helyeztet)* have* sg put/placed swhere || **gumisarkot tetet a cipőjére** have* rubber heels put on one's shoes

tetéz *ige* ❖ *átv* add to || **ez tetézi nehézségeinket** this adds to our difficulties

tétlen *mn* inactive, idle

tétlenül *hsz* idly ‖ **nem nézheti tétlenül** he can't just sit back and watch (*v.* do nothing)

tétova *mn* hesitant, hesitating, halfhearted, irresolute

tetovál *ige* tattoo (*alakjai:* tattoos, tattooed, tattooing)

tetoválás *fn* tattoo(ed design), tattooing

tétovázás *fn* hesitation, indecision

tétovázik *ige* hesitate, be* hesitant (about), vacillate, waver

tető *fn (házé)* roof, (house-)top; *(autóé)* roof, top; *(ládáé, bőröndé)* lid, top ‖ *(legmagasabb pont)* top, summit; *(hegyé)* peak; *(fáé, létráé)* top ‖ **a tetőn dolgoznak!** *(felirat)* men working overhead; ❖ *biz* **ennek nincs (semmi) teteje** *(= értelme)* there is no sense in it, there is no point [in doing sg]; **ez mindennek a teteje** that's the limit, it's the last straw; **nyitható tető** *(autóé)* sliding roof; **tetőtől talpig** from top to toe, from head to foot

tetőablak *fn* skylight

tetőantenna *fn* roof aerial

tetőcsomagtartó *fn* roof rack

tetőfok *fn* pitch, peak, summit ‖ **tetőfokára hág** *(izgalom, érdeklődés)* rise* to fever pitch, reach a/its climax

tetőpont *fn* high(est) point, culmination, height, summit, peak, top; *(pályafutásé stb.)* peak, high-water mark ‖ **sikerei tetőpontján visszavonul** retire at the top

tetőterasz *fn* roof garden/terrace

tetőzik *ige* culminate ‖ **a Duna Mohácsnál tetőzik** the Danube reaches its highest point at Mohács

tetszeleg *ige (tükör előtt)* admire oneself; *(vmlyen szerepben)* set* up as/for sg

tetszés *fn* approval, appreciation, satisfaction ‖ **elnyeri vk tetszését** gain/win* sy's approval, please/impress sy; **tetszés szerint** at will, at sy's pleasure/discretion, as you please/wish

tetszetős *mn* attractive, appealing

tetszik *ige (látszik)* seem, appear, look ‖ **..., ha (úgy) tetszik, ...,** if you like/wish ...; **ahogy tetszik** as you like, (do) as you please; **akár tetszik, akár nem** (whether you etc.) like it or not, ❖ *biz* like it or lump it; **tetszik vknek vm/vk** sy likes sg/sy; *(vmlyen produkció)* sy enjoys sg; **hogy tetszik (neked) a ...?** how do you like ...?, what do you think of ...?; **hogy tetszik lenni?** how are you getting on?; **mi tetszik?** *(üzletben stb.)* what can I do for you?, can I help you?; **(nagyon) tetszik nekem** (*vm*) I like it (very much *v.* a lot); (*vk*) I really like him/her, I have really taken to him/her; **nem tetszik nekem a ...** I don't like ..., I don't care for ..., I dislike ...; **tetszett?** *(a hangverseny stb.)* did you like/enjoy [the concert etc.]?

tett *fn* ❖ *ált* action, act ‖ = **bűncselekmény** ‖ **tetten ér vkt** catch* sy in the (very) act, catch* sy red-handed

tettenérés *fn* catching sy in the act (*v.* red-handed)

tettes *fn* perpetrator [of a crime], culprit

tettestárs *fn* accomplice

tettet *ige* pretend (to ... *v.* that), sham, feign (sg), put* sg on ‖ **betegséget tettet** sham/feign illness; **tetteti magát** be* play-acting, be* pretending/shamming

tettetés *fn* pretence, shamming, putting it on

tettetett *mn* feigned, sham, pretended

tetthely *fn* scene of the crime

tettleg *hsz* **tettleg bántalmaz vkt** assault sy, commit* an assault on sy

tettlegesség *fn* assault (and battery), violence

tetű *fn* louse°

tetves *mn* lousy, covered with lice *ut.*; *(haj)* nitty

tetvetlenít *ige* delouse

teve *fn* camel

tévé *fn* = televízió
tévéadó *fn* TV/television transmitter
tévébemondó *fn* television/TV announcer
téved *ige (hibázik)* be* mistaken/wrong, make* a mistake, err || *(számításban)* be* out in [one's calculations] || *(véletlenül vhová)* stray swhere, go*/get* swhere by mistake || **ha nem tévedek** if I am not mistaken; **tévedni emberi dolog** to err is human
tévedés *fn* ❖ *ált* error, mistake, fault || *(számításban)* miscalculation, error || **tévedésből** by mistake
tévedhetetlen *mn* infallible, unerring
tévéfilm *fn* (made-for-)television film, TV film
tévéhíradó *fn* (the) (television) news *esz*, news and current affairs programme (⊕ *US* program)
tévéjáték *fn (színdarab)* television/TV play || *(video)* video game
tévékamera *fn* TV camera
tevékeny *mn* active, busy, brisk
tevékenykedik *ige* be* active, be* busy
tevékenység *fn* activity, work, function
tévékészülék *fn* television, TV (set), ❖ *biz* telly
tévéközvetítés *fn* television/TV broadcast, telecast
tévéműsor *fn* television/TV programme (⊕ *US* -am)
tévénéző *fn* viewer
tévéreklám *fn* commercial, TV ad(vertisement)
tévériporter *fn* TV reporter
téves *mn (hibás)* wrong, mistaken; *(nézet)* erroneous; *(pontatlan)* inaccurate || **téves kapcsolás** wrong number
tévesen *hsz* by mistake, wrongly, falsely
tévésorozat *fn* television/TV series
tévéstúdió *fn* television/TV studio
tévészerelő *fn* TV mechanic/engineer, repair man°

téveszme *fn* erroneous belief, misconception, delusion
téveszt *ige* **célt téveszt** miss the target/mark; ❖ *átv* be* wide of the mark; *(terv stb.)* come* (badly) unstuck; **szem elől téveszt** *(vkt, vmt)* lose* sight of (sy/sg)
tévézés *fn* watching television/TV
tévézik *ige* watch television/TV || **sokat tévézik** (s)he watches a lot of television/TV
tévhit *fn* delusion, misconception, false belief
tévút *fn* ❖ *átv* error, aberration || **tévútra vezet vkt** lead* sy astray, mislead* sy
texasi *mn/fn* Texan
textil *fn* textile
textilipar *fn* textile industry
tézis *fn* proposition
ti *nm* you || *(birtokos)* your; *(régen és vall)* thy, *(magánhangzó, ill. h előtt)* thine || **a ti kocsitok** your car
ti. = *tudniillik (azaz)* that is, i.e. *v.* ie; *(nevezetesen)* namely, viz. *v.* viz
tied, tieid, tie(i)tek *nm* yours || **ez a ház a tietek?** is this house yours?
tífusz *fn (hastífusz)* typhoid (fever) || **kiütéses tífusz** typhus, spotted fever
tífuszoltás *fn* TAB vaccination
tífuszos (beteg) *fn* typhoid patient
tigris *fn* tiger
tikkasztó *mn* sweltering, sultry, parching
tilalom *fn* prohibition
tilos ▼ *mn* (be*) forbidden/prohibited, (be*) not allowed/permitted || **tilos a dohányzás** no smoking, smoking is prohibited/forbidden; **a fűre lépni tilos** keep off the grass; **tilos az átjárás** no thoroughfare; **(idegeneknek) belépni tilos** no admittance/entry, keep out, "private" ▼ *fn* **tilosban jár** trespass
tilt *ige* prohibit, forbid*
tiltakozás *fn* protest

tiltakozik *ige (vm ellen)* protest against sg, make*/lodge a protest against sg; ⊕ *US* protest sg [e.g. the war]
tiltakozó ▼ *mn* protesting, protest-, of protest *ut.* || **tiltakozó jegyzék** note of protest; **tiltakozó menet** protest march ▼ *fn* protester
tiltó *mn* prohibitory, prohibitive || **tiltó vám** prohibitive duty
tiltószó *fn* negative particle/word
tiltott *mn* forbidden, prohibited, illicit, unlawful || **tiltott fegyverviselés** illegal possession of fire-arms
timföld *fn* aluminous earth, aluminium (⊕ *US* aluminum) oxide
timpanon *fn* ❏ *épít* tympan(um)
timsó *fn* ❏ *vegy* alum || *(borotválás utánra)* shaving block; *(rúd)* styptic pencil
tincs *fn* curl, lock, ringlet
tinédzser, tini *fn* ❖ *biz* teenager
tinó *fn* young bullock/ox°
tinta *fn* ink || ❖ *biz (pia)* booze, ⊕ *US* liquor || **tintával ír** write* in ink
tintás *mn* inky, blotted
tipeg *ige* waddle; *(gyerek)* toddle
tipegő *fn (kezeslábas)* crawlers *tsz*, rompers *tsz*
tipikus *mn* typical, characteristic
tipli *fn (falba)* (wall) plug || *(fejen)* lump, bump
tipográfia *fn* typography
tipográfiai *mn* typographical
tipor *ige* trample (down) sg, tread* on sg
tipp *fn* ❖ *biz* tip, hint, pointer
tippel *ige* ❖ *biz* give* sg a tip/pointer || **mire tippelsz?** what is your tip/guess?
típus *fn* type, category
Tiszántúl *fn* <Hungarian territory east of the River Tisza> *kb.* Trans-Tiszanian region
tiszántúli *mn* trans-Tiszanian, east of the River Tisza *ut.*
tiszavirág-életű *mn* ephemeral, evanescent, short-lived

tiszt *fn* ❏ *kat* officer || *(hivatali hatáskör)* office, function, duty || *(sakkban)* **tisztek** major pieces, chessmen
tiszta ▼ *mn (nem piszkos)* clean; *(tisztaságszerető)* cleanly, always clean || *(megtisztított)* clear; *(nem kevert)* pure, unadulterated || *(világos és átv)* clear; *(érthető)* clear, plain || *(erkölcsileg)* pure, innocent, virtuous || ❏ *ker* net, clear || *(fokozó szóként: merő)* sheer, nothing but ... || **öntsünk tiszta vizet a pohárba** let us speak plainly, let's clear the air; **tiszta bevétel** net proceeds *tsz*; **tiszta eset** straightforward case/matter; **tiszta ég** clear/cloudless sky; **tiszta hazugság** downright lie; **tiszta hülye** a total/perfect idiot; **tiszta idő** a bright (sunny) day; **tiszta szesz** (neat/pure) alcohol ▼ *fn (tiszta ruha)* **tisztát vesz** get* changed (*v.* change) (into clean clothes); **teljesen tisztában vagyok azzal, hogy** I am fully aware that ..., I fully appreciate (the fact) that ...; **tisztába tesz** *(csecsemőt)* change the baby('s nappy *v.* ⊕ *US* diaper)
tisztálkodás *fn* washing, grooming; *(toalett)* toilet
tisztálkodik *ige* wash, get* tidied up, have* a wash (and brush up)
tisztán *hsz (nem piszkosan)* cleanly, cleanlily, neatly || *(világosan)* clearly || ❖ *biz (csak, pusztán)* merely, purely (and simply), only, entirely || ❏ *ker* clear, net || **(kérek) két whiskyt tisztán** two neat (⊕ *US* straight) whiskies, please
tisztás *fn* clearing, glade
tisztaság *fn* cleanness, cleanliness || *(gondolkodásé)* clarity || *(erkölcsi)* pureness, purity
tisztáz *ige (ügyet)* clear (up), make* sg clear; *(helyzetet)* clarify; *(megvilágít)* elucidate, clarify || *(személyt vm alól)* clear (sy of sg); *(viselkedést, cselekedetet)* justify || **tisztázza magát** clear oneself

tisztázás *fn (kérdésé, ügyé)* clearing up
tisztázatlan *mn (nincs felderítve)* unclarified, not cleared up *ut.*, not made clear *ut.*
tisztázódik *ige (ügy)* be* cleared up
tisztel *ige (tiszteletben tart)* respect, esteem, think* highly of (sy)
tiszteleg *ige* ❑ *kat* salute ‖ *(vk/vm előtt)* bow before sy/sg ‖ **fegyverrel tiszteleg** present arms
tisztelendő *mn* reverend ‖ **tisztelendő úr** Reverend (X)Y
tisztelet *fn (megbecsülés)* respect, esteem ‖ *(ismerősnek)* yours sincerely ‖ *(udvariassági kifejezésekben)* **(kérem,) adja át tiszteletemet** remember me (kindly) to, give* my respects/compliments to; **mély tisztelettel** I am, Sir, yours very truly; **(őszinte) tisztelettel** *(ismeretlen személynek szóló, ill. hiv. levél végén)* yours truly/faithfully; **vk tiszteletére** in honour (⊕ *US* -or) of sy
tiszteletbeli tag *fn* honorary member
tiszteletdíj *fn (szerzői)* royalty; *(orvosnak, ügyvédnek stb.)* fee(s)
tiszteletpéldány *fn* complimentary/free/presentation copy
tisztelgés *fn* ❑ *kat* saluting, salute ‖ *(vknél)* paying one's respects (to)
tisztelt *mn* **tisztelt hallgatóim!** Ladies and gentlemen!; **(igen) tisztelt kollégám** *(bíróságon)* my learned friend; **Tisztelt Uraim!** *(levélben)* Dear Sirs, ⊕ *US így is* Gentlemen
tisztesség *fn (becsületesség)* honesty, probity
tisztességes *mn (becsületes)* honest, decent; *(korrekt)* honourable (⊕ *US* -or-), fair ‖ ❖ *biz (meglehetős)* decent ‖ **tisztességes eljárás** square deal, fair play; **tisztességes fizetés** fair/respectable salary
tisztességtelen *mn (becstelen)* dishonest ‖ ❑ *ker* unfair ‖ **tisztességtelen eljárás** foul play, sharp/corrupt practice, ❖ *biz* a dirty trick

tisztességtudó *mn* respectful, deferential; *(gyerek)* dutiful
tiszthelyettes *fn* non-commissioned officer
tisztikar *fn* ❑ *kat* staff of officers
tisztít *ige* ❖ *ált* make* (sg) clean, clean, cleanse; *(cipőt)* clean, brush; *(ruhát)* clean; *(vegyszeresen)* dry-clean; *(fogat)* brush, clean ‖ *(babot, borsót)* shell; *(baromfit)* clean, dress; *(zöldséget)* clean ‖ *(orv beleket)* purge
tisztítás *fn* ❖ *ált* cleaning
tisztító *fn (üzem)* cleaner's; *(vegytisztító)* dry-cleaner('s)
tisztítószer *fn* detergent
tisztogat *ige* clean, cleanse ‖ ❑ *pol* clean up, purge *(vmtől* of)
tisztogatás *fn* cleaning, cleansing ‖ ❑ *pol* clean-up, purge
tisztség *fn* office, function
tisztségviselő *fn* official, office-holder, functionary; *(magasabb)* executive
tisztul *ige* ❖ *ált* become* clean, purify; *(folyadék)* (become*) clear, clarify ‖ *(ég)* clear; *(időjárás)* clear up
tisztulás *fn* purification
tisztviselő *fn (állami)* civil servant; *(irodai)* clerk; *(alkalmazott)* employee
titkár *fn* secretary
titkárnő *fn* secretary
titkárság *fn* secretariat; *(kisebb)* general office
titkol *ige* hide*, conceal ‖ **nem titkolja** make* no secret of
titkolódzás *fn* secret-mongering
titkolódzik *ige* be* secretive, assume an air of secrecy, keep* things secret/back
titkos *mn* ❖ *ált* secret; *(rejtett)* hidden, concealed; *(illegális)* clandestine ‖ **titkos szavazás** secret ballot; **titkos telefonszám** ex-directory (*v.* ⊕ *US* unlisted) (telephone) number
titkosrendőr *fn* detective, plain-clothes (*v.* secret) policeman°
titkosrendőrség *fn* secret police
titkos ügynök *fn* secret agent

titok *fn* ❖ *ált* secret || *(műfogásé)* trick || **a legnagyobb titokban** in strictest confidence; **titkot tart** keep* a secret, ❖ *biz* keep* mum; **titokban** in secret; *(lopva)* stealthily
titoktartás *fn* secrecy
titokzatos *mn* mysterious
tíz *szn* ten
tized *fn (rész)* tenth (part) || *(adó)* tithe || **három egész öt tized (3,5)** three point five (*írva:* 3.5)
tizedel *ige* decimate
tizedes ▼ *mn* decimal || **tizedes tört** decimal fraction ▼ *fn* ❑ *kat* corporal (*röv* corp.) || ❑ *mat* decimal
tizedesjegy *fn* decimal
tizedesvessző *fn* decimal point
tizedik *szn/mn* tenth; 10th || → **első**
tizedrész *fn* = **tized**
tizedszer *hsz (ismétlődés)* for the tenth time || *(felsorolás)* tenthly
tízen *szn/hsz* ten (of us/you/them)
tizenegy *szn* eleven || **a magyar tizenegy** ❑ *sp* the Hungarian team/eleven
tizenegyes *fn* ❑ *sp* penalty (kick) || **tizenegyest rúg** take* the penalty (kick)
tizenéves ▼ *mn* teenage ▼ *fn* teenager
tizenharmadik *szn/mn* thirteenth
tizenhárom *szn* thirteen
tizenhat *szn* sixteen
tizenhatod (hangjegy) *fn* semiquaver, ⊕ *US* sixteenth note
tizenhatodik *szn/mn* sixteenth
tizenhatos *mn/fn* ❑ *sp* **tizenhatos (vonal)** the 18 yard line; **a tizenhatoson belül** within the penalty area
tizenhét *szn* seventeen
tizenhetedik *szn/mn* seventeenth
tizenkét *szn* twelve
tizenkét fokú *mn* ❑ *zene* twelve-tone, dodecaphonic
tizenkettedik *szn/mn* twelfth || **a tizenkettedik órában** at the eleventh hour
tizenkettő *szn* twelve
tizenkilenc *szn* nineteen || **(az) egyik tizenkilenc, (a) másik egy híján**

húsz (it's) six of one and half a dozen of the other
tizenkilencedik *szn/mn* nineteenth
tizennégy *szn* fourteen
tizennegyedik *szn/mn* fourteenth
tizennyolc *szn* eighteen
tizennyolcadik *szn/mn* eighteenth
tizenöt *szn* fifteen || **csak tizenöt éven felülieknek** *(moziban)* no persons under 15 years admitted
tizenötödik *szn/mn* fifteenth
tízes ▼ *mn* **tízes szám** number ten; **tízes szoba** room (number) ten (*írva:* room No. 10, room 10); **a tízes számrendszer** the decimal system ▼ *fn (bankjegy)* ⊕ *GB* a £10 note, ⊕ *US* a $10 bill; *(érme)* a ten-forint piece, ⊕ *GB* a ten-pence piece
tízesével *hsz* ten at a time
tízéves *mn* ten-year-old, ten years old *ut.*
tízezer *szn* ten thousand || **a felső tízezer** the upper ten(-thousand), the upper crust
tízféle *mn* ten (different) kinds/sorts of *tsz*
tízórai *fn (étkezés)* morning coffee; ⊕ *GB néha* elevenses *tsz*
tízóraizik *ige* take*/have* a coffee/tea break
tízparancsolat *fn* Ten Commandments *tsz*
tízperc *fn* ❑ *isk* break, interval, ⊕ *US* recess
tízpróba *fn* decathlon
tízszer *hsz* ten times
tízszeres *mn* tenfold
tkp. = **tulajdonképpen**
tó *fn* lake; *(kisebb)* pond, pool
toalett *fn (ruha)* woman's dress || *(vécé)* toilet, lavatory, ⊕ *GB* ❖ *biz* loo, ⊕ *US* men's/women's room, ❖ *biz* john || *(tisztálkodás)* toilet
toalettpapír *fn* toilet paper
tobogán *fn* toboggan
toboroz *ige (embereket, kat és ált)* recruit; *(híveket, vevőket, biz)* drum up

toborzás *fn* recru*i*ting, recru*i*tment
toboz *fn* cone
tobzódik *ige* (*vmben vk*) w*a*llow/lux*u*riate in sg; (*vm*) ab*ou*nd in sg, be* s*u*rfeited with sg
tócsa *fn* p*u*ddle, (st*a*gnant) pool
tódul *ige* (*vhova folyadék*) flow/rush to || *(tömeg vhová)* throng/swarm/stream to
tojás *fn* egg || **tojás alakú** *e*gg-shape(d), *o*val; **tojást felver** beat* (up) (the/three etc.) eggs (*v.* egg whites) (unt*i*l stiff)
tojásfehérje *fn* white (of egg), egg white
tojáshab *fn* whipped white of eggs
tojáshéj *fn* *e*gg-shell
tojáslikőr *fn* egg-flip, *a*dvocaat
tojásos *mn* with eggs *ut.*, egg-
tojásrántotta *fn* scrambled eggs *tsz*
tojássárgája *fn* (egg) yolk
tojástartó *fn* egg-cup
tojik *ige* lay*, lay* eggs
tojó *fn* hen
tok *fn* *(tartó)* case, box; *(késé)* sheath; *(szerszámé)* t*o*ol-chest/box; *(könyvé)* sl*i*pcase || ❑ *növ (magé)* pod, c*a*psule
toka *fn* *(emberé)* double chin || *(sertésé)* chops *tsz*, chaps *tsz* || **tokát ereszt** acqu*i*re a doub*l*e chin
tokaji bor *fn* Tokay
tokány *fn* *kb.* stew
Tokió *fn* Tokyo
tokmány *fn* ❑ *műsz* chuck
tol *ige* *(keréken gurulót stb.)* push; *(nehezebb tárgyat)* trundle, ❖ *biz* shove (*vhová mind:* to, into)
tolakodás *fn* *(szemtelenkedés)* intrusion, obtr*u*siveness, indiscr*e*tion || = **tolongás**
tolakodik *ige* *(tömegben)* push (and shove) (one's way) forward, *e*lbow one's way || *(szemtelenül)* push oneself
tolakodó *mn* p*u*shy, p*u*shing (and sh*o*ving), self-ass*e*rtive, *e*lbowing

tolat *ige* ❑ *vasút* shunt, ⊕ *US* switch || *(autóval)* reverse/back (the/one's car)
tolatás *fn* ❑ *vasút* sh*u*nt(ing) || *(autóval)* reversing, ⊕ *US* backing up
tolatólámpa *fn* reversing light
told *ige* lengthen, make* (sg) l*o*nger || **vmhez vmt told** add sg to sg
toldalék *fn* ❑ *nyelvt* s*u*ffix
toldalékolás *fn* ❑ *nyelvt* s*u*ffixing, suffix*a*tion
toldás *fn* lengthening, appendage || *(folyamat)* *a*dding, add*i*tion, l*e*ngthening
toldoz *ige* piece/patch together
toldoz-foldoz *ige* keep*/be* p*a*tching/mending
toll *fn* *(madáré)* feather || *(írásra)* pen || *(evezőé)* blade || **idegen tollakkal ékeskedik** wear* b*o*rrowed plumes
tollas *mn* fe*a*thery, feathered, feather-
tollaslabda *fn* *(játék)* badminton || *(a labda)* sh*u*ttlecock
tollaslabdázik *ige* play (a game of) badminton
tollasodik *ige* *(nő a tolla)* grow* feathers, feather || *(gazdagodik)* make* one's pile
tollászkodik *ige* preen, plume
tollazat *fn* pl*u*mage, fe*a*thers *tsz*
tollbamondás *fn* dict*a*tion
tolltartó *fn* ❑ *isk* pencil-case
tolmács *fn* interpreter
tolmácsol *ige* interpret
tolmácsolás *fn* *(tolmácsként működés)* interpreting, transl*a*ting, transl*a*tion || *(művészi stb.)* interpret*a*tion || **szimultán tolmácsolás** simult*a*neous transl*a*tion
tolóablak *fn* *(föl-le)* sash w*i*ndow; *(oldalt)* sliding w*i*ndow
tolóajtó *fn* sliding door
tologat *ige* keep* p*u*shing, ❖ *biz* keep* shoving, shift ab*ou*t
tolómérce *fn* vernier c*a*lliper (⊕ *US* c*a*liper), c*a*l(l)iper rule
tolong *ige* *(tömeg)* throng, swarm, teem

tolongás *fn* crowd, throng, crush
tolószék *fn* wheelchair, bath chair, invalid chair
tolózár *fn* bolt, latch
tolvaj *fn* thief°
tolvajnyelv *fn* (thieves') cant, argot
tombol *ige (személy)* rage, fume, storm || *(háború, járvány, vihar)* rage || **tombol dühében** foam with rage, be* hopping mad
tombola *fn* tombola
tompa *mn (életlen, nincs hegye)* blunt, dull || *(ész)* dull, slow; *(érzékszervek)* blunt, dull; *(hang)* dull, hollow
tompít *ige (vmnek az élét)* make* (sg) blunt, blunt (sg), take* the edge off || *(fényt)* soften, subdue || *(fájdalmat)* dull, palliate, alleviate || **tompítja a fényszórót** dip (❈ *US* dim) one's headlights
tompított fényszóró *fn* dipped (❈ *US* dimmed) headlight(s)
tompul *ige (kés éle)* become*/get*/go* blunt || *(fájdalom)* ease off
tompultság *fn (kedélybeli)* dullness; *(elméé)* torpor, dullness
tonhal *fn* tuna, tunny
tonna *fn (1000 kg)* metric ton, tonne || ❈ *GB (2240 font = 1016 kg)* (long) ton; ❈ *US (2000 font = 907 kg)* (short) ton
tónus *fn (szín)* tonality, tint
tonzúra *fn* tonsure
topog *ige* stamp about, stamp one's feet || **egy helyben topog** mark time, make* no headway
tor¹ *fn* → **halotti**
tor² *fn* ❏ *áll* thorax
torkolat *fn (folyóé)* mouth, estuary || *(lőfegyver csövéé)* muzzle
torkollik *ige (folyó)* fall*/flow/discharge || *(utca)* lead* into
torkos *mn (nyalánk)* fond of sweet things *ut.*; *(ínyenc)* gourmand || *(falánk)* greedy, gluttonous
torkoskodik *ige (nassol)* nibble at (sg), eat* sweet things

torlasz *fn (folyón)* obstruction, blockage
torlódás *fn* ❖ **ált** piling up || **(forgalmi) torlódás** traffic congestion/jam, tailback
torlódik *ige (munka)* accumulate, pile up || *(forgalom)* become* congested
torma *fn* horse-radish
tormás *mn* with horse-radish *ut.*
torna *fn (sportág)* gymnastics *esz* || *(testgyakorlás)* (physical) exercises *tsz*, gymnastics *tsz* || *(régen lovagi, ma: mérkőzéssorozat)* tournament
tornác *fn* portico, veranda(h), porch
tornacipő *fn* gym shoes *tsz*, tennis shoes *tsz*, ❈ *US* sneakers *tsz*
tornacsarnok *fn* gymnasium
tornaing *fn* gym shirt
tornanadrág *fn* gym shorts *tsz*
tornaóra *fn* physical training *(röv PT)*, ❖ *biz* gym (class)
tornaruha *fn* gym vest and shorts *tsz*; *(testhezálló, lányoknak)* leotard
tornász *fn* gymnast
tornászik *ige* do* gymnastics, do* physical exercises
tornatanár *fn* physical instructor, gym teacher
tornaterem *fn* gym(nasium)
tornatrikó *fn* (gym) vest, singlet
tornyos *mn* towered
tornyosul *ige* tower, bank/pile up || **tornyosulnak a fellegek** (the) clouds are gathering
torok *fn (vké)* throat || *(barlangé)* mouth; *(lőfegyveré)* muzzle || **fáj a torka** have* a sore throat
torokgyulladás *fn* inflammation of the throat, sore throat, pharyngitis
torokhang *fn* guttural/deep voice
torokköszörülés *fn* clearing one's throat
torokmandula *fn* tonsil(s)
torony *fn* tower; *(kicsi)* turret, pinnacle; *(templomé)* (bell/church) tower, steeple
toronyház *fn* tower block, high-rise (block)

toronyóra *fn* ❖ *ált* (church-)clock; *(a londoni parlamenté)* Big Ben
toronyugrás *fn* high-board diving
torpedó *fn* torpedo *(tsz -does)*
torpedóromboló *fn* torpedo-boat destroyer
torta *fn* (fancy) cake, gâteau *(tsz -teaux)*
tortaforma *fn* cake-mould (⊕ *US* -mold), cake-tin, baking-tin
tortalap *fn* wafer-sheet
tortúra *fn (fizikai)* torture || ❖ *átv* torment, torture(s)
torz *mn* deformed, misshapen
torzít *ige (elcsúfít)* deform, disfigure || *(arcot, tényeket, képet, hangot)* distort
torzítás *fn* distortion
torzó *fn* torso *(tsz* torsos)
torzszülött *fn* freak, deformity, monster
torzulás *fn* distortion
torzsa *fn (káposztáé)* stalk; *(salátáé)* stalk, heart
torzsalkodás *fn* discord, friction, quarrel
tószt *fn* toast
totális *mn* total, entire, complete || **totális háború** all-out war(fare), total war
totalitárius állam *fn* totalitarian state
totálkáros *mn* **totálkáros a gépkocsi** the car is/was a (complete) write-off, the car has become a total loss
totó *fn* (football) pools *tsz* || **nyer a totón** win* sg on the pools
totószelvény *fn* (football) pools coupon
totózik *ige* bet* on *(v. biz* do*) the (football) pools
totózó *fn (személy)* ⊕ *GB* punter || *(iroda)* pools office/agency
totyog *ige (kisgyerek)* toddle
tova *hsz* ❖ *ir* far off/away, yonder
tovább *hsz (térben)* further, on(ward) || *(időben)* longer, more, on || *(folytatva)* on(ward), forth || **csak így tovább!** keep it up!, keep at it!; **eddig és ne tovább** no further; this is the limit; stop; enough; **egy óránál tovább** for over an hour; **és így tovább** and so on/forth, etcetera *(röv* etc.); **olvass tovább!** go on reading!, continue reading!; **tovább!** *(= folytasd)* go/carry on!, keep going!, proceed!
továbbá *hsz* besides, moreover, further(more); as well (as)
továbbad *ige (tárgyat vknek)* hand/pass sg on to sy *v.* hand/pass on sg to sy || *(megvett tárgyat elad)* resell* sg, pass sg on to sy
továbbáll *ige* ❖ *biz* make*/slope off, ❑ *kif* make* oneself scarce
továbbhajt *ige* drive* on || **segítségnyújtás nélkül továbbhajt** fail to stop after an/the accident, leave* the scene without stopping to give assistance
továbbhalad *ige* go* on, keep* on; proceed; ❖ *átv* progress, make* headway/progress
további ▼ *mn* further; *(újabb)* additional || **további intézkedésig** until further notice, for the present ▼ *fn* **minden további nélkül** without more/further ado, just like that, forthwith
továbbjut *ige (versenyben)* qualify for *(v.* get* into) [the next round/heat]
továbbképzés *fn* ❖ *ált* further/continuing education || **tudományos továbbképzés** postgraduate studies *tsz*
továbbképző tanfolyam *fn* further education training course; *(tanároknak)* refresher course; *(munka mellett)* in-service training
továbbmegy *ige* go* on, proceed on one's way || *(vmvel, pl. tanár az anyaggal)* go* on (with sg) || **az élet megy tovább** life goes on
továbbra *hsz* **továbbra is** in the future too
továbbszolgáló *mn* ❑ *kat* re-enlisted
továbbtanulás *fn* further/continuing education

tovatűnik *ige* ❖ *ir* fade/pass away, vanish
tóvidék *fn* region of lakes; ⊕ *GB* ❏ *földr* the Lake District, the Lakes *tsz*
tő *fn* ❏ *növ* stock, stem; *(szőlőtő)* vinestock/plant ‖ ❏ *nyelvt* root
több ▼ *szn/mn (összehasonlításban)* more ‖ *(néhány)* several, a few, some ‖ **ez több a soknál** this is (far) too much, that is more than enough; *(felháborodva)* that's the limit, this is the last straw, that is going too far; **még több** even more; **nincs több** there is no more, it is all gone; **sőt, mi több** what is more; **több mint** more than; over; **több mint egy éve** *(amióta)* it is more than a year (since); *(amikor)* more than a year ago; **több mint egy órán át** for over an hour ▼ *fn* **többek között** among other things, among others
többé *hsz* (no) more, (no) longer ‖ **többé (már) nem** no more/longer, not ... any more; **soha többé** nevermore, never again
többé-kevésbé *hsz* more or less
többen *szn/hsz* several (of us/you/them), a number of people
többes szám *fn* plural
többféle *mn* of many/several (different) kinds *ut.*, many different *(v.* several) kinds of ...
többgyermekes *mn* with a large family *ut.*
többi *mn/fn* **a többi** *(ember)* the rest/others *tsz; (tárgy stb.)* the rest (of it/them), the remainder, the other/remaining [books etc.]; **a többi gyerek** the other students [in my class] are ...; the rest [are ...]; **a többiek** the others, the rest (of us/them); **(é)s a többi** *(stb.)* and so on/forth (etc.)
többjegyű szám *fn* multidigit number
többlet *fn* ❏ *ker* ❏ *közg* surplus; *(súly)* excess
többnejűség *fn* polygamy

többnyelvű *mn* multilingual
többoldalú *mn (szerződés)* multilateral
többpártrendszer *fn* multi-party system
többrendbeli *mn* ❏ *jog* on several counts *ut.*
többség *fn* majority ‖ **többségben van(nak)** be* in the majority; *(vkvel szemben)* outnumber sy
többszólamú *mn* ❏ *zene* of many parts *ut.*; *(önálló szólamok)* polyphonic
többszótagú *mn* polysyllabic
többször *hsz (több ízben)* several times, on several occasions, repeatedly
többszöri *mn* repeated, frequent
többszörös ▼ *mn* manifold, multiple, repeated; **többszörös milliomos** multimillionaire ▼ *fn* ❏ *mat* multiple ‖ **legkisebb közös többszörös** lowest common multiple
többtagú *mn (küldöttség)* consisting of several members *ut.* ‖ ❏ *mat* **többtagú kifejezés** polynomial
tőgy *fn* udder
tök *fn* ❏ *növ (főző)* (vegetable) marrow; *(sütő)* pumpkin; ⊕ *US* (marrow) squash ‖ *(kártya)* diamonds *tsz* ‖ ❖ *vulg (here)* balls *tsz* ‖ ❖ *biz (jelzőként)* dead ‖ **tök jó!** great!, dead good!
tőke¹ *fn (mészárosé stb.)* block ‖ *(szőlőé)* vine(-stock)
tőke² *fn* ❏ *közg* capital
tőkebefektetés *fn* capital investment
tőkehal *fn* cod(fish); *(szárított)* stockfish
tőkehús *fn* carcass meat; meat on the bone
tőkekoncentráció *fn* concentration of capital
tökéletes *mn* perfect, faultless, excellent
tökéletesedik *ige* become* perfect, arrive at perfection
tökéletesen *hsz (kitűnően)* perfectly ‖ *(teljesen)* perfectly, completely, abso-

lutely ‖ **tökéletesen beszél angolul** (s)he speaks perfect English; his/her English is perfect
tökéletesít *ige* make* (sg) perfect, perfect, bring* (sg) to perfection
tökéletesség *fn* perfection, completeness
tökéletlen *mn (tárgy)* imperfect, defective ‖ *(személy)* half-witted ‖ **tökéletlen alak** an idiot, ❖ *biz* ❑ *kif* he is not all there
tőkés ▼ *mn* capitalist ‖ **tőkés rendszer** capitalist system, capitalism ▼ *fn* capitalist; stockholder
tőkeszegény *mn* deficient in funds *ut.*; *(igével)* lack capital
tökfej *fn* ❖ *biz* dolt, blockhead, idiot, ⊕ *US* goon
tökfőzelék *fn* [dish of (boiled)] vegetable marrow (⊕ *US* squash)
tökmag *fn* ❑ *növ* pumpkin seed, vegetable marrow seed ‖ ❖ *biz (emberről)* shrimp, mite, small fry
tökrészeg *mn* dead/blind/roaring drunk, paralytic, plastered, ❖ *biz* pissed
töksötét *mn* dead dark
tölcsér *fn* ❖ *ált* funnel ‖ *(fagylalt)* cone, cornet ‖ *(tűzhányóé, bombáé)* crater
tölcsértorkolat *fn* estuary
tőle *hsz* from/by/of him/her/it ‖ **ez nem szép tőle** that is not nice of him
tölgy *fn* oak(-tree)
tölgyfa *fn (élő)* oak(-tree) ‖ *(anyag)* oak(-wood) ‖ **tölgyfa bútor** oak furniture
tölt *ige (folyadékot vmbe)* pour (sg into sg) ‖ *(vmt levegővel/gázzal stb.)* fill (up) ‖ *(cigarettát, hurkát stb.)* fill; *(egyéb ételneműt)* stuff ‖ *(fegyvert)* load ‖ *(akkut)* charge ‖ *(időt)* pass, spend* ‖ **mivel töltöd szabad idődet?** how do you spend your leisure?, what do you do in your spare time?; **szállodában tölti az éjszakát** stay the night at a hotel
töltelék *fn (ételben, húsféle)* stuffing; *(édes)* filling

töltény *fn* cartridge
tölténytár *fn* magazine
töltés *fn (folyamat)* filling ‖ *(puskában)* load, charge ‖ *(elektromos)* charge ‖ *(földből emelt)* bank, embankment
töltet *fn* ❑ *kat* load, charge; *(robbanó)* warhead
töltetlen *mn (fegyver)* unloaded
töltőállomás *fn* filling/petrol station, ⊕ *US* gas(oline) station
töltőceruza *fn* propelling pencil
töltőtoll *fn* fountain-pen
töltött *mn (étel)* stuffed ‖ *(fegyver)* loaded ‖ **töltött csirke** stuffed chicken; **töltött káposzta** stuffed cabbage; **töltött paprika** stuffed green pepper
töm *ige* ❖ *ált* stuff, cram; *(pipát)* fill ‖ *(baromfit)* cram, fatten/feed* up ‖ *(fogat)* fill, put* in a filling
tömb *fn* block ‖ ❑ *pol* **a keleti tömb (országai)** the Eastern bloc
tömeg *fn* ❖ *ált és* ❑ *fiz* mass; *(terjedelem, ker)* bulk ‖ *(ember)* crowd; ❖ *elit* horde, mob ‖ ❑ *pol* **a tömegek** the masses; the working class *esz*
tömegáru *fn* mass-produced articles/goods, bulk goods *(mind: tsz)*
tömeges *mn* mass, in large number *ut.*
tömegesen *hsz* in large numbers
tömeggyártás *fn* mass production
tömeggyilkos *fn* mass murderer
tömeggyilkosság *fn* mass murder
tömeggyűlés *fn* mass meeting/rally
tömeghisztéria *fn* mass hysteria
tömegkommunikáció *fn* = **tömegtájékoztatás**
tömegközlekedés(i eszközök) *fn* public transport (⊕ *US* transportation)
tömegmészárlás *fn* massacre
tömegpusztító fegyverek *fn tsz* weapons of mass destruction
tömegsír *fn* common/mass grave
tömegsport *fn* mass/popular sport
tömegszerencsétlenség *fn* serious accident
tömegtájékoztatás *fn* mass communications/media *tsz*, the media *tsz* ‖ **tö-**

megtájékoztatási eszközök mass media, the media
tömegtermelés *fn* mass/quantity production
tömegtüntetés *fn* mass demonstration/protest
töméntelen *mn* innumerable, countless, no end of
tömény *mn* concentrated || **tömény szesz** pure alcohol/spirit
töménység *fn* concentration
tömérdek *mn* heaps/loads of
tömés *fn (fogé)* filling || *(vállé)* padding, wadding
tömítés *fn* filler, wadding; *(csapé)* washer, gasket
tömítőgyűrű *fn* washer, gasket
tömjén *fn* incense
tömjénez *ige* ❖ *átv (vkt/vknek)* flatter sy, fawn on sy
tömlő *fn (cső)* hose(pipe) || *(gumibelső)* inner tube || **tömlő nélküli gumi** tubeless tyre (⊕ *US* tire)
tőmondat *fn* simple sentence
tömör *mn (anyag)* solid, massive, compact || *(stílus)* concise, succinct, terse
tömörít *ige* ❑ *műsz* compress, condense || *(szöveget)* boil down, summarize, condense
tömörség *fn (anyagé)* compactness || *(stílusé)* conciseness
tömörül *ige (vk körül)* cluster/rally round (sy); *(szervezetbe)* organize themselves into [a trade union etc.]
tömött *mn (sűrű)* compact, thick || *(jármű)* jam-packed, very crowded; *(pénztárca)* bulging, well-lined
tönk *fn (fa)* stump; *(húsvágó)* block || **a tönk szélén áll** be* on the brink of ruin
tönkremegy *ige (dolog)* be*/get* spoiled/ruined/damaged || *(vk, vm, anyagilag)* be* ruined, be*/go* bankrupt
tönkretesz *ige (vkt)* ruin (sy), bring* (sy) to ruin || *(vmt)* ruin, spoil*, damage sg (beyond repair); *(telefonfülkét stb.)* vandalize
töpörtyű *fn* (pork) crackling(s)
töpörtyűs pogácsa *fn* crackling cone
töpreng *ige (vmn)* brood (over/about), meditate (on), ponder, have* sg on the brain
töprengés *fn* brooding, cogitation
tör *ige* ❖ *ált* break*, smash, crush; *(diót)* crack; *(cukrot)* pound, powder || *(vm cél felé)* aim at doing sg (v. to do sg), aim for sg, aspire to sg, endeavour (to) || **darabokra tör** break* (sg) into (small) pieces, break* (sg) up; **töri a cipő a lábát** the shoe pinches; **töri a fejét** rack one's brains; **töri magát** ❖ *ált* slave (away) (at sg), overwork oneself; *(vmért)* push oneself [to obtain sg], strive* for sg (v. to do sg); **töri az angolt** speak* broken English
tőr *fn (fegyver)* dagger; *(vívó)* foil || *(csapda)* snare, trap || **tőrbe csal** ensnare, decoy, set* a trap for
tördel *ige (darabokra)* break* (sg) into pieces, crumble (sg) || ❑ *nyomd* make* up, set* (sg) to pages || **kezét tördeli** wring* one's hands
tördelés *fn* ❑ *nyomd* making-up, make-up
tördöfés *fn* stab, thrust
töredék *fn (irodalmi)* fragment || *(rész)* portion, fraction
töredezik *ige* break* up, crumble
törékeny *mn (tárgy)* fragile || *(egészség)* frail, delicate
törekszik *ige (igyekszik)* endeavour (⊕ *US* -or) (to do sg), make* an/every effort (to) || *(vmre)* strive* (for/after sg v. to do sg), aspire to, aim at [doing sg] || **minden igyekezetével törekszik vmre** be* (v. go* all) out for sg
törekvés *fn* ambition, endeavour (⊕ *US* -or), striving after, effort, pursuit
törekvő *mn* ambitious, aspiring

törés *fn* ❖ *ált* breaking || ❑ *orv* fracture, break
töréskár *fn (gépkocsin)* collision damage
törhetetlen *mn (tárgy)* unbreakable || **törhetetlen üveg** shatter-proof glass
törik *ige* break*, get* broken
törlés *fn (írásé)* rubbing out, erasing; *(tollal, ceruzával)* crossing/striking out/through; *(szövegé)* deletion || *(magnón)* wiping (out) || *(adósságé)* cancellation || ❑ *szt* delete, clear
törleszkedik *ige (vkhez)* ❖ *átv* curry sy's favour (⊕ *US* -or)
törleszt *ige (adósságot, kölcsönt)* pay* off (by/in instalments); ❑ *pénz* amortize [a debt, mortgage etc.]
törlesztés *fn (adósságé, kölcsöné)* paying/payment by instalments, ❑ *pénz* amortization || *(a részlet)* instalment
törmelék *fn* ❖ *ált* debris *tsz*; *(kő)* rubble
törődés *fn (vmvel)* care, concern (for)
törődik *ige (gyümölcs)* get* bruised/damaged || *(vkvel)* take* care of sy, care for sy, look after sy; *(vmvel)* take* (good) care of sg, care for sg; *(bajlódik)* bother about/with sg || **törődj a magad dolgával!** mind your own business
török ▼ *mn* ❖ *ált (törökországi)* Turkish || ❑ *nyelvt* Turkic || **a török nyelvek** the Turkic languages; **török kávé** Turkish coffee ▼ *fn (ember)* Turk || *(nyelv)* Turkish || ❑ *tört* **a török** *(= törökök)* the (Osmanli) Turks; **törököt fog** catch* a Tartar; **törökül beszél** speak* Turkish; **törökül van írva** is written in Turkish
Törökország *fn* Turkey
törökülés *fn* sitting cross-legged
töröl *ige (tisztává, szárazra)* wipe; *(feltöröl)* wipe up; *(edényt)* dry || *(írást radírral)* rub* out; *(nevet vhonnan)* strike* off/out, cross out; *(jegyzékből)* delete [from the list]; *(szöveget)* delete, cut*; *(magnó stb. felvételt)* erase || *(rendelkezést)* annul || ❑ *szt* delete, clear || **a nem kívánt rész törlendő** (please) delete whichever does not apply, please delete where inapplicable
törölget *ige (edényt)* dry [(the) dishes], dry up; *(bútort)* dust
törölgetés *fn* drying (up)
törött *mn (eltört)* broken || **törött bors** ground pepper
törpe *mn/fn (jelzőként is)* dwarf *(tsz* dwarfs)
tört ▼ *mn (eltört)* broken, smashed || **tört angolság** broken English; **tört arany** broken gold; **tört burgonya** mashed potatoes ▼ *fn* ❑ *mat* fraction
történelem *fn* history || **történelem előtti** prehistoric
történelemtanár *fn* teacher of history, history teacher
történelmi *mn* historical, history; historic || **történelmi esemény** historic event
történés *fn* happening, occurrence, event(s); *(cselekmény)* action, plot
történész *fn* historian
történet *fn (elbeszélés)* story, tale, narrative
történeti *mn* historical
történetírás *fn* history, historiography
történetíró *fn* historian
történettudomány *fn* history, historical scholarship/science
történik *ige* ❖ *ált* happen, occur, come* to pass; *(vm vkvel)* happen to (sy); *(vm rossz)* befall* (sy) || **ami történt, megtörtént** what is done can't be undone; **baleset történt** there has been an accident; **bármi történjék is** whatever happens, come what may; **mi történt?** what('s) happened?, what('s) the matter?; **mintha mi sem történt volna** as if nothing had happened
törtet *ige* ❖ *átv* be* pushing/pushy, push oneself (forward)
törtetés *fn* ❖ *átv* pushiness, careerism

törtető ▼ *mn* ❖ *átv* ambitious, pushy ▼ *fn* pushing/pushy person/fellow, careerist

törtszám *fn* fraction

törtvonal *fn* ❑ *mat* division sign

törülközik *ige* dry (oneself)

törülköző *fn* towel; *(nagy frottír)* bath towel

törve *hsz* **törve beszél angolul** he speaks broken English

törvény *fn* ❑ *jog* ❖ *ált* law; *(a törvényhozó testület határozata)* Act || *(igazságszolgáltatás)* law, court || ❑ *fiz* ❑ *vegy stb.* law || **a törvény előtt** in the eyes of the law; *(bíróságon)* before the court; **a törvény értelmében** in terms of the law, as provided by law; **a törvény nevében** in the name of the law; **szükség törvényt bont** necessity knows no law

törvényalkotás *fn* legislation

törvénycikk *fn* Act, law

törvényellenes *mn* illegal, unlawful

törvényerejű rendelet *fn* decree with legal force, law decree

törvényerő *fn* legal force || **törvényerőre emelkedik** become* (*v.* pass into) law, come* into force, be* enacted

törvényes *mn* ❖ *ált* legal; *(törvényben lefektetett)* statutory; *(eljárás)* lawful; *(jogos)* legitimate || **törvényes házasság** lawful marriage; **törvényes gyermek** legitimate child°

törvényesen *hsz* legally, by legal means

törvényesség *fn* legality

törvényhatóság *fn* local/municipal authority

törvényhatósági *mn* municipal

törvényhozás *fn* legislation

törvényhozó *mn* legislative || **törvényhozó testület** legislative body/authority, legislature

törvényjavaslat *fn* bill, the Bill

törvénykezés *fn* administration of justice, jurisdiction

törvénykönyv *fn* (legal) code, code of law, statute-book

törvénysértés *fn* violation/infringement of the law, offence (⊕ *US* -se) (against the law)

törvényszék *fn* court of law, lawcourt

törvényszéki *mn* juridical, judicial || **törvényszéki bíró** judge; **törvényszéki orvostan** forensic medicine, medical jurisprudence

törvényszerű *mn* (jogilag) legal, lawful, legitimate || (szabályos) regular

törvényszerűség *fn* (jogi) legality, lawfulness, legitimacy || (szabályosság) regularity

törvénytelen *mn* (cselekedet) illegal, unlawful || (gyermek) illegitimate

törvénytelenség *fn* illegality, unlawfulness; (cselekedet) unlawful act

törvénytervezet *fn* Bill, draft of a new law

tőrvívás *fn* foil fencing

tőrvívó *fn* (foil) fencer

törzs *fn* (testé, fáé) trunk || (hajóé) hull, hulk, body; (repülőgépé) fuselage || ❑ *kat* staff || (nép) tribe || ❑ *növ* ❑ *áll* phylum (*tsz* -la)

törzsfő(nök) *fn* chieftain, chief

törzshely *fn* regular haunt, favourite (⊕ *US* -or-) restaurant [etc.]

törzskar *fn* ❑ *kat* (general) staff

törzskönyv *fn* (személyeké) roll, register; (kutyáké) pedigree

törzskönyvezett *mn* registered; (állat) pedigree

törzsőrmester *fn* sergeant-major, ⊕ *US* master sergeant

törzsszám *fn* ❑ *mat* prime number || (törzslapon) reference/serial number

törzsvendég *fn* regular (customer), habitué

tősgyökeres *mn* pure(-blooded), genuine

tőszám(név) *fn* cardinal number

tőszó *fn* root-word, stem

tövestül *hsz* root and branch, radically

tövis *fn* thorn
tövises *mn* thorny
tőzeg *fn* peat
tőzsde *fn* stock exchange, *(londoni stb.)* Stock Exchange, stock-market
tőzsdei *mn* **tőzsdei árfolyam** stock exchange/market quotation
tőzsdézik *ige* gamble/speculate on the stock exchange *(v.* stock-market)
tradíció *fn* tradition
tradicionális *mn* traditional
trafik *fn* tobacconist('s), ⊕ *US* cigar store
trafikos *fn* tobacconist
tragacs *fn* ❖ *biz (rozoga jármű)* **(ócska) tragacs** ⊕ *US csak* jalopy, flivver
trágár *mn* obscene, indecent || **trágár beszéd** obscene talk/language, smut
trágárság *fn* obscenity, indecency
tragédia *fn* tragedy
tragikomédia *fn* tragicomedy
tragikum *fn* tragedy
tragikus *mn* tragic
tragikusan *hsz* tragically; *(tragikus körülmények között)* in/under tragic circumstances || **tragikusan végződött** it ended fatally
trágya *fn* dung, manure
trágyáz *ige* manure, spread* (the) dung (on/over)
trágyázás *fn* manuring, muckspreading
traktál *ige* ❖ *biz (jóltart)* treat sy to sg, regale sy with/on sg || *(üggyel)* treat sy to sg, bore sy with sg
traktor *fn* tractor
transz *fn* ❑ *pszich* trance
transzformátor *fn* transformer
transzfúzió *fn* ❑ *orv* transfusion
transzparens ▼ *mn* transparent ▼ *fn (fényreklám)* neon sign || *(felvonuláson)* banner, placard
tranzakció *fn* transaction, deal
tranzisztor *fn* transistor
tranzisztoros rádió *fn* transistor (radio)

tranzit *fn* transit
tranzitutas *fn* transit passanger
tranzitváró *fn* transit lounge
trapéz *fn* ❑ *mat* trapezium, ⊕ *US* trapezoid || *(akrobatáké)* trapeze
trappista (sajt) *fn* Port-Salut [cheese]
trappol *ige* trot
trauma *fn* ❑ *orv* ❑ *pszich* trauma
traumatológia *fn* traumatology
tréfa *fn* joke, fun || **durva tréfa** practical joke; **ennek a fele se tréfa** that is *(v.* has gone) beyond a joke
tréfadolog *fn* **ez nem tréfadolog** it's no laughing matter
tréfál *ige* joke; *(vicceket mond)* crack jokes || **nem tréfál** he means business, he is serious
tréfálkozik *ige* crack jokes, joke
tréfás *mn (történet stb.)* amusing, funny; *(megjegyzés)* facetious; *(vk)* funny, facetious
treff *fn (kártya)* club
trehány *mn* ❖ *vulg (emberről)* slovenly, sloppy || *(munka)* slipshod, shoddy, sloppy || **trehány alak** ❖ *vulg* slob
tréningruha *fn* = **melegítő**
triangulum *fn* ❑ *zene* triangle
tricikli *fn* tricycle
trigonometria *fn* trigonometry
trikó *fn (alsóruha)* vest, ⊕ *US* undershirt; *(sportolóé, ujjatlan)* singlet; *(rövid ujjú)* T-shirt
trilla *fn* ❑ *zene* trill, shake
trillió *szn* (10^{18}) ⊕ *GB* trillion, ⊕ *US* quintillion
trilógia *fn* trilogy
trió *fn* trio
tripla *mn* triple, threefold
triviális *mn (közönséges)* vulgar, low || *(elcsépelt)* trivial, trite
trófea *fn* trophy
trolibusz *fn* trolley-bus
trombita *fn* trumpet
trombitál *ige* blow* the trumpet
trombitás *fn* trumpet(er), trumpet-player

trombózis *fn* thrombosis
tromf *fn (kártyában)* trump(s) || ❖ *átv* retort
trón *fn* throne || **trónra lép** come* to the throne, ascend the throne; **trónra lépés** accession to the throne
trónbeszéd *fn* speech from the throne, the Queen's/King's speech
trónfosztás *fn* dethronement, deposition
trónkövetelő *fn* pretender
trónol *ige* be*/sit* enthroned (*v.* on the throne)
trónörökös *fn* heir apparent (to the throne); *(nem* ⊕ *GB)* crown prince/princess; ⊕ *GB* the Prince of Wales
trónutódlás *fn* succession to the throne
trópusi *mn* tropical || **trópusi éghajlat** tropical climate; **trópusi hőség** tropical weather/heat; **trópusi őserdő** rain forest
trópus(ok) *fn (tsz)* ❏ *földr* the tropics *tsz*
tröszt *fn* trust
trükk *fn* trick, device
trükkfilm *fn* special effects film; *(rajzfilm)* (animated) cartoon
tsz = **termelőszövetkezet**
tsz-elnök *fn* chairman° of the co-operative
TTK = *természettudományi kar* faculty of science
tuba *fn* ❏ *zene* tuba
tuberkulózis *fn* tuberculosis
tubus *fn* tube
tucat *hsz/fn* dozen || **fél tucat tojás 40 penny** these eggs are 40p a half dozen; **három tucat doboz** three dozen boxes
tud *ige (ismer)* know* (sg); *(vmről)* know* (sg) about/of (sg); *(tudomása van vmről)* be* aware of, have* heard of (sg) || *(képes)* can* [do sg], be* able to [do sg]; can* manage (sg *v.* to) || **amennyire én tudom** as far as I know; **egy kicsit tud spanyolul** (s)he knows a little Spanish, (s)he has a smattering of Spanish; **el tudsz jönni?** can you come?, will you be able to come?, ❖ *biz* can you make it?; **honnan tudja?** how do you know?; **jól tud angolul** sy's English is good, know* English well; **jól tudja** know* full/very well; **„ki mit tud?"** *(verseny)* (television) talent show; **ki tudja?** who knows?, who can tell?; **meg tudtam szerezni a könyvet** I managed (*v.* was able) to get the book; **mit tudom én?** how should I know?; ❖ *biz* ask me another; **nem tud** *(vmt tenni)* cannot (*v.* can't) [do sg]; **nem tud fizetni** (s)he can't pay; **nem tudom** I don't know, I can't tell, I have no idea; **ő mindent tud** he's a mine of information; **ő tudja, miért** for reasons of his own, for reasons best known to himself; **szeretném tudni ...** I should like to know ...
tudakozó *fn (helyiség)* inquiry office, inquiries *tsz*, information
tudakozódik *ige (vk/vm felől/után)* make* inquiries about (sy/sg), inquire/ask about/after (sy/sg)
tudás *fn (szellemi)* knowledge, learning || *(jártasság)* skill || **angoltudás** one's (proficiency in) English, (one's) knowledge of English
tudásalapú *mn* knowledge-based
tudásszomj *fn* thirst for knowledge, intellectual curiosity
tudat[1] *ige (vkvel vmt)* let* sy know sg, notify/inform sy of sg
tudat[2] *fn* consciousness || **tudat alatt** subconsciously; **tudat alatti** subconscious; **tudatában van vmnek** be* conscious/aware of sg
tudatalatti *fn* the subconscious
tudathasadás *fn* schizophrenia
tudatlan *mn* ignorant
tudatlanság *fn* ignorance
tudatos *mn (tudaton alapuló)* conscious || *(szándékos)* deliberate

tudattalan *mn* unconscious
tudniillik (*röv* **ti.**) *ksz (ugyanis)* for ..., because || *(jobban mondva)* that is to say, or rather, to be more precise || *(mégpedig)* namely (*írásban röv* viz.)
tudnivaló *fn (felvilágosítás)* information (*tsz* ua.) || *(utasítás)* instructions *tsz*
tudomány *fn (ált és természettudomány)* science; *(egyéb)* the (scientific) study of ...; [economic/historical etc.] studies *tsz; (tudás, tudományosság)* scholarship, learning, knowledge || ❖ *biz* **megáll a tudománya** be* at one's wit's end
tudományág *fn* branch of learning/science, discipline, the study of ...
tudományegyetem *fn* university
tudományos *mn (főleg természettudományok)* scientific; *(humán tud.)* scholarly, learned; *(elméleti; humán és társadalomtud.)* academic || **Magyar Tudományos Akadémia** Hungarian Academy (of Sciences); **tudományos fokozat** (academic) degree; **tudományos kutatás** (scientific) research (into/on sg); researches (into/on sg) *tsz;* **tudományos kutató** research worker/fellow; *(rangidős)* senior research fellow; researcher
tudományosan *hsz* scientifically
tudományos-fantasztikus *mn* **tudományos-fantasztikus regény(irodalom)** science fiction (*röv* sci-fi); **tudományos-fantasztikus regény** a sci-fi novel
tudományos-technikai *mn* **tudományos-technikai forradalom** scientific and technological revolution
tudománytalan *mn (ált és természettud.)* unscientific; *(humán)* unscholarly
tudomás *fn* knowledge || **tudomása van vmről** have* knowledge of sg, be* aware/informed of sg, know* of sg; *(hallott róla)* have* heard of sg; **nincs tudomása vmről** be* unaware/ignorant of sg; *(tájékozatlan)* be* unapprised of sg; **vknek tudomása nélkül** without sy's knowledge, without asking sy, over sy's head; **tudomásom szerint** to my knowledge, as far as I know
tudomásulvétel *fn* acknowledgement, acceptance
tudós ▼ *mn* scholarly || **tudós társaság** learned society ▼ *fn (főleg természettudós)* scientist; *(humán)* scholar
tudósít *ige (vkt vmről)* inform sy of/about sg, let* sy know sg, notify sy of sg || *(újságnak, rádiónak stb.)* report on sg, cover (sg); *(rendszeresen)* report for [a newspaper, radio, television]
tudósítás *fn* ❖ *ált* information || *(eseményről, újságnak stb., tevékenység)* (news) reporting, reportage; *(egyes)* report, dispatch
tudósító *fn* correspondent
tudta *fn* vk tudta nélkül, tudtán kívül without sy's knowledge, behind sy's back; **vknek tudtára ad vmt** bring* sg to sy's knowledge/notice, notify/inform sy (of sg), make* sg known to sy; **tudtommal** as far as I know (*v.* am aware), to my knowledge
tudvalevő *mn* (it is) well-known || **tudvalevő, hogy** it is (a matter of) common knowledge that, it is well-known that
túl¹ *hsz (vmn)* beyond, over, across || *(időben)* beyond, after, over || **túl van a negyvenen** he is past (*v.* has turned) forty
túl² *hsz (túlságosan)* too, excessively
tulajdon ▼ *mn* own || **a tulajdon szememmel láttam** I saw it with my own/very eyes ▼ *fn (tárgy stb.)* property || **közös tulajdon** common/joint property; **vknek a tulajdonában van** be* one's/sy's property, belong to sy, sg is owned by sy
tulajdonít *ige (vknek/vmnek vmt)* attribute/ascribe/assign (sg to sy/sg)

tulajdonjog *fn* proprietary rights *tsz*, ownership, proprietorship

tulajdonképpen *hsz (a lényeget tekintve)* in fact, properly/strictly speaking, actually, as a matter of fact, really || *(eredetileg)* originally || **tulajdonképpen mit akarsz?** what do you really want?

tulajdonnév *fn* proper name/noun

tulajdonos *fn (ingatlané stb.)* owner; *(üzleté)* proprietor, owner; *(igazolványé)* holder; *(útlevélé)* bearer

tulajdonság *fn* quality, attribute, property, feature || **jó tulajdonság** *(vké)* virtue, sy's good point

túláradó *mn* overflowing; *(csak átv)* exuberant || **túláradó jókedvében** bubbling over with high spirits, overjoyed (with)

túlbecsül *ige (vmt)* overestimate, overrate

túlbuzgó *mn* overzealous, eager (beaver)

túlcsordul *ige* run*/brim* over, overflow

túlcsordulás *fn* ❏ *szt* overflow

túlél *ige (vmt)* survive (sg); *(vkt)* outlive (sy)

túlélő *fn* survivor

túlérett *mn* overripe

túlerő *fn* numerical superiority

túlerőltet *ige* overwork, overstrain || **túlerőlteti a szemét** strain one's eyes

túlérzékeny *mn* hypersensitive, oversensitive (to)

túlérzékenység *fn* hypersensitivity

túlexponált *mn* overexposed

túlfeszít *ige (kötelet)* overstrain || ❖ *átv* overwork; *(idegeit)* overreach/exhaust oneself || **túlfeszíti a húrt** go* too far

túlfeszített *mn* overstrained

túlfizet *ige* overpay*, pay* too much (for)

túlfolyó *fn (kádé stb.)* overflow (pipe)

túlhajt *ige* **túlhajtja magát** overwork, overdo* it, drive*/push oneself too hard

túlhúz *ige (órát)* overwind*

tulipán *fn* tulip

túljár *ige* **túljár vknek az eszén** outwit*/outsmart/outmanoeuvre (⊕ *US* -neuver) sy

túljelentkezés *fn (kirándulásra stb.)* being oversubscribed; *(egyetemre stb.)* over-application

túlkapás *fn* abuse(s) (of) || **túlkapások** excesses

túllép *ige (mértéket)* exceed, overstep the mark || **túllépi a hatáskörét** overstep/exceed one's authority

túllépés *fn (jogköré)* transgression

túllő *ige* overshoot* || **túllő a célon** overshoot*/overstep the mark

túlmegy *ige (vmn)* go* beyond, surpass (sg) || **túlmegy minden határon** overstep the mark

túlmelegszik *ige* overheat

túlmenően *hsz* **ezen túlmenően** over and above that, in addition to this, beyond that

túlméretezett *mn* exaggerated

túlmunka *fn* (working) overtime || **túlmunkát végez** work overtime, be* on overtime

túlnépesedés *fn* overpopulation

túlnyomó *mn* predominant, preponderant || **az esetek túlnyomó többségében** in the overwhelming majority of cases

túlnyomórészt *hsz* predominantly, overwhelmingly, for the most part

túloldal *fn* **az utca túloldalán** across the road/street, over the road, on the far side of the road/street; **lásd a túloldalon** see overleaf/over

túlóra *fn* overtime || **ma három túlórám volt** I did three hours overtime today

túlórázás *fn* (working) overtime

túlórázik *ige* work overtime; be* on overtime

túloz *ige* exaggerate

túlságos *mn* exaggerated, excessive

túlságosan *hsz* (far) too, excessively

túlsó *mn* opposite, of/on the other side *ut.* ‖ **a túlsó oldalon** *(utcán)* across/over the street/road
túlsúly *fn* ❖ *ált* overweight; excess weight; *(repülőgépen)* excess baggage ‖ ❖ *átv* preponderance, predominance (over) ‖ **túlsúlyban van** prevail/predominate (over sy), be* in the majority/ascendant
túlszárnyal *ige* (vkt vmben) surpass/outshine* sy (in sg); *(vmt, pl. eredményeket)* improve on sg, better sg
túltáplált *mn* overfed
túlteljesít *ige* exceed [the target/plan by …%], overfulfil (⊕ *US* -fulfill)
túlterhel *ige* (súllyal) overload, overburden ‖ ❖ *átv* overload, overburden
túlterhelés *fn* (súllyal) overload(ing) ‖ ❖ *átv* overtaxing
túltermelés *fn* overproduction
túltesz *ige* (vkn) surpass/outdo* sy (in sg), go*/do* one better than sy ‖ **túlteszi magát** vmn disregard sg, does not bother oneself about sg, get* over sg
túlvilág *fn* the next/other world
túlvilági *mn* other-worldly
túlzás *fn* ❖ *ált* exaggeration; *(nyilatkozatban)* overstatement; *(viselkedésben)* extravagance ‖ **ez túlzás!** that is going too far, that is too much
túlzó ▼ *mn* excessive, extreme ▼ *fn* extremist
túlzott *mn* exaggerated
túlzsúfol *ige* overcrowd, cram ‖ **túlzsúfolt** overcrowded, (jam-)packed
túr *ige* (földet) dig*; (állat) dig* up; (disznó) root about ‖ **orrát túrja** pick one's nose
túra *fn* ❖ *ált* tour, trip; *(rövidebb)* outing, excursion; *(gyalog)* walk, hike; *(kocsin)* run, drive; *(kerékpáron)* ride; *(csónakon)* trip, (boat) ride
túrázás *fn* hiking, walking
túrázik *ige* go* on a trip/tour, tour (round) [a country]; be* away on a trip; *(gyalog)* hike, walk

túráztat *ige* race [the engine]
turbékol *ige* (galamb) coo ‖ ❖ *átv* **turbékolnak** bill and coo
turbékolás *fn* cooing
turf *fn* (futtatás) racing, the turf ‖ (versenypálya) race-course
turista *fn* tourist; (városnéző) sightseer; (gyalogos) hiker
turistaház *fn* youth hostel
turistaosztály *fn* (repülőgépen) tourist/economy class
turistaszállás *fn* tourist hostel/lodge
turistaszálló *fn* tourist hotel
turistaút *fn* (gyalogút) walking path; (kijelölt) (public) footpath, path, pathway
turistautazás *fn* tour, trip
turisztika, turizmus *fn* ❖ *ált* tourism; (utazás) touring
turkál *ige* ❖ *ált* search, rummage
turkáló *fn* second-hand shop
turmix *fn* milk-shake, ⊕ *US* így is shake, soda
turné *fn* tour ‖ **turnéra megy** go* on a tour
turnézik *ige* tour (v. be* touring) [swhere v. in …], be* on tour [in …] ‖ **Angliában turnézik a zenekar** the orchestra is (currently) on tour in Britain
turnus *fn* turn; (munkában) shift; (étkezéskor) sitting
túró *fn* (milk) curds *tsz*, curd (cheese)
túrógombóc *fn* curd(s) dumplings *tsz*
túrós *mn* curd, with curd *ut.* ‖ **túrós csusza tepertővel** pasta with soft cheese and cracklings
tus¹ *fn* (festék) Indian ink, ⊕ *US* India ink
tus² *fn* ❏ *zene* flourish
tus³ *fn* (zuhany) shower
tus⁴ *fn* = **puskatus**
tus⁵ *fn* ❏ *sp* (vívás) hit ‖ (birkózás) fall
tusfürdő *fn* shower bath
tuskó *fn* (fa) stump, block ‖ ❖ *elít* **faragatlan tuskó** boor, clodhopper
tusol *ige* = **zuhanyoz**

túsz *fn* hostage || **túszokat szed** take* hostages

túszdráma *fn* hostage crisis/drama

tuszkol *ige* push (sy with one's hands), thrust*, ❖ *biz* shove

tutaj *fn* raft

tutajos *fn* raftsman°

túzok *fn* bustard

tű *fn (varró, kötő, stoppoló)* needle; *(gombos és más)* pin || *(fenyőé)* pineneedle || **injekciós tű** hypodermic needle

tücsök *fn* ❑ *áll* cricket

tüdő *fn* lung, lungs *tsz* || *(levágott állaté)* lights *tsz*

tüdőbaj *fn* = **tüdőgümőkór**

tüdőbajos, tüdőbeteg *fn* consumptive, tubercular/TB (patient)

tüdőbeteg-gondozó *fn* TB clinic

tüdőgümőkór *fn* (pulmonary) tuberculosis

tüdőgyulladás *fn* pneumonia

tüdőrák *fn* lung cancer

tüdőszűrés *fn* X-ray screening

tüdőtágulás *fn* (pulmonary) emphysema

tükör *fn* ❖ *ált* mirror; *(főleg öltözködéshez)* looking-glass || **a víz tükre** surface of the water

tükörkép *fn* (mirror) image, reflection

tükörszó *fn* loan translation, calque

tükörtojás *fn* fried egg, ⊕ *US így is* egg sunny side up

tükröz *ige* ❖ *ált* reflect, mirror || ❑ *orv* examine by means of a speculum/cystoscope etc.

tükrözés *fn* ❑ *orv* examination by means of a speculum/cystoscope etc.

tükröződés *fn* reflection

tükröződik *ige* be* reflected/mirrored (in) || **meglepetés tükröződött az arcán** he *(v.* his) face showed/registered surprise

tülekedés *fn* jostling, pushing and shoving

tülekedik *ige* push and shove *(v.* elbow) one's way through/forward

tűlevél *fn* pine needle

tűlevelű *mn* coniferous

tülköl *ige (autó)* hoot, sound one's horn

tülök *fn (autóé is)* horn

tündér *fn* fairy

tündéri *mn* fairylike, magic; ❖ *biz (kisbaba stb.)* darling, sweetest

tündérmese *fn* fairy tale

tündöklés *fn* glittering, splendour (⊕ *US* -or), brilliance || ❖ *átv* radiance || **a birodalom tündöklése és bukása** the rise and fall of the empire

tündöklik *ige* glitter; sparkle, glisten

tündöklő *mn* gleaming, sparkling, glistening, glittering

tünemény *fn* phenomenon *(tsz* -mena)

tünet *fn* symptom, sign

tüneti *mn* symptomatic

tűnik *ige (vmlyennek látszik)* seem (to be), appear (to be *v.* as if) || *(eltűnik)* disappear, vanish

tűnődés *fn* reflection, meditation, musing

tűnődik *ige* reflect (on), meditate (on), muse (over/on), ponder (on/over) || **azon tűnődöm** I wonder (whether)

tüntet *ige (vm mellett, ellen)* demonstrate (for/against sg) || *(vmvel)* make* a show of sg, show* off, display

tüntetés *fn (vm mellett/ellen)* demonstration (for/against sg), ❖ *biz* demo || *(vmvel)* show, display, parade

tüntető ▼ *mn* demonstrative, ostentatious ▼ *fn* demonstrator

tüntetően *hsz* ostentatiously, in an ostentatious manner

tűr *ige* have* patience || endure (sg) with patience, put* up with sg, endure/suffer/bear*/tolerate sg

türelem *fn* ❖ *ált* patience, forbearance || ❑ *vall* ❑ *pol* tolerance

türelemjáték *fn* puzzle

türelmes *mn* ❖ *ált* patient *(vkvel* with sy); *(vall, pol is)* tolerant *(vmvel szemben* of sg)

türelmetlen *mn* ❖ *ált* impatient *(vkvel* with sy); ❑ *vall* intolerant

türelmetlenség *fn* ❖ *ált* impatience ‖ ❑ *vall* ❑ *pol* intolerance

tűrés *fn (elviselés)* bearing, suffering; *(türelem)* patience ‖ ❑ *műsz* tolerance

tűrhetetlen *mn (fájdalom)* unbearable ‖ *(viselkedés)* intolerable, insupportable

tűrhető ❖ *ált* passable, bearable, tolerable, decent, fair

tűrhetően *hsz* passably, tolerably, so-so; *(hogy vagy-ra válaszként)* so-so, (fair to) middling

türkiz(kék) *mn* turquoise

tűsarkú cipő *fn* stiletto-heel(ed) shoe, stiletto *(tsz* -tos)

tűsarok *fn* stiletto (heel), spike heel

tüske *fn* ❑ *növ* thorn, prick(le), bristle ‖ ❑ *műsz* mandrel

tüskés *mn* thorny, prickly, pricking

tüsző *fn* ❑ *növ* ❑ *orv* follicle

tüszős mandulagyulladás *fn* follicular tonsillitis

tüsszent *ige* sneeze

tüsszentés *fn* sneeze, sneezing

tűszúrás *fn (átv is)* pinprick

tűz¹ *ige (tűvel)* pin, fasten (sg) with a pin; *(öltéssel)* stitch; *(steppel)* quilt; *(odaerősít)* fix, stick* ‖ **célul tűz maga elé vmt** aim at (doing) sg, set* oneself to do sg (v. a task), ⊕ *főleg US* aim to [be/become* sg]; **tűz a nap** the sun is beating/blazing down

tűz² *fn (ált és tűzeset)* fire ‖ ❖ *átv* fire, heat, ardour (⊕ *US* -or) ‖ **fél tőle, mint a tűztől** fear sg like fire, avoid sy/sg like the plague; **két tűz közé kerül** *(átv is)* be* caught in the crossfire [of a dispute over sg], be* in a crossfire of questions; **két tűz között** between two fires, between the devil and the deep blue sea; **tűz!** fire!; **tűz van!** fire!; **tüzet ad** give* (sy) a light; **tüzet fog** catch* fire

tűzálló *mn (tégla stb.)* fireproof, fire-resistant; *(edény)* heatproof, flameproof, heat-resistant [glassware] ‖ **tűzálló edény(ek)** ovenware; *(üveg)* Pyrex (dish/bowl); **tűzálló tégla** firebrick

tűzcsap *fn* (fire) hydrant, ⊕ *US így is* fireplug

tűzdel *ige (paplant, kabátot)* quilt ‖ ❖ *átv* (inter)lard, spice (with) ‖ **szalonnával tűzdelt** (be*) larded; **tűzdelt** quilted

tüzel *ige (fűt, pl. olajjal, fával, szénnel)* have* oil-fired heating, burn* wood/coal (for one's heating) ‖ *(kályha)* be* burning hot, be* overheated; *(lázas test, testrész)* be* burning, be* on fire ‖ ❑ *kat* fire, shoot* ‖ *(állat)* be* on (⊕ *US* in) heat, rut*

tüzelés *fn* ❑ *kat* firing, fire ‖ *(állaté)* heat, oestrus (⊕ *US* estrus) ‖ = **fűtés**

tüzelőanyag *fn* fuel

tüzér *fn* artilleryman°, gunner

tüzérezred *fn* artillery (regiment)

tüzérség *fn* artillery

tüzértiszt *fn* artillery officer

tüzes *mn (tárgy)* red/white-hot ‖ ❖ *átv* fiery, ardent, passionate; *(ló)* fiery, mettlesome

tűzeset *fn* fire

tűzfal *fn* fire wall, fire-stop, partition-wall

tűzfegyver *fn* firearm

tűzfészek *fn (tűzvészé)* seat of a/the fire ‖ ❖ *átv (épület)* fire-trap; *(hely, helyzet)* powder keg, volcano

tűzhalál *fn* death by fire

tűzhányó *fn* volcano *(tsz* -noes)

tűzharc *fn* gun-battle, fire, firing

tűzhely *fn (konyhai)* (gas/electric) cooker, ⊕ *US* stove

tűzifa *fn* firewood

tűzijáték *fn* fireworks *tsz*

tűzjelző készülék *fn* fire-alarm

tűzkő *fn* flint

tűzoltó *fn* fireman°, ⊕ *US főleg* firefighter

tűzoltóautó *fn* fire-engine

tűzoltó fecskendő *fn* (fire-)hose

tűzoltó készülék *fn* (portable) fire-extinguisher

tűzoltóság *fn* fire brigade, fire-service, ⊕ *US* fire department
tűző *mn (napsütés)* blazing, scorching, flaming
tűzön-vízen át *hsz* through fire and water, through thick and thin
tűzrendészet *fn* fire prevention department
tűzszerész *fn* ❑ *kat* bomb-disposal expert; *(épületnél)* demolition expert
tűzszünet *fn* ❑ *kat* ceasefire
tűzvédelem *fn* fire prevention/protection
tűzvész *fn* fire, blaze, conflagration
tűzveszélyes *mn* (highly) inflammable, ⊕ *főleg US* flammable
tűzvonal *fn* ❑ *kat* firing-line, front line
tűzvörös *mn* fiery/flaming red, crimson
tűzzel-vassal *hsz* **tűzzel-vassal pusztít** put* [a country] to fire and sword
TV, tv → **televízió(-), tévé(-)**

TY

tyúk *fn* ❏ *áll* hen ‖ ❖ *biz (nő)* chick, ⊕ *US* broad ‖ **vak tyúk is talál szemet** a blind man may catch a hare (*v.* may sometimes hit the mark)
tyúkhús *fn* chicken
tyúkleves *fn* chicken-broth
tyúkszem *fn* corn ‖ **fáj a tyúkszemem** my corns are aching
tyúktojás *fn* hen's egg
tyű *isz* goodness!; ❖ *biz* wow!; ⊕ *US* gee!, wowee!

U

u. = *utca* street, St
ua. = **ugyanaz**
uborka *fn* cucumber; *(kicsi)* gherkin
uborkasaláta *fn* cucumber salad
udvar *fn (épületé)* (court)yard; *(hátsó)* backyard; *(iskoláé)* playground, ⊕ *US* főleg schoolyard || *(királyi)* (royal) court || **az angol királyi udvar** the Court of St James's
udvarhölgy *fn* lady-in-waiting *(tsz ladies-in-waiting)*
udvari *mn (királyi)* court- || **udvari bolond** court jester; **udvari költő** court poet, ⊕ *GB* poet laureate; **udvari szállító** (purveyor) by appointment to His/Her Majesty; **udvari szoba** room overlooking the courtyard, room at the back (of the house)
udvarias *mn* polite, courteous
udvariasság *fn* politeness, polite behaviour (⊕ *US* -or), courtesy, courteousness
udvariassági *mn* **udvariassági formák** (social) formalities; **udvariassági látogatás** formal call
udvariatlan *mn* impolite, ill-mannered
udvarlás *fn* courting, courtship, wooing
udvarló *fn (régen)* suitor; *(ma)* sy's young man°, (her) boyfriend
udvarol *ige (vknek)* court (sy), pay* court to (sy)
udvartartás *fn* (royal) household || **az udvartartás költségei** ⊕ *GB* civil list
ufó *fn* UFO, unidentified flying object
ufológia *fn* ufology
ugar *fn* fallow (land)
ugat *ige* bark
ugatás *fn* bark(ing)
ugrál *ige* jump (about/around), caper; *(fiatal állat)* frisk, gambol (⊕ *US* -l)
ugrás *fn* ❖ *ált* jump(ing); *(toronyugróé)* dive; *(tornában lóval)* vault, ❖ *biz* jumping || ❖ *biz* **csak egy ugrásra van ide** it is quite near, it is only a stone's throw away
ugrásszerű *mn (hirtelen)* sudden || **ugrásszerű fejlődés** a quantum leap, a great jump/leap forward
ugrat *ige (lovat, lóval)* jump [one's horse over sg] || ❖ *átv* ❖ *biz (vkt)* pull sy's leg, take* the mick(e)y out of sy
ugratás *fn (lóval)* jumping
ugrik *ige* ❖ *ált* jump; *(szökellve)* leap* || *(magasba)* clear || *(távolba)* jumped || *(labda)* bounce
ugró *fn* jumper; *(toronyugró)* diver || **jó ugró** *(ló)* a good jumper
ugródeszka *fn* springboard, divingboard; *(toronyugrásnál)* platform
ugrósánc *fn* ski-jump
ugrótorony *fn (uszodában)* high board
úgy *hsz (olyan módon)* so, in that way/manner || *(olyan nagyon)* so much, to such an extent, to such a degree, so … that || *(körülbelül)* (just) about || **úgy …, hogy** so that, in such a way that, so as to; **úgy fáj a lába, hogy alig tud járni** her/his feet hurt so much she/he can barely walk; **úgy hallom** I am told (that), from what I hear; **úgy hiszem** I think, ⊕ *US* (I) guess; **úgy látszik, hogy** it appears/

seems that, it looks like; **úgy legyen** so be it, may/let it be so; **úgy történt, hogy** what happened was that; *(úgy alakult)* it so happened that; **úgy tudom(, hogy)** as far as I know; **úgy tűnik (nekem), mintha** it seems (to me) as if ..., it looks as if ...; *(helyeslés)*; **úgy van!** quite (so), that's right, that's it; *(nyomatékkal)* certainly!, absolutely

úgy-ahogy *hsz* so-so, after a fashion || **úgy-ahogy kijavít** patch up; **úgy-ahogy rendbe jött** *(az egészsége)* he has just about recovered

ugyan *hsz/isz (bár)* though || *(bizony)* **én ugyan nem megyek el** I am certainly not going; **ha ugyan megérti** in case he can ever understand it; **nekem ugyan beszélhetsz** I wasn't born yesterday!, ❖ *biz* pull the other one!; **ugyan hol járhat?** I wonder where on earth he can be?; **ugyan kérlek!** come now!, come off it!, get away!; **ugyan minek?** what on earth for?; **ugyan?!** what?, you don't say!; **ugyan!** there, there!; **ugyan ugyan!** now now!, tut tut!

ugyanakkor *hsz (ugyanabban az időben)* at the same time; *(másfelől)* on the other hand, then again || **ugyanakkor, amikor** just when, while, at the same time as

ugyanakkora *nm* of/just the same size *ut.*, just as large/small (as)

ugyanannyi *nm* of/just the same quantity/amount *ut.*, just as many/much (as)

ugyanaz *(röv ua.) nm* the same [person, thing] || **egy és ugyanaz** one and the same [person, thing], the very same

ugyancsak ▼ *ksz (szintén)* similarly, likewise, also, too ▼ *hsz (nagyon is)* right well

ugyanekkora *nm* = **ugyanakkora**
ugyanennyi *nm* = **ugyanannyi**
ugyanez *nm* = **ugyanaz**
ugyanide *hsz* to the same place

ugyanígy *hsz* in the same way, likewise, just as

ugyanilyen *nm* similar, of the same kind *ut.*, identical, just like

ugyanis *ksz (röv* **ui.***) (tudniillik, minthogy)* for ..., seeing that, since; *(azaz)* namely *(röv* viz.*)*; *(jobban mondva)* or rather, that is to say

ugyanitt *hsz* just here, in the same place

ugyanoda *hsz* to the same place, just there

ugyanolyan *nm* of the same kind *ut.*, similar, just like, identical; the same ... as || **ugyanolyan jól/gyorsan** *stb.* equally *(v.* just as*)* well/fast etc.

ugyanott *röv* **uo.** *hsz* in/at the same place *(röv* ibid.*)*

ugyanúgy *hsz* in the same way, likewise, similarly

ugye *hsz* **na ugye!** *(megmondtam)* there (now)!, there you are!; *(kérdésben)* **ugye, itt van?** (s)he/it is here, isn't (s)he/it?

úgyhogy *ksz* so (that) || **nem éreztem jól magam, úgyhogy lefeküdtem** I wasn't feeling well so I went to bed

úgyis *ksz/hsz* in any case, anyway

úgynevezett *mn (röv* **ún.***)* so-called

úgyse, úgysem *ksz/hsz* not, by no means, not at all || **úgyse maradok itt** I won't stay anyway

ui. = *ugyanis* namely, that is, i.e. || *(nevezetesen)* namely, viz.

Ui. = *utóirat* postscript, P.S.

új ▼ *mn* new, fresh; *(mai)* recent, modern; *(használatlan)* new, unused || **új divatú** high-fashion, fashionable, up-to-date, of the latest fashion *ut.*; **új életet kezd** turn over a new leaf, start a new life; **új ember** *(= újonnan érkezett dolgozó)* new recruit/man°; **Boldog új évet (kívánok)** (I wish you a) Happy New Year; **új házasok** a/the newly-married couple, (the) newlyweds; **új keletű** recent, modern, new ▼ *fn* **újat mond** say* sg that is new

újabb *mn (időben)* new, recent, *(néha)* later || *(további)* further, additional || **legújabb** newest, most recent, latest; **újabb alapítású** of recent foundation, *(⊕ GB egyetem)* redbrick; **újabb keletű** recent, new, modern
újabban *hsz* recently, lately, of late, in recent times
újból *hsz* anew, afresh, (once) again, once more
újburgonya *fn* new potatoes *tsz*
újdonság *fn (tárgy)* novelty || *(hír)* news || *(árucikk)* the latest *(tsz* ua.), new/recent goods/items *tsz*
újesztendő, újév *fn (napja)* New Year's Day
újévi *mn* new year's, of the new year *ut.* || **újévi üdvözlet** New Year('s) greetings *tsz*
újfajta *mn* new (type of), of a new type *ut.*
újgazdag *fn* nouveau riche (*tsz* nouveaux riches), arriviste
újgörög *mn/fn* Modern Greek
újhagyma *fn* spring/green onion(s)
újhold *fn* new moon
újít *ige* innovate, introduce innovations; *(üzemben)* make* an innovation
újítás *fn* innovation
újító *fn* innovator
ujj *fn (kézen)* finger; *(lábon)* toe || *(ruháé)* sleeve, arm || **ujja köré csavar vkt** twist/wind* sy round one's (little) finger
újjáalakít *ige (intézményt)* reorganize, restructure
újjáalakítás *fn (intézményé)* reorganization, restructuring; *(kormányé)* reshuffling, reshuffle
újjáalakul *ige* be* remodelled (⊕ US -l-), be* reformed/refashioned
újjáépít *ige* rebuild*, reconstruct
újjáépítés *fn* rebuilding, reconstruction
újjáépül *ige* be* rebuilt/reconstructed
újjászervez *ige* reorganize, restructure
újjászervezés *fn* reorganization, restructuring
újjászületés *fn* rebirth, regeneration
újjászületik *ige* be* born again, be* reborn, revive
ujjatlan *mn (ruha)* sleeveless || **ujjatlan kesztyű** mitten(s)
ujjhegy *fn* fingertip
ujjlenyomat *fn* fingerprint
ujjnyi *mn (hosszú)* inch long; *(vastag, széles)* inch thick/broad || **ujjnyi vastag** finger's breadth, an inch thick
ujjnyom *fn* finger-mark
ujjper(e)c *fn* knuckle
újkor *fn* modern age/era/period, modern times *tsz*
újkori *mn* modern || **újkori történelem** modern history
újkrumpli *fn* new potatoes *tsz*
újlatin *mn/fn* New Latin, Neo-Latin
újonc *fn* ❏ *kat* raw recruit || = **kezdő**
újonnan *hsz (mostanában)* newly, lately, recently || **újonnan épült ház** newly-built house; **újonnan érkezettek** newcomers; *(szállodába stb.)* new arrivals
újra *hsz (ismét)* again, anew, afresh, once more || **újra meg újra** again and again, (over and) over again; **újra átél** relive, live over again
újrafelosztás *fn* redistribution || **a világ újrafelosztása** repartition(ing) of the world
újrafelvétel *fn* ❏ *jog* rehearing (procedure), retrial || *(kapcsolatoké)* re-establishment [of contacts]
újrahasznosítás *fn (hulladéké stb.)* recycling [of waste]
újraír *ige* rewrite*, redraft
újrakezd *ige* begin*/start again, recommence, resume
újrakezdés *fn* beginning again, recommencement, resumption
újratölt *ige* refill; *(akkut)* recharge
újraválaszt *ige* re-elect
újság *fn (hír)* news *esz*, piece of news || *(lap)* newspaper, ❖ *biz* paper || **mi újság?** what is the news?, ❖ *biz* what's new/up?; **újságot járat** take* a pa-

per, subscribe to [a paper, The Times etc.]
újságárus *fn* newsagent, ⊕ *US* newsdealer; *(járkálva árusító fiatal)* newsboy, *(nő)* newsgirl; *(utcán állva)* newsvendor || **újságárus (bódéja)** newsagent's (shop), newsstand
újságcikk *fn* (newspaper) article
újsághír *fn* (news) item, report, notice
újsághirdetés *fn* (newspaper) advertisement, ❖ *biz* ad || **újsághirdetést ad föl** put*/insert an ad(vertisement) in the paper(s)
újságírás *fn* journalism
újságíró *fn* journalist, newspaperman°, pressman°, ⊕ *US* subeditor
újságkihordó *fn* paperboy, newsboy; *(nő)* newsgirl
újságkivágás *fn* (newspaper/press) cutting, ⊕ *US* clipping
újságos *fn* = **újságárus**; = **újságkihordó**
újságosbódé *fn* newsagent's (shop), newsstand, kiosk
újságpapír *fn* newsprint
újszerű *mn* new, modern; *(eredeti)* original, novel
Újszövetség *fn* New Testament
újszülött *fn* newborn baby, infant
újult *mn* renewed || **újult erővel** with renewed effort/strength
Újvilág *fn* **az Újvilág** *(= Amerika)* the New World
Új-Zéland *fn* New Zealand
új-zélandi ▼ *mn* New Zealand ▼ *fn (ember)* New Zealander
Ukrajna *fn* the Ukraine
ukrajnai, ukrán *mn/fn* Ukrainian || → **angol**
ultimátum *fn* ultimatum *(tsz* -tums *v.* -ta) || **ultimátumot intéz vkhez** give* sy an ultimatum, send*/present an ultimatum to sy
ultrahang *fn* ultrasound, ultrasonic waves *tsz* || **ultrahanggal megvizsgálják** be* subject to ultrasound scan

ultrahangos *mn* ultrasonic || ❑ *orv* **ultrahangos vizsgálat** ultrasound scan, ultrasonography
ultraibolya *fn* ultraviolet [rays]
ultramodern *mn* ultramodern
ultrarövidhullám *fn* ultra-short wave
umbulda *fn* ❖ *biz* wangling, wangle
un *ige* be* sick/tired/weary of, be* bored with/by (sy/sg), ❖ *biz* be* fed up with sy/sg || **halálosan unja magát** be* bored to death/tears *(v.* out of one's skull)
ún. = *úgynevezett* so-called
unalmas *mn* dull, boring, tedious || **unalmas alak/dolog** ❖ *biz* a bore; **halálosan unalmas** it is a dreadful bore
unalom *fn* tedium, boredom || **megöl az unalom** it bores me to death, I am bored to death
unatkozik *ige* be* bored (by sg)
uncia *fn* ounce *(röv* oz) [= 28,35 g]
undok *mn* disgusting, loathsome, nasty
undor *fn (vmtől)* disgust (of), loathing (of/for)
undorít *ige* fill sy with disgust, disgust, nauseate, sicken (sy)
undorító *mn* disgusting, loathsome, nauseating, foul
undorodik *ige (vktől, vmtől)* have*/take* an aversion to sg/sy, find* sg/sy repellent, be* disgusted at/by/with sg/sy
uniformizál *ige* make* sg uniform, standardize
unikum *fn* unique thing/copy etc., sg unique, a curiosity
unió *fn* union, agreement, alliance
uniós *mn* ❑ *pol* EU || **uniós csatlakozás** EU accession
unitárius *mn/fn* Unitarian || **az Unitárius Egyház** the Unitarian Church
univerzális *mn* ❖ *ált* universal, general(-purpose); *(szakember)* all-round
univerzum *fn* the universe
unoka *fn* grandchild°; *(fiú)* grandson; *(leány)* granddaughter

unokabátya *fn* (elder) cousin
unokafivér *fn* cousin
unokahúg *fn* *(fiatalabb unokanővérem)* (younger) cousin || *(testvérem lánya)* niece
unokanővér *fn* cousin
unokaöcs *fn* *(fiatalabb unokafivérem)* (younger) cousin || *(testvérem fia)* nephew
unokatestvér *fn* cousin || **első fokú unokatestvér** first cousin
unott *mn* bored
unszol *ige* press, urge, stimulate
unszolás *fn* urging, insistence
untat *ige* bore/tire sy, make* sy tired
uo. = *ugyanott (könyvben stb.)* in the same place, ibid.
úr *fn* ❖ *ált* gentleman° || *(gazda)* master || *(vmn)* get*/bring* sg under control || **a maga ura** be* one's own master/boss; **a tanár úr** Mr Varga, Mr Smith etc.; *(férj)*; **az uram** my husband; ❑ *vall* **az Úr** *(= Isten, ill. Jézus Krisztus)* the Lord; **doktor/főorvos úr (kérem)**! please, doctor; **Domokos Sándor úrnak** *(címzés)* Mr Sándor Domokos; *(választékosabban GB)* S. Domokos, Esq.; **egy úr keresi (Önt)**, Brown úr Mr Brown, there's a gentleman (here) to see you; **elnézést, uram** excuse me, sir; **Hölgyeim és uraim!** Ladies and Gentlemen!; **Igen tisztelt Professzor Úr!** Dear Sir, *v.* Dear Professor ...; **Kedves Brown Úr** Dear Mr Brown; *(levélben)*; **Kedves (Igen Tisztelt) Uram!** Dear Sir, ...; **Uram!** Sir
urál-altaji nyelvek *fn tsz* Ural-Altaic languages
uralkodás *fn (uralkodóé)* reign || ... **uralkodása alatt** during/in the reign of ...
uralkodik *ige (uralkodó)* reign, rule *(vkn* over) || *(átv, ált vkn, vmn)* dominate (sy/sg), have* domination/control over (sy/sg), predominate over sy/sg || *(helyileg kimagaslik)* rise*/tower above, dominate || *(túlsúlyban van)* prevail, (pre)dominate, be* predominant || **anarchia uralkodik** anarchy reigns; **uralkodik magán** hold* oneself back/in, control/restrain oneself
uralkodó ▼ *mn* ❖ *ált* ruling, reigning || *(túlsúlyban levő)* prevailing, (pre-)dominant || **uralkodó osztály** ruling class, the class in power, ⊕ *GB* the Establishment ▼ *fn* ruler, monarch, sovereign
uralkodóház *fn* dynasty, reigning/ruling family/house
uralkodónő *fn (királynő)* queen, sovereign
uralom *fn* domination, dominion, reign, rule; *(mint rendszer)* regime; *(hatalom)* power || **vk uralma alatt áll** be* ruled by sy, be* under the rule/sway of sy
urán *fn* uranium
urbanisztika *fn* town (⊕ *US* city) planning
urbanizáció *fn* urbanization
úrfelmutatás *fn* ❑ *vall* elevation (of the Host)
úrfi *fn* young master/gentleman° || **Károly úrfi** Master Charles
URH = *ultrarövidhullám* ultra-short wave, very high frequency, VHF || **az URH-n** on VHF
URH-kocsi *fn* patrol/squad/radio car
úri *mn (viselkedés)* gentlemanly, gentlemanlike || *(férfi)* **úri divat** fashion(s) for men, men's fashions *tsz*
úriasszony *fn* lady, gentlewoman°
úriember *fn* gentleman°
úrilány *fn* young lady/miss
úrinő *fn* lady
Úristen! *isz* Good God!, Good Heavens!, Dear me!
urna *fn (hamvaknak)* (cinerary) urn || *(választásnál)* ballot box
úrnapja *fn* ❑ *vall (ünnep)* Corpus Christi
úrnő *fn* lady

urológia *fn* urology
urológiai *mn* urological
urológus *fn* urologist
úrvacsora *fn* ❑ *vall* Lord's Supper, (Holy) Communion ‖ **úrvacsorát vesz** partake* of the Lord's Supper, go* to Communion
úrvezető *fn* owner-driver
USA = *Amerikai Egyesült Államok* United States of America, U.S.A., *igen gyakran* US
uszály *fn (hajó)* barge, tow-boat ‖ *(ruháé)* train
úszás *fn* swimming
úszásoktatás *fn* swimming lessons *tsz*
úszik *ige (élőlény)* swim* ‖ *(tárgy vízen)* float, drift; *(hajó)* sail; *(felhő)* sail by, drift, float ‖ **a partra úszik** swim* ashore (*v.* to the shore); **örömmámorban úszik** be* overjoyed, be* in an ecstasy of delight
uszít *ige* incite/instigate sy (to sg *v.* to do sg) ‖ **vk ellen uszít vkt** set* sy against sy
uszítás *fn* incitement, rabble-rousing
uszító ▼ *mn* inflammatory, virulent, provocative ▼ *fn* rabble-rouser, agitator, demagogue (⊕ *US* -gog)
úszkál *ige (személy)* swim* (about); *(tárgy)* float (about)
úszó ▼ *mn (élőlény)* swimming ‖ *(tárgy)* floating ▼ *fn (vk)* swimmer ‖ *(horgászzsinóron)* float, bob(float)
úszóbajnok *fn* swimming champion
uszoda *fn (fedett)* indoor swimming-pool; *(nyitott)* open-air (swimming-) pool, lido
úszódressz *fn* swimming/bathing costume, swimsuit, ⊕ *US* bathing suit
úszómedence *fn (fedett)* swimming bath; *(nyitott is)* swimming-pool
úszómellény *fn* life-jacket
úszónadrág *fn* swimming/bathing trunks *tsz*
uszony *fn (halé)* fin; *(bálnáé, teknőcé)* paddle, flipper ‖ *(békaemberé)* fin, flipper

úszóöv *fn* swimming belt; lifebelt; *(parafa)* swimming cork
úszósapka *fn* swimming/bathing cap, swim-cap
úszószemüveg *fn* underwater/swim goggles *tsz*
út *fn* ❖ **ált és** ❖ **átv** way; *(közút)* road; *(városban, széles)* avenue, road; *(néha)* street; *(ösvény)* path ‖ *(járás, utazás)* journey; *(hosszabb)* travel; *(hajóval)* voyage; *(repülővel)* flight ‖ *(módszer)* way, method, means *(főleg esz)*, channels *tsz* ‖ **diplomáciai úton** through diplomatic channels; **egynapi út** a day's journey; *(kocsival)* a day's run; **jó/szerencsés utat!** (I wish you) a safe journey!, have a pleasant journey!, have a good/nice trip!, *(repülővel)* have a good flight!; I hope all goes well!; **jó útra tér** turn over a new leaf; **le is út, fel is út** *kb.* get out of here!; **meg tudja mondani az utat …?** can you tell me the way to …?; **rossz útra tér** *(átv is)* go* wrong, go* astray, be* led astray, stray off the straight and narrow; **utat!** gangway!, clear the way!; **utat enged vknek/vmnek** make* way for sy/sg; **utat tör magának** *(tömegben)* fight*/force one's way through (the crowd); **út menti** wayside, roadside; **útba ejt** pass (*v.* stop at) (sg) on the way, call (in) on sy on the way to, call at [a place]; **útban van** *(elállja az utat)* be* in the/one's way; *(vhová)* be* on the way (to), be* en route (to); *(kisbaba)* be* on the way; **útnak indul** begin* one's journey, set* out/off (on a trip), start out; *(gyalog)* ❖ *biz* hit* the road; **törvényes úton** legally, by legal means; **vmnek az útján** by means of sg, through sg
útakadály *fn* road block
utal *ige (vkre/vmre)* refer to (sy/sg); *(céloz)* allude/point to, hint at (sy/sg); *(könyvre)* make* reference to, refer to ‖ *(vkt vhová)* refer (sy) to (sy) ‖

kórházba utal vkt refer/send* sy to hospital; **magára van utalva** be* left to his own devices/resources
utál *ige* hate, abhor, detest, loathe
utalás *fn (vkre, vmre)* reference; *(könyvben)* cross-reference || *(célzás)* allusion
utálat *fn* disgust, aversion
utálatos *mn* disgusting
utalvány *fn* = **postautalvány** || **vásárlási utalvány** gift token/voucher
utalványoz *ige (összeget vknek)* remit/send* [a sum] to sy
után *nu (időben)* after, subsequent to, following (sg); *(vk utódaként)* in succession to (sy) || *(térben és vmt követően)* after || *(szerint, nyomán)* after, according to, by, from; *(mintánál)* on the model of || *(felől, iránt)* about, after || **apja után örökölt** he inherited from his father; **ez után az eset után** after that case; **az után érdeklődik** he is inquiring about/after ...; *(vk után)* ask after sy('s health); **egyik a másik után** one after another (v. the other); **munka után** after work; **parancsoljon, csak Ön után** after you, Sir/Madam; **természet után fest** paint from nature; **tíz (óra) után** after 10 (o'clock)
utána *hsz (vm/vk után)* after (him/her/it) || *(azután)* after(wards) || **jóval utána** long after; **röviddel utána** soon after; **utána dob** *(vmt vknek)* throw*/fling*/hurl sg after sy; **utána kiált** *(vknek)* call/shout after sy; **utána küld** *(küldeményt)* send* on, forward; **utána visz** *(vmt vknek)* take* sg after sy; **utánam!** follow me!; **utánam, utánad** *stb.* after me/you etc.
utánajár *ige (tájékozódva)* inquire/see* about, make* inquiries about; *(vizsgálódva)* try to find out sg, look into sg
utánállít *ige* adjust
utánanéz *ige (vmnek, vknek)* see* to/about (sg/sy); *(ellenőrizve)* check (up)on (sg/sy), check (sg) || *(keres)* try to find, ⊕ *US* check sg out || **majd utánanézek** I'll check it
utánaszalad *ige (vknek)* run* after sy
utánatölt *ige (vmt vmbe)* refill [sy's glass, a container etc.] (with sg); *(olajat, deszt. vizet, italt stb. színig)* top up with [wine, oil etc.], top up [sy's drink, a battery etc.]
utánfutó *fn (autóé)* trailer
utánjárás *fn (fáradozás)* trouble, effort, bother
utánküldés *fn* forwarding
utánnyomás *fn* ❏ *nyomd* reprint, impression
utánoz *ige* imitate, copy
utánozhatatlan *mn* inimitable
utánozható *mn* imitable
utánpótlás *fn* ❖ *ált* supply, new supplies *tsz* || ❏ *kat* reserves *tsz*, reinforcements *tsz* || *(fiatalok)* recruitment, new blood
utánpótlás-válogatott *fn* junior team
utántöltés *fn* refilling; *(üzemanyaggal)* refuelling; *(akkué deszt. vízzel)* (battery) top-up
utánvét(tel) *fn* cash (v. ⊕ *US* collect) on delivery *(röv* C.O.D.)
utánzás *fn* imitating, imitation
utánzat *fn* ❖ *ált* imitation, copy; *(hamisítvány, főleg pénz)* counterfeit; *(műtárgy)* forgery
utánzó *fn* imitator
utas *fn* passenger; *(utazó)* traveller (⊕ *US* -l-)
utasellátás *fn* catering
utasfelvétel *fn* check-in
utasforgalom *fn* passenger traffic
utasfülke *fn* (passenger) cabin
utasít *ige (felszólít vmre)* instruct/direct/order/tell* sy [to do sg] || *(vkt vkhez)* send*/refer sy (to sy)
utasítás *fn (rendelkezés)* order(s), direction(s), instruction(s); *(direktíva)* directive || *(vké vhová)* referral (to) || ❏ *szt* instruction, command || **adagolás kizárólag az orvos utasítása sze-**

rint [dosage] as prescribed by the/ your doctor, use as directed by a physician; **használati utasítás** directions (for use)
utaskísérő *fn* **légi utaskísérő** *(nő)* stewardess, air-hostess
utaslista *fn* passenger list
utasszállító repülőgép *fn* airliner, passenger plane
utastér *fn* passenger compartment
utazás *fn (turisztikai)* travelling (⊕ *US* -l-), travel; *(maga az út)* journey, tour; *(rövidebb)* trip || **utazás hajón/ vonaton/repülőgépen/buszon** travelling (⊕ *US* -l-) by ship/train/air/ plane/coach; **külföldi utazás** travel(ling) abroad, overseas travel
utazási *mn* travel(ling) || **utazási biztosítás** travel insurance; **utazási csekk** traveller's cheque, ⊕ *US* traveler's check; **utazási iroda** travel agency/ bureau; *(kisebb, ill. maga a vezető)* travel agent; *(nagy vállalat)* tour operator
utazgat *ige* sokfelé utazgat do* a lot of travelling, travel (⊕ *US* -l) a lot, travel/get* around/about
utazik *ige (vhova)* go* to, leave* for || *(turisztikai célból)* travel, go*/be* travelling (⊕ *US* -l-), be* touring (round) [a place] || **autóbusszal/vonattal** *stb.* utazik travel (⊕ *US* -l) (*v.* go*) by coach/train; **Európába utazik** be* travelling/going round Europe, be* touring Europe; **holnap Prágába utazik** he leaves for Prague tomorrow
utazó ▼ *mn* travelling (⊕ *US* -l-) ▼ *fn* ❖ *ált* traveller (⊕ *US* -l-); *(utas)* passenger || **kereskedelmi utazó** commercial traveller, ⊕ *főleg US* travelling salesman°
útbaigazít *ige* show* sy the way, direct sy swhere || *(tájékoztat)* give* sy information about/on sg, inform sy about sg
útbaigazítás *fn* (piece of) information

útburkolat *fn* road surface, ⊕ *GB* pavement
útburkolati jelek *fn tsz* road markings
utca *fn* street || **az utcán** in the street; **utcán át** (for consumption) off the premises; *(ilyen üzlet)* off-licence, ⊕ *US* package store, liquor store; **a negyedik utcánál (kanyarodjon) jobbra** (go* down) the fourth turning on the right; **utcára kerül** *(= munka nélkül marad)* be* dismissed/sacked/ fired
utcagyerek *fn* ragamuffin, street Arab/ urchin
utcai *mn* street || **utcai árus** street vendor, ⊕ *GB (néha)* costermonger; **utcai énekes** *(aluljáróban)* street singer; **utcai harc** street-fighting; **utcai ruha/viselet** day wear, (clothes *tsz* for) outdoor/casual wear, casual clothes *tsz*; **utcai szoba** front-room, room looking out onto the street
utcalány *fn* street-walker/girl, prostitute, ⊕ *US* ❖ *biz* hooker
utcasarok *fn* (street) corner
utcaseprő *fn* street sweeper/cleaner, *(gép is)* road sweeper, ⊕ *US* street cleaner
útelágazás *fn* fork [in the road], (road) junction
útépítés *fn* ❖ *ált* road construction, road-making; *(közl. jelzés)* road works *tsz*
útfelfagyás *fn* frost riving
úthálózat *fn* road network/system
úthenger *fn* steam/road-roller
úthiba *fn* bump, pothole
úti *mn* road, street(-); *(utazási)* travel(ling) || **úti beszámoló** travel report, travelogue (⊕ *US* -log); **úti cél** destination; **úti okmányok** travel documents
útikalauz *fn* guide(book)
útiköltség *fn* travel expenses *tsz*, fares *tsz*
útikönyv *fn* guide(book)
útipoggyász *fn* luggage, baggage

útirajz *fn* account/description of a journey; *(könyv)* travel book, travelogue (⊕ *US* -log)
útirány *fn* direction, route, course
útitárs *fn (utazásnál)* travelling (⊕ *US* -l-) companion; *(alkalmi)* fellow passenger || ❑ *pol* fellow traveller (⊕ *US* -l-)
útitáska *fn* suitcase, (travelling) bag, ⊕ *US* valise
útiterv *fn* itinerary, route
útjavítás *fn* road repairs/works *tsz*
útjelző tábla *fn* guide-post
útkanyarulat *fn* bend, curve || **útkanyarulat jobbra** right bend/curve
útkereszteződés *fn (városban)* junction, crossing; *(vidéken)* crossroads *tsz*; *(nagyobb)* intersection, junction || **útkereszteződés alárendelt útvonallal** intersection with non-priority road
útközben *hsz* on the way, en route (to)
útleírás *fn* record of a journey; *(könyv)* travel book
útlevél *fn* passport || **útlevelet kér** apply for a passport; **szolgálati útlevél** service passport
útlevélkérelem *fn* passport application
útlevélkérő lap *fn* (passport) application form
útlevélkezelő *fn* ⊕ *GB* immigration officer
útmegszakítás *fn* break of journey; *(rövid időre)* stopover
útmutatás *fn* direction, instruction, guidance; *(tanács)* advice, hints *tsz*
útmutató *fn* guide || **kezelési útmutató** users instructions *tsz*, instructions for use *tsz*
utóbb *hsz* at a later date/time, later (on), afterwards || **előbb vagy utóbb** sooner or later
utóbbi ▼ *mn (térben)* latter; *(időben)* last || **(az) utóbbi esetben** in the latter case; **az utóbbi években** in/for the last few years; **az utóbbi időben** recently, lately, of late ▼ *fn* **az utóbbit** the latter (one)

utód *fn (hivatali, üzleti)* successor || **vk utóda** sy's successor, a successor to sy; *(igével)* succeed sy (as...); **az utódok** *(leszármazottak)* descendants, offspring *tsz*
utódlás *fn* succession
utóhatás *fn* after-effect
utóidejűség *fn* ❑ *nyelvt* posteriority
utóirat *fn (röv* Ui.) postscript *(röv* P.S.)
utóíz *fn* after-taste
utókezelés *fn* after-care, follow-up care/treatment
utókor *fn* posterity
utólag *hsz* subsequently; *(később)* later, at a later date, afterwards
utólagos *mn* post-, subsequent, after-, follow-up
utolér *ige* catch* (sy) up, catch* up with (sy) || **utolérte sorsa** he met his fate
utolérhetetlen *mn* peerless, matchless, without an equal *ut.*
utoljára *hsz (utolsó ízben)* last, (the) last time || *(utolsónak)* last
utolsó ▼ *mn* ❖ **ált** last; *(jelenhez legközelebbi)* latest; *(vmt lezáró)* final, ultimate || *(csak melléknévként)* next-to-the-last; *(pl. szótag)* penultimate || *(rangban, értékben)* lowest, bottom || *(aljas)* mean, base, low || **az utolsó divat** the latest (fashion), ❖ *biz* the in thing, the dernier cri; **az utolsó ítélet (napja)** the Last Judgement, Judgement Day, Day of Judgement; **az utolsó nap** *(határidő)* closing day; **az utolsó pillanatban** in/at the last minute; **utolsó előtti** (be*) last but one, (be*) next-to-the-last ▼ *fn* (the) last || **utolsókat rúgja** be* on one's last legs; **utolsónak** *(érkezik)* (arrive) last
útonállás *fn* highway robbery, hold-up
útonálló *fn* highwayman°
utónév *fn* first/given/Christian name
utópia *fn* utopia
utópista *mn/fn* utopian
utórezgés *fn* ❖ *átv* aftermath (*tsz* ua.), aftereffect

utószezon *fn* late season, off-season
utószó *fn* epilogue (⊕ *US* -log)
utótag *fn* ❑ *mat* consequent ∥ second part/element (of a compound)
utóvéd *fn* rearguard
utóvédharc *fn* rearguard action/fighting
utóvizsga *fn* resit
utóvizsgázik *ige* resit* an examination, retake* an exam(ination)
útpadka *fn* (hard) shoulder
útravaló *fn* (élelem) provisions (for the journey) *tsz*, food (for the journey)
útszakasz *fn* road section; *(rövidebb)* stretch
útszéli *mn (út menti)* roadside, wayside ∥ *(közönséges)* common, vulgar, plebby

útszűkület *fn* bottleneck; *(KRESZ-ben)* narrow road/stretch
úttalan *mn* pathless, roadless, untrodden ∥ **úttalan utakon** on/along untrodden paths
úttest *fn* carriageway, roadway, ⊕ *US* road(bed)
úttörő ▼ *mn* pioneering ∥ **úttörő jelentőségű** epochmaking, pioneering, trailblazing ▼ *fn* pioneer ∥ ❖ *átv* pioneer, trailblazer; *(felderítő)* pathfinder
útvesztő *fn* labyrinth, maze
útviszonyok *fn tsz* road conditions
útvonal *fn* ❖ *ált* route; *(vasút)* line
uzsonna *fn* (afternoon) tea
uzsonnázik *ige* have* tea, have* sg for one's tea
uzsorakamat *fn* usurious interest

Ü

üde *mn* fresh, healthy, youthful
üdít *ige* freshen, refresh
üdítő *mn* ❖ *ált* refreshing; *(olvasmány)* light
üdítőital(ok) *fn* soft drink(s), non-alcoholic drink(s)
üdül *ige (szabadságát tölti)* be* (away) on holiday (*v.* on one's holidays), ⊕ *US* be* on vacation, be* vacationing; *(üdülőben)* stay at a holiday home/camp/village
üdülés *fn (felüdülés)* recreation ‖ *(nyaralás)* holiday, holiday(mak)ing, ⊕ *US* vacation(ing)
üdülő *fn (épület)* holiday home ‖ *(személy)* holidaymaker, ⊕ *US* vacationer; *(vendég)* guest
üdülőhely *fn* holiday resort
üdülőhelyi díj *fn* visitors' tax
üdvhadsereg *fn* ❏ *vall* Salvation Army
üdvlövés *fn* salute ‖ **üdvlövést lead** fire a salute
üdvös *mn* salutary, beneficial; *(előnyös)* advantageous, useful
üdvösség *fn* ❏ *vall* salvation
üdvözítő ▼ *mn* ❏ *vall* saving, redeeming ‖ ❖ *átv* salutary, blissful ▼ *fn* ❏ *vall* the Saviour (⊕ *US* -or) *(= Jézus Krisztus)*
üdvözlégy *fn* Ave Maria, Hail Mary
üdvözlés *fn* greeting; *(érkezéskor)* welcome
üdvözlet *fn* greeting(s), kind regards *tsz* ‖ **karácsonyi/újévi üdvözlet** (the) season's greetings *tsz*; **szívélyes üdvözlettel** *(levél végén)* Yours sincerely, ⊕ *US* Sincerely yours; *(formálisabban)* Yours truly
üdvözlő *mn* greeting-, congratulatory ‖ **üdvözlő távirat** telegram of congratulation, telegram of good wishes
üdvözlőbeszéd *fn* address (of welcome), welcoming speech
üdvözlőlap *fn (karácsonyi, születésnapi stb.)* a greetings card, [birthday/Christmas etc.] card ‖ *(képes levelezőlap)* picture postcard
üdvözöl *ige (köszönt)* greet (sy), say* hello (*v.* good morning etc.) to sy; *(megérkezéskor)* welcome (sy), give* (sy) a warm welcome ‖ *(vkt vmlyen alkalomból)* congratulate (sy on …), offer one's heartiest congratulations (*v.* best wishes) (to sy) ‖ *(üdvözletét küldi)* give* sy one's (best) regards, send* one's love to sy ‖ *(gyűlést, kongresszust)* address [the meeting/congress etc.] ‖ **szeretettel üdvözöl** *(levélben)* (With) love *(és a keresztnév)*; **üdvözlöm!** how do you do?
üdvözül *ige* be* saved, find* salvation
üget *ige* trot
ügetés *fn* trot
ügetőpálya *fn* trotting racecourse
ügetőverseny *fn* harness-racing, trotting-race, trot
ügy *fn (dolog)* business, affair, matter; *(kérdés)* issue ‖ ❏ *jog* case ‖ ❏ *ker* business, transaction, (business) deal ‖ *(eszméé)* cause ‖ **bírósági ügy** court case; **hogy áll az ügyed?** how does your case stand?; **milyen ügyben ke-**

resi? what do you wish to see (v. spcak to) him about?; **nehéz ügy** a hard nut to crack, a tough proposition
ügybuzgalom fn ardour (⊕ US -or), zeal
ügybuzgó mn zealous, eager; ❖ **elít** eager beaver
ügyefogyott mn awkward, ❖ biz gormless
ügyefogyottság fn awkwardness, clumsiness
ügyel ige (vkre, vmre) take* care of sy/sg, pay* attention to sy/sg (v. what you are doing), watch over sy/sg ‖ (figyelembe vesz) mind, note, take* notice of, attend to ‖ ❖ biz (ügyeletet tart) be* on duty, be* on call ‖ ❑ szính be* (the) stage-manager, stage-manage ‖ **ügyel arra, hogy** take* (good) care to do sg, see* that …, be* careful to/that
ügyelet fn duty ‖ **éjszakai ügyelet** ❖ ált all-night service; ❑ orv night duty
ügyeletes ▼ mn on duty ut. ‖ **ügyeletes gyógyszertár** duty/emergency (v. all-night) chemist (⊕ US drugstore/pharmacy); **ügyeletes orvos** doctor on duty/call, doctor on emergency call ▼ fn person/officer/official on duty ‖ (igével) be* on duty
ügyelő fn ❑ szính stage-manager
ügyes mn (ember) clever, skilful (⊕ US skillful), smart, (cap)able; (járatos, képzett) skilled; (vmben) (be*) good/clever at sg ‖ **ügyes fogás** a good trick
ügyes-bajos dolog fn (troublesome/daily) business; (napi) (sy's) day-to-day affairs tsz, (sy's) day-to-day business
ügyeskedik ige show* oneself to be clever/skilful (⊕ US skillful); (helyezkedik) jockey/manoeuvre (⊕ US maneuver) for position, ❖ biz he's a smooth operator
ügyesség fn cleverness, skilfulness, dexterity, skill

ügyész fn (a vád képviselője) public prosecutor, ⊕ US prosecuting/district attorney
ügyészség fn public prosecutor's department/office)
ügyetlen mn clumsy, inept; (sikertelen) ineffectual ‖ **ügyetlen vmben** be* no good at sg
ügyetlenkedik ige blunder/mess about/around
ügyetlenség fn clumsiness, ineptitude; (sikertelenség) ineffectuality; (hiba) blunder
ügyfél fn (ügyvédé) client ‖ ❑ ker customer
ügyfélfogadás fn consulting/office/business hours tsz
ügyintéző fn administrator, person/official in charge (of)
ügylet fn (business) deal, (business) transaction
ügynök fn ❑ ker broker, (business) agent; (utazó) (commercial) traveller (⊕ US -l-) ‖ ❑ pol agent
ügynökség fn agency
ügyvéd fn lawyer, ⊕ US attorney; (polgári ügyekben, GB) solicitor; (bűnügyben és magasabb bíróságon eljáró, GB) barrister, ⊕ US counselor-at-law ‖ **ügyvédhez fordul** take* legal advice, take* counsel's opinion; **ügyvédnek készül** ⊕ GB read* for the Bar, ⊕ US go* to law school
ügyvédi mn lawyer's, solicitor's, barrister's ‖ **ügyvédi gyakorlat** legal practice; **ügyvédi gyakorlatot folytat** practise (⊕ US -ce) law; **ügyvédi iroda** lawyer's office; **ügyvédi kamara** Law Society, ⊕ GB the Bar, Inns of Court tsz, ⊕ US Bar Association; **ügyvédi munkaközösség** lawyers' co-operative
ügyvezető ▼ mn managing ‖ **ügyvezető igazgató** managing director ▼ fn manager, director
ügyvivő fn (diplomáciai) chargé d'affaires (tsz chargés d'affaires)

ükanya *fn* great-great grandmother
ükapa *fn* great-great grandfather
ükunoka *fn* great-great grandchild°
ül *ige* (*vhol*) sit*, be* sitting/seated; *(madár ágon)* perch; *(tyúk tojáson)* sit* (on eggs), brood || *(vhová)* sit* (swhere)* || ❖ *biz (börtönben)* ül be* in jail; ❖ *biz* be* in jug, be* doing time || **asztalhoz ül** sit* down to table, sit down to a meal; **autóba ül** get* in(to) a car; **két évet ült** (s)he was inside for two years; **lóra ül** mount (a horse); **taxiba ül** take* a taxi
üldögél *ige* sit*/lounge about/around
üldöz *ige (kerget)* chase, pursue || *(vkt)* ❖ *átv* harass, hound
üldözés *fn (kergetés)* pursuit, chase, chasing
üldözési mánia *fn* persecution complex, paranoia
üldöző *fn* pursuer, chaser, persecutor
üldözött *mn* pursued, persecuted (person)
üldöztetés *fn* persecution
üledék *fn (folyadéké)* sediment, dregs *tsz,* deposit || ❑ *geol* deposit, sediment
ülep *fn* seat, buttock, ❖ *biz* bottom
ülepedik *ige* settle, be* deposited
ülés *fn (tény)* (act of) sitting; *(helyzet)* sitting position/posture || *(hely)* seat || *(testületé)* meeting, sitting, session; *(parlamenté)* session || **az ülést berekeszti** adjourn the meeting; *(véglegesen)* declare the meeting closed; **az ülést megnyitja** open the meeting; **első ülés** front seat; **hátsó ülés** backseat; **teljes ülés** full/plenary session
üléses *mn* -seater || **kétüléses** two-seater
ülésezik *ige* have* a meeting, sit*, be* sitting, hold* a sitting || **a parlament ülésezik** Parliament is (now) in session
üléshuzat *fn (kocsié)* car seat cover, upholstery
ülésszak *fn (testületé)* session, term || **tudományos ülésszak** conference, meeting

ülésterem *fn* (conference) hall/room; *(kisebb)* council room/chamber
üllő *fn* anvil
ülnök *fn* assessor || **népi ülnök** *(bíróságon)* lay member (of a court), people's assessor
ülő *mn* **ülő foglalkozás** sedentary occupation/job/work
ülőhely *fn* seat
ülősztrájk *fn* sit-down strike; *(gyár, egyetem területén)* sit-in
ülte *fn* **egy ültében** at one/a sitting || **felugrott ültéből** he sprang up from his seat
ültet *ige (vkt)* seat, sit* sy down || *(növényt)* plant
ültetés *fn (vmhez, vhova)* seating || ❑ *növ* planting
ültetvény *fn* plantation
ünnep *fn* ❖ ált holiday; *(munkaszüneti nap)* (public) holiday, *(csak GB)* bank holiday, ⊕ *US* legal holiday; *(egyházi)* festival, high day || *(ünnepség szűkebb körben)* celebration, party || **családi ünnep** family gathering/celebration/occasion; **kellemes ünnepeket (kívánunk)!** the season's greetings!, Merry Christmas (and a happy New Year)!
ünnepel *ige (vmt)* celebrate || *(vkt)* honour (⊕ *US* -or), *(magas rangú személyt útján)* fête
ünnepelt ▼ *mn* celebrated ▼ *fn (pl. születésnapján)* person fêted; *(kitüntetett)* honorand
ünnepély *fn* celebration, ceremony || **iskolai ünnepély** *(vm emlékére)* a commemoration of sg at school
ünnepélyes *mn (csend, arc, hang, alkalom stb.)* solemn || *(szertartásos)* ceremonial, ceremonious
ünnepélyesség *fn* solemnity
ünnepi *mn* festive, ceremonial; *(előadás, játékok stb.)* gala || **ünnepi alkalom** festive/gala occasion; **ünnepi beszéd** *(megnyitó)* inaugural (address); opening words *tsz,* opening speech;

(egyéb) (official) address/speech; **ünnepi ebéd/vacsora** banquet, formal/gala dinner
ünneplés *fn* celebration; *(vké)* ovation
ünneplő ▼ *mn* celebrating || **tisztelt ünneplő közönség!** Ladies and Gentlemen! ▼ *fn (ruha)* one's Sunday best, one's best clothes *tsz*
ünnepnap *fn* holiday
ünnepség *fn (ünneplés)* celebration; *(ünnepi aktus)* ceremony; *(hosszabb, sorozat)* festivities *tsz*, celebrations *tsz*
űr *fn* ❖ *ált* void, gap, (empty) space || *(világűr)* (outer) space
űrállomás *fn* space station
üreg *fn* ❖ *ált* hollow, cavity, hole, pit; ❑ *orv* cavity
üres *mn* ❖ *ált* empty; *(ház, szoba, állás)* vacant; *(nem foglalt)* free, unoccupied || **üres csillogás** false glamour (⊕ *US* -or); **üres fecsegés** idle talk, ❖ *biz* blather *v.* blether, ⊕ *US* baloney *v.* boloney; **üres frázisok** empty/hollow slogans/phrases; **üres a gyomra** have* an empty stomach; **üres ígéret(ek)** empty/hollow promises *tsz*; **üres kifogás** lame/poor excuse; **üres óráiban** in his free/leisure time/hours, at one's leisure
üresjárat neutral (gear)
üresség *fn (fizikai)* emptiness, vacuity || *(szellemi)* vapidity, emptiness
ürge *fn* ❑ *áll* ground squirrel, s(o)uslik, ⊕ *US így is* gopher || ❖ *biz (pasas)* ⊕ *GB* bloke, ⊕ *US* guy
űrhajó *fn* spacecraft, space vehicle, spaceship
űrhajós *fn* spaceman°, astronaut, *(szovjet)* cosmonaut; *(utas)* space traveller (⊕ *US* -l-)
űrhajózás *fn* = **űrrepülés** || = **űrkutatás**
űrít *ige* ❖ *ált* empty, vacate || *(ürüléket, vizeletet)* void, evacuate || **üríti poharát vk egészségére** drink* (to) sy's health, drink* (to) the health of sy

űrkabin *fn* space capsule, pressurized cabin
űrkomp *fn* space shuttle
űrkutatás *fn* space research
űrlaboratórium *fn* space lab
űrlap *fn* form, blank || **űrlapot kitölt** fill in (⊕ *US* out) a form/blank; complete a/the form
űrméret *fn* calibre (⊕ *US* -ber); *(furat)* bore
űrmérték *fn* ❖ *ált* measure of capacity; *(száraz)* dry measure; *(csak folyadék)* liquid measure (of capacity)
ürmös *fn* vermouth
üröm *fn* wormwood; ❖ *átv* bitterness, gall || **nincsen öröm üröm nélkül** (there is) no joy without alloy
űrpálya *fn* orbit
űrrakéta *fn* space rocket
űrrandevú *fn* space rendezvous
űrrepülés *fn* space flight; *(tudománya)* astronautics *esz*
űrrepülő *fn* = **űrhajós**
űrrepülőgép *fn* space shuttle
űrrepülőtér *fn* space centre (⊕ *US* -er), cosmodrome
űrruha *fn* spacesuit
űrséta *fn* space walk
űrsikló *fn* space shuttle
űrszonda *fn* space probe
űrtartalom *fn* cubic capacity, volume
űrutas *fn* space traveller (⊕ *US* -l-)
űrutazás *fn* space travel/flight
ürü *fn* ❑ *áll* wether || *(húsa)* mutton, *(ma gyakoribb)* lamb
ürücomb *fn* leg of mutton, *(inkább)* leg of lamb
ürügy *fn* pretext, pretence (⊕ *US* -se), excuse || **vm ürüggyel** on some pretext; **azzal az ürüggyel, hogy** on the pretext that
ürül *ige* become* empty, empty; ❑ *biol (belek, hólyag)* evacuate
ürülék *fn* ❖ *ált* excreta *tsz*; *(bélsár)* excrement, faeces (⊕ *US* feces), stools *tsz*
üst *fn* cauldron, pot, kettle

üstdob *fn* ❑ *zene* kettledrum, t*i*mpani *esz v. tsz*
üstökös *fn* c*o*met
üszkös *mn (elégett)* charred, burnt || ❑ *növ* bl*i*ghted, sm*u*tted || ❑ *orv* gangrenous
üszkösödik *ige (fa)* become* carbonized/charred || ❑ *növ* become* sm*u*tted || ❑ *orv* become* gangrenous
üszök *fn (parázs)* c*i*nder; *(égő)* firebrand; *(üszkös maradvány)* (smouldering) c*i*nders/ashes *tsz* || ❑ *orv* gangrene
üt *ige* ❖ *ált* strike*, hit*; *(ver)* beat*; *(ökölvívó)* hit*, *(súlyos ütésekkel)* pound, b*a*tter; *(labdát)* hit*, strike*, drive* || *(óra)* strike* || *(kártyában)* take*, trump; *(sakkban)* take* || *(szín másikat)* clash (with) || *(hasonlít vkre)* take* *a*fter sy || **egészen az apjára ütött** he takes *a*fter his f*a*ther, he resembles his f*a*ther, ❖ *biz* ❑ *kif* he is the very/sp*i*tting *i*mage of his f*a*ther; **lovaggá üt vkt** knight sy; ❖ *biz* **mi ütött beléd?** what's come *o*ver you (to/that)?, what's got *i*nto (*v.* h*a*ppened) to you?; **nagyot üt** hit*/strike* sy hard; **négyet ütött az óra** the clock has struck four; **pofon üt** strike*/slap/smack sy in the face (*v.* on the cheek); **szeget üt a falba** strike*/drive* a nail *i*nto the wall; **tojást üt vmbe** break*/beat* an egg into sg; **ütött az óra** ❖ *átv* the time has come
ütem *fn* ❑ *zene és* ❖ *ált (ritmus)* rh*y*thm, c*a*dence; *(ritmus egysége)* time, beat, m*e*asure; *(sebesség)* pace, rate, tempo || ❑ *zene (taktus)* bar || **gyors ütemben** in quick time, at a r*a*pid/quick pace; **tartja az ütemet** keep* time, be*/stay in time
ütemezés *fn* schedule, t*i*ming
ütés *fn (kézzel, bottal stb.)* blow, hit; *(hangja)* bang || ❑ *sp (ökölvívás)* hit, blow; *(tenisz, asztalitenisz)* stroke, shot; *(jégkorong)* hit; *(golf)* stroke || *(kártyában)* trick || *(óráé)* stroke, str*i*king
ütközés *fn (eseményeké)* co*i*ncidence; *(érdekeké)* conflict, clash
ütközet *fn* b*a*ttle, eng*a*gement, c*o*mbat, fight
ütközik *ige (tárgy vmbe)* knock/bang/bump ag*ai*nst sg || *(két program)* clash/coinc*i*de (*vmvel* with) || **akadályba ütközik** meet* with *o*bstacles/d*i*fficulties, come* up ag*ai*nst a d*i*fficulty (*v.* ag*ai*nst d*i*fficulties); **törvénybe ütközik** offend ag*ai*nst the law, come* *i*nto c*o*nflict with the law
ütköző *fn (vasúti)* buffer, ⊕ *US* b*u*mper
ütő ▼ *fn (személy)* h*i*tter, be*a*ter || *(tenisz)* racket; *(asztalitenisz)* bat, ⊕ *US* paddle; *(jégkorong)* stick; *(golf)* club || ❑ *zene* stick ▼ *mn* **egymást ütő színek** colours (⊕ *US* -ors) that clash
ütődik *ige (vmbe)* knock/strike* ag*ai*nst sy || **egymásba ütődnek** coll*i*de, clash
ütődött *mn (gyümölcs)* bru*i*sed || ❖ *biz (vk)* crazy, cracked, loony, ❑ *kif* he is not all there, ⊕ *US* d*i*ppy
ütőér *fn* *a*rtery
ütöget *ige* keep* h*i*tting/be*a*ting, rap
ütőhangszer *fn* percussion *i*nstrument
ütőkártya *fn (átv is)* trump (card) || **kijátssza az utolsó ütőkártyáját** play one's trump/winning card
ütőképes *mn* ❑ *kat* fit for *a*ction, c*o*mbat ready; ❖ *átv és* ❑ *sp* fighting fit
üveg ▼ *fn* glass || *(ablaké)* (window-)pane || *(palack)* bottle, flask || **egy üveg bor** a bottle of wine; **homályos üveg** fr*o*sted/op*a*que glass ▼ *mn* glass
üvegablak *fn* glass window
üvegajtó *fn* glass door
üvegáru *fn* gl*a*ssware
üvegbetét *fn (termosz)é* glass ins*i*de || *(üvegért adott)* ref*u*ndable dep*o*sit
üvegcserép *fn (darab)* fragment of glass || *(tetőn)* glass tile
üvegedény *fn* glass vessel; *(gyűjtőnév)* gl*a*ssware

üveges ▼ *fn (iparos)* glazier || *(kereskedő)* dealer in glass ▼ *mn (palackozott)* bottled || *(üvegszerű)* glassy || *(tekintet)* vacant look || *(üvegezett)* glassed-in
üvegez *ige* glaze, fit (sg) with glass, glass
üvegfestés *fn* glass painting
üveggyár *fn* glassworks *esz v. tsz*
üvegház *fn* glass-house, greenhouse
üvegházi növény *fn* hothouse plant
üvegipar *fn* glass industry
üveglap *fn* sheet (of glass); *(ablakban)* pane
üvegtábla *fn* (glass) pane, sheetglass
üvegtál *fn* glass dish
üvölt *ige* howl, roar; *(dühösen)* bawl, bellow
üvöltés *fn* howl(ing)
űz *ige (hajt)* drive*, chase, hunt, pursue || *(foglalkozást)* practise (⊕ *US* -ice), carry on, pursue [a profession]; *(sportot)* pursue [a sport], play [a game]
üzelmek *fn tsz (tisztességtelen)* corrupt practices, ❖ *biz* wheeling and dealing sg, hole-and-corner deals
üzem *fn (nagyobb)* plant, factory, works *esz v. tsz*; *(kisebb)* workshop || *(működés)* functioning, working, running, operation || **üzembe helyez** *(gyárat, intézményt)* start up, put* sg into operation; *(gépet)* install (⊕ *US* instal is), set* [an apparatus etc.] up, set* up [an apparatus]; **üzembe helyezés** putting into operation; **üzemben tartás** running, operation
üzemág *fn* branch (of production)
üzemanyag *fn* fuel
üzemanyagtartály *fn* fuel tank; *(kocsié)* petrol (⊕ *US* gas) tank
üzemanyagtöltő állomás *fn* filling/petrol (*v.* ⊕ *US* gas) station
üzemben tartó *fn (gépkocsi)* ⊕ *GB* registered keeper of the vehicle
üzembiztonság *fn* safety of operation
üzembiztos *mn* reliable, safe

üzemel *ige* work, run*, operate || **nem üzemel** is not working/running, does not work; *(meghibásodott)* be* out of order
üzemelés *fn* working, running, operation
üzemeltet *ige* operate, run*
üzemi *mn (üzemmel kapcsolatos)* works, factory; *(a dolgozókkal kapcs.)* shopfloor || **üzemi baleset** industrial accident/injury, works accident; **üzemi étkezde** works canteen
üzemképes *mn* in working order *ut.*
üzemképtelen *mn* out of order *ut.*
üzemmérnök *fn kb.* graduate engineer
üzemorvos *fn* factory/works doctor/physician
üzemzavar *fn* breakdown, ❖ *átv* ❖ *biz* hiccup
üzen *ige (vmt vknek)* send* a message (to), send* word (to) || *(szóbelileg)* **azt üzeni, hogy ...** (s)he said to tell you that ...; **vkvel üzen (vknek) vmt** send* (sy) word through sy that ... (*v.* of sg)
üzenet *fn (átv is)* message || **üzenetet átad** deliver a message, pass on a message (to sy); **üzenetet hagy vknek vknél** leave* a message for sy with sy
üzenetrögzítő *fn* (telephone) answering machine/equipment, answerphone, Ansaphone
üzér *fn* speculator, profiteer
üzérkedés *fn* speculation, profiteering
üzérkedik *ige (vmvel)* speculate/traffic in sg *(utóbbi alakjai:* trafficked, trafficking)
üzlet *fn (adásvétel, ált)* business; *(ügylet)* (business) deal, (business) transaction || *(egy ügylet)* a good deal, a bargain || *(helyiség, bolt)* shop, ⊕ *US* store; *(cég)* business (concern) || **üzletet köt vkvel** do* business with sy, do*/make*/clinch a deal with sy, make*/strike* a bargain with sy
üzletasszony *fn* businesswoman°

üzletel *ige* ❖ *biz* ❖ *elít* do* a little buying and selling on the side
üzletember *fn* businessman°; *(igével)* be*/work in business
üzletfél *fn* (business) connection; *(vásárló)* customer, client
üzletház *fn* *(cég)* house, (business) firm
üzlethelyiség *fn* (business) premises *tsz*, shop, ⊕ *US* store
üzleti *mn* business || **üzleti cím** business address; **üzleti dolgokról beszél(get)** talk business/shop; **üzleti érzék** business sense/acumen; **nincs üzleti érzéke** have* no head for business; **üzleti kapcsolatban van vkvel** have* business connections/dealings with sy; **üzleti könyvek** (account-) books; **üzleti negyed** business district/quarter, ⊕ *US* downtown (business center); **üzleti tárgyalás(ok)** business/trade talks; **üzleti titok** trade secret; **üzleti ügy** business affair/matter
üzletkötés *fn* transaction, deal
üzletkötő *fn* business sales (*v.* import/export/trading) executive; travelling (⊕ *US* -l-) salesman°/saleswoman°/salesperson; *(igével)* do* business
üzlettárs *fn* (business) partner/associate
üzletvezető *fn* (business) manager; *(áruházban)* sales manager

V

vacak ▼ *mn (silány)* worthless, rubbishy, trashy, cheap and nasty ▼ *fn* rubbish, trash, tat, junk
vacakol *ige* ❖ *biz (vmvel)* tinker/potter (⊕ *US* putter) about/around, tinker with
vacillál *ige* vacillate, waver, hesitate
vacog *ige* shiver/tremble/shake* *(hidegtől:* with cold, *félelemtől:* with fear), be* shivering (all over with cold) ‖ **vacog a foga** sy's teeth are chattering
vacok *fn (állaté)* den, lair, hole ‖ *(vké)* den ‖ ❑ *növ* receptacle
vacsora *fn* ❖ *ált* evening meal; (⊕ *GB* és ⊕ *US)* dinner; *(a kontinensen ált)* supper *v.* dinner ‖ **hideg vacsora** buffet supper
vacsoraidő *fn* dinner-time
vacsorázik *ige* have* dinner, dine; have* supper ‖ **házon kívül vacsorázik** eat*/dine out
vad ▼ *mn (állat)* wild, untamed, undomesticated [beast] ‖ ❑ *növ* wild ‖ *(műveletlen)* wild, savage, uncivilized ‖ *(kegyetlen)* ferocious ‖ *(erőszakos)* fierce ‖ *(erős támadás/fájdalom/szél)* violent, wild, fierce, raging ▼ *fn (vadon élő állatok)* game, wildlife ‖ *(ember)* savage
vád *fn* ❑ *jog (vk ellen)* charge, accusation ‖ *(vádhatóság)* (public) prosecutor, the prosecution ‖ **a vád tanúja** witness for the prosecution
vadállat *fn* ❖ *ált* wild animal, (wild) beast ‖ ❖ *átv* brute, beast
vadállati(as) *mn* bestial, brutish

vadas *mn* **vadas marha(hús)** *kb.* braised beef in a piquant brown sauce
vadasan *hsz* in a piquant brown sauce
vádaskodás *fn* (repeated) accusations tsz, mud-slinging; *(hát mögötti)* backbiting
vadász *fn* hunter, huntsman°
vadászat *fn* shooting (party); ⊕ *US* így is hunt(ing)
vadászati tilalom *fn* close (⊕ *US* closed) season
vadászengedély *fn* shooting/game licence (⊕ *US* -se)
vadászfegyver *fn* shotgun, sporting gun
vadászgép *fn* fighter (plane/aircraft)
vadászidény *fn* hunting/shooting-season, (the) open season
vadászik *ige (vadra)* shoot* *(vmre* sg); (⊕ *GB falkával és* ⊕ *US)* hunt *(vmre* sg) ‖ *(falkával is* ⊕ *US)* go* (out) hunting ‖ ❖ *átv (vmre, vkre)* hunt for/after sg/sy, search for sg/sy ‖ **nagyvadra vadászik** hunt big game
vadászkastély *fn* hunting-seat
vadászkutya *fn* hunting/gun dog; *(kopó)* (fox)hound; *(rövid lábú)* beagle
vadászpilóta *fn* fighter pilot
vadászpuska *fn* shotgun, sporting gun
vadásztársaság *fn (alkalmi)* shooting party ‖ *(állandó)* hunt
vadászzsákmány *fn* (game-)bag
vádbeszéd *fn* (Public Prosecutor's) charge
vaddisznó *fn* wild boar
vádemelés *fn* accusation, preferral of charge

vadgesztenye *fn* horse-chestnut
vadhús *fn (étel)* game; *(őzé, szarvasé)* venison || ❏ *orv* proud flesh
vadidegen ▼ *mn* totally unknown (to) ▼ *fn* complete/perfect stranger
vádirat *fn (bűnügyben)* (bill of) indictment; *(rendőrségi bűnlajstrom)* charge sheet
vadkan *fn* (wild) boar
vadkempingezés *fn* illicit camping
vadkörte *fn* wild pear
vádli *fn* ❖ *biz* calf°
vádló ▼ *mn* accusatory, accusing ▼ *fn* accuser, plaintiff
vádlott *fn (bíróságon)* the accused, defendant || **vádlottak padja** dock, prisoner's box
vadmacska *fn* wild cat
vadnyugat *fn* the Wild West
vadnyugati *mn* of the Wild West *ut.*, Wild West || **vadnyugati film** western
vadnyúl *fn* hare
vádol *ige (vkt vmvel)* accuse sy of sg, charge sy with sg, indict sy (for *v.* on a charge of sg), bring*/prefer charges against sy
vadon¹ *fn* wilderness, wild, desert
vadon² *hsz* (in the) wild || **vadon termő** *(növény)* growing wild *ut.*
vadonatúj *mn* brand-new
vadorzó *mn* poacher
vadőr *fn* game-keeper, ⊕ *GB* ranger
vadpecsenye *fn* game; *(őz, szarvas)* venison
vádpont *fn* count [of an/the indictment], charge
vadrózsa *fn* dog/wild rose, briar *v.* brier
vadul¹ *ige (féktelenkedik)* go* too far, behave boisterously/wildly
vadul² *hsz* wildly, savagely, fiercely; *(durván)* coarsely, furiously, madly
vadvédelem *fn* wildlife protection, the conservation of wildlife
vadvirág *fn* wild flower
vág *ige* cut* || *(állatot)* slaughter; *(disznót, csirkét)* kill || *(dob)* throw* || *(ruha szűk)* be* too tight *(hónaljban:* under the arms) || *(üt, csap)* strike* || **fát vág** chop wood; **kocsiba vágta magát** *(és elment)* (s)he jumped into his/her car [and drove off]; **vág egy szelet kenyeret** cut* off/oneself a slice of bread
vagány ❖ *biz* ▼ *mn* tough; *(karakán)* plucky ▼ *fn* tough (guy), wide-boy
vágány *fn (sínpár)* (railway) track, rails *tsz* || *(pályaudvaron peron)* platform || **a harmadik vágányra érkezik** is arriving at platform 3
vágás *fn (cselekmény)* cutting (of sg) || *(nyoma testrészen)* cut; *(műtétnél)* incision || *(ölés)* slaughtering, killing || *(ütés)* stroke, blow || ❏ *film* cutting, editing
vágat¹ *ige (vmt vkvel)* have*/get* sg cut/chopped || **hajat vágat** have* one's hair cut, get*/have* a haircut
vágat² *fn* ❏ *bány* gallery, level
vagdalkozik *ige (vmvel)* brandish (sg) (at sy), lay* about oneself (with sg), hit out (at sy) (with sg)
vagdalt *mn* chopped (up) || **vagdalt hús** minced meat, mince; *(pogácsa)* meatball, hamburger (steak), beefburger; **vagdalt sonka** *kb.* corned beef
vágó *fn* ❏ *film* editor
vágódeszka *fn* chopping board/block
vágóhíd *fn* slaughterhouse, abattoir
vagon *fn (személy)* carriage, coach, ⊕ *US* car; *(teher)* wagon (⊕ *GB* -ggis), ⊕ *US* freight car
vágott *mn* cut; *(apróra)* chopped || **vágott baromfi** slaughtered poultry; **vágott virág** cut flowers *tsz*
vágta *fn* gallop || **vágtában** at a gallop
vágtat *ige* gallop, ride* at full speed/gallop
vágtázik *ige (ló, lovas)* gallop, ride* at full gallop || ❏ *sp (futó)* sprint || **vágtázni kezd** break* into a gallop

vágtázó *fn* ❑ *sp* sprinter

vagy *ksz (választás)* or || *(körülbelül)* about, some || **vagy ..., vagy ...** either ... or ...; **vagy egy mérföld(nyi)re** a mile or so; **vagy húszan** there were some twenty people there; **vagy így, vagy úgy** one way or the other, either way, in either case

vágy *fn (vm után)* desire, wish, longing *(mind:* for) || **érzéki vágy** sexual desire; *(buja)* lust

vágyakozás *fn (vm után)* longing, craving, desire *(mind:* for)

vágyakozik *ige* long/yearn for sy/sg

vágyálom *fn* pipe dream, wishful thinking

vágyik *ige (vmre)* desire (sg), have* a desire for sg, wish for sg || *(vhova)* long to (be swhere) || *(vm/vk után)* long/yearn for sg/sy

vágyódás *fn* longing (for)

vágyódik *ige (vmre, vm után)* yearn/long for sg/sy, crave (for) sg

vagyon *fn (nagy)* fortune, wealth, riches *tsz; (tulajdon)* (personal) property, possessions *tsz* || **nemzeti vagyon** national wealth; **vagyon elleni bűncselekmény** crime (committed) against property

vagyonbevallás *fn* declaration of assets/means

vagyonelkobzás *fn* confiscation of property

vagyoni *mn* relating to property *ut.*, financial, pecuniary || **vagyoni állapot** property status

vagyonos *mn* wealthy, well-to-do, well off *ut.*

vagyontalan *mn* unpropertied || **vagyontalan ember** man° without means

vagyontárgy *fn* property, asset

vaj *fn* butter || **akinek vaj van a fején, ne menjen a napra** people who live in glass houses should not throw stones

váj *ige* ❖ *ált* hollow (out), scoop || *(hornyol)* gouge (out) || *(mélyít)* deepen

vájár *fn* miner, face-worker, hewer

vajas *mn* buttered || **vajas kenyér** (a slice of) bread and butter; **vajas kifli** buttered croissant; **vajas zsemle** buttered roll

vajaskifli *fn (vajjal sütött)* croissant, roll

vajassütemény *fn (tészta)* shortcake

vajastészta *fn* short pastry

vájat *fn* ❖ *ált* groove, channel || ❑ *bány (work)* face, stall

vajaz *ige* butter

vajda *fn* ❑ *tört* voivode, vaivode

vájkál *ige* grub/dig*/rummage about/around (in sg), keep* grubbing || ❖ *átv* **vk sebeiben vájkál** reopen old sores, rub salt in sy's wounds

vajmi *mn* **vajmi kevés** precious/very little

vajon *hsz (kérdés előtt)* if, whether || **vajon igaz-e?** I wonder whether it is true

vajtartó *fn* butter-dish

vájt fülű *mn* sharp-eared, sensitive

vajúdás *fn* ❑ *orv* labour (⊕ *US* -or), parturition || ❖ *átv* travail, difficult birth, being in the throes of sg

vajúdik *ige* ❑ *orv* be* in labour, labour (⊕ *US* -or) || **sokáig vajúdott a kérdés** the case dragged on for a long time

vak ▼ *mn (ember)* blind, sightless || **fél szemére vak** blind in one eye; **vak vagy?** ❖ *átv* have you no eyes? ▼ *fn* blind man°/person, blind woman° || **a vak is látja** it stares you in the face, you can see that with half an eye; **a vakok** the blind

vakablak *fn* blind/dummy window || **világos, mint a vakablak** as clear as mud

vakáció *fn* (summer) holiday, ⊕ *US* vacation

vakációzik *ige* be* on holiday *(v.* ⊕ *US* vacation), holiday, ⊕ *US* vacation

vakar *ige (saját magát)* scratch; *(bőrt)* scrape || *(lovat)* curry(-comb)

vakaródzik *ige* scratch (oneself)
vakbél *fn (féregnyúlvány)* (vermiform) appendix *(tsz* -dices) || **vakbéllel operálták** (s)he was operated on for appendicitis
vakbélgyulladás *fn* appendicitis
vakbélműtét *fn* appendectomy
vakbuzgó ▼ *mn* bigoted ▼ *fn* bigot, zealot
vakcina *fn* ❏ *orv* vaccine
vakírás *fn (vakoké)* braille || *(írógépen)* touch-typing
vakít *ige (látást fény)* blind, dazzle
vakító *mn* blinding, dazzling
vakkant *ige* yap, yelp, give* a yelp
vaklárma *fn* false alarm
vakmerő *mn* daring, audacious, bold; ❖ *elít* reckless, foolhardy
vakmerőség *fn* daring, audacity, boldness; ❖ *elít* recklessness, foolhardiness
vakol *ige (falat)* plaster
vakolat *fn* plaster
vakon *hsz* **vakon született** (s)he was born blind; *(mint melléknév)* blind from birth *ut.;* **vakon hisz** *(vkben)* trust sy blindly/implicitly; **vakon ír** *(írógépen)* touch-type
vakond(ok) *fn* ❏ *áll* mole
vakrepülés *fn* blind flying/flight
vakság *fn* ❏ *orv* blindness || ❖ *átv* blindness, infatuation
vaktában *hsz (találomra)* at random || *(meggondolatlanul)* blindly, rashly
vaktöltény *fn* blank charge
vaku *fn* flash(-gun), flashlight || **vakuval fényképez** take* a photograph with a flashlight/flashbulb
vákuum *fn* vacuum
vakvágány *fn* dead-end
váladék *fn* discharge, secretion, mucus
valaha *hsz (valamikor régen)* once, at one time || *(a jövőben)* ever || **itt valaha egy ház állt** there used to be a house here; **látom-e még valaha?** I wonder if I will ever see it/him [etc.] (again); **szebb, mint valaha** more beautiful than ever
valahány *nm* all, any, every (one) || **valahánnyal csak találkoztam** every single one (that) I have met
valahányan *nm* all of us/you/them, every one of you/us/them
valahányszor *hsz* whenever, every time || **valahányszor csak akarja** whenever you wish, as many times as you wish
valahogy(an) *hsz (vmlyen módon)* somehow (or other), in some way (or other), someway, anyhow || **valahogy csak** by some means or other; ❖ *biz* by hook or by crook; ❖ *biz* **ez valahogy nem sikerült** this just didn't work out (*v.* come off); **majd csak lesz valahogy** it will turn out all right, we will try and manage somehow
valahol *hsz* somewhere, ⊕ *US* someplace || **valahol itt** *(a közelben)* somewhere near here; **valahol már találkoztunk** we have met (somewhere) before
valahonnan *hsz* from somewhere, from some place or other; *(bárhonnan)* from anywhere
valahova *hsz* somewhere, anywhere, to some place or other
valaki *nm (állításokban)* somebody, someone, one || *(kérdés/tagadás esetén)* anyone/anybody || *(jelentős személy)* **ő valaki a gyárban** he's a somebody in the factory
valameddig *hsz (idő)* for some/a time || *(távolság)* (for) a certain distance, some distance
valamely *nm* some
valamelyest *hsz* somewhat, to a certain extent/degree || **valamelyest jobban** a thought/bit better
valamelyik *nm* one (of them), one or the other || **valamelyik** *(a kettő közül)* either of them; *(több közül)* one of them

valamennyi *nm (mind)* all, every, all (of them), all together || *(valami kevés/kis)* some, a little || **kivétel nélkül valamennyi** all without exception, one and all, every single one (of them); **valamennyi ideig** for some/a time, for a while; **valamennyien** all of us/them

valamennyire *hsz (valameddig)* in some measure || *(úgy-ahogy)* somehow or other, in some way or other

valamerre *hsz* somewhere, in some direction (or other)

valami ▼ *nm (állításban)* something || *(kérdésben, tagadásban)* anything || **ez már valami** that is better/sg; **fáj valamid?** is anything wrong (v. the matter) with you?; **viszi valamire** go* far, get* on, ❖ *biz* make it ▼ *mn (állításban)* some || *(egy kevés)* some, a little || *(kérdésben, tagadásban)* any || **valami állat lehetett** it must have been some animal; **valami időm még van** I can still wait a little while; **van valami elvámolnivalója?** have you anything to declare?; **van valami pénzed?** have you got any/some money? ▼ *hsz* **nem valami jól sikerült** *(vm)* it fell rather flat; *(vknek vm)* (s)he wasn't too successful

valamiféle *nm* a/some sort/kind of

valamiképp(en) *hsz* somehow (or other)

valamikor *hsz (múlt)* sometime; *(egyszer régen)* once (upon a time) || *(valaha)* ever || *(jövő)* some day, sometime v. some time

valamilyen *nm* some kind/sort of, some (... or other) || **valamilyen formában** in one form or another

valamint *ksz (továbbá)* and, as well as

valamirevaló *mn* decent, rather good, satisfactory

valamivel *hsz* somewhat, a little || **valamivel jobb** slightly better; **valamivel jobban van** be* a bit/shade/little better

válás *fn* ❑ *jog* divorce || **vmvé válás** becoming sg, turning into sg

válasz *fn* answer, reply || **igenlő válasz** affirmative answer; **tagadó válasz** negative answer; **válasz fizetve** [was sent] reply (pre)paid; **választ ad vknek** give* an answer to sy, reply to sy, answer sy

válaszboríték *fn* self-addressed envelope

válaszfal *fn* dividing wall, partition

válaszjegyzék *fn (diplomáciai)* reply note

válaszképpen *hsz* in answer/reply to sg, by way of an answer to sg

válaszlevél *fn* reply (letter)

válasz-levelezőlap *fn* reply (post)card

válaszol *ige (vknek/vmre)* answer sy/sg, reply to sy/sg, *(reagál)* respond to || **nem válaszolt** (s)he didn't reply (to me), (s)he didn't answer (me); **erre nem tud mit válaszolni** (s)he has no answer to this

választ *ige (több közül)* choose* *(kettő közül)* between, *több közül* from among), pick, select, make* a/one's choice || *(képviselőt)* elect || **taggá választ vkt** elect sy a member; **tessék választani** take your pick

választás *fn (több közül)* choice, choosing, selection || ❑ *pol* election || **időközi választás** by-election; **nem volt más választása, mint ...** he had no choice/option (but to ...); it was Hobson's choice; **szabad választások** free elections

választási *mn* ❑ *pol* elective, election-, electoral || **választási kampány** election/electoral campaign, electioneering

választávirat *fn (előre kifizetett)* reply-paid (v. pre-paid) telegram (⊕ *US* wire)

választék *fn (több közül)* selection, choice, variety || *(hajban)* parting, ⊕ *US* part

választékos *mn* carefully-chosen ‖ **választékos stílus** polished/elegant style
választható *mn (személy)* eligible ‖ **(szabadon) választható** *(tantárgy)* optional, ⊕ *US* elective
választó *fn* ❑ *pol* voter; *(akinek választójoga van)* constituent ‖ **a választók** the electorate
választói *mn* electoral, voting
választójog *fn* suffrage, the (right to) vote, franchise ‖ **általános választójog** universal suffrage
választójogosultság *fn* franchise
választókerület *fn* constituency, ⊕ *US* electoral district
választott ▼ *mn* chosen, (s)elected ‖ **választott bíró** arbiter, arbitrator ▼ *fn* chosen, choice ‖ **szíve választottja** (one's) intended/beloved, true-love
válaszút *fn (átv is)* crossroads ‖ **válaszút előtt áll** be* at a crossroads
válik *ige (házastárstól)* divorce (sy) ‖ *(vk/vm vmvé)* become* (sg), turn (into sg); *(vm vmvé)* be* converted (into sg) ‖ **jó orvos válik majd belőle** he will make a good doctor; **válik a feleségétől** he is divorcing his wife
vall *ige (bíróságon)* confess (sg *v.* to sg to doing sg *v.* to have done sg) ‖ *(vmlyen hitet)* profess [a faith], avow himself/herself to be [a Christian, a supporter of ... etc.] ‖ **bűnösnek vallja magát** plead* guilty; **ez rád vall** that's just like you, ❖ *biz* that's you all over
váll *fn* shoulder ‖ **vállig érő** shoulder-length; **két vállra fektet** *(birkózásban ellenfelet)* win* by a fall; **levesz a válláról** *(gondot, terhet)* take* [a load/weight] off sy's mind/shoulders, relieve sy of [the burden of sg]; **vállat von** shrug (one's shoulders)
vállal *ige* ❖ *ált (vmt)* undertake* (sg *v.* to do sg), take* on; *(megbízást)* accept ‖ **vállalja a felelősséget vmért** take*/accept/assume (full) responsibility for sg; **vállalja a költségeket** meet* the expenses, ❑ *kif* foot the bill; **magára vállal vmt** take* it upon oneself to ...; **az IRA magára vállalta a robbantást** the IRA has claimed (responsibility for) the bombing in ...; **munkát vállal** get*/find* work, sign on, undertake* [a piece of work]
vállalat *fn* company, firm, enterprise ‖ **állami vállalat** state enterprise, state-owned company; **melyik vállalatnál dolgozol?** which company do you work for?
vállalatvezető *fn* managing director, manager
vállalkozás *fn* ❖ *ált (nagyobb)* undertaking, enterprise, venture; *(kisebb)* (small) business
vállalkozik *ige (vmre)* undertake* sg *(v.* to do sg), (be* prepared to) take* sg on
vállalkozó ▼ *mn* **vállalkozó (szellemű)** enterprising, venturesome ▼ *fn* ❑ *ker (rizikót vállaló)* entrepreneur ‖ **építési vállalkozó** building contractor
vallás *fn* religion, *(hit, hitvallás)* (religious) faith, creed
vállas *mn* broad/square-shouldered
vallásgyakorlás *fn* (public/private) worship ‖ **szabad vallásgyakorlás** freedom of worship/religion
vallási *mn* religious, of religion/faith ut.
vallásoktatás *fn* religious education/ instruction
vallásos *mn* religious, pious, godly
vallásosság *fn* religiousness, devoutness, piety
vallásszabadság *fn* freedom of religion/worship, religious liberty
vallástalan *mn* irreligious, ungodly, godless
vallat *ige (vádlottat)* interrogate, examine
vallatás *fn* examination, interrogation
vallató *fn* interrogator, examiner
vállcsont *fn* collar bone

vállfa *fn* (clothes/coat) hanger
váll-lap *fn* ❑ *kat* epaulette (⊕ *US* epaulet), ⊕ *US* shoulder board/mark
vallomás *fn* evidence, statement; *(beismerő)* confession ‖ **vallomást tesz** *(terhelt)* make* a (full) confession; *(tanú)* give* evidence, testify (under oath) (for/against sy)
vallomástétel *fn* (giving) evidence, confession
vállrándítás *fn* shrug (of the shoulders)
válltömés *fn* shoulder-pad
vállvetve *hsz* shoulder to shoulder
vállvonogatás *fn* shrug (of the shoulders)
való ▼ *mn (valóságos, igaz)* real, true ‖ *(alkalmas vmre)* (be*) suited/suitable for sg, (be*) fit/right for sg ‖ *(illő)* proper, fit(ting), suitable, appropriate *(mind:* for); *(igével)* become*/suit sy, ❖ *biz* be* cut out for sg ‖ *(készült vmből)* be* made of sg ‖ **a kézirat a X. századból való** the MS dates/is from the 10th century; **a való életben** in real life; **a vele való találkozás** the meeting with her/him; **Egerbe való** (s)he comes from Eger; **ez nem való** it isn't done; **fából való** (be*) made of wood; **gyermekeknek való könyv** a book for children; **hova való vagy?** where do you come from?; **kék nem való a zöldhöz** blue doesn't go (well) with green; **mire való?** what is it (good/used) for?; **nem való** it is not right/appropriate, unbecoming (for sy); **való igaz** it is absolutely/quite true ▼ *fn (valóság)* reality, truth ‖ **valóra válik** *(terv, remény)* be* realized, materialize, come* true
valóban *hsz* indeed, truly, really, actually ‖ **valóban megtörtént** it is a true story, it is a story from (real) life; **valóban?** is that so?, really?, indeed?
valódi *mn* real, true; *(nem mű)* genuine ‖ **valódi tört** ❑ *mat* proper fraction

valódiság *fn (állításé)* truth, veracity ‖ *(okmányé)* authenticity
válogat *ige (kiválaszt)* choose*, pick (out), select ‖ *(finnyás)* be* particular, pick and choose, ❖ *biz* be* choosy, ⊕ *US* be* picky ‖ **embere válogatja** it all depends on the man
válogatás *fn (kiválasztás)* choosing, choice, picking (out), selection ‖ *(irodalmi művekből)* a selection (v. selections) from ..., anthology ‖ *(finnyásság)* fastidiousness, picking and choosing
válogatós *mn* particular (about sg), finicky, choos(e)y, ⊕ *US* picky
válogatott ▼ *mn* (carefully) choosen, picked, selected ‖ **válogatott almák** choice apples; **válogatott csapat** ❑ *sp* select/representative team; **válogatott költemények** selected poems/poetry ▼ *fn* **a magyar labdarúgó-válogatott** the Hungarian team/eleven
valójában *hsz* actually, in fact/reality, really
válóok *fn* ground(s)/reason for (a) divorce
válóper *fn* divorce suit/case; divorce proceedings *tsz* ‖ **válópert indít** sue for (a) divorce, start/take* divorce proceedings (against sy), ⊕ *US* file a petition for divorce
valóság *fn* reality; *(igazság)* truth, verity; *(tény)* fact ‖ **a valóságban** in reality/practice/effect, in real life; **a valósághoz híven** faithful/true to the facts
valóságos *mn (létező)* real, true ‖ *(túlzó)* veritable ‖ **valóságos remekmű** [this picture is] nothing less than a masterpiece
valószínű *mn* probable, likely ‖ **valószínű, hogy** it's probable/likely that; **nem tartom valószínűnek** I do not think it likely; **nem valószínű, hogy eljön** he is not likely to come
valószínűleg *hsz* probably, very likely, in all probability/likelihood ‖ **valószínűleg esni fog** it is likely to rain

valószínűség *fn* probability, likelihood || **minden valószínűség szerint** in all probability/likelihood
valószínűtlen *mn* improbable, unlikely
valótlan *mn* untrue, untruthful, false || **valótlan hír** false report
valótlanság *fn* untruth, falsehood, lie
válság *fn* crisis (*tsz* -ses), critical stage/period || **gazdasági válság** economic crisis, slump; *(huzamosabb)* depression
válságos *mn* critical
vált *ige (másra cserél)* change || *(pénzt)* change [money] || **ágyneműt vált** change (the sheets on) one's bed, change the bed linen; **fehérneműt vált** change one's underwear; **hol válthatok pénzt?** where can I change my English/etc. money (for forints/etc.)?; **jegyet vált vhová** *(vasúton)* buy*/book a ticket to ...; *(színházba)* buy*/book/get* seats/tickets for [the theatre]; **sávot vált** *(úton)* change lanes; **sebességet vált** change gear
váltakozás *fn* alternation; *(határok között)* variation
váltakozik *ige (következik egymás után)* alternate (with, between), follow (by turns) || *(két szélső határ között)* vary/range from ... to || **váltakozva** alternately, by turns, one after the other, in rotation
váltakozó *mn* ❖ *ált* alternate, alternating || ❏ *el* **váltakozó áram** alternating current (*röv* AC)
váltás *fn* ❖ *ált* change; *(pénzé, ruháé)* changing || *(pl. üdülőben)* changeover (day) || **egy váltás fehérnemű** a change of underwear
váltó *fn* ❏ *ker* ❏ *pénz* bill (of exchange), draft || ❏ *vasút* points *tsz*, ⊕ *US* switches *tsz* || ❏ *sp* relay (race) || **váltót bevált** accept/honour (⊕ *US* -or) a bill/draft
váltófutás *fn* ❏ *sp* relay (race)

váltogat *ige* keep* changing, chop and change
váltogatva *hsz* in rotation, by turns
váltóhamisítás *fn* forging of bills, bill forgery
váltókezelő *fn (vasúti)* pointsman°, signalman°, ⊕ *US* switchman°
váltópénz *fn* small coin/change
váltósúly *fn* ❏ *sp* welterweight
váltóúszás *fn* relay (race), relay events *tsz*
változás *fn* ❖ *ált* change, (process of) changing; *(hangé)* mutation; *(időjárási)* break/change [in the weather] || **gyökeres változások** radical/sweeping changes
változat *fn (fordítás)* version; *(helyesírási, kiejtési)* variant; *(történeté)* version; *(zenei)* variation || ❏ *áll* ❏ *növ* variety
változatlan *mn* unchanged, unaltered, unvarying, constant, invariable
változatos *mn* varied, diversified, diverse; *(mozgalmas, színes)* variegated, varied; *(műsor)* varied, mixed
változatosság *fn* variety, diversity || **a változatosság kedvéért** for a change
változékony *mn* changeable, changing; ❖ *átv* fickle || **változékony idő** changeable/unsettled weather
változik *ige* change, undergo* a change, alter; *(vmvé)* turn/change into, be* converted into, become* (sg) || **változott a program** the program(me) has changed
változó ▼ *mn* changing, varying, altering, variable ▼ *fn* ❏ *mat* variable
változtat *ige* change, alter; *(vmn)* make* a change/alteration in sg; *(vmt vmvé)* transform/convert/turn/change sg into sg || **ez mit sem változtat a dolgon** that does not make the slightest difference, it makes no difference (to me/him etc.)
változtatás *fn* changing, change (in), alternation; *(módosítás)* modification; *(javítás)* improvement

váltságdíj fn ransom
valuta fn currency || **kemény/nemes valuta** hard currency
valutaárfolyam fn exchange rate, rate of exchange
valuta-bűncselekmény fn foreign currency offence
valutázik ige traffic (-ck-) (v. deal*) illegally in foreign currencies
vályú fn trough
vám fn (hely) (the) customs tsz || (díj) customs duty || **átjut a vámon** get*/go* through (v. clear) customs, clear [goods] through customs; **vámot fizet vmért** pay* (customs) duty on sg
vámbevallás fn customs declaration
vámbűncselekmény fn customs offence (⊕ US -se)
vámcédula fn customs invoice, (bill of) clearance
vámhatóság(ok) fn customs (authorities), the Customs (mind: tsz)
vámhivatal fn customs tsz, customs house
vámkedvezmény fn customs preference
vámkezelés fn customs clearance/examination, customs tsz
vámkezeltet ige (vmt) clear sg through customs
vámköteles mn liable/subject to duty ut., dutiable
vámmentes mn duty-free || **vámmentes bolt** (repülőtéren) duty-free shop; **vámmentes terület** customs-free area/zone
vámmentesen hsz duty-free
vámnyilatkozat fn customs declaration
vámnyugta fn customs invoice, clearance paper, (bill of) clearance
vámol ige clear (sg) (through customs)
vámolás fn clearing (through customs)
vámos, vámőr fn customs officer/official
vámpír fn vampire

vámsorompó fn (tilalom) customs barrier
vámtarifa fn customs tariff
vámterület fn customs area
vámtiszt fn customs officer/official
vámunió fn customs union
vámvizsgálat fn customs clearance/examination/inspection, customs (formalities) tsz
van ige (lenni: to be; ragozása jelen időben: I am, you are, he/she/it is, we/you/they are; múlt időben: I was, you were, he/she/it was, we/you/they were; Present Perfect: I have been etc.; Past Perfect I had been etc.) || (létezik) is, exists; (vm vhol) there is ..., tsz there are ... || (van neki) have* sg; ❖ biz have got sg; (birtokol) possess, own (sg) || **én vagyok** it's me; **3 könyv van az asztalon** there are 3 books on the table, on the table there are 3 books; **hideg van** it is cold; **hogy van?** how are you?, how do you feel?, how are you doing (v. getting on)?; **jól van** he is well, he is all right; **kék szeme van** she has (got) blue eyes; **már voltam ott** I have been there (before); **mi van magával?** what is the matter with you?; ❖ **biz na mi van?** well?, what's up?; **nem volt marhahús** (a hentesnél) I couldn't get any beef (at the butcher's); **úgy volt, hogy eljövök** I was to have come, I was supposed to come; **van ceruzád?** have you got a pencil?, ⊕ US do you have a pencil?; **van egy új kocsim** I've got a new car; **van itt egy orvos?** is there a doctor present?; **van miből** I can (well) afford (it); **van nálad pénz?** have you got (some/any) money on you?; **van pénzed?** have you (got) any money?; **vannak, akik azt mondják ...** there are some/those who say ...
vandál mn/fn (személy) vandal || **vandál pusztítás** piece of vandalism

vándor ▼ *mn* wandering, roving, roaming, rambling ‖ **vándor nép** nomadic people, nomads *tsz* ▼ *fn* wanderer
vándorcirkusz *fn* travelling (⊕ US -l-) circus
vándorgyűlés *fn* regional meeting
vándorkiállítás *fn* travelling (⊕ US -l-) exhibition/show
vándorlás *fn* ❖ *ált* wandering(s), travels *tsz*; *(állaté, törzsé)* migration
vándormadár *fn (átv is)* bird of passage; *(csak ember)* drifter, job-hopper, ⊕ US ❖ *biz* floater
vándorol *ige (rendeltetés nélkül)* wander, travel (⊕ US -l) (on foot), peregrinate; *(kóborol)* roam, rove, stroll ‖ *(céllal)* migrate
vándorzászló *fn* challenge flag
vanília *fn* vanilla
vaníliafagylalt *fn* vanilla ice
vaníliás *mn* vanilla
vánszorog *ige* drag oneself along, crawl along, stagger (along) (to)
var *ige* scrab, crust
vár¹ *fn (épület)* castle ‖ *(budai lakónegyed)* the Castle district ‖ **a budai vár** the Buda Castle; **királyi vár** royal castle/palace
vár² *ige (várakozik)* wait, be* waiting ‖ *(vkre/vmre, vkt/vmt)* wait for sy/sg; *(számít vkre/vmre)* expect sy/sg ‖ *(elvár vktől vmt)* expect (sg of sy *v.* sy to do sg) ‖ *(vm kellemetlen vkre)* sg is in store for sy, sg lies* ahead of sy ‖ **alig várom, hogy láthassalak** I am looking forward to seeing you; *(lelkesebben)* I can hardly wait to see you; **arra várunk, hogy Péter megérkezzék** we are waiting for Peter to arrive; **ezt nem vártam volna** I should not have expected that; **kisbabát vár** she is expecting a baby; **sokat várnak tőle** they have high hopes of him; **szíves válaszát várva** looking forward to hearing from you (*v.* to your reply); **várj!** wait a moment, hang on!; **várj egy kicsit!** wait a bit/minute!, just a minute!
várakozás *fn (várás)* wait(ing) ‖ *(parkolás)* parking, waiting ‖ *(remény)* expectation(s) ‖ **minden várakozás ellenére** contrary to (all) expectations; **minden várakozást felülmúl** it surpasses all expectation, it is beyond expectation; **várakozásának megfelel** live up to one's expectations; **várakozással tekint vm elé** be* looking forward to sg (*v.* to ...ing sy/sg)
várakozási idő *fn* waiting time/period
várakozik *ige (vkre/vmre)* wait (for sy/sg), be* waiting ‖ *(autó)* park, park one's/the car (swhere) ‖ **várakozni tilos!** no parking/waiting
várakozó *mn (vk)* waiting (for) *ut.*, awaiting (sg) *ut.*
várakoztat *ige* keep* sy waiting
várandós *mn* = **terhes**
varangy(os béka) *fn* toad
várárok *fn* moat, fosse
varas *mn* scabby, covered with scabs *ut.*
váratlan *mn* unexpected, unlooked-for, unforeseen, surprising ‖ **váratlan szerencse** windfall; **váratlan vendég** chance visitor
váratlanul *hsz* unexpectedly, all of a sudden ‖ **váratlanul ért minket** it took us by surprise
varázs *fn (varázslat)* magic (power), enchantment ‖ *(vonzás)* fascination, charm
varázserő *fn* magic power, charm
varázsige *fn* magic word, spell, charm
varázsital *fn* magic potion; *(bájital)* (love-)philtre (⊕ US -ter), love-potion
varázslás *fn* magic (art)
varázslat *fn* witchcraft, black art, magic
varázslatos *mn* magic(al) ‖ ❖ *átv* enchanting, magic
varázsló *fn* magician, wizard, sorcerer, enchanter; *(nő)* sorceress, enchantress

varázsol *ige (varázsló)* practise magic, work/use charms || *(vmt vmvé)* change/transform/transmute sg into sg by magic
varázsszem *fn* ❏ *el* magic eye
varázsvessző *fn (varázslóé)* magic wand || *(forráskutatóé)* divining-rod
várfal *fn* (castle) wall, wall of a fortress
varga *fn* shoemaker; *(foltozó)* cobbler
vargabetű *fn* **vargabetűt ír le** go* a roundabout way, ❖ *biz* go* all round the houses
vargánya *fn* ❏ *növ* yellow boletus *(tsz* -tuses *v.* -ti), mushroom
várható *mn* probable, prospective, to be expected *ut.*
várhegy *fn* castle hill
variabútor *fn* unit/modular furniture
variáció *fn* variation
variál *ige* vary; *(színeket)* variegate
variáns *fn* variant
varieté *fn (műsor)* variety show/programme (⊕ *US* -ram) || *(színház)* variety; music-hall; ⊕ *US* vaudeville
varjú *fn* crow
várkapu *fn* castle gate
várkastély *fn* fortified castle
váró ▼ *mn* waiting || **megoldásra váró kérdések** matters/questions pending ▼ *fn (szoba)* waiting room
várócsarnok *fn* waiting-hall, lounge
várólista *fn* waiting-list
várományos *fn* ❏ *jog (törvényes örökös)* heir apparent || *(birtoké)* heir; *(jog)* reversioner || **az angol trón várományosa** heir apparent to the throne of Great Britain and Northern Ireland
város *fn (kisebb)* town; *(nagyobb)* city || *(belváros)* town, ⊕ *US* downtown
városállam *fn* ❏ *tört* city-state
városatya *fn* alderman°
városfal *fn* town/city wall
városháza *fn* town hall, ⊕ *US* city hall
városi *mn* ❖ *ált* town, city || *(államigazgatásilag)* municipal

városias *mn* urban
városka *fn* small town
városkép *fn* townscape, cityscape
városközpont *fn* town/city centre (⊕ *US* -ter), the centre (⊕ *US* -ter) of a/the city || **Budapest városközpontja** Central Budapest, the centre (⊕ *US* -ter) of Budapest; **London városközpontja** *(belvárosa)* the City
városlakó *fn* townsman°, city-dweller, ❖ *biz* townee || **városlakók** townspeople *tsz*, ⊕ *főleg US* townsfolk *tsz*
Városliget *fn* the City Park
városnegyed *fn* = **városrész**
városnézés *fn* sightseeing || **városnézésre megy** go* sightseeing, (go* to) see the sights (of)
városnéző ▼ *mn* **városnéző autóbusz** sightseeing bus; **városnéző (kör)séta** sightseeing tour ▼ *fn* sightseer
városrendezés *fn* town (⊕ *US* city) planning
városrész *fn* quarter, district
várószoba *fn* waiting-room
váróterem *fn* waiting-hall/room
varr *ige* sew*, do* sewing; *(varrógéppel)* machine || **szoknyát varr** make*/sew* a skirt
varrás *fn* sewing, needlework || *(varrat)* seam || **varrás nélküli** seamless
varrat¹ *ige* have* sg sewn || **ruhát varrat** have* a dress made
varrat² *fn (varrás)* seam, stitching || ❏ *orv* stitch, suture || **kiszedik a varratokat** take* the stitches out
varródoboz *fn* sewing kit/box
varrógép *fn* sewing-machine
varrókészlet *fn* sewing kit, ❏ *kat* housewife
várrom *fn* ruins of a castle/fortress *tsz*
varrónő *fn (fehérnemű)* seamstress, needlewoman°; *(ruha)* dressmaker
varrott *mn* sewn; *(öltött)* stitched || **kézzel varrott** sewn by hand *ut.*, hand-sewn
varrótű *fn* (sewing) needle

Varsó *fn* Warsaw
várt *mn* waited (for) *ut.*, awaited, expected
vártorony *fn (nagy)* donjon, keep; *(saroktorony)* turret
vas ▼ *mn* iron, made of iron *ut.* ▼ *fn (fém)* iron ‖ *(bilincs)* irons, chains, fetters, shackles *(mind: tsz)* ‖ *(vasaló)* (flat/laundry) iron ‖ *(gyógyszer)* iron ‖ ✧ *biz* **egy vasam sincs** I am (stony) broke, I've not a penny to my name, ⊕ *US* I haven't a red cent (*v.* plug nickel); **vasat szed** take* iron; **vasból van** be* made of iron
vaságy *fn* iron bed(stead)
vasal *ige (vasalással ellát)* fit/cover sg with iron ‖ *(fehérneműt)* iron; *(felsőruhát)* press, iron; *(nadrágot stb.)* press
vasalás *fn (pánt stb.)* ironwork, iron fittings *tsz* ‖ *(vasalóval)* ironing, pressing
vasalatlan *mn (fehérnemű)* unironed; *(ruha)* unironed, unpressed; *(gyűrött)* crumpled, creased
vasaló *fn* iron ‖ **gőzölős vasaló** steam iron
vasalódeszka *fn* ironing-board
vasalózsinór *fn* flex, ⊕ *US* cord
vasalt *mn (fehérnemű)* ironed; *(ruha)* ironed, pressed
vásár *fn (kisebb)* market; *(országos)* fair ‖ *(üzlet)* bargain ‖ **(engedményes) vásár** sale; **jó vásárt csinál** make* a good bargain
vásárcsarnok *fn* market(-hall), covered market
vásári *mn* ✧ *elít* cheap, shoddy [goods], trash ‖ **vásári árus** stallholder [at a fair]
vásárlás *fn (vétel)* purchasing, buying; *(üzletjárás)* shopping
vásárló *fn* shopper; *(rendszeres)* customer
vasárnap ▼ *fn* Sunday ‖ **vasárnapra** by Sunday ▼ *hsz* (on) Sunday ‖ **jöjj el vasárnap** come and see me on Sunday; **minden vasárnap** on Sundays, every Sunday; **vasárnap este** Sunday evening/night
vásárnap *fn* market-day
vasárnapi *mn* Sunday ‖ **egy vasárnapi napon** on a Sunday; **a múlt vasárnapi hangverseny** last Sunday's concert; **vasárnapi újság** Sunday paper
vasárnaponként *hsz* (on) Sundays, every Sunday
vásárol *ige (vmt)* purchase, buy* ‖ *(üzleteket jár)* shop, go* shopping, do* one's/the shopping ‖ *(vhol rendszeresen)* be* a [shop's] customer
vasáru *fn* ironware, ironmongery, hardware
vasas ▼ *mn (vastartalmú)* containing iron *ut.*, ferrous; *(víz)* chalybeate ▼ *fn (munkás)* ironworker, metalworker
vasbeton *fn* reinforced concrete, ferroconcrete
vasérc *fn* iron ore
vas- és edénybolt *fn* hardware shop (⊕ *US* store)
vasesztergályos *fn* iron turner
vasfüggöny *fn (színházi)* safety curtain ‖ ❏ *pol* the Iron Curtain
vasgyár *fn* ironworks *esz v. tsz*
vasgyártás *fn* iron manufacture/production
vashiány *fn* iron-deficiency
vásik *ige (kopik)* wear* away ‖ **vásik a foga vmtől** [sour apples etc.] wear* down the teeth
vasipar *fn* iron industry/manufacture
vaskályha *fn* iron stove
vaskereskedés *fn* ironmonger's (shop), hardware shop (⊕ *US* store)
vaskereskedő *fn* ironmonger, ⊕ *US* hardware dealer
vaskohász *fn* foundryman°
vaskohászat *fn* iron metallurgy, iron smelting
vaskohó *fn* iron furnace; *(telep)* ironworks *esz v. tsz*

vaskorszak *fn* the *I*ron Age
vaskos *mn* massive, bulky; *(személy)* stocky, stout, robust, thick-set ‖ **vaskos tréfa** coarse/practical joke
vasmacska *fn* anchor
vasmag *fn* ❑ *el* iron core
vasmunkás *mn* ironworker
vasmű *fn* ironworks *esz v. tsz*
vasolvasztó *fn* blast furnace
vasorrú bába *fn* old witch; ❖ *átv* harridan
vasöntő *fn (munkás)* iron-founder
vasöntöde *fn* iron-foundry
vasrács *fn (ablaké)* iron bars *tsz*, grille; *(szobor körül)* railings *tsz*; *(rostély)* iron grate; *(sütéshez)* grill
vasredőny *fn* (iron roll-)shutters *tsz*
vasszigor *fn* unbending rigour (⊕ *US* -or), unbending severity ‖ **vasszigorral kormányoz** rule with a rod of iron (*v.* an iron hand)
vastag *mn (vm)* thick ‖ *(személy)* stout, fat ‖ **3 cm vastag deszka** a board/plank 3 centimetres thick; ❖ *átv* **vastag bőre van** have* a thick skin, be* inured to sg; **vastag hang** thick voice
vastagbél *fn* large intestine, colon
vastagbélgyulladás *fn* colitis
vastagon *hsz* thickly, heavily ‖ **vastagon fog a ceruzája** ❖ *átv* charge too much, ask an exorbitant price
vastagság *fn* thickness
vastaps *fn* frenetic applause
vastartalmú *mn* ❖ *ált* containing iron *ut.*, ferruginous; ❑ *vegy* ferrous, ferric
vastartalom *fn* iron content
vastüdő *fn* iron lung
vasút *fn* railway, ⊕ *US* railroad; *(a brit „MÁV")* British Rail; *(vonat)* train
vasútállomás *fn* railway (⊕ *US* railroad) station
vasutas *fn* railway employee, railwayman°, ⊕ *US* railroadman°
vasúthálózat *fn* railway (*v.* ⊕ *US* railroad) network/system

vasúti *mn* railway-, ⊕ *US* railroad- ‖ **vasúti átjáró** *(szintbeni)* level (*v.* ⊕ *US* grade) crossing; **vasúti csatlakozás** rail link/connection; **vasúti csomópont** railway (⊕ *US* railroad) junction; **vasúti híd** railway (⊕ *US* railroad) bridge; **vasúti kocsi** *(személy)* railway carriage, coach, ⊕ *US* railroad coach/carriage/car; *(teher)* goods wag(g)on, ⊕ *US* freight car; **vasúti menetrend** ❖ *ált* (railway) timetable, ⊕ *US* schedule (of trains); *(könyv)* (railway *v.* ⊕ *US* railroad) guide; **vasúti szerencsétlenség** railway (⊕ *US* railroad) accident, train crash
vasúttársaság *fn* railway company
vasútvonal *fn* railway (⊕ *US* railroad) line
vasvilla *fn (többágú)* fork; *(kétágú)* pitchfork
vászon ▼ *fn (anyag)* linen; *(könyvkötéshez)* cloth ‖ *(festőé)* canvas ‖ *(vetítőfelület)* screen ‖ **vászonba kötve** bound in cloth ▼ *mn* linen
vászoncipő *fn* canvas shoes *tsz*
vászonkötés *fn* cloth binding
vászonnadrág *fn* canvas/linen trousers *tsz*, ❖ *biz* ducks *tsz*
vászonroló *fn* (roller-)blind
vatikáni *mn* Vatican
Vatikán(város) *fn* Vatican City
vatta *fn (egészségügyi stb.)* cotton wool, ⊕ *US* absorbent cotton
vattacukor *fn* ⊕ *GB* candy floss, ⊕ *US* cotton candy
váz *fn* ❖ *ált és* ❖ *átv* framework; *(házé)* shell, skeleton
váza *fn* vase
vazallus *fn* ❑ *tört* vassal
vazelin *fn* Vaseline, petroleum jelly
vázlat *fn* ❖ *ált* sketch; *(rajzos)* line diagram; *(festőé)* (rough) draft, sketch, outline; *(írásműé, előzetes)* draft, sketch; *(kivonat)* outline; summary
vázlatos *mn (nem részletes)* sketchy, roughly outlined ‖ *(rövid)* brief, sketchy

vázlattömb *fn* sketch-block
vázol *ige* sketch, outline, draft, plan; *(képet, tervet)* sketch out; *(szóban)* outline
vb¹ = végrehajtó bizottság executive committee
vb², VB = világbajnokság; *(labdarúgó)* World Cup
VB-döntő *fn* World Cup Final
vb-titkár *fn* secretary to the council, council secretary
vécé *fn (angol vécé)* toilet, lavatory, ⊕ *GB* ❖ *biz* loo, ⊕ *US* bathroom, rest room, ❖ *biz* john || **vécére megy** go* to the toilet
vécékagyló *fn* toilet bowl
vécékefe *fn* toilet brush
vécépapír *fn* toilet paper
vécépapírtartó *fn* toilet roll holder
vécétartály *fn* toilet cistern
vecsernye *fn* ❑ *vall* vespers *tsz*, evensong
véd *ige (vktől, vmtől, vk/vm ellen)* defend/protect/guard (sy) from/against sy/sg; *(várat)* defend, hold* [a fort etc. *(vm ellen)* against]; *(eső ellen)* shelter (from) || *(vádlottat)* defend, act as counsel for sy; *(ügyet)* plead* [a case] || **a törvény védi** be* protected by (the) law
védekezés *fn* ❖ *ált* defence (⊕ *US* -se), protection || *(önvédelem)* self-defence (⊕ *US* -se) || *(vádlotté)* pleading), defence (⊕ *US* -se)
védekezik *ige (vm ellen)* defend/protect/guard oneself from/against sg || *(terhesség ellen)* take* precautions, use contraceptives || ❑ *sp* defend || ❑ *jog* put* forward a defence (⊕ *US* -se), plead* sg
védekező *mn* ❖ *ált* defensive, protective
védelem *fn* ❖ *ált* defence (⊕ *US* -se), protection || ❑ *jog* defence (⊕ *US* -se) || ❑ *sp* **a védelem** the defence (⊕ *US* -se), the back-field; **a védelem tanúja** witness for the defence; **védelmet nyújt vm ellen** provide/offer shelter from sg, serve as shelter from sg
védelmez *ige (vkt vmtől, vm ellen)* defend, protect, guard *(mind:* from/against sg) || *(ügyet)* advocate, support, champion
védelmi *mn* defensive, protective || ❑ *sp* **védelmi hiba** a defence error; **védelmi háború** defensive war; **védelmi miniszter** defence (⊕ *US* -se) minister
védenc *fn* ❖ *ált* protégé, charge || *(ügyvédé)* client
veder *fn (fém)* pail; *(fém, fa)* bucket
véderő *fn* armed forces *tsz*
védett *mn* protected, defended, sheltered || **védett műtárgy** listed work of art
védettség *fn* ❖ *ált* protection; ❑ *orv* ❑ *pol* immunity
védjegy *fn* trademark, brand
védnök *fn* patron, protector
védnökség *fn (vké)* patronage, aegis || ❑ *pol* protectorate || **vknek a védnöksége alatt** under the auspices of
védő ▼ *mn* protective; *(védekező)* defensive ▼ *fn (állásponté, ügyé)* supporter || ❑ *jog* counsel for the defence (⊕ *US* -se), defending counsel || ❑ *sp* defender
védőbeszéd *fn* plea(ding)
védőborító *fn* dust jacket, cover
védőgát *fn* dike *v.* dyke, dam, embankment
védőital *fn* prophylactic/protective drink
védőnő *fn* health visitor, welfare officer
védőoltás *fn (folyamat)* vaccination || *(anyaga)* serum, vaccine
védőruha *fn* protective clothing
védőszárny *fn* vknek a védőszárnyai alatt under the wing(s)/protection/aegis of sy
védőszemüveg *fn* safety goggles *tsz*, eye-guard

védőszent *fn* patron saint
védőügyvéd *fn* counsel for the defence (⊕ *US* -se), defending counsel
védővám *fn* protective tariff
védtelen *mn* ❖ **ált** unprotected, defenceless, undefended || *(fegyvertelen)* unarmed
vég¹ *fn (befejezés, kimenetel)* end || *(tárgyé)* tip, end; *(levélé)* close; *(szóé)* suffix, ending || *(cél)* end, object, aim || **a hét végén** at the end of the week, at the weekend; **a negyvenes évek vége felé** in the late forties; **a végén** *(= végül)* in the end; **minden jó, ha jó a vége** all is well that ends well; **neki már vége van!** it's all up with him; **nem lesz jó vége** it will come to no good; **se vége, se hossza** there is no end to it; **vég nélkül** without end; **vég nélküli** endless, never ending, incessant; **vége** *(filmnek)* the end; **vége felé jár** it is nearing its end, it is drawing to its end; **vége szakad** come* to an abrupt end, break* off; **vége van** sg is at an end, it has come* to an end, it is finished, it is over, it has ended; **végem van!** I am done (for)!, it's all up with me!; **véget ér** come* to an end, end, finish, be* over, be* finished; **végét járja** *(beteg)* be* dying, ❖ *biz* be on one's last legs
vég² *fn text* piece, roll, bolt, length
végállomás *fn* terminus *(tsz* -ni *v.* -nuses); *(távolsági buszé így is)* coach-station || **végállomás!** *(vasútvonalé)* all change!
végbél *fn* rectum *(tsz* -tums *v.* -ta)
végbélkúp *fn* (rectal) suppository
végbélnyílás *fn* anus
végbizonyítvány *fn* leaving certificate
végcél *fn* ultimate object/aim, final end/goal
végeláthatatlan *mn* immense, vast
végelgyengülés *fn* senile decay
végeredmény *fn* final result/outcome; *(futball)* final score || **végeredmény-**
ben after all, when all is said and done; *(végül is)* in the long run
végérvényes *mn* definitive
végérvényesen *hsz* definitely, definitively
véges *mn (korlátozott)* limited, restricted; *(szám, tér)* finite || ❖ **átv** transient
vegetál *ige* scrape along/by, live from hand to mouth
vegetári(án)us *mn/fn* vegetarian
vegetatív *mn* vegetative || **vegetatív idegrendszer** autonomic nervous system
végett *nu* with a view to sg, with the object/purpose/aim of ...ing sg, to
végez *ige (munkát)* do*, perform, carry out; *(erdeményt elérve)* accomplish; *(befejez vmt)* finish/complete sg, bring* sg to an end || ❑ *isk (tanulmányokat folytat)* study || ❑ *isk (tanulmányait befejezi)* complete one's schooling, ⊕ *US* graduate (from); *(főiskolán)* finish, complete [one's college course]; *(egyetemen)* graduate from, take* one's degree || **a harmadik helyen végzett** (s)he finished third, (s)he came in third; **főiskolát végez** (s)he is (studying) at a college; **jogot végzett** (s)he graduated in law; **kísérleteket végez** perform (*v.* carry out) experiments; **orvosi tanulmányait végzi** (s)he is studying medicine; **Oxfordban végzett** he is an Oxford graduate (*v.* a graduate of Oxford University); **tegnap sokat végeztem** I accomplished/did quite a lot yesterday; **végez vmvel** finish sg completely, finish off sg; **végeztem** *(= befejeztem a munkát)* I have finished/done (it)
véghezvisz *ige* carry out/through, perform, carry into effect, accomplish
végig *hsz* to the (very) end, from beginning to end, throughout
végigcsinál *ige* carry through (sg), go* through with (sg), see* sg through, follow through (sg)

végigfut *ige (vmn)* run* through; *(vkn vm érzés)* sweep* over || *(átnéz)* look/go* through/over (sg), glance/run*/skim through/over (sg), *(lapozva)* thumb through || *(pályát, távolságot)* do* (a course/distance) || **gondolatban végigfut vmn** go* over sg in one's mind; **végigfutott a hátán a hideg** a cold shiver ran down his spine

végiggondol *ige (vmt)* think*/ponder sg over, reflect (up)on sg

végighallgat *ige (vmt)* hear* sg through/out; *(rádióműsort stb.)* listen to sg to the end

végigmegy *ige (pontokon, leckén)* go* over/through || *(utcán)* walk along/down; *(vm mentén)* go* along sg

végigmér *ige (vkt)* measure sy with one's eye, get*/take* the measure of sy, ⊕ *US* give* sy the once-over; *(megvetően)* look sy up and down (contemptuously)

végignéz *ige (eseményt)* watch; *(passzív szemlélőként)* look on; *(színdarabot)* see* [the play] to the end || *(vizsgál)* examine, go* through/over (sg)

végigolvas *ige* read* through

végigsiklik *ige* slip through || **tekintete végigsiklik vmn** run* one's eye over sg, one's eye runs quickly over sg, glance over sg

végigül *ige* sit* through/out [a meeting, performance etc.]

végigvágódik *ige (vmn)* fall* (down) flat || **végigvágódik a padlón** measure out one's length on the floor

végigvonul *ige (menetben)* walk/go* along in procession || *(vmn)* march through sg || *(vk egész életén vm)* run* through (sy's life)

végítélet *fn* ❑ *vall* the Last Judg(e)ment

végjáték *fn* ❑ *sp* endgame

végkiárusítás *fn* closing-down sale

végkielégítés *fn* lump-sum settlement

végkifejlet *fn* denouement, resolution, unravelling (⊕ *US* -l-)

végkimerülés *fn* complete exhaustion

végleg *hsz* finally, once and for all, definitively; *(örökre)* for good || **ezt végleg nem értem** now I am really confused

végleges *mn (állás)* permanent || *(elhatározás, ítélet)* definitive, final; *(szöveg)* final, definitive

véglegesít *ige (vkt állásában)* give* sy a permanent post/position; *(egyetemen stb.)* grant sy tenure || *(vmt)* make* sg final

véglet *fn* extreme || **egyik végletből a másikba esik/csap** go* from one extreme to the other

végletes *mn* extreme, extremist

végösszeg *fn* (sum) total, grand total

végpont *fn* extremity, end, furthest point || ❖ *átv* end, goal

végre *hsz* at last, finally || **na végre!** at long last!

végrehajt *ige (megvalósít)* execute, carry out, effect, fulfil (⊕ *US* fulfill); *(parancsot)* carry out, execute; *(utasítást)* carry out *(v.* follow); *(törvényt)* put* (sg) into effect || *(adóst)* distrain upon sy

végrehajtás *fn (megvalósítás)* execution, carrying out, fulfilment; *(parancsé)* execution, carrying out; *(törvényé)* enforcement; *(halálos ítéleté)* carrying out (of the death sentence) || **végrehajtás terhe alatt** under penalty of distraint

végrehajtási *mn* executive || **végrehajtási utasítás** enacting clauses *tsz* [of an act], ⊕ *US* executive order

végrehajtó ▼ *mn* executive || **végrehajtó bizottság** executive board/committee ▼ *fn* ❑ *jog* bailiff

végrendelet *fn* will; ❖ *hiv* last will and testament

végrendeleti *mn* testamentary

végrendelkezik *ige* make* a/one's will; *(vmről)* will sg to sy

végre-valahára *hsz* at long last

végső *mn (utolsó)* last; *(határ, pont)* farthest, utmost, extreme; *(szükség)* extreme [necessity] || **végső ár** rock-bottom price; **végső esetben** in the last resort, if the worst comes to the worst, if the worst happens; **végső fokon** in the last resort/analysis, when all is said and done

végsőkig *hsz* **a végsőkig** to the utmost, to the very last, to the bitter end, to the last ditch; **a végsőkig kitart** hold* out to the very end/last

végszámla *fn* final invoice/account

végszó *fn (utolsó szó)* last/final word || ❏ *szính* cue, catchword

végszükség *fn* extreme necessity/need, emergency || **végszükségben** in case of emergency, in an emergency, ❖ *biz* at a pinch

végtag *fn* limb, extremity

végtelen ▼ *mn (vég nélküli)* endless, infinite; *(időtlen)* timeless; ❏ *mat* infinite || **végtelen gonddal** with infinite care ▼ *fn* the infinite, infinity ▼ *hsz* = **végtelenül**

végtelenség *fn* infinity

végtelenül *hsz* infinitely, endlessly, extremely; **végtelen hálás vagyok** I'm most grateful, I am much obliged to you; **végtelen sok** innumerable, a vast number of

végtére *hsz* ultimately || **végtére is** after all

végtermék *fn* end-product

végül *hsz* in the end, finally, ultimately

végzés *fn* ❏ *jog* order, decree

végzet *fn* fate, destiny

végzetes *mn* ❖ *ált* fatal, disastrous || *(halálos)* fatal, mortal

végzett *mn (dolog)* finished, completed, performed || **jól végzett munka** a good job well done, a job/work successfully done; **most végzett** (be* a) school-leaver; **végzett (diák)** a graduate (student)

végzettség *fn* qualification(s) || **egyetemi végzettség** (academic) qualification(s), university degree

végződés *fn (befejezés)* ending, end || *(szóé)* ending, suffix

végződik *ige (véget ér)* finish, end, come* to an end || **ez a szó t-re végződik** this word ends in a t; **kudarccal végződik** end in failure

végzős *fn* ❏ *isk* school-leaver; *(főiskolán)* college leaver; *(egyetemen stb.)* ⊕ *GB* finalist, ⊕ *US* senior

vegyérték *fn* valency, ⊕ *főleg US* valence

vegyes *mn* mixed, assorted; *(főleg szellemi termék)* miscellaneous || **vegyes áruk** sundries, miscellaneous goods; **vegyes bizottság** mixed/joint commission; **vegyes érzelmekkel** with mixed feelings; **vegyes kar** mixed chorus/choir; **vegyes saláta** mixed pickles *tsz;* **vegyes társaság** motely crowd; **vegyes vállalat** joint venture *(röv JV)*

vegyész *fn* chemist

vegyészet *fn* chemistry; *(vegyészmérnöki tud.)* chemical engineering

vegyészeti *mn* chemical

vegyészmérnök *fn* chemical engineer

vegyi *mn* chemical

vegyileg *hsz* chemically, by (a) chemical process

vegyipar *fn* the chemical industry

vegyít *ige (vmt vmvel)* mix (sg with sg), combine (sg with sg)

vegyjel *fn* chemical symbol

vegyszer *fn* chemical

vegyszeres *mn* chemical, using chemicals *ut.*

vegytinta *fn* indelible ink

vegytisztít *ige* dry-clean

vegytisztítás *fn* dry-cleaning

vegytisztító *fn (vállalat)* dry-cleaner('s)

vegyül *ige (vmvel)* mix, mingle || ❏ *vegy* combine || **a tömegbe vegyül** mingle with the crowd

vegyület *fn* compound, combination

vekker *fn* alarm-clock

vékony ▼ *mn* ❖ *ált* thin; *(ember)* slender, thin, slim; *(hosszú is)* lank(y) ||

vékony hang thin/piping voice; **vékonyra vág** cut* into thin pieces/slices ▼ *fn* **véknya** loin, flank
vékonybél *fn* small intestine(s)
vektor *fn* vector
vél *ige* think*, believe, reckon, ⊕ *US* ❖ *biz* guess ‖ **úgy vélem(, hogy)** I think/reckon that, I am inclined to think that, ⊕ *US* ❖ *biz* I guess (that)
veláris *mn* velar ‖ **veláris magánhangzó** back vowel
vele *hsz* with him/her/it ‖ **velem** with me; **veled, veletek** with you; **velünk** with us; **velük** with them; **mi van vele? (mi baja?)** what's the matter with him?
velejár *ige* (*vmvel*) go* (together) with sg, accompany sg; *(mint következmény)* be* a result/consequence of sg, entail sg
velejáró *fn* *(körülmény)* concomitant (of sg); *(igével)* accompany sg, go* with sg
vélekedik *ige* (*vmről*) have*/express/hold* an opinion (on/about sg), judge (sg)
vélelem *fn* ❏ *jog* presumption
vélelmez *ige* ❏ *jog* presume, assume (that)
vélemény *fn* opinion, view ‖ **azon a véleményen van, hogy** he is of the opinion that, he believes/thinks that; **jó véleménnyel van vkről/vmről** have* a good/high opinion of sy/sg; **más véleményen van** differ from sy, disagree with sy (on/about sg); **megvan róla a véleményem** I have my own views about that; **mi a véleményed róla?** what's your opinion of him/her/it?, what do* you think of him/her/it?, what are your views on (sg)?; **ugyanazon a véleményen van vkvel** be* of the same mind/opinion as sy, see* eye to eye with sy; **véleményem szerint** in my opinion/view, to my mind, as I see it
véleménykülönbség *fn* difference of opinion

véleménynyilvánítás *fn* expression of an opinion, statement ‖ **a véleménynyilvánítás szabadsága** freedom of speech/expression
Velence *fn* Venice
velencei ▼ *mn* Venetian, of Venice *ut.* ▼ *fn* Venetian
veleszületett *mn* ❏ *biol* ❏ *orv* congenital; *(tulajdonság stb.)* innate, inborn, inherent, natural ‖ **veleszületett hajlam** natural bent
véletlen ▼ *mn* chance, accidental, fortuitous, unintentional, casual ‖ **nem véletlen** it is no accident, it is not accidental; **véletlen szerencse** lucky fluke, stroke of luck; **véletlen találkozás** chance/accidental meeting; *(egybeesés)* coincidence ▼ *fn* chance, luck ‖ **szerencsés véletlen folytán** by a fortunate/lucky accident, as luck would have it ... ▼ *hsz* = **véletlenül**
véletlenség *fn* chance
véletlenül *hsz* by chance/accident, accidentally ‖ **véletlenül találkoztam vele** I ran across him, I chanced/happened to meet him, ❖ *biz* I bumped into him; **ha véletlenül ...** if, by any chance, ...
velő *fn* *(csonté)* marrow; *(étel)* brains *tsz* ‖ ❖ *átv* **vmnek a veleje** the gist/nub of sg, the (quint)essence of sg; **velejéig romlott** rotten to the core
velős *mn* *(csont)* marrowy ‖ ❖ *átv* pithy, succinct, concise ‖ **velős csont** marrow-bone
vélt *mn* *(bűnös)* suspected, alleged ‖ *(esemény)* presumed; *(képzelt)* imaginary, fictitious, invented
velúr *fn* *(textil)* velour(s) ‖ *(bőr)* suede [coat]
vemhes *mn* pregnant (with young) *ut.* ‖ **vemhes tehén** cow in/with calf
vemhesség *fn* (period) of pregnancy
vén *mn* old, aged, senile ‖ **vén szamár** old fool
véna *fn* ❏ *biol* *(átv is)* vein

vénás *mn* venous || **vénás vér** venous blood

vénasszony *fn* old woman° || **vénasszonyok nyara** Indian summer, St. Martin's summer

vendég *fn (hívott)* guest || *(szállodában)* guest; *(vendéglőben)* customer, diner; *(egyéb szolgáltatást nyújtó helyen)* customer; *(látogató)* visitor || *(jelzőként)* guest, visiting || **külföldi vendégek** visitors from abroad, ⊕ GB overseas visitors; **legyen a vendégem vacsorára** come and have dinner with me/us

vendégeskedés *fn* entertaining

vendégeskedik *ige (vknél)* stay (as a guest) at sy's house, be* staying with sy

vendéghallgató *fn* guest student; ⊕ US *(aki nem felvett tárgyat hallgat)* auditor

vendégjáték *fn* guest performance

vendégkönyv *fn* visitors' book

vendéglátás *fn* hospitality, entertainment of guests (*v.* a guest) (in one's house)

vendéglátó *fn (férfi)* host; *(nő)* hostess

vendéglátóipar *fn* catering industry/trade

vendéglő *fn* restaurant

vendéglős *mn* restaurateur

vendégmunkás *fn* Gastarbeiter, (im)migrant/foreign worker

vendégprofesszor *fn* visiting professor

vendégség *fn (társaság, összejövetel)* party, company || **vendégségbe megy vkhez** go* to a (dinner) party [at sy's house]

vendégszerepel *ige* appear as a guest artist, make* a guest appearance

vendégszereplés *fn* guest performance; *(karmesteré)* guest appearance

vendégszereplő *fn* guest artist/actor

vendégszoba *fn (magánházban)* spare (bed)room; *(szállodában)* (guest-)room

vénember *fn* old man°

vénkisasszony, vénlány *fn* old maid, spinster

vénség *fn (öregkor)* (old) age || *(öreg nő)* old girl; *(öreg férfi)* old chap/codger

ventilátor *fn* ventilator, fan; *(ablakszellőző)* extraction fan

vénül *ige* get*/grow* old(er), age (*m.* igenév: ageing *v.* aging)

vény *fn* prescription || **csak vényre adható ki** only on prescription *ut.*

ver *ige* beat*; *(fenyítve)* flog, thrash; *(megüt)* strike*, hit || *(vmt vmbe)* drive* sg into sg || *(ellenfelet)* beat*, defeat || *(szív)* beat* || **erősen vert a szívem** *(izgalomtól)* my heart was pounding (with excitement); **szöget ver a falba** drive* a nail into the wall; **veri a mellét** beat* one's breast

vér *fn* blood || **alvadt vér** coagulated blood; **az utolsó csepp vérig** ❖ *átv* to the last ditch; **ez vérig sértette** it offended him mortally, that cut him to the quick; **megfagyott bennem a vér** my blood ran cold, my blood froze; **rossz vért szül** breed*/beget* ill blood; **vér szerinti rokon** blood relation; **vér tapad a kezéhez** his hands are stained with blood; **vérbe borul** *(szeme a dühtől)* become* bloodshot; **vérbe fagyva** in a pool of blood; **vérbe fojt** quell, crush, put* down with ruthless violence; **vérben forog a szeme** be* raging, see* red; **vért ad** give* blood (to), be* a blood donor; **vért izzad** sweat blood, toil and moil

véradás *fn* giving blood, being a blood donor

véradó *mn/fn* blood donor

véraláfutás *fn* bruising

véraláfutásos szem *fn* bloodshot/red eyes

véráldozat *fn* blood sacrifice

véralkoholszint *fn* blood alcohol level/concentration

véralkohol-vizsgálat *fn* blood test

véralvadásgátló *fn* anticoagulant

veranda *fn* veranda(h), ⊕ *US* porch
vérátömlesztés *fn* blood transfusion
vérbaj *fn* syphilis
vérbajos *mn/fn* syphilitic (patient)
vérbeli *mn* genuine, real
vérbosszú *fn* blood feud, vendetta
vérbőség *fn* hyperaemia (⊕ *US* -rem-)
verbunkos *fn (tánc)* recruiting dance ‖ *(zene)* recruiting music
vércukor *fn* blood sugar
vércsoport *fn* blood group/type
vérdíj *fn* blood-money
veréb *fn* sparrow ‖ **jobb ma egy veréb(, mint holnap egy túzok)** a bird in the hand (is worth two in the bush)
véreb *fn* bloodhound
véredény *fn* blood-vessel
vereget *ige* pat, beat* (gently), clap ‖ **vk vállát veregeti** pat sy on the back/head
verejték *fn* = **veríték**
verejtékmirigy *fn* sweat gland
verekedés *fn* fight, scuffle, brawl, fracas, affray ‖ **kocsmai verekedés** drunken brawl
verekedik *ige (vkvel)* fight* (with sy), exchange blows (with sy)
verem *fn* pit(fall), hole; *(állaté)* den, cave
vérengzés *fn* carnage, butchery, massacre
vérengzik *ige* shed* blood, butcher/slaughter [people]
vérengző *mn* sanguinary, bloodthirsty
verés *fn (vké)* beating, thrashing ‖ **verést kap** be* spanked/thrashed ‖ *(alapos)* ❖ *biz* pasting
véres *mn (vérrel borított)* covered with blood *ut.*, bloodstained; *(vért tartalmazó)* containing blood *ut.*; ❑ *orv* sanguineous; *(vérző)* bleeding; *(ritkán)* bloody ‖ ❖ *átv* bloodstained ‖ **véres csata** bloody battle; **véres események** carnage; **véres hurka** black pudding
vereség *fn* defeat ‖ **teljes vereség** crushing defeat, (complete) rout; **vereséget szenved** ❖ *ált* be* defeated, suffer defeat; ❑ *sp* be* beaten, suffer defeat
véresszájú *mn* ❖ *átv* ranting, rabid
veret *fn (érmén)* stamp, impression ‖ *(ajtón stb.)* (iron) mounting ‖ **nemes veretű** noble, exquisite
vérfagyasztó *mn* blood-curdling; *(látvány)* horrible; *(történet)* blood-and-thunder, gory
vérfertőzés *fn* incest
vérfolt *fn* bloodstain
vérfürdő *fn (öldöklés)* blood bath, carnage, massacre ‖ **vérfürdőt rendez** massacre
vergődés *fn* writhing, writhe
vergődik *ige (kínlódik, küzd)* struggle (on), fight*/push one's way (through) ‖ *(vonaglik)* writhe, wriggle
vérhányás *fn* black vomit; ❑ *tud* haematemesis (⊕ *US* hem-)
vérhas *fn* dysentery
verhetetlen *mn (ló)* unbeatable; *(hős)* invincible, unconquerable
vérhólyag *fn* blood blister
veríték *fn* sweat, perspiration
verítékes *mn (homlok stb.)* sweating, sweaty ‖ ❖ *átv* laborious, toilsome ‖ **verítékes munka** toilsome work
verítékezik *ige* sweat, be* in a sweat
vérkép *fn* ❑ *orv* blood count
vérképző *mn* blood-forming, haemopoietic (⊕ *US* hem-)
vérkeringés *fn* (blood) circulation
vérkeringési zavar *fn* circulatory trouble
verkli *fn* barrel/street-organ, hurdy-gurdy
verklis *fn* organ-grinder
vérkör *fn* circulation
vérlázító *mn* revolting, sickening, outrageous
vérmérgezés *fn* blood poisoning; ❑ *tud* septic(a)emia, sepsis
vérmérséklet *fn* temperament
vérmes *mn* full-blooded, sanguineous ‖ ❖ *átv* hot-blooded ‖ **vérmes remé-**

nyeket táplál (*vmről*) be* overoptimistic about sg, have* sanguine expectations of sg
vermut *fn* verm(o)uth
vérnarancs *fn* blood-orange
vérnyom *fn* bloodstain, blood-mark
vérnyomás *fn* blood-pressure || **alacsony/magas vérnyomás** low/high blood-pressure
vérnyomásmérő *fn* sphygmomanometer
vérontás *fn* bloodshed, shedding of blood
verődik *ige* (*vmhez*) beat*/knock/strike* against sg || **csoportba verődnek** form (themselves into) a group
verőér *fn* artery
verőfény *fn* bright sunshine
verőfényes *mn* sunny, sunshiny, sunlit
vérömleny *fn* haematoma (⊕ *US* hem-)
vérpad *fn* scaffold
vérrokon *fn* blood relation/relative
vérrokonság *fn* blood relationship
vérrög *fn* blood clot, ❑ *tud* thrombus (*tsz* thrombi)
vers *fn* (*költemény*) verse, poem, piece of poetry || *(bibliában)* verse || **versbe szed** versify, put* into verse; **verset ír** *(egyet)* write* a poem; *(verset)* write* poetry; **verset mond** recite a poem; ❖ *ált* recite poetry
vérsavó *fn* (blood) serum
versciklus *fn* cycle (of poems)
vérsejt *fn* blood cell/corpuscule || **fehérvérsejt** white blood cell, leucocyte
versel *ige* write* poetry/verse, versify
verselés *fn* versification, poetry
verseng *ige* (*vmért*) compete (for sg), contend (for sg)
versengés *fn* competition, contest, rivalry (between)
verseny *fn* ❑ *sp* (*atlétikai*) athletic meet(ing), an athletics meeting, competition; *(gyorsasági)* race; *(sakk, tenisz, bridzs)* tournament || ❖ *ált* competition, contest; *(horgász-, szépség- stb.)* contest || *(üzleti)* competition || **tisztességtelen verseny** unfair competition; **versenyben van vkvel** compete against/with sy
versenyautó *fn* racing car
versenyez *ige* ❑ *sp* compete (with sy), participate (*v.* take* part) in a competition/contest/match/tournament, run*, race || ❖ *ált (vkvel vmért)* compete/contend with sy for sg || *(vm vmvel átv)* compare (with)
versenyfutás *fn* ❑ *sp* race; *(vágta)* sprint || ❖ *átv* race || **versenyfutás az idővel** race against time; **100 méteres versenyfutás** 100 metres (race)
versenyfutó *fn* runner, racer
versenyistálló *fn* racing stable
versenyképes *mn* (*ár*) competitive [price] || *(áru)* marketable
versenykerékpár *fn* racer, racing cycle
versenykiírás *fn* ❑ *ker* invitation to tender (for)
versenyló *fn* race-horse, racer
versenymotor *fn* racing engine
versenymű *fn* (*zenei*) concerto
versenypálya *fn* (*atlétika*) track, field || *(lóversenyen)* racecourse; ⊕ *főleg US* racetrack
versenyszám *fn* event
versenyszerű *mn* **versenyszerűen sportol** pursue sports (*v.* some sport) competitively, [run*, swim* etc.] for a club
versenytárgyalás *fn* (public) tender || **versenytárgyalást hirdet** publish an invitation for tenders, tender for
versenyúszás *fn* swimming-race/contest
versenyúszó *fn* swimmer
versenyvitorlás *fn* (racing) yacht
versenyzés *fn* competing
versenyző *fn* ❑ *sp* ❖ *ált* competitor, *(ökölvívás, íjászat, tánc-, szépségverseny stb.)* contestant

verses *mn* (written) in verse *ut.*, verse-, rhymed || **verses elbeszélés** narrative poem
verseskötet *fn* book of verse; *(gyűjteményes)* anthology
versforma *fn* metrical form/structure, (poetic) metre (⊕ *US* -er), versification
versírás *fn* versification, writting of poetry
versláb *fn* (metrical) foot°
versmérték *fn* (poetic) metre (⊕ *US* -er)
verssor *fn* verse, line (of poetry)
versszak *fn (éneké)* verse; *(nagyobb költeményé)* stanza
verstan *fn* prosody, metrics *esz*
vérszegény *mn* anaemic (⊕ *US* anemic)
vérszegénység *fn* anaemia (⊕ *US* anemia) || **vészes vérszegénység** pernicious anaemia (⊕ *US* -e-)
vérszerződés *fn* compact sealed with blood
vérszomjas *mn* bloodthirsty, sanguinary, cruel
vérszopó ▼ *mn (átv is)* blood-sucking ▼ *fn* blood-sucker
vert *mn (arany, ezüst)* beaten; *(vas)* wrought, hammered || *(legyőzött)* defeated, vanquished
vért *fn* armour (⊕ *US* -or); *(mellen)* cuirass
vértanú *fn* martyr
vértanúság *fn* martyrdom
vértelen *mn* bloodless
vértest *fn* blood corpuscle
vértezet *fn* armour (⊕ *US* -or), armour-plating
vertikális *mn* vertical
vértisztító *mn* blood-purifying/cleansing
vérveszteség *fn* loss of blood
vérvétel *fn* taking a blood sample || **vérvételre megy** go* for (*v.* have*) a blood test
vérvizsgálat *fn* blood test

vérzékeny *mn* haemophilic (⊕ *US* hem-)
vérzékenység *fn* haemophilia (⊕ *US* hem-)
vérzés *fn* bleeding; ❑ *orv* haemorrhage (⊕ *US* hem-) || **belső vérzés** internal h(a)emorrhage; **havi vérzés** menstruation, period, menses *tsz*
vérzéscsillapító *fn* blood-clotting (agent), astringent (drug)
vérzik *ige* bleed*, shed* blood
verzió *fn* version; *(olvasat)* reading
vés *ige (vésővel stb.)* chisel (⊕ *US* -l), cut*; *(bevés vmt vmbe)* engrave sg on sg || **emlékezetébe vés** engrave sg on sy's/one's memory; **fogat vés** resect a tooth°
vese *fn* ❑ *biol* kidney || *(étel)* **vese velővel** kidney and brains *tsz*
vesebaj *fn* kidney/renal disease
vesebajos ▼ *mn* suffering from a kidney/renal disease *ut.* ▼ *fn* kidney/nephropathic patient
vesegörcs *fn* renal/ureteric colic
vesegyulladás *fn* inflammation of the kidney, nephritis
vesekő *fn* (kidney) stone, renal calculus
vesepecsenye *fn* sirloin (steak), tenderloin
vésés *fn* chiselling, (⊕ *US* -l-), carving, cutting; *(vmbe)* engraving || ❑ *orv* resection
vésett *mn* chiselled (⊕ *US* -l-), carved; *(kő)* engraved
véső *fn* ❖ *ált* chisel; *(vésnöké)* burin
vésődik *ige (vmbe)* become* engraved (on sg) || **emlékezetébe vésődött** was engraved on his/her memory
vesz *ige (megfogva)* take* || *(ruhát magára)* put* on || *(szerez)* get*, take* *(vhonnan* from) || *(vásárol)* buy*, purchase, get* || *(rádión)* receive, pick up || *(vkt/vmt tekint vmnek)* consider/deem sy/sg sg, regard sy/sg as sg || *(vhogyan fogad/kezel)* accept as || **angolórákat vesz** take* English les-

sons, take* lessons in English; **kabátot vesz (magára)** put* one's coat on, put* on one's coat; **kezébe vesz vmt** pick sg up, take* sg in one's hand; **komolyan vesz** *(vkt/vmt)* take* sy/sg seriously; **rossz néven vesz vmt** take* sg amiss, take* offence at sg; **semmibe vesz vmt/vkt** ignore sg/sy, not care/give a damn about sg/sy

vész¹ *ige* = **veszik**

vész² *fn (járvány)* plague, pestilence, disease || *(vihar)* tempest, (thunder-)storm || *(baj)* disaster, catastrophe, calamity || **a mohácsi vész** the Mohács Disaster/Rout

veszedelem *fn* danger, peril

veszedelmes *mn* dangerous, dangerfraught, perilous

veszekedés *fn* quarrel(ling) (⊕ *US* -l-), altercation, dispute, ❖ *biz* row

veszekedik *ige* ❖ *ált* quarrel (⊕ *US* -l); *(vkvel vm miatt)* quarrel/wrangle with sy over/about sg; *(apróságok miatt)* squabble (with sy) about sg

veszély *fn* ❖ *ált* danger; *(súlyosabb, ir)* peril || **veszély esetén** (if) in danger, in an emergency; **veszélybe sodor vkt** put* sy in danger, put* (sy's life) at risk, expose sy to danger, endanger sy; **veszélyben forog** be* in danger/trouble, be* imperilled (⊕ *US* -l-), be* endangered; **veszélyt jelző tábla** warning sign

veszélyes *mn* dangerous, perilous; *(kockázatos)* risky, hazardous; *(válságos)* critical || **veszélyes időszak** danger/critical period; **kihajolni veszélyes** do not lean out of the window

veszélyeztet *ige* endanger, imperil (⊕ *US* -l), put* at risk; *(eredményt)* jeopardize

veszélyeztetett *mn* endangered, exposed; *(fenyegetett)* threatened || **veszélyeztetett terhesség** high-risk pregnancy

veszélytelen *mn* safe, secure, harmless

veszélyzóna *fn* danger zone/area

vészes *mn (veszedelmes)* dangerous; *(végzetes)* baleful, fateful || ❖ *biz* **nem vészes** not so/too bad, not fatal

veszett *mn* ❑ *áll* ❑ *orv* rabid, mad || *(féktelen)* **veszett jókedve van** be* brimming/bubbling over [with excitement etc.]

veszettség *fn* ❑ *áll* ❑ *orv* rabies || **veszettség elleni oltás** antirabic *(v.* antirabies*)* vaccination

vészfék *fn* communication cord, emergency brake || **meghúzza a vészféket** pull the communication cord

vészharang *fn* alarm storm-bell, tocsin

veszik *ige (elpusztul)* perish, be*/get* lost || **éhen veszik** die of hunger; **a tengerbe veszett** was drowned at sea, perished at sea

veszít *ige* lose* *(vmn* by/on sg*)*, be* a loser || **értékéből veszít** go* down in value, depreciate; **kártyán veszít** lose* at cards

vészjel *fn* distress/danger/alarm signal, SOS

vészkijárat *fn* emergency exit; *(tűz esetén)* fire escape/exit

vesződik *ige (vmvel)* bother about/with sg, take* the trouble to do sg; *(betegséggel)* have* a lot of trouble with sg; *(kérdéssel)* wrestle (with) || *(nehéz munkát végez)* plod, drudge

vesződség *fn* bother, trouble

vesződséges *mn* troublesome, irksome, tiresome, giving a lot of trouble *ut.*; *(aprólékos)* finicky

vessző *fn (vékony ág)* twig, rod, switch || *(szőlő)* (vine-)shoot || *(fenyítéshez)* cane, switch, birch || *(ékezet)* (acute) accent || *(írásjel)* comma

vesszőfutás *fn* ❖ *átv* ordeal

vesszőparipa *fn (átv is)* hobby-horse

vesszőz *ige* beat*, flog, cane, birch

veszt *ige* → **veszít**

veszte *fn* sy's undoing/ruination/ruin/destruction; *(elvesztés)* loss || **vesztemre** unfortunately for me …

veszteg *hsz* **maradj veszteg!** keep quiet, will you?

vesztegel *ige (hajó, jármű, vk nem tud tovább jutni)* be* stranded; *(hajó, repülőgép, időjárás miatt)* be* weatherbound, be* delayed by bad weather; *(vk, mert visszatartják)* be* held up

veszteget *ige (fecsérel)* squander, trifle away; *(időt)* waste || *(elad)* sell* (at a low price) || *(lepénzel)* bribe (sy), buy* sy off, ⊕ *US* ❖ *biz* graft || **kár a szót vesztegetni rá** (it's) not worth (v. no good) talking about it, save your breath!

vesztegetés *fn* bribery, bribing, ⊕ *US* ❖ *biz* graft

vesztegzár *fn* quarantine

vesztes ▼ *mn (legyőzött)* beaten, defeated, conquered ▼ *fn* loser

veszteség *fn* ❖ *ált* loss; *(időé)* loss (of time), waste; *(kár)* damage, detriment; *(üzletben)* loss, deficit || *(vké)* loss || *(emberben, háború alatt)* casualties *tsz*

veszteséges *mn* ❏ *ker* loss-making [products etc.], losing [concern etc.]; *(költségvetés)* showing a deficit *ut.* || **veszteséges vállalat/termék** a lossmaker

vesztőhely *fn* place of execution, scaffold

vet *ige (dob)* throw*, fling*, cast* || *(magot)* sow* || **ki mint vet, úgy arat** we must reap as we sow

vét *ige (hibázik)* make* a mistake, commit an error || **vét vk ellen** do* harm to sy, do* sy harm; **vét vm ellen** offend against sg

vétek *fn (bűn)* sin, transgression; *(hiba)* fault, wrong

vetekedik *ige (vkvel/vmvel vmben)* rival (⊕ *US* -l) sy/sg in sg, be* a match for sy || **nem vetekedhet vmvel** cannot compare with sg

vétel *fn (vásárlás)* purchase, buying || *(levélé)* receipt || *(rádió, tévé)* reception || **alkalmi vétel** bargain, buy

vetélés *fn* abortion, miscarriage || **spontán vetélés** spontaneous abortion, miscarriage; **művi vetélés** induced abortion

vételez *ige (anyagot raktárból)* draw*

vételi *mn* ❏ *ker* purchase, purchasing || *(rádió, tévé)* receiving || **vételi ajánlat** bid

vetélkedik *ige (verseng vkvel vmben)* compete (with sy in doing sg), rival (⊕ *US* -l) (sy in sg)

vetélkedő *fn* contest; *(tévében)* quiz show/game

vetélytárs *fn* rival, competitor; *(ismeretlen, biz)* dark horse

vetemedik *ige (vmre lealacsonyodik)* stoop/descend to, be* not above doing sg || *(vmre merészkedik)* have* the presumption/impudence to do sg, presume to do sg || *(fa)* warp, be* warped

vetemény *fn* vegetables *tsz*

veteményeskert *fn* kitchen garden; ⊕ *GB (bérbe adott)* allotment

veterán *fn* veteran, ❖ *biz* old-timer, old campaigner

vetés *fn* ❏ *mezőg (cselekmény)* sowing || *(ami kinőtt)* green/standing corn, crop || *(dobás)* throw(ing), cast(ing) || **őszi vetés** sowing of the winter-corn

vetít *ige* ❏ *film* ❏ *mat* project || **filmet vetít** *(ember)* show* a film/picture (on the screen); *(gép)* project a film (on to a screen)

vetítés *fn* ❏ *film* ❏ *mat* projection; *(film bemutatása)* showing/screening

vetítő(gép) *fn* projector

vetítővászon *fn* screen

vétkes ▼ *mn (vk)* guilty || *(vm)* culpable, sinful || **vétkesnek mond ki** find* (sy) guilty ▼ *fn* sinner, transgressor

vétkesség *fn* guilt(iness)

vétkezik *ige* err, sin || **vk/vm ellen vétkezik** sin/offend against sy/sg

vetkőzik *ige* undress, take* off one's clothes || **meztelenre vetkőzik** strip off, ❖ *biz* strip to the buff; *(sztriptízben)* strip

vetkőztet *ige* undress, take* off the clothes (of sy) || **meztelenre vetkőztet vkt** strip sy, ❖ *biz* strip sy to the buff

vétlen *mn* ❑ *jog* blameless, innocent

vétó *fn* veto

vétójog *fn* right of veto

vetődik *ige (veti magát)* throw*/fling* oneself; *(futballkapus)* dive || *(kerül vhova)* turn up, find* oneself swhere || **partra vetődik** be* cast ashore

vetőmag *fn* seed grain, seeds *tsz*

vétség *fn* offence (⊕ *US* -se)

vetület *fn* projection

vevő *fn* ❑ *ker* purchaser, buyer; *(állandó)* (regular) customer || *(távközlési)* receiver

vevőkészülék *fn (távközlési)* receiver

vevőkör *fn* sy's custom, (regular) customers *tsz*

vevőszolgálat *fn* service department; consumer advice and protection centre (⊕ *US* -ter)

vezekel *ige (vmért)* expiate [one's sin, a crime], atone for [a sin] || ❑ *vall* do* penance (for sg)

vezeklés *fn* penance, penitence [for wrongdoing], atonement

vezényel *ige* ❑ *kat (vezényszót ad)* command || *(karmester)* conduct [an orchestra] || **vezényel ...** conducted by ... || **tüzet vezényel** order fire, give* the order to fire

vezénylés *fn* ❑ *kat* giving (the word of) command, commanding || ❑ *zene* conducting

vezényszó *fn* (word of) command

vezér *fn (vezető)* leader, chief, head || *(sakkban)* queen || ❑ *tört* **a hét vezér** the seven Hungarian Chieftains

vezércikk *fn* leader, leading article, ⊕ *US* editorial

vezérel *ige (vezet)* guide, conduct, direct, lead*, command || ❑ *műsz* control

vezérezredes *fn* general *(röv* Gen., ⊕ *US* GEN)

vezérigazgató *fn* director(-)general; *(ha van elnök is)* managing director

vezérkar *fn* general staff

vezérképviselet *fn* general agency

vezérlés *fn* ❑ *műsz* control

vezérlő *mn (irányító)* directing, managing; ❑ *kat* commanding || ❑ *műsz* control

vezérlőmű *fn (gépkocsié)* valve gear

vezérlőtábla *fn* control panel

vezérlőterem *fn* control room

vezérmotívum *fn* ❑ *zene* leitmotiv *v.* -tif

vezérőrnagy *fn* major general *(röv* Maj-Gen., ⊕ *US* MG)

vezet *ige (vkt vhová)* lead* (to), guide (to), conduct (to) || *(autót)* drive*; *(hajót)* pilot, steer; *(repülőgépet)* pilot || *(huzalt vhová)* run* [a wire to] || *(irányít)* direct, control; *(ügyeket)* manage; *(üzemet, szállodát stb.)* run*, manage; *(sereget)* command, lead* || *(túrát stb.)* take*/conduct (sy on) a tour [of a town, the castle etc.]; *(múzeumban)* conduct [tourists/visitors] round/through a/the museum || *(mérkőzést)* referee [a/the match]; *(teniszt)* umpire || *(ülést stb.)* conduct; *(elnökként ülést)* chair, preside over [a/the meeting] || *(áramot, hőt)* conduct || *(út stb. visz vhova)* lead* to; *(lépcső vhova)* lead* up/down to || ❑ *sp* lead*, be* in the lead || **a műsort vezette ...** the [programme] was presented by ...; **egy góllal vezet** be* one goal up/ahead; **orránál fogva vezet vkt** lead* sy by the nose, lead* sy up the garden path

vezeték *fn (huzal)* wires *tsz*, line || *(cső gáznak, víznek stb.)* pipe, tube; *(olajé)* pipeline

vezetéknév *fn* surname, family name

vezetés *fn (cselekmény)* leading, conducting; *(idegenforgalmi)* conducted/guided tour/visit || *(járműé)* driving || ❑ *kat* command || *(ügyeké, vállalaté stb.)* direction, management || *(szerep)*

lead(ership) || ❑ *pol (vezetők)* leadership || ❑ *sp* lead || ❑ *el* ❑ *fiz* conduction || **átveszi a vezetést** take* (over) the lead; **vknek a vezetése alatt** under sy's leadership/direction/guidance
vezető ▼ *mn* leading; *(irányító)* directing, managing || **a Bécsen át vezető út** the road (passing) through Vienna; **a városba vezető út** road leading to (the) town; **az oda vezető út** the way there, approach; **vezető állásban van** hold* a top/leading post, be* in a managerial (*v.* an executive) position/job; **vezető pártok** ruling/leading parties; **vezető szerep** ❑ *pol stb.* leadership; ❑ *szính* lead (part) ▼ *fn (autóé)* driver; *(mozdonyé)* (engine) driver, engineer || *(vállalkozásé)* manager, (managing) director, chief; *(bolté)* manager || *(államé)* leader, head || ❑ *el* ❑ *fiz* conductor
vezetői *mn (munkahellyel kapcs.)* managerial || **vezetői engedély** *(gépkocsira)* driving licence; ⊕ *US* driver's license
vezetőség *fn (vezetők)* leadership; *(testületé, intézményé)* board (of directors), management
vezetőségválasztás *fn* election of the board
vézna *mn* puny, sickly, thin, weakling
viadal *fn* fight, encounter, combat
viadukt *fn* viaduct
viaskodik *ige (vkvel, vmvel)* wrestle/fight*/grapple with sy/sg
viasz *fn* wax
viaszgyertya *fn* wax-candle
viaszsárga *mn* wax-yellow, waxy, wax-coloured (⊕ *US* -or-)
vibrál *ige* vibrate; *(fény)* flicker
vibrato *fn* ❑ *zene* vibrato
vicc *fn (anekdota)* anecdote, (funny) story; *(tréfa)* joke; *(viccelődés)* fun, trick || **ez nem vicc** *(hanem komoly)* that is no joke, it is no laughing matter; **a vicc benne az, hogy** the funny thing (*v.* the point) is that; **viccből** for/in fun, as a joke

viccel *ige* joke *(vkvel* with sy) || **csak viccelek!** I'm only kidding!
viccelődés *fn* joking, leg-pulling
viccelődik *ige (vkvel)* play jokes/tricks (on sy)
vicces *mn* funny, comic, droll
vicclap *fn* comic paper, satirical journal
vicsorít *ige* **fogát vicsorítja** show*/bare one's teeth (in anger), snarl
vidám *mn* cheerful, merry, jolly, joyful, joyous
Vidám Park *fn* fun-fair, amusement park
vidámság *fn* gaiety, mirth, jollity, merriment
vidék *fn (város ellentéte)* country(side), rural areas/parts *tsz*; *(főváros ellentéte)* the provinces *tsz*; ❑ *földr (terület)* region, country || **vidéken** in the country; **vidékre megy** go* out into the country, be*/go*/move out of town
vidéki ▼ *mn* country, provincial, rural || **vidéki város** country/provincial town ▼ *fn* man°/woman° from the country/provinces, countryman°, countrywoman°
vidékies *mn* provincial, parochial
videó *fn (videózás)* video; *(készülék)* video (cassette) recorder *(röv* VCR), video *(tsz* videos) || **videóra felvesz vmt** video sg *(alakjai:* videoed, videoing), videotape sg, record sg on video
videofelvétel *fn* video (recording)
videofilm *fn* video film
videokamera *fn* video camera
videokazetta *fn* video cassette; *(műsoros)* video
videokészülék *fn* video (cassette) recorder *(röv* VCR), video
videoklip *fn* videoclip
videokonferencia *fn* videoconference
videomagnó *fn* video (cassette recorder); video tape recorder
videoszalag *fn* videotape

videotéka *fn* videotheque [loan service], video library
videózás *fn (nézés)* watching of videos ‖ *(filmezés)* making of videos, videoing
videózik *ige (nézi)* watch videos ‖ *(filmez)* make* videos, video *(alakjai:* videoed, videoing)
vidra *fn* otter
Vietnam *fn* Vietnam
vietnami *mn* Vietnamese
víg *mn* cheerful, lively, merry, joyous, jolly
vigad *ige* make* merry, amuse/enjoy oneself, have* a good time, ⊕ *US* have* a ball
vigasz *fn* comfort, solace, consolation
vigaszdíj *fn* consolation prize; *(utolsónak)* booby prize, ⊕ *GB* wooden spoon
vigasztal *ige (vmért)* console (sy for sg), comfort (sy for sg), give* comfort/sympathy to sy
vigasztalan *mn* disconsolate, desolate(d); *(szomorú)* grieved
vigasztalhatatlan *mn* inconsolable, disconsolate
vigasztaló *mn* consoling, comforting ‖ **vigasztaló szavak** words of comfort
vigasztalódik *ige (vmvel)* console oneself (with sg), take*/find* comfort/consolation (in sg)
vígjáték *fn* comedy
vígopera *fn* comic opera, opera buffa
vigyáz *ige (figyel/ügyel vmre/vkre)* take* care of sg/sy, look after sg/sy; *(vm veszélyre)* look out, take* care, watch (out), be* careful; *(figyelmet szentel vmnek)* pay* attention/heed to; *(őriz vmt/vkt)* guard sg/sy, watch over sg/sy, take* care of sg/sy ‖ **vigyáz arra, hogy ...** take* care (*v*. be* careful) that; *(nehogy)* be* careful (*v*. take* care) not to; **vigyáz a gyerekekre** look after the children, keep* an eye on the children; **vigyázz!** be careful!, take care!, look/watch out!; **vigyázz magadra!** look after (*v*. take care of) yourself!; **vigyázz, kész, rajt!** ready, steady, go!
vigyázat *fn (óvatosság)* caution, care, watchfulness, attention; *(elővigyázat)* precaution, guard ‖ **vigyázat!** take care!, look out!, caution; **vigyázat! mázolva!** wet paint; **vigyázat! lépcső!** mind the step
vigyázatlan *mn* careless, heedless, incautious
vigyázatlanság *fn* carelessness, incautiousness
vigyázz ▼ *isz* ❖ *ált* look out! ‖ ❏ *kat* attention!; ❖ *biz* shun! ▼ *fn* ❏ *kat* attention ‖ **vigyázzba vágja magát** spring*/jump to attention; **vigyázzban áll** stand* at attention
vigyázzállás *fn* attention
vigyor(gás) *fn* (sardonic) grin, smirk, snigger
vigyorog *ige* grin, smirk, smile derisively
vihar *fn* storm, ❖ *ir* tempest ‖ **vihar egy pohár vízben** storm in a teacup
viharágyú *fn* gale-warning flare
viharfelhő *fn* storm-cloud, thundercloud
viharjelzés *fn* storm warning, storm-signal
viharjelző *fn (készülék)* storm-warning/signal
viharkabát *fn kb.* windcheater, anorak, parka, ⊕ *US* windbreaker
viharos *mn* stormy, windy, thundery ‖ **viharos szél** storm-wind, gale
viharvert *mn* weather-beaten, weather-worn; ❖ *átv* ❖ *biz* battered
vihog *ige* giggle, titter, snigger; *(ló)* whinny *(múlt ideje:* whinnied)
víkend *fn* weekend (⊕ *US* weekend)
víkendezik *ige* spend* the weekend (at), weekend (at)
víkendház *fn* weekend cottage/house
viking *mn/fn* ❏ *tört* Viking
viktoriánus *mn* Victorian ‖ **viktoriánus erkölcsök** Victorian moral standards, Victorian attitudes to sexual

morality; **viktoriánus kor** Victorian period
világ *fn (föld)* earth, globe; *(mindenség)* universe || *(az élet vmely területe)* world, realm || **a film világa** the world of the screen, the film world, filmdom; **a harmadik világ** the Third World; **a mai világban** nowadays, today, these days; **a világért sem** not for (all) the world, not for the life of me, I wouldn't dream of it; **az állatok világa** the animal world/kingdom; **az egész világon** all over the world, (all) the world over, everywhere; **ez a világ sora** such is life; **éli világát** *(jól él)* live in plenty/clover; ❖ *biz* live the life of Riley; *(könnyen)* have* a good time, enjoy oneself; **világra hoz** bring* [a child°] into the world, give* birth to; **világra jön** come* into the world, be* born; **világgá kürtöl vmt** shout sg from the housetops; **világgá megy** go* out into the world; **világot lát** travel (⊕ *US* -l), see* life, see* the world; **vk szeme világa** sy's (eye)sight, sy's eyes *tsz*
világatlasz *fn* world atlas
világbajnok *fn* world champion || **ő lett a világbajnok** (s)he won the world championship
világbajnoki *mn* **világbajnoki cím** world title; **világbajnoki döntő** *(labdarúgás)* World Cup Final
világbajnokság *fn* ❖ *ált* world championship, *(atlétika, labdarúgás stb.)* World Cup || **ökölvívó-világbajnokság** world boxing championship
világbank *fn* World Bank
világbéke *fn* universal/world peace
világbirodalom *fn* empire
világcsúcs *fn* world record
világegyetem *fn* universe, cosmos
világéletemben *hsz* all my life, in all my born days
világfájdalom *fn* Weltschmerz
világgazdaság *fn* world economy, (international) economics *esz*

világgazdasági válság *fn* world(-wide) slump/depression, international economic crisis; *(a nagy, tört)* Great Depression (1929–35)
világháború *fn* world war || **a második világháború** the Second World War, World War II; **a két világháború közt** between the wars, in the interwar period
világháborús *mn* relating/pertaining to the World War *ut.*, of the World War *ut.*
világháló *fn* World Wide Web
világhatalom *fn* world power
világhír *fn* world-wide fame/renown, international reputation/fame/renown
világhíresség *fn* international celebrity/star, great celebrity, ❖ *biz* superstar
világhírű *mn* world-famous, known all the world over *ut.*
világi *mn (földi)* worldly, earthly || *(nem vallásos)* worldly, secular, temporal, lay || **világi élet** life on earth; **világi iskola** secular school, non-denominational school
világirodalom *fn* world literature
világít *ige (fényt ad)* give* light (to sg/sy), shine* || **vmvel világít** use/have* sg for lighting (*v.* sg to light with)
világítás *fn* ❖ *ált* lighting || *(autóé)* lights *tsz*
világító *mn* ❖ *ált* lighting, illuminating, light-emitting/giving, shining || *(foszforeszkáló)* phosphorescent, luminous
világítótorony *fn* lighthouse
világítóudvar *fn* airshaft
világjáró ▼ *mn* globe-trotting || **világjáró művész** international artist ▼ *fn* globetrotter
világjelenség *fn* universal phenomenon (*tsz* -mena)
világkép *fn* world concept, view of life
világkiállítás *fn* international (trade) exhibition, world's fair
világkongresszus *fn* world congress
világmárka *fn* world-famous make

világméretű *mn* world-wide
világmindenség *fn* universe
világnap *fn* international day
világnézet *fn* ideology, world-view, outlook on life; Weltanschauung; *(igen gyakori ma)* philosophy (of life)
világnyelv *fn* world language
világos ▼ *mn (tiszta, ragyogó)* clear, bright; *(nem sötét, szín)* bright, light (-coloured) (⊕ *US* -or-) ∥ *(sakkfigura)* white ∥ *(egyszerű)* plain, simple; *(könnyen érthető, nyilvánvaló)* clear, obvious, manifest, self-evident, distinct ∥ **ez világos** that is as plain as a pikestaff; **világos?** got that?, am I making myself clear?; **világos nappal** in broad daylight; **világos pillanatában** in a lucid moment; **világos sör** pale/light ale, lager; **világos szoba** bright/light room; **világos van** *(reggel)* it is day(light); *(elég a fény)* there is plenty of light ▼ *fn (sakkfigura)* white ∥ *(sör)* light/pale ale, lager
világosan *hsz* clearly, plainly, explicitly
világosító *fn* ❑ *szính* lighting (*v.* light-effects) man°
világoskék *mn/fn* light blue
világosodik *ige* become*/grow* light, lighten ∥ **világosodik** *(reggel)* day is breaking, it is dawning, it is growing light
világosság *fn (fény)* (day)light; ❑ *el* luminance, brightness ∥ *(érthetőség)* clearness, clarity
világoszöld *mn* light green
világörökség *fn* World Heritage
világpiac *fn* world/international market
világpiaci ár *fn* world market price
világpolgár *fn* citizen of the world, cosmopolitan
világpolitika *fn* world/international politics *esz v. tsz*
világraszóló *mn* sensational, of world-wide importance *ut.*

világrekord *fn* world record; *(nem sp)* all-time high
világrekorder *fn* world record holder
világrész *fn (földrész)* continent
világsajtó *fn* the world's/international press
világsiker *fn* world-wide success
világszabadalom *fn* world patent
világszerte *hsz* throughout the world, all over the world
világszervezet *fn* world organization
világszínvonal *fn* world standard ∥ **világszínvonalú** state-of-the-art, the most advanced
világszövetség *fn* world federation
világtáj *fn (égtáj)* point of the compass ∥ **a négy világtáj** the cardinal points *tsz*
világtérkép *fn* world map/atlas
világtörténelem *fn* history of the world, world history
világuralom *fn* domination of the world
világútlevél *fn* (a full) passport
világűr *fn* (outer) space
világválság *fn* world slump, general depression
világváros *fn* metropolis
világvevő *fn* all-waveband radio/receiver
világviszonylatban *hsz* internationally, on a world scale
villa¹ *fn (evőeszköz)* (table/dinner) fork ∥ ❑ *mezőg (többágú)* fork; *(kétágú)* pitchfork, hayfork ∥ *(evezőé)* rowlock, ⊕ *US* oarlock
villa² *fn (ház)* villa, *(kisebb)* (summer) cottage/bungalow
villám *fn* lightning; *(villámcsapás)* thunderbolt ∥ **villám csap vmbe** sg is struck by lightning
villámcsapás *fn* stroke of lightning, (thunder)bolt ∥ **derült égből villámcsapás** a bolt from the blue
villámgyors *mn* lightning-fast
villámgyorsan *hsz* with lightning speed, like a shot

villámháború *fn* lightning war, blitzkrieg
villámhárító *fn* lightning-conductor/rod
villámlás *fn* lightning
villámlik *ige* it is lightning
villamos ▼ *mn* electric(al), power ‖ **villamos áram** electric current; **villamos energia** electrical energy, electric power; **villamos feszültség** voltage; **villamos fűnyíró** power mower; **villamos (háztartási) gépek** electrical appliances; **villamos hajtású** driven/operated by electricity *ut.*, electrically driven, power...; **villamos kisülés** discharge; **villamos vezeték** wiring ▼ *fn* tram(car), ⊕ *US* streetcar; *(vonal)* tramline, tramway; **felszáll a hatos villamosra** take* tram (⊕ *US* car) number six, take* a number six tram (⊕ *US* car); **villamossal megy** go* by tram
villamosbérlet *fn* tramway (⊕ *US* streetcar) season ticket
villamosenergia-ellátás *fn* electric power (*v.* electricity) supply
villamosjárat *fn* tram(line), ⊕ *US* streetcar (line)
villamosjegy *fn* tram (⊕ *US* streetcar) ticket
villamoskocsi *fn* tram(car), car, ⊕ *US* streetcar
villamosmérnök *fn* electrical engineer
villamosmérnöki kar *fn* department/faculty of electrical engeneering
villamosság *fn* electricity
villamosszék *fn* electric chair
villamosvasút *fn (villamos vontatású vasút)* electric railway ‖ *(városi)* tramway, ⊕ *US* streetcar line
villamosvezető *fn* tramcar (⊕ *US* streetcar) driver
villamosvonal *fn* tramline, tramway, ⊕ *US* streetcar line
villámsújtott *mn* struck by lightning *ut.*; *(fa)* blasted
villámtréfa *fn* short skit
villan *ige* flash, blink, glint

villanás *fn* flash(ing), blink of light
villanegyed *fn* affluent (leafy) suburb
villanófény *fn* flashlight
villany *fn (villamosság)* electricity ‖ *(villanyvilágítás, lámpa, fény)* (electric) light ‖ **gyújtsd fel a villanyt** switch on the light, turn the lights on; **oltsd el a villanyt** switch off the light, turn the lights off
villanyáram *fn* electric current, electricity
villanybojler *fn* immersion heater, electric water-heater
villanyborotva *fn* electric razor, shaver
villanydrót *fn* electric wire; *(készülékhez, szigetelt, hajlékony)* flex, ⊕ *US* cord
villanyfőző *fn* ⊕ *GB* electric hob, ⊕ *US* hotplate
villanyfúró *fn* power drill
villanykályha *fn* electric heater/stove
villanykapcsoló *fn* (light) switch
villanykörte *fn* (light-)bulb
villanylámpa *fn* (electric) lamp, light
villanymelegítő *fn* electric heater
villanymotor *fn* (electric) motor
villanymozdony *fn* electric locomotive
villanyóra *fn (árammérő)* (electricity) meter ‖ *(időmérő)* electric clock
villanyoszlop *fn* pole; *(távvezetéké)* pylon
villanyrendőr *fn* ❖ *biz* traffic lights *tsz*, ⊕ *US* stop lights/signals *tsz*
villanyrezsó *fn* ⊕ *GB* electric hob, ⊕ *US* hotplate
villanyszámla *fn* electricity bill
villanyszerelő *fn* electrician
villanytűzhely *fn* electric cooker
villanyvasaló *fn* electric iron
villanyvezeték *fn* electric wire/cable, wiring; *(hálózat)* the mains *esz v. tsz*
villanyvonat *fn* electric (railway) train ‖ *(játék)* (electric) train set
villanyzsinór *fn* flex, ⊕ *US* (electric) cord
villásdugó *fn* adapter *v.* adaptor, wallplug

villáskulcs *fn* (open-ended) spanner, ⊕ *US* wrench
villásreggeli *fn* luncheon
villog *ige* flash, gleam, blink, shine*, sparkle; *(tévékép)* flicker || **villog a szeme** his eyes are flashing/blazing/gleaming
villogás *fn (fényé stb.)* flash(ing), sparkling, gleam(ing)
Vilmos *fn* William || **Hódító Vilmos** William the Conqueror
vinnyog *ige* whimper, whine
viola *fn* ❑ *növ* stock
violaszín(ű) *mn* violet-coloured (⊕ *US* -ored)
violinkulcs *fn* treble/G clef
vipera *fn* viper, adder
VIP-váró *fn* VIP lounge
virág *fn* ❑ *növ* flower; *(gyümölcsfáé)* blossom || *(java vmnek)* cream || **élete virág(j)ában** in the bloom/flower of one's youth, in the prime/flower of life, in one's prime; **vágott virág** cut flowers *tsz*
virágágy *fn* flower-bed
virágállvány *fn* flower stand
virágárus *fn (boltos)* florist; *(utcai)* flower-seller, flower-girl
virágcserép *fn* flower-pot
virágcsokor *fn* bunch of flower, bouquet
virágillat *fn* fragrance of flowers
virágkertész *fn* floral gardener, florist
virágkertészet *fn* floriculture
virágkiállítás *fn* flower-show
virágkor *fn* flowering, golden age; *(életé)* prime, heyday || **virágkorát éli** *(vm)* flourish, it is the golden age of sg; *(vk)* be* in one's prime
virágláda *fn (ablakban)* window-box
virágmag *fn* flower-seed(s)
virágméz *fn* honey
virágnyelv *fn* ❖ *átv* **virágnyelven közöl vmt** say*/put* sg in a roundabout way to sy
virágos *mn (mező)* flowery, covered with flowers *ut.* || *(virággal díszített)* flowered || **virágos anyag** flowered/floral material; **virágos kedvében van** be* in high spirits; **virágos mező** flowery field
virágpor *fn* pollen
virágszál *fn* a (single) flower, a stem
virágszirom *fn* petal
virágtakaró *fn* ❑ *növ* perianth || *(mezőé)* blanket/carpet of flowers
virágtartó *fn* flower-stand
virágüzlet *fn* flower shop, florist('s)
virágvasárnap *fn* Palm Sunday
virágzás *fn* ❑ *növ* flowering, bloom(ing); *(gyümölcsfáé)* blossom(ing) || ❖ *átv* flowering, golden age, heyday
virágzat *fn* inflorescence
virágzik *ige* ❑ *növ* flower, be* in flower, bloom; *(gyümölcsfa)* blossom || ❖ *átv* flourish, prosper
virágzó *mn* ❑ *növ* flowering, blossoming, blooming || ❖ *átv* flourishing, prospering, prosperous || **virágzó fák** trees in blossom; **virágzó kereskedelem** booming trade
virgonc *mn* agile, nimble, spry
virrad *ige (hajnalodik)* dawn, the day is breaking || *(vk ébred vmre)* (a)wake* to (find) sg
virradat *fn* dawn, daybreak || **virradatkor** at dawn
virradó *mn* dawning, breaking || **a vasárnapra virradó éjszaka** in the early hours of Sunday
virraszt *ige* be*/keep* awake, sit*/stay up (for sy), watch
virrasztás *fn* sitting/staying up (all night), all-night vigil
virsli *fn kb.* Vienna sausage, ⊕ *US* wiener(-wurst)
virtuális *mn (❑ szt is)* virtual || **virtuális memória** virtual memory
virtuóz *fn* ❑ *zene* virtuoso
virtuozitás *fn* virtuosity
virul *ige* ❑ *növ* flower, bloom || ❖ *átv (vk, vm)* flourish, prosper || **él és virul** be* in the pink, be* doing well, be* thriving

viruló *mn* ❑ *növ* flowering, blooming ||
(*egészség*) robust, vigorous
vírus *fn* vírus
vírusfertőzés *fn* virus infection
víruskutatás *fn* virology
víruskutató *fn* virologist
vírusos *mn* viral
visel *ige (öltözéket)* wear*, have* (sg)
on || **gondját viseli vmnek/vknek**
take* care of sg/sy; **jól visel** *(bajt,
csapást stb.)* bear* up well against/
under [misfortunes]; **jól viseli magát**
behave well; **rosszul viseli magát**
misbehave, behave badly, conduct
oneself badly
viselet *fn (ruházat)* costume, dress ||
nemzeti viselet national costume/dress
viselkedés *fn (vkvel szemben)* behaviour (⊕ *US* -or) (towards sy), conduct, attitude || **micsoda viselkedés!**
such carryings-on!
viselkedik *ige (vkvel szemben)* conduct oneself, behave (towards sy) ||
okosan viselkedik act/behave sensibly; **viselkedj rendesen!** behave
(yourself)!, be good!
viselő *fn (címé)* holder
viselt *mn (használt)* worn, old; *(kopott)*
shabby, threadbare
viseltetik *ige (vmvel/vhogyan vk/vm
iránt)* feel*/show*/manifest sg for
sy/sg || **jóindulattal viseltetik vk
iránt** be* well-disposed towards sy;
rosszindulattal viseltetik vk iránt
bear* sy a grudge
visít, visítozik *ige* shriek, scream, shrill,
squeal
visz *ige (szállít vkt/vmt vhova)* carry,
take* [sy/sg to a place], transport;
(vezet) lead*, conduct; *(terhet)* bear*;
(hírt) convey, bring* || *(rávesz vkt
vmre)* induce/get* sy to do sg ||
(ügyeket) direct, manage || **az ördög
vigye!** the devil take him/it!; **ez a
puska 1000 yardra visz** this rifle
carries a thousand yards; **ez az út a
városba visz** this road leads to the
town; **magával visz vkt** take* sy with
one, take* sy along; **még sokra viheti** he may well go far; **nem viszi semmire** fail to get on
viszály *fn* discord, conflict, hostility
viszket *ige* itch, be* itching, have* an
itch
viszketés *fn* itching, ❑ *tud* pruritus
viszolyog *ige (vmtől)* be* loath to do
sg, loathe (doing) sg, hate the idea of
doing sg, be* very reluctant to do sg
viszonoz *ige* return, requite, reciprocate
viszont ▼ *ksz (másfelől)* on the other
hand, then again, in turn || *(mégis)*
nevertheless, however, still || **ami viszont azt jelenti ...** which in turn
means (that) ▼ *hsz (kölcsönösen)*
mutually || **és viszont** and vice versa;
köszönöm, viszont thanks, and the
same to you; thanks, and you too
viszontagság *fn* vicissitude, adversity,
hardship, trial
viszontagságos *mn* vicissitudinous,
full of vicissitudes ut.
viszontbiztosítás *fn* reinsurance
viszonthallásra! *isz* good-bye!
viszontlát *ige* see* (sy/sg) again
viszontlátás *fn* seeing (sy/sg) again ||
a ma esti viszontlátásig until tonight
viszontlátásra! *isz* (good)bye!, ❖ *biz*
bye-bye!, so long!, see you (later/
soon)!, I'll be seeing you, ciao!
viszonzás *fn (szívességé)* return (for a
kindness), return (service) || **viszonzásul** in return (for sg)
viszonzatlan *mn* unreturned, unanswered || **viszonzatlan szerelem**
unrequited love
viszonzott *mn* returned, mutual; *(érzelem)* requited [affection], reciprocated
[feeling]
viszony *fn (kapcsolat)* relation(ship)
(vkk között) between) || *(nemi)* affair ||
(dolgoké) relation(ship) (between);
(összefüggő) correlation (between) ||
(főleg anyagi) circumstances; ❖ **ált**

situation || **az árak és bérek viszonya** the relationship between wages and prices; **jó anyagi viszonyok közt él** be* comfortably/well off; **jó viszonyban van vkvel** be* on good/friendly terms with sy, be* friendly with sy; **rossz viszonyban vannak** they are on bad terms

viszonyít *ige (vmhez)* compare (sg) to/with sg

viszonyítva *hsz* (as) compared to, in comparison with

viszonylag *hsz* comparatively, relatively

viszonylagos *mn* relative, comparative

viszonylat *fn (vonatkozás)* relation, respect || ❏ *vasút* service || **nemzetközi viszonylatban** internationally

viszonylik *ige (vmhez, vhogyan)* compare [favourably/unfavourably etc.] with sg; the relationship between ... and ... is

viszonyszó *fn* particle

viszonyul *ige* **hogy viszonyul hozzá?** what is his attitude to this?, what is his position?; **jól viszonyul vmhez** have* the right attitude to sg

vissza *hsz* back, backwards

visszaad *ige (vmt)* give*/hand back, return; *(pénzt)* repay*, refund, pay* back, return || *(fordításnál)* render, convey [the meaning] || *(viszonoz)* return || *(nagyobb címletű pénzből)* give*/hand sy his/her change || **mikor adod vissza a könyvet?** when will you return (me) the book I lent you?

visszaáll *ige (helyreáll)* be* restored

visszaállít *ige (vmt)* put* back || ❖ *átv* restore

visszabújik *ige* slip back

visszacsatol *ige (területet)* reannex

visszacsatolás *fn (területé)* reannexation || ❏ *el* feedback

visszacsavar *ige (visszaforgat)* turn back || *(csavaros fedőt)* screw [the lid/top] back

visszadug *ige* stick*/put* back, reinsert

visszaél *ige (vmvel)* misuse sg, abuse sg; take* advantage of sg

visszaélés *fn* **hivatali hatalommal való visszaélés** the abuse/misuse of authority/power, abuse of one's position

visszaemlékezés *fn* (personal) recollection (of), remembrance, memory; *(emlékirat)* memoir(s)

visszaemlékezik *ige (vmre)* remember/recall/recollect sg || **nem tudok visszaemlékezni a helység nevére** I can't seem to bring to mind the name of the place

visszaér *ige* be*/come*/go*/get* back, return *(vhová* to); *(hazaérkezik)* return/come*/get* home

visszaérkezés *fn* return, going/coming back; *(haza)* homecoming

visszaesés *fn (bűnözőé)* relapse (into crime/sin/vice) || ❏ *orv* relapse || **gazdasági visszaesés** [an industrial/trade etc.] recession

visszaesik *ige (helyre)* fall*/drop* back || ❏ *orv (beteg)* have* a relapse, relapse || ❏ *jog (bűnbe)* (re)lapse into crime, repeat one's offence (⊕ *US* -se)

visszaeső *mn* ❏ *orv* **visszaeső beteg** relapsed patient, patient/person who relapses (v. has relapsed); ❏ *jog* **visszaeső bűnöző** subsequent offender, recidivist, person with a criminal record *ut.*

visszafejlődés *fn* regression, regress

visszafejlődik *ige* regress

visszafekszik *ige (vmre)* lie* down (on sg) again || **visszafekszik az ágyba** go* back to bed

visszafelé *hsz* backwards, back, in the opposite direction

visszafizet *ige (vknek vmt)* repay*/refund sy [the money], pay* [the money] back to sy, pay* (him/her etc.) back the money

visszafizetés *fn* repayment, refund;
❏ *ker* rebate
visszafoglal *ige* reoccupy, reconquer;
(várost) retake*, recapture
visszafoglalás *fn* reoccupation, recapture
visszafojt *ige* hold* (sg) back *v.* hold* back sg, restrain ‖ **visszafojtott lélegzettel** with bated breath
visszafordít *ige (irányban)* turn back/round, reverse, invert
visszafordíthatatlan *mn* irreversible
visszafordul *ige* turn (round/back), double back
visszagondol *ige (vmre)* think* back (on/to sg); *(vmre/vkre)* recall/remember sg/sy
visszahajt *ige (állatot)* drive* back ‖ *(papírt, takarót)* fold back, fold up (again); *(nadrágot, inget)* roll up
visszahat *ige (vmre)* react (up)on sg, affect sg, have* an effect on sg, have* repercussions on sg
visszaható *mn* ❏ *nyelvt* **visszaható ige** reflexive verb; **visszaható névmás** reflexive pronoun
visszahelyez *ige (vmt a helyére)* put* (sg) back (in the right place), replace sg ‖ **jogaiba visszahelyez** rehabilitate sy, reinstate sy in his rights
visszahív *ige* ❖ *ált* call (sy) back; *(követet, képviselőt)* recall (sy) ‖ *(vkt telefonon)* call/ring* (sy) back (later)
visszahódít *ige* reconquer, win* back (sy/sg from sy)
visszahoz *ige (vkt, vmt)* bring* (sy/sg) back
visszahúz *ige* ❖ *ált* draw*/pull/hold* back ‖ *(behúz)* draw* in, retract
visszahúzódik *ige* withdraw*, draw* back
visszaigazít *ige* **visszaigazítja az óráját** put* one's clock/watch back
visszaigazol *ige* acknowledge (receipt of) sg
visszaigazolás *fn* acknowledgement

visszája *fn (anyagé)* the reverse/back/wrong side (of the cloth) ‖ **visszájára fordít vmt** turn sg inside out
visszajár *ige (vk vhová)* keep* (on) going/coming back ‖ *(pénz)* be* due (back) ‖ **25 Ft visszajár** you get 25 fts change
visszajáró pénz *fn* change
visszajátszás *fn (magnó)* playback
visszajátszik *ige* play back
visszajön *ige* come*/be* back, return ‖ **visszajött már?** is he back yet?
visszakap *ige* get*/receive back; *(betegséget)* catch*/contract again
visszakapcsol *ige (kisebb sebességre)* change down ‖ **most visszakapcsolunk a stúdióba** (and) now we (shall) return you to the studio (*v.* the broadcasting house)
visszakér *ige* ask (sy) for sg back
visszakeres *ige (adatot)* check, look up; ❏ *szt* retrieve
visszakeresés *fn (információé)* (information/data) retrieval
visszakerül *ige* get*/come* back/home, find* its/one's way back to swhere
visszakézből *hsz* backhanded(ly)
visszakezes ütés *fn* backhand (stroke), back-stroke
visszakozik *ige (nem vitatkozik tovább)* back/climb down ‖ ❏ *kat* **visszakozz!** as you were!
visszaköltözik *ige (lakásba)* move back; *(országba)* return, remigrate
visszaköszön *ige (vknek)* return sy's greeting
visszakövetel *ige* claim/demand sg back, demand that sg be returned
visszaküld *ige (vmt vknek)* return (sg to sy); *(vkt/vmt vkhez)* send* sy/sg back (to sy)
visszalép *ige (hátralép)* step/stand* back ‖ ❖ *átv (vmtől)* pull out (of sg), call off (sg), back out of, withdraw* (from); *(üzlettől, szerződéstől)* back out of [a deal, contract]

visszalépés *fn (hátralépés)* stepping/ standing back || ❖ *átv* withdrawal (from), backing/pulling out
visszamarad *ige (vm)* be* left over || *(vk lemarad)* fall*/lag behind || *(fejlődésben)* be* backward
visszamaradt *mn (fejlődésben)* backward || **szellemileg visszamaradt gyermek** backward (v. mentally handicapped/retarded) child°
visszamegy *ige (vhova)* go* back (to), return (to) || *(csökken)* diminish, subside || ❖ *biz (semmivé lesz)* come* to nothing || *(visszanyúlik)* date/go* back (to)
visszamenő hatályú *mn* retrospective, retroactive
visszamenőleg *hsz* retrospectively, retroactively
visszaminősít *ige* demote, downgrade
visszamond *ige (bizalmas közlést)* repeat [sy's confidential remarks to the person concerned] || *(meghívást)* cancel (⊕ US -l); *(írásban)* turn down || *(rendelést)* countermand, cancel (⊕ US -l)
visszanéz *ige (vmre)* look back (on)
visszanyer *ige (bizalmat, szabadságot)* regain, recover, win*/get* back || **visszanyeri eszméletét** regain/recover consciousness, come* to
visszanyúlik *ige (térben)* reach back to || *(időben)* go* back to, date back to
visszapillantó tükör *fn* rear-view mirror
visszarendel *ige (vkt)* call/summon sy back, recall, order to return
visszarendeződés *fn* ❏ *pol* putting back the clock, going back to the bad old days [of Stalinism etc.]
visszarepül *ige* fly* back; *(repülőgépen)* return by air
visszariad *ige (vmtől)* shrink* back (from) || **semmitől sem riad vissza** nothing will deter him
visszariaszt *ige (vkt vmtől)* deter (sy from sg)

visszáru *fn* ❏ *ker* return(ed) goods *tsz*, returns *tsz*
visszarúg *ige (labdát)* kick back || *(lőfegyver)* kick back, recoil
visszás *mn (kellemetlen)* troublesome, tiresome; *(lehetetlen)* absurd || **visszás helyzetben van** be* in an awkward position
visszasír *ige* weep* for (the return of) sg || **visszasírja ifjúkorát** she weeps for the days of her youth
visszásság *fn* awkwardness, perversity
visszaszáll *ige (madár)* fly* back; *(ágra stb. leszáll)* perch [on a branch etc.] || *(vagyon vkre)* revert to (sy)
visszaszámlálás *fn* countdown
visszaszámol *ige* count down
visszaszerez ❖ *ált* get*/win* back, regain possession of; *(elveszett tárgyat)* recover (sg from sy) || *(becsületét)* retrieve [one's honour (⊕ US -or)]
visszaszól *ige (telefonon)* call/ring* back
visszaszorít *ige (ellenséget)* force/roll/ drive* back || *(visszafojt)* repress, suppress
visszaszorul *ige* be* forced back; *(háttérbe)* be* pushed into the background
visszatalál *ige* find*/make* one's way back
visszatart *ige (vkt)* keep*/hold* back || *(vkt vmben)* keep*/hold* (sy) back; *(vmtől)* hinder/prevent sy from [doing sg]; *(eséstől)* keep* back from || *(vmt)* retain sg; *(visszafojt)* repress, suppress || **mi tartja vissza?** what is stopping him?
visszataszító *mn* repulsive, repellent, repugnant, distasteful
visszatekint *ige (vmre)* look back on sg
visszatér *ige (vhova)* return (to), go*/ get* back (to a place) || *(vmre)* revert (to), come* back (to) || **erre még**

visszatérünk we'll come back to that later
visszatérés *fn* (*vkhez, vmhez, vmre*) return(ing) (to sy/sg)
visszatérít *ige (pénzt)* pay* back, refund, repay*, return
visszatérítés *fn (pénzé)* refund, paying back, repayment, return; ❏ *ker* rebate
visszatérő *mn* returning, coming/getting back *ut.*
visszatesz *ige* (*vmt, vkt*) put*/set*/get* (sg) back, replace (sg) || *(fícamot)* reduce || **visszateszi a (telefon)kagylót** replace the receiver
visszatetszés *fn* displeasure, dissatisfaction
visszatetsző *mn* displeasing, unpleasant
visszatol *ige* push (*v. biz* shove) back; *(fiókot)* push in/back
visszatükröz *ige* reflect, mirror
visszatükröződik *ige* be* reflected/mirrored
visszaugrik *ige* leap*/spring*/jump/fly* back; *(labda)* rebound, bounce (back); *(rugó)* recoil
visszaút *fn* return/inward journey
visszautasít *ige* refuse, reject, turn down; *(ajánlatot)* decline, reject; *(meghívást)* refuse, turn down
visszautasítás *fn* refusal; *(javaslaté)* rejection
visszautazás *fn* return journey
visszautazik *ige* return, go* back/home
visszaül *ige* go* back (*v.* return) to one's seat
visszaüt *ige* (*vkt*) hit* (sy) back || *(teniszlabdát)* return [a/the ball] || (*vkre*) take* after sy
visszavág *ige* (*vknek*) hit* back || ❖ *átv* answer sy pat, retort || *(labdát)* hit* [a ball] back, return
visszavágó (mérkőzés) *fn* return match
visszavált *ige (jegyet)* refund a ticket, give* sy a refund on a ticket

visszaver *ige (támadást, ellenséget)* beat* off, repulse, repel, drive*/force back || ❏ *fiz* **visszaveri a fényt** reflect light; **visszaveri a hangot** reflect/reverberate sound
visszaverődés *fn (fényé)* reflection, reflexion; *(hangé)* reverberation
visszaverődik *ige (fény)* be* reflected; *(hang)* be* reflected, reverberate
visszavesz *ige (ajándékot, árut)* take* back || *(alkalmazottat)* re-engage, take* on again, take* back || *(visszavásárol)* buy* back, credit sy for sg || ❏ *kat* retake*, recapture
visszavet *ige (dob)* throw*/cast*/fling* back || *(hátráltat)* set* sy back, hinder; *(fejlődést)* retard
visszavétel *fn* taking back || *(váré)* reoccupation, recapture
visszavezet *ige* (*vkt vhova*) bring*/take*/see* (sy) back (to a place), lead* (sy/sg) back (to) || (*vmt vmre*) trace (sg) back (to sg), attribute (sg to sg)
visszavezethető *mn* (*vmre*) traceable to sg; *(igével)* can be traced back to sg; *(tulajdonítható)* attributable/due to sg; *(igével)* can be (*v.* is) attributed/ascribed to sg
visszavon *ige* ❖ *ált* withdraw*, cancel (⊕ *US* -l); *(rendeletet)* withdraw*, repeal, revoke, cancel, rescind; *(vallomást)* retract || ❏ *szt* cancel (⊕ *US* -l) || *(csapatokat)* withdraw*
visszavonás *fn (érvénytelenítés)* recall; *(engedélyé)* withdrawal; *(rendeleté)* repeal [of edict] || ❏ *szt* cancel || *(csapatoké)* withdrawal
visszavonhatatlan *mn* irrevocable, past/beyond recall *ut.*; *(elhatározás)* firm, irrevocable, unalterable
visszavonul *ige* (*vk*) ❖ *ált* withdraw*, retreat; *(ügyek intézésétől)* retire (from), withdraw* (from) || ❏ *kat* retreat, withdraw* || *(áradat)* recede
visszavonulás *fn* ❖ *ált* withdrawal || ❏ *kat* retreat

visszavonult *mn* retired, solitary || **visszavonultan él** live/lead* a retired/quiet life, live* in retirement/seclusion
visszér *fn (gyűjtőér)* vein || ❖ *biz* **visszere van** have* varicose veins
visszeres *mn* varicosed, having varicose veins *ut.*
visszérgyulladás *fn* phlebitis
visszfény *fn* reflected light; *(átv is)* reflection
visszhang *fn* ❏ *fiz* echo || *(eseményé)* reaction, response || **kedvező visszhangra talál** be* well/favourably (⊕ *US* -or-) received, meet* with a warm response
visszhangoz *ige* (re-)echo (sg); ❖ *átv* echo
visszhangzik *ige (vmtől)* echo/reverberate/resound with
vita *fn* debate, discussion, dispute; *(parlamenti)* debate || *(szóváltás)* argument, quarrel, dispute || **a vita tárgya** the subject of the debate, the question under debate, the point/matter at issue; **a vitát bezárja** wind* up the debate
vitafórum *fn* panel discussion
vitaindító előadás *fn* keynote lecture/address
vitamin *fn* vitamin || **C-vitamin** vitamin C
vitamindús *mn* rich in vitamins *ut.*
vitaminhiány *fn* vitamin deficiency
vitamintartalmú *mn* containing vitamins *ut.*
vitás *mn* disputed, debated; *(kétes)* doubtful, uncertain || **vitás kérdés** controversial matter/issue, unsettled/unresolved question, the point/matter at issue
vitat *ige (kétségbe von)* dispute (sg), argue against (sg); *(állít)* maintain, contend || *(véd)* argue for (sg)
vitathatatlan *mn* indisputable, incontestable, beyond dispute *ut.*
vitathatatlanul *hsz* indisputably, beyond (all) doubt

vitatható *mn* disputable, contestable, controversial, debatable
vitatkozik *ige (vitát folytat)* debate (about sg *v.* a question with sy), dispute (sg with sy); *(megvitat)* discuss (sg with sy) || **vitatkozik vkvel vmről** argue with sy about sg; *(veszekszik)* quarrel (⊕ *US* -l) with sy about sg
vitazáró *fn* concluding speech, winding-up speech
vitel *fn (szállítás)* carriage, conveyance, transport, ⊕ *US* transportation
viteldíj *fn* fare
vitet *ige (vkvel)* have* sg carried/taken (by sy)
vitéz ▼ *mn* valiant, brave ▼ *fn* ❏ *tört (bátor katona)* valiant/brave warrior/soldier || **János vitéz** John the Hero
vitézség *fn* valour (⊕ *US* -or), bravery
vitorla *fn* ❖ *ált* sail || *(szélmalomé)* sail [of windmill] || **vitorlát bevon** lower the sails, reef in; **vitorlát felvon** hoist the sails
vitorlarúd *fn* (sail-)yard
vitorlás ▼ *mn* sail-, sailing ▼ *fn (csónak)* sailing-boat, sailing dinghy, ⊕ *US* sailboat; *(hajó)* sailing ship/vessel, (cruising) cruiser
vitorlázás *fn (mint versenyszám)* yachting, yacht racing; *(egyébként)* sailing, cruising
vitorlázat *fn* rig, sails *tsz*
vitorlázik *ige (vízen)* sail || ❖ *biz (vitorlázórepülést végez)* glide, go* gliding, sailplane
vitorlázó ▼ *mn (vízen)* sailing, yachting || *(levegőben)* soaring, gliding || **vitorlázó repülőgép** glider, sailplane ▼ *fn (vízen)* yachtsman°/yachtswoman°, cruiser || *(levegőben)* glider
vitorlázórepülés *fn* gliding, sailplaning
vitorlázórepülő *fn* glider
vitrin *fn* glass/show-case, glass(-fronted) cabinet
vív *ige* ❏ *sp* fence || *(harcol)* fight*/battle (for/against), struggle (with/against)

vívás *fn* ❏ *sp* fencing
vívmány *fn* achievement, attainment
vívó ▼ *mn* fencing ▼ *fn* fencer
vívóbajnok *fn* fencing champion
vívóbajnokság *fn* fencing championship/tournament
vívódik *ige* (*vmvel*) be* in the grip of sg, wrestle with sg/oneself
vívókard *fn* (fencing) sword
vívókesztyű *fn* fencing-gloves *tsz*
vívósisak *fn* (fencing) mask
vívótőr *fn* foil
vívó-világbajnokság *fn* world fencing championship(s)
víz *fn* water ‖ **csupa víz** dripping/soaking wet, drenched through (*v.* to the skin); ❖ *biz* **felkapja a vizet** *(vm miatt)* be* steamed up (about sg); **folyó víz** running water; ❖ *biz* **kinn vagyok a vízből** ❖ *iron (továbbra is bajban van)* a lot of good that has done me! ❖ *biz (sikerült kikeverednie a bajból)* I'm out of the wood; **nem sok vizet zavar** count but little, carry little weight; **úgy él, mint hal a vízben** he is having the time of his life; **víz alatt** under water *v.* underwater; **víz alatti** underwater, ❏ *tud* subaqueous; **vízbe fúl** drown, be*/get* drowned; **vízbe öli magát** drown oneself; **vízben oldódó** water-soluble
vízágyú *fn* water-cannon (*tsz* ua.)
vízállás *fn* water level/line
vízállásjelentés *fn* water-level report
vízálló *mn* waterproof, watertight
vízáteresztő *mn* permeable to water *ut.*
vízcsap *fn* (water) tap, ⊕ *US* faucet ‖ **kinyitja a vízcsapot** turn on the (water) tap; **elzárja a vízcsapot** turn off the (water) tap
vízcsepp *fn* drop of water
vízdíj *fn (a díjszabás)* water-rate(s); *(a kiszabott díj)* water charges *tsz*
vizel *ige* pass urine, urinate
vizelde *fn* urinal (*v.* ⊕ *GB* urinal), (men's) lavatory

vizelés *fn* passing urine, urination
vizelet *fn* urine
vízellátás *fn* water supply
vizenyő *fn* oedema (⊕ *US* edema) (*tsz* -mata)
vizenyős *mn* ❏ *orv* oedematous (⊕ *US* edem-) ‖ *(nedves)* humid, damp, dank
vízépítő mérnök *fn* hydraulic engineer
vízerőmű *fn* hydroelectric power station (*v.* plant)
vizes *mn* ❖ ált wet, watery, watered ‖ *(nedves)* moist, damp, humid
vizesárok *fn* ❏ *sp* water jump
vizesblokk *fn* the plumbing
vizesés *fn* waterfall
vizeskancsó *fn* (water-)jar, ⊕ *US* pitcher
vizespohár *fn* tumbler, drinking glass
vízfejűség *fn* hydrocephaly, hydrocephalus
vízfesték *fn* watercolour (⊕ *US* -or)
vízfestmény *fn* watercolour (⊕ *US* -or)
vízgazdálkodás *fn* water management, water resources development
vízgőz *fn* steam
vízgyógyászat *fn* hydropathy, hydrotherapy, water-cure
vízgyűjtő *fn (medence)* reservoir, cistern ‖ **vízgyűjtő terület** catchment area/basin, drainage area/basin
vízhajtó *fn (gyógyszer)* diuretic
vízhatlan *mn* waterproof, watertight
vízhiány *fn* water shortage
vízhólyag *fn* blister, vesicle
vízhűtés *fn* water cooling
vízhűtéses *mn* water-cooled
vízi *mn* water-, of the water *ut.* ‖ **vízi jármű** water craft, vessel; **vízi jártasság** watermanship; **vízi sportok** water/aquatic sports, aquatics *tsz*
vízibusz *fn* water-bus
vízilabda *fn* water-polo
vízilabdázik *ige* play water-polo
víziló *fn* hippopotamus (*tsz* -muses *v.* -mi), ❖ *biz* hippo
vízimalom *fn* water-mill

vízinövény *fn* water-plant/weed, hydrophyte
vízió *fn* vision
vízipuska *fn* water pistol, ⊕ *US* squirtgun
vízisí *fn* water-skis *tsz*
vízisikló *fn* ❑ *áll* common/grass snake
vízisízés *fn* water-skiing
víziszony *fn* dread of water, hydrophobia
vizit *fn* ❖ *ált* visit, call ‖ ❑ *orv (kórházban)* (doctors') round(s)
vízjel *fn (papíré)* watermark
vízkereszt *fn (január 6.)* Epiphany; *(előestéje)* Twelfth Night
vízkiszorítás *fn* displacement
vízkő *fn* (lime-)scale
vízköves *mn* scaly, furry, scale-coated
vízkúra *fn* water-cure
vízlépcső *fn* (water) barrage
vízmelegítő *fn (elektromos)* electric water heater; *(gáz)* gas water heater, geyser
vízmentes *mn* damp-proof
vízművek *fn* waterworks *esz v. tsz*; *(kezelővállalat)* water authority/board
vízóra *fn* water-meter
vízöblítéses vécé *fn* flush toilet
vízözön *fn* ❑ *vall* the Flood ‖ **utánam a vízözön** after me the deluge
vízrajz *fn* hydrography
vízrajzi térkép *fn* hydrographic chart/map
vízsugár *fn* jet of water, water jet
vízszabályozás *fn* regulation of waterways; *(folyóké)* river training
vízszennyeződés *fn* water pollution
vízszint *fn* water level, surface of the water
vízszintes ▼ *mn* horizontal, level ▼ *fn* horizontal (line)
vízszintesen *hsz* horizontally
vízszintező *fn* spirit level
vízszolgáltatás *fn* water supply
víztároló *fn (tartály)* reservoir, cistern
víztározó *fn (tó)* reservoir, storage lake/reservoir

víztartalom *fn* water content
víztartály *fn* tank, cistern
víztelenít *ige (pincét)* damp-proof; *(hálózatot)* drain the (water) system
víztorony *fn* water tower
víztükör *fn* water surface
vizuális *mn* visual
vízum *fn* visa ‖ **beütik a vízumot az útlevelébe** get* one's passport visaed *(v.* stamped with a visa); **nem kap vízumot** be* refused a visa; **vízumot kap** be* granted a visa; **vízumot kér** apply for a visa
vízumhosszabbítás *fn* extension of one's visa
vízumkérő lap *fn* (visa) application form
vízumkiadás *fn* visa collection
vízummentesség *fn* visa exemption
vízvezeték *fn (csőhálózat)* water pipes *tsz*, (water-)conduit
vízvezeték-szerelő *fn* plumber
vizsga *fn* examination, ❖ *biz* exam ‖ **vizsgán átmegy** pass the examination; **vizsgán megbukik** fail (the examination)
vizsgadíj *fn* examination fee
vizsgaidőszak *fn* examination season
vizsgál *ige* examine; *(alaposan)* scrutinize, study; *(beteget)* examine; *(számadást)* check, audit
vizsgálat *fn* ❖ *ált* examination; ❖ *hiv* inquiry; *(nyomozás)* investigation ‖ *(tanulmány)* in-depth study ‖ *(tudományos)* research, (scientific) investigation ‖ **alapos vizsgálat** thorough (and detailed) examination, scrutiny; **orvosi vizsgálat** medical examination; **orvosi vizsgálaton kell átesni** have to have/take a medical; **vizsgálatot folytat vk ellen** examine sy's case
vizsgálati fogság *fn* detention/imprisonment on/under remand
vizsgaláz *fn* examination fever
vizsgáló ▼ *mn* examining, investigating ▼ *fn* ❖ *ált* examiner, investigator

vizsgálóbíró *fn* examining judge/ magistrate

vizsgázik *ige* sit* (for) an examination/exam, take* an examination || **jól vizsgázott** (s)he did well in the examinations, (s)he passed the examination with credit

vizsgázó *fn* examinee, candidate

vizsgáztat *ige* (*vkt vmből*) examine sy in Latin/maths/history etc. *v.* on his/ her knowledge of Latin/maths/history etc.

vizsgáztató *fn* examiner

vizsla *fn* <a Hungarian pointer> vizsla; *(hosszúszőrű)* setter

vokális *mn* ❏ *zene* vocal

voks *fn* vote

volán *fn* (steering-)wheel || **a volánnál** at the wheel

volna *ige* would/should be || **ha volna** if there were; **ha tanult volna** if he had studied (*v.* worked hard), had he studied (*v.* worked hard); **fontos volna** it would be important; **ha autóm volna** if I had a car

volt¹ *mn* ex-, former, late || **volt miniszter** ex-minister

volt² *fn* ❏ *el* volt

volta *fn* **az idő előrehaladott voltára való tekintettel** in view of the advanced hour

voltmérő *fn* ❏ *el* voltmeter

voltos *mn* ❏ *el* ...-volt, of ... volts *ut.*

volumen *fn* volume

von *ige (húz)* draw*, pull || **felelősségre von** call sy to account; **kétségbe von** (call in) question, cast* doubt on; **maga után von** involve; *(mint következményt)* entail, bring* about/on, have* as a consequence; **vállat von** shrug (one's shoulders)

vonaglik *ige* writhe, wriggle; *(arc, izom)* twitch, jerk

vonakodás *fn* reluctance, unwillingness

vonakodik *ige* **vonakodik megtenni vmt** be* reluctant/unwilling to do sg, drag one's feet; **vonakodva** reluctantly, unwillingly

vonakodó *mn* reluctant, hesitant, disinclined, unwilling

vonal *fn* ❖ *ált* line || *(körvonal)* (out)line || ❏ *kat* line || *(közlekedési)* line, route || *(távközlési)* line || *(politikai)* (political) line || *(foglalkozási ág)* line || **a vonal foglalt** *(telefon)* line engaged, ⊕ *US* line busy; ❖ *biz* **egy vonalban vmvel** in line with sg; **egyenes vonal** straight line; **gazdasági vonalon dolgozik** her/his line is economics, (s)he is in economics; **tartsa a vonalat!** hold the line!, hold on!; **vigyáz a vonalaira** *(nő)* she watches her figure

vonalas *mn* *(vonalazott)* lined, ruled || ❏ *pol* hard-line, party-line, in harmony with the party line *ut.* || **nagyon vonalas** *(személy)* be* a hard-liner; **vonalas rajz** line drawing/diagram

vonalaz *ige* draw* lines (with a ruler), rule lines || **vonalazott** ruled

vonalazás *fn (művelet)* (act of) drawing lines || *(vonalak)* rule/ruling (on sg), (de)lineation

vonalkáz *ige* mark with lines, line; *(satíroz)* shade, hachure, stipple

vonalkód *fn* bar code

vonalszakasz *fn (távközlési)* section, stage

vonalzó *fn* ruler

vonás *fn (húzás)* drawing, (act of) pulling || *(ceruzával, tollal)* line, stroke; *(morzejel)* dash || *(arcé)* feature, line (of face) || **családi vonás** family trait/ characteristic, ❏ *kif* it runs in the family; **durva vonások** hard/coarse features

vonat *fn* train || **a 8 órás vonattal érkezik** (s)he is arriving by/on the 8 o'clock train; **a vonat 10.20-kor érkezik** the train is due at 10.20 a.m.; **a vonat ...ig nem áll meg** (this is) a nonstop train to ...; **beszáll a vonatba** get* in(to)/on(to) the train, board the train; **ez a vonat megy Debre-**

cenbe? is this the train to D.?, am I right for D.?; **kimegy vk elé a vonathoz** meet* sy at the station; **kiszáll a vonatból** get* off the train; **közvetlen vonat** through train; **vonattal megy** go*/travel (⊕ US -l) by train, take* a train (to)

vonatkozás *fn* connection, relation, bearing ‖ **ebben a vonatkozásban** in this respect/connection/regard

vonatkozású *mn* relating to sg *ut.*, connected with sg *ut.*

vonatkozik *ige* (vkre, vmre) concern sy/sg, refer/relate to sg, have* connection with sy/sg; pertain to sg; *(szabály stb.)* apply (to) ‖ **ez nem vonatkozik rád** this does not apply to you, this/it does not concern/affect you; **ez vonatkozik a fiára is** this goes for his son too

vonatkozó *mn* relevant ‖ **a kérdésre vonatkozó irodalom** the literature on the subject; **a vonatkozó iratok** the relevant documents; **vmre vonatkozó** concerning sg *ut.*, pertaining to sg *ut.*; **vonatkozó névmás** relative pronoun

vonatkozóan *hsz* **vmre vonatkozóan** concerning/regarding sg, with reference to sg

vonatkoztat *ige* (vmt vmre) take* sg to refer to sg; *(szabályt stb.)* apply [the/these rules etc.] to sy/sg

vonatszerencsétlenség *fn* train crash

vonatvezető *fn* (chief) guard

vonít *ige* howl

vonítás *fn* howl(ing)

vonó *fn* (hegedűé) bow

vonós ▼ *mn* **vonós hangszer** string(ed) instrument ▼ *fn* **a vonósok** the strings

vonósnégyes *fn* string quartet

vonószenekar *fn* string orchestra

vonszol *ige* drag, lug, pull ‖ *(alig)* **vonszolja magát** drag oneself along

vontat *ige* (mozdony) pull, haul; *(hajót)* tug, tow; *(járművet)* tow

vontatás *fn* traction, pulling, haul(ing); *(hajó)* towing, haulage

vontató *fn* (vk) hauler ‖ *(hajó)* tug(boat), tow-boat; *(gépjármű)* tractor, traction engine

vontatott *mn* (hajó stb.) towed ‖ *(elhúzódó)* long drawn-out, protracted, sluggish, slow ‖ *(hang)* drawling ‖ **vontatott beszélgetés** desultory conversation; **vontatott hangon beszél** drawl; **vontatott jármű** a vehicle on tow

vonul *ige* ❖ *ált* proceed (to a place), go*, pass ‖ *(menetel)* march ‖ **a madarak délre vonulnak** the birds are migrating to the south

vonulás *fn* ❖ *ált* proceeding (to a place), moving; *(madaraké)* migration ‖ ❏ *kat* march(ing)

vonulat *fn* ❏ *földr* range

vonz *ige* ❖ *ált* attract, draw* ‖ *(érdekel)* interest (sy), appeal to (sy), sy is interested in sg ‖ ❏ *nyelvt* govern [a case] ‖ **elöljárót vonz** take* a preposition

vonzalom *fn* (vm iránt) attraction/attachment to, liking/sympathy/affection for

vonzás *fn* (vmé) attraction, pull; *(kémiai)* (chemical) affinity; *(mágneses)* (magnetic) attraction ‖ *(vké)* attraction, attractiveness, charm, allure

vonzat *fn* ❏ *nyelvt* government; *(elöljáró)* required preposition ‖ **a „think" vonzata „of"** "think" takes (v. is followed by) "of"

vonzó *mn* (erő) attractive, drawing, magnetic ‖ *(modor)* engaging, alluring; *(mosoly)* charming

vonzódás *fn* attraction (towards), affection (for)

vonzódik *ige* (vkhez) feel*/be* drawn to(wards) sy, feel* attracted to sy

vonzóerő *fn* ❖ *ált* attraction, attractive force ‖ ❖ *átv* attractiveness, allure; *(nőé)* charms *tsz*

vö. = *vesd össze!* compare *(röv* cf.)

vő *fn* son-in-law || **a vőm** my son-in-law

vödör *fn (fém)* pail; *(fém, fa)* bucket || **vödörszám(ra)** pailfuls/bucketfuls of ...

vőlegény *fn* fiancé; *(esküvőn)* bridegroom, ❖ *biz és* ⊕ *US* groom

völgy *fn* valley || **a Duna völgye** the Danube basin

völgygát *fn* dam, barrage

völgyhíd *fn* viaduct

völgymenet *fn* descent, downhill passage || **völgymenetben** (going) downhill

völgyszoros *fn* gorge, defile

völgyzáró gát *fn* dam, barrage

vörheny *fn* scarlet fever

vörhenyes *mn (beteg)* suffering from scarlet fever *ut.* || *(szín)* scarlet, reddish

vörös ▼ *mn* red; *(arc)* ruddy, flushed || **vörös haj** ginger/red hair; **vörös káposzta** red cabbage; **vörös répa** beet(root); **vörös az arca** *(dühtől)* be* livid, be* black in the face; **vörösen izzó** red-hot; **vörösre fest** ❖ *ált* paint (sg) red, redden; ❏ *tex* dye/stain (sg) red ▼ *fn* red (colour, ⊕ *US* -or), red (hue/tint), crimson, ruby

vörösbegy *fn* robin (redbreast)

vörösbor *fn* ❖ *ált* red wine; *(bordeaux-i)* claret; *(portói)* port

vöröses *mn* reddish, ruddy

vörösesbarna *mn* auburn, reddish-brown || **vörösesbarna haj** auburn/copper hair

vörösesszőke *mn* reddish-blond, ginger(-haired)

vörösfenyő *fn* larch(-tree)

vöröshagyma *fn* onion

Vöröskereszt *fn (intézmény)* Red Cross

vöröskeresztes *mn* red-cross, Red Cross

vörösödik *ige (vm)* redden; *(vk)* turn/go* red, blush, flush

vörösréz *fn* copper

vörösség *fn* redness, ruddiness

Vörös-tenger *fn* Red Sea

vörösvértest *fn* red blood cell/corpuscle, erythrocite

vulgáris *mn* vulgar, coarse, low

vulgarizál *ige* vulgarize, coarsen

vulkán *fn* volcano

vulkáni, vulkanikus *mn* volcanic

vulkanizál *ige* vulcanize; ⊕ *US (autógumit)* recap

vurstli *fn* fun-fair, fairground, amusement park/ground

W

walesi *mn* **a walesi herceg** the Prince of Wales
walkman *fn* personal stereo (cassette player), Walkman (*tsz* Walkmans)
watt *fn* ❏ *el* watt
wattóra *fn (egység)* watt-hour ‖ *(mérő)* watt meter
wattos *mn* **100 wattos égő** a 100-watt bulb
WC *fn (vécé)* WC, lavatory, toilet, ❖ *biz* loo, ⊕ *US* john

webhely *fn* ❏ *szt* web site
weboldal *fn* ❏ *szt* web page
whisky *fn* whisky (⊕ *US* whiskey) ‖ **két whiskyt kérek** two whiskies, please
windsori *mn* **a windsori vár** Windsor Castle; **A windsori víg nők** The Merry Wives of Windsor
wurlitzer *fn* jukebox

X

X, x *fn* ❏ *mat* x ‖ **x tengely** x-axis; **x-edik hatvány** the nth power; ❖ *biz* **x-szer mondtam már(, hogy ne)** I've told you a hundred times, not to …, for the umpteenth time, don't …
xerográfia *fn* xerography
xerox *fn (gép)* xerox, (xerographic) copier, photocopier ‖ *(másolat)* xerox ‖ **xeroxot készíttet vmről** have* sg xeroxed
xilofon *fn* xylophone
X-kromoszóma *fn* X chromosome
x-lábú *mn (ember)* knock-kneed ‖ **x-lábú asztal** trestle table
X. Y. Mr. So-and-so

Y

Y, y *fn* **Y alakú** Y-shaped; ❑ *mat* **y tengely** y-axis
yard *fn* yard (= *0,91 méter*)
Y-elágazás *fn* Y-junction
Y-kromoszóma *fn* Y chromosome

Z

zab *fn* oats *(tsz; néha: esz)* || **elmehet zabot hegyezni** he can do what he likes, he can go hang

zabál *ige (állat)* eat*, feed*, devour || ❖ *vulg (ember)* guzzle, stuff oneself *(v.* one's face), make* a pig of oneself

zabálás *fn* ❖ *vulg* guzzling; *(alkalom)* blowout

zabkása *fn* (oatmeal-)porridge, (porridge) oats *esz v. tsz*

zabla *fn* bit, snaffle (bit)

zabliszt *fn* oatmeal || **zablisztből való** oat(en)

zabolátlan *mn* unbridled, unrestrained

zaboláz *ige* ❖ *átv* bridle, curb, restrain

zabos *mn (zabbal készült, zab-)* oat-; oaten || ❖ *biz (mérges)* hopping mad

zabpehely *fn (porridge-nak)* oatmeal, oatflake(s)

zabszem *fn* oat-grain || ❖ *biz* **zabszem van a fenekében** have* ants in one's pants

zacc *fn* (coffee) grounds *tsz*

zacskó *fn* bag; *(papír)* paper-bag; *(alul hegyes)* cornet; *(műanyag)* plastic bag

zacskós *mn* **zacskós tej** milk in a plastic bag; **zacskós leves** packet soup

zafír *fn* sapphire

zagyva *mn* confused, muddled; *(összefüggéstelen)* incoherent || **zagyva beszéd** gibberish

zagyvaság *fn* jumble, hotchpotch, muddle || **mindenféle zagyvaságot összehord** drivel, talk nonsense/gibberish

zaj *fn* noise; *(utcai)* racket, street noise, roar of the traffic || **zajt csap** make* a noise; *(veszekszik)* row

zajártalom *fn* noise pollution/injury/damage

zajlás *fn (jég)* breaking up (of ice), ice-floes *tsz*

zajlik *ige (jég)* break* up, drift || **a Duna zajlik** the Danube is full of drift-ice, the ice on the Danube is breaking up; **úgy szép az élet, ha zajlik** it's all part of life's rich tapestry

zajló *mn (jég)* drifting, breaking up || **zajló folyó** river full of drift-ice; **zajló jég** ice-floes *tsz*, drift-ice

zajong *ige* clamour (⊕ *US* -mor), be* noisy/turbulent

zajongás *fn* noise, din, uproar, tumult

zajongó *mn* tumultuous, clamorous

zajos *mn* noisy, loud, clamorous, uproarious

zajszint *fn* noise level

zajtalan *mn* noiseless, soundless, silent

zakatol *ige* clatter, clack, rattle || **a vonat zakatol** the train is rattling/clattering along

zakatolás *fn (vonaté)* clatter(ing), rattle

zaklat *ige (vk vkt)* worry, trouble, ❖ *biz* keep* on at sy; *(vkt vmvel)* bother [sy with questions etc.], pester (sy with/for sg *v.* to do sg); *(adóst)* harass, harry || *(vkt gond stb.)* trouble, worry

zaklatás *fn* worrying, troubling, pestering, bother(ing)

zaklatott *mn* worried, vexed, troubled, tormented
zakó *fn (kabát)* jacket, coat
zálog *fn* pawn, pledge, security ‖ *(játékban)* forfeit ‖ ❖ *átv* pledge, token ‖ **zálogba tesz** pawn
zálogcédula *fn* pawn-ticket
zálogház *fn* pawnshop, pawnbroker
zamat *fn (ételé)* flavour (⊕ *US* -or), aroma; *(boré)* bouquet, aroma ‖ ❖ *átv* flavour (⊕ *US* -or), spice
zamatos *(étel)* tasty, full of flavour (⊕ *US* -or) *ut.*; *(hús, gyümölcs)* juicy, succulent; *(bor)* full-bodied ‖ ❖ *átv* rich
zápfog *fn* molar (tooth°)
zápor *fn* shower, downpour
záporoz *ige (eső)* shower, be* pouring ‖ *(ütések)* fall* thick and fast, rain/hail down on sy
záptojás *fn* addled/bad/rotten egg
zár ▼ *ige (vmt)* close, shut* ‖ *(börtönbe)* shut* (up) in, lock up/away, ❖ *biz* put* away ‖ *(áramkört)* close (the circuit) ‖ *(záródik)* close, shut* ‖ **az ajtó jól zár** the door fits close; **karjába zár** clasp (sy) in one's arms; **kulcsra zárja az ajtót** lock the door ▼ *fn (ajtón stb.)* lock; *(könyvé, táskáé stb.)* clasp, lock ‖ ❏ *fényk* shutter ‖ *(fegyveré)* lock
záradék *fn* ❏ *jog* additional) clause; *(végrehajtási)* codicil ‖ ❏ *épít* crown (of arch)
zarándok *fn* pilgrim
zarándokol *ige* go* on a pilgrimage
zárás *fn (üzleté stb.)* closing, closure ‖ *(ker, könyveké)* making up, balancing [the books] ‖ ❏ *műsz* closing, sealing
zárda *fn* convent, nunnery, cloister
zárhang *fn* ❏ *nyelvt* stop, plosive
zárka *fn* cell, lock-up
zárkioldó *fn* ❏ *fényk* (shutter-)release
zárkózik *ige (vhová)* shut*/lock oneself away/up ‖ **magába zárkózik** withdraw* into oneself, become* withdrawn

zárkózott *mn* withdrawn, uncommunicative, reticent
zárlat *fn* ❏ *ker* balancing of the books, making up of the books ‖ *(egészségügyi)* quarantine; *(hajózási)* embargo *(tsz* -goes); *(hadi)* blockade ‖ ❏ *el* short (circuit)
zárlatos *mn* ❏ *el* short-circuited
záró *mn* closing, final
záródik *ige* close, shut* ‖ **az ablak jól záródik** the window shuts well; **záródnak az ajtók** (the) doors are shutting
záródó *mn* closing
zárójel *fn (kerek)* parentheses *(esz* parenthesis), round brackets; *(kapcsos)* braces; *(szögletes)* bracket(s); *(csúcsos)* angle brackets *(mind: tsz)* ‖ **zárójelbe tesz** put* in/into brackets/parentheses
zárójelenet *fn* ❏ *szính* closing/last scene; *(zenés darabé)* finale
zárójelentés *fn* final communiqué ‖ **kórházi zárójelentés** final hospital bulletin
zárókő *fn* keystone, arch-stone
zárol *ige* ❏ *ker* sequester, sequestrate, stop; *(árut, hajót)* put*/lay* an embargo on, embargo *(múlt ideje:* -goed); *(követelést)* freeze*, block
zárolás *fn* stopping, sequestration
zárolt *mn* sequestered, blocked ‖ **zárolt áru** restricted/rationed goods *tsz;* **zárolt számla** blocked account
záróokmány *fn* final act ‖ **a Helsinki záróokmány** the Helsinki Final Act
záróra *fn* closing time ‖ **záróra!** we are closing; *(kocsmában)* time, gentlemen, please!
záros *mn* **záros határidőn belül** within a set period of time, by a set/fixed date
zárótétel *fn* ❏ *fil* conclusion ‖ ❏ *zene* finale, last/final movement
záróünnepély *fn* closing ceremony
záróvizsga *fn* ❏ *isk* final examination/exam

záróvonal *fn (közlekedési) (Magyarországon)* continuous white line; ⊕ *GB* ⊕ *US* double white line

zárszámadás *fn* ❑ *ker* account of liabilities and assets, final accounts *tsz*

zárszó *fn (élőszóban)* concluding/closing remarks *tsz*; *(könyvben)* epilogue (⊕ *US* -log), postscript

zárt *mn (ajtó, szekrény stb.)* closed, locked, shut; ❖ *ált és* ❖ *átv* closed || *(magánhangzó)* close [vowel], ⊕ *US* high [vowel] || **zárt ajtók mögött** behind closed doors; **zárt intézet** mental hospital; **zárt szótag** closed syllable; **zárt tárgyalás** *(bíróságon)* hearing in camera/private; *(testületben)* private sitting

zárthelyi *fn (dolgozat)* (examination) paper, written examination

zártkörű *mn* private, exclusive; ❑ *kif* by invitation only

zártszék *fn* ❑ *szính* (pit-)stall(s) seat, ⊕ *US* back orchestra seat

zárul *ige (vm eredménnyel)* close/end (with) || **a számla nyereséggel zárul** the accounts show a profit

zárva *hsz* ❖ *ált* closed; *(kulcsra)* locked; *(bankban pénztár)* till closed || **nincs kulcsra zárva** *(ajtó)* is not locked, is on the latch

zárvány *fn* ❑ *geol* inclusion

zászló *fn* ❖ *ált* flag; *(intézményé és átv)* banner, standard; *(tengerészeti)* ensign || **az angol zászló** the Union Jack/flag; **az amerikai zászló** the Stars and Stripes *tsz*, the Star-Spangled Banner; **francia zászló alatt hajózik** sail under French flags

zászlóalj *fn* battalion

zászlórúd *fn* flagpole, flagstaff

zászlós *fn* ❑ *kat* ensign

zátony *fn (homok)* sandbank, shoal; *(szikla)* reef, (bottom-)rock || **zátonyra fut** ❑ *hajó* go*/run* aground; ❖ *átv* prove abortive, fall* through, break* down

zátonyos *mn* shoaly, full of reefs/shoals *ut.*

zavar ▼ *ige (vk vkt)* disturb, trouble, inconvenience, bother || *(vm vkt)* disturb, trouble, worry, incommode *(mind: sy)*, cause inconvenience to (sy) || *(vmt)* disturb, trouble, upset*; *(vadat stb.* üldöz*)* pursue, follow hot on the track/scent (of sg) || *(rádióadást)* jam, interfere (with) || **a zaj zavar a munkában** noise disturbs (*v.* interferes with) (one's) work; **bocsánat, hogy zavarom** I am sorry to trouble/bother you, excuse my disturbing you ▼ *fn (zűr)* confusion, disorder; *(nagyfokú)* chaos; *(amiben vk van)* confusion, embarrassment || *(anyagi)* difficulty, trouble, embarrassment || *(egészségi)* dysfunction || *(gép/vm működésében)* disturbance, malfunction, breakdown || ❑ *el* interference; *(zaj)* noise || **emésztési zavarok** problems with one's digestion, digestive troubles; **légköri zavarok** atmospherics; **zavarba hoz** embarrass, confuse, put* sy out (of countenance); **zavarba jön** become* embarrassed, be* at a loss, get* confused

zavarás *fn* ❖ *ált* disturbing, disturbance, troubling, trouble, worrying; *(rádióadásé)* jamming

zavargás *fn* (public) disturbance, riot(ing) || **zavargások törtek ki** there were riots, rioting broke out

zavarkeltés *fn* troublemaking

zavaró *mn* disturbing, perturbing, embarrassing, troublesome || **zavaró körülmény** complication, complicating factor

zavarodott *mn (zavarban lévő)* disturbed, embarrassed, confused || *(elme)* deranged, unbalanced

zavarog *ige* riot, be* in (a state of) ferment, make*/raise a disturbance

zavaros *mn (folyadék)* turbid, muddy; *(bor)* cloudy || ❖ *átv* confused, muddled, mixed up, chaotic; *(beszéd)* confused; *(tekintet)* bewildered, confused, troubled; *(elme)* confused, deranged || **zavaros fejű** muddleheaded; **zavaros helyzet** confusion, a confused situation (*v.* state of affairs), "troubled waters" *tsz*

zavarosság *fn (folyadéké)* muddiness, turbidity || ❖ *átv* confusion, distraction; *(beszédé)* incoherence; *(szellemi)* derangement

zavart *mn* ❖ *ált* troubled, confused, embarrassed, perplexed; *(elme)* disturbed, deranged || **zavartan nézett rám** (s)he looked at me dazedly

zavartalan *mn* undisturbed, untroubled; *(boldogság)* unalloyed, unmixed

zavartat *ige* **nem zavartatja magát** *(vmben)* (s)he doesn't let sg/it bother him/her (*v.* put him/her off his/her stroke/stride)

zavartság *fn* embarrassment, confusion

závárzat *fn (fegyveré)* lock, breechblock

zebra *fn* ❑ *áll* zebra || *(átkelőhely)* zebra crossing; ⊕ *GB (gyalogostól kezelt jelzőlámpával)* Panda crossing

zefír *fn (szellő)* zephyr, balmy breeze || ❑ *tex* zephyr(-fabric)

zegzug *fn* zigzag || ❖ *átv* nooks and crannies *tsz* || **minden zegzugot átkutat vmért** search every nook and cranny for sg

zegzugos *mn* zigzag || **zegzugos ház** rambling house

zeller *fn* celeriac, celery; *(gyökér)* celeriac

zellerkrémleves *fn* cream of celeriac/celery soup

zendül *ige (zene)* (re)sound, ring* out || *(lázad)* rise* (in rebellion), rebel, riot

zendülés *fn* ❖ *ált* rising, rebellion || ❑ *kat* mutiny

zendülő ▼ *mn* rioting, rebellious ▼ *fn* rioter, rebel

zene *fn* music || **halk zene** *(pl. áruházban)* piped music; **a jövő zenéje** dreams of the future *tsz*; **ért a zenéhez** be* musical, be* a connoisseur of music

zeneakadémia *fn* academy/college of music, music academy

zenebarát *fn* music-lover

zenebona *fn* ❖ *biz* row, racket, hullabaloo, rumpus

zenedráma *fn* music drama

zeneelmélet *fn* musical theory

zeneértő *mn/fn kb.* musical; (be*) a connoisseur of music

zeneesztétika *fn* the aesthetics (⊕ *US* es-) of music *esz*

zenei *mn* musical, of music *ut.*; music || **zenei alkotás** musical composition/work; **zenei érzék** musicality; **zenei érzéke van** have* a feel(ing) for music, have* an ear for music; **zenei fesztivál** music festival

zeneiskola *fn* school of music

zenekar *fn* orchestra

zenekari *mn* orchestral || **zenekari árok** (orchestra) pit; **zenekari próba** rehearsal

zenekedvelő ▼ *mn* fond of music *ut.*, musical ▼ *fn* music-lover

zenekritika *fn (lapban)* concert notice, review (of a concert); *(mint foglalkozás)* music criticism

zenekritikus *fn* music critic

zenekultúra *fn (egyéni)* musicality || *(zenei élet)* musical life

zenél *ige* play an instrument, play, make* music

zenélőóra *fn* chiming/musical/chime clock

zenemű *fn* piece of music, musical composition/piece

zenemű-kereskedés *fn* music(-seller's) shop

zenemű-kereskedő *fn* music seller

zeneműkiadó *fn* music publisher

zeneművész *fn* musician, artist

zeneművészeti *mn* musical, of musical art *ut.* || **zeneművészeti főiskola** academy/college of music

zeneoktatás *fn* teaching of music
zeneóra *fn* music lesson
zenerajongó *fn* music fan/buff
zenés *mn* musical || **zenés játék** musical; **zenés vígjáték** musical comedy
zenész *fn* musician, artist; *(katonazenekarban)* bandsman°
zeneszám *fn* piece (of music); *(könnyűzenei)* number; *(vegyes irodalmi és zenei műsorban)* musical item
zeneszerzés *fn* (music) composition, composing
zeneszerző *fn* composer
zeneszó *fn* music
zenetanár *fn* music teacher, teacher of music
zeneterem *fn* concert-hall
zenetörténész *fn* historian of music, musicologist
zenetörténet *fn* history of music
zenetudomány *fn* musicology
zenetudós *fn* musicologist
zeng *ige* sing* || *(vmtől)* ring*/echo/resound/reverberate with || **vk dicséretét zengi** sing* sy's praises; **zeng az ég** it is thundering
zengő *mn* resounding, ringing, sonorous; *(dallamos)* melodious, tuneful || **zengő hang** sonorous/ringing/silver/sound
zenit *fn* zenith
zerge *fn* chamois
zéró *szn/fn* zero, nought, 0 [*kiejtve:* ou]; *(semmi)* nil, naught
zihál *ige* pant, gasp for breath, wheeze, be* short of breath
zilált *mn* in disorder/confusion *ut.*, chaotic, disordered; *(anyagi helyzet)* embarrassed; *(haj)* dishevelled (⊕ *US* -l-), tousled; *(ruházat)* dishevelled, in disarray *ut.* || **haja zilált volt** her hair was in disarray
zimankó *fn* bitter cold
zimankós *mn* sleety, bitter || **zimankós idő** bitterly cold weather
zivatar *fn* thunderstorm, thunder-shower

zivataros *mn (átv is)* stormy
zizeg *ige* rustle, swish; *(szél)* sigh, sough; *(rovar)* buzz
zizegés *fn* rustle, rustling, swish; *(szélé)* sighing, sough(ing); *(rovaré)* buzz(ing)
zokni *fn* socks *tsz*; *(bokáig érő)* ankle sock(s), ⊕ *US* bobby-sox
zokog *ige* sob
zokogás *fn* sob(s), sobbing
zokon *hsz* **zokon vesz vmt** take* sg amiss, resent sg, take offence (⊕ *US* -se) at sg, be* hurt by sg
zokszó *fn* **zokszó nélkül** without (a word of) complaint
zománc *fn* enamel; *(agyagárué)* glaze; *(festék)* gloss paint; *(kocsié)* paintwork
zománcedény *fn* enamelled pots and pans *(tsz)*, enamel-ware
zománcozott *mn* enamelled (⊕ *US* -l-)
zóna *fn* zone, belt
zónaidő *fn* zone/standard time
zongora *fn* (grand) piano *(tsz* -nos); *(hangversenyzongora)* concert grand || **zongorán játszik** play the piano
zongoradarab *fn* composition for (the) piano
zongoraest *fn* piano recital
zongorakíséret *fn* piano accompaniment
zongorakivonat *fn* arrangement for piano
zongoraművész *fn* pianist
zongoraóra *fn* piano-lesson
zongoraszék *fn* piano stool
zongoratanár *fn* piano-teacher; *(főiskolán)* professor of piano
zongoraverseny *fn (mű)* piano concerto || *(verseny)* piano competition || **G-dúr zongoraverseny** piano concerto in G major
zongorázik *ige* play the piano
zongorista *fn* pianist
zoológia *fn* zoology
zoológus *fn* zoologist

zord *mn* ❖ *ált* grim, severe, morose; *(arc)* stern || *(időjárás)* raw, severe || *(tájék)* bleak, dismal
zökken *ige* jerk, jolt, bump
zökkenés *fn* jolt(ing), bump(ing), jerk(ing)
zökkenő *fn* jolt, jar, shock; *(úton)* bump, pothole || **nem megy (minden) zökkenő nélkül** it isn't all plain sailing, it isn't going without a hitch
zöld ▼ *mn* green || **megadja vknek a zöld utat** give* sy/sg the green light (*v.* the go-ahead); **zöld ágra jut** get* on (with sg), make* the grade, succeed; **zöld fény** green light; **zöld út** *(repülőtéren)* green channel; ❖ *átv* (the) green light ▼ *fn (szín)* green(ness) || *(a természet)* the open air, nature, the country || *(kártya)* green, *(néha)* spade || ❏ *pol* green || **a zöldek** the Greens; **kirándul a zöldbe** go* out for the day (*v.* into the country)
zöldasztal *fn (tanácskozó)* round/conference table
zöldbab *fn* green/French/runner beans *tsz*; ⊕ *US főleg* string beans *tsz*
zöldborsó *fn* green peas *tsz*, petits pois *tsz*
zöldell(ik) *ige* (be*) green, become*/grow* green || **zöldell a határ** the fields are green again
zöldes *mn* greenish; *(arcszín)* green
zöldesszürke *mn* rifle-green
zöldfülű ▼ *mn* green, callow ▼ *fn* greenhorn, tenderfoot; ❏ *kif* be* still wet behind the ears
zöldhagyma *fn* spring/salad onion, ⊕ *US* scallion, green onion
zöldövezet *fn* green belt || **zöldövezet(i villanegyed)** (affluent) leafy suburb
zöldpaprika *fn* green pepper/paprika, sweet pepper, capsicum *(tsz* -s); *(ha piros)* red pepper
zöldség *fn* ❏ *növ* greens *tsz*, vegetables *tsz*; *(csomagban levesnek)* packet of mixed vegetables (for soup) || *(ostobaság)* nonsense, foolishness, rubbish, codswallop, bilge
zöldséges ▼ *mn* vegetable || **zöldséges kofa** greengrocer ▼ *fn* greengrocer; *(⊕ US és piaci)* vegetable man°
zöldségfélék *fn tsz* greens, vegetables
zöldségleves *fn* vegetable soup
zöldtakarmány *fn* green food, fresh fodder
zöldül *ige* (become*/grow*/turn) green
zöm *fn* **vmnek a zöme** the bulk of (sg), the main/greater/biggest part of (sg); **zömmel** by far the greatest number, for the most part
zömök *mn* squat, stubby, stumpy, tubby
zöngés *mn* ❏ *nyelvt* voiced
zöngétlen *mn* ❏ *nyelvt* voiceless, unvoiced
zördül *ige* give* a rattle; *(levél)* rustle
zörej *fn* noise; *(láncé)* rattle, rattling; *(tompa)* thud; *(rádió)* atmospherics *tsz*, interference
zörgés *fn* clatter(ing), rattle, rattling; *(csörgés)* jingle, clash
zörget *ige* rattle (sg), make* (sg) rattle || **a szél zörgeti az ablakot** the wind rattles the window
zörög *ige* rattle, clatter, make*/give* a rattling/clattering sound; *(levél, papír)* rustle || **zörög az ajtón** rap/tap on the door
zörren *ige* make*/give* a short clinking/clattering/jingling/rustling sound, rattle; *(falevél)* rustle
zötyög *ige* wobble, shake*/toss about; *(zötyögve halad)* jolt/bump/rattle along
zötyögős *mn* bumpy, rough [road]
zubbony *fn* jacket, blouse; ❏ *kat* fatigue/combat jacket
zubog *ige* bubble, boil, seethe
zúdít *ige (folyadékot)* pour (out) || ❖ *átv* **bajt zúdít vk fejére** bring* trouble/misfortune on sy
zúdul *ige (tódul vhová, folyadék)* come* pouring/gushing/rushing into (*v.* out

of v. on to etc.) ‖ **a tömeg az utcára zúdult** the crowd spilled out onto the streets

zug fn *(szöglet)* nook, corner, cranny; ⊕ *US (szobácska)* closet; *(félreeső vidék)* hole; *(a természetben)* nook, hollow; *(beugró sarok)* corner, nook ‖ **az ország legtávolabbi zugában** in the remotest corner of the country

zúg ige make* a (rumbling) noise, rumble, boom; *(bogár)* buzz, hum; *(gép)* hum, buzz, whirr (⊕ *US* főleg -r), drone; *(harang)* sound, peal, ring*; *(hullám)* roar; *(patak)* babble, murmur; *(szél)* boom, sigh; *(tenger)* boom, roar, murmur ‖ **zúg a fejem a sok lármától** all that noise has given me a splitting headache; **zúg a fülem** my ears are buzzing; **zúg az erdő** the leaves rustle in the wind

zúgás fn humming (noise), rumbling, rumble; *(bogáré)* buzz(ing), hum(ming); *(fülé)* buzz(ing), ringing; *(gépé)* hum, buzz(ing); *(hullámé)* boom(ing) ‖ **a szél zúgása** (the) sighing/sough(ing)/roar/booming of the wind

zugkocsma fn low dive, spit-and-sawdust joint

zúgó ▼ mn ❖ ált rumbling, humming; *(bogár)* buzzing, humming; *(gép)* humming, droning; *(patak)* babbling; *(szél)* soughing, sighing ‖ **zúgó taps** loud/rapturous applause; **zúgó tömeg** *(haragos)* noisy crowd; *(éljenző)* cheering crowd ▼ fn *(folyóé)* rapids tsz; *(malmon)* mill/tail-race

zúgolódás fn grumbling, grumbles tsz, clamour (⊕ *US* -or)

zúgolódik ige *(vm miatt)* grumble about/over/at sg, complain about *(v.* that …); *(vm ellen/miatt)* clamour (⊕ *US* -or) against sg, murmur against/at sg

zugsajtó fn gutter-press, yellow press
zugügylet fn shady transaction/deal
zugügynök fn unlicensed broker

zugügyvéd fn pettifogger, ⊕ *US* shyster

zuhan ige plunge, tumble, come* (clattering) down, fall* (down)

zuhanás fn ❖ ált *(vmé)* fall, tumble; *(repülőgépé)* crash ‖ *(áraké)* slump

zuhanórepülés fn nosedive

zuhany fn shower

zuhanyozás fn (taking a) shower

zuhanyozik ige take*/have* a shower, shower

zuhanyozó fn *(hely)* shower(-bath) ‖ **kézi zuhanyozó** wall shower

zuhatag fn *(vízesés)* waterfall, falls tsz, cataract; *(könnyeké)* flood, flow ‖ *(szitkoké)* stream, torrent

zuhog ige **zuhog (az eső)** it's pouring (down v. with rain), it's raining hard *(v.* cats and dogs)

zuhogó mn **zuhogó esőben** in the pouring rain

zúz ige pound, crush, pulverize ‖ **darabokra zúz** shatter, break* into (small) pieces, smash to pieces

zúza fn gizzard

zúzás fn pounding, pulverizing, crushing

zúzda fn *(könyvnek)* paper/pulping-mill

zúzmara fn hoar(-frost), frost, rime

zúzmarás mn frost-covered, rimy, covered with hoar-frost ut.

zuzmó fn lichen

zúzódás fn bruise, contusion ‖ **belső zúzódás** internal injury

zúzódik ige be* bruised/crushed/smashed/contused

zúzott mn ❖ ált pounded, pulverized, crushed, stamped, broken ‖ **zúzott kő** *(útépítéshez)* road-metal, crushed gravel; ❏ orv **zúzott seb** contused wound

züllés fn *(hanyatlás)* decay, decline, corruption ‖ ❖ biz *(lumpolás)* booze-up, shindig

ülleszt ige *(dolgot)* deprave, demoralize; *(személyt)* corrupt, debauch

züllik *ige (dolog)* fall* into decay, decay, go* to the dogs; *(személy)* become* depraved, go* downhill ‖ ❖ *biz (lumpol)* go* out *(v.* be*) on a spree

züllött *mn* ❖ *ált (vm)* decayed, in utter neglect *ut.*; *(személy)* depraved, debauched, corrupt; *(külsőleg)* disreputable, dissipated-looking ‖ **züllött alak** depraved/corrupt/disreputable fellow, wreck

zümmög *ige (rovar)* buzz, hum; *(ember)* hum, croon

zümmögés *fn (rovaré)* buzz(ing); *(emberé is)* hum(ming)

zűr *fn* ❖ *biz (zavar)* mess, tizzy, confusion, muddle, (sorry) pickle, fix; *(nehézség)* difficulty, trouble ‖ **nagy zűrben van** be* in a fix/tizzy, be* in a sad/sorry pickle

zűrös *mn* ❖ *biz* chaotic, confused, messy

zűrzavar *fn (rendetlenség)* chaos, disorder, confusion; *(lárma)* hubbub, hurly-burly, ❖ *biz* hullabaloo

zűrzavaros *mn (rendetlen)* chaotic, disorderly, confused, at sixes and sevens *ut.*

ZS

zsába *fn* neuralgia; *(deréktáji)* lumbago
zsabó *fn* jabot, frill
zsák *fn (kisebb)* bag; *(nagyobb)* sack ‖ **zsákba rak** put* in a bag/sack (*v.* in bags/sacks)
zsákbamacska *fn* pig in a poke
zsákmány *fn (rablott holmi)* plunder, loot; *(állaté)* prey; *(hadi)* booty, spoil; *(halász)* catch, haul; *(vadász)* (game-)bag, quarry
zsákmányol *ige* take*, capture, seize; *(főleg háború idején)* loot
zsákutca *fn* blind alley, cul-de-sac (*tsz* cul-de-sacs), ⊕ *US főleg* dead end ‖ ❖ *átv* impasse, blind alley, deadlock
zsalu *fn* shutters *tsz*
zsámoly *fn* (foot) stool
zsanér *fn* hinge
zsáner *fn* genre, kind, style ‖ **nem a zsánerem** she is not my type, ❖ *biz* (she is) not my cup of tea
zsánerkép *fn* genre painting
zsargon *fn* jargon
zsarnok *fn* tyrant, despot, dictator
zsarnoki *mn* tyrannical, despotic, autocratic, dictatorial
zsarnokoskodik *ige (vk felett)* play the tyrant (over), tyrannize (over) [people]
zsarnokság *fn* tyranny, despotism, absolutism, autocracy, dictatorship
zsarol *ige* blackmail; *(vktől vmt)* extort, exact (sg from sy)
zsarolás *fn* blackmail(ing), extortion
zsaroló ▼ *mn* blackmailing ▼ *fn* blackmailer

zsaru *fn* ❖ *biz* cop, bobby, copper ‖ **a zsaruk** the fuzz
zseb *fn* pocket ‖ **belső zseb** inside pocket; **rávarrt zseb** patch pocket; **zsebébe tesz vmt** put*/slip sg in one's pocket, pocket sg; **saját zsebéből fizeti** pay* sg from (*v.* out of) one's own pocket; **zsebre dugott kézzel** with one's hands in one's pockets; **zsebre tesz/vág vmt** *(tűr)* stomach/swallow/pocket sg; *(ellop)* pocket sg
zsebes ▼ *mn* pocketed ▼ *fn* ❖ *biz (zsebtolvaj)* pickpocket
zsebkendő *fn* handkerchief, ❖ *biz* hanky *v.* hankie
zsebkés *fn* pocket-knife°, penknife°
zsebkönyv *fn (feljegyzésekhez)* notebook, ⊕ *GB* pocket-book ‖ *(évkönyv)* almanac ‖ *(puha fedelű könyv)* paperback
zseblámpa *fn* torch, ⊕ *US* flashlight
zseblámpaelem *fn* (torch) battery
zseblámpaizzó *fn* flashlight bulb
zsebmetszés *fn* pickpocketing
zsebmetsző *fn* = **zsebtolvaj**
zsebóra *fn* watch
zsebpénz *fn* pocket-money, ⊕ *US* allowance
zsebrádió *fn* transistor (radio)
zsebszámológép *fn* (pocket) calculator
zsebszerződés *fn* illegal contract
zsebszótár *fn* pocket dictionary
zsebtolvaj *fn* pickpocket
zselatin *fn* gelatine, isinglass
zselé *fn* jelly, ⊕ *US* jello

zsemle *fn* roll
zsemlegombóc *fn kb.* dumpling(s)
zsemlemorzsa *fn* breadcrumbs *tsz*
zsemleszínű *mn* sandy(-coloured) (⊕ *US* -or)
zsenge ▼ *mn (kor)* immature, young, delicate, tender ▼ *fn* firstling, first fruits *tsz* ‖ **ifjúkori zsengék** juvenile/early efforts, juvenilia
zseni *mn* genius *(tsz* -uses) ‖ **matematikai zseni** mathematical genius
zseniális *mn (vk)* of remarkable talents *ut.*, brilliant ‖ *(vm)* brilliant, inspired, splendid ‖ **zseniális ember** man° of genius
zsenialitás *fn* genius [for language, mathematics etc.], brilliance, ingenuity
zseníroz *ige* inconvenience, bother, incommode
zseton *fn* counter, token
zsibbad *ige* become*/go* stiff/numb
zsibbadás *fn* numbness, stiffening
zsibbaszt *ige* make* numb, stiffen
zsibbasztó *mn* numbing, stiffening
zsibong *ige (hang)* buzz, hum ‖ *(sűrű tömeg)* swarm, throng
zsibvásár *fn* flea-market ‖ ❖ *biz (lárma)* hullabaloo, hubbub ‖ ❖ *biz (összevisszaság)* mess ‖ **micsoda zsibvásár!** what a mess!
zsidó ▼ *mn* Jewish, Hebrew; *(néha)* Israelite ‖ **zsidó hitközség** Jewish community; **a zsidó nép** the Jewish people, the Jews *tsz*; **zsidó templom** synagogue, Jewish temple; **zsidó vallás** Judaism ▼ *fn* Jew; *(régen)* Israelite
zsidóellenes *mn* antisemitic
zsidógyűlölet *fn* antisemitism
zsidónegyed *fn* ghetto, Jewish quarter
zsidóság *fn (nép)* the Jews *tsz* ‖ **a magyar zsidóság** Hungarian Jewry
zsidóüldözés *fn* persecution of Jews; *(véres)* pogrom
zsigerek *fn tsz* viscera, guts, innards, the intestines; *(állati)* lights

zsigerel *ige* disembowel (⊕ *US* -l), gut, eviscerate
zsilett *fn* safety razor
zsilettpenge *fn* (safety) razor blade
zsilip *fn* sluice, lock ‖ **zsilippel elzár** sluice, close the lock
zsinagóga *fn* synagogue (⊕ *US* -gog)
zsinat ❑ *vall* ❑ *tört* council ‖ *(protestáns)* synod
zsindely *fn* shingle
zsindelytető *fn* shingled roof
zsineg *fn* string, packing-cord
zsinegel *ige* cord, tie up with string
zsinór *fn (zsineg)* string; *(sodrott)* twine, cord ‖ *(elektromos eszközé)* flex, electric wire, ⊕ *US* cord ‖ ❖ *biz* **zsinórban** in succession; **zsinórban nyer** be* on a winning streak
zsinórozott *mn (sujtásos)* frogged, embroidered with (military) frogging *ut.*
zsír *fn* fat; *(olvasztott)* grease; *(disznóé)* lard; *(pecsenyéé)* dripping; ❑ *vegy* fats *tsz* ‖ **zsírban süt** fry [in fat]; **zsírban sült** fried, roast(ed) [meat]
zsiradék *fn* fats *tsz*, grease
zsiráf *fn* giraffe
zsírfolt *fn* fat/grease stain/spot
zsírfoltos *mn* greasy
zsírkő *fn* steatite
zsírkréta *fn* oil pastel, crayon
zsíros *mn* fat, fatty, containing (a lot of) fat *ut.*, greasy ‖ ❖ *átv* rich, fat ‖ **zsíros arcbőr** oily skin/complexion; **zsíros állás** lucrative post/job; **zsíros étel** rich/fatty food; **zsíros kenyér** bread and dripping
zsíroz *ige (gépet)* grease, lubriacte
zsírozás *fn (gépé)* greasing, lubrication; oiling ‖ *(pecsenyéé)* basting
zsírpapír *fn* grease-proof paper
zsírszalonna *fn* raw bacon for lard
zsírszegény *mn (étrend)* low-fat [diet]
zsírszövet *fn* fatty/adipose tissue
zsírtalan *mn* fatless
zsírtartalmú *mn* fatty, containing fat *ut.* ‖ **nagy zsírtartalmú** containing a lot of fat *ut.*

zsírtartalom *fn* fat content || **a tej zsírtartalma** butterfat
zsivaj(gás) *fn* noise, din, uproar
zsivány *fn (bandita)* brigand, bandit, ⊕ *US* gangster; *(betyár)* outlaw || ❖ *tréf* rascal, rogue, scamp
zsoké *fn* jockey
zsokéklub *fn* jockey club
zsold *fn* (soldier's) pay
zsoldos ❑ *tört* ▼ *mn* mercenary || **zsoldos hadsereg** mercenary force, mercenary troops *tsz* ▼ *fn* ❑ *kat* mercenary || ❖ *átv* hireling
zsolozsma *fn (ének)* chant; *(ima)* office
zsoltár *fn* psalm || **zsoltárok könyve** Book of Psalms, the Psalms
zsoltároskönyv *fn* psalter, psalm-book, psalmody
zsong *ige* hum, murmur, boom
zsongás *fn* murmur(ing), hum(ming), boom(ing)
zsonglőr *fn* juggler
zsömle *fn* = **zsemle**
zsörtölődés *fn* grumbling, nagging
zsörtölődik *ige* grumble, be* grumpy, nag, grouch
zsörtölődő *mn* grumbling, nagging, grouchy, grumpy
zsúfol *ige* cram, stuff, press, pack || **a terem zsúfolva van** the room is packed/crowded
zsúfolás *fn* **zsúfolásig megtelt** jampacked, filled to capacity/overflowing *ut.*

zsúfolódik *ige* be* crowded/packed (into sg)
zsúfolt *mn* (jam-)packed
zsugori ▼ *mn* miserly, mean, moneygrubbing, ❖ *biz* stingy, tight/closefisted ▼ *fn* miser, niggard, moneygrubber
zsugoriság *fn* miserliness, niggardliness, parsimoniousness
zsugorodás *fn (bőré, falevélé)* shrivelling (⊕ *US* -l-); *(gyapjúé)* shrinking, shrinkage; *(testé)* contraction; ❑ *orv* atrophy
zsugorodásmentes *mn* shrinkproof, non-shrink, unshrinkable
zsugorodik *ige (bőr, falevél)* shrivel (⊕ *US* -l); *(gyapjú)* shrink*; *(test)* contract
zsúp *fn* thatch || **zsúppal fed** thatch
zsúpfedél *fn* thatched roof
zsuppol *ige (vkt vhová)* transport sy (under duress)
zsupsz *isz* (wh)oops (a daisy)!, flop!, thump!, crash!
zsúptető *fn* = **zsúpfedél**
zsúr *fn (tea)* party
zsúrkenyér *fn* milk-loaf°
zsúrkocsi *fn* tea-trolley, ⊕ *US* teacart
zsűri *fn* ❖ *ált* jury; panel (of experts); *(pl. jégtáncnál)* panel of judges; *(lovasversenyen)* the judges *tsz*
zsűritag *fn* jury-member, member of the jury, juror
zsűriz *ige* judge, decide about [a painting, design etc.], select/pick [the best]

FÜGGELÉK

SZÁMOK

Számjegyek	Tőszámnevek	Sorszámnevek	
0	nought		
1	one	1st	first
2	two	2nd	second
3	three	3rd	third
4	four	4th	fourth
5	five	5th	fifth
6	six	6th	sixth
7	seven	7th	seventh
8	eight	8th	eighth
9	nine	9th	ninth
10	ten	10th	tenth
11	eleven	11th	eleventh
12	twelve	12th	twelfth
13	thirteen	13th	thirteenth
14	fourteen	14th	fourteenth
15	fifteen	15th	fifteenth
16	sixteen	16th	sixteenth
17	seventeen	17th	seventeenth
18	eighteen	18th	eighteenth
19	nineteen	19th	nineteenth
20	twenty	20th	twentieth
21	twenty-one	21st	twenty-first
22	twenty-two	22nd	twenty-second
23	twenty-three	23rd	twenty-third
30	thirty	30th	thirtieth
31	thirty-one	31st	thirty-first
32	thirty-two	32nd	thirty-second
33	thirty-three	33rd	thirty-third
40	forty	40th	fortieth
50	fifty	50th	fiftieth
60	sixty	60th	sixtieth
70	seventy	70th	seventieth

Számjegyek	Tőszámnevek	Sorszámnevek	
80	eighty	80th	eightieth
90	ninety	90th	ninetieth
99	ninety-nine	99th	ninety-ninth
100	a/one hundred	100th	a/one hundredth
101	a hundred and one	101st	hundred and first
102	a hundred and two	102nd	hundred and second
110	a hundred and ten	110th	hundred and tenth
182	a hundred and eighty-two	182nd	hundred and eighty second
200	two hundred	200th	two hundredth
201	two hundred and one	201st	two hundred and first
202	two hundred and two	202nd	two hundred and second
300	three hundred	300th	three hundredth
400	four hundred	400th	four hundredth
500	five hundred	500th	five hundredth
600	six hundred	600th	six hundredth
700	seven hundred	700th	seven hundredth
800	eight hundred	800th	eight hundredth
900	nine hundred	900th	nine hundredth
1 000	a/one thousand	1 000th	a/one thousandth
1 001	a thousand and one	1 001st	thousand and first
1 002	a thousand and two	1 002nd	thousand and second
2 000	two thousand	2 000th	two thousandth
10 000	ten thousand	10 000th	ten thousandth

Számjegyek	Tőszámnevek	Sorszámnevek	
100 000	a/one hundred thousand	100 000th	hundred thousandth
1 000 000	a/one million	1 000 000th	millionth
2 000 000	two million	2 000 000th	two millionth

IDŐ

3 óra 17 perc 25 másodperc – 3 hours 17 minutes and 25 seconds
negyed óra – a quarter of an hour
fél óra – half an hour
háromnegyed óra – three quarters of an hour
mennyi az idő? – what's the time?
szerinted hány óra van? – what time do you make it?
meg tudod mondani a pontos időt? – have you the right time?
szerintem 4 óra 40 – I make it 4.40
6 óra van – it's 6 o'clock
7 óra – it's 7 o'clock
9 óra múlt 3 perccel – it's 3 past 9
8 perc múlva 5 – it's 8 to 5
fél tizenegy – it's half past 10
negyed 3 – it's a quarter past 2
háromnegyed 3 – it's a quarter to 3
4 óra múlt – it is just after 4
mindjárt 10 – it is nearly 10
délelőtt tizenegykor – at 11 a.m
délután ötkor – at 5 p.m
pontban/pontosan 2 órakor – at exactly 2 o'clock / at 2 sharp / at 2 on the dot
a vonat 17.23-kor indul – the train leaves at 17.23
mikor indul? – (at) what time does it start?

KELTEZÉS

Hosszabban:
GB: 29 June 2002
   Saturday, 29 June 2002
   (*st*, *nd*, *rd* vagy *th* vagylagos)
US: June 29th 2002
   June 29, 2002

Rövidebben:
29.6.02 vagy 29/6/02

LEGFONTOSABB MÉRTÉKEGYSÉGEK

Súlyok

1 dram		= 1,77 gramm
1 ounce (oz.)	= 16 drams	= 28,35 gramm
1 pound (lb.)	= 16 ounces	= 45,36 dkg
1 stone	= 14 pounds	= 6,35 kg
1 quarter	= 2 stone	= 12,70 kg
1 (GB) hundred-weight (cwt.)	= 04 quarters	= 50,80 kg
1 (US) hundred-weight	= 100 pounds	= 45,36 kg
1 ton	= 20 cwt.	= 1016,05 kg

Űrmértékek

1 gill		= 0,142 liter
1 pint	= 4 gills	= 0,568 liter
1 quart	= 2 pints	= 1,136 liter

1 gallon	= 4 quarts	= 4,543 liter
1 peck	= 2 gallons	= 9,097 liter
1 bushel	= 4 pecks	= 36,348 liter
1 quarter	= 8 bushels	= 290,789 liter

Hosszmértékek

1 line		= 2,54 mm
1 inch	= 10 lines	= 2,54 cm
1 foot	= 12 inches	= 30,48 cm
1 yard	= 3 feet	= 91,44 cm
1 fathom	= 2 yards	= 1,83 méter
1 pole/perch/rod	= 5½ yards	= 5,03 méter
1 furlong	= 40 poles	= 201,16 méter
1 statute mille	= 8 furlongs	
	= 1760 yards	= 1609,33 méter
1 nautical mille	= 2026 yards	= 1852 méter
1 league	= 3 stat. miles	= 4,828 km
	= 3 naut. miles	= 5,556 km

Területmértékek

1 square inch		= 6,45 cm²
1 square foot	= 144 sq. inches	= 929,01 cm²
1 square yard	= 9 sq. feet	= 0,836 m²
1 square	= 100 sq. feet	= 9,29 m²
1 acre	= 4840 sq. yards	= 0,41 hektár
		= 0,703 kat. hold
		= 4046,78 m²
		= 1125 négyszögöl
1 square mile	= 640 acres	= 258,99 hektár
		= 2,59 km²
		= 450 kat. hold

Köbmértékek

1 cubic inch		=16,38 cm³
1 cubic foot	=1728 c. inches	=28316 cm³
1 cubic yard		=0,764 m³
1 register ton	=100 c. feet	=2,831 m³

Metrikus mértékek

1 méter	=39,371 inches	=1,094 yards
1 kilométer	=1093,6 yards	=0,621 mile
1 négyzetméter	=1550 sq. inches	=1,196 sq. yards
	=10,764 sq. feet	
1 kilogramm	=2,204 lb	=2 lb 3¼ oz
1 liter		=1,75 pints
1 hektoliter		=22 gallons

Hőmérőrendszer

212 °Fahrenheit	=+100 °Celsius	=+80 °Réaumur
32 °Fahrenheit	= 0 °Celsius	=+80 °Réaumur
80 °Fahrenheit	= 18 °Celsius	=−14 °Réaumur

Átszámítási képletek

$$+X\ °\text{Fahrenheit} = \frac{(X-32) \cdot 5}{9}\ °\text{Celsius}$$

$$-X\ °\text{Fahrenheit} = \frac{(X+32) \cdot 5}{9}\ °\text{Celsius}$$

$$X\ °\text{Celsius} = \frac{9X}{5} + 32\ °\text{Fahrenheit}$$

PÉNZRENDSZER

Nagy Britannia

(1971. február 15-ig)

1 guinea	= 21 shillings
1 pound sovereign (£1)	= 20 shillings
1 crown	= 5 shillings
1 half crown	= 2 shillings 6 pence
1 florin	= 2 shillings
1 shillings (1s.)	= 12 pence
1 penny (1d.)	= 4 farthings

(1971. február 15-től)

1 pound (£1) = 100 pence (100p)

Amerikai Egyesült Államok

1 dollár ($1)	= 100 cents (100 ¢)
1 quarter	= 25 cents
1 dime	= 10 cents
1 nickel	= 5 cents

LEVÉLÍRÁS

Hivatalos/üzleti levél

Saját cím a jobb felső sarokban név nélkül, alatta (vagy bal oldalon) a dátum.

Címzett neve és beosztása a bal felső sarokban.

Megszólítás a címzett alatt.

Ha nem ismerjük a címzettet név szerint, a megszólítás:

Dear Sir
Dear Madam
Dear Sir/Madam

Ha nagyobb intézménynek, cégnek stb. írunk:

Dear Sirs
To whom it may concern: (ez főleg *US*)

Ha a címzett neve ismert:

Dear Mr Jones
Dear Mrs Atkins
Dear Ms Cameron
Dear Miss Rose
Dear Dr. Brown (*US*)
Dear Professor Osselton

Általános megjegyzések:

- Újabban nem szükséges vesszőt kitenni a megszólítás végén, de magánlevélben még ez a gyakoribb.
- *Mr*, *Mrs*, *Miss*, *Ms* és *Master* után ma már nem tesznek pontot a brit angolban. Az amerikaiak azonban még gyakran kiteszik.

Befejezés:

Ha a megszólításban nem írtunk nevet:

Yours faithfully,
(alatta aláírás és alá gépelve a név és beosztás)

Ha a megszólításban nevet is írtunk:

Yours sincerely (*GB*)
Sincerely, (*US*)
Sincerely Yours,
Yours truly,
(A vessző kitétele itt vagylagos, de a brit angol tendencia az, hogy elmarad.)

Mintalevél

Brit változat

> 26 Windsor Road
> Bristol BS3 6IP
> 24 June 2000
>
> Ms Mary Campbell
> Personell Manager
> Multimedia Production
> 4 Kensington Road
> London SE1 8HI
>
> Dear Ms Campbell
>
> I am writing to apply for the position of assistant advertised in the Morning Post of 23 June. Please find enclosed a copy of my CV.
>
> I have a degree in Film Production from Glasgow Polytechnic University. Since graduation last summer I have been working for GMS Corporate Mediculture on a contract basis. I have become particularly interested in interactive and multimedia work and now wish to develop my career in that direction. I would welcome the chance to work for your

corporation where I could make a significant contribution while developing my skills yet further. I would be happy to show you a portfolio of my work.

I look forward to hearing from you.

Yours sincerely
George Allan

Amerikai változat

279 San Domingo Blvd
San Antonio TV 66420

March 4 2001

Denver Travel Agency
144 High Street
Denver, CO 82001-9022

To whom it may concern:

We are planning to spend our vacation in Denver over Easter and would like some information on available lodging in the area.

We would appreciate it if you could send us information about inexpensive hotels in the Denver area. A city map and brochures about activities and sights in the city would also be appreciated.
Thank you.

Sincerely,
Mary Gregg

Magánlevél

Saját cím (név nélkül) a jobb felső sarokban (el is maradhat).
Alatta a dátum.
A címzett címét általában nem írjuk a levélre.
A megszólítás az ismeretség fokának, bensőségességének megfelelően változó.

Legáltalánosabban:

Dear Tom,

Bensőségesebben:

My dear Kate,
My dearest Mother,
Dearest Norman,
Darling Sue,

Általános megjegyzés:

Képes levelezőlapon sohasem írnak az angolok megszólítást.

Befejezés

Legáltalánosabban:

Yours,
Yours ever,
Best wishes,
All the best,
(Mindig vesszővel s alatta a keresztnév.)

Bensőségesebben:

With love from,
Love from us all,
Lots of love,
Love, *(főleg közeli nő/férfi kapcsolatban)*

Mintalevél

> 11 South Street
> Barcombe
> BN7 2BT
>
> 26th October, 1999
>
> Dear Tamas,
>
>   It seems such a long time since we last met and caught up with each other's news. However, I'm writing to say that Peter and I plan to take our holiday this summer in the Lake District, and we'll be driving past Preston on the M.6 some time during the morning of Friday, July 23rd. Will you be at home then? Perhaps we could call in? It would be lovely to see you and Alan again and to get news of Janie and Mark. Do let me know whether Friday, 23rd is convenient. We would expect to arrive at your place around 11 a.m. or so, and hope very much to see you then.
>
> With love from
> *Susan*

E-mail és fax

Az e-mail, csakúgy, mint a fax, mindenekelőtt abban különbözik a hivatalos levéltől, hogy sem megszólítás, sem hivatalos befejezés nincs benne, csupán aláírás. Kollégák között az e-mail stílusa informális, kötetlen. Üzleti faxok nyelvezete azonos a hivatalos levélével.

In sending e-mails as well as faxes you do not have to write 'Dear Sir/Madam' or the like or use a formal closing formula at the end. Just sign your name. E-mails between colleagues can be very informal. Business faxes should use the language of a formal (business) letter.

To: The Publisher
From: Thomas McGee
Subject: contract
Date: June 26, 2002
Attached is the contract you have sent me, signed
Tom

A hivatalos e-mail végén az alábbihoz hasonló tartalmú záradék ajánlott:

— Confidentiality —
This electronic transmission is strictly confidential and intended solely for the addressee. It may contain information which is covered by legal, professional or other privilege. If you are not the intended addressee, you must not disclose, copy or take any action in reliance of this transmission. If you have received this transmission in error, please notify us and delete the received data as soon as possible.

Ez az üzenet személyes/bizalmas információt tartalmazhat, és kizárólag a címzett(ek)nek szól. Tartalmának nem engedélyezett terjesztése, módosítása vagy nyilvánosságra hozatala törvénytelennek minősülhet. Amennyiben tévedésből jutott Önhöz, kérjük, értesítse a feladót, és az üzenetet törölje rendszeréből. Amennyiben nem Ön ennek az üzenetnek a szándékolt címzettje (vagy ilyen személyhez való eljuttatásának felelőse), ezt az üzenetet nem másolhatja vagy juttathatja el más számára.

A boríték

A nevet és címet a boríték közepe táján írják az angolok, egyes elemeit egymás alá, amelynek sorrendje a legközelebbi földrajzi helymegjelölésből kiindulva:

Név, házszám, utca, kerület, város, ország, irányítószám (ill. irányítószám, ország):

Mr D T Allan
3 Bluebird Square
Glasgow
Scotland
GLX HJU
UK

Mr, Mrs, Miss *vagy* Ms *után az utónév/-nevek kezdőbetűi (initials) és a családnév következik:*

Mr G P Black, Ms E L Cord

Házastársak esetén a férfi kerül első helyre, csak az ő iniciáléival:

Mr and Mrs G B Black

Ha a férfi egyetemi tanár:

Professor and Mrs G B Black

Egyéb tudományos fokozat vesszővel a név után:

Mr G B Black, PhD, FRS

Férjes asszonyok ma szeretik saját iniciáléikat használni:

Mrs B T S Atkins

A „leveleivel" (= c/o=care of) formula:

Mr I L Martin
c/o Mrs P Roberts
28 Sand Street
Oxford
OX2 8AS *(Az irányítószámot a végén, külön sorban!)*

Általános megjegyzések:

- Az a tendencia, hogy az iniciálék és címek (Mr, Ms, Dr stb.) után ma már **nem tesznek pontot** a (brit) angolok, az amerikaiak inkább.
- Az angolok a boríték hátára írják a feladót, bár náluk ez nem kötelező. S mivel a levélben megadják a feladó címét, a borítékot eldobják.

Önéletrajz (főleg szakmai)
Curriculum vitae (CV), *US* Resumé

Brit változat

CURRICULUM VITAE

Name	Peter James Davidson
Address	26 Windmill Road, Birmingham BS2 6DP
Telephone	0117 945649
Nationality	British
Date of birth	11 March 1976
Marital status	Single

Education/Qualification

1996–99	Glasgow Polytechnic University: BA in Graphic Design (First Class Hons)
1988–95	Clifton School, 3 A levels: Art (A); Design and Technology (A); Mathematics (C) 10 GCSEs

Employment to date

1999–present	GMS Corporate Electronic, Design Department, Riverside House, 22 Charles St, Bristol
Skills	Computer science, familiar with a number of design and DTP packages; Clean driving licence
Interests	Riding, swimming, jazz, classical music

The following have agreed to provide references:
Ms Alice Burdon, Personnel Manager, Metal Company plc, Berntown, NB4 3LL
Dr. L. H. Senno, Department of Electronics, University of Newsay, Newsay, SB13 2 RR

Amerikai változat

RESUMÉ
Jennifer Robertson　　　　Married 1620 Forest Drive　　　　　No children Gale Alto, CA94309 tel: (650) 498-129 e-mail: jlrobertson@mailbox.com
Objective　　To obtain a position as a French–English translator with a firm in the Lowland Area
Education 1996–98　　Master of Arts in Translation, Edinburgh University 1990–94　　Bachelor of Arts (cum laude) Major: French; Minor: German, Georgetown University
Experience 1998–present　　Technical translator, French–English, mostly for hi-tech industries in California 1996–98　　Teaching Assistant (French), Stanford University 1994–96　　English Teacher, Cambridge Institute, Heidelberg, Germany
Languages　　Fluent French and German
Personal　　Interests include sailing, cooking and entertaining friends.
Reference　　Dr. M. Rosen, Chair, Department of Modern Languages, Stanford University, Gale Alto, CA94305

A brit típusú CV-n általában fel kell tüntetni a születés idejét. Az amerikai típusún nem szükséges megadni sem a születés idejét, sem a családi állapotot, gyermekek számát stb.

Egyéb, jól felhasználható kifejezések a CV-vel kapcsolatban:

Near-native command of English
Adequate spoken Dutch and German
Native Hungarian speaker
Baccalauréat, série C (equivalent of A levels in Maths and Physics)
The qualifications described below do not have exact equivalents in the American system.
I enclose photocopies of my certificates with English translations.

RENDHAGYÓ IGÉK

Infinitive	Past Tense	Past Participle	Jelentés
abide	abode	abode	tartózkodik,
	abided	abided	lakik elvisel; megmarad vmi mellett
arise	arose	arisen	keletkezik
awake	awoke	awoken	felébreszt, felébred
be (am, is, are)	was, were	been	van
bear	bore	borne	hord
	bore	born	szül
beat	beat	beaten	üt
become	became	become	vmivé tesz

Infinitive	Past Tense	Past Participle	Jelentés
beget	begot	begotten	nemz
begin	began	begun	kezd
bend	bent	bent	hajlít
beseech	besought	besought	könyörög
bet	bet, betted	bet, betted	fogad
bid	bid	bid	ajánl
	bade	bidden	megparancsol
bind	bound	bound	köt
bite	bit	bitten	harap
bleed	bled	bled	vérzik
bless	blessed, blest	blessed, blest	áld
blow	blew	blown, blowed	fúj
break	broke	broken	tör
breed	bred	bred	tenyészt
bring	brought	brought	hoz
build	built	built	épít
burn	burnt, burned	burnt, burned	ég
burst	burst	burst	szétreped
buy	bought	bought	vásárol
can	could	–	tud, ...hat, ...het
cast	cast	cast	dob
catch	caught	caught	megfog
chide	chided, chid	chided, chid, chidden	szid
choose	chose	chosen	választ

Infinitive	Past Tense	Past Participle	Jelentés
cleave[1]	cleave, clove, cleft	cleaved, cloven, cleft	hasít
cleave[2]	cleaved, clave	cleaved	hasad
cling	clung	clung	ragaszkodik
come	came	come	jön
cost	cost	cost	vmbe kerül
creep	crept	crept	csúszik
crow	crowed, *(régi)* crew	crowed	kukorékol
cut	cut	cut	vág
deal	dealt	dealt	ad, oszt; foglalkozik (*with* ...val/vel)
dig	dug	dug	ás
dive	dived; US dove	dived	lemerül; fejest ugrik
do	did	done	tesz
draw	drew	drawn	húz
dream	dreamt, dreamed	dreamt, dreamed	álmodik
drink	drank	drunk	iszik
drive	drove	driven	hajt, vezet
dwell	dwelt	dwelt	lakik
eat	ate	eaten	eszik
fall	fell	fallen	esik
feed	fed	fed	táplál
feel	felt	felt	érez
fight	fought	fought	harcol
find	found	found	talál

Infinitive	Past Tense	Past Participle	Jelentés
flee	fled	fled	menekül
fling	flung	flung	hajít
fly	flew	flown	repül
forbid	forbade, forbad	forbidden	tilt
forecast	forecast, forecasted	forecast, forecasted	előre jelez
forget	forgot	forgotten	elfelejt
forgive	forgave	forgiven	megbocsát
forsake	forsook	forsaken	elhagy
freeze	froze	frozen	fagy
get	got	got; US gotten	kap
gild	gilded, gilt	gilded, gilt	aranyoz
gird	girded, girt	girded, girt	övez
give	gave	given	ad
go	went	gone	megy
grind	ground	ground	őröl
grow	grew	grown	nő
hang	hung hanged	hung hanged	akaszt, függ felakaszt
have (has)	had	had	vmje van
hear	heard	heard	hall
heave	heaved, hove	heaved, hove	emel
hew	hewed	hewed, hewn	üt
hide	hid	hidden	rejt

Infinitive	Past Tense	Past Participle	Jelentés
hit	hit	hit	üt
hold	held	held	tart
hurt	hurt	hurt	megsért
input	input, inputted	input, inputted	betáplál
keep	kept	kept	tart
kneel	knelt; *főleg* US kneeled	knelt; *főleg* US kneeled	térdel
knit	knitted knit	knitted knit	köt, egyesít egyesül
know	knew	known	tud; ismer
lay	laid	laid	fektet
lead	led	led	vezet
lean	leant, leaned	leant, leaned	hajol
leap	leapt, leaped	leapt, leaped	ugrik
learn	learnt, learned	learnt, learned	tanul
leave	left	left	hagy
lend	lent	lent	kölcsönöz
let	let	let	hagy
lie[1]	lied	lied	hazudik
lie[2]	lay	lain	fekszik
light	lighted, lit	lighted, lit	meggyújt
lose	lost	lost	elveszít
make	made	made	csinál
may	might	–	szabad
mean	meant	meant	jelent
meet	met	met	találkozik

Infinitive	Past Tense	Past Participle	Jelentés
mow	mowed	mown, mowed	lekaszál
must	–	–	kell
output	output, outputted	output, outputted	kiad
pay	paid	paid	fizet
plead	pleaded; US pled	pleaded; US pled	szót emel
prove	proved	proved; US proven	bizonyít
put	put	put	tesz
quit	quit, quitted	quit, quitted	otthagy, elmegy
read [ri:d]	read [red]	read [red]	olvas
rend	rent	rent	hasít
rid	rid	rid	megszabadít
ride	rode	ridden	lovagol
ring	rang	rung	cseng
rise	rose	risen	felkel
run	ran	run	szalad
saw	sawed	sawn; US sawed	fűrészel
say	said	said	mond
see	saw	seen	lát
seek	sought	sought	keres
sell	sold	sold	elad
send	sent	sent	küld
set	set	set	helyez; beállít stb.
sew	sewed	sewn, sewed	varr

Infinitive	Past Tense	Past Participle	Jelentés
shake	shook	shaken	ráz
shall	should	–	*(segédige)*
shave	shaved	shaved, shaven	borotvál(kozik)
shear	sheared	shorn, sheared	nyír
shed	shed	shed	elhullat
shine	shone	shone	ragyog
	shined	shined	*(cipőt)* fényesít
shit	shitted, shat	shitted, shat	kakál
shoe	shod	shod	megpatkol
shoot	shot	shot	lő
show	showed	shown, showed	mutat
shred	shred	shred	darabokra tép
shrink	shrank, shrunk	shrunk	összezsugorodik
shrive	shrived, shrove	shrived, shriven	gyóntat
shut	shut	shut	becsuk
sing	sang	sung	énekel
sink	sank	sunk	süllyed
sit	sat	sat	ül
slay	slew	slain	öl
sleep	slept	slept	alszik
slide	slid	slid	csúszik
slink	slunk	slunk	lopakodik
slit	slit	slit	felvág

Infinitive	Past Tense	Past Participle	Jelentés
smell	smelt, smelled	smelt, smelled	megszagol
smite	smote	smitten	rásújt
sow	sowed	sown, sowed	vet
speak	spoke	spoken	beszél
speed	sped, speeded	sped, speeded	száguld, sitettet; gyorsan hajt
spell	spelt, spelled	spelt, spelled	betűz *(betűket)*
spend	spent	spent	költ
spill	spilt, spilled	spilt, spilled	kiönt
spin	spun, *(régi)* span	spun	fon
spit	spat; *főleg* US spit	spat; *főleg* US spit	köp
split	split	split	hasít
spoil	spoilt, spoiled	spoilt, spoiled	elront
spread	spread	spread	kiterjeszt, terjed
spring	sprang	sprung	ugrik
stand	stood	stood	áll
stave	staved, stove	staved, stove	bever
steal	stole	stolen	lop
stick	stuck	stuck	ragaszt
sting	stung	stung	megszúr
stink	stank, stunk	stunk	bűzlik

Infinitive	Past Tense	Past Participle	Jelentés
strew	strewed	strewed, strewn	hint
stride	strode	stridden	lépked
strike	struck	struck	üt
string	strung	strung	felfűz
strive	strove	striven	igyekszik
swear	swore	sworn	megesküszik
sweep	swept	swept	söpör
swell	swelled	swollen, swelled	dagad
swim	swam	swum	úszik
swing	swung	swung	leng(et)
take	took	taken	fog, vesz
teach	taught	taught	tanít
tear	tore	torn	szakít
tell	told	told	elmond
think	thought	thought	gondol(kozik)
thrive	thrived, throve	thrived, *(régi)* thriven	boldogul
throw	threw	thrown	dob
thrust	thrust	thrust	döf
tread	trod	trodden, trod	tapos
wake	woke, *(régi)* waked	woken, *(régi)* waked	felébred, felébreszt
wear	wore	worn	visel
weave	wove weaved	woven weaved	sző kanyarog

Infinitive	Past Tense	Past Participle	Jelentés
wed	wedded, wed	wedded, wed	összeházasodik
weep	wept	wept	sír
wet	wet, wetted	wet, wetted	benedvesít
will	would	–	*(segédige)*
win	won	won	nyer
wind[1]	wound	wound	teker(edik)
wind[2]	winded, wound	winded, wound	kürtöl
wring	wrung	wrung	kicsavar
write	wrote	written	ír

RENDHAGYÓ FŐNEVEK

Ebben a jegyzékben a szótárban ° szimbólummal jelölt szavak szerepelnek.

Singular	Plural	Jelentés
calf	calves	borjú
child	children	gyermek
elf	elves	manó
foot	feet	láb
oose	geese	liba
half	halves	fél
knife	knives	kés
leaf	leaves	(fa)levél
life	lives	élet(rajz) *(de still life 'csendélet' többese: still lifes)*
loaf	loaves	cipó
louse	lice	tető
man	men	ember
mouse	mice	egér
ox	oxen	ökör
scarf	scarves	sál
self	selves	maga
sheaf	sheaves	kéve
shelf	shelves	polc
thief	thieves	tolvaj
tooth	teeth	fog
wife	wives	feleség
wolf	wolves	farkas
woman	women	nő

Jegyzeteim

Jegyzeteim